远古中华

杨升南
朱玲玲
著

上海书店出版社

《远古中华》序

王宇信

杨升南、朱玲玲教授《远古中华》一书，气魄恢弘，新见迭出，是一部中国上古文史力作，在体例和论述方面有重大创新，在理论方面有重要突破，它的问世必将推动先秦史的深入研究。

迄今出版的多部先秦史著作，通常以"史前"、"原始社会"这样的概念对历史进行分段并展开论述，或径命名为"史前"、"原始社会史"。因此这些著作在写法上，实际成了旧石器、新石器时代考古文化成果的概述和总结，这就与大学考古学系教材大同小异。在这些著作中，多见遗迹、遗物的特征及文化的发展、比较、联系的论述，而对我国古代文献中丰富的神话、传说人物及他们的创造活动却缺乏系统论述和深入分析。《远古中华》则全面继承了"疑古学派"的研究成果，并吸取了"疑古过头"的教训，在唯物史观指导下，走出疑古，对神话、传说时代人物的出现及其史影进行了全面、科学的分析，并将其与考古发现材料有机结合，将他们置于社会发展史的相应阶段，从而突出了以人为主体的中华民族前贤创造历史所作出的贡献，而丰富的考古材料为历史人物的活动提供了充分的物证。因此《远古中华》是一部自"古史辨派"学者动摇了传统的伪古史以后，经过学者们多年来疑古、释古、考古探索，在重建中国上古史的探索中，取得的最新成果的总结性著作，因而开创了古史著作的新局面，具有重大的学术价值。

《远古中华》在论述中，将文献资料与考古资料、古文字资料紧密结合，"二重证据"使作者的论断得到了加强。与此同时，作者在书中着力突出了神话、传说和历史人物的研究，从而使读者看到人在历史演进中的作用，这就使以往同类著作中多见考古文化而少见活生生人物活动的缺陷得到了改进。此外，《远古中华》还把我国远古历史放到世界文明进程中加以考察和比较，从而凸显了中华民族对推动世界历史进程所起的重大作用，对充分认识古代中国在世界上的地位极有意义。

本书还有不少研究新见，如"三皇"时代是三项重大科技发明为历史背景的时代，这三大发明奠定了我们祖先生存的经济基础；"五帝"时代是我国早期文明的城邦时代；禹是禅让制度时代的首领而不应是夏代的开国君王；禹死后"讴歌者不讴歌益而讴歌启"是时代变化下出现的奉承、趋附权势之风；在商代甲骨文中发现了五个夏代的诸侯，从一个方面证实夏代是我国历史上确实存在的一个王朝；从人身被占有的角度论证甲骨文中的众是奴隶；商代武丁太子孝己是正常死亡而非其父"惑后妻之言"被放逐而死，如此等等，皆是发前人之所未发。这里限于篇幅，许多其他新见就不一一列举了。

总之，《远古中华》是近年出现的一部中华远古史研究从体例上和论证上别具特色的研究著作。此书材料丰富、翔实、准确，文字叙述清楚、流畅，论证说服力强，是一部反映当前古代史研究最新水平的著作。

我和升南兄都是1964年大学毕业后进入中国社会科学院（当时称中国科学院哲学社会科学部）历史研究所的。我是在北京大学考古系毕业时考上胡厚宣先生的研究生，升南是从四川大学历史系考古专业毕业分配到历史研究所的。我和升南兄两人一见如故，很快成为兄弟般的莫逆朋友，这种同声相应、同气相求的学术友谊，迄今已五十年有增而无已。升南夫人朱玲玲女士是1965年从复旦大学历史系历史地理专业毕业后，北上分配到历史研究所的，她参与并担任副主编的《中国历史地名大辞典》曾获出版政府奖、郭沫若史学奖。升南兄是著名的甲骨学、先秦史专家，玲玲是著名的历史地理学家，他们都有优秀的学术著作出版，两人各有自己的学术专长，所以能撰写出《远古中华》这部高质量、高水平的学术著作。令人痛心的是，升南的妻子、我的朋友玲玲女士未能见到此书的出版，就离开了我们。升南兄在巨大变故的打击下，以惊人的毅力，仍然坚持此书的修改出版，终于完成了玲玲的未竟事业以告慰她的英灵。升南兄说本书的出版是献给玲玲的馨香，可见这部书在他心目中的分量之重！

蜡炬成灰泪始干。有多少像玲玲这样的学者，在一生对学术的追求中，把最美好的东西留在了人间，在璀巍的学术殿堂中，发出自己的点点光亮！踏遍青山人未老。升南兄老而弥坚，承蒙上苍的眷顾，仍在漫漫的学术长征路上跋涉着、探索着、发现着……愿升南兄努力加餐饭、努力快乐着、努力前进着！

承蒙升南兄的厚爱，有幸允我先拜读《远古中华》的书稿，使我获益良多，感慨良多。在这里，把我读过此书的读后感写出，权以为序吧！

让我们珍惜并过好这政通人和的美好时光，共享改革开放的累累硕果吧！

2014年4月27日
于北京方庄"入帘青小庐"

前　言

"远古中华"的"远古",从字面上讲即是指"遥远的古代",本书是研究人类历史性质的著作,所以这个"远古"的"远",是指从有人类活动的时期开始。在甲骨文未发现以前,人们曾把商代的历史归入"传疑时代",是否实有商这样一个朝代,在一些人的心目中还是一个问号,似处在若有若无、若隐若现的"远古"状态。甲骨文的发现,坐实商朝是确实存在的一个朝代。但是,甲骨文是商朝后期盘庚迁都以后的文字,据《竹书纪年》,盘庚迁都后历时二百七十三年商朝被灭。商朝历时约六百年,故甲骨文以前的商朝还有三百年以上时间的史事,在甲骨文是没有记载的(除祖先名外),这三百多年还是处于无直接文字记载的时期,所以我们将商代也归于中华的"远古"时代。

"中华"是指今天的中国。"中国"这个名字最早出现在西周早期青铜器《何尊》铭文里,铭文中有:"王(指周武王)初迁宅于成周……唯武王既克大邑商,则廷告于天曰:余其宅兹中国,自之乂民。"此"中国"是指周武王打算建立首都的成周即今日的洛阳地区。古人有"择天下之中以立国"的思想,所谓"国"即国都、王都,古时"中国"实是指帝王的都城,《吕氏春秋·慎势》载:"古之王者择天下之中而立国,择国之中而立官,择官之中而立庙。"《史记·五帝本纪》载:"尧崩,三年之丧毕,舜让避丹朱于南河之南。诸侯朝觐者不之丹朱而之舜;讴歌者,不讴歌丹朱而讴歌舜。舜曰:'天也夫!'而后之中国践天子位焉,是为帝舜。""南河"是指黄河在陕西潼关折而东行,经河南省的三门峡、洛阳、巩义至郑州市西北的武陟县折而东北行的一段河。尧的都城在平阳即今山西省襄汾县,舜回到尧都而被称为"之中国",即指尧都为尧时的中国。在我国春秋时期各诸侯国实行的"国野"制,将居民分为"国人"和"野人",国人是指居住在国都内及附近的居民,野人是指居住在乡村里的居民,此时的"国"还是指国都。周人尊崇夏王朝,洛阳是夏朝太康以后的都城,所以这里被周人称为"中国"。

天子是天下之王,是政治上的中心,后来将建都于中原王朝统治的所有地域都称为"中国",成为"中国"的版图,"中国"的概念就不是专指国都。如《孟子·滕文公上》说:"禹疏九河,瀹济、漯而注诸海,决汝、汉,排泗、淮,而注之江,然后中国可得而食也。"孟子说的"中国"包括了长江、黄河流域的广大地域。司马迁在《史记·匈奴列传》里八次将周、秦、汉王朝称为"中国"。2012年在新疆塔克拉玛沙漠中,发现汉代丝织品上织有"五星东会利中国",这些文献中的"中国"并没有国家的涵义,而是一个地域概念,①即中央王国。我国在清朝以前都是用王朝统治者所建的朝代名来称呼整个国家,正式使用"中国"这个名称作为国家的名字,却不是从周朝始而是在三千年之后的辛亥革命时期。1911年孙中山领导的辛亥革命推翻封建的清朝统治,建立中华民国,简称为"中国","中国"这个名字方才正式成为我国的国名。1949年中国共产党领导的军队推翻了国民党的统治,建立全国政权,更名为中华人民共和国,也简称"中国"。所以"远古中华"所涉及的内容在地域上,是包涵今日整个中国的版图。

人类社会发展进程是大致相同的,有其共同性,但各民族、国家发展的具体道路又是千差万别的,各有自己特色的历史体系,从而构成万紫千红、五彩缤纷的人类社会发展史。我们中华民族的历史是有自己独特体系的,这就是从夏朝到清朝的王朝体系。夏以前,至迟在春秋战国时期,人们就以夏以后的王朝体系模式,构建起完整的远古历史体系,即"三皇五帝"。② 在"三皇五帝"的传说之前,有盘古"开天辟地"及"女娲造人"的神话,虽是神话,却是我们祖先试图对宇宙发生和人类来源所作的探索。探索宇宙的发生,人类来源的神话,在世界各民族都有,现在也还没有停止,③只是我们祖先比其他民族提出的要早,这是我们民族具有强烈探索精神的表现。这种精神使我们在世界上居于领先地位达数千年之久,直到近代。近代的落后,不是人的因素,而是清朝保守的闭关锁国政策,才使我们落到了西方国家的后面。

为什么他们被冠上"皇"或"帝"?是因为在他们的时代都有一项或数项重大的技术发明或社会制度革新,而每项技术发明或社会革新都推动当时社会跨进到一个新的时代,后人就将这个时代的部落或氏族首领冠以"皇"或"帝"的尊号。所以,从"盘古开天辟地"到"三皇五帝"的神话、传说,撩开神话的面纱,却有其历史发展的合理内核。古人虽然还不懂得什么宇宙发生学、物种起源、猴子变人、社会发展史等等科学知识,但是这些神话、传说却十分惊人地与自然和人类社会发展的历史相吻合。这些传说中的"英雄"人物,若不把他们定格在某一实有人物的身上,而是把他们作为人类社会发展途程中的一个时代象征来看,这些传说

---

① 李绍连:《华夏文明之源》第4页,河南人民出版社,1992年。
② "三皇五帝"的"皇"字,有大、天、君主等意,《说文》:"皇,大也。从自,自,始也,三皇,大君也。"吴大澂《古籀补》:"皇,大也,日出土则光大,日为君象,故三皇称皇。"《广韵·唐韵》:"皇,天也。"《尔雅·释诂上》"皇,君也。""帝"本是古时称宇宙的创造者和主宰者,如上帝、天帝,《字彙·巾部》:"帝,上帝,天之神也。"地上的主宰称帝,《说文·丄部》:"帝,谛也。王天下之号也。"《尔雅·释诂上》:"帝,君也。"
③ 二十世纪九十年代以来,西方史学界提出历史学要研究"大历史"(Big History)和"深历史"(Deep History)。"大历史"的提出者们认为,"历史学所研究的时间标尺是从宇宙大爆炸至今的所有时间","深历史"的提出者们认为,历史的定义绝不是依赖于书写的发明,而是取决于解剖学上现代人的进化,深历史研究范畴包括人类起源及其以来的历史。(见张哲:《扩展人类理解历史的疆域——对话"大历史"、"深历史"、"人类世"叙述者》,《中国社会科学报》2013年11月15日"国际资讯"版)。主张将宇宙和人类起源纳入历史研究范畴。

的故事，正是独具中国特色的古史体系。历史学在本质上是以人为主题的科学，所以，我们在本书中夏以前的历史采用"三皇五帝"这一中国"古已有之"的历史体系，而不用"史前时期"或"原始社会"这样的世界性的通用语，以图展现中国历史体系的固有特色，彰显"人"在历史进程中的主体中心地位。这样的写法是个尝试，我们认为这是符合中国历史实际的。

对古代文献中记载的史事，曾有一个全信为真的"信古"时期，人们对文献记载的"三皇五帝"这类古代"圣人"及他们所创造的"黄金时代"，是确信无疑的。从宋代开始就有人怀疑，到晚清时期，出现一股疑古思潮，二十世纪二三十年代形成"古史辨"学派，他们对这些人和事提出怀疑，认为是后人的编造。这股思潮有其进步性，从思想上冲决网罗，把当时古史上的偶像全部踢翻，经书也没了权威，起到思想解放的作用。不足的是他们的怀疑有些过头，①以致我国春秋以前无史了。其实传说中的"皇"或"帝"，只是一个时代的象征，与是否真有其人关系不大，他们可能是位强势氏族的名号或氏族首领，在商周时期，人名、族名和地名往往是同名的。②他们的一些发明创造，是那个时代民众的发明创造而汇集在他们身上。我们研究夏以前的历史，只是将他们作为一个时代的标志来研究这段历史，而不是"信古"思潮的复辟。对于中国古史的研究，冯友兰先生曾提出个三阶段说，即"信古—疑古—释古"，李学勤先生提出"走出疑古时代"的口号。如何走出"疑古时代"？他说"我们要讲理论，也要讲方法。我们要把文献研究和考古研究结合起来"，"充分运用这样的方法，将能开拓出古代历史、文化研究的新局面"。③本书力图使用这个方法，以马克思主义理论为指导，将文献记载和考古发现相结合，阐释我国远古时代的历史。

本书所涉及的时代从中华大地上有人类活动始到商朝灭亡，按照社会发展进程，分为四编：序编、三皇五帝编、夏朝编、商朝编。序编是从开天辟地和女娲造人神话揭示我们祖先的探索精神及对中华大地上人类起源的考察。以掌握人工取火、发明网罟、发明农业三项重大技术发明为标志的"三皇"时代，奠定下人们生存的经济基础。在此基础上产生出"五帝"时代，是城邦文明时代。城邦文明是我国历史上的早期文明。尧舜禹时期城邦文明达于高峰，社会发生深刻变化，王朝领土国家文明的夏朝应运而生，我国历史进入成熟的文明社会。王朝领土国家文明与城邦文明有两个重大区别：一是最高首领的产生，城邦联盟首领是推举的，王朝领土国家文明的王是世袭的；二是城邦联盟各城邦是独立的，王朝领土国家文明的领土是统一的。商朝巩固、发展了王朝领土国家文明。根据

---

① 李学勤：《走出疑古时代》（增订本）第9页，辽宁大学出版社，1997年。
② 张秉权：《甲骨文中所见人地同名考》，《庆祝李济先生七十岁论文集》下册，台北清华学报社，1967年。
③ 李学勤：《走出疑古时代》（增订本）第19页。

各编的具体内容,设置世系、疆域、政治、经济、文化等章节,并配以相应的插图,能用表格反映出内容的就尽量采用表格的形式,以节省文字。

我国秦以前时期的历史(一般简称为"先秦史"),特别是夏以前(包括夏代)的历史,古文献资料十分地匮乏,而地下考古材料却十分地丰富。1928 年中央研究院历史语言研究所对安阳殷墟科学发掘开始,近代考古学在我国建立。考古工作者们经过八十多年的努力,把中国大地这部书逐渐地一页一页揭开,从而补充了文献记载的不足。研究秦以前,特别是商代以前的历史,更多的要依靠地下考古学提供的资料,但是文献记载的资料是不可缺乏和轻视的。考古学最终的目的是为恢复古代社会历史,所以中国考古学是为历史研究服务的一门学科,是证史的考古学,是作为历史学的考古学。国外学者也注意到我国考古学的这个特色,日本东京大学东洋文化研究所研究员量博满说,"与'作为人类考古学'相比,中国考古学的特征更强调'作为历史学的考古学'"。美国加州大学洛杉矶分校扣芩考古研究所及艺术系罗泰教授说:中国现代考古学从一开始就是作为传统学术实践的补充介绍到中国,并嫁接到本土传统学术研究中的,而从未成为一个独立科学。自北宋时期金石学得以建立以来,其学科范式并未改变。现在只是研究重点上略微偏移,是对大量增长的考古新发现的适应,其研究仍是源自金石学传统的对国史的基础性考古叙述,这一点从未改变。① 所以本书在注意文献的同时,也充分地融入了大地这部书中提供的丰富资料。

1899 年山东人王懿荣首次辨识出甲骨文后,经学者们的努力,考证出刻在甲骨上的文字中有商代的王名,将这些王名与《史记·殷本纪》中所记载的商王名相比较,几乎完全吻合。学者们又探寻出刻字甲骨片出在河南省的安阳,此地正是古文献中所记载的"洹水南殷墟上"的"殷墟",甲骨文字为商时人所契刻在龟甲、兽骨上的文字,证实《史记·殷本纪》所记商代的史事确为实录。这样,商代就由"传疑"时代而进到"信史"的时代。同时地下出土了大量铸有铭文的商代青铜器,补充了商史的资料。甲骨文、金文及古文献相互印证,方使得商朝一代的文物制度明晰。所以本书在采摘资料时,引用了大量的甲骨文、金文等古文字资料,以补文献记载的不足。

历史科学本是一门实证学。本书的撰写以实证为基本特色,力图通过举证材料来体现著者的观点。在对待资料上,一是注意到重要的资料不要遗漏,尽量齐全;二是要保持一条资料的完整性,不致使读者有支离之感。但先秦时期文字简古,同一件事见于多种文献记载且文字还有变动。为使材料保持完整性,本书将同一材料的不同记载也列出,这样虽时有重复之感,但却可以使

---

① 见邓振华、蒋宇超、石涛整理:《高端互动 中国考古学与世界考古学——北京大学考古九十年考古专业六十年学术报告会》,《中国文物报》2012 年 5 月 11 日第 5 版。

资料得以完整。三是地下出土的考古材料，要经过研究方能显现其史料价值，所以本书除注重采录第一手原始考古发掘报告外，对近人研究的相关论述，特别是参加发掘的考古学家们的论述，也作相当程度的采录，以加强考古资料的证史效果。

历史学是研究人类活动的一门科学，所以本书特别注意人的活动，书中对传说中的人物、王朝的世系、诸王的事迹力求作出较为翔实的叙述。

本书在行文中，凡引用学者论述时都去掉"先生"尊称，这些学者都是我们十分敬重的，为了节省文字，这是不得已的处理办法，我们心中也是很过意不去的，敬请谅解。

目　录

《远古中华》序 ·· 王宇信　1
前言 ··· 1

序编　开天辟地和女娲造人

第一章　宇宙起源的研究和盘古开天辟地神话 ············· 3
　　第一节　开天辟地的假说与盘古 ························· 3
　　第二节　宇宙起源的科学假说 ···························· 9
第二章　女娲造人和我国南北各地的猿人化石 ············ 12
　　第一节　女娲造人神话及其他创制的传说 ············· 12
　　第二节　我国是人类起源的重要地区 ··················· 16
　　第三节　中国境内早期人类的化石分布 ················ 21
　　第四节　四肢与脑不相协调的北京猿人 ················ 24
　　第五节　早期人类的生产和生活 ························ 26

第一编　三皇五帝

第一章　"三皇五帝"——中国特色的古史系统 ·········· 41
　　第一节　"三皇五帝"名称的由来 ······················· 41
　　第二节　两种"三皇五帝"系统和几种传说人物组合 · 42
　　第三节　三皇五帝传说的历史真实性 ··················· 45
第二章　"三皇"的传说及我们祖先早期的三大发明 ····· 49
　　第一节　燧人氏钻木取火，发明人工取火技术 ········ 49
　　第二节　伏羲氏发明网罟，以畋以渔 ··················· 60
　　第三节　神农氏发明农业，教民耕稼 ··················· 75
　　第四节　神农时代的考古学证据 ························ 91
　　第五节　神农时代的玉器 ································ 109
第三章　五帝之首——人文初祖轩辕黄帝 ················ 113
　　第一节　黄帝的世系及子孙 ······························ 115

第二节　黄帝族活动的地域 ······················· 116
　　第三节　炎黄之战和四帝被灭 ····················· 124
　　第四节　黄帝与蚩尤的战争 ······················· 125
　　第五节　黄帝的设官分职 ························· 127
　　第六节　黄帝时期的制器发明 ····················· 128
　　第七节　黄帝时期的考古学文化及重大发现 ········· 134
第四章　挚、颛顼与帝喾 ······························· 137
　　第一节　帝挚是继黄帝后的首领 ··················· 137
　　第二节　实施"绝地天通"改革的颛顼 ············· 141
　　第三节　中正平和的帝喾 ························· 145
第五章　实行禅让制的尧舜禹 ··························· 149
　　第一节　实行"禅让制"的尧 ····················· 149
　　第二节　"柔远能迩"的孝子舜 ··················· 162
　　第三节　辛劳治水的禹 ··························· 175
　　第四节　禹受禅和禅让 ··························· 186
第六章　五帝时代的经济 ······························· 193
　　第一节　五帝时代的农业经济 ····················· 193
　　第二节　家畜饲养 ······························· 199
　　第三节　技术进步的手工业 ······················· 200
第七章　五帝时代的文化 ······························· 214
　　第一节　天文历法 ······························· 214
　　第二节　文字 ··································· 217
　　第三节　原始艺术 ······························· 222
　　第四节　宗教观念 ······························· 231
第八章　城邦丛立的五帝时代结束 ······················· 240
　　第一节　遍布南北各地的古城 ····················· 240
　　第二节　城邦林立的五帝时代结束 ················· 252

第二编　夏　　代

前言——关于夏代是否存在的问题 ······················· 257
第一章　夏朝诸王事略 ································· 269
第二章　夏朝的兴亡 ··································· 274
　　第一节　夏朝的建立 ····························· 274
　　第二节　太康失国与少康中兴 ····················· 282

  第三节 中期对东夷的经营和天灾 ………………………………… 293
  第四节 关于"孔甲乱夏" ……………………………………………… 297
  第五节 夏朝的灭亡 ……………………………………………………… 299
  第六节 夏朝的积年 ……………………………………………………… 307
 第三章 夏朝的疆域 ………………………………………………………… 311
  第一节 九州与夏朝的疆域 …………………………………………… 311
  第二节 考古学上的夏文化及其分布 ………………………………… 314
  第三节 不断迁徙的都城 ……………………………………………… 318
 第四章 夏朝的政治 ………………………………………………………… 326
  第一节 夏朝的政治体制 ……………………………………………… 326
  第二节 夏朝的诸侯及其与诸侯国间的关系 ………………………… 327
  第三节 夏朝的职官 ……………………………………………………… 335
  第四节 夏朝的军队 ……………………………………………………… 338
  第五节 夏朝的刑法和监狱 …………………………………………… 345
 第五章 夏朝的经济和文化 ………………………………………………… 347
  第一节 夏朝的农业 ……………………………………………………… 347
  第二节 夏朝的手工业 ………………………………………………… 353
  第三节 夏朝的财政 ……………………………………………………… 366
  第四节 夏朝的思想文化 ……………………………………………… 368

第三编 商 代

第一章 商王的世系及其事略 ………………………………………………… 381
  第一节 建国前的商族先公 …………………………………………… 381
  第二节 建国后的商王世系 …………………………………………… 384
第二章 商朝的建立 ……………………………………………………………… 392
  第一节 建国前的商族及其发展 ………………………………………… 392
  第二节 成汤灭夏 ………………………………………………………… 397
第三章 商朝前期(汤至盘庚)的诸王事迹 …………………………………… 403
  第一节 汤建国及其政治设施 …………………………………………… 403
  第二节 从太甲到盘庚前的诸王 ………………………………………… 408
  第三节 奠定商朝后期大发展的盘庚迁都 ……………………………… 413
第四章 武丁中兴 ………………………………………………………………… 417
  第一节 武丁复兴殷邦的措施 …………………………………………… 417
  第二节 武丁的征伐 ……………………………………………………… 422

第五章　武丁后的诸王 ·············· 441
第一节　武丁太子孝己和花园庄东地 H3 甲骨 ·············· 441
第二节　祖庚和贤臣祖己 ·············· 446
第三节　祖甲改革祭祀制度 ·············· 447
第四节　廪辛的疑问及康丁的征讨 ·············· 448
第五节　"射天"的武乙和其子文丁 ·············· 451
第六节　帝乙和帝辛（殷纣王） ·············· 458

第六章　商朝的政治设施 ·············· 467
第一节　内外服的国家体制和建诸侯 ·············· 467
第二节　商朝的职官 ·············· 481
第三节　商朝的军事制度 ·············· 487
第四节　商朝的刑法和监狱 ·············· 502
第五节　商代的社会性质 ·············· 512

第七章　商朝的经济 ·············· 518
第一节　作为经济基础的农业 ·············· 518
第二节　发达的畜牧业 ·············· 537
第三节　狩猎和渔业 ·············· 547
第四节　丰富多彩的手工业 ·············· 559
第五节　商业与交通 ·············· 582
第六节　商代的赋税制度——助与贡并行 ·············· 589

第八章　科技、文化与思想意识 ·············· 597
第一节　科学技术 ·············· 597
第二节　文化艺术 ·············· 616
第三节　思想意识 ·············· 636

插图目录 ·············· 653
后记 ·············· 660

序编

开天辟地和女娲造人

我国夏代以前的历史被称为传说时代,这个时代的历史体系,被称为"三皇五帝"。汉代司马迁的《五帝本纪》、三国吴国徐整的《三五历纪》、西晋皇甫谧的《帝王世纪》、唐代司马贞的《三皇本纪》,都是有关"三皇五帝"的历史著作,是古人认为的夏代以前的历史体系。司马迁以黄帝为我国历史的开端,皇甫谧、徐整、司马贞将"三皇"置于"五帝"前,以伏羲为我国历史的开始,合于《周礼》中"三皇"在"五帝"前的次第。① 进入"三皇"传说时代之前,考古学证实,在中华大地上的人类,已生息繁衍数百万年,这是一个漫长的"茫昧"时期,是人类的孩童时期,也是个神话幻想的时期,盘古开天辟地和女娲造人两个神话,所幻想求索的就是这样时代背景下的事物。神话是人类早期的文化创造,是人类通过幻想、用一种不自觉的艺术方式加工过的自然及社会形式本身。在神话荒诞叙事的面纱下面,却是人类本身自觉的"理性"思考。所以,神话是人类为了解决自身生存和发展问题的最好和最直接的文化载体。② 盘古开天辟地和女娲抟土造人,就是我们祖先关于宇宙和人类自身起源的两个神话。看似荒诞,却有着合理的内涵,是我们民族祖先企图探索宇宙的发生和人类自身起源的努力,是我们民族具有强烈探索精神的体现。这种探索精神世界各民族都有,而且至今还在继续着,只是表现形式和时间先后有别而已。神话与传说不同,传说是人能做到的事、能达到境界,故有其真实的历史素地;神话是人类的幻想,虽含有自然和社会本身的影子,却是人不可能做到的幻想,所以我们将这两个神话及其所蕴含的文化意义作为序编置于"三皇五帝"编之前。

---

① 司马贞在《三皇本纪》自注中说,历史不应缺"三皇":"太史公作《史记》,古今君臣宜应上自开辟,下迄当代,以为一家之首尾,今阙三皇而以五帝为首。其实三皇已还,载藉罕备,然君臣之始、教化之先,既论古史,不合全阙。近代皇甫谧作《帝王代纪》、徐整作《三五历》,皆论三皇以来事,斯亦近古之一证,今并采而集之作《三皇本纪》。"

② 王宪昭:《神话的理性》,《中国社会科学报》2010年7月22日。

第一章 宇宙起源的研究和盘古开天辟地神话

人们居住的宇宙地球、天上的太阳月亮、地上的山脉河流花草树木,都是怎样来的?古人和今人一样,世界各民族也一样,都想弄个明白。这个问题,在科学如此发达的今日都还没有完全搞清楚,古人就更无从说清楚,而他们又想要说清楚,于是各种宇宙起源的神话,就在各民族中产生出来。这种神话,反映出古人探索宇宙起源的探索精神。这种精神对一个民族来说,是十分宝贵的,我们绝不可以其非科学而轻视它。

第一节 开天辟地的假说与盘古

对于宇宙起源问题,因超出人类历史的范围,研究历史的人本可以不去管它。但是对于天和地的来源,地球的产生这个谜,又是世界各国古代人们十分关注的问题(今日人们还在继续关注着),因而制造出许多的神话及神话人物,提出许多问题。中国战国时期的屈原在《天问》中对宇宙的形成、天体的构造、日月星辰的运转就一口气提出二十七问:

> 曰:遂古之初,谁传道之?上下未形,何由考之?冥昭瞢暗,谁能极之?冯翼惟像,何以识之?明明暗暗,惟时何为?阴阳三合,何本何化?圜则九重,孰营度之?惟兹何功,孰初作之?斡维焉系?天极焉加?八柱何当?东南何亏?九天之际,安放安属?隅隈多有,谁知其数?天何所沓,十二焉分?日月安属?列星安陈?出自汤谷,次于蒙汜,自明及晦,所行几里?夜光何德,死则又育?厥利维何,而顾菟在腹?女歧无合,夫焉取九子?伯强何处?惠气安在?何阖而晦?何开而明?角宿未旦,曜灵安藏?

屈原所说"上下未形",即是天地处于一种混沌状态,"何由考之"是他想弄个明白。对天地的形成古人有很多假设,《列子·天瑞篇》中说天地的形成是由气的变化产生的:

> 有太易、有太初、有太始、有太素。太易者,未见气也;太初者,气之始也;太始者,形之始也;太素者,质之始也。气、形、质具而未相离,故曰浑沦。浑沦者,言万物相浑沦而未相离也。视之而不见,听之而不闻,循之而不得,故曰易也。易无形埒,易变而为一……一者,形变之始也。清轻者上为天,浊

重者下为地，冲和气者为人。

此说天地未开之时，是一团气，然后始有天、地、人的生成。《淮南子·天文训》讲天地未分，宇宙生成，万物生育的衍化过程也是由气变化而成的：

天地未形，冯冯翼翼，洞洞灟灟，故曰太昭。道始于虚廓，虚廓生宇宙。宇宙生气，气有涯垠。清阳者薄靡而为天，重浊者凝滞而为地。清妙之合专易，重浊之凝竭难，故天先成而地后定。天地之袭精为阴阳，阴阳之专精为四时，四时之散精为万物。积阳之热气生火，火气之精者为日。积阴之寒气为水，水气之精者为月。日月之淫为精者为星辰。天受日月星辰，地受水潦尘埃。

图序-1　天地混沌时的盘古①
（王星泉作）

这是我国古人对宇宙生成的探索成就，提出它是由一种"气"衍化而成的。"气"是混沌状态的，将这混沌分开生成天地，就是神人盘古，这就是我国创世纪的神话"盘古开天辟地"。《三五历纪》中说盘古开天辟地很具体：

天地混沌如鸡子，盘古生其中。万八千岁，天地开辟。阳青为天，阴浊为地。盘古在其中，一日九变，神于天，圣于地。天日高一丈，地日厚一丈，盘古日长一丈，如此万八千岁。天数极高，地数极深，盘古极长。后乃有三皇。数起于一，立于三，成于五，盛于七，处于九，故天去地九万里（《艺文类聚》卷一引）（图序-1）

《五运历年纪》中说盘古死后身体各部位化成了世上的各种物体：

元气鸿濛，萌芽兹始，遂分天地，肇立乾坤，启阴感阳，分布元气，乃孕中华，是为人也。首生盘古，垂死化身：气成风云，声为雷霆，左眼为日，右眼为月，四肢五体为四极五岳，血液为江河，筋脉为地里（理），肌肉为田土，发髭为星辰，皮毛为草木，齿骨为金石，精髓为珠玉，汗流为雨泽，身之诸虫，因风所感，化为黎甿（马骕：《绎史》卷一引）。

南朝梁朝人任昉所著《述异记》卷上记载了盘古身躯化成天地万物，以及秦

---

① 插图中王星泉作品皆选自所著《开天辟地》，作家出版社，2004年。以下凡署王星泉作皆采自此书而不另出注。本书为了对远古传说人物有个直观形象，从该书中选取几幅同传说故事相关的图画，以飨读者。

汉、吴楚、桂林三个地区的盘古传说故事:

> 昔盘古氏之死也,头为四岳,目为日月,脂膏为江海,毛发为草木。秦汉间俗说:盘古氏头为东岳,腹为中岳,左臂为南岳,右臂为北岳,足为西岳。先儒说:盘古氏泣为江河,气为风,声为雷,目瞳为电。古说:盘古氏喜为晴,怒为阴。吴楚间说:盘古氏夫妻,阴阳之始也。今南海有盘古氏墓,亘三百余里,俗云后人追葬盘古之魂也。桂林有盘古氏庙,今人祝祀。南海中盘古国,今人皆以盘古为姓。(任)昉案:盘古氏,天地万物之祖先,然则生物始于盘古。

盘古以开天辟地之功而牺牲自己的精神受到广泛崇敬,各地都有关于盘古的传说及其遗迹。《述异记》载秦汉说、先儒说当是中原人的宇宙起源说。今河南省的桐柏县、泌阳县是中原人传说中的"盘古之乡"、"盘古圣地"。现今在这里,一年一度举行盘古文化节活动,以纪念这位传说中的开天辟地的伟大人物。(图序-2)

南海地区的盘古,是指今广州市花都区(旧称花县)。秦始皇平定岭南后,设置桂林、象郡、南海三郡,《述异记》中的"南海"即秦时的南海郡。南海郡治所设之番禺即今广州市。刘锡蕃《岭表纪蛮》中记载当地人对盘古的祭祀场景:

图序-2　盘古开天辟地
(王星泉作)

> 盘古为一般瑶族所虔祀,称之为盘王,瑶人以为人之生死寿夭贫贱,皆盘王主之,故家家供奉木主,片肉卮酒,必享王而后食。天旱祷盘王,异王游田间,视禾稼,虽烈日如火,不敢御伞,冀王之怜而降雨也。《昭平县志》"瑶人视盘古,三年一醮会,招族类,设道场,行七献之礼,男女歌舞,称盛一时,数月而后散,三年内所畜鸡犬尽于此会。"由此以观,其热烈可知矣。

刘锡蕃《岭表纪蛮》所记的地方在今广州市地区。今天广州市的花都区,有一座气势奇特的盘古王山,郁郁苍苍的山麓上有一座盘古王庙,是远近闻名的庙宇,历年香火不绝。在清代,"盘古烟霞"已是"花县八景"之一。每年在盘古的生日(农历十月十六日)举行"盘古节"庆祝活动。到了明朝弘治年间,官兵征讨瑶族人,盘古庙被焚毁,"盘古节"等民俗活动也被迫终止。直到300年后的清嘉庆初年(1796),当地读书人邱毛松在狮岭炉山的半山腰发现一块石碑,上刻"初开天地盘古大王圣帝神位",传说这块石碑是早年崇拜盘古的当地瑶族人逃亡时留下的。邱毛松认为：这里便是盘古开天辟地的地方,于是周围的人去参拜。盘古王渐渐远近闻名,人们还重新修建了盘古庙,香火很盛。最后,炉山终于改名为盘古王山,一年一度的"盘古节"庆祝活动也恢复了,并一直延续到现在。与瑶族的"盘古节"日期不同,现在的"盘古节"在农历八月十二,那是邱毛松发现石碑的日子。

《述异记》中有"桂林有盘古氏庙,今人祝祀。南海中盘古国,今人皆以盘古为姓"的记载,经民俗学者的调查得到证实。民俗学家们走访了广西壮族自治区的大片地区,进行了大量的调查,专家们调查发现,现在的广西来宾市一带,共有盘古庙28座。这些庙宇大多是在被毁的旧庙址上建起来的。而且在广西来宾市,各地都盛行祭祀盘古诞辰庙会活动,如演盘古戏、唱盘古歌等。在来宾市兴宾区和清代桂林郡治所在的贵港市等十几个县市,有许多以盘为姓的壮族居民,并有纯盘姓的壮族村落。如兴宾区平阳镇中山村的古就、白山两个自然村,共有180多户盘姓居民。这里民间不仅盛传各种版本的盘古故事、盘古歌谣、戏曲,而且冠以"盘古"之名的事物随处可见。比如武宣县思练乡的盘古村,就集有盘古庙、盘古山、盘古洞、盘古泉、盘古渠、盘古峒等专用名称,形成了群众性的地方文化景观。①

吕思勉说《述异记》首两说与《五运历年纪》之说原本是一,此说与《三五历纪》之说,都是来自印度传说,加以附会。② 宇宙世界是由某位神或巨人创造的神话,世界上各民族都有,杨宽认为此种神话不是互相传播,而是由各民族社会意识处在相同发展阶段而产生的类似神话传说,他在《中国上古史导论》中说：

  此等"巨人尸体化生说",在世界大陆国民天地开辟神话中几无不有之,不特印度然也。北欧神话亦谓最初宇宙无天、无河海惟有神蒲利(Buri)与霜巨人(Fnost Giant)伊麦(Ymir)。蒲利有三子,曰奥定(Odin)(精神)、曰尾利(Wili)(意志)、曰凡(Ve)(神圣)。奥定等杀霜巨人伊麦,以其肉造成土地,血液造成海,骨骼造成山,齿造成岩石,头发造成树木花草与一切菜蔬,髑髅造成天,脑子造成云。北美伊罗瓜族亦有巨人四肢骨血造成宇宙万物之说……此开天辟地之神话,疑非出于传播,乃由各民族社会意识之相类。北欧、北美与中国皆相距遥远,未必能流播也。③

印度化生神话的传说,见于佛教经典,在《厄泰梨雅优婆尼沙昙经》中有这个故事,"太古有阿德摩(AtmQn)先造世界,世界既成,后造人。此人有口,始有言,有言乃有火。此人有鼻,始有息,有息乃有风。此人有目,始有视,有视乃有日。此人有

---

① 彭泽琴：《"盘古国"究竟在哪里》,《环球人文地理》2010年11月。
② 吕思勉：《先秦史》第43页,上海古籍出版社,1982年。
③ 杨宽：《中国上古史导论》,《古史辨》第七册上第159页,上海古籍出版社,1982年。

耳,始有听,有听乃有空。此人有肤,始有毛发,乃有植物。此人有心,乃有念,有念乃有月。此人有脐,始有出气,出气乃有死。此人有阴阳,始有精,有精,乃有水。"又《外道小乘涅槃论》经中有:"本无日月星辰,虚空及地,惟有大水。时大安荼生,形如鸡子,周匝金色,时熟,破为二段,一段在上作天,一段在下作地。"①

在西亚犹太教及基督教的经典《圣经·创世记》和伊斯兰教的经典《古兰经》里,都有类似的上帝或真主创造世界的传说。如《圣经》的《旧约·创世记》开篇就是上帝七日创造世界的神话:②

起初,神(即上帝,下同)创造天地。地是空虚混沌,渊面黑暗;神的灵运行在水面上。神说:"要有光",就有了光。神看光是好的,就把光暗分开了。神称光为昼,称暗为夜。有晚上,有早晨,这是头一日。

神说:"诸水之间要有空气,将水分为上下。"神就造出空气,将空气以下的水、空气以上的水分开了。事就这样成了。神称空气为天。有晚上,有早晨,是第二日。

神说:"天下的水要聚在一处,使旱地露出来。"事就这样成了。神称旱地为地,称水的聚处为海。神看着是好的。神说:"地要发生青草和结种子的菜蔬,并结果子的树木,各从其类,果子都包着核。"事就这样成了。于是地发生了青草和结种子的菜蔬,各从其类,果子都包着核。神看着是好的。有晚上,有早晨,是第三日。

神说:"天上要有光体,可以分昼夜,作记号,定节令、日子、年岁,并要发光在天空,普照在地上。"事就这样成了。于是,神造了两个大光,大的管昼,小的管夜,又造众星,就把这些光摆列在天空,普照在地上,管理昼夜,分别明暗。神看着是好的。有晚上,有早晨,是第四日。

神说:"水要多多滋生有生命的物,要有雀鸟飞在地面以上,天空之中。"神就造出大鱼和水中所滋生各样有生命的动物,各从其类;又造出各样飞鸟,各从其类。神看着是好的。神就赐福给这一切,说:"滋生繁多,充满海中的水,雀鸟也要多生在地上。"有晚上,有早晨,是第五日。

神说:"地要生出活物来,各从其类;牲畜、昆虫、野兽,各从其类。"事就这样成了。于是,神造出野兽,各从其类;牲畜,各从其类;地上一切昆虫,各从其类。神看着是好的。

在《古兰经》里,多次讲到真主创造天地:③

一切赞颂,全归真主!他曾创造天和地,曾造化重重黑暗和光明。(第六章"牲畜",第97页)

---

① 转引自吕思勉:《先秦史》第44页,上海古籍出版社,1982年。
② 采自中国基督教协会,1996年南京印发本。
③ 采自马坚译,中国社会科学出版社,1996年版本。下同。

你们的主确是真主,他在六日内创造了天和地,然后,升上宝座,他使黑夜追求白昼,而遮蔽它;他把日月和星宿造成顺从他的命令的。真的,创造和命令只归他主持。多福哉真主——全世界的主!(第七章"高处",第120—121页)

你们的主确是真主,他曾在六日内创造了天和地,然后升上宝座,处理万事。(第十章"优鲁斯",第160页)

真主建立诸天,而不用你们所能看见的支柱。随后他端坐在宝座上,制服日月,使其各自运行到一个定期……他展开大地,并在大地上安置许多山岳和河流,他把每种果实造成两性的,他以黑夜覆盖白昼。(第十三章"雷霆",第195页)

我国南北各地都有关于盘古开天辟地的神话遗迹,人们至今仍然在对他举行崇拜性的祭祀活动,这实际上是对大自然的崇拜,是对宇宙起源、地球形成这一自然现象的崇拜。人们不了解这一伟大的现象,就以为是某位神之力,而对其崇拜。

我国开天辟地的神话同《圣经》中的神、《古兰经》中的真主等宗教神话不同的是他们同所开辟出的天地无关,我们民族的开辟神盘古,在天地开辟的过程中,他的身躯却变成为天地间的各个部分,与天地融为一体:身躯变成日月、大地及大地上的生物、人类,而自己却已不复存在。人同大地融为一体,是我们民族对人与自然关系的深刻认知:人和自然分不开。所以我们民族从来就对大自然怀着敬畏之心,认为山脉河流树林都是有灵的,对其加以祭祀。《周礼·司徒》的山虞是主管山林的职官,他的职务中有一项是"若祭山林,则为主而修除",即负责祭祀场地、用品及修治道路,迎候王到来祭祀。《吕氏春秋·孟春纪》记正月国家应作的大事中,有"命祀山林川泽"一项。《吕氏春秋》是战国时秦国丞相吕不韦使其门客编著的,其思想应是吕不韦的,下令对山林川泽进行祭祀,在当时的秦国应是实行了的。《礼记·祭法》:"山林川谷丘陵能出云,为风雨,见怪物,皆曰神,有天下者祭百神。"虽有迷信成分,却反映出对大自然的态度。爱护大自然、保护生态环境,我们祖先从来就是十分重视的。什么时候可捕鱼、什么时候可打猎、什么样的树木能砍伐,都有规定,不致破坏动植物的生长规律。春秋时期鲁国大臣里革,砍断国君鲁宣公违反时令捕鱼的鱼网,并用"古之训"来说服国君的不是。鲁宣公听后,不但没有责备里革砍断他鱼网的行为,还加以表扬,说"吾过而里革匡我"。里革所讲的"古之训"就是古人对保护自然环境提出的要求,《国语·鲁语上》:

宣公夏滥于泗渊,里革断其罟而弃之,曰:"古者大寒降(十一月),土蛰发(正月),水虞(掌川泽官)于是乎讲罛罶(网),取名鱼(大鱼),登川禽,而尝之寝庙,行诸国,助宣气也。鸟兽孕,水虫成,兽虞(掌管鸟兽官)于是乎禁置罗（捕兔、鸟的网），猎（鱼叉）鱼鳖以为夏犒，助生阜也（不能用网,只准用叉捕鱼,使鱼生长）。鸟兽成,水虫孕,水虞于是禁罝罼（鱼网）设穽鄂（陷阱）,以实庙庖,畜功用也（立夏鸟兽幼小,鱼待产子,禁止网捕鱼,陷阱捕兽）。且夫山不槎蘖（不砍伐山上的小树木）,泽不伐夭（不割泽中幼苗）,鱼禁鲲鲕（禁止捕小鱼）,兽长麑麌（使小的鹿、小麇长大）,鸟翼鷇卵（保护小鸟和鸟蛋）,虫舍蚳蝝（不杀害小虫）,蕃庶物也（为的是使众物生长繁殖）,古之训也。"

"古之训"是古人的要求,其来当更早。盘古开天辟地时身体变成了大地,这个神话也反映出我们民族具有自我牺牲精神的素质。这种自我牺牲精神是我们民族战胜前进路上艰难险阻的力量源泉,是我们民族文化得以数千年延绵不断的根基,文天祥的"人生自古谁无死,留取丹心照汗青",就是出自这种为国家民族而牺牲自我的精神。

第二节　宇宙起源的科学假说

中国古代关于宇宙起源的传说,无论是"气"说,还是巨人盘古开天辟地说,都是我们祖先对于宇宙起源的探索,虽然幼稚,但其中亦闪烁出先民智慧的火花,并且是具有中华特色的宇宙发生假说。

今日我们生活的宇宙空间,脚踏着的大地,是何时,又是怎样形成的,这还是科学家们在不断努力探索着的一个奥秘。科学家们提出不同的假说,其中一种为多数赞同的假说是,在大约 150 亿年前时,宇宙发生过一次大爆炸,后来逐渐冷却而形成今天的宇宙格局。地球是在这次大爆炸后,逐渐冷却而形成的。[①]

据古地质材料证明,地球的年龄大约已有四五十亿年,而地壳的形成则在 30 亿年前。地球经过若干亿年的形成期,其后慢慢地有了原始的最低等生物发生。根据古生物和古地质学的研究,科学家们将有原始低等的生物发生以后的地球,划分为五个时代,即太古代、元古代、古生代、中生代、新生代,用"生"来表示什么"代",表示地球上有生物。地质年代称"纪",五代划分为 12 个纪,从元古代始到今天,分别命名为震旦纪、寒武纪、奥陶纪、志留纪、泥盆纪、石炭纪、二迭纪、三迭纪、侏罗纪、白垩纪、早第三纪、晚第三纪、第四纪。划分新生代时间用

---

① 二十世纪七十年代,宇宙学家提出暴胀理论,认为约 137 亿年前,时空宇宙从一个豌豆大小的物体迅速暴胀成了如今用最强大的望远镜也看不到边的实体。暴胀后立即释放出强大的引力波,宇宙学家用引力波作用来解释星系、恒星、行星等大规模结构是如何从宇宙均匀分布的物质中形成的。美国哈佛大学科学家在 2014 年 3 月 17 日宣布,他们首次探测到了大爆炸后穿过宇宙的引力波。这一发现被西方学者誉为"绝对有资格获得诺贝尔奖"。（英国《独立报》网站 2014 年 3 月 17 日报道《大爆炸的遗产?》、美国趣味科学网站 2014 年 3 月 18 日报道《大爆炸的引力波对物理学意味什么?》。转采自《参考消息》2014 年 3 月 19、20 日《科学家发现宇宙暴胀确凿证据》、《大爆炸引力波带来物理学新认识》文）。

"世",我们人类出现在"新生代"的第四纪。① 下面是地质年代简表,以观生命的进化同地质年代间的关系。

地质年代简表②

代(界)	纪(系)	世(统)	距今年代(百万年)	开始繁殖的 植物	开始繁殖的 动物
新生代	第四纪	全新世	0.01	被子植物	人类
新生代	第四纪	更新世	2 或 3	被子植物	人类
新生代	晚第三纪	上新世	12	被子植物	哺乳动物
新生代	晚第三纪	中新世	25	被子植物	哺乳动物
新生代	早第三纪	渐新世	40	被子植物	哺乳动物
新生代	早第三纪	始新世	60	被子植物	哺乳动物
新生代	早第三纪	古新世	70	被子植物	哺乳动物
中生代	白垩纪		136		爬行动物
中生代	侏罗纪		180		爬行动物
中生代	三迭纪		225		爬行动物
古生代	二迭纪		280	裸子植物	两栖动物
古生代	石炭纪		350	裸子植物	两栖动物
古生代	泥盆纪		400	裸子植物	鱼类
古生代	志留纪		440	陆生孢子植物	海生无脊椎动物
古生代	奥陶纪		500	陆生孢子植物	海生无脊椎动物
古生代	寒武纪		600	陆生孢子植物	海生无脊椎动物
元古代	震旦纪		1 000	海生藻类	海生无脊椎动物
太古代					最低等原始生物
地球初期发展阶段					最低等原始生物

---

① 2000年荷兰大气化学家、诺贝尔化学奖得主保罗·克鲁岑(Paul Srutzen)和生物学家尤金·斯托莫(Eugene Stoermer)两人提出,从18世纪下半叶的1878年瓦特发明蒸汽机开始,地质上就应进入"人类世"而不再是"全新世"。"人类世"主要关注工业革命、人类活动对气候及生态系统造成的全球性影响,特别是对地质和人类历史带来的深刻影响。2011年5月,英国地质学会举办了一次名为"人类世:地质时期的一个新纪元"的会议,"人类世"这一概念,在会上得到大多数西方学者的认可(见张哲:《扩展人类理解历史的疆域——对话"大历史"、"深历史"、"人类世"叙述者》,《中国社会科学报》2013年11月15日)。

② 此表采自宋兆麟、黎家芳、杜耀西:《中国原始社会史》第2页,文物出版社,1987年。

第四纪是人类的历史时期。从人类的起源到进入有国家的社会前,考古学家们称为"石器时代"。石器时代按照社会生产力的发展和文化的进展状况而被划分为旧石器时代和新石器时代两个阶段。中国石器时代大致结束于公元前2000年夏朝的建立。石器时代的发展阶段如下表所示：①

中国石器时代发展阶段表

距今年代(万年)	第 四 纪	文 化 分 期
0.4—1	全新世	新石器时代
1—12.8	晚更新世	旧石器时代晚期
		旧石器时代中期
12.8—78	中更新世	旧石器时代早期
78—300	早更新世	

① 赵静芳：《中国旧石器时代》，《中国社会科学报》2010年4月16日。

第二章　女娲造人和我国南北各地的猿人化石

我们人类是从哪里来的,这个问题同宇宙的来源一样,引起古人的不断追问。古人不知人是从猿类进化来的,于是产生人是神制造出来的神话。这类神话,世界各民族中都有,反映了人类企图探索自身来源的精神。我国有关女娲造人的神话,今天看来是很幼稚的,这个神话虽然幼稚,却是我们祖先企图探索人类起源的尝试。

神话虽有人类自身的影子,却不是科学。对人类起源的科学探索,始于十八世纪的欧洲。近代考古学传入中国后,我国学者开始了在中国大地上追寻人类起源的足迹。近百年来,在我国南北各地都发现了大量的猿人化石和早期人类活动的遗存,证实我国是人类起源的重要地区之一。

"造人"事关人类的起源问题。女娲造人神话是我国先民对人类起源问题的探索,在"开天辟地"后,大地上就应有生物、人类的出现,故将女娲"造人"的神话故事时间序列,次于"开天辟地"之后。

第一节　女娲造人神话及其他创制的传说

传说中的女娲事迹主要有三:造人、补天、制婚姻。

(一)女娲造人神话。对于人的起源,我们祖先有女娲造人的神话,《淮南子·说林》篇载造人是由多人共同完成的:

　　黄帝生阴阳(即男女),上骈生耳目,桑林生臂手,此女娲所以七十化也。

高诱《注》:"黄帝,古天神也。始造人之时,化生阴阳也。上骈、桑林,皆神名。女娲,王天下者也。七十变造化,此言造化治世非一人之功也。"此"黄帝"是天帝而不是《史记·五帝本纪》中的轩辕黄帝。东汉人应劭在《风俗通》中说,造人之事皆女娲一人之力:

　　俗说天地开辟,未有人民。女娲抟黄土作人,剧务,力不暇供,乃引绳于纴泥中,举以为人。故富贵者,黄土人也。贫贱凡庸者,纴人也。(《太平御览》卷七八引)(图序-3)

女娲所造之人有贫贱富贵之分,这个神话当是在社会产生分层后所形成。

《屈原·天问》中曾问道:

　　登立为帝,孰道尚之?女娲有体,孰制匠之?

东汉王逸《注》说：登为帝的是伏羲。清人周振辰说：《天问》中常有上二句先述事迹，下二句才说出人名的句法，故"登立为帝"应是指女娲为帝。游国恩赞同其说，谓"盖此四句，当并属女娲事，周振辰说是也"。① 屈原问女娲登上帝位，是什么缘由使她成为女帝的？她那奇形怪状的身体，是谁想出来的？传说中女娲是神，王逸《注》说："传言女娲人头蛇身，一日七十化。"在《山海经》中，女娲的肠子化为十个神仙，《大荒西经》："有神十人，名曰女娲之肠，化为神，处栗广之野，横道而处。"郭璞《注》："女娲，古神女而帝者，人面蛇身，一日中七十变，其腹化为此神。"

图序-3 女娲造人
（王星泉作）

1942年在湖南长沙子弹库发现一座战国中晚期之间的楚墓，其中有一块完整的帛书，是一大方块形，中央有两大段文字，有一部分讲古史，讲的是伏羲、女娲。② 可见在战国时期伏羲、女娲的传说很流行。女娲为帝、为神，一日之内体变七十次，变化不定，故屈原问女娲若有各种形态的身体，到底是谁想象出来的呢？

人是女娲造出来的，所以她被尊为"华夏始祖"，受到我国民众的广泛祭拜。在全国各地的许多地方都流传着女娲神话以及相关的"女娲遗址"，人们对她举行隆重祭祀，如河南省西华县聂堆乡有女娲城、河南周口有女娲城、河北省涉县中皇山有娲皇宫、陕西省潼关有女娲庙、陕西省平利县有女娲山、山西赵诚侯村有女娲

图序-4 河北涉县娲皇宫
（采自《中国社会科学报》2010年6月15日）

---

① 游国恩：《天问纂义》第284页，中华书局，1982年。
② 李学勤：《女娲传说与其在文化上的意义》，《中国文物报》2004年12月10日。

陵、山西省晋城泽州有华夏女娲文化国、山西省吉县人祖山建有女娲宫和伏羲皇帝正庙，①甘肃秦安县有女娲庙等，这样的祭拜场所，传说是女娲的出生地或活动过的地方。河北省涉县中皇山的"娲皇宫"始建于北齐天保年间（550—559），建筑群规模宏大。（图序-4）娲皇宫所在的山称为"奶奶顶"，一年一度的庙会，四方信徒从各地赶来祭拜，十分热闹，已经形成一个固定的节日，涉县也被命名为"中国娲文化之乡"。祭祀女娲的程式被称为"女娲祀典"，已被列入首批"非物质文化遗产名录"。"娲文化"的主要内容包括民间祭祀、祈禳还愿、进香朝拜、神话礼俗、岁时节庆等。当地香客称女娲为"奶奶"，"祈禳还愿"就是拜会"奶奶"女娲，向她祈求子嗣、祛除灾祸。朝拜的香客说"娲皇宫奶奶可灵了"，灵的是有求必应。这显然是女娲抟土造人神话衍生出的神异功能。②

人是神创造的，也是世界上很多民族关于人类起源的神话。《圣经·旧约·创世记》记载，上帝在前五天创造世界，到第六天才"照着自己的形象造人"，"用地上的尘土造人，将生气吹在他鼻孔里，他就成了有灵的活人，名叫亚当。"《古兰经》中说，人是真主用泥土创造的：③

  真主曾在六日内创造天地万物……他精制他所创造的万物，他最初用泥土创造人。然后用贱水的精华创造他们的子孙。然后使他健全，并将他的精神吹在他的身体中，又为你们创造耳目心灵。（第二十三章"叩头"，第329页）

  我确已用黑色的成形的粘土创造了人。以前，我曾用烈火创造了精灵。当时，你的主曾对天神们说："我必定要用黑色的粘土塑成人像而创造人。当我把他塑成，而且把我的精神吹入他的塑像的时候，你们应当对他俯伏叩头。"（第十五章"石谷"，第207页）

人是某位神用泥土造的，是世界各民族都有相似的共同神话，反映人类对自身来源的探索精神。

（二）女娲补天。《列子·汤问》载女娲用五色石补天，其后天又遭受到共工的撞击，致使大地成西高东低的状况：

  昔者女娲氏炼五色石以补其阙，断鳌之足以立四极。其后共工氏与颛顼争为帝，怒而触不周之山，折天柱，绝地维，故天倾西北，日月星辰就焉；地不满东南，故百川水潦归焉。

---

① 1984年在山西吉县人祖山女娲宫女娲塑像下发现人的骨骼，据测定最早的为距今6 200年，有人认为此人骨可能就是传说中的女娲的遗骨。显然是错误的，受到学者的质疑（见《中国社会科学报》2012年6月13日A—01薛倩：《不能以历史考证方法将神话人物对号入座》）。
② 鲍江：《符记图经：对"娲皇宫"的民族志探索》，《中国社会科学报》2010年6月15日第10版。
③ 见马坚译本，中国社会科学出版社，1996年版本。

王充《论衡·谈天》载是共工先撞击天,然后才有女娲补天:

> 儒书言:"共工与颛顼争为天子,不胜,怒而触不周之山,使天柱折,地维绝。女娲销炼五色石以补苍天,断鳌足以立四极。天不足西北,故日月移焉;地不足东南,故百川注焉。"此久远之文,世间是之言也。

女娲补天的神话,表现出中华民族同大自然斗争的宏大气魄,为天下人谋福祉的无私奉献,不顾自身安危的大无畏牺牲精神。(图序-5)民间传说,女娲补天的五色石掉下一块,落在今浙江的青田县,清朝乾隆皇帝最喜欢的青田石玺印的青田石,就是女娲补天掉下来的石头。

(三)规范婚姻。宋罗泌《路史·后纪二》:"(女娲)职昏(婚)姻,通行媒,以重万民之则,是曰神媒。"罗泌之子罗苹《注》引《风俗通》:"女娲祷祠神,祈而为女媒,因置昏姻。"闻一多认为女娲为夏人所祀的高媒神,他在《高唐神女传说之分析》文中说:"《路史·余论二》引束晳曰:'皋媒

图序-5　女娲补天
(王星泉作)

者,人之先也。'古代各民族所记的高媒,全是各该民族的先妣。夏人的先妣是涂山氏,《史记·夏本纪》司马贞《索隐》引《世本》曰'涂山氏名女娲',而《路史·后纪二》以女娲为神媒,《余论二》又曰'皋媒古祀女娲'。这是夏人的高媒祀其先妣之证。"①

我们所说的女娲时代,是指的人类初期,那时期人类实行的是杂婚,还不可能有排除血缘关系的婚姻,这个传说是把女娲的时代大大拉后,与传说中女娲时代不相一致。

女娲还有创制乐器的"功绩",王谟辑《世本·作篇》:"女娲作笙簧。"张澍补注《世本·帝系篇》:"女娲氏命娥陵氏制都良管,以一天下之音;命圣氏为斑管,合日月星辰,名曰充乐。既成,天下无不得理。"传说中"皇""帝"们的制器故事,是为神化他们的才智,是不可一一去坐实的。

上述女娲的几大"功绩"中,"抟土造人"、"炼石补天"属神话传说,当然不可能是事实,我们只可把这一神话传说,当作我们民族祖先对人类起源这样一个重

---

① 闻一多:《闻一多全集》(一)第98页,三联书店,1982年。

大问题,所做的非科学的探测。不过,上帝造人这种神话,在世界各民族中都是流行过的,只是造人的神名和造人的方法各不相同而已。

第二节　我国是人类起源的重要地区

人类的来源当然不是某位神的创造,而是从动物中的一支进化而成的。人类的祖先是类人猿,这个观点最早是欧洲学者提出来的。十八世纪上半叶,瑞典博物学家林耐创立动物分类系统,他认为人体结构与高等的猿猴有很多相似的地方,因而把人和猿猴一同归于灵长目类中。1809年法国学者拉马克在《动物哲学》一书中,明确提出人类起源于类人猿。1859年达尔文出版了《物种起源》一书,提出动植物都是在不断地变化发展,由简单到复杂,由低级到高级的进化学说,此即所称的"进化论"。1863年英国生物学家赫胥黎出版了《人类在自然界的位置》一书,他利用当时胚胎学和比较解剖学方面的科学成果,论述人类与猿类的亲缘关系,提出人、猿同祖的理论。1871年达尔文在《人类起源和性的选择》一书中,提出人类和类人猿有着共同的祖先,人类是由已经灭绝的古猿进化来的。

达尔文的学说对人类起源的科学研究,起到了非常重要的作用,但是没有能根本解决人类是怎样从动物界分化出来的,又怎样从远古人发展到现代人的问题。古人类学家吴汝康指出达尔文之所以有此不足,是他将人类的起源和动物的起源一样看待之故,而没有看到人类起源问题中的特点:

> 达尔文的学说对于人类起源的科学研究的发展,起了非常重要的作用,然而达尔文没有彻底解决人类是怎样从动物界中分化出来,以及这古人类怎样发展为现代人的问题。因为达尔文把研究重心放在人类在动物界的位置上了,并且认为人类的起源几乎和其他动物的起源一样。换句话说,他始终是用纯粹生物学的观点来看这个问题的。其实,人不仅是从动物界进化而来的,而且还有其本身的独特之点。这就是劳动,在劳动过程中改变了与自然界的关系,由单纯地适应自然界变成改造自然界,支配自然界,迫使自然界服务于人类的目的。因此,猿转变为人以及原始的人转变为高度发展的人的过程,和一般动物的发展过程有着本质的区别。赫胥黎和达尔文没有能察觉这方面的意义。恩格斯明确指出:"甚至达尔文学派的最富有唯物精神的自然科学家们还弄不清人类是怎样产生的,因为他们在唯心主义的影响下,没有认识到劳动在这中间所起的作用。"(《劳动在从猿到人转变过程中的作用》)……达尔文把人类从上帝手里解放了出来,归还于动物界;那么恩格斯又把人类从动物界中区别

出来,使人看清了人作为劳动者,作为自然的改造者、自然的征服者的特殊本质。①

恩格斯说"没有一只猿手曾经制造过一把哪怕是最粗笨的石刀"。② 吴汝康的评论抓住了问题的要害,人类告别猿类(动物类)的关键是制造工具,是劳动,今天已成为人们的共识。劳动要使用工具,最早人类使用的工具,当是现成木棍、石块、坚硬的骨头之类,后来根据需要制造工具。木质工具不易保存下来,今天发现的人类最初使用的工具主要是石质的,还有少量骨质、蚌质的。

当今学术界对于人类的起源还有两个问题有待解决:一个是人类起源是单中心还是多中心。单中心即是一个地方的类人猿进化成人类后才向世界各地迁徙。多中心即人类是不同地方的类人猿各自独立地进化到人类的;另一个是起源地是非洲还是亚洲。

单中心说和多中心说都是十九世纪西方古典人类学家在人类种族起源问题上提出的主张。但是,在人类起源问题上,却存在着科学论述与种族主义偏见之分。种族主义者的单中心说源于《圣经》中伊甸园的隐喻,认为人类起源于同一祖先并且在退化。其中白人是退化程度最小的人种,黄种人次之,黑人最甚。种族主义的多中心说则认为,不同种族起源于各自的亚当和夏娃,是不同祖先的后代,各种族之间的差异显著,等级分明。这种种族主义的人种起源说,当然是极其荒谬的。从古人类学的角度研究人类起源的单中心说,是著名博物学家华莱士(Alfred Russel Wallace)提出的,他是与达尔文共同提出的、以自然选择为机制的进化论学说的学者,在1864年他向伦敦人类学协会提交了题为《人类种族的起源及古人类在自然选择下的进化》的论文,提出人类单一起源说并通过对人类躯体进化与文化进化过程的区分,以及对两者相互作用的分析,得出所有人种都拥有同等智力潜能的结论。他认为不同种族在极其遥远的过去是由同一种族分离出来的,其体质上就没有多大的变化,但智力上却进展突出,这就成为人类区别于其他物种的显著所在。他说:"我深信人类曾经是一个种族。自从人类的脑力发展到一定程度以后,他有了语言、道德、理智,从那时起,他的身体变化与他在智力上取得的成就相比,就可以忽略不计了。"③华莱士提出人类起源单一说并提出所有人种都拥有同等智力潜能的意见,对反对当时人种起源的种族主义偏见是有着极大意义的。但去除种族主义的人种起源偏见,当今学术界从世

---

① 吴汝康:《人类起源和发展》第8—9页,科学出版社,1976年10月。
② 恩格斯:《自然辩证法》,《马克思恩格斯选集》第三卷第509页,人民出版社,1972年。
③ 郑笑冉:《非种族主义的人类起源观》,《中国社会科学报》2010年6月8日第11版。

界各地发现的古人类化石分析,认为人类起源于多个中心的意见也是不可忽视的。①

人类起源地点在非洲还是亚洲的不同意见,是主单中心起源说学者们争论的问题。二十世纪以来,在非洲发现距今 400 万年前后的古人类化石,学术界多有主张非洲是人类的夏娃所在地。但是有学者据近年考古出土化石证明,作为人类前身的类人猿,最早起源地在亚洲而不是以前说的非洲。近年一个考古小组从非洲的利比亚杜尔阿塔拉发掘出一批类人猿化石,是属于一个灵长目群体,其中包括类人猿、猿和猴子,这些化石属于距今 3 900 万年的动物。英国《每日电讯报》网站 2010 年 10 月 27 日发布理查德·阿莱恩的文章《走入非洲——人类祖先来自亚洲》,提出人类最早的祖先不在非洲而是在亚洲,是从亚洲走进非洲,而不是"走出非洲":

> 古生物学家发现,在那些距今 3 900 万年的化石中存在三种截然不同的类人猿,它们大约在同一时期内共同生活在该地区。而那个时期——即所谓的始新世——几乎没有已知的类人猿曾在非洲存在过。
>
> 这可能表明非洲的化石档案存在着重大的遗漏,但鉴于已经在非洲进行了大量考古工作,科学家认为这种假设不大可能。而另一方面,也可能表示这些物种当时是从别的大陆"移居"到非洲的。
>
> 由于三个物种的进化需要极其漫长的时间,加上非洲化石档案的缺失,考古小组于是得出结论认为亚洲是类人猿最有可能的发源地。
>
> 专家们在《自然》杂志上撰文称,他们认为类人猿从亚洲移居非洲是最合理的假设。匹兹堡卡内基自然历史博物馆的克里斯托弗·比尔德说:"如果我们的假设是对的,那么类人猿向非洲的早期移居是一个极其重要的事件——它是人类进化中的关键一环。"他说"当时非洲是一个孤立的大陆,当这些类人猿出现时,这个岛上还没有任何可与他们竞争的生物。这导致了类人猿在一段时期内旺盛的多种进化趋势,其中的一支直系后代演变成了

---

① 人类 Y 染色体只有男性才有,它具有很强的稳定性,不与其他染色体交换物质,因此比较容易追踪同代世系的遗传关系。如果两个 Y 染色体携带同样的变异,说明他们历史上曾经有共同的父系祖先,两个 Y 染色体间的变异相差越大,他们共同的祖先就越古老。美国每日科学网站 2013 年 3 月 4 日报道了刊登在《美国人类遗传学杂志》双月刊上的文章,该文章中公布了,在美国一家商业性质的遗传检测公司,发现一种从非洲裔美国人 Y 染色体识别出来的世系,在现代人类 Y 染色体的世系图上找不到合适的位置。美国亚利桑拉大学生态学与进化生物学系、亚利桑拉研究实验室的迈克尔·哈默研究发现,这是一例人类最古老的 Y 染色体,距今约 33.8 万年,它比世界已知最古老的现代人化石还要早,说明现代人是来自不同的祖先。他说:"这令人惊讶,因为从前 Y 染色体偏离最大的分支发现于传统的狩猎采集者,比如俾格米人和发音带咔嚓声的科伊桑人,据认为他们是现今生活在地球上的染色体偏离程度最大的群体。""这个群体与喀麦隆西部一个很小地方的 11 名男子的 Y 染色体 DNA 匹配。这些人的基因排序各不相同,因此他们不会来自同一位祖父。"哈默警告人们,不要相信"夏娃线粒体"或"亚当 Y 染色体"之类的流行观点,这种观点暗示所有人类都是来自进化史上的同一对男女(见《参考消息》2013 年 3 月 7 日第 7 版"科学前沿"文:《科学家发现最古老 Y 染色体》)。

人类。如果我们早期的类人猿祖先没有成功地自亚洲移居非洲，那么人类根本就不会存在。"比尔德指出："利比亚的这处不同寻常的新化石出土地点证明，在始新世中期即 3 900 万年前，生活在非洲的类人猿有着令人惊奇的多样性，而在此之前的非洲几乎没有过已知的类人猿。这种多样性的突然出现表明，这些类人猿可能是从别处移居到非洲的。在非洲没有更古老的化石证据的情况下，我们现在把亚洲当作这些动物最早产生的地方。"①

类人猿中有一个种属名为纳马古猿，科学家们认为，它是人类的前身。纳马古猿生活在距今 1 500 万—1 000 万年前，其化石首先发现于印度的旁遮普。贾兰坡说：旁遮普拉(纳)马古猿，一般地说，身体有黑猩猩那样大小，有短的面部，拱形的腭骨和形似南猿的下颌骨、牙齿和上颌骨。牙齿的模式具有许多人类牙齿的萌芽，几乎可以认为是距今 1 500 万年—1 000 万年前的人类的前驱。纳马古猿是目前已知的最接近于人的猿化石，在富有人的性质上，还没有任何已知的猿类能和它相比。根据它的性质和时代，可以把它看成是具有转变成人类的走过十字路口的人类猿型祖先。至少根据现有的材料看来是如此。

纳马古猿化石发现的地点有三个：一是东非肯尼亚的特尔南堡；二是印度旁遮普西姆拉的哈里塔良格尔；三是我国云南开远县小龙潭和禄丰县石灰堤。把这三个地点用线连接起来，呈一个不等边三角形，南亚正位于这个不等边三角形的中心地带，与恩格斯所提出的理论基本相合。②

"恩格斯提出的理论"，是指恩格斯在《劳动在从猿到人转变过程中的作用》一文中的如下一段论述：

> 在地质学家叫作第三纪的地球发展阶段的某个不能确切肯定的时期，据推测是在这个阶段的末期，在热带的某个地方——大概是现在已经沉入印度洋底的一片大陆，生活着一种特别高度发展的类人猿。

我国云南省是纳马古猿化石发现最为丰富的地区，1956 年在云南禄丰县石灰堤煤窑下发现同纳马古猿相似的类人猿化石，共发现颅骨五个，下颌骨十个，颅骨和颌骨碎片四十七块，上下齿列二十九组，牙齿六百五十颗，肩胛骨和锁骨各一根，指骨两根。其体型特征显示雌雄性个体都有。古人类学家已将它定名为禄丰古猿禄丰种。③ 禄丰古猿的年代距今约七八百万年，地层属于中新世晚期。2009 年 11 月 4 日，考古工作者在云南省昭通市昭阳区水塘坝发现一具保存基本完整的古猿头骨，经中国科学院地质与地球物理研究所岩石圈演化国家重点实验室古地磁年代测定，年代为距今 620 万年至 610 万年的晚中新世末期，

---

① 以上采摘自《参考消息》2010 年 10 月 29 日第 7 版。
② 贾兰坡：《中国大陆上的远古居民》第 44 页，天津人民出版社，1978 年。
③ 吴汝康：《禄丰古猿化石分类的修订》，《人类学报》1987 年第 4 期。

属于南方古猿祖先的早期人类化石。在这个时期,欧亚大陆其他地区的中新世古猿由于气候恶化而绝灭,昭通的发现证明这里的古猿仍然存在着,他是当时世界上唯一存在的猿人。晚中新世末期,青藏高原隆起形成不同的地理单元,使季节性气候加强,导致生物群快速进化和更迭,包括云南境内的中国西南地区成为古猿演化的"避难所"。这个发现说明早期人类在南方古猿出现之前,应是"走进非洲"而不是"走出非洲"。[①]

人类最早同古猿分开大约发生在距今四五百万年时期,那时出现了一种名为南方古猿的类人猿,他应是纳马古猿的后裔。南方古猿分为两种:粗壮型和纤细型。它们都能制造石器,但粗壮型的体质构造上太特别,终于在直立人出现的前后绝灭了。纤细型南方古猿因体态适度,它们已能制造粗糙的石器,能适应变化着的自然环境,可能通过能人而发展到直立人,再发展到智人而成为人类的真正祖先。云南不仅发现有六七百万年前的纳马古猿和禄丰古猿化石,还在元谋县的上那蚌发现距今约170万年的人类牙齿和石器,所以这里应是人类起源的摇篮。

在从猿转变到人的期间,我国西南地区,特别是青藏高原地区,气候和自然地理环境,都是一个适合人类演化的舞台。贾兰坡根据古地质、古生物工作者对青藏地区考察结果,描述古时的自然环境,他说不能小看青藏高原这块地方,今天那里是山高谷深,皑皑白雪,可是当地质时代的第三纪并非如此。中国科学院组织了珠穆朗玛峰科学考察队,1966—1968年连续三次在那里进行考察和研究。地质研究所郭旭东曾发表论文说:"仔细考究该植物群的现代生态环境,表明本区在上新世末期,希夏邦玛峰地区为温潮的亚热带地区,年平均温度达10℃左右,年降水量约2 000毫米。"古脊椎动物与古人类研究所的地质工作者在1975年也到喜马拉雅山脉中段和希夏邦玛峰北坡海拔4 100—4 300米的吉隆盆地调查,在吉隆县城南9公里的地方发现时代为上新世的三趾马动物群,除三趾马外,还有鬣狗、大唇犀等,属于温暖气候。陈万勇的研究报告说:"以三趾马动物群的生态环境来看,多为森林草原型的喜暖动物。据孢子花粉分析含有榉木、棕榈、栎、葵科、雪松和豆科等,也属亚热带性。同时,粘土矿物组合所反映的气候也相吻合。当上新世的时候喜马拉雅山的高度约在1 000米左右,气候屏障的作用不显,南北坡都受到印度洋暖湿的季风所滋润。"这就给了我们很大的启发,正当从猿转变到人期间,青藏高原地区仍然是适合人类演化的舞台。[②]昭通古猿头骨的发现证实了贾兰坡的预测。

[①] 吴运亮等报道:《云南发现六百万年前的古猿头骨》,《中国社会科学报》2013年9月6日。
[②] 贾兰坡:《中国大陆上的远古居民》第6—7页,天津人民出版社,1978年。

第三节 中国境内早期人类的化石分布

从猿转变到人以后,到现代人之间,还经历了若干发展阶段,吴汝康分为五个阶段:"大约在距今 300 万年前,'前人'发展成真人,能够制造工具,形成了社会,成了真正的人类(真人),又经历了早期猿人、晚期猿人(猿人)、早期智人(古人)和晚期智人(新人)等阶段,发展成现代人。"①

吴汝康所划分的人类几个发展阶段,是以人的智能发展为基础的,若以使用工具为标准,则总称为旧石器时代。按照考古学上划分,旧石器时代又分为早、中、晚三期,这两种划分的关系如下表所示。②

人类发展阶段和石器时代分期对照表

人类发展阶段	年　代	石器时代分期
现代人	公元前 1 万年至今	新石器时代以后至今
晚期智人	距今 5 万—1 万年	旧石器时代晚期
早期智人	距今 30 万—5 万年	旧石器时代中期
晚期猿人	距今 150 万—30 万年	旧石器时代早期
早期猿人	距今 300 万—150 万年	
真人	距今 300 万年前	

据考古发现证明,至少在 200 万年以前,在中国南北大地上就已经有了人类的足迹。二十世纪九十年代末,在安徽繁昌县人字洞发现 40 多件石器,经鉴定确认这批石器是 200 万年至 240 万年前的早期人类遗存。石器多数是刮削器,其中有 10 多件石器是以铁矿石作原料的。这次发现很重要,第一,把人类在中国土地上生成的历史提前了 30 多万年;第二,铁矿石作为旧石器原料,这是第一次发现,对研究工具的起源有很重要的意义;另外,还发现了骨制品,出土两件打击得比较清楚的骨器,这对研究人类利用自然物为自己服务增加了新的材料。③

黄万波等 1985 年 10 月 13 日下午在"巫山县龙骨坡惊喜地发现了距今 200 万年前的巫山人化石,它与东非早更新世能人处于同一进化水平上",④1999 年又在此发现一批距今 200 万年的石器。显示这里是人类起源的重要地区。

1960 年在山西省芮城县西侯度村一处古人类遗址里,出土石器 32 件,带有

---

① 吴汝康:《人类的起源和发展》第 116 页,科学出版社,1976 年。
② 本表参照吴汝康《人类的起源和发展》第 102 页表 2"人类及其文化和社会形态发展表"制成。
③ 《北京晚报》1999 年 4 月 14 日报道。
④ 见《光明日报》1998 年 5 月 8 日。

切割和刮削痕的鹿角、烧骨和成批的哺乳动物化石,据古地磁测定此遗址距今约180万年。这是我国北方发现最早的一处文化遗址。1965年在云南省元谋县上那蚌村发现的一处古文化遗址,发现两颗人牙、石制品、带有人工痕迹的动物切片、烧骨和大量的动物化石。遗物出土层位属更新世早期,据古地磁测定此遗址距今约170万年,学术界将它命名为"元谋人"。

1989年和1990年,在湖北郧县曲远河口学堂梁子相继发现了距今约170万年的两具完好的古猿人头骨化石,并获得44件石制品。① 此遗址所出土两具头骨的年代,在2000年以来,中国和法国研究人员从该遗址中提取的大量样品,用沉积学、微观形态学、地磁地质学、地球年代学和孢粉学等多种方法进行重新研究,得出这两具头骨的年代在距今93.6万年左右,是世界上更新世早期重要的直立人化石之一,②与欧洲发现最早的人类遗迹时间相当。欧洲发现的最早的人类遗迹是在英国东北部约220公里的诺福克郡边海黑斯堡村附近,在此一处遗址里发现了大约75件取火工具,伦敦理工学院研究员西蒙·帕菲特等研究人员考证,这些人工制品的年代在86.6万年至81.4万年前,或者是97万年至93.6万年之前。③

河北省原阳县小长梁、泥河湾、东谷坨等地,发现丰富的人类文化遗迹。有石器、骨器和大量的动物化石。石器种类有刮削器、尖状器、砍砸器等,形体普遍较小,加工精细,并已分出明显的类型。在一些骨片上有修理的痕迹,贾兰坡认为,它"和周口店北京人遗址的骨器并无二致"。④ 据古地磁测定东谷坨遗址距今约100万年。

1993年3月在江苏省南京郊区汤山镇旁的一个溶洞里发现一只头盖骨化石,发掘者初步断定为距今15万年的古人类,被命名为"南京猿人"。后经澳大利亚昆士兰大学人类学专家赵建新等人,用热电离质谱测年技术,对"南京猿人"头盖骨化石进行测定,得出的结论是"南京猿人"头盖骨化石有距今62万年至58万年的历史。⑤

安徽繁昌人字洞、巫山龙骨坡都发现距今200万年的人类遗存,说明我国是人类的重要起源地之一。

猿人进化到智人,是人类进化史上的巨大飞跃。智人是现代人的祖先。智人按其身体特征、智识水平而分为早、晚两期。北京周口店山顶洞发现的山顶洞人就属于晚期智人。2007—2008年在河南省许昌灵井发现两批古人类头骨化

---

① 《光明日报》1998年3月3日。
② 见《中国文物报》2010年7月9日7版冯小波发言摘要。
③ 见《自然》科学杂志2010年7月8日出版,转引自《参考消息》2010年7月9日第7版《研究发现古人类80万年前抵北欧》文。
④ 吴汝康、吴新智、张森水主编:《中国远古人类》第95页,科学出版社,1989年。
⑤ 《北京晚报》2001年2月25日报道。

石,被称为"许昌人"。同地层伴出的有石器、骨器及动物骨骼。经热释光测年、动物群的绝灭比例、古土壤地层学等方法研究,"许昌人"的年代约为距今10万年—8万年,属于早期智人,是我国首次发现这一时期的古人类化石,对我国人类起源研究具有重大的学术价值。①

我国旧石器时代文化遗址,据吴汝康、吴新智、张森水主编的《中国远古人类》②一书中附录一"中国古人类及旧石器文化重要遗址一览",在全国二十九个省市自治区中,除上海、天津、新疆外都有遗址被发现,共计168处,其中北京市5处、河北省5处、内蒙古自治区9处、山西省22处、黑龙江省5处、吉林省3处、辽宁省10处、山东省6处、安徽省2处、江苏省3处、浙江省1处、江西省1处、台湾省2处、河南省12处、湖北省7处、湖南省2处、广东省2处、广西壮族自治区10处、云南省8处、贵州省13处、四川省4处、西藏自治区5处、陕西省18处、宁夏回族自治区2处、甘肃省8处、青海省3处。属于早期的30处、中期的27处、晚期的102处,其余是不能确定早晚的遗址。此书出版于二十世纪八十年代末,此书出版后,在我国各地又有不断的新发现,但通过此表还是可以了解我国古人类化石分布的基本情况。

从上述可见,我国旧石器时代化石出土地遍布于全国各地,证明我国是人类的重要起源地。这与我国独特的自然环境相关。我国处在亚洲东部的亚热带地区,气候温和,雨水充沛,十分有利于动植物的生长;到处是密林茂草,飞禽、走兽和鱼类很多,十分有利于人类的活动。在夏商以前,河流、湖泊很多,水量大,在商代的甲骨文中,迄今还没有发现有关沙漠的文字,可见那时沙漠很少或者还没有出现。华北平原到处是河流、湖泊、沼泽。古代的黄河在今内蒙古河套地区的主要河道是北面的乌加河,流至今河南境内与洛河汇合后,便沿着太行山东麓向东北流,至今天津附近入海。因古时黄河水量大,在今河南荥阳境黄河向东北大转弯的地方,在南岸分出一条支流向东流去,流经原阳县南、封丘县北,至山东定陶西折而东北注如巨野泽,又自泽北出经梁山县东,至东阿旧治西至济南市北的泺口,从今小清河道入海,成为"四渎"(四条直接流入海的河流)之一的济水。古代长江、淮河的水面都比现在宽得多。在今天湖北境内的江汉平原,古代是著名的云梦泽。在湖南省北部,是方圆九百里的洞庭湖。岭南的珠江流域,水面宽阔,支流密布,所以在距今七千年的河姆渡人就制造出了独木舟、木船这样的水上交通工具。水,是生命之源。在中华大地母亲的胎盘里有着丰富的水资源,为中华民族人类的诞生提供充裕的羊水,生产出体魄健壮的婴儿,为中华民族数千年延绵不断的历史进程提供充足的营养。

---

① 李占扬:《试论"许昌人"的现代人元素》,《中国文物报》2011年7月22日。
② 吴汝康、吴新智、张森水主编:《中国远古人类》,科学出版社,1989年。

第四节　四肢与脑不相协调的北京猿人

我国境内旧石器时代早期的猿人遗址,是位于北京市西南房山区的周口店龙骨山,它是1918年由瑞典人安特生发现、1927年正式组织发掘的。在大量化石中,发现两颗很像人的牙齿,1928年12月裴文中发现了一具完整的直立人头盖骨,引起世界轰动,被命名为"北京猿人"。周口店的发掘到1937年因抗日战争开始而结束。中华人民共和国成立后继续进行发掘。前后共发现六个较完整的头盖骨化石以及大量的头骨碎片、肢骨和牙齿,代表四十个不同年龄、性别的个体,十多万件石制品,大批骨器、灰烬、烧石、烧骨和大量的动物化石。(图序-6)

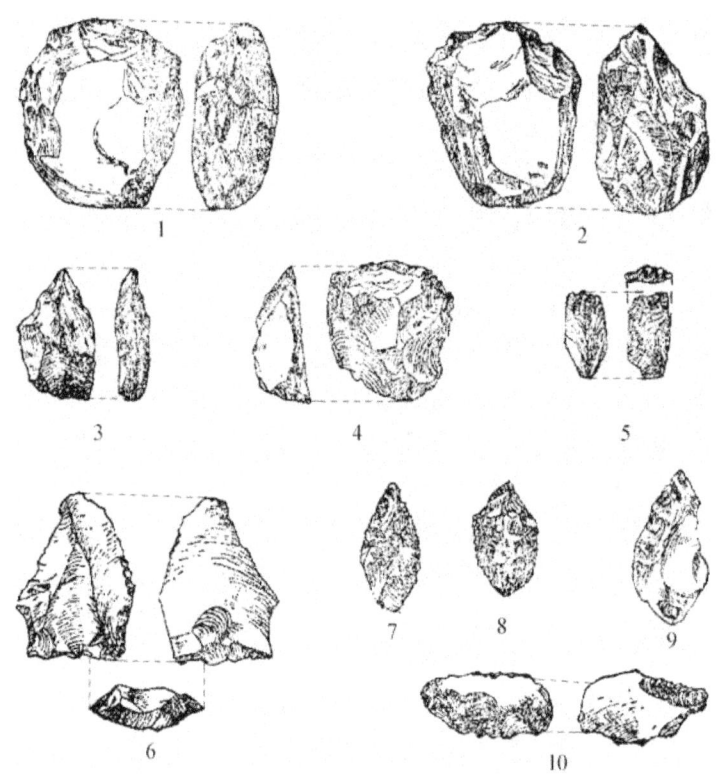

图序-6　北京猿人的石器

1、2,砍砸器　3、7、9,尖状器　4、5、6,刮削器　8,雕刻器　10,砾石石器
(采自苏秉琦主编:《中国远古文化》第11页)

从已发现的北京猿人的各种骨骼考察,头骨的最宽处在左右耳孔稍上处,更向上则逐渐变小,而现代人头骨最宽处则在较高的位置,头骨的高度远比现代人

为小，额向后倾斜。平均脑量为1 059毫升，而现代人平均脑量为1 400毫升。①左右两眉骨非常粗壮而向前突出，而左右互相连续，在眼眶上方形成屋檐状。颅顶正中有明显的矢状脊，后部有很发达的枕外隆起，不仅横贯整个枕骨，并且延向外前方已到乳突部。矢状脊和枕外隆起都是北京人头盖骨增强结构的部分，头骨的厚度比现代人几乎大一倍。（图序-7）

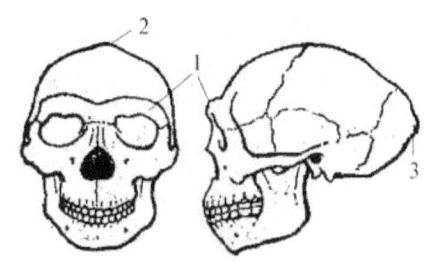

图序-7 北京猿人的头骨
1，眉脊 2，矢状脊 3，枕外隆起

北京猿人的牙齿比现代人的硕大和粗壮，面部相对地较短而明显前突，鼻骨甚宽，颧骨极高，向前突出。

下肢骨（根据大腿的股骨和小腿的胫骨）已基本上具有现代人的形式。北京猿人的股骨在大小、形状、比例和肌肉附着点上都与现代人的股骨相似，但又具有若干原始的性质，如股骨干上半的内侧缘显著隆起（在黑猩猩中也有类似的情形），股骨干最向前弯的部分在骨干中部以下周径最小之处；股骨上的肌线如转子间线和趾骨脊线都不存在，这是类似现代大猿的性质。他的股骨干在前后方向的平扁以及胫骨前缘和横断面的较为圆钝。北京猿人的股骨和胫骨最特殊的性质是它的内部结构，髓腔极小，而管壁极厚。股骨的髓腔约占骨干最小直径的1/3，而现代人则约占1/2。海绵骨质也远比现代人为致密，胫骨的髓腔则更小。都是与猿有较为相近的性质。

北京猿人的上肢骨已发现的计有上臂的肱骨、肩部的锁骨和腕部的月骨，也都具有现代人的形式。唯一保留的原始性质是肱骨的髓腔较窄和管壁较厚。

根据以上事实，可以看到北京猿人体质的特征：股骨的主要性质与现代人相同，有股骨脊（股骨后面突出的脊）的存在，表明已有拉直躯干的发达的肌肉，以及肱骨短于股骨的事实，由此可以确定北京猿人已能采取直立行走的姿势。

---

① 近年有研究显示，推动人类进化的原因不是大脑的大小而是大脑的结构。大脑不是越大越好，较大的大脑需要花费更多的能量为其提供动力。是脑部结构的变化使人类智商提高。英国《皇家学会生物学学报》2013年3月26日刊登伦敦大学学院进化生物学家杰伦·斯梅尔斯等人的研究报告，他们对17种不同灵长类死亡个体的大脑切片进行分析，根据其大脑尺寸的变化绘制了一颗进化树。在进化过程中，类人猿大脑中的若干关键区域相对其他区域而言逐渐变大，它的前额叶皮质中的脑白质增多。这有助于进行社交认知、道德判断、自我反省和有目标地做出计划。脑白质中存在着神经突触，使不同脑细胞彼此相连，这说明类人猿的大脑经过进化，具备了更强大的神经连接功能，所以前额叶皮质有些像大脑的指挥官。随着生活在2 000万年前的远古猿猴进化成类人猿，大脑的不同区域彼此联系更为紧密，相对大小也有所增加。研究者认为，这能够帮助它们协调操作工具所需的复杂动作，或许是为了找到不同的食物来源（采自《参考消息》2013年3月29日"科学前沿"报道，题：《脑容量并非推动进化原因：大脑结构造就人类高智商》）。

由股骨的长度来计算，北京猿人的身高约为 156—157 厘米，相当于现代较矮的黄种人的身高。概括地说，北京猿人有着像人的身体，却配着一个像猿的脑袋。因而发生了这种类型究竟是人还是猿的争论，直到北京猿人遗址的大量材料、特别是猿人洞里大量石器发现之后，才确定了猿人在人类进化系统上的位置，为唯物主义的人类起源理论提供了重要根据。①（图序-8）

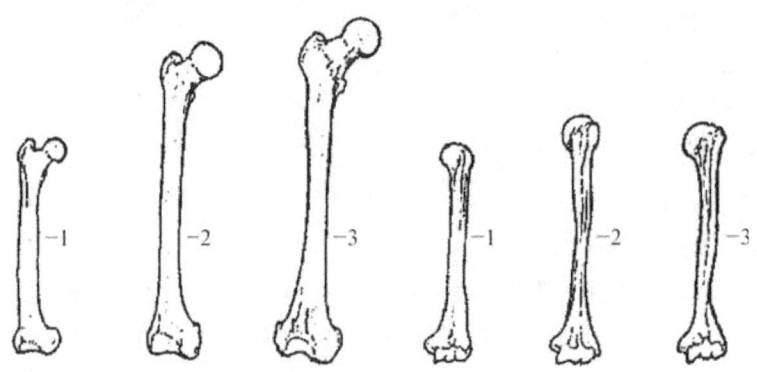

图序-8　北京猿人同现代人股骨（左）和肱骨（右）比较
1，黑猩猩　2，北京猿人　3，现代人
（采自贾兰坡：《中国猿人及其文化》第76页）

在从猿到人的转变过程中，四肢，特别是手进步最快，手的发展，从而促进脑的发展，恩格斯在《自然辩证法》中说：

随着手的发展，头脑也一步一步地发展起来……如果人的脑不随着手，不和手一起、不部分地借助于手相应地发展起来的话，那末单靠手是永远造不出蒸汽机来的。②

北京猿人四肢与脑的差异，正是人是由猿转变来的实例。

第五节　早期人类的生产和生活

这里所说的"早期人类"，是指旧石器时代时期的人类。我国旧石器时代的人类已掌握了一套制造工具的技术，居住在山洞里，以采集和捕捞获取食物，寿命不长。

一　早期人类制造工具的材料

恩格斯在《自然辩证法》中说："人类社会区别于猿群的特征是什么呢？是劳

---

① 参见吴汝康：《人类的起源和发展》（第二版）第 73—76 页，科学出版社，1980 年。
② 《马克思恩格斯选集》第三卷第 457 页，人民出版社，1972 年。

动。"①这个劳动，就是指制造工具。"没有一支猿手曾经制造过一把哪怕是最粗笨的石刀"，因此"用手把第一块石头做成刀子"时，人就同猿分了家。从考古发现和推测，最早的人类制造工具的材料是木、石和骨等。

（一）木器。木器肯定是古人常使用的一种工具，特别是木质棍棒，而且应该是最初使用的一种工具。开始使用现成的木棍、木棒进行狩猎、打取手摘不到的树上果子、砸开坚硬的果壳等，但木器因易朽，故迄今在旧石器时代遗址中还未有发现者。

（二）石器：四川省巫山县龙骨坡是我国迄今发现最古的人类文化之一，被命名为"巫山人"，在遗址内发掘采集的石制品经初步整理近20件。石质原材料主要是轻度变质的石灰岩。石器的形态、大小不一，且相差悬殊。最大者重2 650克，最小的重256克。石器中，多用灰岩卵石打制，也有少量使用自然石块打制或直接使用的。石制品外表均附着一层淡黄色的钙质附着物，俗称"石锈"，胶结度强，不易脱落，因此，有很多形态不易观察。发掘者把清除了石锈的12件标本送给中国科学院院士贾兰坡教授检验，贾教授看后说："现在可看清楚喽！"毫无疑问是人工制造的。尽管石器的原料是轻度变质灰岩，硬度低，打击后产生的形态也不如石英之类典型。但是，考虑到这些石器是出自200万年以前那个时候的人，体态、脑量都比北京人原始，制作出的石器就会更具原始性。而且石料的好与不好，还要看当地的岩石分布情况，如果龙骨坡一带都是石灰岩，那么以石灰岩为原料的比例就大。②

山西芮城西侯度遗址，比巫山人晚20万年，因此在该遗址中已发现具有多样化的石器。贾兰坡说，从西侯度发现的石器虽然不多，但已具有多样化，其中有石核、石片、刮削器、砍斫器、三棱大尖状器等。从石制品可以看出，当时的人们从石核上剥落石片和加工石器已能依照一定的方法进行，显然不是最早的人工制造的工具。

在河北原阳县东谷坨发现距今约100万年的人类文化，那里发现的石器比西侯度丰富。贾兰坡说，石制品的岩性主要为流纹质火山碎屑岩、石髓和燧石，此外还有少量玛瑙和轻度变质的石灰岩等。石制品包括石核、石片、石器和众多的碎屑。石器中有各式各样的刮削器、形式不同的尖状器和砍砸器等，其中以刮削器所占的比例最大，占制品的21.4%，砍砸器最少，仅有0.22%。这个遗址的石器不仅小，加工也很细致。③

北京猿人遗址发现有石器数万件，裴文中、张森水在《中国猿人石器研究》书

---

① 《马克思恩格斯选集》第三卷第513页，人民出版社，1972年。
② 黄万波：《龙骨坡文化——中华远古历史第一篇》，《光明日报》1998年5月8日。
③ 以上贾兰坡语见吴汝康等主编的《中国远古人类》第84、94—95页，科学出版社，1989年。

中,对保存的17 091件石器进行了分类统计,其情况是:①

石核	445件
石片	5 160件
石锤	61件
石砧	19件
刮削器	2 228件
尖状器	406件
石锥	47件
雕刻器	113件
砍砸器	160件
球形器	8件
次品	8 444件

到旧石器时代晚期,制造技术有很大进步,在华北地区发展成一种细石器,古人类学家黄慰文说:

在华北,以周口店第一地点(北京猿人遗址)和许家窑为代表的小石器传统,到旧石器时代晚期仍保持着强大的影响。属于这一传统的重要工业有萨拉乌苏、峙峪、刘家岔、禹门口和小南海等。它们一方面继承了前期小石器工业的基本特点,即利用不规则的小石片或石块制作小石器;打片和修整以直接打击技术为主,等等。另一方面,技术水平比以前有所提高,例如,压制技术开始用于石器的修整,出现了一些新的石器类型。萨拉乌苏石制品多半采用黑色或灰黑色硅质岩砾石作原料,少数采用褐色石英岩和灰白色石英岩砾石。这些砾石直径一般只有20至40毫米,因此制成的石器特细小。石器的类型有钻具、边刮器、吻端状刮器、拇指盖状端刮器、尖状器和雕刻器等。②

萨拉乌苏遗址在内蒙古地区,据碳十四测年和铀系法断代,遗址距今约为5万—3.5万年。

在旧石器时代中期的遗址中发现了石制箭头,如在陕西朝邑、大荔县间的沙苑遗址③、黑龙江海拉尔的松江遗址④、广西省的南海县西樵山遗址⑤等地。南非出土的箭头时间为距今6.4万年,古人类学家及考古学家将我国的旧石器时代中期划定在距今30万—5万年。有箭头当然就必有弓,两者的出现应是同时的,所以语言上将其称为"弓箭"。弓箭这种互动型工具的出现是人类认知和行

---

① 裴文中、张森水:《中国猿人石器研究》第220—221页表34:"中国猿人石器分类总统计表",科学出版社,1985年。
② 吴汝康、吴新智、张森水主编:《中国远古人类》第222—223页,科学出版社,1989年。
③ 《陕西朝邑大荔沙苑地区的石器时代遗存》,《考古学报》1975年第3期。
④ 《海拉尔的中石器遗存》,《考古学报》1978年第3期。
⑤ 《广东南海西樵山出土的石器》,《考古学报》1959年第4期。

为的复杂性、灵活性大大提高的一件标志性器物。南非约翰内斯堡大学人类学和发展研究学系的马尔来兹·伦巴尔德(Marlize Lombard)与德国森肯伯格研究所海德堡科学与人类学会的米莉亚姆·海德尔(Miriam Haidle)合作实验研究,利用考古学和民族学的资料,按步骤重新复制石器时代的弓箭,认为相对于针、线、鱼竿等工具而言,重新制作远古弓箭是一个特别复杂的工程。制作弓至少需要10种不同的工具、22种原材料,经过5道工序,一把弓才能够制作成型。他们的结论是:人类祖先生产弓箭的事实说明人类很早就能够使用高度复杂的工具(此研究成果发表在英国《剑桥考古学》2012年6月号上)。①

石器的制法主要有打制和磨制两种。我国境内发现的最古老文化遗址出土的石器都是打制石器。人类开始制造石器就是用简单的打击方法制造的,磨制技术要到以后很长一段时间才出现。毛泽东在一首诗中说"人猿惜别,几个石头磨过了,小儿时节",磨制石器的出现,应是"人猿惜别"很久以后才出现的技术。(图序-9)

(三)骨器。中国猿人在180万年前西侯度文化遗址中就已开始使用骨器。在西侯度发现带切割和刮削遗迹的鹿角,在一段鹿角的主枝上有一斜交叉的凹槽,凹槽长约35毫米,最宽约20毫米,最深5毫米,凹槽横断面成V字形,已露出骨松质组织,可以肯定是人工利用锐利的器物砍砸出来的。除了左角柄和角节有刮削的浅痕外,在上述的凹槽之上约13毫米处还有一个圆形浅疤痕,同样是用器物砍砸出来的。这些痕迹决非在发掘时的误伤,因为送到研究室时,疤痕上还牢固地胶结着砂粒。砍或刮的目的是为了制作骨器。北京猿人遗址中的碎骨和碎角有人工打击的痕迹,而且还有多次修制的痕迹,可以肯定是骨器无疑。比北京人早的东谷坨遗址,发现有不少修制很清楚的骨器。②

辽宁营口金牛山古文化遗址,第6层的年代为距今26.3±3万年,第4层为距今17.5±1.9万年。1978年在A地点发现一万多件碎骨,从其中找到少许人工加工痕迹清楚而又可以排除与敲骨吸髓有关的标本。古人类学家认为,在这些碎骨中,作为骨器的大体有以下几类:(1)以肢骨残片一端的断面为"台面",向骨外壁打击,在骨壁上留下几个浅平的或长而浅的骨片疤;(2)打击痕迹见于一端,既有向外打的,也有向内打的,骨片疤短宽而成阶梯状,前缘薄锐,若铲刃状;(3)其修理工作仿如石器中一类尖状器的加工,也是一侧较细另一侧细疤则寥寥无几;(4)在骨片的一侧有多个疤,除肢骨残片外,还有见于肩胛骨残片上的,其打击方式有向内的、向外的和单侧复向的,使侧边略变钝而成波纹状,颇似石

---

① 转引自阎勇编译:《弓箭出现标志着人类认知能力大大提高》,《中国社会科学报》2012年7月6日。

② 吴汝康、吴新智、张森水主编:《中国远古人类》第86页,科学出版社,1989年。

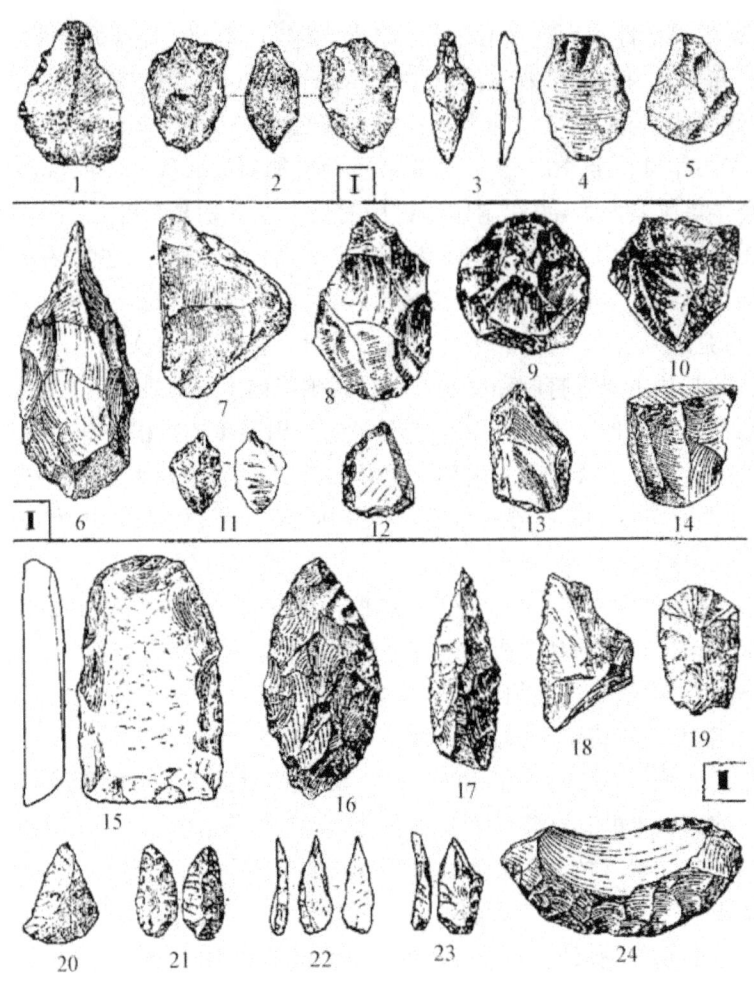

图序-9 旧石器时代早（Ⅰ）、中（Ⅱ）、晚（Ⅲ）期石器

1、2、8，砍砸器　3、6、16、17，尖状器　4、7，石片　5、13、19、24，刮削器　9，石球
10、14，石核　11，石钻　12、23，雕刻器　15，锛状器　18，锯　20、21，镞　22，刀形器
（采自安金槐：《中国考古》第60页）

器中的单刃刮削器。此外还有少许多边有加工痕迹和一件曾被砸击过的碎骨。①

　　与金牛山遗址时代相近的辽宁本溪庙后山遗址里，发现有作为工具的骨制品存在。到旧石器时代晚期骨制品种类增加、制作精良，1981年在辽宁省海城小孤山遗址内，出土了一件骨制鱼叉、一件骨制标枪头、三件骨针。据古人类学家黄慰文考察，鱼叉是用偶蹄类的"炮骨"制成的，为双排倒钩型，与欧洲Magdalenian文化的同类制品相似。标枪头仅保存尖端部分，用动物肢骨制成。

---

① 吴汝康、吴新智、张森水主编：《中国远古人类》第132页，科学出版社，1989年。

以上两种骨器过去未见在国内的旧石器文化报告中报道过。三件骨针分别用象的门齿和动物骨骼制成,保存完好。他们的制作技术比较进步,针眼是用两面对钻的方法制作的,工艺水平和欧洲 Solutrian、Magdalenian 文化的相当。在国内旧石器遗址中,只有周口店山顶洞出过一件骨针。它的针眼可能是采用一种尖锐工具剔挖的,工艺上略逊小孤山一等。小孤山发现的鱼叉和骨针,无疑为探讨东西方文化的关系提供了宝贵材料。①

海城小孤山遗址第3层的年代,距今约为4万年。在距今约5万年到1万年间的北京山顶洞人遗址内发现一枚骨针。贾兰坡描述这枚针时说:"针身略弯曲,计有82公厘(毫米)长,针眼之上的直径为3.1公厘,针身最粗的地方直径是3.3公厘。针身圆而粗,针尖圆而且锐,为刮削和磨制而成的。由针眼保存的部分观察,针眼不是钻制的而是用尖状器刮挖而成。"②这样的针是可以缝制兽皮衣的。(图序-10)

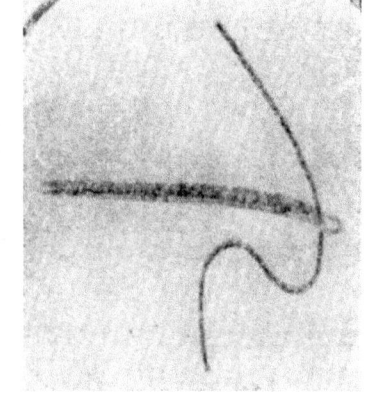

图序-10　山顶洞人的骨针

二　早期人类制造石器的技术

早期人类(旧石器时代)制作石器的方法是打制。其方法是把选择好作为制作石器的石料,先打成毛坯,然后再进行第二步加工。从石料上打下来的叫石片,剩下的内核称石核。石料上受打击力最大的点叫打击点。石片破裂面上形成的半圆形小瘤叫半锥体。半锥体上会有一个疤痕。以小瘤为圆心,会有一圈圈散开的隐约起伏的波状纹,并从打击点处放射出许多小的裂痕。这种人工打制的特征,不仅表现在被打下来的石片上,而且也遗留在剥下石片后的石核上。据此可以区别人工打制的石器和因自然原因所形成的岩石碎块。为了能够比较容易地打下合适的石片,先民们往往先在作为石料的自然砾石面上打出一个台面。台面和石片破裂面的夹角叫石片角。根据从旧石器时代遗址出土的石器分析,打制石器的制作方法大致有以下几种:

(一)碰砧法:选择好一块较小的石料向另一块作为石砧的较大的自然砾石上碰击,碰下来的石片经过第二步加工即可作为工具使用。用这种方法碰击下来的石片,往往宽度大于长度,台面与石片劈裂面的石片角比较大,常在110°以上。有的石片劈裂面上的打击点粗大而散漫,半锥体及疤痕往往不太明显。

---

① 吴汝康、吴新智、张森水主编:《中国远古人类》第232页,科学出版社,1989年。
② 贾兰坡:《山顶洞人》第67页,上海:龙门联合书局,1951年。

（二）摔击法（也称投击法）：把选择好的石料放在地上，然后手握另一块石头摔击放在地上的石料，以此打下所需要的石片。用这种方法打下来的石片，其石片角也较大，但打击点往往不够明显。

（三）锤击法：把选择好的一块石料放在地上，然后手握一块石头作为石锤去锤击石料。在锤击时要先在石料上选择一个打击的台面（即自然平面或稍加打击的平面），然后再选择靠近台面边缘的一个点用力锤击，从石料边缘上敲剥下石片。用这种方法打制的石片，石片面较小，石片劈裂面上的半锥体、疤痕、裂纹等痕迹比较清晰。这是打制石器中比较常见的一种方法。

（四）砸击法（也称两极打击法）：把选择好的一块石料即传说中的神农石放在另一块作为石砧的大石块上用一只手扶住，然后用另一只手握着石锤砸击放在石砧上的石料。用这种方法砸下来的石片体积小而长，这种石片的一端或两端因受到重力影响，往往遗留有碎片剥落的痕迹，或者出现稍微内凹或边凹的现象。用这种方法打制的石片也称为"两极石片"。

（五）间接打片法：把选择好的一块石料上面放置一根木棒或骨料，然后再用一块石头作为石锤，用力锤击木棒或骨料，把重力传递到石料上，使其剥落下石片。这种石片一般长而窄，两侧近平行。这种石片称为"石叶"。

用以上五种方法从石料上剥离下来的石片，有些可以直接作为生产工具使用，有些则还需要经过第二步加工才能作为工具使用。第二步加工有锤击法、指垫法和压制法等。锤击法是用石锤敲击石片的某一部位，使刃部薄而锋利；指垫法是用一只手的食指衬垫住石片，用另一只手握一石块作锤，轻轻敲击石片的某一部位使其成为宜于适用的石器；压制法（也叫胸压法）是把石片放在作为石砧的另一块石头上，然后用木棒或骨头的尖端对准石片的加工部位，用手臂或胸部推压另一端，使之成为适宜使用的工具。压制法这种加工方法多见于旧石器时代的晚期。①

用打制方法制造石器，在今天世界上一些发展滞后的民族中还有使用的，如在巴布亚新几内亚的乌纳人就用这种方法制造石器。

用打制方法制造的石器种类主要有：

砍砸器　以石片、石核或砾石打制而成。这类石器的个体大而重。由于加工部位和形状的不同，又可区分为单面砍砸器、双面砍砸器和盘状砍砸器等。砍砸器多数是在刃缘部位进行第二步加工，其他部位则保持原来形态。

刮削器　多用小块石片加工而成。根据刃缘或形状的不同，可分为直刃、凹刃、凸刃、双面刃或圆头等，是我国旧石器时代文化遗址中常见的石器器形。

尖状器　顶端有一个尖刃，尖刃两侧多经第二次加工修整。

---

① 安金槐：《中国考古》第一章，上海古籍出版社，1992年。

雕刻器　多用小石片加工而成。先在小石片的边缘打出一个斜向小平面，然后再错开一个角度打去另一块石片，两石片疤痕相交处即为该器的刃部。

刀形器　石片的一侧较厚，似为刀背，相应的一侧为较薄的刀刃。

石球状器　一般也称为"石核工具"，呈不甚规整的球形，通体经加工修整，球体上有明显的剥片疤痕，是狩猎用的主要武器。

斧形器　多为经两面修理打制的石核工具。一端有刃，另一端为手握的柄部。此类石器以前在我国境内发现较少，2012年北京联合大学应用文理学院、湖北省文物考古研究所、十堰博物馆联合，为配合南水北调中线文物保护工程湖北库区文物保护，在湖北省郧县青曲镇弥陀寺村距今100万年的"郧县人"遗址附近的滴水岩，发现距今约10万至20万年的打制石手斧20余件。(图序-11)

图序-11　湖北郧县滴水岩出土的手斧

（采自《中国社会科学报》2012年12月24日）

滴水岩手斧的发现具有重大的学术意义，过去有学者认为，我国的石器制造技术中没有制造手斧的技术，参加发掘工作的北京联合大学教授冯小波说，滴水岩化石点手斧的发现，不仅有力地证明了远古中国存在手斧，而且手斧文化延续的时间远远比非洲和欧洲久远，从侧面印证中国远古文化有自己的发生、发展体系，或许将推翻东亚直立人比非洲直立人缺少智慧和适应能力的假设。通过对距今约100万年的"郧县人"遗址和滴水岩发现手斧遗址(距今10万至20万年)的比较研究发现，二者在石制品的岩性、石器的类型、加工方式上都有着惊人的相似之处，说明滴水岩化石点附近的远古居民可能是"郧县人"的后裔。这进一步说明我国旧石器时代远古文化在发展中保持了传统面貌，一脉相承，源远流长。①

考古学家根据打制石器的发展变化和其他伴生文化遗存的变化，把旧石器时代区分为早、中、晚三期。早期的旧石器器形简单，打制粗糙，一器多用；中期和晚期的旧石器类型增多，打制技术比较精细，某些种类渐趋于定型，如雕刻器和刀形器即多见于旧石器时代晚期。

石器制作技术在不断地改进，到旧石器时代晚期(距今3万—1万年)出现了磨制和钻孔技术。从发现的遗物分析，磨制和钻孔的器物有工具和装饰

---

① 明海英报道：《湖北郧县发现十万年前手斧》，《中国社会科学报》2012年12月24日A—02"资讯"。

品两大类：

工具类：出土的磨制工具较多。在周口店第4地点出土过磨制骨片。水洞沟出土了一件呈扁平状用动物骨片磨制而成的骨锥。贵州兴义县猫猫洞的骨锥尖端磨得比较精细。山顶洞出土的一件鹿角，表面经过刮磨，又截去了枝杈。最具代表性的是山顶洞出土的骨针，长82毫米，微弯，表面光滑，一头是锋利的尖，另一头针孔虽残，但可以清楚地看出它是用极尖锐的利器挖成的。这样一个小巧精致的骨针要经过选材、刮磨、钻孔等工序才可制成。它是山顶洞人勤劳智慧的结晶。

2007年在吉林省延边和龙市崇善镇大洞村发现面积约一百万平方米的大型旧石器时代遗址，时代距今约2万—1万年，在地层里发现一件边缘有明显磨光痕迹的角锥状磨制石器，该石器采用黄褐色火山凝灰岩为原料，三棱锥状，器形修长，在打制毛坯的尖端有明显的修整磨光痕迹，末端局部有装柄痕，说明其可能作为一种用于刨戳的复合工具的一部分。[1]

装饰类：峙峪出土过一件用石墨制成的装饰品，此物呈椭圆形，大小似鹅蛋，两面扁平，一面磨制得很光滑，中钻一孔，可能是系绳带的。水洞沟还出土了用鸵鸟蛋皮穿孔的装饰品，边缘均磨制过。金牛山出土有钻孔骨器，虎头梁出土的装饰品亦较为丰富。

山顶洞遗址里也有穿孔的兽牙、海蚶壳、石珠、小砾石、青鱼上眶骨和刻沟的骨管等装饰品，仅穿孔兽牙就有120个。钻孔的石珠7个，器物精巧、细致，原料为白色石灰岩，最大直径是6.5毫米。其制作工序是，先把一块小石片小心地敲击成近四方形或多角形，然后把底面磨平，最后再从背面钻孔。钻孔的椭圆形小砾石只有一件，原料为微发绿色的火成岩，长39.6毫米，大部分表面已为原来的河水磨光，只有一面是经过人工磨制的。它的最大特点是，孔是从两面对钻的。懂得对钻，而且对钻的穿孔位置相当准确，这只有在制作工艺发展到一定水平的时候才能办到。

在山顶洞人遗址内发现在一件青鱼的上眶骨上边缘钻有一小孔，显然是用很尖锐的器物钻成的。刻沟的骨管共有4件，其中最大的长38毫米，宽14毫米；最短的长20毫米，宽和前者相等。它们可能是用鸟腿骨做成的，表面磨得很光滑，还可有一条、两条或三条横的短槽。[2] 反映出当时人们已掌握了钻孔和雕刻技术。（图序-12）

以上事实说明，在距今两万年前后，人们在制作石、骨工具上已迈过了粗制阶段，开始掌握了磨和钻孔的新技艺。民族学的资料告诉我们，磨制一般是在砾

---

[1] 赵海龙：《我国长白山地区发现东北亚迄今规模最大的旧石器时代遗址》，《中国文物报》2010年12月17日。

[2] 宋兆麟、黎家芳、杜耀西：《中国原始社会史》第76—78页，文物出版社，1987年。

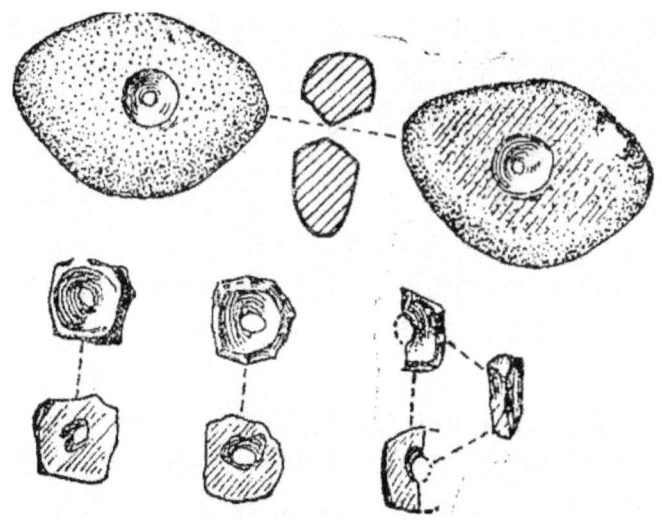

图序-12　山顶洞人的装饰品

（采自苏秉琦主编：《中国远古时代》第26页）

石上加水进行的。钻孔除了利用尖状器钻挖出孔外，还可以利用竹管加砂、水的方法钻出需要的孔来。下川遗址中发现不少锥钻的标本，可能是钻孔的工具。但是，利用竹管加砂和加水的钻孔技术直到新石器时代才被掌握。这两种技术的出现是旧石器时代工艺史上划时代的事件，为新石器时代石器的制作工艺奠定了基础。

　　石器种类逐渐增多，制作精良，一是反映出人类智力的发展，制造技术提高；二是反映生活多样化，生活逐渐丰富多彩。

三　早期人类的经济生活

　　上古之世人类的衣食多靠大地上自然生成的动植物，[①]《韩非子·五蠹篇》中云："古者丈夫不耕，草木之实足食也；妇人不织，禽兽之皮足衣也。不事力而

---

　　① 人类早期的食谱在南非发现。英国《星期日泰晤士报》2012年7月1日以《牙斑揭示人类早期饮食》为题报道，南非金山大学的进化学教授李·伯杰4年前在约翰内斯堡挖掘出一名成年女性和一名年纪在13岁上下的年轻男性遗骸。遗址距今在200万年前。在检查两具遗骸时，伯杰发现保存完好的牙齿上有斑点，并意识到它们很可能是牙菌斑——在牙齿上形成的矿化物。伯杰在展示他的研究小组的研究成果时说："我们最早的祖先吃树皮、树叶、草、水果、棕榈叶、树的一些部分、灌木和草本植物。"他说："这一发现在人类历史上是前所未有的……吃树皮让我很吃惊。"这一饮食把伯杰发掘的骨架——称作南方古猿人——与同一时期的其他动物分开来，并显示我们的祖先在饮食上是有选择的。伯杰说："他们肯定非常挑食，因为当时的整个环境应该不会带来那样的结果。"伯杰发现，南方古猿人骨架的特征显示，他们属于灵长类和最终进化为智人的人属最早期成员之间的一个过渡种。虽然有些科学家表示怀疑，但是伯杰相信，进一步的研究将会证明他是对的。他说："在挖掘现场至少还发现了另外4具骨架。我们正在那里建立一处实验室来进行挖掘。"（采自《参考消息》2012年7月3日"科学前沿"）。反映人类最早的采集食物主要是植物类，捕捞鱼虾、狩猎禽兽当在其后才会有的。

养足,人民少而财有余,故民不争。"又说:"民食蓏蚌蛤,腥臊恶臭而伤腹胃,民多疾病。"谯周《古史考》描述上古之世人民的生活状况说:"太古之初,人吮露精,食草木实,穴居野处。山居则食鸟兽,衣其羽皮,饮血茹毛;近水则食鱼鳖螺蛤,未有火化腥臊,多伤肠胃。"

  我们祖先用火的历史可上推到180万年前,在山西省芮城西侯度和云南元谋人遗址中,发现有使用火的遗迹。距今70万—50万年的北京猿人遗址发现用火的遗迹更为明显,在周口店遗址不同层位里发现的木炭、灰烬和烧骨表明,当地的史前居民已经掌握了用火技术。可见我们的先民很早就脱离了"未有火化腥臊"的状态。

  中国猿人的经济生活状况,从北京周口店中国猿人遗址可观其大概。北京周口店中国猿人遗址出土了许多兽骨,证明当时采集经济逐渐为狩猎经济所替代,不过由于他们的工具还很原始,没有可能保障经常得到大兽。但在遗址中,发现了许多大兽,有的还是十分凶猛的动物,有的虽非凶猛,但很善跑。所以,要捕捉这些动物,只有利用有利的地形——悬崖或河边——持着火把,拿着木棒,依靠集体的力量,对它进行围攻,才能取得胜利。这样的胜利看来并不多,因为从已发现的哺乳动物化石看,存在最多的不是猛兽,而是鹿类。中国猿人经常能够得到的还是小动物。遗址中发现的小啮齿类动物如鼠是很多的,尤以灰烬层中最丰富,而且大部分是被火烧过的,所以毫无疑问,鼠也是他们的食物之一。他们也采食果实、植物块根、鸟蛋与昆虫。发现的朴树籽,一般都是破碎的,完整的不多,而且绝大部分都是烧过的,因之朴树籽也是他们的食物之一。这里有茂盛的森林、河流、湖泊与辽阔的草原,为中国猿人的生活上提供了有利的条件。[①]

  2011年在河南郑州市西南郊二七区侯寨乡樱桃沟老奶奶庙发掘一处距今5万—3万年的旧石器时代遗址,发现3 000多件石器、1 200多件动物骨骼、20余处使用火的遗迹、多层叠压且连续分布的古人类居住面,[②]显示出当时人类已走出山洞在平地上营建居住的事实。

  北京周口店山顶洞发现的人类文化距今约2万—1万年,是属于旧石器时代晚期,称为"山顶洞文化",裴文中概述该文化的社会生活状态为:

    (甲)当时之人类,有埋葬死人之习惯,且以饰物殉葬,并以红色之赤铁矿(Hematile)覆于尸体之附近。

    (乙)当时之人类,会营渔猎生活,由附近之水中,渔得甚大之鱼(约为鲭鱼等),食其肉,用其骨为饰物,如脊椎骨及头上之骨等,以绳或皮革穿之,以悬挂于身旁。

---

  ① 贾兰坡:《中国猿人及其文化》第151页,中华书局,1964年。
  ② 张劲松:《河南郑州老奶奶庙旧石器时代遗址》,《中国文物报》2012年4月15日(2011年度全国十大考古发现)。

（丙）当时之人类，猎得狐獾及鹿等物，或用其皮革，或食其肉，于牙齿之根上，用石器挖刮成孔，以物穿之，以悬于身边。

（丁）当时之人类，曾有简单之衣服，因为我们曾发现一骨针。此骨针当为缝纫之用。

（戊）当时之人类，曾用下列各种石器：(1)凹刮器（燧石制），(2)砾石石器等。

（己）当时之人类，曾磨制石珠及将小砾石钻孔，均用之为饰物。

（庚）当时之人类，与海边寄居之人类，曾有商业关系。得有海蚶之壳，磨出大孔后，亦用之为饰物。

由以上各点观之，山顶洞中寄居之人类，其文化已甚进步，颇适合于欧洲旧石器时代晚期之情形。当更新统之末，欧亚两洲之人类，均具有演进相似之文化。①

装饰品是人类艺术思维的物质体现，是人类在"吃饭"等物质生活有所满足基础上的思维活动，恩格斯《在马克思墓前的讲话》中阐述这个道理，他说："人们首先必须吃、喝、住、穿，然后才能从事政治、科学、艺术、宗教等。"山顶洞人已知道美，能制造显示美的装饰品，说明他们的物质生活已有相当是改善。②

四 中国古人的寿命

中国古人过着狩猎、采集、渔捞的生活。生活来源没有保障，寿命也不太长，魏敦瑞对39个中国猿人化石年龄鉴定，推测其死亡情况为：

死于约十四岁之孩童，占百分之三十九点九；

死于三十岁以下者，占百分之七；

死于四十至五十岁之间者，占百分之七点九；

死于五十至六十岁之间者，占百分之二点六；

死亡者之寿命不可确定者，占百分之四点九。③

到山顶洞人时期，人类的寿命有所提高。山顶洞发现的人类遗骸，共计有7

---

① 裴文中:《中国史前时期之研究》第22—23页，上海商务印书馆，1950年。

② 能打扮自己、进行艺术创作，反映中国猿人生活在优越的自然环境里，走在正确的进化道路上。欧洲的尼安德特人在3.5万年前灭绝，考古发现尼安德特人不打扮自己，不搞艺术创作，是由于他们所处的环境使其在进化道路上大脑出现了问题。据尼安德特人的颅骨化石研究，尼安德特人的眼窝比现代人的大很多，所以眼睛也比现代人的大很多。他们超大的眼睛是为适应在欧洲低亮度的环境下生存。研究人员推测，尼安德特人因此会有一大部脑区域用于视觉处理。控制视觉大脑所占的区域过大，而控制社会思考和文化传输区域的额叶部分则较小，在环境条件变得严酷时，不能适应变化着的环境，于是就逐渐走向灭绝(美国趣味科学网2013年3月12日报道：《尼安德特人因大脑以视觉为中心而灭亡》,此研究报告刊登在英国《皇家学会生物学分会学报》2013年3月12日上，转引自《参考消息》2013年3月14日第7版"科学前沿"文:《尼安德特人灭绝或因视觉发达》)。

③ 转引自裴文中《中国史前时期之研究》第67页。

个男女不同的个体。据魏敦瑞估计他们的死亡率为：

　　死于童年者（包括出生之婴儿），占百分之四十三；

　　死于二十至四十岁者，占百分之二十九；

　　死于六十岁者，占百分之十四；

　　死亡寿命不可确定者，占百分之十四。

贾兰坡说，由于上述之死亡率，我们可以看出来，他们比"中国猿人"死亡率是小了，而且比"尼安德特人"的死亡率也减缩了，由此可以证明：山顶洞人不但对于食物的摄取性的限制放宽了，而且对自然间的灾害也逐渐地有了抵抗的能力。①

　　类似我国盘古开天辟地、女娲抟土造人的神话，在早期世界各民族都有，这是人们对宇宙的发生、地球的形成、人类自身起源的探索。人类具有探索精神，才会有发明创造，这是人与动物根本上的区别。我们祖先对宇宙和人类起源的探索，反映出我们民族具有可贵的探索精神和强烈的求知欲望。这种探索精神、求知欲望，使我们中华民族长时期处于世界领先的地位，近代被西方超越，不是我们民族人的问题，而是清朝实行闭关自守的锁国政策所致。

---

① 贾兰坡：《山顶洞人》第 87 页，上海：龙门联合书局，1951 年 5 月。

第一编

三皇五帝

按照传统的意见,把有文字记载的历史称为"信史",没有文字记载的时期则称为"传说"时期。我国的历史在1899年商代甲骨文发现以前,将西周以前的历史都称为"传说"时代,或称为"传疑时代"。甲骨文发现以后,商代历史的真实性被证实,于是商代就从"传说"变成"信史"的时代。现在国外还有部分学者认为夏代是个"传说"时期,不承认中国有一个夏代,夏代以前的历史就更难说了。

二十世纪初,近代考古学传入中国后,中国考古学得到大发展,埋藏于地下的数千年、数万年以至数百万年人类活动的遗迹和遗物被大量发现,于是我国早期人类活动的足迹展现于世人面前。因此,我们可以重构中华大地上早期人类的历史,这样,夏以前历史的研究就十分活跃,近年来一些学者根据考古发掘材料撰写了多部中国原始社会史方面的著作,以展示我们远古华夏祖先的生活。

本书对夏以前的历史,不取现今流行的"史前"、"原始社会"这样的世界通用性名词,因为古人对我们祖先的远古历史,有自己独特的称呼,有自己专有的名称,有自己的历史体系,这就是更具人文气息的"三皇五帝",且前人已有以此为名的著述存世,[①]所以本书将夏代以前的历史称为"三皇五帝"时期,而将此编名为"三皇五帝"编。

古人将"三皇"和"五帝"各自作为一个历史单元,是有其合理性的。"三皇"是以三大技术发明为标志,即燧人氏发明人工取火技术、伏羲氏发明网罟渔猎技术、神农氏发明农业种植技术。这三大技术发明,每一项都推动了社会生产发展,改善了人们的经济生活,到神农时代后期,人们的吃、喝、穿、住有了基本的保障,所以,"三皇"时代是我们祖先奠定经济基础的时代。人们有了基本经济生活的满足,方可从事政治、宗教、艺术等非物质生产的其他活动,作为"人文初祖"的黄帝及其"五帝"时代,就是植根于这个基础上。所以,"五帝"时代是我国早期文明产生及成长的时代。考古证实,这个时代在全国各地发现了数十座古城遗址,它们是古国的遗存。这些古国就是一个个城邦国家,所以五帝时代是城邦时代。我国文明分为两个阶段:五帝时代是城邦文明,是早期文明;夏代开始进入王朝领土国家文明,是成熟文明。

[①] 西汉司马迁有《五帝本纪》,三国时吴国徐整有《三五历纪》,唐司马贞有《三皇本纪》,皆是用"三皇五帝"体系撰写夏以前历史的著作。

第一章 "三皇五帝"——中国特色的古史系统

"三皇五帝"的传说，最晚在春秋时期就见于文字记载。"三皇"、"五帝"究竟是哪几个人物，由于后世记载所采传说来源不同而有异，故事发生的先后、人物间的关系比较混乱而矛盾，根据他们的传说事实，从社会发展进程的角度，是可以恢复其各自的人物组合及先后次第的。"三皇五帝"的传说，见于《周礼》书中，是春秋战国时期（甚至更在其前）人们的古史体系，有其合符我国历史发展进程的合理内核，非子虚乌有而加以否定。

第一节 "三皇五帝"名称的由来

"三皇五帝"的名称，从春秋战国时期就已见于文献记载，《周礼·春官·外史》：

> 外史掌书外令，掌四方之志，掌三皇五帝之书。

《周礼》一书的成书年代有不同的说法：说早者认为是西周初年周公旦所作，说晚者提出是西汉末年王莽所编造，有研究者根据两周青铜器铭文、先秦文献分析，认为《周礼》一书中的制度基本上是西周时的制度而成书于春秋时期。据春秋时期成书说，"三皇五帝"之名称最早见于春秋时期。战国时期的著作中，"三皇五帝"之名就比较常见了，如在《庄子·天运》篇中就多次讲三皇五帝之事：

> 孔子西游于卫，颜渊问师金……师金曰："……三皇五帝之礼义法度，不矜于同而矜于治。故譬三皇五帝之礼义法度，其犹柤梨橘柚也！"……孔子见老聃归，三日不谈……子贡曰："夫三皇五帝之治天下不同，其系声名一也……"老聃曰："小子少进，余语汝三皇五帝之治天下；黄帝之治天下，使民心一……余语汝：三皇五帝之治天下，名曰治之，而乱莫甚焉。三皇之知，上悖日月之明，下暌山川之精，中坠四时之施。"

成书于战国末年的《吕氏春秋》书中，多篇提到"三皇五帝"，如《贵公篇》中说，"天地大矣，生而弗子，成而弗有，万物皆被其泽，得其利，而莫知其所由始，此三皇五帝之德也。"《先己》篇中，有五帝、三王、五霸，"五帝先道而后德，故德莫盛焉；三王先教而后杀，故事莫功焉；五伯先事而后兵，故兵莫强焉。"《用众》篇讲三皇五帝用众之事，"天下无粹白之狐，而有粹白之裘，取之众白也。夫取于众，此三皇五帝之所以大立功也。"《禁塞》篇讲游说之士常举三皇五帝之事以劝说欲征讨他国的国君罢兵。"凡救守者，太上以说，其次以兵。以说则承从多群，日夜思之，事心任精，起则诵之，卧则梦之，自今单唇干肺，费神伤魂，上称三皇五帝之业以愉其意，下称五伯名士之谋以信其事，早朝宴罢，以告制兵者，行说语众，以明其道。"《孝行》篇说孝道起源三皇五帝，"夫孝，三皇五帝之本务，而万事之纪也。"

从上引书看，"三皇五帝"之说在战国时已是十分流行，是春秋战国时人所讲的古史系统。春秋战国时人所讲的古史系统，当不是那个时期才出现的，而是沿自古老的传说。到春秋战国时期私人著述之风气开，方将口头传说的历史写成文字，从而使我们能了解到祖先对自己历史传说的真实情况。

世界上各个民族在没有文字记载历史以前，都是在口头上对本族历史代代相传的。在美国现存有印第安人家族五百多个，他们每个家族的历史都记得十分清楚，能上溯几十代祖先的名字，他们没有文字记录，只凭父子代代口相传授。我国凉山彝族，他们也没有文字记载的历史，却有"数家支"的口传家族史。彝族的男子，都能背诵出自己以上的几代、十几代，甚至几十代祖先的名字，这就是彝族同胞口头传说的历史，同我们汉民族的"三皇五帝"传说性质是一样的。本族历史上出现过的重要人物及发生过的重大事件，都被后世子孙作为英雄人物及辉煌事件、作为本民族的荣耀不断地传颂，以团结族人、激励民众的自信心，去战胜前进道路上的困难。传说的历史虽有不准确的缺憾，但它是有根据的，不可视作凭空编造。我们应该遵循古人传说的历史轨迹，追寻传说历史的真谛，恢复本有的历史系统。

第二节　两种"三皇五帝"系统和几种传说人物组合

在战国秦汉间人讲的"三皇五帝"，是有两种完全不同的系统：一说"三皇"是指天、地、泰或天、地、人；一是指古代历史人物。《史记·秦始皇本纪》载李斯等给秦始皇上的议立帝号书说"三皇"是天、地、泰："今陛下兴义兵，诛残贼，平定天下，海内为郡县，法令由一统，自上古以来未尝有，五帝所不及。臣等谨与博士议曰：'古有天皇，有地皇，有泰皇，泰皇最贵。'臣等昧死上尊号，王为'泰皇'。"《索隐》"按：天皇地之下即云泰皇，当人皇也。"翁独健说李斯讲的"泰皇"是人皇之误，他说，第一，天地人三者联系的思想在战国时已经很流行了。那时候人们说话说到大道理的时候总喜欢拉上天地人来。在先秦的载籍中可以找到许多例子来；第二字形上，古时"泰"、"太"、"大"三字是通用的，而"太"字古文像人形，并且有作人字用的。"泰皇"的"泰"很可能是由"大"（古文人）转"太"，由"太"再转"泰"而成的。① 唐司马贞的《三皇本纪》从人皇说："三皇谓天皇、地皇、人皇为三皇。"他自注说"天皇以下，皆出《河图》及《三五历》也。"《河图》是指东汉时纬书《河图纬》，《三五历》即三国时吴国人徐整所著的《三五历纪》。

"五帝"一是指天上有五个星座，甘公《星经》"天皇大地一星，在钩陈口中。又有五帝内座五星，在华盖下"。五帝星座主管地上的四季，《周礼·春官·大宗伯》孔颖达《疏》引《春秋纬·文耀钩》："太微宫有五帝座星。苍帝春起受制，其名灵威仰。赤帝夏起受制，其名赤熛怒。白帝秋起受制，其名白招拒。黑帝冬起受制，其名汁光纪。黄帝季夏六月起受制，其名含枢纽。"同四方、五行也有关系，《五行大义》引《河图》"东方青帝灵威仰，木帝也。南方赤帝赤熛怒，火帝也。中央黄帝含枢纽，土帝也。西方白帝白招拒，金帝也。北方黑帝汁光纪，水帝也"。纬书是东汉人的著作，汉代出现的四灵神兽同四方、五帝也有了关系，《史记·天官书》唐司马贞《索隐》引《春秋纬·文耀钩》："东宫苍帝，其精为青龙。南宫赤帝，其精为朱鸟(雀)。西宫白帝，其精为白虎。北宫黑帝，其精为玄武。中宫大极星，其尊北极星，含元出气，流精生一。"

这个系统的"三皇五帝"与我们说的古史系统无关。古史系统的"三皇五帝"是由传说中的"圣人"组合而成，在战国秦汉古籍中，常讲到远古时期的一些"圣人"，如《易·系辞下》有伏羲、神农、黄帝、尧、舜：

> 古者包牺氏之王天下也，仰则观象于天，俯则观法于地，观鸟兽之文与地之宜，近取诸身，远取诸物，于是始作八卦，以通神明之德，以类万物之情。作结绳而为网罟，以佃以渔，盖取诸离。包牺氏没，神农氏作，斲木为耜，揉木为耒，耒耨之利。以教天下，盖取诸益……神农氏没，黄帝、尧舜氏作……

《庄子·盗跖》篇讲到有巢氏、知生之民、神农、黄帝：

> 古者禽兽多而人少，于是民皆巢居以避之。昼拾橡栗，暮栖木上，故命之曰"有巢氏之民"。古者民不知衣服，夏多积薪，冬则炀之，故命之曰"知生之民"。神农之世，卧则居居，起则于于，民知其母，不知其父，与麋鹿共处，耕而食，织而衣，无有相害之心，此至德之隆也。然而黄帝不能致德，与蚩尤战于涿鹿之野，流血百里。尧、舜作，立群臣，汤放其主，武王伐纣。自是之后，以强凌弱，以众暴寡。

《韩非子·五蠹》篇讲到上古之世的有巢氏、燧人氏：

> 上古之世，人民少而禽兽众，人民不胜禽兽虫蛇，有圣人作，构木为巢，以避群害，而民悦之，使王天下，号曰有巢氏。民食果蓏蚌蛤，腥臊恶臭而伤害腹胃，民多疾病。有圣人作，钻燧取火，以化腥臊，而民悦之，使王天下，号之曰燧人氏。中古之世，天下大水，而鲧、禹决渎。

---

① 翁独健跋顾颉刚、杨向奎《三皇考》文，《古史辨》第七册中，上海古籍出版社，1982年。

《大戴礼记》有《五帝德》篇,是孔子答学生宰我问黄帝、颛顼、帝喾、尧、舜、禹的事,有《帝系》篇列举黄帝至禹的世系。《大戴礼记》是汉儒的说法,但哪些是"三皇",哪些是"五帝",古书所载有不同的说法,说为"三皇"的人物有九位,"五帝"的人物有十二位,刘起釪从古籍记载里整理出各有六种不同的组合,现将刘先生整理的组合列表于下。①

文献记载三皇五帝的几种组合表

		古帝王名				
三皇组合	一	燧人	伏羲	神农		
	二	伏羲	女娲	神农		
	三	伏羲	祝融	神农		
	四	伏羲	神农	共工		
	五	伏羲	神农	黄帝		
	六	黄帝	少昊	颛顼		
五帝组合	一	黄帝	颛顼	帝喾	尧	舜
	二	庖牺	神农	黄帝	尧	舜
	三	太昊	炎帝	黄帝	少昊	颛顼
	四	少昊	颛顼	喾	尧	舜
	五	喾	尧	舜	禹	汤
	六	黄帝	少昊	颛顼	喾	尧

在"三皇"的六种组合中,都没有"有巢氏"。按《庄子》书中的说法,此时的人"暮栖木上"即树上,是树上居的居住方式。这种居住方式极为不便,只在南方的一些少数民族中曾经有过,不会是一种普遍的民居方式,故不可成为一个文化时代,因而不被列为"皇"。韩非子说是"构木为巢",可理解为用树木在地上建造房屋而居。使用树木在地上建屋而居,应是民众食物来源比较稳定的条件下才会出现的居住方式。这只有农业社会方能有这个条件。考古也证明,地上房屋的建造,是在农业发生的新石器时代。在这个时期,已属于传说的"神农时代",因此"三皇"中无"有巢氏"。

人们认定的"皇",其实所反映的是我国早期社会发展的一个重要阶段:人工取火、网罟狩猎和农业的发明三项技术的掌握。这些技术对改善人类的生存条件、推动社会的发展,都起到十分重大的作用,因此第一种组合,即发明人工取火

---

① 刘起釪:《古史续辩·几种组合纷纭错杂的"三皇五帝"》第 92—119 页,中国社会科学出版社,1991 年。

技术的燧人氏、发明网罟的伏羲氏和发明农业的神农氏才应是我们祖先心目中的"三皇"人物。这些技术本是人们长期生产经验积累的总结，但人们却将这些技术的发明归功于某一个人，于是就尊他们为"皇"。《尔雅·释诂上》："皇，君也。"青铜器铭文中的"皇"字，像人着冠冕端坐形。（图1-1）

"五帝"中的第五种组合将禹和汤列入，禹其实是个过渡性的人物，他接受舜的传位，临死前又传位给他选择的接班人益，所以我们还是将他放在"帝"系里；他利用自己的地位，扶持儿子启的势力，启终于取得政权，建立夏朝，所以禹一般认为他因"传子"而为夏朝的开国之君。启是其父禹死后才夺得政权的，非是禹直接传位。汤是商朝的王，已是王朝领土国家文明社会，

图1-1 金文中的皇字
（采自高明：《古文字类编》）

故汤不应入"帝"系统而应入"王"系统，即所谓的夏商周"三王"。表中所列其他一些"帝王"名，皆是指夏以前活动的人物。"五帝"的组合，本书采司马迁《史记·五帝本纪》以黄帝、颛顼、帝喾、尧、舜为"五帝"。

第三节 三皇五帝传说的历史真实性

上节表所见，列为"三皇"的有九人：燧人、伏羲、女娲、神农、祝融、共工、黄帝、少昊、颛顼。列为"五帝"的有十二人：庖牺（伏羲）、神农、炎帝、黄帝、太昊、少昊、颛顼、帝喾、尧、舜、禹、汤。其中伏羲、炎帝、少昊、颛顼跨"皇"和"帝"，实际所涉及的有十七位人物。

这些传说中的古代人物，在二十世纪初风行的疑古派学者认为他们大都是假的，是伪史，是战国秦汉时人们伪造的。顾颉刚在1923年2月25日《与钱玄同先生论古史书》中说：

> 从战国到西汉伪史充分的创造，在尧舜之前更加上了多少古皇帝。于是春秋初年号为最古的禹，到这时真是近之又近了。自从秦灵公于吴阳作上畤祭黄帝……经过了方士的鼓吹，于是黄帝立在尧舜之前了。自从许行一辈人抬出了神农，于是神农又立在黄帝之前了。自从《易·系辞》抬出了庖牺氏，于是庖牺氏又立在神农之前了。自从李斯一辈人说"有天皇、有地皇、有泰皇，泰皇最贵"，于是天皇、地皇、泰皇更立在庖牺氏之前了。自从

《世本》出现硬替古代名人造了很像样子的世系，于是没有一个人不是黄帝的子孙了……自从汉代交通了苗族，把苗族的始祖传了过来，于是盘古成了开天辟地的人，更在天皇之前了。……时代越后，知道的古史越前；文籍越无征，知道的古史越多……看了这些胡乱伪造的史，《尧典》那得不成了信史！……这些意思如果充分的发挥，准可著成数十卷书。古代的史靠得住的有几，崔述所谓"信"的又何尝是信！

钱玄同在同年5月25日给顾颉刚的回信中说：

先生所说"层累地造成的中国古史"一个意见，真是精当绝伦。举尧舜禹稷及三皇五帝三代相承的传说为证，我看了之后惟有欢喜赞叹……我从前以为尧舜二人一定是"无是公"，"乌有先生"。尧，高也；舜，借为"俊"，大也（《山海经》的《大荒东经》有"帝俊"）。"尧舜"的意义，就和"圣人""贤人""英雄""豪杰"一样，只是理想的人格名称而已。中国的历史应该从禹说起。①

胡适说得客观，但是对传说中的我国古史上的人物、故事也是持否定的态度，他在1921年1月28日《自述古史观书》的一封信中说：

大概我的古史观是：现在先把古史缩短二三千年，从《诗》三百篇做起。将来等到金石学、考古学发达上了科学轨道以后，然后用地底下掘出的史料，慢慢地拉长东周以前的古史。②

对于疑古学派在中国学术史上的功过，李学勤肯定其有积极性的一面，但认为在某些方面否定失之过度：

由中国当时的思想史来考察，疑古思潮肯定是有积极进步的意义的，因为这一思潮的兴起，有利于冲决封建思想的网罗，和后来"打倒孔家店"也有联系，是起了进步作用的，应给以充分的肯定。不过，我们今天加以回顾，也有必要指出，疑古思潮有其局限和不足之处，就是说，对于古史，对于古代文化，在某些方面否定过度了，以致造成了古代历史文化的空白。在当时疑古思潮中，曾出现一种极端的说法，叫做"东周以上无史"论。过去说中国有五千年历史文化，一下子缩短了一半，以上部分统统成了空白。③

他们之所以出现否定过度的偏差，徐旭生认为是所用的方法不对：

他们工作的勤奋是很可敬的，成绩也是很大的，但是他们所用的治学方法却很有问题。主要的，去世的张荫麟先生已经指出，就是太无限度地使用默证。这种方法就是因某书或今存某时代之书无某史事之称述，遂断定某

---

① 顾颉刚：《与钱玄同先生论古史书》，《古史辨》第一册，上海古籍出版社，1982年。
② 胡适：《自述古史观书》，《古史辨》第一册，上海古籍出版社，1982年。
③ 李学勤：《走出疑古时代》（修订本）第39页，辽宁大学出版社出版，1997年。

时代无此观念。对这一方法,法国史学家色诺波说得不错:"现存之载籍无某事之称述,此犹未足为证也,更须从来未尝有之。故于载籍湮灭愈多之时代,默证愈当少用。其在古史中之用处,较之在十九世纪之历史不逮远甚。"极端疑古学派的工作人对于载籍湮灭极多的时代,却广泛地使用默证,结果如何,可以预料……他们所说:既然此说不见于春秋以前人的纪录,那一定是春秋时人的造谣;或不见于战国以前人的纪录,那一定是战国时人的造谣。①

1949年以后长期做史学领导工作的尹达,在祝贺《史前研究》杂志创刊文《衷心的愿望》中,对我国古史传说的真实性作了肯定:

> 我国是世界上历史学发展很早的国家之一,在社会历史发展过程中,部落与部落间、氏族与氏族间在相互交往中,从社会生活到社会组织都必然会相互影响。部落或氏族对本族的历史在没有文字记载之前,往往以讲故事的方式,经过口头的传授,用以教育他们的后代。到了春秋战国时期,这些……各国相传的古代的种种历史性故事,就成了当时的奴隶主乃至地主阶级用来作为政治活动的历史依据和理论依据……我国古代社会的传说里究竟是否全属伪造?在这些疑说纷纭、似是而非的神话般的古史传说中,是否有真正的社会历史的素地?我们能不能因此而对祖国的远古社会采取虚无主义的态度?……
>
> 从民族调查中发现有些"传疑时代"的神话传说,还在一些少数民族间流传着,还在作为历史故事保留在少数民族的心里。
>
> 从考古发掘中还发现了和"传疑时代"的某些部落里的可能有相当关系的各种不同的新石器时代的文化类型。从地望上,从绝对年代上,从不同文化遗存的差异上,都可以充分证明这些神话的传说自有真正的史实素地,切不可一概抹煞。②

所以"三皇五帝"的传说,因记录传说的来源不同而有各种不同的组合,但所涉及的人物、他们所依据的素材,应该是存在的。古史传说中所见的那些人物,堆加在他们身上的创制故事,实是由广大劳动民众在长期社会实践中的创造,后人不了解这个道理,就拿出当时的首领为代表,归功于他们。传说日久,附加的理想成分越多,可是它的核心却是当时实际存在的事件,并不是某些人头脑中臆想出来的。

我国古史传说中的"三皇五帝",聚集在他们身上的制器故事,同历史唯物史观的社会发展史的进程是十分吻合的。以春秋战国时人们的认识水平,就是造

---

① 徐旭生:《中国古史的传说时代》第23页,文物出版社,1985年。
② 尹达:《衷心的愿望》,《史前研究》创刊号(1983年)。又中国社会科学院学者文选《尹达集》(代序),中国社会科学出版社,2006年。

谣，也造不出那样的谣。"三皇五帝"所涉及的那些人物，他们所处时代的发明创造，如关于宇宙的发生、人类的起源、人工取火技术的掌握、狩猎工具的进步、农业的发明、金属器的使用、城堡的修筑、文字的创造等，实际是我们祖先处于各个不同历史发展阶段的文化标志，而且在考古学上也得到地下出土文物的印证，所以，我们说"三皇五帝"的传说，不是子虚乌有而是我国独具特色的古史体系。

第二章 "三皇"的传说及我们祖先早期的三大发明

将"三皇"作为一个历史文化单元,是因为在他们时代都有一项或数项重大技术发明,每项发明对当时社会生产都起到了革命性的作用,使当时的社会跨入到一个新时代,是一个时代的标志性事件。"三皇"的三项技术发明,改善了早期人们的经济生活,使社会向前发展有了物质基础。我们祖先把每项技术的发明者都尊为"皇",是对科学技术极大的尊重,而不仅仅是对那个具体人物的崇拜。这三项技术虽不是他们个人所创造,却是我国远古历史上发生过的事实,"三皇"实际反映的是我们远古祖先以三项技术发明为标志的三个历史发展阶段。恩格斯说人工取火的发明"最后把人同动物界分开出来",使茫昧的远古进入历史的视野,《管子·揆度》篇载:"齐桓公问于管子曰:自燧人以来,其大会可得而闻乎?","大会"即大概,即社会的大概情况,是我们古人追溯历史从燧人氏开始,故燧人氏为"三皇"之首。

第一节 燧人氏钻木取火,发明人工取火技术

掌握人工取火的技术,是人类第一次控制自然力,它是人类发展史上最为重大的事件,对人类的生存意义重大。人工取火的掌握,是人类长期用火的经验和对火种保存之艰难的困苦中获得的,因这一成果对人们的意义重大,人们就将它归在一位英雄人物身上,这位英雄就是传说中的燧人氏。

一 燧人氏钻木取火的传说

燧人氏因发明钻木取火而称为"圣人",被尊为"燧皇"而为三皇之首。对燧人氏钻木取火的重大意义,古人作了充分肯定,如《韩非子·五蠹》:

> 上古之世……民食果蓏蚌蛤,腥臊恶臭而伤害腹胃,民多疾病,有圣人作,钻燧取火,以化腥臊,而民说(悦)之,使王天下,号之曰燧人氏。

《管子·轻重戊》:

> 钻燧生火,以熟荤臊,民食之,无兹胃之病而天下化之。

因钻木燧取火,故号"燧人",《白虎通·号篇》:"谓之燧人何?钻木燧取火,教民熟食,养人利性,避臭去毒,谓之燧人也。"谯周《古史考》:"太古之初……山

图1-2 燧人氏钻木取火
（王星泉作）

居则食鸟兽，衣其羽皮，饮血茹毛；近水则食鱼鳖螺蛤，未有火化腥臊，多伤肠胃，于是有圣人以火德王，造作钻燧出火，教人熟食。……民人大说（悦），号曰燧人氏。"（图1-2）

传说燧人氏是商丘人，因有发明人工取火的贡献，被尊为"皇"，那里有"燧皇陵"，被称为"中国火文化之乡"，此陵区已成为文化旅游地。在文化景区里，当地人长期举办"火文化节"、"取火大典"，祭拜"火祖"、"火神"等活动。

相传燧人氏发明钻木取火，是受到各种启示，《太平御览》卷八六九引《尸子》文说："燧人上观辰星，下察五木，以为火也。"《王子年拾遗记》说是有圣人观鸟啄木生火而受到启示，《太平御览》卷八六九引：

申弥国去都万里，有燧明国，不识四时昼夜。其人不死，厌世则升天。国有火树名燧木，屈盘万识（顷），云雾出于其中间，折枝相钻则火出矣。后世圣人变腥臊之味，游日月之外，以食救万物，乃至南垂。目此树表有鸟若鹗，以口啄树，粲然火出。圣人成（感）焉，因取小枝以钻火，号燧人氏在庖牺之前，则火食起乎兹矣。

《太平御览》卷七八引此书另一处文，大略相同：

遂明国有大树名燧，屈盘万顷。后世有圣人游日月之外，至于其国，息此树下。有鸟啄树，粲然火出。圣人感焉，因用小枝钻火，号燧人氏。

因燧木钻出火，因号燧人氏。汉时纬书《礼含文嘉》（《太平御览》卷八七引）却说是因"遂天之意"而得名：

燧人始钻木取火，炮生为熟，令人无腹疾，有异于禽兽，遂天之意，故为燧人。

人工取火技术的掌握，是我们祖先在长期使用自然野火的过程中，逐渐掌握的一门技术，并不是哪一个人的功劳。人类使用火的过程是由取用自然野火到人工有意识地取火。使用自然野火要随时注意保存火种，若一旦失掉火种，这个人群就处于十分困难而危险境地。掌握了人工取火的技术后，人们就掌握了用火的主动，人类就控制了火这种自然力。火对于人类关系至大：熟食、取暖御寒、驱赶猛兽。所以人们将人工取火这一重大发明归于圣人，称他为"天下之王"，以示崇敬。我国古代这些关于燧人氏钻木取火的传说故事，反映的是我们祖先，从不自觉地使用天然火到掌握人工取火的漫长历程。

二　火的使用和人工取火

用火是人类和动物的一个重大区别：一切动物无论怎样凶猛都怕火，只有人不怕火，且能驾驭火，利用火为自己服务。我们的祖先使用火的历史很长，可追溯到180万年前的西侯度文化时期。贾兰坡说，在西侯度地点发现了烧过的碎骨、鹿角和马牙等。从这些发现可以把我们祖先用火的历史提前100多万年。①

我国北方的旧石器时代早期文化，在时间上，大约从距今100万年开始，一直延续到距今15万年前后，相当于地质年代的中更新世；在空间上，包括秦岭以北的广袤地区；秦岭以东，大体上以陇海铁路为界的地域内，发现9处用火遗迹，除一处外，均见于洞穴遗址，可以肯定当时人们已懂得用火，并有保存火种及控制火的能力。以人类发展阶段和用火遗迹的资料，推测当时人尚无人工取火的能力。因受此局限，用火难免出现间断。猿人生火的材料是多种的，可能以草本植物和灌木为主，乔木的枝叶、枯干和新鲜的动物骨骼也常用来作薪。②

我国南方古人类用火的历史同北方的一样早。在旧石器时代早期的云南元谋人遗址发现的人类化石，据古地磁年代测定为距今170万年（有一种意见为70万—60万年），在该遗址中，发现了炭屑，贾兰坡认为这是人类用火的遗迹，他说在含元谋人牙齿化石的地层中发现有许多的炭屑。炭屑多掺杂在粘土和粉砂质粘土中，沙砾的透镜体内有时也可见到。炭屑分布的上下范围约有3米左右，大致可分为三层，每层相距数十厘米不等。炭分布不规则，有的地方集中成鸡窝状，有的地方星星点点。还值得注意的是，炭屑往往和哺乳动物化石伴存。最大的炭屑直径达15毫米，小的也有1毫米左右，肉眼明显可见，一般在4—8毫米。发掘者在发掘时曾随意抽样，计算炭屑在地层中的密度，在4×3厘米的平面上，最大的炭粒长5毫米，小的1—2毫米，其中1毫米以上的达16粒。综合现有的资料，这些炭屑是人使用的火而不是自然界的野火。

过去人们只知道北京人是最早使用火的人，其实使用火的历史可以提前100多万年。距今大约60万年前的周口店的第13地点和山西省芮城县匼河遗址都曾发现过灰烬或烧骨；在距今约为80万年前的陕西蓝田县公王岭村蓝田人遗址发现了烧骨。从许多迹象表明，北京人并非用火的创始人，只不过继承了他

---

① 吴汝康、吴新智、张森水主编：《中国早期人类》第86页，科学出版社，1989年。
② 吴汝康、吴新智、张森水主编：《中国早期人类》第97、99页，科学出版社，1989年。

们祖先的一份宝贵的遗产。①

野火是指自然界森林草原植物,受雷击或天旱枯树叶枯草木自燃所起的火,野火焚烧后在地面上留下火烧的遗迹。这类遗迹不是人类使用火的遗迹。判断是野火还是人类使用火的遗迹,要观察该遗迹是否有人类活动及火烧遗迹是连成片的还是呈块状堆积的,若是成片的则应是野火所烧,若是呈块状堆积,就应是该遗址的居民用火的遗迹。据张森水研究,到距今15万年时,古人们还没有掌握人工取火的技术。从距今180万年至15万年的165万年中,人们是取自然火加以利用、保存。据统计,我国旧石器时代用火或疑似用火的遗址有45处,武仙竹等在《旧石器时代人类用火遗迹的发现与研究》文中有"中国旧石器时代用火及疑似用火遗迹统计表",迻录于此。②

中国旧石器时代用火及疑似用火遗迹统计表

时代	序号	遗址或地点	发现的遗迹和遗物	实验室检测	资 料 来 源
早更新世	1	西侯度遗址	烧骨	碳含量分析	贾兰坡等:《西侯度》,文物出版社,1978年
中更新世	2	白龙洞遗址	灰烬、烧骨		武仙竹等:《湖北郧西白龙洞古人类遗址初步研究》,《人类学学报》2009年第28卷第1期
中更新世	3	公王岭遗址	炭粒		戴尔俭等:《蓝田旧石器的新材料和蓝田猿人文化》,《考古学报》1973年第2期
中更新世	4	匼河遗址	烧骨		贾兰坡等:《匼河》,科学出版社,1962年
中更新世	5	周口店第13地点	灰烬层		张森水等:《北京志·周口店遗址志》,北京出版社,2004年
中更新世	6	周口店第1地点	灰烬堆、木炭、烧石、烧骨	碳含量分析、碳元素分析	同上5
中更新世	7	金牛山遗址A地点	2处灰堆、烧石、烧骨	碳含量分析	王幼平:《中国远古人类的源流》,科学出版社,2005年
中更新世	8	庙后山遗址	薄层灰烬、零星炭屑及烧骨		辽宁省博物馆:《后庙山》,文物出版社,1986年

---

① 贾兰坡:《中国大陆上的远古居民》第61页;又见宋兆麟、黎家芳、杜耀西:《中国原始社会史》第48—57页。
② 武仙竹等:《旧石器时代人类用火遗迹的发现与研究》,《考古》2010年第6期。

续 表

时代	序号	遗址或地点	发现的遗迹和遗物	实验室检测	资料来源
中更新世	9	岩灰洞遗址	烧骨	碳含量分析	吴茂霖等：《贵州桐梓新发现的古人类化石及文化遗物》，《古脊椎动物与古人类》1975年第13卷第1期
	10	龙牙洞遗址	灰烬层、烧石、烧骨		陕西省考古研究所：《花石浪（Ⅱ）》，科学出版社，2008年
	11	周口店第4地点	灰烬层、烧骨		同上5
晚更新世	12	伴峡小洞	烧土面、灰烬层、烧骨		湖北省清江隔河考古队：《清江考古》，科学出版社，2004年
	13	黄龙洞遗址	灰烬层、木炭、烧骨	燃烧微观分析、碳元素分析、地层高温检测	刘武等：《湖北郧西古人类用火证据》，《科学通报》2008年第53卷第24期
	14	伴峡榨洞	灰烬、炭屑、烧骨		同上12
	15	鲢鱼山遗址	灰烬、烧土、烧骨		同上12
	16	黑马河1号地点	2处灰堆、炭屑、烧石		高星等：《青藏高原边缘地区晚更新世人类遗存与生存模式》，《第四纪研究》2008年第28卷第6期
	17	江西沟1号地点	2处灰堆、炭屑、烧石		同上16
	18	娄拉水库地点	灰堆、炭屑、烧石		同上16
	19	周口店15号地点	灰烬层、烧土、烧石		同上5
	20	峙峪遗址	灰烬、烧石		贾兰坡等：《山西峙峪旧石器时代遗址发掘报告》，《考古学报》1972年第1期
	21	鸽子洞遗址	灰堆、炭骨、烧土		鸽子洞发掘队：《辽宁鸽子洞旧石器遗址发掘报告》，《古脊椎动物与古人类》1975年第13卷第2期

续 表

时代	序号	遗址或地点	发现的遗迹和遗物	实验室检测	资料来源
晚更新世	22	织机洞遗址	17处灰烬堆、烧土		张松林等：《织机洞旧石器时代遗址发掘报告》，《人类学学报》2003年第22卷第1期
	23	马鞍山遗址	灰烬层、烧石、烧土、烧骨		张森水：《马鞍山旧石器遗址试掘》，《人类学学报》1988年第7卷第1期
	24	南海峪沟遗址	烧骨		邱中郎：《山西垣曲新发现的旧石器材料》，《古脊椎动物学报》1958年第2卷第4期
	25	水洞沟遗址	灰烬层、炭屑、烧骨		刘德诚等：《水洞沟12号地点的古环境研究》，《人类学学报》2008年第27卷第4期
	26	沟后001地点	灰堆、炭屑、烧骨		同上15
	27	船帆洞遗址	灰烬、炭屑		陈子文等：《福建三明船帆东旧石器遗址》，《人类学学报》2001年第20卷第4期
	28	硝灰洞遗址	灰烬层、炭、烧石、烧骨		曹泽田：《贵州水城硝灰洞旧石器文化遗址》，《古脊椎动物与古人类》1978年第16卷第1期
	29	下川遗址	炭屑		王建等：《下川文化——山西下川遗址调查报告》，《考古学报》1978年第3期
	30	富林文化	灰烬堆、炭、烧骨	碳含量分析	张森水：《富林文化》，《古脊椎动物与古人类》1977年第15卷第1期
	31	虎头梁文化	三个炉灶坑、炭粒、烧石、烧骨		盖培等：《虎头梁旧石器时代晚期遗址的发现》，《古脊椎动物与古人类》1977年第15卷第4期
	32	小南海遗址	炭粒、烧土块、烧骨		安志敏：《河南安阳小南海旧石器时代洞穴堆积的试掘》，《考古学报》1965年第1期
	33	昂昂溪遗址	灰烬、烧骨		黄慰文等：《黑龙江昂昂溪的旧石器》，《人类学学报》1984年第3卷第4期

续 表

时代	序号	遗址或地点	发现的遗迹和遗物	实验室检测	资料来源
晚更新世	34	萨拉乌苏遗址	炭屑		董光荣等：《河套人化石的新发现》，《科学通报》1981年第26卷第19期
	35	柿子滩遗址	烧烤面、灰烬、烧石、烧骨		柿子滩考古队：《山西吉县柿子滩旧石器时代遗址S14地点》，《考古》2002年第4期
	36	白岩脚洞遗址	灰烬层		李炎贤等：《贵州普定白岩脚洞旧石器时代遗址》，《人类学学报》1986年第5卷第2期
	37	猫猫洞遗址	灰烬层、炭		曹泽田：《猫猫洞旧石器之研究》，《古脊椎动物与古人类》1982年第20卷第2期
	38	禹门口遗址	灰烬层、烧烤面		刘士莪：《陕西韩城禹门口旧石器时代洞穴遗址》，《史前研究》1984年第1期
	39	塔水河遗址	灰烬层、烧骨		陈哲英：《陵川塔水河的旧石器》，《文物季刊》1989年第2期
	40	王府井遗址	6处灰烬层、烧石、烧骨		李超荣等：《北京市王府井东方广场旧石器时代遗址发掘简报》，《考古》2000年第9期
	41	山顶洞遗址	灰烬层、烧骨		同上5
	42	穿洞遗址	4个灰烬堆、烧土、烧骨		张森水：《穿洞史前遗址(1981年发掘)初步研究》，《人类学学报》1995年第14卷第2期
	43	老龙洞遗址	2个灰烬堆、烧土、烧骨		白子麒：《老龙洞史前遗址初步研究》，《人类学学报》1998年第17卷第3期
	44	落笔洞遗址	1处灰烬堆和稍广的灰烬层		郝思德等：《三亚落笔洞遗址》，南方出版社，1998年
	45	白莲洞遗址	2处灰烬堆、烧烤面、烧骨		柳州白莲洞洞穴科学博物馆等：《广西柳州白莲洞旧石器时代洞穴遗址发掘报告》，《南方民族考古》1981年第1期

注：2011年在郑州市西南郊二七区侯家乡樱桃沟景区内老奶奶庙发现一处距今5万—3万年前的旧石器时代文化遗址，发现3 000多件石器、12 000多件动物骨骼碎片、20余出用火遗迹，以及层层叠压、连续分布的古人类居住面。(《中国文物报》2012年6月8日第14版《发现郑州》)

报道发现这45处用火遗迹地点中,有6处作过实验室分析验证,其中可以确定是人工用火的有周口店第1地点、金牛山遗址A地点和黄龙洞遗址。北京周口店遗址新测年的结果为距今77万年。黄龙洞遗址在湖北郧县西,这里有着丰富的远古人类文化遗存,时代在距今100万年左右,如1998年在郧县曲远河口学堂梁子发现了两具完好的古猿人头骨化石,并获得44件石制品,2000年以来,中国和法国研究人员从该遗址中提取了大量样品,用沉积学、微观形态学、地磁地质学、地球年代学和孢粉学等多种方法进行重新研究,得出这两具头骨的年代在距今93.6万年左右。所以黄龙洞人的用火已有约100万年的历史,在世界上也是最早使用火的人群之一。

上表中那些用火的人群,他们是采天然火而用之,还是人工取火而用,不得而知。我们的祖先发明并掌握人工取火这一重大技术是没有疑问的,但何时掌握人工取火的方法,在考古学上还没有发现可信的证据来证明我们的祖先在人工取火上的遗迹。据推测大致在旧石器时代中、晚期,人们已经掌握用打击石头的方法取火了。(图1-3)人们最早发明取火的方法是利用黄铁矿石(或赤铁矿石)同燧石相击的方法取火。人们制造石器时,两块燧石相撞击会出现火花,这些火花偶然溅落在易燃的干草、枯树叶上而燃烧起来,由此启示出碰击石头取火法;制造木棒时,木头经长时间摩擦也会因发热而至冒出烟来从而引燃干枯的柴草,由此启示摩擦取火法,即是传说中的"钻木取火"。火种的保存是早期居民最为重要的事,常常因不断地迁徙、长时间的下雨而使火种熄灭,给氏族带来极大困难,致使他们对人工取火进行尝试。① 从已发现的旧石器文化遗址中,在山顶洞文化遗址内,发现人们已在使用赤铁矿石。② 赤铁矿石与燧石碰击发出的火花大,持久。古人在劳作时,偶然由赤铁矿碰击的火花落在极易燃烧的物质上,引起燃烧,由此人们就认识了用赤铁矿或黄铁矿石撞击取火的方法。人类一个伟大的发明,就在这偶然间出现了。

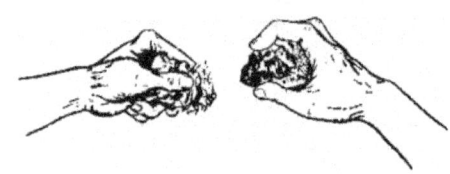

图1-3 击石取火法

(采自宋兆麟等:《中国原始社会史》第82页)

火的发明,是人类长期用火经验和制造生产工具的实践中得来的,并不是某一个人凭空从头脑中一时想出来的。使用自然火和人工取火,是人类社会发展不同阶段的标志,我国历史传说中,是燧人氏发明了人工取火技术,故将掌握了人工取火的时代称为"燧人氏"时代。

---

① 宋兆麟等:《中国原始社会史》第81—89页,文物出版社,1987年。
② 贾兰坡:《山顶洞人》第72页,龙门联合书局,1951年。

三　民间保存的传统取火方法

古人是如何发明人工取火技术的,今已不可知,今日仍保留在民间及少数民族中的一些取火方法,使我们能观其大概。如用赤铁矿碰击生火法,即所谓的"火镰子",现今边远的农村还有人用它打火点燃烟抽。传说燧人氏取火是"钻木"。"钻木"是一种摩擦生火原理,《庄子·外物》篇说"木与木相摩则然(燃)",与碰击出火方法是不相同的。人工取火的方法有多种,直到二十世纪五六十年代,我国少数民族地区还保留着一些古老的取火方法。这些方法中,当有燧人氏时期使用者,据宋兆麟等所著《中国原始社会史》书中所载,其主要有以下一些方法:

(一)佤族的摩擦取火。云南佤族的取火工具主要是用一根木棒,将一段劈成十字形,裂口处各加一块木楔,为的是通风、干燥和取火时存放艾绒以供引燃。此外,在裂口的一侧砍一横槽。取火时,把木棒横放在地上,裂口一端垫起,横槽向下,这时由取火者把木棒踩住,拿一根藤或竹条,从木棒下的横槽处绕过来,双手分别捏住藤条的一端,一上一下地进行交互摩擦,因热而产生火星,将艾绒引燃,从而取出火来。

(二)苦聪人的锯竹取火。云南苦聪人以两块竹片取火。取火工具,一是竹板,长40多厘米,其中一侧砍一缺口,供放锯刃之用;二是竹锯,也是长形竹板。取火时先用左手按住竹板,拇指靠近缺口,并且放置少量艾绒或芭蕉根纤维,然后由右手握好竹锯,在上述缺口处上拉下推如拉锯动作。由于竹子外表有一层易燃的硅质层,技术熟练的人五六分钟就能取出火来,技术生疏的人,一个小时左右也能取出火来。这种方法在瑶族人的历史上也使用过。

(三)西盟佤族的锯木取火。他们用"阿由"树一段,刻一凹槽,深入中心。一人取一竹片,置凹槽中来回摩擦,另一人双手各持一小团火草放置在凹槽两端,摩擦到火花迸出,即可点燃其旁火草。

佤族还有一法:取蒿子之类植物的基部削平,不挖孔,火草垫在蒿子下。取硬木棒钻蒿子之中心,当达到产生火花的时候,这时蒿子已被磨穿,火花落在下面火草上即可引燃。

(四)景颇族的摩擦竹片取火。其方法是用一根竹片插入地下,另以竹筒或两片竹片合在一起,内盛火草等引火物,上刻凹槽,将凹槽对准地下竹片刃部摩擦,摩者只需一人,但有多人在旁扶着竹片,并准备随时轮换。有时要连换多人,才摩出火花,点燃竹筒内引火物。

在云南的景颇族、傣族、布朗族和哈尼族,还有一种压击取火法。工具比较简易,一般是由竹子做的,也有用硬木或牛角做的。共分两部分:一是压击筒,呈圆柱形,长约8厘米,一头封闭,一头开孔,有压击孔;二是压击杆,长10厘米左右,前端有凹槽,后边有圆柄。取火时,先在压击杆一端的凹槽内放好艾绒,左手握着压击筒,孔朝上,右手把压击杆稍插入孔内,然后用右手掌猛烈击压杆柄。由于压击杆同筒壁发生剧烈摩擦,温度上升(管内空气又受到压缩),引起发火,并将凹槽内的艾绒点燃。拔出压击杆后,就可取出火来。这种方法既简单、方便,效率也高。

(五)黎族的钻木取火。海南岛黎族用钻木法取火。取火工具有两件:一是长约37厘米的一种名叫"山麻木"削制成的木板,在其一侧挖若干小穴,穴底往下有一竖槽,是火星运行的通道;二是钻火杆,长约53厘米,下端略尖。取火时,一般由一人操作,先用脚踩住木板,竖槽下放好艾绒,然后把钻火杆插在小穴内,以双手转动钻火杆,使其垂直地在小穴中转动。钻孔时速度要快,还要有一定的压力。当小穴附近发生火星后,火星沿竖槽下降,将艾绒引燃。也有用两个人操作的。一人专门按住木板,一人专门转动钻火杆。两人操作的,取火速度较快。古代汉族和近代高山族、佤族也流行与此类似的取火方法。(图1-4)

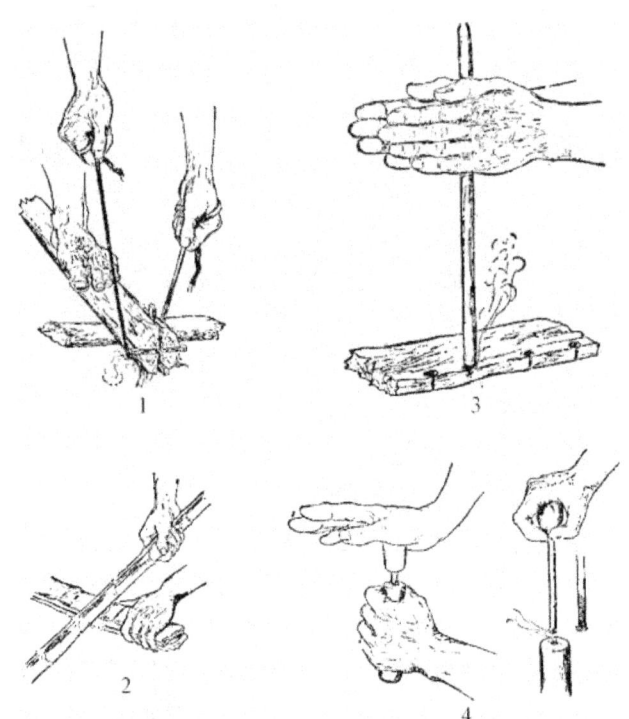

图1-4 少数民族中保存的摩擦取火法

1,佤族的摩擦取火法 2,苦聪人的锯竹取火法 3,黎族的钻木取火法
4,景颇族的压击取火法

(采自宋兆麟等:《中国原始社会史》第84页)

此外,在河北省有的地区还有一种古老的取火方法:将朽木放在树干或树皮上,然后用木块或鞋底前后搓擦,由于朽木内含磷比重高,容易燃烧。经过一

段时间的搓擦,温度升高,引起空气燃烧而将朽木点燃,也能取出火来。①

上面所述的取火方法,都是采用摩擦生火的原理。

四 人工取火的重大意义

恩格斯认为,人工取火技术的掌握,在人类历史上有着十分重大的革命意义,他在《反杜林论》中说:

> 就世界性的解放作用而言,摩擦生火还是超过了蒸汽机,因为摩擦生火第一次使人支配了一种自然力,从而最后把人同动物界分开出来。②

恩格斯在《自然辩证法》中还说:

> 人们只是在学会了摩擦取火以后,才第一次迫使某种无生命的自然力替自己服务。

我国古人对于用火的重大意义认识也有十分深刻的论述,《礼记·礼运》中谓:

> 昔者先王未有宫室,冬则居营窟,夏则居橧巢。未有火化,食草木之实,鸟兽之肉,饮其血,茹其毛。未有麻丝,衣其羽皮。后圣有作,然后修火之利:范金、合土、以为台榭、宫室、牖户;以炮、以燔、以亨、以炙;以为醴、酪;治其麻丝以为布帛。以养生送死,以事鬼神上帝,皆从其朔。

"皆从其朔"者即所有这一切,皆因圣人"修火之利"而得。在漫长的早期社会中,生产力极端低下,任何个人只有依靠集体的力量才能生存下去。自从人类开始学会用火之后,虽然大大增强了人类征服自然的能力,但是,由于取用天然火有一定的局限性和转移时携带火种的艰难,难以保证用火的需要。只是在人工取火方法发明以后,才使人类广泛地用火成为可能。因此,人工取火的发明使原始人掌握了一种强大的自然力,促进了生产力的发展,无论对于人类本身,还是对社会的发展,都有极其深远的意义。

人工取火的发明,使人类进一步改善和推广了熟食生活。由于人工取火比较方便,人类居住或迁徙期间,都能随时随地取出火来,为经常用火提供了保证。人们经常可以吃到熟食,大大缩短了消化所必需的时间,减少了疾病,增进了健康,促进了大脑的发展,延长了寿命。同时,熟食的推广也扩大了食物的来源和种类;原来不适于吃的东西,经过烧烤之后也可以吃了。特别是鱼类食物的广泛食用,为人类提供了较多的富于营养的食物,改善了人们的物质生活。从而使人类最终脱离了"茹毛饮血"的时代。

人工取火发明以后,使火成为一种重要的生产手段,应用范围极为广泛。用火围攻野兽是早期人们狩猎的重要手段。火在后来的农牧业生产中也占有重要

---

① 参见宋兆麟等:《中国原始社会史》第81—89页,文物出版社,1987年。
② 恩格斯:《反杜林论》第117页,人民出版社,1961年。

地位。狩猎过程中焚草为肥,促进了野草的生长,自然为后期的游牧或农业部落所继承。过去藏族牧民往往在头年砍伐一片林地,晒干后纵火焚烧,等来年长出新草以后放牧。最初的农业耕作方式,也是依靠火来进行的。

人工取火的发明,使人类进一步征服了漫长的黑夜和严寒,在同凶猛兽群斗争时,火是早期人类最有利的武器,增强勇气,提高自信心。从人工取火技术掌握起,人类历史上的所有重大的科学发明,如农业、制陶、冶铜、炼铁等等,都是与火分不开的。到了近代,人类又发现了从热能转化为机械能,发明了蒸汽机,这是能源利用领域中又一巨大的解放性变革,对发展生产力有重大意义。然而,这些发明都是以人类发明摩擦取火为前提的。①

可知,人工取火的发明和掌握,在人类社会发展史上是具有极其伟大的意义的。希腊神话中的普罗米修斯,他因从天上盗取火种传播到地上人间,触怒天神宙斯,遭到极为残酷惩罚,而被民众崇拜为大英雄。在人类发展史上,自打制第一件石制工具以来,掌握人工取火是又一次重大的技术革命,所以"燧人氏"序在"造人"的女娲后,而列为"三皇"之首,是符合人类社会发展演变进程的。

第二节　伏羲氏发明网罟,以佃以渔

图 1-5　伏羲画像

伏羲在传说中是继燧人氏后的又一位伟大人物,传说他首创八卦,开筮占易学之先。他发明网罟,则是将原始的渔猎经济推到高峰。网罟是渔猎的利器,有了网罟,渔猎时能获得更多的猎物,丰富了人们的食品。肉食能促进大脑发展,健壮人的体魄,从而推动了社会的发展。所以网罟的发明是一个新时代的标志性事件。(图 1-5)

一　伏羲氏的传说种种

伏羲之名,有多种写法:《易》作庖牺,今本《周易》作包牺,同音通假,《世本》作庖牺,有的辑本作庖羲,《世经》作炮牺,《战国策·赵策》作宓戏,《管子》的《封禅》作虑羲,其《轻重戊》作虑戏,《淮南子·览冥》同此,《庄子》的《大宗师》等二篇作伏戏,《人

---

① 参见宋兆麟等:《中国原始社会史》第 89 页,文物出版社,1987 年。

世间》等三篇作伏羲,《淮南子·主术》作伏牺,《俶贞》作伏羲。由于古无轻唇音,宓与虙、伏与庖、包同音而通用。① 现在一般写作"伏羲"。为何名为伏羲,《白虎通·号篇》解释说：

> 谓之伏羲者何？古之时未有三纲六纪,民人但知其母不知其父,能覆前而不能覆后。卧之诂诂,起之吁吁。饥即求食,饱即弃余。茹毛饮血而衣皮革。于是伏羲仰观象于天,俯察法于地,因夫妇正五行,故谓之伏羲也。

《周易·系辞下》说伏羲的最大贡献是"作八卦"与"作结绳而为网罟",《白虎通》的解释与此完全不沾边,也就是作者根本不明伏羲取名的旨趣所在。正确的写法应作"庖牺",《北堂书钞·乐部》、《太平御览》五七六、《广韵》七栉、《玉海》一一○等引《世本》文都作"庖牺",其他书也有作"庖牺"的,不俱录。"庖"字与制作食物有关：或指厨房,《说文》"庖,厨也。"《孟子·梁惠王上》"庖有肥肉"；或指厨师,《庄子·养生主》"良庖岁更刀,割也。""牺"指祭祀时被宰杀的牛羊,伏羲时代是狩猎经济时代,所以此"牺"字应指走兽飞禽鱼虾等猎获物,即孟子讲的"肥肉"。人们已经掌握了人工取火技术,"庖牺"是将猎获物在厨房里用火制作成食物,即皇甫谧《帝王世纪》载的"取牺牲以供包厨"。网罟的发明对人类的贡献意义重大,所以他被尊为"皇"。

古文献所载对伏羲本人的情况,有以下几个事件,类列如下：

（一）伏羲的身世及出生地。传说伏羲出生地有今山东定陶和甘肃天水二说,《易·系辞(下)·正义》引《帝王世纪》说：

> 大(太)皞包牺氏,风姓也。母曰华胥,燧人之世,有大人跡出于雷泽,华胥履之,而生包牺。长于成纪,蛇身人首,有圣德,取牺牲以供包厨,故号曰包牺氏。后世音谬,或谓之伏牺,或谓之宓牺。一号皇雄氏。在位一百一十年。

《礼记·月令·正义》引《帝王世纪》所载大略相同：

> 大(太)皞帝庖牺氏,风姓也。母曰华胥,遂(燧)人之世,有大人之迹,出于雷泽之中,华胥履之,生庖牺于成纪,蛇身人首,有圣德,为百王先。帝出于震,未有所因,故位在东主春,象日之明,是以称大皞,一号黄雄氏。

《拾遗记》卷一说伏羲在母腹中十二年方生："春皇者,庖牺之别号。所都之国有华胥之州。神母游其上,有青虹绕神母,久而方灭,即觉有娠,历十二年而生庖牺。"伏羲母名华胥,《拾遗记》则作地名"华胥之州",应是采自不同的传说。《水经注·瓠子河》注指伏羲母怀孕的雷泽地在大成阳县："瓠河又经雷泽北,其泽数在大成阳县故城西北十余里,昔华胥履大迹处也。"雷泽又称雷夏泽,《史记·五帝本纪》"渔雷泽"《集解》引郑玄说："雷夏,兖州泽,今属济阴。"《正义》："《括地

---

① 刘起釪：《古史继辨》第98页,中国社会科学出版社,1991年。

志》云：雷夏泽在濮州雷泽县郭郊外西北。"地在今山东省定陶市境内。

传说甘肃天水是伏羲出生的地方，现今那里有规模宏大的伏羲庙。天水地方人说，伏羲于农历五月十三日生于仇池，长于成纪，故当地人每年在这一天举行大型祭祀伏羲的典礼，迄今已举行了二十届。2013年6月22日的祭祀参加者达两万多人。天水的伏羲庙本名太昊宫，俗称人宗庙，在甘肃省天水市城区西关伏羲路，始建于明成化十九年至二十年间（1483—1484年，或说始建于元代至正七年即1347年），清光绪十一年至十三年（1885—1887年）第九次重修后，占地面积13 000平方米，现存面积6 600多平方米。前后历经九次重修，形成规模宏大的建筑群。伏羲庙作为明、清古建筑，被国务院批准列为国家级重点文物保护单位。伏羲的出生地和伏羲这个人物一样是传说，今天已不必坐实，也不可能坐实。

（二）伏羲的都城所在地。《初学纪》卷二四引《帝王世纪》说都陈：

宓戏为天子，都陈。在禹贡豫州之域。西望外方，东及明绪。于周，陈胡公所封，故春秋传曰：陈，太昊之墟也。汉属淮阳，今陈国是也。

《述异记》卷八载陈州有伏羲庙、八卦坛、伏羲墓及有关伏羲的传说故事：

陈州为太昊之虚。东关城内有伏羲女娲庙。庙东南隅，有八卦坛；西南隅有海眼，是古树根穴直下，以物投之，不知深浅。岁旱以金银物投之，可致雨，亦是国家设奠所。穴侧有龙堂焉。关东外有伏羲墓，以铁锢之，触犯不得，时人谓之"翁婆墓"。陈州虽小，寇贼攻之，固不能克，以其墓灵也。

《路史·后纪一》说伏羲之都在陈："都于宛丘故陈，为太昊之虚。"罗苹注引《帝王世纪》说在陈留："天皇庖羲都陈留。"陈留当是陈之误。陈、陈州皆是同一地的不同时代的名字，即今天河南省的淮阳市。

有说伏羲都在陕西陈仓而非淮阳陈，《遁甲开山图》谓"伏羲徙治陈仓地，非陈国，则不必宛丘"，罗苹在《路史·后纪一》的《注》中驳其说云："然历代以宛丘为太昊之虚，今宛丘北一里有伏羲庙、八卦坛。"

（三）伏羲在位的年数、寿命。古史传说也有多种，《帝王世纪》说"在位一百一十年"，宋罗泌《路史·后纪一》说："在治百六十有四载"，"年百九十有四葬山阳"，是特别的长寿。唐司马贞《三皇本纪》则云"立百一十一年崩"，采自《帝王世纪》的在位年数。

（四）伏羲的葬地。前引《述异记》谓在陈有伏羲墓。陈即陈州，今河南省淮阳市。淮阳太昊陵据《陈州府志》记载，在春秋时已有陵，汉以前有祠。唐太宗李世民于贞观四年（630）颁诏"禁民刍牧"。五代周世宗显德元年（954）下诏禁民樵采耕犁。宋太祖赵匡胤于建隆元年（960）置守陵户，诏示三年一祭，牲用太牢，造祭器。乾德四年（966）诏立陵庙，置守陵户五，春秋祀以太牢，御书祝版；开宝四年（971）又增守陵户二，以朱襄、昊英配祀。此后，陵与庙祀日见崇隆并有皇帝御祭。元朝时期祀事不修,庙貌渐毁,至元末已荡然无存。宋以前的建筑仅留下一块传为苏东坡的妹妹苏小妹书的墓碑。

明洪武三年(1370)朱元璋访求帝王陵寝,太昊陵首列第一。四年亲驾往陈(今淮阳市),御制祝文致祭。八年,遣官行视陵寝。九年,复置守陵户。明英宗正统十三年(1448),知州张志道奏立寝殿、廊庑、戟门、厨库、宰牲等房;天顺六年(1462)复加修葺,立后殿、钟鼓楼、斋宿房,又作三清观;成化六年(1470)增高钟鼓楼、彩绘殿宇;万历四年(1576),输币三千金,又进行大修;清乾隆十年(1745),发帑银八千两,再次大为修葺。至此,内外城垣,规模宏大,殿宇巍峨,金碧辉煌,定成格局。

新中国成立后,政府非常重视太昊陵的保护和管理。1949年成立了羲陵保管委员会,1962年、1963年先后被县、省公布为第一批文物保护单位。1980年建太昊陵文物保管所,1984年建太昊陵派出所,1985年建淮阳县博物馆,馆址设在太昊陵。1996年被国务院公布为第四批国家级重点文物保护单位。

淮阳太昊陵历代受重视,前往祭奠的封建帝王达51人次。朱镕基任国务院总理时曾前往参观并为陵区题字。

伏羲的葬地也有多处说法,南宋罗泌《路史》说"葬山阳",罗苹《路史注》又指出几处:"《世纪》云'葬南郡在襄阳',按帝冢在今山阳高平西北,高平襄阳之境。然《九城志》兖、单皆有伏羲陵,又河中府有庖王陵庙。戴氏《西征记》云:潼关直北隔河望,层阜岿然独秀,谓之风陵。伏羲氏,风姓也,此当是女娲墓。然古帝王墓冢皆非一所,宜必有说。"山阳郡高平县三国时魏国设置,治所在今山东省微山县西北。襄阳即今湖北省襄樊市。兖州、单州均在今山东省境内。

伏羲不同的出生地、都城、葬地,都是古代各地人民纪念他留下的遗迹。

二 伏羲的子孙世系

伏羲的后裔,《帝王世纪》云:"[太昊]子孙五十九姓,传世五万余岁,又有循正等九纪。"而具体所指有十五世,《初学纪》卷九引《帝王世纪》:

女娲氏,亦风姓也,承伏羲制度……其末有诸侯共工……女娲氏没,次有大庭氏、柏皇氏、中央氏、栗陆氏、骊连氏、赫胥氏、尊卢氏、混沌氏、昊英氏、有巢氏、朱襄氏、葛天氏、阴康氏、无怀氏凡十五世,皆袭庖羲之号。

伏羲、女娲古传说是兄妹,故有继承伏羲之说。女娲之功绩是造人,故我们不采他们是兄妹的传说故事。班固《汉书·古今人表》从"帝宓戏氏"始至"帝鸿氏"而下接神农,从宓戏(伏羲)到帝鸿共二十世。《汉书》未明言"宓羲"之后各帝是否"袭宓羲之号",但皆为宓羲后的帝王(即氏族首领)。

对于伏羲的直系子孙,《路史》有自己的传承,而不与《汉书》《帝王世纪》等同,《路史·后记(一)》:

伏羲生咸鸟，咸鸟生乘厘，是司水土。[乘厘]生后炤，后炤生顾相，降处于巴，是生巴人……黄帝应代有风后为之相……穆封其后于任，锡之巳姓，黄帝之孙任巳实归。其在唐虞俱有封土，书缺不见。夏后氏之初封之庖为姒姓。逮周之兴，武王复其后于宿，后有密宿、须句、颛臾，邑于泲上，实典太昊之祀，以为东蒙主……后有风氏、佩氏、甩氏、羲氏、希氏、戏氏、包氏、庖氏、炮氏、鲍氏、叟氏、颛臾氏、东氏、东蒙氏、胸氏、须胸氏、任氏、姒氏、宿氏、罔氏、伏氏、虙氏、宓氏、密氏、服氏。

传说中的历史人物及他们的子孙，在我国的历史长河里若隐若现，若有若无。若有，如文献记载那样真实地存在，似不可能；若无，都是好事者的编造，我国历史上很长一段时间就成了无人区的空白。历史是由人创造的，有人才有历史，所以历史学本质上是研究人的一门科学。若抽去了人，历史学就失去了依托，也就没有了趣味。传说里的人物及其后裔，是古代氏族或部族首领名。那个时代，人名、族名是同名的，人名就是氏族、部族名，那些子孙后裔及由此构成的世系，应是氏族部族的繁衍，所以传说里的人物及其子孙，我们不应否定也不能否定。谁能否定我国早期历史上氏族部落的存在？有氏族部族就有首领，传说里的人物就是这些首领级人物。推动历史的根本动力是人民大众，而首领人物是精英，起着引领时代前进的作用，是一个时代的伟大人物，所以他们被奉为英雄。英雄是一个民族的宝贵财富。一个没有伟大人物的民族，一个没有英雄的民族，是没有前途的民族，是停止不前的民族，是滞后于时代的民族，是受人奴役的民族。因此本书对传说的人物作尽可能地梳理，以彰显人在历史进程中的作用。

三　伏羲发明网罟及其他创制

传说中伏羲发明创造的事物甚多，其主要有：

（一）发明网罟，教民渔猎。《易·系辞下》：

> 古者庖牺氏之王天下也……作结绳而为罔（网）罟，以佃（畋）以渔，盖取诸离。

传说伏羲教民狩猎，《尸子》："宓牺氏之世，天下多兽，故教民以猎。"因此而有狩猎工具网的发明，有此重大发明，推动了狩猎经济的发展，伏羲因而被人们尊为天下之王。《汉书·律历志下》：

> 《易》曰：炮牺氏之王天下也，言炮牺继天而王，为百王先，首德始于木，故为帝太昊。作网罟，以田渔，取牺牲，故天下号曰炮牺氏。

网罟的发明者《世本·作篇》以为是伏羲臣句芒所作："伏牺臣芒作罗"（《史略·后纪（一）》注引）。《太平御览》卷八三四引《世本》："芒作罔（网）。"宋衷注："芒，包牺之臣。"近人张澍的按语举多种古籍证明，网罟是伏羲本人发明的："《周易》庖羲氏王天下，结绳而为网罟。《古史考》伏羲氏观蒙而作网。《抱朴子》太昊师蜘蛛而结网。"《太平御览》卷七八、《初字纪》卷九、《礼记·月令·正义》诸书引文同，皆是伏羲氏作网罟教民田猎，获取禽兽，以供庖厨。《易·系辞下·正义》："取牺牲以充包厨，故号曰包牺氏。""取牺牲"的"取"，唐司马贞《三皇本纪》作"养"；"大皞庖牺氏……养牺牲以庖厨，故曰庖牺。"

  传说中的伏羲氏时代，在燧人氏之后，已发明火，能熟食，所以有"庖厨"之设。有关伏羲氏的传说故事中，从生产力角度看，他只对狩猎经济作出重大贡献，不见他在农业方面有什么创造，故还未进入种植农业阶段，其时代当与旧石器时代晚期相符。考古发掘中，在我国旧石器时代晚期的遗址里，已发现有细石器、石制和骨制箭头和骨制鱼标之类的渔猎工具，细石器主要用于切割动物的肉，与传说中的"以田以渔"正合。是否有鱼网和驯养动物，在考古中还无这方面的证据。对于这一时期人类的生活状况，出土文化遗存以华北的材料较为清楚。在萨拉乌苏遗址，同人类化石、石制品、用火遗迹一起，出土了大量羚羊、野马、野驴、水牛、鹿和披毛犀等动物骨骼，其中以羚羊的最多，仅 1923 年发掘就获得羚羊角 300 多个，至少代表 150 多只羚羊。这些骨骼绝大多数是破碎的，上面有清楚的人工打击痕迹，虽经仔细观察也难得从中发现留有食肉动物的咬痕。埋葬学分析可以排除这些碎骨是由于流水搬运而破碎和汇集的。它们可以作当时人们打猎生活的证据，而且还可能表明羚羊是遗址主人即"河套人"的主要打猎对象。在峙峪遗址，和人类化石、石制品、用火遗迹一起，也出土了大量动物骨骼和 5 000 多枚牙齿。同萨拉乌苏的情形一样，骨骼十分破碎，有许多火烧痕迹。不同的是，峙峪的兽骨主要是野马和野驴，仅仅根据野马的右上第三臼齿和野驴的右上第一臼齿的不完全统计，这里至少有 120 匹野马和 88 匹野驴。材料表明"峙峪人"是"猎马人"，他们以野马和野驴为主要打猎对象。上述两例可以用来说明在旧石器时代晚期的华北（还可能包括东北、西北和青藏高原），人们已以打猎为主要经济手段。在一些地方，人们往往以某一种或几种食草动物为主要打猎对象。这种"专业化"打猎活动是当时打猎经济高涨的一个重要标志。①

  伏羲氏"作网罟，以田渔，取牺牲"，是说他是"作网罟"而使用在狩猎和捕鱼的活动上。使用"网罟"为渔猎工具，乃是成熟的渔猎时代的标志。网罟的罟即网，《说文·网部》："罟，网也。"徐锴《系传》"罟，网之总名也。"《尔雅·释器》："网谓之罟。"王念孙《疏证》："此网鱼及鸟兽之通名。"网不仅是捕鱼也是捕捉野兽的工具，《尔雅·释器》解释各种网的名称、功用：

    鸟罟谓之罗，兔罟谓之罝，麕罟谓之罞，彘罟谓之羉，鱼罟谓之罛，繴谓之罿。罿，罬也。罬谓之罦。罦，覆车也。

覆车是今日农村使用的、用人或骡马拉的大车，在车上张网捕鸟。郭璞注"覆车"

---

① 吴汝康、吴新智、张森水主编：《中国远古人类》第 243 页，科学出版社，1989 年。

云:"今之翻车也。有两辕,中施罥(环形网)以捕鸟。"用网捕鱼的效果当然是比用手捉、镖刺、箭射、垂钓所获大得多。从上引《尔雅》文看,网不仅是捕鱼工具,还是捕鸟兽的工具,兔、麇、豲都是兽类动物,豲是野猪,野猪性凶猛,在没有火器的时代,是轻易猎获不到的。在商代的甲骨文中,商时人不但用网捕捉鸟、兔子、鹿等动物,还用网捕捉猛虎,如卜辞:

庚戌卜,申获网雉,获十五。

甲戌卜,呼鸣网鸟,获。丙辰风,获五。　　《合集》10514①

呼多犬网鹿于蔑。　《合集》10976 正

其网鹿。　《合集》28329

甲□……燎于凫曾网虎。　　《合集》20710

"网虎"即用网捕捉老虎,连凶猛的老虎都可以网到,可见网在狩猎中的作用是十分大的。从上举商代甲骨文中知,网也是狩猎大型食草类动物的重要工具,所以"网罟"的发明,实在是使人们获取食物变得较为容易,使人们挂在火上烧烤的野味变得有保障而丰富起来。《淮南子·原道训》说网罟在渔猎时的作用道:"临江而钓,旷日不能盈罗,虽有钩箴芒距(捕鱼工具),微纶芳饵(诱饵),加之以詹何娟嬛之数(善钓者),犹不能与网罟争得也。射者扜乌号之弓(良弓),弯棊卫之箭(好箭),重之羿、逢蒙子之巧(善射者),以要飞鸟,不能与罗者竞多。"东晋傅玄在《羽籥舞歌》中歌颂伏羲发明网罟之功道:"羲皇之初,天地开元,网罟禽兽,群黎以安。"有此发明,方可有庖厨炊煮事,所以伏羲又被写作"庖牺",厨房里有鱼虾鸟兽,故而可使"群黎以安"。网罟的发明,提高了狩猎的效率,从而推进了生产的发展,使人类从狩猎时代过渡到农业时代。

　　从渔猎时代过渡到农业时代的文化遗址,我国已有多处发现。河南密县李家沟是一处旧、新石器过渡遗址,就是这种从狩猎业转换为农业时期的过渡文化遗存。河南省郑州市新密县李家沟遗址是距今 10 500—8 600 年左右连续的文化堆积。遗址文化分早晚两期,早期的文化内涵是以细石器和大型脊椎动物骨骼为主的以狩猎为生的狩猎文化遗存,还有反映相对稳定栖居形态的大型石制品及人工搬运石块的现象,应是过渡阶段新出现的具有标志性意义的文化现象。晚期则是以陶器及石磨盘为主的以农业为生的定居文化遗存,在仅 10 平方米的发掘区内发现一百多片粗夹砂陶片,绝大部分陶片上有纹饰,部分陶片的质地较坚硬。李家沟遗址从地层堆积、工具组合、栖居形态到生计方式等多角度提供了中原地区旧、新石器时代过渡进程的重要信息,比较清楚地揭示了该地区石器时代居民从流动性较强、以狩猎大型食草类动物为主要对象的旧石器时代,逐渐过渡到具有相对稳定的栖居形态、以植物性食物与狩猎并重的新石器时代的演化

---

① 《合集》是郭沫若主编《甲骨文合集》(中华书局,1982 年出版)的简称。

历史,展示了本地区这一阶段历史发展的特殊性。①

类似李家沟下层的文化有陕西省大荔县的沙苑遗址。该遗址发现于二十世纪五十年代中期,采集到三千多件石器。石器以打制的细石器和石片为主,磨制的只有两件三角形箭头。调查报告将此遗址的时代定为中石器时代至新石器时代初期,未发现有使用陶器的痕迹,推测当时居民的经济生活应是以狩猎经济为主。②"中石器时代"即是从旧石器时代到新石器时代的过渡时期,这一时期是种植农业开始萌芽的时期。

2010年11月至2011年8月,中国科学院古脊椎动物与古人类研究所和中国科学院研究生院科技考古系合作,对"南水北调"工程建设中,发现于河南省南阳市淅川县马蹬镇吴营村南坑、北坑的古文化遗址进行发掘,在南坑自然村发掘面积2 700平方米,包含五层文化堆积,最下的第⑤层为旧石器中晚期文化,所出土的石器原材料相对比较单一,以脉石英、石英岩为主,还有少量的石英砂岩。第④层为过渡期,发现的遗物较少,应是旧石器时代到新石器时代的一个过渡期,第③、第②层中制作石器的原材料种类明显增加,除第⑤层使用的外,新出现的有燧石、石灰岩、砂岩等石质材料。特别是出土有陶片、石磨盘、研磨球及较多的烧土块等,说明当时人们已经使用石器加工农作物,陶质炊具烹煮食物。③第⑤层还没有农业,这里也是一处从渔猎经济过渡到农业经济的过渡性质的文化遗址。上述遗址的文化内涵都反映出,中原地区从狩猎经济向农业经济即从旧石器时代向新石器时代过渡阶段性的文化现象,这正是传说中的伏羲时代向神农时代的过渡考古遗存。

其实,网罟非某个人所发明,而是人们长期捕鱼打猎劳动经验的积累总结,人们为纪念这一伟大的创制发明,就树立一位发明此事的英雄人物,封之为"天下之王",加以崇拜、加以歌颂,夏侯玄《辨乐论》云:"昔伏羲氏因时兴利,教民田渔,天下归之,时则有网罟之歌。"(《太平御览》卷五七一)网罟技术的发明,成为人类社会发展途程中的标志。伏羲氏是我国渔猎时代的标志。

(二)作八卦。"八卦"是一种筮占法,使用蓍草或竹木棍进行推演。传说八卦是伏羲氏发明的,《易·系辞下》:

> 古者包牺氏之王天下也,仰则观象于天,俯则观法于地,观鸟兽之文与地之宜,近取诸身,远取诸物,于是始作八卦,以通神明之德,以类万物之情。

伏羲作八卦后,神农重之为六十四卦,皇甫谧《帝王世纪》:

> 庖羲氏作八卦,神农重之为六十四卦,黄帝、尧、舜引而伸之,分为二易。

---

① 见《2009年全国十大考古新发现》,《中国文物报》2010年6月11日第6版。
② 见安志敏:《陕西朝邑大荔沙苑地区的石器时代遗址》,《考古学报》1957年第3期。
③ 宋定国、王涛、蒋洪恩:《河南淅川坑南遗址考古发掘》,《中国文物报》2011年11月18日。又《发现郑州》,《中国文物报》2012年6月8日第14版。

至夏人因炎帝曰《连山》,殷人因黄帝曰《归藏》,文王广六十四卦,著九六之爻,谓之《周易》。

八卦与伏羲的关系及六十四重卦的作者问题,高亨说,伏羲作八卦的传说故事,"是否属实,殊难论定",而肯定"八卦作于远古",重卦则不知作于何时,是何人所作。①

"重卦"即是用作筮数的"易卦"。"易"字有变化、改变、消长等义,《玉篇·日部》"易,转也,变也。"《广韵·昔部》"易,变易也,改也。"《说文·易部》"日月为易,象阴阳也。"八卦的最初是数字组成的,《汉书·律历志》"伏羲画八卦由数起",王先谦《汉书补注》引刘攽云"《志》言卦起于数",是说到点子上了。将三个或六个数字进行不同的变化排列组合,就成不同的"卦象",亦即不同的"卦"。用作筮数的"易卦",传说是伏羲作八卦,周文王重为六十四卦,说明伏羲的八卦每卦是三个数字组成的,周文王的六十四卦,每卦是由六个数字组成的。

用数字组成的卦,在安阳殷墟遗址及西周青铜器上已有多次发现,是用一、五、六、七、八、九几个数字重叠而成。(图1-6)下图是出土于安阳殷墟的数字卦,图中的左图上的数字为:六六七六六八,右图的两组数字,右边一组为:六一一六八五,左边一组为:一一六六一六。张政烺释出这些符号就是用数字组成的"易卦",有三个符号一组和六个符号一组的。其中奇数表示"阳",偶数表示"阴"。② 如图中左边的六个数字写成八卦的卦画符号就是:--、--、—、--、--、--,三个数字一组叠起来就是:☳(震)、☷(坤),再将两卦重叠就是《周易》六十四卦中的䷏卦。是什么时候将数字卦变成今日所见《周易》书中的卦画符号(即☰、☷等),则不可确知。迄今在商及西周的考古遗存中,还没有发现过

图1-6 安阳殷墟发现的数字"易卦"

---

① 高亨:《周易古经今注》第8—10页,中华书局,1984年。
② 张政烺:《试释周初青铜器铭文中的易卦》,《考古学报》1980年第4期,收入《张政烺文史论集》,中华书局,2004年。

这样的卦画符号。商代已使用六个数字组成的重卦,三个数字组成的单卦当比六个数字组成的重卦要早。商代甲骨文是我国文字中有系统的最早文字,甲骨文有一至十的数目字。夏代(包括夏代)以前的文字,只在陶器或石器、骨器上发现一些刻画符号,对这些刻画符号研究者多认为是原始的或早期的文字,有些符号可同甲骨文字比对而释读成某字。刻画符号中与甲骨文的数目字相似的符号比较多,但似数字卦一样的三个数目字或六个数目字一组的刻画符号,在陶器上还没有发现过。陶器上的刻画符号最早见于仰韶文化的陶器,这种文化距我们所说的"伏羲时代"有数千年的时间距离。迄今还没发现伏羲时代的刻画符号,所以八卦的创作是否可早到旧石器时代晚期的伏羲时代,还是需要继续探讨的一个问题。当然,三个数字的八卦,创制于何时何人,虽不可坐实,根据我国的传说,为表示其出现的时间较早,把它称为"伏羲八卦"也还是可以的。

(三) 制嫁娶之礼。伏羲制定婚姻礼节之事,屡见于古籍记载。《白虎通·号篇》:"伏羲仰观象于天,俯察法于地。因夫妇正五行,始定人道。"《礼记·月令·正义》引《世本·作篇》:"伏羲制以俪皮嫁娶之礼。"《太平御览》卷七八引《帝王世纪》:"太昊帝庖牺氏……制嫁娶之礼。"《路史·后纪(一)》罗苹《注》引《古史考》:"伏羲制嫁娶,以俪皮为礼。"清人马骕《绎史》卷三注引《拾遗记》:"(伏羲氏)始嫁娶,以通人道。"唐朝人司马贞《三皇本纪》中云:"太皞庖牺氏……于是始制嫁娶,以俪皮为礼。"

在人类的初期,两性间的关系通行的是一种杂乱的婚制,男女之间的性交,是母子间、兄妹间无别。恩格斯在《家庭、私有制和国家的起源》一书中说:

> 摩尔根在这样追溯家庭的历史时,同他的大多数同行一致,得出了一个结论,认为曾经存在过一种原始的形态,那时部落内部盛行着毫无限制的性交关系,因此,每个女子属于每个男子,同样,每个男子也属于每个女子。①

随着社会的发展,人类智识的提高,杂乱的群婚制首先排除父母与子女的性关系,然后排除兄妹之间的性关系,恩格斯在上引书中说:

> 如果说家庭组织上的第一个进步在于排除了父母和子女之间相互的性交关系,那么第二个进步就在于对于姊妹和兄弟也排除了这种关系……这一进步,是逐渐实现的,大概先从排除同胞的(即母方的)兄弟和姊妹之间的性交关系开始……最后甚至禁止旁系兄弟和姊妹之间的结婚……照摩尔根的看法,这一进步可以作为"自然选择原则是怎样发生作用的最好例证"。不容置疑,凡血亲婚配因这一进步而受到限制的部落,其发展一定要比那些

---

① 《马克思恩格斯选集》第四卷,第26页,人民出版社,1972年。

依然把兄弟姊妹之间的结婚当作惯例和义务的部落更加迅速、更加完全。①排除了同胞兄弟姐妹甚至旁系兄弟姐妹之间的性关系的婚姻,就进入到"普那路亚"家庭,"普那路亚"的意思是"亲爱的朋友"或"亲近的伙伴"。

从杂乱的群众到普那路亚家庭的婚姻形态,还是一种群婚制。在这种婚姻制下,子女只知道自己的母亲是谁,而不知自己的父亲是谁。恩格斯在《家庭、私有制和国家的起源》书中说:

> 在一切形式的群婚家庭中,谁是某一个孩子的父亲是不能确定的,但谁是孩子的母亲却是知道的。即使母亲把共同家庭的一切子女都叫做自己的子女,对于他们都担负母亲的义务,但她仍然能够把她自己亲生的子女同其余一切子女区别开来。由此可知,只要存在着群婚,那末世系就只能从母亲方面来确定,因此,也只承认女系。一切蒙昧民族和处在野蛮时代低级阶段的民族,实际上都是这样。②

只知其母不知其父的时代,在我国历史上也是存在过的。我国古代传说中,有不少这方面的记载,如《管子·君臣篇》:"古者未有君臣上下之别,未有夫妇妃匹之合,兽处群居,以力相征。"《庄子·盗跖》:"古者……民知其母,不知其父。"《商君书·开塞篇》云:"天地设而民生之,当此之时也,民知其母不知其父。"《列子·汤问》:"长幼侪居,不君不臣,男女杂游,不媒不聘。缘水而居,不耕不稼。土气温适,不织不衣。"《吕氏春秋·恃君览》:"昔太古尝无君矣,其民聚生群处,知母不知父,无亲戚、兄弟、夫妻,男女之别,无上下,长幼之道。"《白虎通·号篇》:"古之时未有三纲六纪,民人但知其母,不知其父。"

《列子》的"男女杂游,不媒不聘"就是群婚。在古代传说中,一些"圣人皆无父",他们是"感天而生",也是一些"不知其父"的人。伏羲是不知其父的人,是他的母亲踩到一个不知是谁的大脚印,才怀孕生下他,《太平御览》卷七八引《诗含神雾》云:

> 大迹出雷泽,华胥履之,生伏牺。

司马贞《三皇本纪》:"太暭庖牺氏,风姓,代燧人氏继天而王。母曰华胥,履大人迹于雷泽,而生庖牺于成纪,蛇首人身,有圣德。"其后的许多名人都是无父而生,如《春秋元命苞》(《玉函山房辑佚书》)言神农生的情况:

> 少典妃安登游于华阳,有神龙首感之于常羊,生神农。人面龙颜,好耕,是谓神龙,始为天子。

司马贞《三皇本纪》说神农是感龙应而生:

> 炎帝神农氏,姜姓。母曰女登,有娲氏之女,为少典妃,感神龙而生炎帝,人身牛首。

---

① 《马克思恩格斯选集》第四卷,第33页,人民出版社,1972年。
② 《马克思恩格斯选集》第四卷,第36—37页,人民出版社,1972年。

《易·系辞下》正义引《帝王世纪》言黄帝等人出生：

> 黄帝有熊氏，少典之子，姬姓也。母曰附宝，其先即炎帝，母家有蟜氏之女。附宝见大电光绕北斗枢星，照于郊野，感附宝，孕二十四月而生黄帝于寿丘……少暤帝名挚，字青阳，姬姓也。母曰女节，黄帝时，大星如斗，下临华渚，女节梦接意感，生少暤……颛顼高阳氏……母曰昌仆，蜀山氏之女，为昌意正妃，谓之女枢，瑶光之星贯月如虹，感女枢于幽房之宫，生颛顼于弱水……帝喾高辛氏，姬姓也，其母不见，生而神异，自言其名……帝尧陶唐氏，伊祈姓，母曰庆都……为帝喾妃，出游观河，遇赤龙，晻然阴风，而感庆都，孕十四月而生尧于丹陵……（瞽）瞍之妻握登，见大虹意感，而生舜于姚墟，故姓姚氏。

《三国志·蜀志·秦宓传》陈寿《注》引《帝王世纪》言禹生：

> 鲧纳有莘氏女，曰志，是为修已。上山行，见流星贯昴，梦接意感，又吞神珠臆圮，胸坼而生禹于石纽。

禹是夏朝开国之君启的父亲。夏商周秦的远祖，都是其母感应而生。《史记·殷本纪》：

> 殷契，母曰简狄，有娀氏之女，为帝喾次妃，三人行浴，见玄鸟坠其卵，简狄取吞之，因孕生契。

《诗经·商颂·长发》："天命玄鸟，降而生商。"这玄鸟不是偶然自来，而是上天所命。周人祖先出世也是无父的，《史记·周本纪》：

> 周后稷，名弃。其母有邰氏女，曰姜原……姜原出野，见巨人迹，心忻然说，欲践之，践之而身动如孕者。居期而生子，以为不祥，弃之隘巷……初欲弃之，因命曰弃。

秦人的祖先大业也是吞玄鸟卵而生。《史记·秦本纪》：

> 秦之先，帝颛顼之苗裔，孙曰女修。女修织，玄鸟陨卵，女修吞之，生子大业。

《史记·索隐》云："女修，颛顼裔女，吞鳦子而生大业，其父不著。"

这些"圣人"降生的传说，是只知其母不知其父的群婚史影。但如黄帝以后的诸人，我国已进入父系社会，不会有只知其母而不知其父的现象，那些传说是为神化他们而有意编出来的。

以父母子女为婚姻集团的早期群婚形态，不见于我国古史传说，而以亲兄弟姊妹为婚姻集团的记载，则见于伏羲时代。相传伏羲和女娲本是兄妹。《汉书人表考》卷二引《春秋世谱》：

> 华胥生男子为伏羲，女子为女娲。

他们又为夫妇。《全唐诗》卷三八八卢仝《与马异结交诗》：

> 女娲本是伏羲妇，恐天怒，搞炼五色石，引日月之针、五星之缕把天补。

袁珂、周明在《中国神话资料萃编》中引了一段四川民间类似伏羲兄妹故事传说的神话唱词：①

> 哥哥在梁山修磨子，妹妹还在那擒林行。
> 两块那磨子那背到那高山去，两层那磨子就一齐滚。
> 两层那磨子合到了，姊妹就成亲得为婚。
> 两层磨子就合不到呵，
> 姊妹就成亲就万呵不呵能那呵！

相同的故事，在四川广为流传。我的家乡四川北部流传还有这样的故事：很久以前，发大水，地上的人皆被淹死，只剩下吴二爷吴二娘兄妹二人。为了不使人绝种，使兄妹二人成为夫妻，二人就决定听天意安排。两人各推一扇磨子石到河中，若两扇磨子石合拢在一起，两人就成亲，合不到一起，就不能成亲婚配。结果两扇磨子石合在了一起，两兄妹就成了夫妻。今天的人就都是吴二爷吴二娘所生的后代。乡间还立有两位神人的庙，以供后人求子时祭祀。这有关兄妹成婚的传说，虽然附上了神意，实是在我国古代流行过亲兄弟姊妹间互为夫妻的朦胧记忆。

传说伏羲与女娲为兄妹，结为夫妻，"恐天怒"，反映我们的祖先已认识到兄妹不能结为夫妻的事实。他制"嫁娶之礼"，"以通人道"，"始定人道"，说明我们的祖先有意识地排除兄弟姊妹间性关系的重大历史进步。父母子女、兄弟姊妹之间的性关系，虽是人类社会发展进程中所必然经过的阶段，但当时人的智识低，人类还没有完全从动物界的行为分开，还具有兽性的一面，这种兄妹之间的性关系，就是兽性一面的表现。伏羲制"嫁娶之礼"，使人类从此在意识上与"兽"划分，而进入"人道"。这对人类体质的发展、智慧的提高，都至关重要，具有重大的历史意义。

据古籍记载我国古人是认识到亲兄妹间婚姻的危害性的，《左传》僖公二十三年郑国的叔詹云："男女同姓，其生不蕃。"《国语·晋语四》："同姓不婚，恶不殖也。"《左传》昭公元年，郑国大臣子产说："侨（子产的名字）又闻之，内官不及同姓，其生不殖……君子是以恶之，故《志》曰：'买妾不知其姓，则卜之。'违此二者，古之所慎也。男女辨姓，礼之大司也。""内官"指国君的妻妾。《礼记·曲礼上》："娶妻不娶同姓，故买妾不知其姓则卜之。"《礼记·坊记》："取妻不娶同姓，以厚别也。故买妾不知其姓，则卜之。"异姓婚配，则子孙昌盛，《左传》宣公三年，郑文公与妾燕姞生子，郑国大夫石癸说："吾闻姬、姞耦，其子孙必蕃。"郑国君姬姓，南燕国姞姓，是异姓婚姻。

这种排除血亲关系婚姻所产生的巨大后果，是促进了人类体格的发展和智

---

① 袁珂、周明：《中国神话资料萃编》第15页，四川省社会科学院出版社，1985年。

力的提高,摩尔根在《古代社会》中写道:

> 把没有血缘关系的人带入婚姻关系之中,这种新的做法的影响必然给社会带来巨大的冲击。它有利于创造一种在体力和智力两个方面都更为强健的种族。不同种族的结合所带来的利益,给人类的发展带来了巨大的影响。当两个具有强健的体力与智力的、处于开化中的部落,因为野蛮生活中的偶然事件而结合在一起并混为一个民族的时候,新生一代的颅骨和脑髓将扩大到相当于两个部落才能的总和。这样的种族当然是以这两个种族为基础的一种改良种族,其优越性可以通过智力与人口的增加而表现出来。①

婚姻制度的变革,不但提高人的体质和智力,同时也促进了社会组织的发展,恩格斯在《家庭、私有制和国家的起源》中说:

> 自一切兄弟和姊妹间,甚至母方最远的旁系亲属间的性交关系的禁例一经确立,上述的集团便转化为氏族了,换言之,即组成一个确定的、彼此不能结婚的女系血缘亲属集团;从这时起,这种集团就由于其他共同的社会制度和宗教制度而日益巩固起来,并且与同一部落内的其他氏族区别开来了。关于这一点,以后还要详细谈到。不过,我们既然看到氏族不仅是必然地,而且简直是自然而然地从普那路亚家庭发展起来的,那末我们就有理由认定,在氏族制度可得到证实的一切民族中,即差不多在一切野蛮的和文明的民族中,几乎毫无疑问地都曾经存在过这种家庭形式。②

从伏牺氏制嫁娶之礼而明"人道"的传说看,我国历史,也是经过了杂婚、群婚而进入到排除近亲血缘关系的婚姻,社会进到氏族、部落的发展阶段的。

（四）制造乐器、创作乐曲。传说中伏羲制造了琴瑟两种乐器。《北堂书钞·乐部》引《世本》云:

> 庖牺氏作瑟。瑟,洁也,使人精洁于心,纯一于行也(《太平御览》卷五七六,《玉海》卷一一〇同。《广韵》七《注》引作"庖牺作瑟")。

《孝经》卷六《广要道章》邢昺《正义》引《世本》:"伏羲造琴瑟。"琴也是伏羲所造。《山海经·海内经》郭璞《注》引《世本》:"伏羲作琴。"后世学者引《世本》文,往往提到伏羲作瑟时的弦数,而弦数往往又有所不同。《广雅·释乐》说是二十七弦:"伏羲氏瑟长七尺二寸,上有二十七弦。"《初学记》卷九引《帝王世纪》说是三十六弦:"伏羲氏作瑟,三十六弦,长八尺一寸。"《风俗通义·声音篇》说是四十五弦:"宓羲作瑟,八尺一寸,四十五弦。《黄帝书》:泰帝使素女鼓瑟而悲,帝禁不止,故破其瑟为二十五弦。"《尔雅》卷五《释乐》引《世本》称为五十弦:"庖牺作五十弦,黄帝使素女鼓瑟,哀不自胜,乃破为二十五弦,具二均声。"

---

① 摩尔根:《古代社会》(新译本)第464页,商务印书馆,1977年。
② 《马克思恩格斯选集》第四卷第37—38页,人民出版社,1972年。

伏羲所作的琴上的弦数，各书不同。张澍在《世本稡集补注》的"伏羲作琴"后所加的按语，对伏羲琴的长短、弦数进行辩证而不及瑟：

> 澍按：《通鉴》前编《音释》引《世本》云："伏羲氏削桐为琴，面圆法天，底平法地。龙池八寸通八风，凤池四寸象四时，五弦象五行。长七尺二寸。以修身理性，反天真也。达灵成性，象物昭功也。"系宋衷注文。又按：《太平御览》："伏羲之琴名离"，《琴谱》"伏羲琴名龙吟"。《乐录》"伏羲琴二十七弦"，《古今注》以为二十五弦。郭璞注云：十弦。《琴操》言五弦，并失之，当以二十七弦为是。《广雅》"伏羲琴七尺二寸，或云三尺六寸六分。"《楚辞》"伏羲《驾辨》"，刘渊林曰："伏羲作琴制此曲。"

伏羲创作的乐曲，《楚辞·大招》中有"伏羲驾辨"的辞句："伏羲驾辨，楚劳商只。"王逸注说《驾辨》、《劳商》是伏羲作的乐曲名："伏羲，古王者也，始作瑟。《驾辨》、《劳商》皆曲名也。言伏戏氏作瑟，造《驾辨》之曲，楚人因之，作《劳商》之歌，皆要妙之音，可乐听也。或曰：伏羲《驾辨》皆要妙歌曲也。"伏羲还作有乐曲《立基》，《太平御览》卷五六六引《乐书》："谨按《礼记》疏云'伏羲乐曰立基'，言伏羲之代五运成，立甲历始基，画八卦以定阴阳，造琴瑟以谐律吕，继德之乐，故曰立基。"《孝经钩命诀》说《立基》还有其他二名："伏羲乐曰《立基》，一云《扶来》，亦曰《立本》。"宋罗泌《路史·后纪一》说，《扶来》即《扶徕》，"长离徕翔，爰作荒乐，歌《扶徕》，咏网罟。"其子罗苹《注》又说《扶徕》即《凤来》：《三坟》云："因凤来而作乐。长离者，凤也。"

在传说中，伏羲氏既发明了乐器琴瑟，又创作了多首乐曲。乐曲在很古的时期就应是有的，只是传说中说的那些曲谱没能流传下来，所以伏羲作琴瑟、创作乐曲，是什么样的，虽无法坐实，却也不应否定伏羲时代人们渔猎之暇的娱乐生活。《释名·释乐器》"人声曰歌"，《尚书·尧典》"歌永（咏）言"，会说话就有歌，有歌就有曲，就有乐器的需要，所谓"击石拊石"（《尧典》）。歌曲、乐器产生的历史是很久远的，伏羲制作的乐器不可能似今天还在作为演奏的琴瑟，但乐曲、乐器方面的创制应是有的，只是简单与复杂的不同。

传说的历史到伏羲时发明创造渐多，至黄帝而集大成。这些发明当然不是某个人的功劳，而应是人民大众的功劳，是长期生产实践的产物，其成果或由某位具高智慧人加以总结提炼，故归功于个人。传说中这些发明有的时代提前，有的时代延后，是传说故事来源的不同，但这些发明创造虽不一定是某个人，但确有其事，它们都是我们祖先对人类文明的贡献。

（五）创设职官。《左传》昭公十七年载郯子语：

> 太暤氏以龙纪，故为龙师而龙名。

杜预《注》云："太暤，伏羲氏，风姓之祖也，有龙瑞，故以龙命官。"孔颖达《疏》引服虔说："太暤以龙名官，春官为青龙氏，夏官为赤龙氏，秋官为白龙氏，冬官为黑龙氏,中官为黄龙氏。"

后人皆沿其说,王符《潜夫论》卷八《五德志》:"大人迹出雷泽,华胥履生伏羲……以龙纪,故为龙师而龙名。"曹植《伏羲赞》:"木德风姓,八卦创焉,龙瑞名官,法地象天。"崔寔在《政论》中说,伏羲氏设有九庖之官:"太昊之世,设九庖之官。"

伏羲设官的传说,按社会发展阶段,是不可能有的,设官分职是产生国家之后才有。本书中有关"三皇五帝"的设官传说故事,只可视作氏族部落、城邦内大小首领的简单分工,不可与产生王朝领土国家以后的"官"等同。

拨开披在伏羲身上传说的迷雾,他是处于我国旧石器时代后期的人物。这个时代最为重大的发明是"网罟",从上引古籍中知,古人是十分强调伏羲发明网罟的重要性的。因为有了网罟,使狩猎变得较为容易,从而使火堆上烧烤的猎物加多,经济生活变得宽裕,人们不再四处游荡而逐渐定居下来成为可能;因网罟的发明,人们能获得更多的肉类食物,从而使食肉量大增。肉食是促进大脑发育的最为主要的食品,恩格斯说雅利安人最先进入文明社会,其中最重要的原因就是他们主要食物是肉食,毛泽东在战争时期常说吃"红烧肉补脑"也是有一定的科学道理的。因肉食促进大脑发育,思维扩展,推动了社会发展,使中国社会从狩猎时代进到农业时代。随着经济生活提高,爱美之心萌芽,人们也开始打扮自己,山顶洞人的装饰品就是实物证据。这就是"伏羲时代"。

第三节 神农氏发明农业,教民耕稼

神农氏发明耒耜、教民耕稼,是我国先民从渔猎时代步入农业时代的标志。人类只有掌握了农业生产技术,食物才有保障,生活才能安定,社会才能稳固。所以,农业的发明被视作人类发展史上的一次"革命",称为"农业革命",可见其对人类的重要性。我们祖先对此有充分认识,神农因此被尊崇为"皇",受到后世子孙传颂。

一 神农氏的出生、名号

神农氏为少典氏之后,文献记载其生母有有蟜氏、有娲氏、任姒等的不同,《国语·晋语四》载:

> 昔少典娶于有蟜氏,生黄帝炎帝。黄帝以姬水成,炎帝以姜水成。成而异德,故黄帝为姬,炎帝为姜。

《易·系辞下·正义》引《帝王世纪》云:

> 炎帝神农氏,姜姓也,母曰任已,有娲氏女,名曰女登,为少典正妃,游华山之阳,有神龙首,感女登于尚羊,生炎帝。人身牛首,长于姜水,有圣德,继

无怀之后。本起烈山，或称烈山氏。在位一百二十年而崩。纳奔水氏女曰听谈，生帝临魁、次帝承，次帝明，次帝直，次帝釐，次帝哀，次帝榆罔（罔或作冈，下同），凡八代及轩辕氏也。

唐司马贞《三皇本纪》据《帝王世纪》为说，文字小有差异：

> 炎帝神农氏，姜姓，母曰女登，有娲氏之女，为少典妃，感神龙而生炎帝，人身牛首，长于姜水，因以为姓……立一百二十年崩，葬长沙。神农本起烈山，故左氏称烈山氏之子曰柱，亦曰厉山氏。《礼》曰"厉山氏之有天下"，是也。

《史记·五帝本纪》"神农氏世衰"《正义》引《帝王世纪》："神农氏，姜姓也。母曰任姒，生炎帝，长于姜水，有圣德，以火德王，故号炎帝。"

神农氏的名号有多个，《史记·五帝本纪》张守节《正义》引《帝王世纪》云：神农氏，姜姓也，"有圣德，以火得王，故号炎帝。初都陈，又徙鲁。又曰魁隗氏，又曰连山氏，又曰列山氏。"炎帝和神农，是一名一号还是不同的两个时代人物，古籍上就有不同的记载，主张是两人者，见《史记·封禅书》，此篇引管子讲述封泰山的古帝王中，将二人分开：

> 管仲曰：古者封泰山禅梁父者七十二家，而夷吾所记者十有二焉。昔无怀氏封泰山禅云云，虙羲氏封泰山禅云云，神农封泰山禅云云，炎帝封泰山禅云云，黄帝封泰山禅亭亭。

《礼记·曲礼》"太上贵德"节《正义》引谯周《古史考》：

> 女娲后五十姓至神农，神农至炎帝一百三十三姓，是不当身相接。

崔东壁在《补上古考信录》"炎帝氏"条下，认为神农在黄帝前，炎帝在黄帝后，神农、炎帝非一人：

> 《易传》曰"庖羲氏没，神农氏作，神农氏没，黄帝、尧、舜氏作"。是庖羲、神农在黄帝之前也。《春秋传》（即《左传》——引者）曰："黄帝氏以云纪，故为云师而云名；炎帝氏以火纪，故为火师而火名；共工氏以水纪，故为水师而水名；太暤氏以龙纪，故为龙师而龙名。"是炎帝、大暤在黄帝之后也。庖羲、神农在黄帝之前，炎帝、太暤在黄帝之后，然则庖羲氏之非太暤，神农氏非炎帝明矣。[1]

主张神农、炎帝是一人者，则认为炎帝是身号，即帝王的名号，神农是时代的名称，相当于后世的朝代名称。成书于战国时期的《世本》(《左传》昭公十七年《正义》引)谓炎帝即神农氏，"炎帝身号，神农代号也"。东汉王符《潜夫论》卷八《五德志》亦云："身号炎帝，世号神农，代伏羲氏。"

崔东壁所据《春秋传》即《左传》昭公十七年传文。黄帝在炎帝前，汉代的班

---

[1] 崔述：《崔东壁遗书》第38页，上海古籍出版社，1983年。

固认为是倒数。班固所著《汉书·律历志》之《世经》，引《左传》昭公十七年郯子语后说：

> 言郯子据少昊受黄帝，黄帝受炎帝，炎帝受共工，共工受太昊，故先言黄帝，上及太昊。稽之《易》，炮牺、神农、黄帝相继之世可知……炎帝……以火承木，故为炎帝。

"稽之《易》"的《易》即《周易·系辞下》，此文中云"庖羲氏没，神农氏作；神农氏没，黄帝作"。唐代孔颖达《左传》昭公十七年《疏》中，亦认为郯子所举历代帝王是"逆陈"："此传从黄帝向上逆陈之，知共工在神农前，太暤后也。"

"炎帝"这个帝王名号，也是代代相继承的，《史记·封禅书》引管仲数古封禅王名神农、炎帝下，《索隐》引邓展说："神农后子孙亦称炎帝而登封者。《律历志》云'黄帝与炎帝战于阪泉'，岂黄帝与神农身战乎？皇甫谧云：'炎帝传位八代也。'"

我们若不将神农、炎帝固定在某一具体的人物上，而把他看成是一个氏族或部落的名字，就很好理解了。在远古时代，氏族、部落首领的名字，其实就是他那个氏族或部落的名字。这种现象，在商代还存在。① 在甲骨文中，有的人物从武丁时代到武丁曾孙的武乙文丁时代，已历时百多年，还活跃在政治舞台上。人的生命是有限的，古今皆同，这显然不是同一个人，而应是此人的氏族名号或国家名称。炎帝部落存在了很长的时间，它同黄帝部落交战，是两个部落间的战争。

二 神农氏的世系和后裔

神农氏传说是一位具体的人物，而且是一位伟大人物，他就有子孙后代。古文献中有关这方面的传说记载不少，整理类辑于此，以观这个时代的人物活动情况。这些人物，当然不能作实有其人看，将他作为氏族、部落，或是氏族、部落首领看待，或可接近于事实。

（一）神农氏的世系。传说神农氏传了八代，《易·系辞下》正义引《帝王世纪》云：

> 炎帝神农氏……纳奔水氏女曰听谈，生帝临魁、次帝承，次帝明，次帝直，次帝釐，次帝哀，次帝榆罔，凡八代及轩辕氏也。

唐司马贞《三皇本纪》：

> 炎帝神农氏……立一百二十年崩，葬长沙。神农本起烈山，故左氏称烈山氏之子曰柱，亦曰厉山氏。《礼》曰"厉山氏之有天下"，是也。神农纳奔水

---

① 张秉权：《甲骨文中所见人地同名考》，《庆祝李济先生七十岁论文集》下册，台北清华学报，1967年。

氏之女曰听詙为妃,生帝魁、魁生帝承,承生帝明,明生帝直,直生帝氂,氂生帝哀,哀生帝克,克生帝榆罔,凡八代,五百三十年,而轩辕氏兴焉。

司马贞自注云:"按:神农之后凡八代,事见《帝王代(世)纪》及《古史考》,然古典亡矣。况谯、皇二氏皆前闻君子,考按古书而为此说,岂至今凿空乎？此纪是据以为说,其《易》称神农氏没及榆罔,榆罔犹袭神农之号也。"

对神农氏所历代数,《吕氏春秋·慎势篇》说神农之后传十七世:"神农十七世有天下,与天下同之也。""十七世"又有作"七十世"者,《太平御览》卷七八引《尸子》:"神农七十世有天下,岂每世贤哉,牧民易也。"古文十、七两字易混,故"十七"易混为"七十",而"七十"也易混为"十七",反正都是传说,不必深究,反映的是神农时代是一个相当长的时代。还有说神农后有一百三十三姓者。《礼记·曲礼》"太上贵德"下《正义》引谯周《古史考》:"神农至炎帝一百三十三姓,是不身相接。"

这"一百三十三姓"的"姓"应理解为"世"或"代",当是从神农到黄帝为一百三十三"世"。这些神农氏后裔传多少代的传说,都是靠不住的。神农氏发明农业,我国农业的发明在距今一万年左右。农业的发明考古学上称为新石器时代,而黄帝距今五千年,已是新石器时代的仰韶文化中晚期,所以神农至黄帝间的时间跨度是很大的,有数千年。这数千年的时间,是不可能有一族一姓能贯穿下来的,所以神农氏是中国远古历史进程中的一个时代性符号,是我们的祖先发明农业,我国已进入农业社会时代的标志。

(二) 神农氏的后裔。神农氏的后裔见于文献记载的有:

1. 祝融。祝融是神农族的后裔。《山海经·海内经》:

> 炎帝之妻,赤水之子听訞生炎居,炎居生节并,节并生戏器,戏器生祝融。祝融降处于江水,生共工。共工生术器。术器首方颠,是复土穰(壤),以处江水。共工生后土,后土生噎鸣。

祝融是一大族,其后裔甚众,主要有:

(1) 共工。据上引《山海经》,共工是祝融之子。祝融所"生"的共工,与伏羲、神农间的共工不是一人。祝融族的共工,即《国语·周语》"昔共工弃此道也"下,韦昭《注》引贾侍中(逵)语所说的共工:

> 共工,诸侯,炎帝之后,姜姓也。颛顼氏衰,共工氏侵凌诸侯,与高辛氏争而为王。

高辛氏即帝喾,是此共工活动在颛顼、帝喾间,当是祝融族系人物。共工族常与黄帝族系相争,蒙文通师说:"共工固姜姓炎帝之裔也……岂姜姓常叛不服,屡起而与姬姓争为帝耶。"[①]《史纪·楚世家》载帝喾派遣重黎讨伐共工:"共工氏

---

① 蒙文通:《古史甄微》第37页,商务印书馆,1933年。

作乱,帝喾使重黎诛之而不尽,帝乃庚寅日诛重黎。"所以到尧舜禹时,共工一支人的力量还是很强,因而常被征讨,《逸周书·史记解》中说,尧重创共工族:"昔有共工自贤,自以无臣,久空大官,下官交乱,民无所附,唐氏伐之,共工以亡。"唐氏即尧。其实尧并未能灭掉共工族,舜时又生事,《淮南子·本经训》:"舜之时,共工振滔洪水,以薄空桑。龙门未开,吕梁未发,江淮通流,四海溟涬,民皆上邱陵,赴树木。舜乃使禹疏三江五湖。"禹对共工继续进行打击,《荀子·议兵篇》"尧伐驩兜,舜伐有苗,禹伐共工,汤伐有夏……皆以仁义之兵行于天下也。"

共工的子孙除上引《海内经》的术器、噎鸣外,夸父也是共工之后,《山海经·大荒北经》:"后土生信,信生夸父。"

(2) 祝融八姓。祝融子孙除共工一支外,其支系甚众,《国语·郑语》周王室史官史伯说祝融之后有"八姓":"祝融亦能昭显天地之光明,以生柔嘉材者也,其后八姓于周未有侯伯。"韦昭《注》云:"八姓,祝融之后。八姓:己、董、彭、秃、妘、曹、斟、芈也。侯伯,诸侯之伯。"八姓中,有五姓出自陆终氏的五位儿子。《史记·楚世家》:

> 重黎为帝喾高辛居火正,甚有功,能光融天下,帝喾命曰祝融。共工氏作乱,帝喾使重黎诛之而不尽,帝乃以庚寅日诛重黎,而以其弟吴回为重黎。后居火正为祝融,吴回生陆终。陆终生子六人,坼剖而产焉。其长,一曰昆吾,二曰参胡,三曰彭祖,四曰会人,五曰曹姓,六曰季连。(季连)芈姓,楚其后也。

张澍《世本》补注解说陆终氏六子的情况:"陆终娶于鬼方氏之妹,谓之女嬇,是生六子。孕三年而不育,剖其左胁,获三人焉,剖起右胁,获三人焉。其一曰樊,是为昆吾,其二曰惠连,是为参胡,其三曰钱铿,是为彭祖,其四曰求言,是为邻人,其五曰安,是为曹姓,其六曰季连,是为芈姓……昆吾者,卫是也。参胡者,韩是也。彭祖者,彭城是也。邻人者,郑是也。曹姓者,邾是也。季连者,楚是也……昆吾,国名,己姓所出。参胡,国名,斯姓,无后。彭祖,姓钱名铿,在商为守藏史,在周为柱下史,年八百岁。求言,名也,妘姓所出,邻国也。邻人即桧之祖也。安,名也,曹姓者,诸曹所出也。季连,名也。芈姓,诸楚所出也,楚之先。"

季连芈姓所建之国,除楚外,相传春秋后期兴起于江浙一带的越国,也是季连之后。《国语·吴语》"吴王夫差起师伐越,越王勾践起师逆之江"下,韦昭《注》"勾践,祝融之后、允常之子、芈姓也。《郑语》曰:'芈姓夔越'。《世本》亦云:"越,芈姓也。"司马迁《史记·越王勾践世家》采《越绝书》说勾践为"禹之苗裔",禹是姒姓,两说不同。

(3) 祝融之后"四岳"。舜时的"四岳"伯夷是祝融之后,《世本》载:"祝融曾孙生伯夷,封于吕,为舜四岳。"王符《潜夫论·志氏姓》说四岳是炎帝后裔而未言与祝融的关系:

炎帝苗胄,四狱(岳)伯夷,为尧典礼,折民惟刑,以封申、吕。裔孙尚,为文王师,克殷而封之齐,或封许、向,或封于纪,或封于申。申城在南阳宛北序山(按:又名北筮山)之下,故《诗》云"亹亹申伯,王荐之事,于邑于序,南国是式。"宛西三十里有吕城,许在颍川,今许县是也。姜戎居伊、洛之间,晋惠公徙置陆浑。州、薄、甘、戏、露、怡,及齐之国氏、高氏、襄氏、隰氏、士强氏、东郭氏、雍门氏、子雅氏、子尾氏、子襄氏、子渊氏、子乾氏、公旗氏、翰公氏、贺氏、卢氏,皆姜姓也。

唐司马贞《三皇本纪》说同:"神农……其后有州、甫、甘、许、戏、露、齐、纪、怡、襄、申、吕,皆姜姓之后,并为诸侯,或分掌四岳。当周室,甫侯、申伯为王贤相,齐、许列为诸侯,霸于中国。"

祝融之族姓有说出自颛顼的,《左传》昭公二十九年晋国史官蔡墨说祝融是颛顼子:"颛顼氏有子曰犁,为祝融。"颛顼为黄帝之后,姬姓。《山海经·大荒西经》也记载祝融是颛顼之后:"颛顼生老童,老童生祝融,祝融生太子长琴,是处摇山,始作乐风。"司马迁采其说,《楚世家》"高阳生称,称生卷章,卷章生重黎。重黎为帝喾高辛氏火正,甚有功,能光融天下,帝喾命曰祝融。共工氏作乱,帝喾使重黎诛之而不尽,帝乃以庚寅日诛重黎,而以其弟吴回为重黎。后复居火正为祝融。吴回生陆终,陆终生子六人。"古代传说时代久远,常致淆乱。如《山海经》的《海内经》说祝融是炎帝之后,《大荒西经》却说是颛顼之后;司马迁说祝融是主管火的职官而非人名,《山海经》则说祝融是人名。多处古籍记载祝融是人名,他有后裔,说为人名符合古籍记载。祝融子孙多与姜姓活动地域相关,应归属于炎帝族系。

2. 蚩尤。蚩尤的族系,《尚书·吕刑》孔《传》说,蚩尤是九黎族的首领,"九黎之君,号曰蚩尤。"唐孔颖达《尚书·吕刑·疏》云:"炎帝之末,有九黎之国君号蚩尤者。"宋人继其说,《路史·后纪四》:"蚩尤者,炎帝之裔也。"罗苹《注》引《祭蚩尤》文:"将军敢以牲牢,祭尔炎帝之裔,蚩尤之神。"是蚩尤应是神农族系的人物。

蚩尤本出自炎帝,炎帝末期建立九黎国,其势力强大,据传他有八十一个兄弟,个个都有高强的本事,不甘处下位,争帝位而发动对炎帝的战争,这实是一场内部争权的斗争。

3. 三苗。九黎之后有三苗兴起。《国语·楚语》:"及少暤之衰也,九黎乱德……其后,三苗复九黎之德。"韦昭《注》:"其后,高辛氏之季年。三苗,九黎之后。高辛氏衰,三苗为乱,行其凶德,如九黎之为也。尧兴而诛之。"《尚书·吕刑》孔颖达《疏》引韦昭说:"三苗,炎帝之后,诸侯共工也。"

苗族也有传说是属于黄帝族系者,《山海经·大荒北经》:"西北海外,黑水之北……曰苗民,颛顼生驩头,驩头生苗民。"《大荒南经》:"鲧妻士敬,士敬子曰炎融,生驩头。"颛顼、鲧是黄帝族,此亦传说之误。现今的苗族人认为蚩尤是他们的祖先。

三苗的首领名饕餮,《史记·五帝本纪》:"缙云氏有不才子,贪于饮食,冒于货贿,天下谓之饕餮。"《集解》:"贾逵曰：缙云氏,姜姓也,炎帝之苗裔,当黄帝时任缙云之官也。"《正义》说饕餮是指的三苗:"谓三苗也,言贪饮食,冒货贿,故谓之饕餮。《神异经》云：'西南有人焉,身多毛,头上戴豕,性很恶,好息,积财而不用,善夺人谷物。强者夺老弱者,畏群而击单,名饕餮。'言三苗性似,故号之。"饕餮本是西南一种人的名称,因苗民的首领性相似,故给他加上这个恶名。要打击的对象,总是要给他加上罪名的,以显示其行为的正当性。

4. 羌族和氐族。羌族和氐族出自神农。《后汉书·西羌传》:"西羌之本,出自三苗,姜姓之别也。其国近南岳。及舜流四凶,徙之三危,河关西南羌地是也。"

羌为姜姓,常与羌相邻的氐族,也是姜姓,为神农族的一支。《山海经·大荒西经》:"炎帝之孙名曰灵恝。灵恝生互(氐)人,是能上下于天。"

5. 伯陵是炎帝之孙。《山海经·海内经》:"炎帝之孙伯陵。伯陵同(通)吴权之妻阿女缘妇。缘妇孕三年,是生鼓、延、殳。(殳)始为侯,鼓、延是始为钟,为乐风。"鼓、延、殳三人是私生子。

6. 烈山氏。神农的一支在今湖北随县,号烈山氏(烈或写作列、厉,皆同)。《礼记·祭法》:"厉山氏之有天下也,其子曰农,能殖百谷。夏之衰也,周弃继之,故祀以为稷。"郑玄《注》:"厉山氏,炎帝也,起于厉山。或曰有烈山氏。"《左传》昭公二十九年:"有烈山氏之子曰柱为稷,自夏以上祀之。周弃亦为稷,自商以来祀之。"这里的炎帝族人应是炎帝族的支系迁于此者,他们以炎帝为始祖,"起于厉山"是说此地这一支人从厉山发迹。

三 神农氏的活动地域

(一)神农族早期的活动地域。古籍记载神农出生在姜水,《国语·晋语四》:"黄帝以姬水成,炎帝以姜水成。"《帝王世纪》:"炎帝神农氏,姜姓。母女登游华阳,感神而生炎帝于姜水,是其地也。"神农既然出生在姜水,那么姜水流域就应该是神农氏族的发祥地及早期的活动地域。

姜水所在,《水经注》渭水条下说:"岐水又东,径姜氏城南,为姜水。"岐水在岐山的南面,当在今陕西岐山县城的东面。此条河是西出岐山,东过武功,折南流入渭水的小水。此水南面隔着渭水,离秦岭不远。秦岭古代通称华山,秦岭南面就叫作华阳,区域很广,所以《禹贡》说:"华阳、黑水惟梁州",这里所说的华阳,就是说梁州和雍州以秦岭为界。姜水与古华山(即今秦岭)很近,炎帝族的活动应越过秦岭而到达山南,所以秦岭南有炎帝族系的传说,皇甫谧《帝王世纪》所说的"炎帝母游华阳",并非无据。现在宝鸡市城南临渭水,过渭水约一二里,在黄土原边上有一村,叫作姜城堡。堡西有一小水,从秦岭中流出,叫作清姜河。堡的东面约一里地的光景有一个很大的神农庙,庙前面有一个泉,叫作九圣泉,俗传为神农皇帝洗三的地方。① 姜城堡和清姜河的名字,以及很特别的神农庙应是有根据的,并非后人的臆造。② 还有传说炎帝生死都在天台山。这座天台山在宝鸡市南、秦岭山脉北麓,面积133平方公里,平均海拔在1 500米左右,也有传说炎帝出生于此,在山上采尝百草中毒而死,安葬于此。天台山自然风光优美,具有峻峰、幽谷、翠绿、碧水四大特色,现已成为著名文化旅游地。

神农的出生地有说在厉山者,《续汉志·郡国》注引《帝王世纪》:"神农氏起列山,谓列山氏,今随厉乡是也。"随即今湖北省随州市。列山,《水经注·漻水》作烈山,同宝鸡姜诚堡一样,也有九井的传说:

(漻)水西迳厉乡南,水南有重山,即烈山也。山下有一穴,父老相传,云是神农所生处也。故《礼》谓之烈山氏。水北有九井,子书所谓"神农既诞,九井自穿",谓斯水也。又言"汲一井,则众水动"。井今湮塞,遗迹仿佛存焉。亦云赖乡,故赖国也,有神农社。

《荆州图记》说厉乡县有神农诞生的石穴:

永阳县西北三百三十里厉乡县东,有石穴。昔神农生于厉乡县,《礼》所谓烈山氏也,后春秋时为厉国。穴高三十丈,长二百丈,谓之神农穴。

罗泌《路史·后纪三》言"生神农于列山之石室,生而九井出焉。"罗苹《注》说:"(列山)即烈山与厉山也,见《荆州记》。《水经》赖山,今江夏随县北界厉乡村南重山也。《荆州记》云,井在山北重堑,周之广一顷二十亩,内有地云神农宅,神农所生。神农既育,九井自穿,旧言汲一井则八井震动。《寰宇记》云:'县北百里,人不敢触'。按:今一穴大木,木旁荫人即其井处,为神农社,年常祀之。"

湖北省随县有关神农的传说,与陕西宝鸡地区的传说大致相同,都说是神农的诞生地。这应是属于炎帝族的吕国建国于今河南南阳有关。南阳南距随县不过二三百里,吕国是农业发达的国家,它的一支南下在那里建立农业集团,神农就成了这里的"不祧之宗"。③

神农是一个氏族部名称。氏族部落繁衍,向外扩展地盘,所到之处还是以母氏族之名为名,并把母氏族的神话传说搬到新地方,与当地的山水地形相结合,故有神农有两地降生的相同传说。

(二)神农氏在中原的活动地域。神农氏降生的西部陕甘地区,是其老家根据地,在其实力壮大后,向东扩展,入主中原,故在今中原各地至今留下不少有关

---

① 洗三,婴儿生下第三天必给他(她)洗一次澡,称作"洗三"。
② 徐旭生:《中国古代的传说时代》(增订本)第41—42页,文物出版社,1985年。
③ 徐旭生:《中国古史的传说时代》第124页。

神农的传说故事。今山西境内,有不少关于神农的传说,《述异记》卷下云:"太原神釜冈中,有神农尝药之鼎存焉。成阳山中有神农鞭药处,一名神农原、药草山。山上有紫阳观,世传神农于此辨百药,中有千年龙脑。"太原、成阳山皆在今山西省境内。

山西境内有神农城,《元和郡县志》卷十五引《后魏风土记》:"神农城在羊头山,山下有神农泉,即神农得嘉谷之所。"羊头山有三,皆在今山西省境内:一在今山西长子县东南,一在今山西沁源县东北,沁水发源于此,一在今山西汾阳县西北。

《潜夫论·志氏姓》说薄是神农族所建国之一。薄与亳音同字通,古时薄、亳地很多,是地名随着族的迁徙搬迁所至。古薄邑在今山东曹县,古薄山在今山西省西南,《括地志》载:"蒲州河东县雷首山,一名中条山,亦名历山,亦名首阳山,亦名襄山,亦名甘枣山,亦名猪山,亦名独头山,亦名薄山,亦名吴山。此山西起雷首,东至吴坂,凡十一名,随州县分之。"神农族起于姜水,沿渭而下,一支人进入今山西境,渭水入河处,跨过黄河即达薄山山脉,再向东进入长子、沁源,向北到达汾阳境。活动于山水之间,是早期人类理想的生存环境。

今河南林州市的淇山,相传是神农种植五谷的地方,《管子·轻重戊》:"神农作树五谷淇山之阳。九州之民乃知谷食,而天下化。"淇山在今河南林州市东南,淇县之西北,又名大号山,其如山。淇水由此发源。《潜确类书》卷三一载河南温县有神农涧:"神农涧在卫辉府温县。神农采药至此,以杖画地,遂成涧。"

今河北的涿鹿是黄帝与炎帝、黄帝与神农氏系的蚩尤交战之地。炎黄二帝交战的阪泉,地在今河北涿鹿县东。《汉书·律历志》:"黄帝《易》曰:'神农氏没,黄帝氏作。'火生土,故为土德。与炎帝之后战于阪泉,遂王天下。"《史记·五帝本纪》:"蚩尤作乱,不用帝命,于是黄帝乃征师诸侯,与蚩尤战于涿鹿之野,遂禽杀蚩尤。"

今山西、河南、河北境内有关神农氏活动的传说应较古,当是神农氏族在发祥地力量壮大后,向东扩展进入中原后留下的遗迹。神农是位"王天下"的"王",这个"天下"主要应是黄河流域的中原大地。

(三) 神农的葬地。神农的葬地在今湖南茶陵。《帝王世纪》说:"神农葬茶陵。"《路史·后纪三》云:"(炎帝)崩葬长沙茶陵之尾,是曰茶陵。所谓天子墓者,有唐常奉祠焉。"是说唐代经常派人去祭祀。罗苹实地考察过,所以他在《注》中说:

  炎陵今在麻陂,林木茂密数里不可入。石麟石土两杉苍然逾四十围。两杉而上陵也,前正两紫金岭。丁未春予至焉。寓人云:年常有气出之,今数载无矣,所葬代云衣冠。

"代云"即历朝历代都如此说。南宋王象之《舆地纪胜》卷六十三荆湖南路之茶陵军下"古迹"条有炎帝庙、炎帝墓：

> 炎帝庙。在茶陵县西南帝陵侧，乾德五年始访得陵，即诏建庙，见县令孙冠所记"苏德祥碑"阴。六年以祝融配食。开宝四年诏置守陵庙七户，仍委本尉铃辖洒扫……九年诏移庙就县，委令主簿日察视，弗虔者有罚。庙去县五里……炎帝墓在茶陵县南一百里康乐乡白鹿源。

炎帝陵遗迹在今湖南酃县塘田乡炎陵村，1986 年湖南省测绘局编制的《湖南省地图册》酃县图后的文字说明中有古迹"炎帝陵"：

> 炎帝陵位于酃县塘田乡境内。神农炎帝，相传是上古时代姜姓部落的首领……相传炎帝死后葬在今酃县塘田乡。宋朝乾德五年（公元 967 年）建成炎帝宗庙，又称炎帝陵，该陵曾多次遭兵灾火毁，清朝时曾重修过，解放后，列为省重点保护文物。

炎帝陵所在地古称鹿原坡，方圆约一公里，古木参天，风景秀丽。远眺云秋山拱手峙立于西南，宛若一幅画屏；周围林茂草芳，不时兽鸣禽啼，环境十分幽雅。前人有诗云："炎帝何年葬此山，百灵呵护在人间；龙飞凤舞千峰绕，玉嘎金铿一水环。"

《潜夫论·志氏姓》黄帝封神农后裔参卢于露。露又作路，《路史·后纪（四）》："黄帝乃封参卢于路。"据罗苹《注》路在茶陵："路，今茶陵郡露水乡有露水山，高与衡山等，初封盖在此。"《元和姓纂》："黄帝封榆冈支子于路。"《路史·后纪（四）》说参卢即是榆冈："炎帝参卢是曰榆冈，居空桑。"

黄帝封神农后裔于路，是路国所在地茶陵是神农的坟墓所在，黄帝封神农后于此地，当是为守陵，是神农足迹已达今湖南的传说。

四　神农后裔及其所建国的地域

神农后裔最为著名的有蚩尤、祝融、三苗。祝融集团的活动地在郑，《左传》昭公十七年说："郑，祝融之虚也。"郑即今河南省新郑市。祝融八姓活动的地区，徐旭生说："祝融后人的散居地，南边可到两湖接界，北上到河南中部。再北到河南、河北、山东交界处，也有向西到黄河北岸的，再东到山东东部。"[①]

祝融八姓中的昆吾在濮阳，后迁河南许昌。《左传》载楚灵王说："昔我皇祖伯父昆吾，旧许是宅。"灵王述他远代祖先的事，所以称"皇祖"；楚不是昆吾的直系后人，所以称"伯父"。许地即今河南许昌市。因为灵王说话的时候许已南迁，所以称为"旧许"。昆吾大约是祝融的长子，所以居住地相近。《左传》哀公十七年下载："卫侯梦……见人登昆吾之观，……登此昆吾之虚。"是当日卫都城内有"昆吾之虚"。遗墟地高，上去可以观览，所以又叫作观。杜注："今濮阳城中。"濮

[①] 徐旭生：《中国古代的神话传说时代》第 66 页，文物出版社，1985 年。

阳今仍旧名,现属河南。是昆吾氏族也曾在那里住过。这是祝融八姓诸国中最北的一个建国。

鄫国在今河南,春秋初被郑桓公所灭。春秋时期的大国楚在今湖北,越国在今浙江。不过越国多认为是禹的后裔,姒姓而非姜姓国。

蚩尤活动地域在今山西、河南、山东、河北等省。蚩尤城文献现所见有三处:《太平寰宇记》卷四六说在安邑:"蚩尤城在(安邑)城南十八里,其城今摧毁。"《续夷坚志》说在华州:"华州界有蚩尤城,古老言蚩尤阚姓,故又谓之阚蚩尤城。城尝阚氏尚多。"华州即今陕西省华县,与安邑(今山西省夏县)隔黄河相望。《水经·漯水注》引《魏土地记》说蚩尤城在涿鹿:"涿鹿城东南六里有蚩尤城。"

蚩尤与黄帝战处在涿鹿,《太平御览》卷十五引《志林》:"黄帝蚩尤战于涿鹿之野。蚩尤作大雾弥三日,军人皆惑。黄帝乃令风后法斗机作指南车,以别四方,遂擒蚩尤。"涿鹿即今河北省涿鹿县。或说黄帝斩蚩尤于中冀,《实物纪原》卷十引《尸子》:"黄帝斩蚩尤于中冀。""中冀"指河北省的中部地区,与涿鹿地望相当。

蚩尤的墓在今山东境内的东平县,《黄览·冢墓记》载:"蚩尤冢在东平郡寿张县阚乡城中,高七丈,民常十月祀之,有赤气出如匹绛帛,民名为蚩尤旗。肩髀冢,在山阳巨野县重聚,大小与阚乡等。传说黄帝与蚩尤战于涿鹿之野,黄帝杀之,身体异处,故别葬之。"山阳巨野县即今山东省巨野县。

三苗族在今江西、湖南及河南省南部广大地域。《战国策·魏策(一)》记载吴起说三苗的地域云:"三苗之居,左彭蠡之波,右洞庭之水,文山在其南而衡山在其北。"彭蠡就是现在的鄱阳湖,洞庭今仍名洞庭湖。文山不知何所指。衡山,徐旭生说此衡山不是指五岳中的南岳衡山,而是指桐柏及大别山脉:"现在的衡山在湖南省南部衡山县境内,但是古代所说的衡山并不在此地。《山海经·中次十一经》里面就有衡山,郭璞解为南狱,郝懿行驳他,这是河南西南部的雉衡山。这个山望同左彭蠡、右洞庭的地望不合。考'衡'的解释为横,南北为纵、东西为横、为衡。战国时的合纵连衡,就是从这样的意义得名。所以凡东西行的山多可叫做衡山。《禹贡》内说:'荆及衡阳为荆州。'山南曰阳。荆州在衡山的南边,可见这个山是荆州和豫州的界山,然则所指也许是桐柏及大别各山脉。《史记·秦始皇本纪》内说:二十八年'乃西南,渡淮水,之衡山、南郡,浮江,至湘山洞。'按他走的路线,衡山在淮水南。他过衡山,南郡(今湖北境),才浮江,就可证明衡山不在江水的南岸。"①

神农后裔姜姓所建的国家,多在函谷关、武关以东的东方地区。《世本》:"许、州、向、申,姜姓也。"前引东汉王符《潜夫论·志氏姓》载炎帝后裔建国十三:吕、申、齐、许、向、纪、姜戎、州、薄、甘、戏、露、怡。

---

① 徐旭生:《中国古代的神话传说时代》第58页,文物出版社,1985年。

神农氏之子孙的建国,唐司马贞《三皇本纪》采《潜夫论》之说而略有不同:

> 神农……其后有州、甫、甘、许、戏、露、齐、纪、怡、向、申、吕,皆姜姓之后。

《潜夫论》中的薄则变成甫。《路史·后纪(四)》又有所增减:

> 伊、列、舟、骀、淳、戏、怡、向、州、薄、甘、隋、纪,皆姜国也。

伊、列、舟、骀、淳、隋六国为罗泌所增。顾栋高《春秋大事表·列国爵姓存灭表》载春秋时姜姓十国地望:

齐　国于营丘,今山东青州府临淄县。

许　伯夷后文叔。今河南许州府治东三十里故许昌城。

申　伯夷后。国于谢,今河南南阳府北二十里申城是。

纪　今山东青州府寿光县东南有纪城。

向　今江南凤阳府怀远县东北四十五里有向城。引者按:向国应在今山东莒县,非江南凤阳府怀远县。《左传》隐公二年:"莒子娶于向,向姜不安莒而归。夏,莒人入向,以姜氏归。"是向为姜姓,《汉书·地理志》沛郡向县下注云:"故国,春秋曰莒人入向。姜姓,炎帝之后。"向和莒近,不得远在今安徽怀远县。

州　国于淳于,在今山东青州府安邱县东北三十里。

厉　厉山氏后。今湖广德安府随州北四十里有厉山,山下有厉乡。春秋鲁僖公十五年见。

莱　今山东登州府黄县东南二十里有莱子城。

姜戎　四狱后,陆浑之别部。陆浑即瓜州地名,后迁伊川,今河南府嵩山县北三十里有古陆浑城。

逄　商时国。其地后为齐国。

姜姓国家中最著名的齐国。齐国虽是西周初所建,但它的地盘早先却是姜姓氏族所据,《左传》昭公二十年晏平仲说:"昔爽鸠氏始居此地,季则因之,有逄伯陵因之,蒲姑氏因之,而后太公因之。"逄伯陵为姜姓,《国语·周语下》载伶周鸠云:"我皇妣太姜之侄,伯陵之后,逄公之所凭神也。"《山海经·海内经》亦云:"炎帝之孙伯陵。"

伯陵即逄伯陵。是在山东地区很早就有姜姓氏族居住,当是神农氏族沿着黄河、济水东下而进入今齐鲁大地的。

农业发明后,必然是定居生活。定居使社会安定,人口迅速增加,氏族原来占有的土地已不够用,于是向外殖民,开拓新的、肥沃的耕地,所以文献记载,神农、黄帝的子孙多不在该氏族的原生地,这其实是氏族人口膨胀,支系分出开辟新地过程的史影。

神农族发源于今陕西宝鸡地区,沿渭水、黄河向东推进,活动地域达今之山西、河北、河南、山东、湖北、湖南、江西等广大地域,遍于我国的中心地区,说明在黄帝族前的炎帝族,同黄帝族一样是活动于黄河流域中下游地区的,是最早"逐鹿中原"的一支强势氏族集团。传说中神农族系主要活动区则在黄河以南,特别是长江流域的两湖地区,到处都留下有关神农族系的传说。此当是黄帝族兴起而强大后,同样对中原丰富资源、有利的地理环境欲据为己有,发动对炎帝族进行征战。炎帝族战败,被迫退出黄河流域而向南移,黄帝族继炎帝族后活动于中原大地。传说故事的规律是时间愈后留下的故事愈多,因此我国南方留下较多的神农传说故事,并不是神农族一开始就活动在长江流域的南方地区。

五 神农氏时代的创制发明

进入神农时代,人类社会中人口增加,智识开化进步,又有一系列有益于人类生活的技术被发明出来,据传说记载,这时期的重大发明主要有:

(一)发明农业。农业的发明是寻求新的食物来源。农业的起源是一个十分漫长的过程,不是哪一个人能完成的。人类获取食物的方式,从渔猎、采集到有目的地种植农作物以解决吃饭问题,是一连串有先后而又有相互影响的生产实践活动。但只有农业的出现,人类的食物才有了保障,所以农业的出现被称为"革命"。虽然农业的起源是一个漫长的过程,也不是哪一个人的创造发明,但崇拜英雄的中国古人,总喜欢将对人类发展有重要意义的发明归于某位英雄人物,所以神农就被确认为是农业的发明者而被尊为帝王、尊为神。(图1-7)《周易·系辞下》:

图1-7 神农持耒耕图
(山东武梁祠画像石)

包(伏)羲氏没,神农氏作,斫木为耜,揉木为耒,耒耨(耜)之利,以教天下。

《史记·五帝本纪》"神农氏世衰"《集解》引班固云:"教民耕农,故号曰神农。"《白虎通·号篇》:

谓之神农何?古之人民皆食禽兽肉,至于神农,人民众多,禽兽不足,于是神农因天之时,分地之利,制耒耜教民农作,神而化之,使民宜之,故谓之神农也。

西汉陆贾《新语·道基篇》持论与此相同:

民人食肉饮血衣皮毛,至于神农,以为行虫走兽难以养民,乃求可食之物,尝百草之实,察酸苦之味,教民食五谷。

不食五谷多疾病,也是神农创制农业的动因之一。《淮南子·修务训》:

> 古者民茹草饮水,采树木之实,食蠃蚘之肉。时多疾病毒伤之害,于是神农乃始教民播种五谷,相土地宜,燥湿肥墝高下。

神农起于姜水,当首先在此地创造农业种植。《帝王世纪》:

> 炎帝神农氏长于姜水,始教天下耕种五谷而食之,以省生杀。

神农族东进所到之处,都传播种植农业的技术,《管子·轻重戊》:

> 神农作,树五谷淇山之阳。九州之民乃知谷食,而天下化。

淇山在今河南林州市东南,淇县之西北,又名大号山、其如山。淇水由此发源。播种五谷所用的工具耒和耜,相传也是神农发明的,见前引《周易·系辞下》:"神农氏作,斫木为耜,揉木为耒。"《逸周书》中载,除草用的农具锄、耨也是这位神农发明的。《艺文类聚》卷八五引《周书》:

> 神农之时天雨粟,神农耕而种之。作陶冶、斤斧破木为耝(耜)、锄、耨以垦草莽,然后五谷兴,以助果蓏之实。

耒耜耨等农业生产工具,雷学淇校辑《世本·作篇》则说是神农之臣垂所作:

> 垂作耒。
>
> 垂作耜(《广韵》引)。
>
> 垂作耨(《左传》僖公三十三年《正义》引)。
>
> 垂作铫(《诗·臣工》《正义》引。《太平御览》八二三)。宋衷曰:垂,神农臣(《农桑辑要》一)。铫,刘也(《诗·臣工·正义》引)。

农业是一种包含若干驯化物种作物的生产系统,每单位土地需要比较强化的人类劳动,尤其是系统的耕种。现今有的研究者认为,驯化物种在食谱中占50%以上的生计形态才被视为农业。没有达到这一标准的生产活动被称为"野生食物生产"。① 这个标准,难于界定,也不符合实际,中国学者认为陶器的发明和相关的农业生产工具的出现如石磨盘磨棒、石骨蚌质铲、刀等,特别是陶器,是出现人工种植农业生产的标志,所以我们将出土有这类器物的文化遗址,认定为农业文化遗存。农业生产出的食物与采集获得的食物在人类食物中所占的比例,是伴随着生产技术的进步而逐渐加大的。2001年布鲁塞西米智(Bruce Smith)提出"低水平食物生产"这一概念,他将采集经济的晚期形态和农业经济的早期形态称为低水平食物生产类型,强调这是从主要以采集为主到主要以食物生产为主的过渡形态,是一个相当漫长的过程,包括没有驯化动植物的生产经济和有驯化动植物的生产经济两种类别。② 初期的农业无疑是低水平农业。中国考古学证实,在距今一万年左右的湖南道县寿雁镇玉蟾岩、广西桂林甑皮岩、

---

① 潘艳 陈淳:《农业起源主要概念的更新》,《中国文物报》2011年1月21日。
② 孙若昕:《"科技与史前经济考古"研讨会综述》,《中国文物报》2011年8月19日。

江西万年仙人洞、河北保定南庄头等遗址里就发现稻作物和陶器,应是农业的开始,故本书所说的"神农时代"是一个漫长的时代,时间跨度达五千年左右。① 在这漫长的时期,正是我国先民从"低水平食物生产"到生产食物超过采集食物而成为主要食物来源时期。这其中,农业生产的发生、发展是关键。所以神农的功绩是发明农业,农业的出现,是一个新纪元的标志性事件。我国古人也是认识到这个重大意义的,所以将神农尊为"三皇"之一,肯定农业的发明在人类历史进程中的重要作用。

(二)发明陶器。《艺文类聚》卷八五引《周书》:"神农之时天雨粟,神农耕而种之。做陶冶斤斧,破木为耜、鉏耨以垦草莽,然后五谷兴,以助菓蓏之实。"陶即陶器、瓦器。《太平御览》卷八三三引《周书》:"神农耕而作陶。"《王海》卷一二五"周陶正"下注引《周书》:"神农作瓦器。"都是出自《周书》而文字略有小异。

关于陶器的发明者,有说是昆吾。《吕氏春秋》卷十七《君守》:"昆吾作陶。"《说文解字》匋字下云:"瓦器也,古者昆吾作匋。"匋即古文陶字。昆吾是祝融之后,陆终氏子,为神农族的子孙。昆吾是夏代诸侯,时代较神农氏晚了数千年,从考古学证实,在距今一万年左右的广西桂林甑皮岩、湖南道县寿雁镇玉蟾岩、江西万年仙人洞和河北保定的南庄头遗址里,就发现了陶器。我国古代陶器的发明与农业的发明是相前后的。我国早期农业的作物品种北方以粟为主以及麦、黍、菽(豆),南方以稻为主,与美洲的玉蜀薯、块根薯类农作物不同,这种粒粮食物不能用烧烤而只有用蒸、煮方法才可食用,这就必须要有容器。石材制作容器十分不便且用以炊煮食物十分困难,在金属没有发明前,用泥土制成器皿就是唯一的解决办法。所以陶器就伴随着农业的发明而被我们的祖先发明了出来。当然,陶器的发明也是一个漫长的过程,不是哪一个人的发明,古人崇拜英雄,就将其归于神农。

(三)发明医药,被尊为中华医学之始祖。茆泮林辑《世本·作篇》:"神农和药济人。"《淮南子·修务训》说神农为寻找治病的药而尝百草,一日遇七十毒:

  古者民茹草饮水,采树木之实,食蠃蚘之肉,时多疾病毒伤之害。于是

---

① 河北保定地区的南庄头遗址,出土有陶器、石器、骨器、角器、木器等,石器有磨盘、磨棒,有较多的动物骨骼,其中的狗是家养的。南庄头遗址的年代实测为距今 10 185±140—9 420±95 年,经校正约距今 13 000—11 000 年。南庄头被认为是华北地区最早的新石器时代遗址。在河北省的于家沟遗址除出土大量的细石器外,还出土了陶器,出土陶器的探方坑年代距今 12 190—11 120 年,陶片测年为距今 11 600 年(见赵朝洪等:《东胡林、转年、南庄头与于家沟——华北早期陶器的初步探讨》,载《华南及东北亚地区史前考古——纪念甑皮岩遗址发掘 30 周年国际学术研讨会论文集》,文物出版社,2006 年)。我国农业的起源应在距今 11 000—10 000 年开始。中国农业的起源在时间上并不晚于南欧和中东地区。据美国《考古学》杂志 2012 年 5 月 16 日官网报道,一支法国考古队在塞浦路斯克里莫纳斯(Klimonas)古村落遗址,发现了最早的地中海岛屿农业遗迹。将塞浦路斯最早出现农业社会的时间确定为公元前 9100—8600 年,与中东地区出现农业的时间大体一致,(见闫勇:《考古发现塞浦路斯最早农业》,《中国社会科学报》2012 年 5 月 21 日 A—03 版),可见我国农业的起源时间与中东、南欧是同步的。

>神农氏始乃教民播种五谷,相土地宜,燥湿肥墝高下,尝百草之滋味,水泉之甘苦,令民知所辟就。当此之时,一日而遇七十毒。

或说神农用赭鞭鞭打百草而知其是否有毒及药性。《搜神记》卷一:

>神农以赭鞭鞭百草,尽知其平、毒、寒、温之性,臭味所主。以播百谷,故天下号神农也。

《帝王世纪》说,神农尝百草之药性,著有《本草》书:

>炎帝神农氏长于姜水,始教天下耕,种五谷而食之,以省杀生。尝味草木,宣药疗疾,救天伤之命,百姓日用而不知,著《本草》四卷。

《本草》书今名《神农本草》。神农时,还无文字,他当然不可能有著作,《本草》一书当是后人总结远古以来人们对植物药理认识知识,而署名神农,以引起重视。有传说,神农还掌握脉理诊病,发明了针灸原理。《广博物志》卷二十二引《物原》:

>神农始究息脉,辨药性,制针灸,作巫方。

传说神农族人活动的地域内,多有关于他采药、辨药的故事。如《述异记》卷下云:

>太原神釜冈中,有神农尝药之鼎存焉。成阳山中有神农鞭药处,一名神农原、药草山。山上有紫阳观,世传神农于此辨百药,中有千年龙脑。

传说在湖北省的随县也有神农进行药物研制的遗迹,《异苑》卷二载:

>随县永阳有山,壁立千仞,岩上有石室,古名为神农窟。窟前有百药丛茂,莫不毕备。又别有异物,藤花,形似菱菜,朝紫,中绿,晡黄,暮青,夜赤,五色迭耀。

河南省温县的神农涧,传说是神农采药而得名。《潜确类书》卷三一载:

>神农涧在卫辉府温县。神农采药至此,以杖画地,遂成涧。

医药也是人们长期生活实践中获得的知识,不会是哪一个人就能发明出来的,当然到一定条件下,会有智者出来加以归纳、总结、提高而成为宝贵的民族医学文化遗产,像《神农本草》就是这样产生出来的。

神农尝百草也是寻找可食用的植物,扩大对食用植物的认识。植物本身就有治疗疾病的功效,今日所称的"食疗"、"药膳"、"食补"等实际上是人们认识了植物的性能,按照人体的需要,食用相应的植物。鉴别可食用的植物,扩大食用植物的种类,是神农尝百草的成果。从今日的观点看,农业不仅仅是指谷物种植,还应包括蔬菜、水果。所以神农尝百草,也是农业的一部分。

(四)制造乐器,创作乐曲。神农和女娲、伏羲一样,都是琴瑟的首创者。茆泮林辑《世本·作篇》:

>神农作瑟。

>神农作琴。

《广雅·释乐》："神农氏琴长三尺六寸六分,上有五弦,曰宫、商、角、徵、羽。文王增二弦,曰少宫、少商。"张澍补注《世本·帝系篇》说神农创作有乐曲谱,名为"扶持":"神农乐曰扶持。澍按:《通典》云:神农乐名扶持,亦曰下谋。《孝经钩命诀》云:神农之乐曰下谋。《太平御览》载《乐书》引《礼记》云:神农播种五谷,济育群生。造五弦之琴,演六十四卦,承基立化,设降神谋,故乐曰下谋,以名功也。或云:神农命刑天作扶犁之乐,制丰年之咏以荐釐,是曰下谋也。"琴瑟的功用,张澍《世本·作篇》引扬雄《琴清英》文云:"昔者神农造琴以定神,禁淫僻,去邪欲,反其天真。"又引《路史》说云:"神农度瑶瑟,而保太和,闲民欲。"

伏羲、神农相接,皆有琴瑟之作,传说伏羲琴长七尺二寸,弦数二十七或说为二十五,瑟长八尺一寸,弦数有五十、四十五等说。神农琴长三十六寸六分,弦数五。

神农时代还出现了交易,《周易·系辞(下)》称神农之世:

　　日中为市,致天下之民,聚天下之货,交易而退,各得其所。

氏族、部落以及个人之间交换有无之事出现应早,进入农业定居时代之后,这种需要当会大增,此事被说是始于神农,应是有史影的。

上引古籍记载神农氏时代有四大发明:农业、瓦(陶)器、医药、乐器琴瑟,还出现交易活动。农业和瓦器已在考古学中得到证实,乐器琴瑟虽未发现实物,但神农时期乐器已有发现,如在距今8000年左右的河南省舞阳县贾湖遗址内,出土了多达三十件左右的骨笛,可以吹奏出多个音。(图1-8)神农时期还有一项重大的成就——玉的发现。玉器的制造、使用皆发轫于神农时代,对于玉石、玉器的制造和使用,我们留在下面再说。

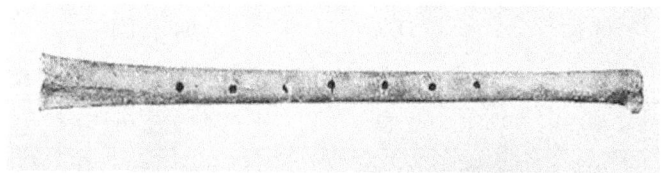

图1-8　舞阳贾湖遗址出土的七孔骨笛
(采自河南省文物考古所编:《舞阳贾湖》)

第四节　神农时代的考古学证据

古史传说中的伏羲、神农两个时代交替的标志,是种植农业的发明。伏羲时代社会经济是渔猎、采集,这种经济只是利用外部自然界,神农时代发明农业生产,是改变自然界为自己的目的服务,是人类支配自然界。所以农业的发明,是社会的一场经济革命,被称为"农业革命"。

古史传说神农后是黄帝,故我们将考古学中发现属于黄帝时代前(即距今五千年前)的农业遗存,归于神农时代的考古遗存。考古学界确认一个遗址是否是农业遗存,主要看该遗存里是否出土有陶器,因为粮食类遗存较难于保存,而非金属生产工具几乎都是一器多用的,难于界定何者是专为农业上使用的农具,只有陶器可确定是农业居民使用的典型器物,因此学术界一般以它之有无来断定某遗址是否为农业遗存。我国最早的农业遗址、遗迹,遍布于南北各地,时间最早的在一万年以上。其重要者举例如下:

(一)广西桂林甑皮岩洞穴遗址——最早的陶器和农业工具。该遗址位于广西壮族自治区桂林市。1965年发现,1967年6—9月进行试掘。发现有陶器和石质农业生产工具。此遗址的年代,据中国社会科学院考古研究所编《中国考古学中碳十四年代数据集》中,收集13个测定数据,列表如下。[①]

甑皮岩遗址碳十四年代表

实验室编号	标本物质	探方及层位	距今年代	
			半衰期 5 730	半衰期 5 570
ZK279-1	蚌壳	DT5③	11 310±180	10 990±180
ZK280-0	骨	同上	7 580±410	7 365±410
ZK906-1	螺壳	DT6 下 50—70 厘米	10 675±150	10 375±1 580
ZK907-1	螺壳	DT6 下 100—120 厘米	10 780±330	10 475±330
ZK908-1	螺壳	DT6 下 170—190 厘米	11 055±230	10 745±230
ZK909-1	螺壳	DT6	10 990±330	10 680±330
ZK910	木炭	DT6	7 680±150	7 465±150
ZK	木炭	DT6 二层	9 000±150	8 745±150
BK79308	螺壳	DT5	8 970±100	8 715±100
BK79309	螺壳	DT5	10 300±100	10 010±100
BK79310	螺壳	DT5	10 270±150	9 980±150
BK79314	兽骨	DT5	9 100±250	8 845±250
BK79316	螺壳	DT5	10 090±105	9 805±105

此遗址当在距今10 000年左右。

遗址中未发现农作物实物,但发现有陶器。据BT_2、DT_1、DT_3、DT_4、DT_6探方统计,陶片共921件。器形有罐、釜、钵、瓮等,其中以罐类最多,另有少数三足

---

① 中国社会科学院考古研究所编:《中国考古学中碳十四年代数据集》,科学出版社,1992年。

器。均为手制,火候低,胎厚薄不均,最厚2.6厘米、最薄0.3厘米,一般厚度为0.5—0.7厘米。从陶片口沿观察,有敞口、直口、敛口,其中以敞口最多。器足有透空和不透空两种。按陶片质地和色泽可分为红陶和灰陶两系。

出土的石器有打制和磨制两类,打制石器有砍砸器、刮削器等,磨制石器有斧、锛、石杵等,都是可用于农业生产及农产品加工的工具,说明已经有了原始农耕。①

(二)江西万年仙人洞遗址——最早的稻作遗迹。遗址位于江西省万年县。1962年试掘,1964年第二次发掘,发现有陶器和稻谷。遗址年代,据中国社会科学院考古研究编《中国考古学中碳十四年代数据集》载2个测定年代数据,列表如下。

仙人洞遗址碳十四年代表

实验室编号	标本物质	探方及层位	距 今 年 代	
			半衰期5 730	半衰期5 570
ZK92-0	骨	下层	8 825±240	8 575±235
ZK39-1	蚌壳	上层	10 870±240	10 565±240

据此测年数据,此遗址应为距今10 000年至8 000年。②

出土遗物中有陶片,江西省博物馆作了详细的报道:

陶器残片298块。质料:均为夹沙红陶。质地粗糙,羼和大小不等的石英粒。全为手制,器内壁凹凸不平,胎厚0.4—1.4厘米。质松易碎,火候很低,在一块陶片上往往呈现出红、褐、灰、黑等色,标准红色者甚为少见,说明当时人们对烧造陶器的技术还掌握不够。

器形:从口缘残片观察,仅有罐形器一种。其口缘有直口与微外侈之分,但以前者居多。从碎片上看,尚不见平底器。

纹饰:除大量使用绳纹之外,新发现有在绳纹之上涂硃的陶片十三块(有少数内外壁均涂硃者。此类陶片,均出土于T4②层中)。③

二十世纪九十年代中期,江西文物考古研究所和美国考古学家马尼士博士合作,在江西万年县仙人洞遗址发现了14 000年以前的水稻植物蛋白石(硅酸体),从遗址里伴出土有陶容器证实,说明江西当时已经食用稻米。这是目前世界上所发现的最早的稻米,人类食用稻米其年代之久远,超出过去人们的想像。

(三)湖南道县寿雁镇玉蟾岩遗址——早期的稻作文化。玉蟾岩遗址是一

---

① 《广西桂林甑皮岩洞穴遗址的试掘》,《考古》1976年第3期。
② 有报道称,江西万年仙人洞遗址陶片为距今两万年。见《中国文物报》2012年8月10日第1版北大文博:《美国〈科学〉杂志刊文中国陶器出现时间为两万年前》。
③ 江西省博物馆:《江西万年大源仙人洞洞穴遗址第二次发掘报告》,《文物》1976年第12期。

处洞穴遗址,俗称蛤蟆洞或麻拐岩。二十世纪九十年代对遗址进行过两次发掘,揭露面积46平方米,发现有陶器及稻谷。根据出土稻谷分析,稻谷兼具野生稻、籼稻和粳稻的综合特征,是从野生稻向栽培稻转化的过渡形态。该遗址的年代,分别用出土陶片上残留的腐殖酸以及与陶片出自同一层位的木炭进行碳十四测年的结果,前者的年代数据接近公元前11000年,后者约在公元前13000年左右,被认为是我国最早的稻作文化。①

遗址中发现的遗迹现象主要是一些烧过的灰堆,在伴出遗物中,除一些石、骨、角、牙、蚌等质料的器具和动物遗骨及其他植物遗存外,最重要的发现是少数陶质器皿和稻谷遗存。陶器制作粗糙,辨认出的器类仅有釜,已复原的一件,基本形态呈尖唇,口略敞,斜弧壁由上而下缓缓内收,腹因而较深,小圜底。两次发掘在上述遗址的堆积用漂洗筛选出了4枚稻谷壳,经鉴定分析,认为其兼具野生稻、籼稻和粳稻的综合特征,是一种由"普通野生稻"向初期栽培稻演化的"最原始的古栽培稻",并被谓之"玉蟾岩古栽培稻"。此外,该遗址两次送检的植硅石样品,测试结果都显示出含有"双峰乳突形态特征的稻属植硅体",这就从另一侧面验证了当时的居民确实已经有了早期的人工栽培水稻。②

(四)湖南澧县彭头山遗址的水稻田和早期的房屋。此遗址位于湖南澧县。1988年发掘。该遗址的年代有两个碳十四测定数据:距今9 100±120年,8 200±120年。彭头山类型文化,是湖南新石器时代早期文化,遗址中有房屋基

---

① 《中国是世界稻作的起源地》,《光明日报》1997年11月20日。遗址的年代有新的测定,北京大学考古文博学院吴小红和同事张弛教授等于2012年6月28日在美国《科学》(Science)杂志上发表关于"中国仙人洞遗址两万年陶器"的文章称,2009年万年洞重新清理出来考古底层剖面上采集系列碳十四测年样品和地层微结构样品,确定碳十四测年样品与陶片的地层等时关系,证实以前发掘的考古地层是人类活动的原始堆积,不存在自然过程或者后期活动的搅扰,所测定碳十四年代代表了同层位陶器的年代。由此证实仙人洞遗址出土陶器年代可以早到距今两万年,是目前世界上已发现陶器的最早年代。当时正处于末次冰期的冰盛期,早期陶器年代的准确测定颠覆了传统陶器是在全新世大暖期来临后才出现的观点,为探讨现代人应对环境变化的策略以及陶器在人类社会发展演化中作用等问题提供了重要资料。(见《中国文物报》2012年8月10日北大文博:美国《科学》杂志刊文《中国陶器出现时间为两万年前》)。《日本经济新闻》2011年6月29日以《中国发现世界最早陶片》为题报道,美国《科学》杂志2011年6月29日公布,北京大学与美国专家等组成的研究小组在中国江西省的洞穴遗迹(万年县仙人洞)发现了约两万年前的陶片。这次发现的陶片比之前在东亚各地发现的最古老陶片还早2 000至3 000年,是迄今为止发现的世界上最古老的陶片。洞穴出土了超过280块破碎陶片。大多数陶片有烧焦的痕迹。研究小组推测,人类的祖先当时可能曾用陶片做饭。研究小组对陶片出土的底层进行了详细调查,对底层含有的动物骨骼等进行了研究分析。结论是,这一底层形成于2万至1.9万年前的冰河时期。据认为,这些厚度约为0.7至1.2厘米的陶片碎片为陶器边缘等部分。有的碎片表面比较光滑,有的表面则有简单的花纹。一般认为,人类通过发明陶器使储存食物和酿酒成为可能。研究小组认为,这些陶器在人类适应冰河时期严峻气候的过程中发挥了重要作用,证明东亚的狩猎和采集的开始时间比农耕早一万年(转引自《参考消息》2012年6月29日)。

② 张江凯、魏峻:《新石器时代考古》第35—36页,文物出版社,2004年。北大文博:2003—2005年,中美联合考古队在湖南道县玉蟾岩遗址进行考古发掘,系统采集了碳十四测年样品,准确把握和记录出土陶片与测年样品的地层关系,结合地层沉积微结构分析方法,确定该遗址陶器出现的时间约为距今18 000年。成果发表于2009年的PNAS杂志上。见《中国文物报》2012年8月10日一版北大文博:《美国〈科学〉杂志刊文中国陶器出现时间为两万年前》。对这个新的测年还须作进一步核实,录此仅供参考。

址、墓葬、陶器、石器和稻壳等。

彭头山类型文化,主要分布在澧水下游澧阳平原,发现地点有彭头山、李家岗、刘家湾、八十垱、肖家岗、黄麻岗、胡家坟山、曹家湾等处。彭头山遗址面积约5 000平方米。1988年发掘了400平方米,发现居住面残迹一处,墓葬18座,出土了大批陶器和石器。陶器以夹炭红皮陶为主,有少量夹砂夹炭红陶和泥质红陶。纹饰以拍印、压印纹为主,其次是戳印纹和极少量的划纹,绳纹一般为交错粗绳纹、交错细绳纹仅见于较小的器物上。器类主要为罐和钵,有少量支座。在红烧土块和支座上,发现有稻壳痕迹。遗址中陶器的陶质、纹饰和器形表现了一定的原始性,石器中有磨制石器。经碳十四测定,标本年代距今9 100±120年和8 200±120年,因此这一遗址的年代较黄河流域的裴李岗、磁山和老官台遗址更早,是我国所知最早的新石器时代遗址之一。遗址中发现的稻壳属于最早的稻作物种之一。[1]

1993年、1995年两次对十八垱进行发掘时,都发现了大量的炭化稻谷和已脱壳的米粒。特别有重大意义的是,在1998年10月26日—12月16日湖南省文物研究所和日本国际文化研究中心合作,对澧县城头山遗进行联合发掘,再次发现水稻遗迹并发现水稻田。发掘者发现在大溪文化早期城墙之下,在两个时间不同且有叠压关系的汤家岗文化晚期水稻田,并找到了水稻田的南界。[2]

彭头山遗址另一重要发现是发现一处居住面的残迹。这是我国考古发现最早的一处地面上居住建筑。在早于此遗址文化年代的遗址中,都是洞穴遗址,人们居住在洞穴里。从考古发掘确知,彭头山的居民,是已经走出洞穴而在地面上建造自己的居所。这是人类物质生活上的一个巨大进步,我国古史传说里,将发明在平地上建造房屋的功劳,归为"有巢氏"而被称为"圣人",《韩非子·五蠹》篇云:

上古之世,人民少而禽兽众,人民不胜禽兽虫蛇,有圣人作,构木为巢以避群害,而民悦之,使王天下,号曰有巢氏。

《太平御览》卷七八引《项峻始学篇》:

上古皆穴处,有圣人教之巢居,号大巢氏。今南方人巢居,北方人穴处,古之遗俗也。

"构木为巢"就是使用木材在地上建造房屋,或说是指像鸟一样,在树上建巢,当是错误地理解"巢"字,其实此"巢"就是房屋。有巢氏也被推为"皇"即帝王级人物,《路史·通禅纪》云:"有巢氏,驾六龙,从日月,是曰古皇。"从考古发现知,人们从山洞走出,到平地上建造居室,是在农业发明以后才出现的事情,故其创制不构成一个时代性标志,所以"有巢氏"不被列为"三皇"中的一位人物。虽然韩

---

[1] 湖南省文物局:《1979年以来湖南省的考古发现》,载文物编辑委员会编:《文物古工作十年》第205页,文物出版社,1989年。
[2] 郭伟民:《城头山古城考古又获新收成果》,《中国文物报》1999年3月3日。

非子将他置于燧人氏之前,按社会物质文化的演进,使用木材在地面上建屋而居,应是以农业定居生活为其前提的,是不应早于农业的发明者神农氏的。

(五)浙江萧山跨湖桥遗址的独木舟和筮术符号。遗址位于浙江省萧山市城区西南约 4 公里的城厢街道湘湖村。遗址原有面积数万平方米,二十世纪七十年代发现,1990 年、2001 年、2002 年三次进行考古发掘,已发掘 1 030 平方米。遗址厚 2—3 米,文化内涵丰富,面貌独特,碳十四测定年代距今 8 000—7 000 年。出土遗物有陶器、石器、骨器和木器,有机质文物保存较好。常见陶器有釜、豆、盆、钵、罐、甑等,形制别致,彩陶较多,分内彩和外彩两种。发现千多粒稻谷,出土独木舟一艘,残长 5.6 米、宽约 0.29—0.52 米、深约 0.20 米,松木制造,是迄今我国发现的最早的独木舟,经对舟木质年代测定为距今 8 000 年,堪称"中华第一舟"。(图 1-9)出土木弓一件,残长 1.21 米,是我国所发现的最早的木弓。在出土的鹿骨和木锥上,发现有刻划符号,有研究者认为是数字卦,被认为是我国发现最早的筮数,距今已有 7 000 多年的历史。遗址中发现的一件稍有残缺的绳纹小陶釜,口径 11.3 厘米,高 8.8 厘米,外底有烟火熏焦痕,器内盛有一捆植物茎枝,长度约为 5—8 厘米,单根茎一般为 0.3—0.8 厘米,共 20 余根,纹理结节清晰,出土时头尾整齐地曲缩在釜底。从现象观察,应属陶釜破裂而丢弃的煎药罐。标本送浙江省药品检验所中药室检验,认定为是茎枝类。这一发现对研究我国中草药的起源具有重要价值。

图 1-9 跨湖桥遗址出土的独木舟

(采自《跨湖桥》)

跨湖桥遗址所出文物,不同于河姆渡文化和马家浜文化,是一种新型的文化,被学术界命名为"跨湖桥文化"。它比河姆渡文化早1 000年,从遗址的上层发现淤沙分析,此遗址被毁于水。

(六)河姆渡遗址的水稻、玉器和杆栏式房屋建筑。遗址位于浙江省余姚县河姆渡。1973年发掘。遗址的年代,《中国考古学中碳十四年代数据集》书中,收录27个测定数据。最晚的第一层1个,其次第2层3个,第3层5个,第4层为最下层有12个。第四层12个标本测定的数据,最大的为距今6 955±130年,最小的为6 570±120年,总平均值为6 974年左右。因此最早的第四层的年代应为距今7 000年左右。第四层出土的文物十分丰富,有各种骨、木器,各种陶器和栽培稻、房屋基址等。(图1-10)

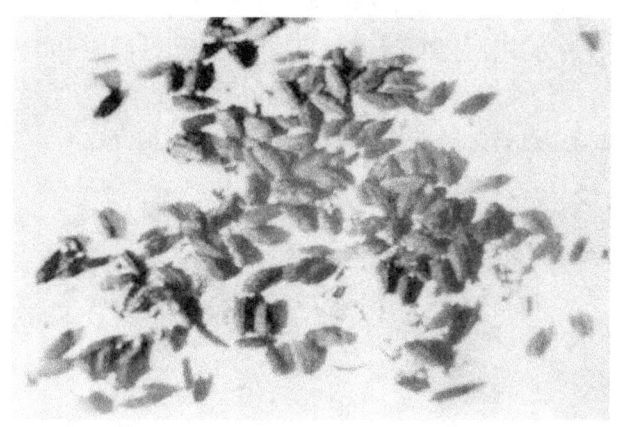

图1-10　河姆渡遗址出土的炭化谷粒

(采自刘军:《河姆渡文化》)

第四层出土的骨(角)器数量很大,种类多,有凿、针、锥、匕、耜、镞、哨、管状针、梭形器等。它们已分化为各种专用工具,表明在当时的生产领域中曾被广泛地使用。

河姆渡的木器是很珍贵的遗物,能辨认的有矛、镞、耜、碗、筒、桨等。特别是骨、木耜的发现,为我国传说时代的农具找到了实物证据,也表明我国的农具有着自己的特有传统和源流,因而在农艺的发展阶段上,继火耕之后应称为耜耕农业阶段,不是一般的锄耕阶段。

大量人工栽培水稻的谷粒和杆叶的发现,表明农业已成为当时重要的经济部门。随着农业的发展,猪、狗可能还有水牛和羊已经驯化为家畜。①

与河姆渡遗址相隔7公里的田螺山遗址是河姆渡遗址的翻版,在发掘过程

---

① 浙江省博物馆:《三十年来浙江文物考古工作》,载《文物考古工作三十年》,文物出版社,1979年。

中,采用了水选和浮选等方法获取植物遗存,发现有菱角、芡实、栎果、葫芦籽、酸枣核、柿子核、猕猴桃籽,以及稻米等。根据量化分析,稻谷应是田螺山人的主要食物。①

河姆渡遗址出土的陶器数量多而种类少,全部用泥条筑选法成型,胎壁较厚,造型不甚工整。夹炭黑陶是这种原始文化的明显特征。主要器形有釜、罐、盆、盘、钵五种。釜的造型和装饰最为丰富精致,可见炊器在当时陶器生产中占有相当重要的地位。还有为数不多的彩陶。

河姆渡遗址发现的房屋都是干栏式建筑。其建筑方法是:先在选好的地基上打下一排排的木桩,每排木桩中在相隔2米左右有一根粗大的木桩,而且打入比其他木桩都要深的生土层中,然后在粗大的木桩上架横梁,桩与横梁用榫卯法固定,以免发生位移。再在横梁上铺木板,形成一个架空的基座。在基座上用榫卯与绑扎相结合的方式立柱架梁,屋顶呈"人"字形。(图1-11)这是我国最早的干栏式建筑。河姆渡遗址处于湿度较大的沼泽地边缘,为了适应这种生存环境,河姆渡人创造了这种独特的建筑形式具有强烈的地方色彩。

图 1-11 河姆渡遗址的干栏式建筑房屋复原图

河姆渡文化遗址中还发现了玉器,1973—1974年发掘河姆渡遗址时,出土有玉玦、璜、珠、管等17件,是我国南方地区发现最早的玉器遗存。

(七)马家浜文化罗家角遗址的水稻及玉器。马家浜文化因发现于浙江嘉

---

① 赵志军:《中国稻作农业源于一万年前》,《中国文物报》2011年5月10日。

兴县的马家浜而得名。罗家角遗址位于浙江省桐乡县石门镇罗家角。此遗址的年代，从罗家角 H16 出土的炭化芦苇标本碳十四测定的三个年代分别为，距今 6 905±155 年、7 040±150 年、6 890±100 年。同层的另一灰坑 H18 的热释光年代数据为距今 7 170±100 年。由此年代数据证明马家浜文化的早期（即罗家角第四层）相当或稍晚于河姆渡遗址第 4 层的最早年代，所以它是与河姆渡文化相承接的一种文化。遗址内出土有栽培水稻、农具骨耜、陶器和玉器。

罗家角的栽培稻与河姆渡所出相似，已成为当时农业的主要栽培作物。以籽粒较完整的标本鉴定，属籼型的数量多于粳型的，农学家认为"当时没有分化出粳和籼，处于一种'原始杂合群体'状态"。这对探索稻作的起源有重要意义。[①]

罗家角和河姆渡都使用动物肩胛骨制作骨耜，在江苏海安的清墩遗址也见用肩胛骨作耜，三地骨耜的外形相似，但罗家角的骨耜正面所凿长方形的孔未透銎，清墩的骨耜顶端凿銎，河姆渡的骨耜在纵向竖槽两侧挖孔，三者有明显的差异，安柄方法各不相同，应是不同考古学文化的产物。

罗家角遗址的下层，在二十世纪七十年代出土有玉管、玉坠等玉器。在马家浜文化的其他遗址内也常有玉器出土，但多为玦类装饰品。2010 年 10 月至 2011 年 10 月在浙江省桐庐县瑶琳镇潘联村方洲发掘一处制造玉器及石器的作坊。发掘面积约 900 平方米，发现大量与玉石器制造有关的遗物和工具、打制过程中产生的大量石片。石器的制造以锛为主，玉器主要以玦、管为主，以及少量的璜、片形坠等。制法都是先打成坯后，再打磨，最后钻孔。制造工具主要是砺石、多棱面磨石，还出土了相当数量的"研磨器"（或称为"环砥石"、"辘轳丞轴器"）等。遗址的年代约当马家浜文化晚期至崧泽文化阶段，是一处距今五六千年的玉石器作坊。[②] 从该作坊遗址既制造玉器又制造石器看，明显表示出玉器的制作技术是从石器的制作技术上发展而来的。

（八）崧泽文化遗址的石犁及玉器。崧泽遗址位于上海市青浦县崧泽村。1957 年发现，1961—1976 年进行多次发掘，发掘面积 703 平方米。文化遗址分为三层，上层属西周至春秋时期；中层遗物丰富而与同一地区的马家浜文化和良渚文化有别，发掘者命名为"崧泽文化"；下层为马家浜文化。已有多处遗址地层证实，崧泽文化晚于马家浜文化而早于良渚文化。属于崧泽文化的中层是一处氏族墓地，清理墓葬一百座，出土文化遗物 583 件，其中石器 45 件、陶器 506 件、玉器 24 件、骨器 8 件。石器有斧、锛、凿、矛、纺轮，制法是一般在打制成形后再通体磨光，穿孔多用管状器从两面对钻而成。陶器有夹砂红陶、泥质红陶、灰陶、

---

① 浙江省文物考古研究所：《浙江省新近十年的考古工作》，载《文物考古工作十年》，文物出版社，1989 年。
② 方向明、盛文嘉：《桐庐方家洲玉石器（作坊）制造场遗址研讨会》，《中国文物报》2011 年 10 月 28 日。

黑衣陶等,以夹砂红陶为主。器形以罐(114件)、豆(108件)、鼎(89件)、壶(66件)为常见。制法以泥条盘筑为主,再用慢轮修整。玉器是由火山碧玉制成。器形全是片状器,主要器种是璜(18件),其他为玦(3件)、璧(2件)、手镯(1件),多是实用的装饰品,如璜两端的孔,多有因悬挂而磨损的明显痕迹。制法是先将玉料切片后,再切割成欲制器物的毛坯,用单面钻孔,然后加以精细的打磨修整。(图1-12)经济生活是以农业和家畜饲养业为主,在陶器的陶土中常见以稻草屑和谷壳作羼和料,可见,那时稻作物种植已比较普遍。生产工具有农业和手工业生产工具,在崧泽文化晚期的吴兴邱城、松江汤庙等遗址内发现了石犁,这种石犁平面略呈等腰三角形,中部穿有一孔,形体较小,表明开始有了犁耕农业。①而狩猎工具则少见,反映出狩猎可能已退居次要地位。出土的猪骨,经过鉴定为

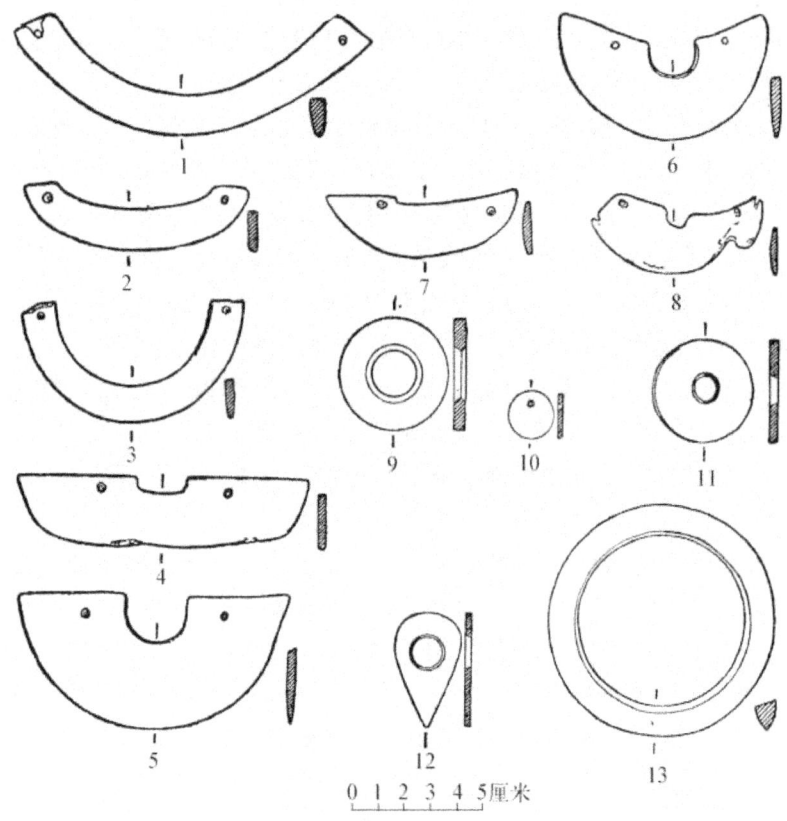

图1-12 崧泽遗址中层出土的玉器

1—8,玉璜　9,玉璧　10—12,玉玦　13,石镯
(采自上海市文物保管委员会:《崧泽》第36页图三〇)

---

① 吴汝祚:《夏代时中华文明发展过程中的一个里程碑》,中国先秦史学会、洛阳第二文物工作队编《夏文化研究论集》,中华书局,1996年。

家猪,在随葬品中还发现一件家猪造型的陶匜,说明猪的饲养已有一定的地位。崧泽文化的年代,从中层崧泽文化层提取的两件人骨架标本的碳十四测定,经树木年轮校正,一件为距今5 180±140年,一件为距今5 860±245年,是距今六千年至距今五千年的一种文化,是传说中的神农时代晚期的物质文化。① 松泽文化的农业、家畜饲养和手工业都具有相当的水平,从出土的玉器上看,松泽人已掌握较为熟练的制玉工艺。玉文化是中华文明的重要组成部分,反映松泽人已踏上文明的轨道。

(九)苏州市草鞋山、湖南澧县城头山遗址六千年前的水稻田遗迹。草鞋山遗址水稻田是从1992年开始发掘。当年南京博物院、江苏省农业科学院和日本宫崎大学合作开展"草鞋山古稻田研究",已取得初步成果,发现了水稻田遗迹,发掘报道称:

> 位于苏州市郊唯亭镇陵南村的草鞋山遗址是长江下游太湖平原典型的古文化遗址,总面积约45万平方米,其文化堆积最厚处达10米以上。此次在距今约6 000年的马家浜文化时期地层发现了有浅坑、水沟、水口和蓄水井组成的遗存,其中在一处被揭露的长20米的范围内发现了成两行排列,南北走向,相互连接的浅坑约20个,浅坑面积一般3—5平方米,个别小的1平方米,大的达9平方米,坑的形状或椭圆形或长方圆角形。浅坑沿一低洼地带分布,其四周有土冈,东部及北部边缘有"水沟"和"水口"相通,"水沟"尾部有"蓄水井"。显然这组遗存与水的设施关系密切。据现场发掘和考察的中日两国考古学家与农学家分析判断,遗存全部结构应看作是早期水田状遗迹。
>
> 为进一步确证上述组合遗存的性质,目前正加紧对浅坑中的土样进行植物蛋白石的定量定性分析。在已完成分析的7个浅坑内观察到数量丰富的水稻植物蛋白石,确证这里生产的水稻属于人工栽培而非野生的,水稻的植物蛋白石几乎全部为β型,其品种接近于现代的粳稻。②

城头山遗址的水稻田遗迹是1996年发现的,遗址位于湖南澧县城头山。1996年冬天对城头山进行重新发掘时,在早期城墙下发现了古稻田。1997年冬发掘时,清理出三条田埂,田埂之间形成两块耕田,耕田的泥土中保存着稻梗和根须,可确定是水稻田。从局部剖析面看到,一根根往下伸展的根须及留下的根须痕迹判断,当时采用的播种方式是撒播。同时还发现与稻田配套的原始灌溉系统,有水坑和水沟。已发现水坑三个,直径为1.2—1.5米,深约1.3米。水坑高于水田,有水沟同水田相连接。水稻田下层泥土用光释法测定年代为距今6 629±896年,这个年代是传说中的神农时代的后期。③

---

① 上海市文物保管委员会:《崧泽》,文物出版社,1987年。
② 《草鞋山遗址首次发现我国六千年前的水稻田遗迹》,《中国文物报》1995年6月18日。
③ 湖南省考古研究所:《澧县城头山古城址1997—1998年发掘简报》,《文物》1999年第6期。

北方地区农业起源亦很早,在新石器时代早期的文化里,如河北徐水南庄头、河南新郑裴李岗、河南省舞阳贾湖、河北武安磁山、内蒙古及辽宁的红山、陕西华县老观台、山东滕县北辛等文化遗址,都有农业遗存发现。

(十)河北徐水县南庄头遗址——北方最早的农业遗存。南庄头遗址位于河北省徐水县高林村乡南庄头村东北2公里处,南距县城约12公里。遗址所在地为南庄头砖厂取土区,面积约20 000平方米。1986年4月发现并进行试掘。此遗址的年代,北京大学考古系碳十四实验室测定12个标本,与文化遗物相关的7个标本测定年代列表如下。

南庄头碳十四年测定年代表

实验室变化	样品名称	探方号、层位及距地表深(厘米)	测定结果(半衰期为5 730年)
BK87089	淤泥	$T_3⑤$,180—200	9 980±100
BK87088	淤泥	$T_3⑥$,220—228	10 815±140
BK86120	木头	$T_1⑤—⑥$	9 875±160
BK86121	木头	$T_1⑤—⑥$	9 690±95
BK87093	木头	$T_1⑤—⑥$	9 810±100
BK87075	木头	$T_2⑥$	10 510±110
BK89064	木头	$T_1⑤—⑥$	9 850±90

上表测定数据未经树轮年代校正,实际上此遗址的年代应在距今一万年以上。比磁山、裴李岗文化年代要早两千年,是目前已知我国北方新石器时代早期遗址中年代最早的一处。

在文化遗物中出土有陶器、农业用工具及家畜动物骨骸。出土陶片15片,石、骨、角器4件,有人工凿痕的木棒、木块各一件,以及大量的兽、禽、畜骨、螺、蚌壳和树叶、种子等。陶片均为碎片,不能复原。夹砂深灰陶12片,夹云母褐陶1片。胎壁厚约0.8—1.0厘米,火候低,质疏松。石器有磨盘、磨棒各1件。动物遗骸中,出比较完整的动物骨骸104块。据中国社会科学院考古研究所周本雄鉴定,这些动物骨骸至少可代表9种动物:鸡、鹤、狼、狗、家猪、麝、马鹿、麋鹿、麕等,除狗和猪有可能为家畜外,其余均为野生动物,大都属于鹿科动物。根据南庄头遗址的试掘,南庄头遗址已经有了石磨盘、磨棒等加工谷物的工具,有了猪、狗等家畜和陶器,是一处农业和家畜饲养类型的农业文化遗存。这里已具有原始的农业及家畜饲养业,同时还进行狩猎活动,当时人们已是过着相对稳定的定居生活。

(十一)河南新郑裴李岗文化遗址的农业工具。裴李岗文化是1977年在河南新郑县裴李岗发现的,因而被命名为裴李岗文化。主要分布在河南省中部地区。裴李岗遗址的年代,中国社会科学院考古研究所对 6 件木炭样品进行碳十四测年,最大的年代为距今 9 300±1 000 年(半衰期 5 730,下同),最小的为 6 435±2 000 年。其中有 4 件样品的测年经树木年轮校正,它们的年代分别是前 6 430—前 5 889、前 6 090—前 5 540、前 6077—前 5 640、前 5 380—前 4 940,①这是一种距今 7 000 年左右的人类文化。

裴李岗文化的经济以农业为主,发现的农作物有粟。农业生产工具以磨制带锯齿的石镰、长条形两端弧刃或舌形一端刃的扁平石铲、琢制近似鞋底形、下带 4 个柱状足的石磨盘(附磨棒)等最具特征。(图 1－13)饲养的家畜有猪、狗等,兼营渔猎和采集,并发现有燧石打制的刮削器和骨镞等工具。制陶业已经有一定的规模。在裴李岗发现一座陶窑,窑室圆形,前有火道,结构属于横穴窑,应是仰韶文化常见横穴窑的前身。陶器均为手制,多采用泥条盘筑法,陶质比较疏松,表皮容易剥落,据红陶样品的测定,其烧成温度达 900—960℃。以泥质红陶为主,夹砂陶次之,泥质灰陶罕见。泥质陶多素面,有的略微磨光,夹砂陶则掺以细砂或贝壳末。部分的饰有篦点纹、弧线篦纹、划纹、指甲纹和乳丁纹等。器形有杯、碗、盘、钵、三足钵、深腹罐、鼎、豆、勺和器盖等。②

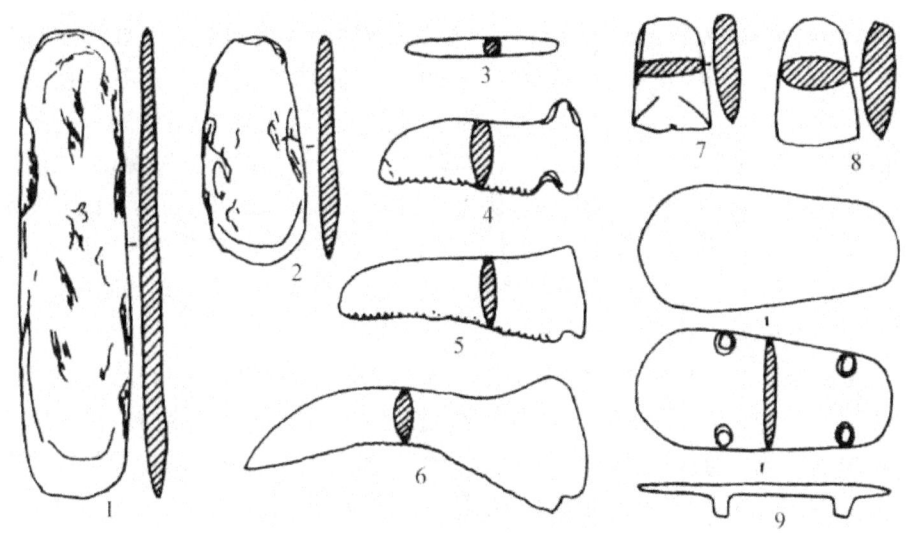

图 1－13　裴李岗文化石器

1、2,石斧　3,石磨棒　4、5、6,锯齿石镰　7、8,石铲　9,石磨盘
(采自杨育彬、袁广阔主编:《20 世纪河南考古发现与研究》第 80 页)

---

①　见中国社会科学院考古研究所编:《中国考古学中年代数据集(1965—1991)》第 167—168、480—482 页,文物出版社,1992 年。
②　参见《中国大百科全书·考古卷》第 363 页"裴李岗文化"条,中国大百科出版社,1986 年。

石斧开垦荒地是砍伐林木、制作生产工具,石铲翻地起土、中耕除草,石镰收割,石磨盘、磨棒加工粮食及干果去其皮。全是一套农业生活用器。

(十二)河南省舞阳县贾湖遗址的水稻。此遗址位于河南省舞阳县,是一处裴李岗文化遗址,在1983—1987年的六次发掘中,发现房基、窖穴、陶窑、墓葬等丰富的遗迹和陶器、石器等大量的遗物,其中尤以七孔骨笛和龟甲契刻符号弥足珍贵。据碳十四年代测定,遗址距今8 000—7 000年,树轮校正为8 500—7 500年。

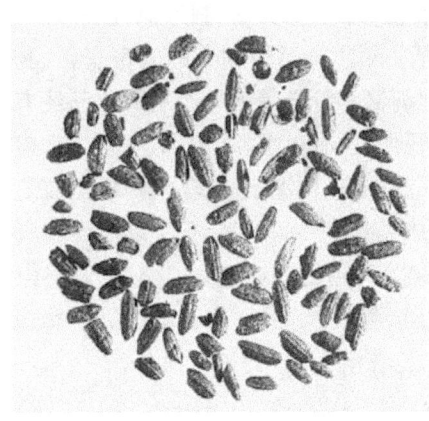

图1-14 舞阳贾湖遗址出土的水稻
(采自《20世纪河南考古发现与研究》图版三九:4)

发现的水稻标本,均出土于房基或窖穴中的烧土碎块内的稻壳印痕。在标本上可清晰地看出三条纵长隆起的印痕和其秆上的长条格状的纹路。稻壳印痕的长宽之比在2以下,具有粳稻特征;也有个别标本的长宽比大于2,具有籼稻的特征。(图1-14)通过扫描电镜下对其印痕的观察和现代稻壳的形态学的比较,认为属栽培水稻无疑。①

稻是我国原始农业中的主要栽培作物,它的起源、分化和传播一直为学术界所注目。二十世纪七十年代浙江余姚河姆渡遗址发现大量栽培稻的遗存,把我国稻的栽培史提到7 000年前,八十年代末湖南醴县彭头山遗址的发现,又把稻的栽培史提到8 000年前,故人们一直认为我国水稻起源于长江中下游地区,中原地区仅在距今5 000年以后的仰韶文化和龙山文化遗址中有零星的发现,被认为是水稻的传播区,北方地区一直都是以粟作农业为主。这次发现,使我国稻的栽培史要作重新认识。

贾湖遗址内发现的可食用的植物遗存除稻外,还有莲藕、菱角和野大豆等。英国阿伯丁大学的Allowen Evin博士利用动物牙齿大小和形状的方法来判断动物的驯养,她对我国兴隆洼、西水坡、贾湖和甑皮岩几个遗址的猪牙齿标本进行研究,结果显示西水坡和贾湖遗址的猪已经是人为驯养的。②

(十三)河北省武安县磁山遗址的大批粮食。遗址位于河北省武安县磁山乡磁山村。1972年发现,1976—1977年、1985年多次发掘,发掘面积5 278平方米,出土文物3 873件。此遗址的年代,据中国社会科学院考古所编《中国考古学中碳十四年代数据集》中,收录三个测定数据,列表如下:

---

① 张居中:《舞阳贾湖遗址发现栽培水稻——将中原地区种稻的历史提前到八千年前》,《中国文物报》1993年10月31日。
② 见《中国文物报》2011年8月19日孙若昕文。

磁山遗址碳十四测年数据表

实验室编号	标本名称	探方及层位	测 定 结 果	
			半衰期 5 730	半衰期 5 570
ZK439	木炭	$T_{45}②H145$	7 355±100	7 150±100
ZK440	木炭	$T_{20}③H48$	7 235±105	7 030±105
BK78029	木炭	$T_{99}②H453$	7 060±100	6 860±100

测定年代数据均未经树轮校正,从所测数据看,磁山遗址年代在距今 7 300 年以上。

磁山文化是我国北方发现的较为重要的原始文化之一,遗址中发现了各种形式的灰坑、房屋基址和储粮食的窖穴。出土了大量的石、陶器,多种家畜、家禽骨骼、炭化粟等。发现组合器物坑达 75 个以上。最具特征的是石磨棒和四足石磨盘。陶器以夹砂陶为主,也有泥质陶。器种有深腹罐、杯、盘、三足钵、小陶壶和大量的平底器。其中以筒形陶盂和陶支架最为典型。①

磁山遗址中发现了大量灰坑,一、二两期共 476 个,以圆角长方形数量最多,共 342 个,长方形灰坑 157 个,部分壁上留有似斧(应是耜)和木耒之类工具的痕迹,是神农氏的发明。在八十座窖穴内发现有粮食堆积,一般堆积厚度 0.3—2 米,有十座窖穴堆积在 2 米以上。出土时部分颗粒清晰可见,不久即风化成灰,取 H65 的标本作灰象分析,发现是粟(Segiansifalica)的痕迹。②

对于贮存粮食坑的数字,亲自参加此遗址发掘工作的中国历史博物馆(现名国家博物馆)佟伟华统计贮存粮食的坑有 88 个,并计算出 88 坑的贮粮总重量约为 138 200 余斤。她认为计算过程,很可能与实际存在着较大的误差,尽管如此,磁山遗址窖穴中粟米的储存量可以十万斤计,应当是可信的。③

一个遗址就有十万斤以上的储备粮食,可以想见,在距今七千年左右,磁山遗址的居民,农业生产已经达到了一个相当高的水平。

(十四)甘肃秦安大地湾遗址的黍、油菜籽。大地湾遗址位于甘肃省秦安县邵店村东。遗址面积约 12 万平方米。1978—1984 年发掘,揭露面积 1.2 万多平方米。遗址下层文化遗存有特征鲜明的器物群,这类遗存又有一定的分布范围,而在甘青地区该类文化遗存发现的时间最早,于是将这类文化命名为大地湾一期文化。大地湾遗址里,在大地湾一期文化之上是仰韶文化。大地湾文化年代,据碳十四测年为前 5850—前 5400 年,与陕西的老官台文化、陕南的李家村

---

① 河北省文物研究所:《河北省近十年的文物考古工作》,载《文物考古工作十年》,文物出版社,1989年。
② 河北省文物管理处、邯郸市文物保管所:《河北武安磁山遗址》,《考古学报》1981年第3期。
③ 佟伟华:《磁山遗址的原始农业遗存及相关的问题》,《农业考古》1984年第1期。

文化时代相当。

大地湾遗址最下层的大地湾一期文化地层内,发现房屋基址3座,有圆形半地穴式房子,面积仅六七平方米。窖穴2座,里面发现有黍和油菜籽等植物种子,是同类植物中年代最早的标本。墓葬11座,为单人仰身直肢葬,一般有随葬品,个别墓有猪下颚骨。陶器和石器90多件,陶器以夹细沙红陶为主,泥质红陶少见,器形主要有圜底钵、三足钵、三足罐和圈足碗。制法均为手制,一般采用泥片贴筑法,或称模具敷泥法,即先有一个所欲制器物体的模具,然后在模具外敷泥叠筑成形,口部和底部分别制成后,再与器身对接成完整的器物。器物成型后,用带竖道的拍子拍打陶器表面,这是为使陶土紧密起到加固器物的作用,因此也在陶器表面形成绳索状的纹饰,考古学者们称为"绳纹",此种文化的陶器纹饰以交叉绳纹最为常见。彩陶是此文化的重要特征,是发现最早的彩陶文化,彩陶约占陶器的有三分之一强,部分钵形器绘有紫红色宽带纹,罐和碗的口沿多呈锯齿状。石器有亚腰形铲、长方形斧、弧刃或凹刃刀、打制石核和石叶,不见有穿孔的石器,主要是农业生产工具。骨器有针、锥、镞和锯等,针是缝制衣服的工具,镞是狩猎工具。当时人们是从事农业和狩猎的生活的。[①]

(十五)辽宁阜新县查海文化的大型石块摆塑龙和玉器。辽宁省阜新蒙古族自治县沙拉乡查海村遗址是一处"前红山文化"遗址,二十世纪八十年代发掘。碳十四测定其年代为距今7 360±150年,树轮校正则超过8 000年。因其文化遗存有不同于兴隆洼文化遗存而有自己的特点,命名为渣海文化,其时代略早于兴隆洼文化,是我国东北地区最早的一种农业文化。

遗址内发现聚落规模大,房屋数量多,密集而排列有序,房屋面积多在40平方米左右,大的有100多平方米。许多房址内都留下打制或磨制的锄、斧、刀、铲、磨盘、磨棒等比较齐全的农业生产及食物加工工具,与之伴出的还有细石器。出土陶器具有红山文化特征的"之"字形纹筒形罐,其中回纹尊、松枝纹陶罐等造型别致,为其他类似文化遗址中所少见。石斧身的两侧面常见切割痕,顶部多崩疤,刃部锋利。

在聚落中心处即大房子与墓地中间,发现用碎石块摆塑成一条长19.7米的石龙,是我国发现最早的一处关于龙的遗迹,引起广泛注意。在陶片上也发现有龙纹,阜新县因此被称为"玉龙故乡",该县决定举办"龙文化节",且每年举行一次。此文化遗址内发现龙形遗存,特别是大型石摆塑龙,人们将它摆塑在聚落中心的大房子和墓地的中间这个最为显要的地方:大房子是族人聚会、议事、祭祀的地方,墓地是安放族人死者使其魂魄进入另一个世界的地方。在这样重要的地方,摆塑一条如此巨大的龙,是龙同该聚落居民必有相当亲密关系,这种关系应是被视为他们生命的来源即图腾。龙并不是自然界实际存在的动物,而是人

---

① 谢端琚:《甘青地区史前考古》第7—15页,文物出版社,2002年。

们想象中虚幻的东西,说明当时人们的思维能力已达到一个较高的水平。①

遗址里出土的玉器有装饰品玦、匕形器、管等,工具有斧。玉管呈白色外,其他皆为绿色或淡绿色,长4.5厘米、外径1.2厘米、孔径0.5厘米,是迄今为止我国北方发现最早的玉器。(图1-15)这个发现具有重大意义,著名考古学家苏秉琦指出:"查海玉器已解决了三个问题,一是对玉材的认识,二是对玉的专业化加工,三是对玉的专用。"②玉器的器形多不规整,表面磨制不精,多残留加工时的棱线痕,是早期玉器的特点。

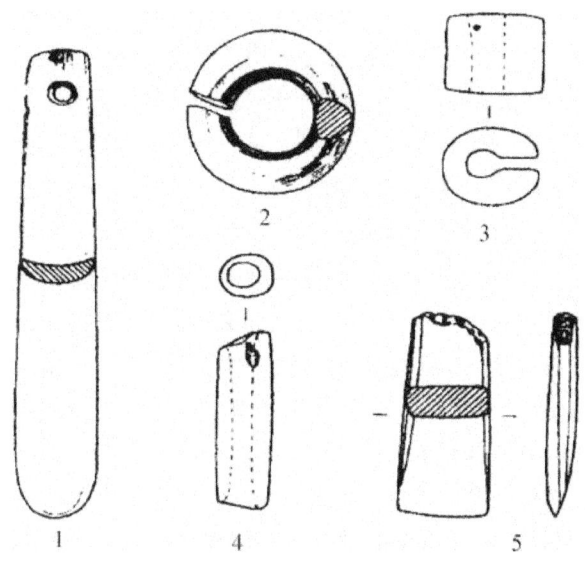

图1-15 渣海遗址出土的玉器
1.匕形器 2,3.玦 4.管 5.斧
(采自《中国文物报》2011年7月22日)

(十六)内蒙古敖汉旗兴隆洼遗址及兴隆洼文化的玉器。兴隆洼文化因最先发现于内蒙古赤峰市敖汉旗宝国吐乡兴隆洼村得名。从1983年开始到1993年对该遗址进行了6次发掘,发现房址170余座、墓葬30余座、灰坑500多个、围沟1条,以及大量文化遗物。出土遗物具有鲜明的特征,如石器中的大型有肩石锄、方形石铲,陶器用泥圈套接制作法成器、压印交叉纹及"之"字纹的平底筒形罐等器物。类似器物特征的遗址在东起医巫闾山,西逾大兴安岭,北过乌尔吉木伦河,南迄渤海北岸的广大范围内都有发现,故被命为兴隆洼文化。经碳十四测年测定为距今7 470±115年—6 895±205年,高清度年表校正为公元前

---

① 辽宁省文物考古研究所:《辽宁近十年来文物考古新发现》,《文物考古工作十年》,文物出版社,1990年。辽宁省文物考古研究所:《辽宁阜新县渣海遗址1989—1990年三次发掘》,《文物》1994年第11期。
② 苏秉琦:《文明发端 玉龙故乡——谈查海遗址》,载《华人·龙的传人·中国人》,辽宁大学出版社,1994年。

6 200—前5 400年。与中原裴李岗文化、磁山文化,山东省北辛文化,陕西老官台文化,甘肃大地湾一期文化的年代大体相当。

  生产工具中石器有锄、铲、斧、锛、刀、凿和加工粮食的方形石磨盘、石磨棒,骨器有骨梗石刃鱼镖、凿、锥和匕等,生活用具以陶器为主,反映此文化属于农业兼营渔猎业的经济。房屋皆为半地穴式建筑,呈圆角长方形或方形。房屋布局严谨有序,居住区域外围有宽2米、深0.55—1米的壕沟。墓葬多在房屋内,称为"居室葬"。文化遗物中玉器的发现特别引人注意。在遗址的M117号墓内人骨的两耳旁,各发现一只玉玦。遗址内还出土有玉质的匕、锛和斧等。[①] 在巴林右旗洪格力图的一处兴隆洼文化积石冢性质的墓葬,调查获14件玉器,有环状、璧状玉玦、长条形玉匕形器、玉管等,在一座墓中就出土7件玉玦,[②]是我国北方境内继渣海文化后发现时代最早的玉制品之一,证实我们的先民在距今八千年前就开始了玉器的制作。其后的红山文化发展了渣海文化、兴隆洼文化的制玉工艺技术,将玉器的制作推向高峰。

  上面所举的十六个文化遗址都属于传说中的神农时代,类似的文化遗址还很多。这类文化遗存大都是早于仰韶文化的文化遗存,考古学家石兴邦称为"前仰韶文化",时间在距今5 000前,即本书的"神农时代"。前仰韶文化时期,是我国农业文化的起始及发展时期,北方农作粟南方农作稻的种植开始于此时。

  石兴邦将我国农业起源和发展分三个地段或阶段:即山林文化时期、山麓文化时期和河谷文化时期。山林文化时期,是以狩猎采集经济为主,采集占很重要地位,它的后期应该是食物采集时期。山麓文化时期是初期的农业时期,分布地在900米以下的山麓或山前坡地,这是最适宜种植的地带。人们由采集到耕植是经过相当长的一段实践过程,不是一下子出现的。我们祖先在山麓文化时期,他们在数千年的生产斗争过程中,懂得怎样在他们的环境中生存下去,十分熟悉环境中的一切。在收集食物的同时,在生产力不断发展,技术不断革新的条件下,尽可能地实现生产中的变革。大概在一万多年前,分散在黄河中游,泾、渭、汾、沁、洛诸河流域,高程较高的原边和山麓的氏族人群,他们在收集食物的活动中,对粟、稷等类食用植物的性质特征,逐渐有了十分熟悉的了解,并逐渐成为生活的必需品。对猪、狗以及鸡类也加紧驯化,他们在长期的生产实践中,积累了十分丰富的经验,正是在这时,也在这些地方,我们祖先第一次开始了控制他们的食物生产,粟的种植史就开始了。[③]

---

  ① 中国社会科学院考古研究所内蒙古工作队:《内蒙古敖汉旗兴隆洼聚落遗址1992年发掘简报》,《考古》1997年第1期。
  ② 刘国祥:《巴林右旗史前玉器的发现及重要意义》,《中国文物报》2011年7月22日。
  ③ 石兴邦:《前仰韶文化的发现及其意义》,载《中国考古学研究——夏鼐先生考古五十年纪念论文集(二)》,科学出版社,1985年。

石先生所说的"山林文化时期"即是考古学上的旧石器时代,亦即传说中的燧人氏及伏羲氏时代。"山麓时期"即"前仰韶文化",是我国农业的起始时期,正与传说中的神农"制耒耜教民农作"相一致。从上举"前仰韶文化"遗址中经碳十四测定年代,南北方都有到距今一万年的文化遗存,北方种粟南方种稻,开始了我国农耕文化开始的时期,即是神农氏"教民耕稼"的时间定点。

从这一时期的考古文化遗址中,多次发现储藏粮食的窖穴,有的多达10万斤以上,反映到神农时代后期,吃的问题已有了基本的保障。

伴随农耕经济出现的是人们走出山洞,在平地上建屋而居,这就是"神农氏"的功劳。平地建屋不再依靠山洞躲避风雨寒暑,活动空间突然大增,人们的心胸为之开阔,精神为之大振,智识为之大开,大大激发了人的智慧、人的创造力,以万年计、千年计的人类历史,变成以百年计、十年计,甚至以年计的历史。农业的发明对人类历史的意义确实是至大至伟。

第五节　神农时代的玉器

神农时代玉器逐渐成为人们所喜爱的装饰品,但人们对玉的认识是有个过程的。很早以前它被当作普通石头一样用来制作生产工具的材料,如东北辽宁地区是我国北方玉器的起源地,这里是岫岩玉的矿产地,早在旧石器时代晚期的伏羲时代,人们就用岫岩玉石制作工具。如辽宁省海城市东南的小孤山遗址,在距今约3万—2万年的底层内,出土两件用打制技术制作玉器:一件玉石片和一件玉石尖状器,(图1-16)却未见有将玉石作为制作装饰品的材料。① 到了约距今8 000年左右,在我国南北的文化遗址里,都发现了玉石制品,这应是与人们

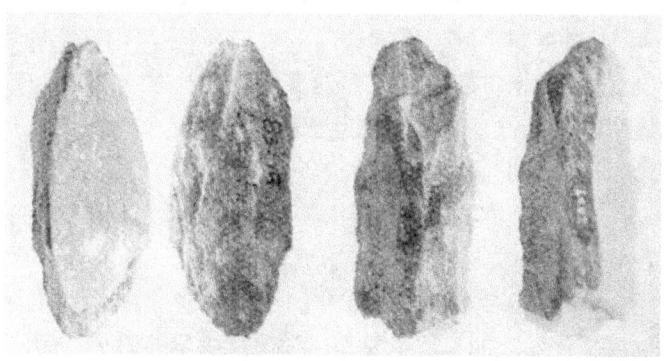

图1-16　小孤山出土玉石片(右)和尖状器(左)

(采自《中国文物报》2010年12月24日)

---

① 见傅仁义、周晓晶:《小孤山遗址玉制品及东北地区玉器起源问题的思考》,《中国文物报》2010年12月24日。

对玉这种"美石"的质地有了认识和掌握了熟练的石器制造技术有关。早期玉器的加工工艺有三种：切割、钻孔、磨光，这三种工艺技术都是在制造石器过程中创造的，所以制玉工艺技术是在制造石器工艺技术基础上发展起来的。玉石的质地较制造石器的石材硬，不易加工，所以要到制造石器技术发展到一定程度，才有能力对玉石进行加工制作成器。早期玉器器型小，皆片状，器物种类主要是装饰品和少量工具，都是实用品。人们在旧石器时代晚期就开始利用石、骨、角、蚌质物制造装饰品以打扮自己，玉石因其颜色美丽、质地细腻、手感温润而受到人们喜爱，被选为制造装饰品的材料。郑德坤说玉之所以受到人们长久爱好，是因其有三种特有的质素：

> 第一是色泽，第二是清明，第三是光润。玉的色泽之美极其复杂，有的苍郁像天，有的酽黄像地，有的翠如春芽，有的绿比夏菜，其色泽的鲜艳，每非笔色所可描写。玉的清明不像宝石玻璃的透亮，而是半透明的。持玉欣赏，白的如望天云，绿的似临深洋，实具有一种神秘深沉的力量。玉的光润给予视觉触觉的美感，又有令人向往的魅力，其闪赫有如热带的海洋，其细腻可与兔毫比美。合色泽、清明和光润三者之美，玉的被欣赏推重当不是偶然的。①

渣海文化、兴隆洼文化出土的玉器，经鉴定是产自辽宁的岫岩玉。北京大学岫岩玉研究课题组对岫岩玉进行矿物学研究，得知岫岩玉包括蛇纹石玉和透闪石玉两种。蛇纹石玉硬度相对较低，普通的岫岩玉即由这种矿物质的玉石制成，而透闪石玉是"软玉"，具有同新疆和田玉一样优良品质。尤其是透闪石中的河磨玉，更是岫玉中的上品，与和田玉的籽玉相当。兴隆洼文化、红山文化的玉器都是岫岩玉且主要是由岫玉中的透闪石玉制成的，对红山文化玉器的玉料进行矿物学鉴定得知，有63%是岫岩玉的透闪石软玉。我国先秦时期黄河以北地区出土的玉器，其玉料主要是岫岩玉的透闪石软玉，如在河南安阳殷墟妇好墓、山西省西周晋侯墓地、河北省满城汉墓等地墓葬里出土的玉器，都有岫岩玉的制品。在我国最南的广东省海丰县田墘出土的两件良渚文化风格的玉琮，其玉质为淡黄绿色岫岩透闪石玉，可见传播之广。②

玉器的发现，北方最早的遗址是渣海文化的渣海遗址（碳十四测定时代为距今约8000年）和兴隆洼文化的兴隆洼遗址（时代为公元前6200—前5400年）；南方发现于距今约7000年的河姆渡文化的河姆渡遗址、崧泽文化的崧泽遗址；长江中游的大溪文化发现的玉器主要是璜和玦及少量的刀、管、镯、坠等，研究者

---

① 郑德坤：《古玉通论》，《文史杂志》1945年第五卷第9、10期。
② 李政：《岫岩玉　玉文化　玉器考古学研究——2011年岫岩玉宇中国玉文化学术研讨会综述》，《中国文物报》2011年8月5日。

认为大溪文化的玉器,是受崧泽文化影响的结果。① 大溪文化的时代,何介钧说是距今6 500—5 300年,张绪球说在公元前5000—前3000年。考古发现早期的玉器,除少量的工具类外,绝大多数是装饰品,可见早在距今8 000年左右,我国先民对玉石美的"质素"就已有所认识。所以在有能力对玉石材质进行加工的技术前提下,凡在有玉石矿物材料的地区,选择制造装饰品时,玉石就成为首选物质。

这个时代,正是传说中的神农时代。所以,神农时代,是我国美轮美奂而神秘玉器的创制、使用的起始时代,是东方特有的玉文化的奠基时代。发现玉石材料,认识玉,掌握对玉石的加工技术,是这个时代的一个伟大成就。但是,这个时代的玉器,是以装饰品为主的实用器,是人们对美追求的表现,与后世的神玉、巫玉及比于德的君子玉,可能都还挂不上钩。

"三皇"中的燧人氏发明人工取火、伏羲氏发明网罟、神农氏发明农业,这三大科技发明,其对人类生存的贡献,不亚于其后的"四大发明"。此"三大发明"每一项都将历史推进到一个新时代,他们就成为该时代的标志。我们祖先深知这些发明的重要性,为彰显这些发明的重大意义,将发明者冠以"皇",加以崇敬。表面上是崇敬发明者个人,而实则是我们祖先对该项科学技术的推崇,是对科技创新精神的崇敬,说明我们民族在远古的时代就是一个重视科学技术的民族。我们中华民族为何在几千年间经济上处于世界上最强的地位,是同重视科学技术的传统分不开的。

"三皇"时期的三大发明,使人们从采集、渔猎进入到定居农业,生产力提高,物质丰富起来,到神农时代的后期,生产的粮食在人们的食物中已占主要部分。通过碳13安定同位素测定,仰韶文化时期人们的食物构成中,C4植物(粟、黍类)所占比例近50%,陶寺遗址测定占70%。② 在河北省的磁山遗址内,在80多个窖穴里,都多少不等地存留下粮食粟,据统计这里存留的粮食达十余万斤。仰韶文化早期和磁山遗址都在神农时代后期。从前举神农时代的十六处考古遗址中,已制造玉器作为装饰品及礼神,在陶器表面绘制花纹,也已开始,人们已开始打扮自己、美化生活,所以"三皇"时期为社会的进一步发展奠定下物质基础,即在人的基本需求吃、喝、穿、住上有了基本的满足。恩格斯说:"马克思发现了人类历史的发展规律,即历来为繁茂芜杂的意识形态所掩盖着的一个简单事实:人们首先必须吃、喝、住、穿,然后才能从事政治、科学、艺术、宗教等等。所以,直接的物质生活资料的生产,因而一个民族或一个时代的一定经济发展阶段,便构

---

① 杨建芳:《大溪文化的渊源探索》,《南方民族考古》1987年第1期。
② 钱耀鹏:《中国史前城址及文明起源研究》第202、203页,西北大学出版社,2001年。

成为基础。人们的国家制度、法的观点、艺术以至宗教的观念,就是从这个基础上发展起来的。"①"三皇"时期是中国早期经济的奠基时期,是一个以解决人们生存所必需的"物质生活资料的生产"时期,有此时期打下的基础,就为下一个时代,即"五帝"时代城邦文明的发展创造了条件。②

---

① 恩格斯:《在马克思墓前的讲话》,《马克思恩格斯选集》第三卷第574页,人民出版社,1972年。
② 如作为文明标志的铜器、城堡,在神农氏后期已开始出现。

第三章　五帝之首——人文初祖轩辕黄帝

五帝是指传说的相继为"帝"的五个"帝王"：黄帝、颛顼、帝喾、尧、舜。据古文献所载，黄帝之子挚，帝喾长子挚（两人同名）也是即位而成了"帝"的，文献记载从黄帝到禹之前实则有七位"帝"。因五行说的相生关系，只好舍去二挚。黄帝是五帝之首，从黄帝到王朝领土国家夏朝的建立，传说的古史被称为"五帝时代"。在考古学上相当于仰韶文化中期至夏朝的建立，历时大约一千余年，所以见于文献记载的五帝人数，无论是五位还是七人，都仅是其中的少数几位有代表性人物，中间缺失者甚多。（图1-17）

进入传说中的黄帝时代出现了几个重大的事件：对金属有了认识，开始了金属器——铜的使用；大量出现在陶器上的刻画符号（陶文），有些符号同后来的文字构形基本相同，应是文字的前身，它与文字的产生有着直接或间接的关系，印证黄帝臣仓颉造字并非全属无稽；《史记·封禅书》中说："黄帝时五城十二楼。"是黄帝时期出现了设防的城堡，郑州西山古城的发现，印证传说的不虚。金属器、文字、城堡是认定一个民族是否进入文明社会（即国家）的三个基本要素。

图1-17　轩辕黄帝

黄帝时代，是我国文明发端、发展的时期。从黄帝始的"五帝时代"，南北各地先后耸立起来了大小不等的城堡，这些城堡是"高于部落之上的、稳定的、独立的政治实体"，苏秉琦称为古城、古国，①有的研究者称为"早期国家"。这样的

---

① 苏秉琦：《辽西文化古城古国》，《辽海文物学刊》1986年创刊号，收入《华人·龙的传人·中国人——考古寻根记》，辽宁大学出版社，1994年。

政治实体,古人称为"邦",《尚书·尧典》"协和万邦"。① 商代甲骨文里称方国为"邦方"(《合集》36528、36530)或"邦伯"(《合集》32287),可见当时对这些独立的政治实体就是称"邦"的。因这些"邦"都是建在城堡里的,一个城堡就是一个独立的"邦",故称为"城邦"。"城邦"这个名词并不是舶来品而是我们自己的土产,是一个"出口转内销"的名词。所以"五帝时代"应是一个城邦时代,是我国的城邦文明时代。黄帝时期产生的城邦国家,规模都不大,彼此间交往不多,各自处于独立状态。

城邦时代,是建立在城乡分离、贫富分化,社会分层,追求财富、权力观念产生的时代,所以战争就成为五帝时代的一个新事物。战争这个人类怪物,在中华大地上是伴随着黄帝时代而产生的。神农时代后期,在中原大地上存在着三大族群集团:神农、黄帝、蚩尤。蚩尤虽是从神农氏集团分化出来的一个集团,但它的势力强大,要争正统的"帝"位,所以神农氏末期发生炎帝与蚩尤间的战争、黄帝与炎帝联合与蚩尤的战争,而后为争夺中原,展开了黄帝与炎帝的战争,此即所谓黄帝"三战而后得其志"者。传说黄帝铸鼎、升天的地方在今河南灵宝,考古工作者在灵宝西坡,发现了一处仰韶文化晚期的墓葬群。在已发掘的34座墓中,墓室大小、随葬品多寡悬殊,反映出当时社会已分层。特别是在10座墓里出土了用玉或石质材料制作的钺16件,最多的一座墓中出土3件,出钺的墓占所发掘墓葬的三分之一。② 这是中原地区仰韶文化新出现的现象。钺是用于战争的武器,这就从考古学上证实,在仰韶文化中晚期,即传说的黄帝时期,战争已在各城邦间展开,这是不同于"神农时代"的一个十分重要的区别。战争的产生是生产力提高、社会财富增加后出现的事件,"邻人的财富刺激了贪欲",③进行掠夺为目的的战争出现了。由于人口的增加,"已经感到不够的领土",也成为当务之急。

黄帝族是当时最强势的一个部族,他建立的城邦是处于中心地位的中心城邦。他先后战胜了炎帝、蚩尤两个大的城邦,据有了中原大地,同时出现黄帝、炎帝(包括神农族系的蚩尤族)族系的联合。在考古学文化上就是覆盖黄河流域、北抵长城、南达淮水流域的仰韶文化及其后起的龙山文化。中华大地上一个以黄帝族为中心的强大城邦联盟形成,中经颛顼"绝地天通"的改革、尧的禅让、舜"柔远能迩"的内外政策、禹治理洪水等,为统一的王朝领土国家夏代的产生奠定了基础。

黄帝时代是中华文明驶入快车道的时代,所以,黄帝被尊为"人文初祖"。

---

① "万邦"又称"万国",秦前本称"邦",改"邦"为"国",是汉代为避汉高祖刘邦讳。
② 中国社会科学院考古研究所:《西坡墓地》,文物出版社,2010年。
③ 恩格斯:《家庭、私有制和国家的起源》,《马克思恩格斯选集》第四卷第160页,人民出版社,1972年。

第一节　黄帝的世系及子孙

据古史传说,黄帝是继神农之后兴起的一位伟大人物。《周易·系辞下》云"神农氏没,黄帝、尧、舜氏作。""作"是兴起之意。黄帝是"五帝"的第一位。中华五千年文明,就从他开始数起。黄帝是少典之子,《国语·晋语四》司空季子说:"昔少典娶于有蛴氏,生黄帝、炎帝。黄帝以姬水成,炎帝以姜水成。成而异德,故黄帝为姬,炎帝为姜。"

《史记·五帝本纪》载有黄帝的姓和名:"黄帝者,少典之子,姓公孙,名曰轩辕。"《艺文类聚》卷八引《帝王世纪》说黄帝的情况更为详细:"黄帝有熊氏,少典之子,姬姓也。生于寿丘,长于姬水。龙颜,有圣德,受国于有熊,居轩辕之丘,故因以为号。"传说黄帝有二十五个儿子,他们却不是姓同一个姓,《国语·晋语四》:

> 黄帝之子二十五人,其同姓者二人而已,唯青阳与夷鼓皆为已姓。青阳,方雷氏之甥也。夷鼓,彤鱼氏之甥也。其同生而异姓者,四母之子别为十二姓。凡黄帝之子二十五宗,其得姓者十四人为十二姓:姬、酉、祁、已、滕、箴、任、荀、僖、姞、儇、依是也。唯青阳与苍林氏同于黄帝,故皆为姬姓。

为何同父生的二十五个儿子,不是同姓而是姓十二个姓?学者考证说古时女子称姓,是随母姓之故。① 黄帝后裔的谱系,据《大戴礼记·帝系》载为:

> 黄帝产玄嚣,玄嚣产蛴极,蛴极产高辛,是为帝喾。帝喾产放勋,是为帝尧。

> 黄帝产昌意,昌意产高阳,是为帝颛顼。颛顼产穷蝉,穷蝉产敬康,敬康产句芒,句芒产蛴牛,蛴牛产瞽叟,瞽叟产重华,是为帝舜,及产象、敖。颛顼产鲧,鲧产文命,是为禹。

> 黄帝居轩辕之丘,娶于西陵氏之子,谓之嫘祖氏,产青阳及昌意。青阳降居泜水,昌意降居若水。昌意娶于蜀山氏,蜀山氏之子谓之昌濮氏,产颛顼。颛顼娶于滕氏,滕氏奔之,谓之女禄氏,产老童……

> 帝喾卜其四妃之子,而皆有天下。上妃,有邰氏之女也,曰姜原氏,产后稷;次妃,有娀氏之女也,曰简狄氏,产契;次妃曰陈隆(锋)氏,产帝尧;次妃曰娵訾氏,产帝挚。

> 帝尧娶于散宜氏之子,谓之女皇氏。帝舜娶于帝尧之子,谓之女匽氏。

---

① 杨希枚:《〈国语〉黄帝二十五子得姓传说的分析(下)》,台北清华学报《纪念李济先生七十岁诞辰论文集》,1967年。

鲧娶于有莘氏之子,谓之女志氏,产文命。禹娶于涂山氏之子,谓之女憍氏,产启。

颛顼非昌意子,应为昌意孙。古本《竹书纪年》:"昌意降居若水,产帝乾荒。乾荒生颛顼。"鲧非颛顼之子,应为颛顼五代孙。《汉书·律历志下》:"伯禹,《帝系》曰:颛顼五世而生鲧。鲧生禹,虞舜禅以天下。"王先谦《汉书补注》云:"钱大昕曰:《史记》禹之父曰鲧,鲧之父曰帝颛顼,则禹为颛顼之孙。今据《帝系》颛顼五世而生鲧,则相距六世,与《史记》不同。"颛顼与老童之间非父子而是祖孙,《世本》:"高阳生称,称生卷章,卷章生黎。""称"又作"偁",字相通。

颛顼之后还有封为蜀者,《华阳国志》卷三《蜀志》载:"蜀之为国,肇于人皇,与巴同囿。至黄帝,为其子昌意娶蜀山氏之女,生子高阳,是为帝喾。封其支庶于蜀,世为侯伯,历夏、商、周,武王代纣,蜀与焉。""生子高阳,是为帝喾",帝喾应为颛顼之误,帝喾为高辛氏,玄嚣之后,《大戴礼记·帝系》篇已载明。

黄帝子二十五人,得姓者十四人为十二姓。其中只有玄嚣、昌意二子后裔因"有天下"而显荣,余皆不显。

第二节　黄帝族活动的地域

黄帝的出生地、他成为城邦首领后的活动地域、他死后的埋葬地等,古籍记载虽有多种的不同,但都未能越出黄河流域的中原大地范围,黄帝族利用中原有利条件,将初始的城邦文明大为向前推进。

一　关于黄帝的出生地及都城

黄帝的出生地,有多种传说,主要有以下几种:

(一)姬水。《国语·晋语(四)》:"昔少典娶于有蟜氏,生黄帝炎帝。黄帝以姬水成,炎帝以姜水成。成而异德,故黄帝为姬,炎帝为姜。"姬水的确切地望文献无明确记载,徐旭生从炎帝所成的姜水位置,推断黄帝氏族的发祥地大约在今陕西的北部,它与发祥在陕西西部偏南的炎帝氏族居住地相距不很远。推测姬水可能是流入渭水的漆、沮水。① 是为陕西说。

(二)寿丘。《史记·五帝本纪》黄帝"名曰轩辕"《索隐》:"皇甫谧云:'黄帝生于寿丘,长于姬水,因以为姓,居轩辕之丘,因以为名,又以为号。'是本姓公孙,长于姬水,因改姓姬。"

寿丘的地望,皇甫谧《帝王世纪》说在鲁:"黄帝生于寿丘,在鲁东门之北。少昊自穷桑登帝位,穷桑在鲁北,后徙曲阜。"《史记·五帝本纪》张守节《正义》说

---

① 徐旭生:《中国古代的传说时代》第43页,文物出版社,1985年。

同:"寿丘在鲁东门北,今在兖州曲阜县东北六里。"是为山东说。对黄帝生于寿丘之说,徐旭生在《中国古代的传说时代》书中加以否定:"实在,鲁国本为'少皞之虚',是东夷集团的大本营,华夏集团的黄帝绝不能生在那里。在周成王'残奄'(鲁本奄地)以前,姬姓势力没有达到山东的痕迹。"

(三)天水。《水经》卷十七《渭水注》:"(渭水)又西北,轩辕谷水注之,水出南山轩辕溪。南安姚瞻以为黄帝生于天水,在上封城东七十里轩辕谷。皇浦谧云:生寿丘,寿丘在鲁东门北,未知孰是也。"上封本作上邽,秦时置县,在今甘肃天水市。是为甘肃说。

(四)黄帝都新郑。《史记·五帝本纪》:"自黄帝至舜、禹,皆同姓而异其国号,以章明德,故黄帝为有熊。"《水经·洧水注》:"洧水又东迳新郑县故城中……皇甫士安《帝王世纪》云:或言县故有熊之墟,黄帝之所都也。郑氏徙居之,故曰新郑矣。"《路史·后纪五》黄帝"于是开国于熊"罗苹《注》引《(帝王)世纪》云:"有圣德,授国于有熊,郑也。"今新郑市有黄帝故里,在市区内的轩辕路,占地面积80亩,始建于汉代,后曾被毁,后又重建,明清修葺。故里祠中有前门、正殿、配殿,正殿中央塑有黄帝像,配殿有黄帝元妃嫘祖和次妃嫫母像,是有熊国都,也被认为是黄帝的诞生地。是为河南说。

黄帝的出生地,不必泥滞,可视为活动所到的地方,如炎帝生于姜水,而随县厉山也是他生地的传说一样,应视为本人或族氏活动之地。

二 黄帝的活动地域

黄帝的活动地域,司马迁指出东南西北四方所到达的地方,《史记·五帝本纪》:黄帝"东至于海,登丸山及岱宗;西至于空桐,登鸡头;南至于江,登熊、湘;北逐荤粥,合符釜山而邑于涿鹿之阿。迁徙往来无常处,以师兵为营卫。"是黄帝的足迹偏于全国各地,四方所到达的地方为:

(一)东方所到达之地。黄帝东至于海的"海",应是渤海。"丸山"《集解》说在"郎牙朱虚县"。朱虚县为西汉时置,地在今山东临朐县东南。岱宗即今山东省的泰山。

(二)南方所到达之地。黄帝南至的"江",即今长江。熊、湘即熊山和湘山。熊山在今湖南省新化县北,安化县南,又名神山、熊胆山,至今留有黄帝曾登临此山的传说。湘山在今湖南岳阳市洞庭湖北岸,此山原在洞庭湖中,后逐渐与北岸相连。

(三)西方所到达之地。黄帝西方所到达的空桐即崆峒,泷川资言《史记会注考证》引成孺说:"崆峒古衹作空桐,当是陇西地名,非山也。《史记》于丸山、岱宗、鸡头、熊湘并系以登,而东至于海、西至于空桐、南至于江,空桐但与江海类列,则其为地名而非山可知。"空桐是地名,但此地有山,名为崆峒山。崆峒山又名笄头山(或作鸡头山),《括地志》云:"笄头山,一名崆峒山,在原州高平县西百里,《禹贡》泾水所出。《舆地志》云或即鸡头山也。郦道元云:盖大陇山异名也。庄子云:广成子学道崆峒山,黄帝问道于广成子,盖在此。"高平县为西汉时所置,地在今宁夏固原。

黄帝西行登上昆仑山,还在山上建有宫殿。《穆天子传》卷二:"吉日辛酉,天子(周穆王)升于昆仑之丘,以观黄帝之宫而封丰隆之葬。"

今日昆仑山的范围相当广阔,西起帕米尔高原,横贯新疆、西藏间,东延入青海境内,长约2 500公里,海拔6 000米左右,其中格尔山,高7 719米,峰幕士塔格山,高7 545米。古时这一地理范围都被叫做昆仑山。古时人说昆仑山都附上很多神话色彩,如《山海经·西山经》云:

> 西南四百里曰昆仑之丘,是实为帝之下都,神陆吾司之。其神状虎身而九尾,人面而虎爪;是神也,司天之九部及帝之囿时。有兽焉,其状如羊而四角,名曰土蝼,是食人。有鸟焉,其状如蠭,大如鸳鸯,名曰钦原,蠚鸟兽则死,蠚木则枯。有鸟焉,其名曰鹑鸟,是司帝之百服。有木焉,其状如棠,黄华赤实,其味如李而无核,其名沙棠,可以御水,食之使人不溺。有草焉,名曰薲草,其状如葵,其味如葱,食之已劳……是多怪鸟兽。

《山海经》书里几处讲到的昆仑山,都是这样的神话色彩。对这样一座具有神秘色彩的山,古文献中记载其地望却各不相同:

1. 在于阗即今新疆和田。《史记·大宛列传》:"汉史穷河源,河源出于阗,其山多玉,采来,天子案古图书,名河所出山曰昆仑。"郦道元《水经注》卷一《河水注》引释氏《西域志》及《穆天子传》文云:"释氏《西域志》曰:阿耨达太(大)山,其上有大渊水,宫殿楼观甚大焉。山即昆仑山也。《穆天子传》曰:'天子升于昆仑之丘,以观黄帝之宫,而封丰隆之葬。'丰隆,雷公也。雷电龙,即阿耨达宫也。其山出六大水……山在天竺国西。"《水经·河水一》"昆仑墟在西北"熊会贞按语云:"《一统志》,西域有冈底斯山,在阿里之达克喇城东北三百一十里,此处为天下之脊,众山之脉皆由此起,乃释氏《西域记》所谓阿耨达山即昆仑也。"

于阗的昆仑山有特产玉,被称为"昆山之玉"。《史记·李斯列传》:"今陛下致昆山之玉。"《正义》:"昆冈在于阗国东北四百里,其国出玉。"《盐铁论·通有》:"是以远方之物不交,而昆山之玉不至。"《新序·杂事》:"夫剑产于越,珠产江汉,玉产昆山,此三宝者皆无足而至。"据玉器专家杨伯达鉴定,他在西安半坡博物馆看到展出的、出土于仰韶文化半坡遗址的玉器中,就有和田玉。在商代的江西省新干大洋洲商代大墓和安阳殷墟都出土有和田玉制品,所以他提出,在"丝绸之路"开通前,就有条从中原通往产玉地区新疆和田的"玉石之路"。文献中所说产玉的昆仑山应在古于阗境内。

2. 在甘肃省境内。甘肃境内又有两说：一说在汉代的广至县境，《汉书·地理志》敦煌郡广至县下班固自注云："宜禾都尉治昆仑障。"广至县治所在今甘肃省安西县东南破城子；一说在甘肃酒泉，《十六国春秋辑补》卷七十载："东晋永和元年（345），酒泉太守马岌上言，酒泉南山，即昆仑之体也。周穆王见西王母，乐而忘归，即此山。此山有石室、玉室，珠玑镂饰，焕若神宫。"《括地志》云："昆仑山在肃州酒泉县南八十里。"

3. 在今青海境内湟中县。《汉书·地理志》金城郡临羌县下，班固自注云："西北至塞外有西王母石室、仙海、盐池。北则湟水所出，东至允吾入河。西有须抵池，有弱水、昆仑山祠。"西汉的临羌县治所在今青海省湟中县北。

4. 今山西省境内。河南省博物院的许顺湛在《五帝时代研究》书中专有"说昆仑"一节，他根据《穆天子传》中谈到穆天子西北和西征的路线行程，认为黄帝所登临的昆仑山在今山西省境内。《穆天子传》卷一谈到穆天子北征和西征。北征的起点提到漳水，其地望似乎在晋东南。戊寅日出发，至癸未日第六天到达山西的"虖沱之阳"。行至甲午日第 17 天转向西征。戊午日是西征的第 24 天，穆天子祭河伯，"西向沉璧于河"，当在河之东岸，仍在山西境内。同日"乃登昆仑之丘"，没有提到渡河，其地仍当山西境内。卷二接着说：戊午"天子已饮而行，遂宿于昆仑之阿，赤水之阳"。这里把昆仑与赤水也连在一起，说明昆仑在赤水之北。天子住宿在昆仑之阿的第 4 天，"吉日辛酉，天子升于昆仑之丘，以观黄帝之宫，而封丰隆之葬，以诏后世"……天子升于昆仑之丘，以观黄帝之宫，其地当仍在山西境内……《山海经》注里有一段话，对上述诸说（指昆仑在甘肃境内说——引者）全部否定："《西次三经》提道：'槐江之上，南望昆仑，东望恒山'，明昆仑去恒山不太远，若在于阗，何由相望。"又说："黄帝使伶伦自大夏之西、昆仑之阴取竹之解谷。大夏者，《春秋传》所言实沉之迁。在山西境昆仑之阴。"这一看法与前边介绍穆天子登昆仑山，观黄帝之宫的地望基本吻合。①

5. 高山泛称。有说昆仑不是一座具体的山而是对具一定高度山的泛指。《水经注·河水》："三成为昆仑丘。"《说文》："虚，大丘也，昆仑丘，谓之昆仑虚。"《尔雅·释丘》："丘一成为敦丘，再成掏丘，再成锐上为融丘，三成为昆仑丘。"如果按照这样的解释来认定昆仑，可以说昆仑是无数的。郝懿行《山海经疏》说："昆仑者，高山皆得名之。"这就是说三成之丘皆可称为昆仑，凡高山者皆可以称为昆仑山。因此，古人所说的昆仑的确是遍布神州大地，不必去考究谁对谁错，每一昆仑都有自己的来历，都有自己的内涵。

为什么我们的先民把高山称为昆仑，韩坤认为是缘于先民的大山崇拜心

---

① 许顺湛：《五帝时代研究》第 541—542 页，中州古籍出版社，2005 年。

理,他说:"高山峻极于天,正所谓高山仰止、景行行止,山本身具有高大雄伟的自然性和接近天界的神秘性,在生产力极为低下的时代,先民很容易对高山产生膜拜心理,以企近神灵,这种大山崇拜心里承载着先民对天国景象的向往和期盼。如此一来,大山崇拜的原初形态和终极代表——神话中的昆仑山应运而生。"①

这个说法是可取的,黄帝和周穆王所登的昆仑山,都不可去坐实,而说在我国西北则是可以的。

(四)北方所到达之地。黄帝北合符诸侯的釜山在今河北省境,《括地志》:"釜山在妫州怀戎县北三里,山上有舜庙。"怀戎县本在今河北涿鹿县西南的桑干河南岸,唐武则天长安二年(702)移至清夷军,即今河北怀南县东南。黄帝合符的釜山,相传有两地,一说是河北怀来县北,一说在河北徐水县西。

黄帝"邑于涿鹿之阿"的涿鹿,本是一座山,张守节《史记正义》:"广平曰阿。涿鹿,山名,已见上。涿鹿故城在山下,即黄帝所都之邑于山下平地。""已见上"指《史记·五帝本纪》"黄帝乃征师诸侯,与蚩尤战于涿鹿之野"句的《集解》:"服虔曰:涿鹿,山名,在涿郡。张晏曰:涿鹿在上谷。"司马贞《索隐》从张晏说:"案《地理志》上谷有涿鹿县,然则服虔云在涿郡者误也。"涿鹿在今河北省涿鹿县,此地至今仍有众多黄帝的传说遗迹及故事。

(五)黄帝在中原腹地的活动。黄帝族以中原为中心,故中原地区留下了不少关于黄帝活动足迹的传说。

1. 新郑周边的黄帝足迹。《帝王世纪》:"新郑,古有熊国,黄帝之所都。受国于熊,居轩辕之丘,故因以为名,又以为号(《通鉴外纪》卷一注引)。""(新郑)县故有熊之墟,黄帝之所都也。郑氏徙居之,故曰新郑矣(《水经注》卷二十二引)。"新郑是中原地区的腹心地带,黄帝族活动的中心地。这里有许多关于黄帝的传说,如黄帝登具茨山,《庄子·徐无鬼》:"黄帝将见大隗乎具茨之山……至于襄城之野,七圣皆迷,无所问涂。适遇牧马童子,问涂焉,曰:'若知具茨之山乎?'曰:'然。''若知大隗之所在乎?'曰:'然。'"

具茨山今名大隗山,在距新郑不远的今河南省密县东南。《水经》卷二二《溟水注》:"溟水出河南密县大騩山。大騩山即具茨山也。黄帝登具茨之山,升于洪隄之上,受《神芝图》于黄盖童子,即是山也。"大騩山即大隗山。今日新郑市新建规模巨大的黄帝城,成为每年夏历三月初三日传说黄帝诞生这一天,成为海内外炎黄子孙祭奠黄帝的地方。

2. 在洛水得图书。《水经》卷十五《洛水注》:"昔黄帝之时,天大雾三日,帝游洛水之上,见大鱼,煞(杀)五牲以醮之。天乃甚雨,七日七夜,鱼流,始得图,今

---

① 韩坤:《中国古文化中的大山崇拜心理》,《殷都学刊》2010年第2期。

《河图·视萌》篇是也……黄帝东巡河过洛，修坛沉璧，受《龙图》于河，《龟书》于洛，赤文绿字。"相同的内容，见于皇甫谧的《帝王世纪》，如《事类赋》卷三注引《帝王世纪》："黄帝时，天大雾三日，帝游洛水之上，见大鱼，杀三牲以醮之，天乃甚雨，七日七夜，鱼流，始得图书焉。今之《河图》，即其书也。"

3. 铸鼎荆山、鼎湖升天。《史记·封禅书》："黄帝采首山铜，铸鼎于荆山下。鼎既成，有龙垂胡须，下迎黄帝。黄帝上骑，群臣后宫从上者七十余人，龙乃上去。余小臣不得上，乃悉持龙须，龙须拔坠，坠黄帝之弓。百姓仰望，黄帝既上天，乃抱其弓与胡须号，故后世因名其处曰鼎胡，其弓曰乌号。"《水经》卷四《河水注》引《魏土地记》中说此事发生的具体所在地云："宏农湖县，有轩辕黄帝登仙处。黄帝采首山之铜，铸鼎于荆山之下……荆山在冯翊，首山在蒲坂，与湖县相连。《晋书地道记》、《泰康记》并言胡县也。汉武帝改作湖，俗云：黄帝自此乘龙上天也。"清末地理学家杨守敬说黄帝铸鼎地鼎湖在华阴县，郦道元《水经注·河水注》引《汉书·地理志》"京兆湖县，有周天子祠二所，故曰胡。不言黄帝升龙也"下，杨守敬按语说："黄帝之鼎湖，《史》、《汉》明云在荆山下，则非兰田也，不可混而为一。考《西京赋》薛《注》已云，鼎湖在华阴东，华阴之东即湖县也，则湖县鼎湖之说久矣。"

鼎湖在今河南灵宝县西，唐杜甫有诗句云："天彭剑阁外，虢略鼎湖旁。"河南灵宝县西坡仰韶文化遗址面积为40万平方米，发现了面积为516平方米的两个大型房屋基址和玉石钺。大型房屋应是具有原始宫殿性质公共活动场所，钺是王权及军权的象征。此地被称为"黄帝故都"。黄帝得《河图》、《洛书》，在鼎湖这个地方乘龙升天，系神话传说，当然不可信据。

（六）黄帝的葬地。黄帝的埋葬地有种种传说。

1. 葬桥山。《史记·五帝本纪》："黄帝崩，葬桥山。"（图1-18）桥山在今陕西黄陵县，1991年西安地图出版社出版的《陕西省地图册》黄陵县下"文物古迹"条下说：

在县城北桥山，上有轩辕黄帝陵，古称"桥陵"，沮河环抱，古柏参天，风景优美。黄帝庙中现存千余年来各民族祭文碑刻和重修碑记

图1-18 陕西桥山黄帝陵

等 47 块,并有巨大的古柏十余株。

2. 葬今北京平谷。有记载黄帝的葬地在北京平谷区鱼子山,《大明一统志》卷一,平谷县"山川"下之"鱼子山"载:

> 鱼子山:在平谷县东北一十里。上有大塚云轩辕黄帝陵也。唐陈子昂诗:北登蓟丘望,求古轩辕台,疑即谓此。山下有轩辕庙,见存。

关于北京平谷县鱼子山的黄帝陵,清代于敏中等编纂的《日下旧闻考》卷一四二"京畿"下记载:

> 世传黄帝陵在渔子山,今平谷县东北十五里冈阜窿然,形如大冢,即渔子山也。其下有轩辕庙(《长安客话》)。元封元年,帝(汉武帝——引者)北巡朔方,勒兵十万,还,祭黄帝冢桥山,释兵须如。帝曰:吾闻黄帝不死,今有冢,何也?公孙卿曰:黄帝已仙上天,群臣思慕,葬其衣冠(《汉武故事》)。朱彝尊原按:《史记》,黄帝崩,葬桥山。魏王象、缪袭等撰《皇览》,云在上郡。《地理志》谓是上郡同阳县。《刮地志》谓在宁州罗川县东八十里子午山。今平谷之陵,人多疑流传之误。然帝既都涿鹿,则葬于此,理亦有之。衣冠之葬,或者非一处也。

平谷轩辕庙遗址位于今北京市平谷区东山庄西的庙山上,鱼子山在庙山北,站在庙山向北,可眺望冈阜窿然的鱼子山。(图 1-19)1993 年北京市文物研究所和平谷县文化局文物管理所联合对庙山上的遗址进行发掘,发现遗址的最下层是汉代文化堆积。可见此轩辕庙是建于汉代的。今庙已重建复原,成为纪念黄帝之处。

图 1-19 北京平谷东山庄庙山轩辕庙

(七) 黄帝之子昌意居蜀地若水。黄帝未有达长江的传说,其子则有至者。《大戴礼记·帝系篇》云:"黄帝居轩辕之丘,娶西陵氏之子,谓之嫘祖氏,产青阳及昌意。青阳降居泚水,昌意降居若水。"对于泚水、若水所指,李学勤说,"泚水"《史记》作"江水",是由于汉代字写草了,这个"泚"字和"江"字草字接近。泚水应即今河南沙河,源出鲁山西,流经叶县,入于汝河。昌意所居若水,则是今雅砻江,流经四川西部,入于金沙江。颛顼也生自若水,事见《吕氏春秋·古乐》。①

　　黄帝族的昌意"降居若水",使蜀地在文化上和中原的关系密切。1995年年底,四川成都市文物考古工作队,四川联合大学(即四川大学——引者)考古教研室联合调查发掘了新津县宝墩古城址,证实其为成都平原一座保存完好的史前城址。(图1-20)在此基础上,又相继调查了都江堰芒城、温江鱼凫城和郫县古城,并初步证实这些城址多数为早于三星堆古城的史前城址。相当于中原地区龙山时代古城址的发现,在长江上游地区尚属首次,对探讨这一地区文明起源有重要意义。专家们认为,成都应是长江上游地区文明起源的中心。②

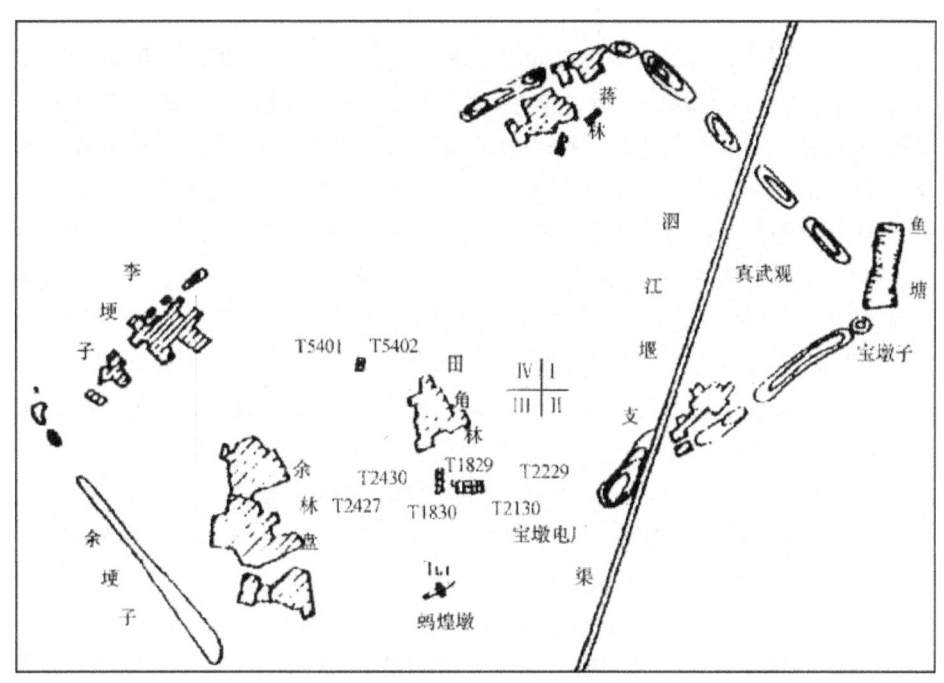

图1-20　宝墩古城平面图

(采自林向:《童心求真集》第313页,科学出版社,2010年)

　　宝墩古城所出文物与三星堆一期、绵阳边堆山和汉源狮子山相近,其年代也接近。据碳十四测定,三星堆一期年代为距今4 500—4 000年,边堆山距今

---

①　李学勤:《走出疑古时代》(增订本)第44页,辽宁大学出版社,1997年。
②　四川成都市文物考古工作队、四川大学考古教研室:《成都平原发现一批史前城址》,《中国文物报》1996年第32期。

4 900—4 000 年,狮子山距今 4 500—4 000 年。这批川西古城的年代应为距今 5 000—4 000 年。这与传说黄帝之子昌意"降居若水"的时代大体相当。

黄帝的出生地、活动地及死后葬地,都有不同记载而遍于全国各地,显然不是黄帝本人所能亲历,它反映的是以黄帝族为核心的城邦联盟的形成过程,黄帝族周边的城邦逐渐加入这个核心,具体人物化的黄帝活动范围,就随之扩大而遍及大江大河。下面所述其他"帝"的活动地域也应作如此看。人们以其活动地作为纪念他们的场所,是人们向往国家民族统一的心里。这种心里,是我们中华民族数千年保持统一而不被分裂的基础。

第三节　炎黄之战和四帝被灭

战争是黄帝时代才有的大事件,著名的战争有黄帝同炎帝之战和黄帝、炎帝联合同蚩尤的战争以及黄帝和蚩尤的战争。虽说是传说,黄帝时期战争突起,确应有历史的真实性:生产发展了,有了剩余,财富增加,贪欲心起;人口增加,肥沃的可耕地不能满足,需要获取新的耕地;强大的城邦要控制其他稍弱小的城邦,控制与反控制互相较劲,这些都是战争的起因。从传说看炎黄之战应是黄帝族强大起来后,同炎帝族争夺对中原地区的控制,《史记·五帝本纪》:"轩辕之时,神农氏世衰,诸侯相侵伐,暴虐百姓,而神农氏弗能征。于是轩辕乃习用干戈,以征不享。诸侯咸来宾从。"司马贞《索隐》谓:"世衰,谓神农氏后代子孙道德衰薄,非指炎帝之身,即班固所谓参庐,皇甫谧所云帝榆罔是也。"即神农氏的后世子孙们势力衰弱。

因"诸侯咸来宾从"黄帝,炎帝族系失势而"侵凌诸侯",故引起炎黄之战。两族交战地在阪泉,《左传》僖公二十五年:(晋文公)使卜偃卜之,曰:"吉。遇黄帝战于阪泉之兆。"《大戴礼记·五帝德》:"(黄帝)教熊罴貔貅豹虎,以与赤帝战于阪泉之野,三战,然后得其志。"赤帝即炎帝,《史记·五帝本纪》:"炎帝欲侵凌诸侯,诸侯咸归轩辕。轩辕乃修德振兵,治五气,抚万民,度四方,教熊罴貔貅貙虎,以与炎帝战于阪泉之野,三战然后得其志。"

"教熊罴貔貅貙虎"之事《索隐》:"此六者猛兽,可以教战,《周礼》有服不氏,掌教扰猛兽,即古服牛乘马,亦其类也。"猛兽不可以训练来作战,张守节《正义》"言教士卒习战,以猛兽之名名之,用威敌也。"认为是教士卒习战如猛兽,其说为可信。

炎黄二帝交战的阪泉,在今河北涿鹿县东。黄帝与炎帝阪泉之战,黄帝胜而代炎帝,成为中原霸主,即"王天下"。《汉书·律历志》:"黄帝《易》曰:'神农氏没,黄帝氏作。'火生土,故为土德。与炎帝之后战于阪泉,遂王天下。"从中国传说的历史体系说,阪泉之战就是神农氏时代结束,黄帝时代即五帝时代开始,故阪泉之战是两大时代的标志性事件。

四帝即四方帝,大致是指四方的部族首领。黄帝与四方帝之战,战事频繁,形势严峻。《孙子·行军篇》："凡此四军之利,黄帝之所以胜四帝也。"

银雀山汉墓竹简《孙子兵法》中有《黄帝伐赤帝》篇,文中有伐四帝的内容:"孙子曰:……至于鼓遂……赦罪。东伐【青】帝,至于襄平……西伐白帝,至于……赦罪。北伐黑帝,至于武……之。已胜四帝,大有天下。"《太平御览》卷七九引《蒋子万机论》:"黄帝之初,养性爱民,不好战伐,而四帝各以方色称号,交共谋之,边域日惊,介胄不释,黄帝……于是即营垒以灭四帝。"《太白阴经·人谋·善师》亦称:"黄帝独立于中央而胜四帝。"

罗泌《路史·后记》卷五说《黄帝》:黄帝在胜蚩尤、服炎帝后灭四帝,历五十二战而天下服:"自是爱民而不战,四帝共起谋之,边域日警,介胄不释,帝乃……正四军,即塈垒,灭四帝而有天下……于是以兵为卫,内行刀锯,外用水火,天目临四维而巡行句阵,并气而决战,旁行天下,未尝宁居,……身五十二战而天下大服焉。"

黄帝与炎帝之战,是黄帝族伐炎帝族,目的是争夺中原地区的霸主地位。"四帝"是中原周边的一些强势部族,他们亦欲占有中原肥沃之地,同中原霸主发生战争。黄帝对他们取得胜利,不但巩固了黄帝族在中原的霸主地位,而且将势力向周边扩展,于是形成了以黄帝族为核心的城邦联盟。

第四节　黄帝与蚩尤的战争

蚩尤是炎帝族系中势力很强的一支,当神农族衰落时,诸侯皆服归黄帝,蚩尤则不从,《史记·五帝本纪》:"轩辕之时,神农氏世衰,诸侯相侵伐,暴虐百姓,而神农氏弗能征。于是轩辕乃习用干戈,以征不享,诸侯咸来宾从,而蚩尤最为暴虐,莫能伐。"

黄帝与炎帝阪泉之战后,炎帝族虽败,但未灭,而是与黄帝族和好,应该是服于黄帝族,故有蚩尤攻击炎帝族之事。《逸周书·尝麦解》云:

　　昔天之初,诞作二后,乃设建典,命赤帝分正二卿,命蚩尤于宇(应为"宇于"之倒)少昊,以临四方(四方或作西方),司□□上天未成之庆。蚩尤乃逐帝,争于涿鹿之阿,九隅无遗。赤帝大慑,乃说于黄帝,执蚩尤,杀之中野,命之曰绝辔之冀。

"分正二卿"的赤帝即炎帝,神农氏末的榆罔。蚩尤一系在神农氏后期强大起来,建立国家,炎帝榆罔不得已封他为卿而拥有少昊之地。在黄帝之时,蚩尤凭着势力强大,欺辱弱小,《史记·五帝本纪》"蚩尤最为暴,莫能伐"句《正义》:"《龙鱼河图》云:黄帝摄政,有蚩尤兄弟八十一人,并兽身人语,铜头铁额,食砂石子。造立兵杖、刀戟、大弩,威振天下,诛杀无道,不仁慈。"

黄帝与蚩尤之战的原因,除受炎帝请求外,蚩尤"不用帝命"不顺从黄帝,是黄帝企图一统天下的主要障碍,《史记·五帝本纪》:"蚩尤作乱,不用帝命,于是黄帝乃征师诸侯，与蚩尤战于涿鹿之野，遂擒杀蚩尤。"黄帝同蚩尤的战争开始并不顺利，后得到玄女送来的兵书，才扭转战局。张守节《正义》引《龙鱼河图》："万民欲令黄帝行天子事，黄帝以仁义不能禁止蚩尤，乃仰天而叹，天遣玄女下授黄帝兵信神符，制服蚩尤。"黄帝派力牧、神皇直和应龙讨伐，《太平御览》卷七九引《帝王世纪》："（黄帝）又征诸侯，使力牧、神皇直讨蚩尤氏，擒之于涿鹿之野，使应龙杀之于凶黎之丘。凡五十二战而天下大服。"战争十分激烈，《山海经·大荒北经》："蚩尤作兵伐黄帝，黄帝乃令应龙攻之冀州之野。应龙蓄水，蚩尤请风伯雨师纵大风雨，黄帝乃下天女曰魃，雨止，遂杀蚩尤。"（图1-21）

图1-21 东汉画像砖：黄帝战蚩尤（南阳出土）

南宋人罗泌说炎帝榆罔向黄帝求救，黄帝同蚩尤打了三年，经过九场大战才取得胜利。《路史·后纪四·蚩尤传》：

> 帝榆罔立，诸侯携贰，胥伐虐弱，乃分正二卿，命蚩尤宇于小颢，以临西方。司百工，德不能驭。蚩尤产乱，出洋水，登九淖，以伐空桑，遂逐帝而居于浊鹿，兴封禅，号炎帝。乃驱罔两，兴云雾，祈风雨，以肆志于诸侯。颛戟一怒，并吞亡亲，九隅亡遗，文亡（无）所立，智士寒心。参庐（即榆罔）于是与诸侯委命于有熊氏。有熊氏于是暨力牧、神皇厉兵称旅，顺杀气以振兵，法文昌而命将，熊罴貔貅以为前行，雕鹖雁鹫以为旗帜。士既成矣，逮蚩尤逆筮之，巫咸曰："果战，而有咎。"乃率风后、邓伯温之徒，及（蚩）尤喋兵浊鹿之山，三年九战而城不下。问之五胥，乃设五旗，五军具，四面攻之，三日而后得其志。

这些带有神话的传说，虽非史实，但其中也含有一些史影，如蚩尤"兄弟八十一人"，当是蚩尤部下所辖的氏族部落数。蚩尤造兵杖之事，见于《世本》，《世本·作篇》："蚩尤作兵。"

黄帝战胜蚩尤后，多传说是将其杀死，但也有说黄帝并未杀他，而是降服为臣，并任其主兵。《史记·五帝本纪》张守节《正义》引《龙鱼河图》："（黄帝）制服蚩尤，帝因使之主兵，以制八方。蚩尤没后，天下复扰乱，黄帝遂画蚩尤形像以威天下，天下咸谓蚩尤不死，八方万邦皆为弭服。"《管子·五行篇》说黄帝任蚩尤为

"当时":"昔者黄帝得蚩尤而明于天道","蚩尤明乎天道,故使为当时"。高诱注云:"谓知天时之所当也。"可想见在人们的心目中,蚩尤的权威和力量。直到秦汉时还在传说蚩尤的厉害,南北朝时梁国的任昉所著《述异记》中说蚩尤的威力道:"耳鬓如剑戟,头有角,与轩辕斗,以角抵人,人不能向。"

黄帝与蚩尤族战后,虽胜而怀柔之,黄帝胸襟宽广,包容万物,与炎帝族、蚩尤族虽有矛盾,但终能容纳,使炎、黄、蚩尤三大族团走向联合,以致融为一体,铸造成以炎黄为主体的华夏民族。黄帝战胜蚩尤,蚩尤族同黄帝族结盟,使以黄帝族为首的城邦联盟更加壮大。

战争是个怪物,它不但双方仇杀、牺牲性命,而且也是远古部族、国家文化互相交流、融合的一个渠道。黄帝对炎帝、蚩尤、四帝战争取得胜利并同他们结成联盟。黄帝同战败者结盟,让战败者在联盟内成为平等的成员,予以充分信任,根据需要,使其担任联盟的重要职务,主持一方面事物,显示出黄帝博大的宽容胸怀。这宽容的胸怀,不但巩固了黄帝族在中原的盟主地位,而且将势力向周边扩展,巩固并壮大了以黄帝族为核心的城邦联盟,成为生活在远古中华大地上人们向往的中心、一块吸铁石。中华文明进入王朝领土国家时,联盟治理的土地就成为中央王朝直接统治的领土。所以黄帝被后人推崇为中华文明的始祖,中国历史的发端,中华民族国家的胚胎。这是黄帝对中国历史的最大贡献。

第五节　黄帝的设官分职

传说黄帝时的职官以云取名。《左传》昭公十七年,郯子语曰:"郯子来朝,(鲁昭)公与之宴。昭子问焉,曰:'少皞氏鸟名官,何故也?'郯子曰:'吾祖也,我知之。昔者黄帝氏以云纪,故为云师而云名。"杜预《注》:"黄帝受命有云瑞,故以云纪事,百官师长皆以云为名号,缙云氏盖其一官也。"

司马迁《史记·五帝本纪》采《左传》说:"(黄帝)官名皆以云命,为云师",《集解》引应劭曰:"黄帝受命有云瑞,故以云纪事也。春官为青云,夏官为缙云,秋官为白云,冬官为黑云,中官为黄云。"《左传》有缙云氏,文公十八年传:"缙云氏有不才子,贪于饮食,冒于货贿,侵欲崇侈,不可盈厌,不知纪极,不分孤寡,不恤穷匮,天下之民以比三凶,谓之饕餮。"

黄帝时充任缙云之职者为炎帝族人,《史记·五帝本纪》"缙云氏有不才子"下《集解》引贾逵说云:"缙云氏,姜姓也,炎帝之苗裔,当黄帝时,任缙云之官也。"

唐代张守节误将缙云氏为皇帝的名号之一。《史记·五帝本纪》"黄帝者"《正义》:"黄帝有熊国名,乃少典国君之子,号曰有熊氏,又曰缙云氏,又曰帝鸿氏,亦曰帝轩氏。"此说是误将黄帝的一个官名说成是黄帝的一个名号,从上引古籍记载看,显然是错误的。缙云为夏官,按照《周礼》春官司徒,掌管民事;夏官司马,掌管军队;秋官司寇,掌管刑罚;冬官司空,掌管工程。夏官缙云是为黄帝城邦掌管军事的职官。

黄帝所置官有监察、治民官,《五帝本纪》中说:"(黄帝)置左右大监,监于万国……举风后、力牧、常先、大鸿以治民。"《集解》引郑玄曰:"风后,黄帝三公也。班固曰:力牧,黄帝相也。大鸿见《封禅书》。"《正义》说黄帝所举四人:"举任用四人,皆黄帝臣也……案:黄帝仰天地,置列侯众官,以风后配上台,天老配中台,五圣配下台,谓之三公也。《封禅书》云:鬼臾区号大鸿,黄帝大臣也,死葬雍,故鸿冢氏。"

《管子·五行篇》说黄帝任用六位有才德的人而使天下大治,《管子·五行篇》:"昔者黄帝得蚩尤而明于天道,得大常而察于地利,得奢龙而辨于东方,得祝融而辨于南方,得大封而辨于西方,得后土而辨于北方。黄帝得六相而天地治,神明至。蚩尤明乎天道,故使为当时;大常察乎地利,故使为廪者;奢龙辨乎东方,故使为士师;祝融辨乎南方,故使为司徒;大封辨乎西方,故使为司马;后土辨乎北方,故使为李。故春者士师也,夏者司徒也,秋者司马也,冬者李也。"廪即仓廪,是主管农业的职官,司徒主管民政,司马主管军事,李即理主管司法,后世的大理寺即由此名称而来。《汉书·杨胡朱梅五传》胡建上书引黄帝李法条文云:"黄帝李法曰:'壁垒已定,穿窬不由路,是谓奸人。奸人者杀。'"

法出于礼,礼源于俗。黄帝族内部当有一定的礼俗,以协调各种关系,后人遂称为"法"。

黄帝设有史官。《世本·作篇》:"沮诵、仓颉为黄帝左右史。"宋衷注说:"黄帝之世始立史官,沮诵、仓颉居其职矣。至于夏商,乃置左右,言则左史书之,动则右史书之,故曰:左史记言,右史记事,言经《尚书》,事经《春秋》也。"

黄帝时还无文字,这些"史官"的记事,就是"结绳"。与后世"秉笔"的史官"记事"性质是相同的。

黄帝以宁封子为陶正,掌制陶之事。《搜神记》卷一:"宁封子,黄帝时人也,世传为黄帝陶正。有异人过之,为其掌火,能出五色烟,久则以教封子。"

黄帝族作为一个大的城邦联盟,事必多,必有很多助手协助分管各种事务,这就是后世国家的职官,传说记载中直接将其称呼为什么官,并非纯是虚构,而是有其历史真实的素地在其中。联盟首领及其分管各种事务的助手,就是初期的"公共权力机关"。

第六节　黄帝时期的制器发明

黄帝战胜炎帝、四帝及蚩尤,在中原地区结成以黄帝族为主体的强大城邦联盟,成为吸引四方民人向往的中心,从而社会安定,方便了各城邦间的交往,由此促进了社会经济文化的发展,中华文明从此进入快速发展的时期,故我国古代具有重大意义的发明创造,大多归于黄帝之身或黄帝之臣。

一 传说是黄帝本人的制器发明

《易·系辞下》列举出从黄帝到尧、舜有九项发明:

> 黄帝、尧、舜垂衣裳而天下治,盖取诸《乾》《坤》;刳木为舟,剡木为楫,舟楫之利,以济不通致远,以利天下,盖取诸《涣》;服牛乘马,引重致远,以利天下,盖取诸《随》;重门击柝,以待暴客,盖取诸《豫》;断木为杵,掘地为臼,杵臼之利,万民以济,盖取诸《小过》;弦木为弧,剡木为矢,弧矢之利,以威天下,盖取诸《睽》;上古穴居而野处,后世圣人易之以宫室,上栋下宇,以待风雨,盖取诸《大壮》;上古葬者,厚衣之以薪,葬之中野,不封不树,丧期无数,后世圣人易之以棺椁,盖取诸《大过》;上古结绳而治,后世圣人易之以书契,百官以治,万民以察,盖取诸《夬》。

唐孔颖达《疏》:"九事皆黄帝、尧、舜取易卦以制象……何以连云尧、舜者?谓此九事黄帝制其初,尧、舜成其末,事相连接,故有九事之功,连云黄帝、尧、舜也。"据《易·系辞下》所说,黄帝的九种创制发明为:

(一)发明衣裳。《集解》引《九家易》曰:"黄帝以上,羽皮革木以御寒暑,至乎黄帝始制衣裳,垂示天下。"

(二)发明舟船。早在神农时代的河姆渡文化的浙江跨湖桥遗址和河姆渡遗址里,就发现了独木舟和划船的桨,黄帝应只是改进。

(三)发明车。《古史考》:"黄帝作车,引重致远,少昊时驾牛,禹时奚仲驾马。"《汉书·律历志下》黄帝"有轩冕之服"下颜师古《注》说,黄帝称"轩辕"即与造车有关:"邓展曰:'凡冠,前卑后高,故曰轩冕也。'师古曰:'此说非也。轩,轩车也。冕,冕服也。'《春秋左氏传》曰:'服冕乘轩。'""服冕乘轩"故号轩辕,轩即轩车,车的一种,是黄帝为车的发明者。

指南车是黄帝因战争需要而发明出来的。《绎史》卷五引《古今注》:"黄帝与蚩尤战于涿鹿之野,蚩尤作大雾,士兵皆迷,于是作指南以示四方,遂擒蚩尤而即帝位。"黄帝发明的指南有说像一只汤勺,勺柄始终指向南方,(图1-22)有说是指南车,是黄帝命其臣

图1-22 传说黄帝发明的指南器

风后发明的,《太平御览》卷十五引《志林》说:"黄帝与蚩尤战于涿鹿之野,蚩尤作大雾,弥三日,军人皆惑。黄帝乃命风后法斗机作指南车,以别四方,遂擒蚩尤。"指南车的形状,《宋史·舆服志》中说:"指南车,上有仙人,车虽转而手常指南。"(图1-23)

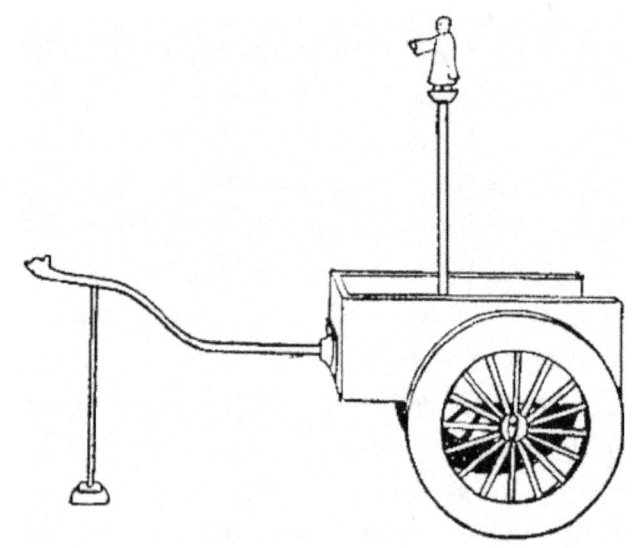

图1-23　传说黄帝臣风后发明的指南车

(四)创立保卫制度。

(五)发明杵臼。

(六)弓箭。有考古学证明,骨、石质的箭头,在伏羲氏时代就有了,有箭头必然有弓,所以弓箭在黄帝前就已经有了,不是黄帝时期的首创,黄帝时期对弓箭加以改进,则是必然的。

(七)建城立宫殿。房屋出现于神农时期,宫殿建筑的出现,是城出现以后的事,传说黄帝开始建城。《史记·封禅书》中说:"黄帝时五城十二楼。"《淮南子·览冥篇》说黄帝时有城郭之设:"黄帝治天下……道不拾遗,市不豫贾,城郭不关,邑无盗贼。"在河南郑州西山发现一座古城,属于仰韶文化庙底沟时期的,时代与传说中的黄帝时代相当,说明黄帝作城的传说并非无据。

(八)创立用棺椁埋葬死者的制度。

(九)发明文字。《世本》载文字是黄帝臣仓颉发明的:"沮诵、仓颉作书。"集录《世本》的张澍给这条记载的按语说,《世本》原文里作书的只仓颉无沮诵,并引多种古书有关仓颉作书的记载:

澍按:《尚书序·正义》引(即引《世本》文——引者。下同)云"仓颉作书",无沮诵字。《周礼·外史·疏》引云"仓颉造文字",注:"仓颉,黄帝之史。"《援神契》云:"仓颉视龟而作书。"《淮南子·(本经训)》云:"仓颉作书,天雨粟,鬼夜哭。"《吕氏(春秋)·审分(应为《君守》篇——引者)览》云:"仓颉作书",高诱注"仓颉生而知书写,仿鸟迹以造文章"。《说文·(叙)》:"庖羲氏始作《易》八卦,神农氏结绳为治,黄帝之史仓颉,见鸟兽蹄远之迹,初造书契。仓颉之初作书,盖依类象形,故谓之文,其后形声相益,即谓之字。字者,言孳乳而浸多也。著于竹帛谓之书,书者如也。"

据传说,文字是仓颉所发明。(图1-24)古籍记载黄帝的创制发明还有:

图 1-24 仓颉造字
(王星泉作)

(十)采铜、制造铜器。《史记·封禅书》:"黄帝采首山铜,铸鼎荆山下。"《世本·作篇》(雷学淇校辑本):"黄帝作宝鼎三。"《拾遗记》载黄帝曾在昆吾山下炼铜铸兵器与蚩尤作战:"昆吾山,其下多赤金,色如火。昔黄帝伐蚩尤陈兵于此地,掘地百尺,犹未及泉,惟见火光如星,地中多丹,炼石为铜,铜色青而利。"

同黄帝"争为帝"的蚩尤,相传也是铜器的发明者。这是炎、黄两族对华夏民族的重大贡献。《太平御览》卷八三三引《尸子》:"造冶者,蚩尤也。"却将冶铜的发明归于蚩尤。但蚩尤冶铜与黄帝冶铜铸鼎不同,而是作"兵"。《世本·作篇》(张澍集补注本):"蚩尤以金作兵器。"罗泌《路史·后纪四》注中引《世本》说,蚩尤作五种兵器:"蚩尤作五兵:戈、矛、戟、酋矛、夷矛,黄帝诛之涿鹿之野。"蚩尤以金属兵器之利而横行天下,因而也引发了无数战争。《管子·地数篇》:"葛卢之山发而出水,金从之,蚩尤受而制之以为剑、铠、矛、戟,是岁相兼者诸侯九。雍狐之山发而出水,金从之,蚩尤受而制之,以为雍狐之戟、芮戈,是岁相兼者诸侯十二。"

(十一)改进陶器。《太平御览》卷七五七引《古史考》:"《物原》中载:……轩辕作碗、碟。黄帝始造釜甑。"《太平御览》卷八五〇引《周礼》说蒸饭始于黄帝:"黄帝始蒸谷为饭。"《太平御览》卷八四七引《古史考》说熟食的进化程序云:"始有燔炙,人裹肉烧之,曰炮,故食取名焉。及神农时,民食谷,释米加于烧石之上而食。及黄帝,始有釜甑,火食之道成。"神农时代就发明了陶器,釜甑碗碟等陶质炊食器在黄帝以前就已有了,黄帝时只是加以改进、提高器物质量而已。

（十二）作五声正五钟，创作《云门》、《咸池》乐曲。《管子·五行篇》："昔黄帝以其缓急作五声，以正五钟。令其五钟：一曰青钟大音，二曰赤钟重心，三曰黄钟灑光，四曰景钟昧其明，五月黑钟隐其常。五声既调，然后作立五行。"《周礼·大司乐》："以乐舞教国子，舞云门、大卷、大咸、大磬、大夏、大濩、大舞。"郑玄注："此周所存六代之乐。黄帝曰云门。"《汉书·礼乐志》云："黄帝作《咸池》……《咸池》，备矣。"郑玄注《礼记·乐记》解"咸池"之义云："咸，皆也，池之言施也，言德之无不施也。"《帝王世纪》黄帝"作《云门》、《咸池》之乐，《周礼》所谓《大咸池》也（《群书治要》卷十一注引）。"《吕氏春秋·古乐篇》记载《咸池》乐曲非黄帝本人所创作而是其臣伶伦、荣将所作："黄帝又命伶伦与荣将，铸十二钟以和五音，以施英韶。以仲春之月乙卯之日，日在奎，始奏之，命之曰《咸池》。"

（十三）发明蹴鞠。刘向《别录》："蹴鞠，传言黄帝所作，所以练武士，知有材也。"有的研究者说蹴鞠是最早的足球运动。

（十四）改进伏羲八卦而成三易之一的《归藏》。《初学记》卷二一引《帝王世纪》："庖牺氏作八卦，神农重之为六十四卦，黄帝、尧、舜引而伸之，分为二易，至夏人因炎帝曰《连山》，殷人因黄帝曰《归藏》，文王广六十四卦，著九六之爻，谓之《周易》。"

《连山》，《归藏》两书今已不存，是否实有其书为世人所疑。李学勤在对马王堆汉墓出土帛书《周易》研究后，认为《归藏》确有其书，在《走出疑古时代》书中《关于〈周易〉的十个问题》节内说："帛书《周易》经文的卦名却有一些与《归藏》卦名相合或相似。例如《咸》卦，帛书作《钦》，《归藏》也作《钦》；《谦》卦，帛书作《兼》，《归藏》也是一样。这样看来，汉以来流传的《归藏》确乎有据，并非全出杜撰。"[①]

二　黄帝臣的制器发明

《易·系辞下》及《帝王世纪》将制器发明都笼统归在黄帝名下，而在其他古籍中，有的发明则归于黄帝臣及黄帝时期的人，这些发明者有：

（一）黄帝之妃西陵氏发明丝绸。《路史·后纪（五）》："黄帝之妃西陵氏曰傫祖，以其始蚕，故又祀先蚕。""傫"字应作"嫘"。《史记·五帝本纪》"黄帝娶于西陵之女，是为嫘祖。"今湖南省内有嫘祖（又称雷祖）遗迹。李元渡重修《南岳志》引《湘衡稽古》云："雷祖从（黄）帝南游，死于衡山，遂葬之。今岣嵝有雷祖峰，上有雷祖之墓，谓之先蚕冢。其峰下曰西陵路，盖西陵氏始蚕，后人祀之为先蚕也。"

（二）黄帝臣岐伯主医，撰写医书。《太平御览》卷七二一引《帝王世纪》文时，著书又增《素问》一种："岐伯，黄帝臣也。帝使岐伯尝味草木，主典医病，经方《本草》、《素问》之书咸出焉。"岐伯还有论经脉，制针灸等医学成就，《太平御览》卷七二一引《帝王世纪》另一处说云："黄帝有熊氏，命雷公岐伯论经脉，傍通问难

[①]　李学勤：《走出疑古时代》（增订本）第78—79页，辽宁大学出版社，1997年。

八十一,为《难经》。教制九针,著《内外术经》十八卷。"

（三）伶伦创作律吕。伶伦是黄帝时的大音乐家,相传音律是他创制的,《世本·作篇》黄帝臣"伶伦造律吕"。《吕氏春秋·古乐篇》:"昔黄帝令伶伦作律。伶伦自大夏之西,乃之阮隃之阴,取竹于嶰溪之谷,以生空窍,厚均者断两节间,其长三寸九分而吹之,以为黄钟之宫,吹曰《舍少》。次制十二筒,以之阮隃之下,听凤凰之鸣,以别十二律。其雄鸣为六,雌鸣亦六,以比黄钟之宫适合。黄钟之宫,皆可以生之,故曰黄钟之宫,律吕之本。"

（四）素女改造瑟弦数。《说文解字系传》卷二四:"黄帝使素女鼓五十弦瑟。黄帝悲,乃分之,分二十五弦。"《史记·封禅书》说改琴弦数是太帝事:"太帝使索女鼓五十弦瑟,悲,帝梦不止,故破其瑟为二十五弦。"素女是黄帝时的一个音乐家,她不但会演奏五十弦瑟,还能对其加以改造。

在《世本》一书中,黄帝时的一些创制发明都有具体创作人,张澍集补注《世本·作篇》注明是某位"黄帝臣"所作者,有如下一系列创造发明:

　　黄帝使羲和作占日。

　　常仪作占月。

　　臾区占星气。

　　伶伦造律吕。

　　大桡作甲子。

　　隶首作算数。

　　容成作调历。

　　史皇作图。

　　胡曹作冕。胡曹作衣。

　　伯余作衣裳。

　　夷作鼓（澍按：夷即黄帝次妃彤鱼氏之子夷鼓,其名鼓）。

　　伶伦作磬。

　　垂作钟。

　　尹寿作镜。

　　於则作扉履。

　　共鼓、货狄作舟。

　　挥作弓。

　　牟夷作矢。

　　雍父作杵臼。

　　胲作服牛（王国维考证,胲即王亥,夏时人,非黄帝臣）。

　　沮诵、仓颉作书。

对于传说中黄帝及其臣子们的种种创制发明,大多还不能得到考古学上的证实,不过,每项技术的发明,它的完善,是要经过长久的实践积累过程。有些技术和器物,在这一时期已发其端则是可能的。对黄帝制器的故事,吕思勉说:"此难遽信。然黄帝以降,文物日臻美备,则可知矣。此史事之传者,所以至黄帝而较详也。"①传说中黄帝的创制发明特别地多,乃是因社会发展,"文物日臻美备"的背景所留下的史影。

第七节　黄帝时期的考古学文化及重大发现

黄帝族的物质文化是考古学上的仰韶文化中晚期和龙山文化。黄帝族系活动的主要地域,基本上是在中原地区,即仰韶文化中晚期(庙底沟类型)、龙山文化分布的范围之内。

仰韶、龙山文化的分布虽然主要是在中原地区,但不限于中原地区。从考古调查、发掘知,仰韶文化的分布范围以河南、陕西、山西、河北四省为中心,西到甘肃、青海,②东抵山东省(大汶口文化中的彩陶是受中原仰韶文化彩陶影响而产生的),南进入湖北北境(湖北枣阳雕龙碑遗址发现有仰韶文化庙底沟系统的花瓣文和旋纹、仰韶文化式的尖底瓶)。在陕北、晋北和内蒙古也发现仰韶文化遗址,③在内蒙古河套地区的阿善文化和辽河流域的红山文化陶器都有仰韶文化的因素。在牛河梁遗址的红山文化里,出土了有河南仰韶文化后岗一期因素的红顶钵、彩陶纹饰、D型筒形器鼻状纽等文化遗存④。考古学上继仰韶文化之后而起的是龙山文化,龙山文化是从仰韶文化发展而来的,其分布范围与仰韶文化大体一致,以河南、陕西、山西、河北、山东为中心,南到湖北(湖北的石家河二期文化被称为湖北龙山文化),北到内蒙古南境、东北到辽东,如此大的范围,说明黄帝族文化(传说中的五帝皆黄帝后裔)巨大的影响力。黄帝时代以黄帝族为主体,在中原大地上已形成一个强势核心集团,为中华民族的形成奠定了基础。在仰韶文化陶器表面上的彩绘纹饰,花纹图案以植物花卉最具特色,另有几何图案、动物纹、人面纹等,形象生动,极富特色。在陶器上绘制精美的彩色花纹,反映它已不仅仅是生活中的实用器,还是供人们欣赏的美术作品。彩陶大量出现

---

① 吕思勉:《先秦史》第62页,上海古籍出版社,1982年。
② 甘肃、青海地区的马家窑文化是受中原仰韶文化影响下产生的一种文化。在甘肃天水罗家沟发现仰韶文化庙底沟类型、马家窑石岭下类型、马家窑类型的三层地层叠压关系,据碳十四测定,庙底沟类型年代为公元前3 910±190年、石岭下类型为公元前3 813±175年、马家窑类型为3 100±190年。马家窑文化的彩陶显然是受仰韶文化影响而产生的。(见中国社会科学院考古所编:《新中国的考古发现和研究》第106页,文物出版社,1984年)
③ 安志敏:《中国新石器时代的仰韶文化和龙山文化》,《历史教学》1960年第8期;收入《中国新石器时代论集》,文物出版社,1982年。
④ 方殿春:《辽河寻根　文明溯源——中华文明起源学术研讨会发言摘要》,《中国文物报》2011年9月30日。

于黄帝时期,从考古学上证实,黄帝的确是我国的"人文初祖"。

仰韶文化的分期与年代,严文明划分为四期,各期经过树轮校正的碳十四测定年的平均值为:

第一期共测了 20 个标本,绝大多数落在公元前 4900—4000 年间;
第二期共测了 16 个标本,绝大多数落在公元前 4000—3500 年间;
第三期共测了 15 个标本,绝大多数落在公元前 3500—3000 年间;
第四期仅测了 4 个标本,基本落在公元前 3000—2500 年间。①

一、二期为早期,三、四期为晚期。若以早、中、晚三段分,则一、二期为早期,三期为中期,四期为晚期。我国五千年文化从黄帝开始,五帝时代应相当于仰韶文化中晚期,黄帝时期的文化应从仰韶文化的中期(即庙底沟类型)始到龙山文化。

黄帝时期的重大考古发现主要有两项:

(一)铜器。黄帝时期除继承前一时期的网罟、农业种植、动物驯养、制造陶器等外,其重大成就之一就是制造铜器。严文明将仰韶文化晚期归于铜石并用早期,他说"大约从公元前 3500 年开始,我国的远古文化进入了一个新的时期——铜石并用时代。"近年来的考古发现我们已可大致认定,至少在仰韶文化后期,即大约在公元前 3500 年以后的一个时期,我们的祖先已经知道了铜,并且已会制造简单的小件铜器。②

考古发现证实,在距今 5 000 年左右的遗址里,就已经发现了铜制品,是人们对金属铜已有认识的有力物证。相当于"中原仰韶文化"的时期,见于报道的铜器材料已有五处,列表于下。

仰韶文化铜出土遗址表

文化性质	遗址名称	铜器种类	遗址年代	资料来源
仰韶	陕西临潼姜寨	黄铜片、管各1	前 4675±135 年	《姜寨》第 143、343 页、附录六
仰韶	山西榆次源涡镇	铜渣(红铜)	前 3000 年	《史前研究》1984 年 1 期严文明文
仰韶	河北武安赵窑	炼铜渣、将军盔(青铜)		《中原文物》1986 年特刊《论仰韶文化》唐云明、孟繁峰文
马家窑	甘肃东乡林家	青铜刀及铜碎块	前 3100—前 3101 年	《考古学报》1981 年 3 期北京钢院冶金组文
大汶口	山东泰安大汶口一号墓	骨凿上附着铜绿物、红铜	前 3000—前 2800 年	《大汶口》第 124 页

---

① 严文明:《仰韶文化研究·略论仰韶文化的起源和发展阶段》,文物出版社,1989 年。
② 白寿彝总主编,苏秉琦主持,严文明、张忠培执笔的《中国通史》第 211—214 页,上海人民出版社,1994 年。

上表所列几处铜出土遗址的年代，除姜寨外，都是正值传说中黄帝的时期，可见，制造铜器是黄帝时代的重大发明。

（二）城堡。仰韶文化中晚期另一重大发现是用城墙和壕沟围起来的城。1993—1995 年，考古工作者在郑州西山发现仰韶文化时期一座古城，城址的平面略近于圆形。经勘探和横切断崖发现西墙残存约 60 米，向方为 355°。北墙西段长约 60 米，中段长约 120 米，东段残长约 50 米。城墙现存高度保存最好的约 3 米，宽约 5—6 米，城墙折角处加宽至约 8 米。经平面分析和局部解剖，了解到的城墙建造程序和方法是：在经过规划拟建城墙的地段，将上层文化层堆积全部挖掉直至生土，构成墙基槽，在经过修整的基底平面上夯筑城墙。城墙建筑采用先进的方块板筑法，系在经过修整的生土基面上分段逐层逐块夯筑起来。城墙的基底较宽，以西北角城墙为例，基地东西宽约 11 米。城墙外有宽 5—7.5 米，深 4 米的壕沟围绕。城内的东部、东南部为居住区，最大的房屋面积达 100 平方米。西山古城址的绝对年代当在距今 5 300—4 800 年间。①

许顺湛直接把此城称为黄帝有熊国国都，称为"黄帝城"。② 有学者认为这座古城的发现"反映了当时的战争存在"。③

西山古城是目前北方发现时代最早的一座城，将它称为"黄帝城"不是没有根据。不过黄帝都于有熊，文献明言在新郑，虽有考古文化类型相同，地望毕竟远了点。作为黄帝时代的城之一是可以的。《史记·封禅书》载黄帝时有五城十二楼，此或是其一。

郑州西山古城在北方，在南方的湖南澧县城头山古城，其始建年代，1992 年报道说距今 4 700—4 000 年左右。④ 此后又经过多次发掘，重新进行测年，纠正了初期对时代的确认。1999 年更正说，"始建年代在距今 6 000 年前的大溪文化早期，"⑤ 比以前的报道提前了将近两千年。

在仰韶文化和其后的龙山文化时期，在全国各地都发现了古城，总计达 70 多座（见后"遍布南北各地的古城"节）。古城的建筑时间、大小、城内的设施虽各有差异，但它们都是一个城邦，它们高耸的城墙，闪耀着的是早期中华文明的光芒。

---

① 张玉石、杨肇清：《新石器时代考古的重大发现——郑州西山仰韶文化晚期遗址面市》，《中国文物报》1995 年 9 月 10 日；杨肇清：《试论郑州西山仰韶文化晚期古城的性质》，《华夏考古》1997 年第 1 期。
② 许顺湛：《郑州西山发现黄帝时代古城》，《中国文物报》1995 年 11 月 12 日。
③ 陈淳：《"墙"与"城"的关系内涵与起源》，《中国文物报》1995 年 11 月 12 日。
④ 《澧县城头山屈家岭文化城址被确认》，《中国文物报》1992 年 3 月 15 日。
⑤ 《城头山古城考古又获新成果》，《中国文物报》1999 年 3 月 3 日。

第四章　挚、颛顼与帝喾

黄帝之后是其子挚接替他的位置,他抚养了其侄颛顼并将地位传给了他而不传给自己的儿子,可知挚是具有优秀的品德。但挚却被排除在"五帝"之外,其因应是与五行学说有关。颛顼不负所望,在位时进行宗教改革,使神职和世俗职务分开,把社会向前推进了一步。帝喾是见于甲骨文的传说人物,他的四个妃子各生了一个儿子都成为部落首领,是有真实世系可追述的唐尧商周的直接祖先。

第一节　帝挚是继黄帝后的首领

司马迁五帝不数挚,古籍记载里挚是"立"了的,且挚对少孤的颛顼还有抚养提携的功劳,不应该将他从传说的历史中抹去。

一　挚继承黄帝

挚是黄帝之子玄嚣,号少昊,他是否继黄帝为首领,《大戴礼记·帝系》和《史记·五帝本纪》中认为没有。《大戴礼记·帝系》篇把黄帝子孙曾担任过首领的人名前都冠以"帝"字,没有担任过的则无:"黄帝产玄嚣,玄嚣产蟜极,蟜极产高辛,是为帝喾,帝喾产放勋,是为帝尧。"玄嚣前无帝字,是不认为他曾担任过部落首领。司马迁说黄帝死后,继其位的是颛顼,《史记·五帝本纪》,"黄帝崩,葬桥山,其孙昌意之子高阳立,是为帝颛顼也。帝颛顼者,黄帝之孙,而昌意之子也。"

然而《左传》、《吕氏春秋》、《汉书》、《帝王世纪》等皆有玄嚣为"帝"而称少昊,春秋时期郯国国君郯子说少昊(挚)是他的祖先,以鸟为官名。《左传》昭公十七年:

> 秋,郯子来朝,公与之宴。昭子问焉,曰:"少皞氏鸟名官,何故也?"郯子曰:"吾祖也,我知之。昔者黄帝氏以云纪,故为云师而云名;炎帝氏以火纪,故为火师而火名;共工氏以水纪,故为水师而水名;大皞氏以龙纪,故为龙师而龙名。我高祖少皞挚之立也,凤鸟适至,故纪于鸟,为鸟师而鸟名。"

郯子所讲的"帝系"顺次是逆数。《汉书·律历志下》之《世经》中引《左传》昭公十七年郯子话之后说:"郯子据少昊受黄帝,黄帝受炎帝,炎帝受共工,共工受太昊。故先言黄帝上及太昊,稽之于《易》,炮牺、神农、黄帝相继之世可知。"

《吕氏春秋·十二纪》孟秋之月"其帝少皞,其神蓐收。"东汉王符《潜夫论·

五德志》说少昊即青阳,名挚,代皇(黄)帝:"大星如虹,下流华渚,女节梦接,生白帝挚青阳,世号少暤(昊),以代皇(黄)帝,都于曲阜。其德金行。其立也,凤凰适至,故纪于鸟。"青阳即玄嚣,《史记·五帝本纪》:"嫘祖为黄帝正妃,生二子,其后皆有天下,其一曰玄嚣,是为青阳。"

皇甫谧《帝王世纪》中说少昊事,沿自东汉《潜夫论》。《初学记》卷九引《帝王世纪》文为:"少昊帝名挚,字青阳,姬姓也。母曰女节,黄帝时,有大星如虹,下流华渚,女节意感生少昊,是为玄嚣,降居江水,有圣德,邑于穷桑,以登帝位,都曲阜……在位百年而崩。"《左传》昭公十七年孔颖达《疏》引《帝王世纪》文:"青阳即是少暤,黄帝之子,代黄帝而有天下,号曰金天氏。"《路史·后记》引《帝王世纪》文为:"少昊,黄帝之子名挈(按:"挈"字当是挚字之误——引者),字青阳,黄帝殁,挈(挚)立,王以金德,号曰金天氏。同度量,调律吕,封泰山,作九泉之乐,以鸟记官。"

挚即玄嚣,字青阳,号金天氏,从《左传》以下古籍均是少昊挚承黄帝,言之甚凿,传说的历史体系应有挚的地位。《大戴礼》及《史记》皆不以玄嚣为帝,南朝宋衷认为少暤金德与五运流转的次序不合,故被人为地排除。《史记·五帝本纪》载黄帝之二子,"其一曰玄嚣,是为青阳"下《索隐》云:"按:皇甫谧及宋衷皆云,玄嚣青阳即少昊也,今此纪下云,玄嚣不得在帝位,太史公意青阳非少昊明矣。此文又云:玄嚣是为青阳,当是误也。谓二人皆黄帝子,并列其名,所以前史因误以玄嚣青阳为一人耳。宋衷又云:玄嚣青阳,是为少昊,继黄帝立者而史不叙,盖少昊金德王,非五运之次,故叙五帝不数之也。"

"太史公意青阳非少昊"故不列青阳曾为"帝"即部落首领,乃太史公之误,实玄嚣名挚,字青阳号金天氏。所谓"五运"之次,是战国时邹衍创立的学说,以五行之德配于各朝代,创五德终始说。至汉代乃盛行阴阳五行说。五行有生成、相生、相克三种顺序。生成之顺序为水、火、木、金、土;相生之顺序为土、火、木、金、水;相克之顺序为木、土、水、火、金。玄嚣被排除在帝系外,宋衷之说当是。

二 挚的子孙

挚(玄嚣)的一系有帝喾、尧,《大戴礼记·帝系》载:"黄帝产玄嚣、玄嚣产蟜极、蟜极产高辛,是为帝喾。帝喾产放勋,是为帝尧。"帝喾继颛顼为帝,郯国是此一系,《左传》昭公十七年郯子语云:"我高祖少暤(昊)挚之立也,凤鸟适至。"

"不才子"穷奇亦是挚的后裔。《左传》文公十八年:"少暤氏有不才子,毁信废忠,崇饰恶言,靖谮庸回,服谗搜慝,以诬盛德,天下之民谓之穷奇。"

挚之"裔子"昧及他的子允格、台骀,《左传》昭公元年:"昔金天氏有裔子曰昧,生允格、台骀。"据《山海经》挚的子还有:

倍伐。《山海经·大荒南经》："有缗渊,少昊生倍伐,倍伐降处缗渊。有水四方,名曰俊坛。"

威信。《山海经·大荒北经》："有人一目,当面中生,一曰是威信,少昊之子,食黍。"

般。《山海经·海内经》云："少昊生般。般是始为弓矢。"

三 帝挚的活动地域

帝挚玄嚣曾在泜水流域活动,《大戴礼记·帝系》："黄帝居轩辕之丘,娶于西陵氏之子,谓之嫘祖氏,产青阳及昌意,青阳降居泜水。"泜水应即今河南沙河,源出鲁山西,流经叶县,入于汝河。① 后东徙穷桑当上首领,《太平御览》卷七九引《帝王世纪》："少昊帝是为玄嚣,降居江水,有圣德,邑于穷桑,以登帝位,都曲阜,或谓之穷桑帝。"江水据李学勤考证应为泜水之误。

穷桑地在今山东省曲阜市北。曲阜又称为少昊之墟,是因少昊在此"都"之故。《左传》定公四年讲周初分封,封周公子伯禽于少皞(昊)之虚(墟):"分鲁公……因商奄之民,命以《伯禽》而封于少皞之虚(墟)。"

少皞的后世子孙所在地有今山西和山东。《左传》昭公元年说:"昔金天氏有裔子曰昧,生允格、台骀。台骀能业其官,宣汾、洮,障大泽,以处大原。帝用嘉之,封诸汾川,沈、姒、蓐、黄实守其祀,今晋主汾而灭之矣。"宣即治理、疏通。台骀治理汾、洮二水,被封在汾川。汾川即汾水,在今山西省境内。据《左传》昭公十七年郯子语:"我高祖少皞(昊)挚之立也,凤鸟适至。"是春秋时期的郯国是挚的后代,郯国地在今山东省郯城县西南。《山海经·大荒东经》:"东海之外大壑,少昊之国。"是少昊在东方。

少昊葬地在云阳。《路史·后纪七》注引《世纪》:"少昊葬于云阳。其神降于长留之山,主祀于秋,是谓反景,故传文称西皇。"《太平御览》卷七九引《遁甲开山图》文同:"帝少昊死,葬云阳山。"云阳山在今湖南省茶陵县西,又名赤松山。罗苹《路史·后纪七·注》说此地是否有少昊陵则不知:"今在茶陵之露水乡攸县界,生铁成坟。余游炎陵,访之图谍,俱云是黄帝陵。乡俗谓为轩辕黄帝。不知也。"挚是黄帝之子,黄帝陵或是误将子陵为父陵。

少昊神所降的长流山,《山海经》作"长留之山",在积石之山西,《山海经·西山经》说:"(积石之山)又西二百里,曰长留之山,其神白帝少昊居之。其兽皆文尾,其鸟皆文首。是多产玉石。实惟员神魂氏之宫。是神也,主司反景。"员神,郝懿行《注》说即是少昊:"是神,员神,盖即少昊也。"

作为神的少皞,应是其死后。少昊神在西方的甘陇地也有行踪。少昊在西

---

① 李学勤:《走出疑古时代》(增订本)第44页,辽宁大学出版社,1997年。

方的传说屡见于古文献记载,《淮南子·时则训》说少皞、蓐收主西方地一万二千里,地域广大:"西方之极,自昆仑绝流沙、沈羽,西至三危之国,石城金室,饮气之民,不死之野,少皞、蓐收之所司者万二千里。"

蓐收,春秋时晋国的史墨说他是少昊"四叔"之一的该所担任的官职,主金。《拾遗记》卷一说少昊主西方:"少昊以主西方,号金天氏,亦曰金穷氏。时有五凤,随方之色,集于帝庭,因曰凤鸟氏。"作为神的蓐收,常居在西方的泑山,《山海经·西山经》:"(魊山)又西二百九十里,曰泑山,神蓐收居之……是山也,西望日之所入,其气员,神红光之所司也。"郝懿行《注》说:"红光,盖即蓐收也。"《山海经·海外西经》直说"西方蓐收":"西方蓐收,左耳有蛇,乘两龙。"

本在东方,都于曲阜的少皞。其神则为白帝,主宰西方,可能因是黄帝之子,传说黄帝起于西方的甘陇,或与此有关。或说五行之中西方为金,应是在五行说起之后的安排。①

四 帝挚时期的职官

传说帝挚以鸟名官,《左传》昭公十七年郯子说少昊氏的鸟官有鸟、鸠、雉、扈四类,鸟官司星历,鸠官司民事,雉官司工事,扈官掌农事,各有所职掌:

> 秋,郯子来朝,公与之宴。昭子问焉,曰:"少皞氏鸟名官,何故也?"郯子曰:"吾祖也,我知之。……我高祖少皞挚之立也,凤鸟适至,故纪于鸟,为鸟师而鸟名:凤鸟氏,历正也;玄鸟氏,司分者也;伯赵氏,司至者也;青鸟氏,司启者也;丹鸟氏,司闭者也;祝鸠氏,司徒也;䲹鸠氏,司马也;鸤鸠氏,司空也;爽鸠氏,司寇也;鹘鸠氏,司事也。五鸠,鸠民者也。五雉为五工正,利器用,正度量,夷民者也。九扈为九农正,扈民无淫者也。自颛顼以来,不能记远,乃纪于近。为民师而命以民事,则不能故也。"

九扈的种类和职掌,东汉蔡邕《独断》说:

> 春扈氏农正,趣民耕种;夏扈氏农正,趣民芸除;秋扈氏农正,趣民收敛;冬扈氏农正,趣民盖藏;棘扈氏农正,常谓茅氏,一曰掌入百果;行扈氏农正,昼为民驱鸟;宵扈氏农正,夜为民驱兽;桑扈氏农正,趣民养蚕;老扈氏农正,趣民收麦。

少昊氏还设有三正之官,以主金、木及水事。《左传》昭公二十九年云:"少皞氏有四叔,曰重、曰该、曰修、曰熙,实能金、木及水。使重为句芒,该为蓐收,修及熙为玄冥,世不失职,遂济穷桑。"叔即兄弟排行的弟,"四叔"即少昊的四个弟弟。句芒、蓐收、玄冥皆为官名。《左传》此文之前解释"五行之官"职说:"木正曰句芒,火正曰祝融,金正曰蓐收,水正曰玄冥,土正曰后土。"正即长,即一个部门的

---

① 王洪军:《秦商史同构中的上古族群谱系》,《中国社会科学报》2013年7月3日:历史学。

首脑,其下当有属员管理具体事务。

第二节 实施"绝地天通"改革的颛顼

颛顼实施"绝地天通"的宗教改革,改革后使神职人员专门化,一般人不得进行神事活动。在官吏中,民事职官与神事职官相分离,就是行政权和宗教神权的分离,这个改革使我国避免了走向宗教国家可能,其改革具有深远的历史意义。颛顼实为我国第一位改革家。

一 颛顼的族系及子孙

颛顼是黄帝孙,名高阳。张澍集《世本·帝系》:"昌意生高阳,是为帝颛顼。"宋衷注:"颛顼名高阳,有天下号也。"司马迁《史记·五帝本纪》:"黄帝崩,葬桥山,其孙昌意之子高阳立,是为帝颛顼。帝颛顼高阳者,黄帝之孙而昌意之子也。"(图1-25)

《大戴礼记·帝系》:"昌意娶于蜀山氏女,蜀山氏之子谓之昌濮氏,产颛顼。"《五帝德》"孔子曰:颛顼,黄帝之孙,昌意之子也。"皇甫谧采其说:"颛顼,黄帝之孙,昌意之子,姬姓也。母曰景仆,蜀山氏女,为昌意正妃,谓之女枢。金天氏之末,瑶光之星贯月如虹,感女枢幽房之宫,生颛顼于若水。"(《初学纪》卷九引《帝王世纪》)

颛顼在空桑(穷桑)接替少皞挚为帝(部落首领),《吕氏春秋·古乐篇》:"帝颛顼生自若水,实处空桑,乃登帝位。"空桑即穷桑。颛顼小时在少皞处长大,《山海经·大荒东经》:"东海之外大壑,少昊之国。少昊孺帝颛顼于此。"孺有抚养的意思,这可能是颛顼少孤之故。

图1-25 颛顼画像

颛顼的子孙甚多,《左传》文公十八年鲁国太史克说有"才子八人"称为"八恺":"昔高阳氏有才子八人:苍舒、隤敳、梼戭、大临、龙降、庭坚、仲容、叔达,齐圣广渊,明允笃诚。天下之民谓之八恺。"

颛顼还有"不才子",被人称为"梼杌"的恶人。《左传》文公十八年:"颛顼氏有不才子,不可教训,不知话言,告之则顽,舍之则嚚,傲狠明德,以乱天常。天下之民谓之梼杌。"

《世本·帝系》(张澍集补注本)有"称"的一系:"高阳生称,称生卷章,卷章生黎(《左传》昭公二十九年疏引《世本》文)。"颛顼子老童娶于根水氏,谓之骄福,产重及黎(《山海经·大荒西经》注引)。

在《山海经》中讲到颛顼之"子"所建的一些国家,但其子之名则不可知:

季禺国:成山,甘水穷焉。有季禺之国,颛顼之子,食黍(《大荒南经》)。

淑士国:有国名曰淑士,颛顼之子(《大荒西经》)。

叔歜国:有叔歜国,颛顼之子,黍食,使四鸟,虎豹熊罴(《大荒北经》)。

中𱎼国:西北海外,流沙之东,有国曰中𱎼,颛顼之子,食黍(《大荒北经》)。

苗民:颛顼生𬣙头,𬣙头生苗民。苗民𠻘姓,食肉。有山,名曰章山(《大荒北经》)。苗族人的祖先是蚩尤而不是颛顼,前面已讲过,是传说中混淆。

《山海经·大荒西经》颛顼子有"三面一臂"之体,《论衡·解除篇》有颛顼生而亡的三子变为疫鬼,以及有喜穿破衣怪僻之子。

二 颛顼活动的地域

传说颛顼出生于若水,在穷桑登帝位。《吕氏春秋·古乐篇》:"帝颛顼生自若水,实处空桑,乃登帝位。""处"即居住在此地。空桑即穷桑,地在鲁。吴任臣《山海经广注·北山经》:"空桑之山,下云兖地亦有空桑,其地极广,高阳氏所尝居,皇甫谧所谓广桑之野,古有空桑氏。又《春秋演孔图》及干宝所记孔子生于空桑,皆鲁之空桑也。《太平御览》七十七引《帝王世纪》作穷桑,《太平寰宇记》以穷桑在鲁国之北,则为鲁地无疑。"

《山海经·大荒东经》云颛顼小时由少昊抚养在东海之外的少昊之国:"东海之外大壑,少昊之国。少昊孺帝颛顼于此,弃其琴瑟。有甘山者,甘水出焉,生甘渊。"壑即山沟,大壑即大山沟。此大山沟特别地大,《列子·汤问篇》云在勃(渤)海之东:"勃海之东,不知其几万里,有大壑焉,实为无底之谷,其下无底,名曰归墟。八纮九野之水,天汉之流,莫不注之,而无增减焉。"

颛顼是在少昊挚的都城继承首领位,后迁徙。《艺文类聚》卷十一引《帝王世纪》说:帝颛顼"始都穷桑,徙商丘。"商丘应是帝丘,地在今河南濮阳市。颛顼之都及领有地域在我国东部,《路史·后纪八·注》引《帝王世纪》说:"(颛顼)自穷桑徙商丘,太行东北及兖,广桑之野,豕韦之次。"

传说颛顼所到之地,都几乎遍及全中国境,《大戴礼记·五帝德》:"(颛顼)乘龙而至四海:北至于幽陵,南至于交趾,西济于流沙,东至于蟠木。动静之物,大小之神,日月所照,莫不砥砺。"

这当然有不少夸大的成分,交趾、流沙之名秦汉时始有。"大小之神"的"神",实指氏族部落首领。《淮南子·时则训》说颛顼所管辖的地方达一万二千里之遥:"北方之极,自九泽穷夏晦之极,北至令正之谷,有冷寒积冰、雪雹霜霰、漂润群水之野,颛顼、玄冥之所司者万二千里。"是黄帝部落以中原为中心地域的传说史迹。

颛顼的葬地，《山海经》中有三地名。《山海经·海内东经》中说颛顼葬于鲋鱼山之南："汉水出鲋鱼之山，帝颛顼葬于阳，九嫔葬于阴，四蛇卫之。"《山海经·海外北经》则说葬于务隅山之南："务隅之山，帝颛顼葬于阳，九嫔葬于阴。一曰爰有熊、罴、文虎、离朱、鸱久、视肉。"《山海经·大荒北经》说葬在附禺山："东北海之外，大荒之中，河水之间，附禺之山，帝颛顼与九嫔葬焉。"

鲋鱼、附禺、务隅实为一地，音同而字的写法有异。我国早期的文字是记音，即用同音字记录语言，特别是地名、人名的用字，故易产生文字歧异，此实即《通典》的鲋鲷山。《通典》卷一八〇《州部十》魏郡顿丘县下云："鲋鲷山，颛顼葬其阳，九嫔葬于阴，今名广阳山。有秋山，帝喾葬处。"广阳山有广阳里，在顿丘，《水经注·淇水注》引《帝王世纪》："颛顼葬东郡顿丘城南，广阳里大冢者是也。"

顿丘县为西汉时设置，属东郡，县城在今河南省清丰县西南。西晋泰始二年(266)设置顿丘郡，辖地相当今河南省濮阳市及清风、内黄、南乐、范县等地，金大定七年(1167)划归滑县，1940年归高陵县，1949年划归内黄县。今河南省内黄县有颛顼、帝喾陵，时人称为"二帝陵"。(图1-26)地在内黄县城西南30公里梁庄镇三杨庄村西北处，在颛顼陵前墙上嵌有元代"颛顼帝陵"及清代"颛顼陵"两通标志碑。2003年在整修帝喾陵时，发现明嘉靖年间的"帝喾陵"标志碑一通。二帝陵区占地350多亩，南北长2 050米、东西宽1 060米。他们是华夏民族的祖先，传说颛顼生于农历三月十八日，历史上每年的这一天在内黄举办颛顼帝喾陵祭祖节。2002年农历三月十八日内黄县政府以公祭的形式在此举办了祭祖活动，并决定以后每年的这一天为祭祀颛顼的节日。①

图1-26 二帝陵
(清乾隆《滑县志》
十二景之鲋岭松楸)

三 颛顼与共工族的战争

共工是炎帝之后，长期与黄帝族系发生斗争。《吕氏春秋·荡兵篇》："兵所

---

① 乔书起编著：《颛顼帝喾陵》第46页，中国文联出版社，2003年。

自来者久矣,炎黄故用水火矣,共工氏因此作难矣。"颛顼时,共工族与之争夺城邦联盟领导权而进行战争。《淮南子·天文训》:"昔者共工与颛顼争为帝,怒而触不周之山,天柱折,地维绝,天倾西北,故日月星移焉;地不满东南,故水潦尘埃归焉。"

共工族进行战争的武器是用水攻,《史记·律书》载:"颛顼有共工之陈,以平水害。"陈即阵地的阵,即战阵。《淮南子·兵略篇》载共工为水害被颛顼诛杀:"颛顼尝与共工争矣……共工为水害,故颛顼诛之。"

四 颛顼"绝地天通"的改革

颛顼实行了两项重要的改革:

(一)绝地天通,改革宗教。颛顼命重为南正以掌神事,命黎为火正以主民事。《尚书·吕刑》:"(颛顼)乃命重、黎,绝地天通,罔有降格。"《国语·楚语(下)》韦昭解释这两句话的意思说:"谓少皞之末,民神杂糅,不可方物,颛顼受之,乃命南正重司天以属神,火正黎司地以属民,是谓绝地与天通之道也。"

颛顼之前,人人为巫史,都可以请神,都可以同神交通,神不尊贵。颛顼设南正专门掌管神事,设火正专门掌管民事,将神权握于专人之手,一般民众不得装神弄鬼。《国语·楚语下》载楚大夫观射父说:"少皞之衰也,九黎乱德,民神杂糅,不可方物。夫人作享,家为巫史,无有要质,民匮于祀,而不知其福。烝享无度,民神同位。民渎齐盟,无有严威。神狎民则,不蠲其为。嘉生不降,无物以享。祸灾荐臻,莫尽其气。颛顼受之,乃命南正重司天以属神,命火正黎司地以属民,使复旧常,无相侵渎,是谓绝地天通。""绝地天通"就是断绝地上的人与天上的神交往,这种交往专属于"司天"的南正,即控制在专门的少数人手里。

(二)以民事命官。颛顼时不以鸟、云、龙、火、水名官,而以民事命官名,是为官制之一变。《左传》昭公十七年:"自颛顼以来,不能纪远,乃纪于近。为民师而命以民事,则不能故也。"杨伯峻说,"颛顼乃继少皞为帝,其官有南正、火正,不用鸟、云、龙、水、火等名为官名,即'为民师而命以民事',其不能以龙、鸟纪者,无远来之天瑞,故以就近之民事为官名。"①

以鸟、云、龙、水、火等名为官名即是"巫官",颛顼的改革所建立的是"王官",中国文明史经历了从巫官文化到王官文化两个阶段。"黄帝氏以云纪"、"炎帝氏以火纪"、"共工氏以水纪"、"大皞氏以龙纪"、"少皞氏""纪于鸟"的职官系统,其实都是巫官,这些职官,都是通神的。颛顼"绝地天通"的改革之后,神事之官不再兼理民事。所谓"为民师而命以民事",即这种职官的设立,不再以神的启示为根据,而是以民事的需要设立。这一改革把中国进入文明阶段的文化截然划分

---

① 杨伯峻:《春秋左传注》第1388—1389页,中华书局,1981年。

成了两个阶段,即巫官文化阶段和王官文化阶段。中国文明史经历了巫官文化阶段和王官文化阶段,才进入它的哲学突破期。①颛顼宗教改革具有十分重大的意义,这个改革将神权同行政权分开,使政教分离,就使此后我们国家避免了成为宗教国家的可能。

五 颛顼的法律

颛顼的法律条文,《淮南子·齐俗训》载有一条关于对妇女惩罚的内容:

帝颛顼之法,妇人不避男子于路者,拂之于四达之衢。

拂有放在、放置意,衢是交通要道的十字路口。颛顼时期是我国的城邦文明时期,妇女的地位较高,此条律文内容反映妇女地位已渐低下。

六 颛顼创制历法和乐曲

颛顼创制历法,世传有"颛顼历",为我国历法之祖。马骕《绎史》引《古史考》:"颛顼帝以孟春正月为元,其实正朔立春,五星会于天历营室,天曰作时,地曰作昌,人曰作乐。鸟兽万物,莫不应和,故颛帝圣人为历宗也。"

颛顼观测日月运行,以制历,王符《潜夫论·五德志》说:"(颛顼)历象日月,东西南北。"颛顼为城邦联盟首领,他创制的历法,当在全联盟推行,以指导生产及生活。

颛顼创作有乐曲"五茎",《周礼·大司乐》孔颖达疏引《乐纬》:"颛顼之乐五茎,帝喾之乐六英。""五茎",孔颖达《正义》说是为五行之道立根基:"能为五行之道立根茎。六英者,六和之英。""五茎"又作"五英",王符《潜夫论·五德志》:"(颛顼)作乐五英。"《帝王世纪》又改英为音,为"五音",指宫、商、角、徵、羽而与"五行"之说大异其旨:"帝颛顼……命飞龙效八风之音作乐,作五音,以祭上帝(《太平御览》卷七九引)。"

第三节 中正平和的帝喾

帝喾号高辛氏,他在位时执行中正平和的政策,得到民众拥戴,《史记·五帝本纪》:"帝喾溉执中而遍天下,日月所照,风雨所至,莫不从服。"他的子孙中出了不少人才,他有四个夫人,生子都担当大任:挚和尧,先后继承喾的地位,当了首领;契和弃,商和周的始祖,建立了更大的王朝。他还有才子八人,称为"八元",都是品德好而又才能出众。帝喾还是一位身居高位而教子有方的父亲,被尊为"五帝"之一也是名副其实的。

---

① 邹昌林:《中、印、希三大哲学体系发生的"统一场论"》,《中国社会科学报》2010年3月9日。

一 世系及子孙

帝喾是黄帝的曾孙,他是继颛顼之后为首领,《史记·五帝本纪》:"颛顼崩,而玄嚣之孙高辛立,是为帝喾。帝喾高辛者,黄帝之曾孙也。高辛父曰蟜极,蟜极父曰玄嚣,玄嚣父曰黄帝。"帝喾在殷墟甲骨文中作夒,甲骨文中称"高祖夒",王国维考证说:

> 称高祖夒,按卜辞惟王亥称高祖王亥(《后编》卷上第二十二页)或高祖亥(《戬寿堂所藏殷墟文字》第一页),大乙称高祖乙(《后编》上第三页),则夒必为殷先祖之最显赫者。以声类求之,盖即帝喾也。帝喾之名,已见逸书《书序》:"自契至于成汤八迁,汤始居亳从先王居,作帝告。"《史记·殷本纪》告作诰,《索隐》:"一作俈。"按《史记·三代世表》、《封禅书》、《管子·侈靡篇》皆以俈为喾。伪孔传亦云:"契父帝喾都亳,汤自商丘迁亳,故曰从先王居。"若《书序》之说可信,则帝喾之名已见商初之书矣。诸书作喾或俈者,与夒字声相近。①

帝喾在古书中又写作帝俊,王国维考证说帝俊的俊字,由夋字而来。夋是卜辞中夒字的形变。② 王国维的考证,已为学界所普遍接受。帝喾的子辈有才德的多,《左传》文公十八年鲁大史克说高辛氏帝喾有才子八人称为"八元":

> 高辛氏有才子八人:伯奋、仲堪、叔献、季仲、伯虎、仲熊、叔豹、季貍,忠、肃、共、懿、宣、慈、惠、和,天下谓之"八元"。

《左传》昭公元年子产说高辛氏有阏伯、实沈二子:

> 高辛氏有二子,伯曰阏伯,季曰实沈,居于旷林,不相能也,日寻干戈,以相征讨。后帝不臧,迁阏伯于商丘,主辰,商人是因,故辰为商星。迁实沈于大夏,主参,唐人是因,以服事夏、商。

古籍中记载帝喾有四妃,所生四子皆有天下,他们不在八元和二子之内。张澍集补注《世本·帝系篇》云:"帝喾卜其四妃之子皆有天下。上妃有邰氏之女,曰姜嫄,而生后稷;次妃有娀氏之女,曰简狄,而生契;次妃陈锋氏之女,曰庆都,生帝尧;下妃诹訾氏之女,曰常仪,生挚。"

《山海经》中有帝俊生子立国及制器的传说,应是帝喾的后裔,集录于下:

> 中容国:大荒之中……有中容之国。帝俊生中容,中容人食兽、木实,使四鸟:豹、虎、熊、罴(《大荒东经》)。

> 西周国:有西周之国,姬姓,食谷,有人方耕,名曰叔均。帝俊生后稷,稷降以百谷。稷之弟曰台玺,生叔均。叔均是代其父及稷播百谷,始作耕(《大荒东经》)。此西周国应是周武王所建的周朝。

---

① 王国维:《古史新证》第7—8页,清华大学出版社,1994年。
② 王国维:《古史新证》第8—9页,清华大学出版社,1994年。

白民国：有白民之国，帝俊生帝鸿，帝鸿生白民。白民销姓，食黍，使四鸟：虎、豹、熊、罴(《大荒东经》)。

司幽国：有司幽之国。帝俊生晏龙，晏龙生司幽，司幽生思士，不妻；思女，不夫。食黍，食兽，是使四鸟(《大荒东经》)。

黑齿国：有黑齿之国，帝俊生黑齿(郭璞注：圣人神化无方，故其后世所降育，多有殊类异状之人，诸言生者，多谓其苗裔，未必是亲所产)，姜姓，黍食，使四鸟(《大荒东经》)。《海外东经》说黑齿国地望云：黑齿国在其(指朝阳之谷)北，为人黑【齿】，食稻啖蛇，一赤一青，在其旁。一曰：在竖亥北，为人黑首(齿)，食稻使蛇，其一蛇赤。

季釐国：有襄山，又有重阴之山，有人食兽，曰季釐。帝俊生季釐，故曰季釐之国(《大荒南经》)。

三身国：大荒之中，有不庭之山，荣水穷焉。有人三身。帝俊妻娥皇，生此三身之国，姚姓，黍食，使四鸟(《大荒南经》)。

帝俊生三身，三身生义均，义均是始为巧倕，是始作下民百巧(《海内经》)。

帝俊生禺号一支制造舟车，从事技术工作：禺号生淫梁，淫梁生番禺，是始为舟。番禺生奚仲，奚仲生吉光，吉光是始以木为车(《海内经》)。

二　帝喾活动的地域

帝喾的都名亳，即偃师，今河南省偃师市。《水经注》卷十六引《帝王世纪》："帝喾作都于亳，偃师是也，王莽所谓师氏也。"所谓的"都"实即城邦联盟的中心地，帝喾为首领的城邦联盟所在地是今河南偃师市，所以他年轻时在洛水边遇见庆都姑娘，两人一见钟情，野合而孕。《五行大义》卷五引《帝王世纪》："帝尧陶唐氏，祁姓，母庆都，出洛渚，遇赤龙，感孕。十四月而生帝于丹陵。"

帝喾之一子阏伯在商丘，今河南省商丘市(或说商丘应为帝丘，在今濮阳市)，另一子实沈居大夏，今山西省平阳(《左传》昭公元年)。

帝喾与颛顼葬在同一个地方，在东郡顿丘广阳里，《艺文类聚》卷十一引《帝王世纪》："喾在位七十年，年百五岁而崩，葬东郡顿丘广阳里。"《水经·淇水注》称帝喾冢在顿丘城南的荒野中："淇水又东北流，谓之白沟，迳雍榆城南……淇水又东北径其城东，东北径同山东，又东北径帝喾冢西，世谓之顿丘台，非也。《皇览》曰：帝喾冢在东郡濮阳顿丘城南台阴野中者也。"

杨守敬汇集其他相关文献，或说在顿丘城南、顿丘县北，或说在滑县："守敬按：《史记·五帝本纪·集解》引《皇览》、《白虎通》已云，帝喾冢在顿丘城(当有南字)台阴野。《地形志》，顿丘郡顿丘有帝喾冢。《元和志》帝喾陵在顿丘县北三十里。《一统志》在滑县东北。"

河南省内黄县的"二帝陵"其一就是帝喾陵，今人每年在此对他们举行祭祀活动,这里古属顿丘县。《史记·五帝本纪》中说帝喾德高而天下服,地域广大:"帝喾溉执中而遍天下,日月所照,风雨所至,莫不从服。"所以帝喾活动的遗迹同其他传说中的古"帝王"一样,遍布于远古中华大地。

三　帝喾所设置的职官

帝喾继颛顼后,设官以人事为名,是时代的进步,反映社会已进入一个新的时代,《艺文类聚》卷十一引《帝王世纪》说帝喾设"五行之官","以人事纪官,故以句芒为木正,祝融为火正,蓐收为金正,玄冥为水正,后土为土正。是五行之官分职而治诸侯。"

句芒、祝融、蓐收、玄冥、后土皆为官名,帝喾居火正之位的人是颛顼之孙重黎。《史记·楚世家》载:"重黎为帝喾高辛居火正……为祝融。"

帝喾之子"八元"中,皆有职掌,治理民众,见于传说典籍的有伯虎、仲熊二人,从他们"布五教"、"布五谷"的工作看,当是后世掌民事的司徒、掌农业的稷之类官。《焦氏易林·泰之十一》及《坤之二》载:

伯虎仲熊,德义渊宏,使布五教,阴阳顺序。

伯虎仲熊,德义淘美,使布五谷,阴阳顺序。

司徒官掌五教教民故有布五教的责任,稷官掌农事故有布五谷的责任。是他们二人应为后世的主民政的司徒及主农事的后稷。

有掌管武装力量的官称为司射。《路史·后纪九》注引《帝王世纪》说,羿在帝喾时掌射之职,为司射:"帝佶(喾)之世,【羿】掌射,加赐弓矢,封之于钼,为帝司射,历唐及虞。"羿是一个城邦名,善于射技,他的首领都被称为羿、后羿,所以羿的活动从帝喾直到夏代太康时。

有掌管礼乐的官。《吕氏春秋·古乐篇》载,帝喾时还有掌乐之官名咸黑,又有倕制造出各种乐器,有专人进行演奏:"帝喾令咸黑作为《声(康)歌》——《九招》、《六列》、《六英》。有倕作为鼙鼓钟磬吹(吹字衍)苓(筶)管壎篪鞀椎钟。帝喾乃令人抃(弁)或(或字为衍字——陈其猷说)鼓鼙、击钟磬、吹苓(筶)展管篪。因令凤鸟、天翟舞之。帝喾大喜,乃以康帝德。"

有掌管工程造作的官。帝喾的曾孙番禺创造舟船,当是主管工程、造作事宜之职。《山海经·海内经》载:"帝俊生禺号,禺号生淫梁,淫梁生番禺,是始为舟。"以世代计,番禺是帝喾的孙,他本人已不可能在帝喾世任职。古时专门技艺都是世代家族相传,官职也多是世官,番禺的祖父辈就掌管造作,番禺是继承其职务。

考古发掘中,我国使用舟船的时间甚早,在浙江杭州市萧山跨湖桥遗址内,发现一条完整的独木舟,遗址时代为距今 8 000—7 000 年,被称为"中国第一舟";在浙江余姚县河姆渡文化中就发现有船桨,距今约 7 000 年,都比帝喾曾孙番禺的时代早。番禺或是北方用舟的发明者。

第五章　实行禅让制的尧舜禹

以黄帝族所建城邦为核心的中原地区城邦联盟,传说在尧担任联盟首领时,实行选贤与能的"禅让制"。这个时期物质丰富,上下和谐;为首领者大公无私,勤劳为民,是我国古代传说中最为辉煌的时代。这个时期也是个大灾难的时代,滔天的洪水,鲧禹父子两代人,用了十多年的功夫才治理好。国难兴邦,在战胜自然灾害的过程中,使中华民族的历史跨进一个新时代——王朝领土国家文明时代。

第一节　实行"禅让制"的尧

尧以他的宽厚品德,仁慈的心,天下为公的精神,实行首领产生的"禅让制",被颂扬而尊为"五帝"之一,给后世为政者们树立了一个学习榜样。

一　尧继挚为联盟首领

此挚非黄帝之子玄嚣而是帝喾的长子。帝喾有后妃四人,她们各生一子都作了首领。挚是第四位后妃娵訾氏所生,兄弟中年纪最大,继承喾而为帝。尧是位居第三的庆都所生,他与挚是同父异母兄弟。尧代挚的过程有两种传说,或说是挚死而继的位,《史记·五帝本纪》:"帝喾崩而挚代立。帝挚立,不善,崩,而弟放勋立,是为帝尧";或说是挚能力弱不堪其任而主动让位于尧,《史记·五帝本纪》张守节《正义》引《帝王世纪》:"帝挚之母于四人中班最在下,而挚于兄弟最长,得登帝位,封异母弟放勋为唐侯。挚在位九年,政微弱,而唐侯德盛,诸侯归之。挚服其义,乃率群臣造唐而致禅。唐侯自知有天命,乃受帝禅,封挚于高辛,今定州唐县也。"对于挚"禅"位于尧,吴裕垂认为是兄弟相及的继承,不存在禅位之事,他说"尧嗣挚统,兄弟相及也。尧即帝位经无明文,于是滋生异说,有谓挚服义而致禅者;有谓挚荒淫而见废者,此皆乱贼之徒,饰篡为禅,附会其说以自文耳(《史记·五帝本纪》泷川资言《会注考证》引)。"吴氏是禅让说的反对者,其说只是推测而无据。选贤与能的城邦首领产生方式,在尧以前就是已经实行的制度(说见后),尧以禅即选贤的方式成为首领应是有的。

挚在位时封尧于唐,号陶唐氏,《五行大义》卷五引《帝王世纪》:"帝尧唐陶氏,祁姓。母庆都,出洛渚,遇赤龙,感孕,十四月而生帝于丹陵,名放勋。以火承木,其兄帝挚封之于唐,故号陶唐氏。"

尧是位很有才能的人,他在十五岁时就帮助兄挚处理联盟事务,显示出具有很强的行政能力,《艺文类聚》卷一一引《帝王世纪》:"帝尧陶唐氏……年十五而佐帝挚,受封于唐,为诸侯……二十而登帝位。"无论是禅让还是兄弟相继,今已无从考实,存疑以待考。

二 尧的出生地及活动地域

传说中尧出生的地方很多,南北都有,他的政治活动主要在北方的中原地区。

(一)尧的出生地。尧的出生地说法很多,有山西的临汾、长子、翼县、绛县;山东的菏泽、定陶、曲阜;河北的唐县、顺平、张家口;江苏的高邮、金湖、宝应;浙江的兰溪;湖南的攸县、桃园、常德等地。这反映的是以尧为首领的中原城邦联盟影响力已达到的范围,而不是他有如此多的出生地。尧的出生地最早见于西晋人皇甫谧编的《帝王世纪》书中,而此书大约在元代就亡佚了。唐宋时这部书颇受文人重视,不少类书,如《北堂书钞》、《初学记》、《艺文类聚》、《太平御览》以及一些注疏家都曾大量引录其文,从徐宗元辑的《帝王世纪辑存》(中华书局1964年出版)中,指明尧出生地的有两处,一是丹陵,一是三阿。《史记索隐》引皇甫谧(即引《帝王世纪》)说,尧生于三阿之南:

> 皇甫谧云,尧初生时,其母在三阿之南,寄于伊长孺之家,故从母所居为姓也。

三阿在今江苏省高邮县境内。《中国古今地名大辞典》"三阿"条下解释云:"(三阿)在江苏高邮县西北。《舆地纪胜》高邮有北阿镇,离城九十里,即晋时三阿。《高邮州志》东晋时尝侨置幽州。太元四年,苻秦将句难、彭越围幽州刺史田洛于三阿。去广陵百里,即此。"①

北阿镇今已不存,由于行政区划变动,原高邮县的北阿镇已划归金湖县,该县东南的塔集即其地。或说三阿应是三河,在今江苏省扬州市的高邮、宝应县境内。尧生于丹陵这一条,被类书和注疏家广泛引录,如《艺文类聚》卷十一引《帝王世纪》:"帝尧陶唐氏,祁姓也。母庆都,孕十四月而生尧于丹陵,名曰放勋,从母姓伊氏(其他书引不俱录,参见徐宗元辑本)。"

丹陵古无此地名,湖南省攸县皇图岭镇有丹陵这个地名,附近有瑶山或说即尧山,近年当地16位农民出资人民币460万元修建起尧乡公园、帝尧宫等纪念性建筑,还邀请中国社会科学院考古所所长刘庆柱等16位专家进行了论证。另有说丹陵不是一个具体的地名而是指红色的丘陵。江苏省高邮县仙居山是富含

---

① 臧励龢等编:《中国古今地名大辞典》第32页,商务印书馆,1931年。

铁矿的玄武岩,风化产物呈红色,下层黄土表土被侵蚀也露出底层的红棕色土壤,有说此山就是尧出生地的丹陵,这里还召开过全国性学术讨论会,论证尧确出生于此。北方的河北省顺平、山西省襄汾等地也被认为是尧的出生地,那些地方也在修建有关尧的纪念性建筑,以图借用文化名人提高本地知名度,发展旅游事业。尧的出生地目前虽难于确定在何处,但全国各地都有尧活动的传说遗迹,说明尧时的部落联盟已具相当的规模,成为华夏民族的核心,今日各地展开对他的纪念,也是弘扬华夏文明、增强民族凝聚力的有益活动。

(二)尧的封地唐。尧在未登"帝"位时曾佐助挚,因而帝挚封尧于唐,此唐西汉属中山国的唐县。《汉书·地理志》中山国唐县下,班固自注:"尧山在南。莽曰和亲。"颜师古注:"应劭曰:'故尧国也。唐水在西。'张晏曰:'尧为唐侯,国于此。尧山在唐东北望都界。'"《太平御览》卷一六一引《汉志》:唐县"故尧国也,尧为唐侯邑于此。尧山在唐东北望都界。"望都在今河北省,西北与唐县紧相邻。唐县有尧母所居的庆都山,《太平御览》卷一六一引《汉书》云:"《汉书》曰,望都属中山国,莽曰顺调。尧山在北,尧母庆都山在南,登尧山见都山,故以为名(故名望都)。""尧山在北"以下是三国时魏国的中山人张晏《汉书音释》的注文,《太平御览》误为《汉书》文。张晏是中山人,唐县春秋战国时属中山国,西汉属中山郡,故说尧都地望较具体。

比张晏稍晚的西晋人皇甫谧对尧初封唐的地望,作了进一步的申论,《太平御览》卷一五五引《帝王世纪》:"帝尧氏始封于唐,今中山唐县是也,尧山在焉。唐水在西北入唐河,南有望都,山即尧母庆都之所居也,相去五十里。都山,一名亘山(《水经·寇水注》引此亘山作豆山——引者)。北登尧山,南望都山,故名其县曰望都,而《地理志》尧山在唐南山中,张晏以尧山实在唐北。"

张晏说"尧山在北"是指在都山北,不是在唐县北,这是皇甫谧误解张晏文所致。望都县在唐南,尧不可能在唐县北望见在望都县的都山。

(三)尧代帝挚为首领后的迁徙。挚的活动中心地即都城在曲阜,偏东。尧代挚后将活动中心转移到中原地区的中部,地处黄河中游的今山西境内,《左传》哀公六年:"《夏书》曰:惟彼陶唐,帅彼天常,有此冀方。"杜预《注》云:"唐、虞及夏同都冀州。"冀州指今山西省地,《尔雅·释地》:"两河之间曰冀州。"两河指黄河的东河、西河。古黄河在今河南省武陟县折而东北行,至内黄县进入河北中部,到天津汇入渤海,此段河流称为"东河"。今山、陕二省分界的从北向南至陕西临潼的一段河称为"西河"。是冀州包含今山西全省及河北省的西部地区,所以今天河北省简称"冀"。但春秋战国时,人们多指今山西地区为冀州,《国语·晋语四》记载,晋公子重耳流落到楚国时,楚国令尹子玉要楚成王将他杀掉以除后患,成王不同意,认为无益于楚,说"冀州之土,其无令君乎?"明确将晋国称为冀州的国家。《吕氏春秋·有始》篇:"两河之间谓冀州,晋也。"西河以东的山西地区称为"河东",战国时魏国置河东郡,后属秦,治所在安邑县,今山西省夏县西北十五里禹王城,辖境相当于今山西沁水以西、霍山以南地区。《汉书·地理志下》:"河东土地平易,有盐铁之饶,本唐尧所居,《诗·风》唐、魏之国也。"冀州、河东是个大范围地域,尧具体所迁地为平阳,即今山西省临汾市。

尧迁到冀州、河东后,以平阳为都城。《太平寰宇记》卷四十引《帝王世纪》:"尧始封于唐,又徙晋阳,及为天子,都平阳,即今晋州。晋阳,即今太原也。"

皇甫谧的《帝王世纪》是将晋阳、平阳视为不同的两地,其实晋阳、平阳实为一地的异名,《括地志》:"今晋州所理平阳故城是也。平阳河水,一名晋水也。"水南为阴,水北为阳,晋水后更名平水,城在此水之北,因河流更名而使河旁的城市随着更名。据《帝王世纪》"晋阳,即今太原",则此太原非今山西省会太原市,而是在今山西省西南部的晋南盆地平阳。① 是晋阳、平阳、太原为一地的异名。《后汉书·郡国志》河东郡下云:"平阳,侯国,有铁,尧都此。"刘昭注:"《晋地道记》曰:有尧城。"

尧都的平阳在今山西省临汾市地区。在临汾的襄汾县东北约7.5公里的崇山(今名塔儿山)西麓的陶寺,发现面积280万平方米、年代在公元前2500—1900年的一座大型古城,时代同尧至夏代早期的相当。学者们多认为这座古城即是尧都的平阳,邹衡注意到陶寺这个地名,他说"陶寺"的"陶"与尧称"陶唐氏"是否有关,也值得注意。②

尧所迁的晋西南平阳地区,古称为大夏。《左传》昭公元年子产说,高辛氏有二子阏伯、实沈,兄弟不和,日寻干戈相斗,帝后把他们分开,"迁阏伯于商丘,主辰,商人是因","迁实沈于大夏,主参,唐人是因,以服事夏商。"大夏,服虔说在"汾、浍之间"即今山西翼城、隰县、吉县地区。尧来此地前,这里本名为"大夏"而为实沈所居。"因"即沿袭,"唐人是因"的"唐"尧是"因"实沈所居地而居。有尧迁于此,方才有"唐"之名。尧继实沈都于此,亦说明他是从外地迁来的,这也与尧初封于中山唐说相合。此地新名唐,后一直沿用,商代甲骨文中有"侯唐"(《合集》39703),有商王武丁"作大邑于唐土"(《英藏》1105正)的卜辞,直到西周初封叔虞于唐,皆是尧时始得名而沿袭下来的地名。

(四)尧所治理的范围。尧时疆土的范围,墨子说十分广大,《墨子·节用中》载:"古者尧治天下,南抚交趾,北降幽都,东西至日所出入,莫不宾服。"这当然不可据以为实。《韩非子·十过》篇中,全引《墨子》中言,以说明尧时地域:"昔者尧有天下,饭于土簋,饮于土铏,其地南至交趾,北至幽都,东西至日月之所出入者,莫不宾从。"幽都指今河北省燕山南北,日月出入地,古人以为升于海中,即

---

① 刘起釪:《禹贡冀州地理丛考》,《文史》第24辑。
② 邹衡:《关于探讨夏文化的条件问题》,《华夏文明》第一辑,北京大学出版社,1987年。

今山东省东临海隅。南至的交趾在今越南境,西之日月所入地,不可确指,泛指极远。北、东两方犹可,南、西两方则断不能达到,显然是十分夸大。

今天的河南省是中原的腹心地带,洛阳地区自古被称为"天下之中",为各族争夺的要地,是尧足迹常到之地。《初学记》卷九引《帝王世纪》载,尧率诸侯到河洛之地沉璧祭河神:"尧率诸侯群臣,沉璧于洛、河,受图书,今《尚书·中侯握河纪》之篇是也。"沉是古代祭祀水神的仪式,《尔雅·释天》"祭川曰浮沉。"郭璞《注》:"投祭水中,或浮或沈。"商代甲骨文中常见沉牛、羊的祭祀,沉字作 、 形,像将牛或羊沉于水中之状。尧沉璧于洛、河,是尧率领联盟城邦首领祭祀洛水、黄河。《礼记·曲礼下》:"天子祭天地,祭四方,祭山川,岁遍。"尧祭祀洛、河二水,说明豫西地区的城邦是以尧为首领的城邦联盟中的成员。

(五)尧的葬地。尧死后的埋葬地有多种说法:

1. 葬成阳。《水经注·瓠子河》:"瓠河故渎又东迳句阳县之小成阳城北,城北侧渎,《帝王世纪》曰:尧葬济阳成阳西北四十里,是为谷林。《墨子》以为尧堂高三尺,土阶三等,北教八狄,道死,葬蛩山之阴。"小城阳城在成阳城西南半里左右,郦道元认为尧冢在成阳城附近而不是远在四十里:

> 《地理志》曰:成阳有尧冢、灵台,今成阳城西二里有尧陵,陵南一里有尧母庆都陵,于城为西南,称曰灵台,乡曰崇仁,邑号修义,皆立庙……前并列数碑,栝柏数株,檀马成林,二陵南北列,驰道径通,皆以砖砌之,尚修整。尧陵东城西五十余步,中山夫人祠,尧妃也。石壁阶墀仍旧,南、西、北三面,长栎联荫,扶疎里余。……按郭缘生《述征记》:自汉迄晋,二千石及丞、尉多刊石,述叙尧即位至永嘉三年(309年),二千七百二十有一载,记于《尧碑》(《水经注·瓠子河注》)。

清代学者毕沅赞成尧葬成阳而以为其他说法都非:

> 尧葬成阳,《水经注》言之甚晰。又曰"刘向云'葬济阴丘垅山',《续征纪》:'在小成阳南九里。'"《通典》:"曹州界有尧冢,尧所居。"其说皆非。罗苹《路史注》以《墨子》云"尧葬蛩山之阴",王充云"葬冀州",《山海经》云"葬狄山,或云葬崇山",皆妄之甚(陈奇猷:《吕氏春秋校释·安死》注二七引毕沅语)。

2. 葬狄山。《山海经·海外南经》"狄山,帝尧葬于阳,帝喾葬于阴。"今日有说狄山的狄即翟,指大鸟凤凰,湖南省攸县的凤凰山即《山海经》中的狄山,此县有瑶山即尧山,应是尧葬之地。此说用音且转弯太多,不免有附会之嫌。

3. 葬崇山。《水经注·瓠子河》引《山海经》:"尧葬狄山之阳一名崇山。"①此说得到考古学上的支持,文献记载尧都平阳,即今山西省的临汾地区。1978年

---

① 今存本《山海经·海外南经》中无"一名崇山"语,当是郦道元时有,今已佚。

考古工作者在临汾市襄汾县的陶寺乡发现一座龙山文化晚期的大面积古城,年代大致为公元前 2100—前 2000 年,与尧迁居于此的传说时代大体相当。而附近有一座较大的山名崇山,与《山海经》所谓"尧葬狄山之阳,一名崇山"记载相符。

据古文献所载及民间传说,尧活动地是以华北地区的黄河流域为中心、南达长江流域的广大地域,反映王朝领土国家出现前,各城邦间接触、交往融合的史影。

三　尧时职官的设置

尧时的职官设立,《说苑·君道》记载设有九职且各有人司掌:

> 当尧之时,舜为司徒,契为司马,禹为司空,后稷为田畴,夔为乐正,倕为工师,伯夷为秩宗,皋陶为大理,益掌驱禽。尧体力便巧,不能为一焉。尧为君而九子为臣,其何故也?尧知九职之事,使九子各受其事,皆胜其任,以成九功。尧遂成厥功以王天下。

《淮南子·齐俗篇》仅列五职,后稷职掌名为"大田师",加奚仲而夔以下五人不列:"尧之治天下也,舜为司徒,契为司马,禹为司空,后稷为大田师,奚仲为工。"

共工和鲧都曾是尧是主管水利的官。《国语·周语》:"灵王二十二年,穀、洛斗,将毁王宫,王欲壅之。太子晋谏曰:'不可。晋闻古之长民者,不堕山,不防川,不窦泽……昔共工弃此道也,虞于湛乐,淫失其身,欲壅防百川,坠高堙庳,以害天下……其在有虞,有崇伯鲧,播其淫心,称遂共工之过,尧用殛之于羽山。'"《尚书·尧典》"共工方鸠僝功",郑玄《注》云:"共工,水官名。"今本《竹书纪年》有帝尧"十九年,命共工治河水"之事。

《尚书·尧典》中有"百姓"、"百工"一词,后世注疏家都说是指"百官",反映出到尧的时代,政治制度设置已趋于完善:"(尧)克明俊德,以亲九族。九族既睦,平章百姓。百姓昭明,协和万邦。黎民于变时雍……允厘百工,庶绩咸熙。"雍即和谐、和顺、和美。《尧典》文中"百姓"和"黎民"对举,可证"百姓"为贵族官吏的总称而非指今日的平民。

尧时我国是处在城邦国家成熟阶段,以尧为首领的城邦联盟应已具相当规模,联盟的政事日繁,需处理的事务多。这个时期,加入联盟的城邦首领以及协助首领管理日常事务的次级首领,根据需要,逐渐走向专职化,他们就是后世的"官"。尧时虽然不会有如《说苑·君道》那样完备的官吏系统,但在尧之下,有各种专人分工负责某项具体事务的专职人员,应是不成问题的。这些分门别类的专职人员,就同于后世某部门的主管官吏。

《尧典》中记载尧任命职官时,第一个被任命的就是主管历法的官。《尧典》

在赞美完尧的品德后,接着就是任命羲和主持历法的事,而且对其职责十分明确:"命羲和,钦若昊天,历象日月星辰,敬授人时。""期三百有六旬有六日,以闰月定四时,成岁。"

从《尧典》中反映出这样两个问题:一是尧对历法的重视程度。为何这样重视?是因为我国是一个农业社会,农业是人们食物的主要来源。农业最重要的事是要掌握播种和收获的季节时令,作为联盟首领,他要向所掌管的民众"敬授人时",即向他管理下的所有人颁布劳作时间。尧对掌管历法事务的人选如此重视,可见在尧的时代,历法已为联盟首领所掌控,它也就成为施政管理整个城邦联盟的一种手段。孔子说,"天子告朔于诸侯,率天道而敬行之,以示威于天下也。"(《大戴礼记·虞戴德》)"告朔"即是颁布历法。二是反映出此时历法的进步。它是一种适应农业生产需要的阴阳历,全年366天,用设置闰月来调节季节。这样的历法,直到今天我们还在使用。尧时的历法是否有如此水平,还不能确定,但从山西陶寺遗址中发现了此时期观测天象的遗存(说见后"文化"章),由此看来尧时对历法是很重视的。

尧在用人上采取透明的民主方式,《尚书·尧典》中,记载了尧向周围的人征询谁能"登庸"(任用)之事,人们向他推荐可任用的人选,尧一一作了评价。有时被推荐的人尧虽不同意,还是采纳了人们的意见:

帝曰:"畴咨若时?登庸。"(帝尧说:"谁能顺应天时被提升任用呢?")

放齐曰:"胤子朱,启明。"(放齐说:"你的儿子丹朱很明白事理。")

帝曰:"吁!嚚讼可乎?"(帝尧说:"唉!他说话虚妄,又好争辩,可以吗?")

帝曰:"畴咨若予采?"(帝尧说:"谁善于处理政务呢?")

驩兜曰:"都!共工方鸠僝功。"(驩兜说:"嗯!共工在防治洪水上已很有成就。")

帝曰:"吁!静言庸违,象恭滔天。"(帝尧曰:"哼!他花言巧语,阳奉阴违,貌似谦恭,其实连天都不敬。")

帝曰:"咨!四岳,汤汤洪水方割,荡荡怀山襄陵,浩浩滔天。下民其咨,有能俾乂?"(帝尧曰:啊!各位诸侯,滔滔洪水危害民众,包围了山岭,淹没了高岗,浩浩荡荡,浊浪滔天,人们都在叹息,有谁能治理呢?)

佥曰:"於!鲧哉。"(人们都说:啊!鲧吧。)

帝曰:"吁!咈哉,方命圮族。"(帝尧曰:"哼!他违背人意,不服从命令,危害族人。")

岳(四岳)曰:"异哉!试可乃已。"(诸侯们说:"试试吧,不行就算了。")

帝曰:"往,钦哉!"(帝尧说:"去吧。可要谨慎啊!")

九载,绩用弗成。(过了九年,鲧没有取得成效。)

尧不同意用鲧,但在四岳坚持下,同意派鲧去主持治水,即主管水利的职官。治水的方法不对,他用堵的方法,花了九年的时间还是失败了。但从鲧的被任命,显示出尧在用人上的民主作风。

四 尧与共工、三苗的战争

共工族在颛顼时就被打击过,失败而怒触不周山,致"天柱折,地维绝",这只是首领战死,而族并未灭。到尧时共工族势力又强大起来,《尧典》载驩兜曾向尧推荐任用共工,说共工在治水方面很有成就,尧却批评他是个花言巧语,阳奉阴违的人。

《史记·五帝本纪》载尧试共工为工师,果暴露出他行为的不轨:驩兜进言共工,尧曰:"不可。"而试之工师。共工果淫辟,且狂妄自大,不安于位,"自以无臣",要与尧对立,被尧攻灭。《逸周书·史记解》云:"昔有共工自贤,自以无臣,久空大官,下民交乱,民无所附,唐氏伐之,共工以亡。"唐氏即尧。《尚书·尧典》说打败共工的是舜摄政时事:"正月上日,受终于文祖……流共工于幽州,放驩兜于崇山,窜三苗于三危,殛鲧于羽山,四罪而天下咸服。"舜摄政时,尧还健在,应算作尧时事。

尧同苗族的战争,《六韬》中说,"尧与有苗战于丹水之浦。"战争虽然获得胜利,但尧并没有将苗族绝灭,以其宽大的胸怀,使苗族归附,《吕氏春秋·召类》载:"尧战于丹水之浦,以服南蛮。"

五 尧时的洪水和旱灾

(一)尧时的洪水灾害。尧时曾发生巨大的洪水灾害,《尚书·尧典》:"帝曰:咨,四岳,汤汤洪水方割,荡荡怀山襄陵,浩浩滔天。下民其咨,有能俾乂?""乂"是治理,"俾乂"是给予治理,是尧求贤,征求能治理洪水的人选。

洪水横流,人民流离失所,《诗经·商颂·长发》形容洪水之大:"洪水茫茫,禹敷土下方。"战国时期的孟子两次说到尧时的洪灾,他对陈相说:"当尧之时,天下犹未平,洪水横流,泛滥于天下。草木畅茂,禽兽繁殖,五谷不登,禽兽逼人。兽蹄鸟迹之道,交于中国。"(《孟子·滕文公上》)他在回答公都子时又说:"当尧之时,水逆行,泛滥于中国,蛇龙居之,民无所定。下者为巢,上者为营窟。《书》曰:'洚水警余。'洚水者,洪水也。使禹治之。"(《滕文公下》)洪水的成因是大山阻隔,水道不通,《吕氏春秋·爱类》:"上古龙门未开,吕梁未凿,河出孟门,大溢逆流,无有丘陵、沃衍、平原、高阜,尽皆灭之,名曰洪水。"

尧舜禹所在的时期距今 4 000 年左右,我国中原地区在这个时期,确曾发生过一次延续若干年的特大洪水灾难,这次洪灾在考古学上已得到证实。河南登封王城岗龙山文化晚期古城,有大小两城,东边小城的东城墙大部分被五渡河和西北来的山洪所冲毁。这应是毁于一次大洪水。王城岗小城的碳十四测年数据为公元前2107年。河南辉县孟庄遗址发现的龙山文化、二里头文化、商文化的城址,发掘者认为,龙山文化城址毁于洪水,根据文化面貌和地层关系的分析,这次洪水应发生在距今4 000年前后的河南龙山文化晚期和二里头文化之间,原来龙山文化城墙是被洪水冲毁的,并在二里头文化时期得到修复。河南新砦遗址在2000年的发掘中发现一条穿过遗址东部的古河道,地层关系表明古河道形成于河南龙山文化和二里头文化之间的新砦期。通过沉积剖面的观察和堆积程度的分析,在古河道堆积中发现了泛洪堆积,具有河流泛滥时期水流紊乱多变的动力特征,应是洪水所致。①

上述三处遗址的年代,属于龙山文化晚期即夏朝建立前的时期,正是大禹治水的时期。在相同时期的南方,也发生"洪水朝天"的巨大灾难。考古工作者在2006年—2007年发掘位于杭州市余杭区的良渚古城遗址时,勘查发现,良渚文化晚期堆积普遍被一浅黄色粉砂质淤积层覆盖,表明良渚文化晚期曾发生过洪水;②同一现象在上海地区也被发现。上海奉贤县江海遗址,是一处良渚文化晚期遗存。该遗址里有多达三层淤土,经上海同济大学鉴定,这些淤土层不是海相沉积而是洪水遗迹。③ 在江苏、浙江地区,辉煌一时的良渚文化,突然在远古中华的南方大地上消失,考古证实,良渚文化是消失于多次被洪水冲击。良渚文化晚期的年代,距今4 000年左右,这正是北方"大禹治水"的时期。

人类进入文明社会前夜,有一次大的洪水灾难,也是世界性的神话传说。世界各地普遍流行兄妹婚的神话都与洪水相关。在《圣经》和《古兰经》中,都记载有一次大的洪水,洪水把地上的人全部淹死只留下上帝或真主信任的一家人活下来,繁衍出新的人群。被洪水淹死的人是不信教、道德败坏的人,新繁衍的人是信上帝、信真主的、有道德的人。这个变化寓意着洪水前后社会的突变。《圣经·旧约·创世纪》记载神耶和华用洪水把地上"没有道德"的人都淹死,只留下诺亚一家,让他制造一艘方舟躲避洪水,他要降大雨四十昼夜,把地上的活物都淹死:

> 当洪水泛滥在地上的时候,诺亚整六百岁。诺亚就同他的妻和儿子、儿妇,都进入方舟,躲避洪水。洁净的畜类和不洁净的畜类、飞鸟并地上一切的昆虫,都是一对一地,有公有母,到诺亚那里进入方舟,正如神所吩咐诺亚的。过了那七天,洪水泛滥在地上。当诺亚六百岁,二月十七日那一天,大渊的泉源都裂开了,天上的窗户也敞开了。四十昼夜降大雨在地上……

---

① 方燕明:《登封王城岗遗址的新发现与夏文化研究》,《中国文物报》2005年1月28日。
② 浙江省文物考古研究所:《杭州市余杭区良渚古城遗址2006—2007年的发掘》,《考古》2008年第7期。
③ 《上海人的祖先从哪里来?》,《文汇读书周报》2010年11月19日。

洪水泛滥在地上四十天，水往上涨，把方舟从地上漂起。水势浩大，在地上大大地往上涨，方舟在水面上漂来漂去。水势在地上极其浩大，天下的高山都淹没了。水势比山高过十五肘，山岭都淹没了。凡在地上有血肉的动物，就是飞鸟、牲畜、走兽，和爬在地上的昆虫，以及所有的人都死了；凡在旱地上、鼻孔有气息的生灵都死了；凡地上各类的活物，连人带牲畜、昆虫，以及空中的飞鸟，都从地上除灭了，只留下诺亚和那些与他同在方舟里的。水势浩大，在地上共一百五十天。

（二）尧对洪水的治理。洪水灾害在世界各地都会发生的，《圣经》中的洪水也应是成书的当地曾经发生过巨大洪水灾害的影子，那里的洪水是神耶和华所为，也是神耶和华让其消退。"神（耶和华）记念诺亚和诺亚方舟里的一切走兽牲畜，神叫风吹地，水势渐落。渊泉和天上的窗户都闭塞了，天上的雨也就止住了，水从地上渐退"（《圣经·创世纪》）。我们中国的洪水却是用人的力量将其治理，显示出我们民族克服困难、战胜自然灾害的伟大精神。当洪水降临，联盟首领尧就召集会议，讨论治理洪水的人选。众人推荐鲧，尧不同意，四岳让尧试试再说，尧于是命鲧治水，九年无成。

鲧九年治水无成，被摄政的舜诛杀。《史记·五帝本纪》："尧又曰：'嗟，四岳，汤汤洪水滔天，浩浩怀山襄陵，下民其忧，有能使治者？'皆曰：'鲧可。'尧曰：'鲧负命毁族，不可。'岳曰：'异哉，试用不可而已。'尧于是听岳用鲧，九岁，功用不成。"

鲧被舜诛杀后，启用其子禹继其父业，继续治理洪水，终获成功。《尚书·皋陶谟》载禹自述其治水之功云："禹曰：洪水滔天，浩浩怀山襄陵，下民昏垫。予乘四载，随山刊木，暨益奏庶鲜食。予决九川，距四海，浚畎浍，距川。暨稷播，奏庶艰食鲜食。懋迁有无，化居。烝民乃粒，万邦作乂。"乂即治理。禹自述其治水的功劳，虽属事实，也不无夸耀的成分。这也是私心的显现，把功劳归于己，他暗助儿子启也就不足为奇。

鲧禹父子对洪水的治理，反映出我们祖先对自然灾害的斗争精神，同时也是当时人们对水资源的管理行为。一个民族对水资源的掌控情况，关系着生死存亡的大事。英国雷丁大学副校长、历史学家史蒂文·米森教授（Steven Mithen）说：从一万年前人类就开始对水资源进行管理，历史上一些文明因为水资源控制不力而衰落。自新石器时代起，人们就意识到了淡水的商品和经济属性，并开始控制水资源分配。水资源管理不仅涉及人类的生存问题，也成为政治权力的来源。他说，人类建设的宏伟水利工程造就了苏美尔人的灿烂文明和中东沙漠中纳巴泰人的佩特拉城。[1] 禹治水，对我国王朝领土国家的形成，中原中央王国

---

[1] 史蒂文·米森教授（Steven Mithen）：《干渴：古代世界的水资源和权力》（*Thirst: For Water and Power in the Ancient World*），哈佛大学出版社，2012年。转引自闫勇编译：《干渴：古代世界的水资源和权力》，《中国社会科学报》2012年8月3日。

的建立,起到了最后的推力作用。

(三)尧时的旱灾。尧时不但有洪水,也有大旱,有关后羿射日的神话传说,所反映的就是这一事实。大旱使草木焦枯,十分严重。《淮南子·本经训》中说:"尧之时,十日并出,焦禾稼,杀草木而民无所食。"尧乃使羿"上射十日",高诱注"十日并出羿射去九"。羿善射,为民除害,是尧舜时期传说中的一位大英雄。九个太阳被射掉,旱灾解除,反映是用人力战胜天灾的史影。嫦娥奔月神话应产生于此时。传说羿希望长生不老,向西王母讨来不死之药,却被美丽的妻子嫦娥偷吃而飞上了月球,《淮南子·览冥训》"羿请不死之药于西王母,姮娥窃之以奔月",高诱注"姮娥,羿妻。羿请不死之药于西王母,未及服之,姮娥窃食之,得仙奔入月中,为月精也"。姮娥即嫦娥。嫦娥奔月和月亮上的月宫、玉兔、蟾蜍、桂花树等美丽神话,是我们祖先探寻月球及宇宙星球秘密的梦想。2013年12月14日,我国科学家将自己制造的嫦娥三号送上月球,实现了中国人四千多年来的登月梦。

尧时的洪水、大旱灾害,被尧领导下的民众战胜。在战胜自然灾害的过程中,考验和锻炼了首领们的组织、领导能力;同时在同自然灾害的斗争过程中,增强了民众间、民众与首领间的亲和力、团结力。洪水不会仅在尧的城邦联盟地域内才有,所以治理洪水也涉及相邻的邦国。由于尧联盟的力量强大,在治水中发挥出组织领导作用,这样就将邻近的邦国吸引到联盟中来,使联盟的领域大大扩展。所谓"患难兴邦",在同大灾大难的斗争过程中,形成了一种新型的社会关系——文明社会的王朝领土国家上下级的层级关系,就在这个过程中逐渐形成。

六 尧禅位于舜

尧在晚年将首领禅让给了舜,从而在我国历史上出现了一个连续禅让最高首领的"禅让制"时代。"禅让制"实际是首领产生的推荐选举制。尧在禅让前对接班人进行推荐、考察、试用等一系列活动后方才定。《尚书·尧典》载:

> 帝(尧)曰:"咨!四岳,朕在位七十载,汝能庸命,巽朕位?"岳曰:"否德,忝帝位。"曰:"明明扬侧陋。"师(众)锡(赐)帝曰:"有鳏在下,曰虞舜。"帝曰:"俞!予闻,如何?"岳曰:"瞽子。父顽,母嚚,象傲,克谐。以孝烝烝,乂不格奸。"帝曰:"我其试哉!女于时,观厥刑于二女。"釐降二女于妫汭,嫔于虞。帝曰:"钦哉!"

尧征求联盟内其他首领的意见,都推荐舜,尧接受推荐,并将两位女儿嫁给舜,以考察他处理家事的能力,又以各种政事让舜处理,将他放到艰难的环境中去锻炼。舜不但把各种政事办得十分地好,而且经受住了艰苦环境的考验,《尧典》:"慎徽五典,五典克从。纳于百揆,百揆时叙。宾于四门,四门穆穆。纳于大麓,烈风雷雨弗迷。"

尧考验舜三年后,让其代替他主持政事,自己退居幕后,古书中称为"摄",《尧典》:"帝(尧)曰:'格,汝舜,询事考言,乃言底可绩,三载。汝陟帝位。'舜让于德,弗嗣。"三载是尧考察舜三年,然后让舜代替自己主持政事。舜谦让,不接受帝位,要让给比他更有品德人。当然这只是一种姿态,最后还是接受了。《尧典》载舜受摄位时举行的各种大典并择日将信物授给各地首领的情况:

> 正月上日,受终于文祖。在璇玑玉衡,以齐七政。肆类于上帝,禋于六宗,望于山川,遍于群神。辑五瑞。既月乃日,觐四岳群牧,班瑞于群后。

"上日"即朔日即每月的初一。类、禋、望都是祭祀仪式名,六宗是指舜的祖先,群牧是指地方官,群后是指诸侯即加入联盟的各城邦首领。舜代尧主持政务二十八年,《史记·五帝本纪》:"尧立七十年得舜,二十年而老,令舜摄行天子之政,荐之于天。尧辟位凡二十八年而崩。百姓悲哀,如丧父母。三年,四方莫举乐,以思尧。"

尧有子丹朱,尧不选择自己的儿子而接受舜为继承人的推荐,且舜也获得民众的拥戴,《史记·五帝本纪》:

> 尧知子丹朱之不肖,不足授天下,于是乃权授舜。授舜,则天下得其利而丹朱病;授丹朱,则天下病而丹朱得其利。尧曰:"终不以天下之病而利一人,"而卒授舜以天下。尧崩,三年之丧毕,舜让避丹朱于南河之南。诸侯朝觐者不之丹朱而之舜;狱讼者不之丹朱而之舜;讴歌者不讴歌丹朱而讴歌舜。舜曰:"天也夫!"而后之中国践天子位焉,是为帝舜。

尧将城邦首领"禅让"给舜,其后舜、禹照样进行,因此传贤不传子的尧舜禹时期,被后世称为"大同"时期。其实,在"五帝"时期,城邦联盟首领的产生,主要是传贤而不是传子的,并非尧的首创。如前所述,接替帝挚为首领的不是其子而是颛顼,接替颛顼的不是其子而是帝喾,尧是接替其兄为联盟首领的。在黄帝、帝挚、颛顼、帝喾、挚、尧的六"帝"中,传子的只有黄帝和帝喾两人,颛顼、帝喾、尧都是因其品德、能力而成为联盟首领的,只是产生他们过程的故事,因历史久远,文献失载不明其细微而被淹没。尧实行"禅让"后,舜禹两代继续实行这一制度,且有较多的文献记载,故后人就认为是尧的首创。

舜之被推荐为尧的接班人,《尚书·尧典》等古籍中,有较详细的记载而知其大概。从《尚书·尧典》、《史记·五帝本纪》、《夏本纪》等书记载,一是舜本人所具有的品德,二是四岳及师(众)的推荐;三是要经过考核、试用等程序。四岳及师是城邦联盟中的领导成员。对舜的推举过程,使今日的我们看到了四千多年前联盟首领产生的民主制度及这种制度是如何操作的。我们今天要复兴中华,实现中国梦,干部是关键,古人的这种选贤与能的民主制,是应好好继承和发扬的一种传统文化。

七 尧的品德和政治风尚——华表的产生

相传尧是一位个人品德十分高尚的君主,《尚书·尧典》说他:"钦明文思安安,允恭克让。光被四表,格于上下。克明俊德。"孔子更是倍加称赞,《论语·泰伯》:

> 大哉尧之为君也!巍巍乎,唯天为大,唯尧则之;荡荡乎,民无能名焉。巍巍乎,其有成功也!焕乎,其有文章!

《史记·五帝本纪》文与《尧典》类似:"帝尧者放勋。其仁如天,其知如神。就之如日,望之如云。富而不骄,贵而不舒。"

尧的个人生活非常俭朴,住的是茅草屋,吃的粗米饭,冬穿兽皮,夏穿葛布衣,同守门人的生活水平差不多。《韩非子·五蠹》:"尧之王天下也,茅茨不剪,采椽不斫,粝粢之食,藜藿之羹,冬日麑裘,夏日葛衣,虽监门之服养,不亏于此矣。"

尧能自责,把民众的疾苦,归咎于自己为政不当所造成的。《说苑·君道》篇载:"尧存心于天下,加志于穷民。痛万姓之罹难,忧众生之不遂也。有一民饥则曰:此我饥之也;有一人寒则曰:此我寒之也;一民有罪则曰:此我陷之也。"

尧为了听取民众意见,实行一系列有利民众进言的措施:

(一)设进善之旌。《尸子》卷下载:"尧有进善之旌。"即有好的建议,奖以特制的旌旗以示表彰。尧设立"进善之旌",以广纳大众的良策良谋。

(二)置欲谏之鼓。《文选·任彦升〈天监三年宋秀才文〉》注引《邓析子》说:"尧置欲谏之鼓。"尧在宫前设置大鼓,民众想要对尧或城邦内其他首领的失误、过失进行劝谏揭发的,向前击鼓,尧闻鼓声即出来接待,以此鼓励民众讲出对首领的意见,以便改进存在的问题。

(三)设置谤木。《尸子》:"尧立诽谤之木。""诽谤之木"设在四达的大路交会处,对尧政事有意见的写在此木板上,令大众都能看见,是什么问题,尧对这些问题如何处理的,都公开。尧敢于纳谏,鼓励诽谤自己,是一位很有勇气的政治家。正确处理对自己政治措施及个人行为的诽谤(即意见),是中国古代贤明政治家的标志,所以尧的"诽谤之木"就变成后世的华表。(图1-27)《古今注》卷下载:

> 程雅问曰:"尧设诽谤之木,何也?"
> 答曰:"今之华表木也。以横交柱头,状

图1-27 华表

若花也,形似桔槔,大路交衢悉施焉,或谓之表木,以表王者纳谏也,亦以表识衢路也。秦乃除之,汉始复修焉,今京西谓之交午也。"

这是古代人对民主政治的理想。尧以他的宽厚胸怀,仁慈心肠,天下为公的精神,遵循传贤不传子的首领继承上的"禅让制",被颂扬而尊为"五帝"之一,其高尚的品德,为后世的为政者树立了一个榜样。

第二节 "柔远能迩"的孝子舜

舜是生长在下层的一个人物,他被推举为尧的继承人,是他远近闻名的孝悌品行。他是我国历史上第一个大孝子,孔子高度称赞他的孝悌行为,认为孝是做人的根本。孝是中华文化中最为重要的一个内容。舜开创了孝文化,所以他被尊为"五帝"之一。舜执政后实行"柔远能迩"的内外政策,在政治设施、用人、对外上都有新的建树,为华夏民族王朝领土国家的出现,打下了基础。

一 舜的孝行

舜是黄帝的后裔,但其祖先早已沦落为平民,《史记·五帝本纪》载,"虞舜者,名曰重华。重华父曰瞽叟,瞽叟父曰桥牛,桥牛父曰句望,句望父曰敬康,敬康父曰穷蝉,穷蝉父曰帝颛顼,颛顼父曰昌意,以至舜七世矣。自穷蝉以至帝舜,皆微为庶人。"由于家境贫寒,舜三十岁时还是单身,《尚书·尧典》:"师锡曰:有鳏在下,曰虞舜。"孔传"无妻曰鳏。"孔颖达疏"《王制》云:老而无妻曰鳏,舜于时年未三十而谓之鳏者……鳏者无妻之名,不拘老少。"舜在被推荐时年龄已是三十岁,《史记·五帝本纪》:"舜年二十以孝闻,三十而帝尧问可用者,四岳咸荐虞舜,曰:可。"古人男子二十岁结婚,有的还更早。三十岁还未结婚的人,实在是少有,所以尧将两个女儿嫁给他为妻。(图1-28)

舜之所以被举荐为尧的接班人,乃是他的孝悌人品,《史记》记载他"年二十以孝闻"。其孝顺父母的品德,不仅传于身边民众也传到尧的都城,联盟首领尧及其周围的人,都听到而熟知其事,《尧典》"帝曰:俞!余闻,如何?岳曰:瞽子。父顽,母嚚,象傲,克谐。以孝烝烝。"谓其父不讲德义,其母愚顽,其弟象傲慢不友好,舜都能同他们和谐相处,他

图1-28 大舜画像

孝顺的品德真是十分厚美。

舜的父亲瞽叟和弟弟象,屡次设计杀害舜,舜虽知之而不计较,不减孝亲友弟的行动。《孟子·万章上》载:"万章曰:父母使舜完廪,捐阶,瞽叟焚廪。使浚井,出,从而揜之。"《史记·五帝本纪》记载其事更详:

> 舜父瞽叟盲,而舜母死,瞽叟更娶妻而生象,象傲。瞽叟爱后妻子,常欲杀舜,舜避逃;及有小过,则受罪。顺事父及后母与弟,日以笃谨,匪有解……舜父瞽叟顽,母嚚,弟象傲,皆欲杀舜。舜顺适不失子道,兄弟孝慈。欲杀,不可得;即求,尝在侧……尧乃赐舜絺衣与琴,为筑仓廪,予牛羊,瞽叟尚复欲杀之。使舜上涂廪,瞽叟从下纵火焚廪,舜乃以两笠自扞而下,去,得不死。后瞽叟又使舜穿井。舜穿井,为匿空旁出。舜既入深,瞽叟与象共下土实井,舜从匿空出,去。瞽叟、象喜,以舜为已死。象曰:"本谋者象。"象与其父母分。于是曰:"舜妻尧之二女与琴,象取之;牛羊、仓廪予父母。"象乃止舜宫居,鼓其琴。舜往见之,象鄂不怿曰:"我思舜正郁陶。"舜曰:"然,尔其庶矣!"舜复事瞽叟、爱弟弥谨。

舜的孝顺父母,友爱其弟的行为,可谓逆来顺受。《史记》所载,有来自《孟子》书中的,崔述说,"孟子之言或有所本"而"传闻往往过其实"。[①] 他举涂廪、淘井,皆是舜被推荐后时事,显然是不可能有的。崔述说的"有所本"的"本",即载之《尚书·尧典》那几句话。舜本一介平民,被推举为城邦联盟首领的接班人,其"以孝烝烝"事迹当不假。

完全没有任何背景的舜之被举荐,说明在五帝时代,孝的思想,是多么的浓厚,是何等的深入人心。舜是我国历史上第一位大孝子,他树立起了孝的榜样,创造了中华民族孝文化。孝顺父母,友爱兄弟,是做人最根本的准则,孔子弟子有若说,"孝弟也者,其为仁之本与。"(《论语·学而》)有孝才能处理好家庭关系,建立和谐社会,所以孝文化是中华民族传统文化的重要构成部分。

二 舜活动的地域

传说舜是接受尧的禅让而成为尧后的中原一"帝"的。他出生在东夷,在中原当首领,孟子说:"舜生于诸冯,迁于负夏,卒于鸣条,东夷之人也。"(《孟子·离娄(下)》)

(一)舜的出生地。孟子说舜生于诸冯。诸冯地望有三说:今山东菏泽市东南;今山东诸城;今山西省桓曲县东诸冯山。

1. 山西桓曲县东诸冯山。古籍记载,舜在今山西省境内活动的传说最多,《史记·五帝本纪》说舜本冀州人即出生在冀州:"舜,冀州之人也。舜耕历山、渔

---

① 《崔东壁遗书》第62页,上海古籍出版社,1983年。

雷泽、陶河滨、作什器于寿丘、就时于负夏。"山西境内的中条山有十一个名字,其中就有一个名字为历山,《括地志》:"蒲州河东县雷首山,一名中条山,亦名历山、亦名首阳山、亦名襄山、亦名甘枣山、亦名猪山、亦名狗头山、亦名薄山、亦名吴山。此山西起雷首山,东至吴坂,凡十一名,随州县分之。历山南有舜井。"蒲州是北周明帝二年(558)改泰州置,治所在蒲坂县,唐代的河东县治所在今山西省永济县西南蒲州镇。

舜所嫔的虞,据《帝王世纪》说在晋河东大阳县,《左传》哀公元年《正义》引《帝王世纪》:"(舜)嫔于虞,因以虞为氏。虞,今河东大阳县西山上虞城是也。"大阳县为西汉时所置,治所在今山西省平陆县西南的平陆城。

尧"釐降二女于妫汭"的妫汭,有今山西省永济与河北省涿鹿县两说,《史记·五帝本纪》张守节《正义》引《括地志》说妫汭在河东郡蒲坂,即今山西省永济县境:"河东郡青山东山中有二泉,南流者为妫水,北流者汭水,二水异源合流出谷,西注河,妫水北曰汭也。又云,河东县二里故蒲坂城,舜所都也,城中有舜庙,城外有舜宅及二妃坛。"

在《史记·五帝本纪》"舜,冀州之人也"下,张守节《正义》既列蒲坂说,又列妫州说:"蒲州河东县,本属冀州,宋《永初山川记》云:'蒲坂城中有舜庙,城外有舜宅及二妃坛。'《括地志》云:'妫州有妫水,源出城中。'《耆旧传》云:'即舜釐降二女于妫汭之所。外城中有舜井,城北有历山,山上有舜庙。未详。'按妫州亦冀州城,是也。"

舜被选为尧的接班人后,一直活动在尧部落联盟的中心地区,所以山西境内不少有关有舜的传说,是否出生在这里,不能坐实。

2. 山东诸城。汉时人赵岐注《孟子》说"负夏"即负海,"负,海也。在东方夷服之地,故曰'东夷之人也'"。对负海所指的具体位置,清人赵佑在《温故录》中说是指地靠海的诸冯,地在青州府诸城县,他说"赵氏(指汉代人赵岐——引者)盖略闻诸冯之负海,而未得其实,故诨而言之。今青州府诸城县,大海环其东北,说者以为即《春秋》书'城诸'者。其地有所谓冯山冯村,盖相传自古,窃疑近是。"

对诸冯的所在地,学界有三种说法,1931年商务印书馆香港分馆出版的《中国古今地名大辞典》"诸冯"辞条下云:"在山东菏泽南五十里,相传即舜生处;亦云,即今山东诸城县;又山西桓曲县东北五十里(应为四十里——引者)有诸冯山,《方舆纪要》云,舜生于诸冯,盖即此。"赵岐指出诸冯、负夏之地临大海而未能确指其具体地望,但他因此赞成孟子舜是"东夷之人"的说法,也还是大致合于实际的。赵佑根据"相传自古"的民间传说,确定清时的青州诸城县是舜的出生地,地点更具体。乾隆版《诸城县志》记载,该县"人物以舜为冠,古迹以诸冯为首"。特别是2006年在地下发现一块明中叶祭祀舜时修舜庙的残碑,证实自古以来这里对舜就在不断地举行祭祀活动。

诸城最早只称诸,《春秋》庄公二十九年"城诸及防",《春秋》文公十二年"季孙行父帅师城诸及郓"。"诸城"这个名字最早见于隋代,隋文帝开皇十八年(598)改东武县为诸城县。其地在西汉时为诸县,春秋时为鲁国的一个邑。

是"诸"作为地名则已见于春秋时期。诸冯应即诸。从语言角度讲,诸冯的冯字是个轻读语尾音,如北京话的"儿",付诸文字是可省去的,不省则作"诸冯",省去尾音则作"诸"。在先秦时期单字名词,因言说时发音需要,有时会在其前加一发声字或在其后加一语尾音字,如吴国的吴,在古籍里常见被写作"句吴",在青铜器铭文中则作"攻吴",句、攻音同,是为读来口顺而加的发声字,实即是指吴国的"吴"。又如越国的越,有时作"於越","於"字是发声字;邾国的邾,有时又作邾娄,如《左传》本《春秋》襄公二十三年"冬,十月乙亥,臧孙纥出奔邾",《公羊传》本则作"冬,十月乙亥,臧孙纥出奔邾娄"。此"娄"字是个语尾音字,可有可无。故邾娄即邾,句吴、攻吴即吴,於越即越。同样,诸冯即诸。可见诸冯、诸、诸城三名一地,其名称的演绎关系清楚。且以诸或以诸打头字起的地名,除鲁国的诸邑外,在先秦时期只有地处今陕西省佳县北的诸次山和诸次水,见于《山海经·南山经》,其地与舜生地了不相涉。《读史方舆纪要》卷四十一桓曲县三锥山下附出的"诸冯山"名不见于先秦时而是晚出的一个地名。故春秋时鲁国诸邑即今之诸城县应即孟子所说,舜的出生之地诸冯。①

舜本是"东夷之人",为什么要把他说成是山西人呢?主要是因为舜在从政后,所领导的城邦联盟是在以山西为中心的中原地区,因此而认为他应是山西人即中原地区人。其实,这种观念是不对的,在中原地区当统治者,不一定就出生在中原地区,且从历史上看,在中原当王或皇帝的大多不是中原出生的人。②

3. 姚墟说。《说文解字》女部姚字下云:"虞舜居姚虚,因以为姓。"姚虚即姚墟,古书一般将墟字写作虚。皇甫谧从其说,《初学记》卷九引《帝王世纪》:"瞽瞍妻曰握登,见大虹意感而生舜于姚墟,故姓姚氏,字都君。"古文献记载姚墟有二:

(1) 山东菏泽姚墟。《史纪·五帝本纪》张守节《正义》引《括地志》:"姚墟在濮州雷泽县东十三里。《孝经·援神契》云舜生于姚墟。""濮州雷泽县有历山、舜井,又有姚墟,云舜生处也。"雷泽县为隋文帝开皇十六年(596)置,因县北有雷泽而得名,治所在今山东省菏泽市东北五十二里胡集。

(2) 浙江余姚姚墟。其说出自《括地志》,《史记·五帝本纪》"舜耕历山"张守节《正义》引《括地志》:"越州馀(余)姚县有舜井,濮州雷泽县有历山、舜井,二所又有姚墟,云生舜处也。及妫州历山、舜井,皆云舜所生处,未详也。"越州馀(余)姚县,顾野王说是舜后支庶所封之地。舜姚姓,故云余姚。县西七十里有汉

---

① 朱玲玲:《舜为"东夷人"考》,载《诸城大舜研究——2009年中国(诸城)大舜文化学术研讨会论文集》,人民出版社,2010年。

② 朱玲玲:《舜为"东夷人"考》。

上虞故县。《会稽旧记》记载,舜上虞人,去虞三十里有姚丘,即舜所生也。周处《风土记》云舜东夷之人,生姚丘(《史记·五帝本纪》"虞舜者"《正义》引)。

　　古籍记载,舜的出生地有多处说法,孟子诸冯说最早,姚墟说最早见于东汉许慎的《说文解字》。舜出生地的多说,是因舜的活动地域广阔有关,故在不同地区留下有关他的遗迹、传说,都有其可信的成分,但从舜在被尧选为接班人前的一连串活动地点考虑,他是从东渐次向西发展的。《史记·五帝本纪》:

　　　　舜耕历山,渔雷泽,陶河滨,作什器于寿丘,就时于负夏。

　　历山多处都有,河滨虽有定陶说,也有河东县黄河之滨说,凡河岸旁皆可称为河滨。雷泽、寿丘、负夏三地说者意见较一致。雷泽在濮州即今山东省菏泽市,寿丘在鲁东门之北,即今曲阜,负夏郑玄说在卫地。卫地即周代的卫国。卫国是周武王的弟弟康叔所封,初封地在今河南朝歌即今淇县,春秋初期国君卫懿公荒淫,被北边的狄人打败,国君懿公战死,国家被灭,齐桓公将卫国的遗民七百三十人迁到曹(即今河南滑县),立卫戴公为国君,其后卫又迁到帝丘即今之河南省的濮阳市。郑玄说的"卫地"当是卫国后期都城濮阳。古时夏、华夏泛指中原地区,濮阳地处河南东北部,已属中原地区的边缘地带,故被称为"负夏"。舜虽是东夷之人,但他的活动逐渐向中原地区前进,所以尧及他的大臣们能知道有舜这样一个大孝人物。

　　(二)舜的都城。舜的都城有蒲坂、平阳与妫州诸说,《水经·河水注》引《帝王世纪》:"舜所都也,或言蒲坂,或言平阳及潘者也。今城中(指蒲坂城——引者)有舜庙。"蒲坂有虞乡县,《史记·魏世家》张守节《正义》引《括地志》:"晋阳故城今名晋城,在蒲州虞乡县西三十五里。"虞乡县是北周保定元年(561)改绥化县置,明言舜曾都于此。平阳在今山西省临汾市,是尧都所在地。舜代尧摄行"天子"事时期应在尧之都,但他也有别都。潘即是妫州城,《括地志》:"潘,今妫州城是也。"妫州是唐贞观八年(634)改北燕州而设置的,治所在今河北省涿鹿县西南的石灰窑。山西省的永济、临汾和河北省的涿鹿县都有关于舜的传说故事,此并不奇怪,是反映五帝时代后期,人口增加,寻求新耕地的史实。

　　(三)舜巡视各地,划分十二州。舜在代尧行政时,到各地"巡狩",《尚书·尧典》里载,舜摄事的当年就到四方"巡狩",建立每五年"巡狩"一次的制度,并将所管辖的土地划分为十二个州:

　　　　正月上日,(舜)受终于文祖……岁二月,东巡狩,至于岱宗,柴。望秩于山川,肆觐东后。协时月正日,同律度量衡。修五礼、五玉、三帛、二生一死贽,如五器,卒乃复。五月南巡狩,至于南岳,如岱礼。八月西巡狩,至于西岳,如初。十有一月朔巡狩,至于北岳,如西礼。归,格于艺祖,用特。五载一巡狩,群后四朝。敷奏以言,明试以功,车服以庸。肇十有二州,封十有二山,濬川。

孔安国《传》："肇，始也。"因此时舜是摄政，尧还在，故将十二州的划定归于尧时，也是有理的，但其创制确是舜。《史记·五帝本纪》引《尚书·尧典》文基本相同：

> 于是帝尧老，命舜摄行天子之政，以观天命……岁二月，东巡狩，至于岱宗，柴。望秩于山川，遂见东方君长，合时月正日，同律度量衡，修五礼五玉三帛二生一死为挚，如五器，卒乃复。五月，南巡狩；八月，西巡狩；十一月北巡狩，皆如初。归，至于祖祢庙，用特牛礼。五岁一巡狩，群后四朝。遍告以言，明试以功，车服以庸。肇十有二州，决川。

是舜的活动已遍及全国各地，而十二州的划设，乃是从城邦联盟走向王朝领土国家的重大措施。

（四）舜的葬地。传说舜葬湖南零陵九疑山。《山海经·海内经》"南方苍梧之丘，苍梧之渊，其中有九嶷山，舜之所葬，在长沙零陵界中"。郭璞《注》："山在今零陵营道县南，其山九溪相似，故云'九疑'，古者总名其地苍梧也。"《离骚》"济沅湘以南征兮，就重华而陈词"，王逸《注》引《帝系》："瞽叟生重华，是为帝舜，葬于九疑山，在沅湘之南。"陈词即陈词，即向舜问兴亡之事。《史记·五帝本纪》："（舜）践帝位三十九年，南巡狩崩于苍梧之野，葬于江南九疑，是为零陵。"裴骃《集解》引《皇览》说舜葬处：《皇览》曰："舜冢在零陵营浦县，其山九溪皆相似，故曰九疑。"零陵在今湖南宁远县，宁远县有九疑山。1968年湖南省测绘局编制的《湖南省地图册》宁远县图文字说明中载："闻名中外的九疑山奇峰挺拔，风景秀丽，岩洞奇特，相传为舜葬所，筑有舜殿为历代帝王禅祭之处，旧地尚存。"有祭祀舜的庙，为汉代所建，2001年在湖南省宁远县九疑山瑶族乡九疑洞村玉琯岩附近汉唐坪发现汉代建筑一处，经发掘面积有6 000平方米。专家推断该处遗址即文献中记载的古舜帝庙，现已被列为全国重点文物保护单位。国家和省投资4 000万元进行保护，2011年各种保护建设项目的主体土木工程已完成。

是舜出生在今山东省的诸城市，三十岁被推举为尧的接班人而到了尧都，后接替尧为"天子"，建立巡视制度，划分疆土为十二州，死后葬在今湖南省宁远县的九疑山。

三　"柔远能迩"的内外政策

舜作为尧的助手二十八年（或说二十年），尧放手不管事，舜是事实上的首领，尧死后接替尧位五十年去世，是舜执掌城邦联盟时间很长。舜主持联盟政事时，提出"柔远能迩"的内外政策，舜推行这个政策后，使城邦内部巩固，周边城邦仰慕亲附，联盟土地扩大，促进了我国王朝领土国家的形成。《尚书·尧典》载舜对十二州的长官牧宣讲这个政策说，"柔远能迩，惇德允元，而难任人，蛮夷率服。"翻译成现代语就是：实行柔远能迩的政策，就要信任品德好的善人，排除品德恶劣的奸佞,这样周边的异族就都会来归附我们。"柔"是怀柔、亲善,"远"是指尧舜联盟以外的城邦。"柔远"即是对联盟外的城邦采取亲善的政策,即我们今天讲的"与邻为善、以邻为伴"的善邻政策。"能"有两重含义:一是作名词用,指能人、有才能的人;一是作动词用,即"使能",使用有才能的人。"迩"是指身边、联盟内部。正确的解释应是对城邦联盟外的城邦实施与邻为善的友邻政策,使他们亲附;对联盟内的能人、有才德的人要重用、提拔。后面两句是对"能迩"的说明,"惇德允元"是亲厚有德之士,信任善人。"难任人"的"难"是拒绝、排斥,"任人"即佞人、奸佞小人。"蛮夷率服"是此项政策的效果。舜不仅提出这个治理城邦联盟的内外政策,而且他是认真执行了的。舜举八元八恺,对黄帝族系中隐于民间的贤才,大加启用,《左传》文公十八年:

> 昔高阳氏有才子八人:苍舒、隤敱、梼戭、大临、尨降、庭坚、仲容、叔达,齐圣广渊,明允笃诚,天下之民谓之"八恺"。高辛氏有才子八人:伯奋、仲堪、叔献、季仲、伯虎、仲熊、叔豹、季狸,忠肃共懿,宣慈惠和,天下之民谓之"八元"。此十六族也,世济其美,不陨其名,以至于尧,尧不能举。舜臣尧,举八恺,使主后土,以揆百事,莫不时序,地平天成。举八元,使布五教于四方:父义、母慈、兄友、弟共(恭)、子孝,内平外成。

湖北荆门郭店楚竹简里的《唐虞之道》说尧舜爱亲尊贤:"尧舜之行,爱亲尊贤。爱亲故孝,尊贤故禅。爱亲忘贤,仁而未义也;尊贤遗亲,义而未仁也……爱亲尊贤,虞舜其人也。"孝顺父母友爱其兄弟,就是"爱亲",举用八元八凯,就是尊贤使能,就是"能迩",就是"惇德允元"。

舜对"任人"(即奸佞小人)坚决加以打击。《尚书·尧典》载舜:"流共工于幽州,放驩兜于崇山,窜三苗于三危,殛鲧于羽山。四罪而天下咸服。"流、放、窜都是"流"放,即流放到远方蛮荒之地。殛是处死。这些人都是城邦首领。舜对黄帝族系中的一些顽劣者也加以打击,将其流放到边远地方。《左传》文公十八年载:

> 帝鸿氏有不才子,掩义隐贼,好行凶德,丑类恶物,顽嚚不友,是与比周,天下之民谓之浑敦。少皞氏有不才子,毁信废忠,崇饰恶言,靖潜庸回,服谗搜慝,以诬盛德,天下之民谓之穷奇。颛顼氏有不才子,不可教训,不知话言,告知则顽,舍之则嚚,傲狠明德,以乱天常,天下之民谓之梼杌。此三族也,世济其凶,增其恶名。以至于尧,尧不能去。缙云氏有不才子,贪于饮食,冒于货贿,侵欲崇侈,不可盈厌,聚敛积实,不知纪极,不分孤寡,不恤穷匮,天下之民以比三凶,谓之饕餮。舜臣尧,宾于四门,流四凶族:浑敦、穷奇、梼杌、饕餮,投诸四裔,以御螭魅。

"四凶"中有三人是黄帝族系人物,缙云氏是炎帝族系人物。尧在用人上是存在问题的,有德才的人如八元八凯"不能举",有大恶的人如四凶"不能去",即是好坏不分,所以出现尧的令不行禁不止的现象。尧时城邦联盟内部已出现分裂的因素,如驩兜、共工、鲧等在联盟内拥有很大的势力,尧在征询谁可作他的接班人时,驩兜就推荐共工,说他"旁聚布功,可用"。尧在征求治水人选时,四岳都推荐鲧。从驩兜推荐共工为尧接班人看,他们互相勾结,存有二心而对舜不服。鲧甚至公然举起分裂的旗帜,《吕氏春秋·行论》载:

> 尧以天下让舜。鲧为诸侯,怒于尧曰:"得天之道者为帝,得地之道者为三公。今我得地之道而不以我为三公。"以为尧失论。欲得三公。怒甚猛兽,欲以为乱。比兽之角,能以为城;举其尾,能以为旌。召之不来,仿佯于野以患帝。

《韩非子·外储说右上》载:"尧欲传天下于舜……共工又谏曰:'孰以天下而传之匹夫乎?'"这些"人"都是有势力的城邦首领,他们不满尧让位于舜的情绪,对城邦联盟的巩固具有极大的破坏作用。舜纠正了尧在用人上的失误,起用八元八凯,打击四凶顽劣,使城邦联盟内部团结得到巩固,形成一个坚强联盟,成为吸引各城邦的向心力。以这样一个坚强的联盟,进入王朝领土国家时代,就为中华民族统一领土国家奠定下厚实的基础。中华民族统一国家数千年而不分裂、中华民族文化延续数千年而不被灭亡,实在是同舜在进入王朝领土国家前夜,对城邦联盟所进行的团结巩固措施密切相关。

舜在注重团结联盟内部的同时,也十分注重扩大联盟的规模,争取更多的城邦加入到联盟中来,这就是他的"柔远"策略。此策略的运用体现在他对待苗族上。苗族或称为三苗,居地在彭蠡即今湖南省的洞庭湖一带。苗民不服,舜施以德义使其归服。《尚书·皋陶谟》载禹对舜说:"苗顽弗即工,帝其念哉!"意即苗民不服,禹建议要给以打击。舜却对禹说:"迪朕德,时乃工,惟叙。"意即你去宣扬我对他们的关怀之意,依时行事,苗民自然会顺从的。《吕氏春秋·上德》:"舜以德服三苗。"《韩诗外传》卷三第二十三章:"当舜之时,有苗不服。其不服者,衡山在南,岐山在北,左洞庭之波,右彭泽之水。由此险也,以不服。禹请伐之,而舜不许,曰:'吾教犹未竭也。'久喻教而有苗民请服。"《淮南子·修务训》有"舜南征三苗"事,《尚书·尧典》有舜"分北三苗",郑玄注:北"犹别也"。是说舜往南方分别三苗之族。清人王先谦说,舜所征讨的是经过教喻后仍不服的那部分苗民,"此经文(按:指《尧典》)终言舜治天下大事。三苗不服,舜先喻教以柔之,犹有梗化者始征之。既破,却其人,乃分析安置其党类,易变其俗。封象、有庳,又使吏治其国,纳其贡赋,建立亲贤以镇抚之。"① 舜对不服的苗族主要采取怀柔的策略使其归服。舜"柔远"的策略,他的助手禹是遵照执行了的,并获得极大的成功,扩大了城邦联盟的范围,此即舜所说的"蛮夷率服"。司马迁在《五帝本纪》中说

---

① 转引自周秉钧《尚书易解·尧典》,岳麓书社,1984年。

舜的疆域:"南:抚交阯、北发;西:戎、析枝、渠廋、氐、羌;北:山戎、发、息慎;东:长、鸟夷。四海之内,咸戴帝舜之功。"①这就是舜实行"柔远"策略的效果。

舜实行"柔远能迩"的政策,巩固了联盟,使其内部团结增强;用怀柔的"善邻"策略,使联盟同周边的城邦和睦友好相处,这样以尧舜城邦联盟为中心,联结周边弱小的城邦,就在中原大地上形成一个地域更大的强势联盟。在这个过程中,尧舜城邦联盟和周边的城邦间,逐渐形成起一种上下级的层级关系。进入王朝领土国家的夏代,从国家政权的角度保持这种层级关系,这就是封建制。夏商周时期实行的分封制,实孕育于此时。王朝领土文明国家的体制(即统一王朝),在舜时就已具雏形,跨越这道门槛,不是能不能的问题,只是何时、由谁来跨越的问题。

四 舜时的职官设置

舜代尧后,成为城邦联盟首领,根据社会发展形势的需要,设立了一系列"职官",以处理联盟内部的各种事务。舜时的职官设置主要有:

(一)分联盟为十二州,任命各州长官"牧"。《尚书·尧典》:"(舜)肇十有二州。封十有二山。浚川。"肇,始也。"肇十有二州"即是开始将全联盟的土地划分为十二个州。《汉书·地理志》云是尧遭洪水时被洪水分为十二州:"尧遭洪水,怀山襄陵,天下分绝,为十二州。"尧遭遇洪水时正是舜摄政之时,故划分州之事应是舜的举措。每州设一长官称牧,《尚书·尧典》载舜对十二牧的要求:"咨!十有二牧,曰:'食哉惟时!柔远能迩,惇德允元,而难任人,蛮夷率服。'"

清人崔述《唐虞考信录》卷二《"肇十有二州"以前无九州》中说十二州之数是舜的创制:

"肇"之为言"始"也,前此未有而始设之之谓"肇",若前此固有九州而但增之,非肇也……舜摄政之初但曰"曰觐四岳群牧",不曰"九牧",牧未有定数也,及舜即位则曰:"咨!十有二牧",不曰"咨于群牧",牧已有常额也。其后禹别九州,亦曰"九牧",不曰"群牧",州之肇于舜而非增于舜明矣。

十二州的形成无论是因洪水而分还是因治理整个城邦联盟地域所需而划分,都是当时一件重大的政治建设。舜在各州派遣一"牧"即长官治理该州,这样城邦联盟就对整个联盟的土地实施有效的控制,于是舜就将普通城邦联盟转化成领土城邦联盟。领土城邦联盟就已经是最初的领土国家了。

(二)命九官主管九种政务。舜设置的九官为:

1. 命禹作司空,主平水土。《尚书·尧典》:"舜曰:'咨,四岳!有能奋庸熙

---

① 汉人刘向《说苑·修文十九》言舜此功云:"南抚交阯、北发;西析支、渠搜、氐、羌;北至山戎、肃慎;东至长夷、岛夷。四海之内,皆戴帝舜之功。"

帝之载,使宅百揆亮采,惠畴?'佥(皆)曰:'伯禹作司空。'帝曰:'俞,咨!禹,汝平水土,惟时懋哉!'禹拜,稽首,让于稷、契暨皋陶。帝曰:'俞,汝往哉!'"《史记·五帝本纪》说舜任命禹为司空时的情况云:"舜谓四岳曰:'有能奋庸美尧之事者,使居官相事。'皆曰:'伯禹为司空,可美帝功。'舜曰:'嗟,然。禹,汝平水土,维是勉哉!'禹拜稽首,让于稷、契与皋陶。舜曰:'然,往矣!'"

尧舜时,洪水泛滥,治水工程为首要之急务,故首任禹为司空,居辅佐舜的重要位,相当于后世宰相的地位。

2. 任命弃为稷官,掌管农务。《尚书·尧典》:"帝(舜)曰:'弃,黎民阻饥,汝后稷,播时百谷。'"稷是主管农业的职官,《史记·周本纪》:"夏后氏政衰,去稷不务。"裴骃《集解》引韦昭云:"夏太康失国,废稷之官,不复务农。""后"字在此是主持、主管之义即此部门的长官。因周人始祖弃在舜时主管稷事,后来就将后与稷连称为"后稷"而专指弃,即后稷就是弃,弃也称为后稷。《孟子·滕文公上》载孟子说后稷教民树艺五谷:"后稷教民稼穑,树艺五谷,五谷熟而人民育。"

3. 任命契为司徒,掌管民政。《尚书·尧典》:"帝(舜)曰:'契,百姓不亲,五品不逊,汝作司徒,敬敷五教,在宽。'"五品指君臣、父子、夫妇、兄弟、朋友,此即所称的"人伦"。"五教"马融说即"五品之教",韦昭谓"五品之教"的内容是"父义、母慈、兄友、弟恭、子孝"。孟子说这五教是人和禽兽之所别的人伦,《孟子·滕文公下》:"人之有道也,饱食煖衣逸居而无教,则近于禽兽。圣人有忧之,使契为司徒,教以人伦:父子有亲,君臣有义,夫妇有别,长幼有序,朋友有信。""五教"是我国传统文化的基本内容。

4. 任命皋陶为士,为狱官之长。舜命皋陶制定五种刑罚、使用的刑具及执行刑罚的地点及将各种肉刑宽减成流放。《尚书·尧典》:"帝(舜)曰:'皋陶,蛮夷猾夏,寇贼奸宄,汝作士,五刑有服,五服三就。五流有宅,五宅三居。惟明克允!'"

五刑即墨、劓、剕(刖)、宫、大辟,都是肉刑。"五服"的"服"就是"服刑",即被判受五种刑罚的罪人是要认真执行的。五种肉刑使用的刑具,即《国语·鲁语》所载:"大刑用甲兵,其次用斧钺,中刑用刀锯,其次用钻笮,薄刑用鞭扑。""五服三就"指执行刑罚的三种地点,《国语·鲁语》:"大者陈诸原野,小者致之市、朝,五刑三次,是无隐也。""五流有宅"的"五流"是以流放之法宽宥被判处五刑的罪人。

用流放来宽宥被判处五刑的罪人,在舜摄政时就已经实施了,《尧典》舜在摄政时颁布的刑罚云:"象以典刑。流宥五刑,鞭作官刑,扑作教刑,金作赎刑。眚灾肆赦,怙终贼(则)刑。"

"象以典刑"后世简称为"象刑",认为只是对犯罪者给以象征性用刑的意思,如《慎子》说有虞氏实施象刑的情况:"有虞氏之诛,以幪巾当墨,以草缨当劓,以菲履当剕,以艾韨当宫,布衣无领当大辟。"①曾运乾在《尚书正读》(中华书局,1964年)中说,"象刑"是宣传法律的活动:"象,刻画也。盖刻画墨、劓、剕、宫、大辟之刑于器物,使民知所惩戒,如九鼎象物之比。俗说乃以画衣冠异章服为象刑,盖传之失其真也。象即唐虞时刑名,皋陶方施象刑是也。《荀子·正论》云:'世俗之为说者曰,治古无肉刑而有象刑,是不然。以为治耶,则人故莫触罪,非独不用肉刑,亦不用象刑矣。以为人或触罪耶,而直轻其刑,然而是杀人者不死,伤人者不刑耶。乱莫大焉。以此知象刑非如俗说也。'"

对法律加以大力宣传,使民众知道何者可为何者不可为,乃是法律的普及。舜时毕竟还是处在王朝领土国家出现的前夜,虽有初期的法律,但执行却是宽松的,所谓的"流宥五刑"即是五种肉刑都减为流放。"五流有宅,五宅三居"即是对流放罪人的地方要有居所。"金作赎刑"犯了法还可用财物赎免,遇有灾害年头就要赦免犯罪者,累教不改者才实施刑罚,即所谓"怙终贼(则)刑"也。在进入王朝领土国家社会前的城邦时代,城邦内对有过失者也要加以惩罚的,如在仰韶文化遗址里,就发现一些特殊埋葬现象,在陕西省华阴县横阵村遗址中仰韶文化灰坑 H103 内埋有 8 人,人骨分上下两层,上层 6 具,下层 2 具。这些人骨无一定姿势,在上层人骨中有缺胳膊少腿骨者。② 在河南荥阳点军台遗址的仰韶文化晚期灰坑 H57 中,发现埋有人骨 10 具,横躺斜置,互相叠压,凌乱无规律,有的下肢不全(如 5 号人骨),有的腿骨有明显的断裂痕迹。③ 这些埋葬都是未经过扰乱的,应是埋葬时的原始状态,这些缺胳膊少腿者,应是受过刑罚的人,即"怙终贼(则)刑"者。

舜对执法提出四条原则:一是公正的原则。舜对皋陶说刑法只有"惟明克允"(见《尚书·尧典》)。"惟明"的"惟"是加重、强调的语气词。明,明察,查清案情;克,能够。允,义为公正、公平、恰当,《玉篇·儿部》"允,当也"。"惟明克允",是说只有明察案情才能作出公正的判决,才能服人。案情不明,判决就不公,社会就黑暗,民众就会遭殃,这样的社会也是长不了的。二是"宥过无大,刑故无小"的原则(见《尚书·大禹谟》)。"过"即过失,"故"即故意、有意。过失虽大而非有意,也要从宽;故意犯罪,罪行虽小也要依法处理。三是"罪疑从轻","与其杀不辜,宁失不经"原则。"不辜"是没有罪过,"经"指经典、法律条款,"不经"不遵照条款,违背条款。意思是证据不确定有怀疑的要从轻处理。宁可违背法律条款也不要错杀无罪过的人。四是"罚弗及嗣"的原则(见《尚书·大禹谟》)。父辈犯罪,不牵连子女,与子女无关。这些都是我国十分优秀的法律文化,值得今

---

① 《太平御览》卷六四五引。
② 中国社会科学院考古研究所陕西工作队:《陕西华阴横阵遗址发掘报告》,《考古学集刊》第 4 集,中国社会科学出版社,1964 年。
③ 郑州市博物馆:《荥阳点军台遗址 1980 年发掘报告》,《中原文物》1982 年第 4 期。

日法律工作者继承。

刑法起于社会的需要,人们起于贪欲而起纷争,会造成社会混乱,《汉书·刑法志》云,人的"爪牙不足以供耆欲,趋走不足以避利害,无毛羽以御寒暑,必将役物以为养,任智而不恃力,此其所以为贵也。故不仁爱则不能群,不能群则不胜物;不胜物则养不足。群而不足争心将作"。争夺起而引起社会不安定,故"天子"乃"作刑以明威","刑罚威狱以类天之震曜杀戮"。法源于礼,礼起于俗。礼、俗产生于人类早期的氏族部落时期,所以至舜时有"皋陶之刑"。① 《孟子·尽心上》云:"舜为天子,皋陶作士。"据《尚书·尧典》是尧任命皋陶"作士",更在舜前。士是主管刑罚的,故有制刑罚的任务,古本《竹书纪年》载舜"命咎(皋)陶作刑",据《世本·作篇》"皋陶作五刑"。② 所谓"皋陶之刑"应是尧舜城邦联盟内部的法典,是为了平息"争心",使联盟内部能够团结巩固。

5. 命垂为工官,主管手工业事务,并让殳斨和伯与二人协同为副。《尚书·尧典》:"帝(舜)曰:'畴若予工?'佥曰:'垂哉!'帝曰:'俞,咨!垂,汝共工。'垂拜稽首,让于殳斨暨伯与。帝曰:'俞,往哉,汝谐。'"舜坚持任命垂为工官而使殳斨、伯与为副协助。

6. 任命益为虞官,主管山林之事。《尚书·尧典》:"帝(舜)曰:'畴若予上下草木鸟兽?'佥曰:'益哉!'帝曰:'俞,咨,益,汝作朕虞。'益拜稽首,让于朱虎、熊罴。帝曰:'俞,往哉!汝谐。'"朱虎、熊罴可能为小城邦首领,以朱虎、熊罴为小城邦名号。舜让他们协助益。

7. 任命伯夷为秩宗,掌管祭祀的礼官。《尚书·尧典》:"帝(舜)曰:'咨,四岳,有能典朕三礼?'佥曰:'伯夷。'帝曰:'俞,咨!伯,汝作秩宗,夙夜惟寅,直哉惟清。'伯拜稽首,让于夔、龙。帝曰:'俞,往钦哉。'"寅,敬。直,正直。清,清明。

8. 任命夔为乐官,主管乐舞之教。《尚书·尧典》:"帝(舜)曰:'夔,命汝典乐,教胄子,直而温,宽而栗,刚而无虐,简而无傲。诗言志,歌永言,声依永,律和声。八音克谐,无相夺伦,百兽率舞。'夔曰:'于!予击石拊石,百兽率舞。'"夔自觉能胜任此职,没有让位给他人。《左传》中称夔为"乐正后夔",昭公二十八年:"有仍氏生女,黰黑而甚美,光可以鉴,名曰玄妻。乐正后夔取之,生伯封。"

从《尧典》中夔对任命的表态看,他是一位大音乐家,所以有"夔一足"之信誉。《孔丛子·论书》:"(鲁哀)公曰:'吾闻夔一足(一只脚),有异于人,信乎?'孔子曰:'昔重黎举夔而进,又欲求人而佐焉,舜曰:夫乐,天地之精也,唯圣人为能和六律、均五音,知乐之本以通八风。夔能若此,一而足矣(一个人就够了),故曰:一足,非一足(一只脚)也。'公曰:'善!'"是说夔一人掌管乐事就足够了,不

---

① 《左传》昭公十四年叔向语。
② 张澍稡集补注本,采自《路史·注》及《玉海》。

需他人相助,不是说夔这个人只有一只脚。

9. 任命龙为纳言,传达上下言论。纳言据郑玄说如汉时的"尚书"官,为主之喉舌。孔传说是"听下言纳于上,受上言宣于下"。《尚书·尧典》:"帝(舜)曰:'龙,朕堲谗说殄行,震惊朕师,命汝作纳言,夙夜出纳朕命,惟允!'"堲,《说文》:"疾恶也。"殄行,贪残的行为。师,众。意即我憎恶谗毁的言论,贪婪残忍的行为,它使我的民众恐怖。

舜任命了二十二个人来协助他管理城邦联盟事务,并对他们提出了要求、规定了考核、升降制度:"帝(舜)曰:咨,汝二十有二人,钦哉!惟时亮天功。三载考绩,三考黜陟幽明,庶绩咸熙。"

"二十二人",郑玄说二十二人被任命时仪式十分隆重,"十二牧、禹、垂、益、伯夷、夔、龙、殳斨、伯与、朱虎、熊罴二十二人,皆月正元日格于文祖所敕命。"在《尧典》文里,舜所任命的九人为禹、弃、契、皋陶、垂、益、伯益、夔、龙,若加上十二州牧,只二十一人。殳斨、伯与是工官垂的助手,朱虎、熊罴是掌管山林川泽之虞官益的助手,若计此四助手则舜任命十三人,加上十二牧则应为二十五人。《尧典》计人数,郑玄计人名皆有误。当然,舜之事多数是传说,故不可胶泥。

据古文献记载,尧和舜时期,都设置了各种官职,担当这些官职的人,皆是各城邦的首领,《说苑·君道》载设有九职且各有人司掌:"尧之时,舜为司徒,契为司马,禹为司空,后稷为田畴,夔为乐正,倕为工师,伯夷为秩宗,皋陶为大理,益掌驱禽。"王震中博士说,在尧舜时王朝还没有形成,他们不是"同朝为官",但却反映当时邦国联盟的形成:

据《尚书·尧典》舜执掌了城邦联盟后,命禹为"司空",主持治理洪水、平定水土;命弃为"后稷",主持谷物播种和生产;命契为"司徒",主持教化;命皋陶为"士",主持刑罚。禹是夏族的始祖,活动在豫西和晋南;弃为周族始祖,活动在渭河流域;契是商族始祖,活动在河北南部漳河流域一带;皋陶是东夷人。当时的邦国联盟还没有发展成王朝,禹、弃、契、皋陶等人的所谓任命,不属于"同朝为官"。这些官职的任命未必实有其事,但却反映了舜与诸城邦的广泛联系,也反映了当时邦国联盟的构成情形。①

舜所置之"官",若不以后世王朝时期的"官"看,把他们看做城邦联盟内各种事务的主管,则不可全视为乌有之论。舜时代,也是我国即将跨入王朝领土国家的社会,这些设置正为王朝领土国家的出现准备了条件。

舜在用人上一改尧是方针:起用贤能,打击恶劣势力。中国古代社会的传统文化特点是道德、政治、法律三位一体②。这三位一体的社会,在舜时代已基

---

① 王震中:《古史传说中的"虚"与"实"》,《中国社会科学院古代文明研究中心通讯》第 21 期,2011 年 1 月。

② 谭双泉、曾静:《略论李大钊对传统道德观的批判与改造》,《湖南社会科学》1995 年第 1 期。

本奠基。

第三节　辛劳治水的禹

禹最卓著的功劳是治理洪水,劳心劳力,三过家门而不入,终于疏通九河,民得安居耕种。划分天下为九州,制定贡赋,建立起早期国家的雏形。禹晚年先选择皋陶为继承人,皋陶先禹而死,又选择益为继承人。禹死后益虽继承了禹的地位,禹的儿子启却夺走了益的位置,建立起我国第一个全国性的王朝领土国家,我国历史从此进入一个新时代。启能夺得政权并得到民众的拥戴,是因禹在位时有意无意扶持启的势力,所以启得位被认为是其父所传,被称为"禹传子,家天下",禹被认为是夏代的第一位国王,称为"夏禹王"。但是,禹是接受舜的"禅让"而成为联盟首领的,禹的晚年先选择了皋陶,皋陶死后选益为他的继承人,他也确实把城邦联盟首领的位置"禅让"给了他选择的继承人益。在禹之身,被禅和禅的过程都是完成了的,所以禹还是"禅让"制度里的一位政治人物,而不是王朝领土国家政权中的王,所以我们将他放在"五帝"中叙述。

一　禹的出生地

禹的父是鲧,禹之名为文命,是黄帝的后裔,《史记·夏本纪》:"夏禹,名曰文命。禹之父曰鲧,鲧之父曰帝颛顼,颛顼之父曰昌意,昌意之父曰黄帝。"禹是黄帝的玄孙。《山海经·海内经》称禹是黄帝的曾孙:"黄帝生骆明,骆明生白马、白马是为鲧。"两说当本自不同的传说来源。禹是黄帝的曾孙还是玄孙,都不能坐实,也不可信以为真,中间肯定有不少脱误。对于禹的出生地,同样有不同的说法。

（一）生于西羌,即今四川北川县。汉以来就有传说在西羌,司马迁《史记·六国年表》说禹"兴"于西羌:

> 或曰:"东方物所始生,西方物之所成熟。"夫作事者必于东南,收功实者常于西北。故禹兴于西羌,汤起于亳,周之王也以丰镐伐殷,秦之帝用雍州兴,汉之兴自蜀汉。

扬雄《蜀王本纪》中则确指禹是汶川郡广柔县人,生于石纽:"禹本汶川郡广柔县人,生于石纽,其地名痢儿畔。禹母吞珠孕禹,坼副而生于县涂山,名启,娶妻生子。于今涂山有禹庙,亦为其母立庙。"西晋的皇甫谧从其说,《史记·六国年表》裴骃《集解》云:"皇甫谧曰,孟子称禹生石纽,西夷人也。传曰:'禹生自西羌',是也。"今本《孟子》书中无此文。东汉赵晔《吴越春秋·越王无余外传》亦从其说:"禹父鲧者,帝颛顼之后。鲧娶于有莘氏女,名曰女嬉。年壮未孳,嬉于砥山,得薏苡而吞之,意若为人所感,因而孕妊,剖胁而产高密。家于西羌,地曰石纽。石纽在蜀西川也。"

西羌即今四川省西北的汶川地区。清光绪壬寅三省堂校正版乾隆《御批通鉴辑览》"（禹）长于西羌"注："今洮、汶、松、茂古为西羌。"2003 年 3 月在重庆市云阳县旧县坪出土东汉雍陟《景云碑》（此碑现存重庆三峡博物馆）碑文中云："先人伯杼，匪字慷慨，术禹石纽，汶川之会。"也是受此影响而云然。

图 1-29　北川李白所书"禹穴"

（李德书：《禹生石纽史料专辑》）

石纽在今四川省北川县。北川县是北周时期（557—581 年）所设，唐高宗永徽二年（651）并入石泉县，民国三年（1914）改石泉县为北川县，恢复原来县名。因此县居民以羌族人为主，故于 2003 年改北川县为北川羌族自治县。其县的禹里乡即石纽山所在地。此地禹的古迹所在皆有，著名者如禹穴沟中李白所书的楷书"禹穴"两个大字，还有唐代大书法家颜真卿的楷书"禹穴"，禹穴沟一线天处有篆书"禹穴"二字。（图 1-29）1990 年四川省绵阳市将北川大禹故里列为市级风景名胜区（包括石纽山、禹穴沟、古石泉县城）加以保护，1991 年重新修复清乾隆时建的"神禹故里"牌坊，并建成仿秦汉建筑风格的"大禹纪念馆"，1992 年国家主席杨尚昆为北川县题写"大禹故里"牌坊匾额。当地和全国各地民众，在这里多次举行学术及祭祀性纪念活动，纪念禹的功绩。① 禹的出生地传说有多处，此地可备一说。

（二）河南嵩山。鲧兴于崇山，称为崇伯，见于先秦文献《国语·周语下》，其源甚古。崇山一说即位于洛阳的嵩山。在河南省登封县有启母阙，阙上雕刻有一幅巨大的鳖图像，头戴冠作立人状。《左传》昭公十七年郑国子产说："昔尧殛鲧于羽山，其神化为黄熊，以入于羽渊。"《史记·夏本纪》张守节《正义》引《发蒙记》"三足鳖乃熊。"推测此石阙图像应即传说中的禹的父亲鲧。② 禹的父、妻（启母）遗迹都在嵩山，禹的出生地亦当在此。是为河南嵩山说。

（三）山西襄汾。山西临汾市襄汾县东北约 7.5 公里的塔儿山，此山古名崇山，其西麓有面积达 280 多万平方米的龙山文化时期的一座古城，时代同尧至夏代早期相当。学术界对这座古城的归属有两种主张，其关注点除文化内涵、时代外，特别注意附近的崇山：一些学者认为此城应是尧的都城，与古籍尧葬"崇山"记载相符，③邹衡说"陶寺"的"陶"与尧称"陶唐氏"是否有关，也值得注意；④另一

---

① 李德书选编《禹生石纽史料专辑》，2010 年 7 月印行。
② 周到、王晓著：《汉画——河南汉代画像研究》第 80 页，中州古籍出版社，1996 年。
③ 王文清：《陶寺遗存可能是陶唐氏文化遗存》，《华夏文明》第一辑，北京大学出版社，1987 年。
④ 邹衡：《关于探讨夏文化的条件问题》，《华夏文明》第一辑。

些学者则认为陶寺古城可能是鲧所筑的城,其依据是遗址附近的崇山,而鲧封为崇而称"崇伯鲧",《国语·周语下》"其在有虞,有崇伯鲧",《路史·后纪》卷十二"初鲧以崇伯事帝"罗苹注"《连山易》云:'鲧封于崇',故《国语》言崇伯"。其子禹也被称为"崇禹",《逸周书·世俘篇》:"籥人奏《崇禹生开》,三终。"刘师培《周书补正》云:"崇禹即夏禹,犹鲧称'崇伯'也。'开'即夏启。《崇禹生开》当亦夏代乐舞,古实即禹娶涂山女生启也。"改启为开是汉代人避讳景帝名。刘起釪力主此说,提出此崇山为夏人的发源地,被夏人奉为初祖的鲧,必然以自己居地中心的山(当初必然还奉为神山)来称颂他,应是无疑的。只是由于后来的文献中对此山失载,于是历代的注疏家便盲目地去找文献中有过"崇"字的地方,把毫不相干的丰镐之间或阳城附近的崇来充数,是完全错误的(按:颍川阳城附近并无名崇的山,是后人将嵩山误为崇山,见王念孙《读书杂志》四之二)。现在得到真正的崇山,则"夏之兴也,融降于崇山"的崇山,所指的正是此地,这符合夏人初期的实际。不要以为这不是天下名山,怀疑它是否能膺此重寄,后世默默无闻的地方,当初是可以有大名的,何况这是夏族聚居中心地容易奉为神圣的山。他亲到此地考察,"望见此山峰峦磅礴,自具蜿蜒雄伟气势,居民在其上特建寺塔,正是神视其山之证。后代犹如此,则远古以神视之并称其为宗祖,就更在情理之中了。"①

其实,这两个说法不矛盾。尧迁于此名唐,而此地区早前被称为"大夏",《左传》昭公元年子产说,高辛氏有二子阏伯、实沈,兄弟不和,日寻干戈相斗,帝后把他们分开,"迁阏伯于商丘,主辰,商人是因","迁实沈于大夏,主参,唐人是因,以服事夏商"。大夏,服虔说在"汾、浍之间",即今山西翼城、隰显、吉县地区。尧来此地前,这里名为"大夏"而为实沈所居。"因"即沿袭,"唐人是因"的"唐"尧是"因"实沈所居地而居。尧迁于此,方才有新名"唐"。夏人原本不称夏人而应称为崇人,禹的父亲鲧封于崇称为"崇伯鲧"、禹称为"崇禹",都是夏朝建立前的名称。这里本是鲧城邦人即先夏人的地盘,鲧的城邦本称"崇"而不称"夏",尧迁来后,就改称为"唐",所以此地有可能在尧来前称为"崇"。尧和舜是外来的,其土著应是鲧城邦人即先夏人。鲧所娶的妻有辛(莘)氏,其娘家的所在地,在今河南陕县。《大戴礼记·帝系》:"鲧娶于有莘氏,有莘氏之子,谓之女志,产文命。"文命即禹。《史记·夏本纪》司马贞《索隐》引《世本》:"鲧取有辛氏女,谓之女志,是生高密。"高密是禹的封邑。《左传》庄公三十二年:"秋七月,有神降于莘。"杜预《注》:"莘,虢地。"《元和郡县图志》卷六陕州峡石县下云:"莘野在县西十五里,春秋时有神降于此。"杨伯峻云:"今河南三门峡市西有峡石镇,峡石镇西十五里有

---

① 刘起釪:《由夏人原居地纵论夏文化始于晋南》,《华夏文明》第一辑,北京大学出版社,1987年。

莘原。"①说明鲧的城邦离莘地不是很远。那么,陶寺类型龙山文化应是先夏人创造的一种文化。

鲧应是一个强大城邦的首领,他被封为"崇伯",为诸侯。据考古调查及发掘知,陶寺类型文化主要分布于汾河下游及其支流浍河流域,以陶寺为中心,在南北70公里、东西25公里、面积约为1 750平方公里范围里,经调查,已发现陶寺类型遗址七十多处。其间散布着一些规模巨大的代表性遗址。除陶寺外,曲沃、翼城两县的开化遗址和方城——南石遗址,面积都在一百万平方米以上。前者以陶寺类型早期遗存为主,后者以陶寺类型晚期遗存为主。这两处遗址坐落在崇山(今俗作塔儿山)的东南侧,东西相距三公里,它们与崇山西麓陶寺遗址之间的直线距离亦不过20公里。② 由此可见,在汾、浍之间,以崇山为中心,创造陶寺文化的人们,是一个强大的城邦。故在尧为首领的城邦联盟中,鲧处于举足轻重的地位,如尧时洪水泛滥,尧向四岳(即四方诸侯)征求治水的人选时,都推荐鲧,尧不同意,四岳却坚持说:"异哉!试可乃已。"(《尚书·尧典》)意即试一试再看吧!尧只得同意。可见他在诸侯中的人望不低。他反对尧禅位于舜,并自认为有功而应获三公职位。《吕氏春秋·行论》篇云:"尧以天下让舜,鲧为诸侯,怒于尧曰:'得天之道者为帝,得地之道者为三公。今我得地之道而不以我为三公。'以为尧失论,欲得三公,怒甚猛兽,欲以为乱。"鲧之所以如此强横,是因他是一个有实力部落的首领,且尧的都城是设在他的地盘上的。据考古发现,陶寺遗址上有早期和中期两座古城。早期古城面积为56万平方米,中期城面积为280万平方米。早期古城废弃于早期末年,在早期古城被废弃的过程中,建筑了中期古城。且中期古城的宫殿区仍然建在早期古城宫殿上,只是面积有扩大,也可能早期宫殿在中期仍继续使用,因人员增多而有扩建。说明早期古城的废弃是和平进行的,这与尧为城邦联盟首领后迁此,而鲧城邦同意而接纳尧,使本城邦中心地成为联盟中心地的传说相符。

尧入主后,当然会带来新的文化因素,所以早期城址和中期城址在文化遗存上出现差异,多年担任陶寺遗址发掘工作主持人的中国社会科学院考古研究所研究员何驽细心地观察到这种差别,并认为是两个不同血缘氏族的交替,他说:"陶寺早期与中期的王族使用不同的家族墓地,相隔300米远,分属不同的茔域。早期王族墓地实际延续到晚期,中期王族墓地开始于中期,晚期也有墓葬,证明两个王族不是同一个家族,甚至没有血缘关系。早、中期大墓随葬品的组合也发生了根本性的变化。早期大墓习见的世俗陶器群如斝、豆、灶、单耳罐、大口罐等(中期)不再启用,陶鼓、龙盘、彩绘双腹盆、瓶和木鼍鼓、仓形器等成套木器以及

---

① 杨伯峻:《春秋左传注》第251页,中华书局,1981年。
② 高炜、高天麟、张岱海:《关于陶寺墓地的几个问题》,《考古》1983年第6期。

石特磬等礼器群（中期）也销声匿迹。中期ⅡM22改而崇尚玉器，包括钺、戚、琮、璧、璜、兽面等；彩绘陶器包括折肩罐、圆肩盖罐、双耳罐、大圈足盆、深腹盆、簋等，漆器包括豆、觚形器、枕、箱、圭尺、钺柄等，它们有可能组成陶寺中期新的礼器群。这充分表明陶寺遗址早期与中期之间政权在没有血缘关系的王族之间更迭。"①

中期礼器中崇尚玉器这个现象，说明新来的族群人对玉器的爱好及对制玉技术的掌握。黄河流域早期的玉器有两个来源：一是山东地区的大汶口文化，其后的龙山文化继之而西传；二是辽西的红山文化。尧初都于唐，地在今河北省的唐县，与山东、辽西相近，尧城邦先接受玉文化，并将这种文化带到了新的城邦联盟中心地，这就解开了在陶寺中期突然出现崇尚玉器风尚的秘密。

二 禹父鲧治水，失败被杀

禹的父亲鲧为尧臣，实即尧城邦联盟中一首领，很有才干，因而在洪水发生时，都推荐他去治水。尧初不赞成，但在四岳的坚持下，尧乃任命鲧为治水的领导者，《尚书·尧典》："帝曰：'咨！四岳。汤汤洪水方割，荡荡怀山襄陵，浩浩滔天。下民其咨，有能俾乂？'佥曰：'于，鲧哉！'帝曰：'吁！咈哉！方命圮族。'岳曰：'异哉，试可乃已。'帝曰：'往，钦哉！'"《史记·夏本纪》载："当帝尧之时，洪水滔天，浩浩怀山襄陵，下民其忧。尧求能治水者，群臣四岳皆曰：'鲧可。'尧曰：'鲧为人负命毁族，不可。'四岳曰：'等之未有贤于鲧者，愿帝试之。'于是尧听四岳，用鲧治水。"水害是当时的头等大事，必须要才能超群的人来领导治理，四岳都推荐鲧来主持其事，可见鲧的才能和他在城邦联盟中的威望是很高的。

鲧治水，因方法不对头，九年无成，被舜将他"殛"死了。《史记·五帝本纪》载：舜"殛鲧于羽山。"《集解》马融曰："殛，诛也。羽山，东裔地。"《正义》引《括地志》云"羽山在沂州临沂县界。"

鲧的被处死，一般说是治水失败获罪，但另有一说却是他耿直，《楚辞·离骚》说是他"婞直"而亡身："鲧婞直以亡身兮，终然殀之羽之野。"婞有刚毅、固执之意。殀，早死。

有传说鲧是因求三公位不得，对尧不满欲为乱被诛杀，事见《吕氏春秋·行论》。这可能更接近事实。鲧处于我国的城邦文明时期，阶级已出现，城邦内部出现为权利和财富而引发的矛盾，所以当尧选择了舜作接班人时，鲧大怒，要求担任"三公"之职，没有得到满足准备作乱。

相传城郭是鲧发明的，《吕氏春秋·君守》篇："夏鲧作城。"《礼记·祭法·正

---

① 何驽：《从陶寺遗址考古收获看中国早期国家特征》，载《中国社会科学院古代文明以及中心通讯》第18期，2009年8月。

义》引《世本·作篇》"鲧作城郭"。《淮南子·原道训》说:"昔夏鲧作三仞之城,诸侯背之,海外有狡心。"《太平御览》卷一九三引《吴越春秋》:"鲧筑城以卫君,造郭以居人。此城郭之始也。"

在河南省郑州市西山的仰韶文化晚期,考古工作者已发现一座城,时代比鲧要早一千年左右。在传说中鲧的时代之前,考古工作者已发现了数十座古城,可知筑城非是鲧发明的。鲧治水多用堵截法,堵截就要筑堤。筑堤与筑城技术相同,故鲧改进了筑城技术当是可能的。

三 禹治水,三过家门而不入

禹治水,是继父鲧之业。《史记·夏本纪》:"帝尧乃求人,更得舜。舜登用,摄行天子之政,巡狩。行视鲧之治水无状,乃殛鲧于羽山以死……于是舜举鲧子禹,而使续鲧之业。尧崩,帝舜问四岳曰:'有能成美尧之事者,使居官。'皆曰:'伯禹为司空,可成美尧之功。'舜曰:'嗟,然!'命禹:'女平水土,维是勉之。'禹拜稽首,让于契、后稷、皋陶。舜曰:'女其往视尔事矣!'"禹受命治水是从尧时就开始,一直到舜时才完成。

(一)禹治水不畏艰难,身先士卒。禹受命治水后,全心力投入。《孟子·滕文公上》说禹治水时是"八年于外,三过其门而不入。"在治水时身先士卒,十分地辛苦,《韩非子·五蠹》篇中说,禹"身执耒锸,以为民先。股无胈,胫不生毛。虽臣虏之劳,不苦于此矣"。《淮南子·原道》篇说他为抢时间,鞋帽掉了都顾不上捡拾,生怕浪费了时间,"禹之趋时也,履遗而弗取,冠挂而弗顾,非争其先也,而争其得时也。"《史记·夏本纪》载禹治水所遇到的困难和他的自我牺牲精神:"禹乃遂与益、后稷奉帝命,命诸侯百姓兴人徒以傅土,行山表木,定高山大川。禹伤先人父鲧之功不成受诛,乃劳身焦思,居外十三年,过家门不敢入。薄衣食,致孝于鬼神,卑宫室,致费于沟淢。陆行乘车,水行乘船,泥行乘橇,山行乘檋。左准绳,右规矩,载四时。以开九州,通九道,陂九泽,度九山。"

禹经过艰辛努力,治水成功,创造出一个可以生息的环境。《孟子·滕文公上》说:"禹疏九河,瀹济、漯而注诸海,决汝、汉,排淮、泗,而注之江,然后中国可得而食也。""可得而食"者即土地可以耕种了。《吕氏春秋·爱类》篇载,禹治水后,使1800个国家的民众生活安定:"禹于是疏河决江,为彭蠡之障,干东土,所活者千八百国,此禹之功也。勤劳为民,无苦于禹者矣。"

这1800个国(即大小城邦),当处于江河下游之地,高诱《注》说:"干,燥也。禹致群神于会稽,执玉帛者万国,此曰千八百者,但谓被水灾之国耳。言使民得居燥土不溺死,故曰活也。"这受益的1800个城邦,当然会感激尧舜禹联盟领导的治水,由此大大地增加了联盟的向心力。

(二)禹治水成功的经验。禹治水成功,是吸取前人,特别是他父亲鲧治水失败的教训而取得的。鲧、禹治水之方法不同点在于鲧只一味地强调修堤防堵截,禹则以疏导为主,顺就水势,且疏堵结合。两者治水的不同,是劳动人民长期与洪水斗争过程的经验积累,非是禹之头脑天生。《国语·周语下》载太子晋劝谏周灵王欲堵截谷水,以解水患时,对两种治水方法作了恰当的评述:

> (周)灵王二十二年,谷、洛斗,将毁王宫。王欲雍之,太子晋谏曰:"不可。晋闻古之长民者,不堕山,不崇薮,不防川,不窦泽……昔共工弃此道也,虞于湛乐,淫失其身,欲雍防百川,堕高堙庳,以害天下。皇天弗福,庶民弗助,祸乱并兴,共工用灭。其在有虞,有崇伯鲧,播其淫心,称遂共工之过,尧用殛之于羽山。其后伯禹念前之非度,釐改制量,象物天地,比类百则,仪之于民,而度之于群生,共之从孙四岳佐之,高高下下,疏川导滞,钟水丰物,封崇九山,决汨九川,陂障九泽,丰殖九薮,汨越九原,宅居九隩,合通四海。"

方法其实简单,川加以疏导,泽、薮要加以陂障丰殖,相地所宜,灵活应用。

禹治水时,还推广了农作种植,救助有灾之民。《史记·夏本纪》载禹在治水过程中:"令益予众庶稻可种卑湿,命后稷予众庶难得之食。食少,调有余相给,以均诸侯。"

禹治水成功,受到后世的高度评价,《论语·泰伯》篇中,载孔子对禹的评论时说:"禹,吾无闲然矣。菲饮食而致孝乎鬼神;恶衣服而致美乎黻冕;卑宫室而尽力乎沟洫。禹,吾无间然矣!"

(三)禹治水的历史真实性。禹治水之事,屡见于先秦至汉时古籍,说它全是后人假造,实无其事,是走向历史的虚无。若全信古书所载,禹疏决三江、五湖、九河,凿龙门、辟伊阙、会通四海等,把现今中华版图内的山山水水都治理过,也不是事实。孔子说禹治水是"尽力乎沟洫",解决农田的水涝。吕思勉说《禹贡》所述禹所治水,遍及江河两流域,诸子书言禹事者亦皆极意敷张,实皆非真相。孔子言禹卑宫室而尽力乎沟洫(《论语·泰伯》)、《尚书·皋陶谟》(今本分为《益稷》)载禹自己说他决九川,距四海,浚畎浍,距川。"九川"特言其多。《国语》"封崇九山,决汨九川"云云,与《禹贡》篇末所谓"九州攸同,四隩既宅,九山刊旅,九川涤原,九泽既陂,四海会同"者,同为泛言无实之辞。知禹之治水,亦仅限于一隅;《禹贡》篇里的道山道水及九州情形,皆后人附益文饰,然其中单词只义,亦未必无古代史实之存,尧时所谓洪水应该是有的。①

2002年10月在北京保利博物馆展出一件西周中晚期铜器《燹公盨》,上有

---

① 吕思勉:《先秦史》第68—70页,上海古籍出版社,1982年。

九十八字铭文。铭文开起首几句就讲到禹治水,征收赋税之事:

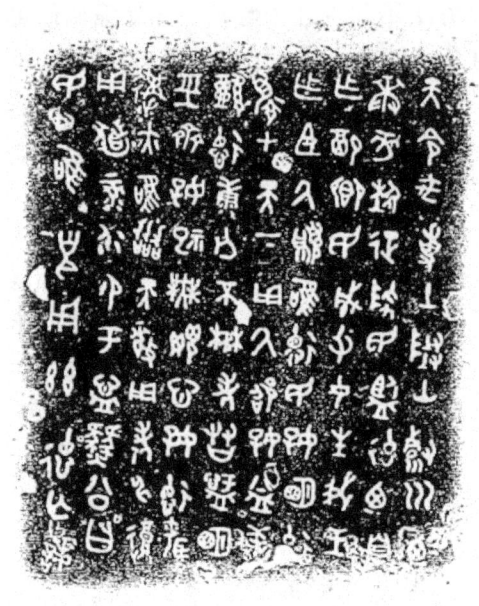

天命禹尃(敷)土,随山㵒川,迺差地设征,降民监德,迺自作配飨。(图1-30)

其内容、用语几乎与传世文献《禹贡》同,试做比较,《禹贡》中云:

禹敷土,随山刊木,奠高山大川……四海会同,六府孔修,庶土交正,厎慎财赋,咸则三壤成赋。

"命禹尃(敷)土,随山㵒川"与"禹敷土,随山刊木,奠高山大川"文字几乎全同,"差地设征"与"三壤成赋"意义也全同。可见《禹贡》的内容,在西周时期就已广为流传,非是战国时人的凭空想象,禹治水之确为史事,亦甚明白。①

图1-30 记有禹治水事迹的《燹公盨》铭

尧舜禹时期,我国确曾发生过一次巨大的洪水灾害,在考古学上已得到证实(说见前)。平原地区更易遭受洪水灾害,治理河流,使水归位,保护农田,就成为农业社会的急务。所以,禹治水是农业生产的需要。大禹治水的传说,是我国古代时期农业发展进入一个新高峰的反映。②

---

① 张居一在《重读燹公盨铭文》(见《中国文物报》2012年6月20日)文中说,商周时期的"禹"是泛指动物,盨铭文中的"禹"是指战旗上的兽类军徽,即西周时期的军队,不指夏代君王大禹。他提出三点质疑:一、大禹治水事迹产生的时代在夏代,夏代是原始社会,至今没有发现文字,因此,没有大禹治水的历史事迹流传下来,西周距大禹的年代上千年,西周人不可能知道几千年前大禹治水的历史事迹。二、燹公盨是西周中、晚期器物,这个时期有关大禹治水的传说还没有萌生,不可能将后代产生的大禹治水的神话事迹铸在西周青铜器上。三、《山海经》是秦代中国地理志,它晚于燹公盨数百年之久,书的最后一节记载的就是所谓的"大禹治水"的全过程,这是"大禹治水"神话的源头。原文是:"洪水滔天。鲧窃帝之息壤以堙洪水,不待帝命。帝令祝融杀鲧于羽郊。鲧复生禹,帝乃命禹卒布土以定九州岛。"可是,《山海经》中的"鲧"是"大鱼","帝"是"地"的古体,"禹"是"虫"(禽、手、龟、鱼、人的总称)。"祝融"是"祝福和乐","九州岛"是"汇合的州域。"这段文字的原意是:"洪水滔天时代。大鱼浅游地的繁殖之域,已淹没在洪水之中,洪水不顾及地上的生命。地域节令以言告神祈福和乐,引退大水凋落大鱼在荒野祭祀。大鱼一次又一次繁殖,产生鸟、兽、鱼、虫、人活动的繁殖时代,地面就是生命鸟、兽、鱼、虫、人陈列的居处,以安居汇合的州域。"作者自注此段译文采自张建、张居一《山海经图校与破译》,作家出版社,2003年11月出版。

② 传说吃螃蟹就是禹治水时开始的。螃蟹在当时被称为"夹脚虫",到处爬夹人脚,禹手下有个叫巴解的人,挖个坑将夹脚虫堆在坑里用开水欲将其烫死。当他倒下开水后,却有一股香气扑鼻而来,于是就捡起来吃,觉得味美,于是常吃。其他人知道了也跟着吃起来,因巴解首先吃,就用他的名解来称夹脚虫为"蟹"。"蟹"与"解"音同字通。

四 禹与九州和九州的形成

相传禹治水,将全国地域区划为九州。九州之名,最早的文献见于《左传》襄公四年,魏绛引《虞人之箴》:"芒芒禹迹,画为九州,经启九道。"《尚书·序》说九州是禹划分的:"禹别九州,随山浚川,任土作贡。"《山海经·海内经》说九州是禹所"定":"洪水滔天,鲧窃帝之息壤以堙洪水,不待帝命,帝令祝融杀鲧于羽郊。鲧复生禹,帝乃命禹复布土以定九州。"班固说九州是禹治平水土后"制"的,《汉书·地理志上》:"尧遭洪水,怀山襄陵,天下分绝为十二州,使禹治之。水土既平,更制九州,列五服,任土作贡。"

近代学者吕思勉说,九州最初是村落中量地以居民的土地分配,后来就用以划分所掌控的地域:"《说文》川部:'州,水中可居者。昔尧遭洪水,民居水中高处,故曰九州。'此为州之本义。古无岛字,洲即岛也。州洲二字,异文同语,尤为易见,盖吾族古本泽居,故以水中可居之地,为人所聚处之称。古以三为多数,盖亦以三为单位。三三而九,故井田以方里之地,画为九区;明堂亦有九室。九州,初盖小聚落中度地居民之法,后乃移以区划其时所知天下耳。"①吕先生所说的"其时"应是舜禹时。

禹治水是在舜时,故他所划定九州的时代,也应在舜时,像《尚书·禹贡》篇所载九州的名称和所指划的地望,在当时是否全无史影呢?从先秦时期,特别是春秋战国时期以降的古文献中,大量记载的"九州",是否全是古人的臆造,毫无根据呢?恐不能这样讲。考古学家邵望平从中国文明起源的多个中心解释九州说产生之密。她说:九州既不是古代的行政区划,也不是战国时的托古假设,而是公元前二千年前后黄河、长江流域实际存在的、源远流长、自然形成的人文地理区系。②

中国文明起源以往只认为在中原地区的黄河中下游,经数十年的考古发掘揭示,除黄河流域外,北边的辽河流域,南边的长江流域也是中国文明的最早发生地。到龙山文化时期的公元前 2000 年左右,在中华大地上已形成几个各具特色的文化中心。邵望平把这几个文化中心的分布,同顾颉刚 1959 年发表的《禹贡注译》中对《禹贡》九州范围的分布做了对照,现将她的文化中心与顾颉刚注文中九州的范围对照列表于下。

---

① 吕思勉:《先秦史》第 70 页,上海古籍出版社,1982 年。
② 邵望平:《〈禹贡〉九州的考古学研究——兼说中国古代文明的多源性》,载《九州学刊》(香港)1979 年 9 月第 5 期。又《考古学文化论文集》(二),文物出版社,1989 年。

《禹贡》九州与考古学文化对应表

《禹贡》九州名称	顾文所指范围	邵文所指文化区系
冀州	山西省、河南省北部、河北省西北部、辽宁省西部	陶寺文化
兖州	河南省东北部、河北省南部、山东省西部	河北龙山文化
青州、徐州	山东省及苏北地区	山东大汶口、龙山文化
扬州	江苏及安徽省南部、江西省东部	良渚文化
荆州	湖北、湖南、江西省西部	长江中游龙山文化（石家河文化）
豫州	河南省、山东省西部	河南龙山文化
梁州	四川省	早期巴蜀文化
雍州	陕西、甘肃	陕西龙山文化——齐家文化

尧、舜、禹的传说时代，在考古学文化上与龙山文化晚期的年代相当。"九州"地域概念的形成奠基于龙山文化时期，而不会晚到战国。从考古发现分析，《禹贡》作者的地理知识还仅限于西周早期以前，即公元前2000年间的"中国"，远远未达到战国时期所能达到的地理知识水平。九州篇的蓝本很可能出自商朝史官之手，是商人对夏代的追记。现今读到的《禹贡》，含九州、导山导水、五服三个篇章，而"九州"与"五服"不仅不相呼应，且大相径庭。"九州"篇是公元前2000年间的作品，而含有三个部分的《禹贡》可能是春秋时期学者修订、补缀、拼凑，又经后世几番折腾才成为现今这个样子的。"九州"基本内容之古老、真实，绝不是后人单凭想象所能杜撰出来的。①（图1-31）

舜划十二州、禹划九州的传说故事产生的时代背景，是五帝城邦文明时代即将结束，王朝领土国家文明时代即将开始。我们前已指出过，城邦是独立、分散的，王朝领土国家是统一的。将土地划分为若干州，州由联盟派牧主管，设州范围内的城邦就应是加入尧舜禹联盟的城邦。联盟内的城邦土地统一划成州，实际上土地已统一，城邦独立性已名存实亡。划州的传说，也是按地域划分居民的史影。这统一的土地为王朝领土国家夏朝的产生准备了条件。王朝领土国家夏朝是不是有过将土地划州的事，还无直接材料证实，但王朝控制的土地必须是统一、由王朝中央实施管理的。舜禹这划州的传说，是统一国家形成过程中产生的传说，应是有其历史的真实影子。

---

① 邵望平：《〈禹贡〉九州的考古学研究——兼说中国古代文明的多源性》。

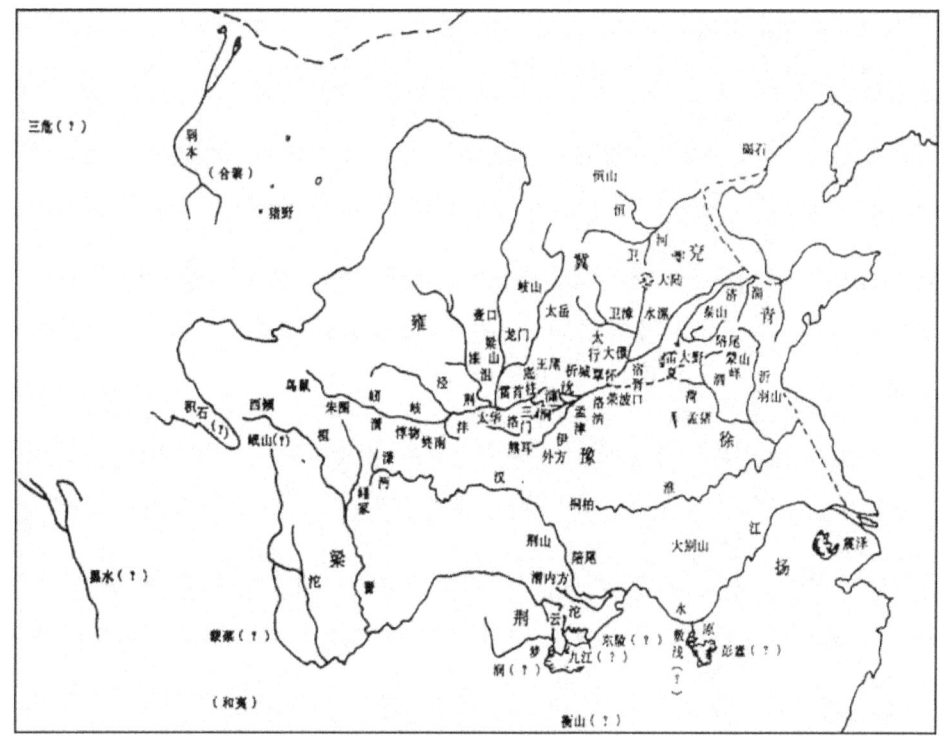

图 1-31 《禹贡》九州示意图

五 禹对三苗的经营

三苗是炎帝族系,蚩尤之后(或传说是缙云氏之后),本居于江淮荆楚地,在尧时因"数为乱"而被时为摄政的舜迁于三危,《史记·五帝本纪》载:"三苗在江淮荆州,数为乱,于是舜归而言于帝(尧),请流共工于幽陵,以变北狄;放驩兜于崇山,以变南蛮;迁三苗于三危,以变西戎。"

被舜迁到三危之地的三苗,当是"数为乱"的首恶之辈,江淮地区还留有部分并未全迁西地,故在舜时,江淮荆州地区的三苗族又起而为乱,舜乃命禹经划三苗之事。《战国策·魏策一》"魏武侯与诸大夫浮于西河"章载吴起说禹攻击的三苗地望时说:

  昔者三苗之居,左彭蠡之波,右有洞庭之水,文山在其南而衡山在其北。恃此险也,为政不善,而禹放逐之。

唐张守节在《史记·五帝本纪》"三苗在江淮荆州数为乱"下《正义》引吴起之语后,说三苗地望云:"案:洞庭,湖名,在岳州巴陵西南一里,南与青草湖连。彭蠡,湖名,在江州浔阳县东南五十二里。以天子在北,故洞庭在西为左,彭蠡在东为右。今江州、鄂州、岳州,三苗之地也。"天子面南,臣面北,以臣言,故西为左,东为右。

衡山不是今湖南省的衡山,而是《水经·汝水注》所称的雉衡山,在今河南省南召县东,接方城县界。文山今不知所指,或说为今四川的岷山,太远不可取,应存疑。彭蠡即彭蠡泽,先秦时期的彭蠡泽在今长江北岸的湖北黄梅县、安徽宿松县以南的龙感湖、大官湖和泊湖一带,汉以后南移至今鄱阳湖。

禹对三苗的经营,有说是用战争手段将其打败。《墨子·兼爱下》引禹伐三苗时对军队的誓师辞云:"济济有众,咸听朕言,非惟小子,敢行称乱,蠢兹有苗,用天之罚。若予既率尔群对(邦)诸群(辟)以征有苗(《墨子·兼爱下》引《禹誓》)。"《墨子·非攻下》说禹伐三苗的战争形势:

> 昔者三苗大乱,天命殛之……高阳(舜)乃命(禹于)玄宫。禹亲把天之瑞令,以征有苗。四电诱祇,有神人面鸟身,若瑾以待,扼矢有苗之祥。苗师大乱,后乃遂几。禹既已克三苗,焉磨为山川,别物上下,卿制大极,而神民不违,天下乃静。

有记载三苗不服,舜修德,感化苗民而请求归服而非经恶战,《吕氏春秋·上德》:"三苗不服,禹请攻之,舜曰:'以德可也。'行德三年,而三苗服。"《韩诗外传》卷三第二十三章所载亦同:"当舜之时,有苗不服。其不服者,衡山在南,岐山在北,左洞庭之波,右彭泽之水,由此险也,以其不服。禹请伐之,而舜不许,曰:'吾喻教犹未竭也。'久喻教而有苗氏请服。"

伪古文《尚书·大禹谟》中所记禹受命征苗,禹之助手益劝其用文德感化。禹于是班师,舜施文德感化,舞干羽,七十天苗民就来请服:

> 帝(舜)曰:"咨,禹!惟时有苗弗率,汝徂征!"禹乃会群后,誓于师曰:"济济有众,咸听朕命。蠢兹有苗,昏迷不恭,侮慢自贤,反道败德,君子在野,小人在位,民弃不保,天降之咎。肆予以尔众士,奉辞伐罪。尔尚一乃心力,其克有勋。"三旬,苗民逆命。益赞于禹曰:"惟德动天,无远弗届。满招损,谦受益,时乃天道。帝初于历山,往于田,日号泣于旻天、于父母。负罪引慝,祗载见瞽瞍,夔夔斋慄,瞽亦允若。至诚感神,矧兹有苗。"禹拜,昌言曰:"俞!班师振旅。"帝乃诞敷文德,舞干羽于两阶。七旬,有苗格。

"格"是至的意思。"有苗格"即苗民来归顺。《韩非子·五蠹》篇中说是舜修教三年,非七旬:"当舜之时,有苗不服,禹将伐之。舜曰:'不可。上德不厚而行武,非道也。'乃修教三年,执干戚舞,有苗服。"干是盾牌,戚是兵器似钺,这实是一种军事演习,虽说施文教,亦有以武力相威慑之意,故苗民来服。

第四节　禹受禅和禅让

禹接受舜"禅"为城邦联盟首领,他也按照尧舜的制度,选择被禅的对象,先选皋陶,皋陶死继选益,益确实是正式接了位的,只是后被禹子启抢走。禹虽然为联盟首领只有十多年,却为联盟的巩固、发展作出了有益的贡献,由此催生了夏代王朝领土国家的诞生。

一 禹受舜禅位及禹都

(一)禹受舜禅位。禹佐舜十七年受舜禅位,避商均于阳城。《孟子·万章上》:"舜荐禹于天,十有七年,舜崩,三年之丧毕,禹避舜之子于阳城。"舜禅位于禹的情况,大致与尧禅舜相同。《史记·五帝本纪》载:"舜子商均亦不肖,舜乃豫荐禹于天。十七年而崩。三年丧毕,禹亦乃让舜子,如舜让尧子。诸侯归之,然后禹践天子位。"《史记·夏本纪》载舜、禹的禅让故事及传子制的出现云:"帝舜荐禹于天,为嗣。十七年而帝舜崩。三年丧毕,禹辞辟舜子商均于阳城。天下诸侯皆去商均而朝禹,禹于是遂即天子位,南面朝天下,国号曰夏后,姓姒氏。"

(二)禹避商均地阳城的地理位置。关于禹避商均于阳城的阳城所在,有浚仪、濮(濩)泽、颍川诸说。《太平御览》卷一五五引《世本》:"夏后居阳城。本在大梁之南,于战国大梁魏都,今陈留浚仪也。"此说张澍《世本集补注》已指出"系宋(衷)注"而非《世本》原文。张澍则谓禹都"以濮泽之阳城为是。盖尧舜皆都河东北,不居河南耳。"此乃从《路史·后记》卷十二"王以金成都阳城"下罗苹《注》所说,罗苹云:"《地理志》颍川阳城为禹都,非也,乃泽之阳城。尧、舜皆都河东北,不居河南。""泽之阳城"即泽州的阳城。泽州为隋朝开皇初年改建州而置,治所在高都县,因境内有濩泽而得名。大业初改泽州为长平郡,唐武德元年(618)别置泽州,治所在濩泽县,地在今山西省阳城县西北泽城村,南宋人罗苹所说"泽之阳城"的"泽"即唐武德元年设置的泽州。此地原称濩泽,战国为魏邑,西汉置濩泽县,唐天宝元年(742)方改为阳城县,在先秦时期此地并无阳城之名,故此阳城与孟子所讲的禹避商均的阳城无关。颍川阳城,《史记·夏本纪》"禹辞,辟(避)舜之子商均于阳城",《集解》引刘熙曰:"今颍川阳城是也。"此阳城为颍水所经,《水经·颍水注》:"颍水出颍川阳城县西北少室山……颍水又东,五渡水注之……其水东南流迳阳城西,昔舜禅禹,禹避商均,伯益避启并于此也。"

颍川阳城,在今河南省登封县告成镇。登封市东北有阳城山,为洛阳屏障的险要,《左传》昭公四年晋国司马侯云:"四岳、三塗、阳城、大室、荆山、中南,九州之险也。"山南之邑以山得名阳城,此阳城名见于春秋时期。此地春秋时属郑,战国时属韩,秦置县,属颍川郡,唐武则天万岁登封元年(696)改为告成县。1977年考古工作者在告成镇东北的一座东周城址内,发现印有"阳城陶仓"的陶豆和印有"阳城"的陶量器,证明这里是东周时期的阳城遗址。[①] 从1975年起,河南

---

① 杨育彬、袁广阔主编:《20世纪河南考古发现与研究》第299页,中州古籍出版社,1997年。

省文物研究所对告城镇一带进行调查和发掘,在王城岗发现两座并列的龙山文化晚期城垣建筑遗址。东城面积10多万平方米,西城面积30多万平方米,两城的时代相同。这两座龙山文化二期城址的位置,和文献记载的夏代阳城的地望十分相吻合。两座龙山文化城址有可能就是夏代城址,且很可能就是夏代的阳城遗址。①

（三）阳城不是禹的都城。据《孟子·万章上》"禹避舜之子于阳城",是禹避让舜子商均于阳城而非"都阳城"。孟子又说"禹荐益于天,七年禹崩。三年丧毕,益避禹之子于箕山之阴。"(《万章上》)箕山在登封县的告城镇南,也即是汉阳城县之南,此"箕山之阴"应即是禹避舜子商均的阳城。

成书于战国晚期的《世本》:"夏禹都阳城,避商均也。又都平阳,或在安邑或在晋阳"(张澍集本)。司马迁采其说,亦谓阳城是禹避商均处,《史记·夏本纪》:"帝舜荐禹于天为嗣,十七年而帝舜崩,三年丧毕,禹辞避舜之子商均于阳城。"禹的接班人益避启也在阳城,《水经》卷二十二"颍水出颍川阳城西北少室山",郦道元注云:"颍水经其县(即阳城县——引者)故城南,昔舜禅禹,禹避商均,伯益避启,并于此也。"直到唐朝李泰作《括地志》书中,仍持此说,《史记·周本纪》"其有夏之居"下《正义》引《括地志》:"自禹至太康,与唐、虞皆不易都城。然则居阳城为禹避商均时,非都之也。"而《竹书纪年》或云都、或云居,《续汉书·郡国志》二《注》引《汲冢书》:"禹都阳城。"《汉书·地理志·颍川郡·阳翟》下颜师古《注》引瓒曰:"《世本》'禹都阳城',《汲冢古文》亦云居之,不居阳翟也。"《世本》系战国末年所作,汲郡出土的《竹书纪年》为战国中叶写本,②两书的成书年代大致同时。两书所称的"禹都阳城"均应是为避商均的临时短住,不是禹的正式都城。

传说中的阳城、阳翟,都发现大面积的龙山文化晚期的城址,它们与同时期在全国各地发现的几十座古城址一样,是这个时期城邦林立的反映。阳城、阳翟在二里头文化分布范围以内,它们应是尧舜禹城邦联盟中的重要城邦,在城邦中心地筑城以自卫。禹治水名声已显赫,受禅后避舜子商均于联盟内的城邦都城,犹如我们今日从首都北京到一个省的省城暂住一样,并没有什么不可以的。

文献中最早记载禹与阳城关系的是孟子,而孟子明白无误说的是禹避舜之子于阳城。既然是"避"于阳城,在"避让"之前就不是在阳城,而是从舜时的都城来的,且所"避"的风头过后,还是要回到原来地方的,不可能长期避而不归。按常理,禹"受禅"是在政治中心城邦联盟的都城,若离开这个政治中心不归,他也就会失去对联盟的领导权。古时如此,今日也一样,凡是推翻一个政权,其标志

---

① 方燕明:《登封王城岗遗址的新发现与夏文化研究》,《中国文物报》2005年1月28日。
② 李学勤:《古本〈竹书纪年〉与夏代史》,载《华夏文明》第一辑,北京大学出版社,1987年。

就是拿下首都。《世本》继孟子说，明确记载阳城是禹避商均地，是对的，同时期的《竹书纪年》只云"禹都阳城"不言是为避商均事，有可能是后世注疏家引录时将避舜子的内容去掉了，是引录者们的失误，由此成为禹都阳城说的依据。

（四）禹都在山西。禹即位后的正式都城，还是应如《世本》所载"禹都平阳，或在安邑或在晋阳"，晋阳、平阳是同地的异名，安邑、平阳都在今山西省西南地区，在黄河以北。这与羿阻太康于河正相照应。伪古文《尚书·五子之歌》序文云："太康尸位，以逸豫灭厥德，黎民咸贰，乃盘游无度，畋于有洛之表，十旬弗返。有穷后羿因民弗忍，距（拒）于河。厥弟五人，御其母以从，徯于洛之汭，五子咸怨，述大禹之戒以作歌。"《史记·夏本纪》有"帝太康失国，昆弟五人须于洛汭，作《五子之歌》"。是太康久游猎于洛表而失国，羿将太康"距于河"，其母亲及兄弟被迫逃出国都，流落于洛水旁之事应不虚。洛水在黄河之南，夏的都城只有在黄河以北地区，才有"距于河"的地理形势，若都阳城则无。是太康所都必在黄河之北，这与禹"都平阳，或在安邑"的地望相符。

在考古学上，在山西夏县东下冯发现二里头文化，其文化面貌与河南偃师二里头出土的二里头文化基本一致，但又有一定的差异，被命名为二里头文化东下冯类型。邹衡指出："二里头型和东下冯型的共同特征是主要的（例如都少深窖穴，少鬲，都有瓦足皿、都有封口盉而少斝），区别是次要的（例如二里头类型鬲甗较少，东下冯型稍多），可见它们也应属于同一种文化，考古学界一般称之为二里头文化"，①"两者的陶器群相同是主要的，区别是次要的"。② 东下冯类型陶器中，含有龙山文化陶寺类型晚期的因素。在夏县发现东下冯类型文化压在龙山文化晚期之上的地层叠压。龙山文化地层中出土的大口尊、单耳罐、甗等陶器与东下冯类型早期同类器十分相似。③ 主持陶寺遗址发掘的高炜认为，从陶寺类型"盛行鬲、斝、甗为代表的一类器物看，东下冯类型在形成过程中，有可能继承了陶寺类型晚期文化的某些因素"。④ 晋西南汾、浍流域的龙山文化属于陶寺类型，二里头文化东下冯与龙山文化陶寺类型应是先后的发展关系。东下冯类型盛行炊器陶鬲，河南二里头文化一、二期不见此种器物，到三期鬲、大口尊出现，当是受东下冯影响。在碳十四测年上，二里头东下冯类型有几个数字已到传说中夏纪年的早期，如：

ZK：0531（木炭）树轮校正年代（下同）为前2273—前1950年。

ZK：0435（木炭）为前2114—前1680年。

---

① 邹衡：《关于探讨夏文化的几个问题》，《文物》1979年第3期，收入《夏商周考古学论文集（续集）》科学出版社，1998年。
② 邹衡：《夏商周考古学论文集》第137页，文物出版社，1980年。
③ 中国社会科学院考古研究所：《山西夏县东下冯文化遗址》，《考古学报》1983年第1期。
④ 高炜、高天麟、张岱海：《关于陶寺墓地的几个问题》，《考古》1983年第6期。

ZK：0689（木炭）为前2032—前1777年。

ZK：0382（木炭）为前2030—前1740年。

BK：706429（木炭）为前1909—前1698年。①

这几个年代数据，与禹都安邑传说相符。

二里头文化豫西类型是在河南龙山文化的基础上发展来的，东下冯类型是在龙山文化陶寺类型基础上发展来的，所以两者在文化面貌上有一些区别，但区别是次要的，相同是主要的，说明两者互有影响，交流密切。到二里头文化第三期，豫西二里头类型陶器中出现了鬲和大口尊，②我们在上面已指出，这两种器物是东下冯类型常见的，它们的来源应是来自东下冯类型。这正与古籍记载太康失国后，夏人弃旧都迁斟寻相关。斟寻据学者考证，在今河南省巩义市，或说即是今偃师县的二里头遗址所在地。

禹继舜为首领后，仍以尧舜时的都为都，《史记·夏本纪》："禹于是遂即天子位。"裴骃《集解》引皇甫谧曰："都平阳，或在安邑，或在晋阳。"平阳即尧时所都，安邑是禹的都城，如舜继尧后又有都蒲坂一样。这大致是尧都城里，尧的势力强大，继任者不得不另建自己城邦的政治中心，以作为支持的后备力量。禹子启则专以安邑为都，故安邑称为"夏虚（墟）"，《史记·吴太伯世家》载："封周章弟虞仲为周北故夏虚，是为虞仲，列为诸侯"下《集解》引徐广："在河东大阳县。"《索隐》："夏都安邑，虞仲都大阳之虞城，在安邑南，故曰夏虚。"夏墟不在唐而在安邑，应是有据的。③ 从禹至太康，夏人皆都安邑，故安邑得称"夏虚（墟）"。

二 禹的政事活动

禹具有城邦首领与王朝领土国家国王的两重性格，这从他即位为城邦联盟首领前后的一系列政事活动得到证实。禹受禅后的政事活动有：

（一）确定接班人。禹在尧时就被舜推荐位继其父鲧主持治理洪水工作，据《史记·五帝本纪》舜"年五十摄行天子事，年五十八尧崩，年六十一代尧践帝位，践帝位三十九年，南巡狩，崩于苍梧之野。""舜乃豫荐禹于天，十七年而崩。"舜从摄政到去世，历时五十年，所以，当禹接替舜位时，已是老年了，故他继位后十年就死去，《史记·夏本纪》："十年，帝禹东巡狩，至于会稽而崩。"因此，他在继位后，第一件重要的政事就是确定他的继承人，先选定皋陶，皋陶不久死去，乃选定益，《夏本纪》："帝禹立而举皋陶荐之，且授政焉，而皋陶卒……而后举益，任之政。"益在舜时任虞官，主管山林川泽之事，且还不是单独承担而是有朱虎、熊黑

---

① 见中国社会科学院考古所编：《中国考古学中碳十四年代数据集》第30—32页，文物出版社，1991年。
② 邹衡：《夏商周考古学论文集》第131页，文物出版社，1980年。
③ 曲英杰：《禹都考辨》，载《华夏文明》第一辑，北京大学出版社，1987年。

二人相佐,这是一个闲散职务,在政治事务上得不到锻炼,所以禹死后,益虽然接替禹的职位当上了联盟首领,但却被禹的儿子启取代了。

(二)勤劳政事,虚怀纳谏,设"五音"听治。禹设各种响器,列于宫前,有进言者、告状者可敲响相应的响器,禹就出来接见他,称为"五音听治"。《淮南子·氾论篇》:

> 禹之时,以五音听治。悬钟、鼓、磬、铎,置鞀,以待四方之士,为号曰:"教寡人以道者,击鼓;谕寡人以义者,击钟;告寡人以事者,振铎;语寡人以忧者,击磬;有狱讼者摇鞀。"当此之时,一馈而十起,一沐而三捉发,以劳天下之民。

皇甫谧把"一馈而十起"等事,移在禹在尧时的表现,《太平御览》卷八二引《帝王世纪》:"尧命(禹)为司空,继鲧治水,乃劳身勤苦,不重径尺之璧,而爱日之寸阴,手足胼胝⋯⋯又纳礼贤士。一沐三握发,一食三吐飧。尧美其绩,乃赐姓姒氏,封为夏伯,故谓之伯禹。"

禹广纳善言,为儒家所称道,《孟子·公孙丑上》载:"禹闻善言则拜。"

(三)恶美酒。《孟子·离娄下》:"禹恶旨酒而好善言。"禹不好美酒之事,也见于《战国策·魏策二》:"昔者帝女令仪狄作酒而美,进之禹。禹饮而甘之,遂疏仪狄,绝旨酒。曰:'后世必有以酒亡其国者!'"酗酒之害,禹已经预见到了。禹"绝旨酒"说明他是一个行为端庄、不注重享乐的人。

(四)会诸侯于会稽,斩后到者,行天子权威。禹在会稽大会诸侯(城邦首领),斩杀迟到的防风氏之君,俨然是一位最高统治者的面目。《国语·鲁语下》:

> 吴伐越,堕会稽,获骨焉,节专车。吴子使来好聘,且问之仲尼,曰:"无以吾命。"宾发币于大夫,及仲尼,仲尼爵之。既彻(撤)俎而宴,客执骨而问曰:"敢问骨何为大?"仲尼曰:"丘闻之,昔禹致群神于会稽之山,防风氏后至,禹杀而戮之,其骨节专车,此为大矣。"

群神即城邦首领,此会稽在今浙江省绍兴县西北。《左传》哀公七年鲁国的子服伯说,禹合诸侯之地在涂山:"禹合诸侯于涂山,执玉帛者万国。"

此涂山之会,或说即会稽之会,《史记·夏本纪》太史公曰:"或言禹会诸侯江南,计功而崩,因葬焉,命曰会稽。会稽者,会计也。"《集解》引《皇览》说禹葬在此地:

> 禹冢在山阴县会稽山上,会稽山本名苗山,在县南,去县七里。《越传》曰:禹到大越,上苗山,大会计,爵有德,封有功,因而更名苗山曰会稽。因病死,葬,苇棺,穿圹深七尺,上无泻泄,下无邸水,坛高三尺,土阶三等,周方一亩。

禹会诸侯的涂山,是一传说,其地不能确定指实,历代对涂山地望有四说:一在会稽(今浙江绍兴县西北四十五里),一在渝州(今四川重庆市),一在濠州

(今安徽怀远县东南八里)，一在当涂(今安徽当涂县)。杨伯峻提出涂山在今河南嵩县的三涂山，"《水经·伊水注》谓'陆浑县之西南王母涧，涧北山上有王母祠，即古三涂山。'《方舆纪要》亦谓'三涂山在河南嵩县西南十里。'似禹之涂山即三涂山。"①此为第五种说法。各种说法皆有一些根据，但也难坐实，禹对中华民族王朝领土国家的形成作出了巨大贡献，这些葬地是各地纪念禹功场所，未必是真葬地，所以禹会诸侯的涂山具体所在，不必深究。

今浙江绍兴有会稽山，山下有大禹陵，已修建大量纪念禹功绩的建筑设施，成为纪念禹的重要活动场所。在安徽当涂县有禹会村，考古工作者在这里发现一处大型文化遗址，特别是发现大型祭祀建筑遗迹，从出土器物分析，遗址时代属龙山文化晚期，同传说中禹活动的时期大致相当，故也不排除此地为禹会诸侯之地的涂山。

---

① 杨伯峻：《春秋左传注》第1642页，中华书局，1980年。

第六章 五帝时代的经济

传说中的五帝时代，在考古学时代划分上，大致同仰韶文化中期到龙山文化时代相当。这两个文化时期的经济，就是传说中五帝时代的经济。传说中的神农氏发明农业后，到五帝时代农业、畜牧业、手工业等生产部门都获得较大的发展，使人们的物质生活有所提高。

第一节 五帝时代的农业经济

农业是我国先民的主要产业。神农发明农业后，经历五千多年的发展，到五帝时代，农业中的谷物种类已趋齐全，还有蔬菜。农业生产工具已有显著进步，神农时期就发现有石、木质犁，犁耕技术在此时期当会继续发展。犁耕速度快，使耕地面积扩大，收获物增加，为文明的发展、国家的产生提供了物质保障。

一 谷物种类

五帝时期谷物的种类有粟（小米）、黍（大黄米）和稻，至于麦和高粱之有无，学者间还有不同争论。因气候条件关系，北方以种粟为主，南方则以种稻为主，它们的地理分布大体以秦岭和淮河为分界线。考古发现这样时期的谷物种类主要有：

（一）粟　俗称小米，在黄河流域的新石器时代遗址中普遍有发现。在新石器时代后期，黄河流域的一些遗址里，发现储存大量粟的窖穴，表明到新石器时代的仰韶文化以后，粮食生产已经有相当的剩余。

在西安半坡仰韶晚期的 115 号窖穴中发现有粟的朽灰。该窖穴口径1.15，底径1.68，深0.52 米，容积当为 0.83 立方米，换算成新鲜小米当有一千余斤（每立方米粟重约 1 200—1 300 斤）。河南临汝大张仰韶后期遗存也发现有粟米。在山东，胶县三里河一座大汶口文化晚期的粮食库房中有一个储粮窖穴，容积约有 3 立方米，中间储满粟的朽灰，如果换算成新鲜粟当有三四千斤。（图 1-32）这类窖穴，在一个遗址中往往是成群分布的，其中有储藏粮食用的，只是多为空窖，应是被取出，偶然发现储藏有粮食的窖穴，当是忘记之故。储藏的粮食竟然被遗忘,说明当时粮食有剩余。①

粟在神农时期就已是北方居民的主要食物,前已揭示出的河北省武安县磁山文化遗址内,在发掘的476个窖穴中有88个内储藏有粟,据存粮体积推算,有粟138 200多斤。②这些遗留下来的,应是剩余部分。磁山遗址的年代为公元前6 000年至前5 000年。发现有如此多剩余粮食,说明当时因农业生产力的提高和种植面积的扩大,粟已成为当时人的主要食物。粟不仅是营养丰富的食物,而且还具药用价值。山东泰安著名中医世家第五代传人、百年中医药老店"岱寿堂"主傅雨海大夫,以专治脾胃见长,被誉为"胃神"。2007年在烟台召开的一次学术会议上我们相识,我向他请教粟这种食物对人体的益处,他告诉我小米(粟)不但营养丰富,而且在医药上有健脾胃和健肾的功能。我的肠胃不大好,他让我冲服食小米磨成的面粉,即可好转。肾、脾、胃是人体重要器官,肾脾胃健则身体强壮。我突然意识到,中国为什么北方率先进入文明社会的原因所在。③

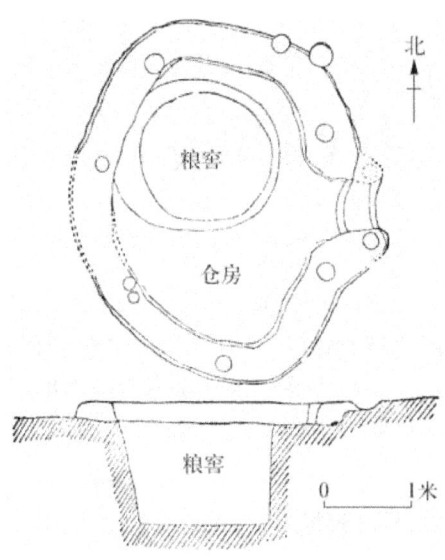

图1-32　三里河大汶口文化晚期的储粮窖穴
（采自《考古》1977年第4期）

（二）黍　黍也是北方的一种重要农作物。在古文献中是与粟共存的一种农作物,主要产于北方的黄河流域。在新石器时代报道的有十几处,目前经过科学鉴定而年代最早的要算甘肃省秦安大地湾遗址一期文化层中出土的炭化黍粒（经甘肃师范大学植物研究所鉴定,确认为黍,也有人认为是稷）。经碳十四测定,其年代为公元前5850年,可见黍在中国的栽培也有近8 000年的历史了,与粟一样古老,它为黍起源于中国的假说提供了有力的证据。此外,在黑龙江、吉林、辽宁、山西、陕西、青海、新疆等省区也发现了五六千年前的黍的遗存。其中辽宁省沈阳市新乐遗址出土的黍粒,年代为公元前5300年至公元前4800年。山东省长岛县北庄遗址出土的黍壳,年代为公元前3500年。陕西省临潼区姜寨

---

①　白寿彝总主编、苏秉琦主编：《中国通史》第二卷,第233页,上海人民出版社,1994年。
②　佟伟华：《磁山遗址的原始农业遗存及相关问题》,《农业考古》1984年第1期。
③　2013年4月16日北京电视台"养生堂"节目中,北京鼓楼中医院著名老中医陈大启向观众推荐说,小米粥是养生的一大宝贝,它有开肠胃、补虚损、益丹田的功用。黄炎培曾对他说,抗战时期他在陕北工作,那里的农村非常艰苦,人们很少能吃到肉类食品,米、面等细粮也很少能吃到,但那里的青年特别是女青年的身体却很壮实,询问他们平时的饮食,得知他们常喝小米稀饭。黄炎培说这就是那里的人身体健壮的原因。

遗址出土的黍壳和朽灰,年代为距今5 500年至5 000年。甘肃省东乡县林家遗址,在F20出土的陶罐里发现了和粟、大麻籽装在一起的稷(应即黍)粒。在该遗址的H19和H21发现了带有细长芒的黍穗扎成束堆放在一起,堆积面积达1.8立方米。从出土的情况观察,当时使用锋利的石刀或骨刀将穗头割下来,再精细地将穗秆分别扎成小把,待晒干后整齐地堆放在窖穴中,可能是为第二年播种准备的种子,由此可见当时的农业生产水平已大有提高。林家遗址属于马家窑文化,距今5 000年左右。可见至少到了5 000年前,黍已为北方各地所种植,成为当时人们的主粮之一。①

（三）稻　主要产在南方。在距今1万年左右的湖南道县玉蟾岩和距今8 000年的湖南澧县城头山遗址,就发现了稻谷遗存,到五帝时代,我国南北各地,都发现稻谷种植的遗迹,据安志敏统计,新石器时代稻作的发现遗址主要在淮河以南,而以长江中下游最为集中。根据中国史前稻作出土地点的不完全统计,共达137处。其中长江下游44处,占32.1%；长江中游57处,占41.6%；长江上游10处,占7.2%；淮河流域9处,占6.6%；黄河流域6处,占4.4%；渤海湾2处,占1.5%；东南沿海9处,占6.6%。长江中下游合计为111处,占73.7%,就充分显示该地区是史前稻作分布的中心。②

水稻的种植,从南方逐渐向北方推移,到五帝时代的仰韶中晚期及龙山文化时期,在黄河南岸也已有了种植,1976年在洛阳西高崖遗址,发现一件未经烧制的杯坯上印有稻谷痕迹；陕县柳枝镇、郑州大河村仰韶文化遗址,也发现过稻壳或稻壳印痕。而上述几地均在黄河南岸北纬35°线上。这些发现十分重要,说明水稻种植技术向北大大推广了,已从它的发源地北移到了黄河南岸。③ 在甘肃西坪齐家文化遗址里出土我国西北地区最早的稻作农业遗址。④ 安志敏绘制了一幅"中国史前农作物出土品种分布图",将稻、粟和黍三种农作物发现遗址标在图中,今转录于此。(图1-33)

（四）麦　麦类农作物在五帝时代已培育成栽培农作物品种。中国科学院遗传研究所李璠1985年和1986年两次在甘肃民乐县六霸乡东灰山新石器时代遗址内,发现大麦和小麦的炭化籽粒。采集到的小麦籽粒数百粒,可分为大粒形、普通粒形和小粒形三种。大粒形平均长7.5毫米、宽3.75毫米,厚与宽接近,形状为椭圆形或卵圆形,胚部与腹沟都清晰可辨；普通型平均长4.9毫米、宽3.35毫米,厚接近于宽,籽粒形状为短圆形或卵圆形,籽粒尾端圆,胚部与腹沟清楚；小粒型平均粒长4.05毫米、宽2.95毫米,厚接

---

① 陈文华:《农业考古》第47—48页,文物出版社,2002年。
② 安志敏:《中国稻作文化的起源和东传》,《文物》1999年第2期。
③ 宋兆麟等:《中国原始社会史》第262—263页,文物出版社,1987年。
④ 易华:《齐家文化:史前东西文明交流的中转站》,《中国社会科学报》2013年2月22日。

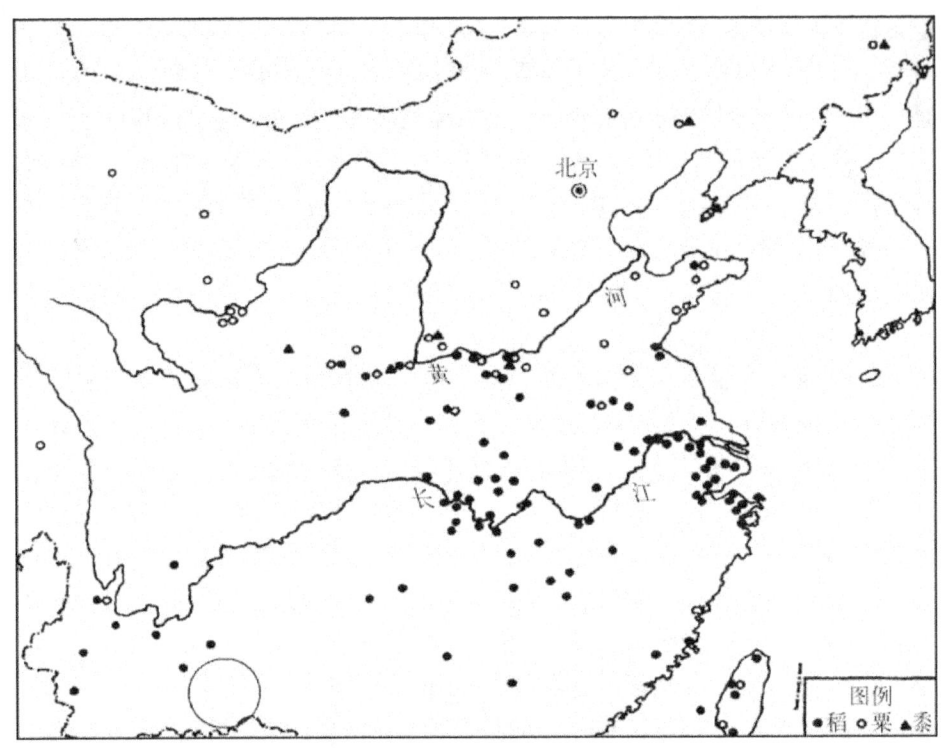

图 1-33 中国史前农作物稻、粟、黍发现遗址分布图
(采自《文物》1999 年第 2 期，安志敏文)

近宽。籽粒形状为短圆形或卵圆形，胚部与腹沟清晰可见。这些麦粒均与普通栽培小麦粒形十分相似，属于普通小麦种。出土的大麦粒呈纺锤形，两头尖，胚部与腹沟都很清楚，平均长为 5.31 毫米、宽 3 毫米，厚与宽接近，与现代西北地区种的青稞大麦形状十分相似。东灰山遗址的年代经碳十四测定，为距今 5 000 年左右。① 2010—2011 年在甘肃张掖市明永乡下崖村的马厂文化晚期至四坝文化早期遗址里，炭化作物里有小麦、大麦、小米（粟）等农作物。② 遗址发现的农作物品种，经农学家鉴定，辨析准确可信，是我们的祖先在 5 000 年的黄帝时期，就已经人工种植麦类作物，且品种有小麦、大麦而不单一。

（五）高粱　高粱之名最早见于唐代的文献中，晋代称为"蜀黍"，陆德明《尔雅释文》："蜀黍，一名高粱，一名蜀秫。以种来自蜀，形类黍，故有诸名。"以往农学界多认为我国高粱是魏晋时期以后才从国外传入的农作物品种，但二十世纪五十年代以来，考古工作者在汉代、战国和西周遗址里都发现了高粱的遗存，商

---

① 李璠：《甘肃省民乐县东灰山新石器遗址古农业遗存新发现》，《农业考古》1989 年第 1 期。
② 甘肃省文物考古研究所王辉、陈国科：《甘肃张掖黑水国遗址》，《中国文物报》2012 年 4 月 27 日。

代甲骨文里有一🜨字,从田从◇形,(图1-34)甲骨学家裘锡圭说,此字"所象的是植于'田'上的穗大而直的作物,与其说成黍或稷,却还不如说成高粱合理"。①裘说可从。是高粱这种农作物已见于商代后期。1985年、1986年李璠在甘肃民乐县东灰山新石器时代遗址里发现已经炭化的高粱,其形状与现代高粱相同,接近球形。以20粒的平均数计,籽粒长3.8毫米、宽3.2毫米,厚与宽相同。经鉴定是中国高粱较古老的原始种(见上引李璠文)。

(六)其他 其他一些农作物,有大麻,在甘肃省东乡县林家遗址发现的农作物品种中,经农学家李璠鉴定有大麻籽粒。糜子,发现于甘肃兰州青岗岔遗址内。在有的遗址发现有花生、芝麻等作物。

图1-34 有🜨字的甲骨

(《合集》9946局部)

蔬菜作物,在西安半坡仰韶文化遗址的第38号房子里面,发现了一件小陶罐,内盛炭化了的菜籽,经中国科学院植物研究所初步鉴定,认为是属于芥菜或白菜一类的种子。

在甘肃秦安大地湾文化窖穴中,还发现了少量的油菜种子。②目前发现的新石器时代的蔬菜遗存有油菜、白菜或芥菜、莲子、菱芡和葫芦等。可见在五帝时期,人们餐桌上食品种类已较为丰富。

二 农业工具

农业生产工具由石、骨、蚌、木质等材料制成。农具的种类有起土工具、收割工具和加工工具三类。在西安半坡仰韶文化遗址里,出土的农具共735件,包括开垦耕地和砍劈用的石斧313件,石锛71件、石铲13件、石锄19件、石制砍伐器59件、收割谷类的石刀和陶刀217件、加工粮食的石制碾磨器11件、石杵14件、穿凿木料的石凿18件。在五帝时代(仰韶文化中晚期及龙山文化时期)的考古遗址里,常出土有石、骨、蚌质材料的铲,如在庙底沟遗址里就出土石铲30多件,大者长29厘米,小者长13.4厘米,多残断,是使用的关系。有的背部有打磨痕迹,上部两侧略打出缺口,③当是装柄,这种较大型的

---

① 裘锡圭:《甲骨文中所见的商代农业》,载《全国商史学术讨论会论文集》,《殷都学刊》增刊,1985年。收入所著《古文字论集》,中华书局,1992年。
② 谢端琚:《甘青地区史前考古》第11页,文物出版社,2002年。
③ 中国科学院考古研究所编:《庙底沟与三里桥》第58页,科学出版社,1959年。

"铲",应是文献中的"耜",应名为"耜"(今日北方的锹)才对。文献中的铲是中耕除草农具,《说文》:"铲,鏶也,从金,产声。一曰平铁。"段玉裁注云"俗多用划字"。《齐民要术》卷一引南朝刘宋何天承《纂文》:"养苗之道,锄不如耨,耨不如划(此字或径作铲,下同)。划柄长二尺,刃广二寸,以划地除草。"知铲主要是耘田除草的工具,形体较小,不可用作翻土的工具。考古中发现的较大型石铲,应定名石耜。

在龙山文化中已出现耒这种双齿的翻土工具。在庙底沟龙山文化层灰坑的壁上,留下用双齿木耒挖土的痕迹,发掘报告报道:"在 HG553 的北壁发现了许多当时人们的工具痕迹,大部分是交叉密集的条痕。经我们仔细观察,发现使用双齿形的工具做成的。每齿的直径是 4 厘米,有的宽达 6 厘米。长度不甚清楚,约在 20 厘米左右。我们选择了五组比较清楚的痕迹画了下来;此外并用石膏将清楚的痕迹翻成模型。它的器形很可能和殷周时期的木耒近似。"①这就是木耒,是我国传统的农耕翻土工具。(图 1-35)

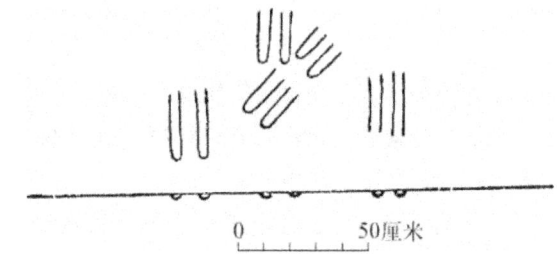

图 1-35 庙底沟龙山文化 HG553 木耒痕迹

(采自《庙底沟与三里桥》第 23 页)

在良渚文化中发现的石犁比松泽文化时期的石犁有了改进,其平面呈等腰三角形,较松泽时期的稍大,两侧有刃,中间有穿孔。(图 1-36)这种石犁翻耕土地的能量比松泽时期要大。2003 年发掘浙江省平湖市庄桥坟良渚文化遗址时,在遗址中发现一把木质犁。② 说明在松泽、良渚文化时期,已进入犁耕农业的初期阶段。

图 1-36 上海松江广富林遗址出土的石犁

---

① 中国科学院考古研究所编:《庙底沟与三里桥》第 23 页,科学出版社,1959 年。
② 闻人达报道:《庄桥坟遗址惊现中国最古老文字》,《南湖晚报》2013 年 6 月 15 日。

第二节　家畜饲养

在五帝时代的仰韶、龙山文化时期，人们已普遍地饲养了家畜和家禽。根据对出土动物骨骼的鉴定研究可知，中国新石器时代首先出现的一批家畜家禽是猪、狗、鸡和牛，可以早到公元前 6000 年左右。在淮河与秦岭以北地区，最主要的家养动物是猪、狗和鸡；在南方是猪、狗和水牛，说明北方和南方的家畜饲养业已经各具特点。在西安半坡、宝鸡北首岭、庙底沟和三里桥等遗址中，出土的仰韶文化家畜遗骸有猪、狗、鸡和黄牛 4 种。其中，猪和狗在中国北方是最常见和最重要的家畜，尤其是家猪，在整个新石器时代经济上始终具有重要性，而且，养猪业愈到后期愈加发展，庙底沟遗址里的 26 个早期龙山文化灰坑里出土的猪骨骼，比同一地点的 168 个仰韶文化灰坑中出土的还要多些，便是例证。西北地区的马家窑文化和文家文化的遗存中，同样都有较多的猪骨出土。

绵羊和山羊，可能还有马，都是从龙山文化时期（约前 2800—前 1900 年）开始饲养的。早在仰韶文化的半坡遗址中，即出土有少量的绵羊、山羊和马的骨骼，但尚不能肯定是家畜。家山羊在中原地区的考古记录，以河南陕县庙底沟二期文化遗存中出土的山羊角为最早。在内蒙古赤峰红山后的红山文化遗存中，已有家绵羊，估计年代不晚于公元前 3000 年左右。城子崖的羊骨被鉴定为殷羊，这是华北常见的一种家绵羊，在商代已被培养成稳定的品种。在黄河上游，马家窑文化的永靖马家湾和临洮马家窑遗址，都有山羊和绵羊的骨骼出土，齐家文化的遗址和墓地，也大多有较多的羊骨出土，说明这一地区已经普遍饲养了羊。此外，在山东泰安大汶口与兖州王因等遗址，发现了水牛的遗骨，说明大汶口文化地区还饲养水牛。

中国南方新石器时代的家畜，无论是长江中游的大溪文化和屈家岭文化，还是长江下游的马家浜文化、崧泽文化和良渚文化，常见的都是猪、狗和水牛。中国南方可能到良渚文化时期才出现家羊。从现有考古材料看，在五帝时代的晚期，人们大体已经饲养了所谓的六畜——马、牛、羊、鸡、狗、猪，而其中的猪、狗、绵羊和水牛，到商代早期便都已育成了特征稳定的品种。①

中国应是家马起源地之一。陕西省考古研究院的胡松梅对华县泉护村仰韶文化遗址内出土的动物骨骼分析，发现有家养的绵羊和马骨，② 2009—2010 年陕西考古研究院在陕西蓝田新街遗址抢救性发掘时，在仰韶文化晚期及龙山文

---

① 见《中国大百科全书·考古学卷》第 701 页"中国新石器时代的家畜"（周本雄执笔），中国大百科全书出版社，1986 年。
② 见袁靖等：《搭建平台　交流学术　统一规划　提高水平——记第一届全国动物考古学研讨会》，《中国文物报》2010 年 3 月 5 日。

化早期的地层中发现马骨坑一个。① 在山东省历城镇的龙山文化遗址里也发现有马的骨骼。在内蒙古赤峰大山前遗址出土了4块属于距今约4 000年前的夏家店下层时期的马骨,"通过形态学的观察和测量表明它们与现代家马极为相似"。研究者使用DNA技术测定,将中国现代家马划分为7个线粒体世系A—G,其中世系F和D呈现明显的地理分布特征。"世系F在东亚的分布频率最高,而在欧洲的频率最低,而且显示了一个由东向西递减的趋势,暗示世系F起源于亚洲东部并向欧亚大陆西部扩展",世系D则呈现相反的情形,证明东亚地区是马的重要起源地之一。② 对于马起源及饲养,有的认为"中原并不适合养马,从未培养出优良的地方马品种","4 000年前的东亚无马亦无游牧。随着青铜时代的到来,牛、羊、马陆续传入东亚"。③ 这种意见与考古发现和利用线粒体DNA的科学测定结果不相符,考古证实我国是马的重要起源地。

第三节　技术进步的手工业

同传说中的五帝时代相当的仰韶文化中晚期和龙山文化文化时期,手工业的种类已较多,技术已具相当水平。这一时期手工业中最为突出的是冶铜、制玉、制陶、建筑和丝纺织等。

一　冶铸铜器技术的掌握

古文献记载,"黄帝采首山之铜,铸鼎荆山之下"(《史记·封禅书》),"蚩尤作冶"(《尸子》),"蚩尤以金作兵"(《世本·作篇》)。从考古发现,在仰韶文化后期,大约距今5 500年以后,即传说中的五帝时代早期,我们的祖先已知道了铜,并用来制作简单的小件铜器。1973年11月在陕西临潼姜寨第一期文化的29号房屋内发现一块残铜片,④后来有在此遗址里发现一件铜管。在此遗址的第29号房屋内出土的炭化木椽的碳十四测定年代为公元前4020±110年,经树轮校正为公元前4675±135年。化验结果铜片含铜65%、锌25%,其余还有少量的锡、铅、铁、硫等,是杂质较多的黄铜。黄铜的冶炼技术要求很高,所以有的人怀疑其时代或地层的可靠性。北京钢铁学院冶金史研究组反复试验,认为"早期黄铜的出现是可能的,只要有铜锌矿存在的地方,原始冶炼(可能通过重熔)可以得到黄铜器物"。⑤ 中国科学院研究生院王昌燧教授及其博士研究生凡小盼利用

---

① 《2010陕西考古八大事件发布》,《中国社会科学报》2011年1月27日。
② 见蔡大伟:《古DNA分析揭示中国家马的起源》,《中国文物报》2009年12月17日。
③ 易华:《六畜起源:中华民族文化形成轨迹新视觉》,载《中国社会科学报》2010年10月12日。
④ 巩启明:《姜寨遗址考古发掘的主要收获及其意义》,《文物杂志》1981年第4期。
⑤ 北京钢铁学院冶金史组:《中国早期铜器的初步研究》,《考古学报》1981年第3期。

我国最先进的同步上海光源进行 X 射线荧光分析面扫描对比分析，证明姜寨出土的黄铜为固体还原工艺获得，是我国最早的人工冶炼合金。王昌燧教授说，中国最早人工冶炼金属的年代与西亚相近，而其冶炼金属为黄铜，不同于西亚的砷铜和红铜，这一结论说明我国冶金工艺是本土起源。这项研究认为，姜寨黄铜较之西亚最早的人工冶炼合金砷铜，年代还略早一些，两者工艺相近，但冶炼产物明显不同。[①] 同样的合金制品在山东地区也有发现，1974 年在胶县三里河遗址发现两段铜锥，化学成分为铜 70%—75%、锌 20.2%—26.4%、铅 1.77%—4.26%、锡 0.35%—2.15%，另有微量的铁、硫、硅等元素，是铜锌合金铸造而成的黄铜器。[②] 黄铜是铜锌合金，而锌的冶炼比较困难，对我国古代铜器鉴定表明，早期青铜器不含锌，只有少数晚周或汉代青铜器中出现锌的成分，据此可以认为秦汉仍未掌握冶铸黄铜的能力。姜寨及三里河的黄铜制品，当是由铜锌共生矿冶炼得到的。这种合金不是人们有意识在铜中加入锌而改变铜的性能而是含锌铜矿冶炼获得，它同有意加入锡铅而成铜锡或铜锡铅合金制成的青铜器技术还不是一回事，因此不能说姜寨时期的人们就已掌握了冶炼合金的技术，姜寨及三里河特别是姜寨遗址发现的黄铜片及管，是我国最早的金属制品，虽然不能视作铜器技术的到来，但金属制品的制作和使用，却可看成是人们认识金属肇始的标志。[③]

　　1942 年在山西榆次源涡镇的古文化地层中，发现在一块陶片上附有铜渣，后来化验含铜 47.67%、硅 26.81%、钙 12.39%、铁 8.00%，应是冶铜剩下的炼渣。涡源镇遗址的文化属仰韶文化晚期分布于晋中地区的一种地方类型，年代在公元前 3000 年左右。在山东泰安大汶口的一号墓内，发现一件小骨凿上附着铜绿，经化验测定含铜为 9.9%，推测是加工铜器的遗迹。该墓属于大汶口文化

[①] 2012 年 5 月 11 日中国科学院研究生院在北京发布一项科研成果：利用我国最先进的同步辐射装置上海光源，证明了陕西西安姜寨出土的黄铜态还原工艺获得。是我国最早的人工冶炼合金。这一结论支持了中国冶金工艺起源的"本土说"。据中国科学院研究生院人文学院科技史与科技考古系教授王昌燧介绍，课题组将实验室模拟实验的样品和姜寨出土黄铜片在上海光源进行 X 射线荧光分析面扫描对比分析。实验结果表明，这些出自姜寨的黄铜片和黄铜管状物，其冶炼工艺为固体还原法。王昌燧说，中国最早人工冶炼金属的年代与西亚相近，而其冶炼金属为黄铜，不同于西亚的砷铜和红铜，这一结论说明我国冶金工艺是本土起源。这项研究认为，姜寨黄铜较之西亚最早的人工冶炼合金砷铜，年代还略早一些，两者工艺相近，但冶炼产物明显不同。经过对比分析西亚地区冶金起源的早期阶段发现，先民在使用天然金属直至发明铸造金属之前，都曾有一个采用热锻法或固体还原法冶炼金属的阶段。这项研究成果还揭示了红铜时代与青铜时代之间无论西亚还是中国，都存在一个混合矿直接冶炼合金的时期。这项研究成果的相关论文以封面文章的形式刊登在近期出版的英国皇家化学学会期刊《分析原子光谱学报》上。（见《中国文物报》2012 年 5 月 16 日第 2 版文《科学实验证明：中国冶金本土起源》，又见《中国社会科学报》2012 年 5 月 18 日头版《中国冶金技术起源于本土》）。

[②] 严文明：《论中国的铜石并用时代》，《史前研究》1984 年第 1 期。苏秉琦主编：《中国远古时代》第 199 页，上海人民出版社，2010 年。

[③] 苏秉琦主编：《中国远古时代》第 72 页，上海人民出版社，2010 年。

晚期，年代约为公元前3000—公元前2600年左右。① 姜寨遗址为神农时代后期，源涡镇、大汶口遗址属仰韶文化中晚期，在这些遗址中发现的铜器，应是中国最早的铜器。

在我国历史进入距今四千五百年以后阶段，如黄河流域的河南龙山文化、山东龙山文化和甘肃、青海地区的齐家文化，长江流域的石家河文化中，多处地点发现了小件青铜器、炼铜用的坩埚残片、铜渣等，特别是在下限年代较晚的齐家文化中发现最多。山东龙山文化有五处遗址中发现过铜器或冶铜的炼渣：1974年在胶县三里河遗址发现两段铜锥，是铸造而成的；1978年在诸城呈子发现铜片；1981年在栖霞杨家圈发现一段残铜锥、铜炼渣和炼铜的原料；1982年在长岛县北长山岛店子遗址的一个灰坑中发现一块残铜片；在日照县的王城安尧遗址发现了炼铜渣。

河北唐山大城山发现两块穿孔铜片，形状很像小型穿孔石斧。经化验含铜99.33%和97.97%、含锡仅0.17%，属于红铜器。两块铜片都很薄，且不平整，是用锻造法捶打成器的。

河南省境内发现多处遗址出土铜器：在登封王城岗的一个灰坑中发现一块铜器残片，有合范铸造留下的铸纹，经化验为锡青铜；②郑州市董砦龙山文化遗址中，出土一块指甲大小的方形铜片；在郑州牛砦龙山文化灰坑内发现炼铜用的坩埚残片，经化验为铅青铜；③在临汝煤山的两个灰坑中，发现炼铜的坩埚残片。坩埚内壁保留一层厚厚的固化铜液，最多的一片上有六层，每层厚约1毫米。经化验分析，含铜95%，应为红铜。在淮阳平粮台龙山文化城址的H15号灰坑的底部出土铜炼渣一块，呈铜绿色，这是冶炼铜的遗存。

湖北省天门市石家河古城垣外东南的罗家柏岭，发现五件铜片和一些孔雀绿铜矿石、炼铜的铜渣等。④ 铜器和铜矿石、铜炼渣在一起出土，说明此处曾是铜的冶炼及制造铜器的场所，是集冶炼和铸造于一地。

山西省的襄汾县陶寺遗址晚期发现一只铜铃，一件齿轮形铜器。⑤ 铜铃外包有麻布，铃的顶部有一圆孔，高2.65厘米，横断面呈菱形，长6.3、宽2.7厘米，系用合范铸造而成，经测定含铜97.86%、铅1.54%、锌0.16%，应为红铜器。齿轮形铜器为铸造成形的砷铜器。

---

① 山东省文物管理处等：《大汶口》，文物出版社，1974年。
② 北京柯建铭大学冶金史研究室：《登封王城岗龙山文化四期出台的铜器WT196H617：14残片检验报告》，《登封王城岗与阳城》，文物出版社，1982年。
③ 李京华：《关于中原地区早期冶铜技术及相关问题的几点看法》，《文物》1985年第12期。
④ 湖北省文物考古所等：《湖北石家河罗家柏岭新石器时代遗址》，《考古学报》1994年第2期。
⑤ 中国社会科学院考古研究所山西工作队、临汾地区文化局：《山西陶寺遗址首次发现铜器》，《考古》1984年第12期；梁星彭、严志斌：《山西襄汾陶寺文化城址》，《2001年中国重要考古发现》，文物出版社，1982年。

内蒙古河套地区的伊克昭盟伊金霍洛旗的朱开沟遗址,曾经在相当于客省庄二期文化的探方底层中发现一件铜锥。客省庄二期文化亦称为陕西龙山文化,对遗址内出土的木质物经碳十四测定,其年代为公元前 2300—公元前 2000 年。

黄河上游的甘青地区,从马家窑文化中期(年代为公元前 3396—前 2882 年)起,就不断有铜器出土。1977—1978 年发掘甘肃东乡林家遗址,在 F20 号房址内发现一件铜刀,短柄长刀身,刀尖圆钝微上翘,通长 12.5 厘米,系用两块范合铸而成。① 经中国科学院地质矿物研究所激光光谱分析,铜刀的主要成分是铜和锡,另有少量的铁、银杂质,是一件铜与锡两种金属成分的合金铜刀。铜中加入锡就变成青灰色而被称为"青铜"。红铜熔点高,不易熔化铸造;红铜质软,硬度低,不适合制造工具、兵器。青铜是一种合金,通过合金可改变金属的物理性状,如铜中加锡可降低铜的融化温度,红铜的熔点一般在 1 083℃,加进锡熔点就降低,如加入 25％的锡,铜块的熔点就降低至 960℃,且使铜器的硬度增大,据试验测定,若铜中加入 9％—11％的锡,铸器的硬度就增加一倍。若加进铅则增加金属液体的流动性。林家遗址出土的木炭、炭化粟子的碳十四测年有 3 个:公元前 3280 年、公元前 2900 年、公元前 2740 年。此件铜刀是我国发现的第一把青铜刀,而且是范铸而成的。甘肃永靖县蒋家坪的马厂类型文化层中,发现一件残铜刀,圆头,前端上翘,主要成分是铜和锡,另有少量的铁,也是一件青铜器,为锡青铜。马厂类型的年代,据碳十四测定及适当调整,约为公元前 2330—前 2055 年(距今 4330—4055 年)。从这两件青铜刀看,我们的祖先在距今五千年,也就是传说中的黄帝时代就跨进了青铜时代的门槛,当时的人们就已认识并掌握了合金这一工艺技术。今日合金技术在制造业中已是十分普遍的了,我们的祖先在距今五千年的时候就初步掌握了这一重要的冶金技术。2010—2011 年在甘肃张掖市明永乡下崖村发掘一处马厂文化晚期至四坝早期的铜冶遗址,年代为公元前 2100 年左右,出土铜器 30 多件,均为小型器物,有刀、泡、环、锥等,以锥为主。发现大量炉渣、矿石、炉壁、鼓风管、石范等与冶炼有关的遗物。冶炼炉子有鼓风管,使用石范铸造器物。(图 1-37)

甘青地区继马厂文化之后的是齐家文化,其年代据碳十四测定经树轮校正为公元前 2289—前 1900 年,晚期已进入夏代纪年范围。冶铜业是齐家文化先民在生产上的一项巨大成就。在甘肃皇娘娘台、大何庄、秦魏家、齐家坪、西坪,青海贵南尕马台、互助总寨、西宁沈那等 10 多处遗址内,发现红铜器及青铜器 60 多件。器物种类有刀、锥、斧、镰、矛、凿、匕、环、泡、镜、装饰品和炼铜渣等。

---

① 张学正等:《谈马家窑、半山、马厂类型的分期和相互关系》,载《中国考古学会第一次年会论文集》,文物出版社,1980 年。

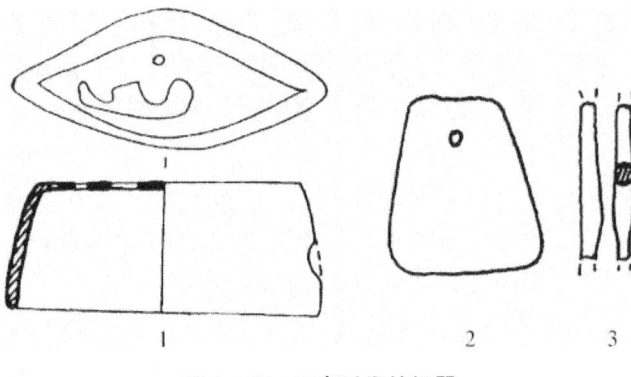

图 1-37　五帝时代的铜器
1,铜铃(襄汾陶寺)　2,铜牌(唐山大城山)　3,铜锥(胶县三里河)
(采自苏秉琦主编:《中国远古时代》第 198 页)

西宁沈那遗址出土的铜矛,呈阔叶状,有中脊,中部还附有一倒钩,长 63 厘米,宽 20 厘米,是迄今所发现齐家文化最长的一件青铜器。在总寨和魏家台遗址发现骨柄铜刀和骨柄铜锥共 5 件,刀长 5 厘米,锥长 6.7 厘米,这种铜、骨复合工具目前只见于齐家文化中。尕马台是一处齐家文化墓地,墓中随葬品种有铜镜、铜指环、铜泡等。铜镜出于第 25 号墓,死者为俯身葬,铜镜压在人骨的胸下。器形完整,直径约 9 厘米、厚 0.3 厘米,重 109 克。镜面已生锈,背面有两个同心圆圈,两圈之中为七角星形图案,地纹为平行斜线填满。经分析,含铜 91.2%、锡 8.8%,是铜锡型合金青铜器。武威皇娘娘台齐家文化遗址中,先后发现 30 多件铜器,有刀、凿、锥、钻头、指环、铜片和铜渣等,所出铜器经化验都是红铜。永靖大何庄在一座房子内出土一件完整的铜匕,地层中出土一件铜片,铜片经化验含铜 96%、锡 0.02%,是红铜。永靖秦魏家出土斧形器一件、铜锥一件、铜指环两件、铜装饰品两件。斧形器经鉴定是铸造的红铜器,铜锥是锻造的青铜器,铜环含铜 95%、铅 5%,是铜铅合金青铜器。广河齐家坪出土空首斧和素面镜各一件。斧长 15 厘米、刃宽 3.2 厘米、头宽 4 厘米、厚 3.1 厘米,空头中残存木柄断茬,斧头外边有对称的两个半环形耳,一面还有铸成的对称三角形花纹。是用多块范铸造而成,两边还留有合范的铸痕,经化验属红铜器。铜镜直径 6 厘米,背面无纹饰,中央有一桥形状钮。镜面至今仍可光鉴照人。广河西坪的一座齐家文化的墓葬中,出土一把铜刀,通长 18.3 厘米、柄长 7 厘米,刃端至今很少生锈并略见光泽。(图 1-38)

此时期发现的铜制品质料以红铜为主,少数是分别掺锡、铅或兼有锡、铅的青铜器。红铜多采用冷锻法制造,也有用范铸成器的。铸造的青铜器一般使用单范,个别的已用合范铸成。到五帝时代的后期,铜器的成分已从单纯的红铜到有意识的加入锡、铅金属而成合金。制造工艺由冷锻锤打成器到范铸成器。范

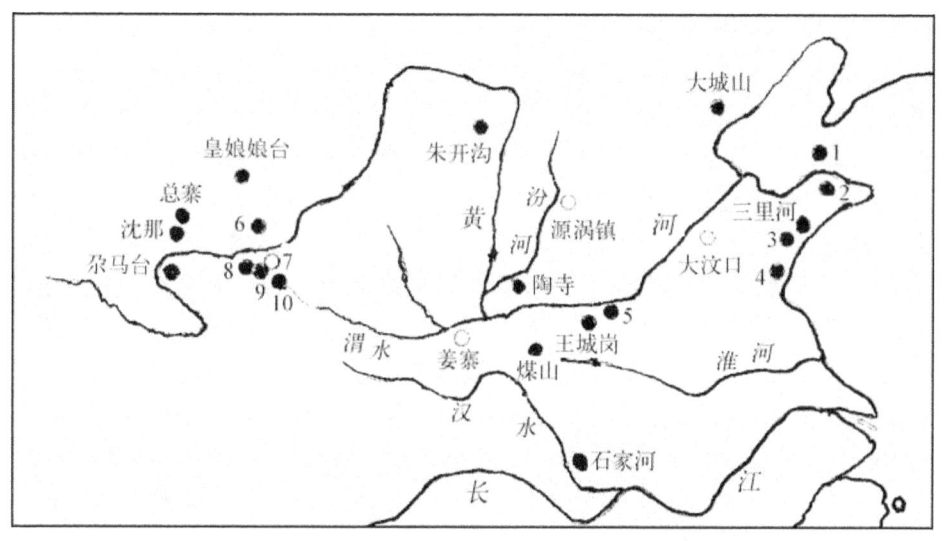

图 1-38 五帝(仰韶、龙山)时期铜器出土地点

1，长岛店子 2，栖霞杨家圈 3，诸城呈子 4，日照安尧王城 5，郑州董砦 6，永登蒋家坪 7，东乡林家 8，永靖大河庄 9，永靖秦魏家 10，广河齐家坪 ○仰韶时代 ●龙山时代

（采自严文明：《论中国的铜石并用时代》图）

铸不仅是单范铸造，还开始出现多块范的合范铸造技术。合金、范铸是我国古代青铜器铸造工艺上的两大关键技术，在五帝时代已经基本掌握，为以后大量使用青铜器准备了条件。①

合金、范铸技术的发明反映我们祖先已具有很高的智商。试想一个使用石器工具的人群，要从矿石里熔炼出金属液，再将金属液浇注进事先做成的石或陶土制成的刀、斧之类的模子里使之成器，这是一个何等复杂的过程。在这个过程中需要多少智慧、技术和经验。即使是现代，如果没有学过冶金技术的人，要完成采矿、选矿、冶炼、制模、铸造成器这一复杂的技术过程也是十分困难的。② 所以我们不应低估五帝时代人们的智力及其冶铸技术的科学成就。

二 制玉工艺的辉煌

在中国的新石器时代晚期的五帝时代，以红山文化、龙山文化、良渚文化、石峡文化等为代表，制玉工艺相当兴盛，甚至可能已成为独立的手工业部门。这个时期的玉器已形成南北两大体系：北方以环状体成形的玉雕龙、以板状体成形的勾云形玉和以筒状体成形的马蹄状玉箍形器，是红山玉的三大类别。由它们为主体构成的红山文化玉器群，是北方玉器的特点；南方以几何成形的玉琮为主

---

① 参见严文明：《论中国的铜石并用时代》，《史前研究》1984年第1期；谢端琚：《甘青地区史前考古》第125—127页，文物出版社，2002年。

② 李绍连：《华夏文明之源》第96页，河南人民出版社，1992年。

体构成良渚文化以及东南沿海地区史前玉器群。①

红山文化是1935年首先发现于内蒙古赤峰市红山后而得名。主要分布于内蒙古东南部、辽宁西部及河北省的东北部,吉林省西部也有少量发现。经过发掘的有辽宁喀左东山嘴、建平牛河梁等遗址。据碳十四测年测定并经树木年轮校正,此文化的年代约为距今6 000—5 000年。应是神农氏和黄帝相交时代的文化遗存。玉器大量出土于距今5 500—5 000年的红山文化后段。良渚文化是1937年发掘浙江省吴兴良渚遗址而于1959年被命为一种文化名称。主要分布于长江下游太湖流域地区江苏、上海、浙江等省市。经过发掘的重要遗址有浙江余杭莫角山、反山、瑶山、横山、汇观山,桐乡普安桥,嘉兴雀暮桥,杭州水田畈;上海市青浦福泉山、上海县马桥;江苏省的吴县草鞋山、张陵山,常州武进县寺墩,昆山县赵陵山等。其年代经过碳十四和陶片热释光测定,为距今5 200—4 000年。时代略晚于北方的红山文化。红山文化以仿动物的立体圆雕器物最具特点,特别是龙形器,在红山文化中发现有十余件,以辽宁建平出土的猪玉龙(或称熊龙)和内蒙古翁牛特旗出土的两件"C"形玉龙(一为碧玉一为黄玉)最为著名。中原龙山文化和两湖地区的石家河文化的玉龙,都应是受红山文化影响而出现的器物,辽西应是我国龙的发源地,是龙的故乡。勾云形玉佩饰在片状玉上雕琢成卷云形花纹,也是红山文化时期才出现的,以前不见。制造仿生动物需要掌握复杂的圆雕工艺,在玉器表面上制作花纹需要雕琢工艺。这两种新工艺的掌握,制造玉器的基本工艺技术(切割、打孔、雕刻、琢磨、抛光)就都已齐备了。这说明红山文化玉器在种类和制造工艺技术上都出现了飞跃,而达到新高峰。

良渚文化玉器分为两大类:礼仪用器,有琮、璧、钺、圭、三叉形及半圆形的冠帽饰件;装饰品,有珠、管、锥形器等以及几十件到百余件以单行、双行等方式组合的串饰,作为手链或下部缀以大型璜作为项链。良渚文化独具特点的玉器是琮,红山文化中绝不一见。其影响南到广东的石峡文化,西到甘肃的齐家文化,北到山西的陶寺文化。玉琮上用浮雕、阴线磨刻工艺,雕琢成十分细腻而繁复的"神人驭兽纹"(或称"人兽组合纹")装饰纹样,显示出良渚文化时期制作玉器的高超工艺技术。如反山一座墓里出土的一件玉琮(M12:98),在四面中间竖槽的上下,共有八个图像相同的神徽,每个神徽高3厘米,宽4厘米,以减地浮雕和阴线细刻的技法,精细琢刻而成。② 良渚文化制玉的浮雕、阴线磨刻工艺比红山文化更为精细,技巧更加纯熟。(图1-39)

璧在南北方文化中都有,但以良渚文化和广东的石峡文化中最为常见。1986年浙江省文物考古研究所对余杭县长命乡雉山村的反山清理了良渚文化

---

① 郭大顺:《红山文化玉器特征及其社会文化意义再认识》,载《东亚玉器》Ⅰ,香港中国考古艺术研究中心,1998年。
② 汪遵国:《良渚文化玉器综论》,载《东亚玉器》Ⅰ,香港中国考古艺术研究中心,1998年。

 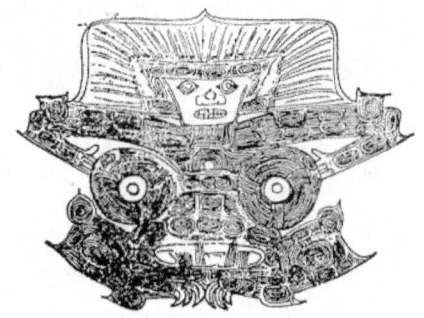

图 1-39　浙江余姚反山遗址良渚文化时期大墓 M12：98 出土的玉琮及琮上的花纹
（采自《文物》1988 年第 1 期）

墓葬 11 座，出土成组、成串的玉器 1 100 多组件，占全部随葬品的 95% 以上。若以单件计则有 3 200 余件，大件礼器以璧最多，共出土 125 件，琮制造精致，共出土 21 件。玉璧大部分放置在死者的脚部，十余件堆成一迭，像 M20 号墓、M23 号墓里都有三四迭之多。成迭堆放的玉璧，制作皆粗糙，有研究者认为，与礼神的重器不大相符，应是当时作为财富的象征物品。（图 1-40）

图 1-40　良渚文化反山 M23 号墓北端玉璧叠放情况
（采自邓聪编：《东亚玉器》Ⅲ：121）

在西边的甘肃、青海等省内的齐家文化遗址中，也发现有大量的玉器，器物有三十多种，其中一件由四只璜钻孔联成的玉璧最为珍贵。甘肃武威皇娘娘台、广河齐家坪遗址出土有玉琮、璧等器，皇娘娘台 48 号墓内出土玉璧 83 件，2002 年在喇家遗址出土三联玉璜、玉铲、玉斧、玉刀等玉器，其中一把三孔玉刀长 66 厘米，是目前已知最大的玉刀之一。[①]

[①] 易华：《齐家文化：史前东西文化交流的中转站》，《中国社会科学学报》2013 年 2 月 22 日。

红山文化和良渚文化的玉器,大多出土于大、中型的墓葬里,具有贵重礼器的性质。琮、璧、璜、玦等,商周以后得到进一步发展,成为中国古代文明的一项重要标志性器物。

三 制陶工艺不断进步

陶器是伴随着农业发明而出现的,经过火的作用,使泥土变成坚硬的陶质,它是被人类第一个改变物理性能的自然物质。

在制造技术上,器物成形是从手制、慢轮制过渡到快轮制,五帝时期(仰韶文化和龙山文化时期)主要是快轮制。烧制陶器的陶窑有横穴式和竖穴式两种结构,陶器的烧成温度一般为 900℃—1 000℃,有的甚至可达 1 050℃。山东龙山文化的蛋壳黑陶是这个时期制陶技术的最高成就。器形以鬹、鬼脸式腿足的鼎、高圈足镂孔豆和杯等,其中杯一般有高的柄,杯身呈圈底形,口沿外撇,通高 15 厘米—20 厘米,壁厚多在 0.5 厘米—1 毫米之间,最薄的仅 0.3 毫米,全器还不到 50 克重,显得十分轻巧。以其胎薄、质细、火候高、造型优美而显示出最为高超的工艺技术,人们赞誉它"黑如漆,亮如镜,薄如纸,硬如瓷,掂之飘忽若无,敲击铮铮有声"。(图 1-41)另一个制陶业的成就是白陶器。在山东省泰安县的大汶口遗址 10 号墓中,出土优质白陶器 28 件,器形有袋足鬹、背壶等。白陶器是用特殊的陶土制成,其成分近似于后世制造瓷器的高岭土。白陶器实是瓷器的源头。

图 1-41 山东龙山文化蛋壳黑陶杯

蛋壳黑陶、白陶器代表当时制陶技术的最高水平,但迄今这两种陶器出土都特别的少,显然是非实用器。蛋壳黑陶、白陶如此高超的陶器技术,只是在我国制陶技术中昙花一现,这样复杂、高超的技术须有长期的积累才能获得,为何却出现不久即失灭?其中原因应与玉器的兴起,制玉技术的成熟有关。玉器既有装饰的实用价值,也有礼神的功用,所以精美的玉器替代了高贵的陶器。

五帝时期大量出土的陶器是细泥和在陶泥中参一定比例砂子的泥土制成的实用器,用细泥制成的陶器称为细泥陶器,器物以作食器的碗、盘,作饮器的杯、盅、盏以及一些储存器罐、缸、钵、盆等;用参砂于泥制成的陶器称为夹砂陶器,主要用来制作炊煮食物的器具,如鼎、鬲、甗、甑、罐(罐是储器也可作炊煮食物的用器)等,只有在陶土中夹砂制出的陶器才能耐火烧,今日使用的陶器砂锅,就是从五帝时期一直传下来的技术。陶器的颜色主要是红色和灰色。这是当时的实用器,从普通人到城邦首领,平时都是使用的这种陶器,高级的蛋壳黑陶、白陶应是作为祭祀神灵时使用的祭祀器物。

四 建筑技术的提高

五帝时代的建筑有两种:普通民居和城堡,这里只说民居建筑,关于城堡的建筑技术在待后的"古国"节中讲。

考古发掘中发现大量的普通民居房屋,其建筑形式有横穴窑洞、半地穴、地面营造和架空居住面的干栏式几种。横穴窑洞是在生黄土坡壁上平挖洞深进成居室,不使用木材全靠黄土的板结支撑而使洞穴不致塌陷。半地穴式是从房屋地基面向下挖,一般下挖1米左右,然后平整地面以作屋面,再在地基上栽立木柱作墙及屋顶,居住面在地平面下,利于保暖。地面建筑属于土木混合结构,墙基、居住面都与当时的地面平。墙体多为木骨泥墙,后来出现相当进步的土坯墙,居住面有由硬土面、草拌泥及在地面涂抹光洁的白灰面。房屋柱子的基础用碎陶片垫底、置放础石或木板等。普通民居的建筑有四个方面的技术:

(一)房屋的间架结构。间架指一栋房屋的大小、形状、间数布局,此时期的房屋有单间、套间以至连间。陕西省白水县下河西村的仰韶文化晚期遗址内发现6座大型房屋基址,面积都比较大。编号为F1的房屋,残存面积263.4平方米,残存使用面积217平方米,复原建筑面积364.85平方米,复原使用面积304.5平方米,是迄今发现仰韶文化中最大的房屋建筑。房屋呈五边形,门朝南开。室内有火膛,由操作间、火膛地面灶组成。火膛直径1.8米、深2米。①

郑州大河村是一处仰韶文化晚期遗址,共发现二十多座房屋基址,其中二期1座、三期9座,四期12座。三期的F1—4号房屋基址共四间屋子,发掘时编号为F1的房屋开间最大,门开在北边,南北长5.2米、东西宽4米,面积为20.8平方米,中有一个套间,南北长3.8米、东西宽1.084米,面积6.6平方米,如此外间只剩12平方米。套间内靠西墙有一方形土台,高3厘米,北部有一挡火墙,当是取暖的烧土台。套间内有三个柱子洞。外间西墙有一个方形灶台,高3—5厘米,北边残留有一挡火墙。屋内发现多件生活及生产的用具。可居住两三人的小家庭。编号为F2的西边一间南北长5.39米、东西宽2.64米,面积为14平方米。门开在南边。北部有三个土台,一在西北角,边缘呈弧线,高18厘米。上放砺石一块,泥质灰陶罐、缸各一个,靠近土台南边有夹砂灰陶罐一个,当是从土台上滚下来的。东北角有一方形土台,高8厘米,上放一只彩陶罐和一只泥质灰陶小口高领瓮,瓮内储满粮食,据鉴定为高粱米(也有认为证据不足而否定是高

---

① 王炜林、张鹏程:《陕西百水河流域考古获重要进展》,《中国文物报》2011年1月28日。

梁)。此屋南半部是空的,推测应是用于祭祀的房屋。编号为F3的一间紧靠F1的东部,南北长2.57米、东西宽0.78米,门开在北边。西墙下有一方形土台,屋内未发现其他遗物,应是住人的房间。F4内没有发现任何生活设施和遗物,应是这个家庭的储藏库房。①

甘肃秦安大地湾是仰韶文化晚期的一处遗址。遗址北边的山坡上是一座编号为901的大型房子,它的南边是作扇形展开的若干中小型房子。901号房子为地面起建,东西长16米、南北宽8米,总面积131平方米。有主室、后室、东西厢和房前的附属建筑。门朝南,有门垛,左右有对称的两个侧门,在东西墙上各有一个门通厢房。正门进去迎面是一直径超过两米半、残高约半米的大火塘,火塘后是两根对称的顶梁柱,柱子的直径约90厘米,南北墙壁各有八根墙柱,直径40—50厘米,皆有青石柱础。房子前面是一个面积约130平方米的地坪,其上面有两排柱子洞,每排六个。柱子洞前有一排青石板,也是六个,与柱子洞相对应。②

河南淅川下王岗仰韶文化三期的长屋,是另一种建筑风格。此房子是地面建筑,坐北朝南,通长85米,进深6.3米至8米不等,面阔29间,东头向南伸出3间,总共32间居室,其中有17个门厅。正房29间都有门厅,其中有12个门厅后各有两间居室,为双间套间;5门厅后各为一个居室,为单间套房。东头伸出的三间房屋都没有门厅,门开的方向也不一致。有门厅的房屋,门厅是过道及堆放东西的地方。在保持好的房间中,有十个房间里发现有竹席的痕迹,有十一个房间里发现有灶。这些房间有双套间、单套间,也有无门厅的单间,说明这些房屋是居住人的。房间的大小差别大,最大的单间房面积有18.79平方米,最小的双套间的两个内室面积总共才13.6平方米。房间的大小当与家庭人口相关。长屋的西头是一仓库,库房遗址现存19个柱子洞,围成直径4.36米的圆圈,面积有14.9平方米。③

(二)房屋的墙体建筑。墙体的建筑方式有两种:木骨泥墙和土坯。一般是木骨泥墙,其做法是,先平整好地基,再在其上挖好墙壁基槽,然后在基槽内栽柱子。柱子间的距离大致为0.10—0.30米,其间填以芦苇秆,每隔10厘米左右绑一横木,使整个墙壁固结在一起。墙壁内外都用草拌泥涂抹,待草拌泥晾干后,再用砂浆抹墙壁。土坯墙是先要打好土坯,然后用预先制好的土坯垒砌墙壁,这是五帝时代先进的建筑技术。甘肃省张掖市明永乡下崖村一处马厂文化晚期至

---

① 郑州市博物馆、郑州市大河村仰韶文化遗址博物馆:《郑州市大河村遗址1983—1987年发掘报告》,《考古学报》1996年第1期。郑州市博物馆:《郑州市大河村仰韶文化的房基遗址》,《考古》1973年第6期。
② 甘肃省文物工作队:《甘肃秦安大地湾901号房址发掘简报》,《文物》1986年第2期。
③ 河南省文物研究所:《淅川下王岗》,文物出版社,1989年。

四坝文化早期遗址,年代为公元前2100年左右。遗址内清理房屋19座,其建筑方式有地面式土坯建筑、地面式立柱建筑和半地穴式建筑三类。土坯建筑有方形和圆形两种,方形房屋多为多室结构,以土坯砌墙,有大型承重柱础,局部以土坯铺地面。土坯为黄色,大小不一,一般为30×20×10厘米,土坯间以红胶泥土黏接。① 河南省安阳后岗三期属于龙山文化晚期,在600平方米范围内,发现了38座房屋,多为圆形地面建筑。其中两座房屋的墙都是用土坯垒砌的。编号为F12的一座房屋,为圆形,南北内径4.7米,东西内径4.9米。墙宽0.36米—0.52米,残高0.8米。用土坯砌成。土坯呈长方形或不规则形,长0.40米—0.60米,宽0.30米—0.38米,厚0.06米—0.09米,土坯用深褐色黏土制成,内夹少许小红烧土块。土坯墙内外皆抹以细黄泥,在内墙上还抹一层草拌泥,并在其上抹白灰面。编号为F8的一座房屋,平面为椭圆形,东西内径4.7米,南北内径4.30米。墙宽0.23米—0.30米,残高0.35米—0.60米,用土坯砌成。土坯不甚规整,长为0.20米—0.45米,宽0.15米—0.20米,厚0.04米—0.09米。土坯错缝垒砌,土坯间用细黄泥作黏合剂。

（三）房屋的地面建筑。房屋的地面有草拌泥、白灰面涂地面和木板铺地,还出现似今日水泥的地面。地面涂白灰面是为防潮湿,此项建筑技术最早出现在仰韶文化晚期。陕西省白水县下河西村的仰韶文化晚期遗址内发现6座大型房屋基址,面积都比较大,编号为F1的房屋,地面分上下两层,表面一层铺姜料石烧制的白灰面,白灰面下是一层草拌泥,草拌泥下或夯实或用火烤使其坚实,是考古发现最早使用白灰面处理居室地面的建筑。② 河南省地区的龙山文化时期房屋,屋内地面及墙面多涂白灰面,在有的房屋周围还发现有浸泡石灰的坑,坑里还有未用完的石灰及灰渣,据鉴定,是人工烧制的石灰。地面铺木板发现于龙山文化时期的房屋内。在后岗龙山文化中期的一座编号为F7的圆形房屋内,房屋地基垫一层厚10厘米的灰土,垫土内夹有少许红烧土块。居住面上整齐地铺放一层木板,木板长0.5米—1.6米,表面经过加工,板面平整。这种木板系用原材劈削而成,劈削面向上,未加工的弧面向下,窄端在内,宽端朝外。外端木板间隔较大,内端(近灶处)基本无间隙。除东南角部分木板是南北向平行铺设外,其他都是围绕中央灶面呈辐射状铺设。③ 似今日水泥的地面房屋,发现于甘肃秦安大地湾,在仰韶文化晚期的一座编号为901的大型房子里。此房屋的地面做法是先平整地面并夯实,上面铺10厘米—15厘米厚的草拌泥烧土块,再在上面用小石子、沙粒和人造陶质、骨料掺灰浆做成的混凝土层,厚约15厘米—20厘米。表面经压实磨光,呈青灰黑色,很像现代的水泥地面。经测试每平方厘米

---

① 甘肃省文物考古研究所王辉、陈国科:《甘肃张掖黑水国遗址》,《中国文物报》2012年4月27日。
② 王炜林、张鹏程:《陕西百水河流域考古获重要进展》,《中国文物报》2011年1月28日。
③ 参见杨育彬、袁广阔主编:《20世纪河南考古发现与研究》第255页,中州古籍出版社,1997年。

可抗压 120 公斤,强度相当于 100 号水泥砂浆地面。① 它的地面处理技术,是十分超前的,这种地面处理方法,在二十世纪五十年代前,笔者在四川农村还见过,被称为"土水泥"地面。(图 1-42)

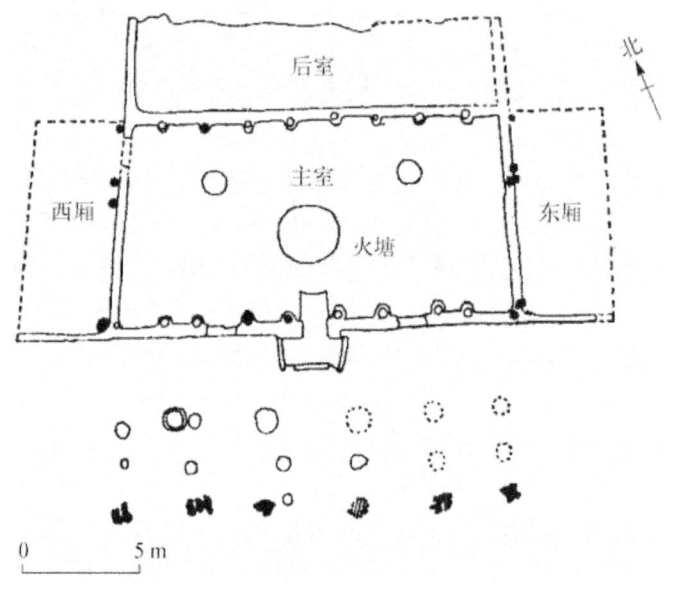

图 1-42 甘肃秦安大地湾 901 号房屋
(采自《文物》1986 年第 2 期)

(四)房屋的屋顶建筑。五帝时代房屋的屋顶在考古上没有发现过,推测其建筑方法是在屋内栽柱子,柱子和墙共同支撑屋顶。陕西省白水县下河西村仰韶文化晚期编号为 F1 的房屋内,地面有四个柱子洞,推测屋顶是由屋内四根柱子和墙壁共同支撑的。②

五　丝织业已具一定水平

在五帝时代的考古遗存中,发现的纺织物有麻、毛原料制品,特别是丝绸业在此时已成为纺织业中的一个重要方面。相传黄帝之妻嫘祖发明养蚕,在相应时代的山西夏县西阴村仰韶文化遗址中,曾发现被切割的半个蚕茧,这一发现有人提出过怀疑,但在长江下游的良渚文化(约前 3300 年—前 2200 年)中,已发现有丝织品。良渚文化时期开始了饲养家蚕和生产丝织品的技术,出自钱山漾的丝织品实物标本有绢片、丝带和丝线,纤维原料都属家蚕丝。丝带宽约 0.5 厘米,是由 30 根单纱分 10 股编织而成的圆形带子。残绢经纬密度每平方厘米 48

---

① 甘肃省文物工作队:《甘肃秦安大地湾 901 号房址发掘简报》,《文物》1986 年第 2 期。
② 王炜林、张鹏程:《陕西百水河流域考古获重要进展》,《中国文物报》2011 年 1 月 28 日。

根,是缫而后织的。茧丝纤度偏细,主要通过增加经纬纱数以达到绢织物密度,同时在吴江梅堰发现的黑陶器上有浅刻蚕纹的图案,与出土的丝织物相应证。我国丝织业在世界上历史最久,素负盛名,早在距今 4 000 多年前的良渚文化时期就已达到一定成就。①

当时人们穿着的衣料主要是麻。在甘肃林家马家窑早期遗址里,出土了大麻籽,当时应已有大麻的种植。大麻的纤维可以纺织成线来织成麻布。在此遗址内出土大量的纺织工具,其中陶、石质纺轮 58 件,骨针 236 件。骨针长者 13.5 厘米,短者 2.4 厘米。马家窑晚期遗址里普遍出土纺织工具,据统计共有陶、石质纺轮和骨针 338 件。在齐家文化中纺织工具也是普遍出土的遗物,据统计共发现骨针 85 件,陶、石质纺轮 119 件。在大何庄和秦魏家遗址发掘的墓内人骨架及陶器上均发现有清晰的布纹痕迹,经纬线清楚,每平方厘米经纬线各有 11 根,是以大麻为原料的纺织品。墓中的人头和身躯上发现布纹,说明死者全身是裹着或穿着麻布衣下葬的。② 在山西襄汾陶寺一座墓中出土的一件铜铃,外面包布是麻织物,据布纹看是平纹织法,密度为每平方厘米的经纬线为 16×20 根,是较为细密的麻布。M1650 号墓是一座中型墓葬,此墓是使用麻布殓衾葬。棺内底板上铺网状麻类编结物一层,厚约 1 厘米。死者为一成年男性,平卧于麻织物上,周身裹以平纹麻布,头部与上身为白色,下身为灰色,足部为橙黄色,外部铺撒一层厚 0.5 厘米朱砂。人体上覆盖的麻织物,反复折叠达十至十二层,直至棺口盖板。棺盖上再覆盖麻织物一层,两侧垂至棺底。棺外用麻绳捆绑。③ 可见当时的麻纺织已是很普遍的了。我国在棉花未传入前,衣服材料主要是皮、毛、麻和丝。毛是粗纺,毛编织的衣称为褐,是贫民穿的,《诗经》里所谓的"无衣无褐,何以卒岁"就是贫民的呼唤。裘皮和丝织物是上层人物穿的,普通人主要以麻为原料称为麻布衣。

---

① 中国社会科学院考古研究所编著:《新中国的考古发现研究》第 155 页,文物出版社,1984 年。
② 谢端琚:《甘青地区史前考古》第 73、99、123 页,文物出版社,2002 年。
③ 中国社会科学院考古研究所山西工作队、临汾地区文化局:《1978—1980 年山西襄汾陶寺墓地发掘简报》,《考古》1983 年第 1 期。

第七章　五帝时代的文化

五帝时代的先民们，在创造物质财富的同时，也创造精神财富。他们在长期的劳动实践中，开阔了视野，丰富了知识，增长了才智，创造出了适应时代需要的精神文化产品，为中华博大精深的文明奠定了基础。

第一节　天文历法

五帝时代的社会是以农业为主体，由于生产的需要，先民对气候、季节就十分关注，于是有天文历法知识的积累。

在距今5 000年的郑州大河村第三期仰韶文化的陶器上，绘有表示12个月的太阳纹，表示新月、满月的月亮纹和星座纹等天文图像。饰有太阳文的彩陶片共12片，根据图案不同特点可分为甲乙丙三种，甲、丙两种太阳纹饰不同，器物有别，但却在器物上都画出12个太阳，看来不是偶然的巧合，可能反映出对一定的天象观察，如表示一年有十二个月。饰有月亮纹的陶片出土较多，并采集到一件完整的陶钵。月亮纹是两个月牙相对，并在中间绘一圆点纹。这应是大河村遗址的先民们对月亮经过长期地观察，发现了月亮在其转动的周期内所出现不同月相（即以后人们认识到的新月和残月的形状）的写照。（图1-43）星座图案是由三或三个以上的圆点和直线、曲线连接组成的，有可能是北斗星尾部的形象写照。另外，在出土的七片（经黏对后成五片）陶片上，还绘有一种引人注目的图案：在光芒四射的太阳纹外边，绘出对称的内向弧形带状图像，弧带外沿也绘着放射的光芒，弧端皆作圆点状。两弧几乎围满了日纹，但还有两个明显的缺空。这应是一种大气光学现象的反映。是不是"晕"或"晕珥"？古书上说："晕珥，日气也，环绕四币曰晕。在日两旁而内向曰珥（见《吕氏春秋》）。"[①]

图1-43　大河村陶片上的太阳纹
（采自《20世纪河南考古发现与研究》第170页）

[①] 郑州市博物馆发掘组：《谈谈郑州大河村遗址出土的彩陶上的天文图像》，《河南文博通讯》1978年第1期。

尧时已使用阴阳合历,设置闰月以调节月与四时的关系。月亮绕地球转一周为29天多(当今科学测得月亮绕地球一周为29.530 588日),月相变化从新月到满月到残月,周而复始。十二次这样的变化就大致等于一个太阳回归年,即季节上的冷暖变化一周期,以此积累起初步的天文历法知识。而月亮圆缺十二次积久又不与植物生长和气气候变化相应,于是渐有闰月的产生加以调节,在《尚书·尧典》中,尧命主持历法的羲和,要他仔细观察日月星辰的变化,以闰月来调节四季,向民众颁布以指导农业生产:

  (尧)乃命羲和,钦若昊天,历象日月星辰,敬授人时。分命羲仲,宅嵎夷,曰旸谷。寅宾出日,平秩东作。日中,星鸟,以殷仲春。厥民析,鸟兽孳尾。申命羲叔,宅南交。平秩南讹,敬致。日永,星火,以正仲夏。厥民因,鸟兽希革。分命和仲,宅西,曰昧谷。寅饯纳日,平秩西成。宵中,星虚,以殷仲秋。厥民夷,鸟兽毛毨。申命和叔,宅朔方,曰幽都。平在朔易。日短,星昴,以正仲冬。厥民隩,鸟兽氄毛。帝曰:"咨!汝羲暨和。期三百有六旬有六日,以闰月定四时,成岁。允厘百工,庶绩咸熙。"

"期三百有六旬有六日"是举整数,日行三百六十五又四分之一日为一周年,称为"四分历"。"以闰月定四时成岁"者,一年三百六十六天,以十二个月计,大月三十天,小月二十九天,共三百五十四天,一年多余十一天,三年则余一月多,九年则余三个多月。若不置闰,九年之后,就会四季错乱,故需设置闰月,才能定四季成岁。《尚书·尧典》文字简古,是时代较早的古文献。文中尧命羲、和分别观测二分二至的时点。

《尚书·尧典》中说尧时对天文观测,在考古发掘中已有发现。2002年—2003年,考古学家在山西襄汾陶寺遗址的中期小城祭祀区内,发现一座面积约1 400平方米的单体建筑。有三层台基。在上层台基夯土挡土墙与生土台蕊之间有一道由11个夯土柱组成的半圆形柱列,其间有10道缝隙,宽度多在15厘米—20厘米,夯土台基圆形半径10.5米。(图1-44)根据这10道缝隙的地基部分垂直向上,自中心处通过柱间缝隙向崇山山峰看去,除夯土柱D5与D6之间的东6号缝没有对应崇山山峰的山尖外,其余各缝都对应崇山山尖。发掘者推测上层台基夯土柱缝的主要功能之一可能是观象授时,并观测某个时节来临时,在此场所举行相应的祭祀活动。[①] 天文学家陈美东认为,这个遗迹与天文学相关。黄赤交角古大今小,越古老,冬至太阳落下越偏南,目前观测偏北,这与天文学理论相吻合。夏至从理论上推目前应该偏南,古代偏北,春、秋分的点也能对上,这与尧典的记载相呼应,古代人观测的节气至少有冬夏至,春秋分。

---

  ① 武家璧、何驽:《陶寺大型建筑ⅡFJT1的天文学年代初探》,载《中国社会科学院古代文明研究中心通讯》第8期,2004年8月。

从天文学角度,这个遗迹是成立的。天文学家陈久金说,观测点与几条缝,都是作为观测用的,有些想法符合《尚书·尧典》的记载。①

图 1-44 陶寺龙山文化时期的天文建筑基址
(采自《中国社科院古代文明研究中心通讯》第 8 期,2004 年 8 月)

  在河南杞县鹿台岗龙山文化遗址上,发现一处测定方位与观测天象的建筑遗迹(编号为Ⅰ号建筑)。该建筑遗迹高出当时周围地面近 1 米,由内外墙相包围的大小两室构成内墙呈圆形、外墙为方形。圆形内墙围成的室内,有一呈东西——南北向的"十"字形"通道",在这"十"字形"通道"的交叉点处有一柱洞,当是在此立有一柱子。方形外室和圆形内室的北部已毁,外室西墙缺口即外室西门恰与内室西门、十字形"通道"的西端呈直线相通。同样,外室南缺口又与内室南门及十字形"通道"在一直线上,三者的宽度也相同。西墙和南墙同所谓"门"与十字形"通道"直线相连,而北面和东面未见有"门",应是开一个和十字形"通道"等宽的窗户或孔洞与十字形"通道"直线相连。这是用来观察日影以正四方

---

① 见《中国文物报》2004 年 12 月 31 日报道。

的建筑,即《考工记·匠人》的"置槷以县(悬),眡以景(影)。为规,识日出之景与日入之景。昼参诸日中之景,夜考之极星,以正朝夕"的测定四方之法。槷即柱子,县是悬绳以正柱。为规就是以柱子为中心划一个圆。此圆的半径就是"日出之景与日入之景"即日出时柱影指向西,日入时柱影指向东。以柱为中心,以日出时或日入时的影长为半径画圆,若日出时的影端与日入时的影端皆交于此圆,亦即两影的长度相等,就得到正东西方位。测南北则视"日中之景"。中国在赤道北,日影偏指北,若日中观测,柱影必正指北。极星即北斗,夜里观察北斗星以正北方位。王震中博士据上举《考工记·匠人》文,认为是定四方方位的建筑,还可确定时令的"二分"和"二至":"太阳照进来时日影的长短是不一样的,所以可以观察冬至日和夏至日;也可以在这里进行春分和秋分的观察。"①

第二节 文　　字

先民们在劳动和生活中,为交流感情,表达思想而有了语言,为记录语言而创造文字。相传文字是由黄帝史官仓颉所创造,《世本》中记"沮诵、仓颉作书"。张澍按语引《尚书序·正义》说,作书的只仓颉无沮诵。许慎《说文解字·序》说是仓颉作书:

> 黄帝之史仓颉见鸟兽蹏远之迹,知分理之可相别异也,初造书契……仓颉之初作书,盖依类象形故谓之文,其后形声相益即谓之字,字者言孳乳而侵多也。著于竹帛谓之书,书者,如也。以迄五帝三王之世,改易殊体,封于泰山者七十有二代,靡有同焉。

文字是社会公器,实由众人所创造。初本由个人或小集体中为标识某种器物、徽识而画的符号,后交往增多,约定成俗而为大众所公认而成社会化的文字。说文字为仓颉一人手创当是不可能的。但总有一人或少数人将各地所创造的文字加以提炼,规范化是有的,这个人就附在仓颉身上,《荀子·解蔽》中说"好书者众矣,而仓颉独传者壹也",仓颉只是众多喜好"书"者之一,而非文字的独创者。

从考古发现的资料上看,在五帝时代各地的陶器上都发现有不少的刻划符号。刻在陶器的符号大体有两种类型:一是几何形图案,一是象形图画型符号,还有丁公陶文、庄桥坟刻画符号。

一　几何形图案

几何形图案发现最多的遗址有陕西省西安半坡遗址、临潼姜寨遗址和青海

---

① 王震中:《古史传说中的"虚"与"实"》,《中国社会科学院古代文明研究中心通讯》第 21 期,2011年1月。

乐都柳湾遗址。在西安半坡仰韶文化的一百多件陶器口沿上有刻符,约有27种符号,在临潼姜寨发现一百二十多个刻符,约有40种符号,有的与半坡相同或相似。在青海乐都柳湾的马家窑文化中,有五十几种彩绘符号,与半坡和姜寨所出土的相似。(图1-45)

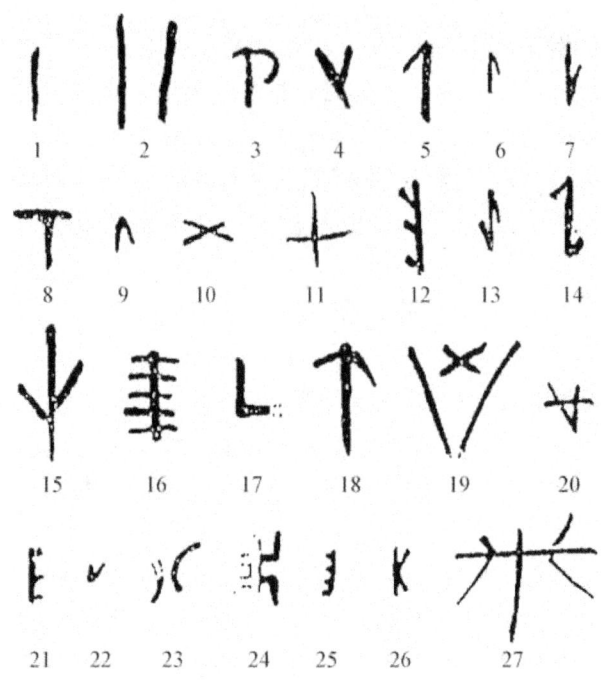

图 1-45　西安半坡遗址出土陶器上的刻划符号

几何形图案的刻划符号,有的认为是对我国文字的形成有一定的联系和影响,是后世成熟字的先驱。裘锡圭持否定态度,他说:

> 我们认为我国原始社会时代普遍使用的几何形符号还不是文字。除了有少量符号(主要是记数符号)为汉字所吸收外,他们跟汉字的形成大概就没有什么直接的关系了。而且即使是那些为汉字所吸收的符号,也不见得一定跟半坡类型的符号有关。它们究竟来自哪一种原始文化还有待进一步研究。不少人以半坡类型的符号为据,说汉字已经有六千年以上的历史,这种说法恐怕不很妥当。①

裘先生的意见应是可取的。刻在陶器上的几何形符号应是工匠在制器时作的记号,就如今日木匠在木料上需要打孔、锯凿榫卯的地方画上各种记号一样的符号,这不能说是文字。

---

① 裘锡圭:《中国文字学概要》第24页,商务印书馆,1988年。

二 象形图画符号文

象形图画型符号主要发现于大汶口文化晚期,在屈家岭文化晚期和良渚文化早期遗存中也有少量发现,多刻于大陶尊上,也有刻在玉器上的。大汶口文化的图画形符号主要发现于山东莒县陵阳河、莒县大朱村、诸城前寨等地。(图 1-46)

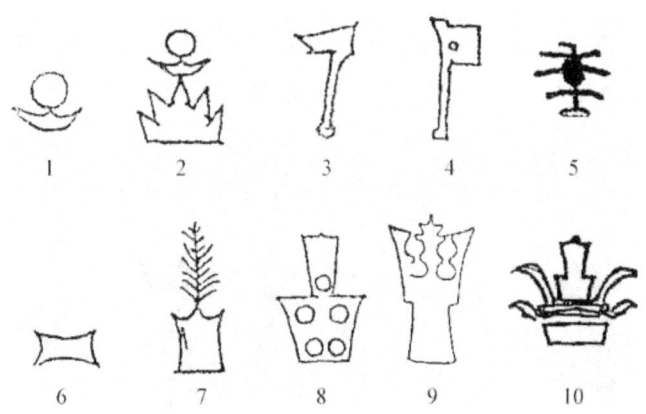

图 1-46 大汶口文化陶器上的象形图画型符号

大汶口文化中发现的象形图画型符号,多数研究者认为是早期文字或与文字有密切关系的符号,有的还根据甲骨文、金文中的文字对照进行了考释,认出是什么字。于省吾、唐兰、李学勤等古文字学家都对大汶口陶器上的符号作过考释,唐兰曾反复强调"已经是很进步的文字",他说:

> 大汶口文化陶器文字是我国现行文字的远祖,它们已经有五千五百年左右的历史了。目前,尽管还只发现六个文字(引者按:迄今已发现在 16 件陶器上刻画 18 个符号),但反映了很多事实。它们有的像自然物体,如枀(音忽。指插图:"大汶口文化陶器上的图画形符号"之 10,下同)字像花朵形;有的像工具和兵器,如斤字像短柄的锛(图 3),钺字像长柄的大斧(图 4);有的是代表一种语意的意符文字,如炅(热)字一共有三个,两个是繁体,上面是日,中间是火,下面是山,像在太阳光照下,山上起了火(图 2);一个是简体,只有日下火(图 1)。枀字写在日常生活用具灰陶背壶上,而其他五个字则刻在陶缸口上。六个文字中四个在莒县发现,一个出诸城县,而另一个却出现在宁阳县的墓葬里,说明这种文字在大汶口文化区域里已广泛使用。它们既有写的,又有刻的,笔画整齐规则,尤其是三个炅字,出于两地,笔画结构,如出一手,显然,这种文字已经规格化。更重要的是已经有简体字,说明它们是已经很进步的文字。这种文字是可以用两千年后的殷商铜

器和甲骨上的文字一一对照的。①

大汶口陶器上被唐兰释为灵字简体的刻划符号,在浙江的良渚文化玉琮上也有类似的刻文,可见其使用的地域已很宽,只有在一定地域内共同使用的文字,才能出现这种现象。有的刻划符号竟至与甲骨文中的文字相同,如河南省舞阳县贾湖遗址出土的龟甲上刻的 ⌖ 、登封市王城岗龙山文化陶片上刻的 ⿱ 、山西省襄汾陶寺扁壶上朱书的 ✕ 符号,分别与甲骨文的目、共、文几个字相同。(图1-47)若文、目是象形字,共是会意字,这些符号当是甲骨文字的源头。汉字源于象形,所象的物体"近取诸身,远取诸物",按照物体形状"依类象形",而"画成其物,随体诘诎"。② 大汶口陶器上的象形图画型符号,应是我国汉字的源头。

图1-47　陶寺扁壶上的朱书文字

三　山东丁公陶文

1992年初,山东大学历史系考古实习队在山东邹平丁公村的龙山时代遗址出土物中,发现一片刻有11个符号的陶片。发掘者认为这些符号是文字。这片刻字陶片出自探沟50的H1235之中,是在室内整理时,由协助工作的民工发现的。随后,发掘者对H1235的层位关系、出土遗物以及相关遗迹的遗物,进行过认真、严格、仔细的核对,并在现有条件下,进行了鉴定与分析,确定出土的地层是可靠的。文字刻在一大平底盆底部残片之上。(图1-48)此类平底盆产生于大汶口文化晚期,龙山时期数量增多,形制由敞口到近直口。以往发现的兽面纹、云雷纹也多刻于此类器物之上。刻字陶片所在单位H1235,出土陶片1400余片,均属龙山文化时期。H1235相当于龙山文化晚期偏早时期,其绝对年代估计在距今4 100年—4 200年之间。

---

①　唐兰:《从大汶口文化的陶器文字看我国最早文字的年代》,《光明日报》1977年7月14日。
②　许慎:《说文解字》十五上,中华书局,1963年。王晖认为甲骨文中有的字是根据考古出土器物或文化遗存而创造的,如"酉"字是取自仰韶文化的小口尖底瓶、"丙"字是取自姜寨遗址出土的三足器、"鬲"字是取自陶鬲、"宫"字是取自两室的房屋平面形等,皆是实物的形象,从所象实物出现的时代,推测汉字应起源于五六千年前,见《从甲骨金文与考古实物资料比较看汉字起源的时代》,《考古学报》2013年第3期。

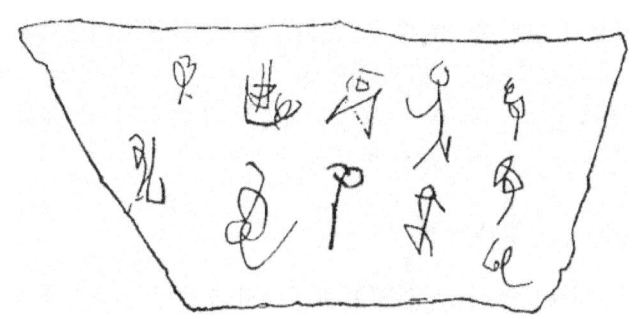

图1-48　山东邹平丁公龙山文化遗址出土陶文（摹本）

　　文字是陶器烧后刻写上去，某些笔画两侧边缘有崩渣，这种现象一般是烧后刻写才会出现的。从字的行间距离看，右侧和下侧之外已不应再有文字。但在左下角有一刻划短线伸出陶片之外，因此，不能完全排除文字有刻写在更大的陶片乃至完整陶盆之上的可能。

　　陶片硬度为2.5°，刻字工具当是锐利的尖状器具，很可能是扁尖，只有这种扁尖的工具刻出的笔画才会有宽窄之分。发现的文字中，有的字竖划较细，横画较宽，这种现象与运刀和器具尖刃有直接关系。

　　刻写的文字字体显著特征是多为连笔字，与后代的行草相类，和通常见到的甲骨文差别较大，两者书体有别。甲骨文是宫廷占卜文字，书刻比较正规，类似于楷书，而且甲骨材料比较坚硬，刻写不便，不易运用连笔。从右数第一行第二个字、第二行第一个字、第三行第一个字等字的结构看，分别与甲骨文中的"见"、"殳"和"鬲"比较相近。因此，有可能是甲骨文前身之一，只是由于书体的不同，加大了其与甲骨文的区别。文字的刻写顺序似为自上而下，从右到左。这种字序的确立，还必须结合文字词句的考释才能最后论定。①

　　丁公陶文公布后，受到国内外学术界的瞩目。对其性质主要有三种意见：一种意见认为是古汉字。李学勤认为文字都有正、俗二体，丁公陶文是当时文字的俗体字；田昌五认为是当时专门刻在陶器上的文字，应称之为"陶书"；日本学者松丸道雄认为是甲骨文前身的"草书文字"，说法与李学勤同。第二种意见认为此陶文在构形、写法等方面都与殷周古文字存在着很大的差别，不是一个系统，王恩田认为是属于东夷系统的古文字；高明、裘锡圭认为是文字发展进程中走入歧途的一种已死去的文字。第三种意见认为此陶片上所刻的不是文字而是一张该部落所祭祀的祖先神的"神名表"，日本学者伊藤道治说，从丁公陶文的基本形状上，可以看到刻划的是人或猿，都是两足而立的动物，很难认为它是由文

---

　　① 山东大学历史系考古实习队：《山东邹平丁公遗址第四、五次发掘简报》，《考古》1993年第4期。因为这块陶片是在室内整理时发现的，没有出土地层记录，有人怀疑这块陶片上的陶文是今人的游戏之作，此《简报》为此作了详细说明。

字组成的文句,因为在文句中需要有主语、谓语、动词、目的语(宾语)等。特别是具有动词性意味的文字,不是象形性的,在甲骨文中也是抽象化的字体,而丁公陶片上所刻的却缺少这些要素。① 这块陶片上的符号很特别,到底是不是文字,是哪种系种的文字,古文字学界迄无定论。

四 庄桥坟石钺上的刻画符号

2003年开始发掘的浙江省平湖市庄桥坟良渚文化遗址内,出土的石器中有石钺,平湖博物馆收藏到一件,上有6个刻划符号,浙江省文物考古研究所梅五龙首先注意到这些符号,认为这些刻划符号虽然比较简单,但"大小和字体基本一致,不可能是自然形成的",可能是文字。② 庄桥坟遗址出土有刻划符号的器达140多件,浙江省文物考古研究所徐新民认为,根据简洁明了的笔画、字体结构、字符的表意功能,特别是多个字符多次出现的情况,断定是原始文字,其中几个字符甲骨文中也有相同或类似的出现。③ 在良渚文化的玉器上,也曾发现过类似文字的刻符,庄桥坟遗址发现的刻符,是良渚文化发现刻符最多的一处,为研究中国文字的起源提供了重要材料。

我国的汉字,是一种象形字,应该是以大汶口象形图画符号为基础,吸收其他地区的刻画符号而形成的。

文字是记录语言的符号,为记录语言的需要才会产生文字。迄今我国有系统的文字是商代后期的甲骨文,但甲骨文已是很成熟的文字,所以在甲骨文之前有系统的、能记录语言的成熟文字肯定是已经有的了,只是还没有被发现。有文字才会有"书",《左传》《墨子》书中多次提到《夏书》,《尚书》中有《虞夏书》,虞即是尧。《尚书》中的《尧典》篇,就是记录尧时的事,其中所记载的历法,据研究所记的历点同尧的时代相符。《尧典》的内容丰富,涉及多方面的事,它也不是如诗歌一样有韵律的作品可以传唱,若没有文字记录,那样丰富的内容凭口头是传不下来的。所以我国的文字应该在"五帝"的尧舜时就已经产生了。

第三节 原 始 艺 术

在五帝时代,绘画、雕塑、音乐、舞蹈等艺术活动都已出现,并达到一定的水平,是中华民族艺术的源头。

---

① 见王震中:《从符号到文字》,载《考古文物研究——纪念西北大学考古专业成立四十周年文集》,三秦出版社,1996年。
② 《平湖出土六千多年前"原始文字"》,见《钱江晚报》2013年6月7日;闻达人:《庄桥坟遗址惊现中国最古老文字》,《南湖晚报》2013年6月15日。
③ 《浙江省平湖庄桥良渚遗址发现文字》,《南湖晚报》2013年7月3日。

一　绘画

我国绘画起源很早,《世本·作篇》:"史皇作图。"宋衷《注》云:"史皇,黄帝臣也,图谓画物象也。"《艺文类聚》引《世本》:"史皇作画",即是用"画"解释"图",是恰当的。考古发现彩陶器上就绘有花纹,而彩陶器在黄帝前就出现了,可见绘画在黄帝前的神农时代后期就已发其端了,到黄帝时代随着黄帝文化即仰韶文化向四周扩展而更加发达、艺术水平更为提高。

绘画主要表现在彩陶上,特别是仰韶文化和马家窑文化的彩陶十分发达,其他如红山文化、大汶口文化、良渚文化、大溪文化等,也有数量不等地存在,这种装饰艺术一度成为中国新石器时代原始艺术的主体。

绘制在陶器上图画内容主要是花朵,其次是人物或人体的一部分、动物、工具、几何形图案及日月星辰等。花朵抽象,鱼纹有写实和抽象两种画法,仰韶文化半坡遗址出土的人头,戴尖顶帽,口含两条鱼,眼睛、鼻子具全,十分生动逼真。(图1-49)在这时期出现了一些大气魄的画作,如河南汝州阎村陶缸上绘的鸟鱼石斧图、甘肃马家窑文化陶器上绘的舞蹈图、大地湾房屋内地上绘的人物地画等,都是真正意义上的绘画作品。据实验表明,花朵所代表的自然图景使人产生利他情绪,从而变得慷慨大方。① 仰韶文化人及其后代,因具有这种品德而获得大发展。

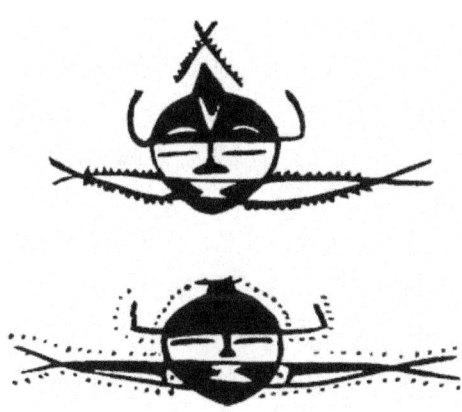 

图1-49　仰韶文化半坡遗址陶盆内的人头纹　　图1-50　鹳鱼石斧图

(采自《文物》1982年第12期)

在河南汝州阎村发现一只仰韶文化的陶缸上,用棕、白两种色彩绘一幅鸟叼鱼和石斧图,此鸟有人认为是鹳而称为《鹳鱼石斧图》,有人认为是白鹭而称为《鹭鱼石斧图》。图在缸的一侧,高37厘米、宽44厘米,约占缸体面积的一半,是一幅很有气魄的大型作品。(图1-50)

---

① 吴昊力:《美丽的花朵使人更慷慨》,《中国社会科学报》2013年10月14日。

画幅的左边是一只向右侧立的白色鸟,细颈长喙,短尾高足,两足爪踏地,通身洁白,黑色的眼眶圆睁,身体微向后仰,显示叼鱼与鱼搏斗的用力。鱼身垂直,眼睛很小,是已被征服而死去的形状。竖立在右边的带柄石斧,斧和柄的结合方式表现得不大清楚,似乎是斧穿入柄内再用绳索或皮带捆绑住固定。斧下边的柄上画一个黑叉,是仰韶文化陶器上常见的符号。斧柄的下端有许多刻划的交叉纹,很像是裹的麻布,以便手握持,是一幅技法和蕴含深意的仰韶文化时代的绘画作品。对于这幅绘画的含义,有研究者认为古代斧、钺是权力的象征,此绘画中的斧应是墓主人生前所使用的实物写真,代表墓主人。衔着鱼的鸟眼睛盯着斧背,紧跟在石斧之后,可视为主人的部众(鸟)和被战胜的居民群体(鱼),整幅绘画很可能是墓主人生前事功的写实。[1]

1994年、1995年在青海省同德县宗日的马家窑文化遗址 M192 出土的彩陶盆,外壁彩绘三线组合纹,口沿饰短斜线纹,内壁彩绘四组二人抬圆形物图画,间以成组竖线与横线纹。盆口径 24.5 厘米、腹径 24.5 厘米、高 11.3 厘米。绘画中两人弯腰用力协作抬物的劳动情景,形象生动。

在青海省同德县宗日和甘肃省大通县上孙家的马家窑文化里各出土一件绘有多人集体跳舞的彩陶盆,这两个舞蹈彩陶盆,既反映当时的绘画艺术水平,也是先民们舞蹈艺术生活的表现(见后)。

甘肃省秦安五营乡大地湾房屋内的地画,是首次发现在地面上绘制的图画。1982年发现,遗址属于仰韶文化晚期,图画画在一座编号为 F411 号房屋内的地面上。地画是用黑炭作颜料画成,东西长 1.2 米、南北宽 1.1 米。地画中有人物和动物,上部正中一人,高 32.5 厘米、宽 14 厘米。头部较模糊,犹如长发飘逸,肩部宽平,上身近长方形,下部两腿交叉直立,似行走状。左臂向上弯曲至头部,右臂下垂内曲,手中似握棍棒类器物。此人的右侧仅存黑色颜料残迹,系久经摩擦脱落,应也是一个人物。正中人物的左侧,也绘一人物,高 34 厘米、宽 13 厘米,头近圆形,颈较细长而明显,肩部左低右高,胸部突出,两腿也是相交直立,似行走状。其左腿下端因居住面破坏而残缺。其左臂弯曲上举至头部,右臂下垂也作手握器物之状。两人相距 18 厘米。

在正中的下方 12 厘米处,用黑炭颜料绘一略向右上方斜的长方形框,长 55 厘米、宽 11 厘米—14 厘米,框内画着两个头向左的动物。左边的一个长 21 厘米,头近圆形,头上方有一只向后弯曲的触角,身躯呈椭圆形,有弧形斑纹,身上侧绘两条向后弯曲的腿,身下侧绘 4 条向前弯曲的腿,身后还有一条向下弯曲的尾巴。右边的一个长 26 厘米,头呈椭圆形,头上有三条触角形弧

---

[1] 见苏秉琦主编:《中国远古时代》第 86、87 页,上海人民出版社,2010 年。

线呈扇形分散,长条形身躯上有弧形斑纹,身下侧绘有四条向前弯曲的腿。(图1-51)

在人物图画的左下方,还绘有反"丁"字形图案,并见模糊的黑颜料残迹,当是此画被长久踩踏后的残留痕迹。

我国原始的绘画艺术,在仰韶文化的早期就普遍出现了,以往的发现品主要是作为彩陶器皿上的装

图1-51 大地湾 F411 房屋内发现的地画
(采自《文物》1986年第2期)

饰图案,像大地湾这样绘制于居室地面上,并有如此大的画幅面积,在我国三皇五帝时期,还是首次发现。

此地画用笔粗犷古朴,寥寥数笔,绘出了一幅生动的画面,不仅刻画出了人物的不同特征,而且对人体结构的比例也掌握得很好。此地画体现出早期古代社会朴实简练的绘画作风,表明当时人们在长期的艺术实践中,已积累了丰富的素材、具备了相当水平的绘画技艺。

对于这幅地画所画的内容,有两种意见:张忠培认为,F411 是一座宗教性建筑,画面像是几个人面对难以辨认之物(指人下面的方框内物)跳舞,宗教色彩鲜明,内容可能与行巫祭祀有关;①发掘此遗址报告的撰写者赵建龙认为,地画的内容是反映当时社会中的一个家庭组合。地画正中人物身躯宽阔,姿态端庄,似为一男子形象。左侧人物则身躯狭长而略有弯曲,细腰、胸部突出,显系女性。他们应属于一个家庭组合。就地画的布局来看,具有男性特征的人物形象居中,具有女性特征的人物形象居左。从右侧的墨迹情况看,似也有一人,可能是一小孩或者是另一女性。无论哪种可能,中间的人物形象是处于主导的地位。这三位一体的家庭组合表现方式,在大地湾第九发掘区的灰坑 H831 中也曾发现过,它是一件有人面陶塑器口,陶塑将一件圆形器口分成三等分,分别塑两个成年和一个小孩的三具人面像。应该说,这也是原始社会家庭组合体形式的一种反映。这种二三人为一个家庭基本组合体,以男性居主导地位的社会形式,在稍晚一点的甘肃齐家文化墓葬中便清楚地揭示了出来。②

在河姆渡文化的陶器上有刻划的动物、花草图画,形象生动。如在河姆渡遗址发现的一件圆角长方形陶钵,两侧外壁刻划猪纹图像。猪纹轮廓用双线勾勒,长吻竖耳,粗短斜立的鬃毛整齐有序,细而筋骨显露的四肢,短而细的尾巴,生命

---

① 张忠培:《仰韶时代》,《故宫博物院院刊》1996 年第 1 期,又苏秉琦主编:《中国远古时代》第 451 页。
② 赵建龙执笔:《大地湾遗址仰韶晚期地画的发现》,《文物》1986 年第 2 期。

力旺盛的野猪形象跃然眼前。①（图1-52）

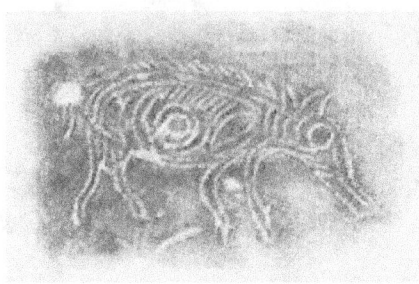

图1-52　河姆渡遗址出土陶钵两侧外壁上刻划的野猪

除大地湾的地画外，五帝时代绘画多在陶器表面上。绘有彩色花纹的陶器，是当时人们日常生活中的实用器皿。彩陶器的制作比无彩的素面陶器复杂得多，素面陶器在制作好坯晾干后，就直接入窑烧制，而彩陶器在制成器坯后，还要先在器表用红或白色颜料打底，待底色干爽，才在底色上绘图画，然后入窑烧制，制作复杂。仰韶文化时期，生产力不高，物质缺乏是常事，在那样艰苦的经济条件下，人们还将日用器皿绘上美丽的花纹，反映我们民族自古以来就是具有爱美、追求艺术享受的人文气质。

二　雕塑艺术

雕塑指雕刻和塑像。五帝时期的雕塑艺术已具相当水平。雕刻一般施于玉、石、陶、骨、角、牙、木等质料制成的工具、器皿或装饰品上。雕刻的内容，有人形、禽兽、虫鱼、花草、屋舍以及各种几何图案、想象中的龙等，生动、朴实。在河北省栾平乡的一处新石器文化遗址中，出土七尊石雕人像，形态逼真。塑像主要是泥塑人像，这种人物塑像目前多发现于辽宁西部及内蒙古东南部地区。在辽宁西部的牛河梁和东山嘴两处红山文化祭祀遗址内，发现大小不等的泥塑人物像。东山嘴出土的一尊裸体妊妇立像，头和足已残缺，残高5.8厘米。牛河梁女神庙出土有大型人物和猪龙的泥塑，多以木和草秸做成骨架，然后涂泥塑成。女神庙最少发现六具泥塑人像，最大的一尊接近真人的三倍。其中一具与真人大体相当的人像，头部较完整，面部施红彩，唇涂朱，两个眼窝中嵌入青灰色饼状玉片为睛。玉片直径2.5厘米，正面凸弧，背面正中琢成一个短钉，以嵌固于泥塑眼眶内。人头像高耸的颧骨是蒙古人种的特征，发掘者根据其他部位的残缺块判定为女性，此遗址被称为"女神庙"。这尊泥塑是当时罕见的艺术佳作。（图1-53）

---

① 见梁丽君：《河姆渡文化的太阳纹与芽叶纹组合》，《中国文物报》2011年7月22日。

图 1-53　牛河梁"女神庙"的泥塑人头像　　**图 1-54　红山文化陶塑人(内蒙古敖汉旗)**

（采自苏秉琦：《华人·龙的传人·中国人》）　　（采自《中国文物报》2012 年 7 月 18 日）

2012 年 5 月在内蒙古敖汉旗境内的兴隆洼遗址第二地点采集到红山文化陶人残片 65 块，经仔细黏对成一具通高 55 厘米的整身陶人。这具整身陶人是用泥质红陶烧制而成的，内侧呈筒状，外侧通体磨光，局部施黑彩。双腿弯曲，双脚相对，呈盘坐状，双臂下垂，臂肘弯曲，双手紧握，右手在上，搭放在双脚上。头部戴冠，正中有一圆孔，头发盘折，用条带状饰物捆扎，形成横向的发髻，额部正中有一横向长条状饰物。面部五官清晰，神态逼真，额顶饱满，眼眶周围呈椭圆状内凹，双目呈圆形，眼窝深陷，双眉及眼球施黑彩，炯炯有神。鼻梁挺直，鼻头略宽。脸颊明显内凹，外侧棱线分明，口部渐渐隆起，张口，呈呼喊状，人中清晰可见，下颌呈圆弧状。双耳略呈椭圆形，耳垂钻有小形圆孔。脖颈竖直，右侧的脖筋明显，双肩较平，锁骨清晰可见。乳头微突，右侧稍高，左侧微低。腹部较平，肚脐眼用小圆孔表示。背部微驼，似男性长者形象。塑像高度写实，其身份似为红山文化时期的巫者或王者。这是迄今所发现的第一件、也是最大的一件能够复原的红山文化完整泥塑陶人，具有很高的艺术水准。①（图 1-54）

龙形物雕刻与当时人们的图腾崇拜有关，我们在下面再讲。

五帝时代的绘画、雕刻艺术，皆取自直观的物象，是"观象取物"思维方式，表达出我国古代先民对自然和生命的审美关照。龙形物的艺术品有摆塑、绘画、雕刻等表现方式。龙是并不存在的东西，是人们头脑中想象的景象，在神农时代就

---

① 刘国祥、田彦国：《敖汉兴隆沟发现红山文化罕见整身陶人》，《中国文物报》2012 年 7 月 18 日。

开始用各种艺术形式表现出来。这种艺术取材,不是仿物的逼真效果,而是要表达一种抽象理念。这是与"观象取物"不同的另一种艺术流派,从绘画角度看,与今日西方流行的"抽象画"派类似。

三 音乐舞蹈

有声音就有音乐,鸟兽皆有歌,故人类的音乐当是始于语言产生之时。远古时候,氏族成员间传达信息、交流情感、劳动中的协作都会以歌唱的方式表达。唱歌其实就是说话的一种方式,《尚书·尧典》说"诗言志,歌永言",道出了音乐的本质。诗是歌的词,言即语言、说话,"诗言志"是诗表达的是人们心中的思想、意愿、志向。歌即唱、唱歌,永即咏,咏唱,"歌永言"即将心中想说的话拉长声调,用唱歌的方式说出来。古文献所见,先秦时期歌词(即诗)和曲谱总是相连的,墨子说儒者"诵诗三百,弦诗三百,歌诗三百,舞诗三百"①。诗都可诵、弦、歌、舞四位一体。中华文明称为"礼乐文明",中华民族特别注重人的音乐素养,认为乐中有德,可以陶冶情操,是教化人的重要手段,它的歌词可以训练语言能力,《周礼·春官·大司乐》称在学校中,"以乐德教国子:中和、祗庸、孝友。以乐语教国子:兴、道、讽、诵、言、语"。社会生活里乐舞的作用巨大:"以致鬼神,以和邦国,以谐万民,以安宾客,以悦远人,以作动物。""作动物"即是进行各种活动:社会的、生产的活动。所以我们的祖先很早就有音乐的创作,《吕氏春秋·古乐篇》从朱襄氏、葛天氏的歌舞讲起,历唐尧虞舜直到周文王、周武王,并总结说"乐之所由来者尚矣,非独为一世之所造也"。《庄子·天下篇》说,从黄帝以来,历代都制有自己的乐曲,"黄帝有《咸池》,尧有《大章》,舜有《大韶》,禹有《大夏》,汤有《大濩》,文王有辟雍之乐,武王、周公作《武》。"据《尚书·皋陶谟》载,舜的乐曲名为《箫韶》,由九段组成,称为"九成"。《皋陶谟》中记载了舜时一次音乐会的状况:堂下是管、鼗(小鼓)、鼓三种乐器,杂以笙和镛(大钟),用摇柷来调节乐队,用击敔来引导起止。乐官夔是乐队的指挥,他"击石拊石,百兽率舞"。"石"是磬,在尧舜时代的文化遗址山西陶寺,就发现一只石磬。"百兽率舞"是舞者化妆成各种野兽进行舞蹈。夔还"击鸣球、搏拊、琴、瑟"用四种乐器演奏,是个多面手。音乐会达到的效果是"庶尹允谐"。"庶尹"即百官,谐,谐和。在歌舞声中,舜高兴,即兴作歌并唱道"股肱喜哉,元首起哉,百工熙哉!"皋陶接唱道:"元首明哉,股肱良哉,庶事康哉!"皋陶又作劝谏歌唱道:"元首丛脞哉,股肱惰哉,万事堕哉!""丛脞",烦琐而无大略,故臣下懈怠,万事废弛。

在考古发掘中,乐曲是无法保存下来的,乐器则已有不少发现。1980年—1981年清理青海省民和县阳山墓地时,在三座墓里各出土一件陶鼓。三件陶鼓均完好,鼓的形状似象脚鼓,中部呈筒形,两端开口,分别作罐形口和喇叭形口。

---

① 《墨子·公孟》。

口的内侧各置一环耳,两相对应,在一直线上。(图1-55)喇叭口内侧又设六个或七个鹰嘴状突钮,也有作七个镂孔的,这些突钮或镂孔是用来绷紧鼓面兽皮的。两端的环耳是用于系绳悬挂在身上的。鼓身彩绘三角纹和波折纹等纹样。鼓通长35厘米—42.9厘米。① 1980年文物普查时,在山东广饶县城东的五里村发现一只大汶口文化时期的陶鼓,为夹砂红陶,器形为尖圆唇,侈口,器身呈圆桶状。器身通高50.5厘米、口径27厘米。口沿外部一周均匀地饰13个凸状钮用以绷鼓面兽皮。鼓身下腹部均匀地分布着10个直径约0.8厘米的圆孔,器底中央有一个直径1厘米的圆孔。圆孔的作用,推测类似于乐器的"释放孔"。陶制材料无韧性,若拍打产生的震率与材料强度发生共振,陶制鼓身将碎裂。鼓在拍打时产生不同的震率,不均匀分布的孔就起到减震的作用。②

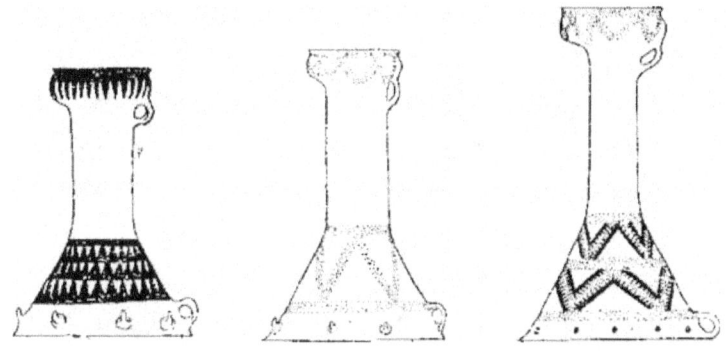

图1-55 青海民和阳山墓地出土的马家窑文化陶鼓

(采自谢端琚:《甘青地区史前考古》第102页)

1978—1980年在山西省襄汾县的陶寺遗址的大墓里,发现成对的木鼓和石磬。鼓身皆作竖立桶形,当为用树干挖制而成,外壁着彩绘。鼓皮已朽,但鼓腔内散落鳄鱼骨板数枚至数十枚不等,是以鳄鱼皮蒙鼓,即古文中记载的鼍鼓。鼓旁还发现一些黑色低温陶的小圆柱体,高0.5厘米—1厘米、底径1厘米—2厘米不等,应是贴附在鼓皮上作调音之用的。M3016号墓里出土的一件鼓,出土时器身倾斜变形,高100.4厘米、上口直径43厘米、下口直径57厘米,外壁施粉红或赭红底色,以白、黄、黑、宝石蓝、橙色绘成图案,中部偏上图案一周,宽约22厘米,回形纹较明显;下部施带一周,宽约4厘米,有几何形纹、云纹等,图案上、下并有条带状的边框数周。

磬是用青灰色石打制而成,在大型墓中与木鼓同出。M3015号墓出土的一件,长80厘米,上边有一孔,由两面对钻而成,用以悬挂。

陶质土鼓形似长颈葫芦,筒状高颈,圆鼓腹,腹底中央凸出一孔,周围又有三小孔,颈、腹之间置双耳。M3002号墓出土的一件,呈褐色,通高83.6厘米、筒

---

① 青海省文物考古研究所:《民和阳山》,文物出版社,1990年。
② 李莉:《新石器时代的打击乐器——陶鼓》,《中国文物报》2011年3月16日。

口直径11.6厘米,筒口下有圆纽一周12个,筒身磨光,腹壁饰绳纹并贴泥条,构成不甚规则的连续三角形和菱形图案。这种器物在大型墓中每与鼍鼓、石磬同出,应是古文献中"以瓦为匡"的"土鼓"。在陶寺的一座墓里出土了一件铜铃,横剖面呈菱形,高6.3厘米、宽2.7厘米,顶部有一圆孔,用以系挂。测定为红铜器。出土时铜铃外包裹细麻布,可见是被时人视为珍贵之物。这是时代最早的金属制乐器,意义十分重大。另外陶埙、骨哨、陶铃也有发现。①

  音乐与舞蹈是相伴而产生的,古人唱歌必伴以舞,跳舞亦必应着歌声的节拍即所谓"应着歌声与锣鼓"。舞蹈文化的著名遗物都发现于我国西北的甘青地区。1973年在甘肃省大通县上孙家的一座马家窑墓葬(M384)内,出土一件内壁绘有舞蹈图画的彩陶盆。口径29厘米、腹径28厘米、高14厘米。内壁最大处绘四道平行线纹,紧接口沿处绘一圈带文。上下两组纹饰之间,绘舞蹈形画面三组。每组两边有内向弧线纹相隔,在相反的两组弧线纹之间,各有一条斜行的柳叶形宽带纹。主题纹饰舞蹈纹,五人一组,手拉手,面向一致,头侧各有一斜道,似发辫,摆向划一,反映出舞蹈者们动作的整齐一致,应是经过长时间在一起的集体合跳。每组外侧两人的一臂画为两道,似反映空着的两臂舞蹈动作较大。人下体三道,接地的两道,无疑为人的两腿,而下腹体侧的一道,应为饰物品。1994年、1995年在青海省同德县宗日的马家窑文化遗址的M157和M192号两座墓葬中各发现一只绘画彩陶盆。M157出土的彩陶盆,腹部绘三线扭结纹,口沿饰斜线与三角纹,盆内彩绘两组舞蹈人像,一组11人一组13人,中以圆点和弧线相隔。盆口径26.4厘米、腹径26厘米、高12.3厘米。舞蹈盆的舞蹈画面,人物更多,场面大。舞者细腰着裙,手拉手,步调整齐划一,给人以优美的韵律。舞蹈图绘制在盛水的盆内,使人不禁遐想:先民们劳动之暇,在大树下,小湖边或草地上,正在欢乐地手拉手跳舞、唱歌的场景。(图1-56)

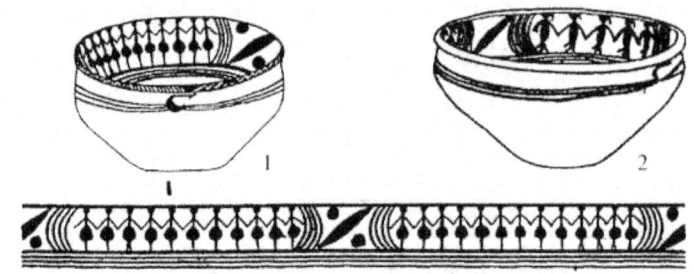

图1-56 马家窑文化中出土的舞蹈纹彩陶盆及舞蹈图的展开
1,青海同德宗日出土 2,甘肃大通上孙家出土
(采自谢端琚:《甘青地区史前考古》第75页)

---

① 中国社会科学院考古研究所山西工作队等:《1979—1980年山西襄汾陶寺墓地发掘简报》,《考古》1983年第1期。

第四节 宗教观念

宗教是一种信仰。人是要有信仰的,若没有信仰,就不会有精神、道德、意志等品质。人类最初的宗教是原始的宗教,与后世的正规宗教是有所不同的。它的产生是早期人类生产力不发达,智识未开,对外部世界及人的本身,不能给以科学的解释而相信神灵。神灵是宗教的基本信仰。相信神灵的原始宗教,对社会的发展曾起到积极作用,在信仰神灵的活动中,达到规范人的行为,团结族群的作用,从而促进文明社会的产生。古文献记载、考古发现都证实,我们的祖先是原始宗教的创造者及信仰者。

一 灵魂不死的观念

恩格斯对灵魂不死即最初神的出生,作了科学的解释,他在《路德维希·费尔巴哈和德国古典哲学的终结》文中说:

> 在远古时代,人们还不完全知道自己身体的构造,并且受梦中景象的影响,于是就产生一种观念:他们的思维和感觉不是他们身体的活动,而是一种独特的、寓于这个身体之中而在人死亡时就离开身体的灵魂的活动。从这个时候起,人们不得不思考这种灵魂对外部世界的关系。既然灵魂在人死时离开肉体而继续活着,那么就没有任何理由去设想它本身还会死亡,这样就产生了灵魂不死的观念……最初的神产生了。[①]

人死为鬼神,在我们的民族中同样是存在的。《墨子·明鬼下》:"有天鬼,亦有山水为鬼神者,亦有人死而为鬼神者。"是一种万物有灵,万物皆得为鬼神的观念。《礼记·祭法》"人死曰鬼","庶士庶人无庙,死曰鬼。"郑玄《注》说:"鬼之言归也。"是死后灵魂归于某一特定的地方去。

在仰韶文化和龙山文化的埋葬制度上,反映出当时人们所具有灵魂不死的宗教思想,如埋葬死者姿势上的仰身直肢葬、屈肢葬和俯身葬,葬法上的二次葬,头朝向一固定方向,用各种生活器皿随葬死者等。在西安半坡仰韶文化氏族的墓地,数量最多的是仰身直肢葬,这是对死人最普遍的一种处理尸体的办法。它表示人死后仍跟活着一样生活在另一个世界里,采取人们最普遍的睡眠姿态埋葬,给死者陪葬以人们日常生活的用具和装饰品,甚至还具备食物,以便在另一个世界里照常生活和使用这些物品。

二次葬在仰韶文化中是常见的一种葬俗,如在陕西华县元君庙的仰韶文化墓地里,在 43 座墓中,埋葬有 201 人,经鉴定为二次葬的有 176 人之多,占总人

[①] 《马克思恩格斯选集》第四卷,第 219—220 页,人民出版社,1972 年。

数的87.6%,确知为一次葬的只有18人,占8.9%。二次葬制最为突出地反映了人死后进入鬼魂世界的观念。这种葬制是人死后将尸体放在特定的地方,让其腐烂,然后将骨骼收集起来另行埋葬。人们之所以这样做,是因为他们有一种信仰,以为血肉是属于人世间的,必等到血肉腐烂后,才能作为正式的最后埋葬,这时候死者才能进入鬼魂世界。

在仰韶文化和龙山文化中,埋入在同一墓地的人头,大多朝向同一方向,如西安半坡墓地、陕西华县元君庙墓地等死者的头向基本上向西。在山西陶寺龙山文化墓地中,已发掘的405座墓,"大都头向东南"。这种死者埋葬时头向基本一致,向着同一方向,是在一定的宗教信仰的支配下形成的。据民族调查知,在埋葬死人的方向问题上,基本上出于三种不同的信仰:一种认为人死后,灵魂要回到氏族原来(或传说中的)老家去,因此,头就朝着老家的那一方向;第二种信仰认为世界上有一个特殊的域界,人死后,就到那里去生活,因此,埋葬死者时头就朝着那一世界所在的方向,而且大部分相信这个世界在西方;第三种信仰,例如尼尔兰人,他们把人从生到死比如太阳东升西落一样,人死后随着太阳落下,因此,在埋葬时,背朝东,面朝西。

五帝时代的仰韶文化和龙山文化时期的人们,在埋葬死者方向的意识是哪一种信仰支配着,而采取这一埋葬制度,不能确证。但采取这头向一致的埋葬,是在一种具有宗教信仰意识支配下而为,则是可断言的。这种埋葬制度,是人们相信人死后,灵魂还存在,还活着而不会死去,只是他们生活在与活着的人不同的另一个世界里。

二 崇拜天地和多神

人生活在天地之间,对天地的感受最为直接。太阳、月亮、星星皆出现在天上,风雨雷电、水涝旱灾,风调雨顺,皆为天神所掌控,天神的威严人体味最深。地生成万物,春生秋获,为人们的生存提供食物,人对地神最敬。我们的祖先对天地神特别崇敬,在五帝时代,对天地举行祭祀的遗迹各地都有发现,是这种意识存在的证据。

对地的祭祀活动,在仰韶文化中已有发现。在西安半坡的仰韶文化遗址中,发现埋藏地下的两个盛有粟米的小陶罐,且相距不远。这里应是举行祭祀的地方,他们把粟粒埋在地下,大概是奉献给"粟米之神"以求更多的收获。在一座房子的居住面下,发现一件盖着透空气盖的陶罐,可能是房屋奠基时举行某种祭祀而留下来的。埋粟米在地下,盖房子奠基献祭,当是对土地神的祭祀。

五帝时期在我国南北各地都出现大型祭坛。北方最著名的是辽宁省西部地区红山文化晚期的一系列坛、庙、冢的祭祀建筑,目前已发现有四处,即阜新胡头沟、凌源县城子山和凌源、建平两县间的牛河梁以及喀左县东山嘴。它们的共同特征是都存在类似"坛"的祭祀建筑,并在坛内或坛旁埋人、祭祀用的泥质彩陶筒形器等特殊陶器、动物类、璧、环类等玉器,构成这些遗址的特有器物。这四处祭坛遗址以牛河梁规模最大,是一处庙、坛、冢的群体建筑,其中心是女神庙,围绕它分布着许多"积石冢"群,属于这个群体的遗迹大约广布在5公里见方的范围内。

牛河梁位于辽西凌源、建平两县交界处,呈半山地半丘陵地貌,海拔600—650米。牛河梁主梁山丘顶有一块100多平方米的平台,女神庙位于"平台"南侧坡度为10°的自然缓坡的顶部。女神庙主体为一长18.4米的多室建筑,壁上画有彩绘。内出大小不等的泥塑人像和动物,以及各种特殊的陶制祭器。

积石冢经过大规模发掘的一处在"女神庙"南900米处,为东西一字排列的四个积石冢,范围总长为110米。最西边的一冢(Z1)为内外两道石墙的长方形或方形结构,墙内有积石和筒形彩陶器及残片,已发掘出15座石椁墓,墓内有埋一个人也有多个人的,有一次葬也有二次葬,有的墓内有玉猪龙,有的则一无所有。西边的第2个积石冢(Z2)为一边长17.5米,南北宽18.5米的石砌方形围墙,中心处是一个方形石椁,边长为3.6米。石椁中部为一长方形椁室,室内物品已不存。西边第三个积石冢(Z3)总体布局平面呈圆形,冢基底面为构成同心圆式的三圈石桩。内圈直径11米,外圈直径22米。内圈位置最高,中圈次之,外圈最低,为一个呈三层递收的圆坛。内圈和中圈里散布着积石和大量红陶筒形器碎片。这处遗址的特点,一是性质单纯;二是遗址点密集,在一二平方公里的范围内达十余处之多;三是经过选址,各遗址点皆位于山丘最高处;四是特定布置,"女神庙"居中心最显著的地方,遥对猪山,积石冢环绕四周,庙、冢相互联系,构成有机的统一体。这就形成了一个特殊的区域,赋予了神圣的色彩,反映了人们浓厚的宗教意识。① 牛河梁神庙、积石冢、祭坛都建在山顶上,显然是为祭天神的,神庙中那尊被称为"女神"的巨大泥塑神像,其实是天神像,是将天神人格化思想指导下的艺术作品。(图1-57)

图1-57 牛河梁第二地点祭坛和积石冢

(采自《文物》1986年第8期)

---

① 辽宁省文物考古研究所:《辽宁牛河梁红山文化"女神庙"与积石冢群发掘简报》,《文物》1986年第8期。

在南方江浙一带的良渚文化中,祭坛遗址也屡有发现。1987年浙江省文物考古研究所在浙江省余杭县安溪乡瑶山顶上发掘一座良渚文化时期的祭坛遗址。祭坛平面为方形,由里外三重组成:最里面的一重偏于东部,是一座红土台,东边长7.6米,南边长6.2米,西边长7.7米,北边长5.9米,平面略呈方形。第二重为灰色土,在红土台周围挖一宽1.7米—2.1米,深0.65米—0.85米的围沟。沟内填灰色土,与红土台形成鲜明对比。第三重是在围沟的南、西、北三面用黄褐色斑土筑成的土台。土台分别宽5.7米、3.1米、4米。台面上散见很多砾石,推测土台上原是铺满砾石的台面。砾石台面的西及北边缘发现用砾石迭砌的石磡(护坡)。在北边的石护坡中发现夹砂陶缸残片、鱼鳍形鼎足和泥质灰陶片等。整个祭坛外围边长20米,面积约400平方米。(图1-58)在祭坛的南边发现12座墓葬,是祭坛筑好以后埋葬的。有的墓内随葬有多量的玉质礼器。① 此坛也应是"祭天礼地"的祭坛,埋葬在祭坛南部的12座墓中人,是礼神的巫觋,即是祭师。

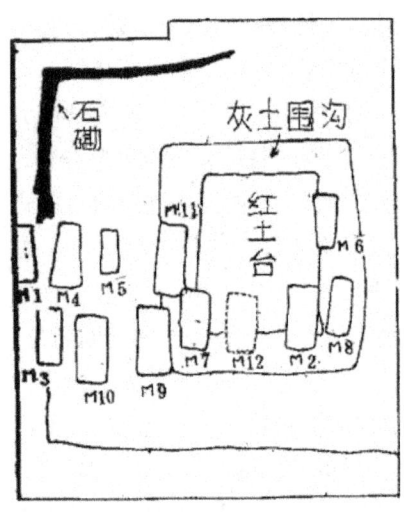

图1-58 瑶山祭坛及墓葬位置分布
(采自《文物》1988年第1期)

1959年—1960年在甘肃永靖大何庄、秦魏家发现形制、大小相同的"石圆圈"6处。都是用大小相同的天然砾石围筑成的圆圈,直径约4米。保存较完整的大何庄1号"石圆圈",在它的东边有一具被砍掉头的母牛骨架,腹内还有尚未出生的小牛骨骼,在它的西边有一具羊骨架,在它的附近发现有动物骨骼和卜骨,是在此举行祭祀活动的遗迹,说明这种"石圆圈"是属于祭祀性的建筑,与其他地方发现时代相同的石冢、祭坛性质一样,是用来祭祀天神的。

祭坛、积石冢都修筑在山顶上,当是以祭天为主要用途。良渚文化中常出土大小不等的玉琮,学者们认为就是通天的法器。

我们的祖先在祭祀天地的同时,也祭祀其他的神灵。《礼记·祭法》为这些被祭祀的对象开列了一个名单:"燔柴于泰坛,祭天也。瘗埋于泰圻,祭地也。用骍犊。埋少牢于泰昭,祭时也。相近于坎坛,祭寒暑也。王宫,祭日也。夜明,祭月也。幽宗,祭星也。雩宗,祭水旱也。四坎坛,祭四方也。山林、川谷、丘陵能出云,为风雨,见怪物,皆曰神。"所祭对象包罗万象,正是万物有灵、万物为神的思想观念指导下的行为。

---

① 浙江省文物考古研究所:《余杭瑶山良渚文化祭坛遗址发掘简报》,《文物》1988年第1期。

三　图腾崇拜

"图腾"一词是北美印第安人奥基华斯部落的语言,表示氏族的徽号或标志。图腾信仰者相信人与某种动物、植物或无生物之间有一种特殊的亲密关系,认为每个氏族是从某种动物、植物或无生物衍生出的。

在我们的祖先中,图腾崇拜也是存在着的,考古发掘中屡有发现。我国先民最为崇拜的是龙,龙是我们中华民族的图腾。古籍记载,传说中的古帝王出生大多都与龙有关,《周易·系辞下》孔颖达《正义》引《帝王世纪》:"炎帝神农氏,姜姓也。母曰任巳,有蟜氏女,名曰女登,为少典正妃,游华山之阳,有神龙首感女登于尚阳,生炎帝。"龙首的神当然是龙,炎帝的母亲与龙交合生下炎帝,炎帝当然是"龙的儿子"。

黄帝生下来就像龙,《史记·五帝本纪》"黄帝者"张守节《正义》谓黄帝母怀孕二十四月而生黄帝,出生时"日角龙颜",即头上有角,脸象龙。生下来就是"龙颜",当然是龙的种,所以后来有龙接他上天的故事。《史记·封禅书》载:"黄帝采首山铜,铸鼎于荆山下。鼎既成,有龙垂胡髯下迎黄帝。黄帝上骑,群臣后宫从上者七十余人,龙乃上去。"

尧是龙子,他的母亲与赤龙"遇"而怀孕生尧。《周易·系辞下》《正义》引《帝王世纪》:"帝尧陶唐氏,伊祁姓,母曰庆都,生而神异,常有黄云覆其上。为帝喾妃,出以观河,遇赤龙,唵然阴风而感庆都,孕十四月而生尧于丹陵。"

舜的出身也与龙有一定关系,《帝王世纪》载舜的母亲与虹相"感"而生舜,《尚书序·正义》引《帝王世纪》云:"舜母曰握登,见大虹,感而生舜。"《艺文类聚》卷十引《帝王世纪》亦称:"陶唐之世,握登见大虹意感,生舜于姚墟。"虹形似蛇,《说文》:"虹,蟠蚨也,状似虫,从虫,工声。"段玉裁注云:"虫者,它也,虹似它,故字从虫。"又《说文》:"蛇,它,或从虫。"龙和蛇实是一物,甲骨文中的虹字,正从两龙首一身之形。故舜母所感的"大虹",亦是龙。所以舜的相貌为"龙颜大口黑色"(《太平御览》卷八十一引《帝王世纪》)。舜也是龙之子,即以龙为图腾。

对龙崇拜遗迹最早见于查海文化,在该遗址出土有龙纹陶片、蛇含蛙题材的艺术品,特别是在遗址的中心部位,用石块堆塑的一条巨大石龙。龙全身长19.7米,宽1.8米—2米,采用大小均等的红褐色石块摆塑而成。龙头、龙身部位的石块摆放厚密,龙尾部分石块摆放得较为松散。整个龙造型栩栩如生,犹如腾飞之状。① 查海遗址位于辽宁省阜新县沙拉乡查海村,文化年代据碳十四测定为距今 7360 ± 150—6925 ± 95 年,是在五帝前的神农时代。

---

① 辛岩:《查海遗址发掘再获重大成果》,《中国文物报》1995年3月19日。

在中原仰韶文化遗址里,发现用蚌壳摆塑的龙。1987 年在河南省濮阳市西水坡的仰韶文化墓葬里,发现三组用蚌壳摆成的龙虎图形遗迹。这三组龙虎图形遗迹分布在同一个平面上,彼此相距 20—25 米。M45 号墓中间为一壮年男子骨架,东侧用蚌壳摆成龙的图形,西侧摆一虎。(图 1-59)此龙有巨大的头,张嘴伸舌,S 形长条身躯,利爪长尾分叉。与商周青铜器上的龙纹和甲骨文中的龙字形相同。[1] 虎的形象是仿自实有的动物形象,而龙的形象则是艺术创造并无实有其物。濮阳西水坡龙形象与商周以后龙的形象大致相近,应是商周以后我国龙形象的源头。M45 号墓的主人应是在龙和虎为图腾的两个部落的联合首领,身旁摆塑龙虎是表明他的灵魂受到图腾的保护。[2]

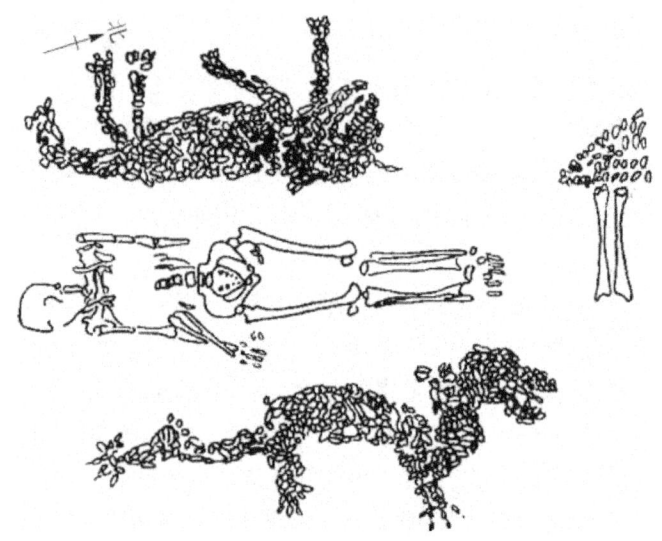

图 1-59　河南濮阳市西水坡 M45 号墓及蚌壳摆塑的龙虎图

(采自《文物》1988 年第 3 期)

红山文化(包括前红山文化)遗址中,出土十几件玉雕龙。龙的形状有两种:一是头作猪首形,身子卷曲为龙身,考古工作者称之为"猪龙"(或称为"熊龙");一是龙的身躯弯曲呈英文字母"C"形,称为 C 形玉雕龙[3]。(图 1-60)玉雕龙在长江中游的石家河文化中也有发现。

---

[1] 河南文物研究所:《近十年河南文物考古工作新进展》,载《文物考古工作十年》,文物出版社,1989 年。
[2] 杨肇清:《濮阳西水坡 M45 号墓的初步探索》,《濮阳教育学院学报》2002 年第 1 期。
[3] 杨伯达认为红山文化发现的两种龙并不是龙而是猪,他将"猪龙"改称为"玉猪灵云团器",将 C 形龙改称为"玉猪灵云纹器"。是红山文化人对猪的崇拜。见《中国文物报》2012 年 8 月 15 日《以郯子所说"五纪"来解读红山文化玉器盖涵的巫教属性及其信仰体系》。

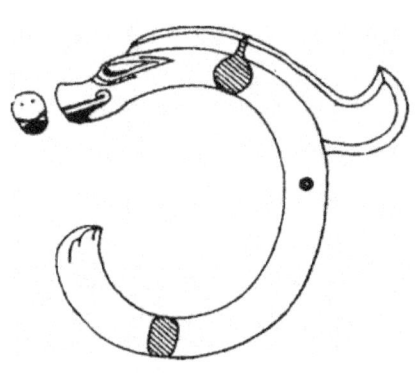 

图 1-60　翁牛特旗三星他那玉龙　　图 1-61　山西襄汾陶寺出土的彩绘蟠龙纹黑陶盆

五帝时期的陶器上也常见绘有龙蛇的图案。在江苏省吴县草鞋山的良渚文化晚期墓葬中，出土陶器的陶盖上有勾连的似蛇似龙的图案，是良渚文化的人们对龙的崇拜。山西省襄汾县陶寺发现的龙山文化遗址里，在编号为3072号墓中，发现一个泥质陶盘，盘内有用红彩或红、白彩绘成的一只蟠龙图案。（图1-61）扬雄《方言》卷十二说："未升天之龙谓之蟠龙。"这条未升天之龙驻足民间，正是作为氏族图腾崇拜的象征物。① 陶寺黑陶盆内的龙与蛇的形象相同，身上红白彩花纹似蛇中的"松花斑"或"菜花蛇"，是取像于自然中的爬行动物蛇。

仰韶文化、红山文化、龙山文化中，都发现了对龙崇拜的文化遗存，而这几种文化又都是北方的主要文化，所以在中国早期的图腾崇拜物中，至少在北方的主要文化中，龙是作为图腾崇拜的对象。

秦汉代以后，龙虽然成为皇帝的独专，成为皇权的象征，但人民是皇帝的"子民"，所以中国人都是龙的子孙。

四　占卜

占卜反映的是巫觋活动，是宗教信仰的表现形式。相传在颛顼以前，每个人都充当巫师，到颛顼时进行了"绝地天通"的一次改革，命重主神，黎主民事，使与神交往的巫觋由专门的人进行，其他人不得再装神弄鬼。

巫觋除跳神以驱邪外，其重要一项职事就是占卜。在考古学上留下占卜的

---

① 高炜：《试论陶寺遗址和陶寺类型龙山文化》，《华夏文明》第一辑，北京大学出版社，1987年。

遗迹就是卜骨。考古发现最早的一块卜骨是在河南淅川下王冈仰韶文化遗址中发现的。是一块羊的肩胛骨,上有烧灼痕。1962年考古工作者在内蒙古的昭乌达盟富河沟门发现的富河文化中,发现有用鹿的肩胛骨为卜骨,其上有烧灼痕但无钻、凿。① 富河文化碳十四测定的年代为距今4 735±110年,树轮校正为5 300±130年。距今已是五千年以上。

在山东、河南、陕西的龙山文化和甘肃的齐家文化中,占卜用过的卜骨就更经常被发现,反映当时人们对神灵信仰的深度。这种卜骨均由个体较大的牛、猪、羊、鹿等的肩胛骨做成,一般不加修治。占卜时在背面用火烧灼,烧成直径约半厘米的焦黑疤痕或灼号,正面也出现颜色较浅的灼号。在发现的卜骨上,较少的有五六个灼号,多的可达五十多个灼号。有的灼号烧得较老而出现裂痕,但多数灼号没有裂痕。② 烧灼兽骨如何判断吉凶,今已不可考究。五帝时期占卜所用的材料是兽骨,不见使用龟壳进行占卜的,使用龟壳占卜出现在商代,特别是殷墟时期最为盛行。③

烧灼动物的肩胛骨来进行占卜以问疑、断吉凶,需要专人从事。这种占卜形成,到夏商周时得到更大发展,特别是商代,有大批人从事这一项活动。追溯其源,实始于黄帝时代的仰韶文化中。

传说中有伏羲作八卦,神农重为六十四卦,黄帝、尧、舜皆加以发挥,《初学记》卷二一引《帝王世纪》:"伏牺氏作八卦,神农重之为六十四卦,黄帝、尧、舜引而伸之,分为二易,至夏人因炎帝曰《连山》,殷人因黄帝曰《归藏》,文王广六十四卦,著九六之爻,谓之《周易》。"八卦、六十四卦是"易"的"筮占"。"筮占"是以数字变化演绎的占卜方式,与使用龟、骨占卜视烧灼裂纹走向断吉凶不同。"筮占"称为"数",使用兽骨占卜称为"象"。八卦是由三个数字组成的,称为单卦,六十四卦是由六个数字组成的,由六个数字组成的称为重卦。传说伏羲作八卦,那是很早的。考古发掘中,在浙江杭州市萧山的跨湖桥遗址内,出土的鹿角和木锥上,刻有一组一组的符号,有研究者认为这些符号是数字组成的八卦。④（图1-62）跨湖桥遗址距今7 000年,为神农氏时代,若此,我国数字卦起源确实是很早的。但迄今为止,发现的材料很少,所以"筮数占卜"这种方式,在五帝时期的情况,我们还不甚了解,更不要说伏羲时代了。

---

① 中国社会科学院考古研究所内蒙古工作队:《内蒙古巴林左旗富河沟门遗址发掘简报》,《考古》1964年第1期。
② 白寿彝任总主编、苏秉琦主编,张忠培、严文明执笔:《中国通史》第800页,上海人民出版社,1994年。又苏秉琦主编,张忠培、严文明执笔:《中国远古时代》第231页,上海人民出版社,2010年。朴载福:《先秦卜法研究·附录一:考古发现先秦时期的卜骨》,上海古籍出版社,2011年。
③ 朴载福:《先秦卜法研究》,上海古籍出版社,2011年。
④ 王长丰、张居中、蒋乐平:《浙江跨湖桥遗址所出刻划符号试析》,《东南文化》2008年第1期。柴焕波:《跨湖桥契刻考释》,《湖南考古辑刊》第八辑,岳麓书社,2009年。牛清波:《跨湖桥遗址所出刻划符号补考》,《中原文物》2013年第1期。

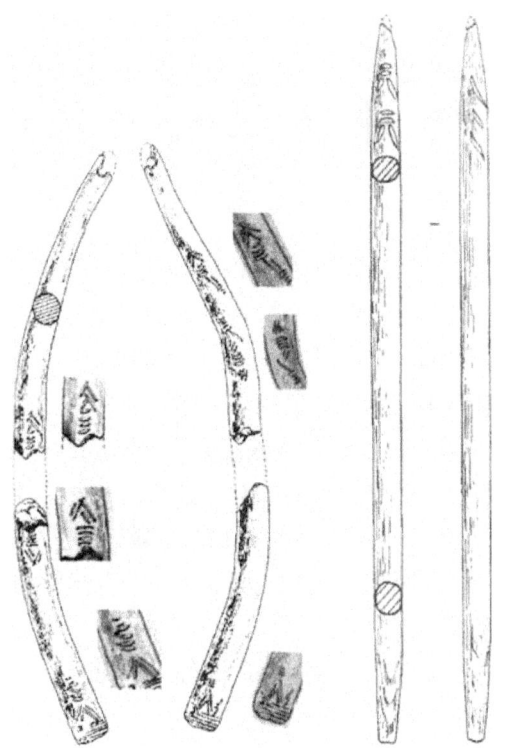

图 1-62 跨湖桥遗址出土鹿角(右)
及木锥(左)上的刻划符号

第八章　城邦丛立的五帝时代结束

我国是以农业为主要生业的民族。以农业为主的社会，居民是定居的。由定居而形成的聚居点，就是村落，现今考古学家们通常称之为"聚落"。聚落随着时代的推移，社会的发展，生产技术的提高，人口的繁衍而由小变大，由单个变为群落，由分散变为集中，进而形成地区中心聚落。到距今约五千年左右的五帝时期，由于社会的变化，大的中心聚落出现用夯土墙将四周围绕起来，再在墙外围绕以护河、壕沟的城堡，这种城堡就是城邦。这样的城堡，其耸立的城墙已进文明社会，他们都是城邦制国家的政治中心，即都城。城邦制国家联盟的出现、巩固和发展扩大，推进了作为全国性的王朝领土国家出现，五帝时代也就随之结束。

第一节　遍布南北各地的古城

在五帝时代，考古发现的古城数达 70 座以上，其分布地可划为四大区域：黄河中下游的华北平原地区；长江中游两湖平原及下游的太湖地区；长江上游四川盆地和内蒙古高原河套地区。（图 1－63）按照城址面积，可分为四个等级：一、超大型城址，面积在 100 万平方米以上；二、大型城址，面积在 30 万平方米—100 万平方米；三、中型城址，面积在 10 万平方米—30 万平方米；四、小型城址，面积在 10 万平方米以下。面积在 100 万平方米以上的超大型城，应是当地的重要城邦政治中心。①

一　黄河中游地区发现的古城址

黄河中游目前发现年代最早的古城址是郑州西山，年代约在公元前 3300 年—公元前 2800 年，城址面积 3 万平方米。淮阳平凉台龙山文化晚期城呈方形，城内面积 3.5 万平方米，城墙残高 3.5 米，底宽 13 米，顶部宽约 8 米—10 米，城墙外有护城河。辉县孟庄城墙每边长 400 米，面积 16 万平方米。郾城郝家台城为长方形，面积 3.3 万平方米，墙外有壕沟，城内发现数座长条形房屋，长的有 10 米，有的还用木板铺地，显示主人十分讲究。安阳后岗外围，曾发现 70 多米

---

① 赵春青：《中国史前城址研究的过去、现在与将来》，《中国社会科学院古代文明研究中心通讯》第 21 期，2011 年 1 月。

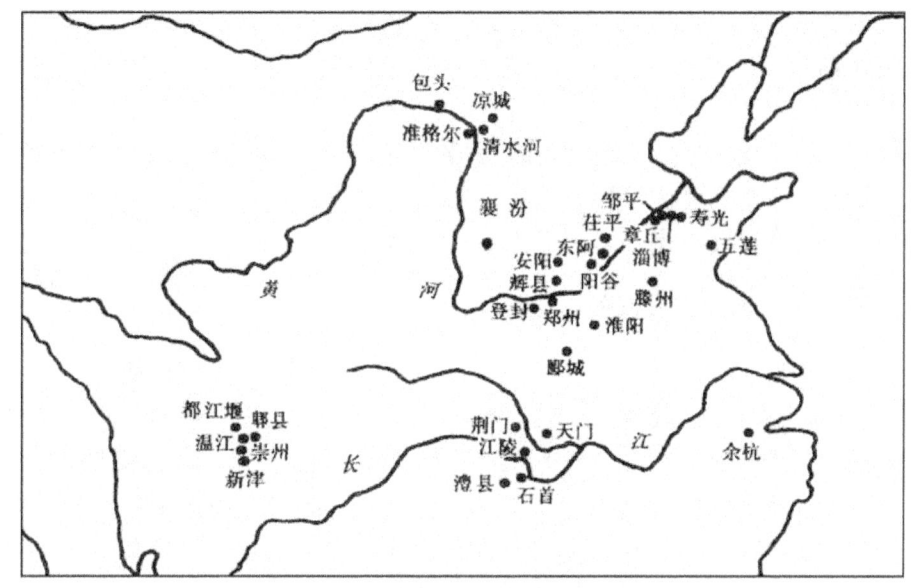

图 1-63　五帝时代古城遗址分布示意图

(采自《考古》1998 年第 1 期)

长、宽3米—4米的城墙,全貌不明,遗址上发现有直径为3米的圆形房基址。登封王城岗有大、小两城,大城约30万平方米,城墙外有壕沟,宽10米,深3米—4米,时代为龙山文化晚期,被认为是禹所都的阳城,其实只是禹避舜子商均时的暂时居处地。山西省襄汾县的陶寺古城,城址面积约280万平方米,分为早期小城和中期大城和小城。陶寺文化可分为三期,早期年代为距今4 300年—3 900年,晚期年代为距今3 900年—3 600年,早期年代早于夏代,晚期年代已进入夏代纪年范围。据文献记载这里即是尧所都的平阳。

二　黄河下游地区发现的古城址

黄河下游最早的城是山东滕州西康留,呈圆角方形,面积3.5万平方米,时代约为公元前3000年。章丘历城镇城子崖城,平面略呈凸字形,墙基宽14米。城内东西宽,南北长,面积约20万平方米。已发现南北两个门。此城始建于龙山文化早期,约在公元前2600年,其后经过不断修理,一直使用到夏代的岳石文化时期。临淄的田旺古城为竖长方形,面积为15万平方米。邹平的丁公城址呈圆角方形,面积约10.8万平方米。现存城墙残高1.5米—2米,墙底宽20米,墙脚发现有排水用的涵洞,城内发现有水井,墙外发现有宽20米、深3米的护城壕沟。在龙山文化晚期的灰坑中发现一块刻有5行11字的陶片。阳谷的景阳冈古城平面近椭圆形,面积35万平方米。景阳冈西南8公里有阳谷黄姑冢城、东北10公里处有阳谷王家庄古城,皆椭圆形,面积均为2.5万平方米,是以景阳冈古城为中心的古城群落。寿光的边线王古城有大小两座城相套,小城属龙山文化中期,面积约 1 万平方米;大城属龙山文化晚期,面积 5.7 万平方米。五莲丹土古城面积 2.5 万平方米,呈不规则形状。滕州尤龙古城近方形,面积 2.5 万平方米。茌平教场铺古城呈圆角横长方形,面积约 40 万平方米。以教场铺为中心,在南北 20 多公里的距离内,依次分布着尚庄、乐平铺(三十里铺)、大尉、东阿县王集五座古城,面积皆在 3 万平方米—4 万平方米。

三 长江中下游地区发现的古城址

长江中游地区有湖北天门的石家河古城,平面呈圆角方形,面积约 120 万平方米,今地上尚存的城墙最高处达 6 米,墙基宽 50 米,顶宽 8 米—10 余米,城区外环绕一周人工挖掘的壕沟,一般宽 80 米—100 米,深 6 米。屈家岭文化的年代在公元前 3000 年—公元前 2600 年,此城使用时期在屈家岭文化早期到中期。

湖南澧县城头山古城呈圆形,城墙内面积 7.6 万平方米,四面各有一座门,基本对称。发掘的东门发现,是杂以红烧土块奠基,其上再铺 15 米宽的卵石为路面。北门较低,应是与护城河相通的水门。城外环绕一圈护城河,最宽处有 35 米,深 4 米,部分是人工挖成,部分是利用自然河道。城头山古城始建于公元前 4000 年的大溪文化早期,中间经过多次修理,到屈家岭文化中期的公元前 2800 年左右废弃。澧县鸡叫古城呈圆角方形,面积约 20 万平方米,地面残墙高 2 米—4 米,城门及城外的护城河还可看出,时代属屈家岭文化。湖北荆州的阴湘古城,北半部被湖水冲毁,南半部面积约 12 万平方米。城墙残高处达 8 米,城外有宽约 30 米—40 米的护城河。时代为屈家岭文化时期。石首走马岭古城为不规则椭圆形,面积 7.8 万平方米,现存地面城墙最高处约 5 米,墙基宽 25 米—37 米,顶部宽 10 米—20 米,墙有五个缺口,当是城门,西南门地势最低,应是与护城河相通的水门。城外的护城河是利用自然河道和人工挖掘而成的。此城的时代属屈家岭文化时期。荆州马家垸(院)古城平面呈梯形,面积约 24 万平方米。城墙保存较好,高出现地面五六米,城墙四面各有一缺口,应是城门,城外环绕护城河。

长江下游地区有浙江余杭良渚文化时期的莫角山古城,位于良渚西北的莫角山。城的平面呈圆角方形,南北长 1 800 米—1 900 米、东西宽 1 500 米—1 700 米,面积约 290 万平方米,略呈长方形,城内有宫殿区。城墙底宽约 40 米—60 米,保存较好的地方残高 4 米。墙底部普遍铺石块作为基础,在石块基础上再用较纯净的黄土堆筑而成。在莫角山良渚文化古城旁还发现了一条街市。良渚文化是以太湖为中心,在 50 平方公里范围内,发现 130 多处遗址,文化年代在公元前 2 千多年。

四 长江上游四川盆地及长城外内蒙古地区发现的古城址

成都平原地区有新津龙马乡的宝墩古城,面积为 60 万平方米、郫县古城乡的梓路古城,面积约 32.5 万平方米、都江堰的芒城古城,面积 12 万平方米、温江的鱼凫古城,面积 32 万平方米以及崇州的双河古城,面积 15 万平方米。这些古城都属于中原龙山文化时代的宝墩文化,年代约在公元前 2600 年—公元前 1700 年左右,与中原从城邦的五帝时代进入王朝领土国家夏代的历史进程同步。宝墩文化的古城群,就是早期蜀人建立的城邦,这些城邦或以宝墩古城为中心建立起联盟组织。

内蒙古河套地区的古城是用石头为材料修建起来的,分布于凉城、包头、准格尔、清水河等地。这些城都依山势用石砌墙,面积不大,最大为凉城的老虎山古城,面积约 13 万平方米,时代约为公元前 2800 年—公元前 2300 年。2012 年陕西省考古研究院与榆林市文物勘探工作队、神木县文体局联合对陕西省神木县高家堡镇洞川沟的龙山文化晚期至夏代的石峁古城进行复查及发掘。此城址面积达 400 多万平方米,由"皇城台"、内城、外城三座基本完整并相对独立的石砌城组成,城内密集分布着宫殿建筑房址,有门址、石城墙、墩台、"门塾"、内外"瓮城"等建筑遗迹,出土了玉器、壁画、石雕人像以及大量龙山文化晚期至夏时期的陶器、石器、骨器等遗物。[①] 此城的面积已超过良渚城址和陶寺城址,是我国在 2012 年以前所发现的最大的一座古城。

从以上情况看,我国五帝时代古城最早是湖南澧县城头山古城,始建于距今 6 000 年前的大溪文化早期,应属于神农时代,古城的大量出现是在仰韶文化的中晚期,时间约距今 5 000—4 000 年间。古城出现的地区主要集中于黄河、长江流域和内蒙古中南部。黄河流域指晋西南、河南和山东的河段,长江流域指成都平原,两湖古云梦泽、洞庭湖及太湖周边地区为代表的上、中、下游。[②] 在建筑技术上,长江流域多采用堆筑技术,黄河流域除使用堆筑法外还使用夯筑的方法建筑城墙,内蒙古地区主要用石头砌墙。有的城墙外有壕沟,而此时期城外壕沟靠城墙的一边多紧贴城墙,这种城壕显然是建筑城墙时就城外取土所自然形成的。

附:五帝时代所发现的古城址表

地区	编号	城址名称	面积（平方米）	年代	文 献 出 处
中原地区	1	郑州西山	3.1 万	仰韶文化晚期	《文物》1999 年第 7 期
	2	鄢陵郝家台	约 3.3 万	前 2656±121 年	《华夏考古》1992 年第 3 期
	3	淮阳平粮台	3.4 万	龙山文化早期至晚期	《文物》1983 年第 3 期

---

① 王炜林等:《2012 年神木石峁遗址考古工作主要收获》,《中国文物报》2012 年 12 月 21 日第 8 版。
② 任式楠:《中国史前城址考察》,《考古》1998 年第 1 期。

续 表

地区	编号	城址名称	面积（平方米）	年代	文献出处
中原地区	4	辉县孟庄	16万	孟庄一期至龙山文化末期	《辉县孟庄》，中州古籍出版社，2003年
	5	登封王城岗	小：1万余 大：30万余	小城约公元前2100年 大城约公元前2050年	《登封王城岗与阳城》，文物出版社，1992年；《登封王城岗考古发现与研究》，大象出版社，2007年
	6	新密古城寨	17.65万	龙山文化早至晚	《华夏考古》2002年第2期
	7	安阳后岗		约2500B.C.—2300B.C.	《中央研究院历史语言研究所集刊》(13)，1948年；胡厚宣：《殷墟发掘》，三联书店，1955年
	8	新密新砦	70万—100万	龙山文化晚期至新砦期	《考古》2009年第2期
	9	平顶山蒲城店	20万	龙山文化至二里头文化	《文物》2008年第5期
	10	郑州大师姑	51万	二里头文化	《郑州大师姑》，科学出版社，2004年
	11	温县徐堡	20万	龙山文化晚期	《中国文物报》2007年2月2日
	12	陶寺	280万	龙山文化	《考古学报》2005年第3期
	13	博爱西金城	30.8万	龙山文化	《中国文物报》2008年1月23日
	14	濮阳戚城	16万	龙山文化	《中国文物报》2008年4月9日
	15	禹州瓦店	40万	龙山文化	《中国历史文物》2010年第5期
海岱地区	1	寿光边线王	5.7万	龙山文化中晚期	《中国文物报》1988年7月15日
	2	邹平丁公	15万	龙山文化早至岳石文化	《中国文物报》1992年1月12日
	3	章丘城子崖	约24.8万	龙山早期至晚期	《中国文物报》1990年7月26日
	4	五莲丹土	早期城9.5万 中期城11万 晚期城18万	大汶口文化晚期至龙山文化中期	《中国文物报》2000年1月17日
	5	临淄桐林	早：15万 晚：30多万	龙山文化	《中国考古学年鉴·2006》，文物出版社，2007年
	6	阳谷景阳冈	38万	龙山文化中晚期	《考古》1996年第5期
	7	费县防故城		龙山文化，城墙外有壕沟	《考古》2005年第10期

续 表

地区	编号	城址名称	面积（平方米）	年代	文 献 出 处
海岱地区	8	连云港藤花落	内圈4万 外圈14万	龙山文化早中期	《东南文化》2001年第1期
	9	滕州庄里西	近15万	龙山文化	《中国考古学年鉴·2003》，文物出版社，2004年
	10	日照两城镇	20万—80多万	龙山文化为主	《中国考古学年鉴·2002》，文物出版社，2003年；《东方考古》(5)，科学出版社，2008年
	11	日照尧王城	100万以内	龙山文化	《中国聚落考古的理论与实践学术研讨会论文集》(一)，科学出版社，2010年
	12	聊城校场铺	5万	龙山文化	《考古》2005年第1期
	13	固镇垓下	15万	大汶口文化晚期至龙山文化初期	《中国文物报》2010年2月5日
长江中游	1	澧县城头山	7万	大溪文化一期至石家河文化	《文物》1993年第12期；《文物》1999年第6期
	2	天门石家河	120万	屈家岭晚期至石家河早期	《南方民族考古》(5)，四川科学技术出版社，1994年
	3	荆门马家垸	24万	屈家岭文化	《文物》1997年第7期
	4	荆州市阴湘城	20万	屈家岭文化早期至石家河文化早期	《考古》1997年第5期；《考古》1998年第1期
	5	公安鸡鸣城	15万	屈家岭文化	《文物》1998年第6期
	6	石首走马岭	7.8万	屈家岭文化早期至晚期	《考古》1998年第4期
	7	澧县鸡叫城	15万	屈家岭文化中期	《文物》2002年第5期
	8	天门龙嘴	8.2万	油子岭文化早期二段至屈家岭文化	《江汉考古》2008年第4期
	9	天门笑城	9.8万	屈家岭文化晚期至石家河文化	《考古学报》2007年第4期
	10	应城门板湾	约20万	屈家岭文化晚期	《中国文物报》1994年4月4日；《江汉考古》2000年第1期

续 表

地区	编号	城址名称	面积（平方米）	年代	文 献 出 处
长江中游	11	应城陶家湖	67万	屈家岭文化晚期至石家河文化中期	《文物》2001年第4期
	12	安陆王古溜		屈家岭文化至石家河文化早中期	《中国聚落考古的理论与实践学术研讨会论文集》（一），科学出版社，2010年
	13	荆门城河	约70万	屈家岭文化晚期至石家河文化时期	《江汉考古》2008年第2期
	14	公安青河	6万	屈家岭文化晚期	《古代文明》（4），文物出版社，2005年
	15	孝感市叶家庙	约15万	屈家岭文化晚期至石家河文化早中期	《中国聚落考古的理论与实践学术研讨会论文集》（一），科学出版社，2010年
	16	武汉市黄陂区张西湾	9.8万	石家河文化早中期	《中国聚落考古的理论与实践学术研讨会论文集》（一），科学出版社，2010年
	17	大悟土城	小于10万	石家河文化	《中国聚落考古的理论与实践学术研讨会论文集》（一），科学出版社，2010年
太湖地区	1	余杭良渚	290万	良渚文化	《考古》2008年第7期
成都平原	1	新津宝墩	60万①	宝墩文化（龙山文化时期）	《考古》1997年第1期
	2	都江堰芒城	10.5万	宝墩文化	《考古》1999年第7期；《成都考古新发现(1999)》，科学出版社，2001年
	3	崇州双河	11万	宝墩文化	《中国文物报》1997年1月19日；《考古》2002年第11期
	4	郫县古城	30.4万	宝墩文化	《中国文物报》1998年3月18日；《四川省郫县古城遗址调查与试掘》，《文物》1999年第1期

① 2009年底开始的进一步田野工作，发现面积达276万平方米的宝墩外城。见章江华等：《宝墩遗址聚落考古取得重要成果》，《中国文物报》2012年8月17日。

续 表

地区	编号	城址名称	面积（平方米）	年代	文 献 出 处
成都平原	5	温江县鱼凫城	32万	宝墩文化	《文物》1998年第12期
	6	崇州市燎原乡紫竹村的紫竹城	不详	宝墩文化	《中国聚落考古的理论与实践学术研讨会论文集》（一），科学出版社，2010年
	7	大邑盐店	不详	宝墩文化	《中国聚落考古的理论与实践学术研讨会论文集》（一），科学出版社，2010年
	8	大邑高山古城	不详	宝墩文化	《中国聚落考古的理论与实践学术研讨会论文集》（一），科学出版社，2010年
	9	广汉三星堆	不详	约距今4 000年—3 600年	赵殿增：《三星堆考古研究》第95页，四川人民出版社，2010年
内蒙古中南部	1	包头市阿善	5万	阿善3期段、龙山时代	《考古》1984年第2期
	2	凉城老虎山	13万	龙山时代	《考古》1984年第2期
	3	包头市西园	20万左右	龙山时代	《考古》1986年第6期
	4	包头市莎木佳	0.5万余	龙山时代	《考古》1986年第6期
	5	包头市黑麻板	2万	龙山时代	《考古》1986年第6期
	6	包头市威俊	4万	龙山时代	《考古》1986年第6期
	7	凉城西白玉	9万	龙山时代	《海岱考古（一）——老虎山文化发掘报告集》，科学出版社，2000年
	8	凉城板城	3.2万	龙山时代	《考古》1989年第2期
	9	凉城大庙坡	25万	龙山时代	《考古》1989年第2期；又见《海岱考古（一）——老虎山文化发掘报告集》第491—495页，科学出版社，2000年
	10	准格尔旗寨子塔	近5万	龙山文化早期	《内蒙古中南部原始文化研究文集》，海洋出版社，1991年
	11	清水河后城嘴	40万	龙山文化或永兴店文化	《纪念城子崖遗址发掘60周年国际学术研讨会论文集》，齐鲁书社，1993年

续 表

地区	编号	城址名称	面积（平方米）	年代	文 献 出 处
内蒙古中南部	12	清水河马路塔	不明	龙山时代晚期	《纪念城子崖遗址发掘60周年国际学术讨论会论文集》，齐鲁书社，1993年
	13	准格尔旗寨子上	近3万	龙山时代早期	《纪念城子崖遗址发掘60周年国际学术讨论会论文集》，齐鲁书社，1993年
	14	准格尔旗白草塔	约11万	仰韶文化晚期，海生不浪类型	《内蒙古文物考古文集（一）》，大百科全书出版社，1994年
	15	准格尔旗小沙湾	0.4万	龙山时代早期	《内蒙古文物考古文集（一）》，大百科全书出版社，1994年

（采自赵春青：《中国史前城址研究的过去、现在与未来》附表Ⅰ）

① 表中"中原地区"编号10的"郑州大师姑"古城，时代属于二里头文化。二里头文化考古学界大多都认为是夏文化，超出本书的时代范围，在此说明。

② 2011年在陕西神木石峁发现一座属于龙山文化晚期至二里头早期即龙山晚期至夏代早期的超大型城址，是一座基本可以闭合的石砌城墙及城门、角楼和疑似"马面"等附属设施。调查表明，石峁石城分外城、内城，内城墙体残长2千米，面积约为235万平方米；外城墙体残长2 480米，面积约为425万平方米，其规模远大于良渚城址（300万平方米）和陶寺城址（280万平方米）。遗址内发现壁画、大量的玉器及大量的龙山晚期至二里头早期的陶器残片。张忠培说："我看了以后感到十分震撼！遗址的价值不是今天就能完全认识到的。"李伯谦认为，石峁遗址的发现，为中国文明起源形成的多元性和发展过程提供了全新的研究资料（见李政：《令人震撼的中国史前时期规模最大的城址——专家高度评价山西神木石峁遗址》，《中国文物报》2012年10月26日）。

五 古城的特点

由于时代久远、地面遭严重破坏，城内部情况不大清楚。工作做得好的而对城内情况有较多了解的是河南淮阳平粮台。此城呈正方形，每边长185米，城内面积34 000平方米。该城墙体甚厚，墙基宽13米，残高3米多，顶部宽8—10米。此城的特点有六：

（一）规划整齐：全城呈正方形，坐北朝南，方向为北偏东6度，几乎与子午线重合。南门较大，为正门，设于南墙正中；北门甚小，又略偏西，当为后门。这种格局显然是精心规划的，它所体现的方正对称的思想一直影响到中国古代城市几千年的发展，成为中国城市的一大特色。

（二）防卫设施严密：城墙本身便是最大的防卫设施。有了城墙还需要考虑城门的管理。这座城为此专门设立了门卫房。门卫房用土坯砌成，东西相对，两房之间的通道宽仅1.7米，便于把守。门卫房中有灶面，守门人可用为炊事，亦可为冬季取暖之用。

（三）有公共下水道设施：一个城被严密地用墙围起来后,必须解决供水和排水的问题。供水设施现尚未发现,估计应为水井。排水设施也仅发现了5米多长一段,整个长度和走向尚不清楚。虽然如此,仅就现已发掘的一段来说,已足以说明当时有了公共的下水道设施。此段下水道正通过南城门,埋设在距地面0.3米以下。水道本身由专门烧制的陶管套接而成,每节陶管长35厘米—45厘米,直径细端23厘米—26厘米,粗端27厘米—32厘米。每节细端朝南,套入另一节的粗端。而整个管道是北端即城内稍高于南端,故知此下水道是为解决城内废水向城外排放的。但一根管道排水有限,故用三根并拢,剖面看起来像倒"品"字形。即下面一根,上面并列两根。这样做的好处是一方面加大了排水量,另一方面又避免陶管太大难以烧造及容易压碎之虞。

（四）有较高级的房屋建筑：现在仅发掘了十几座房基,都在东南角,应不是主体建筑。即使如此,这些房子一般都是用土坯砌筑的分间式建筑,有的用夯土做台基,房内有走廊,比一般村落的房子讲究得多。由此可知城内的居民主要是贵族,是统治者。否则他们是难以调集那么多人力,为他们建造那么坚固的城防工事的。

（五）有手工业设施：在城内东南、东北、西南都发现了陶窑;东南角第15号灰坑内发现铜渣,说明当时在城内炼铜和制造陶器,并不是一个单纯的军事城堡。

（六）有宗教活动的遗迹：如城西南角内侧埋一大一小两头完整的牛骨架,当为杀牲祭奠的遗迹。城内发现一些小孩埋葬,有瓮棺葬、土坑葬和灰坑埋葬。其中有些是正常埋葬,有的也可能是祭奠的遗迹。

上述几个特点足以说明,像平粮台那样的城址,已经具备早期城市的基本要素。它应是一个城邦的政治中心,因而有较高级的房屋,有规划整齐的市政建设;是经济中心和宗教中心,因而才有炼铜(这是当时最先进的手工业)和烧制陶器的遗迹,以及宰杀大牲畜祭奠的遗迹。正因为它有如此重要的位置,才会调集那么多人力修建那么坚固的城堡。这种城堡显然已不是一般村落的土围子,而是一个城乡分化的城了。[①]

五帝时代的古城虽有大小不等的差别,但它们都是用厚且高的围墙围起来的,城墙外还有绕以宽深的壕沟。建筑城墙,挖掘壕沟,都需要巨大的人力。动员、组织如此大批的人力完成建城工作,必须有相应的权力机关方能办到。古城的建筑证实"公共权力机关"在城邦时代已然产生的事实。

[①] 见白寿彝总主编,苏秉琦主编,张忠培、严文明撰:《中国通史》第二卷,第319—321页,上海人民出版社,1994年。又苏秉琦主编,张忠培、严文明撰:《中国远古时代》第217—218页,上海人民出版社,2010年。

六　作为城邦联盟都城的陶寺古城

山西省襄汾县陶寺古城,是北方地区发现规模最大的古城,面积达280万平方米。陶寺遗址从1978年开始先后经过10多次发掘,发掘墓葬1 000多座,发现了大量遗物和遗迹。陶寺古城分为早、中、晚三期,早期年代为距今4 500年—3 900年,晚期年代为距今3 900年—3 600年。早期年代早于夏代,晚期年代已进入夏代纪年范围,是一座从城邦文明跨进王朝领土国家文明门槛的古城遗存。

陶寺城址分为早期和中期大城和小城,晚期城址已遭破坏。早期城址在东北部,中梁沟以东、小南沟以北、南河以西、桃沟以南,平面为圆角长方形,城内南北长1 000米、东西宽560米,面积约56万平方米。对位于西南转角部位、编号为Q(墙)8解剖知,城墙建筑是先挖基槽,然后在夯打坚实的基槽上夯筑墙体。基槽上宽下窄,上宽4.25米、下宽2.01米、深1.45米,地表以上墙体宽4.2米。墙体明显是使用夯筑技术建成的。① 城内中南部是贵族居住的宫殿区,分为两区:面积为6.7万平方米,是大贵族的居住区,已钻探出多座夯土建筑基址,大的面积达300平方米;西区面积约为1.6万平方米,建筑遗迹密集,是一般贵族居住地。王族墓地在城址外东南方。平民居住在城内的西北部及城内的南部。中期城址分为大、小两城,小城位于大城南城墙外的东南部。大城平面为圆角长方形,东西长约1 800米、南北宽约1 500米,面积约为280万平方米。东城墙利用早期城的东墙而向南北延伸,长1 660米,南城墙长1 550米。北墙有两道墙,多残,西墙未有发现,可能被宋村沟破坏。南墙东南部外筑一道墙北起东墙,南与南墙相交,呈一东北西南向的长条形小城,面积约为10万平方米。早期小城东南部的宫殿区及贵族居住区在中期继续使用,位于中期城址的东北部。宫殿区周边由20米左右宽度的空白地带隔离环护,是贵族居住区。一般居民区在大城的西北部和东南部。中期大城的东部是仓储区,面积达10 000平方米,其中发现3个大型窖穴,西南部是手工业作坊区。中期小城内东部是贵族墓地,中部发现一处大型建筑(IIFJTI)基址,总面积1 400平方米,已揭露636平方米。据分析是一处兼观天象授时与祭祀功能为一体的多功能建筑,西部也是一些同祭祀有关的建筑。(图1-64)

陶寺文化早、中期已是作为城邦都城性质的早期城市。早期城内已经有供贵族居住的"宫殿"建筑,墓葬材料也反映出已经有层级分化。中期城址规模大,并有单独的宗教祭祀区和贵族墓葬区(位于中期小城内)。贵族和一般成员分区居住。贵族居住在早期小城内的"贵族居住区"内,一般成员居住在小城外的"普通居住区"。只有出现了作为政治、经济、文化和宗教中心的"都邑",才称得上早

---

① 中国社会科学院考古所等:《山西襄汾陶寺遗址2002年发掘报告》,《考古学报》2005年第3期。

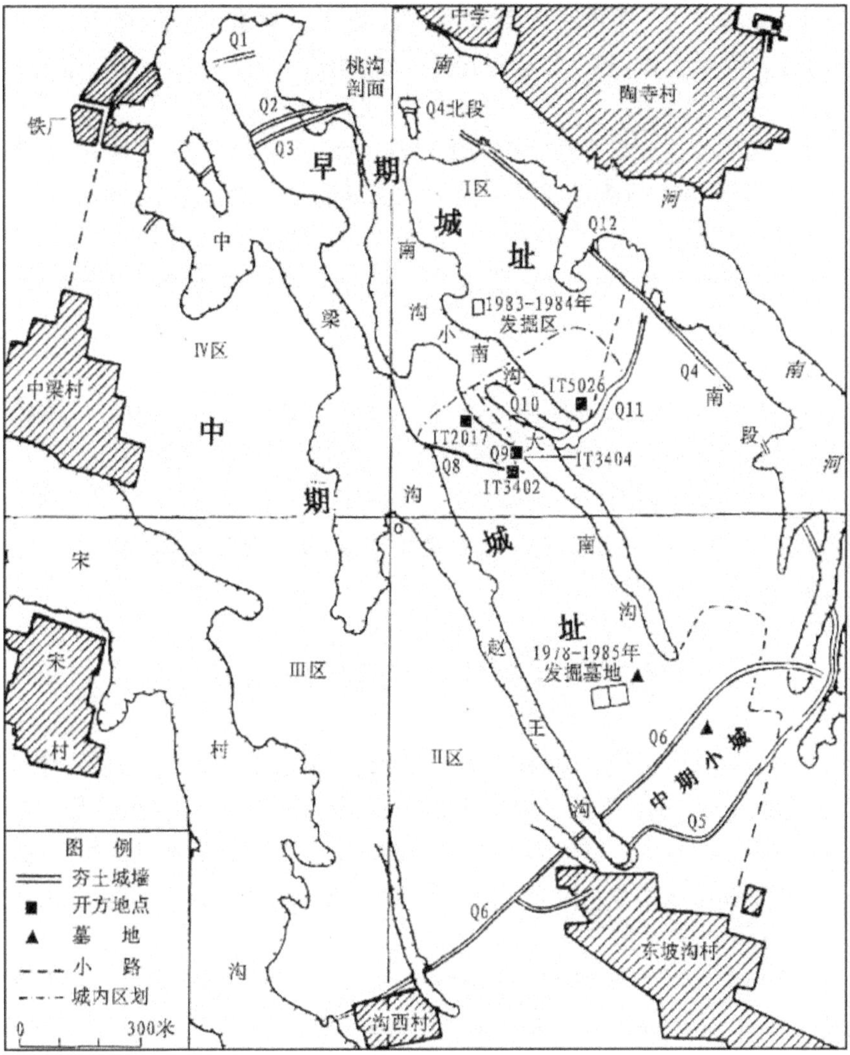

图 1-64 陶寺古城平面图

(采自《考古学报》2005 年第 3 期)

期城市。中国早期城市的特点是：规模小，经济功能即"市"的功能很小，其主要功能是在政治权力、宗教、文化方面。陶寺城址，特别是中期城址，具有中国早期城市的特点。

陶寺遗址的墓葬，大、中、小型在数量上呈金字塔状。大型墓仅占 1.3%，中型墓占 11.4%，小型墓占 87.3%。在墓葬规模、随葬品数量和精致程度上都有很大差别。大型墓规模大，使用木棺、棺内撒朱砂。随葬品可达一二百件，其中包括龙盘、鼍鼓、特磬、土鼓、彩绘木案、俎、匣、盘、豆、"仓形器"、彩绘陶器、玉钺、玉琮、玉瑗等，如特磬、鼍鼓、土鼓、龙盘、玉钺、玉琮、玉瑗等，已非实用器，而具有礼器的性质。占绝大多数的小墓,墓圹仅能容身,且大多数无任何随葬品。说明民众间贫富差距已拉大,私有制已经深化。贫富分化、等级区别、阶级对立已经十分明显。

大墓的两侧往往分布有同时期的中型墓。大墓的墓主均为男性,中型墓的墓主为女性,从墓葬的排列和同时期看,中型墓主应属于大型墓主的妻或妾。这应是一夫多妻制的并穴葬,"男尊女卑"已很明显。陶寺遗址晚期的灰沟 IHG8 出土6层人头骨和40—50个人的骨骼等资料,表明陶寺文化晚期,阶级对立和压迫进一步加剧。陶寺遗址还出土铜铃、砷青铜齿轮形器,扁壶上发现与甲骨文"文"字相似的朱书"字符"。

陶寺古城是尧舜禹城邦联盟的都城,从上可以看出城邦时代的社会状况:当时社会已是城乡分离、贫富分化、等级差别、阶级分离和压迫已很明显。作为阶级压迫工具的国家权力机构已经具备。中国历史从城邦制国家文明进到王朝领土国家文明,是顺应历史的趋势,在社会结构上,并不需要大的改变,所以它的出现只是时间早晚的问题。

第二节　城邦林立的五帝时代结束

进入领土国家文明社会前,在中华大地上是城邦林立的状态,后世称它们为"邦",还是准确的。考古发现于南北各地的古城堡,就是这些"邦"的政治中心即后世所称的都。这种"邦"以城为依托,故称作"城邦"。考古发现具偶然性,所以目前只发现这样的城邦政治中心不足百数,而文献上却屡屡有"万邦"之说,《尚书·尧典》称尧时有"万邦":

帝尧曰:放勋,钦明文思安安,允恭克让,光被四表,格于上下。克明俊德,以亲九族。九族既睦,平章百姓。百姓昭明,协和万邦。黎民于变时雍。

古文《尚书》中的《皋陶谟》有"万邦作乂":

禹曰:洪水滔天,浩浩怀山襄陵,下民昏垫,予乘四载,随山刊木,暨益奏庶鲜食。予决九川,距四海,濬畎浍距川,暨稷播,奏庶艰食、鲜食。懋迁有无化居。烝民乃粒,万邦作乂。

《皋陶谟》记的是舜时事。《史记·夏本纪》云:"帝舜朝,禹、伯夷、皋陶相与语帝前,皋陶述其谋。"谋即谟。"万邦"汉代人司马迁的《史记》作"万国"。《左传》哀公七年"禹合诸侯于涂山,执玉帛者万国"。"万国"即"万邦",虽不定有上万之数,但说明在夏朝前,中华大地上城邦之多。

"万邦""万国"实是从氏族、部落发展起来的城邦。尧、舜、禹时代是"万邦时期",此时期是分散、独立的城邦向王朝领土国家的过渡时期。城邦有大小、强弱、中心与卫属之别,尧、舜、禹为首领的城邦联盟,因所据地理位置优越、基础较好、势力范围较大而成为当时的大邦、中心邦。这个"中心邦"又日益发展,在征服或吸纳周围的一些小邦的过程中,日臻壮大,并在此基础上产生出王朝领土国家。这王朝领土国家的形成,犹如滚雪球,以中心城邦为中心,越滚越大,终至领有大河上下、大江南北的广大地域。①

禅让制结束,王朝领土国家的出现,是历史发展的必然。到尧舜禹时,随着经济的发展,物质的丰富,私有观念的加深,贫富分化的加剧,财产私有已不能满足其欲望,进而希望获得社会权力的私有,获得最高地位,以便攫取更多财富的意识产生,"禅让制"就必然走到了尽头。社会的这种发展进程,庄子已看清,他说"三皇五帝之治天下:黄帝之治天下,使民心一(要大家一视同仁),民有其亲死不哭而民不非也(死了亲人不哭没有人非议,因为那时亲与不亲是一个样的)。尧之治天下,使民心亲(要分别亲疏关系),民有为其亲杀其服而民不非也(祭祀亲疏不同的人穿质料不同的丧服没有人非议)。舜之治天下,使民心竞(互相竞争),民孕妇十月生子,子生五月而能言(生下五个月就教会了孩子说话),不至乎孩而始谁(还不会笑就教他认人),则人始有夭矣(因竞争耗费精力就有折寿的了)。禹之治天下,使民心变(变坏),人有心而兵有顺(使用兵器对付怀有奸诈之心的人就成为合理的事),杀盗非杀人。自为种而'天下'耳(有的人分明是为自己却喊着是为天下国家)"。② 这种"自为种而'天下'"者,就是企图获得最高权力地位的人。

"禅让制"终结于禹子启夺取益的政权。启之所以获得政权,是因为禹选的接班人益"佐禹日浅",没有树立起当联盟首领的威望。孟子说,"禹荐益于天,七年,禹崩。三年丧毕,益避禹之子于箕山之阴。朝觐讼狱者,不之益而之启,曰:'吾君之子也。'讴歌者不讴歌益而讴歌启,曰:'吾君之子也。'"(《万章上》)司马迁说:"帝禹立而举皋陶荐之,且授政焉,而皋陶卒。封皋陶之后于英、六,或在许。而后举益,任之政。十年,帝禹东巡狩,至于会稽而崩。以天下授益。三年之丧毕,益让帝禹之子启,而辟居箕山之阳(司马贞《集解》:《孟子》阳字作阴)。禹子启贤,天下属意焉。及禹崩,虽授益,益之佐禹日浅,天下未洽。故诸侯皆去益而朝启,曰:'吾君帝禹之子也。'于是启遂即天子之位,是为夏后帝启。"(《史记·夏本纪》)

禹死后,他的儿子启排挤掉益而获得政权,建立夏王朝,在远古中华大地上建立起了王朝领土国家,五帝时代结束。

五帝时代是城邦文明时代,是早期文明。我国城邦文明因素,在神农时代晚期就萌芽,黄帝时代得到发展,出现了城乡分离的城邦(城堡),到尧舜禹时,城邦

---

① 李民:《中国古代文明进程中的"万邦"时期》,《中原文物》2005年第1期。
② 《庄子·天运》。

文明达于鼎盛而走向结束。启在城邦文明的基础上建立夏朝,我国进入王朝领土国家文明社会。王朝领土国家文明同城邦文明有两个重要的区别:一是首领(国王)的产生。前者是民主的选举制;后者是世袭制,故称为"王朝";一是领土的统一性。前者各城邦间无论是加入联盟与否都是独立而平等的政治实体;后者则将独立的各城邦土地变成王朝控制下的国家领土,不容许独立于王朝的政治实体存在,故称为"领土国家"。王朝领土国家夏朝的建立,是中华文明从早期阶段进入成熟时期的标志。

第二编 夏代

前言——关于夏代是否存在的问题

夏朝的存在,在学术界还有人怀疑(主要是国外一些学者),认为没有地下出土文字直接证明有夏这样一个朝代。在商周的甲骨文和青铜器铭文里,也没有关于夏代史事方面的内容,说明夏代确实没有。其实商周的甲骨文和青铜器铭文里,没有关于夏代史事方面的内容,这同甲骨文、金文所记载的内容相关。甲骨文、金文是刻铸在特殊材料上的一种特殊用途的文字,不是商周时期通行的书面文献。甲骨文是商周的王及贵族占卜行事吉凶的记录、金文是受赏者记录受赏之由以此为荣而作器祭祀祖先,内容都很窄,不可能涉及到前代的历史。从甲骨文中"册""典"字知道,册字作⊞形,典字作⊞形,说明商代已有用竹简书写的典册,证实《尚书·酒诰》中"殷人有册有典"为实。《左传》中常引《夏书》的内容,可见夏代应是有文字的而且也是有典有册的,但迄今在考古学上还没有发现,学术界都在等着发现的这一天。但夏代的存在除还没有发现地下出土的文字直接证据外,还有多重证据可证实。

一 先秦古籍里有大量关于夏代的记载

作为典册书籍,内容包罗社会各个方面,所以在先秦典册古籍中,对夏代的史事有着明确的记载。今文《尚书》的《商书》之《汤誓》,《周书》之《康诰》、《召诰》、《多士》、《君奭》、《多方》、《立政》等篇;《诗经》的《大雅·荡》、《商颂·长发》篇,都有关于夏代史事的记载。《尚书·汤誓》篇中有"有夏"、"正夏"、"夏氏"、"夏王"、"夏邑"、"夏德"等,《尚书·召诰》篇中有:"我不可不监于有夏,亦不可不监于有殷。我不敢知曰:有夏服天命,惟有历年;我不敢知曰:不其延。惟不敬厥德,乃早坠厥命。我不敢知曰:有殷受天命,惟有历年;我不敢知曰:不其延。惟不敬厥德,乃早坠厥命。今王嗣受厥命,我亦惟兹二国命,嗣若功。"二国,夏、殷二代。《尚书·多方》周公对商代的诸侯说:"乃惟成汤克以尔多方简,代夏作民主","非天庸释有夏,非天庸释有殷","乃惟有夏图厥政,不集于享,天降时丧,有邦间之。乃惟尔商后王厥逸,图厥政不蠲烝,天惟降时丧。"《尚书·立政》还讲到夏桀被汤灭亡的事:"桀德,惟乃弗作往任,是惟暴德,罔后。亦越成汤陟,丕厘上帝之耿命,乃用三宅。"从以上所引可见《尚书》中的"周书"部分有不少篇里,周人都以夏、商两代事相比较说事。《诗经·大雅·荡》篇里有文王曰:"殷鉴不远,在夏后之世",这些篇章是西周时期的文献,都讲到商前有个夏朝。被认为是春秋以后秦以前的古文献《春秋左传》、《国语》以及《论语》、《孟子》、《墨子》、《庄子》、《荀子》、《韩非子》、《吕氏春秋》等书中都有关于夏朝史事的内容。《国语·周语上》:周穆王大臣祭公谋父说:"昔我先王世后稷,以服事虞、夏。及夏之衰也,弃稷不务。"虞即舜,夏即指禹,虞夏即舜禹,是以夏为禹,以虞夏连称。

《左传》书里多次提到"三代",如成公八年"三代之令王,皆数百年保天之禄"、昭公七年"尧殛鲧于羽山,其神化为黄熊,以入于羽渊,实为夏郊,三代祀之。"、昭公二十八年"且三代之亡,共子之废,皆是物也"、定公元年"三代各异物,薛焉得有旧"、哀公六年"三代命祀,祭不过望"等,"三代"皆指夏商西周,如"三代之亡"句杜预《注》:"夏以妹喜,殷以妲己,周以褒姒,三代所由亡也。"还有虞、夏、商、周连称的,《左传》昭公元年晋赵孟曰:"虞有三苗,夏有观、扈,商有姺、邳,周有徐、奄。"至迟在春秋时期,已有虞夏、夏殷、三代、虞夏商周这样表示朝代的名称流传,可见夏同商周一样,被秦以前的人们认为是确实存在的一个朝代。

从禹和夏的关系上也证明夏朝的存在。禹被认为是夏朝的开国之君,《说苑·反质》引墨子答禽滑厘问时,将夏禹连称:"古有无文者得之矣,夏禹是也。"王玉哲认为此语"疑出自《墨子·节用下》"篇,是战国早期就有"夏禹"连称的记载。①《说文》:"禹,虫也。"崔适《史记探源》云:"禹之本义为虫名,犹鲧之本义为鱼名,夔、龙、朱虎、熊罴之本义为毛虫、甲虫名也。"与《说文》所说似是而非。《说文》是字书,解释"禹"这个字的字形象虫,而崔适则说传说中的人物禹是虫。禹字在西周金文里作 形(《燹公盨》),确为爬虫形,是《说文》所说字形不误。夏人崇拜龙,山西省襄汾县陶寺遗址是传说中的尧、舜、禹时期的都城所在地(见前编"尧的活动地域"节),在遗址的一座大墓里发现一个陶盘内绘有一条彩色龙,在河南省偃师县的二里头遗址的二里头文化一座墓葬里,发现用绿松石摆塑的龙,是夏人崇拜龙的考古学证据。动物里本无龙这种动物,从更早的玉器及用石块或蚌壳摆塑的龙形图像知,我们的祖先在很早就将有着长长身躯的爬行类动物视作有神灵的龙。禹字的字形无疑是取自具长条身的爬虫。禹本是尧舜城邦联盟的首领,因他的有利地位,其子启才争得王位而建立夏朝,所以夏人就将禹视作本族的图腾龙。从夏人崇拜龙为图腾和禹字的字形与龙所象动物相类,说明禹和夏是有分不开的关系。

启是禹子,见于《孟子·万章上》篇:

> 万章问曰:"人有言,至于禹而德衰,不传于贤而传于子,有诸?"孟子曰:"否!不然也。……禹荐益于天,七年禹崩。三年之丧毕,益避禹之子于箕山之阴,朝觐讼狱者不之益而之启,曰:'吾君之子也。'讴歌者不讴歌益而讴歌启,曰:'吾君之子也。'"

战国时的魏国人编了一部编年性质的史书,所记载的历史从夏朝开始直到

---

① 王玉哲:《中华远古史》第142页,上海人民出版社,2000年。

战国时魏襄王二十年（前299年）为止。魏襄王死后，这部书就作为随葬品埋在他的坟墓里。西晋武帝太康二年（281）在汲郡（今河南省汲县）有盗墓者挖开一座古墓（有推测此墓主就是魏襄王），在出土的随葬品中有写在竹简上的多部古书，该书是其中的一种。此书由于是按年编次的，故被称为《竹书纪年》，有时也冠以出土地而称为《汲冢竹书》或《汲冢纪年》。这部书里所记载夏王的世次，同《史记·夏本纪》所述基本相一致。可见夏朝的史事，在秦火前有较为完整的文字记载。这部书的出土证实《史记·夏本纪》是可信的，在中国历史上确有一个夏朝，证明《左传》中所称的"三代"的确是指夏、商、西周这三个朝代。

在商周时期的甲骨文、金文中虽然还没有认出"夏"字及与夏朝相关事迹，但被后世文献记载夏朝第一位国王禹及他治水的事，已见于西周青铜器《燹公盨》。其铭文云：

    天令（命）禹尃（敷）土，随山㓕川，乃差地设征，降民监德。

"随山㓕川"即是治水工程，"差地设征"即是将土地按美恶划分等，照等级征收赋税。这就是收入《尚书》中的《禹贡》篇的内容，此铜器铭文不仅证明了禹这个人的存在，还说明《禹贡》成书应不晚于西周时期。

二　商代甲骨文中的夏代诸侯

在商代的甲骨文里，虽然没有夏代的史影，但却有夏朝的诸侯而服于商者。《史记·夏本纪》："太史公曰：禹为姒姓，其后分封，用国为姓，故有夏后氏、有扈氏、有男氏、斟寻氏、彤城氏、褒氏、费氏、杞氏、缯氏、辛氏、冥氏、斟氏、戈氏。"春秋时期的人还知道杞、缯是夏王后裔所建的国，《左传》僖公三十一年：

    卫迁于帝丘（今河南濮阳市），卜曰三百年。卫成公梦康叔曰："相夺予享。"公命祀相，宁武子不可，曰："鬼神非其族类，不歆其祀。杞、鄫何事？相之不享于此久矣！非卫之罪也。"

相是禹的第五世孙，他曾迁都于春秋时卫国的国都帝丘。宁武子反对祭祀相而应该由夏王的后裔杞国和鄫国来祭祀他。杞、鄫二国是夏人的后代，《左传》襄公二十九年晋女叔侯说"杞，夏余也"，所以孔子说："夏礼吾能言之，杞不足征也。"（《论语·八佾》）在甲骨文里有杞侯：

    丁酉卜，㱿，贞杞侯炇弗其㛸凡有疾。
    《合集》13890①（图2-1）

图2-1　杞侯甲骨

（《合集》13890）

---

① 《合集》是郭沫若主编《甲骨文合集》的简称，此书1982年由中华书局出版，下同。

这是武丁时期的一片甲骨。此杞侯应是夏人的后裔,与宋是商人的后裔一样,王朝灭亡,胜利者封其后裔为诸侯。

周武王封东楼公于杞的杞地,应是商代杞侯的封地,周武王只是续封而已。杞国的地望,《史记·索隐》云:"宋忠曰:'杞,今陈留雍丘县,盖周封杞居雍丘。'故《地理志》云:'雍丘县故杞国,周武王封禹后为东楼公'是也。盖周封杞而居雍丘,至春秋时,杞已迁东国,故左氏隐四年《传》云:'莒人伐杞,取牟娄。'牟娄者,曹东邑也。僖十四年《传》云:'杞迁缘陵。'《地理志》:'北海有营陵,淳于公之县。'臣瓒云:'即春秋缘陵,淳于公之邑。'"营陵即缘陵,地在今山东省昌乐县东南五十里古城。雍丘地在今河南省杞县。

甲骨文中有曾这个地名,应是商时一诸侯国。缯国的缯字甲骨、金文皆作曾,武丁用兵南方的战事中,曾国军队为商军的左翼:

图 2-2 曾国甲骨

(《合集》5504 放大)

乙未【卜】,贞立事【于】南,右从【我】,中从舉,左从曾。　《合集》5504(图 2-2)

乙未卜,贞立事【于南】,右从我,【中】从舉,左从【曾】。　《合集》5512

曾字作🙰形。两片甲骨上的卜辞同文,但都有残缺,而所缺部分不同,参照两片甲骨上的两条卜辞可互相补上所缺的字,而成一条完整的卜辞:

乙未卜,贞立事于南,右从我,中从舉,左从曾。

"立事"即"莅事",此辞中的"事"即戎事、战事,古时"国之大事,在祀与戎",武丁在南方不会有祭祀活动,故此"事"只可能是戎事。右、中、左是商代军事编制的三师。我、舉、曾是三个诸侯国名。[①] 李学勤释舉为与(举)字的古体,谓"与(举)和曾是商朝南土的两个封国。湖北枣阳、随县、京山到河南西南角的新野,出土了大量周代的曾国青铜器。与(举)应在汉东举水流域,卜辞的曾国当在这一范围内"。[②] 是商朝的封国曾应是夏朝曾国而顺从商者。

从出土有铭铜器知,从夏商到战国,曾国的地望一直在湖北省的西北至河南省南阳地区。《左传》哀公四年,楚谋北方"致方城之外于缯关"。曾、缯、鄫三字通用。此缯关应是古曾国北部边境的门户。2011 年湖北省考古研究所在随州

---

① 杨升南:《略论上代的军队》,载《甲骨探史录》,三联书店,1982 年,又《甲骨文商史丛考》,线装书局,2007 年。

② 李学勤:《盘龙城与商王朝的南土》,《文物》1976 年第 2 期。收入《大家说历史·李学勤说先秦卷》,上海科学技术文献出版社,2009 年。

叶家山发现西周早期墓葬群,有墓葬 65 座,车马坑一个。出土青铜器 325 件,多座墓里出土的青铜器上铸有"曾侯"及"曾侯谏"铭文,应是西周早期的一处曾国墓地。①(图 2-3)铜器上的族徽符号有 16 种之多,其中有不少是见于商代墓中出土的铜器上的,说明此曾侯同商代的一些氏族有着密切的关系,此应是周人胜利后对商代在这里的曾侯的续封。②

图 2-3　叶家山曾侯墓地出土铜鼎及铭文

甲骨文里商代的曾国应是夏人之后。秦嘉谟辑补《世本》:"夏少康封其少子曲烈于鄫。"所以河南省的南阳地区,是夏人势力中心之一,《汉书·地理志》:"颍川、南阳,本夏禹之国",《史记·货殖列传》:

> 颍川、南阳,夏人之居也。夏人政尚忠朴,犹有先王之遗风。……南阳,西通武关、郧关,东南受汉、江、淮。宛亦一都会也。俗杂,好事业,多贾。其任侠交通颍川,故至今谓之"夏人"。

《史记》、《汉书》记载南阳与夏人的关系,说明甲骨文中的曾国,应是商人对夏代曾国的继封,商人采取"以夷治夷"的策略,用以稳定被亡了国的夏遗民。

六是禹封的一个诸侯国,《史记·夏本纪》禹"封皋陶之后英、六"。六国地在今安徽省六安县境,商代六国还存在,甲骨文中有名"六"这个国家,③卜辞云:

　　贞于六。　《合集》8091
　　戊戌卜,㱿,贞祈祀六来龟三。　《合集》9185、9186(图 2-4)

"于六"的"六"是地名。"六来龟"是六向商王朝贡龟。六国在今安徽省六安县

---

① 黄凤春、陈树祥:《湖北随州叶家山西周墓地考古发掘获阶段性重大成果——一批出土青铜器铭文显示应为西周早期曾侯家族墓地》,《中国文物报》2011 年 10 月 12 日。
② 杨升南:《叶家山曾侯墓地曾国的族属》,《中国文物报》2011 年 12 月 2 日。
③ 齐文心:《"六"为商之方国说》,载《甲骨探史录》,三联书店,1982 年。

境,正是产龟之地。商代占卜所使用的龟多由南方地区贡入。①

戈氏之封,当是在少康以后。戈是夏代寒浞之子豷所居的地方,《左传》襄公四年"处豷于戈",后来少康复国,将豷灭掉,夏王遂封其子孙于戈地建立诸侯国,所以司马迁说夏时受封的有戈氏一支。司马迁《夏本纪》载戈是夏同姓,当是禹的后裔。商代甲骨文中的"戈方",当是这一支:

贞惟黄令戈方。二月。

《合集》8397(图2-5)

图2-4　六国贡龟甲骨
（《合集》9185）

甲骨文里称"方"的,大多是异姓国家,是夏代的戈国在商代仍然存在,商代承认其作为治下的一个方国。戈国的土地称为"戈田":

□寅卜,王惟戈田省,无灾。

《合集》29379

商王关心戈国的农业收成,占卜其是否有好收成:

癸亥卜,王,戈受年。十二月。

《合集》8984

是戈国同商王朝的关系比较密切。戈国的地望在春秋时的宋国和郑国之间,《左传》哀公十二年:"宋、郑之间有隙地焉,曰弥作、顷丘、玉畅、嵒、戈、锡。"宋国国都在商丘,郑国国都在新郑,是戈应在今河南省西部地区。

图2-5　令戈方甲骨
（《合集》8397）

夏所封"有扈氏"的扈,即雇亦即顾,三字音同字通。雇国在汤伐桀时征伐的一个诸侯,《诗经·商颂·长发》:"韦顾既伐,昆吾夏桀。"但汤灭夏后,雇国仍存在,武丁甲骨文中有"雇伯":

贞呼取雇伯。　　《合集》13925

"取"即趣,"趣雇伯"即是前往雇伯国去。雇国地在今河南省原阳县西约六十里,

---

① 胡厚宣:《殷代卜龟之来源》,《甲骨学商史论丛》初集第四册,1944年。

汉时的卷县,《水经·河水注》:"河水又东北,径卷之扈亭北。"地在黄河南,今郑州市西北。扈是一军事要地,汤伐桀这里就是一战场,后世的商王常到扈地,并在那里驻有军队镇守:

  辛丑卜,行,贞王步自🐾于扈,无灾。

  癸卯卜,行,贞王其步自扈于勳,无灾。在八月。在师扈。

《合集》24347

在商朝末年征伐人方的途中经过此地,并曾在那里举行祭祀:

  癸亥卜,黄,贞王旬无畎,在九月。征人方,在扈彝。 《合集》36487

以上见于殷墟甲骨文中的杞、曾、六、戈、扈五个诸侯国,是夏代就受封的诸侯而在商代被续封,仍保有诸侯的地位,是夏代的诸侯见于殷墟甲骨文者。

三　二里头文化是夏代人的遗存

在考古学上,二里头文化被认为是夏人创出的一种文化。它分布的范围主要在晋西南、豫西及豫中,在豫东、豫南、陕西东部、山西南部、湖北等省也有发现。从地层上证实,二里头文化晚于五帝时代的龙山文化,早于商代的二里岗文化。

（一）二里头文化由龙山文化发展而来。山西省夏县发现二里头东下冯类型文化压在龙山文化晚期之上的地层叠压。龙山文化地层中出土的大口尊、单耳罐、甗等陶器与二里头东下冯类型早期同类器十分相似。① 反映出二里头东下冯类型是继龙山文化晚期发展起来的一种文化。1970 年洛阳博物馆在汝州煤山遗址发现三个文化层相叠压:下层为河南晚期龙山文化,中层出土物相当于二里头一期文化,上层出土物与二里头二期文化相同。② 是龙山文化后为二里头文化。在洛阳矬李遗址发掘时,也发现相似的三叠层:第一层（最下层）是仰韶文化遗存;第二层（中层）是河南龙山文化遗存;第三层（上层）是二里头类型文化遗存。③ 1975 年中国社会科学院考古研究所洛阳工作站又在临汝煤山遗址发掘了 400 多平方米,他们将地层分为五期:第一期（最下面的）为仰韶文化,第二期为河南龙山文化,第三期为河南晚期龙山文化（与洛阳博物馆划分的煤山一期同）,第四期为二里头一期文化,第五期为二里头二期文化。1979 年中国社会科学院考古研究所河南二队在密县新砦发现河南晚期龙山文化灰坑被二里头一期文化灰坑打破。④ 上述可见,在多处考古遗址里证实,二里头文化是紧接龙山文化后的一种文化,是从龙山文化发展出来的一种文化。两种文化除地层叠压

---

① 中国社会科学院考古研究所:《山西夏县东下冯文化遗址》,《考古学报》1983 年第 1 期。
② 洛阳博物馆:《河南临汝煤山调查与试掘》,《考古》1975 年第 5 期。
③ 洛阳博物馆:《洛阳矬李遗址试掘简报》,《考古》1978 年第 1 期。
④ 中国社会科学院考古研究所河南二队:《河南密县新砦遗址试掘》,《考古》1981 年第 5 期。

关系外,从出土器物上也反映出两者的前后发展演变关系,长期从事田野考古的著名考古学家河南文物研究所杨育彬研究员指出:

> 河南龙山晚期文化与二里头一期的陶器组合,均有鼎、鬶、平底盆、深腹小平底罐、大口罐、高领罐、碗形澄滤器、圈足盘、豆、碗和蒜头形器盖等。另外有一些陶器虽然不同,但也可看出其演变的轨迹,如:河南龙山晚期的直筒杯,发展为二里头一、二期文化的长筒形觚。三足单耳杯,发展为平底爵。四足盘发展为三足盘等。从陶质上看二者都是黑陶较多,灰陶较少。从纹饰上看也较相似,有篮纹、方格纹和细绳纹等。它们出土的卜骨也是相同的,都是只有灼痕,而无其他加工痕迹。由此可以看出,二里头一、二期文化是由河南龙山晚期文化发展而来的。①

这些遗址的地层叠压和出土器物证明两个问题:一是二里头文化是从龙山文化直接发展来的;二是龙山文化与二里头文化之间不可能还有其他文化。

(二)二里头文化早于二里岗文化。考古地层证实,二里头文化是叠压在二里岗文化的下面的。在郑州商城24条探沟底层叠压的关系中,有5条探沟内的夯土城墙下面,是商代二里岗期下层叠压在二里头三、四期文化之上。从所出土的遗物看,其间的关系是相当密切的,如二里头三、四期所出现的鬲、斝、卷沿圜底盆、大口尊、簋、小口直领瓮等器,在二里岗期文化中成为数量更多,更有代表性的器物;陶质上,它们都是泥质灰陶和夹砂灰陶为主;纹饰上都是以绳纹为主,有些陶器内壁都饰有麻点;在一些大口尊口沿内,都刻划有多种陶文符号。可见二里头三、四期文化与二里岗文化的共性是非常明显的,是前后紧密相接的两种文化。②

数十年来对河南省中、西部考古发掘,使这一地区内河南龙山文化至郑州二里岗文化之间的序列趋于完整,其序列为(煤山遗址以考古所分期为准):

> 煤山三期(龙山文化晚期)→煤山四期(二里头文化一期)→二里头一至四期→郑州二里岗下层一期

二里岗文化是商文化,在考古学上已得到证实,在学术界已无疑义。在商代二里岗文化之前和龙山文化之后的二里头文化,据文献记载只能是夏文化。

二里头文化延续的时间较长,它本身在不断发展变化,考古学家根据器物的变化将其分为若干期,主要的意见是分为四个时期。对二里头文化四期有全是夏人的、有部分是夏人的部分是商人的不同主张。当前中国学术界主要有四种意见:一是一至四期都是夏文化;二是一、二期是夏文化,三、四期属商文化;三是三期前是夏文化,四期属商文化;四是一期是夏文化,二期以后属于商文化。不管各期的归属如何,二里头文化与夏文化都是有关系的一种文化。中国社会

---

① 杨育彬:《从考古学发现探索夏文化的上限与下限》,载《华夏文明》第一辑,北京大学出版社,1987年。
② 杨育彬:《从考古学发现探索夏文化的上限与下限》。

科学院考古研究所实验室对河南偃师二里头文化层中出土的木炭、兽骨、炭泥、炭化谷等有机物质,进行碳十四年代测定,并采用1988年国际C^{14}会议确认的高精度树轮校正年代表校正,所测得的年代大多在公元前1600年—前2100年之间,只有少数几个年代偏早或偏晚。现将所测得的年代数据列表录于下。

偃师二里头遗址测年表

实验室编号	测验物质	出土地	C^{14}测定年代(距今)		树轮校正年代(公元前)	参考文献
			半衰期 5 730	半衰期 5 568		
ZK:0031	蚌壳	二里头	3 955±115	3 840±115	2470—2410	《考古》65.5
ZK:0212	蚌壳	二里头	3 570±95	3 470±95	1916—1683	《考古》65.5
ZK:0257	木炭	二里头	3 195±90	3 100±90	1493—1266	《考古》75.5
ZK:0285	木炭	二里头	3 555±80	3 450±80	1886—1681	《考古》75.5
ZK:0286	木炭	二里头	3 335±85	3 240±85	1625—1430	《考古》75.5
ZK:0680	木炭	二里头	3 915±150	3 800±150	2470—2030	《考古》83.3
ZK:0764	兽骨	二里头	3 445±95	3 350±95	1748—1522	《考古》83.3
ZK:0829	木炭	二里头	3 590±100	3 490±100	1950—1689	《考古》83.3
ZK:0922	木炭	二里头	3 430±80	3 330±80	1737—1521	《考古》83.3
ZK:0923	木炭	二里头	3 580±80	3 580±80	1909—1696	《考古》83.3
ZK:0924	木炭	二里头	3 475±80	3 380±80	1853—1542	《考古》83.3
ZK:0925	木炭	二里头	3 465±80	3 370±80	1750—1530	《考古》83.3
ZK:0926	木炭	二里头	3 635±85	3 530±85	2015—1748	《考古》83.3
ZK:0927	木炭	二里头	3 555±80	3 450±80	1886—1681	《考古》83.3
ZK:0928	木炭	二里头	3 345±80	3 350±80	1743—1525	《考古》83.3
ZK:0929	木炭	二里头	3 450±80	3 350±80	1743—1525	《考古》83.3
ZK:0930	木炭	二里头	3 345±70	3 250±70	1622—1444	《考古》83.3
ZK:1033	木炭	二里头	3 500±110	3 400±110	1880—1530	《考古》84.7
ZK:1034	木炭	二里头	3 355±90	3 260±90	1674—1438	《考古》84.7
ZK:1035	木炭	二里头	3 530±80	3 430±80	1880—1673	《考古》84.7
ZK:1036	木炭	二里头	3 380±85	3 280±85	1680—1456	《考古》84.7
ZK:1077	炭泥	二里头	3 220±70	3 130±70	1507—1321	《考古》84.1
ZK:1078	木炭	二里头	3 400±75	3 300±75	1684—1515	《考古》84.1

续 表

实验室编号	测验物质	出土地	C^{14}测定年代(距今)		树轮校正年代(公元前)	参考文献
			半衰期 5 730	半衰期 5 568		
ZK：1079	木炭	二里头	3 540±70	3 440±70	1880—1681	《考古》84.1
ZK：1080	木炭	二里头	3 580±70	3 480±70	1896—1705	《考古》84.1
ZK：1081	木炭	二里头	3 520±75	3 420±75	1876—1671	《考古》84.1
ZK：1082A	木炭	二里头	3 430±90	3 330±90	1740—1518	《考古》84.1
ZK：1082B	木炭	二里头	3 545±70	3 440±70	1880—1681	《考古》84.1
ZK：1082C	木炭	二里头	3 670±70	3 570±70	2035—1787	《考古》84.1
ZK：1175	木炭	二里头	3 595±70	3 495±70	1909—1740	《考古》84.1
ZK：1176	炭化谷	二里头	3 450±70	3 550±70	1740—1528	《考古》84.1
ZK：1778	木炭	二里头	3 585±70	3 480±70	1896—1705	《考古》84.1
ZK：1259	木炭	二里头	4 390±80	4 270±80	3 013—2708	《考古》83.3
ZK：1397	木炭	二里头	3 500±75	3 400±75	1871—1624	《考古》84.7
ZK：1398	木炭	二里头	3 520±75	3 420±75	1876—1671	《考古》84.7
ZK：2082	木炭	二里头	3 750±80	3 640±80	2138—1906	《考古》84.7
ZK：2083	木炭	二里头	3 585±80	3 480±80	1909—1696	《考古》84.7
ZK：2085	木炭	二里头	3 590±215	3 490±215	2134—1530	《考古》84.7
ZK：2089	木炭	二里头	3 475±75	3 380±75	1756—1549	《考古》84.7
ZK：2090	木炭	二里头	3 140±95	3 050±95	1426—1168	《考古》84.7
ZK：2093	木炭	二里头	3 375±160	3 280±160	1740—1412	《考古》84.7
ZK：2095	木炭	二里头	3 275±125	3 180±125	1610—1319	《考古》84.7
ZK：0350	木炭	矬李四期	3 645±130	3 540±130	2114—1706	《考古》78.1

(采自中国社会科学院考古研究所编：《中国考古学中碳十四年代集 1965—1991》第 151—157 页，文物出版社，1991 年)

据文献记载及夏商周断代工程专家研究，夏的年代在公元前 1600 年—前 2100 年。[①] 二里头文化是夏人的文化，二里头遗址发现了用夯土墙围起来的宫城，其面积达 12 万多平方米，宫城内有大型宫殿群。宫殿区南有围起来的手工业遗址，手工业中的铸铜最为引人注意。宫城北是祭祀区。此处遗址的总面积

---

① 夏商周断代工程专家组：《夏商周断代工程 1996—2000 年阶段成果报告》第 86 页，世界图书出版公司，2001 年。

达3百万平方米,是王朝都城的规模,应即古本《竹书纪年》里所载太康、羿、桀所都的斟𬖔,由此从考古学上证实夏代的存在,《史记·夏本纪》为可信。

四 夏代的有无是学术而非政治

二里头同夏的关系,国内外学者都还有不同的看法,而在国外的一些学者认为甲骨文的发现有文字记载,证实商代是确实存在的一个朝代,而夏代迄今无任何地下出土的文字证明,中国历史上是否有夏这样一个朝代值得怀疑;中国学者则根据文献记载,多肯定夏与二里头的关系,肯定夏代的存在。而一些国外学者则提出,中国学者肯定夏朝的存在,完全是从民族主义、爱国主义出发,不是历史事实。最有代表性的言论如美国学者罗泰(Lothar Von Falkenhausen)2007年在《哈佛亚洲研究杂志》(2007年第67卷第1期)上发表的一篇书评,他在文中说:"大部分中国考古学家坚持认为二里头文化代表夏代,其原因是,他们害怕戴上不爱国的帽子。荒谬的是,基于现代政权的革命理想,无条件地接受古代文献中的传统思想已经成为检验'政治思想正确'的标准。"澳大利亚拉楚布大学的刘莉教授针对罗泰的说法,在2007年设计了六个相关问题,对103位中西方学者及学生做了问卷调查。这六个问题是(1)是否中国考古学者认为二里头代表夏代?(2)这一看法是如何形成的?(3)在中国认同古代文献的传统观点是表示政治思想正确吗?(4)同意二里头和夏有关系的人是以此表示自己爱国吗?(5)有人不同意夏(或商)和二里头有关吗?(6)如果有,他们会害怕被戴上不爱国的帽子吗?她将调查答卷分为国内组和海外组(包括美国、加拿大、澳大利亚和香港)。

对这六个问题的调查结果是:(1)大部分中国考古学者的确认为,二里头或至少其中一部分与夏(或商)有关。(2)从两个组的回答显示,个人对夏与二里头这一问题的看法,是与其教育和文化背景和对中国考古学中历史取向的看法有关,而不是现代的政治意识形态。在某些情况下,地方政府官员支持寻找夏与二里头关系的考古项目,主要是因为这些官员希望借以收获政治和经济成果,但没有显示考古学家的观点被政府控制。(3)没有证据显示在中国考古学中,接受文献的观点和"政治思想正确"与否有联系,尽管有很少一部分海外组的人相信这种联系。(4)在国内组中没有人认为支持夏与二里头问题就是表示热爱祖国,尽管另一组中有人(24%)认为存在这种关系。(5)关于二里头文化的朝代关系,10%的国内组的人认为这不是一个重要问题,坚持考古学不必和历史联系在一起。这个观点被海外组的很多人赞成。(6)对国内组的人来说,不坚持主流观点,有少数人预料会被同事视为"不爱国"或"亲西方",但大多数人表示会公开承认自己的看法。没有一个人担心会被扣上"政治思想不正确"的帽子。同样地,大多数海外组的人不认为"政治思想正确"在中国考古学中是一个重要问题。①

其实,在商朝前有个夏朝,在西周时期的人就已经作出了确实的肯定,商代的甲骨文中也可见到夏人后裔的诸侯,要说肯定夏朝的存在是从民族主义、爱国主义出发,那也不是今日的中国人,而是三千多年前的西周人就已经有了的。

所以,我相信文献中的有关夏代的记载是可信的,考古学中的二里头文化应即是夏时期遗存下来的物质文化。这是本书此编撰写的基础,所以将这段文字放在本编的前头。

---

① 见刘莉著,付永旭译,星灿校:《中国考古学中的学术自由、政治思想正确和早期文明:关于夏——二里头关系的讨论》,《南方文物》2009年第4期。

第一章　夏朝诸王事略

启建立的王朝领土国家称为夏朝,国家首领即国王,实行父子相传的世袭制。从第一位国王启到最后一位国王桀,共有十六位王,经历的时间据《竹书纪年》载,"用岁四百七十一年"。

据古本《竹书纪年》夏朝的王数"自禹至桀十七世"。禹是受舜禅而为城邦联盟首领,他当上首领后,先举荐皋陶为接班人,皋陶死后,继举益为接班人。禹死后益确实是当上了联盟首领的,是禹已禅位于益,他接受禅位和禅位于所选择的接班人,过程是完整的,因此他同启建立的夏王朝,在形式上没有直接的关系,所以我们认为他不是夏朝的一位王,而是城邦联盟首领,夏朝第一位王应是启。以下是夏朝十六位国王以及一度夺取夏政权的羿、寒浞的事略,先置于此,以便了解夏朝一代王位的世袭传承及其各王的执政概况、了解人在历史进程中的作用。

启　名会,又作开,禹子。母为涂山氏女。禹死后将城邦联盟首领位传给益,益按传统先行谦让,让位于启而避居于都城之外的箕山之阴。启却不再还位于益,自为国家首领即王,"禅让"制度遭到破坏。据孟子说,是启得到民众的拥护,"三年丧毕,益避禹之子于箕山之阴,朝觐讼狱者不之益而之启,曰:'吾君之子也'。讴歌者不讴歌益而讴歌启,曰:'吾君之子也'。"(《孟子·万章上》)益欲夺回权位,被启杀。同姓诸侯(城邦)有扈氏不服启破坏传统,起兵反对,在甘地大战,有扈氏被灭。

启的在位及年寿,古籍中有多种不同的记载(以下各王年数均如此,集录以供参考),古本《竹书纪年》:启"即位三十九年亡,年七十八岁"。南宋罗泌《路史·后纪》十三称"启在位十有六岁,年九十一"。罗泌子罗苹《注》引《纪年》称启在位"二十九年,年八十九"。《太平御览》卷八十三引《帝王世纪》:"启在位九年。"

太康　启子。《史记·夏本纪》:"夏后帝启崩,子帝太康立。"因喜好游玩而国都被羿攻占,带着母亲兄弟流落在洛水旁,依靠同姓诸侯斟寻,作为临时都城。《太平御览》卷八十二引《帝王世纪》太康"在位二十九年,失政而崩"。今本《竹书纪年》太康"四年陟"。

仲康　启子,太康弟。《史记·夏本纪》:"太康崩,弟中康立。"《通鉴外纪》:仲康"在位十三年"。《路史·后纪》十三上:"仲康十有八岁崩。"罗苹《注》引《年代历》仲康有"二十八年"。

帝相　仲康子。《史记·夏本纪》:"中康崩,子帝相立。"《太平御览》卷八十三引《帝王世纪》:"帝相一名相安。"《路史·后纪》十三上:帝相"七年于夷来宾,八年寒浞杀羿,又二十有二岁猗(羿)纍灭二斟而弑帝"。罗苹《注》引《年代历》:"相羿二十年。"又引晁公迈云:"相二十八年,羿二年。"今本《竹书纪年》:相"二十八年,寒浞使其子杀帝,后缗归于有仍"。按:"猗纍"即"羿纍",《论语·宪问》:"羿善射,奡荡舟,俱不得其死然。"何晏《集解》引孔安国曰:"奡多力,能陆地行舟,为夏后少康所杀。"《关伊子·五鉴》:"善弓者,师弓不师羿;善舟者,师舟不师奡。"

羿　代帝相治夏。《史记·夏本纪》"帝相崩,子帝少康立"《正义》引《帝王世纪》:"帝羿有穷氏,未闻其姓何,……以善射闻。及夏之衰,自鉏(今河南滑县东)迁于穷石(今河南孟县境),因夏民以代夏,篡。帝相徙于商(帝)丘(今河南濮阳市或说商丘市)。"恃其善射,不修民事,淫于田游,被其相寒浞所杀。《路史·后纪》十三上:"八年寒浞杀羿"。羿统治夏的年数,《通鉴外纪》载"羿八年"。

寒浞　有穷氏,羿之相,杀羿代夏。立三十二年为少康诛杀。《史记·夏本纪》张守节《正义》:"帝相被篡,历羿、浞二世四十年。"《通鉴外纪》载羿八年,浞三十二年,共四十年。《路史·后纪》十三上:浞"弑夏后相,爰革夏命,易天明四十有三年,为伯靡所杀"。罗苹《注》说太康失国至少康复国,其中有近百年的时间:"羿距太康,及相立始逐之,而自立八年夏祚未绝。及寒浞杀羿而代之,盖二十余年始杀相代夏,至是又四十三年。计浞之篡盖六十余年,夏之乱向百载矣。《年代历》云'浞四十年',其说为近。《续汉书》'羿、浞篡夏数十年',泛言之,而《通历》等云'浞二十年',《外纪》云'十二年',晁《纪年》云'十年',《纪运图》云'三十年',其疏甚矣。夫浞之杀羿,因其室而生浇,浇长而杀相。相死少康始生。少康复生四子,逮事而后秀(诱)殪灭浞以中兴,非数十年可知。《夏本纪》言相崩子少康立,益疎。"按:相死其子少康始生,据《路史·后纪》十三下,少康活了八十四岁,在位四十六年,是他复国时为三十八岁(84-46=38),是夏朝帝相被杀,到少康中兴复国,无王之年数为三十八年。

少康　帝相子。《史记·夏本纪》:"帝相崩,子帝少康立。"寒浞杀帝相时,相的妻子后缗正怀着少康,她逃归娘家有仍国,而生少康。在有虞氏和大臣靡的帮助下,灭寒浞而复国,史称"少康中兴"。《通鉴外纪》"少康在位二十一年",《路史·后纪》十三下,少康"在位四十有六岁陟,年八十有四,九子"。在位年数记载不同,各有所本。

帝予　或作帝杼、后杼、伯杼、伃、帝宁、仁、帝舆,少康子。《史记·夏本纪》:"帝少康崩,子帝予立。"《太平御览》卷八十二皇王部引《竹书纪年》曰:"帝宁居原,自迁于老丘。"《山海经·海外东经》郭璞《注》引《汲郡竹书》:"柏杼子征于东海及王寿,得一狐九尾。""王寿"或作"三寿",《路史·后纪》十三下:"帝杼,一曰松曼,是为帝舆。始作矛、甲,灭戈、玃。及即位,都于原。五岁征东海伐三寿。"帝予在位年数,据《帝王世纪》(《太平御览》卷八十二引)"在位十七年"。《路史·后纪》十三下:"帝杼能帅禹者也,故夏氏报焉,二十有九岁陟。"

帝槐 名发,或称帝芬、帝芬发、祖武,帝予子。《史记·夏本纪》:"帝予崩,子帝槐立。"在位时东方九夷来服,《太平御览》卷八七〇之四夷部引《竹书纪年》云:"后芳(芬)即位,三年,九夷来御,曰:畎夷、于夷、方夷、黄夷、白夷、赤夷、玄夷、风夷、阳夷。"九夷在今山东省境内,《韩非子·说林上》:"周公旦攻九夷而商盖服。"商盖即商奄。帝槐在位年数,《太平御览》卷八二引《竹书纪年》:"后芬立四十四年。"《路史·后纪》十三下帝槐"二十有六年陟"。罗苹《注》引《帝王世纪》为"二十有八年"。

帝芒 或称后荒,一名和,帝槐子。《史记·夏本纪》:"帝槐崩,子帝芒立。"继续经营东方,《太平御览》卷八二引《竹书纪年》云:"后芒即位,元年,以玄珪宾于河,东狩于海,获大鱼。后芒陟位,五十八年。"宾即沉,《尔雅·释天》:"祭川曰浮沉。"《路史·后纪》十三下:"十有八岁陟。"《通鉴外纪》引《帝王世纪》:帝芒"十三年"。

帝泄 泄或作洩,帝芒子。《史记·夏本纪》:"帝芒崩,子帝泄立。"《太平御览》八二引《帝王世纪》:"帝泄,一名帝世,或曰泄宗。在位十六年。"《后汉书·东夷传》李贤《注》引《竹书纪年》:"后泄二十一年,命畎夷、白夷、赤夷、玄夷、风夷、阳夷。"《通鉴外纪》卷二引《竹书纪年》:"帝泄二十一年,加畎夷等爵命。"《路史·后纪》卷十三下:"帝洩是为世宗。二十有一年,六夷来御,于是始加爵命。二十有六岁陟。"

帝不降 或称不降、帝降、帝江、北成,帝泄子。《史记·夏本纪》:"帝泄崩,子帝不降立。"《太平御览》卷八二引《竹书纪年》云:"不降即位,六年,伐九苑。立六十九年。""六十九年"方诗铭、王修龄《竹书纪年辑證》据影宋本作"立十九年"。《路史·后纪》卷十三下曰:"帝不降是为帝江,一曰北成,六岁伐九苑。五十有九岁陟。"罗苹《注》引《绍运图》作"六十三"。

帝扃 或称帝禹,一作高阳,帝泄子,不降弟。《史记·夏本纪》:"帝不降崩,弟帝扃立。"《太平御览》卷八二引《竹书纪年》帝不降条下:"其弟立,是为帝扃"。又引《帝王世纪》:"帝扃,一名禹,或曰高阳。在位二十一年。"《路史·后纪》卷十三下"帝扃"罗苹《注》引《帝王世纪》作乔,"泄子帝不降,不降弟帝乔"。

帝廑 一名胤甲,顼。或称顿、厘、广、董江、量江,帝扃子。《史记·夏本纪》:"帝扃崩,子帝廑立。"《太平御览》卷八二引《竹书纪年》云:"帝廑一名胤甲,即位居西河,天有妖孽,十日并出。"又《太平御览》卷四引《汲冢书》云:"胤甲居于河西,天有妖孽,十日并出。又言:本有十日,迭次而运照无穷。"《太平御览》卷八二引《帝王世纪》:"帝廑一名顼,或曰董江。在位二十年。"

帝孔甲 帝不降子。《史记·夏本纪》："帝廑崩，立帝不降之子孔甲，是为帝孔甲。"南宋罗泌以为继帝廑位者为其子胤甲，《路史·后纪》卷十三下云：帝廑"立二十岁而陟，子胤甲立"。罗苹《注》否定有夏王名孔甲者，其说云："《左传》作孔甲，世遂从之，非也。按，古有孔甲，乃黄帝史官，孔姓也，无因以为名号。"并将帝廑即胤甲事与孔甲混同为一人。本书从《左传》及《史记》说，《史记·夏本纪》曰："帝廑崩，立帝不降子孔甲立。"孔甲的在位年数，《路史·后纪》卷十三下："胤甲（应即孔甲）在位四十岁，后居西河，有妖孽十日并照于东阳，其年胤甲陟。"罗苹《注》云："《刀剑录》云：孔甲四十年，以九年甲辰采牛头之铁作剑一，铭之曰夹，长四尺一寸。黄伯思引孔甲剑一字铭曰甲，以为之铭。"又云："以上《纪年》。《年代历》云三十一年，非。"《刀剑录》所云"九年甲辰"是用干支纪年。以干支纪年、采铁铸剑，皆是春秋时期以后才有的事，不足信。

帝皋 皋或作昊、睾，或名简皋、皋简、皋苟，孔甲子。《史记·夏本纪》："孔甲崩，子帝皋立。"《太平御览》卷八二引《竹书纪年》曰："后昊立三年（后皋也）。"《太平御览》卷八二引《帝王世纪》云："帝皋，一曰高苟。"《左传》僖公三十二年："殽有二陵焉，其南陵，夏后皋之墓也。"《路史·后纪》卷十三下："帝皋，是为简皋，十有一岁陟，葬于殽，所谓南陵。"罗苹《注》："或作睾。《年代历》又作皋简。蹇叔曰：殽有二陵。其南陵，夏后皋之墓。今洛之永宁三崤山也。"杨伯峻："二陵者，东崤山与西崤山也。《元和郡县志》云：'自东崤至西崤三十五里，东崤长坂数里峻阜绝涧，车不得方轨。西崤全是石坂十二里，险绝不异东崤。'南陵，西崤山也。"① 地在今河南省洛宁县北六十里。

帝发 亦作后发、帝敬、后敬、惠、发惠，帝皋子。《史记·夏本纪》："帝皋崩，子帝发立。"《太平御览》卷八二引《竹书纪年》云："后发一名后敬，或曰发惠（其子立，为桀）。"《北堂书钞》卷八二礼仪部引《竹书纪年》云："后发即位，元年，诸夷宾于王门，再保庸会于上池，诸夷入舞。"庸字或作墉。诸夷入舞或作献舞，《通鉴外纪》卷二引《竹书纪年》云："（发）元年（诸夷宾于王门，献其乐舞）。"《路史·后纪》卷十三下云："帝敬发，一曰惠，是为后敬。其始即继，诸夷式宾献其乐舞，于是思禹之功庸，意于治。十有二岁陟。"帝发力图恢复夏朝元气，《路史》"帝敬发"条上天头陈卧子眉批云："夏道至此微末已甚，复有励精图治之主，不念祖烈禹之明德，不期远哉。"

帝履癸 名桀，又称帝癸，帝发子。《太平御览》卷八二引《竹书纪年》云："后发一名后敬，或曰发惠（其子立，为桀）。"《史记·夏本纪》："帝发崩，子帝履癸立，是为桀。"司马贞《索隐》："此以发生桀，皇甫谧（即《帝王世纪》）同也。"或说桀是

---

① 杨伯峻：《春秋左传注》第491页，中华书局，1981年。

帝皋子,《史记·夏本纪》《索隐》:"按《系本》,帝皋生发及桀"。《路史·后纪》卷十三下"帝履癸立",罗苹《注》云:"《世本》皋生发及履癸,《史记》、《(汉书)人表》、《(帝王)世纪》皆以癸为发之子,故杜预以为皋之孙,非也。"本书从《竹书纪年》及《史记》以桀为帝发子。桀耗费财力供享乐,末年遇天灾亡国。唐太子李贤注《文选·东京赋》引《汲冢古文》曰:"夏桀作倾宫、瑶台,殚百姓之财。"《太平御览》卷八八〇引《竹书纪年》曰:"夏桀末年,社坼裂,其年为汤所放。"又《太平御览》卷八二皇王部引《竹书纪年》曰:"汤遂灭夏,桀逃南巢氏。"

夏朝帝系表
(据《左传》襄公四年、哀公元年,《史记·夏本纪》)

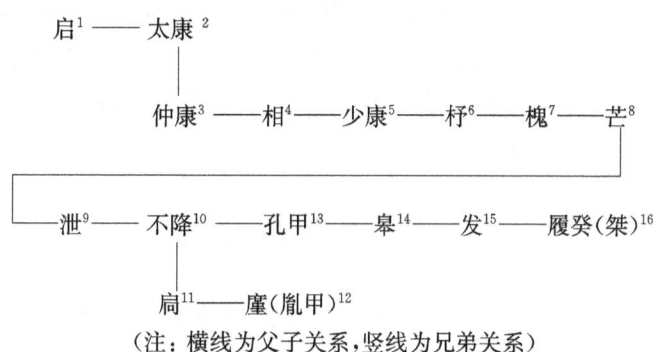

(注:横线为父子关系,竖线为兄弟关系)

第二章 夏朝的兴亡

夏朝是我国第一个王朝领土国家。她的建立,标志着中华民族从早期城邦文明跨进王朝领土国家文明的门槛,具有十分重大的意义。中国有句俗语说,"打天下容易,坐天下难",这种事,从第一个王朝领土国家夏代就出现了。启因其父禹的光环,虽然比较轻易地从益手中夺得政权,但到其子太康时就丢掉了王位,国王和他的母亲、弟弟流落荒野,中经数十年的失权,直到启的四世孙少康方才夺回。少康后的诸王可算守成,对东方的经营颇有成效,而桀的荒淫,却为商人提供了夺取王权宝座的机会。

第一节 夏朝的建立

夏朝的建立虽是禹子启夺取益位而完成,但同禹的暗中相助分不开,所以后世将禹作为夏朝的第一位国王,也是事出有因的。

一 禹对启的扶持

禹是接受舜的禅让而成为城邦联盟首领的,禹也确实将城邦首领的职位"禅"给了他选择的接班人益,《史记·夏本纪》:"帝禹立而举皋陶荐之,且受政焉,而皋陶卒……而后举益,任之政。十年,帝禹东巡狩,至于会稽而崩,以天下受益。"

《墨子·尚贤上》称益佐助禹是有政绩的:"禹举益于阴方之中,授之政,九州成。"是禹划全国为九个州的大事,有益的一份功劳在里面。伪古文《尚书·大禹谟》中记禹受命征苗的战争,益为禹的助手,他劝禹用文德感化,得到苗人信任而归附。但是益却未能坐稳城邦首领的位子,且被启杀掉。所以,后世人纷纷说禹传子不传贤,说明禹的品德不及尧和舜。战国时孟子的学生万章就这样向他老师提问:"人有言,至于禹而德衰,不传于贤而传于子,有诸?"儒家是推崇尧、舜、禹为"圣人"的,所以孟子随口就加以否定,说"否,不然也"。①

其实,禹在选择接班人时,就别有打算。他首举皋陶,而皋陶与禹同在舜的手下任重要职务,他两人的年龄不是相当就是所差无几。舜在选择接班人时,禹

---

① 《孟子·万章上》。

就向他推荐过皋陶为舜的接班人,伪古文《尚书·大禹谟》:

> 帝(舜)曰:"格,汝禹!朕宅帝位三十有三载,耄期倦于勤。汝为不怠,总朕师。"禹曰:"朕德罔克,民不依。皋陶迈种德,德乃降,黎民怀之,帝念之哉!念兹在兹,释兹在兹,名言兹在兹,允出兹在兹,惟帝念功!"

显然皋陶的年纪不比禹轻,举一个年纪同自己相当的人来做接班人,是有点不合情理。结果是皋陶先禹而死,后又举益,仅七年(或说十年)禹就死去,而益在民众中还没有建立起应有的威信,孟子说:"舜之相尧,禹之相舜也,历年多,施泽于民久。启贤,能继承禹之道。益之相禹也历年少,泽施于民未久。"①

禹表面举益为接班人,实际上却在培植儿子启的势力,韩非子揭露了事实真相:

> 禹受益,而任天下于益,已而以启人为吏。及老,而以启为不足任天下,故传天下于益,而势重尽在启也。已而启与友党攻益夺之天下,是禹名传天下于益,而实令启自取之也。②

所以,禹死后,"朝觐讼狱者不之益而之启","讴歌者不讴歌益而讴歌启"的现象就不难理解了。对这些朝觐、讴歌者,说他们是拥戴明君,不如说他们是趋附权势更为恰当。启并不是一个品德好的人,《墨子·非乐上》载:"于《武观》曰:启乃淫溢康乐,野于饮食,将将铭苋磬以力,湛浊于酒,渝食于野,《万》舞翼翼,章闻于天,天用弗式。"有其父必有其子。启的"淫溢康乐,野于饮食"的不良作风,被他的儿子太康全部继承,所以太康很快就把刚刚建立不久的国家弄垮了。益也不是个德行、能力差的人,这在上面已说过了。按照禅让制度,益是城邦首领们推荐、经过考察而后确定,且也是禹同意了的继任人选,他的品德、能力应该是得到肯定的。出现拥戴启而不拥戴益的事件,只因启是禹的儿子,即朝觐讼狱、讴歌者自己说的启是"吾君之子",《孟子·万章上》:

> 禹荐益于天,七年,禹崩,三年之丧毕,益避禹之子于箕山之阴。朝觐讼狱者不之益而之启,曰:"吾君之子也。"讴歌者不讴歌益而讴歌启,曰:"吾君之子也。"

这其实是趋附权势的行为。因是禹的儿子,得到父亲的扶持,势力强大,又早有夺权的野心,显然启集团已成为城邦联盟内的一个异化势力的中心。这个事件说明,奉承、趋附权势之风,随国家产生而起,淳朴的社会风气也随之走向式微。

禹为何暗自培植启的势力,诸侯(朝觐讼狱者,实为城邦首领们)有事不找合法继承人益而找启,讴歌者不讴歌益而讴歌启呢,此乃是时势变化所致。庄子

---

① 《孟子·万章上》。
② 《韩非子·外储说右下》。

说,禹时期和尧、舜相比,道德已大为衰减。他在《天地篇》中讲了一个名叫伯成子高的人对禹的批评：

> 尧治天下,伯成子高立为诸侯。尧授舜、舜授禹,伯成子高辞为诸侯而耕。禹往见之,则耕在野。禹趋就下风,立而问焉,曰:"昔尧治天下,吾子立为诸侯。尧授舜,舜授予,而吾子辞为诸侯而耕,敢问其何故也?"子高曰:"昔尧治天下,不赏而民劝,不罚而民畏。今子赏罚而民且不仁,德自此衰,刑自此立,后世之乱,自此而始矣！夫子阖行邪? 无落吾事。"俋俋乎耕而不顾。

禹也自叹时人"各自以其心为心"的私心涌现,《说苑·君道》：

> 禹出见罪人,下车问而泣之。左右曰：夫罪人不顺道,故使然焉,君王何为痛之至于此也。禹曰：尧舜之人皆以尧舜之心为心。今寡人为君也,百姓各自以其心为心,是以痛之。

这种现象的产生,是缘于生产力的发展,私有制的产生。马克思在《摩尔根〈古代社会〉一书摘要》中说："同一氏族中的财产上的差异,使氏族成员之间的对抗情绪代替了以前的共同利害关系。"①《礼记·礼运》篇的作者,正确地观察到禹和禹之前的这个"突然"变化,是由于"货力"为"公"还是为"己"所致,因而提出了"大同"与"小康"世界的区分：

> 大道之行也,天下为公。选贤与(举)能,讲信修睦,故人不独亲其亲,不独子其子,使老有所终,壮有所用,幼有所长,矜寡孤独废疾者皆有所养。男有分,女有归。货恶其弃于地也,不必藏于己,力恶其不出于身也,不必为己。是故谋闭而不兴,盗窃乱贼而不作。故外户而不闭,是谓大同。

> 今大道既隐,天下为家,各亲其亲,各子其子,货力为己。大人世及以为礼,城郭沟池以为固。礼义以为纪,以正君臣,以笃父子,以睦兄弟,以和夫妇,以设制度,以立田里,以贤勇知,以功为己。故谋用是作,而兵由此起。禹、汤、文武、成王、周公,由此其选也。此六君子者,未有不谨于礼者也。以著其义,以考其信,著有过,刑仁讲让,示民有常。如有不如此者,在执者去,众以为殃,是谓小康。

所谓"天下为公"只是文明人提出的一个理想性口号。事实上,私有观念是个与生俱来的东西。试看婴幼儿,手拿东西不肯给人就是显现。考古发现,在人类早期的墓葬中,随葬品的差异就出现了,这种差异,随着时间的推移,社会生产力提高、物质丰富而加大,就是说私有观念是随着时代而增强的,只是人类初期社会财富不多,可私有的物质少,并不是早期的人类没有私有观念。到尧舜时代,私有观念强固,私有财产早已产生,管理城邦联盟的行政权力私有化,也由此发生。

---

① 马克思：《摩尔根〈古代社会〉一书摘要》第191页,人民出版社,1972年。

舜避让尧子,禹避让舜子,就是行政权力私有过程的反映。禹子启之所有能获得最高权力,就是在这样一种大背景下实现的。

二 启夺益位建传子制王朝

启之得位,孟子说是因得到广大民众拥戴:

> 昔者,舜荐禹于天,十有七年。舜崩,三年之丧毕,禹避舜之子于阳城,天下之民从之,若尧崩之后,不从尧之子而从舜也。禹荐益于天,七年禹崩,三年之丧毕,益避禹之子于箕山之阴,朝觐讼狱者,不之益而之启,曰:"吾君之子也。"讴歌者不讴歌益而讴歌启,曰:"吾君之子也。"丹朱之不肖,舜之子亦不肖。舜之相尧,禹之相舜也,历年多,施泽于民久。启贤,能敬承继禹之道。益之相禹也,历年少,施泽于民未久。①

《史记·夏本纪》采孟子说而略有不同。孟子说尧、舜的儿子没有得到民众的拥戴,没能接替其父的位置,启人品好,得到民众拥戴的,所以人民选择了他,孟子此说是他无法解释社会发展的原因。

形势变化了,选贤与能的"禅让制"必然走到尽头。益没有掌握变化了的形势,还在像舜和禹接受禅位时一样,远在都城外等启将城邦首领的位置交给他呢,启却真的做起"天子"来了。失去政权的益不甘心,起而同启争夺大位,结果战败被杀。《竹书纪年》:

> 益干启位,启杀之。(《晋书·束皙传》引)

有扈氏对启违反传统窃位之举不服,起兵反对,被启率领的军队在甘地打败,有扈氏被灭掉,其后就再也无人敢有异议了。此战《史记·夏本纪》载其过程:

> 有扈氏不服,启伐之。大战于甘。将战,作《甘誓》,乃召六卿申之。启曰:"嗟!六事之人,予誓告女:有扈氏威侮五行,怠弃三政,天用勦绝其命,今予惟共行天之罚……"遂灭有扈氏,天下咸服。

上引《夏本纪》这段文字,出自《尚书·甘誓》。《甘誓》这篇文告,今古文《尚书》里都有,应是先秦时期流传下来的古文献,具有较高的可信性。启在讨伐有扈氏战争前的誓师辞中,先罗织有扈氏的罪恶而伸张自己讨伐的正义,其次宣布战场纪律,最后规定奖惩办法,其文云:

> 大战于甘,乃召六卿。王曰:嗟!六事之人。予誓告汝:有扈氏威侮五行,怠弃三政。天用剿绝其命。今予惟恭行天之罚。左不攻于左,汝不恭命。右不攻于右,汝不恭命。御非其马之正,汝不恭命。用命,赏于祖,弗用命,戮于社。予则孥戮汝。

---

① 《孟子·万章上》。

"有扈氏威侮五行,怠弃三政",是启给有扈氏加上的罪名,是他讨伐对方的理由,自己行为正义的依据①。这篇誓言成为我国战争发动者的程式,其后的商、周人都照此程式来一篇内容大致相同的战前誓师辞,可视为中国战争文化的一部分。

启夺得政权,灭掉了敢于反对的势力,地位得到巩固,在中国历史上第一次建立起了父子相传的世袭王权制度,从而完成了从城邦制向领土国家政权的转变。恩格斯在《家庭、私有制和国家的起源》书中的《野蛮时代和文明时代》节中,对世袭制度确立后,氏族机构的性质转变及促使这种转变的缘由,作了深入的揭示:

> 世袭王权和世袭贵族的基础奠定下来了,于是氏族制度的机关就逐渐脱离了自己的人民、氏族、胞族和部落中的根子,而整个氏族制度就转化为自己的对立物;它从一个自由处理事务的部落组织转变为掠夺和压迫邻人的组织,而它各个机关也相应地从人民意志的工具转变为旨在反对自己人民的一个独立的统治和压迫机关了。但是,如果不是对财富的贪欲把氏族成员分成富人和穷人,如果不是"同一氏族内部的财产差别把利益一致变成氏族成员之间的对抗"(马克思语),如果不是奴隶制的盛行已经开始使人认为用劳动获取生存资料是只有奴隶才会做的、比掠夺更可耻的活动,那么这种情况是绝不会发生的。②

南宋的罗泌就认识到,禹传子,世袭王朝的出现,是社会发展的必然走势,是不得不然之举。他在《路史·后纪》卷十二引柏成子皋分析禹前后的社会云:"尧舜之治天下,举天下传他人,至无欲也。择贤而与之其位,至公也。以至公至无欲之行示天下,是以不赏而民劝,不罚而民畏。今君赏罚而民欲且多,百姓知之:德自此衰,贪争之端自此始矣。然则启之传,禹顾任其私哉。承百代之流而会其变,不得而不然也。"③

马克思主义认为,生产力决定生产关系,经济基础决定上层建筑。时代(生产力)发展到那个阶段,必然要出现相应的社会制度与经济基础相适应。若不是启夺得益位建立父传子的夏朝,益继承了禹,所建立的国家,也会是转变成父传子的社会,不同只是所建国家的名字而已。这是时代的趋势,文明社会的特征。《淮南子·齐俗训》说:"昔有扈氏为义而亡,知义而不知宜也。"宜,即时宜,当时的情况,今日语谓之"与时俱进"。古人批评有扈氏"不知宜"是对的。高诱《注》

---

① 《墨子·明鬼下》说此是禹征讨有扈氏的誓师辞,称为"禹誓"。孙诒让《墨子闲诂》云:"《庄子·人世间》云'禹攻有扈',《吕氏春秋·召类》云'禹攻有扈,以行其教'。皆与此合。诒让按:《吕氏春秋·先己篇》云'夏后柏启与有扈战于甘泽而不胜',是《吕览》有两说,或禹启皆有伐扈之事,故古书或以《甘誓》为《禹誓》,与《说苑·政理篇》云:'昔禹与有扈氏战,三陈而不服,禹于是修教,三年而有扈氏请服'说,亦与此合。"本书作者按:有扈氏无由反对禹而大起干戈相向,应以《史记》启伐有扈氏为是。
② 见《马克思恩格斯选集》第四卷,第161页,人民出版社,1972年。
③ 此说当采自《庄子·天地篇》,柏成子皋《庄子》作伯成子高。

云:"有扈,夏后启之庶兄也。以尧舜举贤,禹独举子,故伐启。"有扈氏反对传子,从社会发展的层面看,他不是"义举",而是不义行为。什么是义,汉刘熙《释名·释言语》云:"谊,宜也。裁制事物使合宜也。"谊即义字,《太平御览》卷四二〇人事部引此文正作"义"字,王先谦说"《汉书》凡义字多作谊字"。禹"传"位于其子启的事件,是中国历史进入领土国家文明社会的一个标志性事件,应是顺应历史发展的义举事件。有扈氏所反对的,不是启这个人而是他继承父亲的地位,破坏了禅让制度,实行政权家族私有的传子制,突破了城邦制度的茧壳。所以有扈氏举兵反启,从历史发展的角度说,他是既"不知宜"也是不"义"的举动。

三 夏朝的"夏"名由来

启排挤掉益继其父禹为最高统治者,完成了父子相传的世系制,社会从城邦时代进入领土国家,我国第一个王朝产生。这个王朝被称为"夏"。为何以夏名新建立的王朝,《史记·夏本纪》张守节《正义》云:"夏者,帝禹封国号也。《帝王纪》云:'禹受封为夏伯,在豫州方外之南,今河南阳翟是也'。"唐代人徐坚等编纂的《初学记》卷九引《帝王世纪》说禹为尧所封:"尧命以为司空,继鲧治水,十三年而洪水平,尧美其绩,乃赐姓姒氏,封为夏伯,故谓之伯禹。"禹既被封为夏伯,"夏"就应是一个地名,是禹的封地。据《帝王世纪》禹的封地在河南阳翟。阳翟在今河南省禹州市。战国属韩国,秦始置县为阳翟县,属颍川郡,治所在今河南禹州市。金代为钧州治所,至明初省阳翟县建制,并入钧州,明万历三年(1575)才改钧州为禹州,民国三年(1913)改禹州为禹县,1988年改禹县为禹州。阳翟与禹搭上关系是在明代万历年间,因传说禹曾封于此。① 考古工作者在禹州瓦店发现了规模很大的龙山文化晚期的建筑遗存,时代同传说中禹的时代大致相当,似言之有据。但禹州地古代只有阳翟之称,不闻有被称为夏的,且在禹活动的中心地域晋南豫西内,也并无名夏的地名。司马迁《夏本纪》无尧封禹为夏伯说,以"夏"为国号是禹"即天子位"时所加,《夏本纪》云:"天下诸侯皆去商均而朝禹,禹于是遂即天子位,南面朝天下,国号曰夏后,姓姒氏。"那么夏朝的"夏"可能并不是缘于地名而是一个尊称。《说文》:"夏,中国之人也。"段玉裁注:"以别于北方狄、东北貉、南方蛮闽、西方羌、西南僬侥、东方夷也。引申之义为大也。"徐灏笺:"夏时夷狄始入中国,因谓中国人为夏人,沿旧称也。"是称中国人为"夏",以别于周边的其他民族。夏字的本义是大,钱绎《方言笺疏》集录注疏家古籍中对夏字的解释:

---

① 《括地志》有"夏亭故城在汝州郏城县东北五十里,盖夏后启所封也"。或以为夏朝的夏名来于此。郏城县今名郏县,属汝州,距禹州还是有相当远的距离,且那里也未发现有夏文化的遗存。

"夏"者，《(尔雅)·释诂》："夏，大也。"《(尔雅)》下又云："夏，大也。自关而西秦晋之间，凡物之壮大而爱伟之谓之夏，周郑之间谓之假。"《周颂·时迈篇》"肆于时夏"，毛《传》："夏，大也。"郑《笺》云："乐歌大者称夏。"襄二十九年《左氏传》："为之歌《秦》，曰：'此之谓夏声。夫能夏则大，大之至也。'"《太平御览》二十三引崔灵恩《三礼义宗》云："夏，大也。至此之时，物乃长大，故以为名。"《荀子·正论篇》"令行于诸夏之谓之王"，杨倞《注》："夏，大也。中原之大国。"《吕氏春秋·慎行篇》"夏海之穷"，高《注》："夏海，大冥也。"《秦风·权舆篇》"于我乎，夏屋渠渠"，毛《传》："夏，大也。"郑《笺》云："言君始于我厚，设礼食大具以食我。"《淮南·本经训》"乃至夏屋宫驾"，高《注》"夏屋，大屋也。"《(淮南)说林训》云："大厦成而燕雀相贺。""厦"与"夏"同。《乡饮酒义》："夏之(为)言假也，养之长之假之，仁也。"郑《注》："假，大也。"《汉书·律历志》上："假(大)也，物假大，乃宣平。""假"与"夏"，声近义同，故秦晋之间谓之夏，周郑之间谓之假矣。①

从上引古文知，假、夏、大三字是声近义同的字。夏就是大的意思。启所建立的国家，是在尧舜城邦联盟的基础上建立的，其面积、其实力皆居当时所称的"万邦"之首，它当然是老大，故周边诸小国尊为老大、老大哥，久之而成为固定的国家名号。这也正如周人称商为"殷"相类。殷字有众、盛、大义项，商人自己并不称殷，是周人称商为"殷"。周人称商为殷是尊敬，在灭商后的周人文献中，周人还称商为"大殷"、"大邦殷"、"大国殷"，称自己为"小邦周"、"小邦"、"小国"。②进入文明社会以来，凡在中原地区建立的国家，都自视为老大、中心，从河南安阳出土的商代甲骨文知，商人把自己称为"中商"（《合集》7837、20452、20587、20650等），意即商是天下的中心。周人本是"西土之人"（《尚书·牧誓》），灭商后，武王"自夜不寐"，考虑要建都于"不远天室"的"自洛汭延于伊汭"的"有夏之居"（《逸周书·度邑》），于是周人乃"营周居于雒邑"（《史记·周本纪》）。周人称此地为"中国"，1963年出土于陕西宝鸡市陈仓区贾村的西周初年青铜器"何尊"铭文中云："武王既克大邑商，则延告于天曰：'余其宅兹中国，自之乂民'"。（《集成》6014）此铜器铭文开头说"唯王初迁宅于成周"，故下文"宅兹"的"兹"是指成周，即今洛阳。中国即中央王国、中心国家，也就是大国之意。夏以后，中原国家都自称为"夏"或"诸夏"，《左传》中常把中原国家称为"夏"，如"晋主夏盟为范氏"（《左传》襄公二十四年，主夏盟指晋文公为霸主事）、"裔不谋夏"（定公十年）、"内诸夏而外夷狄"（成公十五年）、"徐即诸夏故也"（僖公十五年）、"诸夏亲昵"（闵公元年）等，这个"夏"表示自己是拥有礼乐文明的大国之后。所以，启所建立的国

---

① 钱绎：《方言笺疏》第27页，中华书局，1991年。
② 杨升南：《甲骨文商史丛考》第520页，线装书局，2007年。

家称为"夏",是他自称为大国,同时也是周边的城邦对这个新国家的尊称,犹如周人称商为"殷"一样。①

四 "华夏"之"华"名称考

夏又称为"华夏"。《左传》襄公二十六年楚国声子对令尹子木说,晋楚绕角之役晋军将败,但在从楚逃到晋国的析公建议下实施夜攻,大败楚军,"郑于是不敢南面,楚失华夏,则析公为之也"。郑国不敢继续站在楚国一边,楚国称霸中原的目的丧失,这里声子是将位居中原的郑国称为"华夏"国家,也即是将中原国家视为华夏国家。《尚书·舜典》:"蛮夷猾夏。"孔《传》:"夏,华夏。"

称中原国家为"华夏"是何故呢? 夏人的中心地域在晋南豫西,即今日的山西省南部及河南省的西部地区。这一地区是仰韶文化的中心分布区。仰韶文化最具特色的器物是彩色陶器。仰韶文化彩陶器上的花纹是什么纹饰,考古学家苏秉琦请教美术工作者和植物学家,得到的答复是,这些图案是植物的花卉,而且我国是它们的原产地,代表我国绘画最具特征的表现手法。

植物学家指出,仰韶彩陶上的花卉有两种:一是玫瑰花,一是菊花。(图2-6)郑州市大河村至洛阳王湾为代表的仰韶文化(包括晋南地区)彩陶上的花卉是

图2-6 庙底沟仰韶文化彩陶盆腹部花纹图案展开

(采自《20世纪河南考古发现与研究》第160页)

---

① 有学者认为夏即雅,雅是指礼乐文明,夏人是称具有礼乐文明的人。还有学者认为夏原本是族名,夏族建立的国家名冀,冀、夏、大同义,夏人自称冀,夏是商朝人对它的尊称。见葛英会:《古汉字与华夏文明》第147页,上海古籍出版社,2010年。刘起釪:《由夏族原居地纵论夏文化始于晋南》,载田昌五主编《华夏文明》第一辑,北京大学出版社,1987年。

玫瑰花。源于陕西关中西部的仰韶文化,约在距今六千年前分化出一支(宝鸡北首岭上层为代表)东进,在华山脚下形成以成熟型的双唇小口尖底瓶与玫瑰花枝图案组合为其基本特征的"庙底沟类型"。这种最具中华民族"火花"(花朵)特征的文化,影响面最广、最为深远,大致波及远古时代"中国"的全境。这支文化再向东北,到达河北西北,和源于辽宁西崇尚龙的红山文化汇合,成为中华文明组成部分。考古学家苏秉琦赋诗,吟诵仰韶彩陶文化与中华文明的关系:

华山玫瑰燕山龙,
大青山下斝与瓮。
汾河湾旁磬和鼓,
夏商周及晋文公。

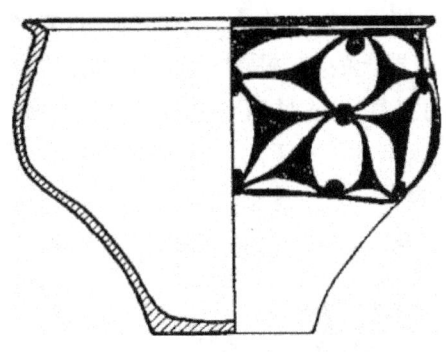

图 2-7　仰韶文化彩陶盆上的花纹
(采自《20 世纪河南考古发现与研究》第 161 页)

他解释说:"'华山玫瑰',指的是源于华山脚下仰韶文化的一个支系,它的一部分重要特征是重唇口尖底瓶和玫瑰花图案彩陶盆。"(图 2-7)①苏先生第一个揭示出了华山文化与夏商周文化间的亲缘关系,具有重大的学术意义。

华山文化即晋南豫西以玫瑰花为突出特征的仰韶彩陶文化,这种文化因此也被称为"花"文化。花和华是同音字,花文化即是华文化,华山既是花山,所以崇尚玫瑰花的夏人也就被称为"华人"、称夏人所建的国家为"华夏"或泛称为"华",如"夷不乱华"(定公十年)、"我诸戎饮食、衣服不与华同"(襄公十四年)、"诸华必叛""获戎失华"(《左传》襄公四年)、"子教寡人和诸戎狄以正诸华"(襄公十一年)等,引文中的戎即北边的少数民族,华、诸华指中原各国。

第二节　太康失国与少康中兴

启在从益手中夺得政权后,打败了有扈氏的反对,新建的国家政权暂时得到巩固。然而从城邦联盟跨进领土国家文明社会,是个全新的事物,这个制度要得到巩固、发展,必然会遇到很多难题。所以刚建立的夏政权,到第二代启子太康就"失国",夏统一度中绝,直到启的第四代孙少康,才夺回政权,夏朝才得到真正

---

① 苏秉琦:《谈"晋文化"考古》,收入《龙人·龙的传人·中国人——考古寻根记》,辽宁大学出版社,1994 年。

的巩固。此过程历时近百年,史称"少康中兴"。

一 启前期的振兴及后期的失政

启在登上国君位后,对国家的稳定,政权的巩固采取了一些措施,首先注意发展生产,改善人民生活,《吴越春秋·越王无余外传》云:

> 启遂即天子之位,治国于夏,遵禹贡之美,悉九州之土,以种五谷,累世不绝。

他提倡德教,尊老养老,端正社会风气。《太平御览》卷八二引《帝王世纪》云:

> 帝启,一名建,一名余。施德教于四海,贵爵而尚齿。养国老于东序、养庶老于西序。

"贵爵"就是尊重当官的、有社会地位的人群,这正是阶级社会的用人原则。据传,启在同有扈氏交战时,最初被有扈氏打败,他总结失败的原因是自己"德薄",于是退而修德,施惠于民,从而感化了反抗的对手而自动请服。《吕氏春秋·先己》云:

> 夏后相(相是启字之误,下同)与有扈战于甘泽而不胜,六卿请复之,夏后相(启)曰:"不可!吾地不浅,吾民不寡,战而不胜,是吾德薄而教不善也。"于是乎处不重席,食不贰味,琴瑟不张,钟鼓不修,子女不饰,亲亲长长,尊贤使能。期年而有扈氏服。

正如《孙子兵法》上所说是"不战而屈人之兵"。启平定有扈氏的反对后,国家安定不久,又有西河之役。《北堂书钞》卷十三帝王部引《纪年》有"启征西河"。启征西河的时间,有不同的记载,《路史·后纪》卷十三下罗苹《注》云:"《纪年》在二十五年。"《太平御览》卷八二引《帝王世纪》:"(启)三十五年,征河西。""河西"即"西河"。河即今之黄河。夏时的河称为"禹河",其走向是从今河南省武陟县折而东北流,经内黄县再东北行,经河北省中部至天津入渤海。此西河在今河南省清丰县东南,《吕氏春秋·音初》:"殷整甲徙宅西河。"古本《竹书纪年》:"河亶甲整,自嚣迁于相。"是西河即相,相即今之河南安阳,与清丰县邻,古属相。今清丰县西汉置观县,《汉书·地理志》观县下应劭注云:"夏有观、扈。世祖(刘秀)更名卫国,以封周后。"今天的河南省安阳市地区在古黄河以西,故名此地区为西河或河西。今本《竹书纪年》将此事置于启的十五年,并指明所征讨的对象是武观:

> (帝启)十一年,放王季子武观于西河。十五年,武观以西河叛,彭伯寿帅师征西河,武观来归。

王国维在《今本竹书纪年疏证》中指出,叛乱的武观应是启的五子,说据《遗周书·尝麦》篇,此篇有云:"其在殷之五子,忘伯禹之命,假国无正,用胥兴作乱,遂凶厥国。皇天哀禹,赐以彭寿,思正夏略。""殷之五子"的"殷"为"启"字之讹误。"五子"《国语·楚语上》则作"五观":

　　　　尧有丹朱，舜有商均，启有五观，汤有太甲，文王有管、蔡。是五王者皆有元德而有奸子。

韦昭《注》云："五观，启子，太康昆弟也。《书序》曰：'太康失国，昆弟五人须于洛汭。'观，洛汭之地。《传》曰：'夏有观、扈'。"

　　五观的"五"有作五、武两字者，《墨子·非乐下》："于《武观》曰：'启乃淫溢康乐，野于饮食'。"五、武是同音字可互相通用。启之五子无"胥兴作乱"事，作乱的只是五（武）观一人，而非启的五个儿子共同起兵反叛其父启。彭伯寿所征讨的是武观而不是启的五子，上引《书序》的《传》曰"夏有观、扈"的观即武观，扈即有扈氏，观、扈同榜并列，是他们皆为起兵反叛启者。此人驻兵西河，当是一诸侯而尚武者，故被称为"武"。正字应是"武观"，作"五观"者是把"武观"其人与启的五个儿子弄混了之故，如上引《楚语上》韦昭《注》"五观，启子，太康昆弟也"即是，后世学者多有从韦昭说者，皆误。

　　"武观"若是"五观"即启的五个儿子的总称，作为儿子起兵反叛父亲，没有原因，应无可能。是他们反对其父晚年的荒政而恐亡国？可以进谏而不必采取极端的叛乱形式；太康继位后继续其父的淫乐荒政，都未有兄弟起来反对的，何况其父；因是小儿子（有说他是季子）为争夺继承权？太康失国后，兄弟五人流落在外作歌自悲，其中也没有出来一位强悍者挑头抗击有穷氏，夺回王都，可见启的五子中并没有一位对王权觊觎心切者，故武观不可能是五兄弟之一。所以武观不会是启子而是与有扈氏一样的诸侯或方国。据《左传》昭公元年传，观、扈都是夏的敌国：

　　　　虞有三苗，夏有观、扈，商有姺、邳，周有徐、奄。

观是姚姓国。《汉书·地理志》东郡观县下应劭《注》曰："夏有观、扈，世祖更名卫国，以封周后。"《后汉书·郡国志三》东郡下云："卫，公国。本观故国，姚姓，光武更名。"王先谦据此文指出，世祖更名观县为卫而不是卫国。"观故国，姚姓"，说明观是一个古代姚姓建立的国家，而夏是姒姓，所以武观不是启之子甚明。左丘明将观与虞夏商周的敌对国家三苗、有扈、姺、邳、徐、奄相并列，正是出于此。舜是姚姓，武观可能是舜之后，同有扈氏起兵反对启的原因同，也是反对启的传子制度。

　　启政权在平定有扈氏和武观的反叛后，经受住了考验，文明国家政权得到巩固。

　　中国历史上的这位第一个真正的帝王，同后世社会的大多数"有作为"的帝王一样，晚节不保。启杀死了企图夺回政权的益，平定了观、扈的反叛，致使"天下咸朝"（《史记·夏本纪》），新国家获统一、巩固，歌功颂德之声鹊起。在如此的环境下，这位新社会的王逐渐滋长了淫乐享受的风气，《墨子·非乐上》篇载：

　　　　于《武观》曰：启乃淫溢康乐，野于饮食，将将铭苋磬以力，湛浊于酒，渝食于野,《万》舞翼翼,章闻于天,天用弗式。故上者天、鬼弗戒(式),下者万民弗利。

式,法式,意即不赞成、反对。天、鬼都反对淫乐无度的生活。墨子所引的"武观"似是一部乐歌名,可能是武观叛乱被平息后,启使人作歌以颂扬其平定武观叛乱之功,故以《武观》为乐曲名。启贪于游乐的品行,屈原在《离骚》中也加以指斥:

启《九辩》与《九歌》兮,

夏康娱以自纵。

不顾难以图后兮,

五子用失乎家巷。

对这四句辞的解释,有两种截然不同的意见,东汉人王逸《楚辞章句》说启勤于政事,其子太康荒淫放纵失国:

启,禹子也。《九辩》《九歌》,禹乐也。言禹平治水土,以有天下,启能承先志,缵叙其业,养育品类,故九州之物,皆可辩数,九功之德,皆有次序而可歌也。……夏康,启子太康也。娱,乐也。纵,放也。图,谋也。言太康不遵禹启之乐,而更作淫声,放纵情欲,以自娱乐,不顾患难,不谋后世,卒以失国,兄弟五人,家居间巷,失尊位也。《尚书序》曰:"太康失国,兄弟五人须于洛汭,作《五子之歌》",此逸篇也。

清代学者姚鼐认为,屈原是指启纵乐失道,致使子孙继之而失国,他在《古文辞类纂》中云:

启《九辩》以下十六句,皆言失道君之致祸,汤禹四句,皆言得道君之致福。启之失道,载《逸书·武观》篇,《墨子》所引是也。屈子以与浇并斥为康娱,王逸误以夏康连读,解为太康。伪作古文者,遂有太康尸位之语,其失始于逸也。

王引之在整理其父王念孙的《读书杂志余编》卷下的《楚辞》时,支持姚鼐说:"自启《九辩》与《九歌》以下,皆言启之失德耳。言启窃《九辩》《九歌》于天,因以康娱自纵于下也。诒谋不善,子孙奸回,故下文有'不顾难以图后'云云也。"

启嗜乐而至荒废政事,还见于他种古籍,《山海经·海外西经》载:"大乐之野,夏后启于此舞九代,乘两龙,云盖三层。"郭璞《注》引《竹书纪年》:"夏后开舞《九招》也。"开即启,汉景帝名启,郭璞所见的《竹书纪年》本,是汉代的写本,故汉代人因避讳汉景帝名启而改"启"为"开"。"招"即《韶》,音同。启纵乐,荒于政事,在先秦有多种古籍有载,故屈原《离骚》中的"夏康娱以自纵"句中的"夏",应训为大,"夏康娱"即大事游乐。应以姚鼐说,即指启"大康娱"——纵乐误国之说为合理。

启后期的纵乐,致使内部矛盾增加,诸侯反叛,《太平御览》卷八二引《帝王世纪》记载启康乐之行:"启升后十年,舞《九韶》。三十五年征河西。"河西应即西河。《北堂书钞》卷十三帝王部引《竹书纪年》云:"启征西河,《纪年》云。"启征西河的年代,《路史·后记》卷十三下罗苹《注》引《纪年》"在二十五年"。

启在位年数,有三十九年和二十九年两种记载。《真诰》卷十五《注》引《竹书纪年》说"即位三十九年亡,年七十八"。《路史·后记》卷十三下罗苹《注》引《竹书纪年》作"启二十九年,年九十八"。两说孰是难辩,王国维云:

> 《太平御览》八十二引《帝王世纪》:"启升后十年,舞九韶。三十五年征河西。"而《通鉴外纪》:"皇甫谧曰:'启在位十年。'"则《世纪》不得有三十五年之文,疑本《纪年》而误题《世纪》也。此与《真诰》所引"启三十九年亡"同。《路史注》既引《纪年》"启在位二十九年,"故"征西河"亦云"在二十五年"矣,未知孰是?①

无论启在位十二、十九年还是三十九年,他在位的年数都不短。启的寿命也有七十八和九十八两种记载。就以七十八岁论,也是高寿。由于在位年久,且享高寿,晚年贪于享乐而怠于政事,对子辈失于管教,致使儿子太康失国,母子流落,即屈原《离骚》中所指的"不顾难以图后兮,五子用失乎家巷"(王注以"家巷"为家居巷)的后果。启后期之失政,使夏王朝一度中绝。

二　太康失国

太康是启子,他的不肖,犹如尧和舜子,仗着父辈的显要地位,不求上进,品德不足称,不可以担当大任。尧舜是城邦时代,接班人是选贤与能,不独其子。在进入王朝领土国家的夏代,社会已变成父子相传的世袭制,王位是私家口袋里的东西,必传其子,作为长子的太康就顺利地成了夏王。太康即位后,仍循乃父嗜好,游乐放纵。他特别喜欢打猎,经常在外而不理国事。因而生产停滞,百姓怨望。地处东方的羿(或称夷羿)乘太康外出,夺占了夏朝的都城,他只得带着母亲兄弟流落在洛河旁。《史记·夏本纪》载:"夏后帝启崩,子帝太康立。帝太康失国,昆弟五人须于洛汭,作《五子之歌》。"须,即徘徊、等待、停留。洛汭即洛水转弯的地方,在今河南巩义市,《集解》引孔安国云:"盘于游田,不恤民事,为羿所逐,不得返国。""太康五弟与其母,待太康于洛水之北,怨其不返,故作歌。"

古文《尚书》中的夏书部分,有《五子之歌》一篇,今文《尚书》无。《尚书序》云:"太康失邦,昆弟五人须于洛汭,作《五子之歌》。"古文《尚书》的《五子之歌》有五首,文前有序,其序及歌词为(歌词作了今译):②

> 太康尸位以逸豫,灭厥德,黎民咸贰,乃盘游无度,畋于有洛之表,十旬弗反(返)。有穷后羿,因民弗忍,距(拒)于河。厥弟五人,御其母以从,徯于

---

① 见王国维:《古本竹书纪年辑校》。
② 歌词今译文采自江灏、钱宗武译注,周秉钧审校:《今古文尚书全译》,贵州人民出版社,1990年。

洛之汭,五子咸怨,述大禹之戒以作歌。

其一曰:皇祖有训,民可近,不可下。民为邦本,本固邦宁。予视天下,愚夫愚妇一能胜予。一人三失,怨岂在明,不见是图。予临兆民,懔乎若朽索之驭六马,为人上者,奈何不敬。(今译:我们伟大的祖先大禹有训示,对待百姓只可以亲近,不能够认为他们卑贱。只有百姓才是立国的根本,根本稳固了,国家才会安宁。我认为天下的愚人都能胜过我。一个人有很多失误,怨恨难道要在明显的时候才去考虑吗?应该在没有形成的时候就加以考虑。我们面对亿万人民,畏惧的心情就好像用腐朽的绳索驾着六匹马一样。地位在人民之上的人,为什么会不谨慎呢?)

其二曰:训有之:内作色荒,外作禽荒。甘酒、嗜音,峻宇雕墙。有一于此,未或不亡。(今译:皇祖大禹的训诫有这样的话:在内迷恋女色,在外沉迷于游猎。纵情饮酒不知节制,嗜好歌舞不知满足,住着高大的屋宇,还在墙上绘上彩饰。这几项中如果有一项,就没有什么人不亡国的。)

其三曰:惟彼陶唐,有此冀方。今失厥道,乱其纪纲,乃底灭亡。(今译:那个尧帝,有了冀州这块地方。如今太康丧失了尧的治道,乱了尧的法制,于是招致灭亡。)

其四曰:明明我祖,万邦之君。有典有则,贻厥子孙。关石和钧,王府则有。荒坠厥绪,覆宗绝祀。(今译:我们十分圣明的大禹,是各诸侯国的天子。有治国的典章法则,遗留给他的后世子孙。王府掌握着量器石和衡器钧,保障交易公平。现在都被荒废,丧失了前人的事业,覆灭了宗族,断绝了祭祀。)

其五曰:呜呼,曷归!予怀之悲,万姓仇予,予将畴依。郁陶乎予心,颜厚有忸怩。弗慎厥德,虽悔可追。(今译:啊呀!我们归向何方啊?我一想到这点就感到悲伤。普天下的人都怨恨我们,我们依靠谁呢?我的神情抑郁忧愁,脸上带着羞愧,内心充满哀怜。平时不注重自己的品德,即使现在想改悔,难道还来得及补救吗?)

《五子之歌》只见于古文《尚书》,今文《尚书》不见。古文《尚书》比今文《尚书》多出25篇,宋以来学者考证,比今文《尚书》多出的25篇是魏晋时人伪造的,不可信。特别是二十世纪三十年代疑古思潮起后,古文《尚书》的信誉更是扫地以尽。近年来,随着对《尚书》研究的深入、地下简牍的大量发现作证,对古文《尚书》的史料价值有了新的认识。认为整篇文章或非先秦原文,但组成材料并非向壁臆造,而应是古文《尚书》的西晋时期辑佚本,钱宗武说,"我们认为'晚书'(即《古文尚书》——引者)主要是'尚书'的辑佚,它补充、丰富了《尚书》的内容,具有较高的史料价值"。① 在《左传》哀公六年孔子所引的《夏书》中有"惟彼陶唐,帅

---

① 钱宗武:《今古文尚书全译·前言》第8页,贵州人民出版社,1990年。

彼天常,有此冀方。今失其行,乱其纪刚,乃灭而亡"的文句,唐孔颖达说这就是《五子之歌》的第三首。《史记·夏本纪》里将《五子之歌》的《序》录入,《序》文中讲该篇创作背景。从此篇《序》见于《史记》书中,说明《五子之歌》确有其文而非魏晋时人所伪造,故"太康失国,兄弟五人须于洛汭,作五子之歌"其事应不为假。当然,其中有些词句显为后人添加或改动。

太康纵娱失国,汉世多有文献述及此事,扬雄《宗正箴》曰:

> 昔在夏时,太康不共。有仍二女,五子家降。

王符《潜夫论·五德志》:

> 启子太康、仲康更之。昆弟五人皆有昏德,不堪帝事,降须洛汭,是谓五观。

《五子之歌》是太康的五个弟弟,流落在洛水旁,作歌以抒发心中的苦痛和怨恨。《路史·后纪》十三上云:"太康失邦,五子咸怨,述皇祖之戒,作歌闵焉。"罗苹《注》谓兄弟五人按长幼各作一首:"五歌之作,在失邦后。今按:四子述禹之戒,五乃自述以伤己之亡。考之,其一戒在于微,二言其亡,三恨其亡国,四恨其覆宗,而五则痛追悔之无及。从微至甚,亦长幼之序如此。"

太康打猎在外,"十旬弗返",即一百天都没有返回王都处理政事。百姓对他丧失了信心,纷纷叛离。有穷氏的首领羿趁夏民不满情绪,占领了夏的王都,并出兵阻止太康返回,太康的兄弟五人拥着他们的母亲,逃出王都,流落在洛水旁,唱着自编的悲怆歌谣,真是凄惨得很。

王都被有穷人占领,羿又派兵"距(太康)于河"。太康"畋于洛表"即游猎于洛河的两岸。洛河古称雒水,是黄河的一条支流,发源于今河南省西南部的熊耳山,东北流,涧水、瀍水、伊河来汇,在今巩义市汇流入黄河。所以"洛表"地在黄河南。羿阻止太康渡河返回王都,太康的都城应在黄河以北。据古文献记载,夏朝初年的都城在安邑即今山西省夏县,《史记·夏本纪》:"禹于是遂即天子位。"裴骃《集解》引皇甫谧曰:"都平阳,或在安邑,或在晋阳。"《太平御览》卷一六三引《帝王世纪》:"禹自安邑都晋阳,至桀徙都安邑。"秦置安邑县,北魏太和十一年(487)改安邑县为北安邑县,十八年(494)改北安邑县为夏县。1959年考古学家徐旭生率领的考古调查组,在夏县东下冯村东北,发现面积约有25万平方米的古文化遗址,属于典型的二里头和二里岗文化。二里头文化与豫西地区的同类文化有一定差异,被称为二里头文化东下冯类型。二里头文化从考古学地层和碳十四测年都证实,属于夏时期的考古学文化。据文献记载,禹都安邑,在考古学上得到证实。① 禹都安邑,启、太康的都也应在安邑,所以羿拒太康于河,阻止他北归,考古材料与古文献记载密合。王都是政治经济文化中心,古时被称为

---

① 见《中国大百科全书·考古卷》第99页"东下冯遗址",中国大百科全书出版社,1986年。

"国",太康失掉王都,所以被称为"太康失国"。

三 少康中兴

太康被羿阻止在黄河以南,不能回到王都,但夏王朝并没有被灭掉。太康既然回不去了,就停留在黄河以南的同姓诸侯斟寻国,这里就成为夏的新都。北魏郦道元《水经·巨洋水注》引薛瓒《汉书集注》云:"《汲冢古文》又云:'太康居斟寻,羿亦居之,桀亦居之'。"斟寻地望有两说:一说在河南,《史记·夏本纪》"帝少康立"《正义》:"臣瓒云:'斟寻在河南,盖后迁北海也。'……《括地志》云:'故寻城在洛州巩县西南五十八里。'"乾隆《巩县志》:寻"于今为罗庄,在巩县西南五十里"。有研究者认为,今河南偃师二里头遗址就是夏时的斟寻;①一说在今山东省内,《汉书·地理志》北海郡斟县下班固自注云:"故国,禹后。"郦道元《水经·巨洋水注》:"按《地理志》北海有斟县,京相璠曰:'故斟寻国,禹后'。"在今山东潍坊市东南五十里。1981年的考古调查中,在山东省临朐县嵩山的两座西周晚春秋早期墓里,出土带铭文的青铜盘、匜各一件,铜匜铭文为:

　　⿰阝𡨄仲滕仲女丁子子

　　宝匜其万年

　　无疆子子孙孙永宝用　　《集成》10266

盘铭文与匜的铭文同:

　　⿰阝𡨄仲滕仲女丁子子

　　宝盘其万年无

　　疆子子孙孙永宝用　　《集成》10135

⿰阝𡨄即寻字。在上海博物馆藏有一件寻伯匜,铭文是:

　　寻伯作邾

　　子□□滕

　　匜子子孙孙

　　永宝用　　《集成》10222

邾国在今山东省的邹县境内,此寻氏当是夏代斟寻的后裔。② 是东迁后的斟寻国的后裔。

太康死后其弟仲康继位为王。仲康死其子相继立为王。相即位将都城迁到商丘。此商丘应是帝丘,即今河南濮阳市(或说商丘即今商丘市),《太平御览》卷八二引《纪年》曰:"帝相即位,处商丘。"朱右曾《汲冢纪年存真》云:"商当为帝。帝丘即秦、汉之濮阳。《左传》'卫迁帝丘,卫成公命祀相',是也。"《左传》僖公三

---

① 方酉生:《偃师二里头遗址第三期遗存与桀都斟鄩》,载杜金鹏、许宏主编:《偃师二里头遗址研究》,科学出版社,2005年。
② 杜在忠:《山东二斟氏考略》,载田昌五主编《华夏文明》第一辑,北京大学出版社,1987年。

十一年：

> 冬，狄围卫，卫迁于帝丘。卜曰三百年。卫成公梦康叔曰："相夺予享。"公命祀相，宁武子不可，曰："鬼神非其族类，不歆其祀。杞、鄫何事？相之不享于此久矣！非卫之罪也。"

相迁到帝丘，当是太康所都的斟寻被羿攻占之故，《水经·巨洋水注》引《汲郡古文》云"太康居斟寻，羿亦居之，桀又居之。"羿攻占斟寻是在太康时，还是在仲康或相时，不可知。

相所迁还有斟灌，《水经·巨洋水注》云："薛瓒《汉书集注》云：按《汲郡古文》，'相居斟灌'。"

《汉书·地理志》北海郡寿光县下颜师古《注》引应劭曰："古斟灌，禹后，今灌亭。"王先谦《汉书补注》平寿县下引钱大昕云："《注》中诸斟字皆斟之讹也。"《环宇记》卷十八寿光县下有"斟灌城，亦名东寿光"。地在今山东省寿光市东北四十里斟灌城内。

皇甫谧说相迁帝丘为的是依靠斟寻、斟灌两国，《太平御览》卷八二引《帝王世纪》：

> 帝相一名相安，自太康以来，夏政凌迟，为羿所逼，乃迁商丘，依同姓诸侯斟寻、斟灌氏。

杜预亦主此说。《左传》襄公四年：寒浞"使浇用师，灭斟灌及斟寻氏"，杜《注》云："二国，夏同姓诸侯，仲康之子后相所依，乐安寿光县东南有灌亭，北海平寿县东南有斟亭。"斟寻本在河南，即今河南省的洛阳市地区，西汉北海郡斟县的斟寻，地在今山东潍坊市东南五十里，当是羿攻占河南的斟寻后所迁。虽是新迁国，也是夏王相所依靠的力量。

夏朝到相时西部的旧根据地被羿、寒浞占领，只得向今河南省东部及山东省地区发展。在山东省境内，继龙山文化的是岳石文化。这种文化，碳十四测定并经校正的年代为公元前1900年—前1500年，大体上处于夏朝的纪年范围内。它的分布范围是以山东为中心，南面包括江苏的淮北地区，北面可能进入河北，东北抵达辽东半岛的旅大地区，西边已进入河南省的东部。[①] 岳石文化与中原的二里头文化时代相当，二里头文化是夏人创造的文化，岳石文化是东夷人创造的文化，它们是两个不同民族的文化。创造岳石文化的民族被称为夷或东夷，他们对中原政权的态度是视其兴衰而叛服，太康时即叛夏自立，《后汉书·东夷传》"夏后氏太康失德，夷人始畔"。相迁到帝丘后，依靠同姓诸侯斟寻、斟灌的力量，向夷人用兵，以收复失去的地盘。《太平御览》卷八二引《竹书纪年》：

---

① 山东省文物考古研究所：《前进的十年——1978—1988年山东省文物考古工作概述》，载《文物考古工作十年》，文物出版社，1990年。

(帝相)二年,征风夷及黄夷。

《后汉书·东夷传》李贤《注》引《竹书纪年》曰:

后相即位,二年,征黄夷。七年,于夷来宾。

雷学淇《竹书纪年义证》卷八云:"《后汉书·东夷传》曰:夷有九种,曰畎夷、于夷、方夷、黄夷、白夷、赤夷、玄夷、风夷、阳夷。……皆近海之夷。"

夏政权是继承尧舜禹城邦联盟的地盘,地域大,文明程度高,所谓"瘦死的骆驼比马大",西边虽丢失,东方还有它的诸侯国,对付东方夷人小邦国还是有余力的,"于夷来宾"就是夏王相征讨取得成功的证明。相迁都帝丘以避羿、浞,但东方毕竟是夷人的根据地,羿、浞也是夷人的一支,夏人迁居于此用武力手段征服当地民族,夷人岂能诚心助夏人,所以不久帝相就被寒浞之子浇所杀,《左传》哀公元年吴国伍子胥云:"昔有过浇杀斟灌以伐斟寻,灭夏后相。"

羿赶走太康,占据斟寻后,自恃武功高强善射,不修民事,信用奸人寒浞而惨遭杀害。寒浞杀了羿,霸占了羿的妻室并生下二子浇和豷。寒浞二子长成后,都有武功,帝相及他所依靠的二斟都被他们灭掉。《左传》襄公四年,晋国魏绛对晋悼公讲述了这段历史并述及少康复国事:

昔有夏之方衰也,后羿自鉏迁于穷石,因夏民以代夏政。恃其射也,不修民事,而淫于原兽,弃武罗、伯因、熊髡、尨圉,而用寒浞。寒浞,伯明氏之谗子弟也,伯明后寒弃之,夷羿收之,信而使之,以为己相。浞行媚于内,而施赂于外,愚弄其民,而虞羿于田。树之诈慝,以取其国家,内外咸服。羿犹不悛,将归自田,家众杀而亨之,以食其子,其子不忍食诸,死于穷门。靡奔有鬲氏。浞因羿室,生浇及豷,恃其谗慝诈伪,而不德于民,使浇用师,灭斟灌及斟寻氏。处浇于过,处豷于戈。靡自有鬲氏,收二国之余烬,以灭浞而立少康。少康灭浇于过。后杼灭豷于戈,有穷氏由是遂亡,失人故也。

鉏地在今河南滑县东十五里。穷石即穷谷,在今洛阳市南。穷门即穷谷城之门。有鬲氏,部落名,地在今山东德州市东南。过、戈皆部落名,商代甲骨文中有名戈的地名,还有"四戈"之称,如:

□寅卜,王惟戈田省,无灾。　　《合集》29379

庚申卜,王省戈田,屯日无灾。　　《屯南》1013

丙寅卜,祈于四戈。　　《合集》8396

于省吾说:"戈为殷代之方国,契文称戈及戈人者习见。"饶宗颐说:"戈,故夏国。即豷所封。《左》哀元年'遂灭过、戈'。又哀十二年:'宋郑之间有隙地,其一曰为戈。'即此。"[1]戈地应在今河南省的东南部,即杜预《注》所说的在"宋、郑间"。过地在今山东莱州市(1988年由掖县改设)西北近海处。

---

[1] 于省吾主编:《甲骨文字诂林》第2038、2039页,中华书局,1996年。

帮助少康复国诸侯有靡，是夏朝的大臣，《史记·夏本纪》《正义》引《帝王世纪》云："初，夏之贵臣曰靡，事羿。羿死，逃于有鬲氏。"靡即靡。有鬲氏地在今山东德州市东南二十五里。靡"收二国之余烬"的二国是斟寻、斟灌两国的民众。

少康是夏王相的遗腹子。《左传》哀公元年伍子胥对夫差讲述的少康复国的故事，目的是提醒夫差警惕勾践，故对少康复国过程叙述甚详：

> 昔有过浇杀斟灌以伐斟寻，灭夏后相，后缗方娠，逃出自窦，归于有仍，生少康焉。为仍牧正，惎浇能戒之。浇使椒求之，逃奔有虞，为之庖正，以除其害。虞思于是妻之以二姚，而邑诸纶，有田一成，有众以旅。能布其德，而兆其谋，以收夏众，抚其官职，使女艾谋浇，使季杼诱豷。遂灭过、戈，复禹之绩，祀夏配天，不失旧物。

浇伐灭斟寻杀死夏王相，相的夫人后缗正怀着少康，慌忙中在屋墙上打个洞钻出逃脱，跑回娘家有仍国，生下少康。其狼狈状可见。有仍即有任，地在今山东济宁市东南。有虞国是虞舜的后代所建国，地在今河南商丘地区虞城县西南三里。纶地在今河南省虞城县东南三十里。方十里为成，五百人为旅，是虞思给少康十平方里的一块土地，此土地上有五百户居民。战国屈原《离骚》和《天问》中都叙述夏朝初年启、太康失国的故事，目的也与魏绛、伍子胥相同，是提醒昏庸的国王楚怀王。《天问》篇中云：

> 帝降夷羿，革孽夏民。胡射夫河伯，而妻彼雒滨？
> 冯珧利决，封豨是射。何献蒸肉之膏，而后帝不若？
> 浞娶纯狐，眩妻爱谋。何羿之射革，而交吞揆之？

"纯狐""眩妻"都是指寒浞的妻，此女人原是羿的妻而与寒浞私通。"眩妻爱谋""而交吞揆"意为：她于是与寒浞策划，从而合谋将羿杀死。此是追问羿失败之由。《离骚》中从启说到少康灭浇：

> 启《九辩》与《九歌》兮，夏康娱以自纵。
> 不顾难以图后兮，五子用失乎家巷。
> 羿淫游以佚畋兮，又好射乎封狐；
> 固乱流其鲜终兮，浞又贪夫厥家。
> 浇身被服强圉兮，纵欲而不忍；
> 日康娱而自忘兮，厥首用夫颠陨。

"夏康娱"句前已有说，是尽情享乐、大肆娱乐。羿淫游亡身，妻室被寒浞所占，浇杀相而被少康砍下头颅。"厥首用夫颠陨"，是说浇的头被少康砍掉。王逸云："言浇既灭杀夏后相，安居无忧，日作淫乐，忘其过恶，卒为相子少康所诛，其头颠陨而坠地。"《路史·后纪》卷十三下罗苹《注》云："少康因田猎逐犬，袭杀浇，断其首。"

少康靠了虞国的支持，大臣靡的帮助，以一成田的土地，五百人（一旅）的兵力,"能布其德,而兆其谋,以收夏众,抚其官职",终于灭掉寒浞父子,复了国,史称"少康中兴"。

少康复国后,"方夷来宾"(《后汉书·东夷传》注引《竹书纪年》),显示夏朝国力的逐渐恢复。

从太康失国到少康复国,经历的时间,有说"三数十年"(《史记·夏本纪》司马贞《索隐》),有说"四十年"(《夏本纪》张守节《正义》),更有说"百载"的(见前引《路史·后纪》卷十三下"寒浞传"罗苹《注》)。游国恩《离骚纂义》引洪兴祖说与此同:"《论语兼义》云,羿逐后相自立,相依二斟,夏祚犹尚未灭。及寒浞杀羿,因羿室而生浇,浇长大,自能用师,始灭后相。相死之后,始生少康,少康生杼,杼又年长,始堪诱豷,方始灭浞而立少康。计太康失邦,及少康绍国,向有百载乃灭有穷。而《夏本纪》云,'仲康崩,子相立,相崩,子少康立',都不言羿浞事,是马迁之疏也。"①

司马迁《史记·夏本纪》为何缺失这段记载,已不可知。《史记》一书在流传过程中,曲尽周折,中有佚失,褚少孙还曾补缀,是原缺还是佚,已不可考。说从太康失国到少康复国,其间有近百年的时间,当是事实。

第三节　中期对东夷的经营和天灾

少康复国后,从杼至胤甲七帝可称为夏朝中期。中期诸王小心谨慎,巩固政权,并同东方的夷人修好,扩大了统治地盘。

少康子杼又称伯杼、柏杼、宁。柏杼当是伯杼之误。杼是少康的小儿子,他帮助父亲灭掉寒浞,《左传》哀公元年伍子胥说,少康"使季杼诱豷,遂灭过、戈,复禹之绩,祀夏配天,不失旧物"。复国有功,所以他继承了王位。杼即位后,继承其父的志向,发展生产、整顿吏治,国力得到恢复,传说他是铠甲和矛的发明者,《初学记》卷二二甲部第六引《世本》云:"舆作甲",宋衷注云:"舆,少康子,名杼也。"甲又称作铠甲,是武士的防身衣,刘熙《释名·释兵》云:"甲,似物有孚甲以自御也。亦曰介,亦曰函,亦曰铠。皆(铠),坚重之名也。"《初学记》甲下引李尤《铠铭》:"甲铠之施,扞御锋矢。尚其坚刚,或用犀兕。内以存身,外不伤害。"《路史·后纪》卷十三下云:帝杼"始作矛甲,灭戈、豷"。杼即位时都于原,后迁于老丘。《太平御览》卷八十二引《帝王世纪》:

《纪年》曰:帝宁居原,自迁于老丘。

原地在今河南省济源市西北,有原山。《水经·济水注》云:"溴水出原城西北原

---

① 游国恩:《离骚纂义》第225页,中华书局,1980年。夏统中绝百年可能过长,夏王相被杀为夏统绝,相被杀时其妻已怀上少康,若少康二十岁结婚生子,其子杼二十岁成人后,从武诱豷而杀之,距相死只四十年,此年数应是夏统绝最短的年数。少康生子和杼杀豷都不可能太晚,故夏统不可能中绝百年之久。

山勋掌谷",西周时此地封给文王的儿子,《左传》僖公二十四年富辰曰:"周公吊二叔之不咸,故封建亲戚以蕃屏周。管、蔡、郕、霍、鲁、卫、毛、聃、郜、雍、曹、滕、毕、原、酆、郇,文之昭也。"《左传》庄公十八年有原庄公,疑即其后。春秋初为周王室邑,后周襄王为报答晋文公平定王子带之乱,"与之阳樊、温、原、欑茅之田"。《续汉书·郡国志》:河内郡轵县有"原乡",轵县治在今河南省济源市东南。杼将都城从少康时的纶西迁到原,以便经营西部地区。为便于经营东方,后又将都城向东迁于老丘。老丘地在今开封市,《左传》定公十五年,"郑罕达败宋师于老丘"。杨伯峻《春秋左传注》:"老丘,当在今开封市东南,陈留镇东北四十五里。"杼迁都于此是为经营东夷,《山海经·海外东经》郭璞《注》引《汲郡竹书》(即《竹书纪年》):

> 柏杼子征于东海及王寿,得一狐九尾。

《太平御览》卷九〇九兽部引为"东征":"夏伯杼子东征,获狐九尾。"有文献记载杼不是"征于东海"而是"往于东海",《稽瑞》引《汲冢竹书》:"伯杼子往于东海,至于三寿,得一狐九尾。""往于东海",即是夏王亲同东夷人交往,保持两族人的关系。王寿应为三寿之误,三寿的地望,雷学淇《竹书纪年义证》卷九云:

> 三寿,东海之国名也。郭璞《山海经注》引作王寿,《路史注》云:"即平寿也。"《逸书·王会》曰:"青丘狐九尾。"孔晁《注》云:"青丘,东海地名。"《山海经》曰:"青丘国,其狐四足九尾。"《淮南子·本经训》曰:"缴大风于青丘之泽。"《抱朴子》云:"黄帝东至青丘,过风山。"当即纪中风夷之国,三寿盖近之。

平寿县为西汉时设置,属北海郡,地在今山东省潍坊市西南。在少康复国运动中,少康"使季杼诱豷,遂灭过、戈",建立大功。继位后发明铠甲,加强军力,审势迁都。杼是继少康后一位有作为的王,受到子孙的敬重,《国语·鲁语上》曰:

> 夏后氏禘黄帝而祖颛顼,郊鲧而宗禹……杼,能帅禹者也,夏后氏报焉。……凡禘、郊、祖、宗、报,此五者国之典祀也。

韦昭《注》云:"杼,禹后七世,少康之子季杼也,能兴夏道者。""报,报德,谓祭也。""典,法也。""国之典祀"即国家法典规定的祭祀仪礼。

帝杼之后至帝廑的几位夏王,都重视处理同东方夷人的关系,据古本《竹书纪年》记载,杼子帝槐(又称帝芬)时:

> 后芳(为芬字之误)即位,三年,九夷来御,曰畎夷、于夷、方夷、方夷、白夷、赤夷、玄夷、风夷、阳夷。(《太平御览》卷七八〇四夷部引《竹书纪年》)

> 后芬即位,三年 九夷来御。(《后汉书·东夷传》注引《竹书纪年》)

御即服,《墨子·非攻中》:"九夷之国,莫不宾服。"帝芬之子帝芒(又称帝荒)时:

> 后荒即位,元年,以玄璧珪宾于河,命九东狩于海,获大鸟。(《北堂书钞》卷八九礼仪部引《纪年》)

"命九"王国维《古本竹书纪年辑校》云:"'九'字下,或夺'夷'字,疑谓后芬时来御之九夷。"《太平御览》卷八二引《纪年》后荒作后芒,玄璧作玄珪,无"命九"二字,大鸟作大鱼:

  后芒即位,元年,以玄珪宾于河,东狩于海,获大鱼。后芒陟位,五十八年。

所获是大鱼而非大鸟,范祥雍《古本竹书纪年辑校订补》:"按各书所引皆作'获大鱼',《书钞》'鸟'字当是'鱼'字误。"帝芒之子泄时:

  后泄二十一年,命畎夷、白夷、赤夷、玄夷、风夷、阳夷。(《后汉书·东夷传》注引《竹书纪年》)

《通鉴外纪》卷二引《纪年》文曰:

  帝泄二十一年,加畎夷等爵命。

《路史·后纪》卷十三下谓是加六夷爵命,注说是六夷由是服从:"帝洩(泄)一作世宗,二十有一岁六夷来御,于是始加爵命。"罗苹《注》云:"畎、白、赤、玄、风、阳之六夷也。《纪年》云'由是服从'。故范氏《后汉》、孙子《经书》云:东夷自少康后而出,服王化,献其乐舞也。"帝泄之子帝不降时:

  帝不降即位,六年,伐九苑。立十九(或作六十九)年。其弟立,是为帝扃。(《太平御览》卷八十二皇王部引《纪年》)

九苑,雷学淇《竹书纪年义证》云:"九苑,国名,地系未详。《逸周书·王会篇》载伊尹献令正南有'九菌',明本或作'九蘭',岂其此欤?"

  帝不降死其弟扃继位,扃死后由其子廑继位。帝廑又名胤甲。胤甲时有两大事:迁都及遇大旱。《太平御览》卷八二皇王部引《纪年》曰:

  帝廑一名胤甲,即位居西河。天有妖孽,十日并出。

对"十日并出"《太平御览》卷四天部引《汲冢书》有两种记载:

  胤甲居于河西,天有妖孽,十日并出。又言:本有十日,迭次而运照无穷。

河西即西河。有记载称十日并出这年胤甲死。《通鉴外纪》卷二引《汲冢纪年》曰:

  胤甲即位,居西河。十日并出,其年胤甲陟。

天有十日,十日并出,本是古代神话传说,尧时就曾有过,《淮南子·本经训》:"逮至尧之时,十日并出,焦禾稼,杀草木,而民无所食。"《楚辞·招魂》:"十日并出,流金铄石些。"闻一多《楚辞校补》本《竹书纪年》"本有十日,迭次而运照无穷"说:"古天有十日,更番运照,则一时仍只一日,此常态也。又言十日并出,则十日同时俱出,故其为热酷烈,异于常时。"[①]

---

① 闻一多:《楚辞校补》,《闻一多全集》第二册,三联书店,1982年。

"十日并出"的天象是不可能有的,反映的是"为热酷烈"的气候,从《淮南子》所记载的传说情况看,当是一次特别重大的旱灾。夏朝的这次大旱灾,大约是在国王胤甲的主导下,得到克服,使经济得到恢复。

从少康在东部复国以来到胤甲,诸王对东夷大力经营,夏与东夷的关系融洽,得到东夷人的支持,终至恢复了失去的地盘,使夏朝的政权得到巩固。

夏人同东夷人的关系历史悠久,尧舜禹时期就同今山东地区的东夷族有着密切的联系。河南晚期龙山文化是尧舜禹时期的考古学遗存,山东地区的大汶口文化和继起的龙山文化是东夷人的考古学遗存,考古发现,在河南的晚期龙山文化就与兴起于山东地区的大汶口文化有了交往。在颍水河流域一带,如禹县的谷水河、平顶山的寺岗、商水的章华台、郸城的段砦等遗址,都有较多的大汶口文化遗存发现。这种现象,甚至在临近颍水上游的偃师滑城和二里头遗址内也有发现。河南晚期龙山文化时期,这里的人们就同山东大汶口文化的人们有着较密切的交往。河南晚期龙山文化是二里头文化的重要来源,所以在二里头文化中,有大汶口文化及山东龙山文化的因素,如二里头文化一期的陶器有鼎、豆、壶、鬶、三足器等,就其特点和文化性质来说,有与大汶口文化、山东龙山文化相近之处。在二里头二期文化开始出现的陶瓠,最早见于大汶口文化后期阶段,二里头文化吸收后,瓠形器方在中原流行。二里头文化三期的宫殿遗址发现有高出地面约 80 厘米的夯土台基,其夯土台基的边缘,呈漫坡状。这种夯土台基的建筑,渊源于山东龙山文化,在日照东海峪的龙山文化遗址中,发现有呈方形的夯土台基,中间平坦,四周边缘呈漫坡状。二里头遗址的夯土台基建筑,可以说是在山东龙山文化夯土台基建筑基础上的发展。二里头遗址发现有相当进步的镶嵌工艺技术制品,这种工艺技术也是来自大汶口文化。1959 年发掘大汶口遗址时,发现一件骨指环上镶嵌三块圆饼形的绿松石,还有一件高 7.7 厘米、横断面略呈三角形的骨筒上,有三周弦纹带,在两弦纹带之间,各镶嵌五个圆饼形绿松石。这种简单幼稚的镶嵌技术,为二里头文化复杂进步的镶嵌工艺技术打下了基础。在制玉方面,在中原的仰韶文化、龙山文化中都是很不发达的,而在偃师二里头遗址的二里头文化中,却出土了大量精美的玉戈、玉钺等玉制品,二里头制玉工艺与大汶口文化、山东龙山文化有着一定的联系,如在二里头遗址发现的玉钏与大汶口文化的三里河遗址出土的一件玉钏,形制相当一致;二里头遗址发现的兽面纹玉饰,同两城镇龙山文化遗址中发现的一件玉钺上部正背面的兽面纹饰颇为相似。从考古学的角度分析,二里头文化中有相当数量的大汶口文化、山东龙山文化因素,尤其是山东龙山文化因素更为突出,而二里头文化属于夏文化,是夏与东夷一直有着密切的关系。[①]《后汉书·东夷传》总结夏与东夷

---

① 吴汝祚:《夏与东夷关系的初步探讨》,载《华夏文明》第一辑,北京大学出版社,1987 年。

的关系云:"夏后氏太康失德,夷人始畔。自少康以后,世服王化,遂宾于王门,献其乐舞。"东夷对夏朝的存灭起着关键作用,《说苑·权谋(二十九)》载,汤灭夏就是因夏失去东夷支持之故:"汤欲伐桀。伊尹曰:'请阻乏贡职,以观其动。'桀怒,起九夷之师以伐之。伊尹曰:'未可,彼尚犹能起九夷之师,是罪在我也。'汤乃谢罪请服,复入贡职。明年,又不供贡职,桀怒起九夷之师,九夷之师不起,伊尹曰:'可矣。'汤乃兴师,伐而残之,迁桀南巢焉。"九夷指东夷,《论语·子罕》"子欲居九夷",《注》引马融曰:"东方之夷有九种也。"《后汉书·东夷传》:"夷有九种,曰畎夷、于夷、方夷、黄夷、白夷、赤夷、玄夷、风夷、阳夷,故孔子欲居九夷也。"

夏代中期的诸王对东夷的政策是正确的,使一度叛夏的东夷从新归顺,直至夏桀,因桀政失民心,东夷方叛去。

第四节 关于"孔甲乱夏"

孔甲是启后第十三代国王,少康的第七世孙,据古籍记载,他即位后,夏朝又开始走下坡路。《国语·周语下》曰:

> 孔甲乱夏,四世而陨。

韦昭《注》说:"孔甲,禹后十四世。乱夏,乱禹之法也。四世,孔甲至桀,四世而亡也。"司马迁说孔甲乱夏的劣迹是好鬼神,事淫乱。《史记·夏本纪》:

> 帝廑崩,立帝不降之子孔甲,是为帝孔甲。帝孔甲立,好方鬼神,事淫乱。夏后氏德衰,诸侯畔之。天降龙二,有雌雄,孔甲不能食,未得豢龙氏。陶唐既衰,其后有刘累,学扰龙于豢龙氏,以事孔甲。孔甲赐之姓曰御龙氏,受豕韦之后。龙一雌死,以食夏后。夏后使求,惧而迁去。

"天降龙二"以下文囊括自《左传》昭公二十九年晋蔡墨对魏献子所说的话,蔡墨云:

> 帝舜氏世有畜龙,及有夏孔甲,扰于有帝,帝赐之乘龙,河、汉各二,各有雌雄。孔甲不能食(饲),而未获豢龙氏。有陶唐氏既衰,其后有刘累,学扰龙于豢龙氏,以事孔甲,能饮食之。夏后嘉之,赐氏曰御龙,以更豕韦之后。龙一雌死,潜醢以食夏后。夏后飨之,既而使求之。惧而迁于鲁县。

《左传》无孔甲"好方鬼神,事淫乱"语。鲁在今河南省鲁山县。龙肉味美,孔甲让刘累继续给他提供,以满足口福。在内蒙古、辽宁地区的红山文化中,出土多件玉雕龙,其形状似长条形爬形动物蛇。孔甲若真的吃了龙肉,也只能是蛇肉而已。蛇肉其味亦鲜美,现今南方广东省的广州市,还有一道名菜称作"龙虎斗",趋食者如云。其中的"龙"就是蛇。泷川资言《史记会注考证》引中井积德曰:"不知其龙食而甘之,已又求之,龙肉不可得,故惧而去耳。"杨伯峻则认为,因驾车的四龙中其一已死,孔甲所求的不是龙肉而是驾车的龙:"或谓之,非求所食之醢,而是求四匹驾车之龙,不然于上文'夏后饗之'文义不接。"①孔甲并不自知所吃的何物,以他吃龙肉为"乱夏"的罪状显然不合适。司马迁采《国语·周语下》"孔甲乱夏"说,杜预则非之,认为孔甲是一位很有德行的国王,《左传》昭公二十九年"有夏孔甲,扰于有帝"下杜预《注》云:"孔甲,少康之后九世君也。其德能顺天","能顺天"之德可谓"厚德"了。近人杨伯峻赞同其说,云:"扰可训为顺,亦可训为乱,从下文'帝赐之'推之,杜说是。"其下文为"帝赐之乘龙,河、汉各二,各有雌雄"。是孔甲之德上帝满意,赏赐给他四条龙为他驾车。②《吕氏春秋·音初篇》记载孔甲打猎中收养民子,此事亦见他非是"事淫乱"的君王:

> 夏后氏孔甲田于东阳萯山,天大风晦盲,孔甲迷惑,入于民室,主人方乳,或曰:"后(指国王孔甲,下同)来是良日也,之子是必大吉";或曰:"不胜也,之子是必有殃。"后乃取其子以归,曰:"以为余子,谁敢殃之!"子长成人,幕动坼橑,斧砍斩其足,遂为守门者。孔甲曰:"呜呼!有疾,命矣夫!"乃作为《破斧》之歌,实始为东音。

《国语》和《左传》是同时代的古籍,说法却截然不同,要究明孰是孰非,两存以待新的发现。不过从孔甲"居西河",帝皋葬殽陵看,他们父子应是有一番作为的。西河即今卫辉、安阳地区,孔甲是从东边的老丘(在今开封市东南,陈留镇东北四十五里)迁于此的;其子帝皋葬于崤山谷,称为南陵,地在今河南省西部的洛宁县北六十里。崤山地区是通向关中的咽喉要塞,为兵家必争之地。夏人将他们国王的坟墓葬在这个掌控东西咽喉要道的地方,是夏人欲西进关中的决心。太康失国后,夏人东走,西部根据地丧失。少康中兴后,夏人一直在东部活动,孔甲开始向西回归"居西河",帝皋把坟墓选在豫陕之间的崤山谷,说明帝皋时期,不仅收复太康时期失去的地盘,并打算向西部关中地区发展。考古发现,在关中东部的华县元君庙遗址内,含有属于夏文化的二里头文化遗存。在关中东部这类遗址多处被发现,1982年在武功郑家坡遗址下层出土的陶尊与二里头文化同类器物相同。③ 是二里头文化的影响已达于关中西部。二里头文化被划分为四个时期,在二里头文化的三期及四期,对长江中上游沿岸地区形成强大的影响。在湖北的盘龙城、江陵荆南寺、宜昌中宝岛、四川广汉三星堆等遗址,都有很强的二里头文化因素,④反映了夏文化强劲的势头。这个时期,是少康中兴之后到夏朝的末年,如此,少康之后的诸王中,有作为的还应是多数。

---

① 杨伯峻:《春秋左传注》第1502页,中华书局,1981年。
② 杨伯峻:《春秋左传注》第1501页,中华书局,1981年。
③ 陕西省考古研究所:《十年来陕西省文物考古的新发现》,《文物考古工作十年》,文物出版社,1990年。
④ 段天璟:《二里头文化时期长江中游沿岸地区的考古学文化结构》,《中国国家博物馆馆刊》2011年第6期。

帝皋之子发即位后,东方的夷人十分尊崇夏王朝,《北堂书钞》卷八二引《纪年》:

> 后发即位,元年,诸夷宾于王门,再保庸会于上池,诸夷入舞。

诸夷"入舞",《路史·后纪》卷十三下云:

> 帝后发,一日惠,是为后敬。其始即位,诸夷式宾,献其乐舞(罗苹《注》:《纪年》云:元年)。于是思禹之功庸,意于治。

"其始即位,诸夷式宾,献其乐舞"据罗苹《注》是《(竹书)纪年》的文字。帝发刚即位,东方夷族国家就齐到王都朝贺并献歌舞助兴,说明夏王朝的国力已强大了,成为周边方国向往的中心。其治理国家之功,应归于帝发的祖及父辈。司马迁在《夏本纪》中说:"自孔甲以来,诸侯多畔。"从帝发即位,"诸夷式宾,献其乐舞"知,其说不确。

第五节 夏朝的灭亡

夏朝后期,居于东方的商人力量逐渐强大,觊觎着宗主国的王权宝座,桀的荒淫为成汤提供了机会,历时四百余年的我国第一王朝,被送进了历史的博物馆。

夏朝到第十六位国王桀时,应该是强大而稳固的,但桀的淫乱而将其搞灭亡。《史记·夏本纪》说桀之淫乱云:

> 夏桀不务德而武伤百姓,百姓弗堪,乃召汤而囚之夏台。

商汤伐桀与启伐有扈氏一样,发布了一篇数桀罪恶及战场赏罚条例,因是汤发布的,故名为《汤誓》,此文今仍存,收在《尚书》中。汤和启一样,也是替上天惩罚地上的罪人,启是"恭行天之罚",汤是"致天之罚"。夏桀的"罪恶"据古书所载,概括起来有以下数端:

一 加重剥削,民众怨恨

《汤誓》中云:"夏王率遏众力,率割夏邑。有众率怠弗协,曰:'时日曷丧,予及汝偕亡!'"意思是说,夏王耗尽了民力,剥削夏国内的人民。民众都恨他,说"这个太阳什么时候毁灭呢?我愿意同它一起毁灭!"可见民众对他怨恨之深。桀"率遏众力"的事实,《文选·东京赋》注引《汲冢古文》:

> 夏桀作倾宫、瑶台,殚百姓之财。

有的引作"筑倾宫,饰瑶台",《文选·吴都赋》注引《汲郡地中古文册书》文,说是装饰瑶台,其建筑项目不同:

> 桀筑倾宫,饰瑶台。

《太平御览》卷八二所引《竹书纪年》中的建筑项目又有增加作琼室、立玉门:

《纪年》曰：桀【筑】倾宫，饰瑶台，作琼室，立玉门。

《尸子》又说作璇台、玉床。《太平御览》卷八二引：

桀为璇台、象廊、玉床，权天下，虐百姓。

《太平御览》卷八二引《帝王世纪》有金柱、瓦屋：

（桀）为琼室、瑶台，金柱三千，始以瓦为屋，以望云雨。

隆冬进行穿山凿池工程。《太平御览》卷八二引《太公六韬》：

桀时有瞿山之地，桀十月凿山陵，通之于河。民有谏者曰："冬凿地穿山，是发天之阴，泄地之气，天子后必败。"桀以妖言杀之（注：今本《六韬》无此段文字）。

桀的建筑当然不可能有如此豪华，上述文献只反映桀大兴土木工程，以供享乐的情形。

据《竹书纪年》记载桀都在斟寻，考古学家认为河南省洛阳市的偃师二里头遗址，就是古文献中的斟寻。这个遗址的面积达 300 万平方米，时代在公元前 19 世纪至公元前 16 世纪，正是在夏代的纪年范围内。在遗址的中部偏东南地区有一处南北长 390 米左右、东西宽 290 余米，面积在 10.44 万平方米以上，四周筑有厚二米多的围墙的城，其平面呈长方形，考古学家称为"宫城"。在宫城内已发现 10 座大型建筑基址，是当年宫殿的遗迹。10 座基址中有 9 座属于晚期的建筑遗存，可见在夏代晚期是个大兴土木建筑的时期。这 9 座属于晚期建筑中应有夏桀时期的作品。此遗址内还出土了大量的青铜器、玉器、漆器、牙角器、纺织品等，这些器物属于晚期的多，证实文献中桀大建宫室的记载，并非全无根据。大兴土木建筑是要耗费巨大人力及物力的，因而引起民众的极端不满，诅咒他早死，甚至不惜同他一起去死掉。

二　爱好女色宠幸妹喜，荒淫无度

桀是一位大力士，其行为则十分荒唐，《太平御览》卷八二引《帝王世纪》：

帝桀淫虐有才，力能伸钩索铁，手搏熊虎。多求美女，以充后宫。为琼室瑶台，金柱三千。始以瓦为屋，以望云雨。大进侏儒倡优，为烂漫之乐，设奇伟之戏。纵靡靡之声，日夜与妹喜及宫女饮酒，常置妹喜于膝上。妹喜好闻裂缯之声，桀为发裂缯，以顺适其意。以人驾车，肉山脯林以为酒池，一鼓而牛饮者三千余人，醉而溺水。以虎入市，而视其惊。

《北堂书钞》卷二一引《帝王世纪》有桀为"靡靡之乐"，《后汉书·井丹传》有"吾闻桀驾人车"。或说后来桀有新欢，抛弃妹喜，促使她同汤的谋士伊尹联合灭夏。《太平御览》卷一三五引《竹书纪年》云：

后桀伐岷山，岷山女于桀二人：曰琬、曰琰。桀爱二女，无子，刻其名于苕华之玉，苕是琬，华是琰，而弃其元妃于洛，曰末（妹）喜氏。末（妹）喜氏以与伊尹交,遂以间夏。

岷山即缗山,《韩非子·难四》:"桀索崏山之女,纣求比干之心,而天下离。"陈奇猷《韩非子集释》引松皋圆说,"崏山盖即有缗",方诗铭、王修龄亦认为"崏山亦即有缗",并指出《楚辞·天问》中的"桀伐蒙山,何所得焉?"的蒙山即缗山,"缗、蒙一声之转"。①《左传》昭公十一年"桀克有缗,以丧其国","克"是战胜,不一定是灭亡,大致是有缗国献给桀二美女,桀也就收兵了。桀因受有缗二美女而弃妹喜,妹喜乃同商汤臣伊尹勾结,致使夏朝灭亡。《吕氏春秋·慎大》篇有详细说:

> (汤)令伊尹往视旷(大)夏,恐其不信,汤由亲自射伊尹。伊尹奔夏,三年,反报于亳,曰:"桀迷惑于末嬉,好彼琬、琰,不恤其众,众志不堪,上下相疾,民心积怨,皆曰'上天弗恤,夏命其卒'。"汤谓伊尹曰:"若告我旷夏尽如诗。"汤与伊尹盟,以示必灭夏。伊尹又复往视旷夏,听于末嬉。末嬉曰:"今昔天子梦西方有日,东方有日。两日相与斗,西方日胜,东方日不胜。"伊尹以告汤。商涸旱,汤犹发师,以信伊尹之盟,故令师从东方出于国,西以进,未接刃而桀走,逐至于大沙。身体离散,为天下戮。

妹喜与伊尹合盟亡夏事,这个故事的源头出自《国语·晋语一》,晋献公伐骊戎国,得美女骊姬,有宠而立为夫人,史苏(晋国史官名苏)认为是坏事,说:"昔夏桀伐有施,有施人以妹喜女焉,妹喜有宠,于是乎与伊尹比而亡夏。"将亡国之因归于女人当然是错误的。当权者宠幸女人,至不分是非;女人仗势弄权,搞乱国家正常的政治生活,致使走向衰亡。这种事例在我国历史上曾多次重演。

三 拒谏饰非,重用奸臣,排挤、残害忠良

历史上的亡国之君都有一个共同点:拒谏饰非,听不得不同意见,于是忠良遭打击受迫害,坏人受重用。《吕氏春秋·慎大》篇载桀的无道之行为:

> 桀为无道,暴戾顽贪,天下颤恐而患之。言者不同,纷纷分分,其情难得。干辛任威,凌轹诸侯,以及兆民。贤良郁怨,杀彼龙逢,以服群凶。众庶泯泯,皆有远志,莫敢直言,其生若惊。大臣同患,弗周而叛。桀愈自贤,矜过善非,主道重塞,国人大崩。

干辛、龙逢桀时二臣。干辛或作羊辛,高诱《注》:"干辛,桀之谀臣也,专桀无道之威,以致灭亡。"《吕氏春秋·当染》篇"夏桀染于干辛、歧踵戎……国残身死,为天下僇(戮)"。高诱《注》:"龙逢忠而桀杀之,故众庶纷纷然乱也。有远志,离散也。"龙逢即关龙逢,《帝王世纪》:"诸侯叛桀,关龙逢引皇图而谏,桀杀之。伊尹谏桀,桀曰:天之有日,如吾之有民,日亡吾乃亡矣。"(《尚书·泰誓》《正义》引)

---

① 方诗铭、王修龄:《古本竹书纪年辑证》第18页,上海古籍出版社,2005年。

桀重用谀臣赵梁。《史记·龟策列传》说桀重用谀臣赵梁,致使身死国亡:"桀有谀臣,名曰赵梁,教为无道,劝以贪狼。系汤夏台,杀关龙逢,左右恐死,偷谀于旁。国危于累卵,皆曰无伤,称乐万岁,或曰未央。蔽其耳目,与之作狂,汤卒伐桀,身死国亡。"

四　重用力士,滥杀无辜

《晏子春秋·内篇·谏上第一》:"昔夏桀之衰也,有推侈大戏,……足走千里,手裂兕虎。"此二人是桀豢养的力士,《墨子·明鬼下》:"夏王桀贵为天子,富有天下,有勇力之人推哆大戏,生裂兕虎,指画杀人。"推哆即推侈,或作推移,皆形近而混。

桀常因小事不合心意随便杀人,《太平御览》卷九八〇引《缠子》:"桀为天下,酒浊而杀人。"因酒浑浊杀人。因流言诛杀豪杰,《路史·后纪》卷十三下引《帝王世纪》云:"桀见《箓书》云:'亡夏者,桀也。'于是大诛豪杰也。"

夏桀的倒行逆施,终被成汤伐灭。《史记·夏本纪》载汤伐桀,战于鸣条,败桀灭夏建立商朝:

[桀]乃召汤而囚之夏台,已而释之。汤修德,诸侯皆归汤,汤遂率兵以伐夏桀。桀走鸣条,遂放而死。桀谓人曰:"吾悔不遂杀汤于夏台,使至此。"

汤乃践天子位,代夏朝天下。

《淮南子·氾论训》说桀至死不知何因,"桀囚于焦门,而不能自非其所行,而悔不杀汤于夏台。"焦门有说即巢门,即南巢。桀失败奔南巢,《国语·鲁语上》"桀奔南巢",《太平御览》卷八二引《纪年》曰"汤遂灭夏,桀逃南巢氏"。《史记·夏本纪》"桀走鸣条,遂放而死"《正义》云:"《括地志》云:'庐州巢县有巢湖',即《尚书》'成汤伐桀放于南巢'者也。《淮南子》云:'汤败桀于历山,与妹喜同舟浮江,奔南巢之山而死。'"①

五　桀失败奔南巢的路线新考

夏桀失败后所逃奔地南巢,除最近有人提出是在今山西省境内外,从来学者皆认为其地在今安徽省的巢县。安徽巢县之说从"南巢"的"南"字也可证其说的可信度要较大。

往说桀都安邑即今日的山西省夏县,故说汤与桀战地鸣条在安邑之西。桀败后从太行山东南跨过黄河,再向东逃至今山东定陶的三朡,《尚书·汤誓·序》:"伊尹相汤伐桀,升自陑,遂与桀战于鸣条之野,作《汤誓》……夏师败绩,汤

---

① 《淮南子》说南巢是汤桀交战地,《本经训》:汤"以革车三百乘,伐桀于南巢,放之夏台"。《修务训》:汤"整兵鸣条,困夏南巢,瞧以其过,放之厉山"。皆非。

遂从之,遂伐三朡,俘厥宝玉。"鸣条,伪孔《传》说"桀都在安邑,汤升道从陑,陑在河曲之阳"。"河曲"即陕西潼关县黄河转弯的地方,"阳"即水北,应指山西省的西南临黄河不远之处。又云鸣条"在安邑之西,桀逆拒汤"。"三朡,国名,桀走保之,今定陶也。桀自安邑东入山,出太行东南涉河,汤缓追之不迫,遂奔南巢。"唐孔颖达《正义》解释孔《传》云:"安邑在洛阳西北,定陶在洛阳东南,孔跡其所往之路,自安邑东入山,出太行及东南涉河,往奔三朡。汤缓追之不迫,遂奔南巢。"

传统所说桀的这个败逃路线,矛盾有二:一是他败退的路线上,从涉河之后所经过及到达之地,都已是商人控制的地方。《诗经·商颂·长发》指出商伐桀的战争次第是"韦、顾既伐,昆吾夏桀"。韦、顾是夏朝诸侯国。韦地在今河南滑县,或说在今郑州市地区。① 顾国,《元和郡县志》说在范县,有顾城,在县东二十八里,是"夏之故国"。汤伐夏进军是从东往西,顾若在范县,则在韦之东,汤应先灭顾而后攻韦,方合当时进军态势,是顾应在韦之西而不在韦之东。在荥阳卷县西北有地名扈,《左传》文公七年"公会诸侯、晋大夫于扈"。杜预《注》:"郑地,荥阳卷县西北有扈亭。"王国维说扈与雇古为通用字。② 雇为顾之简写,是扈、雇、顾三字古通用不别。卷本战国时魏国的一个邑,西汉置县,其地北临黄河,为河津要地。《史记·苏秦列传》"据魏取卷、淇,则齐必入朝秦"。《正义》"卷城在郑州原武县西北七里"。地在黄河以南,今郑州市西北。在韦国的东南,两地相距不太远,故汤灭韦后即进攻顾国。在同桀决战时,豫东地应都在商人的控制之下,桀东出太行涉河再向东逃,是自投罗网。当然是不可能有的事。再说,桀败逃,"汤缓追之不迫"也只是书生的想象。

二是桀的都城不在安邑而在斟寻,《史记·夏本纪》"帝子少康立"句《正义》引《汲冢古文》云:"太康居斟寻,羿亦居之,桀又居之。"春秋时东周王室境内有寻邑,《左传》昭公二十三年"郊、寻溃",杜预《注》引《括地志》:"故寻城,在洛州巩县西南五十八里,盖桀之所居也。"地因寻水得名,《水经·洛水注》:"洛水又北,径偃师城东,东北历寻中,水南谓之南寻,亦曰上寻也。径訾城西,司马彪所谓訾聚也。……寻水又东南,于訾城西北,东入于洛水。"此地因寻水而出现地名上寻、下寻或北寻、南寻。斟寻国名的寻,无疑是同寻水有关,斟乃氏族名称,即是居于寻地的斟氏族人。寻水虽在偃师县东,而斟寻作为一个诸侯国,其地盘当然不只局限于县东地区,而会向西扩展,所以位于今偃师县城西9公里的二里头村,也应是斟寻国的一部分。这里发现了多处大型宫殿基址、数百座墓葬、手工业作坊遗址,出土大批陶、石、骨、青铜、玉等质料的器物。此遗址出土的文化遗物独具特点,被命名为"二里头文化",是夏代的文化遗存。据碳十四测年,二里头遗址

---

① 邹衡:《夏商周考古学论文集》第248—249页,文物出版社,1980年。
② 王国维:《殷卜辞中所见地名考》,《观堂集林》卷一,中华书局,1959年。

的二里头文化一期的年代,最早为公元前1880年至公元前1840年,①所以二里头遗址不是夏代最早的文化遗存,这与古本《竹书纪年》所载"太康居斟寻"时间相符。太康失国依靠同姓诸侯斟寻,夏的重心从晋西南移到豫西的伊洛盆地,故后世文献将此地称为"有夏之居"(《逸周书·度邑》)或"夏桀之居"(《史记·孙子吴起列传》)。桀都在斟寻,也即是今日考古发现的偃师二里头遗址,所以汤同桀交战的战场应就是在桀都附近,按地理方向说,汤从东向西进攻,夏桀的军队应布防于都城东。

夏桀战败后奔逃的路线,据《逸周书·殷祝》篇,是向南逃:

> 汤将放桀,(居)于中野。士民闻汤在野,皆委货扶老携幼奔,国中虚。……桀与其属五百人南徙千里,止于不齐,(不齐士)民往奔汤于中野。……桀与其属五百人徙于鲁,鲁士民复奔汤。……桀与其属五百人去(居南巢)。

此文亦见于《尚书大传·汤誓》,其文云:

> 汤放桀居于中野,士民皆奔汤。桀与其属五百人南徙千里止于不齐,不齐士民往奔汤。桀与其属五百人徙于鲁,鲁士民复奔汤。桀曰:国,君之有也,吾闻海外有人,与五百人俱去。(《太平御览》卷八三皇王部八引)

"南徙千里"陈逢衡所见《尚书大传》为"南徙十里",认为《逸周书·殷祝》之"千里"误,当作"十里"。唐大沛亦谓:"作'十里'是也。惟与中野相去不远,故士民可奔汤。"《逸周书》"五百人去居南巢"句中"居南巢"三字为庐文弨校本所增,刘师培说所增"无据",陈逢衡则认为"去者,去之南巢也"②。上引《国语·鲁语》、《淮南子》、《括地志》等古文献都有桀失败后奔南巢的记载,无论庐文弨补"去南巢"原文有否,桀最后的去处应是南巢。

上引《逸周书·殷祝》、《尚书大传》文中,指出桀败逃的方向是向南,经过的地点有中野、不齐、鲁。"中野"是汤放桀后所居处的地方,应指桀都斟寻附近。洛阳自古被认为是天下之中,故这一地区得称"中"。"野"者,是汤败桀后,商的新都城还没有建立,临时在野外设帐而居,故称"居于中野"。不齐地望不可知,距"中野"仅十里,应在距离洛阳之南十里地。鲁即汉代南阳郡的鲁阳地,其地有山名鲁山,《汉书·地理志》南阳郡鲁阳县下,班固自注云:"有鲁山。古鲁县,御龙氏所迁。"王先谦《汉书补注》:"《左(传)》昭(公)二十九年《传》:刘累学扰龙,夏后使求之,惧而迁于鲁县(杜预《注》:'鲁县,今鲁阳也。')。《汲郡古文》:'孔甲七年刘累迁于鲁阳。'"(按:此文出自今本《竹书纪年》)。因鲁县治所在鲁山之南,故名鲁阳。鲁地在夏代孔甲时为豢龙氏刘累所迁之地,是此地之名"鲁"来历

---

① 《夏商周断代工程1996—2000年阶段成果报告》第84、76页,世界书局出版公司,2001年。
② 见黄怀信等:《逸周书汇校集注》第1112页,上海古籍出版社,1995年。

甚古。有说桀逃奔所经的鲁地,是鲁国封地即今山东省曲阜,实误。曲阜在洛阳之东,桀是向南奔,方向显然不对。且伯禽迁来之前,此地是"少昊之虚"名曲阜(见《汉书·地理志》),而不名"鲁"。今山东省西南"鲁"这个名称,是从河南搬过去的,傅斯年说:

> 《鲁颂·閟宫》云:"后稷之孙,实为大王,实始剪商。至于文武,缵大王之绪,致天之届,于牧之野……王曰:叔父,建尔元子,俾侯于鲁,大启尔宇,为周室辅。"此叙周之原始以至于鲁封。其下乃云:"乃命鲁公,俾侯于东,锡之山川,土田附庸。"此则初命伯禽于鲁,续命鲁侯于东,文义显然。如无移徙之事,何劳重复其辞?且许者,历春秋之世,鲁所念念不忘者。《閟宫》曰:"居常与许,复周公之宇。"《左传》隐公十一年七月"公会齐侯、郑伯伐许。庚辰,傅于许……壬午遂入许……齐侯以许让公(即鲁隐公)"。许灭,尽鲁国先有之,鲁于许有如何之关系,固已可疑……成周东南已有鲁为称之邑,其东邻则有"周公之宇",鲁之本在此,无疑也。①

周公初封的鲁地在今河南省的鲁山,所以在许国有祭祀周公的祭田,鲁国人称为"许田",《左传》隐公八年:"郑伯请释泰山之祀而祀周公,以泰山之祊易许田。"许地有鲁城,北宋人乐史所著《太平寰宇记》卷七《河南道·许州》许昌县下:"鲁城,在县南四十里。《左传》:'郑伯请以泰山之祊易许田而祀周公。'即此城也"。魏文帝改许县为许昌县,以鲁城为治所,"魏文帝即位,改许县曰许昌县。按今县南四十里许昌故城是也。"许昌故城和鲁城皆在宋许昌县城南四十里,应是一地。许昌市和鲁山县相距不远,应都属周初所封鲁国的地盘。

许昌在夏末是昆吾国所在地,《国语·郑语》"昆吾为夏伯矣",韦昭《注》云:"昆吾,祝融之孙,陆终第一子,名樊,为己姓。封于昆吾。昆吾,卫是也。其后夏衰,昆吾为夏伯,迁于旧许。《传》曰'楚之皇祖伯父,旧许是宅'。"韦《注》之《传》即《左传》,昭公十二年楚灵王对子革说的话:"昔我皇祖伯父昆吾,旧许是宅。"昆吾原在今河南省的濮阳市,本颛顼所在地,故称帝丘。春秋卫懿公时卫国被狄人灭,在齐桓公的帮助下卫成公迁都于帝丘,《左传》哀公十七年:"卫侯梦于北宫,见人登昆吾之观,被发北面而噪曰:'登此昆吾之虚。'"《汉书·地理志》述星分说,卫地"今之濮阳是也。本颛顼之虚,故帝丘。夏侯之世,昆吾氏居之"。夏朝后期昆吾迁于春秋时许国地,即今许昌市境。许国北临郑国(郑国国都在今河南省新郑市),春秋时诸侯争霸,形成晋楚两个集团,郑国是晋国集团,许国是楚国集团,郑强许弱,许灵公因感郑国逼迫,请求将国都迁入楚国境内。鲁成公十五年(前 576 年)楚派公子申迁许于楚国的叶地(今河南叶县)。许国迁叶后,其原地就被称为"旧许"。昆吾为夏的诸侯国,是夏桀的死党,《诗·长发》郑玄《笺》

---

① 傅斯年:《大东小东说》,载《中央研究院历史语言研究所集刊》第二本一分册,1930 年。

云:"汤先伐韦、顾,克之。昆吾夏桀同时诛也。"夏桀时昆吾国地在"旧许",即今许昌市境,大范围属于鲁。夏桀失败奔鲁,应是投奔昆吾而去的。

鲁地南接南阳地区。南阳是夏人的势力范围,《汉书·地理志》"颍川、南阳,本夏禹之国。夏人尚忠,其敝鄙朴"。《史记·货殖列传》:"颍川、南阳,夏人之居也。夏人政尚忠朴,犹有先王之遗风。南阳……俗杂,好事业,多贾。其任侠交通颍川,故至今谓之'夏人'。"在南阳地还有夏的同姓诸侯国曾国。《史记·夏本纪》载夏"其后分封,用国为姓",所列举的封国里有缯氏。缯与曾字通用。在商代甲骨文作☒形,西周金文作☒形。商代的曾国地望在今湖北随州地区,①湖北省随州至河南省南阳市南部地区,发现了大量曾国铜器,此地域应即商代曾国地。曾国地或北至方城之外,《左传》哀公四年"楚人谋北方,致方城之外于缯关"。钱穆认为"此必缯之故国"。② 缯关顾名思义当是缯国北境的关口,地在今南阳方城县北。昆吾、曾都是夏的同姓国,夏桀南逃欲依靠同姓国,是合理的选择。

三朡之战。桀逃往南阳地投同姓诸侯国,欲聚集力量再起,汤当然是了解桀的企图的,故并未"马放南山"享受胜利,而是继续追击。《尚书·汤誓·序》:"夏师败绩,汤遂从之,遂伐三朡。""三朡"的朡亦作朡,是朡夷人所聚居之地,其所建的国家为飂国,《左传》昭公二十九年晋国史官蔡墨说:"昔有飂叔安有裔子董父,……以服事帝舜,帝赐之姓曰董,氏曰豢龙,封诸鬷川,鬷夷其后也。"杜预《注》云:"飂,古国名。叔安,其君也。"《汉书·地理志》南阳郡湖阳县下,班固云:"故廖国也。"颜师古《注》云:"廖,音力救反。《左氏传》作飂字,其音同耳。"《太康地记》:"廖国先在南阳。廖、飂、蓼三字通用。"是朡夷人飂叔安所建国为廖国,地在南阳。高士奇《春秋地名考略》云:

> 蓼即古飂国。昭公二十九年蔡墨曰:昔飂叔安裔子董父事舜,氏曰豢龙,封诸鬷川,鬷夷是其后也。杜《注》:水上鬷夷皆董姓。《郑语》(即《国语·郑语》):"董姓鬷夷则夏灭之矣。"《商书》:"遂伐三朡,俘厥宝玉。"盖即水上鬷夷之余种也……则飂叔安之初封,继处其地则为蓼,亦曰廖。楚得其地谓之湖阳。《汉书》沛公攻湖阳(《高帝纪》作胡阳),下之。汉为县,属南阳郡。

《大明一统志》湖阳"故城在今唐县南八十里"。唐县今为唐河县,县南有湖阳镇,当即古廖国的旧地。廖国是鬷夷飂叔安所建的国家,其后裔封于鬷川,故汤追击桀时所伐的三朡,当即廖国,地在今南阳的唐河县湖阳镇。

三朡之战桀再败南走至历山。《史记·夏本纪》"桀走鸣条,遂放而死",《正

---

① 江鸿(李学勤):《盘龙城与商朝的南土》,《文物》1972年第2期;杨升南:《略论商代的军队》,载《甲骨探史录》,三联书店,1982年。

② 钱穆:《史记地名考》第260页,商务印书馆,2001年。

义》引《淮南子》云:"汤败桀于历山",《史记·律书》"成汤有南巢之伐,以殄夏乱",《正义》引《淮南子》作"汤伐桀,放之历山"。历、厉音同,历山应即厉山之误。湖北省随州有厉山,《元和郡县志》随州随县下云:"厉山,亦名烈山,在县北一百里。"《括地志》:"厉山在随州北百里……春秋时为厉国。"今随州市西北有厉山镇。湖阳镇在唐河县最南端,靠近湖北省的枣阳市。枣阳与随县相邻,厉山镇西北距枣阳市不远,枣阳、随县自古就是南北通道,称为"随枣走廊",故桀在三朡败后,从随枣走廊南逃,汤抱定"除恶务尽"的决心,追至厉山。厉山在汉水支流㵒水上,《水经·㵒水注》:

> 㵒水出江夏平原春县西。㵒水北出大义山,南至厉山西,赐水入焉。水源东出大紫山,分为二水:一水西径厉山南,水南有重山即烈山也。……赐水西南流入㵒,即厉水也。赐、厉声相近,宜为厉水矣……㵒水又南径随县注安陆也,南过安陆入涢。

涢水在安陆境内汇入汉水,《水经·涢水注》:"涢水又南分为二水,东通㴐水,西入沔。"沔即汉水古名。是从厉山沿㵒水至安陆。由涢水达于汉水,由汉水而入长江,顺江东下,就到达古巢地。《水经·沔水注》:"沔水与江(即长江)合流,又东过彭蠡泽,又东北出居巢县南。"郦道元《注》云:"古巢国也。汤伐桀,桀奔南巢,即巢泽也。"北魏时的居巢县治在今安徽省巢县,今巢县城东北五里有居巢故址,当即古巢国遗迹。

古时河流水势一般都比今日为大,㵒水、涢水当时可能通行舟船。涢水入汉水后至长江段,通舟船已是无疑的。长江经巢国南,桀厉山失败后,乘船由㵒水、涢水进入汉水而达长江,故得"与妹喜同舟浮江"至南巢。桀死于南巢,《史记·律书》:"成汤有南巢之伐,以殄夏乱。"《正义》引《淮南子》:"汤伐桀,放之历山,与妹喜同舟浮江,奔南巢而死。"①

从上述知,桀与汤战于今偃师县境内的二里头东郊,失败后从洛阳南经今河南鲁山到达南阳。这里是夏人的重要地区,有夏的诸侯昆吾、曾、蓼等国可依靠,汤乘胜追击,在蓼国同桀的残部再战。桀再败,经随枣走廊达到今湖北随州的厉山。汤追至厉山,将桀的残部消灭殆尽。桀带着宠姬妹喜,乘船由㵒水、涢水进入汉水而达长江,顺流而下达到南巢,最后困死在那里。

第六节 夏朝的积年

夏朝的总年数,异说颇多。《太平御览》卷八二引《纪年》云:"自禹至桀十七

---

① 杨升南:《汤放桀之役中的几个地理问题》,《殷都学刊增刊》《全国商史学术讨论会论文集》,1985年。收入《甲骨文商史丛考》,线装书局,2007年。

世,有王与无王,用岁四百七十一年。"《史记·夏本纪》之《索隐》、《集解》,《通鉴外纪》引《纪年》文皆作"四百七十一年",此《纪年》即《汲冢纪年》,今人称为"古本《竹书纪年》"。郑州大学教授李民等著《古本竹书纪年译註》汇集各种异说:

  夏代积年,异说甚多,《孟子·尽心下》:"由尧舜至于汤,五百有余岁。"《路史·后纪》卷十三《注》引《三统历》:"(夏)十七王,通羿、浞四百三十二年。"《汉书·律历志下》:"(夏侯氏)继世十七王,四百三十二岁。"《易纬·稽古图》:"禹四百三十一年。"《初学记》:"并数有穷凡十九王,合四百三十二年。"《文献通考》:"四百五十九年。"《路史·后纪》卷十三"夏氏凡四百八十有三岁",同卷《注》又言"并穷、寒四百七十二年"等。虽确切纪年不明,夏历年大致可知,约相当于公元前21世纪~前16世纪,四百余年。①

今本《竹书纪年》载有各王在位年数,总括夏纪年云:"自禹至桀十七王,有王与无王,用岁四百七十一年。"合于古本《竹书纪年》数。但今本《竹书纪年》所载各王年数相加不得此年数,王国维《今本竹书纪年疏证》对今本《竹书纪年》所载夏总年及各王年数出现的问题说道:

  此都数(按:指今本《竹书纪年》"自禹至桀""用岁四百七十一年"——引者)与上诸帝在位之年数不合。综上诸帝在位年数,则禹八年,启十六年,太康四年,仲康七年,相二十八年,少康二十一年,杼十七年,芬四十四年,芒五十八年,泄二十五年,不降五十九年,扃十八年,廑八年,孔甲九年,昊三年,发七年,癸三十一年,凡三百七十三年。必无王之世有九十八年,然可得四百七十一年之数,则少康陟时年已有百二十岁,事难征信。又本书诸帝即位之年,各著岁名。以岁名核之,则夏后始壬子,终壬戌,凡四百三十一年,而寒浞四十年亦在其中。考昔人所以定寒浞为四十年者,以古本《纪年》云"夏四百七十一年"。而《汉书·律历志》云"四百三十二岁",《易纬·稽览图》云"禹四百三十一年",差四十年,遂以此四十年为无王之世以调停之。盖古言历者有此说,故《通鉴外纪》云:羿八年,浞三十二年,共四十年,然《外纪》用《汉志》说,以夏为四百三十二年。此书(即今本《竹书纪年》,下同)用《稽览图》说,以夏为四百三十一年,而无王之年仍入其中,遂与古《纪年》四百三十一年之都数能相应。至诸帝在位年数,复与此四百三十一年之都数不合,因作伪者复假设丧毕即位之说。故启在位年数以岁名差之,得十九年,而本书云十六年陟,则禹崩逾三年始即位。太康在位年数以岁名差之,当得八年,而本书云太康四年陟。则启崩逾四年始即位。其余放此。然如

---

① 李民、杨择令、孙顺霖、史道祥:《古本竹书纪年译注》第34页,中州古籍出版社,1990年。

芒、扁、桀三帝，又皆逾年即位，其参差无例亦甚矣。①

王氏认为今本《竹书纪年》是后人假造的书，"无征无用，则废此书可"，然据近人研究，此书里含有真实的历史材料，不可全视为伪。②

今本、古本《竹书纪年》对夏诸王的年数记载有异，但夏朝总积年都在四百七十多年，不超过五百年，而据《晋书·束皙传》则夏年应在六百年以上：

> 初，太康二年汲郡人不准，盗发魏襄王墓，或言安釐王冢。得竹书数十车，其《纪年》十三篇，纪夏以来至周幽王为犬戎所灭，以事接之，三家分，仍述魏事至安釐王之二十年，盖魏国之史书，大略与《春秋》皆多相应。其中（与）经传大异，则云夏年多殷。

商代的积年，古文献中也有多种说法：有六百二十九岁说，《汉书·律历志下》引刘歆《世经》"凡殷世继嗣三十一王，六百二十九岁"；有六百余年说，《史记·殷本纪》裴骃《集解》引谯周"殷凡三十一世，六百余年"；有六百祀说，《左传》宣公三年"桀有昏德，鼎迁于商，载祀六百"；有五百七十六岁说，《鹖子·汤政天下至纣》"汤之治天下也，……五百七十六至纣"；有五百余岁说，《孟子·尽心下》"由汤至于文王，五百有余岁"；有四百九十四年说，古本《竹书纪年》"汤灭夏至于受，二十九王，用岁四百九十六年"（《易纬·稽览图》说同）等。

夏代各王之在位年数，文献记载多有歧异，现将古今本《竹书纪年》所载各王年数及他书所载各王之最高年数列为下表（禹实非夏朝的王，古今本皆从禹始，故将其列入。）：

夏代各王在位年数表

王名	古本《纪年》	今本《纪年》	他书所见各王最高纪年数	
			年数	出处
（禹）	45	45		
启	39	16	39	《真诰》十五引《竹书》
太康		4	29	《太平御览》卷八二引《帝王世纪》
仲康	7	7	26	《年代纪》
相		28		
羿			8	《通鉴外纪》
寒浞			32	《通鉴外纪》

---

① 王国维：《今本竹书纪年疏证》，转引自方诗铭、王修龄：《古本竹书纪年辑证》（修订本），上海古籍出版社，2005年。

② [美]夏含夷：《也谈武王的卒年——兼论〈今本竹书纪年〉的真伪》，《文史》第29辑，1988年。收入文集《古史异观》，上海古籍出版社，2005年。

续 表

王 名	古本《纪年》	今本《纪年》	他书所见各王最高纪年数	
			年数	出 处
少康		21	46	《路史·后纪》卷十三
杼		17	27	《路史·后纪》卷十三
芬	44	44		
芒	58	58		
泄	21	25	26	《太平御览》卷八二引《帝王世纪》
不降	69	59		
扃		18	21	《太平御览》卷八二引《帝王世纪》
廑		8	20	《太平御览》卷八二引《帝王世纪》
孔甲		9	40	《路史·后纪》卷十三
昊(皋)	3	3	11	《通鉴外纪》
发		7	13	《通鉴外纪》
桀		31		

第三章 夏朝的疆域

晋南豫西是中原大地的中心,尧舜禹时代的联盟就处在这个中心地区内,夏政权也是建立在这个中原的中心地盘上的。夏政权建立后,以其国家王权的优势,不断向四面扩展,巅峰时达于两河流域,与《禹贡》中的夏朝疆域"九州"范围相当。考古学上的二里头文化分布的中心地区及影响地域,就是夏朝王权直接统治的地域及其服属于夏政权诸侯的领地,证实文献记载的夏朝疆域并非无据。

第一节 九州与夏朝的疆域

夏朝的疆域以《尚书·禹贡》所载为最详细。《禹贡》文中有九州的区划和五服的设置及里数,其所涉及的地理范围,几与今日中国之全境等,而文末尾称,禹所经营的地域为:

东渐于海,西被于流沙,朔、南暨声教讫于四海。

禹治理洪水,划定"九州","九州"被认为即是夏朝的版图。《禹贡》九州的范围,夏朝不可能拥有,而《禹贡》九州所指的地域,当是经战国时人以当时人们的地理知识改订而成的,顾颉刚认为此篇写成于战国晚期:

在《禹贡》里,东南方只到震泽(即今太湖),南方只到衡山,北方只到恒山,可见作者的地理知识,仅限于公元前280年以前七国所达到的疆域。我们可以猜测,它是公元前第三世纪前期的作品,较秦始皇统一的时代约早六十年。①

《禹贡》"九州"所指地理范围,说战国时人最后改定成这个样子则可,说"九州"为战国时人杜撰则非,因"九州"之名已见于战国前。春秋后期齐灵公(前581—前554年在位)大臣叔夷铸造的青铜器《叔夷钟》、《叔夷镈》铭文中就都有"九州"之名称:

虩虩成唐(汤),有严在帝所,溥受天命,剗伐夏后,败厥灵师。伊小臣为辅,咸有九州,处禹之都。(见《集成》285·6b—7)(图2-8)

《左传》中有两处提到"九州"。襄公四年晋国魏绛引用西周史官辛甲的《虞人之箴》文:

---

① 顾颉刚:《禹贡(全文注释)》,载侯仁之主编《中国古代地理名著选读》,科学出版社,1959年。

图 2-8　叔夷镈铭文（部分）

（《集成》285）

茫茫禹迹,划为九州,经启九道。民有寝、庙,兽有茂草。各有攸处,德用不扰。

鲁宣公三年楚庄王趁伐陆浑戎之机,将军队开到东周王室境内的洛水岸边,周定王派大夫王孙满前去慰劳,楚王却向王孙满问周王室"鼎之大小、轻重",欲逼周取而代之意。鼎即所称的禹铸造的九鼎。王孙满在折服楚王时,讲到禹铸造的鼎,其材料是九州的长官贡入的,《左传》宣公三年:

昔夏之方有德也,远方图物,贡金九牧,铸鼎象物,百物而为之备,使民知神、奸。

杜预《注》:"使九州之牧贡金。"九州的州长称"牧",《礼记·曲礼下》:"九州之长,入于天子之国曰牧。"《诗经》一书里,有"九有"、"九围"等语,也是指地域上九州的区域划分,《商颂·玄鸟》有云:"古帝命武汤,正域彼四方。方命厥后,奄有九有。"毛《传》:"九有,九州也。"《长发》:"汤降不迟,圣敬日跻。昭假迟迟,上帝是祗,帝命式于九围。"毛《传》:九围,"九州也"。

春秋时人所说"九州"的地域范围,从晋国司马侯所讲的"九州之险"可见其大概。《左传》昭公四年晋国司马侯说:"四岳、三涂、阳城、大室、荆山、中南,九州之险也。"四岳,杜预《注》云:"东岳岱,西岳华,南岳衡,北岳恒。"岱即泰山,在今山东省泰安市北。华即华山,在今陕西省华阴市北。恒即恒山,在今山西省浑源县西。荆山有三:《禹贡》中之"荆及衡阳惟荆州","导嶓冢至于荆山"的荆山,在今湖北省南漳县西;《禹贡》中之"荆岐既旅"及"导岍及岐至于荆山"的荆山,在今陕西省富平县;黄帝铸鼎荆山下的荆山,在今河南省灵宝市的阌乡,《史记·封禅书》:"黄帝采首山铜,铸鼎荆山下,鼎既成,有龙垂胡髯下迎黄帝……后世因名其处曰鼎湖。"汉在此设置湖县,《水经·河水注》曰:"湖水又北经湖县东而北流入于河,《魏土地记》曰'弘农湖县有轩辕黄帝登仙处'。"西汉湖县治所在今河南省灵宝市西北原阌乡县城。顾颉刚认为,"湖县之山为最近于司马侯所言"。① 中南,即今陕西省西安市南之终南山,又名中南、南山、秦山、秦岭。三涂、阳城、大室等山皆在今河南省境内。衡即衡山。衡山亦有三:今湖南省衡山县西,或说即今安徽省岳西县之天柱山。在今河南省境内有一座山名"雉衡山",古称作衡山。战国时人常以此山作为地域界标山,如《战国策·魏策一》吴起说三苗居地云:

> 昔者三苗之居,左彭蠡之波,右有洞庭之水,文山在其南而衡山在其北。

彭蠡泽在今江西省的鄱阳湖北,洞庭即洞庭湖,在今湖南省。彭蠡、洞庭皆在衡山北,而不在其南,只有河南省的雉衡山才在彭蠡、洞庭两湖之北。《山海经·中次十一经》曰:"(宣山)又东四十五里,曰衡山。"郦道元《水经·汝水注》曰:

> 汝水又东,得醴水口,水出南阳雉县,亦云导源雉衡山,即《山海经》云衡山也,郭景纯以为即南岳,非也。马融《广城颂》曰"面据衡阴",指谓是山,在雉县界,故世谓之雉衡山。

西汉雉县在今河南省南召县东南,属河南省的南阳地区。南阳本属夏朝的地域,《汉书·地理志》曰:"颍川、南阳,本夏禹之国。"《汉书·食货志》曰:"颍川、南阳,夏人之居也。夏人政尚忠朴,犹有先王之遗风。"

《左传》昭公四年晋司马侯所指"九州之险"的范围,东及今山东省的西部,西至陕西省西安市以东,北达山西省北的浑源县境,南到河南省南部的南阳市地区,地域包括今河南省全省及山东省泰山以西、陕西省西安市以东、山西省中部以南。这一地域范围,常被战国时的人们指画为夏人的活动地,如《战国策·魏策一》吴起说夏桀之国云:

> 夫夏桀之国,左天门之阴而右天溪之阳,庐睪在其北,伊、洛在其南。

《史记·孙子吴起列传》曰:

> 夏桀之居,左河济右泰华,伊阙在其南羊肠在其北。

河济即黄河和济水。古黄河从今河南省武陟县折而东北行,至河北省高唐县折而北至天津市南汇流入渤海。济水是黄河的一分流,从河南省荥阳市境的黄河南岸分出,东流至山东省定陶县北入巨野泽,从泽北出流经济南市北,东流入海。济水从巨野泽南的一段与黄河高唐县北经流的一段,被古人视为地域分界的标准,称为"河济",实指今山东省的西部地区。

上述诸种古籍文献所指之地域,应即是夏朝"九州"疆土范围。今日考古调

---

① 顾颉刚:《九州之戎与戎禹》,《古史辩》七下,上海古籍出版社,1982年。

查、发掘中,在这一范围内,都发现了夏时期的文化遗存即二里头文化遗存(见后),可证古籍所记载,大致是可信的。对夏代的疆域,大致如《墨子·兼爱中》说禹(即夏)治理天下所经略的地域:

> 古者禹治天下,西为西河鱼窦,以泄渠、孙、皇之水;北为防、原、泒,注后之邸、嘑池之窦;洒为底柱,凿为龙门,以利燕、代、胡、貉与西河之民。东方(为)漏之(大)陆,防孟诸之泽,洒为九浍,以楗东土之水,以利冀州之民。南为江、汉、淮、汝,东流之,注五胡之处,以利荆楚、干越与南夷之民。

西部的西河,指晋陕两省间交界的、由北而南行的一段黄河。鱼窦或说是古漯水。北边的嘑池即滹沱河,发源于山西省北部云中山脉,东流进入河北省平山县,经石家庄北,东北流为子牙河入渤海。此同考古学上容城县上坡遗址出土的二里头文化遗存相符。东方的"大陆"在今河北巨鹿县,孟诸之泽在今河南省商丘市的虞城县。九浍即九河,《尔雅·释水》:水"注沟曰浍"。《禹贡》"北过降水至于大陆,又北播为九河,同为逆河入于海"。降水即漳水,大陆是河北省曲周以北的一片广阔平地之称。谭其骧师说:九河"是河水自进入大陆后北流分为九条分流",逆河入于海"是说九河的河口段都受到渤海潮汐的倒灌,以'逆河'的形象入于海"①。谭其骧师认为《禹贡》"九河"在今河北省境内。《尚书·禹贡》孔《传》却云,九河"在兖州界",周秉钧《尚书易解》亦云"九河,即兖州之九河"②。《禹贡》"济、河惟兖州",是济水与黄河之间谓兖州,地在今河北、山东两省间。墨子说的"九浍",从其前的"东方"、"孟诸之泽"观之,当在今山东境。夏朝的王多同东夷有交往,少康复国的基地也是在东方的夷人之地。文献里记载的夏朝同东夷关系,正同考古学上二里头文化与岳石文化间的关系相契合。鄂西的二里头文化遗存的考古发现,证实了"南为江、汉、淮、汝"之说有据。墨子所讲禹治理天下的地域所涉及的地望范围,与夏文化影响所及的地区也是大体一致的,③应该就是夏朝的疆域范围。

第二节 考古学上的夏文化及其分布

夏文化是指夏朝时期夏民众创造的文化,二里头文化是考古学上的夏文化。古文献记载,夏人活动的中心地区在晋南和豫西,经考古调查、发掘的二里头文化类型的遗址,主要集中在晋豫两省及陕西东部,证实这一地区是二里头文化分布的中心地区,与古文献记载相符。对二里头文化的分布,邹衡提出主要有三个

---

① 谭其骧:《西汉以前的黄河下游河道》,《历史地理》创刊号,上海人民出版社,1981年11月;又见《长水集》(下),人民出版社,1987年。
② 周秉钧:《尚书易解》第70页,岳麓书社,1984年。
③ 邹衡:《夏商周考古学论文集》第139页,文物出版社,1980年。

地区：

一是豫西区，可能延及陕东、鄂西；其影响所及，甚至远达川东等地的部分地区。

二是晋西南区，其影响所及，或可到晋北，甚至内蒙古。

三是豫东，可能延及皖西、鄂东部分地区，其影响所及，或可至长江下游。

至于豫北、冀南、鲁西甚至辽西等地的部分地区，虽不是夏文化的分布区，但也都受到夏文化不同程度的影响。①

长期主持二里头遗址发掘工作的杜金鹏研究员认为，二里头文化的分布有中心区和影响区的不同：

> 根据目前的资料，学术界比较认可的说法是：二里头文化的分布中心是河南省中、西部的郑州，洛阳地区和山西省西南部的运城、临汾地区。向西突入了陕西关中东部、丹江上游的商洛地区，南及豫鄂交界地带，往东至少分布到豫东的开封地区，北面可抵沁河岸旁。
>
> 河南境内已发现的二里头文化遗址约250处，经过正式发掘的约40处。山西省境内已发现二里头文化遗址约90处，经过正式发掘的遗址不足10处。在陕西发现的二里头文化遗址主要有华县南沙村、商州东龙山。
>
> 以上遗址的分布范围，大体即是二里头文化的主要分布区。在上述范围内，属于二里头文化遗址的总数约350处，经过正式发掘者约50处。
>
> 此外，在豫北沁水以北地区，豫南信阳一带，豫东商丘地区，陕西华阴、蓝田等地，晋东南长治、晋中太原等地方，经田野调查或发掘获得少数二里头文化遗物（或类似二里头文化遗物），或其文化面貌与二里头文化有相同、相似处，因而曾被部分学者认为是二里头文化遗址。②

考古学材料证实，二里头文化除豫中、西部及晋西南的中心地区外，影响已大为超出这个范围。山西省考古工作者指出，山西省内二里头文化的分布并非局限于晋南一隅：

> （二十世纪）八十年代以来，考古调查和发掘的资料表明，山西境内二里头阶段文化并非局限于汾河流域的晋南一隅，其分布范围在晋东南到达长治、临川一带，西至吕梁山濒临黄河东岸，北涉滹沱河流域及其以远。文化遗存多与龙山文化共存，有的还有明显的发展关系。其中具有代表性的遗址，有滹沱河流域忻县的游邀和晋东南长治的小神庙遗址。③

忻县在太原市北，已临近古长城。二里头文化向南到了湖北省的长江岸边，

---

① 邹衡：《夏商周考古学论文集》第138—139页，文物出版社，1980年。
② 杜金鹏、许宏主编：《二里头遗址研究·前言》，科学出版社，2005年。
③ 山西省考古研究所：《1979—1989年山西省的考古发现》，载《文物考古工作十年》，文物出版社，1989年。

在河南省南阳地区的淅川下王岗、方城八里桥、邓州陈营,湖北省西北滶水和涢水流域的襄阳王树岗、枣阳墓子坡,丹江口熊家庄,郧县瓦子店,江汉平原的宜都市红花套、白家沱、毛家套、吴家岗,宜昌市中宝岛六期和白庙子二期的文化遗存,钟祥乱葬岗,荆州荆南寺,沙市李家台等出土的古文化遗存,其时代大致与二里头相当。① 宜都、宜昌市都到达长江边上了。地处长江北岸的江陵县,在县城西的荆南寺发现一处夏商时期遗址,其文化堆积可分为六期,陶器分为 A、B、C、D、E 五群。在第一期文化遗存中,有二里头类型的陶器:

   荆南寺一期 H36 下的 AⅠ式鬲,作风与偃师二里头四期的ⅢH10:8鬲基本相同(《考古》1984 年第 7 期第 588 页,图七,1),均有短颈,实足根层层包制,足根外施细绳纹。荆南寺一期大口尊 T48④E:13 口略大于肩,短颈,胖体,同于二里头四期ⅢH10:8(《考古》1984 年第 7 期第 589 页,图七,9)。由此推断荆南寺一期约相当于二里头四期,……A 群(陶器)主要流行于一期……A 群的陶鬲、大口尊多见于中原二里头四期,深腹罐也应由二里头三期同型深腹罐如ⅢHT22④发展而来(《考古》1984 年第 7 期第 585 页,图六,1),惟体态变胖。显然,荆南寺 A 群文化因素应来自中原二里头文化。②

比荆南寺更南的沙市李家台遗址,其早期遗存相当于二里头晚期至早商二里岗下层偏早阶段。③ 鄂西、江汉地区夏时期的文化遗址出土的器物,具有浓厚的中原二里头文化因素,不少器物简直就是中原二里头文化器物的翻版,其器物时代主要是二里头四期的,有学者指出,至迟到二里头四期,二里头文化已经占领了江汉平原地区,④反映出夏王朝势力之所及。

河北省境内的二里头文化,唐云明在《试论河北商文化及其相关的问题》文后,附《河北商代遗址、墓葬登记表》,表中揭示出五个遗址包含有二里头文化,它们是:磁县下七垣、武安县杨屯村、石家庄市市庄、容城县上坡、内丘县南三歧村。⑤ 其中容城遗址地域为最北,与山西省忻县游邀二里头文化遗址处在同一纬度上。

豫东的杞县,在段岗、牛角岗、朱岗三个遗址中,都发现有丰富的二里头文化遗存,据报道在商丘地区已发现 13 处二里头文化遗址。⑥

---

 ① 高应勤:《鄂西夏商时期文化遗存初论》,《文物》1991 年第 8 期;向桃初:《二里头文化向南方的传播》,《考古》2011 年第 10 期。
 ② 何驽:《荆南寺遗址夏商时期遗存分析》。载北京大学考古系编《考古学研究》(二),北京大学出版社,1994 年。
 ③ 沙市博物馆:《湖北沙市李家台遗址发掘简报》,《考古》1995 年第 3 期。
 ④ 向桃初:《二里头文化向南方的传播》,《考古》2011 年第 10 期。
 ⑤ 唐云明:《试论河北上文化及其相关问题》,载《唐云明考古论文集》,河北教育出版社,1990 年。
 ⑥ 见《中国文物报》1996 年 10 月 27 日报道。

山东地区虽然没有二里头类型的文化遗址发现,但与夏王朝同时的岳石文化,分布于全省地区。而岳石文化,据方辉博士研究,从文化遗存看,它是同中原二里头文化互相影响、交往密切的两种文化,如两种文化都是从各自地区的龙山文化发展而来的,而发展到二里头和岳石文化时代,陶器都已失去龙山文化时期那种"黑、光、亮",制作精细的风采,而变得厚重、呆板,陶色变浅且多不纯,陶器的制作趋向于实用。在制法上都多用轮制。在陶器种类上,存在着一批相同的器类:二者的炊器都以深腹罐、鼎、甗和鬲组成,食器中均见豆、簋、圈足盘、碗等,盛器都用盆、盂、高领罐、器盖等,储器都用敛口瓮和缸,均有作为酒器的觚形杯。二里头文化与岳石文化的豆多有相似之处,都有深盘和浅盘两种形制。二里头文化的器盖多为头盔形,顶部附蘑菇状器纽,盖面似喇叭口,晚期出现带子母口的器盖,形制与岳石文化同类器相似。二里头文化的盆分三类,第一类为大平底盆,腹较浅,腹壁斜直,形制与岳石文化的浅腹盆相似;第二类为深腹平底盆,形制与岳石文化的深腹盆完全相同。二里头文化与岳石文化的石器均以磨制为主,钻孔技术都是先琢后钻,且多为两面对钻。石器种类都有铲、刀、斧、镰、锛、凿、镞等。都发现有青铜器,二里头文化的青铜器种类包括工具、武器、酒器、乐器和装饰品等,铸造技术已达较高水平,而岳石文化遗址中只发现小件刀、锥、镞和装饰品等,其中小刀和铜镞的"形状同二里头文化的别无二致"(严文明语),显示了两种文化在铜器制造方面很强的一致性。两种文化的建筑,都使用白灰涂摩居住面的技术,墓葬都使用竖穴土坑式墓穴。当然在陶器、石器、铜器等方面,区别也是明显的,但有那样多的相同或相近的因素,是二者之间互相影响、互相渗透在考古学文化上的表现。① 这与文献记载夏代中期夷夏频繁交往相符。

　　西部的陕西华县和其南的商洛地区已发现二里头文化遗址。在西南的四川省境内,也受到夏文化的影响。在广汉三星堆遗址发现的文化遗存中出土的陶盉和玉牙璋就是二里头文化的器物。李学勤说,在三星堆遗址里发现的陶盉及玉牙璋,就是受中原二里头文化的影响,他在《三星堆与蜀国古史传说》文中写道:

　　　　三星堆一期文化遗存确实表现了与二里头文化的共同点。大家知道,很多学者认为二里头文化可能就是"夏文化"。这种共同点可以三星堆发现的陶盉和玉牙璋作为例子来说明。

　　　　发掘者已指出:"遗址中晚期所出土的陶盉,虽别具风格,特别高瘦,但在整个形制上同'二里头文化'的盉还是近似的。"管流、扁袋足的陶盉,本来是二里头文化有特色的器物之一,三星堆的发现无疑是两种文化互有影响

---

① 方辉:《二里头文化与岳石文化》,《中原文物》1987 年第 1 期。

的证据。

三星堆出土有歧锋的玉璋,早在月亮湾即发现。这种璋迄今只有很少几个出土地点,主要是陕西神木、河南偃师二里头和四川广汉。神木的这种璋,文化性质还不够确定,二里头的则明确属于二里头文化第三期。这种璋在中原,只在商文化中出现个别遗迹,基本上已消失了。三星堆的牙璋很可能和盉一样,表明与二里头文化有影响、交流的关系。①

长期从事巴蜀考古的著名考古学家林向教授指出,三星堆出土的大浅盘,柄部有镂孔和突棱的高柄豆、袋足封顶盉、独体式牙璋等器物,都是与二里头文化相交流的产物,他认为"蜀是夏的异地同源的亲缘之邦"。② 考古文物证实夏朝的影响已达于今四川盆地。河南省境内、山西南部是二里头文化分布的中心区,文献记载这里是夏王常活动的地区,应是夏王朝直接控制的地区。在此中心之外的二里头遗存,应是夏王朝的诸侯及同夏友好的邦国所在地。

第三节　不断迁徙的都城

夏启以后的王都是常处于迁徙之中的,这是我国早期国家的特点。迁徙的原因,或者是为了向外扩展而转移政治中心;或者是迫于强敌的逼迫;更有的则是被敌人所攻占。在夏朝王都的迁徙事件中,这三种情况都有。

一　夏启至太康时的都城

古文献记载,夏朝在"太康失国"之前,未有迁都的记录,而启是在禹之后成为夏王的,所以,启应是都禹之都。关于禹的都城所在,在前第一编第六章第四节"禹受禅和禅"里,我们已作了详细的讨论,指出禹在接受舜禅位时是都舜时的都,尧舜皆都平阳。禹又以安邑作为都城。为什么又建安邑这个都,一种可能是安邑是鲧禹氏族的起源地,是他的根据地;一种可能是平阳都城里尧舜族系势力强,为摆脱尧舜族系势力控制而迁新都。从禹至太康,夏人皆都安邑,故安邑得称"夏虚(墟)"。顾炎武说:

> 尧舜禹皆都河北,故曰冀方。至太康始失河北而五子御其母以从之,于是侨国河南,再传至相,卒为浞所灭……夏之都本在安邑,太康畋于洛表,而羿距(拒)于河,则冀方之地入于羿矣,惟河之东与南为夏所有。③

---

① 李学勤:《走出疑古时代·三星堆与蜀国古史传说》(增订本)第211页,辽宁大学出版社,1997年。
② 林向:《蜀与夏——从考古新发现看蜀与夏的关系》,《中华文史论坛》1998年第4期。收入《童心求真集——林向考古文物选集》,科学出版社,2010年。
③ 顾炎武:《日知录》卷二"惟彼陶唐有此冀方"条,岳麓书社,1994年。

洛即洛河,在洛阳盆地的黄河以南,在巩义市黄河南岸汇流入黄河。羿拒太康于黄河,是阻止他北归回到王都安邑。可见太康失国前,是都安邑的。太康都城在安邑,没有材料说启有迁都之事,故启都也应是在安邑。

二 太康、羿、桀之都

太康被羿"拒于河"后,不能返回王都安邑,只好依靠同姓诸侯斟寻,古本《竹书纪年》的太康都斟寻,羿、桀先后又以其地为都之记载。斟寻地郦道元指出在"河南"不在东郡,此"河南"指洛阳段黄河以南,《水经·巨洋水注》:

  《郡国志》曰:"平寿有斟城,有寒亭。"薛瓒《汉书集注》云:按《汲郡古文》,相居斟灌,东郡灌是也。明帝以封周后,斟寻在河南,非平寿。又云:"太康居斟寻,羿亦居之,桀又居之。"《尚书·序》曰:"太康失国,兄弟五人,徯于洛汭。"此即太康之居为近洛也。余考瓒所据,今河南有寻地。

《史记·夏本纪》"子帝少康立"下《正义》采郦道元说:

  臣瓒云:"斟寻,在河南,盖后迁北海也。"《汲冢古文》云:"太康居斟寻,羿亦居之,桀又居之。"《尚书》云:"太康失邦,兄弟五人须于洛汭。"此即太康居之为近洛也。

上引《汲郡古文》或《汲冢古文》即《竹书纪年》,今通称为《古本竹书纪年》,文中的"羿亦居之,桀又居之"两句,方诗铭、王修龄认为"乃隐括之辞,非原文"[①]。

桀都斟寻虽非《竹书纪年》文,但桀都在伊洛之地的斟寻,还有他证可求,说明郦道元的隐括语有据。《国语·周语上》记载,周幽王二年(前780年)伯阳父说"伊、洛竭而夏亡。"韦昭《注》"竭,尽也"。公序本作"伊、洛竭,涸也"。伊水、洛水干涸致使夏朝灭亡。夏朝灭于桀,是桀都在伊、洛。又《战国策·魏策一》记载吴起驳魏武侯恃险守国说:"夫夏桀之国,左天门之阴而右天溪之阳,庐峚(山名,当在太原、交城等处[②])在其北,伊、洛出其南。有此险也,然为政不善,汤伐之。"司马迁将吴起此语载于《史记·孙子吴起列传》中:"夏桀之居,左河、济,右泰、华,伊阙在其南,羊肠在其北,修政不仁,汤放之。"《集解》:"瓒曰:今河南城为直之。皇甫谧云:壶关有羊肠阪,在太原晋阳西北九十里。"《史记会注考证》引中井积德云:"羊肠,盖指太行山也。"伊阙即龙门,在洛阳市南郊十三公里处的龙门镇。这里东西两山对峙,伊水中流,形似一座天然门阙,所以古称"伊阙"。北魏郦道元在《水经·伊水注》下说:"伊水又北入伊阙。昔大禹疏以通水,两山相对,望之若阙,伊水历其间北流,故谓之伊阙矣。"东汉时傅毅作《反都赋》,中有"因龙门以畅化,开伊阙以达聪"句,所以又有"龙门"之称。隋唐以后,一般都称这里为

[①] 方诗铭、王修龄:《古本竹书纪年辑证(修订本)》第4页,上海古籍出版社,2005年。
[②] 张清长、王延栋:《战国策笺注》第559页,南开大学出版社,1993年。

"龙门"。①

伊、洛二水正在洛阳的南边。斟寻曾作为王都,学者们认为当是偃师二里头遗址。偃师二里头遗址位于偃师县西偏南约9公里处的洛河故道北,与"伊、洛出其南"相吻合。整个遗址包括二里头、圪垱头、四角楼、寨后村和辛庄5个自然村,面积约375万平方米。(图2-9)已发现了城区、宫殿、手工业作坊和墓葬,并出土大批青铜器、玉器、象牙、白陶,及陶、石、骨质制造的生产、生活用器,显示出王都的气势。② 考古证实,洛阳盆地二里头文化是从周边地区迁来的,是外来

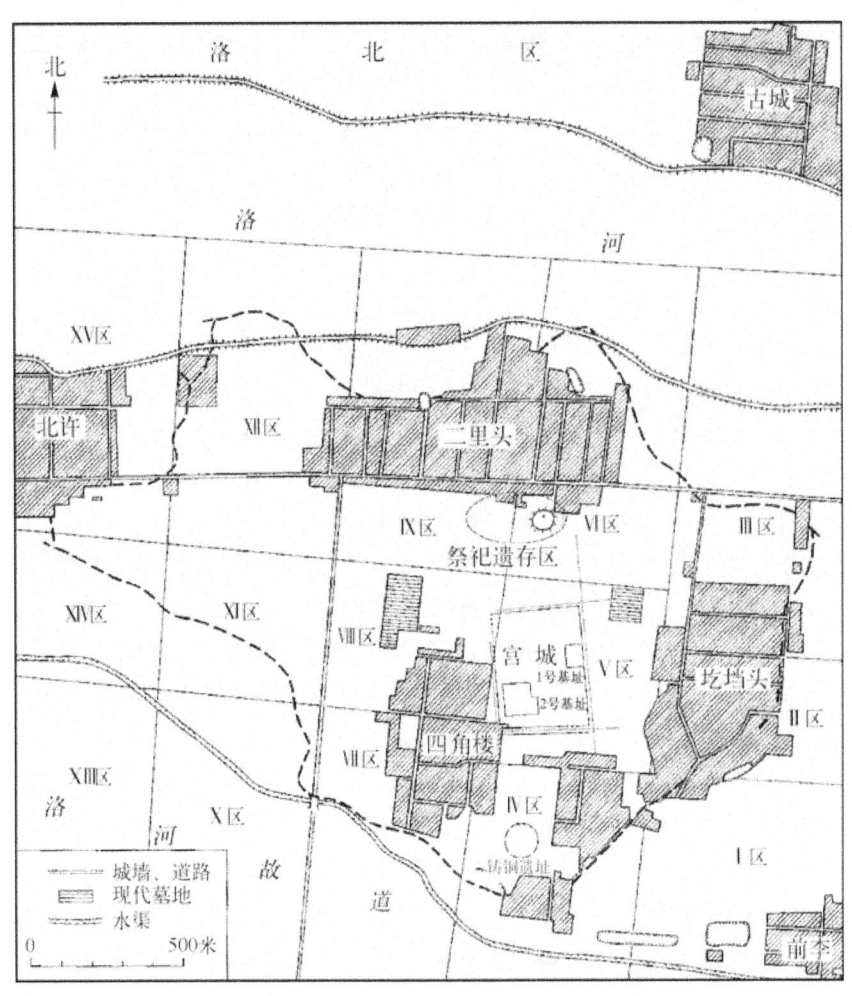

图 2-9 偃师二里头遗址位置图

(采自《考古》2004年第11期,许宏等文)

---

① 中国书法编辑组编:《龙门二十品·前言》,文物出版社,1980年。
② 参见杜金鹏、许宏主编:《偃师二里头遗址研究》(论文集),科学出版社,2005年。

户,它一出现其文化水平就大大高于当地土著的龙山文化。龙山文化遗址的面积一般不超过 50 万平方米,墓葬中的随葬品都是普通的陶器及石骨蚌质制品;二里头文化一期(早期)遗址的面积就达 100 万平方米以上,出土物中的青铜工具、白陶器、象牙、绿松石制品等高规格的遗物,在洛阳盆地龙山文化晚期从未发现过。① 二里头文化在其核心分布区高水平的突然出现,这正与古文献记载的夏人失守晋南而南迁伊洛记载相符。据学者研究,偃师二里头遗址发现大型宫殿群,是王都的气派。此遗址的二里头文化分为四期,其第一期并不是二里头文化最早的,更早的在晋南,夏县东下冯遗址的二里头文化比偃师的要早,这正符合太康失国后都斟寻的记载,这里作为王都,应是从太康开始的。

偃师县的二里头遗址,作为都城使用,应一直延续到夏朝晚期,应是太康、羿、寒浞至桀所都的斟寻。

三 帝相所都

帝相有两都,一是商丘。商丘又有两说:一说是今河南省的商丘市,《太平御览》卷八二引《纪年》云相处商丘:"帝相即位,处商丘。"皇甫谧《帝王世纪》说帝相迁商丘是倚靠同姓诸侯:"帝相,一名相安。自太康以来,夏政凌迟,为羿所逼,乃徙商丘,依同姓诸侯斟灌斟寻氏。"(《太平御览》卷八三引)《通鉴外纪》亦谓:"相为羿所逼,失国,居商丘。"是相在斟寻继承其父太康的帝位,羿在安邑站稳脚跟后,继续追击夏人,相乃放弃斟寻而迁于商丘。在商丘地区发现有二里头文化的遗址,1976 年至 1978 年间,考古工作者调查该地区时,在商丘的坞墙发现二里头文化遗存,在试掘时,"发现一层不太厚的二里头文化层,出土一些二里头文化遗存"②。邹衡说:"近年来,在商丘坞墙曾发现了夏文化遗址;另外,天津市文化局文物组曾搜集到一件夏文化晚期的铜爵,据说来自商丘地区。虽不能据以确证帝相曾居商丘,但也不失为一条线索。"③其后在商丘地区续有发现,据说有二里头遗址 13 处之多。

商丘另一说是今濮阳市。濮阳古名帝丘,王应麟《通鉴地理通释》卷四:"商丘当作帝丘。"朱右曾《汲冢纪年存真》赞同其说:"商当为帝。帝丘即秦汉之濮阳。《左传》'卫迁帝丘,成公命祀相',是也。"朱氏所引《左传》即《左传》僖公三十一年文:

> 冬,狄围卫,卫迁于帝丘。卜曰三百年。卫成公梦康叔曰:"相夺予享。"公命祀相,宁武子不可,曰:"鬼神非其族类,不歆其祀。杞、鄫何事?相之不享于此久矣,非卫之罪也。"

---

① 张东:《试论洛阳盆地二里头文化的形成背景》,《中原文物》2013 年第 3 期。
② 赵芝荃:《二里头考古队探索夏文化的回顾与展望》,《河南文博通讯》1978 年第 3 期。
③ 邹衡:《夏商周考古学论文集》第 240 页,文物出版社,1980 年。

濮阳帝丘之得名,源于颛顼曾居于此。《左传》昭公十七年:"卫,颛顼之虚也,故为帝丘。"濮阳市地区也是二里头文化的分布范围。商丘、帝丘都有文献及考古材料为证,但帝丘说出于春秋末战国初的《左传》,商丘说出于西晋皇甫谧的《帝王世纪》,古文献材料一般是较早的可信度大些,相都帝丘濮阳比商丘的可能性更大。

相的另一都为斟灌,同样见于古本《竹书纪年》。《水经·巨洋水注》云:"薛瓒《汉书集注》云:按《汲郡古文》:相居斟灌。薛瓒以为此斟灌即东郡灌是也。明帝以封周后,改曰卫。"东郡治在濮阳,是薛瓒释斟灌即观,地在濮阳,其实斟灌在西汉北海郡寿光县不在东郡濮阳,《后汉书·郡国志四》安乐国下云:"寿光故属北海,有灌亭。"刘昭《注》:"古灌国。"《水经·巨洋水注》:"应劭曰:寿光县有灌亭。杜预曰:在县东南,斟灌国也。又言:斟亭在平寿县东南。"杨守敬按:"《括地志》:'斟灌故城在青州寿光县东南五十四里。'《齐乘》四,'在东四十里',在今寿光县东北四十里。"杨守敬生于道光十九年(1839)卒于民国五年(1915),是清末民初时人,清末民初寿光县的地理位置至今未有移徙,是夏代的斟灌国在今山东省寿光县境。相一迁从斟寻迁到帝丘(或商丘,也可能是从帝丘再迁商丘),二迁从帝丘迁斟灌。相的"不常厥邑"是被羿、寒浞追迫。《太平御览》卷八二引《帝王世纪》:帝相"为羿所逼,乃徙商丘,依同姓诸侯斟寻、斟灌氏"。寒浞杀羿后继续追击夏王,《左传》哀公元年伍子胥说:"昔有过浇杀斟灌以伐斟寻,灭夏后相。后缗方娠,逃出自窦,归于有仍,生少康焉。"《左传》襄公四年:"浞因羿室,生浇及豷……使浇用师,灭斟灌及斟寻氏。处浇于过,处豷于戈。"夏王相被杀,夏统一度中绝。

四 少康复国基地纶

相被寒浞子浇杀死,其妻从墙洞钻出逃脱跑回娘家有虞国,生下少康。少康以有虞国的纶邑为基地,进行复国活动,《左传》哀公元年伍子胥对夫差讲述少康复国的这个故事:

> 昔有过浇杀斟灌以伐斟寻,灭夏后相,后缗方娠,逃出自窦,归于有仍,生少康焉。为仍牧正,惎浇能戒之。浇使椒求之,逃奔有虞,为之庖正,以除其害。虞思于是妻之以二姚,而邑诸纶,有田一成,有众一旅。能布其德,而兆其谋,以收夏众,抚其官职,使女艾谍浇,使季杼诱豷。遂灭过、戈,复禹之绩,祀夏配天,不失旧物。

纶邑在今河南省虞城县东南。《元和郡县图志》卷七宋州虞城县下云:"本虞国,舜后所封之邑……故纶城,县东南三十五里。《左传》'少康逃奔有虞,虞妻之以二姚而邑诸纶'。"顾祖禹《读史方舆纪要》卷五十归德府虞城县下云:"虞城县……古虞国,禹封商均于此……纶城,在县西三十五里,夏时虞国之邑。《左传》'少康奔有虞,邑诸纶'是也。"当在今河南省虞城县利民镇东南三十五里。纶是少康的复国基地,当然是此时夏人的政治中心。

五 帝杼之都

帝杼所都有二:原、老丘。《太平御览》卷八二引《竹书纪年》:

> 帝宁居原,自(原)迁于老丘。

原在今河南省济源市境内,其市西北有地名原城,在该市西北二里的庙街遗址,面积达 75 万平方米,厚 3 米多,考古学家认为即是帝杼之都原城。①《史记·赵世家》张守节《正义》引《括地志》:"故原城,在怀州济原县西北二里。"原本周畿内邑,春秋时属晋,晋文公二年(前 635 年),周王室内乱,王子带赶走襄王,晋文公勤王,诛杀王子带,迎接襄王回王都,周襄王感谢他,将河内阳樊等八邑赏赐给晋。八邑中包括原邑,后晋文公"以原封赵衰"。②

老丘或作老邱,地在今开封市东南陈留镇。《左传》定公十五年:"郑罕达败宋师于老丘。"《太平寰宇记》卷一开封府陈留县下:"老邱城在县北四十五里。按《春秋》云:定公十五年郑罕达败宋师于老邱。"《读史方舆纪要》卷四七开封府陈留县牛首城下云:"老邱城在县北四十里。"《太平寰宇记》及《读史方舆纪要》都说在陈留县北,杨伯峻《春秋左传注》则云:"老丘,当在今开封市东南,陈留镇东北四十五里。"③方向的北、东北是划分的粗细不同,北包括东北、西北,杨伯峻说方向更具体。

六 胤甲所居的西河

胤甲都西河,见《山海经·海外东经》郭璞《注》引《汲郡竹书》:"胤甲即位,居西河。有妖孽,十日并出。"

西河地望有两说,一指黄河在今陕西、山西两省间的自北而南流的一段河。古时黄河在今河南省武陟县折而东北行,经河南省东北进入河北省,至天津入海,像摆在大地上的一个"凹"字,在山、陕间的一段称为"西河",河南和山西间的一段称"南河",从武陟县折向东北入海的一段称为"东河"。(图 2-10)晋陕间的一段,战国初年就被称为"西河",《战国策·魏策一》"魏武侯与诸大夫浮于西河"。魏国设置西河郡(或称河西郡),辖境相当于今山西省西部及陕西省东部夹黄河两岸地区,魏文侯时吴起曾为西河守,以防秦,公元前 330 年地入秦,后山西省西部地亦称"西河",东汉的西河郡治设在山西省的离石县,以后以西河为名的郡或县其治所皆设在山西省西部地区。邹衡认为胤甲所居的西河,即山西夏县

---

① 杨肇清:《原城考》,载《河南文物考古论文集》,河南人民出版社,1996 年。
② 见《国语·晋语》、《史记·晋世家》。
③ 杨伯峻:《春秋左传注》第 1601 页,中华书局,1981 年。

东下冯遗址所在地。他说:"在山西省夏县埝掌公社东下冯大队发现了一处较大范围(估计其面积约 20 万平方米)的夏文化遗址,其中发现了石磬和铸造铜器的石范等文化遗物。这应该是夏代的一个邑聚。从其繁盛期所属年代来看,似与胤甲(即孔甲。引者按:胤甲是廑的别名非孔甲,见本书前世系部分)所处的年代比较接近;且胤甲所居,文献上未见他处记载。又《左传》昭公二十九年所载'刘累学扰龙于豢龙氏'的故事正发生在孔甲之时。《史记·郑世家》裴骃《集解》引贾逵曰:'唐人谓陶唐氏之胤刘累也,事夏孔甲,封于大夏,因实沈之国,子、孙以服事夏、商也。'这些情况说明,东下冯型夏文化遗址,或与孔甲有一定关系。"①

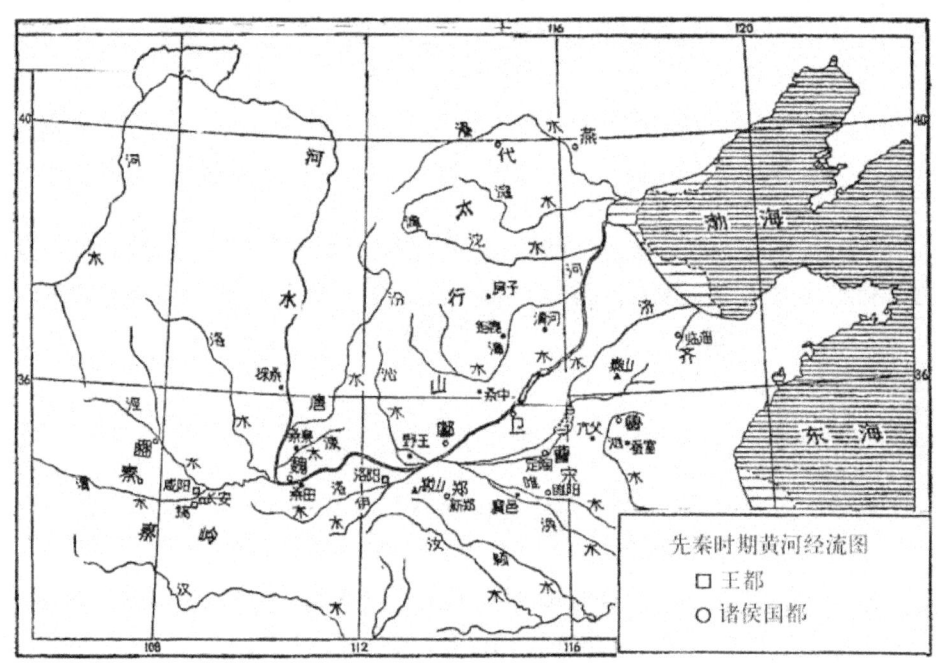

图 2-10　先秦时期黄河经流图

黄河"东河"段的今安阳、淇县、浚县、滑县地区,因在河之西,也被称为"西河",《吕氏春秋·音初篇》:"殷整甲徙宅西河,犹思故处,实始作为西音。"殷整甲即河亶甲,甲骨文作菱甲。此西河在河南省安阳市地区,《太平御览》卷八二引《纪年》:"河亶甲整即位,自嚣迁于相。"河南省安阳市古称相州,这里又有"亶甲城"之称,是《吕氏春秋》的西河应即相地。《史记·孔子世家》载孔子答卫灵公伐蒲之事,"妇人有保西河之志",蒲邑在黄河以西的今滑县,指卫国西境黄河以西的沿岸地带。这一地带迄今还没有发现具有都城规模的夏代文化遗存,胤甲似

---

① 邹衡:《夏商周考古学论文集》第 238 页,文物出版社,1980 年。

无在此地区建都的可能,当以安邑的可能性为大。

夏代的都城启、太康在安邑,太康、仲康在斟寻(今偃师县),相在商丘(今河南商丘市或说濮阳市)和斟灌(今山东寿光市),少康在纶(今河南虞城县),杼在原(今河南济源市)和老丘(今河南开封市东南陈留镇),胤甲在安邑,桀在斟寻,都在黄河中下游地区。①

---

① 朱玲玲:《夏代的疆域》,《史学月刊》1998年第4期。

第四章　夏朝的政治

夏朝的政治体制是中央王朝和同王朝有着较为密切关系的诸侯国。在中央王朝政权设施上有职官、军队、刑法等，用以巩固统治。夏朝虽是我国第一个由城邦制进到王朝领土国家的王权政权，具有早期国家政权不完善的特点，但其基本的政权设施已经具备。

第一节　夏朝的政治体制

夏朝是我国第一个从城邦制国家进到王朝领土国家的王权政权。由于是初期领土国家王权政权，中央王朝政权的力量还不够强大，又缺乏统治经验，且限于当时的经济水平和交通条件，不可能直接控制偌大的地理范围，对中心区以外的地区，只能采用承认其原地国家或部落政权而进行维系。为了加强对这些地区控制，中央王朝将自己的子弟及功臣派到战略重要的地方驻守，从而建立起同中央王朝有着上下级关系的地方级政权，即后世所称的诸侯国，这种统治方式被称为分封制。在考古学上二里头文化是夏朝的文化，迄今为止在全国已发现二里头文化遗址350多处，在河南境内发现250处，山西省境内发现90处，晋南、豫西地区应是夏王朝直接控制的中心地区。在此中心地区之外，东到河南省东部及山东省、西到陕西省西安市以东、南达湖北省的长江以北，西南到达成都平原，北抵山西省及河北省的北境，皆有二里头文化的发现。这些地区就应是原来的城邦小国及王朝中央派往的子弟功臣所建诸侯国控制的地区。夏朝应是一个小国诸侯林立的时代，《左传》哀公七年："禹合诸侯于涂山，执玉帛者万国。"万国虽非实有其数，但说明此时国家甚多。

中央王朝和地方诸侯国是一种中央与地方的上下级关系，这种关系在五帝的舜时就具雏形，进入夏代，继续沿袭这种关系而有所加强。夏朝是我国第一个领土国家王朝政权，是早期国家，所以这种关系当较为松散，进入这种关系的国家也是不多的。随着时间的推移，中央王朝力量的增强，王朝任命一些较强的诸侯国君到朝廷任职，对其拉拢以加强中央王朝的力量，对不服从、反叛的诸侯则进行征讨，于是中央与地方诸侯国的联系就逐渐加强，上下级的关系逐渐得到巩固。这样，实行于夏、商、周三代的分封制的国家体制，就确立起来。

夏朝国家采取封建制的方式，就好比把土豆式的"万国"，装进了口袋，使其成为一个统一体。口袋里的土豆,在条件成熟时,就溶解成一个整体,这就是从秦代开始的郡县制国家体制。

第二节　夏朝的诸侯及其与诸侯国间的关系

夏代的诸侯,其产生途径有两种:一是夏王朝封的子弟功臣;一是从原地氏族部落成长起来的城邦国家,苏秉琦称之为"古国"。① 这些古国进入夏朝就演变成为王朝守土的地方诸侯国。夏朝的诸侯国有与夏王室同姓和异姓两类。

一　夏代的同姓诸侯国

司马迁说禹的后裔封国有十三个,《史记·夏本纪》:"太史公曰:禹为姒姓,其后分封,用国为姓,故有夏后氏、有扈氏、有男氏、斟寻氏、彤城氏、褒氏、费氏、杞氏、缯氏、辛氏、冥氏、斟戈氏。"清人崔述说:"此所记禹之后裔。"② 东汉王符《潜夫论·五德志》亦有关夏代的封国十一个:"姒姓分氏,夏后、有扈、有南、斟寻、泊乳、辛、褒、费、戈、冥、缯,皆禹后。"有南《史记》作有男氏,应为同音字。除泊乳外,皆与《史记》同。

禹的直系后裔所封的诸侯,我们在前面的"前言"里已指出见于商代甲骨文的杞、曾、戈三国,应是《史记·夏本纪》中的姒姓国。姒姓所封的诸侯国还有:

越国。少康子无余封于越,为后世之越国。《史记·越王勾践世家》:"越王勾践,其先禹之苗裔,而夏后帝少康之庶子也。封于会稽以守禹祀。"《吴越春秋·越王无余外传》:"越之前君无余者,夏禹之末封也……禹以下六世而得少康焉,少康恐禹祭之绝祀,乃封其庶子于越,号曰无余。"

斟寻、斟灌二国是夏王的同姓诸侯,《左传》襄公四年:寒浞"使浇用师,灭斟灌及斟寻氏"。杜预《注》:"二国,夏同姓诸侯。"

斟寻国初在今河南省巩义市,古本《竹书纪年》"太康居斟寻",《史记·夏本纪》"帝少康立",《正义》:"臣瓒云:'斟寻在河南,盖后迁北海也。'……《括地志》云:'故寻城在洛州巩县西南五十八里。'"有研究者认为,今河南偃师二里头遗址就是夏时的斟寻。③ 相被寒浞杀后,夏朝势力向东转移,斟寻这个地名亦搬到今山东省内,地在今山东潍坊市。

斟灌国是夏王相所迁依的同姓诸侯国,《水经·巨洋水注》:"薛瓒《汉书集注》云:按《汲郡古文》,'相居斟灌'。"《汉书·地理志》北海郡寿光县下颜师古

---

① 苏秉琦:《辽西古文化古城古国》,《辽海文物学刊》1986年创刊号。
② 崔述:《夏考信录》卷之二,《崔东壁遗书》第128页,上海古籍出版社,1983年。
③ 方酉生:《偃师二里头遗址第三期遗存与桀都斟寻》,杜金鹏、许宏主编:《偃师二里头遗址研究》,科学出版社,2005年。

《注》引应劭曰:"古斟(斟)灌,禹后,今灌亭。"《环宇记》卷十八寿光县下有"斟灌城,亦名东寿光"。地在今山东省寿光市东北四十里斟灌古城内。

褒氏之国在今陕西省汉中市西北褒城镇东。《国语·晋语一》:"周幽王伐有褒,褒人以褒姒女焉。"《史记·周本纪》:"幽王嬖爱褒姒。"《索隐》:"褒,国名。夏同姓,姓姒氏。"《正义》:"《括地志》云:'褒国故城,在梁州褒城县东二百步,古褒国也。'"

费氏。《世本》费作弗。《左传》成公十三年,吕相绝秦:"殄灭我费滑。"杜预《注》:"滑国都费,今缑氏县。"钱穆说:"夏后之费,或指此。今河南偃师县南。"① 杨伯峻说:"费为滑国都城,费滑即滑国。"②鲁僖公三十三(前627年)秦国打算偷袭郑国不成,灭掉滑国而还。郑国在今河南新郑市,偃师在其西,秦军东出潼关,过洛阳,经洛阳北门时曾耀武扬威一番,到新郑必经偃师,故灭滑国。

冥氏国的冥亦作鄍,在今山西省平陆县,《左传》僖公二年:"荀息假道于虞,曰:'冀为不道,入自颠軨,伐鄍三门。'"杜预《注》:"鄍,虞邑。"《括地志》:"故城在平陆县东十里。"《寰宇记》:"在县东北二十里。"

有男氏,司马贞《史记索隐》引《系本》:"男作南。"《逸周书·史记解》:"昔有南氏有二臣,贵宠,力钧(均)势敌,竟进争权,下争朋党,君弗禁,有南氏以分(分裂)。"《水经注》引韩婴《诗序》:"南在南阳、南郡之间。"潘振云:"南郡,指江陵也。秦拔郢,置南郡。今湖广荆州府,隋唐曰江陵。今江陵为县,属荆州府。"③

彤城氏,司马贞《史记索隐》:"周有彤伯,盖彤城氏之后。"钱穆:"《尚书·顾命》:'乃同召彤伯。'胡三省谓秦、魏会彤,即彤伯国,当在郑界。《旧志》华县西南有古彤城。"④在今陕西华县。

夏王封其子弟为诸侯之事为确有,但未成为制度,此事在商代虽有诸子、诸妇之封以巩固统治,也还是不完善,只有到西周时期,周公辅佐成王,才特别强调"封建亲戚,以蕃屏周"的封建目的。顾炎武说夏朝不封子弟,乃是享年不久的根本原因,《日知录》卷三"厥弟五人"条云:

> 夏商之世,天子之子其封国而为诸侯者不见于经,以太康尸位而有厥弟五人,使其并建茅土为国屏翰,羿何至篡夏哉!富辰言周公吊二叔之不咸,故封建亲戚以蕃屏周。而少康封其庶子于会稽以守禹祀,二十余世至越之勾践,卒霸诸侯,有禹之余烈,夫亦鉴于太康孤立之祸而然与。

西周初年封亲戚、功臣目的明确,将可信赖的重要人物封在战略要地,以控制全国,致使西周王朝统治地位得到巩固。统治经验是日渐积累的,刚进入王朝领土

---

① 钱穆:《史记地名考·鲁地名》第469页,商务印书馆,2001年。
② 杨伯峻:《春秋左传注》第862页,中华书局,1981年。
③ 黄怀信等:《逸周书汇校集注》第1027页,上海古籍出版社,1995年。
④ 钱穆:《史记地名考》第258页,商务印书馆,2001年。

文明国家的夏朝,还不可能提出周朝建侯卫的方式,但夏朝封其子弟及同姓为诸侯已有文献和甲骨文、金文为据,并非没有,只是未有周代的明确显眼而已。

二 夏代的异姓诸侯国

夏朝的异姓诸侯见于文献记载的有:

商。商族是个古老的氏族,始祖契是简狄所生,"长而佐禹治水有功",舜任命他为司徒,掌教化。其第四代孙相土,《史记·殷本纪》"相土立"《索隐》:"相土佐夏,功著于商,《诗·商颂》曰:相土烈烈,海外有截,是也。"第七代孙冥,在夏朝担任水官之职,《国语·鲁语上》:"冥勤其官而水死。"韦昭《注》:"冥,契后六事孙,根圉之子也,为夏水官,勤于其职而死于水也。"《史记·殷本纪》"子冥立"《集解》:"宋忠曰:冥为司空,勤其官而死于水中,殷人郊之。"《礼记·祭法》:"冥勤其官而水死,殷人祖契而郊冥。"是商人的首领在夏朝担任要职。在夏朝时期,商是一个诸侯国家,契被"封于商"的商,是个邑名或地区名,是它有独立的领土。它有军队,《山海经·大荒东经》郭璞《注》引《竹书纪年》:"殷王子亥宾于有易而淫焉,有易之君绵臣杀而放之,是故殷主甲微假师于河伯以伐有易,灭之,遂杀其君绵臣也。"甲微又称上甲微,甲骨文中称为上甲。王亥是上甲微的父亲。他从河伯国借军队灭了有易国,杀死其国君绵臣。他自己当然也会有军队,不能全靠他人的军队去报父仇。汤伐桀前所都的亳,据王国维考证在今山东省曹县,①此时已有一支颇具规模的军队。同这次战争有关的有易、河伯,也是夏代的两个诸侯国家。河伯国有军队,他将其借给商人首领上甲使用,可见这支军队是属于河伯的而非属于夏王朝。有易国地在易水流域,今河北省的易县地。

周。周族的始祖弃,为夏朝主管农业的稷官。周族在进入夏朝前就是一个城邦国,所以其首领被称为"后稷",《尚书·舜典》"肆觐东后",孔《传》"遂见东方之国君"。《尔雅·释诂上》:"后,君也。"《尚书·尧典》:"帝曰:弃,黎民始饥,汝后稷,播时百谷。"《史记·周本纪》:"帝舜曰:弃,黎民始饥,尔后稷,播时百谷,封于邰,号后稷。"邰地多说在今陕西武功县,钱穆认为实应在今山西省的稷山县。② 太康时国乱,不窋迁于戎狄之间,大致在今甘肃、陕西地,不能确指。公刘时迁于豳,《史记·刘敬传》:"公刘避桀居豳。"《括地志》云:"豳州新平县即汉漆沮县,《诗》豳国,公刘所邑之地也。"

蓼国。《史记·夏本纪》禹"封皋陶之后于英、六"。《索隐》:"《地理志》六安国,六县。咎繇(皋陶)后偃姓所封国。英地阙,不知所在,而以黥布是其后也。"《正义》:"英,盖蓼也。《括地志》云:光州固始县,本春秋时蓼国,偃姓,皋陶之后

---

① 王国维:《说亳》,《观堂集林》卷十二,中华书局,1959年。
② 钱穆:《史记地名考·周地名》,商务印书馆,2001年。杨升南:《周人的起源及其播迁》,《人文杂志》1984年第4期。

也。《左传》云：子燮灭蓼。《太康地志》云，蓼国先在南阳故县，今豫州郾县故胡城是，后徙于此。"《左传》文公五年："楚子燮灭蓼。臧文仲闻六与蓼灭，曰：'皋陶庭坚不祀，忽诸。'"《史记·楚史家》："穆王四年，灭六、蓼。六、蓼，皋陶之后。"今河南省固始东北有蓼城岗，当即古皋陶后蓼国。另有一同名的蓼国，《左传》桓公十一年："郧人军于蒲骚，将与随、绞、州、蓼伐楚师。"杜《注》："蓼国今义阳棘阳县东南湖阳镇。"古为飂国。《大明一统志》湖阳"故城在今唐县南十八里"。今河南省南阳市唐河县南有湖阳镇。此蓼国为己姓，《潜夫论·志氏姓》："己姓之嗣飂叔安，其裔子曰董父。"桀失败后南逃至此，汤追击"遂伐三朡"的三朡国即此。

六国。六国是皋陶的后裔，地在今安徽省六安县境，商代六国还存在，甲骨文中有名"六"这个国家，①说见前之本编"前言"。

武观国。启征讨的西河姚姓武观国，是一异姓诸侯国。《后汉书·郡国志三》东郡下云："卫，公国。本观故国，姚姓，光武更名。"

虞国。姚姓，是舜子商均所封之国。《史记·陈杞世家》："陈胡公满者虞帝舜之后也。昔舜为庶人时，尧妻之二女，居于妫汭，其后因为氏姓，姓妫氏。舜已崩，传禹天下，而舜子商均为封国。"《索隐》："按：商均所封虞，即今之梁国虞城是也。"虞国与有仍国帮助少康复国（见《左传》哀公元年），地在今河南省虞城县。

有仍国。《史记·吴世家》："帝相之妃有缗方娠，逃于有仍而生少康焉。少康为有仍牧正。"《集解》："贾逵曰：有仍，国名，有缗之家。牧正，牧官之长也。"《索隐》："《春秋》经桓五年天王使仍叔之子来聘，《穀梁传》并作任叔，仍、任声相近，或是一地，犹甫、吕，虢、郭之类。按：《地理志》东平有任县，盖古之仍国。"任为风姓，太皞后。东平，在今山东省东平县，西汉置东平国，治所在无盐县（今山东省东平县南），以《禹贡》之"东原厎平"之义取名，辖境相当今山东省济宁市及汶上、东平等县地区。

有缗国。《史记·楚世家》："桀为有仍之会，有缗叛之。"《集解》："贾逵曰：缗，国名。"《太平御览》卷一三五引《纪年》："后桀伐岷山，岷山女于桀二人，曰琬、曰琰。"《韩非子·难四》："桀索缗山之女。"缗山即岷山，缗山即有缗。②《左传》僖公二十三年："齐侯伐宋，围缗。"杜预《注》："缗，宋邑。高平昌邑县东南有东缗城。"《括地志》："东缗故城，在兖州金乡县界。"今山东省金乡县东北二十五里有缗城阜，即夏之有缗国地。

葛国。汤伐夏桀，先剪除其与商为邻的诸侯葛国。《孟子·滕文公下》："汤居亳与葛为邻。"汤借口葛伯不祭祀且"仇饷"（杀民送饭食的儿童）而开始灭夏的战争，"汤始征自葛载，十一征而无敌于天下。"汤征讨的诸侯国应都是夏朝的诸

---

① 齐文心：《"六"为商之方国说》，载《甲骨探史录》，三联书店，1982年。
② 方诗铭、王修龄：《古本竹书纪年辑证》（修订本）第18页，上海古籍出版社，2005年。

侯国。《汉书·地理志》:"葛,今梁国宁陵之葛乡。"地在今河南省宁陵县北。

韦国。《诗经·商颂·长发》述汤伐桀的进军路线:"韦、顾既伐,昆吾夏桀",毛《传》:"有韦国者,有顾国者,有昆吾国者。《笺》云:韦,豕韦,彭姓也。顾、昆吾皆己姓也。三国党于桀恶,汤先伐韦、顾,克之,昆吾及夏桀同时诛也。"

韦即豕韦。《左传》襄公二十四年"豕韦氏"杜预《注》:"豕韦,国名,白马县东南有韦城。"陈奂《毛诗传疏》:"今河南卫辉府滑县东南有废韦城。"地在今河南省的滑县。

顾国。顾即扈,商代甲骨文中作雇,甲骨文中的雇伯,即是文献中的夏代诸侯顾,说见"前言"。

昆吾。昆吾国先在今河南省的濮阳市,《左传》哀公十七年:"卫侯梦于北宫,见人登昆吾之观,被发北面噪曰:'登此昆吾之虚。'"卫国本在今河南淇县,春秋初被狄人灭而迁于帝丘即今濮阳市。《国语·郑语》"昆吾为夏伯矣",韦昭《注》:"昆吾,祝融之孙,陆终第一子,名樊,已姓,封于昆吾。昆吾,卫是也。其后夏衰,昆吾为夏伯,迁于旧许。《传》曰:'楚之皇祖伯父,旧许是宅。'""旧许"即今许昌市。许国本在今许昌市,属楚国集团,许灵公因地逼近晋国集团的郑国,感到受威胁,乃请求迁其国于楚国境内。鲁成公十五年(前576年)楚派公子申将许国迁于叶(今河南省叶县),故楚人称许国原居地为"旧许"。

胤国。《史记·夏本纪》:"帝中康时,羲和湎淫,废时乱日,胤往征之,作《胤征》。"《集解》:"孔安国曰:胤国之君,受王命往征之。郑玄曰:胤,臣名。"孔、郑二人两说不矛盾,胤称胤侯,显然是诸侯国,故称"胤国";诸侯国君在朝廷担任重臣,如商的冥担任夏朝水官、周人担任农官等,胤国之君在夏朝掌六师,当然是夏朝的臣。

羲和国。羲和本是夏时一诸侯国,夏商时期诸侯国(氏族、部落)的首领以其国名为名,故有人、地同名现象。但文献中却将羲和作两个氏族,《尚书·尧典》尧时有羲仲、羲叔,和仲、和叔,即是将羲和作两个氏族之名,他们四人共"掌天地"即天文历法之事。使人不可解者,一是按古时兄弟排序是以伯仲叔季或伯仲季、伯叔季名排序,老大称伯,而羲氏、和氏两族都没有长房"伯",为何如此一致?二是他们的职掌相同,其行为、品德也十分地一致,在太康时都"湎淫"而致"废时乱日",甚是奇怪。羲和是重黎之后,《尚书·尧典》孔安国《传》:"重黎之后,羲氏和氏,世掌天地四时之官。"重黎也被说是两个人,《国语·楚语》:"颛顼受之,乃命南正重司天以属神,命北正黎司地以属民。"《尚书·吕刑》"乃命重黎",孔安国《传》:"重即羲,黎即和。"掌天文历法之事,尧时是四人,夏商时减少为重和黎两个人,到周时则减少成一人,《国语·楚语》:"至于夏商,故重、黎世叙天地,而别其分主者也。其在周,程伯修父其后也,当宣王时,失其官守,为司马氏。"韦昭《注》:"程,国名。伯,爵。休父,名也。失官守,谓失天地之官。"四人变成两人,两人变成一人,这一人在周时是程国的国君,其爵为伯,其名为休父。我们用逆推法,则是本是一人,后由一人变成两人,两人变成四人。其实,两人、四人都是一人的增繁而来的。所以司马迁将重黎定为是一个人的名字,《史记·楚世家》:"高阳生称,称生卷章,卷章生重黎。重黎为帝喾高辛氏火正,甚有功,能光融天下,帝喾命曰祝融。共工氏作乱,帝喾使重黎诛之而不尽,帝乃以庚寅日诛重黎,以其弟吴回为重黎。"羲和本是一个国家的名字,《山海经·大荒南经》:"东南海之外,甘水之间,有羲和之国。有女子名曰羲和,方日浴于甘渊。羲和者,帝俊之妻,生十日。"羲和是国名,此国之国君亦得以国名称之,故有人名为羲和的。羲和是个国家的名字,在夏代其国君在王朝担任"掌天地"的官,因太康荒淫而回到本国内,不愿到王朝履职,当然被视作反叛,故夏王帝相派胤国君率大军征讨。①

申和吕。《史记·齐世家》:"太公望吕尚者,东海上人也。其先祖尝为四岳,佐禹平水土,甚有功。虞、夏之际封于吕,或封于申,姜姓。夏商之时,申吕或封支庶,子孙或为庶人,尚其后裔也。"《索隐》:"《地理志》曰:申,在南阳宛县。申,伯国也。吕亦在宛县之西也。"宛即今河南省南阳市。周时有"西申",2008年清华大学获赠一批战国楚竹简,中有《纪年》的一篇,其文中有:"周幽王娶妻于西申,生平王。"②西申地在陕西北部,地近安定县。③二里头文化不到陕北,申或先在宛而后一支西迁者名为西申。

薛国。《左传》定公元年薛宰说:"薛之皇祖奚仲居薛,为夏车正。奚仲迁于邳,仲虺居薛,以为汤左相。"《史记·陈杞世家》:"滕、薛、驺,夏殷周之间封也,小,不足齿列。"《索隐》:"薛,奚仲之后,任姓,盖夏、殷所封,故《春秋》有滕侯、薛侯。"《括地志》:"故薛城古薛侯国也,黄帝之所封。……后为孟尝君田文封邑也。"地在今山东省的滕州市,有薛国故城遗址在。

滕国。《史记·陈杞世家》司马贞《索隐》:"滕不知本封,盖轩辕氏子有滕姓,是其祖也。后周封文王子错叔绣于滕,故宋忠云:'今沛国公丘是滕国也。'"地在今山东省滕州市西南。

驺国。驺又作邾,《史记·陈杞世家》司马贞《索隐》:"邾,曹姓之国,陆终氏之子会人之后。邾国,今鲁国驺县是也。"驺今作邹,地在今山东省邹城市。

有穷国。国君名羿,因是国君故被称为后羿。他趁太康荒淫,国力衰弱,攻

---

① 《世本·作篇》"黄帝使羲和作占日",张澍按语引多种古籍载羲和是一个人名或国名:"《吕氏春秋》云:'羲和作占日,占日者,占日之晷影长短也。'《山海经·大荒南经》有羲和之国,'有女子,名曰羲和,方浴日于甘渊。羲和者帝俊之妻,生十日。'郭(璞)注:'盖天地始生,主日月者也,故启筮曰:龙桑之苍苍,八极之既张,乃有夫羲和,是主日月,职出入以为晦明。'又曰:'瞻彼上天,一明一晦,有羲和之子。出于旸谷。故尧因此立羲和之官,以主四时。'《尸子》曰:'造历象者,羲和子也。'《广韵》'羲和造历。'"都说羲和是一个古老的氏族部落,其首领名羲和,是其首领以部落名为名。进入夏朝,当是夏的诸侯国,其首领在朝廷为官。

② 李学勤:《清华简〈纪年〉及有关古史问题》,《文物》2011年第3期。

③ 蒙文通:《蒙文通文集》第二卷,第73页,巴蜀书社,1993年。

取了王都,《左传》襄公四年载魏绛曰:"昔有夏之方衰也,后羿自鉏迁于穷石。因夏民以代夏政。"《史记·仲尼弟子列传》:"羿善射。"《集解》:"孔安国曰:羿,有穷之君,篡夏后位,其徒寒浞杀之。"有穷氏是个古老的部族,《史记·夏本纪》张守节《正义》引《帝王世纪》:"帝羿有穷氏,未闻其先姓何,帝喾以上世掌射正,至喾赐以彤弓素矢,封之于鉏,为帝司射,历虞、夏。羿学射于吉甫。其臂长,故以善射闻。及夏之衰,自鉏迁于穷石,因夏民以代夏政。"有穷地在今洛阳市西南,鉏地在今河南滑县东十五里,穷石即穷谷。地在今洛阳市南。①

有鬲氏。《左传》襄公四年:"靡自有鬲氏,收二国(斟寻、斟灌)之余烬,以灭浞而立少康。"杜预《注》:"有鬲,国名,今平原鬲县。"据《续山东考古录》其地当在今山东省德州市东南二十五里。

季萴。《左传》昭公二十年齐景公饮酒高兴时说:"古而无死,其乐若何?"晏子对他说:"古而无死,则古之乐也,君何得焉!昔爽鸠氏始居此地,季萴因之,有逄伯陵因之,蒲姑氏因之,而后太公因之。古若无死,爽鸠氏之乐,非君所愿也。"《汉书·地理志》齐地"少昊之世有爽鸠氏,虞、夏时有季萴,汤始有逄伯陵,殷末有蒲姑氏,皆为诸侯,国此地"。是季萴为夏时东方一诸侯国。

有施国。《国语·晋语一》:"史苏曰:昔夏桀伐有施,有施人以妹喜女焉。妹喜有宠,于是与伊尹比而亡夏。"韦昭《注》:"有施,喜姓之国,妹喜其女也。"

巢国。汤伐桀,桀失败奔南巢。地在今安徽省巢县,《水经·沔水注》:"沔水与江水合,又东过彭蠡泽,又东北出居巢县南,古巢国也。汤伐桀,桀奔南巢,即巢泽也。"在考古学上,这一地区已发现多处夏代的二里头文化和商前期的二里岗文化,②证实夏、商时期这里是个古国所在地,与文献记载的古巢国地望相符。

东方的诸夷人之国,对夏朝有着较好的关系,古本《竹书纪年》:"后芬发即位,三年九夷来御。"③东夷有九国,《太平御览》卷七八〇之四夷部引《竹书纪年》:"后芳(芬)即位,三年,九夷来御,曰畎夷、于夷、方夷、黄夷、白夷、赤夷、玄夷、风夷、阳夷。"夏王帝泄时对东夷诸国国君加封爵位,《通鉴外纪》卷二引《纪年》:"帝泄二十一年,加畎夷等爵命。"夏朝同东方的夷族人建立起了稳固的关系,帝发(夏桀的父亲)即位时,九夷载歌载舞来到夏朝的王都朝贺新王登基,《后汉书·东夷传》注引《竹书纪年》:"后发即位,元年,诸夷宾于王门,诸夷入舞。"夏王能调动九夷的军队,《说苑·权谋》:"汤欲伐桀,伊尹曰:'请阻乏贡职,以观其动。'桀怒,起九夷之师以伐之。伊尹曰:'未可,彼尚能起九夷之师,是罪在我也。'汤乃谢罪请服,复入贡职。"东方夷人之国承认夏朝的统治,无疑是夏朝的诸侯国。

---

① 杨伯峻:《春秋左传注》第936页,中华书局,1981年。
② 杜金鹏:《关于夏桀奔南巢的考古学探索及其意义》,《华夏考古》1991年第2期。
③ 《后汉书·东夷传》注引《竹书纪年》。

《史记·夏本纪》司马迁说,"禹为姒姓,其后分封,用国为姓",举出有十二国,《路史·国名纪丁》列举出夏代的封国有五十八个:骆、崇、虹、高密、阳翟、夏、辛、长子、西翟、观、扈、莘、巢、邓、纶、缯(二)、越、会稽、姑越、姑蔑、于越、句余、瓯余、顾余、闽越、黄林、余不、姑於、海阳、琅琊、秣陵、东瓯、东越、越沤、句章、甬东、瓯人、瓯邓、诸暨、武城、没鹿、巢(二)、杞、娄(五、楼、牟娄)、阳、沛、泊、弗(费、鄪)、冥(鄍三)、褒(二)、沈(寝)、男(南)、彤、鬻、鲍(四)、流黄、革育、大夏,包括同姓、异性诸侯。其中有十一国是《史记》书中所有的。当然,《路史》所载真假参半,只可做参考,但夏朝在中央王朝下存在半独立的诸侯、方国的国家体制应是历史事实。

三 诸侯与王朝的关系

诸侯国有自己固定的领土、职官和军队,是一个独立的政治实体,但它们又是不完全独立的,要接受夏王朝中央的领导,具有上下级的层级政权关系。这种关系表现在以下方面:

(一)在王朝任要职。前已指出过,如商族的祖先相土、冥,周人的祖弃、羲和都在王朝担任要职。① 彭伯、胤侯都受王命率领王师讨伐叛夏的诸侯,今本《竹书纪年》启十五年"武观以西河叛,彭伯寿帅师征西河,武观来归"。彭伯、胤侯担任王朝的军事长官。薛国国君奚仲任王朝车正等都是。

(二)夏王对诸侯可囚杀。此种关系在禹时就已经形成,《国语·鲁语下》:"禹会群神于会稽之山,防风氏后至,禹杀而戮之。"夏启对武观、夏王相对羲和的征讨,都是使用国法的"大刑"即所谓的"大刑用甲兵"者。夏桀囚商首领汤于夏台,《史记·夏本纪》:"夏桀不务德而武伤百姓,百姓弗堪,乃召汤而囚之夏台,已而释之。"桀对汤是可囚可杀,这当然是一种君臣关系。

(三)向王朝纳贡。孟子说夏后氏五十而贡,《禹贡》篇有关记载,当有一定的史事。诸侯要对夏王朝履行"职贡",《说苑·权谋》:"汤欲伐桀,伊尹曰:请阻乏职贡。"贡即贡品,为王朝缴纳各类物品,"阻乏职贡"是汤不到朝廷做事即不供职,不向朝廷缴纳贡品即不贡。

(四)诸侯国对夏王朝具有一定的独立性。诸侯对夏朝叛服无常,视王朝的强弱和夏王的施政方针而定,前引《说苑·权谋》说伊尹教汤不对桀纳贡,桀起九夷之师伐商,汤乃继续入贡。次年伊尹让汤再次不向桀纳贡,桀又召九夷之师伐汤,九夷见桀政荒失民心,"九夷之师不起",乃不出师助桀。《韩非子·十过》称,夏王贪于享乐而使诸侯国离去而亡国:"舜禅天下而传之于禹,禹作为祭器,墨染其外,而朱画其内,缦帛为茵,蒋席颇缘,觞酌有采而樽俎有饰,此弥侈矣,而国之

---

① 《史记·夏本纪》、《尚书·胤征》。

不服者三十有三,夏后氏没,殷人受之。"《史记·夏本纪》:"帝孔甲立,好方鬼神,事淫乱,夏后氏德衰,诸侯叛之。……帝桀之时,自孔甲以来而诸侯多畔夏。……汤修德,诸侯皆归汤。"这些叛服无常的诸侯国,是同夏王没有血缘关系的异姓诸侯国。它们同夏王朝的关系是比较松散的,王朝强则服,弱则离。

第三节 夏朝的职官

文献记载,夏朝的职官总数已上百,《礼记·明堂位》记三代时各代的职官总数:"有虞氏官五十,夏后氏官百,殷二百,周三百。"还有说夏朝的职官总数有一百二十,并设立了三公。据古文献所载,夏朝职官的具体设置为:

卿。《尚书大传·夏传》说夏朝的职官情况:"天子三公,一曰司徒公,二曰司马公,三曰司空公。百姓不亲,五品不训,则责之司徒;蛮夷猾夏,寇贼奸宄,则责之司马;沟渎壅遏,水为民害,田广不垦,则责之司空……古者天子三公,每一公三卿佐之,故有三公九卿二十七大夫八十一元士,所与为天下者,若此而已。"郑玄《注》说:"自三公至元士,凡百二十,此夏时之官也。"《尚书大传》中所说夏朝已经设置了三公九卿之制,还难于坐实,不过文献记载,在夏启时已有"六卿",《尚书·甘誓》是启讨伐有扈氏战争的誓师辞,此云:"大战于甘,乃召六卿。王曰:'嗟!六事之人,予誓告汝'。"孔《传》"六卿"、"六事"云:"天子六军,其将皆命卿。""各有军事,故曰六事。"孔颖达《正义》谓:"卿为军将,故云'乃召六卿'及其誓之非六卿而已。郑玄云:'变六卿言六事之人者,言军吏下及士卒也。'"这是在夏初启的誓师辞中反映出夏有卿的设置。古时"国之大事,在祀与戎",卿是最高级别的职官,它既掌军事又掌管民事,当然,其下还有主管各部门的职官。

主农业的官。主管农业的官称为稷,相当于今之农业部长。《国语·周语上》周王室大臣祭公说周人的先祖世代为夏朝的稷官,"昔我先王世后稷,以服事虞夏。及夏之衰也,弃稷不务,我先王不窋用失其官而自窜于戎狄之间"。韦昭《注》:"谓启子太康废稷之官,不复务农也。"稷是五谷的总名称,《广韵·职韵》"稷,五谷之总名。"故掌管农事的官称为"稷官"。《尚书·尧典》:"弃,黎民阻饥,汝后稷,播时百谷。"孔颖达《疏》:"稷是五谷之长,立官主此事。"《左传》昭公二十九年"稷,田正也"。孔颖达《疏》:"百谷稷为其长,遂以稷名为农官之长。""世后稷"即世代为稷官。后稷的"后"即官长之意,五代时人徐锴《说文系传统论》:"古谓官长曰后。""后稷"是稷官之长,主管农业事务。

主管水利的官。商人的先祖冥曾担任夏朝的水官,相当于今之水利部长。《国语·鲁语上》:"冥勤其官而水死",韦昭《注》谓:"冥,契后六世孙根圉之子也,为夏水官,勤于其职而死于水。"

主管车马的职官。称为车正,相当于今之交通部长。《左传》定公元年:"薛宰曰：薛之皇祖奚仲居薛，以为夏车正。奚仲迁于邳，仲虺居薛，以为汤左相。"古籍记载奚仲是车的发明者，张澍集本《世本·作篇》："奚仲始作车。"《山海经·海内经》则记载作车是奚仲之子，"番禺生奚仲，奚仲生吉光，吉光是始以木为车"。郭璞《注》调和说："《世本》云'奚仲作车'，此言吉光，明其父子共创之意，是以互称之。"古文献里皆记载车是奚仲所发明，《管子·形势解》："奚仲之为车也，方圜曲直，皆中规矩钩绳，故机旋相得，用之牢利，成器坚固。"《说文》车字下云："车，夏后氏奚仲所造。"传说山东省滕县的奚公山是奚仲发明车的地方，《元和郡县图志》卷九谓："奚公山在县东南六十六里，奚仲初造车于此。"刘芳《徐州记》："奚公山，在滕县东南六十里，奚仲造车处，上有轨辙，见存。"①

另有说车为黄帝作，只是使用的畜力不同，张澍在《世本》"奚仲始作车"句下云："澍按：《古史考》黄帝作车，引重致远。少昊时驾牛，禹时奚仲驾马。"古人称禹为夏王，故"禹时"即是夏时。

考古学中已发现了夏代使用车的一些物证，2003年在偃师二里头宫殿遗址区南侧的大道上，发现两道平行的车辙，长5米余，轨距宽1米，属二里头文化第二期。② 与此相关的是，在洛阳皂角树二里头文化遗址发现的属于三期陶器上的车字，其年代约为夏代晚期。③ 在安阳殷墟出土的马车两轨之间的距离为2.15米—2.40米，二里头发现的车轨距仅宽1米，当非马驾的车而应是用人推或拉的人力车，使用马驾的车在夏代还没有发现。

史官。史官称为太史，其长称太史令，夏末有终古担任此职，《吕氏春秋·先识》："夏太史令终古出其图法，执而泣。夏桀迷惑，暴戾愈甚。太史令终古乃出奔于商。"古时国王、皇帝身边都设有记录其言行的人，称为史官，有左、右二人，左史记言，右史记行。行为《春秋》，言为《国语》，此两书即是春秋时期记录国君行为和言语的两部书。

主历法之官。主历法之官称羲和，《史记·夏本纪》："帝中康时，羲和湎淫，废时乱日，胤往征之，作《胤征》。"《胤征》是古文《尚书》中的一篇，《集解》引孔安国："羲氏和氏，掌天地四时之官，太康之后，沈湎于酒，废天时，乱甲乙也。"天时指季节，甲乙指日期，商代甲骨文就是以十个天干字，即甲乙丙丁戊己庚辛壬癸纪日。干支是何时出现的，还不清楚，不过夏朝的王胤甲、孔甲、履癸，禹母修已，都是使用天干字取名，干支或在夏代已有了，但迄今还没有发现有系统的夏代文字，故不能得到确证。据《尚书·尧典》羲和在尧时就主掌历法，掌历法是个技术性的职业，技术性的职业一般在同一家族中世代相传继，所以到夏朝时，还是羲

---

① 转引自张澍稡集补注《世本》。
② 许宏、赵海涛：《二里头遗址发现宫城城墙等重要遗存》，《中国文物报》2004年6月18日。
③ 洛阳文化工作队：《洛阳皂角树——1992—1993年洛阳皂角树二里头文化聚落遗址发掘报告》第74页，科学出版社，2002年。

和家族掌管历法。

乐正。主管音乐及文化之事的职官,相当于今之文化部长。古人很重视音乐,被认为是调节人与人之间的关系、治理天下的重要措施。《尚书·尧典》载,舜命夔掌管乐政时对他说:"夔!命汝典乐,教胄子。直而温,宽而栗,刚而无虐,简而无傲。诗言志,歌永言,声依永,律和声。八音克谐,无相夺伦,神人以和。"胄子即国子,是贵族子弟的通称。直是正直,温是温和,是温和而正直。宽是宽厚,栗是缜密,是宽厚而行事缜密。刚是刚毅,虐是虐害,是刚毅而不虐害。简而无傲是简约而不傲慢。这四句是用音乐来调教国子们的品德。"诗言志"四句是教国子(学生)乐的具体内容。乐即今日的音乐,是有歌词有曲谱要能唱的。所谓诗就是歌词,歌即是唱,永即咏,言就是歌词所表达的情感即志向。声是乐曲,即宫、商、角、徵、羽,古时称为五声,同今日称的 D 调、C 调等。声依永(咏)即根据歌词的内容采用相应的调子。律是六律六吕,即和声。八音即八种材质制作的乐器,有金、石、丝、竹、匏、土、革、木,克谐即配合恰当。无相夺伦即不要忽高忽低不成调。这样就能达到神和人都和睦相处,从而建立起和谐社会。《周礼·大司乐》即是《尚书》的乐正,他要用乐德、乐语、乐舞、乐曲教育学生。所谓乐德就是以音乐来进行对学生的品德教育,即中庸、平和、谨慎、谦逊、孝顺、友爱。乐语即歌词。乐舞即和着乐曲跳舞,《诗经》里的诗都是可用以跳舞歌唱的歌词,即墨子所说的"歌诗三百,诵诗三百,舞诗三百"。《左传》襄公十六年"晋后与诸侯宴于温,使诸大夫舞,曰'歌诗必类'"。"歌诗"是舞蹈时所唱的歌词,所"歌"的"诗"是《诗经》里的诗。《大司乐》下说乐的作用是"以致鬼神示,以和邦国,以谐万民,以安宾客,以说(悦)远人,以作动物"。"作动物"就是进行各种劳作。其功用包含社会所有的方方面面。

乐的作用如此之巨大,所以统治者都很重视,夏朝立国伊始就设有乐正之职,《左传》昭公二十八年讲到夏朝乐官被灭之事:"昔有仍氏生女黰黑而甚美,光可以鉴,名曰玄妻。乐正后夔取之,生伯封,实有豕心,贪惏无厌,忿类无期,谓之封豕。有穷后羿灭之,夔是以不祀。"夏朝的乐正伯封荒淫,被羿灭掉。夔在舜时担任乐官,进入夏代仍任此职。夔是个氏族名,乐是艺术性很强的职业,是家传,故在夏代乐正之官仍名为夔,他是夔族的首领。

从事演奏的乐工是盲人,称为"瞽",仲康时发生一次日食,天文官没有推算出来,全国上下为之惊恐,《夏书》上记载了这件事:"辰不集于房,瞽奏鼓,啬夫驰,庶人走。"(《左传》昭公十七年引《夏书》)鼓这种乐器,在陶寺遗址里已有发现,是夏代乐器中已有鼓,由瞽人演奏。

啬夫。上引《夏书》里记载发生日食时有"啬夫驰",啬夫是一职官名。杨伯峻《春秋左传注》引尹知章注《管子》时说,啬夫分吏啬夫和人啬夫,"吏啬夫为检束群吏之官,人啬夫为检束百姓之官"。

掌卜筮之官。《左传》哀公十八年：" 《夏书》曰：官占唯能蔽志，昆命于元龟。"杜预《注》："官占，卜筮之官。蔽，断也。昆，后也。言当先断意，然后用龟也。""官占"即官府的占卜。官府占卜当然是由设有专门掌管占卜活动的官进行。卜筮本是欺骗人的迷信活动，卜官是国家的御用工具，为统治阶级服务的，所以他的占卜要"蔽志"即先断意，所断的"意"当然是让他占卜者的"意"，即了解占卜者所要的占卜结果。卜官了解了占卜者所需要的结果后，然后才进行占卜。当然，他的占卜结果也就必然同占卜者的"意"相符（也必须同占卜者的"意"相符），占卜活动才能结束。从此可见，古人早就清楚占卜只不过是骗人的把戏。

第四节　夏朝的军队

军队是国家政权主要组成部分，是政权的支柱。恩格斯说军队的设立，是国家同氏族制社会最根本的不同点之一。它是"在每一个国家里都存在"的"公共权力"，"构成这种权力的，不仅有武装的人，而且还有物质的附属物，如监狱和各种强制机关。"[①]设立军队的目的有二：一是对内。镇压民众的反抗，巩固政权；二是对外。对外的任务亦有二，一是防范敌人的入侵，保卫人民的生命财产安全和国家领土的完整。二是对外发动侵略战争，以扩大疆土或掠夺他国人民的财富。中国古代的军队，在五帝的城邦时期就已经有了雏形，在从黄帝到尧舜禹时期都曾对其他城邦进行过战争，如黄帝的"三战然后得其志"的同炎帝、蚩尤的战争，尧舜禹时对苗民的战争等。战争是由有组织的军队进行的，这军队是否常备同进行战争的关系不大。夏朝军队应是在禹时军队基础上的加强及扩大。夏朝诸王以这支军队不断进行战争，如启伐有扈氏、武观，相征东夷，杼伐九苑，桀伐岷山以及桀同汤的战争等。

一　夏朝军队的领导

夏朝的军队由夏王直接统领、指挥，如《甘誓》所反映启伐有扈氏的这场战争，战前夏启亲自命将出征："大战于甘，乃召六卿。"卿是统兵的将领，战前召集他们，是任命他们领军出征；向军将发布战争动员令："王曰：嗟！六事之人，予誓告汝！"六事即六卿。"誓告"即严肃地宣告，是向他们宣告有扈氏的罪行和为什么要出兵讨伐他的原因；宣布战场纪律："左不攻于左，汝不恭命。右不攻于右，汝不恭命。御非其马之政，汝不恭命。"一辆战车上配有三人，"左人执弓，右

[①] 恩格斯：《家庭、私有制和国家的起源》，《马克思恩格斯选集》第四卷，第167页，人民出版社，1972年。

人执矛,中人御。"①御就是驾车。金履祥说:"左主射,右主击刺,御主马,各守其职。""恭命"谓奉命;颁布奖惩条例,不遵守命令,就要受到惩罚:"用命,赏于祖。弗用命,戮于社。予则奴戮汝。"祖即祖先的宗庙,社即社稷坛,祭祀土地神的地方。戮是诛杀,奴即降为奴隶。可见,夏王启是军队的最高领导者。《甘誓》篇的左、右、御是战车上人员的配置,夏代还没有驾马车发现,是否有战车还无定论。

夏朝军队的数量,有六师之说。古文《尚书·胤征》里有夏王仲康任命胤侯统帅六师前去讨伐失职的羲和:"惟仲康肇位四海,胤侯命掌六师。羲和废厥职,酒荒于厥邑,胤侯承王命徂征。"夏代军队的规模当有个发展、扩大的过程。夏代历时四百多年,其军队规模是随着需要逐渐扩大,其建制是逐渐完善起来的。

二 夏朝军队的构成

夏朝国家体制是分封制,即王朝和诸侯国。夏朝王国的军队已如上述,诸侯国之间时有战事发生,是他们拥有自己军队的证据。商先祖上甲微的父亲王亥被有易人杀死,他为父报仇向河伯借兵攻杀了有易国君,《山海经·大荒东经》郭璞《注》引《竹书纪年》:"殷王子亥宾于有易而淫焉,有易之君绵臣杀而放之,是故殷主甲微假师于河伯以伐有易,灭之,遂杀其君绵臣也。"河伯是河国的国君,是夏朝的一个诸侯国,他拥有自己的军队,可以借给他人,是这支军队完全是由河伯统率的。

商人在夏朝末年伐桀时已拥有一支相当规模的军队了。《吕氏春秋·简选》篇云:"殷汤良车七十乘,必死六千人,以戊子战于郕,遂擒推移大牺,登自鸣条,乃入巢门,遂有夏。""必死六千人"是汤的敢死队。《墨子·明鬼下》谓汤伐桀时的战车只有九辆:"汤以车九辆,鸟陈雁行。汤乘大赞,犯遂(逐)下(夏)众,人(入)之郊(郊)遂,王乎(呼)擒推移大戏。"

前已指出过,东方九夷国都有自己的军队,称为"九夷之师"。

诸侯、方国的军队是独立的,有时听从中央王朝的调遣,有时不听,上引《说苑·权谋》篇说,汤伐桀的第一年桀能"起九夷之师"助桀对付商人,次年不听桀调动了,"明年,又不贡职,桀怒起九夷之师,九夷之师不起"。是诸侯国的军队具有很大的独立性,中央王朝不能完全控制。

三 夏朝军队士兵的来源

夏朝士兵的主要来源是平民,他们是有财产有人身自由权的人。马克思说:"由家庭构成的社会,首先是要按军事方式组织起来,成为战争或军事体制,这是它以财产所有者的资格而生存的一个前提。"这是因为"土地所有权靠社会的存

---

① 《诗经·鲁颂·閟宫》郑玄笺。

在来保证,而社会的存在又以社会成员采取服兵役等等形式、用他们的剩余劳动来保证"。① 要保护财产和自由的权利,社会成员就要当兵。少康复国时,"有田一成,有众一旅",②是耕种一成田上的农民组成一个旅的军队,土地"田"与军队"旅"相连。古时以"井"为起始计量土地,"方里为井","方十里为成",一成田有九百井。除去道路、沟洫、房屋所占,一成可得耕地六十四井。③ 孟子云"方里而井,井九百亩,其中为公田,八家皆私百亩,同养公田"④。六十四井得五百一十二家。战争时家出一人从军,得512人。据《周礼·司马》军队编制是五百人为旅,与一成田上耕者的人数相当。是少康复国时的军队士卒为农民。《国语·周语下》引《夏书》曰:"众非元后,何载? 后非众,无与守邦。"此处的"众"同少康"有众一旅"的众一样,主要是种田的农民。"后"是君的称呼,"元后"即国王。国王和百姓被形容为水和舟的关系,不可分离,"何载"的意思是百姓没有人来领导就没有个头,国王没有百姓也就没有人为他防守边疆。"守边"的当然是军队士兵。上举《尚书·甘誓》里,启对战士颁布的奖惩条款中,受奖惩的场所是"赏于祖""戮于社"。在祖庙受奖赏,即在祖先的神主牌位前接受赏赐,说明受到赏赐的人是有宗庙的族人。社是供奉社稷神即土地神的地方,在土地神前被斩杀,表示是剥夺其土地使用权。此说明被赏被罚的士兵都是农民。

夏朝是我国第一个从城邦文明国家进入到王朝领土国家文明社会的王朝国家,在城邦时期,社会结构是血缘氏族组织为基础,夏朝刚刚从城邦制社会脱胎而来,其社会结构是"以氏族为基础的社会和以领土与财产为基础的社会并存"⑤。血缘氏族组织在社会生活里还起着相当大的作用,在进入领土国家政权后,氏族首领变为贵族,成为统治阶层人物。新的国家政权利用氏族这个具有固定地域范围的社会基层组织形式,将其纳入国家政权框架内进行组织管理,旧的氏族首领成为地方政权长官,既方便且实用。在城邦社会时代,每个男性氏族成员都是战士,都必须参与同城邦有关的战争,所以他们都是战士。进入王朝领土国家体制以后,每家的男性成员仍然是战士,一旦有战事,以前的氏族首领即是现今的地方长官,就率领着本氏族的成员,作为一个战斗单位参加战争。

四 夏代军队的装备

军队装备主要是指兵器和运输工具。运输工具即战车。车既是运输工具,战斗时又是一种重要的武器装备。古文献记载奚仲是夏朝的车正,主管车的事

---

① 马克思:《资本主义生产以前的所有制形态》,见中国科学院历史研究所编:《马克思、恩格斯、列宁、斯大林论资本主义以前的所有制形态》第305、307页,文物出版社,1979年。
② 《左传》哀公元年。
③ 《周礼·考工记》郑注。
④ 《孟子·滕文公上》。
⑤ 马克思:《摩尔根〈古代社会〉一书摘要》第209页,人民出版社,1972年。

务。在《尚书·甘誓》篇里有左、右、御三类战士,是战车上的人员配置,是说启在对有扈氏的战争中使用了车战。车在夏文化的考古遗存中仅发现两轨宽 1 米的车辙,是一种人力推拉的小车,不可能用在战争中,所以夏朝军队装备是否有战车,就目前所掌握的材料,还不能证明,只得存疑以待将来考古学的发现。

夏朝是冷兵器时代,制造兵器的材料有金属和非金属两种。金属兵器是用青铜器制造的。

夏朝的青铜兵器的种类有钺、戚、戈和箭头四种。钺是军队指挥官所使用的武器,它既是杀人的用器,更是权力的象征,《尚书·牧誓》周武王"左杖黄钺,右秉白旄以麾",旄是旄牛尾,麾,指挥。诸葛亮《街亭自贬疏》:"亲秉旄钺,以属三军。"2000 年 6 月在河南省偃师县二里头遗址范围内的圪垱头村发现一件青铜钺。(图 2-11)平面呈长方形,体薄平,刃部外侈,较钝。中央有一凸起结构,长约 1.8 厘米,厚度与钺身相等,顶面呈断渣状,似为器身折断的痕迹,据此推测此器可能有内。钺身近肩部饰带状网纹一周,花纹突起。其下有一圆孔。整器残长 13.5 厘米、刃宽 7.6 厘米、器身宽 6.1 厘米、厚 0.5 厘米,肩部最厚处为 0.6 厘米。

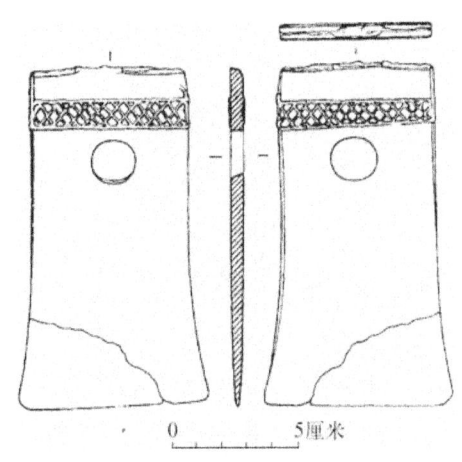

图 2-11 二里头遗址出土的铜钺

(采自《考古》2002 年第 11 期)

戈是我国最具民族特点的一种古老兵器,专用于战争中钩割或啄击敌人,与生产工具无关。它的出现在兵器和生产工具之间划开了一条界线,是兵器专门化的标志。专门用于战争的武器出现,则是有组织军队存在的反映。夏代的铜戈于 1975 年秋发现于河南省偃师县二里头遗址内,一件为曲内戈,通长 32.5 厘米、援长 20.8 厘米、援宽 3.8—4.8 厘米。一件为直内戈。铜戚通长 23.5 厘米、内宽 2.9 厘米、厚 1.2 厘米。戚内较扁平,上方有一方形穿。戚身中部隆起,横切面呈长椭圆形,刃部略外侈,形似长条窄身斧,有研究者称为"战斧",内与身之间有阑。(图 2-12)

镞俗称箭头。在国家产生前,它早已出现,是人们狩猎的重要工具。从考古发现看,制作的材质是石、骨和蚌质的,玉石制作的也有少量发现,应是礼器而非实用于生产活动中。木质的也应有,但因易腐朽不容易保存下来,故迄今未有发现过。青铜镞在夏代才出现,样式有三角形、三角形带双翼形两种。(图 2-13)青铜镞是一种杀伤力很强的消耗性武器,射出去就不可能收回来再用,夏朝用青铜来制造这种消耗性极大的兵器,反映了当时青铜冶铸业已有相当的发展和规

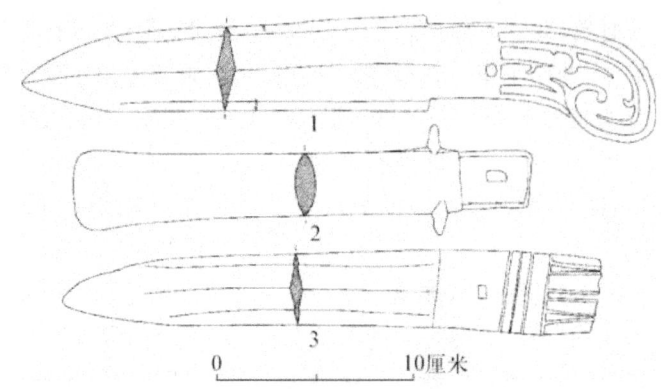

图 2-12　二里头遗址出土的铜戈和戚

1.曲内戈　2.戚　3.直内戈

（采自《考古》1976 年第 4 期）

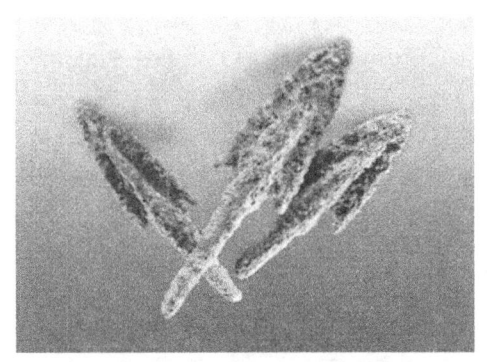

图 2-13　二里头遗址出土的铜镞

（采自《考古》1976 年第 4 期）

模，同时也说明夏朝统治者对战争的重视。弓箭在冷兵器时代是唯一的一种远程攻击的武器，战国时期的军事家尉缭子说："杀人于百步之外者，弓矢也；杀人于五十步之内者，矛戟也。"①在战争中阻击敌人接近我军阵地或追击逃敌，都是一种十分有效的武器。

我国青铜器的冶炼技术是在龙山文化时期方才被掌握的，在夏代，它是最先进的科学技术成果。用青铜制造的兵器，其杀伤力大大超过非金属制造的兵器。在铜器技术刚刚被人类发明的夏代，就用它制造兵器，在当时它在战争中所起的作用，有如二十世纪的核技术。人类最先进的科学技术，总是首先使用在战争中，所以恩格斯说："武器的生产是以整个生产为基础的。"②青铜冶炼技术在当时是最为先进的技术，所以是保密的，就如今天制造核武器技术一样，因为当时谁掌握了青铜技术，在战争中就会获得优势地位，取得战争的胜利。

夏朝还是青铜时代初期，所以青铜兵器还不可能取代非金属兵器。从考古发现知，夏代的青铜兵器出土较少，非金属兵器还占着主要地位，所以它不可能是普通士卒的装备，只有指挥官及少数贵族才能配备这种材质的兵器。广大的士卒使用的兵器还应是木、石、骨、蚌等材料制作的武器。那时士卒在作战中使

---

①　《尉缭子·制谈》。

②　《马克思恩格斯选集》第三卷，第 306 页，人民出版社，1972 年。

用的武器,在平时就是生产工具,兵器还没有完全同生产工具分离开来。

五 军队的训练

夏代已有学校,《孟子·滕文公上》云:"设为庠序学校以教之。庠者养也,校者教也,序者射也。夏曰校,殷曰序,周曰庠。学则三代共之,皆所以明人伦也。"古时学校学习的课程中,除文化课程外,军事科目占相当比重。学校教学的内容是六艺即六个科目,而学校六个教育科目中,有两个科目是军事方面的。《周礼·地官·保氏》:"养国子以道,而教之六艺:一曰五礼,二曰六乐,三曰五射,四曰五驭,五曰六书,六曰九数。乃教之六仪:一曰祭祀之容,二曰宾客之容,三曰朝廷之容,四曰丧纪之容,五曰军旅之容,六曰车马之容。""国子"即王公贵族子弟,《周礼·地官·师氏》"以三德教国子",郑玄《注》:"国子,公卿大夫之子弟。"郑玄说"国子"是指"公卿大夫之子弟"而不言王及诸侯的太子,贾公彦《疏》说,"国子"既是指公卿大夫子弟,也包括王、诸侯们的太子,只是行文各有省略。贾氏云:"按:《礼记·王制》云:'春秋教以礼乐,冬夏教以诗书'下文云:'王太子、王子、群后之太子、卿大夫元士之适子皆造焉。'故知国子之中有卿大夫之子也。郑不言王太子及元士之适子者,略言之,其实皆有也。《王制》惟言太子、适子不言弟,郑知兼有弟者,《大司乐》及此下文皆云'教国子弟',连弟而言,故郑兼言弟也。"贵族子弟在学校受到正规的军事科目教育,在军队中就由他们担任各级指挥官。

普通士卒也是要训练的。在夏文化各遗址里都发现有大量的用石、骨、蚌材质制作的矢镞即箭头。镞既是战争武器,也是狩猎工具。大量石、骨、蚌材质箭头在各村落遗址里出土,反映出夏代的人们是经常使用弓箭的。夏代是以农业为主的社会,狩猎已不是人们获取食物的主要手段,显然夏代一般人手中的弓箭是战争时的武器,在农闲则是执之以训练。夏代没有常备军,士卒平时从事生产等活动,战时则为战士。军队是一个有组织的团体,战时要有统一的号令,统一的行动,没有预先的训练,则为乌合之众,必然失败。所以对士卒的训练,是进入王朝领土国家以后,统治者们甚为重视的大事。古时训练士卒,是采用狩猎的方式进行,《左传》隐公五年"春蒐夏苗,秋狝冬狩,皆于农隙以讲事也"。"蒐、苗、狝、狩"是不同季节狩猎的名称,杜预《注》:"蒐,索择取不孕者。苗,为苗除害也。狝,杀也,以杀为名,顺秋气也。狩,围守也,冬物毕成,获则取之,武所择也。"事即戎事,《左传》成公五年"国之大事,在祀与戎"。此"事"是兵戎事而非祭祀。《国语·齐语》:"春以蒐振旅,秋以狝治兵,是故卒伍振于里,军旅振于郊。"《周礼·大司马》记载四季借狩猎以练兵的情况:中春教振旅(振作士气)、中夏教茇舍(演练夜战)、中秋教治兵(演习进攻)、中冬教大阅(大阅兵),如"中春教振旅"的练兵情况是:

> 中春教振旅。司马以旗致民,平列陈(阵),如战之陈(阵)。辨鼓、铎、镯、铙之用。王执路鼓,诸侯执贲鼓,军将执晋鼓,师帅执提,旅帅执鼙,卒长执铙,两司马执铎,公司马执镯。以教坐作、进退、疾徐、疏数之节。遂以蒐田,有司表貉,誓民,鼓,遂围禁。火弊,献禽以祭社。

各级军官拿着不同名号的鼓,是在战场上击鼓助威。"坐作、进退、疾徐、疏数之节",郑玄《注》说是"习战法"。蒐田,是队列演练完毕后的打猎活动,将猎物作为敌人。"表"是竖立的杆子,"貉"是祭祀,郑玄《注》谓是"立表而貉祭",引郑司农说云"貉读为祃,祃谓师祭也"。是在围猎前亦即战争开始前的祭祀,以求祖先神灵的保佑。"誓民"是打猎前对民众的训诫,同实际战争的战前誓师辞一样,《尚书》中的《甘誓》、《汤誓》、《牧誓》、《费誓》就都是这样的誓辞。"围禁"的"禁"即禁地。禁地是虞人所管辖属于国家的山林川泽地区,平时禁止民众进入其中采柴薪、打猎等活动,被称为"禁地"。因平时不准百姓进入,故其中的禽兽必多,所以演练军队的活动被选择在这里举行,以飞禽猛兽作为敌人,使演习更具真实性。春季狩猎时用火烧山以驱赶禽兽,且趁机烧掉去年的陈草以便新草生长。火熄灭后,就将获得的猎物大的交公小的鸟雀归猎获者,下"中冬教大阅"演习说围猎后"大兽公之,小禽私之",禽指鸟类动物,小禽即是小的麻雀之类的猎物。"祭社"是感谢土地神。

文中的"致民"、"誓民"的"民",就是普通的庶民百姓。夏代是早期国家,不会有如此完整的以田猎为军事演习,但借用狩猎来作军队演习的意图,是会有的。我国北方的少数民族在进入中原建立政权后,担心军队丧失战斗力,就用打猎来训练,金人迁都北京后,金世宗见金人尚武精神丧失,十分忧虑,于是恢复狩猎,下令不准使用网捕,必须用弓箭射杀猎物,为的是提高射击技术,增强勇敢精神。夏商周时期人口稀少,森林草原覆盖面积大,大型凶猛的动物如兕、象、虎、豹很多,狩猎时将猎物作为假想敌,同战场上面对的敌人相似,是训练战士的好方法。

六 夏朝军队的军纪军法

军队作为一种特殊的武装团体,必有严格的组织纪律方能维系而具战斗力。夏代的军纪军法见于《尚书·甘誓》篇。战前夏王启向全军宣奖惩条例,首先指出战车上三位武士违反军纪的行为是:

> 左不攻于左,汝不恭命。右不攻于右,汝不恭命。御非其马之政,汝不恭命。

"恭命"即奉命。命就是夏王命令,即是军队纪律。"不恭命"就是不遵行、不执行军令。马之政,驾驭马的方式。以上是车上战士违反军令的事实。下面的奖励惩罚是对所有参战士卒的:

> 用命,赏于祖;弗用命,戮于社。予则孥戮汝。

赏什么东西没有说,罚可明确:戮,杀头;孥,降为奴仆。孔《传》说"孥,子也。非但止汝身,辱及子女"。在奴隶社会里,奴隶身份是要继承的,一旦降为奴隶,不但本人终身为奴,其子女也世代为奴。我国解放前在四川凉山彝族奴隶社会里,就是这种状况,奴隶被称为"娃子",他们的子孙永远跳不出"娃子"的地位。

第五节　夏朝的刑法和监狱

作为国家,必有刑法和监狱,以巩固其统治,所以夏朝刑法和监狱都已具备。

一　刑法

我们在"三皇五帝"编的"舜的职官设置"节中已指出,刑法起于社会的需要,起于贪欲而争斗,致使社会混乱(《汉书·刑法志》),故在夏朝前已有"皋陶之刑"。①《孟子·尽心上》云"舜为天子,皋陶作士"。据《尚书·尧典》是尧任命皋陶"作士",更在舜前。士是主管刑罚的,故有制刑罚的任务,据《世本·作篇》"皋陶作五刑"。②"五刑"指五种伤残人的肢体及性命的肉刑,即墨、劓、剕、宫、大辟。尧实行"流宥五刑"(《尚书·尧典》),即将"五刑"都宽赦减为流放。为了使民众不犯法、少犯法,还对法律进行广泛宣传,即所称的"象刑",③《尚书·皋陶谟》谓舜时皋陶"方施象刑",《法言·先知》云"唐虞象刑,惟明"。"惟明"就是要使法律让民众都知道、明白。夏朝的刑罚与"皋陶之刑"有承袭也有区别,故在名称上夏朝的刑罚称为"禹刑",《左传》昭公六年叔向说:"夏有乱政而作《禹刑》。"为什么夏朝要重新制定刑罚,是因为"皋陶之刑"已不能适应夏代的形势,《新序·节士》引《书》云"象刑旁施,惟明,及禹不能"。所谓禹是指夏代,夏代已不能实施唐虞时期的"象刑"了。

《禹刑》的条款项相传有三千条之多,《尚书大传·甫刑传》云:"夏刑三千条。夏后氏不杀不刑,死罪罚二千镮。"郑玄《注》:"所出金铁也。死罪出三百七十五斤,用财少尔。"死罪出财免死,是赎刑。《尚书·吕刑·序》:"吕命穆王训夏赎刑,作《吕刑》"。孔《传》云:"吕侯以穆王命作书,训畅夏禹赎刑之法,更从轻以布告天下。"《事物纪原》卷九引《世本》"夏作赎刑"。其实在舜时已有"金作赎刑"的赎刑,故赎刑不始于夏朝。

对不法官吏沿袭"皋陶之刑"的惩办条例,《左传》昭公十四年叔向说:"己恶而掠美为昏,贪以败官为墨,杀人不忌为贼。《夏书》曰:'昏、墨、贼,杀。'此皋陶之刑也。"有罪还加以掩盖、美化其罪名者为昏官,利用手中权力贪财受贿者为墨

---

① 《左传》昭公十四年叔向语。
② 张澍粹集补注本,采自《路史注》及《玉海》。
③ 见曾运乾《尚书正读·尧典》。

官,随意杀人者为贼官,"皋陶之刑"中这三种官吏皆处以死刑,这三条法律载于《夏书》,是夏朝在继续使用它来惩办不法官吏。

执行死刑的刑具是斧钺,《国语·鲁语上》:"大刑用甲兵,其次用斧钺,中刑用刀锯,其次用钻笮,薄刑用鞭扑。"死刑是大刑之一种,而使用甲兵也是大刑,这是对付拥有武装的诸侯国或有封地的大臣使用的刑罚,启对武观的讨伐就是使用大刑。夏王仲康对羲和的征讨,也是使用甲兵的大刑。《尚书·胤征·序》说"羲和湎淫,废时乱日,胤往征之"。

夏朝在实施法律上,主张采取慎重态度,《左传》襄公二十六年引《夏书》云:执法时"与其杀不辜,宁失不经","经"指法律条文。提出宁肯违背法律条文的常理也不可错杀无辜的人,是很有人情味的法律思想,是我国优秀的法律文化传统。

法律本是为维护社会秩序、保障社会安定而产生的,但在阶级社会中,它本质上是为统治阶级利益服务的,所以最高统治者王以及后来的皇帝,他们的言行都成为法律,《史记·夏本纪》"令民皆则禹,不如言,刑从之"。《尚书·甘誓》记载,启在对有扈氏战争前对他的将士们下令道:"用命,赏于祖;弗用命,戮于社。"这个"命"就是启下的命令,也就是他说的话。听他的话有赏;不听他的话就杀头。可见他的"命"就是法律。当然,这些帝王们都自己包装成是上天的儿子,他们是代天行事的执行者,所施行的法律是天的惩罚。皋陶就对禹说,应申述"天讨有罪,五刑五用"的思想(见《尚书·皋陶谟》)。最高统治者就这样将神权和法权结合于一身,从而建立起绝对权威,以加强其统治地位。

二 监狱

监狱相传是皋陶所创制的,《急就篇》:"皋陶造狱,法律存也。"古时监狱的名称有多种,刘熙《释名·释宫室》:"狱,确也,言实确人情伪者也。又谓之牢,言所在坚牢也。又谓之圜土,筑其表墙,其形圜也。又谓之囹圄。囹,领也。圄,御也。领录囚徒禁御之也。"夏朝的监狱称为"夏台",《史记·夏本纪》"夏桀不务德而武伤百姓,百姓弗堪。乃召汤而囚之夏台"。《索隐》:"狱名,夏曰钧台。皇甫谧云'地在阳翟',是也。"阳翟地在今河南省禹州市境。

汤被桀囚禁的夏台(或称钧台)又称为重泉,《楚辞·天问》:"汤出重泉,夫何罪尤?"王逸《注》:"重泉,地名也。言桀拘汤于重泉而复出,夫何用罪法制不审也。"钧台、重泉都是桀囚汤之监狱,当是同一监狱的不同名字,闻一多说:"古者牢狱在水中洲上,汤所囚均台即重泉中之台,是出重泉即出均台矣。"[1]

---

[1] 闻一多:《天问疏证》第82页,三联书店,1980年。

第五章　夏朝的经济和文化

夏朝的经济以农业为主,家畜饲养、狩猎捕捞也是食物的重要来源。手工业已有一定的水平。伴随着经济的发展,形成了独特的文化。

第一节　夏朝的农业

神农氏发明农业以来到夏朝,我国栽培农业已有六千多年的历史,在栽培作物品种、农业生产工具、技术和管理等方面,都积累了相当丰富的经验,已脱离原始农业而进入有组织、有规划的生产。

一　主管农业职官的设立

夏朝中央政府有专门主管农业的职官,称为稷。为何农官称为稷,是因为它是一种农作物的名字。稷是何种农作物,古人有粟、黍、高粱三种不同的说法。古时北方人的主食是粟,故粟是最为重要的农作物,所以稷是指粟的说法符合实际。稷又有谷类总称的义项,《广雅·职韵》:"稷,五谷之总名。"所以主管农业事务的职官称为"稷",《左传》昭公二十九年:"稷,田正也。"孔颖达《疏》:"百谷稷为其长,遂以稷为农官之长。"

在前面的职官节已指出,夏朝的农官名为稷,这个称呼在城邦时代就出现了,《尚书·尧典》:"帝曰:弃,黎民阻饥,汝后稷,播时百谷。"孔颖达《正义》:"后,君也。帝言汝君此稷官,布种百谷,以济救之。"进入夏朝,周人的首领弃为稷官,《国语·鲁语上》:"烈山氏之有天下也,其子曰柱,能殖百谷百蔬。夏之兴也,周弃继之,故祀以为稷。"古代多世官,弃子不窋继父为稷官,到太康时夏统中绝,不窋的官职也丢失,《国语·周语上》祭公谋父说:"昔我先王世后稷,以服事虞、夏。及夏之衰也,弃(废弃)稷不务,我先王不窋用失其官,而自窜于戎狄之间。"韦昭《注》说:"谓启子太康废稷之官,不复务农。"太康长时间在洛水边游乐打猎不理朝政,有穷国君后羿乘机占领王都,将太康阻止在黄河以南不得归国,他只得依靠此地的同姓诸侯斟寻暂时栖身,留在王都办事的各类职官,只得四散逃命,各奔前程,主管农业的周人首领不窋,向西逃到"戎狄之间"去求发展。少康复国后,周人祖先又回来担任农官。

二 土地制度及其水利建设

农业离不开水利,夏人重视水利之事。在禹治理洪水时,就十分注重沟洫的建造,《论语·泰伯》篇记孔子的话:"子曰:禹,吾无间然矣,菲饮食而致孝乎鬼神,恶衣服而致美乎黻冕,卑宫室而尽力乎沟洫。"是沟洫之设,始于大禹治水的过程中。沟洫是农业上的排灌设施,是设在农田中间的排灌体系,《考工记·匠人》记载有这种制度:"匠人为沟洫。耜广五寸,二耜为耦。一耦之伐,广尺深尺谓之甽。田首倍之。广二尺深二尺谓之遂。九夫为井,井间广四尺深四尺谓之沟。方十里为成,成间广八尺深八尺谓之洫。方百里为同,同间广二寻深二仞谓之浍。"孔颖达《疏》:"古者人耕皆畎上种谷,遂、沟、洫之间通水,故知通利田间水道。"这种沟洫设置,是基于土地的井田制度,而井田制是一家一户的小农耕作的土地制度。从考古发现分析,到城邦时代的龙山文化时期已是小家庭生活。此时期的房屋,面积都偏小,小的不足 10 平方米,一般只有 10 多平方米,只能容纳三五人居住。每座房屋内都有灶,是炊煮食物用的,也可在冬季取暖。每座房屋应是一个独立的家庭。从墓葬看,虽然存在公共的氏族墓葬区,反映出墓主间的血缘关系,但墓室的大小、特别是墓内的随葬品差别是很大的:有的墓中随葬品十分丰富,有的则一件破陶片也没有,社会成员间的财产差别明显。这种差别是产生于一家一户为经济单位的。土地是氏族共同的,耕种、收获是家庭的,氏族内就要解决土地的分配问题,不然就会因争抢好地而生乱。所以,作为农业社会,土地始终是一个头等大问题。井字形土地的划分,其最初应是氏族内部解决土地分配时的方式。《夏小正》正月"农率均田",王聘珍《大戴礼记解诂》引《尔雅》:"均,易也。"引孟子"易其田畴",即交换耕地。何休《公羊解诂》宣公十五年"初税亩"下《注》:

> 司空谨别田之高下善恶,分为三品:上田一岁一垦,中田二岁一垦,下田三岁一垦。肥饶不得独乐,硗埆不得独苦,故三年一换土易居,财均力平。

土地在生产者间进行分配,应是存在的历史事实。土地好坏是天然存在的,投入同样的劳动,收成却大不相同,这个道理种地的农民当然是清楚的。土地既然是共有的,好地不能独占,故土地就要定期进行重新分配。少康在虞国"有田一成,有众一旅"(《左传》哀公元年),"成"是井田制度下计算土地量的用词:"方里而井","方十里为成"。徐喜辰在《井田制度研究》书中说:"既然知道'同'是土地区别的名称,那么我们就可以肯定《左传》中所说的'有田一成'的'成',确与井田制度有关,同时也说明夏代时期,已经存在公社及其所有制即井田制度无疑了。"[①]

---

① 徐喜辰:《井田制度研究》第 43—44 页,吉林人民出版社,1982 年。

夏朝这种土地分配制度结合排灌的沟渠，就形成中国独具特色的井田沟洫水利设施。

夏朝有主管水利的专官，商族首领冥曾任此职，《国语·鲁语上》："冥勤其官而水死。"韦昭《注》："冥，契后六世孙，根圉之子也。为夏水官，勤于其职而死于水也。"

三 适于农业的历法

夏朝的历法被孔子称道，颜渊向他请教如何治理国家，孔子回答说："行夏之时。"①孔子到杞国考察夏朝的文化，得到"夏时"，《礼记·礼运》："孔子曰：我欲观夏道，是故之杞，而不足征也。吾得夏时焉。"郑玄《笺》："得夏四时之书也。其书存者有《小正》。"

《小正》即《夏小正》，此书尚存，载于《大戴礼记》书中。全书按十二个月，记载各月的物候、气象、星名和有关重大政事，特别是生产方面的大事，如农耕、畜牧、渔猎、桑蚕、养马等的时令，如正月，鱼陟负冰（鱼升到接近冰层晒太阳），农纬厥耒（捆绑农具耒，准备春耕），初岁祭耒。农率均田，獭祭鱼（獭是在水里捕捉鱼的小动物，用牠来祭祀鱼神，希望捕到更多的鱼）。农及雨泽，初服于公田。采芸。柳稊，杏、梅、杝、桃则华（概为果树。华，开花。）；二月，往耰（播种）黍（黍字应为稷字之误，即粟，今称小米）、襌（脱去外套只穿上单衣进行耕种），初俊羔，助厥母粥（羊羔初长大不用吃母奶了）。祭鲔（鲔是鱼中大者，长丈余，用以祭祀）；三月，妾子始蚕，祈麦实（祈求麦的籽粒饱满）；四月，囿（果园）见有杏，取荼，执陟攻驹（将长成的幼马与母马分开）；五月，乃瓜（开始吃瓜），种黍、菽（大豆）、糜（稷，不黏的黍）时（时间、时期）。颁马（将马的公母分开放养）；八月，剥瓜，剥枣。鹿人从（鹿产子后似人一样从群而居而走，是夏时养鹿之证）；九月，玄鸟（燕子）蛰，熊、罴、貊、貉、鼶、鼬则穴（是狩猎人的观察）。荣鞠树麦（菊花开就种麦）；十月，豺祭兽（杀狗祭祀兽神，祈求野兽多，狩猎时能打到更多的野兽）；十一月，王狩（打猎），陈筋革（将野兽的筋和皮交给公家，以制作弓和甲胄）；十二月，鸣弋（射鸟），纳卵蒜（给国王交纳象蛋一样的蒜），虞人（主管山林水泽的官）入梁（水塘，设网捕鱼），陨麋角。研究古文献学的农学家夏纬英说，《夏小正》经文中所谈到的农、牧、鱼、猎生产及物候、气象、天文等知识，肯定有很多是夏代传下来的。这些知识经过世代口传的阶段，而后到了一定的时候才形成文字的作品。《夏小正》经文成书的时代可能是商代或商周之际，最迟也是春秋以前居住在沿海地区沿用夏时的杞国整理记录而成的，是杞国记时记政

---

① 《论语·卫灵公》。

的典册。① 孔子特别注重民众的吃饭问题，子贡向他请教治国问题，他回答说："足食、足兵，民信之矣。"②夏朝是个农业社会，它的历法是适合农业生产的阴阳合历，所以被称为"农历"。

夏朝制定历法的目的，显然是给国内民众"授时"，"授时"即是指导农业生产，也是中央王权实施统治的一种措施。所以夏朝有专掌天文历法的官，帝相时，掌历法的官羲和失职，王朝对其动用"大刑"——派大军征讨，可见夏朝对历法的重视。这是因为历法关系到农业生产活动，历法错误会耽误农时，影响粮食的收成，对国家造成巨大损失。

四 农业生产工具

夏朝时期虽已进入青铜时代，但从考古发现的农业生产工具知，主要还是用石、骨、蚌、角等非金属材料制成的，当然会有大量的竹、木质工具，但竹、木质材料易腐朽不易保存，故在遗址里难有发现。1960—1964年中国科学院考古研究所洛阳发掘队对偃师二里头遗址进行了八次发掘，发掘面积8 000多平方米，出土大量同农业有关的遗存，发掘简报说："二里头遗址范围广大，遗存十分丰富，从出土有大量的刀、镰、铲等农业生产工具来看，当以农业经济为主。这时期使用的虽然仍是石、骨、蚌、木（在灰坑壁上发现有木末印痕）工具，但与河南龙山文化相比，也有明显的进步，如木末、石铲和石镰更加普遍的使用。遗址中有酒器的大量存在，也是农业生产发展的一个标志。"③1972年秋和1973年春季发掘偃师二里头遗址，出土的生产工具有石斧、石镰、石刀、骨锥、骨铲、蚌铲等农业生产工具。④ 斧是劈砍工具，既是手工业生产工具也是农业上的工具，因开荒需要先砍伐地面上的树木，就需用斧头这种工具。骨锥呈长圆棒形，顶平而下部磨尖，器身可手握持。骨锥在夏商周时期的遗址中多有发现，其用途研究者中还未有一致的意见，这应是农业上点种用的，是农具的一种。铲（应称为耜）是翻土工具，镰和刀是收割工具。（图2-14）

耒传说是神农氏发明的，在五帝时代的考古遗址里已发现使用的遗迹，《韩非子·五蠹》篇云："禹之王天下也，身执耒臿以为民先。"耒是双齿起土工具，臿即今日北方称呼的铁锨，古时称为耜，是起土工具。

---

① 夏纬英、范楚玉：《〈夏小正〉及其在农业史上的意义》，《中国史研究》1979年第3期。
② 《论语·颜渊》。
③ 中国科学院考古研究所洛阳发掘队：《河南偃师二里头遗址发掘简报》，《考古》1965年第5期。
④ 中国科学院考古研究所二里头工作队：《河南偃师二里头早商宫殿遗址发掘简报》，《考古》1974年第4期。

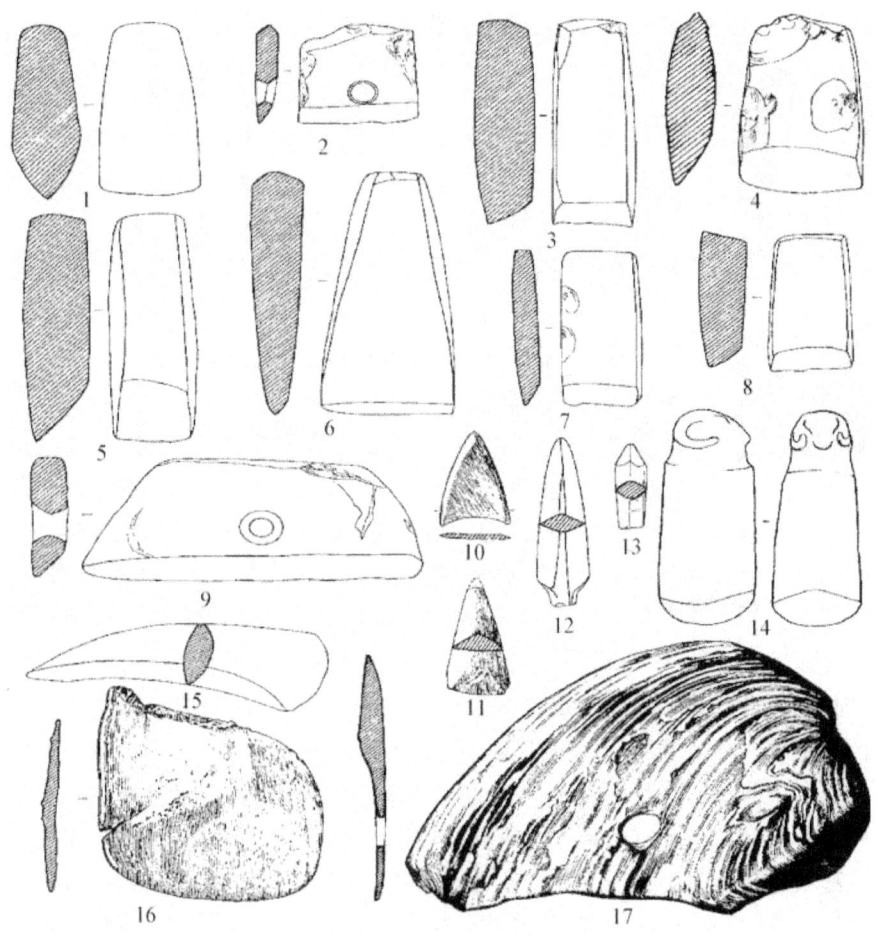

图 2-14 偃师二里头遗址出土的生产工具

1、2，石斧　3、4、6，石锛　5、7、8，石凿　9，石刀　10—12，石镞　13，玉镞　14，羊头形石杵　15，石镰　16，骨铲　17，蚌铲

（采自《考古》1974 年第 4 期）

五　农作物品种

在《夏小正》书里出现的农作物品种，粮食类有黍、糜、麦、菽（豆）等，瓜果类有瓜、枣、梅、杏、桃等，经济作物有蚕桑、蓝、蓼等。（图 2-15）1993 年在洛阳皂角树遗址内，属于二里头晚期的文化遗存里，发现有粟、黍、麦、豆、高粱和水稻等农作物品种,[①]与《夏小正》中所记载的大致相同。

---

① 张剑、孙新科：《试论夏代农业和手工业的发展》，载《夏文化研究论集》，中华书局，1996 年。周叔昆等：《中国最早大豆的发现》，《中国文物报》2002 年 3 月 22 日。

六 畜牧渔猎活动

夏王少康在复国前,曾"为仍牧正"(《左传》哀公元年),仍即有仍国,是夏朝的一个诸侯国。"牧正"是主管畜牧业的官。夏朝中央政府是否设有主管畜牧的职官,文献中不见有记载,但它的诸侯国都设置有掌管畜牧业的官吏,中央王朝也应有其职官,只是文献缺失掉了。有专门掌管畜牧业的职官,反映出畜牧业在国家中是一个独立的经济部门。

牲畜的驯化在五帝时代就是实现了的,主要种类有马、牛、羊、猪及狗等,1959年在偃师二里头村南的圪垱头村发掘时,出土大量的牛、马、羊、猪等家畜的骨骼,发现较多的卜骨,"所用骨料以猪、羊骨为多,牛骨较少"①。在1977年—1978年发掘

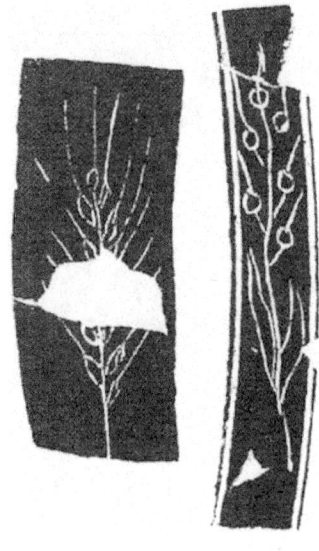

图2-15 刻在二里头文化陶器上的麦、豆

二号宫殿遗址时,在中心殿堂遗址北偏西的地方发现一座大墓,墓内随葬狗一只,狗的骨架长约35厘米,似装在一个红漆的木匣里,②此狗应是墓主人生前的宠物。在1994年发掘二里头Ⅶ区时,在灰坑H10内出土一具完整的狗骨架,同时出土大量卜骨,"这些卜骨皆用牛的肩胛骨制成"。③1986年秋季在二里头遗址Ⅵ区发掘时,出土"有形象生动逼真的羊和牛头塑像的陶器部件",④在二里头遗址宫城内的东南侧发现一处制造骨器的作坊,出土了大量的骨料,只可惜对这些骨料未进行动物种属的鉴定,推测其中定有相当的家畜骨骼。这些都可说明当时的畜牧养殖业有一定的水平。偃师二里头遗址出土的动物骨骼与《夏小正》中的记载相符,如二月初俊羔,助厥母粥,四月执陟攻驹,五月颁马。将长大的羔羊同母羊分开,有利于母羊继续怀孕,公马与母马分开,既有利于公马的健壮成长,又有益于母马的继续怀孕繁殖,这是十分科学的养殖技术。

在《夏小正》里记载有不少的关于狩猎的内容,如九月,玄鸟(燕子)蛰,熊、罴、狛、貉、鼶、鼬则穴,是猎人对野兽活动规律的掌握,反映狩猎活动相当频繁。十月,豺祭兽,即祭祀兽神,希望狩猎打到更多禽兽,并得到兽神的原谅而不遭到惩罚。十一月,王狩(打猎),十二月,鸣弋(射鸟),是冬季狩猎活动。《夏小正》书中,有关捕鱼的记载也不少,如正月,鱼陟负冰(观察鱼的活动,此时鱼升到接近

---

① 中国社会科学院考古研究所洛阳发掘队:《1959年河南偃师二里头试掘简报》,《考古》1961年第2期。
② 中国社会科学院考古研究二里头队:《河南偃师二里头二号宫殿遗址》,《考古》1983年第3期。
③ 岳洪彬:《偃师二里头遗址》,《中国考古学年鉴(1995)》,文物出版社,1997年。
④ 郑光等:《偃师县二里头遗址》,《中国考古学年鉴(1987)》,文物出版社,1988年。

冰层晒太阳),獭祭鱼,二月祭鲔,十二月虞人入梁等,都是与捕捞鱼类有关的活动。在二里头文化的各个遗址里,出土了数量相当多的石、骨、蚌质材料制成的镞,如在二里头的宫殿区发掘时,出土有石镞、骨镞、玉镞,还出土有铜钓鱼钩和蚌钩。① 1959年发掘时出土有骨制的鱼叉、镞。骨镞的数量最多,"样式有三棱形、圆棒形和两面磨刃的",还有陶制的网坠等渔猎工具。② 1973年在圪垱头村发掘时,出土的文化遗物中有骨镞和蚌镞。③ 镞在战时是战争武器,平时则是狩猎工具。在二里头文化的遗址中发现有各种形状的网坠,有石质、陶质的。有网坠说明是使用网捕鱼。用网捕鱼效率高,是专业捕鱼的工具。在出土的动物骨骼中,除家畜马牛羊猪的骨骼外,多为野兽及鱼类的骨骼。说明渔猎所获,是夏代人们肉食品的重要来源。

第二节　夏朝的手工业

夏朝的手工业生产已具有一定的水平,门类亦多。河南偃师二里头遗址内发现有铸铜、制骨、陶窑等手工业作坊遗址,从古文献学及考古学考察,夏朝的手工业主要有以下部门。

一　青铜铸造业

我国在五帝时代的后期,就已经掌握了青铜冶炼技术,并铸造出一些小件器物,这方面的情况,在五帝时代的相关章节里已有叙述。文献记载,夏朝就能铸造大型器物了,《左传》宣公三年王孙满说:

> 昔夏之方有德也,远方图物,贡金九牧,铸鼎象物,百物为之备,使民知神、奸。故民入川泽、山林,不逢不若,魑魅魍魉,莫能逢之,用能协于上下,以承天休。桀有昏德,鼎迁于商。

《墨子·耕柱》篇称九鼎是夏后启所铸造:

> 昔者,夏后开(即启)使蜚廉折金于山川,而陶铸之于昆吾。是使翁难雉乙,卜于白若之龟,曰:"鼎成,三足而方,不炊而自烹,不举而自臧,不迁而自行。以祭于昆吾之虚。上乡!"乙又言兆之由,曰:"飨矣,逢逢白云,一南一北,一西一东。九鼎既成,迁于三国。"夏后氏失之,殷人受之;殷人失之,周人受之。

---

① 中国社会科学院考古研究所二里头工作队:《河南偃师二里头早商宫殿遗址发掘简报》,《考古》1974年第4期。
② 中国社会科学院考古研究所洛阳发掘队:《1959年河南偃师二里头试掘简报》,《考古》1961年第2期。
③ 中国社会科学院考古研究所二里头工作队:《河南偃师二里头遗址三、八区发掘简报》,《考古》1975年第5期。

图 2-16 二里头出土的动物纹陶范
（采自《偃师二里头遗址研究》图版七：1）

折金即摘金，谓开发金属矿。[①] 折金于山川是在山中开矿采金属，比九牧贡金更合于实际。"陶铸"即是使用陶范铸造铜器，这也合于夏朝的实际，在偃师二里头遗址里已发现铸造铜器的陶范。（图 2-16）墨子虽是以战国初年的铜器铸造技术说夏是时事，也还是与夏朝铜器铸造技术相符。但像王孙满说的那样"铸鼎象物，百物而为之备"的器上纹饰，夏代还不可能铸造出来。

偃师二里头遗址出土的铜器约有 200 件左右，容器（礼器）有鼎、爵、斝、盉等，其中爵出土有十多件，是我国最早铸造的青铜容器；武器有戈、镞、钺、戚等；工具有凿、锛、锥、刀、锯、鱼钩、纺轮以及镶嵌绿松石的牌饰等，有一件陶范是铸造镬的范，镬是农业生产中的起土农具，是夏朝已在农业生产中使用青铜农具。其他器物有铜铃、铜泡、绿松石镶嵌的铜牌饰、铜条、铜片、残铜块等。（图 2-17）

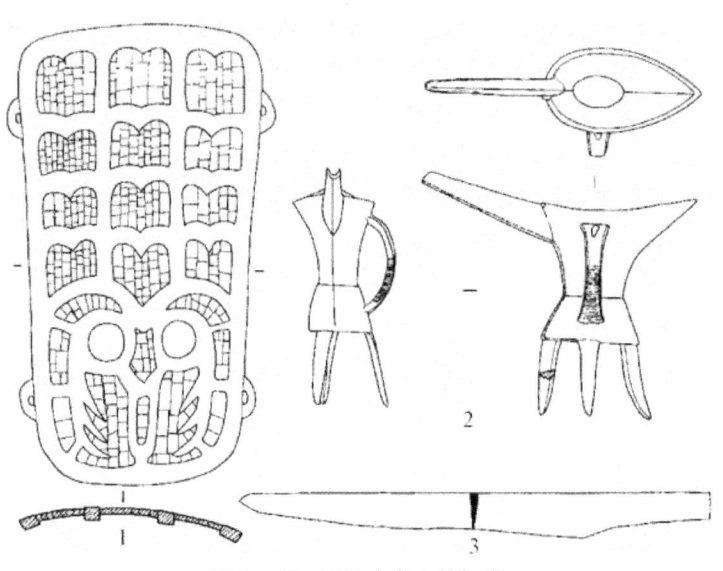

图 2-17 二里头出土的铜器
1. 牌饰 2. 铜爵 3. 铜刀
（采自《考古》1992 年第 4 期）

---

① 王焕镳：《墨子校释》第 331 页，浙江文艺出版社，1984 年。

在两个最为重要的夏朝文化遗址：山西夏县东下冯和河南偃师二里头遗址里，都发现了夏时期的铸造铜器的遗迹。1959年、1974年发掘夏县东下冯遗址时，出土有铜镞和铜凿以及铸造铜斧的石范4块。铜凿呈长条形，单面刃，长11.4厘米，铜镞为双翼，圆铤，长7厘米。[①] 偃师二里头遗址内已发现铸铜遗址不止一处，面积最大、铸造铜器遗存最丰富的是位于遗址南部的Ⅳ区，有一座工场式的作坊，其面积超过1万平方米，延续使用的时间从二期到四期，约有300年左右。出土了各种形式的坩埚、炉壁，许多样式各异的陶范、石范、炼渣、铜矿石、铅片、木炭和小件铜器。数量最多的是陶范，形状有方有圆，有直筒形，范上有繁缛而精美的花纹，其中一些陶范是用来铸造奇特或造型相当大的铜器，如一件陶范的口径达36厘米，由这些陶范所显示的铜器器形看，许多是这里迄今还没有出土过的。这里是我国最早的青铜器铸造作坊。

铜器的制造技术，在距今五千年前后，我国先民就已掌握。开始是用红铜制造一些小件有刃器物，后来掌握了合金技术，用合金制造一些小件器物。在五帝时代末期的齐家文化遗址中，出土有青铜器及使用合范铸造而成的铜斧，尧时的陶寺城址发现用范铸成器的铜铃。铜铃不能用石范须泥范才能铸造成器，比铸造刀、斧复杂，但却未发现任何容器，青铜容器是在二里头文化中才首次出现的新型器类。铜器制造技术的发展，先是用锻打成器，然后是用石范铸造，这两种方法都只能制造一些简单工具、兵器及装饰品，制造容器就须要更复杂的技术，这种技术就是陶范技术，即墨子所说的"陶铸"。

陶范技术是以我国高度发达的制陶技术为基础的。在制造陶器的长期过程中，我们的先民熟练地掌握了陶土的性能及其烧制的火候，可以将陶土玩于指掌之中，在石范铸造的基础上，创造出了陶范铸造技术。泥土塑造器物十分灵活，可以根据需要制作出任何形状的器件，还可在范上刻各种花纹使其显示在所铸器的表面上。陶范铸造技术复杂，要使用内范和外范合成，铜液浇注于内外范的空隙间。范铸有多合范的整体浇铸，也有先分铸不同的部件，然后加以铸接成器的。夏代所铸造的器件有铜容器爵、斝、盉等，在做工、造型上都十分精美，比例适当，协调大方，器上纹饰美观。（图2-18）

图2-18 偃师二里头遗址出土的铜爵
（采自《偃师二里头遗址研究》图版六：1）

---

① 东下冯考古队：《山西夏县东下冯遗址东区、中区发掘简报》，《考古》1980年第2期。

二里头文化的镶嵌工艺十分精湛,在二里头遗址里出土多件铜器表面镶嵌绿松石花纹的铜器,如镶嵌绿松石的圆铜盘、铜牌饰。① 镶嵌工艺是先在陶范上刻好花纹,将绿松石片贴在花纹上,因绿松石片花纹是突起的,浇铸时铜水就将绿松石片花纹包裹住。铜液在冷却的过程中有收缩的物理作用,这个收缩作用就使绿松石片十分牢固地嵌在铸件表面上而不易脱落掉,所以二里头出土的绿松石镶嵌铜牌饰上绿松石片,时隔近四千年仍完好如新。

二里头遗址出土的铜器除少量的红铜器外,大多是锡或锡铅的二元或三元合金,从已进行了化学成分检测的62件铜器及1件铜渣、1件铅片中,有红铜器10件、锡青铜器15件、锡铅青铜器21件、砷青铜器1件及铅制品1件。② 有三件铜器经中国社会科学院考古研究所化验室化验,其化学成分数据如下表。

二里头出土三件铜器合金成分表

器物名称	器物元素含量(%)			合金种类
	铜	锡	铅	
铜爵	92	7	—	锡青铜器
铜爵(采集)	91.89	2.62	2.34	锡铅青铜器
铜锛	91.66	7.03	1.23	锡青铜器

铜器中的锡、铅金属成分,显然是人为有意添加进去的,说明夏代工匠继承下来了五帝时代创造发明出来的合金技术。

二 陶器制造业

夏时人们的日常生活用器主要是陶制品,从考古学上知,我国陶器的发明大致在距今一万年左右,到夏朝已有近六千年的发展史,制陶技术已十分成熟。《世本·作篇》有"昆吾作陶"的记载,昆吾是夏朝的诸侯,陶器不是昆吾发明,此记载可能反映的是昆吾对制陶技术进行了改进工作。

在山西夏县东下冯和河南偃师二里头的夏文化遗址内,出土的文化遗物中都是以陶器为大宗。从偃师二里头出土的陶器观察,夏朝的制陶技术比五帝时代后期有较大发展,不但器物种类增多,而且还有白陶器和印纹硬陶器(或称原始瓷器)。③ 二里头遗址出土的陶器种类有罐形鼎、鸭形鼎、四足方鼎、鬲、豆、罐、深腹盆、平底盆、甑、甗、瓮、鬶、澄滤器(或称刻槽盆)、大口尊、斝、盉、角、爵、斚、盉、三足盘、四足盘、贯耳壶、背水壶、圈足盘、缸、器盖、圆筒杯、小方杯、碟、

---

① 郑光:《二里头遗址的发掘》,《夏文化研究论集》,中华书局,1996年。
② 梁宏刚、孙淑云:《二里头遗址出土铜器研究综述》,《中原文物》2004年第1期。
③ 许宏、陈国梁、召海涛:《二里头遗址宫殿基址群》,《中国考古学年鉴(2003)》,文物出版社,2004年。

碗、勺等三十多种。按用途分，炊器有鼎、鬲、甗、甑；盛贮器有瓮、缸、罐、尊、盆、壶、澄滤器（或称刻槽盆）；酒器有鬶、盉、爵、盉、斝、角；饮食器有碗、碟、盘、杯，器盖是各类器物的盖，不能单独成为一类器物。其中最具时代特色的是陶鬶、陶盉；工具有陶刀、陶纺轮；建筑材料有排水管。（图2-19）

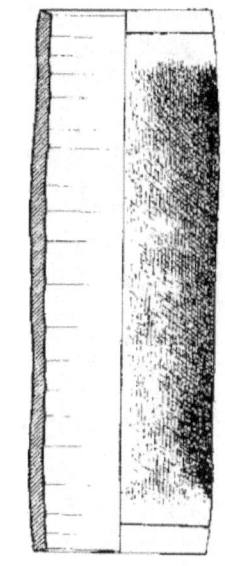

图2-19 二里头出土的陶水管

（采自《考古》1983年第3期）

制造陶器的泥质有夹砂和泥质两类，陶器的颜色以灰色为主，还有红陶、黑陶、白陶及原始瓷器。二里头文化中的原始瓷器，有的称为橙黄色陶，有的称釉陶，都是不准确的。瓷和陶是由两种不同的胎质制造出来的器物：瓷的胎质是高岭土，陶的胎质是一般的泥土。原始瓷器的胎质虽不是纯净的高岭土，但它必是以后世制造瓷器的高岭土为主要成分，不然是不可称为"瓷"的。从二里头遗址出土的"原始瓷器"观察，胎呈白色，是高岭土。器物坚硬，火候高，应是"瓷土"所制而不是"陶土"所制的器物。制法以轮制为主，大型器物多用泥条盘筑法制成，还有模制及手捏制等方法。很多器物都是采用几种方法相结合而制成的，单独使用一种方法制成的器物并不多。

二里头文化陶器有两个主要特点：一是具有一套特色而大量出现陶器，是人们经常使用的陶器群，如三足盘、平底盆、鼎、豆、盉、鬶、盉、爵、角、澄滤器（或称刻槽盆）、甑、直筒深腹罐、单耳鼎、四方足鼎和带耳斝，纹饰有少量的大方格纹，大批的印纹、发达的附加堆纹及内壁施加麻点纹等，都不见或不同于龙山文化，也不同于商代的二里岗文化；二是在埋葬中开始普遍出现盉、爵、盉、鬶等酒器。①

夏朝烧制陶器的陶窑，在偃师二里头遗址中已发现多座，1960年至1964年发掘偃师二里头遗址时，发现陶窑三座，皆为直壁圆筒形，直径约1米，平底。顶部已毁，下部为火膛，一侧有火门。火膛上是放置待烧陶器的箅子。箅子厚0.05米，布满圆形孔，孔径0.05米，火从圆孔进入箅上的窑室。因久经火烧，火膛和箅子都呈红褐及青灰色，十分坚硬。②附近还出土一些制造陶器的陶拍等制陶工具。

从偃师二里头文化出土的陶器数量多，品类齐全上看，无论人的贵贱，陶器都是当时人们生活中经常、大量使用的器物，陶器制造应是一项专业化程度较高的生产行业，方能满足社会不同阶层人的需要。

---

① 中国科学院考古研究所洛阳发掘队：《河南偃师二里头遗址发掘简报》，《考古》1965年第5期。
② 中国科学院考古研究所洛阳发掘队：《河南偃师二里头遗址发掘简报》，《考古》1965年第5期。

三 建筑技术

从考古发现可知,夏朝的建筑技术具有相当高的水平,是我国建筑史上的一个高峰时期。夏朝的建筑大体分为两个等级:普通民居和宫殿建筑。

(一)普通民居建筑。普通民居建筑有三种形式:半地穴式、窑洞式、平地起建式。平面形状有圆形、方形和长方形。圆形居室直径一般在3米左右,较大的长方形房屋长约10米、宽5米,中间有隔墙,地基和隔墙都是经过夯筑而成,居住面铺有姜料石以防潮湿。窑洞式房屋在山西夏县东下冯遗址发现,是就断崖和沟壁掏挖而成的。窑洞式、半地穴式都是为解决防寒问题,从商代的气候看,夏代的气温应比今日暖和,而北方的冬季还是寒冷的,普通下层民众无足够的御寒衣,窑洞式、半地穴式的居室可帮助熬过冬季的慢慢长夜。平地起建的人家,当是有足够御寒衣的富者。

在河南偃师二里头遗址内发现多座民居的小型房屋,小的不足10平方米,大的有50多平方米以上的。1980年秋季在偃师二里头遗址发掘时,发现半地穴式长方形房屋一座。其建筑方法是先从地面向下挖0.96米的深坑,然后再平整居住面。居住面东西长2.9米、南北宽2.15米,不足6平方米。室内的东北角有近圆角方形的灶坑,灶坑上口南北长0.8米、东西宽0.78米。灶坑为平底,灶底南北长0.65米、东西宽0.60米。灶的四壁和底部皆因长期使用而烧成青灰色。居住面平坦,中部略低。居住面中间有一个圆形柱子洞,直径34厘米、深47厘米,周壁很坚硬。柱子洞下部10厘米高的周壁里面有细小的河卵石,当是加固柱基的。屋内的西南角处有斜坡状(由外向里倾斜)的门道,宽0.9米。斜坡门道的地面上有一层路土。屋内填灰土,接近居住面的填土里发现草拌泥土块,应是屋顶坍塌下来的。屋内填土中出土陶器残片都属于二里头二期的,可知此房屋是二里头二期即夏朝前期的房屋建筑形式。[①]

1982年在二里头村南发掘时,发现房屋一座(编号为82秋YL1XF1),该房基经前后两次建筑使用。第一次(下层)为半地穴式,穴深约1米,穴口外侈。贴近穴口的外侧为木骨墙,其下有宽约10厘米的墙槽。居住面为厚约10厘米的红烧土,范围东西长4米,南北宽约3.3米,面积13.2平方米。其下为夯筑的黄灰土,厚约0.5米。居住面偏北有两个柱子洞,直径分别为15厘米、10厘米,其外围均有柱坑,呈不规则圆形或方形。地穴的壁经过拍打,壁上糊有厚约5厘米的草拌泥墙皮。南壁下筑有一南北宽0.7米—1.1米、东西长2.95米、高0.4米的草泥土台子,台面平坦,拐角圆抹。居住面东高西低,而以东南部位最高,路

---

① 中国社会科学院考古研究所二里头队:《1980年秋河南偃师二里头遗址发掘简报》,《考古》1983年第3期。

土靠后,应为门道所在。第二次(上层)为平地起建的木骨墙房屋,系先填平原房屋的穴坑、平毁原墙壁后重新挖墙基槽,再起墙、立柱。其面积略小于原来的房屋。室内南北约 3.3 米—3.4 米、东西约 3.3 米,面积为 10.89 平方米—11.22 平方米。墙的基槽宽 20 厘米—30 厘米。室内中部偏东有一道与北壁垂交的墙壁,其南端未同南墙连接。①

在 1960 年至 1964 年的发掘过程中,在偃师二里头遗址发现小型房屋十一座,属中期的一座,属晚期的十座。晚期的四号(F4)房屋为东西向的长方形,长 9 米多,残宽 3 米多,面积应在 30 平方米以上。居住面坚硬,上铺有薄薄的一层料姜面。在房基的南面中部,发现有一个柱子洞,为圆筒形,圜底,口径 0.25 米、深 0.25 米。在柱子洞的底部分别填有碎陶片、紫褐土和料姜面各一层,并经过夯打。填碎陶片、料姜面以及夯打的目的,是为了使基础坚固干燥,防止木柱受腐蚀。在此柱子洞以西 3 米多的地方,还发现另一个柱子洞,柱础石是平放在居住面上的,呈方块形,四边磨光。在居住面的西北部发现一片烧土面。九号(F9)房屋成南北向长方形,居住面坚硬呈褐黄色,长约 10 米、宽约 5 米,面积为 50 平方米。是比较大的房屋。居住面略呈凹弧形。在东边缘发现三个柱子洞,西部边缘发现一个柱子洞,在东北角上发现一个瓢形灶坑。②(图 2-20)

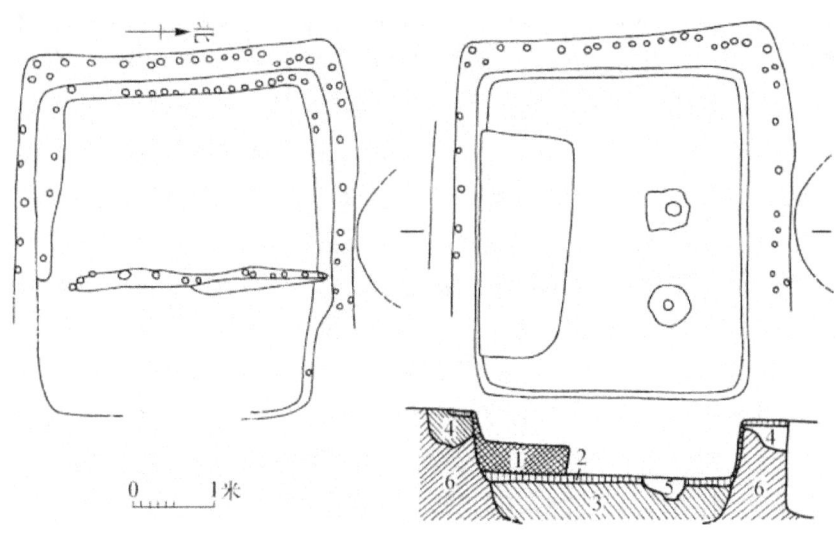

图 2-20 二里头遗址内发现经两次使用的民居
左:上层及部分建筑平面图　右:下层平、剖面图
1,草泥台　2,居住面　3,夯层　4,墙槽　5,柱洞　6,原堆积
(采自《考古》1985 年第 12 期)

---

① 中国社会科学院考古研究所二里头队:《1982 年秋偃师二里头遗址九区发掘简报》,《考古》1985 年第 12 期。
② 中国科学院考古研究所洛阳发掘队:《河南偃师二里头遗址发掘简报》,《考古》1965 年第 5 期。

从二里头文化遗址中发现的普通民居建筑看,比五帝时代的居住面积大,墙体和居住面的建筑更加考究,居住当更为舒适。

(二)宫殿建筑。据《考工记》夏朝的宫殿称为"世室",郑玄《注》:"世室者,宗庙也。"《考工记·匠人》记载夏朝"世室"的建筑样式:"夏后氏世室,堂修二七,广四修一。五室,三四步,四三尺。九阶,四旁夹两窗。白盛。门堂三之二,室三之一。"

夏朝的宫殿在偃师二里头遗址内发现了10座,建在二里头遗址的中部偏东南地区的一座宫城内。宫城平面呈长方形,南北长390米左右、东西宽290余米,面积在10.44万平方米以上,四周筑有厚2米多的围墙,有研究者称这处宫城是中国最早的"紫禁城"。① 在宫殿区的外围发现四条呈"井"字形交叉的主干道路,方向同宫殿的方向一致,显示出正方规矩的城市布局。保存好的宫殿区东侧大道宽10余米,最宽处达20米,长700米。路面铺石块及石子。这几条大道的使用时间较长,从二里头文化早期一直沿用到晚期。在宫城内先后发现十座二里头文化时期的宫殿基址。其中九座属于晚期遗存,属于早期的一座(编号为3号基址),被晚期宫城东部的二、四号宫殿所压。早期的3号基址长150米以上,宽50余米,该宫殿至少由三进院落组成,已发掘出各院的西边廊庑,看得出是经过统一规划的。②

在已经发掘的宫殿基址中,1号最大,其次是2号。1号宫殿基址略呈正方形,东西长108米,南北宽100米,面积10 000多平方米,整个基址建在高0.8米的夯土台上。基址中部偏北处,有一长方形台基,其上有一周排列整齐的柱子洞,南北各9个,东西各4个,间距3.5米,每个柱子洞的前面还有2个小柱子洞,可能是支撑殿堂是四檐的。殿堂东西长30.4米,南北宽11.4米,建在高出宫殿基址20厘米的夯土台上。(图2-21)对殿堂屋顶的形状,杨鸿勋复原为一座"四阿重屋"式的屋顶,后认为此种屋顶是殷人才有的,认为"夏王的宫殿还只是单檐四坡顶",③杜金鹏赞同其说,1号宫殿只是"四阿"式而没有重屋顶。④ 殿堂前的广庭,面积约5 000平方米,可容纳一万人。基址的四周有墙基,墙基的内侧或内外两侧有一排或两排柱子洞,可知基址四周原有一面坡或两面坡的廊庑建筑。大门在基址南的中部,宽34米,有8个柱子洞,其间有3条通道,通道间均保留有建筑遗迹。东北角有2个小门,推测可能是闱门。这是一座完全封闭的"四合院"式的建筑形式。这座宫殿建于二里头文化第三期,毁于第四期。(图2-22)2号宫殿基址位于1号宫殿基址东北约150米处,平面为长方形,南

---

① 许宏:《最早的中国》第82页,科学出版社,2009年。
② 中国社会科学院考古研究所二里头工作队:《河南偃师二里头遗址宫城及宫城区外围道路的勘察与发掘》,《考古》2004年第11期。
③ 杨鸿勋:《宫殿考古通论》第32页,紫禁城出版社,2001年。
④ 杜金鹏:《二里头遗址宫殿建筑基址初步研究》,《考古学集刊》第16集,文物出版社,2005年。

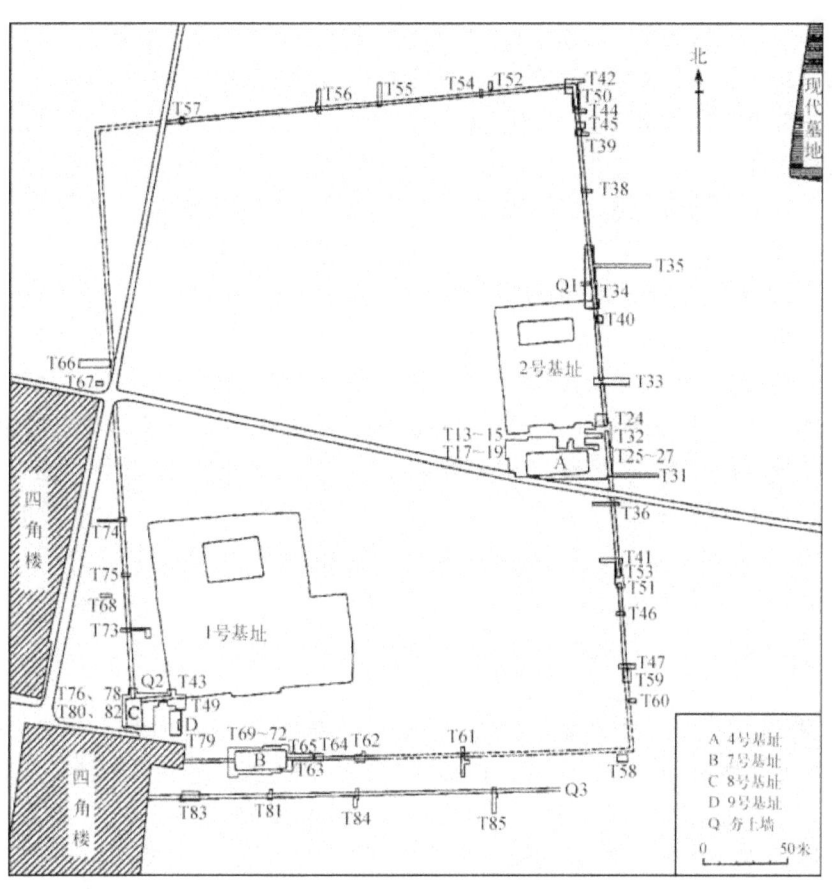

图 2-21　偃师二里头遗址宫城平面图

（采自《考古》2004 年第 11 期）

图 2-22　二里头 1 号宫殿复原鸟瞰

（采自《偃师二里头遗址研究》图版四：1）

北长73米,东西宽58米,面积为4200多平方米。形制与1号宫殿相仿,殿堂也建在基址北部的长方形台基上。台基四边有一周柱洞,东西10个,南北4个,在柱洞内侧有三间木骨房屋,东西通长26.5米,南北宽7.1米。基址四周亦有围墙及廊庑建筑。大门位于南墙偏东处,中央为门道,两侧有塾。东廊庑北部发现埋在地下的陶排水管道11节,东廊庑南部发现用石板砌城的地下排水沟。2号宫殿也建于第三期,四期继续使用。在紧邻2号宫殿基址的南边发现了4号基址,北边发现了6号基址,它们都比1、2号基址要小。

二里头遗址的宫殿建筑,从形制到结构,都有了早期宫殿的一些特点,有很多地方为后代的宫殿设计建造所沿用,如宫殿左右对称地建筑在中轴线两边、封闭的四合院式、建在高台上等,开启后代宫殿建筑的先河。就建筑技术而论,作为主体建筑的宫殿,建在高于地平面的夯土台基上,上有宫室和回廊,说明当时的建筑技术已达到一定的水平。如此大的宫殿群建筑,是需要耗费大量的人力及物力,非有发达的经济为基础和强力的行政组织手段,是不可能完成的,反映出夏朝的经济实力和王国政权的强大。

四 制玉业

夏朝的制玉工艺是继承北方的红山文化、南方的良渚文化而来的,所以夏朝的制玉技术达到相当高的水平,其所制玉器被历代视为宝物,《左传》定公四年记载周初分封诸侯时,夏朝的玉器被作为镇国之宝分给他们:"分鲁公以大路、大旂,夏后氏之璜,封父之繁弱。"璜似半圆形的一种玉器名,二里头文化中多有出土。夏桀用玉石装饰建筑物,《文选·东京赋》注引《竹书纪年》:"夏桀作倾宫、瑶台,殚百姓之财。"瑶台就是用玉装饰的台榭。《晏子春秋·内篇·谏下》:"及夏之衰也,其王桀背弃德行,为琼室、玉门。"桀时有美玉苕、华,将他所喜爱的女子名字刻在上面,以示对她们的宠幸,《太平御览》卷一三五引《竹书纪年》:"后桀伐岷山,岷山女于桀二人,曰琬、曰琰。桀爱二女,无子,刻其名于苕、华之玉,苕是琬、华是琰。"

在二里头文化遗址里出土了相当多的玉器,其器形主要有圭、璋、戈、钺、戚、刀、铲、镞、管、柄形饰、玉玲舌、月牙形玉器、绿松石镶嵌片等。1975年在偃师二里头发掘清理的三个土坑中,出土了一批玉器,有玉戈1件、玉钺2件、玉铲1件、玉柄形饰2件、绿松石饰2件、绿松石饕餮眼1对以及数量较多的绿松石镶嵌片。① 1975年偃师县文化馆在翟镇公社四角楼大队发现玉钺1件、玉立刀1件、七孔玉刀1件、玉柄形饰1件。此处发现两件玉刀都十分硕大,玉立刀长46厘米—48厘米、宽4厘米、厚则仅0.4厘米—0.5厘米。七孔玉刀长65厘米、宽

---

① 中国科学院考古研究所二里头工作队:《偃师二里头遗址新发现的铜器和玉器》,《考古》1976年第4期。

9.5厘米、厚0.1厘米—0.4厘米。① 1980年发掘二里头遗址时,清理了6座墓葬,在墓葬中出土的玉器有圭、璋、钺等。② 1984年秋季发掘二里头遗址时,在墓葬出土了8件玉器、150多枚绿松石串珠。③ 1987年在二里头遗址清理58座墓葬,其中玉器有戈、刀、柄形饰、铃舌、月牙形器等。玉戈通长43厘米、援宽8厘米、厚0.5厘米。玉刀长53.5厘米、宽8.8厘米。刀两侧各有二组共四颗齿扉,刀面近背部有三个等距离圆形穿孔。④

出土玉器表现出夏朝制玉工艺具有很高的水平。器形规整,打磨光滑,雕琢精细,反映出制玉工匠具有娴熟的工艺技术。1975年出土的一件玉戈,其造型之规整,好像是模压出来的一样。同时出土的一件柄形饰玉器,形似鞭,分为六节,每节的粗细不同,分粗、中、细三种,三者相互交错。粗节上刻有单线或双线的兽面纹;中节及柄部琢成花瓣纹;细节上有二到三周凸弦纹;末端用线刻和浮雕法琢成兽头形。柄的顶端及其正背两侧各有一孔,三孔相通。末端侧面有一对穿孔。纹饰复杂,形象生动,雕琢精细,表现出工匠的高超技术。

在偃师二里头文化遗址里,出土了多件用绿松石片镶嵌的图案,有圆盘状铜器、铜牌饰、龙形器等。图案有十字、兽面、龙形物等。在偃师二里头遗址出土的一件镶嵌绿松石的铜圆盘,正面周缘镶嵌61块长方形绿松石片,形似钟表刻度,中间用绿松石片镶嵌城两周共26个"十"字形图案。其用途还不清楚,有说是铜镜,有说是与占日和律历有关的"星盘",或为某种法器。各种图案的绿松石片皆十分规整、形状大小一致,做工考究。(图2-23)一个牌饰上的图案使用细小的绿松石

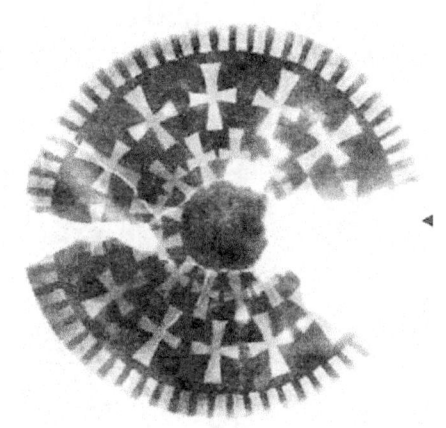

图2-23 镶嵌绿松石的铜圆盘

片300—400片,龙形图案使用的绿松石片达2 000片以上。用来镶嵌的绿松石片根据镶嵌时拼图的需要,切割成形状各异的小片,长宽只有几毫米,厚仅1毫米—2毫米,有的如芝麻大小。要切割成如此细小的片状,并将其打磨光洁,是

---

① 偃师县文化馆:《二里头遗址出土的铜器和玉器》,《考古》1978年第4期。
② 中国社会科学院考古研究所二里头队:《1980年秋河南偃师二里头遗址发掘简报》,《考古》1983年第3期。
③ 中国社会科学院考古研究所二里头队:《1984年秋河南偃师二里头遗址发现的几座墓葬》,《考古》1986年第4期。
④ 中国社会科学院考古研究所二里头队:《1987年偃师二里头遗址墓葬发掘简报》,《考古》1992年第4期。

很不易的,需要很高的技术。①

夏朝制玉已专门化,是王室一个重要手工业部门。在二里头遗址的宫殿区以南,发现一大型制造绿松石的工场,在其内发掘了一处绿松石料坑,料坑附近及以南部不小于1 000平方米的范围内,集中发现了大量的绿松石料。从此处发现的遗物观察,这里主要制作绿松石管、珠及镶嵌用的绿松石片。除这里外,在其南的铸铜作坊遗址一带和宫城内的一些地区也发现有小件绿松石成品、半成品、石料及废料等,可见能制作玉器的作坊不止一处,这些作坊是我国最早的官府手工业作坊。

五　纺织业

文献记载夏朝王室、贵族皆衣冠楚楚,《管子·轻重甲》:"昔者桀之时,女乐三万人,端噪晨乐闻于三衢,是无不服文绣衣裳者。"《盐铁论·散不足》:"古者男女之际尚矣,嫁娶之服,未之以记。记虞、夏以后,盖表布内丝,骨笄象珥,封君夫人加锦尚褧而矣。"相传妹喜喜欢听撕裂缯的声音,桀就亲自撕给她听,以讨其欢心,《太平御览》卷一三五引《帝王世纪》:"末喜好闻裂缯之声而笑,桀为发缯裂之,以顺适其意。"

图2-24　铜铃上附着的纺织物
(采自《偃师二里头遗址研究》图版七：4)

在偃师二里头文化遗址里发现有麻及丝的织物,主要发现于贵族墓中的铜器及玉器上,在1981年清理的M6号墓中出土的兽面铜牌饰、铜铃表面都附着麻布,是用麻布包裹着下葬的。在有的器物上包裹的纺织物达6层,厚数毫米。(图2-24)经鉴定,所发现的纺织物大部分是平纹织物,少数是斜纹织物,似为"绞经"法织成。纤维较粗的可能是麻织物,较细的可能是丝织品。麻布每平方厘米的经纬线在 8×8 根至 10×10 根之间;丝织品每平方厘米经纬线在30至50根之间。②

六　酿酒业

酒在我国出现很早,在仰韶文化遗址中就出土有酒器,夏朝的酿酒业只是加

---

① 中国社会科学院考古研究所二里头队:《偃师二里头发现的铜器和玉器》,《考古》1976年第4期。
② 许宏:《最早的中国》第184页,科学出版社,2009年。

以改进。传说里有两位发明酒的人物，一位是仪狄，《世本·作篇》："仪狄始作酒醪，辨五味。"他是禹时期的人，《战国策·魏策二》："昔者帝女令仪狄作酒而美，进之禹，禹饮而甘之，遂疏仪狄，绝旨酒，曰：'后世必有以酒亡其国者'"；一位是杜康，《世本·作篇》："杜康造酒。"曹操《短歌行》："何以解忧，惟有杜康。"《说文》帚字下云："古者少康初作箕帚、秫酒。少康，杜康也。葬长垣。"《说文》酒字下云："古者仪狄作酒醪，禹尝之而美，遂疏仪狄。杜康作秫酒。"《北堂书钞》卷一四八引王著《与杜康绝交书》："康字仲宁，或云黄帝时宰人，号酒泉太守。"段玉裁《说文解字注》帚字下谓王著此说"盖以文为戏之言，未可为典要"。秫是带黏性的小米，《说文》："秫，稷之粘者。"

夏桀亡国据传说就是因为饮酒无度，《太平御览》卷八二引《帝王世纪》说桀"日夜与妹喜及宫女饮酒，……肉山脯林，以酒为池，一鼓而牛饮者三千余人，醉而溺水。"又说"桀为肉山脯林，以酒为池，使可运舟。"这当然是无限的夸张。夏朝的酿酒业在考古学上可得到证实。在二里头文化的遗址里，出土有大量的酒器，有青铜和陶土制造的。在夏朝，青铜器制造上的一次飞跃就是掌握了陶范铸造容器的技术。在现已出土于二里头遗址的青铜容器共 17 件，其中有 16 件是酒器：爵 12 件、斝 3 件、盉 1 件。① 青铜酒器是专用于祭祀的，是摆在宗庙中的，故称为彝器，彝者常也，是常设于宗庙里。祭祀用品是献给死去祖先的，供他们在另一个世界里使用，可见夏朝祖先是喜酒的。当然，活着的人饮酒使用的是陶器或漆器（见下），只是不同等级的人所使用的陶漆器的质量有差别而已。在陶器中，酒器的数量和种类都多，在前面的"制陶业"节中，已指出酒器有鬶、斝、爵、盉、斝、角等，且在中、小型房屋及墓葬里，都发现有大量的陶制酒器，可见，夏朝饮酒的习惯已普及于广大人民群众之中。

七　漆木器业

木作业起源很早，从传说中的"有巢氏"构木为巢，就开始了人类的木作业。木作行业本身分为两大门类：大木作和细木作。大木作如建造房屋、埋葬死人的棺椁等，是比较粗放性的木工活；细木作业是指制造日常用器、家具、舟车等精细的木工活。夏朝的宫殿规模大，大木作业当具相当水平，而细木作业亦精细。夏朝有制造使用舟车的记载，《墨子·非儒下》："古者羿作弓，伃作甲，奚仲作车，巧垂作舟。"伃又作予、杼，少康之子，夏朝第七位王。奚仲是夏朝的车正，管子说奚仲所制造的车坚固耐用（《管子·形势篇》）。《尚书·甘誓》载启伐有扈氏的战争中，使用了车战。桀乘人车，《后汉书·井丹传》："桀乘人车。"人车是用人拉车，《太平御览》卷八二引《帝王世纪》："（桀）以人驾车。"在偃师二里头遗址的宫殿旁大

---

① 梁宏刚、孙淑云：《二里头遗址出土陶器研究综述》，《中原文物》2004 年第 1 期。

道上发现有车辙遗迹,在洛阳皂角树遗址的二里头文化层中出土的一件陶片上,刻有与商代甲骨文字相同"车"字。①（图2-25）要制作这些器物,就需要细木工活。

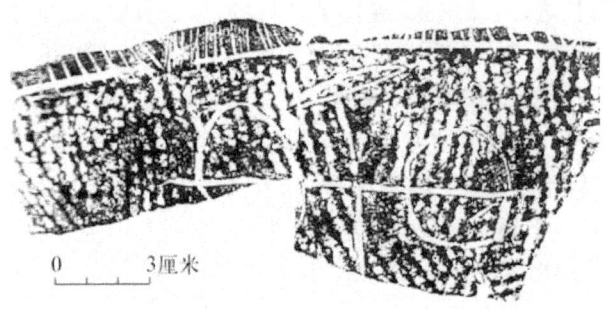

图 2-25　洛阳皂角树夏文化层出土的"车"字陶片
(采自洛阳文物队《洛阳皂角树》第 74 页)

漆器在偃师二里头文化遗址的墓葬里已有多次发现。1980 年偃师二里头遗址Ⅲ区的 M2 号墓内出土了一批漆器,木胎已不存,仅存朱色漆皮,均叠压在一起,件数不清。能看出器形的有敛口平底漆盒、漆豆、筒形器各一件。还发现一件雕花残漆器,花纹似兽面。② 1981 年在二里头遗址Ⅴ区的 M4、M5 两座墓中发现有漆器,皆为红色漆,能辨认出器形的有钵、觚、鼓等,都放置在墓主人头部及身体上部的两侧。③ 在 1984 年、1987 年的发掘中也都发现有漆器,且都出土于墓葬里面。出漆器的都是较大型墓,有数量较多的随葬品,墓主人生前应是贵族。从能辨出器形的漆器看,以酒器为多。如 1984 年出土的两件漆器,为一盒一觚。④ 1987 年出土的 4 件漆器,"依其现存痕迹,皆似觚"⑤。漆酒器是贵族阶层常用的,普通民众只能使用陶酒器。在贵族墓里屡屡发现红色漆器,可见夏朝贵族对漆器及其红色的偏好。

第三节　夏朝的财政

财政是指收入和支出两个方面的问题。夏朝的财政收入有土地税、贡纳品

---

① 洛阳市文物工作队：《洛阳皂角树——1992—1993 年洛阳皂角树二里头文化聚落遗址发掘报》第 74 页,科学出版社,2002 年。
② 中国社会科学院考古研究所二里头工作队：《1980 年秋河南偃师二里头遗址发掘简报》,《考古》1983 年第 3 期。
③ 中国社会科学院考古研究所二里头工作队：《1981 年河南偃师二里头墓葬发掘简报》,《考古》1984 年第 1 期。
④ 中国社会科学院考古研究所二里头工作队：《1984 年河南偃师二里头遗址发现几座墓葬》,《考古》1986 年第 4 期。
⑤ 中国社会科学院考古研究所二里头工作队：《1987 年偃师二里头遗址墓葬发掘简报》,《考古》1992 年第 4 期。

和关税。土地税孟子说是"贡"制,《滕文公上》:"夏后氏五十而贡,殷人七十二助,周人百亩而彻,其实皆什一也。"赵岐《注》:"民耕五十亩,贡上五亩;耕七十亩者,以七亩助公家;耕百亩者,彻取十亩以为赋。虽易名而多少同,故曰:'皆什一也。'""贡上五亩"即以五亩地上的收获物为税,上交给国家,税率是十分之一。这是孟子所说的夏朝的土地税。

农民除缴纳十分之一的土地税外,还要为国家耕种公田。《夏小正》一月的事务中有"初服于公田"。"公田"是夏王室直接经营的土地,"服公田"是农民到王室的田庄上为夏王耕种,收获物当然是归王室。这是夏王朝国家直接耕种的土地上的收入。

《禹贡》一篇,相传是禹所作的,经学者们研究,认为成篇不晚于战国时期,辛树帜认为应为西周初期的作品。他从贡品的分析中认为,从五服制、九州区划等比较分析,认为与西周初年相合。因此得出《禹贡》即西周初年经济政治的产物,是被隐蔽了的周书。① 前面我们已指出,在西周的铜器燹公盨铭文里,就有关于禹治水而"差地设征"的内容,与《尚书·禹贡》文意相符,是《禹贡》的素材应是来自夏朝,当然其写成时间应为较晚,无疑里面掺杂进了夏以后的一些制度。但《禹贡》篇中九州土地的美恶、贡品所反映出的各地的物产,对夏朝经济的了解还是有参考价值的,故将该篇中各州的土地等级、赋税及贡品列为下表,以供参考。

《禹贡》九州贡赋表

州名	土地等级	赋税等级	贡品种类
冀州	中中	上上	
兖州	中下	贞(下下)	漆、丝、织文
青州	上下	中上	盐、绨、海物、岱畎丝、枲、松、怪石、檿丝
徐州	上中	中中	五色土、羽畎夏翟、桐树、磬、蠙珠、鱼、纤缟
扬州	下下	下上	金三品、瑶、琨、篠、荡、齿、革、羽毛、岛夷卉服、织贝、橘柚
荆州	下中	上下	羽毛、齿、革、金三品、杶、干、栝、柏、砺、砥、砮、丹砂、箘簵、楛竹、菁茅、玄纁玑组、大龟
豫州	中上	上中	漆、枲、绨、纤、纩、石磬
梁州	下上	下中三错	璆、铁、银、镂、砮、磬、熊罴、狐狸、织皮
雍州	上上	中下	球、琳、琅玕

表中的"赋税等级"是土地税,"贡品种类"是各地向王朝中央进贡的土特产,

---

① 辛树帜:《禹贡新解》第108—109页,农业出版社,1984年。

贡品也是王朝的重要经济来源。

夏朝还有关税收入。作为一个国家，必须在边境或险要地设置关卡，一是防御需要，二是收取过路费。《国语·周语下》："《夏书》有之曰：'关石和钧，王府则有。'"韦昭《注》："《夏书》，逸书也。关，门关之征也。石，今之斛也。言征赋调钧，则王府之库常有也。"交换行为起源很早，到需要设置关口收费的情况，已是完全的商业行为了。夏朝有关卡设置，说明社会上有活跃的商业活动。相传夏代还以贝作为交易中的商品等价物——货币。《盐铁论·错币篇》称："夏后以玄贝，周人以紫石，后世或金钱刀布。"有文献记载说"禹以历山之金铸币"，无证。在偃师二里头遗址的 M3 号墓里，在那条用绿松石片摆塑龙的龙头前发现一推海贝串饰。(图 2-26)在商代贝是作为货币流通使用的，[①]夏朝是否如《盐铁论》书中所说为货币，还有待证实。关卡的商业税收，也是国家收入的部分来源。

图 2-26　偃师二里头遗址 M3 号墓中随葬的贝

(采自《偃师二里头遗址研究》彩板五)

在财政支出方面，作为国家，有大批官吏进行行政运作，有专政工具军队、警察、监狱，王室贵族成员以及为他们服役的人员，这些人员衣食、活动的开销，都需要由国家的财政收入中支出。具体情况却不可详指。

第四节　夏朝的思想文化

夏朝是我国第一个王朝领土国家，她继承了五帝时代的传统思想文化，又有发展、创新，形成夏朝的思想文化特点。

---

①　杨升南：《贝是商代的货币》，《中国史研究》2003 年第 1 期。收入《甲骨文商史丛考》，线装书局，2007 年。

一 夏人的尚忠思想

夏朝时的人崇尚忠厚朴实,《尚书大传·略说》称:"夏后氏主教以忠。"《盐铁论·错币》概述夏商周三代的思想曰:"夏忠,殷敬,周文。庠序之教,恭让之礼,灿然可得而观也。"司马迁分析三代各不相同的思想特点及演变时说:"夏之政忠,忠之弊小人以野,故殷人承之以敬。敬之弊小人以鬼,故周人承之以文。文之弊小人以僿,故救僿莫若以忠。"[①]夏朝的统治政策是对民众宽厚,《礼记·表记》引孔子的话说:"虞夏之道寡怨于民,殷周之道不胜其弊……夏道未渎辞,不求备,不大望于民,民未厌其亲。"夏人质朴,说话算数,殷周则多无信,故用盟誓相约束,《盐铁论·诏圣论》:"夏后氏不倍(背)信,殷誓周盟,德信弥衰。"盟誓约有如当今流行的"合同",用以表示相互诚信,防止说话不算数。殷周社会提倡盟誓,提倡诚信,说明社会上诚信已缺失。上层统治者提倡什么,就是这个社会所缺失的。

在夏人聚居的地区,这种忠厚朴质的品德一直延续到秦汉时期,《史记·货殖列传》说夏人聚居的颍川、南阳风俗云:"颍川、南阳,夏人之居也。夏人尚忠朴,犹有先王之遗风……其任侠,交通颍川,故至今谓之'夏人'。"

这种忠厚质朴的思想,有其优点,但处在那个时代亦有其缺陷和不足,《礼记·表记》记载孔子评论夏道之弊病说:"夏道遵命,事鬼神敬而远之,近人而忠焉。先禄而后威,先赏而后罚,亲而不尊。其民之弊,蠢而愚,乔而野,朴而不文。"

"亲而不尊"是不尊重权贵,说明等级观念还不如后世那样森严。"朴而不文"是朴实而缺乏文采。这正符合早期国家的思想意识。

夏人崇拜龙,在陶寺遗址中出的土一件陶盘内,绘有一条彩色的龙,在偃师二里头宫殿区的3号墓中,一条用绿松石镶成的彩色龙,像一面旗帜覆盖在墓主人的身上。在夏文化遗址里常见在陶器上刻龙纹或堆塑成龙形纹,如在一件陶器上刻有一首双身龙,形象十分威武,反映夏人对龙的图腾崇拜。(图2-27)

二 夏人的鬼神观

夏人虽然是"事鬼神敬而远之"的鬼神观,不似商人那样隆祀,但夏人还是迷信者,对鬼神还是"事"之、敬之的。《墨子·明鬼下》:"尝上观乎《夏书》,禹誓曰:大战于甘,王乃命左右六人,下听誓于中军……赏于祖而僇于社。赏于祖者何也?言分命之均也。僇于社者何也?言听狱之事也。故古圣人必以鬼神,为赏贤而罚暴。是故赏必于祖,而僇必于社。此吾所以知,《夏书》之鬼也。"

---

① 《史记·高祖本纪》。

图 2-27 二里头遗址出土的一首双身龙纹陶片

夏人对祖先的祭祀与商、周同,《国语·鲁语上》:"夏后氏禘黄帝而祖颛顼,郊鲧而宗禹。""杼,能帅禹者也,夏后氏报焉。""凡禘、郊、祖、宗、报,此五者,国之典祀也。"祭祀时都要向神灵献祭品,只是三代的颜色各有不同、品类有异而已,《礼记·明堂位》:"夏后氏牲尚黑,殷白牡,周骍刚。有虞氏祭首(取牺牲头献上神坛,下同),夏后氏祭心,殷祭肝,周祭肺。夏后氏尚明水(用水不用酒),殷尚醴,周尚酒。"

对死去的亲人加以厚葬,"事死如事生",认为灵魂不死,尽量多埋葬一些生活日用品,给死者在另一个世界里去使用。在我国,这种思想起源很早,在距今约五万年左右的山顶洞人,就对尸体进行处理,并以平时生活用品随葬,应就是这种意识存在的反应。在五帝时代的仰韶文化及龙山文化墓葬里,死者的随葬品大量存在,有的异常丰富。夏朝人继续这种风气,以尽可能多的物品随葬给死去的亲人。1987年在偃师二里头遗址清理了59座墓葬,墓中都有多少不等的随葬品,特别是其中的57号墓,随葬有铜器、玉器、陶器、漆器、绿松石器、海贝等,发掘者发布了其中9座墓的随葬品登记表,迻录于此以观夏人对死者的态度:

二里头遗址9座墓随葬品登记表

墓号	期别	葬式	年龄	随 葬 品	备 注
M20	三	侧身直肢,头北面西	成年女性	圆腹罐1、圈足罐1、卷沿盆1、小口尊1、豆2	墓底有朱砂
M23	三	侧身直肢,头北面西	成年女性	圆腹罐1、平底盆1、豆1、直领罐1	

续 表

墓号	期别	葬式	年龄	随葬品	备注
M25	三	仰身直肢，头北面上	成年男性	鼎1、卷沿盆2、豆2、直领罐1	墓底有朱砂
M28	三	仰身直肢，头北面西	成年男性	圆腹罐1、爵1、盉1、大口尊1、贝2、漆器1、圆陶片1、龟甲1	有木质葬具、墓底朱砂
M41	三	仰身直肢，头北面上	成年女性	圆腹罐1、矮领尊1、豆2、三足皿2	
M43	三	仰身直肢，头北面上	?	圆腹罐1、平底盆1、爵1、三足皿1、觚2	
M44	三	仰身直肢，头北面上	?	圆腹罐1、卷沿盆1、敛口罐1、直领罐1、爵1、盉1、圆陶片1、漆器1	墓底有朱砂、人骨保存不佳
M49	二	仰身直肢，头北面上	成年男性	圆腹罐1、折沿盆1、三足皿1、豆1、鬶1、角1、觚1、漆器1、针骨1	
M57	四	头北	?	铜器：爵1、刀1、铃1、兽纹牌1 玉器：戈1、刀1、柄形器1、半月形器1、铃舌1、小玉饰多枚 陶器：圆腹罐1、卷沿盆1、盉1、圆陶片5、簋1 其他：贝5、绿松石珠2、绿松石片若干、石铲1、漆器1	有木质葬具、墓底朱砂很厚、人骨已朽

(摘录自《考古》1992年第4期)

2002年春，在宫殿区的3号基址院内发现了成组的贵族墓，其中的3号墓内，随葬品的数量达上百件之多，包括铜器、玉器、绿松石器、白陶器、漆器、陶器和海贝等，其中一件绿松石片镶成的龙形器，长70厘米，用2 000多块大小仅0.2厘米—0.9厘米、厚仅0.1厘米的绿松石片组成。工艺十分精湛。此龙形器原来应是镶在木、革之类的有机物上的，出土时在墓主人的骨架上，覆盖从肩部至胯骨处，下葬时应是被斜放于墓主人右臂之上，呈拥揽状。①（见彩图：二里遗址贵族墓出土的绿松石镶塑龙和贝）这样多的高等级随葬品，当然是希望墓主人死后继续享用。

夏人对占卜决疑是相信的，司马迁说三代之王皆"宝卜筮"，用龟卜决疑，皆为"不易之道"，《史记·龟策列传》："太史公曰：自古圣王将建国受命，兴动事业，何尝不宝卜筮以助善！唐虞以上，不可记已。自三代之兴，各有祯祥。涂山之兆从，而夏启世；飞燕之卜顺，故殷兴；百谷之筮吉，故周王。王者决诸疑，参以

① 许宏：《最早的中国》第148—150页，科学出版社，2009年。

卜筮,断以蓍龟,不易之道也。"夏启的"涂山之兆",是占卜启可得王位之卜,《太平御览》卷八二引《史记》:"昔夏后启筮,乘龙以登于天。占于皋陶,皋陶曰:吉而必同,与神交通。以身为帝,以王四海。"占卜其实是占卜者预先探知求卜者的心意,然后施占卜,故结果多"吉卜",前面我们已引录过《左传》哀公十八年:"《夏书》曰:官占,唯能蔽志,昆命于元龟。"杜预《注》:"官占,卜筮之官。蔽,断也。昆,后也。言先断意,后用龟也。"这段话,就知占卜的欺骗性。夏代统治者们也是需要使用这种伎俩的,以维持其统治地位。

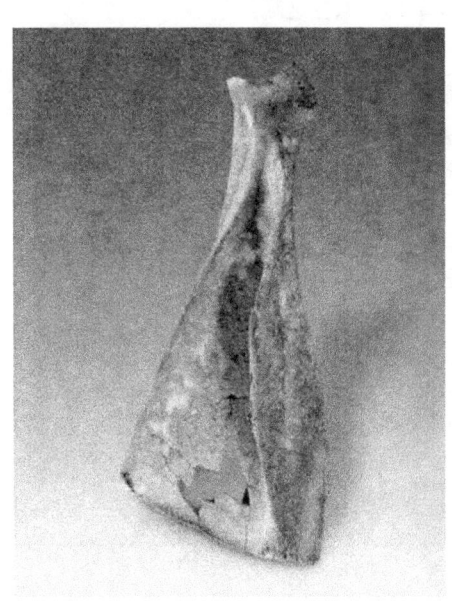

图2-28 二里头遗址出土的卜骨

在夏文化的偃师二里头遗址中,经常发现占卜用的卜骨,其材料有猪、羊及牛的肩胛骨,有的遗址里还发现有使用鹿的肩胛骨作为占卜材料的,但却还未发现使用龟甲占卜材料的现象。(图2-28)

筮是数字卦占,传说夏有《连山》、商有《归藏》、周为《周易》的三易说,但在夏朝是否有筮数占法,还无实物佐证,只得存疑。在二里头文化遗址中,出土的卜骨都比较原始,一般都未经整治,大多数只有用火灼烧痕迹,只在很少的卜骨上有凿痕,未发现有钻的卜骨。1959年发掘偃师二里头遗址时,"卜骨发现较多,所用骨料以猪、羊骨为多,牛骨较少。一般未经整治,有灼无钻,有圆形的灼痕。"①1960年—1964年的八次发掘中也出土了很多的卜骨,卜骨的整治情况与1959年发现的相同,报道说"宗教迷信物有卜骨,卜骨的原料有猪、牛和羊的肩胛骨,绝大部分都未经整治。卜骨大都仅有灼痕,无钻,个别的有凿,方法比较原始"②。虽然原始,却是夏人"宝卜筮"思想的物证。

三 夏朝的文字

在考古学中夏朝的文字还没有被发现,在陶器上,洛阳皂角树二里头文化层中发现的那片刻同同商代甲骨文字相似的"车"字,还只是孤证。在偃师二里头遗址发现了一批刻在陶片上的符号,有的虽然与甲骨文字的一、二、三、六、八、

---

① 中国科学院考古研究所洛阳发掘队:《1959年河南偃师二里头试掘简报》,《考古》1961年第2期。
② 中国科学院考古研究所洛阳发掘队:《河南偃师二里头遗址发掘简报》,《考古》1965年第5期。

矢、燎等字相似,但都是单个出现,更可能是工匠使用的符号,而不是文字。(图2-29)但是,在古文献中,夏朝不但有文字,还有书籍流传于后世,前已提到的《夏小正》一书,是夏朝的历书。在《左传》、《国语》、《墨子》等先秦古籍中,常有引用《夏书》里的话来说事的,《左传》中称《夏书》的,据统计有十四次,《墨子·明鬼下》篇里四次引用《夏书》并云"尝上观乎《夏书》",是在春秋战国时期,《夏书》还存在。《尚书》中有《虞夏书》,是尧至夏时的文告,今文《尚书》中有四篇:《尧典》、《皋陶谟》、《禹贡》、《甘誓》。其中《禹贡》和《甘誓》被认为是《夏书》。晚出的古文《尚书》里有《夏书》九篇,即《禹贡》、《甘誓》、《五子之歌》、《胤征》、《帝告》、《厘沃》、《汤征》、《汝鸠》、《汝方》。其中《帝告》以下五篇也已不存了。尚书学家们认为古文《尚书》是魏晋时人伪造的,不可信。有学者则认为,晚出的《尚书》"主要是'尚书'的辑佚,它补充、丰富了《尚书》的内容,具有较高的史料价值"①。古籍中有如此多的夏朝文献,即所谓的"夏书"流传下来,且商代的甲骨文、金文都是十分成熟的文字,所以古文字学家们相信夏朝应是有文字的,只是没有被发现。考古学具有一定的偶然性,说不定什么时候夏朝的文字及其记录其历史的材料就被发现出来,学术界都翘首企盼着这一天的到来,我们相信,这一天也一定会到来的。

图 2-29　偃师二里头文化遗址发现的陶文

(采自许宏《早期中国》)

---

① 钱宗武:《今古文尚书全译·前言》,《今古文尚书全译》,贵州人民出版社,1990年。

文字是一个民族进入文明社会的重要标志,是一个民族文化生命的基本元素。文化学者余秋雨说,中国文字对我们中华民族的重要性,怎么说也不过分。其一,这些文字证明,中国人和中国文化已经彻底摆脱了蒙昧时代、结绳时代、传说时代,终于找到了可以攀缘的麻石台阶。如果没有这个台阶,在那些时代再沉沦几十万年,都是有可能的。有了这个台阶,则可以进入哲思、进入诗情,而且可以上下传承。于是,以后几千年,远远超过了此前几十万年、几百万年。

其二,这些文字展现了几乎不可能的可能,那就是,辽阔的山河,诸多的方言,纷繁的习俗,都可以凭借着这些小小的密码而获得统一,而且由统一而共生,由统一而互补,由统一而流动,由统一而伟大。

其三,这些文字一旦被书写,便进入一种集体人格程序,有风范,有姿态,有表情,又协和四方,对话众人。① 余氏对文字在中华民族文化中作用的论述,是十分精当的。没有文字的民族,始终是处于蒙昧阶段的民族,后进的民族。夏时应该是有文字的时代,而且还应是较为成熟的文字、可用来记录语言的文字、传达思想的文字。

四　夏朝的学校

夏朝的学校称为"校",《孟子·滕文公上》:"设为庠、序、学校以教之。庠者养也。校者,教也。序者,射也。夏曰校,殷曰序,周曰庠。学则三代共之,皆所以明人伦也。"学校是学习道德、技艺,劝善的场所,故社会基层的乡里皆设。《史记·儒林传》:"闻三代之道,乡里有教,夏曰校,殷曰序,周曰庠。其劝善也,显之朝廷;其惩恶也,加之刑罚。"张守节《正义》:"校,教也,可教道艺也。"

"道艺",道德和技艺,即韩愈说的"传道、受业",学校教育是学习技艺、知识,培养人的品德和才能,具有德才兼备人才的场所。

五　夏朝的艺术

艺术源于生活,有生活就有艺术。从古文献记载和考古发现,夏朝的音乐、舞蹈及雕刻艺术都具很高水平。在偃师二里头发现一只铜铃,其铃舌是用玉制的,还发现石磬等乐器。

相传禹有乐曲名《大夏》,《庄子·天下篇》:"黄帝有《咸池》,尧有《大章》,舜有《大韶》,禹有《大夏》,汤有《大濩》,文王有辟雍之乐,武王、周公作《武》。"《大夏》又称《夏》,因夏与大同义。《春秋繁露·楚庄王篇》说虞夏商周四代乐名取义云:"作乐者必反天下之所始,乐于己以为本。舜时民乐其昭尧之业也,故《韶》,

---

① 余秋雨:《中国文脉》,长江文艺出版社,2012年。

韶者,昭也。禹之时,民乐其三圣相继,故《夏》,夏者,大也。汤之时,民乐其救之于患害也,故《頀》,頀者,救也。文王之时,民乐其兴师征伐也,故《武》,武者,伐也。四者,天下同乐之一也,其所同乐之端,不可一也。作乐之法必反本之所乐,所乐不同事,乐安得不世异。是故舜作《韶》而禹作《夏》,汤作《頀》而文王作《武》。四乐殊名则各顺其民,始乐于己也。"

古乐有曲有词,故可奏、可歌、可舞。《大夏》乐曲到春秋时期还能演奏,《左传》载鲁襄公二十九年(前544)吴国的季扎访问鲁国,因为鲁国保存的古代典章最为完备,他乃提出要观看周代的乐舞,鲁国乐队就为他进行了演奏,其中就有《大夏》一曲。他在观看舞《大夏》后评论道:"美哉!勤而不德,非禹其谁能修之!"即勤劳而不自以为有功德,《淮南子·缪称篇》"禹无废功,无废财,自视犹缺如也"。即"勤而不德"意。

禹治水成功,命皋陶作《夏籥》之乐歌,《吕氏春秋·古乐》篇:"禹立,勤劳天下,日夜不懈,通达川,绝壅塞,凿龙门,降通漻水以导河,疏三江五湖注之东海,以利黔首,于是命皋陶作为《夏籥》九成,以韶其功。""九成"即九段或称九节。《尚书·益稷》"箫韶九成",孔颖达《疏》:"郑云:'成,犹终也。'每曲一终,必变更奏,故《经》言'九成',《传》言'九奏',《周礼》谓之'九变',其实一也。"

夏朝人歌颂禹的乐曲还有《大化》等四种。《尚书大传·虞夏传》:"歌《大化》、《大训》、《六府》、《九原》而夏道兴。"郑玄《注》:"四章,皆歌禹之功。"

《夏籥》九成的舞蹈用36人,《淮南子·齐俗训》:"夏后氏其社用松,祀户,葬墙置翣。其乐《夏籥》九成,六佾,六列,六英。其服尚青。"六列,每列六人,为36人。

启时乐有《九辩》、《九歌》。屈原《离骚》:"启《九辩》与《九歌》兮,夏康娱以自纵。"《天问》:"启棘宾商(应为帝字),《九辩》《九歌》。"传说启的乐曲得之于上天,《山海经·大荒西经》:"西南海之外,赤水之南,流沙之西,有人珥两青蛇,乘两龙,名曰夏后开。开上嫔于天,得《九辩》与《九歌》以下,此天穆之野,高二千仞,开焉得始歌《九招》。""夏后开"即夏后启。

《九歌》是由九首歌曲组成的乐章,内容是歌颂六种物质和三种政事。《左传》文公七年,晋国郤缺对赵宣子说:"《夏书》曰:'戒之用休,董之用威,劝之以《九歌》,勿使坏'。九功之德,皆可歌也,谓之'九歌';六府、三事,谓之'九功'。水、火、金、木、土、谷,谓之'六府',正德、利用、厚生,谓之'三事'。"

夏启时有舞蹈称为《九韶》的,《路史·后纪》十三《注》引《竹书纪年》:"启登后九年,舞《九韶》。"《帝王世纪》说是在十年,"启升后十年,舞《九韶》,三十五年,征西河"。

传夏桀之时有"烂漫之乐"、"靡靡之声",《太平御览》卷八二引《帝王世纪》:"帝桀淫虐有才……大进俳儒倡优,为烂漫之乐,设奇伟之戏。纵靡靡之声,日夜与妹喜及宫女饮酒。"

禹的《夏籥》九成,启的《九辩》《九歌》等以九为数的乐歌,都应是朝廷庙堂之乐,其实民间应有更多的民歌,如禹之妻女娇所作《候人》即是此类。《吕氏春秋·音初》:"禹行功,见涂山之女。禹未之遇,而巡省南土,涂山之女乃令其妾候禹于涂山之阳,女乃作歌,歌曰:'候人兮猗',实始作为南音。周公及召公取风焉,以为《周南》、《召南》。"《候人》显然是首情歌,与《诗经》的《关雎》篇男女求偶意同。桀的"烂漫之乐""靡靡之声",应是一种轻歌曼舞的轻音乐而非严肃的庙堂祭祀乐舞。

考古发掘中,屡次发现夏朝的雕刻艺术作品,特别是在玉器、绿松石制品上,常见有杰作。二里头出土的玉器中大型者如一件七孔玉刀长65厘米,玉璋长50厘米,一件玉戈长40多厘米。玉器规整、光洁,其上所刻花纹精美。绿松石镶嵌的铜牌饰、龙形器、绿松石雕的兽,刻在玉器上的各种花纹及刻在陶器上花纹等,皆是难得的艺术珍品。像那件绿松石镶塑成的巨首卷尾龙,龙体长大,龙身曲伏有致,形象生动,色彩绚丽。龙头隆起略呈浅浮雕状,扁圆形巨首,吻部略为突出。以散节实心半月形的绿、白玉石组成颌面的中脊和鼻梁,绿松石蒜头状鼻端硕大醒目。两边弧切出对称的眼眶轮廓,梭形眼,轮廓富于动感,以顶面弧突的圆饼形白玉为睛。龙身略呈波曲状,中部突起。由绿松石片组成的菱形主纹象征鳞纹,连续分布于全身。龙身近尾部渐变为圆弧隆起,因此更为逼真。尾尖内卷,若游动状,跃然欲生。①(图2-30)铜牌饰上镶嵌的绿松石图案,为兽

图 2-30 二里头遗址出土的绿松石镶塑龙形器
(采自《偃师二里头遗址研究》图版五)

---

① 许宏:《最早的中国》第150页,科学出版社,2009年。

面,多为简化抽象的龙形。一件绿松石雕刻成的兽,形态栩栩如生,而大小却只有几十毫米见方,完全称得上是一件微雕作品。

二里头文化中以陶器为大宗,是夏朝人的日常生活用器,但有的陶器却造型别致,制作精巧,完全是一种艺术品,表现出夏朝人的艺术修养。

第三编

商代

文献记载，商朝是继夏朝之后的一个王朝，但对于文献中关于商朝的记载，在殷墟甲骨文发现前，一些人还存在怀疑，因此将其归于我国历史的"传疑时代"。1899年甲骨文被发现，经罗振玉、王国维等学者的研究，发现甲骨文中的人名同《史记·殷本纪》中的商王名号几乎完全一致，确认这是商朝人占卜后刻在龟甲、牛骨上的文字，是商朝人留下的第一手文字资料，证实商朝是我国历史上确实存在过的一个王朝，商朝乃坐实为信史时代。

　　河南安阳殷墟，是盘庚迁都以后至商灭亡期间的都城，属于商朝后期，出土于此地的甲骨文，是商朝后期文字，所记载的是商朝后期的事情。虽是后期的文字，记载的是后期的事情，但历史是连续的、不断发展的，后期是前期的延续，所以甲骨文虽是商朝后期的文字材料，却可以概括地反映出整个商朝的历史状况。加之商朝前期的物质文化在考古中，已有十分丰富的发现，可以印证甲骨文中所记载的史事。

　　商朝的统治阶级特别迷信鬼神，尤其是商王，他们在做任何事情之前，都要经过占卜，求得神灵的"旨意"，能不能做，能做则做，不能做则罢，所以，甲骨卜辞就有如后世帝王的"实录"。① 商王的一切活动，在甲骨文里都有反映，因此，今日研究商朝的历史，是离不开甲骨文的。有了丰富的甲骨文资料，我们对商朝社会方才有可能进行研究。

　　不用说，研究商朝历史，文献记载和地下出土的考古资料是要特别注意的，三者不可偏废，方是正确的研究方法。本编力图运用这三方面提供的材料，揭示远在三千多年前商朝社会的真实面貌。

---

　　① 商人将占卜使用过的甲骨，过一定时期就挖坑埋在地下。这些埋甲骨的坑，经三千多年的岁月，有的早已遭破坏，甲骨成了龙骨，作为疗伤的刀尖药，有的还埋在地下没有被发现，今天我们能看到的甲骨，只是其中的一部分，所以这部"实录"是残缺不全的。

第一章　商王的世系及其事略

商王的世系我们分两部分来叙述：建国前的首领和建国后的帝王。商朝是由商族为核心建立起来的一个王朝。为全面了解商朝历史，有必要对建国前的商族首领作一追述。

第一节　建国前的商族先公

商族是一个十分古老的部族，从它的始祖契到灭夏建立商朝的汤，历十四代。"玄王勤商，十有四世而兴"，①这十四代首领，王国维称为"先公"。他们是：

契　相传他是帝喾次妃简狄所生之子。《史记·殷本纪》："殷契，母曰简狄，有娀氏之女，为帝喾次妃。三人行浴，见玄鸟堕其卵，简狄取吞之，因孕生契。契长而佐禹治水有功。帝舜乃命契曰：'百姓不亲，五品不训，汝为司徒而敬敷五教，五教在宽。'封于商，赐姓子氏。"

子是姓，商人姓子。商是封地，契的子孙就以"商"为部族名称。契被封的商地，学术界有东西北三种主张：一说在我国西部的陕西商洛，为东汉郑玄提出。《史记·殷本纪》契"封于商"，《集解》："郑玄曰：'商国在太华之阳'，皇甫谧曰：'今上洛商是也'。《正义》：《括地志》云：'商州东八十里商洛县，本商邑，古之商国，帝喾之子契所封也'"；二说在我国东部的河南省商丘市。是近人王国维提出的；②三说在我国北部河北省的漳水流域，是考古学家邹衡提出的。商和漳是声相近的字，"商人所以称商，大概是因为商人远祖住在漳水，而最早的漳水或者叫作商水"③。此说受到学术界的重视。契后又迁到蕃，《世本·居篇》"契居蕃"，王国维说契所居的蕃应即西汉时的蕃县，④地在今山东省滕州市。丁山认为番即番吾，其地"在今河北省滱水支流的博水流域"⑤。漳水流域发现有早期商文化，漳水说最有可能。

昭明　契子。从蕃迁于砥石再迁于商。

---

① 《国语·周语下》。
② 王国维：《说商》，《观堂集林》卷十二，中华书局，1959年。
③ 邹衡：《夏商周考古论文集》第218页，文物出版社，1980年。
④ 王国维：《说自契至于成汤八迁》，《观堂集林》卷十二，中华书局，1959年。
⑤ 丁山：《商周史料考证》第17页，中华书局，1988年。

《世本·居篇》:"昭明居砥石。"《荀子·成相篇》:"契玄王,生昭明,居于砥石,迁于商。"砥与泜字通,砥石在今河北省的泜水。昭明迁的"商"应是"漳",是他从泜水迁回契的始封地。

相土 昭明子。为夏朝官吏,迁居于帝丘,又曾在泰山脚下建立据点,被称为东都。《史记·殷本纪》"相土立"司马贞《索隐》:"相土佐夏,功著于商。"相土利用在夏朝做官的地位,使商人势力向外拓展。《左传》襄公九年士弱云:"陶唐氏之火正阏伯居商丘,祀大火,而火纪时焉,相土因之,故商主大火。"商丘应为帝丘之误,地在今河南省濮阳市。从契到相土,商人已有五六十年的发展,人口繁衍,需要向外拓展,乃向东南到达今河南与山东两省交界地的濮阳市地区。《诗·颂·长发》"相土烈烈,海外有截",古时今河北省中部是一大湖泊,称为"大陆泽",位于任县东北,古时泽地甚广,跨有今河北省巨鹿、隆尧、宁晋诸县间,正是商人的发祥地。古人称大的湖泽为海,《长发》诗中的"海"其实就是这个大湖泊,所谓的"海外"就是指离开此湖泊一定距离的地方。相土迁到濮阳,也可称为"海外"了。

在帝丘立住脚后,再向东发展,《左传》定公四年:"分康叔……取于相土之东都,以会王之东蒐。"杜预《注》:"为汤沐邑,王东巡狩,以助祭泰山。"是相土的东都在泰山下。在考古学上,这里已是东夷人创造的岳石文化影响地带,商人移居于此,当然会同创造岳石文化的族人交往,可能就在此时期,商人同创造岳石文化的人们结成了友好关系,故相土曾到泰山脚下建立营地而被称为"相土之东都"。

昌若 相土子。

曹圉 昌若子。

冥 曹圉子。冥在夏朝担任司空职务,主管水利,《史记·殷本纪》"冥立"《集解》引宋忠曰:"冥为(夏)司空,勤其官事,死于水中,殷人郊之。"《索隐》:"《礼记》曰'冥勤其官而水死。'殷人祖契而郊冥也。"甲骨文中有"高祖河",受到特别隆重的祭祀,此"河"当是文献中的冥。①

王亥 冥子。王国维考证《史记·殷本纪》、《三代世表》中的振,《世本》中的核,《汉书·古今人表》中的垓,乃亥,即《山海经·大荒东经》中的王亥。②《大荒东经》载:"有困民国,勾姓而食。有人曰王亥,两手操鸟,方食其头。王亥托于有易、河伯仆牛。有易杀王亥,取仆牛。"郭璞注引《竹书纪年》:"殷王子亥宾于有易而淫焉,有易之君绵臣杀而放之。是故殷主甲微假师于河伯以伐有易,灭之,遂杀其君绵臣也。"王亥被有易杀后其弟王恒去追讨失去的牛羊,也被杀,《楚辞·

---

① 杨升南:《殷墟甲骨文中的"河"》,《殷墟博物苑苑刊》创刊号,中国社会科学出版社,1989年。《殷契"河日"说》,《殷都学刊》1992年第2期。两文收入《甲骨文商史丛考》,线装书局,2007年4月。

② 王国维:《殷卜辞中所见先公先王考》,《观堂集林》卷九,中华书局,1959年。

天问》:"恒秉季德,焉得夫朴牛?何往营班禄,不但还来。昏微遵跡,有狄不宁。"殷墟甲骨文称作王亥,与《山海经》、《竹书纪年》同。有易在河北省的易水流域,相土时商人已迁往豫东北的濮阳并及鲁西的泰山地区,王亥北上经营有易,以图巩固北方起源地而被杀。

微　王亥子。又称上甲微,甲骨文称上甲。《史记·殷本纪》:"振卒,子微立。"灭有易,为其父王亥报仇,商族由是转危为安,因而受到后世子孙的隆祭。王国维《说自契至于成汤八迁》云:"今本《竹书纪年》云'帝芬三十三年,商侯迁于殷。'是为六迁也。"王国维自注云:"《山海经》郭璞注引真本《纪年》有'殷王子亥、殷主甲微',称殷不称商,则今本《纪年》此事或可信。"夏王帝芬的年代与商部族的王亥、上甲微父子大致同时,故今本《竹书纪年》所记"迁于殷"的"商侯",应是微即甲骨文中的上甲。2007年2月清华大学入藏战国竹简二千余枚,其中《保训》中周文王举上甲微假中(师)河伯的故事教导其子武王,"发,祗之哉!昔微假中于河,以复有易,有易服厥罪,微无害,乃归中于河。微志弗忘,传贻子孙,至于成唐,祗备不懈,用受大命。"①"中"是旗帜,此指军队。古时战前在中心场地树立起一杆旗帜,凡有战士资格的男性成员都带着武器聚集在旗帜下,准备出征,这在商代甲骨文里称为"立中"。"中"字甲骨文字作 ,象飘扬的旗帜。"事"字甲骨文有作 形,象手举旗形。古时"国之大事,在祀与戎",甲骨文"立事"多与战事相关,就是立旗聚集战士,所以称中指军队。② 上甲的"甲"是微死后的宗庙名,生时名微无"甲"名。商王的先祖用甲乙丙丁等十个天干字为死后的庙号名称,这个制度是从上甲开始的。

报乙　微子。《史记·殷本纪》误作"微卒,子报丁立"。王国维《殷卜辞中所见先公先王考》据殷墟卜辞(即《合集》32384,此片由王国维所拼合),上甲以后商王的顺序为报乙、报丙、报丁,校正《史记》之误,应为"微卒,子报乙立"。(图3-1)

报丙　报乙子。《史记》误作"报丁卒,子报乙立"。

报丁　报丙子。《史记》误作"报乙卒,子报丙立"。《史记·殷本纪》上甲微后三世次序为:报丁——报乙——报丙。王国维据甲骨文校正后应为:报乙——报丙——报丁。

图3-1
刻有商王世系的甲骨
(《合集》32384)

---

①　李学勤:《清华简〈保训〉释读补正》,《中国史研究》2009年第3期。
②　杨升南:《卜辞"立事"说》,《殷都学刊》1984年第2期。

主壬　甲骨文作"示壬"。报丁子。《史记》误作"报丙卒,子主壬立"。

主癸　甲骨文作"示癸"。主壬子。《史记》"主壬卒,子主癸立"。

报乙、报丙、报丁、主(示)壬、主(示)癸五位,商代甲骨卜辞常以"三报二示"连称,如卜辞"丙申卜侑三报二示"(《合集》32392)。"三报"指报乙、报丙、报丁,"二示"指示壬、示癸。

第二节　建国后的商王世系

商朝自成汤灭夏建国,至纣被周武王伐灭,据《史记·殷本纪》记载,商朝历十七代共三十一位国王,而据古本《竹书纪年》及甲骨文中周祭谱,商朝只有二十九王。

汤　名履,又称天乙、成汤。甲骨文中称作成、咸、大乙。主(示)癸子,《史记·殷本纪》:"主癸卒,子天乙立,是为成汤。""汤始居亳,从先王居。"汤始居的亳邑在今山东省曹县地,①曹县在濮阳之南,两地相近,相土时商人迁帝丘(濮阳),曹县亦当为商人所有,故云汤"从先王居"。汤以邻国葛伯不祭祀神灵为口实,举兵征讨并将其灭掉,从而开始了征伐夏朝的过程。任用伊尹为辅佐,"十一征而无敌于天下"(《孟子·滕文公下》),最后在桀都斟寻(今偃师县)大败夏桀军,并将桀流放到南巢(今安徽省巢县境)。在诸侯的拥戴下,即位为王,建立商朝,并将都城向西迁至夏朝政治中心地的今河南省偃师市,仍称为亳,因在原都亳邑之西而后人名之为"西亳"。②《史记·殷本纪》"汤始居亳"《正义》引《括地志》:"河南偃师为西亳,帝喾及汤所都。"1983年中国社会科学院考古研究所在偃师县尸乡沟发现一座面积达190万平方米的商代早期城址,这里应是汤所都的西亳。③ 相传在位十三年而死。

太丁　卜辞作大丁(甲骨文无太字,文献中的太字均作大字)。汤太子,先汤而卒。《史记·殷本纪》:"汤崩,太子太丁未立而卒。"

外丙　卜辞作卜丙。汤子,太丁弟。《史记·殷本纪》:"汤崩,太子太丁未立而卒,于是乃立太丁之弟外丙。"在位三年。

中壬　汤子,外丙弟,《史记·殷本纪》:"帝外丙即位三年,崩,立外丙之弟中壬。"相传在位四年。殷墟甲骨卜辞中无此王名,亦不见于"周祭谱"受祭祀,是否有中壬这位王,还不能确定。

太甲　卜辞作大甲。汤孙,太丁子,《史记·殷本纪》:"帝中壬即位四年,崩,

---

① 王国维:《说亳》,《观堂集林》卷十二,中华书局,1959年。
② 方酉生:《论汤都西亳》,《河南文博通讯》1979年第3期。
③ 方酉生:《偃师商城为汤都西亳》,《江汉考古》1987年第1期。
　 杜金鹏:《偃师商城初探》,中国社会科学出版社,2003年。

伊尹乃立太丁之子太甲。太甲，成汤嫡长孙也。"太甲即为后"不遵汤法"，被伊尹关在桐宫三年悔过自新。太甲在桐宫"悔过自责反善"，出宫复位后修政行德，国家大治，被尊为"太宗"。

太甲即位次第当不如《史记》在外丙、中壬后，而是直接继承其祖父汤的帝位的。《殷本纪》："伊尹乃立太丁之子太甲"张守节《正义》："《尚书·孔子序》云'成汤既没，太甲元年'，不言有外丙、仲壬。"据商代甲骨卜辞"周祭谱"，外丙在太甲后受祭而谱中无中壬，当是太甲在桐宫"悔过"三年时，王位空缺，伊尹乃以其叔外丙暂时代替，故外丙的在位年数恰与太甲关桐宫年数等。①

沃丁　太甲子，《殷本纪》："太宗崩，子沃丁立。"沃丁不见于商代甲骨卜辞，是否有沃丁这位王，同中壬一样不可确定。

太庚　卜辞作大庚。太甲子，沃丁弟，《殷本纪》："沃丁崩，弟太庚立。"

小甲　太庚子。《殷本纪》："帝太庚崩，子帝小甲立。"

太戊　卜辞作大戊。太庚子小甲弟。《殷本纪》："帝雍己崩，弟太戊立。"太庚三子相继为王，其即位次第《殷本纪》为：小甲——雍己——太戊。甲骨文"周祭谱"中的祭祀顺序则是：小甲——大戊——雍己。当以甲骨文为是，太戊为小甲弟，雍己为太戊弟，而不是太戊为雍己弟。甲骨文中的"周祭谱"受祭先后是根据生时当国王的先后顺序排列的，所以雍己应是在太戊之后为王。

太戊任伊陟为相，巫咸掌管王族事务，国家大治，国力强盛，诸侯归顺。太戊死后被尊为"中宗"。

雍己　太庚子太戊弟。《殷本纪》"帝小甲崩，弟雍己立"有误。按照甲骨文中的"周祭谱"，雍己在太戊后受祭，所以雍己是太戊弟，应是在太戊之后为王。雍己时国力衰弱，诸侯不来朝。

中丁　太戊子，《殷本纪》"中宗崩，子中丁立"。按照"周祭谱"应为"雍己崩，太戊子中丁立"。太戊在兄弟三人中居第二，其子中丁无权继承王位却得到王位，应是经过夺取而获得的，故《史记》云："自中丁以来，废嫡而更立诸弟子，弟子或争相代立，比九世乱，于是诸侯莫朝。"雍己应是一个无所作为的国王，他将国家由强盛搞得衰弱，以致诸侯离散。太戊是位盛君，其子中丁能力必强而又有作为，有可能见父业将丧，乃强行接过王位，以图振兴王朝。中丁迁都于隞，地在今河南省郑州市，考古发现的郑州商城就是中丁所迁的隞都。② (图3-2)《史记·殷本纪》"《仲丁》书阙不具"，是中丁有著作名《仲丁》，司马迁时已佚失了。

---

①　常玉芝：《太甲、外丙的即位纠纷与商代王位继承制》，《殷墟博物苑苑刊》创刊号，中国社会科学出版社，1989年。
②　安金槐：《试论郑州商代城址——隞都》，《文物》1961年第4、5期。杨育彬：《郑州商城初探》，河南人民出版社，1985年。

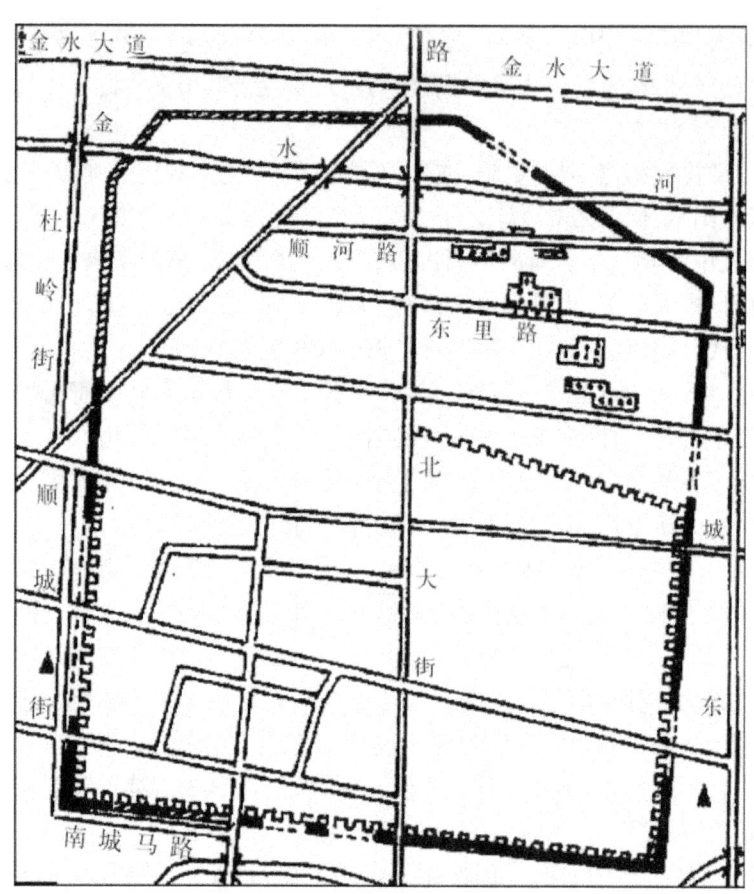

图 3-2 郑州商城遗址平面图
（采自河南省文物考古研究所：《郑州商城》第 2 页）

外壬　卜辞作卜壬。太戊子中丁弟，《殷本纪》："帝中丁崩，弟外壬立。"

河亶甲　卜辞作戋甲。太戊子，外壬弟，《殷本纪》："帝外壬崩，弟河亶甲立。"名整，迁都于相，地在今河南省内黄县。安阳殷墟洹水北发现一座商中期城（洹北商城），或认为是河亶甲所迁的相。① 河亶甲时，殷复衰弱，《殷本纪》："河亶甲时，殷复衰。"

祖乙　名胜。中丁子，《殷本纪》误作河亶甲子，"河亶甲崩，子帝祖乙立"。甲骨文中河亶甲配偶不受祭而中丁配偶受祭，配偶受祭是有子继承王位者所享受的特祭。是河亶甲无子为王而中丁有子为王，故祖乙是中丁子而非河亶甲子。太戊有三子为王：中丁、外壬、河亶甲。河亶甲最小，他死后王位不是传给自己的儿子而是回传给长兄中丁之子祖乙，这应是商朝王位"兄弟相及"的制度，同辈

---

① 文雨：《洹北花园庄遗址与河亶甲居相》，《中国文物报》1998 年 11 月 25 日。

兄弟有资格继承王位的都继承之后,最后一位弟的王位要回传给长兄之子,是商代王位继承的"常法",说明长子在王位继承上的特殊地位。祖乙时有贤相巫贤,国力复兴,被尊为"中宗",卜辞中称"中宗祖乙"。迁其都于庇(今山东省鱼台西南之费亭),或说迁于邢(今河北省邢台市)。

祖辛　祖乙子,《殷本纪》:"祖乙崩,子帝祖辛立。"

沃甲　卜辞作羌甲。名逾,祖乙子,祖辛弟。《殷本纪》:"帝祖辛崩,弟沃甲立。"沃甲,甲骨卜辞作羌甲。

祖丁　祖辛子,《殷本纪》:"帝沃甲崩,立沃甲兄祖辛之子祖丁。"

南庚　沃甲子,《殷本纪》:"帝祖丁崩,立弟沃甲之子南庚。"南庚与祖丁为堂兄弟关系,已无权继承王位,其得位乃是"弟子或争相代立"的结果。古本《竹书纪年》:"南庚自庇迁于奄。""阳甲即位居奄。"(《太平御览》卷八三皇王部引)奄的地望,文献记载在今山东省曲阜,《左传》定公四年"因商奄之民,命以《伯禽》而封于少皞之虚。"杜预《注》:"商奄,国名也。""少皞之虚,曲阜也,在鲁城内。"马宗琏《春秋左传补注》:"《说文》:'郯国在鲁。'《括地志》'曲阜县奄里即奄国之地。'奄本殷诸侯,故曰'商奄'。"曲阜发现了西周鲁城遗址,但未见商代遗物,南庚迁奄的奄地,在考古学上还未得到证实。

阳甲　卜辞作象甲。名和,文献中又称和甲。祖丁子,《殷本纪》:"帝南庚崩,立帝祖丁之子阳甲。"阳甲于南庚为叔侄关系,阳甲本无继承其叔父南庚之王位,其得位亦是"弟子或争相代立"的结果。阳甲时,国力衰弱。商朝王位从中丁到阳甲,历经九位国王,即"比九世乱"的"九世",出现"诸侯莫朝"的局面。在夏商周时代,王朝与诸侯关系的好坏,是国家强弱的标志性事件,王朝强盛,诸侯来朝,王朝衰弱,诸侯则不来而有观望、分裂的异心。

阳甲从南庚系夺得王权,恢复了祖丁子孙系统的王权地位(阳甲至纣皆是祖丁后裔为王),故阳甲受到武丁子孝己的隆重祭祀。[①]

盘庚　卜辞作殷庚。祖丁子,阳甲弟,《殷本纪》:"帝阳甲崩,弟盘庚立。"盘庚振兴国力,迁都于殷,后世称为殷墟,《史记·项羽本纪》:"项羽乃与(秦将章邯)期洹水南殷虚上。"今河南省安阳市西小屯村之殷虚(墟),正在洹水南而紧临洹水。盘庚态度坚决地迁都于殷(见《尚书·盘庚》),为商朝的复兴奠定了基础。

小辛　名颂。祖丁子,盘庚弟,《殷本纪》:"帝盘庚崩,弟小辛立。"小辛时殷复衰,百姓思念盘庚时政治。

小乙　名敛。祖丁子,小辛弟,《殷本纪》:"帝小辛崩,弟小乙立。"

---

① 杨升南:《殷墟花东 H3 卜辞"子"的主人是武丁太子孝己》,王宇信、宋镇豪、孟宪武主编:《2004年安阳殷商文明国际学术研讨会论文集》,社会科学文献出版社,2004 年。收入《甲骨文商史丛考》,线装书局,2007 年。韩江苏:《殷墟花东 H3 卜辞"子"研究》,线装书局,2008 年。

武丁　小乙子,《殷本纪》:"帝小乙崩,子武丁立。"以傅说为相,修政行德,商朝大治,国复强盛,天下和谐,殷道复兴,在位五十九年,死后被尊为"高宗"。

祖己　文献作孝己,武丁太子,《荀子·大略》"虞舜孝己,孝而亲不爱"。杨倞注云:"孝己,殷高宗之太子。"商代称太子为"小王"。武丁时卜辞中有"小王"、祖庚祖甲卜辞有"兄己"、康丁卜辞有"小王父己",都是指孝己。孝己在武丁卜辞中就受祭,在"周祭谱"中于祖庚前受祭,是他被后王视作已当过王的人物,传说被放逐而死当是误传,他应是同汤子大丁一样为储君,却未即位就死去,后王对两人的祭祀待遇相同,只是孝己未有儿子当王而不被作为直系先王祭祀。1991年中国社会科学院考古研究所安阳工作队在花园庄东地发现一坑甲骨(H3),其中有字甲骨579片,这坑甲骨即是武丁太子孝己的遗存,[①]这为研究商代的太子制度提供了十分珍贵的材料。

祖庚　名跃。武丁子,《殷本纪》:"帝武丁崩,子祖庚立。"

祖甲　武丁子,祖庚弟,《殷本纪》:"帝祖庚崩,弟祖甲立。"在位三十三年。甲骨文中发现祖甲时进行祭祀制度改革,实行"周祭"制度,即将从上甲以来的先王和有子为王的先妣,按照当王的先后次序排列成表,按表先后进行祭祀。这种改变是强调了对祖先的祭祀而大大削减对自然神的淫祀,应该是一种积极的、有利于社会的改革。

廪辛　名先,又作冯辛。祖甲子,《殷本纪》:"帝祖甲崩,子帝廪辛立。"廪辛不见于甲骨文之"周祭谱"受祭祀,是否即位为王,可疑。

庚丁　卜辞作康丁。祖甲子,廪辛弟,《殷本纪》:"帝廪辛崩,弟庚丁立。"

武乙　康丁子,《殷本纪》:"帝庚丁崩,子帝武乙立。"武乙"射天",不信天神。在河渭之间打猎,遭遇雷击而死。可能是被西边的周人打死,商人为掩盖事实真相而编造的故事。

文丁　或作太丁、大丁,卜辞作文武丁。武乙子,《殷本纪》:"武乙震死,子帝太丁立。"文丁时商周矛盾激化,致使周族首领季历被文丁杀死。据安阳殷墟出土的甲骨卜辞研究,文丁时恢复了祖甲时的周祭制度。

帝乙　卜辞作文武帝乙。文丁子,《殷本纪》:"帝太(文)丁崩,子帝乙立。"

帝辛　名受,因其残暴人称作纣。帝乙少子,《殷本纪》:"帝乙长子曰微子启,启母贱,不得嗣。少子辛,辛母正后,辛为嗣。"纣是个大力士,敢于同猛虎搏斗。人聪明,口才好,善辩。骄傲,听不进善言,被周武王打败,自焚而死。

商代的王数,《史记·殷本纪》记载是三十一位,古本《竹书纪年》记载是二十九位,与甲骨文中的"周祭谱"合。"周祭谱"中的大丁、祖己(即孝己)两位未曾当王就死去,真正做了王的只有二十七人。

[①] 杨升南:《殷墟花东H3卜辞"子"的主人是武丁太子孝己》。

商王世系表

一、《史记·殷本纪》所载商王世系

王名右上角数字为即位顺序,横线相连为父子关系,竖线间为兄弟关系。

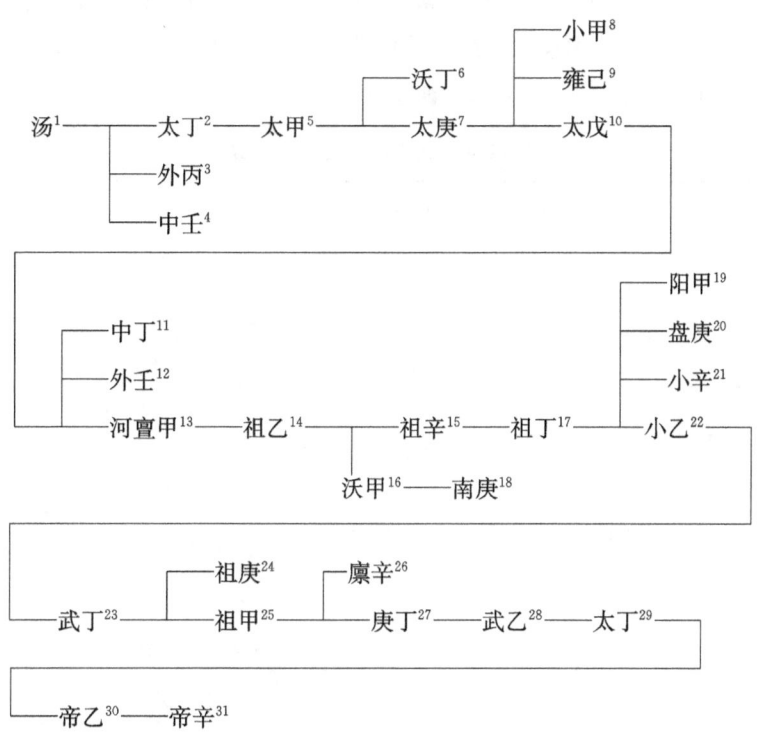

二、甲骨文"周祭谱"中受祭的商王世系

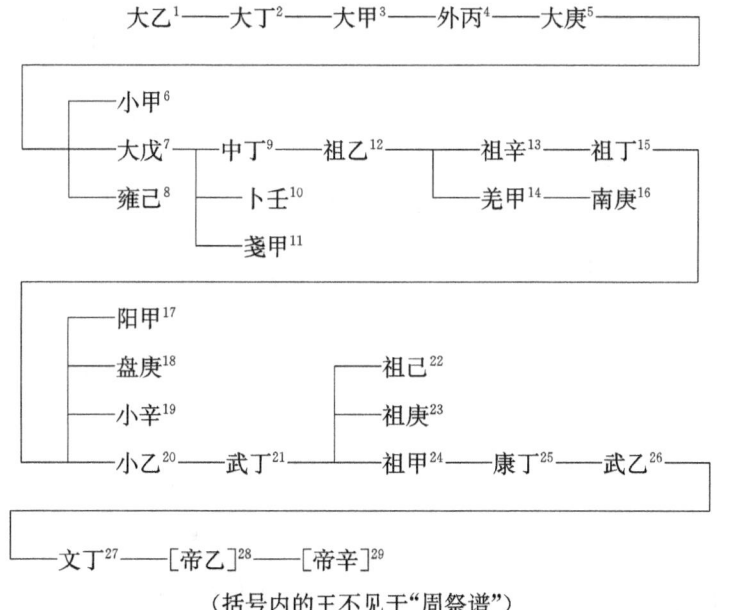

(括号内的王不见于"周祭谱")

甲骨文中反映的商王世系与《史记·殷本纪》所记载的世系,有4个不同:1.《殷本纪》载商代共31王,卜辞只29王。中壬、沃丁、廪辛三位不见于卜辞,而祖己不载于《殷本纪》。商王数卜辞合于古本《竹书纪年》"汤灭夏以至于受,二十九王"的记载;2. 外丙在太甲后即位而非在太甲前;3. 太戊为小甲弟雍己兄,而非雍己弟;4. 祖乙是中丁子而非河亶甲(卜辞作戔甲)子。

古文献所见之商代诸王在位年数表

王名	殷本纪	古本纪年	今本纪年	他书所载商王之最高在位年
汤			12	13(《汉书·律历志》)
外丙	3		2	2 (《孟子·万章上》)
中壬	4		4	4 (《孟子·万章上》)
太甲		12	12	12(《史记·鲁世家》《索隐》引《纪年》)
沃丁			19	29(《通鉴外纪》)
太庚			5	25(《太平御览》八三引《史记》)
小甲			17	57(《太平御览》八三引《帝王世纪》)
雍己			12	13(《通鉴外纪》)
太戊			75	75(《尚书·无逸》)
中丁			9	11(《太平御览》八三引《纪年》)
外壬			10	15(《太平御览》八三引《史记》)
河亶甲			9	9(《太平御览》八三引《史记》)
祖乙			19	19(《太平御览》八三引《史记》)
祖辛			14	16(《太平御览》八三引《史记》)
沃甲			5	25(《太平御览》八三引《史记》)
祖丁			9	32(《太平御览》八三引《史记》)
南庚			6	29(《太平御览》八三引《史记》)
阳甲			4	17(《太平御览》八三引《史记》)
盘庚			28	28(《太平御览》八三引《史记》)
小辛			3	21(《太平御览》八三引《史记》)
小乙			10	28(《太平御览》八三引《史记》)
武丁			59	59(《尚书·无逸》)
祖庚			11	7(《太平御览》八三引《史记》)
祖甲			33	33(《尚书·无逸》)

续　表

王名	殷本纪	古本纪年	今本纪年	他书所载商王之最高在位年
廪辛			4	6（《太平御览》八三引《史记》）
康丁			8	31（《太平御览》八三引《史记》）
武乙			35	3　（《通鉴外纪》）
文丁		11	13	3　（《太平御览》八三引《史记》）
帝乙			9	37（《太平御览》八三引《帝王世纪》）
帝辛			52	35（宋《皇王大纪》）
合计			508	694

商朝的积年

文献所载，商朝的积年有四百余年至六百多年的不同：

古本《竹书纪年》(《史记·殷本纪》裴骃《集解》引)："汤灭夏以至于受(纣)，二十九王，用岁四百九十六年。"

《易纬·稽览图》："殷四百九十六年。"

《孟子·尽心(下)》："由汤至于文王，五百有余岁。"

《鹖冠子·汤政天下至纣》："汤之治天下也……积岁五百七十六岁至纣。"

《左传》宣公三年："桀有昏德，鼎迁于商，载祀六百。"

《汉书·律历志》引《世经》："自伐桀至武王伐纣，六百二十九年。"

《夏商周断代工程：1996—2000年阶段成果报告》："结合文献、考古信息以及天文条件的符合程度，选出（周武王）克商日为公元前1046年1月20日。""取整估定商始年为公元前1600年。"[①] 若此，是夏商周断代工程确认商积年为554年。

---

① 夏商周断代工程专家组：《夏商周断代工程1996—2000年阶段成果报告》第73页，世界图书出版公司，2001年。

第二章 商朝的建立

商朝是由名为"商"的一个氏族发展起来的。帝喾之子契,被舜封在名为商的地方,此氏族就以"商"为自己的名号。中历尧舜禹至夏朝,经数百年的发展,其首领兢兢业业,到契的第十四代首领汤时,力量已强大,趁桀荒淫失政,出师将其攻灭,建立起我国第二个王朝领土国家政权——商朝。

第一节 建国前的商族及其发展

"天命玄鸟,降而生商",契这个卵生神话,应是商人自己编出来的,其实契的父亲是明确的,即帝喾。这个卵生神话里,值得注意到是"天命玄鸟",是上天让玄鸟下蛋孵化出契,这样商的祖先就同天上的神联系了起来,成为天神的子孙,他们也是神,以此获得民众的拥护。商族的发展光靠神的护佑显然是不行的,商族之所以能灭夏建国,是由于在灭夏前的十四位首领里,出了几位十分能干的人物,他们分别在尧舜禹城邦联盟及夏朝的朝廷内担任要职,并能根据形势,将氏族的中心转移到有利于发展的地区,占据地利的条件。

一 商部族始祖契的降生神话和父系制的确立

契母食玄鸟(即燕子)卵而因孕生契,是无父而生子,乃是母系氏族社会意识的残留,《史记·殷本纪》:

> 契母曰简狄,有娀氏之女,为帝喾次妃。三人行浴,见玄鸟堕其卵,简狄取吞之,因孕生契。

商族人在歌颂他们的始祖时,将这只鸟蛋神化成是天神所命而降,《诗经·商颂·玄鸟》:

> 天命玄鸟,降而生商,宅殷土茫茫。

殷有众、广、大等义,"殷土"即广阔的土地、宽广的地域。《诗经·商颂·长发》称商祖契是"帝"所立,此"帝"即上帝、天神:

> 濬哲维商,长发其祥。洪水芒芒,禹敷下土方。外大国是疆,幅陨既长,有娀方将,帝立子生商。

有娀氏是契的生母,"方将"即将要生孩子。契长大后,协助禹治水有功,尧任命为司徒,主管教化,《尚书·尧典》:"帝曰:契!百姓不亲,五品不逊,汝作司徒,敬敷五教,在宽。"孟子说:"五教"是"教以人伦。父子有亲,君臣有义,夫妇有别,长幼有序,朋友有信。"(《孟子·滕文公上》)契成绩显著,被舜封于商邑,建立自己的城邦国家。《史记·殷本纪》:

> 契长而佐禹治水有功,帝舜乃命契曰:"百姓不亲,五品不训。汝为司徒,而敬敷五教。五教在宽。"封于商,赐姓子氏。契兴于唐虞大禹之世,功业著于百姓,百姓以平。

契在尧的城邦联盟中任要职,他建立的城邦当然会是尧城邦联盟中的成员。商人在契以后,即以子继父业,世系以男性为中心,说明商族从契开始,男性在氏族中处于更加突出的地位。《史记·殷本纪》记载,契至汤的继承,都是父卒而"子"立,显然实行的是父子继承制度。

二 商部族的活动地域

商族在灭夏建国前,进行过八次迁徙,寻找适合发展的地理条件,《尚书序》:"自契至于汤八迁,汤始居亳。"张衡《西京赋》:"殷人屡迁,前八后五,居相圮耿,不常厥土。"商族人前八迁的地望,大致在今河北、河南东北和山东诸省地区。八迁的地望王国维考证指出:

> 一迁,契居蕃,疑即《汉志》鲁国之蕃县。契本帝喾之子,实居亳,今居于蕃,是一迁也。
>
> 二迁,《世本》云"昭明居砥石"。由蕃迁于砥石,是二迁也。
>
> 三迁,《荀子·成相》篇云:"契玄王,生昭明,居于砥石迁于商。"昭明迁商,是三迁也。
>
> 四迁,左氏襄公九年《传》云:"陶唐氏之火正阏伯居商丘,祀大火而火纪时焉,相土因之,故商主大火。"是以商丘为昭明子相土所迁。是为四迁。
>
> 五迁,《左传》定公九年(应为四年——引者),祝鮀论周封康叔:"取于相土之东都,以会王之东蒐",则当在东岳之下,盖如泰山之祊为郑有者。以此为东都,则商丘乃为西都矣。昭明迁商后,相土又东迁泰山下,后又复归商丘,是五迁也。
>
> 六迁,今本《竹书纪年》:"帝芬三十三年,商侯迁于殷(王国维是否定今本《竹书纪年》的,所以他特别作如下说明:《山海经》郭璞注引真本《纪年》有殷王子亥、主甲微,称殷不称商,则今本《纪年》此事或可信")。是六迁也。
>
> 七迁,今本《竹书纪年》孔甲九年,殷侯复归于商丘。是七迁也。
>
> 八迁,汤始愈亳,从先王居。是为八迁。①

契所居蕃的地望,王国维说即汉的蕃县,地在今山东滕州市,丁山不赞同王

---

① 王国维:《说自契至于成汤八迁》,《观堂集林》卷十二,中华书局,1959年。

说,以为蕃地应在今河北省寇河支流的博水流域。博、薄、蒲、番、蕃五字,汉初写法,尚无刻定之形,所以蕃应是博。北京初名郪县,郪,显然得名于契,自郪丘南至博水,不过二百余里。他论定商人发祥地在今永定河与滹沱河之间。①

丁山的这个说法得到考古学上的支持,邹衡认为丁山所指画契居蕃的地望,正是在他提出的先商文化漳河型分布区域内。所有他说"丁山之说基本上是可信的"②。

商灭夏以前的商族文物,被考古学界称为"先商文化"。对"先商文化"作考古学系统研究的第一位学者是邹衡,他提出"先商文化"的三个类型:漳河型、辉卫型和南关外型。漳河型中心分布地区是以河北省的滹沱河与漳河之间的沿太行山东麓一线,而以漳河中游(指清、浊漳二水合流以后)的邯郸、磁县地区的先商遗址为代表。先商文化是从漳河型发展来的,而又受到夏文化的很大影响。③

邹衡认为,成汤伐夏桀的战争是以郑州为出发点的,所以认为南关外型是灭夏前的先商文化遗存。汤伐桀的进军路线是从东向西,首先被灭掉的是葛国,然后是韦、顾,他们或在今郑州以东,或在邹先生说的先商文化地域内,这个矛盾不好处理。契孙相土迁于帝丘即今濮阳市,又在泰山下建立东都,是商族从起源地逐渐向东南发展,故王国维说汤居的亳在今山东省的曹县,更符合汤伐桀的进军路线。

三 商族和夏朝的关系

商族在夏代是臣属于夏的一个方国(或称诸侯)。在城邦联盟时代,商城邦是尧城邦联盟中成员,契是禹的属员,曾佐禹治水,具有上下级的关系。进入王朝领土国家的夏朝后,禹子启为王朝领土国家的王,商城邦自然成为夏王朝的一个诸侯,其首领成为王朝的官吏,文献记载可知,商族首领相土和冥都在夏朝任职,并作出显赫的成绩。《史记·殷本纪》"相土立"下《索隐》:

> 相土佐夏,功著于商。《诗颂》曰"相土烈烈,海外有截"是也。

冥是夏朝的水官,《国语·鲁语上》展禽云:

> 契为司徒而民辑,冥勤其官而水死。

韦昭《注》云:

> 冥,契后六世孙,根(曹)圉之子也。为夏水官,冥勤其职而死于水也。

冥在夏朝任司空之职,主水利之事。借助冥在夏朝任职期间,商族势力应得到大发展,所以他的后世子孙对他特别怀念,举行隆重的郊祭。《史记·殷本纪》"冥立"《集解》引宋忠曰:"冥为(夏)司空,勤其官事,死于水中,殷人郊之。"《索隐》:"《礼记》曰'冥勤其官而水死。'殷人祖契而郊冥也。"

---

① 丁山:《商周史料考证》,中华书局,1988年。
② 邹衡:《夏商周考古学论文集》,文物出版社,1980年。
③ 邹衡:《夏商周考古学论文集》第118—123页。

四 王亥被有易人杀死,其子上甲微替父报仇

王亥是商族首领中有作为的一个,甲骨文中对他的祭祀十分隆重。古文献记载他有两件事:一是发明了用牛拉车的技术,促进交通运输事业;二是他赶着牛羊到有易部落去活动,却被杀死。《山海经·大荒东经》:"王亥托于有易,河伯仆牛。有易杀王亥,取仆牛。"郭璞《注》云:"殷王子亥宾于有易而淫焉,有易之君绵臣杀而放之。是故殷主甲微假师于河伯,以伐有易。克之,是杀其君绵臣也。"有易人杀死了王亥,夺取了他带去的财物。

王亥被有易人杀死,其弟王恒见兄被杀,前往追讨失去的牛羊,却不见返回,大致也是被有易人杀掉了。屈原在《天问》中对此事发了一连串的疑问:

　　该秉季德,厥父是臧? 胡终弊于有易,牧夫牛羊?
　　干胁时舞,何以怀之? 平胁曼肤,何以肥之?
　　有扈牧竖,云何而逢? 击床先出,其命何从?
　　恒秉季德。焉得夫朴牛? 何往营班禄,不但还来?
　　昏微遵迹,有狄不宁? 何繁鸟萃棘,负子肆情?
　　眩弟并淫,危害厥兄? 何变化以作诈,后嗣而逢长?

王国维说这十二韵"皆述商事",他说有易杀王亥,取服牛,即"胡终弊于有扈,牧夫牛羊"。"有扈牧竖,云何而逢? 击床先出,其命何从?",似记王亥被杀之事。"恒秉季德,焉得夫朴牛",恒为王亥弟,与王亥共同继续其父王季的事业,夺回王亥所丧失的牛羊。"昏微遵迹,有狄不宁",即上甲微能率循其先人之迹,报有易杀父之仇,故为之"不宁"。"繁鸟萃棘"以下,亦当记上甲事。①

顾颉刚受王国维对《天问》十二韵的解释,读通了《周易》中的如下两条爻辞:

　　丧羊于易,无悔。(《大壮》六五爻辞)
　　鸟焚其巢,旅人先笑后号啕,丧牛于易,凶。(《旅》上九爻辞)

他说,这两条爻辞都是指王亥的故事。《爻辞》的作者加上"无悔"和"凶",是说王亥在丧羊时尚无大损失,直到丧牛时才碰到危险。②

王亥被杀的原因,过去对楚辞《天问》关于商的那十二句的解释,都认为是王亥在有易部落"淫"即行为不端而被杀。细审《天问》那十二句,屈原所说的却是王亥父子欲扩大商人地盘经营有易不成而被杀,因此他在商人心里是为商族发展而献身的英雄。"该秉季德,厥父是臧?"是讲王亥秉承其父王季的计划去经营有易。"胡终弊于有易,牧夫牛羊?"是讲王亥赶着牛羊到有易部落去放牧。"干胁时舞"即干舞,是一种武舞。王亥在有易国君的宫廷里杀气腾腾地表演武舞,

---

① 王国维:《殷卜辞中所见先公先王考》,《观堂集林》卷九,中华书局,1959年。
② 顾颉刚:《周易卦爻辞中的故事》,《燕京学报》第 6 期,1929 年。又见《顾颉刚选集》第 203—205 页,天津人民出版社,1988 年。

以显示武力企图迫使有易屈服。"何以怀之",怀即怀柔,亲善,意即顺从。屈原说你用这种方法,怎么能让有易人归顺你呢?大约王亥见有易不为所惧,以为自己部落力量大而耍蛮,于是遭杀身之祸。"平胁曼肤"的胁,《说文》"胁,两膀也"。"平胁"即"断其首而与两胁俱平",①"曼肤"是指肥胖的身躯。意即头被砍掉,只剩肥胖的身躯。"何以肥之?"的"肥"是指商部落言的,"肥"指壮大,即扩大商部落的地盘或影响,屈原是说,你王亥都身首异处了,你的部落怎么能扩大得了呢?

"有扈牧竖,云何而逢?击床先出,其命何从?"此四句是指王亥被杀的情况。有扈应是有易,王国维说"乃字之误",游国恩说是传说致误如此。牧竖指放牧之人,有易人的生业大致是以畜牧业为主,故称其民众为"牧竖"。"云何而逢"的逢,是指遇见、找到,此两句是说,有易的人怎样才能找到王亥而将他杀死?终于还是找到了。从"击床先出"句看,袭击是在夜里进行的。正在床上睡觉的王亥,闻到变故急忙逃出房间。"其命何从"是说他虽然逃出了被包围的房间,还是没能保住性命,被杀死了。王亥遵循其父的争取有易人之命,他的方式不对头,结果被杀,牺牲了性命,所以后世商王们对他进行隆重的祭祀。

五　上甲微因功受子孙隆重祭祀

上甲微灭有易,为父报了仇,从而挽救了商族,因而长期受到子孙的隆重祭祀。《国语·鲁语上》:"上甲微能率契者也,商人报焉。""报"是为报答恩德的祭祀。上甲微在甲骨卜辞里只称"上甲"。甲骨卜辞里报祭上甲的卜辞常见,祭品有酒、牛、羊和羌人、伐(砍头的方式祭祀)等,如:

　　酒报于上甲九羌,卯一牛。　　《合集》356
　　贞上甲惟王报,用五伐、十小宰。用。　　《合集》924

商王往往举行一次祭祀时将多位先祖放在一起同时祭祀,甲骨学界称此种祭祀为"合祭",凡举行此种"合祭"时,多从上甲开始:

　　翌乙酉侑伐于五示:上甲、成、大丁、大甲、祖乙。　　《合集》248
　　□未卜,祈自上甲、大乙、大丁、大甲、大庚、大戊、中丁、祖乙、祖辛、祖丁,十示率牡。　　《合集》32385
　　丁丑,贞侑升伐自上甲大示五羌三宰。　　《合集》32090
　　乙未,贞其祈自上甲十示又三,牛,小示,羊。　　《合集》34117
　　癸丑卜,贞王宾劦自上甲至于多毓衣,无尤。　　《合集》35437

上甲微因其复国有大功于商,被其子孙尊称为"高祖":

　　庚辰,贞其陟于高祖上甲,兹用。王占曰:兹……　　《屯南》2384

前面已提及,在清华大学所获得的战国竹简《保训》篇中,周文王举上甲微假

---

① 游国恩:《天问纂义》第319页引丁晏说,中华书局,1982年。

中(师)河伯为父报仇的故事教导其子武王,是周人也对商先公上甲表示尊敬。

第二节 成汤灭夏

商族到汤时,活动的中心已转移到豫东地区,同东方的夷人建立联系。汤采取一系列措施壮大本族力量,争取同盟诸侯,经过一系列战争,将夏桀驱赶到南巢,建立起商王朝。

一 汤时商的中心地区在豫东

汤所都的亳在鲁西豫东。《孟子·滕文公下》:"汤都亳,以葛为邻。"名亳之地有三地,《尚书·立政》有"三亳阪尹"。孔颖达《正义》:"皇甫谧以为'三亳',三处之地皆名为亳:蒙为北亳,谷熟为南亳,偃师为西亳。"

北亳和南亳皆在鲁西豫东的唐时宋州地,《括地志》:"宋州谷熟县西南三十五里南亳故城,即南亳,汤都也。宋州北五十里大蒙城,为景亳,汤所盟地也,因景山为名。"唐代的宋州即今河南省的商丘地区。北亳的大蒙城,地属山东省曹县,那里有不少关于商汤的传说。此地在汉时属山阳郡的薄县,王国维举三证,证明这里是汤都的亳:一、春秋时宋国有地名亳,宋景公说亳是宋国宗邑,足证是汤都之地;二、汤以葛为邻,葛国地在陵零县西北葛乡,地正相接汤之所都的蒙县西北之薄;三、汤所伐国,韦、顾、昆吾、夏皆在北方。① 在今山东省的曹县境内,已发现一批早期商文化遗存,证明王国维说可信。

商族以亳地为中心,在灭夏前的地盘并不大,仅有方百里大小的范围。《墨子·非命上》:"古者汤封于亳,绝长续短,方地百里。"还有一说,汤领导的商族,其地盘只有七十里。《管子·轻重甲》:"夫汤以七十里之薄,兼桀之天下。"《孟子·梁惠王下》也持此说:"孟子对曰:臣闻七十里为政于天下者,汤是也。"王亥北上经营有易失败,商族地域受到限制,故汤时仅百里的范围。

二 汤振兴商族势力的措施

汤在振兴商族势力方面,采取了三项措施:

(一)关心民众疾苦,施惠于民,得到民众拥戴。《管子·轻重甲》:桓公问管子曰:"夫汤以七十里之薄,兼桀之天下,其故何也?"管子对曰:"桀者冬不为杠,夏不束柎,以观冻溺;弛牝虎充市,以观其惊骇。至汤而不然,夷兢而积粟,饥者食之,寒者衣之,不资者振之,天下归汤若流水。此桀之所以失其天下也。"

---

① 王国维:《说亳》,《观堂集林》卷十二,中华书局,1959年。按:夏祭都偃师,韦、顾、昆吾、夏应在汤的西方。

（二）争取诸侯。夏代的所谓"诸侯"，实为大小不等的城邦，禹时的所谓"万邦"。进入王朝领土国家的夏代，这些城邦成为夏朝中央政权诸侯，但与夏朝的关系较为松散，去就不定，叛服无常，皆视中央王朝的国力和政策的当与不当。然而，他们的去就，却是中央王朝国力强弱的砝码，因而在夏朝末年，争取诸侯的斗争，就成为夏、商两族斗争的一个重要战场。汤以种种手段拉拢诸侯国，壮大自己的力量，"网开三面"故事，就是汤争取诸侯的一种宣传手法，《吕氏春秋·异用》：

> 汤见祝网者置四面，其祝曰："从天坠者，从地出者，从四方来者，皆离（罗）吾网。"汤曰："嘻！尽之矣！非桀其孰能为此！"汤乃收其三面，置其一面，更教祝曰："昔蛛蝥作网罟，今之人学纾。欲左者左，欲右者右，欲高者高，欲下者下，吾取其犯命者。"汉南之国闻之曰："汤之德及禽兽矣！"四十国归之。人置四面，未必得鸟，汤去其三面，置其一面以网其四十国，非徒网鸟也。

汤还送实物给诸侯，以拉拢他们，《越绝书·吴内传》：

> 汤献牛荆之伯。荆之伯者，荆州之君也。汤行仁义，敬鬼神，天下皆一心归之。当是时，荆伯未从也，汤于是乃饰牺牛以事。荆伯乃愧然曰："失事圣人礼。"乃委其诚心。

汤的这一举动，使荆州诸侯荆伯感激而归附于商。像葛伯不理会汤的用心，汤就起兵将其灭掉。

（三）网罗人才。汤之所以能够战胜夏桀，灭亡宗主国夏朝，与他的善于用人关系十分重大。最著名的是汤任用伊尹为助手。伊尹是莘国人，汤重用他，不但获得一位能干的人才，还使商族得到莘国的支持。《吕氏春秋·本味》记伊尹出身及如何被汤看中而成为助手：

> 有侁（莘）氏女子采桑，得婴儿于空桑之中，献之其君。其君令烰人养之，察其所以然，曰："其母居伊水之上，孕，梦有神告之曰：'臼出水而东走，毋顾。'明日，视臼出水，告其邻，东走十里，而顾其邑，尽为水，身因化为空桑。"故命之曰伊尹，此伊尹生空桑之故也。长而贤，汤闻伊尹，使人请之有侁氏，有侁氏不可。伊尹亦欲归汤，汤于是请取妇为婚。有侁氏喜，以伊尹为媵送女。

"媵"即陪嫁的奴隶或物品，"以伊尹为媵送女"是莘国将伊尹作为女儿的陪嫁奴仆送给汤。汤得到伊尹后，举行隆重的任命仪式，"汤得伊尹，祓之于庙，爟以爟火，衅以牺猳"。《史记·殷本纪》载伊尹出身的两种传说："伊尹名阿衡。阿衡欲奸（干）汤而无由，乃为有莘氏媵臣，负鼎俎，以滋味说汤，致于王道。或曰：伊尹处士，汤使人聘迎之，五反然后肯往从汤，言素王及九主之事。汤举任以国政。"

伊尹不但协助汤治理商部族,还亲到夏朝内侦察虚实。《孙子·用间》:"昔殷之兴也,伊挚在夏;周之兴也,吕牙在殷。故明君贤将,能以上智为间者,必成大功。"

"伊挚在夏"是指汤派伊尹到夏朝去侦察并作反间工作的事。汤担心伊尹不能进入桀都,于是同伊尹玩弄个小的计策,使夏桀相信伊尹脱离商汤而投奔夏桀,《吕氏春秋·慎大》汤"欲令伊尹往视旷夏,恐其不信,汤由亲自射伊尹。伊尹奔夏,三年反报于亳"。伊尹在夏三年从容作反间工作,引导汤伐夏。汤灭夏伊尹功劳最大,因此商人"祖伊尹世世享商"。[①]"祖伊尹"即将伊尹像祖先一样受祭祀。

甲骨文中显示,汤以后的商王们对伊尹的祭祀十分地隆重,他与商的先祖在受祭礼上,几乎无什么差别,如甲骨卜辞:

　　癸亥,贞其侑,报于伊尹惟今丁卯酒三牛。　　《屯南》1122
　　伊尹岁十羊。　　《合集》27655
　　……御伊尹五十□。　　《屯南》3132
　　辛卯卜,侑于伊尹一羌一牢。　　《屯南》3612
　　甲申,贞其侑升岁于伊。
　　癸巳,贞侑升伐于伊,其□大乙肜。　　《合集》32103

配偶在甲骨文中称为"奭",卜辞中之"伊奭"应是伊尹的配偶。商人对其亦有祭祀之礼:

　　壬申刚于伊奭。　　《合集》33273
　　……伊奭犬。　　《屯南》1007
　　于伊奭。　　《怀特》1573
　　甲申卜,其祈雨于伊奭。　　《合集》34214
　　[宁]风于伊奭。　　《屯南》1007

伊尹的家人及子孙也受到商人的祭祀:

　　甲申卜,侑伊尹五示。　　《合集》33318
　　丁巳卜,侑于十立(位)伊又九。　　《合集》32786

"侑"是祭祀典礼,"伊尹五示"即伊尹以下的五代子孙,"十立(位)伊又九"是伊尹家族的十九代家族长,即"世世享商"。

三　桀囚汤于夏台,激发夏商矛盾

商部族势力壮大,引起夏桀的恐惧,乃囚汤于夏的监狱夏台。因找不出像样的理由,不久就将其释放。这一囚一放,从而使汤的声名大震。《史记·夏本

---

① 《吕氏春秋·慎大》。

纪》:"夏桀不务德而武伤百姓,百姓弗堪,乃召汤而囚之夏台,已而释之。汤修德,诸侯皆归汤。"汤从桀的监狱被放出后,立即就有五百个诸侯脱离夏而归附于商。《太平御览》卷八三引《帝王世纪》:"夏桀无道,汤使人哭之,桀囚汤于夏台而后释之。诸侯由是咸叛桀附汤,同日职贡者五百国,三年而天下咸服。"

夏台他书作均台,是夏朝监狱所在地,桀的监狱里有"重泉",《太公金匮》:"桀怒汤,以谀臣赵良计召而囚之均台,置之重泉,嫌于死。汤乃行贿,桀遂释之而赏之赞茅。"赞茅《左传》作攒茅,地在今河南修武县大陆村。[1] 屈原《天问》"汤出重泉,夫何罪尤?"汉代人王逸《注》:"重泉,地名也。"从其名或似后世的"水牢"。

四　汤伐桀的战争

汤伐夏的战争,是先从与商人邻近而忠于夏桀的诸侯国开始,渐次西进,最后与桀直接交战。

(一) 征灭葛伯国。汤借口邻国葛国不祭祀神灵并杀死替他耕种的送饭童子,于是起兵征伐葛伯国,开始了征伐夏桀的战争。《孟子·滕文公下》:

> 汤居亳与葛为邻,葛伯放而不祀。汤使人问之曰:"何为不祀?"曰:"无以供牺牲也。"汤使遗之牛羊。葛伯食之,又不以祀,汤又使人问之曰:"何为不祀?"曰:"无以供粢盛也。"汤使亳众往为之耕,老弱馈食。葛伯率其民,要其有酒食黍稻者夺之,不授者杀之。有童子以黍肉饷,杀而夺之。《书》曰:"葛伯仇饷。"此之谓也。为其杀是童子而征之,四海之内皆曰:"非富天下也,为匹夫匹妇复仇也。"
>
> 汤始征自葛载,十一征而无敌于天下。东面而征西夷怨,南面而征北狄怨,曰:"奚为后我?"民之望之,若大旱之望雨也。归市者弗止,芸者弗变。诛其君,吊其民,如时雨降,民大悦。《书》曰"徯我后",后来者无罚。

葛国是夏朝的一个诸侯国,在夏朝它同商的地位是相等的,汤有何资格去指责葛国不祭祀?汤显然是以此为借口,灭掉夏的诸侯国以观察夏王朝及其他诸侯国的反映。夏王桀只顾荒淫度日,不管诸侯国的存灭事,汤乃逐渐扫灭夏王朝在东方的诸侯国。

(二) 征伐夏的同盟国韦、顾、昆吾。韦、顾、昆吾是夏朝的诸侯国,夏末追随桀最紧,被商人视作是由夏桀这颗毒瘤上长出的三株毒芽("三蘖")。《诗·商颂·长发》:

> 武王载旆,有虔秉钺。如火烈烈,则莫我敢曷。苞有三蘖,莫遂莫达。九有九截,韦顾既伐,昆吾夏桀。

---

[1] 杨伯峻:《春秋左传注》第77页,中华书局,1981年。

"韦顾既伐,昆吾夏桀"指出了汤伐夏桀进军路线及灭国次第。韦国地在今河南省的滑县境。顾即扈,春秋时郑国有扈地,在今河南省原阳县原武镇西北,古有扈亭,即是其地。昆吾原在今河南省濮阳市,后迁到在今河南省许昌市境。三国南北一线,为夏桀在东方的屏障,故汤伐韦、顾后要伐昆吾。《史记·殷本纪》:

  当是时夏桀为虐,政荒淫,而诸侯昆吾氏为乱。汤乃兴师率诸侯,伊尹从汤。汤自把钺以伐昆吾,遂伐桀。

  在伐桀之前,商军还灭掉了昏乱的有洛国。其国以"洛"名,当临洛水而与夏王国邻近。《逸周书·史记解》:"昔之有洛氏宫室无常,池囿广大,工功日进,以后更前。民不得休,农夫失时,饥馑无食。成商伐之,有洛以亡。""成商"即成汤。灭洛国时,汤的军队已打到夏王朝的门口,已是兵临夏桀的都城下了。

  (三)汤与夏桀军之战及桀失败后逃南巢。汤在同桀军交战出发前,发布一篇誓师令,即《尚书·汤誓》,他向士兵解释必须伐桀的理由:

  王曰:格尔众庶,悉听朕言!非台小子敢行称乱,有夏多罪,天命殛之。今尔有众,汝曰:"我后不恤我众,舍我穑事而割正夏。"予惟闻汝众言。夏氏有罪,予畏上帝,不敢不正。今汝其曰:"夏罪其如台?"夏王率遏众力,率割夏邑,有众率怠弗协,曰:"时日曷丧,予及汝偕亡。"夏德若兹,今朕必往。尔尚辅予一人,致天之罚,予其大赉汝!尔无不信,朕不食言。尔不从誓言,予则孥戮汝,罔有攸赦。

  誓词中说,他之所以必须讨伐夏桀,一是夏桀罪恶极大,二是上天要灭掉桀,他惧怕上帝,不敢不起兵讨伐桀,说明他是替天行道。对于汤伐桀的兵力,《吕氏春秋·古乐篇》说汤是率六州军民讨伐夏桀:"殷汤即位,夏为无道,暴虐万民,侵削诸侯,不用轨度,天下患之。汤于是率六州以讨桀罪,功名大成,黔首安宁。"商汤自己的军力为良车七十乘,步卒六千人,《吕氏春秋·简选》载:"殷汤良车七十乘,必死六千人,以戊子战于郕,遂禽(擒)推移、大牺。登自鸣条,乃入巢门,遂有夏。"

  汤灭夏的战况,上博简《容成氏》篇有记载:"汤于是乎征九州之师,以震四海之内,于是乎天下之兵大起,于是乎罠(樊,判)宗鹿(杀)族戋(残)群,焉服"(《上博二·容成氏二》)。① "罠(樊,判)宗鹿(杀)族戋(残)群,焉服",意即捣毁其宗庙,杀戮其族人,残害其民众,才征服夏朝,可见战争十分惨烈。

  夏桀军败逃奔南巢,《国语·鲁语上》"桀奔南巢",杜预《注》:"南巢,扬州地,巢伯之国,今庐江居巢是也。"《括地志》:"庐县巢县有巢国,即《尚书》成汤伐桀放于南巢者也。"夏桀都城在斟寻,地在今河南省偃师县。桀失败后从今洛阳市南,经鲁山进入南阳,这里是夏人聚居之地,有夏朝的诸侯。汤紧追击,桀乃继续南

---

① 李守奎:《〈楚居〉中的樊字及出土楚文献中与樊相关文例的释读》,《文物》2011年第3期。

逃,经湖北省西北的随枣走廊,达于汉水,同其妻妹喜乘舟,顺长江奔南巢。关于夏桀逃奔南巢的路线,我们在前面已有详细考证,此从略。考古工作者在安徽省的巢湖地区发现有相当数量二里头晚期的文化遗存,与桀奔南巢的文献记载相吻合。①

---

① 王迅:《试论夏商时期东方地区的考古学文化》,《北京大学学报》(哲学社会科学版)1989年第2期。杜金鹏:《关于夏桀奔南巢的考古学探索及其意义》,《华夏考古》1991年第2期。收入杜金鹏、许宏主编:《偃师二里头遗址研究》,科学出版社,2005年。杨升南:《汤放桀之役中的几个地理问题》,《殷都学刊》增刊《全国商史学术讨论会论文集》,1985年。杜金鹏:《商汤伐桀之史实与其历史地理问题》,《史学月刊》1988年第1期。

第三章 商朝前期(汤至盘庚)的诸王事迹

汤灭夏建立起商王朝之后,实施一系列的措施,使新政权得到暂时巩固。"守成难"的现象,在商初与夏初一样又重演,汤的继承人太子太丁先汤而死,由其孙太甲继承王位。太甲的品德同启子太康一样,只顾享乐,不以国事为意,初建的王朝,有倾覆的危险。幸好,有大臣伊尹辅佐,商朝才未蹈夏初的覆辙。其后又在王位继承上发生"争相代立"的斗争,致使王朝国力大减,王都被迫多次迁徙。

第一节 汤建国及其政治设施

汤灭掉夏以后,回到东方他起兵的地方,召开诸侯大会,会上汤作了一番谦让,在诸侯的拥戴下,即天子位。他在即位之时就发布政令,要求诸侯们要治理好自己的国家。为巩固新王朝,采取了一系列措施,建立起一套新制度,稳定了初生政权,保障了新政权的顺利运作。

一 汤灭夏"践天子位"

《逸周书·殷祝解》记述汤伐桀东归于起兵之地后,才登上天子位的:

> 汤放桀而复薄,三千诸侯大会。汤退再拜,从诸侯之位。汤曰:"此天子位,有道者可以处之。天子非一家之有也,有道者之有也,故天下者唯有道者理之,唯有道者纪之,唯有道者宜久处之。"汤以此让。三千诸侯莫敢即位,然后汤即天子之位。与诸侯誓曰:"阴胜阳即谓之变而天弗施,雌胜雄即谓之乱而人弗行。故诸侯之治政,在诸侯之大夫治与从。"

孙诒让说"此文有脱误"。刘师培以为当作"'故诸侯之治在政,大夫、士之治在与徒',谓国之治否系于政,而治与否在于所用之人也。从、徒形近致讹"。从字繁体作從,与徒字形近。司马迁说汤灭夏后在西边的夏都当上天子才东归的,《史记·殷本纪》:

> 汤既胜夏,欲迁其社,不可,作《夏社》。伊尹报,于是诸侯毕服,汤乃践天子位,平定海内。汤归,至于泰卷陶。中𤳵作诰。既黜夏命,还亳,作《汤诰》。

"泰卷陶"应即今山东省的定陶县。泰即泰山。卷亦是地名,今字作鄄,《左传》

"会于鄄,宋服故也"。今山东人读此字与卷音同,故城在今山东省鄄城县西北,"泰卷陶"即泰山附近卷县的陶邑。定陶在鄄城县南,两县相邻。定陶南即曹县,是汤伐夏桀前所居的亳都所在地。

汤登上王位的第一件事,就是对夏末混乱的政局进行整顿,发布诰命,要求诸侯认真办事,要"有功于民",不然就要让他"毋之在国",即将其罢免或将其国灭掉。《史记·殷本纪》：

> (汤)既绌夏命,还亳,作《汤诰》："维三月,王自至于东郊。告诸侯群后：'毋不有功于民,勤力乃事。予乃大罚殛女,毋予怨。'曰：'古禹、皋陶久劳于外,其有功乎民,民乃有安。东为江,北为济,西为河,南为淮,四渎已修,万民乃有居。后稷降播,农殖百谷。三公咸有功于民,故后有立。昔蚩尤与其大夫作乱百姓,帝乃弗予,有状。先王言不可不勉。'曰：'不道,毋之在国,女毋我怨。'"以令诸侯。

二 建立新的政治设施

汤在灭夏后,为使新王朝有一个新的气象,于是创建了一系列新的设施,这些措施主要有：

(一) 颁布民政组织法。汤命咎单作《明居》,颁布民政组织及土地法。《史记·殷本纪》："咎单作《明居》。"《集解》引马融语："咎单,汤司空也。明居民之法也。"《尚书序》"咎单作《明居》",孔《传》云："咎单,臣名,主土地之官,作《民居》,民法一篇。亡。""明居"应即明确颁布居民的法律。以主管土地之官而颁布的法令,其内容当为土地的分配、使用的法令。中国古代是农业国,农民是附着于土地的,土地(耕地)定则居地定。此篇题目看是讲居住问题,实际是关于耕地的大问题。惜此篇亡佚,不可知其详。

(二) 建立有别于夏的标志物。汤灭夏后,为了同旧朝相区别,在岁首、服饰、旗帜的颜色等方面都加以改变,使其有焕然一新之感。《史记·殷本纪》：

> 汤乃改正朔,易服色,上白,朝会以昼。

"正朔"的"正"即正月,"朔"即初一,"改正朔"是改变一年的第一个月。相传三代历法有所谓的"三正",即夏代历法是以寅月为岁首,即"建寅";汤灭夏,改成以丑月为岁首,即"建丑",比夏代提前一个月,以夏历的十二月初一日为商人新年;周灭商,改子月为岁首,即"建子",又比商提前一个月,以商代的十二月亦即夏代的十一月初一日为周人的新年。《通志》卷四三《礼》二"历代所尚"谓：

> 夏后氏尚黑(以建寅月为正——括号内为原文注——引者),大事敛用昏,戎事乘骊(马黑色曰骊),牲用元,以黑为徽号(徽谓旌、旗、旐也),朝燕服,收冠而黑衣,宫室之制屋十寸为尺。商人用白(以建丑月为正),大事敛用日中,戎事乘翰(白马也),牲用白,以白为徽号。朝、燕服哻冠而缟衣,宫

室之制屋十二寸为尺。周人用赤（以建子月为正），大事敛用日出，戎事乘騵（音元，马腹赤），牲用骍，以赤为徽号，朝、燕服、冕冠而元衣，宫室之制屋八寸为尺。秦水德，《汉书·律历志》秦自以水德，故十月为岁首。汉火德，初亦以十月为岁首。

汉武帝时觉得汉用秦制不妥，应改，乃召集兒宽及博士议论此事。兒宽主张改朝必改变正朔、服色。《汉书·律历志》：

> 上(汉武帝)乃诏宽曰："与博士共议，今宜何以为正朔，服色何上？"宽与博士赐等议，皆曰："帝王必改正朔，易服色，所以明受命于天也。创业变改，制不相复。"

这个改变，特别是改变正朔，对人们生活上的影响是非常大的。"正朔"即正月初一，按照后朝比前朝提前一个月的做法，新朝改"正朔"伊始，全国上下过年都要比前朝提早一个月，这对全国民众是个非常大的震动。至于衣服的颜色，朝会的时间改变，主要还是当官者们的事同普通百姓关系不大。

（三）迁都于西亳。汤灭夏前所都的亳邑，在鲁西的今山东省的曹县境。灭夏以后商王所统辖的范围，由原来的七十里或百里之地域，骤然君临天下，且势力达于今甘、青地的氐、羌。《诗·商颂·殷武》："昔有成汤，自彼氐羌。莫敢不来享，莫敢不来王。"汤已经完全地拥有九州之地。《诗·商颂·玄鸟》："古帝命武汤，正域彼四方。方命厥后，奄有九有。"九有即九州，泛指全国领域。

商灭夏，获得广大的地域，原都北亳，地在今山东省的曹县地，已不便于对西部广大新获地区行使统治，且对新降服的夏人也要加以控制，故汤建国后，即将都西迁到夏朝的政治中心地，即今河南省偃师市西的尸乡沟，还是称为亳，因在原亳邑之西，后人乃称为"西亳"。《史记·殷本纪》张守节《正义》：

> 按亳，偃师城也。商丘，宋州也。汤即位都南亳，后徙西亳也。《括地志》云："亳邑故城在洛州偃师县西十四里，本帝喾之墟，商汤之都也。"

汤所都的西亳地在汉时河南郡偃师县的尸乡，《汉书·地理志》偃师县下班固自注云："尸乡，殷汤所都。"北魏时在偃师县西二十里有尸乡亭。《水经·汲水注》引阚骃：

> 椒举云：商汤有景亳之命者也。阚骃曰：汤都也。亳本帝喾之墟，在《禹贡》豫州河、洛之间。今河南偃师城西二十里尸乡亭是也。

1983年春，考古工作者在今河南省偃师市城西的大槐树村西南、塔庄村北发现一座规模宏大的古代城址，中国社会科学院考古所河南二队对城址进行了探测和发掘，对这座古城有全面的了解。

据探测，偃师商城建于洛河北岸稍稍隆起的高地上，整体略作长方形。方向7度（以西城墙为准）。城址范围：南北1 700余米，东西最北部1 215米，中部1 120米，南部740米。面积约为190万平方米。城周围有夯土城墙，已探出东、西、北三面城墙（引者按：南城墙已于九十年代初探出，长 740 米，在洛河北大堤的北侧，墙基宽 13.05 米—18 米）及东北、西北两个城角。西城墙现存总长度 1 710 米，墙基一般宽 17 米—24 米，穿塔庄的一段，墙基宽近 40 米。城墙夯土由酱红色生土掺杂灰黄色地层土夯筑而成。土质细密，夯打坚实。北城墙总长度为 1 240 米，其城墙宽度一般为 16 米—19 米，最宽处达 28 米。东城墙现存长度为 1 640 米。城墙宽度一般为 20 米—25 米。在三面城墙上共发现缺口四处：东、西二城墙各一处，北城墙二处。在城内发现道路两条：一条东西向，一条南北向。共发现大型夯土建筑群或建筑基址，其中二处分布于城区南部。这些建筑基址，是王的宫殿、官吏住宅或府库。①

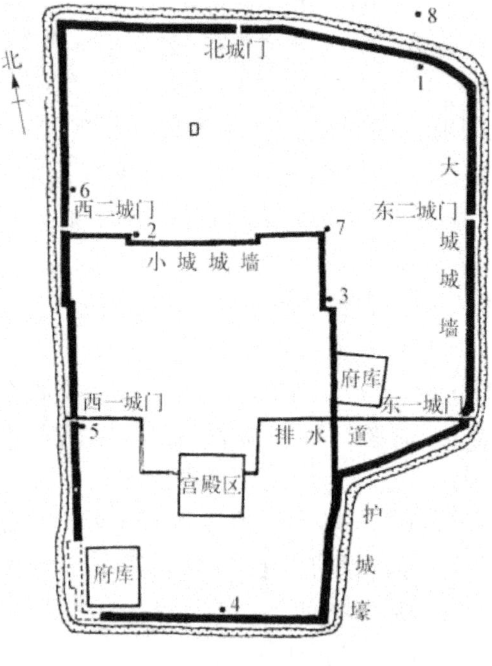

1996 年发现在 1983 年发现的城墙范围内还有一座小城，1997 年春至 1998 年春，对偃师商城再次进行大规模发掘。这次发掘结果探知小城的面积为 81.4 万平方米，年代比大城早，解决了大城圈内的小城问题，也解开了大城布局不规则的谜团。大城的不规则形状是由小城扩建为大城时，主要受城周围的自然地理状况限制而造成的。②（图 3-3）此地作为商代的都城直到中丁时，时间长约 150 年。③

图 3-3　偃师商城遗址平面示意图
（采自杜金鹏：《偃师商城初探》第 76 页）

（四）制定诸侯向商朝中央缴纳贡物的"四方献令"。商建国后，汤命伊尹重新制定诸侯向中央政府交纳的物品，废除夏桀一些不合理的要求；《逸周书·王会解》篇后附录《商书》中的《伊尹朝献》一篇，就是汤建国的文告：

汤问伊尹曰："诸侯来献，或无马牛之所生而献远方之物，事实相反，不利。今吾欲因地势所有献之，必易得而不贵，其为'四方献令'。"伊尹受命，

---

① 中国社会科学院考古所河南第二工作队：《偃师商城的初步探测和发掘》，《考古》1984 年第 6 期。
② 中国社科院考古所河南二队：《河南偃师商城小城发掘简报》，《考古》1999 年第 2 期。
③ 刘绪将二里头遗址第四期与偃师商城第一期进行比较，发现在遗址的面积、宫城与宫殿建筑规模、墓葬数量与随葬品的丰俭程度、手工业作坊规格等，偃师商城一期都较二里头四期逊色，与汤都不匹配。见刘绪：《夏末商初都邑分析之一——二里头遗址与偃师商城遗存比较》，《中国国家博物馆馆刊》2013 年第 9 期。商汤是夏朝的一方国，夏是中央王朝，二里头是王朝晚期都城，偃师商城是新建。两者在使用时间的久暂、物力资源的厚薄上，差异是明显的，进行两者比较时应考虑这些因素。

于是为"四方令",曰:

臣请正东:符娄、仇州、伊虑、沤(瓯)深、九夷、十蛮、越沤(瓯)、鬋发文身,请令以鱼支(皮)之鞞、【乌】鲗之酱、鲛瞂、利剑为献。

正南:瓯邓、桂国、损子、产里、百濮、九菌,请令以珠玑、玳瑁、象齿、文犀、翠羽、菌鹤、短狗为献。

正西:昆仑、狗国、鬼亲、枳巳、阇耳、贯胸、雕题、离丘、漆齿,请令以丹青、白旄、纰罽、江历、龙角、神龟为献。

正北:空同、大夏、莎车、姑他、旦略、貌胡、戎翟、匈奴、楼烦、月氏、孅犁、其龙、东胡,请令以橐驼、白玉、野马、騊駼、駃騠、良弓为献。

汤曰:"善。"

桀是乱摊派,本地不产也要诸侯缴纳,不得不到产地去购买,引起诸侯不满,人心因此而涣散。汤改变桀的做法,"因地势所有献之,必易得而不贵",只缴纳本地的土特产,诸侯都能出得起。

(五)为求雨,祷于桑林,形成王亲自求雨的传统。古人以为雨是神灵控制的,人可以请求得来。旱而无雨,影响农业,所以求雨是王关心农业生产的行动。汤建国后,遇到七年(或说五年)大旱,巫师占卜须焚烧人来祭天才可求得上天降雨,解除旱情。汤听到巫师须要焚烧活人方能求得雨的话后,就要自焚以求雨。《吕氏春秋·顺民》:

昔者汤克夏而正天下,天大旱,五年不收,汤乃以身祷于桑林,曰:"余一人有罪,无及万夫,万夫有罪,在余一人。无以一人之不敏,使上帝鬼神伤民之命。"于是剪其发,䃺其指,以身为牺牲,用祈福于上帝。民乃甚说,天乃大雨。

汤祈雨的地方名桑林。

汤祷告时以政事是否有失自责,《荀子·大略》:

汤旱而祷曰:"政不节与?使民疾与?何以不雨至斯极也?宫室荣与?妇谒盛与?何以不雨至斯极也?苞苴行与?谗夫兴与?何以不雨至斯极也?"

汤爬到柴堆上欲自焚以求雨,大约是后人的美化,不然也是他看到即将下雨前作的一种姿态,以哄骗百姓。但汤要亲自焚身祭祀以求雨的风气,却保存了下来,成为商朝一个十分残酷的陋习:烧人求雨及用活人祭。在商代的甲骨文里有一个炆字,像人站在柴堆上被焚烧之形。炆与求雨相连,炆字后一字是被焚烧者的名字:

贞今丙戌炆姍,有从(纵)雨。　　《合集》9177 正

其炆永女,有大雨。大吉　　《合集》30172

壬辰卜,炆长,雨。　　《合集》32290

贞炆婞,有雨。　　《合集》1121 正

其炆高,有雨。　　《合集》30971

我国烧活人以求雨的恶习,汤是始作俑者。商代统治者十分迷信鬼神,特别是商

代的王们,做任何事都要经过卜筮而后行,且祭祀时用活人为牺牲,其风气乃是由汤桑林祷雨开其端。(图3-4)

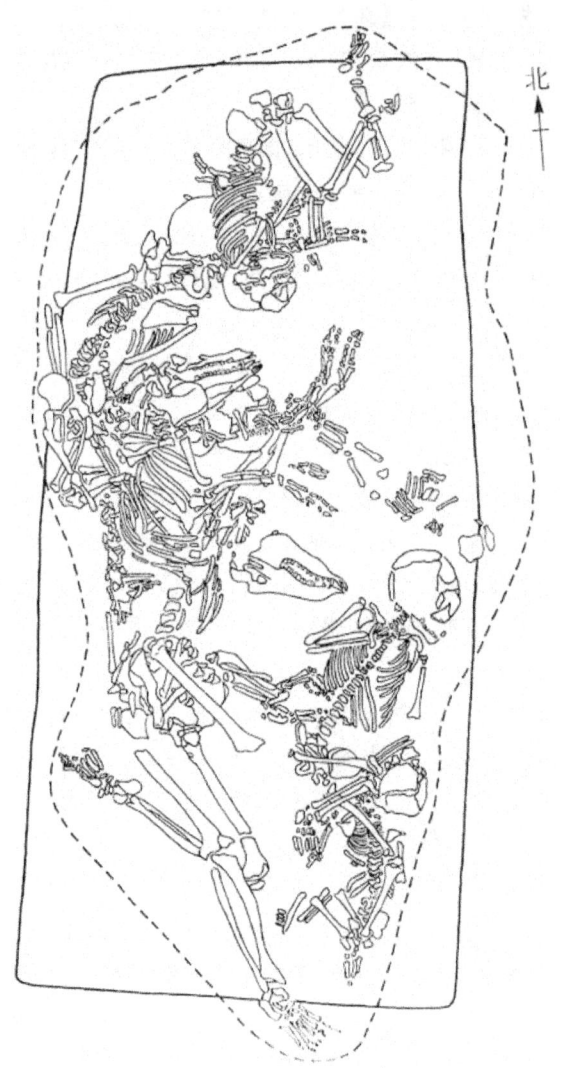

图3-4　郑州二里岗人祭坑

(采自《郑州商城》第486页)

第二节　从太甲到盘庚前的诸王

从太甲(甲骨文作大甲)到盘庚,可视为商代的前期。太甲是汤的孙子,他的父亲太丁早汤而死,于是汤孙太甲继承了王位。商王室本有自己特殊的王位继承制度,中丁却抢班夺权,破坏了这个制度,致使王朝内发生"比九世乱",多次迁都,国力削弱。

一 伊尹放太甲

汤的法定继承人太子太丁先汤而死,汤死后王位直接由太丁之子、汤的长孙太甲继承。此人大致从小娇生惯养,当他登上王位之初,老臣伊尹就对他不放心,专门为此做了三篇训诫辞,对他加以教育。《殷本纪》:

> 帝太甲元年,伊尹作《伊训》、作《肆命》、作《徂后》。

《肆命》、《徂后》两篇在今古文《尚书》中都没有,是早已亡佚不存,《殷本纪》裴骃《集解》引郑玄说此两篇的内容:

> 《肆命》者,陈政教所当为也;《徂后》者,言汤之法度也。

《伊训》一篇当是西晋时人辑佚孔壁古文《尚书》而成。《伊训》篇的《序》讲,太甲直接继成汤即位为王,不与《史记》、《孟子》所述商世系同而合于甲骨文,此篇中所说的"三风十愆",见于《墨子·非乐》。篇中伊尹要太甲吸取夏桀亡国的教训,指出"三风十愆"是亡国的重要原因,叮嘱太甲要发扬汤的美德,官吏要注重自身修养,要从善言善行,勿以小善而不为,具有很强的针对性。看来太甲是染上了"三风十愆"的坏毛病。伊尹的告诫他并未听进去,故被伊尹"放逐"于桐宫,让其悔过自新。《史记·殷本纪》:

> 帝太甲既立三年,不明,暴虐,不遵汤法,乱德。于是伊尹放之于桐宫。
> 三年,伊尹摄行政当国,以朝诸侯。

太甲被伊尹放逐,得到民众的拥护和支持。《孟子·尽心》:

> 伊尹曰:"予不狎于不顺。"放太甲于桐,民大悦。

太甲在桐宫认识到自己的过失,改过自新。伊尹将其迎接回都继续作王。商朝由此兴盛。《史记·殷本纪》:

> 帝太甲居桐宫三年,悔过自责,反善,于是伊尹乃迎帝太甲而授之政。帝太甲修德,诸侯咸归殷,百姓以宁。伊尹嘉之,乃作《太甲》训三篇,褒帝太甲称"太宗"。

《尚书·序》:"太甲既立,不明,伊尹放诸桐三年,复归于亳,思庸,伊尹作《太甲》三篇。"

太甲即位三年被伊伊关在桐宫悔过三年,这三年中王位空缺,乃由汤子外丙代理之,所以在甲骨文的"周祭谱"中,身为叔父的外丙即位次序却在侄子太甲之后,且只有三年,与太甲在桐宫悔过的时间也正吻合。可见外丙是顶太甲暂时空缺的王位的。①

---

① 常玉芝:《太甲、外丙的即位纠纷与商代王位继承制度》,《殷墟博物苑苑刊》创刊号,中国社会科学出版社,1989年。

太甲复位后伊尹还不是完全放心,于是向他作了三篇文诰加以训导,古文《尚书》中有《太甲》三篇,上篇内容是伊尹放太甲于桐宫的缘由,中、下篇内容是太甲从桐宫返回后表示改悔和伊尹对他的继续训导语。

伊尹死于太甲之子沃丁时,《史记·殷本纪》:

> 帝沃丁之时,伊尹卒。既葬伊尹于亳,咎单遂训伊尹事,作《沃丁》。

伊尹和太甲之关系,还有另一说:是伊尹放太甲后自立为王,太甲从桐宫潜出,杀死伊尹后而夺回王位。古本《竹书纪年》:

> 仲壬崩而立太甲,伊尹放太甲于桐,乃自立。

> 伊尹即位,放太甲七年,太甲潜出自桐,杀伊尹,乃立其子伊陟、伊奋。命复其父之田宅而中分之。

此说之不可信,由甲骨卜辞得其直接证据。前面我们已揭示出甲骨卜辞中,直到商代的后期,商王对伊尹的祭祀礼仪仍十分地隆重。伊尹若是篡逆之臣,太甲的后世子孙还能如此隆重地对他进行祭祀吗?

二 太戊复兴商朝

太戊是商朝的第七位国王。他即位时,商朝的国力处于衰弱期,诸侯们多不归附。太戊修德,任用能干的伊陟为相,巫咸掌管王家的事物,使商朝又复兴起来。《史记·殷本纪》:

> 帝太戊立伊陟为相。亳有祥,桑谷共生于朝,一暮大拱。帝太戊惧,问伊陟,伊陟曰:"臣闻妖不胜德,帝之政其有阙与?帝其修德。"太戊从之,而祥桑枯死而去。伊陟赞言于巫咸。巫咸治王家有成,作《咸艾》、作《太戊》。帝太戊赞伊陟于庙,言弗臣,伊陟让,作《原命》。殷复兴,诸侯归之,故称"中宗"。

《咸艾》的艾,《尚书序》作《咸乂》。"伊陟赞于巫咸,作《咸乂》四篇。"乂即治理。四篇文今已不存。太戊之臣佐,还有臣扈。《尚书·君奭》:

> 公曰:"君奭,我闻……在太戊时,则有若伊陟、臣扈,格于上帝,巫咸乂王家。"

太戊时代朝堂上长出谷子和桑树,太戊奇怪而害怕,问大臣伊陟,伊陟敢于说真话,指出他"政其有阙",劝他修德,明养老之礼。太戊虚心听取且遵从,致使远方七十六国前来归附。《尚书·咸乂·序·疏》之《正义》引皇甫谧:

> 太戊问于伊陟,伊陟曰:"臣闻妖不胜德,帝之政之有阙。"白帝修德。太戊退而占之,曰:"桑谷野木而不合生于朝,意者朝亡乎!"太戊惧,修先王之政,明养老之礼。三年而远方重译而至者七十六国。

太戊本人有振兴国家的志向,虚心听取臣下的建议,有一批能干的人辅助,所以使国力恢复,达到"殷复兴"的目的。

三 中丁夺权引发的"比九世乱"

商朝从中丁至阳甲的九位王,因不断争夺王位斗争而使国力大为削弱。《史记·殷本纪》:

> 自中丁以来,废嫡而更立诸弟子,弟子或争相代立,比九世乱,于是诸侯莫朝。

根据甲骨文中的"周祭谱"所反映出的商王世系及王位的继承情况,在中丁前,商王的继位制度是嫡长子继承制。嫡长子之弟虽然可以继其兄为王,但其子则不得继承其父为王。为王的弟死后,王位要回传给兄之长子。① 按照这一继承原则,太戊之子中丁无权继承王位。根据甲骨文太戊在雍己前受祭,是太戊为雍己兄而非如《史记·殷本纪》所说是雍己弟:

> 戊辰卜,贞王宾[大戊𢦏]日,亡尤。
> 己巳卜,贞王宾雍己𢦏日,亡尤。　　《合集》35618
> 己酉卜,贞王宾雍己壹,亡尤。
> [丁巳]卜,贞王宾中丁[壹],亡尤。　　《合集》35616

太庚有三子为王:小甲、太戊、雍己。小甲为长,雍己为最小。雍己死后,王位应回传给小甲之子,或者雍己利用王的影响力,将王位传给自己的儿子,两种情况都算合理,而太戊之子却无权继承王位,而事实上,是太戊的儿子中丁继承了其叔父雍己的王位。中丁之当上王显然是"废嫡"的结果,由是在商朝内部引起"弟子或争相代立"的争夺王位斗争的政局。至南庚、阳甲时,争夺王位的斗争再次重演。从祖乙至阳甲世系表可见王位争夺的情况:

```
祖乙12 ┬─ 祖辛13 ── 祖丁15 ── 阳甲17
       └─ 沃(羌)甲14 ── 南庚16
```

祖丁死后,王位本应传给其子阳甲,沃甲子南庚却继承了王位。南庚同祖丁是同祖的堂兄弟关系。南庚死后本应由他之子继位,而祖丁子阳甲却当上了王。是南庚在其叔祖丁死后"夺"得王位。阳甲与南庚是叔侄关系,阳甲继承南庚为王,当然也是"夺"得的。从中丁到阳甲正好是九位王,在这九位王中,至少发生过三次王位争夺战。内部争夺王权,其斗争的残酷性,从唐李世民的"玄武门之变"就可见一斑。多次的王位争夺,使国力削弱,因而迫使商王不断地迁徙都城。《史记·殷本纪》:

> 帝中丁迁于隞,河亶甲居相,祖乙迁于邢。

---

① 杨升南:《是幼子继承制还是长子继承制》,《中国史研究》1982年第1期;《从殷墟卜辞中的"示"、"宗"说道商代的宗法制度》,《中国史研究》1985年第3期,此文后收入《甲骨文商史丛考》,线装书局,2007年。

隞，古本《竹书纪年》作嚣。古本《竹书纪年》载中丁至阳甲九王的迁都为：

  中丁即位，元年，自亳迁于嚣。

  河亶甲整即位，自嚣迁于相。

  帝开甲（即沃甲，甲骨文称羌甲）逾即位，居庇。

  南庚自庇迁于奄。

  阳甲即位，居奄。

中丁迁出的亳即西亳，地在今偃师市。西亳地在西方，在夏人势力范围的中心地区，再西就是如氏、羌这样的异族部落。奄地据文献记载和学者的考证，在今山东省的曲阜地区，是在东方。鲁西豫东是成汤起家之地，商人灭夏前长期在此地区经营，应是商族人的根据地。商王们从西亳渐次迁到奄，就是又退回老家了。这显然应是"比九世乱"的过程中，力量削弱的关系。① 据出土商代青铜器分析，在商代前期，商人势力开始向周边地区扩展，山西中南部及河北、陕西大部都成为商文化的主要影响地区，形成了所称的商式"青铜文化圈"。在武丁之前即殷墟文化二期之前，商人势力收缩，北方异族势力南下，在晋南地区的文化面貌，呈现出中原商文化和北方青铜文化相互融合的特点，在兵器和装饰品等器类方面，强烈地表现出北方青铜文化的因素。② 这证实司马迁所说的"自中丁以来，废嫡而更立诸弟子，弟子或争相代立，比九世乱，于是诸侯莫朝"。（《史记·殷本纪》）在夏商周时期，诸侯的动向是中央王朝强弱的标志，"诸侯莫朝"标志着中央王朝衰弱，统治地盘丧失。此时晋南北方文化因素的出现，就是这种情况的反映：商势力退出，北方民族进入。

  南庚迁都奄到盘庚迁殷，中历阳甲、小辛、盘庚，商人的中心在鲁，考古学上此地区也有发现。山东大学历史文化学院考古系与山东省文物考古研究所于2003年和2010年两次联合，对山东省济南市历城区大辛庄商代遗址进行发掘，揭露出此地是一处商代二里岗时期至殷墟时期遗址。在2003年发现了贵族墓及甲骨文，2010年揭露出一处面积达92.8平方米的夯土建筑基址、灰坑200多个、水井一眼、陶窑一座、墓葬40余座。墓葬分中型墓和小型墓两种，中型墓内都随葬丰富的器物，如二里岗时期的一座中型墓，编号为M139，为长方形土坑竖穴墓，长3.22米、宽2.24米、深1.57米，墓底四周有熟土二层台，东西二层台上可辨认的殉葬人3个，墓底中部有一长方形腰坑。葬具为一棺一椁。随葬青铜器14件、大型石磬1件、玉器2件、涂珠圆形陶片2件。青铜器为鼎2件、盂1件、爵1件、斝1件、卣1件、罍1件、斗1件、钺1件、镬1件，矛2件，如此规格

---

  ① 杨升南：《"殷人屡迁"辨析》，胡厚宣主编《甲骨文与殷商史》第2集，上海古籍出版社，1986年。收入《甲骨文商史丛考》，线装书局，2007年。

  ② 穆洁：《山西地区所见青铜礼器浅析》，《中国国家博物馆馆刊》2013年第7期。

高、随葬品丰富的二里岗中期墓葬,在全国范围也是属少见的。① 更为特别的是在大辛庄遗址内还发现有字的甲骨,这是一般贵族都不可能拥有的。② 这样规模的墓葬、大型夯土建筑及有字的甲骨,显示出此遗址具有不同寻常的地位。

第三节　奠定商朝后期大发展的盘庚迁都

盘庚是商代中期帝王中最有作为的一位,他形象地把当时的商王朝比作一棵倒地的大树,他要使它重新长出新芽。他力排众议,决意将都城迁徙到有利于发展的豫北,以便对整个王朝实施有效统治,为商后期大发展奠定了基础。

盘庚迁殷,是商王从中丁以来的第五次迁徙都城。《尚书序》云:"盘庚五迁,将治亳殷,民咨胥怨,作《盘庚》三篇。""治亳殷"应为"始宅殷"之误。孔颖达《尚书正义》:"束晳云:《尚书序》'盘庚五迁,将治亳殷。'旧说以为居亳,亳殷在河南。孔子壁中《尚书》云'将始宅殷',是与古文不同也。"

殷的地望,古本《竹书纪年》或称在北蒙,或称在邺南三十里、四十里。《水经·洹水注》引《竹书纪年》:"《竹书纪年》曰:盘庚即位,自奄迁于北蒙曰殷。"《尚书正义》引《竹书纪年》:"《汲冢古文》云:盘庚自奄迁于殷,殷在邺南三十里。"或说殷在邺南四十里,《史记·殷本纪》"殷契"下张守节《正义》:"《竹书纪年》云:盘庚自奄迁于北蒙曰殷墟,南去邺四十里。"殷墟在洹水之南。《史记·项羽本纪》:

> 章邯使人见项羽欲约。项羽召军吏谋曰:"粮少,欲听其约。"军吏皆曰:"善!"项羽乃与期洹水南殷虚上。

今河南省安阳市西小屯村,已发现大量的商代甲骨文、青铜器、墓葬、宫殿基址及其他商代的文化遗物、遗迹,此地正在洹水南,也是在邺城之南四十里地。③ 故《史记正义》说殷"南去邺四十里"应为"北去邺四十里"。

盘庚迁都后直至商纣王亡国,商朝再没有迁过都。《史记·殷本纪》"益广沙丘苑台"下张守节《正义》引《括地志》云:

> 《竹书纪年》自盘庚迁殷至纣之灭,二百七十三年更不徙都。纣时稍大其邑,南距朝歌,北据邯郸及沙丘,皆为离宫别馆。

盘庚是在奄即位为商王的。奄在今山东省的曲阜境内,其地偏东,不利于对西部及北部地区的统治。④ 由于"比九世乱"期间,商朝的国力大损,西部及北部被他

---

① 方辉、刘秀玲:《济南大辛庄遗址考古发掘再获重要发现》,《中国文物报》2010年9月24日。
② 山东大学东方考古研究中心、山东省文物考古研究所、济南市考古所:《济南市大辛庄遗址出土商代甲骨文》,《考古》2003年第6期。
③ 杨升南:《殷墟与洹水》,《史学月刊》1989年第5期。
④ 在曲阜境内还没有发现与王都相匹配的商文化遗存,有学者据此否定奄曾是商都。考古发现总是带有偶然性的,过早地下结论不利于研究,况且在济南大辛庄已发现商文化高规格的建筑基址和墓葬,文献记载不应轻易否定。

族侵扰,民不能安生。为恢复昔日的辉煌,使商朝这棵"颠木"重新长出新牙,为民众不被他族人"尽刘"(杀绝),盘庚决定迁都。《尚书·盘庚上》记盘庚迁都的原因及目的云:

>　　我王来,既爰宅于兹,重我民,无尽刘……若颠木之有由蘖,天其永命我于兹新邑,绍复我先王之大业,厎绥四方。

盘庚迁都后,商朝国力强盛,奠定商朝后期270多年的政局,出现灿烂辉煌的晚商文明。《史记·殷本纪》记盘庚迁都后:"行汤之政,然后百姓由宁,殷道复兴,诸侯来朝。"

盘庚迁都于豫北以复兴商朝是十分正确的举动,但他的高瞻远瞩却并未得到那些安于现状的贵族们的认识和理解,因而遭到强烈反对。《尚书·盘庚中》记盘庚指责那些企图动摇他迁都的人:

>　　盘庚作,惟涉河以民迁,乃话民之弗率……今予将试以汝迁,安定厥邦。
>　　汝不忧朕心之攸困,乃咸大不宣乃心,钦念以忱动予一人。

盘庚迁到新都后,广大民众住在新都不习惯而生怨言,反对迁都的贵族们于是制造浮言(谣言)恐吓民众。盘庚及时对这些人的阴谋进行揭露。《尚书·盘庚上》:

>　　盘庚迁于殷,民不适有居……王若曰……今汝聒聒,起信险肤,予弗知乃所讼……汝不合吉言于百姓,惟汝自生毒,乃败祸奸宄,以自灾于厥身。
>　　乃既先恶于民,乃奉其恫……汝曷弗告朕,而胥动以浮言,恐沉于众!

民众不习惯于新地有怨言,反对迁都的贵族造谣生事,盘庚却仍然达到了迁都的目的。他为达到迁都的目的,使用的手段有三:

1. 利用上帝、天意等神鬼的力量。迁都是上帝的旨意通过占卜在龟骨上指示出来的,盘庚说他"非敢违卜",不敢违背占卜的结果。《盘庚下》:

>　　尔谓朕曷震动万民以迁?肆上帝将复我高祖之德,乱越我家。朕及笃敬,恭承民命,用永地于新邑。肆予冲人,非废厥谋,吊由灵各,非敢违卜,用宏兹贲。

《盘庚上》:

>　　先王有服,恪谨天命。兹犹不常厥宁,不常厥邑,于今五邦。今不承于古,罔知天之断命,矧曰其克从先王之烈?若颠木之有由蘖,天其永命我于兹新邑,绍复我先王大业,厎绥四方。

是上帝、是上天要我们迁到新的地方,以便恢复我们先王的伟大业绩,统治四方的土地。

2. 劝说。盘庚派他的亲信臣僚"众戚",向民众解释迁都之由。《盘庚上》:

>　　盘庚迁于殷,民不适有居,率吁众戚出,矢言,曰:我王来,既爰宅于兹,重我民,无尽刘。

盘庚自己也亲向民众解释迁都的原因,劝民众迁徙,安于新居。《盘庚下》:

> 盘庚既迁,奠厥攸居,乃正厥位,绥爰有众,曰:无戏怠,懋建大命!今予其敷朕心腹肾肠,历告尔百姓于朕志。罔罪尔众,尔无共怒,协比谗言予一人。

盘庚进行劝说的由头有三:

(1) 迁都不是我盘庚个人的主张,是上帝的要求,是经过占卜,得到神的旨意的。已如上述。

(2) 迁都是为了民众的利益。商先王们的迁都都是为民,他们是"视民利"而行,我这次的迁徙也是一样的目的,他说:"古我前后,无不惟民之承保。后胥感鲜,以不浮于天时。殷降大虐,先王不怀厥攸作,视民利用迁。汝曷不念我古后之闻?(《盘庚中》)"

中丁以来王朝都城东迁后,西部大片地区丢失,仍留在原地的商族民众,失去保护,受到异族的侵扰,以致流离失所,甚至生命不保。盘庚说"今我民用荡析离居,罔有定极(《盘庚下》)",就是指的这些地区民众情况,他迁都也是为保护这些地区内的广大民众,"重我民,无尽刘(《盘庚上》)",刘即杀。盘庚以此表明他迁都的用意,唤起旧都民众的同情心,支持他的迁都。

(3) 以任用旧人(贵族)的许诺拉拢。《尚书·盘庚上》:"古我先王,亦惟图任旧人共政……迟任有言曰:'人惟求旧,器非求旧,惟新。'古我先王暨乃祖乃父胥及逸勤,予敢动用非罚?世选尔劳,予不掩尔善。兹予大享于先王,尔祖其从于享之。""人惟求旧"就是他要任用你们这些旧人,以此拉拢贵族、大臣支持他的迁都。

3. 用威胁的高压手段。盘庚说他有制臣民"短长之命"的权力,对那些不相信神及占卜的人,盘庚就露出了凶恶的面孔:不准再讲话。《盘庚上》:"凡尔众,其惟致告:自今至于后日,各恭尔事,齐乃位,度乃口!罚及尔身弗可悔!""度乃口"就是闭上你的嘴巴,不然就要受到处罚。再有捣乱不听劝告而反对迁都者,则杀掉其全家。《盘庚中》:

> 乃有不吉不迪,颠越不恭,暂遇奸宄,我乃劓殄灭之,无遗育,无俾易种于兹新邑。

劓,割断。殄,绝灭。遗,遗留、存留。育,胤、胄,子孙、后嗣。俾,使。易,延续,易种,后裔、子孙。"劓殄灭之,无遗育"即杀死你们全家,不留后患。新邑,新迁的都邑,即盘庚所迁的"殷",地在今安阳小屯村的"殷墟"。这最后的手段凶相毕露:不迁就要杀绝全家!

盘庚所迁的"殷",即今河南安阳市西的小屯村,这里是中国南北之间一要冲,北方民族南下所必经地。商王武丁时期,大量向外用兵,就是从此地出发的。安阳在战国时期属魏国,为邺地。北周时为邺县县城,后又属相州、邺郡,西晋时

为彰德军,元朝为彰德府、彰德路。此地自古为南北进退的形胜地。明嘉靖《彰德府志》卷二《地理志》分析此地的战略地位道:

> 彰德,天文室壁之分野也。大抵土地平广阔野,挟上党抚襄国,瞰潭披卫。昔曹袁相攻,以邺为胜负。周尉迟迥之称兵也,以隋坚之力,犹以计而仅克。周主策坚(隋文帝杨坚——引者)之命曰:"尉迟迥猖狂,称王邺邑,欲长戟而指北厥,强弩而围南斗,凭凌三魏之间,震惊九州之半。"斯足见迥之威强矣。夫岂皆由人?亦由地势。

> 唐天宝之乱,郭子仪攻安庆绪于相州,兵败,九节度之师竟不能越邺而北,自是藩镇僭据,连结山东(指太行山以东——引者),竟终唐室。杜牧谓:"不得山东,不足以息天下之兵。"又曰:"魏以山东最重,于河南亦最重。魏在山东以其能蹴赵也。既不能越魏以取赵,必不能越赵以取燕。是燕赵长取重于魏,而魏常操燕赵之性命也。"

商控制了如此重要的战略地位,便于对全国的统治,使国家稳定。所以盘庚迁都后,达到了"复我高祖之德"的目的,使"殷道复兴,诸侯来朝",称为盛世。《史记·殷本纪》:盘庚"乃遂涉河,南治亳,行汤之政,然后百姓由宁,殷道复兴,诸侯来朝。""南治亳"的"南"字疑是衍文,应为"乃遂涉河治亳"。"亳"是商朝都城的通用名,非专指某一地。从奄到盘庚所迁的新邑殷(即今河南安阳西小屯村),必经过河(即黄河)。今安阳市正在古黄河之西。顾颉刚说:"古黄河自今河南焦作市不东流而东北流,经修武、辉县、滑县、浚县折而北流,入河北境,又东北至天津入渤海。"①盘庚迁都时所涉的河段,当即是"辉县、滑县、浚县折而北流,入河北境"的某一地点。殷墟北的洹水以及其南的淇水在当时都是汇流入北去的黄河的。

---

① 顾颉刚:《禹贡(全文注释)》,载侯仁之主编《中国古代地理名著选读》,科学出版社,1959年。

第四章 武丁中兴

盘庚将王都迁到今豫北的安阳小屯村,这里地势优越,可俯瞰中原大地,便于对全国实施统治。光有"地利"而无"人和",是不能发展的,盘庚后的小辛、小乙二王时期,商朝国力再次衰弱,直到武丁时才复兴起来。

武丁是成汤之后最有作为的一位帝王。他当国王前,曾长时期在民间,同"小人"生活在一起,了解民间的疾苦、国家存在的问题。他当上国王后,寻求人才,"不敢荒宁",勤劳政事。对内实施改革,发展生产;对外抗御异族内侵,征讨不服者,使商朝在政治、经济、军事等方面,都成为当时最强盛的一个大国。武丁堪称一代英主,中国历史上一大帝王。

第一节 武丁复兴殷邦的措施

武丁是盘庚后的第四位王,其父是盘庚的四弟小乙。盘庚死后,他的两位弟弟小辛、小乙相继为王,但都无什么政绩,致使"殷复衰"。《史记·殷本纪》:"帝盘庚崩,帝小辛立。是为帝小辛。帝小辛立,殷复衰。百姓思盘庚,乃作《盘庚》三篇。帝小辛崩,弟小乙立,是为帝小乙。帝小乙崩,子帝武丁立。帝武丁即位,思复兴殷。"武丁即位后为复兴殷王朝,采取一系列措施,主要是:

一 举用贤才

武丁即位后,首求贤能之人帮助治理国家。他曾三年不言,以观政风,选拔人才。《国语·楚语上》:

> 昔殷武丁能耸其德,至于神明,以入于河,自河徂亳,于是乎三年,默以思道。卿士患之,曰:"王言以出令也,若不言,是无所禀令也。"武丁于是作书,曰:"以余正四方,余恐德之不类,兹故不言。"如是而又使以象梦[①],旁求四方之贤,得傅说以来,升以为公,而使朝夕规谏,曰:"若金,用女作砺;若津水,用女作舟;若天旱,用女作霖雨。启乃心,沃朕心。若药不瞑眩,厥疾不瘳。若跣不视地,厥足用伤。"若武丁之神明也,其圣之睿广也,其智之不疚

---

① 《经义述闻》卷二一:"'象梦'当为'梦象',谓以所梦见之人作象而使求之也。"(见《国语》,上海古籍出版社1978年版,第555页注九)

也,犹自谓未义,故三年默以思道。既得道,犹不敢专制,使以象旁求圣人。既得以为辅,又恐其荒失遗忘,故使朝夕规诲箴谏,曰:"必交修余,无余弃也。"

传说武丁梦见傅说,使人画出梦里所见"圣人"之像,派官吏到全国各地去寻找,而在筑城的苦役奴隶群中发现。《史记·殷本纪》:

> 帝武丁即位,思复兴殷而未得其佐。三年不言,政事决定于冢宰,以观国风。武丁夜梦得圣人,名曰"说"。以梦所见视群臣百吏,皆非也,于是乃使百工营求之野,得说于傅险中。是时说为胥靡,筑于傅险。见于武丁,武丁曰:"是也!"得而与之语,果圣人。举以为相,殷国大治。故遂以傅险姓之,号曰"傅说"。

"胥靡"是古时刑罚的一种,《史记正义》说是"腐刑",是因罪而降为奴隶的人。武丁得傅说的经过《尚书·说命中》孔颖达《正义》引皇甫谧《帝王世纪》与《史记》略同:

> 高宗梦天赐圣人,胥靡之长,蒙之而来,曰:"我徒也,姓傅名说,天下得我者,岂徒也哉!"武丁寤而推之曰:"傅者,相也。说者,欢说也。天下当有傅我而说(悦)民者哉。"明,以梦视百官,百官皆非也。乃使百工写其形象,求诸天下。果见筑者胥靡,衣褐带索,执役于虞虢之间,傅岩之野,名说。以其得之傅岩,谓之傅说。

梦见傅说而在全国寻找获得之说,当不可信,武丁求贤事得为实。武丁曾在民间生活过一段时间,他曾"爱暨小人",听说甚至与傅说直接交往过,因其身份低,且为罪徒,故神其出身,艰难其来历,使贵族、大臣易于接纳。《尚书·无逸》:

> 其在高宗(指武丁——引者),时旧①劳于外,爱暨小人。

《孟子·告子下》:"傅说举于版筑之间。"《墨子·尚贤下》:"昔者傅说居北海之州,圜土之上,衣褐带索,庸筑于傅岩之城。武丁得而举之,立为三公,使之接天下之政,而治天下之民……法其言,用其谋,行其道。上可而利天下,中可而利鬼,下可而利民,是故推而上之。"都是说他出身低微。

武丁用人,当不止傅说,还应有一批贤臣相辅助。《尚书·君奭》:"在武丁时,则有若甘盘。"唐孔颖达《疏》:"《孔命》篇高宗云:'台小子旧学于甘盘,既乃遁于荒野。'高宗未立之前已有甘盘,免丧不言乃求傅说。明其即位之初,有甘盘佐之。甘盘卒后有傅说。"

甘盘之盘或作般,《史记·燕召公世家》:"在武丁时,则有若甘般。"在武丁时期的甲骨文中有一名般的人物,地位十分重要,此人又称为师般、亚般。甲骨文

---

① 郑玄曰:"高宗,谓武丁也。旧,犹久也。"

里"师"是高级军事长官职称名,"亚"是武官名。甲骨卜辞:

  贞勿隹师般呼伐。 《合集》7593

  [王]令师般途(屠)子画。 《合集》32900

  囗囗卜,亚般岁𠦒敬…… 《合集》27938

般还从事王室的占卜活动:

  辛未,王卜曰:"余告多君曰:'般卜有祟。'" 《合集》24135

甲骨卜辞显示,般曾从事农业、畜牧、狩猎、取朋(货币)、抓捕逃奴、征伐等国家大事:

  ……师般……牧…… 《怀特》370

  惟般令田于并。 《合集》10958

  辛酉卜,宾,贞呼师般取朋,不……屯。 《合集》826

  乙亥卜,般取多臣。 《合集》622

  呼师般取㞢(亡,逃跑了的奴隶)自敦。 《合集》839

  贞师般……商称册…… 《合集》7417

  贞惟师般呼伐。 《英藏》686

见于武丁时期甲骨卜辞里的重要人物还有禽、吴、犬延、侯告、雀、沚戛、戉、子商等数十位,此不一一列举。从甲骨卜辞看,武丁朝确实是人才济济。

二　神化王权

  商朝统治者尊神是其思想特点。《礼记·表记》引孔子语:"殷人尊神,率民以事神,先鬼而后礼,先罚而后赏,尊而不亲。"郑玄《注》云:"先鬼后礼,谓内宗庙外朝廷也。礼者君臣朝会,凡以挚交接相施予。"孔颖达《正义》云"内宗庙"是重鬼神:"以其夏周人敬鬼神而远之,近人而忠焉,外宗庙内朝廷。以此反之,则殷人先鬼后礼,是内宗庙而外朝廷也。"

  商王尊神在甲骨文中得到具体的反映。从安阳殷墟出土的十余万片商代的有字甲骨,其所刻卜辞的内容是十分广泛的,几乎包括了当时社会生活的各个方面:大事如战争、祭祀、农耕、畜牧、打猎,一般事如外出、某人到来与否、疾病、生子等等,总之,凡是关系到商王的一切行动,都要经过占卜而后行。占卜的目的是为得到神的指示,故商王的一切活动就被披上神的外衣。从对出土的十余万片甲骨作分期研究知,属于武丁时期的占一半以上,可见武丁特别注重对自己的神化,利用神权手段来实施统治。

  在祭祀上更反映出武丁及其后的商王们尊神的特点。在甲骨卜辞里,商王的祭祀对象分外祭和内祭两类,所祭祀的神灵有四种。日本学者岛邦男在《殷虚卜辞研究·本论》中将商王室的祭祀对象分为内祭和外祭两种:外祭是指有支配自然现象或自然物神格化后的自然神;内祭是指被奉为商人远祖的高祖神、先王、先妣以及父母兄子和先臣神格化了的先臣神四种。① 武丁对神的隆祭,是为了造成浓厚的神鬼气氛,以便进行神的统治。

武丁神化王权的又一个步骤是亲自主持占卜事务。卜辞是占卜时向神灵请示吉凶的提问辞。占卜后,将一些卜问的过程、内容及其结果,刻或写在所使用的甲骨上,这就是我们今天所看到的商代甲骨文。胡厚宣说,一条完整的卜辞包含有四个部分:"曰叙辞,曰命辞,曰占辞,曰验辞。"② 如《合集》137 正上有一条完整卜辞:

　　癸丑卜,争,贞旬无祸? 王占曰:有祟,有梦。甲寅允又来艰,左告曰:有坒(亡)畄自益十人又二。

分解这条卜辞,其四部分为:

　　叙辞:癸丑卜,争
　　命辞:贞旬无祸?
　　占辞:王占曰:有祟,有梦。
　　验辞:甲寅允又来艰,左告曰:有坒(亡)畄自益十人又二。

叙辞,又称前辞,即占卜的时间和贞人。命辞,又称贞辞,即此次占卜所问的内容。占辞,即商王看了卜兆后所下的断语。验辞,即征验之辞。③ "占辞"是其中最重要的部分,是决定此次占卜事件吉凶或可行与否的依据。

命辞是卜问的内容,即将要做的事能不能做,吉利不吉利,行动前进行占卜希望获得神灵的指示。神灵的指示,显示在用火灼烧龟甲或牛骨时龟、骨正面的爆裂纹路上。吉凶是从纹路的走向判断的。看纹路的走向就是"占",判断是吉是凶的结果就是"占辞"。《说文》:"占,视兆问也。"段玉裁《注》:"《周礼·占人》注:'占蓍龟之卦兆吉凶。'"所以"占辞"在一条卜辞中,也就是对一件事能否实行起决定作用。

甲骨文中的"占辞"除少数的几例外,都是以"王占曰"的形式出现的。在甲骨文中"王"字前无限定词特指"某王"的,都是指商代的时王。

为何商王要亲自来判断卜卦的吉凶? 就是要显示,只有商王才能辨识神灵的指示,只有他们才能与神交接。有同神直接打交道的权力,就与神接上了关系,他们就成为神的化身。这对于他们借以统治民众,建立神圣而专制的王权,是一个极为简便的手段。④

武丁还用大量的活人祭祀,制造恐怖的神权政治。武丁时期的甲骨文中,占卜使用活人祭祀的次数最多,用人的数量最大,从一次几人、几十人到几百人。

---

① [日]岛邦男:《殷虚卜辞研究·本论》,日本弘前大学出版,1958 年。
② 胡厚宣:《甲骨学绪论》,《甲骨学商史论丛初集》(下)第 919 页,河北教育出版社,2002 年。
③ 王宇信:《甲骨学通论》第 130 页,中国社会科学出版社,1989 年。
④ 杨升南:《商代的王权和对王权的神化》,《中国史研究》1997 年第 4 期。

有一条卜辞在癸丑日占卜,要用五百个仆来祭祀,过了十天的壬戌这天,又"用"了一百个仆祭祀,是在十天之中就"用"了六百个仆来祭祀:

  癸丑卜,㱿,贞五百仆,用。旬壬戌又用仆百。三月。 《合集》559
(图3-5)

图3-5　使用六百个仆祭祀的甲骨

(《合集》559)

"仆"是一种人的身份名称,其字像人在屋内扫除之形,应为仆役类人。武丁时期还有一片甲骨上记载,准备用一千个人和一千头牛来祭祀:

  丁巳卜,争,贞降𢀛册千牛。

  不其降𢀛千牛千人。 《合集》1027 正

册字下从口,有册告之意。① 大量使用活人祭祀神灵,为的是制造出恐怖的气氛,以便强化统治。

三　改革军事制度

  武丁对商代军事制度的改革见后"商代军事制度"节,此从略。

---

① 杨升南:《周原甲骨族属考辨》,《殷都学刊》1987年第4期。

四　巡查全国各地

武丁时期的卜辞里常见有"省"于某地，或从某方"省"者，皆是商王武丁出巡国土，以掌握所统辖下的疆域状况，以便加强对王国领土的统治，当然商王外出除巡视国土外也有游览的成分在其中。武丁时期卜辞"王省"者多见：

　　王往省，从南。　《合集》5115

　　丙辰卜，争，贞王往省，从西。若。　《合集》7440 正

　　贞王其往出省，从西。告于祖丁。　《合集》5113 反

　　王往省，从北。　《合集》5117

　　王[往]省，从名。　《合集》5118

　　丙寅卜，殷，贞王往省牛于敦。　《合集》11171 正

　　贞王勿往省黍。　《合集》9612

武丁卜辞里王往于某地的占卜，也是他出巡的行为：

　　贞王往斿。　《合集》5769 正

　　□□卜，殷，贞王往，次于泸。　《合集》6131

　　贞王往，次于果京。　《合集》7357 正

武丁是商朝后期中兴之主，《史记·殷本纪》："武丁修政行德，天下咸驩，殷道复兴。"其子祖庚即位后，尊他为"高宗"。《礼记·丧服四制》："高宗者武丁，武丁者殷之贤王也，继世即位，而慈良于丧。当此之时，殷衰而复兴，礼废而复起，故善之。善之，故载之《书》中而高之，故谓之'高宗'。"考古证实，武丁时期出土的文化遗存最为丰富，质量很高，是此时社会安定、经济发展、文化繁荣的直接证据。

第二节　武丁的征伐

从对安阳殷墟出土的甲骨文进行综合比较研究后，得到这样一个认识：武丁时期是商朝向外用兵次数最多，战争最为频繁的时代。盘庚迁都于殷，都城移至豫北，虽占据有利发展的地势，但其继任的小辛、小乙皆弱势国王，国力仍处于衰弱状态，致使周边异族方国不断来侵袭。甲骨文中称这些怀有敌意的方国为"方"，他们常"大出"，其"出"的时间从一月到十二月皆有，如卜辞：

　　癸丑卜，贞方其出。一月。　《合集》6711

　　丁巳卜，今春方其大出。四月。　《合集》6689

　　丙戌卜，今春方其大出。五月。　《合集》6692

　　丙子卜，宾，贞方其大出。七月。　《合集》6702

　　戊午卜，方其大出。九月。　《合集》6696

　　甲寅[卜]，方其大出。十月。　《合集》6700

> 贞方不大出。十三月。　　《合集》6704 正

"十三月"是闰月。"方大出"是反映敌对方国大举进犯。方对商王朝的威胁很大,曾攻到王朝的中心地中商、大邑:

> □巳[卜],王,贞于中商呼御方。　　《合集》20453
> 癸亥卜,王,方其敦大邑。　　《合集》6783

"御"即抵御,"敦"是指大的战事、激烈的战争。"中商"应是商王朝的中心地区,"大邑"是人口多、经济繁荣的城市,甲骨文中称商朝的王都为"大邑商",此卜辞中的"大邑"也可能是指王都,是敌人已深入到王朝的心脏,王朝的形势十分危急。

甲骨文中将商王国以外的大小国家都称为"方",所以"方"的方位不定,有北方的:

> 贞方允其来于沚。　　《合集》6728
> 辛卯卜,贞[方]不出于唐。　　《合集》6716
> ……三日庚申亦有来艰自北,子▨告曰:昔甲辰方征于蚁俘人十又五人。　　《合集》137 反

沚、唐据学者考证其地望都在今山西省境内,蚁明言在北方,是北方敌来侵。有南方的:

> 戊申卜,方𢻻(启)自南,其征印。
> 戊申卜,方𢻻(启)自南,不其征印。　　《合集》20415
> 贞方不至于𢆶方。七月　　《合集》8626

𢆶方与曾地相近,其地望在今湖北省的随州枣阳地区,是此"方"在南方。有东方的:

> 甲戌卜,扶,贞方其荡于东。　　《合集》20619

此"荡于东"的方,当然此"方"是在东方。有西方的:

> 方敦周。　　《合集》6782

周地在今陕西省境内,是此"方"在西方。

由上举卜辞可见,商对东南西北的方国都称"方",所以卜辞的"方"不是专指某一方国的专名,而是泛指商时周边的方国。

武丁是商代历史上最有气魄的一位中兴之王,他在位的五十九年中,对来犯的方国进行了大量的征讨,巩固了王国地位,扩大了王国的领土,为中华民族国家疆域的奠定,作出了巨大的贡献。

一　武丁对北方敌人土方的征讨

在武丁时期,土方是商朝劲敌。沚䧍是商王朝的重要诸侯,其地望大致在今山西省的中南部地区,是武丁时期设在西北境的诸侯及守边将领,他不断地向王

室传来土方侵入的警报：

> 五日丁酉，允又来艰自西，沚䖒告曰：土方征于我东鄙戋二邑，舌方亦侵我西鄙田。　　《合集》6057 正

对土放的战事，武丁甚为尽力，他亲临土方前线视察敌情。甲骨卜辞云：

> 戊辰卜，㱿，贞王循土方。　　《合集》559 正
>
> 庚申卜，争，贞王循土方。　　《合集》6390

循即巡视、巡查。商王武丁"循土方"是为征伐它作准备，故有"循伐"卜辞：

> 庚申卜，㱿，贞今春王循伐土方。　　《合集》6399

"循伐"是在巡察时遇到来侵犯的土方军队而与其交战。在征伐土方的战争前，武丁在祖先的宗庙里，向上甲、唐（即汤）等祖先举行告祭，祈求祖先保佑战争的胜利：

> 癸巳卜，争，贞告土方于上甲。四月。　　《合集》6385 正
>
> 贞告土方于唐。　　《合集》6386、6387

唐即是汤。出征前要任命将领，即甲骨文中的"称册"：

> 乙卯卜，争，贞沚䖒称册，王从伐土方，受有佑。　　《合集》6087 正

"称册"的"称"字，据《说文》"称，并举也。""并举"即是双手举起。"册"即册命，《颂鼎》："王呼史虢生册命颂。"《克鼎》："王呼尹氏册命善夫克。"册与策通，《周礼·内史》："策命之。"郑玄《注》引郑司农云："策谓以简策书王命。"《左传》昭公三年"授之以策"，杜预《注》"策，赐命之书。"《诗经·出车》"畏此简书"，毛《传》："简书，戒命也。"①战争前沚䖒双手举起书有王命的简册，应是战前以简册命将的一种仪式或典礼。商王将命将的人、要求等相关内容写在简册上，出征前举行特别仪式将此简册颁授给所命令的将领，此将领接过简册，并双手高举，这就是甲骨文中常见的"称册"。此条卜辞在"沚䖒称册"后有"王从伐"的内容，"从伐"是跟着征伐。国王是国家军队的最高统帅，最高统帅跟着将军征伐，这个将军显然就是这次战争的先锋。武丁册命沚䖒，是册命他为先锋。战争卜辞常见"王从某某"或"某某从某某"的辞语，就是以某某为此次战争的先锋部队。下面几例是武丁从沚䖒征讨土方而省去了称册的内容：

> 戊午卜，宾，贞王从沚䖒伐土方，受有佑。　　《合集》6417 正
>
> 丁巳卜，㱿，贞王惟沚䖒从伐土方。　　《合集》6416
>
> 辛巳卜，㱿，贞今春王惟沚䖒从伐土方，下上若受有佑。
>
> 　　　　　　　　　　　　　　　　　　《合集》6418
>
> 贞王从沚䖒伐土方。　　《合集》6419

武丁亲率军征讨土方而未言"从"谁出征：

---

① 于省吾：《殷契骈枝续编》第十三页《释称册》，转引自《甲骨文字诂林》第 3138、3139 页，中华书局，1996 年。

　　　　□□卜，㱿，贞今春王征土方，受有[佑]。　　《合集》6426、6427
　　　　戊午卜，㱿，贞今春王征土方。　　《合集》6441
　　　　乙卯卜，㱿，贞王惟土方征。　　《合集》6442、6443
武丁大量征集讨伐土方的兵力常至三千、五千：
　　　　……登人三千，呼伐土方，[受有佑]。　　　　《合集》6407
　　　　丁酉卜，㱿，贞今春王供人五千征土方，受有佑。三月。
　　　　　　　　　　　　　　　　　　　　　　《合集》6409
这些被"登"、"供"来的兵员，是临时从民众中征集来的。古时凡享有公民即所谓的自由民权的人，都必须当兵打仗，保卫国家。古时战争是十分残酷的，失败的一方被"人夷其宗庙，而火焚其彝器，子孙为隶，下夷于民"，[①]即宗庙被毁、祭器被焚、子孙被降为奴隶（因本人已战死只有子孙），地位在普通民众之下。战争失败人人遭殃，所以人人都必须起来保卫国家。人们都知道，保国就是保家，要保家就必须保国。凡成年男子都是战士，所以战时有整族人出征的现象：
　　　　□戌卜，争，贞令三族[从]沚㦰[伐]土[方]，受[有]佑。
　　　　　　　　　　　　　　　　　　　　　　《合集》6438
征讨土方的将领除前面出现过的沚㦰外，还有妇好、戉：
　　　　辛巳卜，争，贞今春王供人呼妇好伐土方，受有佑。五月。
　　　　　　　　　　　　　　　　　　　　　　《合集》6412
　　　　甲寅卜，□，贞戉其获征土方。　　《合集》6452
土方终被强大的商王朝打败，首领被抓获：
　　　　贞弗其擒土方。　　《合集》6450
　　　　己酉，贞王亡⿱囗囗（祥）擒土方。　　《屯南》994
武丁卜辞中曾占卜"受土方佑"，是土方已被征服而成为商的附属方国：
　　　　丁亥卜，争，贞我受土方[佑]。　　《合集》8480
　　　　贞我弗其受土方[佑]。　　《合集》8484 正
　　　　贞我受土方佑。　　《合集》8478、8479
武丁以后的甲骨文中，再不见有关土方的活动，是武丁时已解除土方对北部及西北部边境的威胁。

二　武丁对西北及西方的征讨

　　武丁时期对西北及西方征讨的方国有：
　　（一）吾方　吾方是武丁时期的劲敌，其地在今山西省的西北至陕西省的北部、内蒙古的河套一带地区。它常威胁商的诸侯国沚，甲骨文里沚国报警烽火不

[①]《国语·周语下》第111页，上海古籍出版社，1979年。

断传到商王都：

  五日丁酉，允又来艰自西，沚甙告曰：土方征于我东鄙，戋二邑，舌方亦侵我西鄙田。　《合集》6057正

  王占曰：有祟，其有来艰。迄至七日己巳允有来艰自西。㕣友角告曰：舌方出侵（侵）我示檠田七十人五。　《合集》6057正

  癸未卜，㱿，贞旬亡［祸］。王占曰：有祟。其又来艰。迄至七日［庚寅］允又来艰自西，㕣戈□告曰：舌方征于我奠……　《合集》584正甲

  ……自㕣友唐，舌方征……戋，甾示易。戊申亦又来［艰］自西，告牛家……　《合集》6063反

  癸未卜，永，贞旬无祸。七日己丑㕣友化呼告曰：舌方征于我奠丰。七月。　《合集》6068正

  贞舌方出，隹我又作祸。　《合集》6086

㕣是商王朝设在西北地区的一个诸侯国，友角、友唐、友化、戈等是该国的将领，他们有守边之责，故有敌情即刻向王朝中央报告。向王室报告舌方军情的还有甾：

  乙巳卜，宾，贞甾呼告：舌方出。允其［出］。　《合集》6079

  贞王曰：甾，舌方其出，不册。　《合集》6080

"甾呼告：舌方出。"甾应是从事侦察任务的，他侦察到舌方的动向而向商王报告。"允其［出］"是舌方真的来侵犯，可见商人情报工作的准确。舌方频出侵犯商边境或与国，是商武丁时一大外患，武丁为解除边忧，乃多次亲征：

  己卯卜，㱿，贞舌方出，王自征，下上若受我［佑］。　《合集》6098

  贞舌方其来，王逆伐。　《英藏》555

  乙巳卜，争，贞惟王往伐舌方，受有［佑］。　《合集》6214

  ［贞沚］甙称册，王从伐舌［方］。　《合集》6163正

  ……沚甙称册晢舌【方】，其敦，卒，王从，下上若【受我佑】。
          《合集》6161

  己酉卜，贞王征舌方，下上若受我佑。一月。　《合集》6322

  贞甙启，王其幸舌方。　《合集》6332

武丁征伐舌方使用的兵力与征讨土方相当，有三千、五千：

  贞登人三千，呼伐舌方，受有佑。　《合集》6168

  贞登人五千，呼见舌方。　《合集》6167

征讨舌方兵员的构成有众、仆、臣等：

  贞王迄至众伐舌。　《合集》29

  贞勿令禽致众伐舌方。　《合集》28

  贞呼仆伐舌。　《合集》537

癸酉卜，㱿，贞呼多仆伐𢀛方，受有佑。　　《合集》540

乙巳卜，争，贞呼多臣伐𢀛方，受有[佑]。　　《合集》613

征伐𢀛方的将领除前已指出的沚戠外还有禽、羽、戉、甫等：

戊子卜，宾，贞禽迄步伐𢀛方，受有[佑]。十二月。　　《合集》6292

辛丑卜，宾，贞惟羽令致戈人伐𢀛方，𢦏。十三月。　　《英藏》564 正

己丑卜，㱿，贞令戉来，曰：戉仆(扑)伐𢀛方。在十月。《英藏》1179 正

贞甫弗其𦎫𢀛方。　　《合集》6196

𢀛方被打败，首领被俘虏：

乙酉卜，争，贞往复从臬幸(执)𢀛方。二月。　　《合集》6333

贞戠启，王其幸𢀛方。　　《合集》6332

“幸”字作、形，即执、捕获，“幸𢀛方”即是俘虏𢀛方人众或𢀛方将领。𢀛方被武丁打败而降服，甲骨文中有𢀛方“叶王事”的卜辞，“叶王事”即为商王服役；有“𢀛方受佑”即占卜希望𢀛方受到神灵的保佑的卜辞：

丁酉卜，亘，贞𢀛方叶王事。　　《合集》5445 正

丙戌卜，贞令㭬𢀛方受有佑。　　《合集》8525

“受有佑”即受到神灵的保佑。卜辞中凡占卜其是否“受有佑”、“受佑”时，所“佑”的对象，都是商王自己一方的人。𢀛方经武丁时期的征伐后，直到商末，甲骨文中不再有对𢀛方交战的内容，可见𢀛方同土方一样，经过战争，彻底地归服了中原商王朝，故有商王占卜它是否会受到神灵的保佑。

（二）鬼方　古文献记载，武丁征伐鬼方是一场恶战，《周易·既济》九二：“高宗伐鬼方，三年克之。”《集解》引虞翻说云：“高宗，殷王武丁。鬼方，国名。”

武丁伐鬼方时，周族派兵相助，胜而获赏。《周易·未济》九四：

震用伐鬼方，三年。有赏于大国。

震是周族支援武丁军队的领兵将领名。“大国”指商，是周人对宗主国商王朝的尊称。商周时期鬼方的地望，王国维指出在今甘肃省的东部，陕西省西部、北部以及东部的韩城地区。①

周与商王朝之间的宗主国关系，见于武丁时期的甲骨文中。在武丁时的甲骨文中，有同周人友好的卜辞，其中有“令周”、“呼周”的内容：

甲午卜，宾，贞令周乞牛……　　《合集》4884

辛卯卜，贞令周从永止(之)。八月。　　《合集》5618

丙寅卜，内令周取。　　《合集》8854

……呼周……　　《合集》4887

① 王国维：《鬼方昆吾猃狁考》，《观堂集林》卷十三，中华书局，1959 年。

卜辞"令""呼"是上级对下级使用的词。① 鬼方所占据的地盘几乎是从西、北、东三个方面包围着周人,鬼方对周人进行侵犯应该是家常便饭,商王朝伐鬼方实际上是为周人解围,所以在武丁时期的甲骨文中有"保周"的内容:

图3-6 ▨周甲骨
《合集》6813

己卯卜,允,贞令多子族从犬侯▨周,叶王事。五月。

《合集》6812

癸未卜,争,贞令旂氏(致)多子族▨周,叶王事。

《合集》6813(图3-6)

□□【卜】,允,贞令㩴从▨侯▨周,【叶王事】。

《合集》6816

▨字,郭沫若先释寇,认为"寇周"即征伐、讨伐周人。② 后来改释为聘,他在《古代史研究的自我批判》文中说:"我以前释为寇,那是不正确的。按照字的结构应该是从▨玉由(由,缶也,盛玉之器),▨(古兵字)声,说为聘字,较为合理。"③"聘周"是商周为友好关系。此字的外部像城堡状,其下所从的▨像人手执器制作物件形,其旁所从的玉应是制玉,是人在城堡内制玉。所从的▨当即缶字,缶字古音宝,《说文》:"宝,珍也。从宀从玉贝,缶声(徐铉:博皓切)。寚,古文宝省贝。"缶是此字的声符。丁山认为其字"像从山扑石取金玉形,决是宝字初文",并揭示1947年春天在上海郭沫若曾对他说"宝周,当读为聘周"。④ 是郭沫若亦读此字为宝。宝、保通。"保周"即保护周人。中央王朝对诸侯国是负有保护责任的,如西周的周宣王时,秦国受到戎人的围攻处境危急,周王朝乃派出一支七千人的军队援秦,帮助秦庄公打败西戎,收复了失地。⑤ 鬼方三面包围着周人,周人的处境可想而知。武丁对鬼方的战争,应是为解除鬼方对周人的威胁,所以卜辞使用"▨周"这样一个特别的用词。⑥

---

① 杨升南:《卜辞中所见诸侯对商王室的臣属关系》,载胡厚宣主编:《甲骨文与殷商史》,上海古籍出版社,1983年。收入《甲骨文商史丛考》,线装书局,2007年。
② 郭沫若:《释寇》,《甲骨文字研究·释寇》,《郭沫若全集》考古编(一),科学出版社,1982年。
③ 郭沫若:《十批判书》第9页,人民出版社,1954年。
④ 丁山:《商周史料考证》第97页,中华书局,1988年。
⑤ 《史记·秦本纪》。
⑥ 对于武丁卜辞中周的族姓,以前多认为是后稷的姬姓周,近有研究者提出,殷墟甲骨文中的周时代在殷墟二期,据文献,古公亶父迁岐时间在殷墟三期,殷墟甲骨文和西周金文中的周应作琱,是妘姓。岐山下的妘姓周衰弱,古公亶父率族迁来,仍用周为国族名号。见董珊:《试论殷墟卜辞之"周"为金文中的妘姓之琱》,《中国国家博物馆馆刊》2013年第7期。

武丁征伐鬼方获得胜利后，商与鬼方的关系甚为密切，从以下卜辞可见：

　　己酉卜，宾，贞鬼方易亡祸。五月。　　《合集》8591

　　己酉卜，内，贞鬼方易亡祸。　　《合集》8592

　　□□卜，㱿，贞鬼方【易】□□。　　《合集》8593

当是鬼方的领土被并入商王朝的版图，首领已归顺商王朝而成为商朝统治阶层中的一员，卜辞中有"小臣鬼"(《合集》5577)、"亚多鬼"(《合集》17443、17448)，"小臣"的地位有高低的不同，地位高的为王室重臣。"亚"是武官。"多鬼"即是多个鬼族的首领，说明鬼方首领已成为商王室的臣僚，所以卜辞中有对鬼方首领祸福休咎的占卜。在商末鬼方已是商朝的一个诸侯，其首领被纣任命为三公这样的高官，《史记·殷本纪》："(纣)以西伯昌、九侯、鄂侯为三公。"《集解》引徐广曰：九侯"一作鬼侯"。卜辞中常见被商王朝征伐过的方国，不少在后来成为商朝的臣僚，其原来所占有的地方，成为商王朝版图的一部分，这正是中华民族国家形成过程道路上的脚步。

（三）湔方　武丁派吴和戉征讨湔方：

　　戉戋湔方。　　《合集》6566 正

　　戉其伐湔方。　　《合集》6567

　　吴克湔。　　《合集》6569

湔方的地望张秉权说在今山西省平陆县："戉在今山西平陆，则湔方与山西平陆的距离，似乎也不甚太远。"①

（四）基方　武丁派子商、雀、曹等将领征伐基方：

　　甲戌卜，㱿，贞雀及子商征基方，克。　　《合集》6573

　　乙酉卜，内，贞子商戋基方。　　《合集》6570

　　辛丑卜，㱿，贞今日子商其羅(罗)基方缶，戋。五月。

　　壬寅卜，㱿，贞奠、雀惟曹羅(罗)基方。

　　贞自今壬寅至于甲辰子商戋基方。

　　甲辰卜，㱿，贞翌乙巳日：子商敦，至于丁未戋。　　《合集》6571

羅字作 形，像一人手持网状物罩住一只猪，王国维说是捕野猪的网，即"《尔雅·释器》'豕罟谓之羉'的羉"。通作网罗的罗字。罗是俘获、擒获。"罗基方"是俘虏了基方的人众。戋是攻占其国，焚毁其城邑，火烧其宗庙，俘虏其人民，劫掠其财务，张政烺说"戋是(战争)的成果"即此。② 其地在今山西省的平陆县，商末成为箕子的封地，饶宗颐说基盖即箕。《左传》成公十三年："焚我箕、郜。"《方舆纪要》："箕山在解州平陆东北。"疑即古基方地。③

----

① 张秉权：《殷虚文字丙编考释》第190页，"中央研究院"历史语言研究所影印本，1957年。
② 张政烺：《释戋》，《古文字研究》第六辑，中华书局，1981年。
③ 饶宗颐：《殷代贞卜人物通考》(上册)第175页，香港大学出版社，1959年。

（五）龙方　龙方除武丁亲率师征伐外，还有吴、师般、雷、妇妌等将领的征伐：

　　　王惟龙方伐　　《合集》6476
　　　呼师般取龙　　《合集》6587
　　　雷往，追龙。　　《合集》6593
　　　勿呼妇妌伐龙方。　　《合集》6585 正
　　　吴戋羌、龙。　　《合集》6631
　　　令雷以众伐龙，戋。　　《库》1001

武丁从龙方获得土地：

　　　取三十邑〔于〕彭、龙。　　《合集》7073 正

龙方被征服后，臣服于商王朝，卜辞有龙方向商献贡：

　　　呼龙致羌。　　《合集》272 反
　　　龙来，致。　　《合集》9076

龙方的地望，日本学者岛邦男以为在今山西、陕西的北部一带。①

（六）羌方　羌方是武丁时期一强敌，地在商王朝西北。《说文》："羌，西戎牧羊人也。从羊，羊亦声。"屈万里指其地在今晋西及陕西北部："羌，谓羌人也。羌方为殷人最顽强之敌国，殷时盘踞于今晋西及陕东北一带之地。"②

羌方曾攻到陕晋间的黄河地带，卜辞有商军在"河"地抵御羌人进攻：

　　　丙辰卜，彀，贞御羌于河。　　《合集》6616 正

甲骨文中的"河"即今之黄河。从羌的地望知，羌军所到的"河"，应在今陕西省与山西省间的北南走向的一段黄河，古时称为"西河"。武丁时卜辞常见对羌方的征讨：

　　　壬辰卜，争，贞我伐羌。　　《合集》6620

此卜辞中的"我"是商王自称。征伐羌的将领有甫、禽等：

　　　癸卯卜，宾，贞惟甫呼令沚壴羌方。　　《合集》6623
　　　癸未卜，宾，贞惟禽往追羌。　　《合集》493 正

商人对羌族俘虏特别残忍，将其大量用来祭神，多时一次竟达上百甚至数百羌人：

　　　贞御自唐、大甲、大丁、祖乙百羌百牢。　　《合集》300
　　　□丑卜，宾，贞〔用〕三百羌于丁。　　《合集》294
　　　三百羌用于丁。　　《合集》295

羌方的力量虽被大为削弱，但它并没有被消灭，在周武王伐纣的战争中，羌成为

---

① ［日］岛邦男：《殷虚卜辞研究》(李寿林、温天河译)第 402 页，台北鼎文书局，1975 年。
② 屈万里：《殷虚文字甲编考释》第 50 页，"中央研究院"历史语言研究所影印本，1961 年 6 月。

助周的八国联军之一。《尚书·牧誓》:"王曰:嗟!我友邦冢君御事,司徒、司马、司空,亚旅、师氏,千夫长、百夫长,及庸、蜀、羌、髳、微、卢、彭、仆人,称尔戈,比尔干,立尔矛,予其誓。"周人的始祖母姓姜名嫄,姜姓出炎帝,羌可能自姜姓分出的一支,陈梦家认为"羌方为姜姓的方国",①姬姜联姻,故羌人助周人而与商为敌到底。

(七)马方 马方为武丁时一敌对方国,其地望在今山西省境内,商军从沚地出发,征讨马方:

  癸未卜,宾,贞马方其征。在沚。 《合集》6

武丁亲率军征伐马方:

  甲辰卜,争,贞我伐马方,帝受我佑。一月。 《合集》6664正

沚为商朝诸侯国,其地在今山西省的中南部,"马方其征。在沚"是马方侵犯商的诸侯沚国。

(八)猶方 甲骨文中有猶"作戎":

  贞猶归,其作戎。 《合集》6923

戎即兵戎,"作戎"即是猶方起兵攻击商。猶方的势力当不小,武丁亲自占卜并率军征讨:

  乙巳卜,王,贞余伐猶。 《合集》6926、6927
  甲申卜,王,贞余征猶。六月。 《合集》6928
  ……王往……伐猶。 《合集》6924
  贞我伐猶。 《合集》6929

武丁任命征伐猶方的将领有雀、沚、亶等:

  贞呼雀伐猶。 《合集》6931
  贞呼亶从沚伐猶。 《合集》6937

猶方终被征服,其首领被"获"即被俘虏:

  丁未[卜],王,贞余获猶,六月。 《合集》6943

猶方的地望,大致在商的西境,《合集》6928片上有"余征猶",又有王自往西的占卜:

  甲申卜,王,贞余征猶。六月。
  贞惟王自往西。
  惟子效令西。
  惟子商令。
  丙戌卜,争,贞王又心,征。 《合集》6928

此片甲骨是占卜征伐猶方的战争,从"王自往西"、"子效令西",知猶国在商之西。

---

① 陈梦家:《殷虚卜辞综述》第275页,科学出版社,1956年。

大致在今山西省内,至于具体的地区却难以确指。

(九)井方　武丁时对井方的征伐:

　　……还率伐井【方】。　　《合集》6346

　　戊辰卜,宾,贞方幸井方。　　《合集》6796

　　癸卯卜,宾,贞井方于唐宗尭。　　《合集》1339

"伐井方"是商对其征伐,"幸井方"是俘虏井方的人或首领,此井方曾是商的敌国。这个同商处于敌对的井方,在武丁后仍在与商为敌,武乙时期卜辞有对它的战事:

　　己巳,贞执井方。　　《合集》33044

晚商帝乙时期铜器《尹光鼎》(或称《遲方鼎》)有伐井方之事:

　　乙亥,王归,在彙諫。王饗酒,尹光遲,惟格,赏贝,用作父丁彝。唯王征井方。　　《集成》2709

胡厚宣《殷代封建制度考》文中引录"善斋藏"甲骨文拓本有"呼从井伯。勿呼从井伯"[①]的占卜内容,此井伯应为商王朝的诸侯,故有女嫁给商王。武丁有一妻名"妇妌",字从女从井,也有不从女旁作"妇井"者,当是井方之女嫁于武丁为妻者,但此井方不可能是被武丁征讨的井方,看来名井的国不止一个,既有同商友好的也有为敌的。

井方的地望,或说在今的陕西省宝鸡地区,胡厚宣说"井方当在散关之东,岐山之南,渭水南岸地"。[②]李学勤将井邑与井方分开,据《散氏盘》中的井邑,认为"井即邢,周公子邢后所封",地在今河南省温县的邢丘。[③]陈梦家则认为在今山西省的河津县。[④]杨文山等人认为井方在今河北邢台,即商王祖乙所迁的邢。[⑤]井、井邑、井方应是同名异地,陕西、山西、河北都有名井的氏族、方国,不同的资料记载的是不同地方的井,若仅限于一地,资料的矛盾是无法弥合的。

三　武丁对南方的征讨

武丁时期商朝的南方并不平静,今安徽、湖北、四川等江、汉、淮、颍等水流域地区,布列着不少的方国,企图北进中原,武丁因此曾多次南征。

(一)祭方　征伐祭方的战事主要由雀担任:

　　贞雀戋祭方。　　《合集》6964

　　……雀戋祭。　　《合集》6965

---

① 胡厚宣:《甲骨学商史论丛》(上)第50页,河北教育出版社2002年11月。
② 胡厚宣:《殷代封建制度考》,《甲骨学商史论丛》(上)第50页。
③ 李学勤:《殷代地理简论》第50、94页,科学出版社,1959年。
④ 陈梦家:《殷虚卜辞综述》第288页,科学出版社,1956年。
⑤ 杨文山:《商代的"井方"与"祖乙迁于邢"》,《河北学刊》1985年第3期。李民、朱桢:《商代祖乙迁都辨》、孟世凯:《甲骨文中井方新考》,均见《邢台历史文化论丛》,河北人民出版社,1990年。

    □申卜,□,贞雀[戋]祭。 《合集》6966
    [辛]卯卜,争,贞翌壬令雀。三月。
    壬辰卜,㱿,贞雀戋祭。
    壬辰卜,㱿,贞雀弗其戋祭。
    壬辰卜,㱿,贞雀弗其戋祭。三月。 《合集》1051正

祭方被商征服后,其地成为商的领土,此后就成为商王朝的一个普通地名:
    辛未,贞今日告其步于父丁一牛。在祭卜。 《合集》32677

祭的地望,据胡厚宣考证即郑州管城的祭国。① 岛邦男、钟柏生认为商王派雀伐祭方,是祭方临近雀,并以为雀在殷西。② 雀地应在商的南方,他在"南土"向王朝"告事",卜辞云:
    庚申卜,贞雀无祸南土㠯告事。 《合集》20576

此辞说明雀是南方一诸侯国。雀向商王进贡大量的龟,所贡数量最少一次是三只(《合集》1051反),最多的一次贡五百只(《合集》9774反),常见的是一次贡二百五十只。③ 大量的贡龟,必是其地盛产。产龟地则主要在南方,商代卜用龟多来自南方。④ 与雀近的祭,应在殷之南而不在殷西。祭读为蔡,今河南省的东南淮水流域古有蔡国,武丁时所伐的祭或在此地域。

  (二)荆楚 武丁伐荆楚见于《诗经·商颂·殷武》篇:"挞彼殷武,奋伐荆楚,罙入其阻,裒荆之旅。"毛《传》云:"殷武,殷王武丁也。荆楚,荆州之楚国也。罙,深。裒,聚也。"郑玄《笺》云:"有钟鼓曰伐。罙,冒也。殷道衰而楚人叛,高宗挞然奋扬威武,出兵伐之,冒入其险阻。谓踰方城之险,克其军率,而俘虏其士众。"

  武丁时期甲骨卜辞中有商之左、中、右三师联合我、举、曾方国在南地"立事":
    乙未[卜],贞立事[于]南,右从[我]、中从舆、左从曾。 《合集》5504
    乙未卜,贞立事[于南],右从我、[中]从舆、左从[曾]。十二月。
                    《合集》5512

"立",莅、临。事,祭祀、戎事。卜辞"立事"即王亲莅临祭祀或戎事。曾是南方一方国名,地在河南南阳至湖北的随州地区。舆即举,地在湖北汉水以东的举水流域,⑤我亦应是南方方国,三国地理位置我们在第二编的"前言"中已有说,有兴

---

  ① 胡厚宣:《殷代封建制度考》,《甲骨学商史论丛》(上)第42页,又《卜辞中所见之殷代农业》,《甲骨学商史论丛》(下)第656页,河北教育出版社,2002年11月。
  ② [日]岛邦男:《殷墟卜辞研究》(李寿林、温天河译)第412页,台北鼎文书局,1975年;钟柏生:《殷商卜辞地理论丛》第185页,艺文印书馆,1989年。
  ③ 见姚孝遂主编:《殷墟甲骨刻辞类纂》第668页,中华书局,1989年。
  ④ 胡厚宣:《殷墟卜龟之来源》,《甲骨学商史论丛初集第四册》,成都齐鲁大学研究所专刊,1944年。
  ⑤ 江鸿:《盘龙城与商朝的南土》,《文物》1976年第2期。

趣可参阅。随州地区南接荆州地,是荆楚国的地盘,举地更在曾之南。所以上举卜辞中的"立事"的"事"应是戎事。① 上举卜辞的时代和《殷武》诗里所述的"奋伐荆楚"的"殷武"相吻合,应是指同一事,即《诗经》中的武丁伐荆楚。

（三）虎方　虎方在南方,与荆楚相近,由武丁征伐虎方有征伐荆楚时的举国参加可知:

　　□　□[卜],□,贞令望乘暨举途虎方。十一月。

　　……举其途虎方,告于大甲。十一月。

　　……举其途虎方,告于丁。十一月。

　　……举其途虎方,告于祖乙。十一月。　　《合集》6667

甲骨文"途"字有多义,作为动词有屠戮、屠杀之义。于省吾说:"途作动词用,义为屠戮、伐灭,应为屠。屠与途声韵并同……途虎方即屠虎方,谓屠戮虎方也。"②举国在汉水东之举水流域,③故虎方当在其南的某个地域内。

（四）中方　武丁从曾地出发征讨中方,故此方国其地在南方而近荆楚:

　　□□卜,㱿,贞王次于曾,迺呼羉中[方]。　　《合集》6536

中方是南方一强敌,商朝对它严加防范,侦察其动向,武丁也亲自前往循察:

　　□□卜,㱿,贞今春王循中方,受有[佑]。　　《合集》6534

　　……王循中方,受[有佑]。　　《合集》6535

循即侦查,了解敌情。中方的动向商王朝是掌握到了的,卜辞有:

　　甲午卜,争,贞中方其称,惟戎。十一月。　　《合集》6532正

"其"字有"将要"之义。④ 称即起动、举动,戎即兵戎。"其称,惟戎"即将要举兵。举兵是向商发动战争。侦察到中方将来侵犯,武丁率军征伐:

　　□□卜,争,贞今春王伐中方,受[有佑]。　　《合集》6542

　　壬寅卜,争,贞今春王伐中方,受有佑。十三月。　　《合集》6543

武丁征讨中方出动了五千兵力:

　　□□卜,□,贞今春王伐中方[登]人五千,呼犷。　　《合集》6540

　　……王伐中[方登人]五千,呼犷。　　《合集》6539

　　贞勿登人五千。

　　贞勿伐中方。

　　贞王伐中方,受有佑。　　《合集》6541

《合集》6541是一版相间刻辞,从正、反两方面发问是否要征伐中方而受到神的保佑。从上引卜辞看,十一月中方举兵犯商境,武丁侦察中方的情况后,乃于

---

① 杨升南:《卜辞"立事"说——兼谈商代的战法》,《殷都学刊》1984年第2期。
② 于省吾:《双剑誃殷契骈枝三编·释途》,石印本1945年5月,又中华书局1979年6月。
③ 江鸿:《盘龙城与商朝的南土》,《文物》1976年第2期。
④ 杨树达:《词诠》第160页,中华书局,1979年。

十三月即年底发起对⾝方的进攻,商出动的军队达五千人,在当时应是一场大战了,可见⾝方力量不弱。⾝方大致也是被武丁所征服,武丁以后的甲骨文里就再也没有关于⾝方的卜辞。

（五）巴方　早期巴人居于今湖北省汉水流域的竹山到江汉平原,在禹时期就同中原发生了关系,《华阳国志·巴志》:"禹会诸侯于涂山,执禹帛者万国,巴国往焉。"今本《竹书纪年》:"帝启八年,帝使孟涂如巴,莅讼。"《山海经·海内南经》:"夏后启之臣曰孟涂,是司神于巴人,请讼于孟涂之所。"在商代成为王朝敌对势力,是武丁时期征伐的一个方国。武丁亲自征集兵员征讨:

　　贞我供人呼伐巴方。　《合集》6467

"我"是商时南方一方国,即前引《合集》5512 的"右从我"的"我",地处南方,故命它提供兵力征伐巴方。在征伐巴方的战前,沚馘称册受命,被任命为先锋:

　　丙申卜,殻,贞沚馘称册……呼从伐巴。　《合集》6468
　　辛卯卜,宾,贞沚馘启巴,王惟之从。五月。　《合集》6461 正
　　甲午卜,宾,贞沚馘启,王从伐巴方,受有佑。　《合集》6471

"启"有在前之义。古代出征往往称前军为"启",《诗经·小雅·六月》叙述征伐猃狁"元戎十乘,以先启行",这是以戎车十乘为前导。甲骨文中征伐方国称前军为启,[①]可知沚馘是此战的先锋。甲骨文中常见征伐卜辞"王从某某"即是以某某为先锋、商王帅主力军在后的一种固定用语。征伐巴方的将领除沚馘外,还有妇好、奚等:

　　壬午卜,争,贞令妇好从沚馘伐巴方,受有佑。　《合集》6479 正
　　癸巳卜,亘,贞王从奚伐巴方。　《合集》811 正

妇好、沚馘两将领进攻巴方时,武丁则从战场的东方向敌推进,并设伏兵于妇好的阵地:

　　辛未卜,争,贞妇好其从沚馘伐巴方,王自东㚔伐。戎。陷于妇好立（位）。　《合集》6480

㚔字不识,与伐字相连使用,当是一战争用语。戎,兵戎,即交锋、交战。陷应是埋伏,"妇好位"即妇好的阵地。

春秋时期的巴国在今湖北省的西北、四川东部、重庆市地区。巴方经武丁征伐后,不见有再次交战的记载,是巴方的力量被大为削弱,但它却没有消灭,周武王伐纣的战争时,巴人助周,成为伐纣联军中的一员。《华阳国志·巴志》:

　　周武王伐纣,实得巴、蜀之师,著乎《尚书》,巴师勇锐,歌舞以凌,殷人前徒倒戈,故世称之曰"武王伐纣,前歌后舞"也。武王既克殷,以其宗姬封于巴,爵之以子。

---

① 于省吾:《甲骨文字释林·释启》,中华书局,1979 年。

"以其宗姬封于巴"是周武王将他的族人封为巴国首领。巴人虽然跟随周武王伐纣灭了商朝报了仇,但胜利后其君长却易以周王之宗室,被周人灭了国,顾颉刚叹道"何其赏罚之颠倒也"。

（六）髳方　髳方的髳字作🈯形,像人头戴羊角形的帽子,或说是头戴胄。在商代的遗址及墓葬中,青铜胄已发现多次。甲骨文里此字有时也省去帽下的人形作🈯形,是一方国名,于省吾释髳为南方一方国,即从周武王伐纣的八国之一的"髳"。①

武丁征伐髳方时作了充分准备的,先是侦察敌情:

　　……余循髳[方],隹……　　《合集》6557
　　……循髳[方]。七月。　　《合集》6546
　　……循,伐髳[方],🈯……　　《合集》6545

征伐前训练军队:

　　丁巳卜,㱿,贞王学众伐于髳方,受有佑。　　《合集》32 正

"学众"即训练"众"。战前占卜问卦,请上帝神灵保佑征讨的胜利:

　　□午卜,㱿,贞今春王伐髳方,帝受我佑。十[三]月。　　《合集》6543
　　……伐髳方,帝受我佑。　　《合集》6542
　　……王伐髳,帝[受我佑]。　　《合集》6549

选择征伐的时间:

　　己卯卜,王于来屯伐髳。　　《合集》6559
　　己巳卜,㱿,贞今春王伐髳方,受有佑。
　　□□卜,㱿,贞今春惟征,受有佑。　　《合集》6550

"来屯"即来年,"今春"即今年。最终定在四月:

　　丁亥卜,惟四月令衾步[伐]髳。　　《合集》6563

征伐髳方的将领有🈯侯虎、衾:

　　贞今春[王]从🈯侯虎伐髳方,受有佑。　　《合集》6554
　　丁酉卜,令衾正（征）髳,戋。　　《合集》6561

战争获得胜利:

　　癸□卜,令衾伐髳,亡(无)不若。允戋。　　《合集》6564

"允戋"是验辞,表示伐髳方的战争已经取得最后的胜利。

（七）危方　危方的危字作🈯、🈯形。卜辞中危又称下危,实为同一方国。危方的地望与攸相接,岛邦男指出攸在今安徽省北部的宿县、蒙城之间。②卜辞显示,征伐危方的战争也是大战。先要求得神灵的旨意,是否会得到神的保佑:

---

①　于省吾:《甲骨文字释林·释髳》,中华书局,1979 年。
②　[日]岛邦男:《殷虚卜辞研究》(李寿林、温天河译)第 363 页,台北鼎文书局,1975 年。

[辛]巳卜,争,贞今春王从望乘伐下危,受有佑。十一月。

《合集》6487

卜辞都是问句,问神灵此事是否可做。战前祭祀祖先求得祖先保佑:

丁巳卜,宾,贞燎于王亥十㸚卯十牛三南,告其从望乘征下危。

《合集》6527 正

丁丑……王其[勾伐]危,帝昇我……　　《合集》14220

出征前征集兵员:

□□卜,宾,贞登下危人伐,受有佑。□月。　　《合集》10094 正

"登人"甲骨文中是征集兵员的用语。征伐危方的将领有望乘、尽、多纤及兴方等:

乙卯卜,殻,贞王从望乘伐下危,受有佑。

乙卯卜,殻,贞王从望乘伐下危,弗其受有佑。　　《合集》32 正

贞今春登人呼尽伐下危,受有佑。　　《合集》7311

辛丑卜,宾,贞令多纤从望乘伐下危,受有佑。二月。　　《合集》6525

贞[王勿]从兴方伐下危。

……王从兴[伐]下危。　　《合集》6530

武丁对危方的征伐取得胜利,危方臣服于商朝,故卜辞有卜问危方是否有灾祸:

己酉卜,殻,贞危方亡(无)其祸。五月。

己酉卜,殻,贞危方其有祸。　　《合集》8492

在武丁朝,经过军事打击,危方是服了,但未真服,到武丁之孙康丁、武乙时期,再对危方进行打击(见后)。

四　对夷人的征讨

夷方之夷,或释作尸,或释作人。武丁时期甲骨文里有"人"字与"夷方"的"夷"字,两字有别,人字作𠂉形(图3-7),夷字作𠂉、𠂊形(见图3-8)。夷字表示身体的竖笔有一弯曲或足部前伸作蹲踞状而人字则无。① 所以在武丁甲骨文中"夷"字同"人"字的区别还是明显的。②

夷是商周时期中原王朝对东、南方诸方国、种落的统称,商代卜辞有"东夷"(《合集》8410

图3-7　甲骨文人字字形

(《合集》6168局部)

---

① 李学勤:《商代夷方的名号和地望》,《中国史研究》2006年第4期。收入《文物中的古文明》,商务印书馆,2008年。

② 陈梦家:《殷虚卜辞综述》第285页,科学出版社,1956年。

图 3-8 甲骨文夷字字形
(《合集》6461 正局部)

反),西周金文有东夷、南夷(《㽙钟》)、南淮夷(《禹鼎》"鄂侯御方率南淮夷、东夷,广伐南国东国")。各方"夷"中都有多少不等的大小方国,《后汉书·东夷列传》:"夷有九种:曰畎夷、于夷、方夷、黄夷、白夷、赤夷、玄夷、风夷、阳夷。"《㽙钟》:"南夷、东夷俱见二十又六邦。"无论哪方夷人,对中原王朝都是叛服无常的,所以中原王朝对夷人常进行征讨。商代甲骨文材料显示,对夷的征伐从武丁时期就不断发生:

　　庚午卜,宾,贞今春王其步伐夷。
　　庚午卜,宾,贞今春王勿步伐夷。　　《合集》6461 正

征伐夷方的将领有妇好、侯告:

　　壬午卜,宾,贞王惟妇好令征夷。　　《合集》6459
　　贞王惟侯告从征夷。六月。　　《合集》6460 正
　　贞王令妇好从侯告征夷。　　《合集》6480

商军捕获夷方俘虏将其用于祭祀:

　　贞翌丁未用十夷于丁、卯一牛。　　《合集》828 正
　　贞翌乙未率敊夷。　小告　《合集》829 正

夷方大致被武丁征服而成为商的与国,武丁晚期甲骨文里有卜问夷方是否会受到神灵的护佑:

　　夷方受佑。　《合集》20612

夷人担任商的狩猎官,称为"夷犬":

　　惟夷犬呼田。　《合集》11000

武丁征伐的"夷"具体是何种夷不明,被征服的只可能是起而叛商的一部分方国而非夷的全部,所以在武丁以后的诸王时代,还有对夷人的征讨。

五 对方位不可确指方国的征伐战争

甲骨文中有一些被商征伐的方国,因保留下来的卜辞材料较少,其方位、地望不可确指,甚至有些同商交战方国的名字也难有确切的隶写和释读,以下略举几例:

（一）🀆方

  己未卜,㱿,贞王登人三千呼伐🀆方,戋。 《合集》6639—6643

商王调动三千人的军力去征伐,反映此次战争的规模不小,🀆方的势力不弱。

（二）🀆方

  王占曰:吉。戋,之日允戋🀆方。 《合集》6649 正甲

（三）🀆

  登人三千伐🀆,戋。 《合集》6835

  余戋🀆。 《合集》6836

  弗其戋🀆。 《合集》6867

  勿戋🀆。 《合集》6838

（四）虘逆

  庚申卜,㱿,贞[王]伐虘逆,戋。 《合集》6877

  贞王伐虘逆,戋。 《合集》6878

（五）衘　伐此方国是受先祖大丁之命:

  [壬]申卜,㱿,贞大丁呼王敦衘。 《合集》6887

战事在某年的一月到十二月或十二月到次年的一月进行:

  己亥卜,□,贞我戋衘。一月 《合集》6894

  □酉卜,㱿,贞我戋衘于🀆。一月 《合集》6896

  □子卜,㱿,贞我勿戋衘。十二月 《合集》6890

  今十二月勿戋衘。 《合集》6891

战争的地点在🀆,获得胜利并俘获了衘的国君:

  □□[卜],㱿,贞我戋衘在🀆。 《合集》6897

  辛丑卜,内,贞我戋衘于🀆。 《合集》6895

  甲辰卜,㱿,贞今我其幸(执)衘不其戋于🀆。 《合集》6892

"幸(执)衘"即执衘,是俘虏其首领及民众。

武丁时期战争卜辞中,多不明言用兵多少,故不明其战争规模。在前引卜辞中有一次召集兵员三千、五千的,见于甲骨卜辞的一次用兵最多的达一万三千人:

  辛巳卜,登妇好三千登旅一万,呼伐□。 《合集》39902(图3-9)

图 3-9 用兵一万三千的甲骨
（《合集》33902）

武丁时期征伐的方国达数十个之多,且大多取得胜利,如舌方、土方、𢀖方这样的强敌,在武丁之后的卜辞里就再见不到他们的踪影,应是他们被武丁征伐后,已融入商王朝。所以,在武丁时期的对外征伐战争中,促进了各个部族、方国间的交流、融合,巩固了中华民族国家的统一。

盘庚迁都于豫北今河南安阳小屯,这里的地势优越,极有利于王朝的发展,武丁的治理,使商的势力又恢复到"比九世乱"之前的水平,那时期丧失了的土地,又回到王朝的控制下。考古学证实,商文化在盘庚迁都之前,有一定的收缩,如晋南地区铜器多有北方民族的因素,是北方民族乘虚而入,而在殷墟文化二期早段左右,商文化因素再次占主导,在墓葬中随葬品基本是常见的以觚、爵、斝为组合的中原商文化特征。① 殷墟文化二期早段的文化,是武丁时期的商文化。商朝的复兴,一是盘庚的果断迁都,二是武丁的雄才大略,把商推上经济、文化的高峰,成为当时世界上最为强盛的一个政治、经济、文化中心。

---

① 穆洁:《山西地区所见青铜礼器浅析》,《中国国家博物馆馆刊》2013年第7期。

第五章 武丁后的诸王

周公说,武丁子祖甲以后的诸位国王,都是"生则逸",只知享乐,不知民间疾苦,且都是一些短命鬼《尚书·无逸》。实际情况却并非如此,祖甲实行祭祀制度变革、康丁远征不服、武乙文丁向西拓展、帝乙帝辛对东南人方的征伐,都为领土完整、国家政权巩固作出了贡献。从甲骨文材料看,他们对农业也是关心的,并不如周公所说是"不知稼穑之艰难"的昏君。

第一节 武丁太子孝己和花园庄东地 H3 甲骨

孝己以大孝受到后世人们的尊敬,他虽早死未能当上国王,却与汤的太子太丁一样,享受如同即位为王的祭祀礼遇。殷墟花园庄东地 H3 坑甲骨就是孝己当太子时占卜的遗物。

一 早死的太子受到隆重祭祀

武丁太子孝己,以孝顺闻名,《战国策·秦策一》:"孝己爱其亲,天下欲以为子。"高诱注:"孝己,殷高宗戊(武)丁之子也。"《尸子》(《北堂书抄·衣冠部》引):"孝己事亲,一夕五起,视衣之厚薄,枕之高卑,其爱亲也已。"因早死,未能继承王位。

文献记载,他的死是生母早死,武丁惑后妻之言,将他放逐而死。《庄子·外物》:"人亲莫不欲子之孝,而孝未必爱,故孝己忧而曾参悲。"王先谦《注》引成元英说:"孝己,殷高宗之子,遭后母之难,忧苦而死。"《荀子·性恶》:"天下非私曾、骞、孝己而外众人也。然而曾、骞、孝己独厚于孝之实,而无全于孝之名者何也?以篆于礼义故也。"又《荀子·大略》:"虞舜孝己,孝而亲不爱。"杨倞注云:"孝己,殷高宗之太子。"或说孝己是被流放而死的,《帝王世纪》:"殷高宗有贤子孝己,母早死,高宗惑后妻之言,放而死。"从殷墟甲骨文考察,这个传说是不符合事实的。

孝己在武丁时被立为法定的继承人,即后世所称的"太子"。"太子"这个身份在甲骨文中称为"小王",武丁时甲骨文里有"小王"这一称谓:

己丑子卜,小王向田夫。　　《合集》21546

戊辰……小王。　　《合集》5031

……豕……小王。　　《合集》5032

……大……小王……之日……　　《合集》5033

时王称为"王",准备接位的儿子称"小王",符合当时的历史背景,即文献中称"太子"应是商以后的事。武丁对"小王"安危十分关心,为他举行攘除灾害的祭祀:

  己未卜,御子辟、小王不? 《合集》20023

御是攘除灾害,是武丁请求神灵消除子辟和小王的灾害。小王死后其庙号为"己",康丁时期的甲骨文称为父己,并与小王连称,证实武丁卜辞中的小王即是武丁之子孝己:

  辛酉卜,于父甲祈田。
  ……小王父己。 《合集》28278

父甲是祖甲,康丁的生父,父己即孝己。孝己是祖甲之兄,康丁的伯父。商时凡父辈的兄弟行都称为"父",父辈的父辈即上三代都称为祖,故康丁称伯父孝己为"父己",康丁之子武乙及其以后则称为"祖己"。孝己死于武丁时期,在武丁时的卜辞中就有对小王举行祭祀的卜辞:

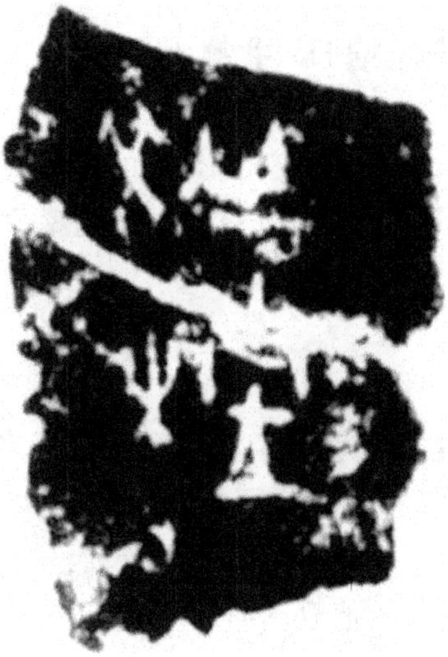

  癸未卜,侑小王。
       《合集》5029(图 3-10)
  戊午卜,勺,侑小王。 《合集》20022
  □□卜,王,贞凡小王。
       《合集》5030(与 20021 重)

他的弟弟祖庚、祖甲继承王位后,仍然受到隆重的祭祀:

  癸酉卜,行,贞王父丁岁三牛暨兄己一牛、兄庚[一牛],无尤。 《合集》23187

祖甲时卜辞称武丁为父丁,孝己为兄己、祖庚为兄庚,是他们父子三人同时受祭。

  商王室在祖甲时期开始实行对已经即位当过王的先祖,以即位先后为序排列成谱,用五种祀礼进行轮番祭祀的"周祭"制度。排列祭祀对象先后顺序的表为称为"周祭谱"。凡进入"周祭谱"中受祭祀的对象,是已经即位为王的商王的祖先及其配偶。孝己在武乙及其以后被称为"祖己",在商末帝乙帝辛时期的"周祭谱"中,祖己入谱受祭,其地位同于已即位的王:

  己卯卜,贞王宾祖己翌日无尤。 《合集》35863
  己酉卜,贞王宾祖己肜日无尤。 《合集》35870
  [己]□卜,贞王[宾]祖己祭[无尤]。 《合集》35865
  己丑卜,贞王宾祖己壹无[尤]。 《合集》35867
  己卯卜,行,贞王宾兄己🐮【无】尤。 《合集》23478

图 3-10 武丁时祭祀小王的甲骨
(《合集》5029 放大)

肜、翌、祭、壹、叠是周祭的五种祭典,孝己享受五种祀典,反映孝己地位并未受到影响。从卜辞看,武丁惑后妻之言,将孝己放逐而死的传说不实。孝己当如汤子太丁,他被立为太子,因早死未能即位为王,在卜辞中他却受到隆重的祭祀。孝己是位大孝子,人们心目中他应该享高寿、当国王,但却没有,于是推测他早死的原因,编出受迫害而死的故事。太子地位仅次于王,谁敢对其进行迫害?只有他的父亲。父亲为什么要迫害自己的儿子?惑后妻之言。从甲骨文证实,孝己在世时武丁给他举行攘除灾害的御祭,死后对他进行祭祀,说明孝己的太子地位并未有动摇,"放逐而死"说是不存在的,他也应是一位如太丁一样,因早死而未曾即位为王的太子。

二 花园庄东地 H3 坑甲骨的主人

作为王位继承人的太子,在政治、经济上都有一定的地位。1991年10月在河南安阳小殷墟花园庄东地,发现一坑甲骨(编号为H3),共有甲骨1583片,其中刻有文字的甲骨698片。[①] 此坑甲骨的占卜主人是"子",而此"子"的身份,学术界有不同的主张,我们经过仔细研究,认为此坑甲骨的主人"子"是武丁太子孝己,是他为太子时期举行占卜的遗物,其理由有四:

(一)时代上吻合。刘一曼、曹定云指出:"H3卜辞应属武丁时期","上限在武丁前期,下限或可到武丁中期",[②] 是该坑卜辞的时代都在武丁时期。既然该坑卜辞的时代在武丁时期,那么在形成这坑甲骨的时期,武丁还健在,故卜辞主人的"父"武丁不可能在H3坑卜辞中被祭祀。所以此坑甲骨卜辞不见祭祀父的卜辞(其中有一片上似有祭祀父丙的辞,姚萱认为:此片甲骨字迹不清,且与祭祀其他先祖妣的分量不相协,显然不是祭祀生父的规格。见姚氏博士论文《殷墟花园庄东地甲骨卜辞的初步研究》,线装书局,2006年出版)。

(二)该坑甲骨卜辞所祭祀的对象中,特别对祖乙、妣庚和祖甲三位先祖先妣的祭祀次数多、祭品丰厚。据刘、曹两位先生统计,"其中祭祖乙最多,近20版;祖甲有10余版;祖辛、祖庚、祖丁、祖戊各一版"。"H3卜辞中,被祭先妣最多的是妣庚,目前所见有20余版","祭祀妣庚一次用三牢、二鬯、105头牛"。这三位人物之所以受到如此隆重祭祀,应该是他(她)们与武丁的关系至为密切所至。此坑卜辞中的祖甲应是武丁的父辈阳甲、祖乙应是武丁的生父小乙、妣庚应是武丁的生母妣庚。[③] 武丁称他(她)们为"父"为"母",武丁的子辈则称他(她)们为"祖"为"妣"。H3卜辞的主人为表达对其父的孝心和爱与忠诚,故对其父武丁

---

① 中国社会科学院考古研究所:《殷墟花园庄东地甲骨》(简称《花东》),云南人民出版社,2004年。
② 刘一曼、曹定云:《殷墟花园庄东地甲骨卜辞选释与初步研究》(以下简称《研究》),《考古学报》1999年第3期。
③ 小乙在黄组非周祭卜辞中还有时被称为"祖乙",常玉芝指出:《后·上》20·5版(即《合集》35803——引者)卜辞:甲辰卜,贞,王宾祈祖乙、祖丁、祖甲、康祖丁、武乙衣,无尤?"其中的祖乙即指小乙"。见所著《商代周祭制度》第119页,中国社会科学出版社,1987年9月出版。

的亲生父母进行隆祭,这正符合他是位孝子的文献记载。

阳甲受到武丁朝的特别尊敬也是有原因的:没有阳甲的努力,就没有武丁一系的政权。《史记·殷本纪》载阳甲是结束商中期"比九世乱"的一位国王,《史记》在"帝阳甲之时"写道:"自中丁以来,废嫡而更立诸弟子,弟子或争相代立,比九世乱,于是诸侯莫朝。"这"九世"是从中丁到阳甲的九位国王。这"比九世"的"乱"因,司马迁说得十分地明白:是王子们争王位。我们已经指出过,中丁、南庚、阳甲的继承王位都是不合常规的。① 中丁继位情况前面已指出过此处不讲,只说南庚和阳甲。阳甲是继沃甲(即羌甲)之子南庚为王的,而南庚是继其堂兄、亦即阳甲之父祖丁为王的。

商代的继承制度是以传子为常法的,但也有传兄之子和传弟之子两种传位法相辅助。祖乙有两个儿子:祖辛、沃甲(甲骨文中作羌甲)相继作了国王,祖辛是兄,沃甲是弟。沃甲以后,王位回传给其兄子祖丁,这是符合商代以长子继承为常的制度(当然,沃甲之子南庚也可以直接继承其父的王位)。王位到了祖丁以后,继承祖丁为王的,只能是祖丁的弟弟或祖丁的儿子,沃甲的儿子南庚,作为祖丁的堂兄弟已是无权再继承王位的了。但是,祖丁死后,既不是祖丁的亲弟继承,也不是他的长子阳甲继承,却是沃甲之子南庚做了王。南庚继承王位是堂兄弟间的继承,显然不合商人的继承制度,他的继位显然是"弟子或争相代立"的结果。南庚做王,就是沃甲一系重获政权。像中丁一样,南庚可以传弟或子,这样祖辛一系(即阳甲以后的商王系统)就失掉了政权。然而,南庚死后,却是阳甲继南庚后做了王,这是堂叔侄之间的继承。阳甲之获得王位,当然也会是"弟子或争相代立"的结果,即是说,阳甲是从沃甲一系的手中夺回了王权。阳甲以后,商代政权稳定,王位一直在祖丁一系的兄弟子孙中传承,所以阳甲对本系之功至伟,他受到武丁之子的隆重祭祀,就是十分合情理的了。

(三) H3卜辞主人"子"在武丁朝的政治地位十分重要。这主要反映在以下4个方面:

1. 此"子"有权祭祀商王的先祖和先妣。H3坑卜辞祭祀的先祖有(括号以内为H3卜辞编号):上甲(1488)、大乙(876)、大甲(115+241)、祖乙(47A+984)、祖辛(200)、祖甲(47A+984)、祖丁(659)、祖庚(200)、祖戊(1128)等。除祖戊以外,其他先祖都是已即位为王的先祖。祭祀的先妣有:妣甲(541)、妣丁(47A+984)、妣己(224)、妣庚(113+1518)、三妣庚(659)、妣癸(840+859),除妣丁以外,其他先妣,都可以在直系先王的配偶中找到。H3卜辞中的"子",有权祭祀先王、先妣,特别是对上甲、大乙这类始祖及开国之君的祭祀,是一般贵族

---

① 杨升南:《从殷墟卜辞中的"示""宗"说到商代的宗法制度》,《中国史研究》1985年第3期。又《"殷人屡迁"辨析》,载胡厚宣主编《甲骨文与殷商史》第二辑第208—213页,上海古籍出版社,1986年。

所不能拥有的权利。

2. H3卜辞的"子"拥有除王室以外最大规模的占卜机构。据《研究》一文中的统计,"H3卜辞贞人在10人以上",这在非王室卜辞中是仅有的。贞人的多少是占卜机构规模大小的标志。H3卜辞的贞人集团人数仅次于王室卜辞中的贞人集团的人数,反映出H3卜辞中"子"的政治地位是仅次于时王的。

3. "子"主持祭祀。《研究》一文中已指出,H3卜辞中,在对先祖献祭卜辞的辞末,有时特别书上"子祝"这一用语。如:

甲午岁祖甲豭一,子祝。在剁　乙未岁祖乙豭,子祝。在剁。
乙巳岁祖乙牝一,子祝。在剁。　　H3:47+948
乙亥夕岁祖乙黑牝,子祝。　　H3:224
乙亥升岁祖乙二牢、物牛、白麂,权鬯,子祝。　H3:450+458
庚辰岁妣庚宰,子祝。在剁。　　H3:87

这一用语表示,这些献祭是"子"亲自主持的,表明"子"有主持祭祀先祖、先妣的祭祀权。古时"国之大事,在祀与戎",享有祭祀权,反映其地位的重要。

这里要注意"子祝"这一用语,只有对祖甲、祖乙和妣庚三位先王、先妣祭祀时才使用。上面我们已指出,H3卜辞中的祖甲应是阳甲,祖乙应是武丁生父小乙,妣庚应是小乙的配偶、武丁的亲生母亲妣庚。"子"对他(她)们三位祭祀的如此尽心,就是十分地符合情理的了。

4. "子"作占辞。据统计,H3卜辞中的"子占曰"有10余版之多,这在过去的"非王卜辞"中还是少见的。① "占辞"在王室的宾组卜辞中主要是由"王"来作,用"王占曰"这一用语来作为最后判定该卜辞的吉凶。这表示商王在占卜过程中的决断作用,是王权神化的标志。② H3卜辞中常见"子占曰",表明"子"在占卜中也是处于最高的地位。H3卜辞的"子",在占卜时仿照时王的"王占曰"而使用"子占曰",这又反映出此"子"在商王朝中是仅次于时王的一位重要人物。

(四) H3卜辞中的"子"拥有强大的经济实力。H3卜辞祭祀频繁、用牲数量大,如前已指出的,在祭祀妣庚时,一次用公羊2只,香酒(鬯是香酒之称)2卣,牛105头。在已发现的"非王卜辞"中,是其价值最大的祭品。H3卜辞所记的祭祀种类和数量虽然比不上宾组卜辞,但却比午组、子组、非王无名组卜辞要丰富。在非王卜辞中,祭祀用牲最多的是午组卜辞,《合集》22099记一次祭祀用羊158只。一百多头羊的价值当然比不上百头牛。③ 据H3坑甲骨研究,主人子与妇好

---

① 刘一曼、曹定云:《殷墟花园庄东地甲骨卜辞选释与初步研究》,《考古学报》1999年第3期。
② 杨升南:《商代的王权和对王权的神化》,《中国史研究》1997年第4期。
③ 刘一曼、曹定云:《殷墟花园庄东地甲骨卜辞选释与初步研究》,《考古学报》1999年第3期。

的关系密切,应是母子关系。① 妇好墓中有"司母辛"铭文的铜器,称受祭者为"母",必是其子为她所作的祭器。这批铜器共有七件:大方鼎2件、四足觥4件、方形高圈足器1件,且多是重器,如一对"司母辛"大方鼎纹饰繁缛而庄重,其中一件通高80.1厘米、口长64厘米、宽48厘米、壁厚0.8厘米,重128公斤。另一件通高80厘米、口长64厘米、宽47.6厘米、壁厚0.8厘米,重117.5公斤。② 是此墓中所出土的青铜器中最大的两件重器,可与"司母戊"大铜方鼎媲美。能作如此大的青铜重器祭祀生母,其经济实力不弱,这与H3坑甲骨反映出"子"的经济实力是相一致的。③ 是H3坑卜辞"子"的经济实力亦是仅次于时王。

在武丁朝中,政治和经济实力都仅次于时王地位的有力人物(或集团),只有武丁的储君太子才有可能。卧榻之下,岂容他人酣睡。不是武丁的太子,在王都内那能容许如此强大的政治势力集团存在?

考古发掘时发现,埋甲骨的H3坑挖的很规整,甲骨片码得整齐,埋藏有序,可见其主人并非是遭迫害匆忙出走而处理物品。

第二节　祖庚和贤臣祖己

孝己未即位而死,其弟祖庚继承王位。《史记·殷本纪》:"帝武丁崩,子帝祖庚立。"祖己死后,武丁属意的是祖甲。《尚书·无逸》:"其在祖甲,不义惟王,旧(久)为小人。"马融曰:"祖甲有兄祖庚,而祖甲贤,武丁欲立之。祖甲以王废长立少,逃亡民间,故曰不义惟王,久为小人。"郑康成曰:"祖甲有兄祖庚贤,武丁欲废兄立弟,祖甲以为不义,逃于民间,故云旧(久)为小人。"

商代名王均有贤相辅佐,《尚书·酒诰》:"自成汤咸至于帝乙,成王畏相惟御事,厥棐有恭,不敢自暇自逸。"周秉钧《尚书易解》:"成王,有成之王。畏相,可敬畏之相。"祖庚时有贤臣名祖己为辅(此祖己不是武丁子孝己,孝己要到其孙辈武乙时才升格为"祖"),此人即是祖庚之"畏相"者,他让祖庚尊其父武丁为"高宗",对祖庚有不合礼制的行为加以劝导。《史记·殷本纪》:"帝武丁崩,子帝祖庚立。祖己嘉武丁之以祥桑雉为德,立其庙为高宗,遂作《高宗肜日》及训。"是祖庚举行对武丁的肜祭(孔安国云:"祭之明日又祭,殷曰肜,周曰绎"),祭品比其他先祖都丰厚。恰在祭祀其父时,一只雉(野鸡)飞来,停在供奉祭品的鼎耳上鸣叫,祖庚以为不祥,十分恐惧。祖己乘机劝他要尊天敬民,要有平正之心,祭典要"无丰于昵",即不要厚生父而薄远祖,《尚书·高宗肜日》:

---

① 王宇信、张永山、杨升南:《试论殷墟五号墓的"妇好"》,《考古学报》1977年第2期。
② 中国社会科学院考古研究所:《殷虚妇好墓》第34—38页,文物出版社,1980年。
③ 杨升南:《妇好墓中"司母辛"铜器的作者与花东H3甲骨时代》,《甲骨文与殷商史》第二辑,上海古籍出版社,2011年。

高宗肜日,越有雊雉。祖己曰:"惟先格王,正厥事。"乃训于王,曰:"惟天监下民,典厥义。降年有永有不永,非天夭民,民中绝命。民有不若德,不听罪,天既孚命正厥德,乃曰:'其如台?'呜呼!王司敬民,罔非天胤,典祀无丰于昵。"

昵,亲近,马融:"昵,考也,谓祢(父)庙也。"高宗,武丁。"高宗肜日"是肜祭高宗,不是高宗举行肜祭,甲骨文中常见"××(先祖)肜日"皆是肜祭某位先祖,如卜辞:

　　惟祖丁肜日,祈有正。
　　惟父甲肜日,祈有正。　《合集》27041
　　王宾大乙肜日,无尤。　《合集》35494
　　王宾大丁肜日,无尤。　《合集》35512

上举诸辞皆是时王以肜典祭祀祖丁、父甲、大乙、大丁,而不是上述先王举行肜祭祭祀其他先祖神,像大乙即商朝开国之君成汤,大丁是成汤之子。在甲骨文时代,他们已死去数百年,何能有关于他们主持祭祀的占卜?"高宗肜日"就是以肜祭祭典祭祀高宗武丁,商王中只有武丁被尊为"高宗"。司马迁已不明商人这一用语,以为"高宗肜日"是高宗举行肜祭,他说:"帝武丁祭成汤,明日,有飞雉登鼎耳而呴,武丁惧。祖己曰:'王勿忧,先修政事。'祖己乃训王。"(《史记·殷本纪》)祖己,孔《传》说是"贤臣也,以训导谏王"。贤臣是祖庚的贤臣不是武丁的。

第三节　祖甲改革祭祀制度

　　祖甲是武丁子,继其兄祖庚为王,《史记·殷本纪》:"帝祖庚崩,弟祖甲立,是为帝甲。帝甲淫乱,殷复衰。"《索隐》:"《国语》云'帝甲乱之,七代而陨'是也。"司马迁说与《尚书》异。《尚书·酒诰》里说,从汤到帝乙的诸王都是有成就的王:"自成汤咸至于帝乙,成王畏相惟御事,厥棐有恭,不敢自暇自逸,矧曰其敢崇饮。""成王"即是有成就的王。《尚书·无逸》:"其在祖甲,不义惟王,旧(久)为小人。作其即位,爰知小人之依,能保惠于庶民,不敢侮鳏寡。肆祖甲之享国三十有三年。"

　　据《尚书·无逸》,祖甲应是一位有成就的王。从甲骨卜辞知,祖甲时期对商代的祭祀制度进行了重大改革,减少了祭祀对象和整齐了祭祀仪式,建立以肜、翌、祭、壹、劦五种祀典轮番祭祀先王和先妣的制度。肜用鼓乐,翌用羽舞,祭用酒肉,壹用黍稷,劦是最后大合祭。董作宾将这种祭祀制度称为"周祭制度",并把奉行周祭的王称为"新派",将奉行改革前祀典的王称为"旧派"。旧派的祭祀对象及举行的祭祀典礼仪式都繁杂,新派则简便易行。

　　具体地讲,旧派的祭祀就祖先而论,有上甲以前的先公远祖,如高祖夒、王亥、王恒、季等人及上甲以后的先公和先王;祖妣之外,兼祀先臣和山川社稷,例如黄尹(文丁时则改称伊尹)、咸戊和岳、河、土(社,或以为此三者皆是殷代先公)等。新派则祭祀上甲以下的先王,示壬配偶妣庚以下的先妣,对上甲以前的先公远祖、旧臣、山河自然神不予祭祀,这是和旧派不同之处。就所举行祭祀时的仪式(甲骨学界称为"祭名")而言,旧派祭仪的种类有肜、壹、耷、出(新派改用"又"字)、寅(燎。新派改用叔)、勺、福、岁、御、亾、册、帝、炫、告、求、视等十六种,新派则主要使用肜、翌、祭、壹、耷五种祀典,并创设新的祀典如夕福、肜龠、肜夕、瀌、登、日等。

单就祀典讲,已可以看出新派旧派之大别,新派纯而旧派驳。祖甲不惜废绌祖宗成法,予以改制,使祀典由极端混乱到极有秩序,把上甲以前先公的远祖,屏而不祭,把先臣山川社稷之祭,也一概废除,独于上甲以来,妣庚以下的祖妣,排入祀典,纳诸纪律,隆重举行,可见他变革精神的坚定。中间经过了复古运动之后,帝乙帝辛父子加以恢复,并加以修订,使之更为完美。①

第四节 廪辛的疑问及康丁的征讨

《史记·殷本纪》载康丁是继其兄廪辛为王的,但卜辞不见有廪辛的踪影:按辈分,廪辛是康丁兄、武乙的父辈,但在康丁卜辞中无祭祀兄辛内容,在武乙时期卜辞中不见有祭祀父辛的内容,在帝乙帝辛时期的周祭卜辞中不见有廪辛受祭,是他不在即位为王的人物中。帝乙帝辛时的周祭,是将所有即位为王的人,按即位的先后次第排列成谱,进行祭祀,进入谱的只是二十九位,与古本《竹书纪年》所载"殷自成汤灭夏以至于受,二十九王"相符,所以廪辛并未即位成为商王。祖甲只有康丁一子为王。

康丁嗜好打猎,康丁时期的甲骨以占卜狩猎的内容最多,据《甲骨文合集》、《小屯南地甲骨》、《英国所藏甲骨集》等七种著录甲骨书统计,狩猎甲骨占这时期甲骨的19.47%,以好田猎著称的纣王时期也只占12%,康丁狩猎甲骨在各王的中所占比例最高的。② 康丁在祭祀制度上,仍遵循其父祖甲的改制,被董作宾称为"新派"。③ 康丁《史记》误作庚丁,对于政绩无说。从甲骨卜辞获知,康丁在对外战争中还是有作为的。主要战事是对羌方、夷、危方等。

一 征伐羌方

在武丁卜辞中就有大量对羌方征讨的内容,却未能使其屈服,且随时犯商边境,故康丁派遣"五族"前往戍守:

---

① 董作宾:《甲骨学六十年》第111—113页,艺文印书馆1965年6月。据近人研究文丁时已恢复周祭制度。
② 杨升南:《商代经济史》第261页,贵州人民出版社,1992年。
③ 董作宾:《甲骨学六十年》第104页,台北艺文印书馆,1965年。

    王惟次令五族戍羌方。 《合集》28053

次字作￼形,像人出口水。张政烺释作次,假借为羨。羨义有溢、满、衍等意。①此辞中"羨令"的"羨"字为副词,与他辞"大令"义相当,有紧急命令之意。此辞是康丁紧急命令五族去戍守同羌族交界的边境,防御羌方的侵犯。同羌交锋的是戍卒:

    其呼戍御羌方于义㚔,弋羌方,不丧众。 《合集》27972
    其令戍□羌方于敦□…… 《合集》27974
    □丑卜,戍㐭羌方…… 《合集》27977
    戍惟義行用遣羌方,又弋。 《合集》27979

戍即戍卒,是守边的武装力量,"行"是商代的一个军事建制组织。②康丁任命将领美前去征讨:

    ……美(￼)毀,卲羌方,王…… 《合集》27985

美为人名。毀字与宾组卜辞的"称册"相同。卲字从口,有告之义,"卲羌方"即宣告羌方的罪行。③"王"后面所缺的内容应是征讨羌方。此辞是康丁任命美征讨羌方。康丁派遣子商征伐羌:

    惟商方步,立于大乙,弋羌方。 《合集》27982

武丁卜辞有"子商"(《合集》371 正),"商方"当即子商的封国。立即莅临的莅。"莅于大乙"即莅临于大乙的宗庙。是康丁莅临于大乙的宗庙,祈求大乙(即汤)保佑战争的胜利。从后的"弋羌方"看,"步"字应是"步伐"之省,如卜辞"今春王其步伐夷"(《合集》6461),胡厚宣说"步伐者,不驾车,不骑马,以步卒征伐之也。"④此辞是子商以步伐的方式征伐羌方,康丁在大乙的宗庙里祈求战争的胜利,结果是"弋羌方",战争大获全胜。羌人被俘并用来作为祭祀的牺牲:

    羌方囟其用,王受有佑。
    其用羌方【囟】于宗,王受有佑。 《合集》28093

囟即头颅,"羌方囟"即羌方俘虏的头颅。砍下俘虏的头祭祀,称为"人头祭",在安阳殷墟的祭祀场所及墓葬里,常发现只有头颅无身躯的埋葬,就是卜辞中的"囟"。

二 对夷方的征伐

  夷人在武丁时期就曾被征讨,而且曾被征服,武丁卜辞有"夷方受佑"(《合集》20612),夷人担任商的狩猎官,称为"夷犬","惟夷犬呼田"(《合集》11000

---

 ① 张政烺:《殷虚甲骨文"羨"字说》,《甲骨探史录》,三联书店,1982 年。收入《张政烺文史论集》,中华书局,2004 年。
 ② 寒峰(王贵民):《甲骨文所见的商代军制数则》,《甲骨探史录》,三联书店,1982 年。
 ③ 李学勤:《新出现的一片征人方的卜辞》,《殷都学刊》2005 年第 1 期。
 ④ 胡厚宣:《殷代舌方考》,《甲骨学商史论丛》初集,成都齐鲁大学国学研究室专刊,1944 年。

等)。康丁时期夷人叛商,王朝多次对其讨伐,如卜辞:

  王族其敦夷方邑旧,右、左其告。
  弜告,其酻旧,于之若。
  右旅【其】雉众。 《屯南》2064(图3-11)

此辞中的"夷"字人的身子作曲笔,与人字不同,应是夷字。旧地与淮相近,两地间只有二日的路程:

  癸未卜,在旧贞王步于减,无灾。
  乙酉卜,在减立贞王步于淮,无灾。
          《合集》41762

淮地董作宾、陈梦家均认为即今之淮水,岛邦男则确指卜辞中的淮"是淮阴附近之地"。[①] 旧地在淮地之北二日的路程,是夷方的旧邑应在今江苏、安徽北部的淮北地区。此时期的卜辞中有关商军攻击的旧地,也应是征夷方之战:

  王其以右旅[暨左]旅舀于旧,弋。吉。在旧。
          《屯南》2350

"舀"在此为动词,与征、伐、敦这类战争用词意同。"旅"是商代正规军队的编制,商军以右、中、左编列。此次商以右旅和左旅出征,兵力不小,可见夷方势力之强和康丁打击夷方之决心。旧地与淮相距只两天的路程,古时行军日30里,是两地相距60里,康丁征伐的夷在淮水流域,应即西周金文中的南淮夷。

图3-11 康丁伐夷方甲骨

《屯南》2064

三 征伐绊方、叙方、惠方

绊方在武丁时是商的与国,商王曾下令让"众人"进入其境内垦荒:

  癸巳卜,宾,贞令众人叝(趋)入绊方衺田。 《合集》6

衺田即是垦荒。绊方后叛商,康丁对其征伐:

  惟可日𢦔(惠)呼𢦔绊方、叙方、惠方……
         《合集》27990(图3-12)

惠方后所缺应是羌方,这四个方国卜辞称为"四邦方"(见《合集》36528反),直至商末,此四个方国还在同商发生战争(见后)。𢦔字不识,从字形构成上看,像人手执棍棒攻击之状,当有攻击、征讨之义。其中的叙方,康丁卜辞记载曾多次被商征伐,如:

  惟叙方作戎。 《合集》27997

---

 ① [日]岛邦男:《殷虚卜辞研究》(李寿林、温天河译)第364页,台北鼎文书局,1975年。

   戋叡方,不雉众。 《合集》27996
   戍弗及叡方。
   戍及叡方,戋。
   戍甲伐,戋叡方。弘吉 《合集》27995

"作戎"是举兵攻击,"惟"字是加强语气词,"惟叡方作戎"是强调叡方将会来侵犯。叡方举兵犯商境,商王朝以守边的戍卒就将其击败。戋是甲骨文攻入其国、捣毁其城邑的战争用语。同叡方一起的絆方,同是与商为敌的。絆方被打败,其被俘的人作了商王的祭品:

图 3-12 伐絆方甲骨

(《合集》27900)

   ……絆方其用,王受佑。 《合集》27976

"其用"是用从絆方俘获的人作为牺牲,祭祀神灵。但絆方并未被灭,武乙时再同商王朝发生战事。

四　对危方的打击

  危方是一个长期同商为敌的方国,武丁时就对其进行征讨,在康丁时再次对他进行打击,下面这片甲骨记载的是康丁打击危方的胜利成果,因甲骨残缺了部分,记载的内容不能全知:

   ……小臣穑从伐,擒危美,人二十人三……人五百七十,陵一百……车二丙,盾一百八十三,函五十,矢……白廄千……用□伯印于祖乙,用美于祖丁…… 《合集》36481 正

"危美"是危方的首领名"美",辞的中间一段是记从危方俘获的人及武器装备,最后是将危方的首领用来祭祀。古文献中几乎没有康丁的事迹,司马迁在《史记》里只有"帝廪辛崩,弟庚(康)丁立,是为帝庚(康)丁。帝庚(康)丁崩,子帝武乙立"的简单记载,对康丁时商王朝是兴还是衰,不置一词。康丁时期的战争甲骨不多,上述对几个敌对方国的征讨都获得胜利,可见康丁还是位有一定作为的王。

第五节　"射天"的武乙和其子文丁

  武乙对祖甲的祭祀制度改革不赞同,恢复了武丁时期实行的泛祭诸神的风气,应该是位十分尊神的人物,但他却是一位不信天神的国王,要同天神比试高低,可见其胆量。他对外征讨,特别对西方的周族人不放心,终于死在对西部的视察途中。其子文丁继续对周人施压,竟至将周人首领季历杀掉,从而引发商周间的直接对抗。

一 武乙复旧和射天

武乙是祖甲之孙,康丁之子。从甲骨文中反映的祀典看,武乙一代的祭祀制度恢复了祖甲改制以前的旧制,董作宾将盘庚到帝辛的诸王,根据甲骨文中所反映出的祀典、历法、文字和卜事四个方面的差异,将盘庚以后诸王分为新旧两派和四个阶段:

   第一阶段 旧派(遵循古法) 盘庚、小辛、小乙、武丁、祖庚。
   第二阶段 新派(改革新制) 祖甲、廪辛、康丁。
   第三阶段 旧派(恢复古法) 武乙、文丁。
   第四阶段 新派(恢复新制) 帝乙、帝辛。①

武乙在祀典上虽然恢复武丁时的旧制度,但他本人却是一位不信天神的人物,他公然与天神格斗,并对天神发难而射天。《史记·殷本纪》:

  帝武乙无道,为偶人,谓之天神。与之搏,令人为行。天神不胜,乃僇辱之。为革囊,盛血,卬(仰)而射之,命曰"射天"。

商王都是十分迷信鬼神的,出土的甲骨就是明证,在这样的思想意识氛围里,作为国王的武乙,却不信天神,公然要射天,其思想、行为都十分怪异。

二 武乙文丁时的对外战争

从甲骨文看,武乙之父康丁好打猎,故国力削弱,武乙之时周边的方国不断对商王国发起进攻,所以武乙时战争连绵,据甲骨卜辞,武乙文丁时被征伐的方国有:

(一)召方 召方卜辞或作刀方,其地望在商王朝的西边:

  癸丑,贞召……立隹戎于西。 《屯南》1049

"戎于西"即在西方攻击商。召方和絴方同时被征服,是他们相邻:

  癸巳□于一月伐絴暨召方,受佑。 《合集》33019

日本学者岛邦男指其地在今陕西省的召城,周时为召公奭的采邑,地在今陕西雍城东。② 商王朝对西边的召方十分警惕,他们的军队出境即被商情报人员获知:

  癸卯卜,刀方其出。 《合集》33032

刀方即召方。"其"是将要、即将之意,是商情报人员对召方动向的掌握。召方即将来侵,武乙向其远祖成汤和其父康丁祈求保佑:

  乙未卜,贞召来,于大乙延。

---

 ① 董作宾:《甲骨学六十年》第104页,台北艺文印书馆,1965年6月。
 ② [日]岛邦男:《殷虚卜辞研究》(李寿林、温天河译)第400页,台北鼎文书局,1975年。

乙未卜,贞召方来,于父丁延。　　《屯南》1116

己酉卜,召方来,告于父丁。　　《合集》33015

父丁是武乙之父康丁。武乙亲率军攻击召方,其用语皆是战争大行动的征、伐、敦等词:

……王登[人]……往伐召,受佑。　　《合集》33018

丁未,贞王征召方。在㠱卜。九月。　　《合集》33025反

庚戌,贞惟王自征刀(召)方。　　《合集》33036

庚申卜,于丁卯敦召方,受佑。　　《合集》33029

武乙征伐召方时,以沚或为前锋:

癸酉,贞王从沚或伐召方,受有佑。　　《合集》33058

辛未,贞王从沚或伐召方。　　《屯南》81

贞王……或册[伐]召方,受佑。

……册伐召方,受佑。　　《合集》33020

沚或是沚国的首领。征伐召方的将领除上举沚或外,还有禽、沐、侯告、竹、弜等:

王令禽众甾伐召方,受佑。　　《合集》31974

令沐甾刀方。　　《合集》33037

侯告伐刀方。　　《合集》33039

弜追召方。　　《屯南》190

竹来以召方于大乙柬。　　《屯南》1116

征伐召方的兵员构成有众、王族、三族:

令众御召方,执。　　《合集》31978

禽以众甾伐召方。　　《合集》31977

令王族追刀方,及。　　《合集》33017

三族王其令追召方及于㝬。　　《合集》32815

"御召方"的"御"是抵御、抗击之意,与祭祀的"御"祭意思是不同的。"及"即是追及、追到。商军打败召方,召军败逃,商军追击俘虏其士众:

丙子,贞令众御召方,执。　　《屯南》38

"执"是俘虏、抓获。被俘的召人遭到屠杀:

丙子卜,今日祟召方执。　　《合集》33026

"祟"有为害意,"祟召方执"即是处置、杀害从召方抓来的俘虏,是武乙对召方的战争取得全面胜利。

(二)絴方　絴方和召方邻近,故商军在征伐絴方的同时征伐召方,见上引卜辞:

癸巳□于一月伐絴暨召方,受佑。　　《合集》33019

絴方与召方同时被商征伐,其地亦当在殷之西境。

（三）井方　武丁时对井方曾进行过多次征伐，武乙文丁时再起战争而被打败，其首领被俘虏。

己巳卜，执井方。　《合集》33044

"执井方"即俘虏了井方的首领。

图 3-13　上甲二十示甲骨
（《合集》34120）

（四）归方　伐归方的战争在文丁时，卜辞占卜伐归而祭祀二十示先祖：

壬寅卜，祈其伐归，惟北吾用，二十示一牛，下示羊，致四戈羌。　《合集》34121

壬寅卜，祈其伐归，惟北吾用，二十示一牛，下示羊，致四戈羌。　《合集》34122

两版卜辞同文。二十示即二十位先祖神。这二十位先祖是从上甲数起的直系先祖：

癸卯卜，贞酒祈，乙巳自上甲二十示一牛，下示羊，土燎四戈羌牢，四巫豕。

《合集》34120（图3-13）

甲骨卜辞祭祀若干示先祖，其起止的先祖或都是商代的名王，或是与祭者有某种特殊关系的王，这二十示从上甲计起的直系先祖正好到武乙：上甲、报乙、报丙、报丁、示壬、示癸、大乙、大丁、大甲、大庚、大戊、中丁、祖乙、祖辛、祖丁、小乙、武丁、祖甲、康丁、武乙。① 上甲是商人的著名先祖，武乙是文丁父，故起于上甲止于生父武乙。

归方即春秋时期的夔国，其地望在今湖北省的秭归县。郭沫若说："归当即后世之夔国，其故地在今湖北秭归县境。《水经》江水注，于'又东过秭归县之南'下云'县故归乡，《地理志》曰：归子国也。'《乐纬》曰'昔归典叶声律。'宋忠曰'归即夔'，归乡盖即夔乡矣。"②尧舜时期命夔主掌乐律事，他精通乐理，有"夔一足"的赞美。

---

① 李学勤：《殷代地理简论》第88页，科学出版社，1959年。
② 郭沫若：《殷契粹编》第645页，科学出版社，1965年5月。

（五）俑　征伐俑的战事，从某年的十月打到次年的二月：

　　　其敦俑。十月　　《合集》20511
　　　丁酉卜，生十月王敦俑。　　《合集》20512
　　　乙未卜，王敦俑，受佑。十二月　　《合集》20516
　　　辛未卜，王一月敦俑，受佑。
　　　丙子卜，王二月敦俑，受佑。　　《合集》20510

敦俑和伐归在同一片甲骨上占卜：

　　　己亥侯启，王伐归，若。
　　　庚子卜，伐归，受佑。八月
　　　庚子卜，伐归，受佑。
　　　壬寅启，翌日得。
　　　丁酉卜，今生十月王敦俑，受佑。
　　　壬子卜，贞步，师无祸。　　《合集》33069

伐归在八月，敦俑在十月，是伐归后不久即征讨俑，两国地应相近，归国地在今湖北省西部，俑国应距此不远。

（六）危方　武丁、康丁时期对危方都进行过打击，但并未屈服，武乙文丁仍对危方进行打击：

　　　丁未，贞王令卯途（屠）危方。　　《合集》32229
　　　庚辰，贞令乘望途（屠）危方。　　《合集》32899

卯、望乘是商的两位将领，"途"是屠杀、屠戮，从危方抓来的俘虏被作为祭祀商王祖先的祭品：

　　　癸未，贞甲申危方用自上甲。　　《合集》32026

"危方用"是"用"危方的人还是危方的首领祭祀上甲，不可确知，但是从危方抓获的俘虏则无疑。被打败的危方，被迫向商王朝纳贡：

　　　癸亥，贞危方以牛，其登。于来甲申。　　《合集》32896、33191

武乙时危方大致是彻底被打败而灭国，国土纳入商的版图，在商末的帝乙、帝辛（纣王）时，危已是商王国内的一个普通地名：

　　　庚辰王卜，在危贞今日步于叉，亡（无）灾。　　《英藏》2562 正

这是一片占卜商王旅游的甲骨，"在危贞"即是在危地举行占卜，卜问当天商王到叉地旅行，不会有灾祸吗？

（七）猷方　商军征伐猷方的将领是亶、沚或：

　　　己丑，贞亶以沚或伐猷，受佑。　　《合集》33074

猷方被打败逃跑，商军追击：

　　　癸亥卜，今夕敦猷，戋。　　《合集》33077
　　　庚申卜，不及猷。

其及酞。　《合集》33075

酞方人被商军俘虏：

戊辰卜，弗执酞。

［戊辰］卜，其执酞。　《合集》33076

酞方的地望，从商王派遣沚或前往征讨观之，其地当距沚或近。沚国地在晋南，酞地亦应在附近。

图3-14　伐东邦甲骨
（《合集》33068）

（八）东邦

丁巳卜，贞王令禽伐于东封（邦）。

《合集》33068（图3-14）

"伐"字缺刻戈旁。"东邦"非指某一方国，而是指处于商东部地区的方国，看来此时商的东方诸侯、方国皆有叛商的行为。

（九）粖侯

［甲］辰卜，粖侯［戋］雀。

甲辰卜，雀戋粖侯。　《合集》33071

戊□卜，令雀伐粖侯。

《合集》33072

雀是南方诸侯国，粖侯同雀交战，当也是南方国。粖侯是商王室的诸侯，雀亦是商王室的诸侯，卜辞有雀男、雀任。粖侯向雀进攻，当是诸侯间的战争，从上引《合集》33072"令雀伐粖侯"看，商王是站在雀一边的。当然也可以视作粖侯反叛，商王令雀前往镇压。商时的诸侯、方国同王朝的关系本是叛服无常的，粖侯的反叛就是一例证。

以下是一些不知地望而被征伐的方国。

（十）蝉方　蝉是一方国名，武乙时有征伐此方：

己巳卜，竝、甾伐蝉方，受佑。　《合集》33042

己巳卜，竝、甾伐蝉，受佑。　《合集》33043

……敦蝉暨……　《屯南》491

（十一）硒

辛酉卜，王，翌日壬戌戋硒。十二月　《合集》33082

（十二）巽

乙亥卜，贞今乙亥王敦巽，戋。　《合集》33080

(十三) 盧

　　翌甲子伐盧。　　《合集》33086

　　……彔畁伐盧,帝……

(十四) 甶

　　今夕征甶。

　　□□征甶。

　　今夕不征甶。　　《合集》33088

(十五) 嬰

　　……敦嬰,受[佑]。　　《合集》33092

(十六) 冎

此字或作冎形,与甲骨文的商字相近,但不是商字,而是与商为敌的一方国,商王朝对其征讨：

　　辛卯卜,贞今夕令伐冎。　　《合集》33067

　　丁□卜,贞王令竝伐冎。　　《合集》33065

　　辛卯卜,贞今夕令伐冎。　　《合集》33066

三　武乙文丁对西部周人的政策

武乙文丁时代,西边一个强族——周人兴起。当时周人的首领是季历,他主动朝见商王,得到武乙的欢心而受到赏赐。古本《竹书纪年》："武乙即位居殷。三十四年周王季历来朝,武乙赐地三十里,玉十珏,马八匹。"周季历取得商王的信任后,于是放手向西发展,不断攻灭他的敌国,扩大自己的地盘。古本《竹书纪年》："武乙三十五年,周王季伐西落鬼戎,俘十二翟(狄)王。"西落鬼戎活动在今陕西省的北部及山西省的西北部地区,是周人已从西北方向商压迫过来,故武乙感到西边吃紧,卜辞有：

　　……惟西方岂我。　　《合集》33094

岂字有为害的意思。武乙乃出兵西征：

　　□酉,贞王惟西方征。　　《合集》33093

武乙在西征途中死去,多半是被敌方打死(有可能是中了周人的埋伏),商人讳言,乃说是在打猎时遭雷击而死,《史记·殷本纪》：

　　武乙猎于河、渭之间,暴雷,武乙震死。

河、渭之间应是黄河与渭水交汇的地方,大致在今陕西省渭水北的大荔及渭水南的潼关、华阴等县地。武乙死后,其子文丁继位为王,《史记·殷本纪》："武乙震死,子帝太丁(太丁为文丁之误。下同)立。"在文丁时期,周人不顾商的反对,继续征讨它周围的方国,古本《竹书纪年》：

　　太丁二年,周人伐燕京之戎,周师大败。

> 太丁四年,周人伐余无之戎,克之。

文丁还算是一位强势帝王,他对周人实行两手政策,先宠之以官爵,古本《竹书纪年》:

> 太丁四年……周季历命为殷牧师。

文丁封官并未能阻止周人扩大势力的进程,古本《竹书纪年》:

> 太丁七年,周人伐始呼之戎,克之。
>
> [太丁]十一年,周人伐翳徒之戎,捷其三大夫。

周人势力大增,威胁着商的生存。燕京之戎在今山西省宁武县的管涔山,余无之戎在今山西省屯留县西北,壶关东南。周人灭此两国,已抚商王国之背,故文丁终不可忍而杀季历,古本《竹书纪年》:

> 文丁杀季历。

今本《竹书纪年》文丁杀季历在十一年,即周人伐翳徒之戎获得大胜的当年。文丁杀了周人首领,激发了商周间的矛盾,周人新首领文王表面臣服,暗中却积极准备,以报杀父之仇。

第六节　帝乙和帝辛(殷纣王)

商朝的最后两位国王是帝乙及其子帝辛。帝乙是文丁之子,帝辛是帝乙的小儿子。《史记·殷本纪》:"帝太丁崩,子帝乙立……帝乙长子曰微子启。启母贱,不得嗣。少子辛,辛母正后,辛为嗣。帝乙崩,子辛立,是为帝辛,天下谓之纣。""纣"是一个恶名,谥法云"残义损善曰纣"。商甲骨文及商青铜器铭文里,皆不见纣字,将帝辛加以"纣"名,无疑是周人所为。

其实帝辛本身的素质还是极好的。他不但力气大得过人,智商也高出一般常人。《史记·殷本纪》:"帝纣资辨捷疾,闻见甚敏,材力过人,手格猛兽。"他的缺点也突出,"知足以距谏,言足以饰非;矜人臣以能,高天下以声,以为皆出己之下。"作为一代帝王,国家的最高统治者,这些缺点却是致命的。所以他行事虽也轰烈,其结局却很悲惨,国家也被灭亡了。

一　恢复祖甲实行的周祭制度

董作宾将帝乙、帝辛二王划在祭祀制度的"新派"里,而将帝乙的父亲文丁列为"旧派",[①]新派实行的是"周祭制度"。帝乙帝辛时的卜辞,董作宾分在第五期。以后甲骨学者用分组的方法整理卜辞,将董作宾所分的第五期卜辞归于"黄组",李学勤指出黄组周祭可分为三组,其中一组应属于文丁时期。[②] 常玉芝通过对黄组

---

① 董作宾:《甲骨学六十年》第104页,台北艺文印书馆,1965年。
② 李学勤:《小屯南地甲骨与甲骨的分期》,《文物》1981年第5期。

翌、祭、壹、叕、彡（肜）五种祭祀卜辞中称谓分析和王六祀、王二十祀周祭材料的分析，指出"黄组周祭包含有文丁、帝乙、帝辛三王的卜辞。"[①]是恢复周祭制度是文丁开其端。文丁之子帝乙及孙帝辛继续实行这种祭祀制度直到灭亡。

二 帝乙帝辛时的对外征伐战争

帝乙帝辛时期对外进行的重大战争有：

（一）俘获三邦伯和征讨四邦方：

　　　　甲申，贞其执三邦伯于父丁。　　　《合集》32287

帝乙称文丁为父丁，故此片甲骨是帝乙时期的。此条卜辞是帝乙俘虏了三个方国的首领，用他们的头颅来祭祀其父父丁。这三个方国具体是哪三国，却不可考知。

　　　　己巳王卜，贞余其征三邦方。　　　《合集》36530

"三邦方"当是与前辞的"三邦伯"相同的三个方国。征伐"四邦方"的方国卜辞皆有名：

　　　　告侯田，册赋方、羌方、絴方、𢀛方，余其从侯田叶戔四邦方。

　　　　　　　　　　　　《合集》36528反（全辞缺刻横笔画）

这四个方国，在康丁时就遭到打击（见前引《合集27990》），帝乙时再次遭到打击，显然康丁时未能取胜，其后与商王朝仍处于敌对状态。

羌方、絴方在殷西之今陕西、山西之西北，其他二方国也应在这一方位。

（二）伐盂方　盂方是商末一大劲敌。从卜辞看，盂方首先对商发起战争，商人侦察到盂方的行动，乃起兵反击：

　　　　乙巳王，贞启呼兄曰：盂方供人其出，
　　　伐禺自，高其令东会于高，弗悔，不冓戈，王占曰：吉。
　　　　　　　　　《合集》36518（图3-15）

禺字作🜨形，卜辞中作为地名加水旁为渪，作为动词多读作"遇"，训为"逢"。[②] 禺自的禺为地名，禺自是商朝一住军地，卜辞有"在禺自（陕）"（《合集》36821）。盂方攻击商的军事要地，商王乃率领众多诸侯征伐盂方，可见其势力的强大：

　　　　丁卯王卜，贞田巫九备。余其从多田于（与）多伯
　　　征盂方伯炎，惟衣。翌日步右左自上下示、叙示，余受
　　　有佑，不冓戈，[告]于兹大邑商，无祟，在𠦪。[王占

图3-15　盂方伐商甲骨
（《合集》36518）

[①] 常玉芝：《商代周祭制度》第203页，线装书局，2009年。
[②] 李学勤：《论新出现的一片征人方卜辞》，《殷都学刊》2005年第1期。又《文物中的古文明》第135页，商务印书馆，2008年。

曰]：弘吉。在十月遘大丁翌。　　《合集》36511

□戌王卜，贞田𢀛九备。[余其从]多田与多伯征盂方[伯炎]……戈，禺
告于大[邑商]……　　《合集》36513

□丑卜，王，贞今日田……[余其从多田于（与）]多伯征盂方[伯炎]……
《合集》36510

"惟衣"的"衣"即合围，商王打猎时有衣，衣逐（见后），即合围逐兽。征讨盂方在帝辛时期，董作宾《殷历谱》列在帝辛四十祀至四十一祀，李学勤认为应在帝辛的第八祀到第九祀："商王此次征盂方，始于十月，值翼祀，归来已至次年（九祀）九月，值彡祀，共历约一年。此王更可能是帝辛。"①

盂方所攻击商的禺𠂤（次），与齐地近：

癸巳王[卜]，贞旬无[祸]。在禺𠂤。

癸卯王卜，贞旬无祸。在㠱𠂤。

癸丑卜，贞王旬无祸。[在]齐𠂤。　　《合集》36821(《通》582)

癸巳至癸丑相距二十一日，是两地的距离。郭沫若考释此片说此盂方近齐，当在春秋时的宋国，今河南睢县。② 陈梦家、饶宗颐赞同其说。③ 郭沫若认为在田猎类卜辞中"田盂"的盂乃古邘国，地在今河南沁阳县西北。④ 李学勤认为卜辞征伐的盂方不在东方的睢县而应在西边的沁阳县地："盂方是近于前面已经说过的高，它比起人方、羌方等要更接近于天邑商，可能即沁阳的盂。"⑤此盂即郭说的"古邘国"。邢国是周武王之子的封国。《左传》僖公二十四年："邢、晋、应、韩，武之穆也。"杜预《注》："四国皆武王子。""河东野王县东北有邢城。"野王县在今河南省温县境内。卜辞有盂方伐西或（国）：

图 3-16　盂方伐西国甲骨
(《合补》11242)

甲戌王卜，贞田𢀛九𠦪，余禺（遇）盂方率伐西戉（或），殷西田，𣪘盂方，妥余一人。余其[从]多田甾征盂方，无左自上下于𣪘[示]……

《合补》11242(图 3-16)

---

① 李学勤：《殷代地理简论》第93页，科学出版社，1959年。
② 郭沫若：《卜辞通纂》第469—470页，科学出版社，1983年。
③ 陈梦家：《殷虚卜辞综述》第310页，科学出版社，1956年。饶宗颐：《殷代贞卜人物通考》第1136页，香港大学出版社，1959年。
④ 郭沫若：《卜辞通纂》第469—470页，科学出版社，1983年。
⑤ 李学勤：《殷代地理简论》第93页。

"西或"的"或"字,原释戉,李学勤认为此字与周代的戉字有异,"实应释作'国'字,即读为'国'字。毁字即宾组卜辞的"称册","西田"的"田"为"甸"字,为诸侯爵称,西田即殷在西方的诸侯。"毁西田"即册命西方诸侯,"晋孟方"是宣告孟方的罪行。①孟方所伐的"西国"当在殷之西,与李学勤沁阳说地望合。

（三）伐人方 "人方"的"人"字,有学者读作"夷",认为是"夷方"。我们在前面有关"武丁征伐"一节中曾指出,在武丁卜辞中,"人"和"夷"两个字是有区别的,"人"字从武丁到帝辛的商末时期,历时两百多年基本保持其字形而未有大变化,而"夷"字在武丁后只见于康丁时期的无名组卜辞,不见于帝乙帝辛时期的卜辞中,当是武丁、康丁对夷方的征讨后,此方已灭亡而不存在了。但两字区别还如故,直到西周的金文中,"人""夷"两字的区别同甲骨文字一样的很明显(见容庚《金文编》第555、603、697页。此书将大量夷字读作尸,实是夷字)。所以帝辛卜辞没有征伐夷方只有征伐人方的战争。

人方同孟方一样,是商末一大敌国,帝辛亲率大军对他进行长期征讨,将其打败,商朝的国力也因此受到严重削弱,很快被周人推翻。

征人方的卜辞有王"征人方"和王"来征人方"两个用语。"'正人方'是说去伐人方,指其去程;'来正人方'是说来于正人方,指其归程。"② 人方是商末一劲敌,商王朝对它的动向十分关注,时时侦察它的动向:

［乙］亥王［卜,贞］自今春至于翌,人方不大出。王占曰:吉。在二月,遘祖乙肜,惟九祀。其大出。吉。醜其馹至于攸,若。王占曰:大吉。其迟于之,若。

《合集》37852＋36824(图3－17)

"不大出"是推测之辞,实际却是"其大出"。馹即驿传车。醜乘传车赶往攸地,同商伐人方的大军会合。醜即"小臣醜"(《合集》36419),商王室大臣。山东省益都苏埠屯商代大墓铜器铭文有"亚醜",应与醜、小臣醜相关,当是同族人。醜地应在的今山东省的益都地区,在殷王朝的东境,卜辞称其地为"东国",称此地的诸侯为"东诸侯"。人方大出攻击

图3－17 醜乘馹至攸甲骨
(《合集》27852＋36824)

---

① 李学勤:《论新出现的一片征人方卜辞》,《殷都学刊》2005年第1期。
② 陈梦家:《殷虚卜辞综述》第304页,科学出版社,1956年。

商的东国：

> 丁巳王卜,贞田巫九备,禺(遇)人方率伐东国。殷东侯,曶人方,妥余一[人,余]其从多侯,亡左自[上下]于斅示,余受有佑。王占曰：大吉……肜,王彝在……宗。　《合集》36182+《辑佚》690

《辑佚》是河南安阳博物馆的焦智勤编著《殷墟甲骨辑佚》的简称。此两片甲骨由李学勤拼合。此片上有人方伐"东国",与上《合补》11242 盂方伐"西国"正相应,李先生将过去释为戉的字改释作国是可从的。"东国"即"东侯",商在东方的诸侯国。"人方率伐东国"是人方发动对商的进攻。九祀二月商侦察到人方将有"大出"的举动,商也早有准备给以打击,于是商纣王亲率王室及诸侯国大军前往迎敌。从卜辞知,征人方的战争在十祀：

> 甲午王卜,贞作余酒,朕祈酒。余步从侯喜征人方,上裼示,受有佑,不首戋。囚告于大邑商无惪,在欿。王占曰：吉。在九月遘上甲壹,隹十祀。
>
> 《合集》36482

在九月、十一月、十二月都在前往征伐人方的进军途中：

> 癸亥王卜,贞[旬无]祸,在九月王征人方。在雇。　《合集》36485
> 癸亥卜,黄,贞王旬无祸,在九月征人方。在雇彝。　《合集》36487
> 癸卯王卜,贞旬无祸,在十月又一王征人方。在商。
> 癸丑王卜,贞旬无祸,在十月又一王征人方。在亳。　《英藏》2524
> 乙卯卜,贞王其征人方,无㞢。　《屯南》2370
> 癸亥王卜,贞旬无祸,在十月又一王征人方。在㐅。
> 癸酉王卜,在……贞旬无祸,在十月又二王征人方。　《英藏》2524
> 【癸】未王卜,贞旬[无]祸。在十月又二[隹]征人方。在旧。
>
> 《合集》36486
>
> 丙戌伐人方于筑。吉　《英藏》2526
> 癸巳王卜,贞旬无祸。在十月又二隹征人方。在㐅。
>
> 《合集》36491

征伐人方的战事应在十二月结束,卜辞记载十二月末旬(癸巳)还在征人方,次年正月首旬(癸卯)就占卜"王来征人方"而返回到攸侯喜永的地方：

> 癸巳卜,黄,贞王旬无祸。在十月又二隹征人方。在㐅。
> 癸卯卜,黄,贞王旬无祸。在正月王来征人方。在攸侯喜鄙永。
>
> 《合集》36484

这次征人方的战争有明确年月记载的卜辞,是从帝辛的第十祀九月首旬的甲午日商王"告于大邑商"而"步从侯喜征人方"始,到十二月的末旬(癸巳),历时四个月,到次年正月首旬(癸卯)商王已凯旋。上引《合集》36484 是一片牛胛骨,上有四条卜辞,最下面和最上面辞残,而中间的两条辞完整无缺。刻在牛胛骨上的卜辞，一般是从下往上读，下面一辞的干支是癸巳"在十又二隹征人方"，是记录十二月商王还在征伐人方的前线。上面一辞的干支是癸卯"在正月王来征人方，在攸侯喜鄙永"，是记录在次年的正月商王从征人方战争中返回到"在攸侯喜鄙永"地，是征人方的战争已经结束。癸巳是十二月，癸卯是正月，则癸巳为上年十二月的第三旬，癸卯为次年正月的第一旬。在癸卯后的第三天丙午日进入攸国内，并将名为"胄"的人方首领烧死：

图 3-18　焚人方首领甲骨
（《合集》36492）

> 丙午卜，在攸，贞王其呼……延执胄人方鯀焚……弗悔。在正月隹来征[人方]。
> 《合集》36492（图 3-18）

这条卜辞的月份是正月，与《合集》36484 征人方在正月回师完全扣合。商代晚期金文有某王十五祀征人方的内容：

> 丁巳，王省夔宜，
> 王赐小臣俞夔贝，
> 隹王来征人方。隹
> 王十祀又五，肜日。　《三代》11·34·1

陈梦家认为晚商金文所见的人方，"同于卜辞的人方，但不是同时之事。"①研究者认为卜辞征人方是帝辛时事，如此，帝辛有两次征伐人方：一次在十祀，一次在十五祀。

人方的地望，有山东潍、淄水流域、苏皖淮水流域、江汉及西边的陕西等主张，但从上引《合集》36486 片甲骨上，有"征人方，在旧"，我们在前面已指出，旧地在淮北，距淮仅二日程，人方当以在淮水流域说为是。淮水是我国著名的四大河流，被后世称为"四渎"之一。所谓"渎"就是从发源地直接流入大海的河流。《尔雅·释水》："江、河、淮、济为四渎，四渎者，发原（源）注海者也。"淮水在商代时期的河面、水势都应远比今日为大，所以成为当时一著名大河。淮水的名字应是从有文字记载的甲骨文起就一直沿用到今天。在西周金文中常见"淮夷"、"南淮夷"、"淮戎"等称，同甲骨文一样，称淮水为"淮"，如《驹父盨盖》铭：

> 唯王十又八年正月，南
> 仲邦父命驹父即南诸
> 侯，率高父见南淮夷，厥

---

① 陈梦家：《殷虚卜辞综述》第 304 页，科学出版社，1956 年。

取厥服,谨夷欲坠,不敢

　　不敬畏王命逆见我,厥

　　献厥服。我乃至于淮,小大

　　邦亡敢不□俱逆王命。

　　四月还,至于蔡,作旅须。

　　驹父其万年永用多休。　　(《集成》4464)

"南淮夷"即居于淮水上的夷人,淮水在周王朝的南方,故称"南淮夷"。"至于淮"即到达淮水。金文中"淮"字的字形与甲骨文"淮"字的字形相同,都是从水从隹。所以甲骨文中的"淮"字,作为河流名是专指今日的淮河,其他较小河流不可能也以淮命名,就如甲骨文中的"河"是专指今日的黄河一样,其他较小河流不得称"河"。商军征人方所到的旧地与淮相近,是人方当在淮水流域为是。

(四) 伐东夷　卜辞中虽有"东夷"(《合集》8410反)却无征东夷的战争,商纣王征伐东夷的战事见于古文献,《左传》昭公四年"商纣为黎之蒐,东夷叛之",昭公十一年"纣克东夷而殒其身",《吕氏春秋·古乐篇》"商人服象,为虐于东夷"。陈梦家说"凡此该是后世追忆殷纣有伐东夷之事,因以丧国"。[1] 殷纣王所伐的东夷,也应是其中的一两个方国而不会是全部。考古学发现,在今日山东地区,商代中晚期的遗址分布十分的密集,[2]象益都苏埠屯、济南大辛庄、滕县前掌大等遗址,规格都很高,应是商王朝重臣住地,可见此地与商王朝的关系甚密。此地的方国同商的关系也巩固,从周初武庚反周,东方诸方国群起响应就是证明。

三　帝乙帝辛对周人的政策

商晚期周人崛起于西土,首领古公亶及其子季历皆是能人。他们不断扫灭周围小方国,扩大自己的地盘,引起商王的注意甚至恐惧,故文丁下狠心将季历诛杀。季历子姬昌继承父位为周人首领,他的谋略、才干更胜于乃父,对杀父之仇隐忍在心而对商采用表示顺服的"韬晦"策略,商王对他也加以笼络。陕西周原出土的周人甲骨中,在两片甲骨上,有"册周方伯"的内容,甲骨的时代据考证属商王帝乙时期,辞中的王指商王帝乙,是帝乙册命姬昌为方伯之事:[3]

---

[1] 陈梦家:《殷虚卜辞综述》第304页,科学出版社,1956年。
[2] 山东省文物考古研究所:《前进中的十年——1978—1988年山东省文物考古工作概述》,文编辑委员会编《文物考古工作十年》,《文物》,1990年。
[3] 杨升南:《周原甲骨族属考辨》,《殷都学刊》1987年第4期。收入《甲骨文商史丛考》,线装书局,2007年。

……在文武……王其邵(昭)帝□典晉周方白(伯),甶(斯)正,无左……王受有佑。(H11:82)

贞王其祈侑大甲,晉周方白(伯)盡,甶(斯)正,不左于受有佑。(H11:84)

殷纣王更进一步升任姬昌为"三公"。《史记·殷本纪》:"(纣)以西伯昌、九侯、鄂侯为三公。"纣臣崇侯虎见姬昌贤明,人心归向,建议对其加以打击,于是纣王将姬昌囚禁在羑里,周人用大量财物、美女行贿方被放回。《史记·周本纪》:

崇侯虎谮西伯于殷纣曰:"西伯积善累德,诸侯皆向之,将不利于帝。"帝纣乃囚西伯于羑里。闳夭之徒患之,乃求有莘氏美女、骊戎之文马、有熊九驷、他奇怪物,因殷嬖臣费仲而献之纣。纣大说(悦),曰:"此一物足以释西伯,况其多乎!"乃释西伯,赐之弓矢、斧钺,使西伯得征伐。

斧钺是表示商王授予征伐的兵权。姬昌获准有征讨不服之国的权力,这是他梦寐以求的,他也重复使用了殷纣王给他的这一特殊权力,进行了一连串的征讨,扩大了地盘,《史记·周本纪》记姬昌返国后的一系列行动:

明年,伐犬戎。明年,伐密须。明年,败耆国。……明年,伐邘。明年,伐崇侯虎而作丰邑,自岐下而徙都丰。

周文王返国后每年灭一国,渐次逼近商的边境。耆即黎,地在今山西长治东南,此地距商都(今河南安阳市)不足千里。据2008年入藏清华大学的战国竹简《耆夜》篇,耆字作郘,简文说"武王八年征伐郘,戡(戡)之,还,乃饮至于文王大室"。伐耆简文说在周武王八年,而非文王返国后的第二年,与《史记·周本纪》异。李学勤说"耆这个地方迫近纣都,说文王已征到那里似不合情理"。① 殷纣是个信天命,他的国家不会灭亡的人,《尚书·西伯戡黎》就是反映。文王虽然伐了黎,纣也会不以为意的。可能的情况是文王伐而未灭,武王再伐而灭之。

四 纣的罪行和商朝的灭亡

周人灭掉耆国后,实抚商人之背而窥伺殷都,商周力量发生改变。殷纣王狂妄自大,对周人估计不足,对形势分析判断错误,拒绝接受臣下的意见,因而一战就被周军打败灭国。《史记·殷本纪》:

西伯既卒,周武王之东伐,至盟津,诸侯叛殷会周者八百。诸侯皆曰:"纣可伐矣!"武王曰:"尔未知天命。"乃复归。纣愈淫乱不止。微子数谏不听,乃与大师、少师谋,遂去。比干曰:"为人臣者,不得不以死争。"乃强谏纣。纣怒曰:"吾闻圣人心有七窍。"剖比干,观其心。箕子惧,乃佯狂为奴,纣又囚之。殷之大师、少师乃持其祭乐器奔周。周武王于是遂率诸侯伐纣。纣亦发兵距之牧野。甲子日,纣兵败。纣走入,登鹿台,衣其宝玉衣,赴火而

---

① 李学勤:《清华简九篇综述》,《文物》2010年第5期。

死。周武王遂斩纣头,县(悬)之[大]白旗。杀妲己,释箕子之囚,封比干之墓,表商容之闾。封纣子武庚禄父,以续殷祀,令修行盘庚之政。殷民大说。于是周武王为天子。

殷纣王是我国历史上暴君的代表人物,他把国家搞灭亡了,其罪行是客观存在的。但他的罪行到底是什么,都有哪些款项,从先秦诸子的著作,到西汉司马迁的《史记》、西晋皇甫谧的《帝王世纪》等,都有层层加码的现象。顾颉刚从这些古书里搜集所记纣的罪恶,共有七十条之多,写成《纣恶七十事的发生次第》一文,他从最原始的文献《尚书》里记载纣的罪恶分析,得出纣的罪恶其实只有六条:一是酗酒、二是不用贵戚旧臣、三是登用小人、四是听信妇言、五是信有命在天、六是不留心祭祀。顾先生说纣只是一个糊涂人、贪于酒色,并没有奇怪的暴虐。何况这些话大多是从周人的口中说出来的,他们自己初有天下,以新朝的资格,对于所灭的国君发出几句斥责的话,乃是极平常的事,而且是应该有的事。即使被灭的国君是一个圣人,这些笼统的斥责之言于例亦不可少,因为既要打他,就不得不骂他。①

司马迁说殷纣王"知足以距谏,言足以饰非;矜人臣以能,高天下以声,以为皆出己之下"应是殷纣亡国的根本原因所在。周人伐耆国后,殷纣王的大臣祖伊十分恐惧,跑去劝谏,纣王却以天命来为自己辩护。《尚书·西伯戡黎》记载其事:

> 西伯既戡黎,祖伊恐,奔告于王。曰:"天子!天既讫我殷命,格人元龟,罔敢知吉。非先王不相我后人,惟王淫戏用自绝,故天弃我,不有康食。不虞天性,不迪率典,今我民罔弗欲丧,曰:'天曷不降威?'大命不挚,今王其如台?"
>
> 王曰:"呜呼!我生不有命在天!"
>
> 祖伊反曰:"呜呼!乃罪多,参在上,乃能责命于天?殷其即丧,指乃功,不无戮于尔邦!"

"祖伊反"是祖伊当面反对纣王"有命在天"的说法。② 纣王不理会祖伊的劝告,这位"知足以距谏"的末代国王,自以为是,听不进正确的意见,把好端端的一个泱泱大国搞灭亡了,他自己也被他的对手砍下脑袋挂在旗杆上示众,得到了一个独裁者应有的下场。帝辛是位很有才能的人,在我国历史上他称得上是一位强势帝王,但他因太有才而骄傲、而狂妄,而自以为是,听不得不同意见,终致身死国亡为天下笑。后世的秦始皇、隋炀帝都是殷纣王一类的强势帝王,他们都像殷纣王一样,将好端端的一个国家弄灭亡了。

---

① 顾颉刚:《纣恶七十事的发生次第》,《古史辨》第二册,上海古籍出版社,1982年。
② 周秉钧:《尚书易解》第116页,岳麓书社,1984年。

第六章　商朝的政治设施

商朝是我国继夏朝之后建立的第二个王朝领土国家政权,经过夏代四百余年的国家治理实践,已积累起了一定的治国经验。商人首领一直在夏的朝廷担任要职,灭夏建国后,吸收夏朝治国经验,建立起比夏时更为完备的国家统治机构。

第一节　内外服的国家体制和建诸侯

商朝虽是我国进入文明社会后的第二个国家政权,但还是处于早期阶段,中央王朝的力量不够强大,加之山川阻隔,交通不便,不可能直接控制广大国土,只能仿照前朝夏代经验,实行分封制,即王朝中央直接治理以王都为中心的部分地区,其他地区则分封给功臣、子弟及承认当地原住的方国、部落,使他们成为半独立性的国家政权,为王朝服务并进守土之责。被分封的诸侯、方国首领,往往在中央王朝担任重要职务,从而构成上下级关系,保障了国家的统一。

一　内外服的国家体制

商朝的国家体制是内外服制。《尚书·酒诰》载商代的国家体制是:"越在外服,侯甸男卫邦伯;越在内服,百僚庶尹、惟亚惟服、宗工越百姓里居。"西周初年青铜器《大盂鼎》铭载:"我闻殷遂(坠)命,佳殷边侯田(甸)雩(与)殷正百辟率肆于酒,故丧师。"在殷墟甲骨文里,有分别占卜商及四土"受年"的卜辞,是商与四土(周边诸侯国)的区分:

乙巳王卜,贞:[今]岁商受年。王占曰:吉

东土受年。

南土受年。

西土受年。

北土受年。　　《合集》36975

商人自己认为是居于天下的中间,故称自己的国家为"中商":

勿于中商。　　《合集》7837

□巳卜,王,贞□于中商呼[御]方。

《合集》20453

庚辰卜,尃中商。　　《合集》20587(图3-19)

图3-19　中商甲骨

(《合集》20587局部)

戊申卜，王，贞受中商年。□月。　　《合集》20650

内服、商、中商，后世称为畿或邦畿，因是由王直接统治的地域而称作"王畿"。《诗·商颂·玄鸟》："邦畿千里，维民所止。肇域彼四海。"毛《传》及郑《笺》云："《传》云：畿，疆也。《笺》云：止，犹居也。肇，当作兆。王畿千里之内居安乃成政，自内及外。"《礼记·王制》记"王畿千里"制："天子之田方千里，……天子百里之内以供官，千里之内以为御；千里之外设方伯……千里之内曰甸，千里之外曰采、曰流。"

甲骨文中将商王直接统治的地区称作"中商"，是商人认为自己的国家是位居天下之中的，后世"中国"一词应即由此滥觞。

二　建诸侯

"中商"是王畿，王畿是商王直接治理的地方。"千里之外设方伯"，即是王畿之外建立的诸侯国。商朝的诸侯名称有"侯甸男卫邦伯"（《尚书·酒诰》）。甸，甲骨文中称为"田"，常称"多田"：

多田无弋。　　《合集》27892

以多田伐右邦，乃……　　《合集》27893

……以多田亚任……　　《合集》32992

余其从多田于（与）多伯征盂方伯炎　　《合集》36511

……王惟多田……　　《屯南》1460

在商代的甲骨文里，作为有土的诸侯，其名称有侯、伯、子、男、任、妇等。

（一）侯　侯是商代的诸侯爵称名，董作宾说，"在甲骨文中，'侯'字除封爵外，无他义。其更详细分析列举之：一曰'某侯某'，兼举国名及人名；二曰'某侯'，但举国名；三曰'侯某'，但举人名；四曰'侯'省国名。"[①]甲骨文中所见"侯"名，据不完全统计有四十五个，列为下表（出处每名仅举一例）

甲骨文所见称侯者表

侯　名	期　别	资 料 来 源	备　注
侯虎	一	《合集》6553	又称侯虎
犬　侯	一、四	《合集》6812、32966	
亚　侯	五	《合集》32911、《屯南》502	
侯	一、四	《合集》3310、32807	

---

① 董作宾：《五等爵在殷商》，《史语所集刊》六本三分册，1936年。又《董作宾先生全集》甲编第三册，艺文印书馆，1977年。

续表

侯　名	期别	资料来源	备注
〇侯专	一	《合集》6834	又称侯专
崔 侯	一	《合集》6839	
牧 侯	五	《合集》33071	
〇 侯	一、四	《合集》3327、32811	
攸 侯	一、五	《合集》5760、32982、36484、	有喜、叶名
羑 侯	一	《合集》697	
上丝侯	二	《合集》23560	
匿侯(?)	二	《合集》23560	
黍 侯	一	《合集》9934 正	
杞侯炟	一	《合集》13890	
〇侯弹	五	《合集》36344	
兄 侯	五	《合集》37468	
吴 侯	一、五	《英藏》195、《合集》36416	
龙侯散	一	《合集》3356、20066	又有名中
靳 侯	一	《合集》3325	
禾 侯	一	《合集》3336 正	
窒 侯	一	《合集》3333	
〇 侯	一	《合集》3326	
垂 侯	一	《合集》3320	又称垂伯
戋 侯	一	《合集》3332	
丂 侯	四	《甲编》57	
微 侯	一	《合集》39704	
〇 侯	一	《合集》20061	又称〇伯
枕 侯		《怀特》1592	
工 侯	二	《合集》23558	
〇 侯	五	《合集》36970	
侯 告	一、四	《合集》401、32812	
侯 敖	一	《合集》3357	

续 表

侯　　名	期　别	资料来源	备　　注
侯屯		《合集》32187	
侯夃	一	《合集》3353	
侯光	一	《合集》3358	
侯佔	一	《合集》1026	
侯𦫵	一	《怀特》24	
侯任	一	《怀特》434	
侯奠	一	《合集》3351	又称子奠
侯商		《屯南》1066	又称子商
侯唐	一	《合集》39703	
侯絴	五	《合集》36508	
侯匡	一	《合集》19852	
侯卬	一	《合集》20024	
侯刃	一	《合集》9154	有刃方

图 3-20 《合集》20074

关于"周侯",董作宾、胡厚宣、岛邦男诸先生均举《甲》436 片(《合集》20074)上有"周侯"为证,此片甲骨上的卜辞行款不整齐,应是习刻,而且该甲骨上的"周"与"侯"二字,能否连读成"周侯",不好说。(图 3-20)胡厚宣举侯雀、侯昌,陈梦家举侯淠、侯羌等,因辞太残,不能确定,暂时存疑。

从以上表统计,称"某侯"者三十,称"侯某"者十五,这还不是整个商代侯的准确统计,且还有不见于卜辞的,本书也未予以统计在内,董作宾在《五等爵在殷商》文中云:"侯国之见于卜辞,乃偶然之事,不过一小部分而已。如蒙（𢆶）侯仅见于武丁时,攸侯仅见于帝辛时,不得谓前期无攸侯,后期无蒙（𢆶）侯。"[①]董先生说甚是,以下伯、子、男情况也当如此,进入卜辞的只是一部分而已。

（二）伯　侯伯的伯字在甲骨文里作"白"。白字在甲骨文中含义有三：一曰

---

① 董作宾:《五等爵在殷商》,《史语所集刊》六本三分册,1936 年。

颜色;二曰地名;三曰爵称。侯伯之伯字假白为之,仍作白。① 甲骨文中的"方伯"有的是指敌对国家的首领,如"人方伯"、"盂方伯",人方、盂方都是商人大敌国,这类"伯"不是商的封爵,故不计。在周原发现的周人甲骨里,有"周方伯"且有"曹周方伯"(H11·82、84)的记载,是商王封周人首领为方伯,应具有封爵之义。这里将商代甲骨文里可视为爵称的"伯"国名,列为下表。

甲骨文所见称伯者表

伯　　名	期　别	资 料 来 源	备　注
易伯㝱	一	《合集》3380	
㞢伯	一	《合集》3444、20078	又称㞢侯
帚伯	一	《合集》20083、20463 反	
宋伯歪	一	《合集》20075	又称宋子
而伯	一	《合集》6480	
微伯	一	《合集》6987、20084	又称微侯
牧伯	一	《合集》20017	
卢伯澩		《合集》27041、28095	又称卢方伯澩(《屯南》667)
敷伯		《合集》29407	
冥伯	一	《合集》3401	
兄伯	一	《合集》6	又称兄侯
◇伯	一	《合集》3395	
寻伯	一	《合集》8947 正	
雇伯	一	《合集》13925 正	
丹伯	一	《合集》716 正	
鈇伯		《屯南》472	
子伯	一	《合集》3409、《屯南》2650	又有伯子
兒伯	一	《合集》3397	
叡伯	五	《合集》36346	
殳伯	二	《合集》23265	又有殳子
翠伯	一	《合集》3406 反	
里伯	一	《合集》33296	

---

① 董作宾:《五等爵在殷商》,《史语所集刊》六本三分册,1936 年。

续 表

伯 名	期 别	资 料 来 源	备 注
枏 伯	一	《合集》3407 正、3408	
可 伯	三	《合集》27990	或释伯为日
暮 伯	二	《合集》41011、《英藏》1978	
夨 伯	一	《合集》21936	
叶 伯	二	《合集》40914、《英藏》1977	
去 伯	一	《合集》635 正	
伯 㠱	一	《合集》3418	《怀特》1650"鬼㠱"
伯 弘	一	《合集》20086	
伯 🔲	一	《合集》2341	
伯 纠	一	《合集》5431、20088	
伯 🔲	一	《合集》3415	
伯 戓	一	《合集》5945	《东京》954 有"伯"沚
伯 商	一	《合集》20087	有侯商、子商
伯 子	一	《合集》20085	有子伯
伯 木	四	《合集》33380	
伯 刾	四	《合集》34409	有刾子
伯 散	四	《合集》33704	有子散

上列"某伯"二十八,"伯某"十一,共计三十九。甲骨文常见一诸侯沚戓,有"伯沚"、"伯戓"二称,实为一国。岛邦男说的"林白"实是从林从白的一个字,见《合集》29246、29255、29279、31800,所说的"伯黍"应为"白黍",是一种白色的黍,见《合集》32114、41542,故未计在伯爵数内。

(三)子 "子"字在甲骨文中也是一多义字,董作宾列出六个义项,并提出区分王子的子与爵称子爵的子的标准:一曰干支字;二曰地名字;三曰妇子字;四曰贞人字;五曰王子字;六曰封爵字。但举称"子某"的子某即王子,在卜辞中子对王而言,当然就是王子。称"某子某"或"某子"的不是王子乃是封爵。① 胡厚宣提出"子某"也有受封的,并举出子画、子奠、子宋、子渔等五人为武丁之子而有封地食邑。② 岛邦男则认为甲骨文中的"子某"不是武丁之子或王子,而是子

---

① 董作宾:《五等爵在殷商》,《史语所集刊》六本三分册,1936年。
② 胡厚宣:《殷代封建制度考》,《甲骨学商史论丛初集》,成都齐鲁大学国学研究所专刊之一,1944年。又,《甲骨学商史论丛初集》(上),河北教育出版社,2002年。

姓贵族受封者:"要之,'子'并不是武丁之子或爵名,乃是称与殷同姓氏的一族,而受封于多方者,为后世'子爵'这一名称的渊源。"①

"子某"有受封成为爵称当是事实,如"子某"之"某"的同名人又有称"侯"或"伯"者,就是受封的。且甲骨文中人名、地名、族名同名,作为地名的"子某"或"某子"则是其封地。

对甲骨文中所见的"子某"或"某子",董作宾、胡厚宣、岛邦男等都曾加以搜集整理。董作宾搜集有 23 个、胡厚宣搜集有 53 个、岛邦男搜集有 129 个。岛邦男的大增除有他搜集的时间晚、资料公布增多外,其中有把通名当作专名和误读错认的在里面,如他把上子、下子、大子、小子、中子、西子等都作"某子"名,将"子弗疾"(《佚》921《合集》23532)辞中作为否定词用的"弗"当成"子弗"。将"羊子伐"(《甲》3047《合集》21290)三字分为"羊子"与"子伐"二子名,②还有一些残断的甲骨,残辞中的子和其旁的字不可连读而误连读,如《前》6·5·1(《合集》17966)是一片残骨,其上的卜辞"子"和"取"两字不在一行,中有字残掉,显然不可读作"子取"而岛氏则读作"子取",为一子名,所以应将这些明显误读的去掉。我们这里的统计是吸收前人搜集的成果,再检索近年所出版的甲骨著录,所获"子"名,列为下表(为简省字数,表中凡《合集》书中者只出片号不出书名):

甲骨文所见称"子某"者表

子㡒(6)	子娘(137)	子渔(169)
子不(223)	子昌(269)	子雍(331)
子禽(3226)	子商(371)	子帚(454)
子安(454)	子卬(536)	子汏(672)
子帚(709)	子狄(728)	子⽰(730)
子祟(811)	子⽰(811)	子立(811 反)
子㚤(905)	子洀(905)	子窒(924)
子央(3006)	子画(3030)	子甗(3087)
子效(3090)	子美(3100)	子⽰(3120)
子宫(3134)	子豪(3138、32776)	子帚(3152)
子窭(3169)	子妥(3175)	子臀(3183 正甲)
子仆(3184)	子異(3193)	子奠(3195 甲)
子亢(3196)	子斨(3194)	子虘(3195 乙)

---

① [日]岛邦男:《殷虚卜辞研究》(李寿林、温天河译)第 447 页,台北鼎文书局,1975 年。
② [日]岛邦男:《殷虚卜辞研究》(李寿林、温天河译)第 440 页之表。

续 表

子眉(3198)	子偁(3197)	子昌(3199 反)
子目(3201)	子衜(3202)	子衜(3207)
子凡(3216)	子生(3218)	子齈(3220)
子陷(3223)	子𡨄(3224)	子⺈(3225)
子偅(3227)	子濘(3228)	子权(20045)
子杞(3229)	子芥(3232 反)	子阁(3259)
子儿(3398)	子骨(3684)	子白(3409)
子巷(4209)	子窥(5874)	子㝛(6032)
子娅(7145)	子遣(7981)	子入(8251)
子甫(9526)	子巽(10848)	子弢(10405)
子姞(10579)	子荷(12311)	子䘵(13282)
子夆(13724)	子𠂤(13726)	子盇(14074)
子媚(14035)	子𡰻(17999)	子宀(19137)
子邑(17577 反)	子克(18002 合文)	子宋(19921)
子辟(19964)	子卬(20020)	子䛒(20036)
子驭(20041)	子屌(20043)	子痈(20044)
子教(20052)	子成(20053)	子鼠(20544)
子兄(20543)	子庚(20543)	子竝(20544)
子𠙴(20544)	子𢌳(20691)	子豕(20692)
子宾(21593)	子鼓(21881)	子丁(21885)
子允(21886)	子女(21890)	子步(21891)
子竹(22045)	子萑(21572)	子夌(22067)
子互(22086)	子鸟(22086)	子堂(22249)
子亳(22276)	子启(22277)	子帝(22284)
子祝(22351)	子癸(27640)	子𦎫(27639)
子徼(27790)	子𧿘(32777、32778)	子戈(32779)
子璜(32783)	子断(39680)	子鹰(40856)
子品(41008)	子冀(41495)	子归(《英藏》366)
子尹(《屯南》314)	子公(《屯南》2429)	子京(《东京》276)
子利(《怀特》965)	子受(《怀特》1607)	子𠂇(《天理》252)

甲骨文所见称"某子"者表

朿子(335)	▨子(892)	耆子(3272)
▨子(3273)	邑子(3280)	甴子(3283)
单子(3271合文)	左子(3279)	▨子(3284)
▨子(3285)	告子(4735)	牧子?(4849)
嫀子(7153)	吕子(11140)	▨子(17995)
归子(19091)	臣(22374)	卢子(26765)
长子(27641)	刺子(32193)	郊子(《英》145反)
胑子(《英藏》146)	▨子(《苏德美日》7·11)	禽子(《合补》4231反)

甲骨文所见称"某子某"者表

龟子▨(137)	▨子軼(926)	▨子韦(3270)
媚子寅(10405)	禽子厥(13727)	西子斋(22294)
西子▨(22294)	渊子白(《屯南》2650)	

上表中所见，称"子某"者129，称"某子"者24，称"某子某"者8。

（四）男　甲骨文中"男"字从田从力，但迄今所发现的甲骨，凡有男字的甲骨大都残断，董作宾在《五等爵在殷商》文中举三条有男字的卜辞：

　　贞男不其……　　《合集》3451

　　庚辰卜，贞男敬析取狙。　　《合集》21954

　　□□卜，贞雀男……受……　　《合集》3452

并说：三辞之男字，皆可作男爵解。曰"男"犹侯之简称为"侯"、"伯"之简称为"白"。曰"男敬"犹侯称为"侯某"，白（伯）称为"白某"，皆可通称。第三辞尤有关系，称"雀男"，亦犹侯称"某侯"，白称"某伯"。更就雀男证之，此辞刻于龟腹甲之左尾尖上，"男"字上属决不至为另外一辞，故此"雀男"二字连文，明明表示雀男之为男爵。①（图3-21）董先生说可从。②

图 3-21　雀男甲骨

（《合集》3452）

古文献中"男"又称为"任"，《白虎通·爵》云："《王制》曰：公、侯田方百里，伯七十里，子、男五十里。伯者百也，子者孳也。孳孳无已也。男者任也，人皆五十里，差次功德，小者不满为附庸。附庸者，附大国以名通也。……《尚书》曰'侯甸任卫国伯'，谓殷也。"《尚书》即《尚书·酒诰》，该篇中讲殷制云"越在外服，侯

---

① 董作宾：《五等爵在殷商》，《史语所集刊》六本三分册，1936年。
② 杨升南：《甲骨文中的"男"为爵称说》，《中原文物》1999年第1期。

甸男卫邦伯",汉人因高祖刘邦而讳"邦"字,故改"邦"为"国"。《酒诰》中的"男"爵《白虎通》作"任",与卜辞合。甲骨文有"多田亚任"(《合集》32992)、"多任"(《合集》19034)以及"某任"之称。见于甲骨文的"某任"有:

  大任亚 《合集》4889
  茜任 《合集》7049
  骨(㕣)任 《合集》7854
  微(𢦏)任 《合集》17920
  雀任 《合集》19033
  析任 《合集》27746
  名任 《屯南》668

  (五)诸妇之封 甲骨文中的妇字作𠂇形,隶写作帚字。其后往往缀以人名,成为"帚某"如"帚好"、"帚鼠"、"帚姘"等。此字郭沫若释作"妇",谓"帚字罗振玉一律释作归。按其下大抵乃从女之字,实当读为妇,'妇某'乃人名也。"①胡厚宣赞同郭释,并用力搜集甲骨文中的"妇某"人名,认为她们都是武丁的妻妾,且都有封地:

  盖武丁之妃,据余所考有六十四人之多。以宠与不宠,或不全在宫中。其不获宠者,则封之一地,或命之祭祀,或命之征伐,往来出入于朝野之间,以供王之驱使,无异亲信之使臣也。

甲骨文中有"妇某受年"的卜辞,如:

  甲午卜,㱿,贞妇姘受黍年。 《合集》9968

胡先生谓:"夫以妇姘为武丁之妃,而卜辞屡贞其田禾是否茂盛,及其是否受有年收之丰登,则必有封地食邑可知也。"②

  日本学者岛邦男认为,甲骨文"帚"字是"服"字的假借字,"帚某"实为被配置于四方王所亲近的大官。③ 从对"帚某"生孩子的占卜,可确定"帚某"是女性的名字,如:

  甲申卜,殼,贞帚好娩,嘉。王占曰:其隹丁娩,嘉。其隹庚娩,弘吉。三旬又一日甲寅娩。不嘉,隹女。
  甲申卜,殼,贞帚好娩不其嘉。四(三)旬有一日甲寅娩。不嘉,隹女。
               《合集》14002

娩是生孩子,嘉即好、嘉好。能生孩子的"帚好"当然是女性,故"帚"字确应为妇女的"妇"字。

  胡厚宣认为武丁卜辞中的"妇某"都是武丁的后妃,陈梦家则认为是"妇女的

---

① 郭沫若:《卜辞通纂》第341页,中国科学出版社,1983年。
② 胡厚宣:《殷代封建制度考》,河北教育出版社,2002年。
③ [日]岛邦男:《殷虚卜辞研究》(李寿林、温天河译)第447页,台北鼎文书局,1975年。

身份"而非王妃。①"身份"表示是有地位的妇女,则贵族之妇,当然包括王妃在内,两说都不矛盾。卜辞中所见的"妇某"其中可肯定的是有部分是有封地的,但是否凡见于卜辞的"妇某"都有封地,则不能明,恐怕大多数还应是以贵族妇女身份出现在甲骨文里。甲骨文中虽发现有封地的"妇某",大多数因材料少而不可知,故难于分别出何者有封地为封君,何者无封地而仅表身份,故这里将见于甲骨文中的"妇某"都列如下表内,以供研究者参考。

甲骨文所见称"妇某"者表(括号内数字为《合集》片号,下同)(一)

妇好(154)	妇喜(390 臼)	妇印(802)
妇八(935 臼)	妇妸(1336 臼)	妇生(2652)
妇利(2774)	妇娘(2783)	妇妵(2788)
妇汝(2791)	妇苤(2794)	妇共(2795)
妇妊(2799)	妇执(2801)	妇媝(2802)
妇光(2811)	妇娣(2812)	妇㗊(2813)
妇嫑(2815)	妇周(2816)	妇庞(2817 反)
妇荷(2819)	妇㮴(2824)	妇龙(2832 正)
妇裦(2853)	妇貞(2354 臼)	妇㝁(2856)
妇姓(2861)	妇嬬(4340 臼)	妇角(5495)
妇枢(5545 臼)	妇凸(6325 反)	妇㜎(燕)(6177 臼)
妇宝(6451 臼)	妇妺(6524)	妇敓(6855 反)
妇首(8969 反)	妇杞(8995 臼)	妇㞢(9172 臼)
妇妢(10816 反)	妇苫(13338 反)	妇妒(13516)
妇幼(13663 正甲)	妇林(13676 反)	妇婎(13716)
妇敓(13943)	妇菜(13935)	妇媢(14022)
妇弃(14024)	妇姪(14067)	妇䍃(14068)
妇㚣(14149 反)	妇妽(15935 白)	妇呬(17159)
妇籍(17510)	妇舌(16940)	妇杏(17524)
妇㚯(17531)	妇丙(18911 反)	妇白(20081)
妇㚽(19996)	妇奸(21368)	妇㵄(21794)
妇㚹(21795)	妇石(《屯南》2118)	妇叔(39671)
妇婞(22215)	妇㚤(22248)	妇爵(22267)

---

① 陈梦家:《殷虚卜辞综述》第493页,科学出版社,1956年。

续 表

妇☒(40856)	妇禾(40889)	妇㛮(《怀特》485)
妇寑(《怀特》1262)	妇弇(《怀特》1262)	妇☒(《天理》575)
妇쇼(《合补》1804 臼)	妇畜(《合补》4038)	

下表中所列的妇名有从女与不从女之别，她们可能是同一人名的两种写法。

甲骨文所见称"妇某"者表（二）

妇 名		妇 名	
妇井(130)	妇妌(181)	妇果(14018)	妇婐(376)
妇女(2821)	妇奴(454)	妇羊(6479 臼)	妇㚤(《英藏》154)
妇良(1121 臼)	妇娘(11423 反)	妇旻(15840 臼)	妇妃(2606)
妇☒(2725 臼)	妇☒(12030 反)	妇壴(2797 反)	妇鼓(21787)
妇塞(2810)	妇嬪(17523)	妇奏(13517)	妇嫄(19994)
妇沚(32048)	妇婪(20005＋21368)	妇笒(17508 臼)	妇妡(22266)
妇多(22246)	妇㚸(22246)	妇閃(2789 臼)	妇丙(2790)

后两名是方框与填实的不同，也应是一字的不同写法。

甲骨文所见称"某妇"者表

中妇(2857)	兕妇(2581)	河妇(9575)
妌妇(14010)	蠚妇(14068)	衜妇(18700)
旅妇(20505)	雷妇(21796)	望乘妇(33896)
王妇(18060)	亚侯妇(《屯南》502)	

称"妇某"者77，称"某妇"（疑为一名而字或加女旁或方框填实）者14，总计得"妇某"91。称"某妇"者11，"某妇"即某人之妻妾，与爵无关。

三 诸侯对王朝的义务

诸侯作为"外服"职官，对中央王朝就要负担各种义务。这些义务最主要的有军事的和经济的两个方面。

（一）军事上的戍边和征伐。西周时期的《大盂鼎》铭中称商朝的诸侯为"边侯田（甸）"，意即诸侯是设在王国的边境地区的，其任务是为王朝戍边，保卫边境的安宁。所以甲骨文中常见诸侯向王朝报告敌情的卜辞，如：

癸巳卜，𡧊，贞旬无祸。王占曰：有祟。其有来艱，迄至。五日丁酉允有来艱自西。沚𢦏告曰：土方征于我东鄙，戈二邑，𢀖方亦侵我西鄙田。

癸卯卜,彀,贞旬无祸。王占曰:有祟。其有来艰,迄至。七日己巳允有来艰自西。沚聝友角告曰:舌方出,慢(侵)我示赞田七十人五。
《合集》6057正

王占曰:有祟。其有来艰,迄至。九日辛卯,允有来艰自北,蚁妻笎告曰:土方侵我田十人。　《合集》6057反(图3-22)

图3-22　诸侯向王室报告敌情的甲骨
(《合集》6057反)

沚聝、友角、蚁妻笎都是商王朝设在边境地区的诸侯,敌人侵犯诸侯国土,所以称"我东鄙"、"我西鄙"、"我田"。他们在商朝的边境,所以时常受到敌人的侵犯。他们受到侵犯时立即向商朝廷报告,这是边防军的职责。

商王朝征伐时,任命诸侯率军为先锋,如卜辞:

甲午卜,宾,【贞】沚聝启,王从伐巴方,受【有】佑。　《合集》6471正

我们在前面"武丁征伐"节中已指出,在征伐战争卜辞中,"启"是军队的前导、先锋,"沚聝启"即是沚聝为先锋。"王从"是商王帅领王室大军在先锋之后。任何战争军队布列都有先锋、主力、后备的配置,商王率领的是主力,故在先锋军之后,这种战场上的军事布局卜辞称为"从"。从征巴方战争看,商军有先锋、先锋后为主力,主力军后面是否有后备,卜辞未见,推测物资供应是战争中必不可少的,古人战争强调"兵马未动,粮草先行"。所谓"先行"是先期准备行动,并不是粮草走在军队前面。推测商时后备队应是有的,如商纣伐人方,历时四个月,

若无后勤物资保障,战争是无法进行下去的。

诸侯为王朝征伐的,卜辞所见有两种形式:一是商王或王臣从诸侯征伐;一是商王直接派遣诸侯单独征伐。卜辞常见"王从"某诸侯征伐或某王臣"从"某诸侯征伐的是第一种,如"王惟从侯告征夷"(《合集》6460)、"王从望乘伐下危"(《合集》6498)、"余步从侯喜征人方"(《合集》36482)、"王令妇好从侯告征夷"(《合集》6480)、"令多尹从望乘伐下危"(《合集》6524)等,例多不备举。商王直接派遣诸侯征讨的,如"呼雀衔伐亘"(《合集》6948 正)、"禽以众舌伐召方"(《屯南》1099)、"雀及子商征基方"(《合集》6573)等。

(二)经济上的纳贡。诸侯向王朝贡纳的物品有人(奴隶)、粮食、牲畜、手工业品等,如贡奴隶的:"光致羌刍五十"(《合集》94)、"犬致仆"(《合集》554)、"供奠(郑)臣"(《合集 635 反》),"刍"是从事畜牧业的奴隶,"羌刍"是从事畜牧的羌人。① "仆"、"臣"皆是奴隶名称。《尚书·微子》:"殷其沦丧,我无为臣仆。"《左传》僖公十七年:"男为人臣,女为人妾。"臣、妾都是奴隶名称。②贡牲畜的:"或不我其来白马"(《合集》9176 正)、"奚来白马五"(《合集》9177)、"弜来马"(《合集》9175)、"王其呼供寻伯出牛"(《合集》8947)、"禽致牛"(《合集》8975)。贡手工业产品的:"禽来舟"(《合集》11462)、"卢方皆入戈五"(《殷虚妇好墓》玉戈上文字)、"汕或致十石"(《合集》39680)。妇好墓中出土的部分青铜器上铸有贡入者的名字,如在一件大圆鼎和两件铙上铸有"亚弜"铭文、在一些酒器(如瓿、爵、斝)上铸有"亚其",弜、其都是诸侯。《诗经·玄鸟》:"武丁孙子,武王靡不胜。龙旂十乘,大糦是承。"郑玄《笺》云:"交龙为旂。糦,黍稷也。高宗之孙子有武功、有王德于天下者,无所不胜服。乃有诸侯建龙旂者十乘,奉承黍稷而进者,亦言得诸侯之欢心。"是诸侯向王室贡纳粮食。

从甲骨文、古文献资料记载的诸侯、方国对商王朝所承担的各种义务反映出,他们是臣属于商王室的,他们是商王的臣,是王朝的外服职官。③ 当然,这种臣属关系在各诸侯国间及不同时期是不一样的:有的紧密、有的松懈;王朝的力量强就紧密、王朝力量弱就松懈,即所谓的"叛服无常"。

古文献和甲骨、金文都记载有关商代实行内外服制即分封制,中央王朝直接治理王国的部分地区,将其余地区分片划给王的子弟、功臣以及仍由原来所在的小国治理。王震中将这种国家制度称为"复合制国家结构",他说这种"'复合型国家结构'就是'国家'中套有'国家'。在这种'复合型'国家中,作为王国即王邦

---

① 杨升南:《商代经济史》第 253 页,贵州人民出版社,1992 年。
② 甲骨文中"臣"的词义已有衍生,官吏也称臣或小臣。商代王权至上,官吏也是王的奴仆,故他们对王称"臣",这同奴隶地位的人称的臣,是不同的。
③ 杨升南:《卜辞中所见诸侯对商王室的臣属关系》,载《甲骨文与殷商史》,上海古籍出版社,1983年。又《甲骨文商史丛考》,线装书局,2007 年。

的'大邦殷'显然有'天下共主'的特征,它在整个王朝中为'国上之国'。"臣服或服属于王朝的邦国,它们的"主权变得不完整,主权不能完全独立,但它们作为邦国的其他性能都是存在的,所以,形成了王朝内的'国中之国'。这样,整个王朝就是由作为'国上之国'与作为'国中之国'的附属邦国所组成"。① 这同夏商周的封建诸侯是一样的,在统一的王朝内,邦国对于王朝实质上是一种上下级的关系,诸侯、邦国具有早期国家地方政权的性质,但同秦汉以后的郡县制又有区别,诸侯具有一定的独立性:国君世袭、官吏自设自任免、有自己的军队、独立的经济,这些在郡县制下都收归于中央政府。

在秦以前我国为什么会出现这样的国家组织形式,徐义华认为,这是由于中央王朝掌握大量可支配的土地和人口资源,但自身又无法实现直接控制的情况下,委派亲信,建立对王朝负有责任和义务的、具有一定独立性政权的国家管理形式。分封制最初的产生是在交通条件、军事技术相对不发达的情况下,为控制怀有敌对情绪的征服地区而采取的措施。中国国家形成于中原大地,这里有着广袤的大平原,所以在她正式出现时,就是一个拥有庞大领土的国家,而且这个国家的领土还在不断地扩大。以当时的物质条件,中央政府是不可能直接控制这样广大面积的国土的,于是便有分封制的国家组织形式。②

分封制在夏代就已经出现,我们在夏代编里已有论述。商代实行分封制已如上述,是确实可信的历史事实。从甲骨文反映的情况分析,商代中央王朝对整个王国一直实施着有效的控制,其中的原因就是在分封制下,实现"强干弱枝"的格局,形成强大的王权,即中央政权,使单个的诸侯、方国无力挑战中央政权。西周时期继承了这一制度,使西周政权维持了二百多年。周平王东迁后,王权削弱,霸主行政,以致到战国时期,国家处于长期分裂状态。中国历史证明,凡是中央王权(或其后的皇权)削弱,国家就会分裂,民众就会遭受灾难。"强干弱枝"的国家政权模式,在中国存在了四千年,中国历史上的统一王朝、历史上的"盛世"时期,皆有赖于这个政权模式而出现。

第二节 商朝的职官

这里的职官是指中央王朝的职官,限于材料,诸侯、方国的职官还不十分了解,无法进行研究,只能从略,以待新材料的发现。商王朝的职官设置,比夏代合理而完备,但从文武不分、一人身兼数职看,还是处于早期国家政权设置阶段。

---

① 王震中:《论商代复合制国家结构》,《中国史研究》2012年第3期。
② 徐义华:《商代分封制的产生与发展》,《南方文物》2009年第4期。

一　职官系统

商朝职官的总数,据《礼记·明堂位》载有二百:"有虞氏官五十,夏侯氏官百,殷二百,周三百。"商朝职官分内外两个系统,即前举《尚书·酒诰》所讲:"越在外服侯甸男卫邦伯,越在内服百僚庶尹、惟亚惟服、宗工越(与)百姓里居。""外服"的诸侯之设置情况已见上节所述,此节专讲"内服"职官。马端临《文献通考·职官一》述商职官系统十分完备:

> 殷制,天子建天官先六太:太宰、太宗、太史、太祝、太士、太卜,典司六典。天子之五官曰:司徒、司马、司空、司士、司寇,典司五众。天子之六府曰:司土、司木、司水、司草、司器、司货,典司六职。天子之六工曰:土工、金工、石工、木工、兽工、草工,典司六材。五官致贡曰享,五官之长曰伯。千里之内为王畿,千里之外设方伯。

以上所列举的商朝职官设置情况,由于文献不足,其详不可考究,今以见于可靠的古文献所记载及地下出土的甲骨文、金文中所记的商朝职官,列于下表。

商代职官表(卜辞凡出自《甲骨文合集》的只出片号不再出书名)

职官名称	职　掌　简　述	主要资料出处
相	"接天下之政,治天下之民",佐王治理国家。汤已设有左右相。总领军国大事	《左传》定公元年、《墨子·尚贤中》、《史记·殷本纪》
三公	佐助相治国。纣以周文王、鄂侯、鬼侯为之	《墨子·尚贤下》、《史记·殷本纪》
卿士	显贵高官的统称	《尚书·微子》及《牧誓》、《洪范》,《诗·长发》、《国语·楚语》
父师	或为王的师职,《史记·殷本纪》误为乐官之长	《尚书·微子》、《史记·殷本纪》
少师	父师之佐	《尚书·微子》
冢宰	主王室家政,王家之总管	《尚书·微子》
宰	宰官之属	《佚》426、518,铜器《宰椃角》、《宰甫卣》
寝	主王宫寝,亦兼出使王命,如寝农"省北田"	《佚》518,铜器《作册羽鼎》、《寝敔簋》、《寝止女盉》、《寝农鼎》
作册	主起草王室文书、祭祀时向神灵作祷告辞	5658反,铜器《作册般甗》、《作册豊鼎》、《作册方彝》,玉戈"作册吾"(甘肃庆阳出土)

续 表

职官名称		职掌简述	主要资料出处
卜		掌占卜事,为神职人员,今称"贞人"或"卜人"	一条卜辞的卜和贞间之字,据已出土甲骨统计约有120人以上
巫		神职人员,主祭祀,职有高低之别。亦掌王室事物,大戊时有治理王家的巫咸。卜辞有"册巫",是巫要经过册命方可任高职	5647(册巫)、5648、5649,《史记·殷本纪》
史	史	军事性武官,主征伐、追捕、祭祀等	6771正、9126、20376、24944
	大史	戍边,主祭祀	24、1672、25950
	小史	或为大史之副	32835、《屯南》2260
	西史	戍守商西境之武官	5636、5637正
	北史	戍守商北境之将	914正(有北史获羌)
师长、师		商之最高军事长官。卜辞仅称师后接人名,如师般、师虎	《尚书·盘庚下》、4215、21386
戍		军事武官。卜辞戍以右、中、左编制,人名有"戍某",戍为官名	28038、30028、《屯南》2320,铜器《戍嗣子鼎》
射		武官。掌射手。卜辞"射某"之"射"为武官职称名	13、163、5792、《英藏》528
亚		高级武官。集合称"多亚"	35、5679、5683、14918、32272,《尚书·酒诰》
马亚、多马亚		武官。掌马,商时有战车、骑射,皆用马	564、5677、5708、5710、28011、30439
亚走马		武官	27939
服(卜辞作箙)		武官。《尚书·酒诰》亚、服并举。卜辞"箙某"之箙为官名,箙字像箭在箙中。集合称"多箙"	5802、5803、5804、11400、13884,《尚书·酒诰》
亚束		束字作✝形,为兵器。卜辞有"束人"当是主束人之武官	22130、9636、33203、34240
束尹		主束人之官	5452、32967、《屯南》341
尹		各级政务官之长。有多尹、庶尹、小尹	9472、33209、《屯南》601、723、《酒诰》
族尹		族长	5622
百姓		卜辞作多生。指百官	24140、27650、《尚书·酒诰》
里居(君)		村邑之长	《尚书·酒诰》

续　表

职官名称	职　掌　简　述	主要资料出处
畯	主田事之农官	5605—5610
小耤臣	主王室公田耕作	5603
小众人臣	主耕种王室公田的劳动者	5597
小刈臣	主王室公田收割	《乙》2813、5915
牧师、牧正、亚牧	主畜牧业	《三代》三·15·1,十四·23·5、35。古本《竹书纪年》,《史记·殷本纪》
牧	主畜牧业,有右、中、左牧	1309、35345、《甲》1131、《天理》519、《屯南》1024
刍正	主畜牧业劳动者	141正
多马羌臣、小多马羌臣	主畜牧业中的羌人	5717、5718
马小臣	主养马	27881、27882
牛臣、牛正	主养牛	1115正,《三代》十一·15·5
羊司	主牧羊	19863
豕司	主养猪	19210、19209
司犬	主养狗	20367
司工	即司空。主手工业、工程建筑	5628
多工、百工	司工之属官	11484、19433、19435、32981、《屯南》2525
右尹工	司工之属	5623、5624、5625
宗工	主宗庙建筑、制造祭器	19、20,《尚书·酒诰》
多犬	主王田猎	5663、5664、5666正、10976正
犬	主某一猎区之官。卜辞地名+犬组成人名,如孟犬、盖犬,孟、盖是地名,是指此地的犬官,其职务是导王田猎	27900、27907、27921、33361、《屯南》997
小臣	本为奴隶,后为王之宠臣的加官名,如伊尹、禽、高等任高官爵而加小臣	5571反、5572反、5574、5575、《叔夷钟》

二　商朝职官的特点

商朝是我国处于早期王朝领土国家发展阶段的时期,因此它的职官制度具有如下的两个特点:

（一）一人兼多职。如禽(🦅)这个人，卜辞称禽子，是禽为子爵：

　　……令禽子酘……　　《合集》7559 反

　　令豪、禽子、弓归。　　《合集》3076

禽是商王近官宠臣，加宠称"小臣"：

　　……小臣禽……　　《合集》5571 反、5572 反

又称"亚禽"。他从事的事务有：

1. 职掌军事：

　　丁酉卜，亚禽以众涉于西，若。　　《合集》31983

　　己巳卜，告亚禽往于丁一牛。　　《屯南》2378

　　令禽庠三百射。　　《合集》5571 甲、5572

　　贞王勿令禽致众伐舌方。　　《合集》28

"庠"是训练射手（说见后）。此工作今日称为军事教官。他率军征伐舌方，就是武将的职事。

2. 主持祭祀：

　　甲午卜，殼，贞呼禽先御燎于河。　　《合集》177

　　贞惟禽呼侑上甲。　　《合集》4047 反

　　丙午卜，贞禽尊岁羌三十卯三宰荫一牛。八月。　　《合集》320

　　庚辰卜，争，贞禽其侑于丁（祊）宰。　　《合集》4051

　　癸酉，禽示十屯。婦　　《合集》493 臼

　　癸酉，禽示十屯。取　　《合集》4070 臼

"示十屯"是整理准备占卜用的牛肩胛骨，"屯"是一对牛的肩胛骨，是禽参与祭祀活动从主持祭祀到整理占卜用龟甲牛骨的全过程。中国古代社会里，"国之大事，在祀与戎"（《左传》成公五年）。祭祀是当时最为重要的行政事务。

3. 主管农业：

　　［贞］令禽裒［田］，亡祸。　　《合集》9474

　　贞勿令禽裒田。　　《合集》9475

　　贞勿呼禽省田。　　《合集》10546

　　癸巳卜，令禽省廩。　　《合集》33236

"裒田"是垦荒，开辟农田，[①]"省田"是视察农田，"省廩"是视察粮库，皆是农业事务。禽为商之大官，不会是亲自从事农活劳动，而是主管其事。

4. 主管畜牧，称他为"右牧禽"：

　　癸酉卜，戍伐，右牧禽启人方，戍有戋。弘吉　　《屯南》2320

是禽这个人物，爵为"子"，为王的亲信近臣而称为"小臣"，掌武事而职为"亚"，掌

---

① 张政烺：《卜辞裒田及相关诸问题》，《考古学报》1973 年第 1 期。

畜牧业而担任"右牧",既主持祭祀还掌管农业,其职务之多由此可见。

(二)文武不分。一人之身,既是文官又任武职,上举禽这个人物就是,再如🝎(暂隶定作吴)这个人物,他既职司民事又领军征伐,担任将军。他所掌管的事务有:

1. 掌管农业事务:

　　己亥卜,贞令吴小耤臣。　　《合集》5603、5604
　　己亥卜,贞令吴省在南廪。十月。　　《合集》9638
　　贞惟吴呼众人臣。　　《合集》5597

众人是从事农业生产的劳动者,"众人臣"又称"小众人臣",是主管众人的官。"省廪"是视察储粮食的仓库。

2. 掌管畜牧业:

　　贞吴率致𡇒刍。　　《合集》95
　　戊申卜,宾令吴……析刍。　　《合集》118

刍是从事畜牧业劳动的人,多以被俘虏的羌族人充任,故卜辞中常见"羌刍"这一名称。吴管理刍,当是主管畜牧业。

3. 主持祭祀:

　　壬子卜,贞吴致羌🝎于丁(祊)用。六月　　《合集》264正
　　丙午卜,贞吴尊,岁羌十、卯十宰于🝎用。八月　　《合集》340
　　戊午卜,贞今日至,吴御于丁(祊)。　　《合集》13740

4. 从事征战,是一位将军:

　　□戌卜,㱿,贞吴戋羌,龙。　　《合集》6630正
　　贞吴戋羌,龙。十三月　　《合集》6631
　　丙辰卜,㱿,贞吴吊(🝎)羌,龙。　　《合集》6636正
　　己未卜,㱿,贞吴克𦎫。　　《合集》6569
　　贞惟吴令途(屠)子画。　　《合集》6053

羌、𦎫为方国名,子画为商的封国,大致是有不轨行为,商王命令吴去弹压。吴追捕逃犯:

　　癸丑卜,宾,贞惟吴令执仆。　　《合集》578

巡视各地:

　　甲辰卜,贞乞令吴致多马亚省在南。　　《合集》564正

吴在商王朝内,主管多方面的事务,这些事当然都是王朝的事,为王朝办事,总称为"叶王事":

　　己丑卜,争,贞吴叶王事。　　《合集》177
　　甲戌卜,宾,贞赐吴启叶王事。　　《合集》5458
　　乙未卜,出,贞吴叶王事,不死?十二月　　《合集》24116

"叶王事"而卜问是否会死,可见其频繁,真是"王事匪盬",大臣办理王事劳累而有性命之虞,一般的民众就可想而知了。

甲骨文里,一人担任多种职务,既从事民政事务,又从事军事性质的事务,是常见的现象,这种现象是商代职官设置的特点,它是国家政权还不够成熟的反映。

第三节　商朝的军事制度

军队是国家政权中最为重要的组成部分,商王们都十分重视军队的建设。军事制度逐渐完善,规模不断扩大,装备逐渐精良,是商朝政权得以延续近六百年的保障。

一　商朝的军事体制

商朝的军队有三种类型:

(一)王室军队,即属于国家一级的军队,是商朝的主要武装力量。甲骨卜辞中称为师、王师、朕师或我师者即是:

师获羌。十二月　　《合集》178

贞曰师无在兹延。　《合集》5808

今夕师不震。　《合集》36427

方来入邑,今夕弗震王师。　《合集》36443

壬辰……衣……朕师。　《合集》36127

……来告:大方出伐我师,惟马小臣□。　《合集》27882

上引卜辞中的"师"都是指王室的军队,由商王直接掌控。

(二)诸侯、方国的军队。卜辞中凡在"师"前加诸侯名的,即为该诸侯国的军队,如:

其从犬师,王永。　《合集》32983

戊子卜,令发(𢆶)往雀师。　《合集》8006

癸巳卜,宾,贞令伐[途]禽师。十二月。　《合集》6051

□午卜,宾,贞呼涉吴师。　《合集》5811

丙戌卜,贞弜师在𣥐不水。　《合集》5810

己卯卜,贞𠭯师次□自□凡□邦。　《合集》5814

犬、雀、禽、吴、弜、𠭯都是诸侯,这些"师"是他们国家自己的军队,任务是保护自己的国家,但也要听王室调遣,参加王室的对外征讨。

(三)族军。此是指贵族的武装。卜辞中常见有"族"对外征伐活动,知族武装在商朝社会里是一支重要的军事力量,常起着武装力量的核心作用。族武装的种类有:

1. 王族武装。

戊子卜，争，贞惟王族令戋(伐)。　　《合集》14915

己亥，贞令王族追召方及于□。　　《合集》33017

王族其敦夷方邑旧。　　《屯南》2064

甲子卜，㞢以王族究方，在🕱，亡灾。　　《屯南》2301

庚辰卜，令王族从畬。　　《屯南》190

□巳卜，贞令王族从卣𠀇叶王事。　　《怀特》71

王族除征战外，其"叶王事"是勤劳王事，为王室服务，所涉及的具体事务当十分广泛，也包括各种军事性质的行动。

2. 子族武装。子族之"子"学者间主要有两种意见，一认为是商王之子；一认为是子姓族人。商王族子姓，则是商王室的同姓家族。卜辞中有"子族"和"多子族"之称，"多子族"是多个子族的合称。卜辞有"王族爰多子族"（《合集》34133），反映子族与王族间的互动关系。多子族勤劳王事：

己卯卜，允，贞令多子族从犬侯🀆周，叶王事。　　《合集》6812 正

贞令多子族暨犬侯🀆周，叶王事。　　《合集》6813

癸未卜，争，贞令㐱致多子族🀆周，叶王事。　　《合集》6814

惟多子族从卣𠀇，叶王事。　　《合集》5450

"🀆周"即"保周"，前面已有说。常为王办事的多子族，是王室的一支重要武装力量，所以它要"叶王事"，即为王室办理各种差事。

3. 三族、五族。卜辞常见有"三族"、"五族"从事征伐的，当是与商王室同姓或异姓贵族的武装集团。他们被"令"去征伐、戍守，应是已纳入国家的武装力量系统。

（1）三族　三族从事征伐。

□戌卜，争，[贞]令三族[从沚]馘[伐]土[方]受[有佑]。

《合集》6438

己丑，历，贞三族王其令追召方及于𠂤。　　《合集》32815

惟一族令。

暨令三族。

惟三族马令。　　《合集》34136

"惟三族马令"即令三族的马，是王室征调三族的马匹。有马的三族，应是贵族组织。

（2）五族　五族担任戍边的任务：

王惟羑令五族戍羌方。　　《合集》34136

癸巳卜，王其令五族戍畓伐，弋。　　《合集》28054

□丑卜，五族戍，弗雉王[众]。　　《合集》26880

戍兮弗雉王众。

戍🕱弗雉王众。

  戍骨弗雉王众。

  戍逐弗雉王众。

  戍荷弗雉王众。

  五族其雉王众。

  戍兮其雉王众。　　《合集》26879

"羡令"有紧急命令之意。雉字有编制、编列、编排之意,"雉众"是将众编入五族中。五族戍守五个地方,族的力量不足,故卜问是否要王室从事农业生产的众人编入各族武装之中,以补充其不足。族武装还装备有马,三族有马已见上引《合集》34136"惟三族马令",下面一辞只言"族马":

  惟族马令往。　　《合集》5728

商时已有两个轮子的车,作为运载工具。可以乘坐人也可以作为军队装备,成为战车。车需要马拉,在商代的遗址里已发现数十辆用二马或四马拉的车。"族马令"、"族马令往"当是要求族武装的战车从戎。商代甲骨文中的"族"组织都是贵族,①所以能有马被征调。

二　武丁改革军制

  在武丁登上王位后的一段时期,商朝的军队还没有实行正规化的编制,仍然实行临时征集制,即临战前召集兵员,任命将领。这是比较原始的军制,起源于五帝时代,在那个时代每个有公民权的男子都是战士,城邦间发生战争都得参加。这种临时召集军队的方式产生于五帝时代,经夏沿袭至商的武丁时期。武丁时期卜辞中,在征伐某方或抵御某方来犯境而进行的登、供、☒(☒字隶定作冒,读作眉,与募音近字通,应是招募的募字)人若干出征,就是这种临时征召制。如供人出征的:

  癸巳卜,㱿,贞供人呼伐舌[方],受有[佑]。　　《合集》6174

  丁酉卜,㱿,贞今春王供人五千征土方,受有佑。三月。

　　　　　　　　　　　　　　　　《合集》6409

登人出征的:

  贞登人五千呼见舌方。　　《合集》6167

  贞登人三千呼伐舌方,受有佑。　　《合集》6168

  己未卜,㱿,贞王登三千人呼伐☒方,戋。　　《合集》6639—6643

"见舌方"即是同舌方交战。募人出征的:

  庚午卜,㱿,贞勿募人三千呼望舌[方]。　　《合集》6185

  □寅卜,☒,贞募三千人伐……　　《合集》7345

---

① 杨升南:《殷墟甲骨文中的邑和族》,《人文杂志》1992年第1期。

贞募人三百……归。　　《合集》7348 反

"望舌方"的"望"有侦察之意,但《合集》6185 占卜问是否用三千人去"望舌方",就不可能是侦察行动而是正式的战争。卜辞有某人"称册"后,接着是"登人"征讨的:

□□卜,宾,贞牧称册……登人敦……　　《合集》7343

丁亥卜,□,贞牧称册,㬥……　　《合集》7424

这两条卜辞都残,但内容相同,可以互补成以下卜辞:

丁亥卜,宾,贞牧称册,㬥□【方】……登人敦……

"称册"后的"㬥"字是通告敌方罪行,故后接所征伐的方国名。"敦"是一战争动词,与征、伐意思同。"称册"与"登人"是两个先后的行动:"称册"是命将;"登人"是召集兵员。因军队不是常备的也没有现成的建制,故须临战前组织军队。"登人"后紧接"敦",临战时征集兵员的制度明显。

图 3-23　有中师的甲骨

(《合集》5807 放大)

供人、登人、募人若干征讨某敌对方国的卜辞,只见于武丁时期,武丁以后的甲骨卜辞很少见,这反映出一个重大的历史事实:就是在武丁时期,他对商朝的军事制度进行了改革。其改革的内容是将传统的临时征集制变为固定军籍制,即将有战士资格的人按师、旅等军事建制编制起来,战时就以师、旅建制调动,不必临时"称册"命将、征集兵员,所以在武丁之后,供人、登人、募人作战的卜辞很少见到,"称册"的卜辞亦仅偶一见。① 这个改革应只是编制常备,如后世金人的猛安谋克、满人的八族,成员不脱离生产,而不会是如现今的常备军。这一改革大致在武丁的中后期。在武丁卜辞有中师、右师:

【癸】亥卜,争,贞旬亡祸。王占曰:有祟。旬壬申中师娞。四月。

《合集》5807(图 3-23)

丙午卜,殻,贞呼师往见右师。王

---

① 1989 年在小屯村南的 T7 探方中出土的一片属历组的甲骨,其上有三条卜辞:
1. 辛丑……三千……令……
2. 辛丑卜王征刀(召)方。
3. □□卜□令【征】召【方】受【佑】。(《屯中南》66。即中国社会科学院考古研究所编著《殷墟小屯村中村南甲骨》的简称。此书由云南人民出版社 2012 年出版。)
该片上第 1 条卜辞的"三千"与 2 辞征伐召方的干支相同,为同日所卜,可能是因征召方而征召兵员。但卜辞残缺过多,是否如武丁时常见的"登人三千"或"供人三千"的征召兵员行动,还不可确定。《屯中南》228 同属历组,也有登人和伐召方内容,似与征召兵员征伐召方有关。此两片卜辞属历组父丁类,应是武乙时代之物。康丁卜辞中有右旅、左旅的军队建制,或是武乙时有所变革?

[占]曰：隹老隹人途遘，若。□卜隹其勾。二旬又八日虎壬申师夕甗。
《合集》17055

贞殻惟归于右师。　《合集》1253 正

有右师、中师当有左师，"左师"一辞卜辞还未见到，但在武丁卜辞中已有用右、中、左三军征伐的：

乙未卜，贞立（莅）事于南，右从我，中从舆，左从曾。十二月。
《合集》5504、5512（此文是两条卜辞互补而成）

前已指出过，右、中、左是商军的三个师，我、舆、曾是商的三个同盟国，这是《诗经·殷武》里武丁"奋伐荆楚"的那次战争。

武丁进行军事变革的时间，大致在武丁的中期稍晚，在武丁时进行的一次战争，有王室的军队"旅"和妇好的三千人参加：

辛巳卜，登妇好三千登旅一万，呼伐□。　《合集》39902

妇好的三千人没有使用师、旅这样的军事建制单位，而国家的军队则使用"旅"这样的军事建制单位用辞，说明此时师、旅已成商军的建制单位了，是商军已从临时征集制变为固定军籍制了。① 据研究，妇好大约死于武丁中期或中期偏晚，是妇好在世时武丁的军事改革已完成，可知武丁的军事变革不晚于他的中期偏晚时期。武丁时局势十分险恶，四周异族不断来侵，战事频繁，变革原始的临战征兵制以适应战争的需要。胸怀雄才大略的一代英主武丁，对不适应战争需要的军制进行变革，当不会等到晚年才进行。

三　商朝军队建制的名称

商朝军队建制的名称有如下几种：

（一）师

甲骨卜辞中的"师"字有两个含义：一指军队，是军队的通名；一指军队的一级建制名，如上举武丁卜辞的"右师"、"中师"，文丁时有作"三师"的卜辞：

丁酉，贞王作三师右、中、左。
《合集》33006（图 3-24）
丁酉，贞王作三师右中右（左）。
《屯中南》212②

图 3-24　王作三师甲骨
（《合集》33006）

---

① 杨升南：《略论商代的军队》，载胡厚宣主编《甲骨探史录》，三联书店，1982 年。
② 《屯中南》是《殷墟小屯村中村南甲骨》（中国社会科学院考古研究所编著，云南人民出版社，2012 年出版）一书的简称。

"作"是建立,此辞是占卜文丁建立右、中、左三个师的军队。

(二)旅。古时师旅连言,为军队通称,下引甲骨文中的"旅"是泛指军队的用例:

  己未卜,㱿,贞㐭其穧我旅。

  己未卜,㱿,贞㐭不我穧旅。一月。 《合集》1027

  庚辰王卜,在攸,贞今日其逆旅以执,在东单,亡灾。 《合集》36475

甲骨文中"右旅"、"左旅"的"旅",则是商代军队的建制名称:

  翌日,王其令右旅暨左旅㐭见方,不雉众。 《屯南》2328

  王其以众合右旅[暨左]旅㐭于旧,戋。 《屯南》2350

  右旅□雉众。 《屯南》2064

"中旅"的卜辞还未见到。"右旅"、"左旅"的甲骨文出现于康丁时期。

(三)戍。戍是戍卒,亦是右、中、左的建制:

  癸酉卜,戍伐,右牧禽启夷方,戍有戋。弘吉

  [右戍有]戋。弘吉

  中戍有戋。

  左戍有戋。

  亡戋。

  右戍不雉众。

  中戍不雉众。

  左戍不雉众。 《屯南》2320

这是康丁时期征伐夷方的卜辞。右戍、中戍、左戍的戍不是动词而是名词,是"戍"这种武装的编制单位名。甲骨文中有以戍进行的战争:

  其呼戍御羌方于义則,戋羌方不丧众。 《合集》27972

  戍其伐,有戋。 《合集》2806

  戍甲伐,戋㝢方㚔。 《合集》27995

  戊辰卜,戍执征毀方,不往。 《屯南》2651

上引卜辞中的"戍"是指防御、守边的武装力量,犹如今日的边防军。

(四)行。甲骨文中有大行、中行、东行、上行、右行等,是军队的建制单位。①

  ……出复右行 《合集》4037

  㐭中行征方,九日丙午遘[方]。 《怀特》1504

  辛酉卜,惟大行用。 《怀特》1581

  惟籩用东行,王受佑。

  惟隹从上行左籩,王受佑。 《怀特》1464

---

① 寒峰:《甲骨文所见的商代军制数则》,《甲骨探史录》,三联书店,1982年。

上行是左行,东行是右行,亦是右、中、左为序的建制。以"行"进行的战争如:

  惟沁行用,戋羌人(方)于之,不雉人。 《合集》26896

  惟卣行用,戋羌[方]。 《合集》27978

  戍惟义行用,遘羌方,有戋。

  弜用义行,弗遘方。 《合集》27979

"行"是古代的一种步兵编制,《左传》僖公二十二年:"晋侯作三行以御狄,荀林父将中行,屠击将右行,先蔑将左行。"春秋时晋国同戎狄人作战,"毁车以为行",是改车兵为步卒,《左传》昭公元年:

  晋中行穆子败无终及群狄于大原,崇卒也。将战,魏舒曰:"彼徒我车,所遇又阸,以什共车,必克。困诸阸,又克。请皆卒,自我始。"乃毁车以为行,五乘为三伍。荀吴之嬖人不肯即卒,斩以徇。两于前,伍于后,专为右角,参为左角,偏为前拒,以诱之。翟(狄)人笑之。未陈而薄之,大败之。

山地利于步卒不利车战。春秋时是以车战为主,晋与狄在山地交战,改车兵为步卒,用"行"的编制,终致大胜。"行"这种步卒建制,证之甲骨文,在商代就是军队中的建制之一,甲骨文中常见的"步伐"就是使用"行"这种建制的步卒进行的。

四 商朝军队的规模

  商朝军队的建制以"师"为最高一级单位,故《尚书·盘庚》篇中将"师长"与"邦伯"并提。武丁前期实行的临战时征集兵员的制度,军队的人数多少随战争的需要随时征集。汤伐夏桀时的兵力是兵车七十,战士六千人,《吕氏春秋·简选》:"殷汤良车七十乘,必死六千人。"武丁征伐强敌土方、舌方,所征集的兵员最多是五千:

  丁酉卜,殻,贞今春王供人五千征土方,受有佑。三月。

                《合集》6409

  贞登人五千呼见舌方。 《合集》6167

武丁变革军制,建立固定军籍制,以"师"为单位,将有战士资格的人编制在固定的某个"师"内,战时即以师为单位调动军队。武丁时见于卜辞的有右师、中师,有用右、中、左三师伐荆楚的战争,是武丁时有三个师的军队。到文丁时商朝军队有所扩大,有文丁"作三师"的卜辞(见上引《合集》33006、《屯中南》212)。卜辞称"王作"当是商王建立,为王朝的军队。武丁时已经建立有三个师的军队,从武丁至文丁间,商与周边方国部族之间战事不断,武丁后的诸王是不会将国家机器中的这个核心力量解散的,那么文丁时的"作三师"就应是文丁对商朝军队的扩编,即商朝从原有三个师的基础上,再扩建三个师,是时商军应有六个师的军力。商军的扩大,是适应形势的需要。商朝末年,东方的东夷、东南的人方、西方的盂方,特别是西方的周人实力崛起,与商为敌,据古本《竹书纪年》载,"武乙三十五年,周王季伐西落鬼戎,俘二十翟王。"《史记·殷本纪》载武乙死于河渭之间。武乙之死或与周人有关,所以武乙的儿子文丁迫于形势,不得不增加兵力。由于文丁的军事力量增强,所以他敢于对周人出手,古本《竹书纪年》载"文丁杀季历",就是在这种形势下出现的事实。

商晚期建六个师,为商朝武装力量的主力,这一制度也被周人仿效,《诗·大雅·棫朴》:"周王于迈,六师及之。"《诗·小雅·瞻彼洛矣》:"韎韐有奭,以作六师。"是周初仿效商人建立六个师的国家军队。

"师"的规模有多大,即一个师是多少兵员的编制,甲骨文、金文皆无文可据。古文献中,《周礼·夏官司马·序官》有关周军的军制:

> 凡军制,万有二千五百人为军。王六军,大国三军,次国二军,小国一军,军将皆命卿。二千有五百人为师,师帅皆中大夫。五百人为旅,旅帅皆下大夫。百人为卒,卒长皆上士。二十五人为两,两司马皆中士。五人为伍,伍皆有长。

"二千五百人为师"的编制,武丁时三个师,其军队总人数为七千五百人。若此则与当时战争出动的兵力不符,武丁时曾一次出动一万三千人的军队出征:

> 辛巳卜,贞登妇好三千登旅一万呼伐□。　《合集》39902

其中属于中央王朝的军队"旅"就有一万人,武丁时战争频繁,他改军制,当不会将军队规模缩小。周武王伐纣的战争,周军中是亚旅、师、千夫长、百夫长的建制,《尚书·牧誓》:"王曰:嗟!我友邦冢君御事,司徒、司马、司空、亚旅、师氏、千夫长、百夫长。"从百夫长之上是千夫长推之,周军是采十进制的,千夫长之上的师当是万人的编制。师旅是军队的通称,因军队编制单位以师旅为最大,商代甲骨文有师也有旅。上引武丁卜辞(《合集》39902)有"旅一万",商军的"师"当有可能是每师一万人。商周时期的甲骨文、金文中,凡涉及军事方面的内容,都没有"军"这个字,故"师"在当时相当于后来的"军"级建制。

若每师编制为万人,商王文丁"作三师",扩军一倍达六个师,则商朝末年有正规军队六万人。此时商正规军的人数只同它的诸侯国周人的兵力相当,《史记·周本纪》:

> (周武王)遂率戎车三百乘,虎贲三千人,甲士四万五千人,以东伐纣……诸侯兵会者车四千乘,陈师牧野。

周武王的戎车、虎贲、甲士都是训练有素的正规军,其数已近五万之数。周人还是商朝内的一个诸侯国,他都拥有这样大的一支武装力量,作为中央王朝的商,在文丁以后有六个师六万人的一支正规军事力量,应是有的。

五　商朝军队的兵种

商朝军队的兵种有步兵和车兵,可能还有骑兵及水师。

（一）步兵。甲骨文中常见"步伐"一辞，如：

  戊子卜，宾，贞禽迨步伐舌方，受有佑。十二月。　　《合集》6292

  庚寅卜，宾，贞今春王其步伐夷。　　《合集》6461

  余步从侯喜征人方　　《合集》36483

胡厚宣说"步伐者，不驾车，不骑马，以步卒征伐之也"。① 汤伐夏桀之战是战车和步卒相结合，已见前引《吕氏春秋·简选》篇文。前述商代军队建制的名称中所讲的"行"，就是步卒的编制。步卒当是商军的主要兵种，甲骨文中常见的登人多少伐某方的，被临时登来的人应都是作为步兵使用的。

（二）甲士。甲士是指战车上的武士。车在商代遗址里已发现数十辆，1936年第十三次殷墟发掘时，在小屯东北宫殿区乙七基址的南侧，发现车马坑五座，作"品"字形排列，其中编号 20 中的车保存完好，内埋一车四马。据参加发掘的胡厚宣记述五辆车的情况："车坑共发现五处，四处经过扰乱，一处尚保存完整，可以看出殷代战车的制度。一车驾四马，乘三人：一主人，另外一御一射。兵器三套，即为三人使用的东西。"② 甲骨卜辞中有商王乘车打猎的：

  癸巳卜，殷，贞旬无祸。王占曰：……有祟，若偁。甲午王往逐兕，小臣
  叶车，马硪弯王车，子央亦坠。　　《合集》10405 正

打猎具有军事演习性质的一面，有用车打猎，用车作战就不是问题了。甲骨文中有车战的卜辞：

  癸巳卜，争，贞自今至于丁巳我戋宙。王占曰：丁巳我弗其戋，于来甲
  子戋。旬有一日癸亥，车弗戋。　　《合集》6834 正

"车弗戋"是说，不用战车去捣毁敌国的城邑。在当时不仅商军使用战车，与商敌对的方国也有使用战车的。商在对危方的战争中就缴获其车两辆：

  ……小臣穑从伐，擒危美，人而二十四人……人五百七十，馘百，车二
  丙……　　《合集》36481 正

"丙"是计算车的单位，"车二丙"即车二辆。战车上的人员配备是一车三人，《诗·鲁颂·閟宫》郑玄《笺》："兵车之法，左人持弓，右人持矛，中人御。""御"就是驾车者。前述殷墟发现的车马坑内，有三人三套武器，是商代一辆战车上的兵员配置。卜辞云：

  丙申卜，贞戎马左右中人三百。六月。　　《合集》5825

"戎马"是驾战车的马。"左右中人三百"正是一百辆战车上的人员配置。

  战车上必有射手。甲骨文中有"射"字，作 形，像箭在弦上欲发之状。卜辞的"射"字有作动词和名词两种词性，作动词如卜辞：

---

① 胡厚宣：《殷代舌方考》，《甲骨学商史论丛》初集，河北教育出版社，2002 年。
② 胡厚宣：《殷墟发掘》第 107 页，学习生活出版社，1955 年。

呼射鹿,获。 《合集》10276

贞其射鹿,获。 《合集》10320 正

"射鹿"是打猎中用弓箭射杀鹿,此"射"字是动词。作名词有两个含义:一是职官名,是主管射手的武官,如:

乙丑卜,宾,贞令射倗卫。一月。 《合集》13

己卯卜,宾,贞翌甲申用射舌致羌自上甲。二月。 《合集》277

射倗、射舌的倗、舌是人名,射是他们的官职,主管射手之事。"射"字作为名词的第二义是指射手。射手是拥有射击技术的人,卜辞中一般用数字表示,如:

惟六射。 《屯南》2417

丙午卜,永,贞登射百令𢦏…… 《合集》5760 正

癸卯卜,争,贞王令三百射弗告十示王骨隹之。

贞王骨不隹之,弗告三百射。 《合集》5775 正

贞翌己卯令多射。二月。 《合集》46 正

甲骨卜辞中常见的百射、三百射,岛邦男说:"'三百射'就是他辞的'多射',而'射'就是以战车一辆之射士为单位的编军单位(依据 M20 车马坑的发掘证明殷代战车已被使用)。"①若此"百射"、"三百射"则是指一百辆、三百辆战车上的射手而言的。

卜辞中有"庠射"一辞,"庠"字作 形,隶定作庠。庠即古代的学校名,《孟子·梁惠王上》:"谨庠序之教,申之以孝悌之义。"赵岐注:"庠序者,教化之宫也。殷曰序,周曰庠。""庠射"的庠,是一动词,即训练射手。② 卜辞"令某庠若干射"即是使某人训练若干名射手,此人即任教官之职。见于卜辞的射手教官有禽和奠:

贞令禽庠三百射。

贞惟奠令庠三百射。

癸巳卜,彀,贞令奠庠三百射。 《合集》5771 甲乙

贞令禽庠三百射。

贞勿令禽庠三百射。

贞惟奠令庠射。

癸巳卜,彀,贞令禽庠射。

癸巳卜,彀,贞惟奠庠射。 《合集》5772

这两片甲骨占卜的日期、贞人、所卜内容都相同,当是同一天对同一件事的多次占卜。在冷兵器时代,弓箭是当时军中的远程武器,射手发射箭的准确程度对战争的胜负关系极大,故特别重视对射手的训练。孔子教学科目六艺中"射"

---

① [日]岛邦男:《殷虚卜辞研究》(李寿林、温天河译)第 460 页,台北鼎文书局,1975 年。

② 陈梦家:《殷虚卜辞综述》第 513 页,科学出版社,1956 年。

就是其一。军队的士兵是在不断地更新,所谓"铁打的营盘流水的兵",补充的新射手,在甲骨文中称为"新射":

贞取新射。 《合集》5784

贞呼子画致🉀新射。 《合集》5785

乙亥,贞令以新射于薪。 《合集》32996

辛未,贞遘以新射于薪。 《合集》32997

"新射"是没有训练的射手,因为有"新射"的征集,故必要有"庠射"一环,方能保证军队的战斗力,确保战争的胜利。

(三)骑兵。在商代马能驾车,也用于骑乘代步。在殷墟发掘时曾发现一座人马合葬墓,墓中埋葬一人一马一犬和一套兵器及一件玉制的马鞭柄。由马的装饰和武器看来,这匹马是供人骑的,这个人就是一位"骑士"。① 带有武器的骑士,从军事角度看,他就是商代的一位骑兵。

甲骨文中有"马其先"一辞:

戊申卜,马其先,王兑(锐)从……大吉 《合集》27945

庚午卜,贞翌日辛王其田,马其先,擒,不雨。 《合集》27948

"马其先"即后世的先马,《荀子·正论》"诸侯持舆夹轮先马",杨倞注:"先马,导马也。"于省吾说导马"是指乘马者言之"。锐即速,"马其先,王兑(锐)从"是说"令导马者先行而王速从"。② 王乘车,车前有骑马者开路。甲骨文中有称"马"参与战争的:

癸巳卜,宾,贞多马遘戎。 《合集》5715

丁亥卜,贞【多】马从戎。 《合集》5716

甲午卜,亘,贞供马呼戟…… 《合集》7350

戎指戎事即战争。戟作为动词字,是一战争用词,与征伐义同。③ "多马遘戎"、"多马从戎"当然是以骑兵从事战争。

(四)水师。水上用具甲骨文称为"舟",其字作:

🉀(《合集》13758 正)   🉀(《合集》6073)   🉀(《合集》795 正)

诸形。卜辞有敌对方国以舟师侵犯商之东土的:

辛酉卜,方其🉀于东。二告 《合集》11467

□申卜,方其🉀于东。 《合集》11468

甲戌卜,扶,贞方其🉀于东。九月。 《合集》20619

卜辞中的"🉀"字,郭沫若说应是般字,读为畔。④ 张秉权释为"服"⑤,姚孝遂认

---

① 胡厚宣:《殷墟发掘》第108页,学生活出版社,1955年。
② 于省吾:《甲骨文字释林·释"先马"》,中华书局,1979年。
③ 唐兰:《天壤阁甲骨文存考释》第53页,北京辅仁大学影印本,1939年。
④ 郭沫若:《殷契粹编》第643页,科学出版社,1965年。
⑤ 张秉权:《殷虚文字丙编考释》第470—471页,"中央研究院"历史语言研究所影印本,1957年。

为此字"用为动词,有侵犯之意。"其行动与舟有关。①其字像人站立在舟上荡舟形,应为荡字。"方"在卜辞中是泛指商王国周边的方国,他们与商王朝处于叛服无常的关系,商与这些方国间时有战事发生,此等情况前已有述,故"㿽于东"的"方",是地处商王国东部地区的一个方国。卜辞言征伐、侵犯的用辞常用"伐"、"征"、"敦"、"御"、"㦴"、"出"、"追"等字,此处用㿽字,应表示此"方"的军队是乘着舟船来侵犯商王国。"东"是指商王国的东境地区,或称为"东土"。商王朝的"东"土,大致在今日河南省东部、山东省西部及江苏省淮北地区。这一带古时是水乡泽国,有济水、泗水、汶水及菏泽等水系,故"方"得"㿽于东"——驾着舟船来侵犯。显然来犯的敌军是一支水军,或称为"舟师"。方"㿽"于东"的占卜还有几条残辞不备举,从上举三条完整的卜辞知,在三个不同的日子里,都占卜此事,可见当时敌情之严重、形势的紧张。商王朝也用舟师迎击来犯之敌者,卜辞云:

戊□卜,㱿,贞令吴㕻古取舟,不若。

贞勿令吴㕻古取舟,不若。 《合集》655 正甲十正乙

㕻字不识,或释为丘,或说是㦴字之省,为"捍"字。② 上引《合集》655 两条卜辞,是令吴去执行捍卫或征伐事。"㕻古取舟"是此次进军要乘船,故要"取舟"以载运士卒。辞中的"古"字即"故"字。郭沫若在《卜辞通纂》"别录之一"大龟第三版的第61、62辞考释说,"'隹㞢古'者其有故"也。③ 从《合集》655 片上的这两条卜辞看,吴这次军事行动是乘舟前往,"古(故)取舟",也应是具有"舟师"性质。据古文献记载,只有到春秋时期,地处南方的楚国、吴国才建有"舟师",④但从甲骨卜辞看,早在商代后期,商王国及其周边的某些方国,就已在利用舟船运送军队或在水上交战了。"方"的来犯和商朝将领吴的出御卜辞,均为武丁时期,很有可能吴就是以舟师去抵御"方"对商东境的侵犯。水上战争也与陆战同,有先头部队,如卜辞:

□丑卜,宾,贞羌舟启,王㷱。 《合集》7345

"羌舟"当是名为羌的将领所率领部队乘的舟。甲骨文中的羌,多指商的敌对方国"羌方"。但也有以"羌"为名的商朝职官,如卜辞中的"多马羌"、"小多马羌臣"(见《合集》6762、6763、5715 等)。"多马羌"是一武将,如:

□寅卜,宾,贞多马羌御方。 《合集》6761

"御方"即是抵御"方"对商朝的侵犯。商代青铜器中有"亚羌"做的礼器:

亚羌作旅彝。 《集成》9544

"亚"是商代武职官之称。羌职为亚,所以卜辞的"羌舟",应理解为"亚羌"率领的

---

① 于省吾主编:《甲骨文字诂林》第3170页,中华书局,1996年。
② 于省吾主编:《甲骨文字诂林》第3350页,中华书局,1996年。
③ 郭沫若:《卜辞通纂》第570页,科学出版社,1983年。
④ 见《左传》襄公二十四年、哀公十年。

舟船队出征。

在战争卜辞中"启"字是先导、先锋的意思,这点我们在前面已经指出过。上引《合集》7345版上,残存有三条卜辞,移录于下:

□寅卜,品,贞募人三千伐。

□酉卜,㱿,贞翌乙亥不其易日。

□亥卜,宾,贞羌舟启,王㢸。　　《合集》7345

第一辞中"募人三千伐"是调动三千人的一支军队出征。第二辞是为出征占卜天气,与第三辞的"羌舟启"是紧相联的。这次战争是以将军"亚羌"所率领的舟师为前锋。第三辞中的"王"后一字不识,其右旁所从的 ,为次字,意为军队宿营。《左传》庄公三年:"凡师(出),一宿为舍,再宿为信,过信为次。"此辞是羌率舟师为前锋,商王率大军扎营于后,进行指挥、督促。①

从卜辞所见,商代的军队有步兵、甲士(战车兵)、骑兵、水师。后世军队的兵种,商代都已初步具有。

六　军队的装备

商朝军队的装备主要有两项:一是运载工具,一是武器。

(一) 运载工具

运载工具主要是车,也可能有舟船。甲骨文中有车字和舟字,都是运载工具,都可以为战争服务。

商代车的发现已有数十辆之数,在有些车坑内的车舆内或车旁有成套的兵器,这样的车应是兵车。有兵器随葬的车与没有兵器随葬的车,在结构上没有区别,所以商代兵车的构造与普通乘车的构造是相同的。

从考古发现商代车的实物,已确知其结构是由两轮、一轴、一舆、一辕、一衡构成,除少数部件为青铜制品外,皆为木质。(图3-25)殷代车马坑中大都埋一车两马,说明商代的车大多为两马驾辕。小屯宫殿区的M20中埋一车四马,该坑打破

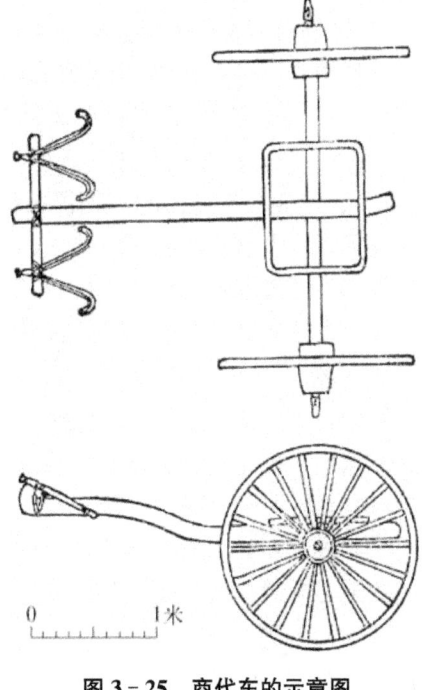

图3-25　商代车的示意图

(采自《殷墟的发现与研究》第139页)

---

① 杨升南:《甲骨文中舟和商代的水上交通工具》,《殷都学刊》2006年第4期。

祭祀坑 M22、M23,当为从属于乙七基址的晚期遗迹。据此可以推断,用四匹马拉车(两服两骖)在商代晚期已经出现。在已发现的车马坑中有的坑内随葬武器,那些随葬武器的车子当时可能被用为作战的战车,而未随葬武器的车子,有可能是用于代步的乘车。战车中出土的武器,大都放在车舆内及其附近。武器大多为青铜制,少数为石、骨制。从作战用途来看,这些武器可分为三类:一类为远射器,包括弓和箭。弓为竹、木质,已朽。箭装在箭袋内,箭袋和箭杆皆朽,仅剩铜、石、骨质箭头;一类为格斗器,如铜(石)戈、斨等。而某些直刃青铜刀可能是作为防身的武器;一类为修理的工具。在 7 座随葬武器的车马坑中,有 6 座坑中的车舆内发现有铜锤、锛、凿、刀、砺石、石觿以及铜(玉)马鞭柄等多种工具。这些铜石工具当为战车上的车兵或驭手行军作战时所随身携带,它们或作修理车子之用,如锛、凿、锤之类;或作修理绳带之用,如曲刃刀、觿之类;或作打磨武器之用,如砺石;或作驱马使用,如马鞭。①

舟的实物在商代考古学上还没有发现,但如我们在前面所述,甲骨文中商代已使用舟同东方敌对方国作战,舟也应是商代军队的运输工具。

(二)武器

商代已经是青铜冶铸十分发达的社会,作为军队装备的武器当是以青铜质为主,特别是作为负指挥责的军官们和军队的主力部分的装备,至于普通的士兵应是使用木、石、骨、蚌等非金属武器。

在考古发掘中,商朝青铜兵器有大量的发现,它代表了当时军队的装备水平,故我们以青铜质武器作为认识商代武器的状况。河南安阳殷墟,是商朝后期的都城,此地发现商代的青铜器数量最多,品种齐全,故以此遗址中所出土商代武器来作为考察商代武器的情况。《殷墟的发现与研究》一书之《殷墟出土文化遗物》篇的"青铜器"类的"武器"项下,总结六十年来殷墟考古中所发现的武器情况称:武器是铜器中数量最多的一类,约有 2 800 件。按它的功能,有攻击型的戈、戣、钺、矛、大刀、镞(箭头)等;有防御型的胄(头盔)、甲;有武器的附件镈、弓形器和弭等。其中以铜戈和铜镞的数量最多。②(图 3-26)二十世纪三十年代在侯家庄大墓里还发现有木质盾牌,是防身用具。妇好墓中出土的虎食人大铜钺,更是指挥权的象征。(图 3-27)

各种武器的用途都清楚,只有弓形器的用途还未能取得共识。唐兰认为,是用在弛弓时缚在弓背中央部位以防损坏的。当挂上弓弦,张弓的时候,弓背反过来就成为里侧了。③

林沄综合中蒙边疆考古资料,提出弓形器是古代驾车者及骑马者横缚在腰

---

① 中国社会科学院考古研究所编著:《殷墟的发现与研究》第 138—144 页,科学出版社,1994 年。
② 中国社会科学院考古研究所编著:《殷墟的发现与研究》第 308 页,科学出版社,1994 年。
③ 唐兰:《弓形器(同弓秘)的用途考》,《考古》1973 年第 3 期。

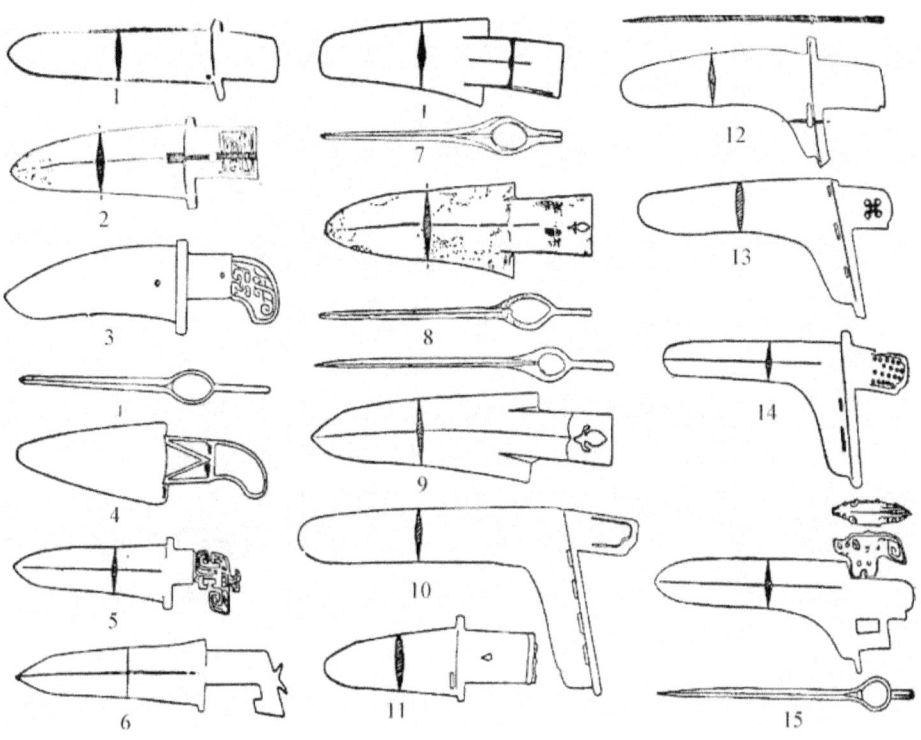

图 3-26 殷墟出土的铜戈

(采自《殷墟的发现与研究》第 309 页)

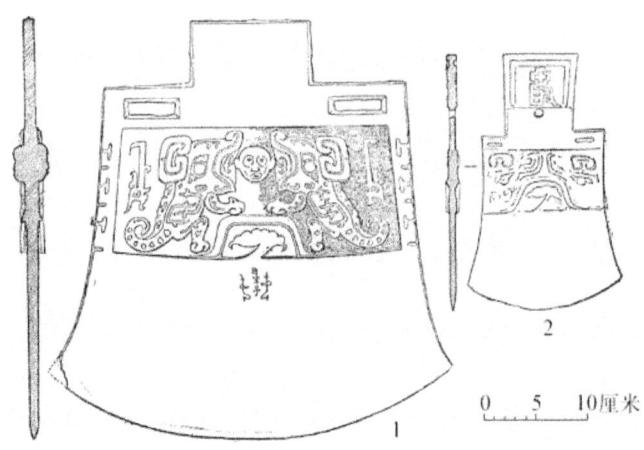

图 3-27 妇好墓出土的铜钺

(采自《殷虚妇好墓》第 106 页)

间用来挂马缰绳而解放双手的,①此说得到学者的赞同。②（图3-38）

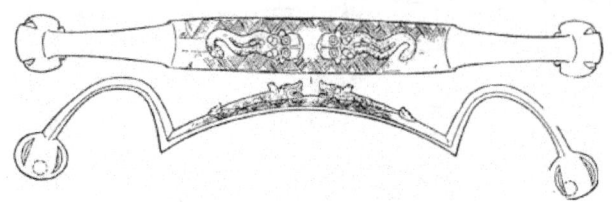

图3-28　妇好墓出土的铜弓形器
（采自《殷墟的发现与研究》第318页）

从上述商代的军事装备看,作运输的有车和舟,武器有青铜制的和非金属制的戈、矛、镞、刀、钺、戳等。护身的有头盔及铠甲。当时的一位车上甲士的装备是：头戴青铜（或皮革）制的头盔,身披皮甲,背负角弓,腰间挂着的皮制箭袋内装满铜制的箭,立于两马拉牵的战车上；或是头戴青铜（或皮革）制的头盔,身着皮甲,左手提一把青铜制的戈或矛,右手拿着一张绘有虎纹的木制盾牌,立于两马拉牵的战车上。此即"兵车之法,左人持弓,右人持矛,中人驭"之武士。

七　军队的法律

商周时期的军法称为"律",《易·师》初六："师出以律,否臧,凶。"孔颖达《疏》云："师出以律者,律,法也。……师出之时,当须以其法制整齐之,故云师出以律也。""否臧,凶"即不以法律制军则有凶险,会生乱。商代甲骨文中有类似的辞语：

师惟律用。

惟用　　《屯南》119、《怀特》1581

王弜……律,其……弗每(悔)。　　《合集》28592

"惟",只有。是说军队只有用法律（纪律）约束,方能"用",即可战无不胜。

第四节　商朝的刑法和监狱

商朝的法律称为"汤刑",也称"汤法",其内容是处置罪人的刑罚条款。从古文献和甲骨文反映出,商代刑罚特别残酷,是奴隶社会的特点。

---

① 林沄：《关于青铜弓形器的若干问题》、《再论挂缰钩》,见《林沄文集》,文物出版社,2001年。
② 首都博物馆复原展出一辆马车,弓形器横缚于驾车者腰间,马缰绳挂拌其上,其说明文字为："弓形器是从欧亚草原地区传入中原地区的车马器,它横缚在驾车者腰间,马缰绳拴缚于弓形器两端的弧形臂上,用来协助驾车者挽缰绳。"

一 商朝的刑法——汤刑

商朝的刑法被称作"汤刑"。《左传》昭公六年，晋国的叔向说："夏有乱政而作《禹刑》，商有乱政而作《汤刑》，周有乱政而作《九刑》，三辟之兴皆叔世也。"《汤刑》又称为《汤法》，汤孙太甲不遵《汤法》，被大臣伊尹关在桐宫里"悔过"。《史记·殷本纪》："帝太甲既立三年，不明，暴虐，不遵《汤法》，乱德。于是伊尹放之于桐宫三年。"

《汤刑》的内容，今已无存，不可知其详，相传有三百条之多。《吕氏春秋·孝行》："《商书》曰：'刑三百，罪莫重于不孝'。"高诱注："商汤所制法也。"不孝为《汤刑》中的一条重罪。《汤刑》中有"官刑"，其刑禁止在宫中淫乱，即禁止"三风十愆"。古文《尚书·伊训》载这"三风十愆"是汤给作官者制定的"官刑"，具体内容为：

> （汤）制官刑，儆于有位，曰："敢有恒舞于宫，酣歌于室，时谓巫风；敢有殉于货色，恒于游畋，时谓淫风；敢有侮圣言，逆忠直，远耆德，比顽童，时谓乱风。惟兹三风十愆，卿士有一于身，家必丧；邦君有一于身，国必亡。臣下不匡，其刑墨。"

"三风"指巫风、淫风、乱风。"十愆"即指十种过失，即恒舞、酣歌、贪货、贪色、恒游、恒畋、侮圣言、逆忠直、远耆德、比顽童。凡染有此过失者，要受到惩罚。《伊训》所记汤之刑法，亦见于《墨子·非乐》篇：

> 汤之《官刑》有之曰："其恒舞于宫，谓之巫风"。其刑，君子出丝二卫。

《伊训》虽为伪古文，而其中所载汤之《官刑》内容，从《墨子》书中所引看，并非无据。

汤的第二十代孙盘庚，以"正法度"的手段来整顿吏治，他所使用来整顿吏治的"法度"，也是按照汤的《官刑》。《尚书·盘庚》篇里，盘庚要求在位者勤于政事"无傲从康"，即不要"恒于游畋"："予告汝训汝，猷黜乃心，无傲从康……乃不畏戎毒于远迩，惰农自安，不昏劳作，不服田亩，越其罔有黍稷。""傲"即骄傲，"康"即康乐、享乐，"从康"即纵情享乐、放纵享乐；不要"逆忠直"："汝无侮老成人，无弱孤有幼。"要尊老爱幼；惩治"殉于货"者："兹予乱政同位，具乃贝玉……朕不肩好货，敢恭生生……无总于货宝，生生自庸。"不要贪财受贿搞腐败；打击"颠越不恭"者："乃有不吉不迪，颠越不恭，暂遇奸宄，我乃劓殄灭之，无遗育，无俾易种于兹新邑。"不老实，不遵守法纪，搞阴谋破坏者，我将杀尽他的全家老小，不让这些坏种留在新迁的都城内，可见其严酷！

盘庚所行的"法度"，即是《汤刑》。

二 商朝刑法的种类

从古文献和甲骨文资料中，可知商朝的刑法大致有三种。

(一) 徒刑。徒刑有监禁与作苦役之别。

1. 监禁。监禁即囚禁,关押在监狱中。《史记·殷本纪》:"纣囚西伯羑里。"羑里在今河南省汤阴县北。监狱字甲骨文作:

隶写为"圉"字,字是铐拘罪人刑具的象形,即手铐、脚镣,表示带刑具的人,方框表示囚室呈平面形状。上两字表示的是戴手铐的人被关在囚室之中,当然就是监狱。还有的字作:

　　　　(《合集》119 反)　　(《合集》6666)　　(《合集》5990)

隶写作圂、宑字,其字义与前同,《合集》5990 上的字是囚室的侧视形,皆为囚禁人的监狱。卜辞中见有"刍"和"羌"从"圉"中逃跑或闹事的:

　　……己未兔刍峯(亡)自爻圉。　　《合集》138
　　兔刍峯(亡)自爻圉六人。八月。　　《合集》139
　　庚申亦亦酘,有鸣鸟……疛圉羌戎。　　《合集》522 反

爻、疛是地名,爻圉、疛圉是该地的监狱。刍是从事畜牧劳动的人,羌是从羌族抓来的俘虏,他们都是被奴役的下层劳动者。当然,统治阶层中的贵族也有被囚禁于监狱中的,如卜辞:

　　贞圂(圉)戉。二月。　　《合集》5983

戉是武丁时一著名将领,他的被囚禁,是统治阶级中的矛盾。上举甲骨文里表示监狱的字,都是象形字,是象实际生活中的形,这些字的造出,是对商代监狱情况的图解。

2. 作苦役。为防止逃跑,作苦役的"罪犯"常被戴上刑具。《墨子·尚贤中》讲傅说做苦役时的状况:"被褐带索,庸筑于傅岩",褐是用粗毛编织的衣。"带索"显系"罪犯","庸筑"即版筑,打土墙,是一种苦役。甲骨文中带枷锁、带索之人的字如:

　　　　带手枷的人　　《合集》185
　　　　带手枷又被人按着头　　《合集》570
　　　　带手枷颈上再套以绳索　　《合集》803
　　　　带手枷又带项枷　　《合集》805、22593
　　　　带脚镣　　《合集》137 正
　　　　带脚镣和手枷　　《合集》5925
　　　　带脚镣行走在道路上　　《合集》6664 正

拘执、囚禁人时,给他们带上各种刑具(手枷、脚镣之类),还有用手按其头,颈上套以绳索等惩罚性措施,这些措施从甲骨文字的字形上得到生动反映。

(二) 肉刑。肉刑是伤残人体的一种刑罚,这类刑罚有:

1. 黥刑。黥刑又称墨刑,后世称为刺面。《尚书·伊训》:"臣下不匡,其刑墨。"甲骨文中从"辛"的字妾,就是受过黥刑的人。郭沫若说,辛辛本为剞剧,其所以转为愆辜之意,是古人对于异族的俘虏或同族有罪而不至于死的人,则黥其额为奴隶。《易》睽六三:"见舆曳,其牛掣,其人天且劓。"《释文》引马融云:"黥凿其额曰天。"此服牛引重之人当即臧获,而剠其额截其鼻,乃古代虐待奴隶的真相。留存于文字中,则为从辛之童、妾、仆等字(仆字古亦从辛)。有罪之意无法表示,故借黥刑以表示之,黥刑亦无法表现于简单之字形中,故借施黥刑之刑具剞剧以表现之。剞剧即辛辛,是辛辛字可有黥刑之义。辛既得黥刑义,故引申而为辜愆。① 甲骨文"妾"字有一种意义是"妻妾",如

贞来庚戌侑于示壬妾妣庚牝……　　《合集》2385

癸丑卜,王卜……宰示癸妾妣甲。　　《合集》2386

"示壬妾"、"示癸妾"即是示壬、示癸的配偶。有作为祭祀牺牲的"妾":

贞今庚辰用飌小臣三十小妾三十于妇。九月。　　《合集》629

侑妾于妣己。　　《合集》904 正

作为祭祀牺牲的妾,其身份则如郭沫若说是受过黥刑的奴隶。

2. 斩手。《韩非子·内储说上·七术》:"殷之法,弃灰于公道者斩其手。子贡曰:'弃灰之罪轻,断手之罚重,古人何太毅也?'(孔子)曰:'无弃灰所易也,断手所恶也,行所易不关所恶,古人以为易,故行之'。"

3. 劓刑及刵刑。劓即割掉鼻子,刵即割去耳朵。《尚书·盘庚》:"乃有不吉不迪,颠越不恭,暂遇奸宄,我乃劓殄灭之。""劓殄"孔传释为"断绝",劓字义实为割掉鼻子的刑法,《说文》:"劓,刑鼻也。从刀,臬声。《易》曰:'天且劓。'劓,臬或从鼻。"《易》陆德明释文云:劓"截鼻也。"甲骨文中有一从"自"从"刀"的字,作:

⿰自刀(《合集》5995)、⿰自刀(《合集》4389)

⿱自是鼻子的象形,释为自,⿱刀是刀的象形,表示用刀割鼻子,即是鼻刑。出现此字的卜辞多残,有一版上的卜辞完整,引录于下:

丁巳卜,亘,贞劓牛爵。　　《合集》6226

此辞的"牛爵"辞义不明。割耳之字,为从耳从刀。卜辞之耳刑有与劓、刖刑相连的,这片甲骨现藏于德国科伦东亚博物馆,②其辞残:

……劓、刵、刖

是三种刑罚连用。割耳的刑具或用戈,卜辞有从耳从戈的字,作⿰耳戈形,隶写作聝,卜辞云:

---

① 郭沫若:《释干支》,《郭沫若全集·考古编》第一卷,科学出版社,1982年。
② 李学勤:《海外访古记》(二),《文物天地》1992年第6期。

贞登人呼或伐羌。　　《合集》6619

或字在此辞中应为人名而非动词。但其字的构形却是割耳,乃是由动词转为名词,作为人名。

4. 断足。断足即刖刑,是砍掉人足的刑罚。刖字甲骨文作ᐅ形。商朝此种刑罚使用得相当普遍,一次被处以刖刑的人达数十,甚至上百人之多:

贞刖生(亡)不〔死〕。　　《合集》861

贞刖仆八十人,不死。　　《合集》580(图3-29)

贞其刖百人。　　《合集》1043

图3-29　刖八十仆甲骨
(《合集》580)

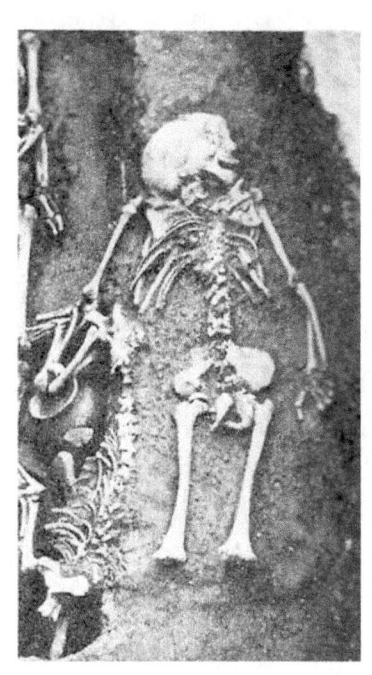
图3-30　藁城台西商墓里的受刖刑者
(采自《藁城台西商代遗址》图版七〇:2)

生是指逃亡而被抓回来者,仆是一种在家室中执杂役的人。被施以刖刑的人,在考古中也有发现,河北省藁城台西103号墓中一殉葬人,就是双脚受刖刑者。(图3-30)这个受刖者葬在西侧二层台的北端,是个年仅15岁左右的男性,无葬具,俯身直肢,自膝盖骨以下被砍去,从胫骨的断面仍可明显地看出刀砍的痕迹,是个生前受过刖刑,而后又以奴隶身份殉葬者。① 从《藁城台西商代遗址》一书所载的图版看,被砍掉的是两只脚,甲骨文"刖"字只表示一只脚被砍,是文字和考古遗存互补,证实商代实施刖刑的具体情况。

---

① 河北省文物究所编:《藁城台西商代遗址》第157页,文物出版社,1985年。

5. 宫刑。宫刑汉时称为腐刑,是割去男子生殖器的一种刑罚。甲骨文是一象形字,象用刀割男子生殖器之形,图为《合集》5997、5998两片甲骨上的字。(图3-31)右边一字有些残,但其形状还是清楚的。此字即椓字。甲骨文中只发现一条完整的卜辞,是对羌人施以此刑而卜问其死不死:

庚申卜,王,朕椓羌,不死。　　《合集》525

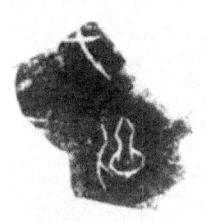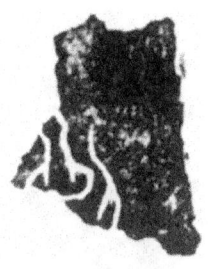

图3-31　宫刑甲骨文字

(《合集》5997、5998)

肉刑在施行前多卜问受刑者死与不死的问题,可见当是受肉刑的人死亡的很多,故有此卜问。

(三) 死刑。死刑是结束人生命的一种极刑。商代不但有死刑,而且处死人的方式多而残酷。见于甲骨文字的死刑方式有:

1. 大劈。大劈即砍头,甲骨文中有三个名称:

(1) 伐。甲骨文伐作 形,像用戈割去人之头。甲骨文中"伐"字有两种用法,一是战争,征伐敌对国家;一是杀人砍头,多用于祭祀,如:

乙卯卜,行,贞王宾祖乙,升伐羌十又五、卯牢,无尤。在十二月。

《合集》22551

丁酉卜,贞王宾文武丁伐十人、卯六牢、鬯六卣。无尤。

《合集》35355

多时一次所"伐"达百人以上,如:

丁未卜,酒宜,伐百羌……官……　　《英藏》2466

贞戜伐百人。　　《合集》1040

甲骨文所见,最多的一次"伐"人竟达两千多人:

八日辛亥允戋,伐二千六百五十六人。　　《合集》7771

戋是一战争用词,故此辞当是一次战争的特殊杀俘行为而非是对付本国人民的施用刑罚。

在河南安阳殷墟的侯家庄西北岗和大司空村,是商王的坟墓区,在王陵墓的附近发现有大批祭祀坑和陪葬墓。从1934年到1984年间,共发掘1 483座。其中有全躯人骨埋葬坑、头和躯干分离葬坑、无头颅只有躯干葬坑和只有人头的葬坑,而以无头颅只有躯干的葬坑为数最多。头躯分离葬坑每坑埋1—10个人头和无头躯体,人头已被砍下,坑中人头和躯体数并不全同。无头躯体坑中的躯体数为1—12个不等,大部分骨架的颈向北,俯身。人头坑呈方形,每坑埋3—39个头不等,大部分坑中埋10个人头,头的面部大多向北,这些坑中的人头大多数是无头躯体坑中的死者的。①(图3-32)这种场面与甲骨卜辞中的"伐"人数字是相吻合的。

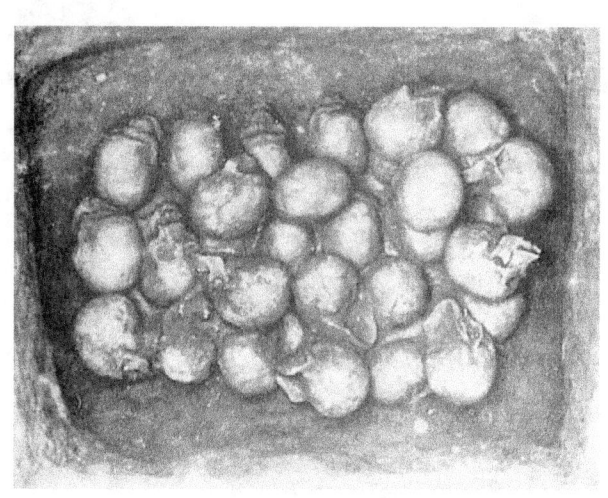

图3-32　侯家庄祭祀坑中的人头骨
（采自《殷墟的发现与研究》图版一三:1）

（2）馘。馘字是一个砍头的用字,是用斧钺类兵器执行砍头的刑罚。甲骨文馘字像以钺砍伐奚奴的人头。有从双手者,像砍人头时,还有人揪住奚奴的头发。奚字发下有数点者,像头已砍下,尚带淋淋鲜血之形。② 甲骨卜辞所见,被馘的对象有仆、刍、屯等类身份的人和亘、雀等贵族及𢀜方首领：

　　甲午卜,贞馘多仆。二月。　　《合集》564正
　　……馘……刍。　　《合集》121
　　王馘多屯,若于下乙。　　《合集》808正
　　我[其]馘亘。　　《合集》6949正
　　馘雀。　　《合集》13758反
　　奚(馘)𢀜白(伯)盆用于丁(祊)。　　《合集》1118

仆、刍、屯是奴隶,亘、雀是王朝官吏,𢀜白是商的敌对国家,是他们的首领或族人被砍头。

---

① 中国社会科学院考古研究所编著:《殷墟的发现与研究》第115页,科学出版社,1994年。
② 胡厚宣:《中国奴隶社会的人殉和人祭祀》(下),载《文物》1974年第8期。

(3) 屠首。屠首顾名应是砍其头的行为,卜辞云:

　　翌乙亥王往屠首,无祸。　　《合集》6032 正
　　翌庚辰王往屠首。　　《合集》6033 反
　　王屠首勿祸。　　《合集》6031

2. 凌迟之刑。凌迟是分尸的极刑。商朝使用不同的方式实施分尸之刑,在甲骨文中以不同的用词来表示:

(1) 卯。甲骨文卯字作⽥形,像对剖一物之状,用于人则是将活人劈开成两半之刑罚。甲骨文中羌这种人常受"卯"刑:

　　卯惟羌,有大雨。　　《合集》26961
　　卯三羌二牛。
　　卯五羌三牛。　　《合集》32093

《史记·殷本纪》载纣"剖比干观其心"之"剖",即是甲骨文中的"卯"刑。

(2) 砒。砒字甲骨文作才、十、屯、柘等形,隶写作毛、舌、祐,皆为砒字的繁简异形字,于省吾说,甲骨文的毛字孳乳为舌、祐,均应读为砒。典籍通作磔,是割裂祭牲的肢体。① 甲骨文中受砒刑的也多为羌人:

　　砒三十羌。　　《合集》32047
　　暮砒羌五人。吉　　《屯南》1005

有称"人"被施以砒刑的,是指普通的平民:

　　暮砒十人又五,王受佑。　　《合集》27020
　　父甲必砒伐五人,王受佑。　　《屯南》2520

有贵族被施以砒刑的,如卢:

　　其肜四封,砒卢……惟邑子示。　　《屯南》2510

普通的平民没有名字,甲骨文有名字的人皆是贵族,故知卢为贵族中人物。

(3) 脆。甲骨文有字,其形像手以棍棒击蛇之形,有数小点像血滴外溅之状,隶写作毁,于省吾释作典籍中的施、脆字,他说脆是毁的后起字,以其割裂腹肠故从肉。毁训为剖腹肢解,是说既剖其腹肠而又肢解其肢体。② 脆即后世的凌迟之刑罚。甲骨文中多见:

　　贞毁人于敦旦(坛)。　　《合集》1074 正
　　王占曰:有[祟],之日乞又来艰,乃叙御事……雨亦毁人。
　　　　　　　　　　　　　　　《合集》1075 反
　　丙辰卜,㞢,贞毁羌。　　《合集》466
　　壬寅卜,贞毁二羌。　　《合集》465

---

① 于省吾:《甲骨文字释林·释毛、舌、祐》,中华书局,1979 年。
② 于省吾:《甲骨文字释林·释毁》。

□酉卜,宾,[贞]百羌毁。　　《合集》306

　　(4) 毁。甲骨文此字作󰀀,从豆从殳,像用垂形器打击豆形器物,是一形声字。于省吾说毁当读为剉,今谓之剁,即今方言切物曰剁的本字。①剁即将肉切剁成肉酱(或称肉沫),古文称"醢"。商时有此极残酷之刑罚,《吕氏春秋·行论》:"昔者纣为无道,杀梅伯而醢之,杀鬼侯而脯之。"高诱注:"肉酱为醢,肉熟为脯。"甲骨卜辞所见在康丁时期有用此刑罚处死人的,如:

　　　　又毁羌,王受佑。　　《合集》26956
　　　　惟毁羌。　　《屯南》2259

此两片甲骨属于康丁时期的。帝乙帝辛(纣)时期的甲骨如:

　　　　己卯卜,贞王宾祖乙奭妣己,姬婢二人、毁二人、卯二牢,无尤。
　　　　甲申卜,贞王宾祖辛奭妣甲,姬婢二人、毁二人、卯二牢,无尤。

　　　　　　　　　　　　　　　　　　　　　　　　　　《合集》35361

　　　　壬寅卜,贞王宾武丁[奭]妣癸,姬婢……毁……卯……无[尤]。

　　　　　　　　　　　　　　　　　　　　　　　　　　《合集》36276

　　(5) 岁。甲骨文岁字作󰀀、󰀀、󰀀等形,像斧钺类兵器。甲骨文岁字有多种用义,用于动物、人则是使用斧钺一类利器杀死人畜的行为,唐兰说"岁读为刿(劌),割也。谓割牲以祭"。②"割牲"即是肢解其躯体,用于人则是凌迟刑之一种。甲骨文中羌人多遭受此酷刑,且一次竟有多达数十人的:

　　　　贞翌乙亥侑升岁于唐三十羌,卯三十牛。六月。　　《合集》313
　　　　丙午卜,贞吴尊岁羌十、卯十牢,于敦用。八月。　　《合集》340

侑、升、尊是祭祀仪式名,举行这些祭祀而"岁"羌人,将羌族俘虏肢解作为祭品献给神灵。

　　3. 火刑。火刑是用火将人烧死的刑罚,纣时的"炮烙之法"即是火刑。刘向《列女传·孽嬖传》之"殷纣妲己"载:"百姓怨望,诸侯有叛者,纣乃设炮烙之法,膏铜柱加炭,令有罪者行其上,辄坠炭中,妲己笑。"火刑来源于祭祀时的焚人求雨。此风气从商初成汤以身求雨时就开始了,《艺文类聚》卷十二引《帝王世纪》说汤欲自焚求雨:

　　　　汤自伐桀后,大旱七年,殷史卜曰:"当以人祷。"汤曰:"吾所为请雨者民也,若必以人祷,吾请自当。"遂斋戒剪发断爪,以己为牲,祷于桑林之社。言未已而大雨,方数千里。

就甲骨文所见,从武丁时期始,就有关于焚烧人以求雨的材料。焚人甲骨文称为"烄",其字作󰀀、󰀀形,上从人,下为火,像人被置于熊熊燃烧的柴火堆上,即是

---

①　于省吾:《甲骨文字释林·释䲙》,中华书局,1979年。
②　唐兰:《天壤阁甲骨文存考释》第27页,北京辅仁大学影印本,1939年。

火刑，①卜辞有云：

  贞今丙戌烄妌，有从（纵）雨。　　《合集》9177 正

  壬辰卜，烄汝，雨。　　《合集》32290

  其烄夫，雨。　　《合集》30168

  于癸烄凡。

  于甲烄凡　　《合集》32296

  辛未卜，烄矢于凡亭。　　《合集》32289

妌、汝、夫、矢是人名或族名、国名，是指从该族、该国来的人而不是全族、全国的人遭受此刑。

  4. 活埋。甲骨文有"陷"字，其字从人，像置人于坑中之形。有的字在坑中的人头上还有用锤杵舂击之状而身之四周有数小点，表示被锤杵舂击时脑浆四下飞溅之形：

  　　　　《合集》19800

  　　　　《合集》6025、6026、6027

卜辞云：

  丁丑卜，子启陷，无祸。　　《合集》22277

  辛丑卜，争，贞陷□□于鼓西。　　《合集》6025

  甲辰至戌陷人。　　《合集》1079

  5. 族诛。盘庚在迁都时向民众讲，反对他迁都的人，将要对他们"劓殄灭之，无遗育"。《尚书·盘庚》："乃有不吉不迪，颠越不恭，暂遇奸宄，我乃劓殄灭之，无遗育，无俾易种于兹新邑。""育"就是子孙后代，此即族诛的刑罚。

三　商朝的监狱

  殷纣王时的监狱名羑里，地在今河南省安阳市南的汤阴县。《史记·殷本纪》"纣囚西伯羑里"，《淮南子·道应训》记周文王被囚于羑里的经过：

   文王砥德修行三年而天下二分归之。纣闻而患之，曰："余夙兴夜寐，与之竞行，则苦心劳形。纵而置之，恐伐余一人。"崇侯虎曰："周伯昌行仁义而善谋，太子发勇敢而不疑，中子旦恭俭而知时，若与之从，则不堪其殃。纵而赦之，身必危亡。冠虽弊，必加于颈，未及成，请图之。"屈商乃拘文王于羑里。

据古本《竹书纪年》，纣时的王都"自盘庚徙殷至纣之灭七（二）百七十三年更不徙都。纣时稍大其邑，南距朝歌，北据邯郸及沙丘，皆为离宫别馆"。则羑里正在纣时王都范围之内。

---

① 于省吾：《甲骨文字释林·序》，中华书局，1979年。

甲骨文中表示监狱的文字如下：

▢（囹）《合集》5973　戴手铐或脚镣的人关在囚室里

▢（囹）《合集》5974　从▢表示戴项枷的人被监禁囚室中

▢（囹）《合集》6057 正、5976　同上

▢（囹）《合集》5975　同上

▢（囮）《合集》139 反　戴手铐人关闭于屋中，囚室作平面形

▢（囮）《合集》6666　戴手铐被关在囚室中而遭棍棒击打

▢（宄）《合集》5991　囚室作侧视

▢（窒）《合集》5990　囚室作侧视，人从止当表示逃跑的罪人

囚室以平面或侧视表示之，囚禁于监狱中的人，或仅以刑具手枷表示之，或以跪跽戴手珈人表示之，皆是表示囚禁人的场所，即监狱。羑里是设在商朝王都范围内的监狱，从甲骨文看，商朝在全国各地都设有监狱。甲骨文中在表示监狱字前加地名或"在某地"监禁的人者，说明此地设有监狱。设有监狱之地见卜辞：

爸刍亡自自爻围六人。六月。　　《合集》139

疛围羌戍。　　《合集》522 反

延于微京围。　　《合集》5976

五日丁未允有来艰，饮御▢自昌围。　　《合集》6057 正

六围。　　《合集》22333

▢（辜）自川围，得。　　《英藏》540

小臣醜其亡（无）围于东对。王占曰：吉　　《合集》36419

五日丁未在敦囮（围）羌。　　《合集》139 反

爻围、疛围、微京围、昌围、六围、川围等围前一字皆为地名，是指设在此地的监狱。"无围于东对"是说不要关在"东对"这个地方，说明东对地设有监狱，因此才卜问是否将小臣醜囚禁在东对。"在敦囮羌"反映在敦地设有监狱，可以用来囚禁羌人。可见商朝在不少地方都设有监狱。

第五节　商代的社会性质

商代是一个奴隶社会。我们说商代是奴隶社会，是依据这个社会主要劳动者的身份作出的。商代经济的基础是农业，畜牧、手工业也有相当规模和水平，是构成商代经济的三大部门。三大部门的直接生产劳动者的身份若是奴隶，这个社会就应是奴隶社会，若是自由平民则不是。

一　农业生产中"众"的身份是奴隶

甲骨文中"众"的身份一直是商代历史研究中争论最大的问题。要解决它，

需要注意两个问题,一是理论问题,一是史料问题。有关"众"的史料都在甲骨文里,百多年出土的甲骨文资料,基本上都已公布,且大部分都作了释文及考释,不难找到也不难读懂。所以,史料就摆在那里。为什么一直对"众"的身份有不同的认识呢?关键是理论问题。对于什么是奴隶,在理论上没有统一认识。有一个错误的认识(或说是"理论"),只有不断被主人杀死的人,才是奴隶。其实这并不是马克思主义的理论,恩格斯在《美国工人运动》文中说,"在亚细亚的古代和古典古代,阶级压迫的主要形式是奴隶制,即与其说是群众被剥脱了土地,不如说他们的人身被占有。"[①]"人身被占有"才是确定某种人是否为奴隶的关键。因为杀死奴隶,并不是奴隶主获得奴隶的目的,奴隶主们是要利用奴隶的劳动来为他们创造财富,而奴隶也不是随便就可获得的。解放前四川凉山彝族社会是个奴隶社会,这个社会中的娃子是主人的奴隶,他们可以结婚生子;有家室,有不多的财产,以使他们得延续生命。他们的婚姻是主人配的,他们生的孩子,长大后是主人的娃子,他们生子是为主人增加娃子;他们少得可怜的一点财产,主人可以随时取走。之所以会如此,是由于娃子的人身被占有,人是主人的,他所有的一切都是主人的,所有在奴隶社会里,奴隶是主人的财产,没有特殊需要,主人是不会随便抛弃的。

从"人身被占有"这一理论出发,去解读甲骨文中有关"众"的史料,不难发现,"众"的人身是被他人占有了的一个群体。"众"从事的主要是农业生产,他们在从事农业生产上有以下四个特点:

(一)逃跑。众的逃亡甲骨文中称为"丧众"如卜辞:

  壬戌卜,不丧众,其丧众?
     《合集》32002
  贞竝无灾,不丧众。
     《合集》52
  禽其丧众。 《合集》58
  我其丧众人。 《合集》50

众和众人都是指同一类人。上引卜辞中"众"为什么逃亡,在什么情况下逃亡不清楚。下面的卜辞占卜他们是否会在生产劳动中逃亡:

  □□卜,贞众作藉不丧,[其丧]? 《合集》8(图3-33)

图3-33 农业生产中众逃亡的甲骨
(《合集》8)

---

① 恩格斯:《美国工人运动》,《马克思恩格斯选集》第四卷第258页,人民出版社,1972年。

甲子【卜】,贞袁,涉屯、众,不丧众。　　《合集》22537

"作藉"是农业生产活动的起土翻耕,此辞是卜问在翻耕土地时众会不会逃亡。从甲骨文知,众、众人是商代的主要农业劳动者。[①]"袁"即"袁田",是开垦荒地。[②] "屯"是一种人的身份名称。此辞是卜问将屯和众渡过河去开荒,众这种人不会逃跑吗?如上所举甲骨文里有不少"丧众"的卜辞,说明他们的逃亡是经常的事。逃跑后要将他们捕捉回来,卜辞有"羉众":

乙未卜,在今,惟丁未羉众。

惟丙午羉众。　　《合集》35343

"羉"字有捕捉之意,"羉众"即捕捉众,上引卜辞是选择哪一天捕捉众。"羉"字也是一战争用辞,有征讨、杀伐之意,如在前述武丁征伐中方时所引卜辞有:

□□卜,毃,贞王次于曾,迺呼羉中[方]。　　《合集》6536

"羉中方"同于"伐中方"。"羉中方"应是在"伐中方"战争时打败中方而进入其国境,俘虏中方人众的行动。下面卜辞中的"羉"字就应是杀戮:

□□卜,亘,贞羉羌。　　《合集》224

癸巳卜,侑于亚羉一羌三牛。　　《合集》32012

众遭受杀戮,卜辞有"屠众":

甲辰卜,争,贞翌癸亥王步。

贞王勿往途众人。　　《合集》67

贞王途众人,翌癸亥王步。

贞王勿往途众人。　　《合集》68

于省吾说,卜辞途字有两重用法,一是路途,作为动词是经过、走过;一是假为屠杀的屠。[③] 众,众人都是指众这种身份的人,众不是地域名而是人群,不可言"途",所以"途众人"只能读作"屠众人",是指屠杀众人言。若"众"是村社成员或称为自由民,他们种的是自己的土地,为自己耕种,当会全力以赴,哪会有逃亡之事?逃跑后还要捉回来,甚至被屠杀,说明他们是为他人种田,只有身份不自由的人,为他人耕种,才会逃跑,逃跑后要被追捕回来,还要遭到屠杀。[④]

(二)在商王或其臣僚的命令、监督下进行的。如卜辞:

王大令众人曰:协田,其受年。十一月。　　《合集》1

"协田"是协力耕作,此辞是商王下令众去耕种。

贞惟小臣令众黍。一月。　　《合集》12

---

① 赵锡元:《试论殷代的主要生产劳动者"众"和"众人"的社会身份》,《东北人民大学人文科学学报》1956年第4期。
② 张政烺:《卜辞裒田及相关诸问题》,《考古学报》1973年第1期。
③ 于省吾:《双剑誃殷契骈枝》三编,1944年石印本。
④ 杨升南:《殷墟卜辞中"众"的身份》,载王宇信主编《甲骨文与殷商史》第三辑,上海古籍出版社,1991年。

丙戌卜,宾,贞令众黍其受佑。　　《合集》14 正

"小臣"是商王的臣,"黍"在此辞中是动词,即种黍。是商王室的臣僚命令"众"去耕种。甲骨文中有"众人臣"(《合集》5597),是管理"众"的官吏,有"小藉臣"(《合集》5603、5604),是主管农业生产的官吏。可见"众"是在他人命令下,被人监督着种田的。若"众"是村社成员,他们有自己的土地,为自己耕种,何须他人监督耕种？马克思说:"凡是建立在作为直接生产者的劳动者和生产资料所有者之间的对立上的生产方式中,都必然会产生这种监督劳动。这种对立越严重,这种监督劳动所起的作用也就越大。因此,它在奴隶制度下所起的作用达到了最大限度。"(《资本论(第三卷)》,《马克思恩格斯全集》第 25 卷第 431—432 页,人民出版社,1963 年。)所以商王设立有专管"众"的"小众人臣",管理耕种的"小藉臣",以监督其劳动。按上引马克思的说法,被监督劳动的众,不是生产资料的所有者。若"众"是村社成员,他们应有自己的土地,为自己耕种,何须要他人监督耕种？因为"众"是为他人(奴隶主)耕种,没有积极性,所以主人要派人监督他们劳动；因为是在监督下被迫从事的劳动,所以他们才要逃跑。这就是我们今天在甲骨文中看到有大量"丧众"卜辞的缘故。

　　(三)集体地生产劳动。上引甲骨文中的"王大令"、"小臣令"的"众",当不是针对个别少数人,而是有相当的人数,可见"众"农业劳动的集体性。

　　(四)生产地点不是固定的。卜辞云:
　　　　癸巳卜,宾,贞令众人取(趋)入绊方袁田。　　《合集》6
　　　　戊寅卜,宾,贞王往致众黍于囧。　　《合集》10

"绊方"是商时期的一个小国,"趋入"即赶快进入、快进入之意。"囧"是商王国内的一个地名。是"众"又被派到王国内的囧地种田。若他们是具有自由身份的村社成员,耕种的是自己的土地,何能被人呼唤着到各地去耕种？

　　从上述"众"在农业生产劳动中的特点看,甲骨文中的"众",其身份是不自由的,只有他们的人身是被他人占有了,才会出现上述情况。人身被他人占有了的"众"只能是处于奴隶的地位。

二　畜牧业中劳动者的"刍"是奴隶

　　商代甲骨文中从事畜牧业生产劳动的人称为刍,卜辞有"牧刍"之称:
　　　　呼取牧刍。　　《合集》111
　　　　□□卜,争,贞羽致牧刍。　　《合集》409

古文献中"刍"字有作"牧草"讲,甲骨文中的刍与牧相连成词,所以卜辞中的刍应是指从事畜牧生产的人。卜辞云:
　　　　癸丑卜,争,贞旬无祸。王占曰:有祟有梦。甲寅允有来艰。左告曰:有坒刍自益十人又二。　　《合集》137 正

  □戌……仆龟刍坒自爻圉六人。 《合集》138 正

  坒即亡字,逃亡。益、爻是地名。"爻圉"是指设在爻地的监狱。上举两条卜辞说,逃亡的刍多少"人",是此辞中的"刍"不是牧草也不是牛羊等牲畜而是被称为"刍"的人。"刍"这类人主要是从羌族人中捉来的俘虏。甲骨文里有商王下令戌和光捕捉五十个羌刍,后来光就向王室"致"送五十个羌刍:

  丁未卜,贞令戌、光又获羌刍五十。 《合集》22043

  甲辰卜,亘,贞今三月光呼来。王占曰:其呼来。乞至惟乙,旬又二日乙卯,允有来自光致羌刍五十。 《合集》94

  "又获"是"再获"之意,是商王下令戌、光二将领再去抓捕五十个羌人来作放牛娃子。商代从事刍牧的人,多是从诸侯、贵族那里贡来的。甲骨文里的用语为取、来、致等:

  丁巳卜,争,贞呼取何刍。 《合集》113 正甲

  戊子卜,亘,贞呼取工刍,致。 《英藏》757

  贞令雀〔取〕雍刍。 《合集》119

  贞取克刍。 《合集》114

  ……吴来刍。 《合集》107

  乙未卜,宾,贞致武刍。 《合集》456

  "致"是致送、送达,是甲骨文中一个贡纳用词。① 甲骨文里"致"刍最多的一次达 506 人,此也可见商代畜牧业的规模:

  乙丑卜,殷,贞即致刍其五百惟六。

  贞即致刍不其五百惟六。 《合集》93 正

  刍还可以从市场上买得,甲骨文里有"买刍"的卜辞。② "刍"的地位低下,受到严重的剥削和压迫,故常常逃跑,如前引《合集》137 正、138 正两条卜辞记载,一次逃亡了十二个刍,一次逃亡了六个刍。

  商朝统治者对刍的逃亡十分关心,常常占卜询问神灵,逃亡的刍能否"得",即能不能被捉回来。"得"字义为追而获得之意:

  贞坒刍,得? 《合集》133 正

  贞坒刍不其得? 《合集》131

  甲辰卜,争,贞坒刍,弜得? 《合集》130

  由此看出,商代社会的不安定状况。刍被作为祭品:

  来刍陟于西示。 《合集》102

  "陟"即升,即献上。"示"是神主牌位。"西示"是宗庙里西边的神主,即右边

---

  ① 杨升南:《卜辞所见诸侯对商王室的臣属关系》,载胡厚宣主编:《甲骨与殷商史》,上海古籍出版社,1983 年。

  ② 宋镇豪、焦智勤、孙亚冰主编:《殷墟甲骨拾遗》第 65 片,中国社会科学出版社,2015 年。

的神主。古时实行昭穆制,左昭右穆。此辞是从外地送来的刍,作为祭祀"西示"的牺牲。处于这样地位的"刍"其身份只能是奴隶。

三 手工业生产中"工"的身份不自由

手工业中的劳动者称为"工",工不堪奴役而逃跑,卜辞有:

其丧工?

丧工。　　《合集》97

"其"字是将要之意,"其丧工?"是问"工匠将要逃亡吗?"是工匠有逃亡的意向被统治者发现,可见对工匠是严加防范的。但还是没有用,"丧工"是验辞,表示事情发生了、应验了,工匠果然逃亡了。凡逃亡者都要被抓回来,卜辞:

执工,不作尤?　《合集》26974

"执"即抓捕,"尤"是灾祸,意即卜问抓捕逃亡的工匠,不会发生意外事故吗?工匠被用作祭祀的牺牲:

今日雍己夕,其呼庸执工。

庸执工于雍己。　　《屯南》2148

雍己是第九位商王,"夕"是祭祀仪式名,庸是人名,商王的官吏。此卜辞是祭祀雍己而命令庸去抓工匠。此时抓工匠作什么用,即是"执工于雍己",作为祭祀雍己的祭品。甲骨文里关于工的活动资料不多,一滴海水可观大海,仅上述卜辞即可知商代手工业生产中的"工",身份是不自由的,是工奴身份。

上面这些材料显示出,商代三个主要生产领域中的劳动者众、刍、工,都是处在人身不自由的状态下从事劳动生产的,他们的生命没有保障,显示出他们"人身被占有"的事实。我们可以由此而得出符合实际的结论:商代社会的性质是奴隶社会。①

上面论证商代奴隶社会性质,材料都是甲骨文。甲骨文出土于殷墟,是商代晚期的材料。在安阳殷墟还发现大量的人殉人祭的埋葬,与甲骨文记载可相互证。从大量出土材料证实,殷墟时期的商代是个奴隶社会。关于殷墟以前即盘庚迁来此地之前的商代社会性质,文献、考古及甲骨文都没有可证实社会性质的材料,只能待今后的发现。②

---

① 杨升南:《从"人身被占有"说商代为奴隶社会》,《中国社会科学报》2013年8月12日。
② 郑州商城是中丁所迁的都城地,时代为商代中期,在遗址里发现一专埋人头盖骨的壕沟,有百多个头盖骨。头盖骨大多数边缘有明显的锯痕(河南文物考古研究所编著:《郑州商城》第476—483页,文物出版社,2001年),应是用头骨为材料制成器皿。在四川大学博物馆收藏有一件用人头制成的器皿,其状如水瓢,可用作取水或饮水器,是从西藏搜集到的,是农奴主用农奴的头骨制成的。郑州商城壕沟内的人头盖骨,应是奴隶的头骨,即甲骨文里受"伐"刑者的头颅。

第七章　商朝的经济

商朝的经济主要有三大部门：农业、畜牧业和手工业。狩猎、捕鱼只作为获取肉类食物的补充，而狩猎则更多的是上层人物的游乐活动，即所谓的"盘于游田"，当然也有作为军事训练、演习的作用。

第一节　作为经济基础的农业

商是一个农业民族，农业是商朝经济的基础。从商王到各级官吏，都十分重视农业生产，国家大事常用农业生产来作比喻，如盘庚把迁都比作勤劳的农民，不愿迁的比作惰农，"若农服田，力穑乃亦有秋……惰农自安，不昏作劳，不服田亩，越其罔有黍稷。"(《尚书·盘庚上》)农业中已使用金属工具，生产技术已有较高的水平，可以为王朝生产出足够的粮食，满足人们的需要。

一　商朝的土地制度

商朝的土地所有制形式有三种，一是国家所有权制，二是贵族占有权制，三是平民使用权制。

（一）国家所有权制。国家所有权制是说商朝的全国土地在理论上是属于国家的，是国有制。这种所有权制表现在以下三个方面：

1. 商王可到全国各地，包括诸侯国内垦田，建立属于王室的田庄。卜辞"裒田"是垦荒造田，甲骨文所见商王在国内各地"裒田"：

　　戊辰卜，宾，贞令永裒田于盖。　　《合集》9476

　　癸卯卜，宾，贞令禽裒田于京。　　《合集》9473

　　戊子卜，□，贞令犬延族裒田于虎。　　《合集》9479

　　王令多尹裒田于西。　　《合集》33209

　　王令裒田[于]龙。　　《合集》33212

卜辞中之"令"若无具体确指是谁发出的"令"，则应为商王或王朝中央政府。商王派人到诸侯国及方国中去"裒田"：

　　癸□[卜]，□，贞令受裒田于先侯。　　《合集》9486

　　贞王令多[尹入]絴裒田。　　《合集》33213

　　癸巳卜，宾，贞令众人取(趣)入絴方裒田。　　《合集》6

甲骨文中农作物品种名作为动词,则是播种此种农作物。播种的卜辞里有明确在何地播种者,此地亦是属于王室的田庄:

  戊辰卜,宾,贞王往致众黍于冏。　　《合集》10
  辛丑卜,𣪊,贞呼妇妌黍于丘商。　　《合集》9530
  □□卜,宾,贞呼黍于敦,宜,受年。　　《合集》9537
  癸卯卜,㞢,贞王于黍侯受黍年。　　《合集》9934

盖、京、虎、西、龙、冏、丘商、敦等地皆为商王朝的"王畿"之内的地,是商王在全国各地均可占地建立王庄。先侯、黍侯是商朝的诸侯,絴方是服属于商朝的方国,商王也可到他们的地皮上去建立自己的田庄。此反映出商王即国家对全国土地拥有的所有权。

  2. 商王将田邑用典册文书的形式赏赐给臣下:

  [王]呼从臣沚有册三十邑。　　《合集》707 正

古时邑和田是相关联的,讲邑包括邑中人所耕种的土地。

  3. 贵族的田邑是商王赐予的,商王可随时收回,甲骨卜辞中令某人归田、致田邑、取某人田邑就是这种行为:

  令望乘先归田。　　《合集》39963
  贞呼曹归田。　　《合集》9504
  乙卯卜,宾,贞曰:致乃邑。　　《合集》8986 反
  勿呼取右邑。　　《合集》7072
  呼取三十邑于彭、龙。　　《合集》7073
  呼从郑取怀、曼、鄙三邑。　　《合集》7074

商王可将土地赐予他人,也可将其收回,反映出土地是属于王的亦即是国家的。

(二)贵族的土地占有权。商王将土地赐予贵族、臣僚,土地由贵族、臣僚占有,并即标上该贵族、臣僚的名号,如"我田"、"某某邑"等,是贵族对土地的占有权的反映,是商朝土地制度的第二种形式,如卜辞:

  㞢妻姕告曰:土方侵我田十人。　　《合集》6057 反
  友角告曰:舌方出戋(侵)我示燓田七十人五。　　《合集》6057 正
  乙酉……[妇]好邑。　　《合集》32761
  戋望乘邑。　　《合集》7071

贵族的田邑若被他人侵夺,商王让其归还:

  丁丑,贞王令𨵵归侯以田。　　《屯南》2273

甲骨文中见有某人之"鄙"的辞,"鄙"即边境。有边境则说明是贵族所占土地有较固定的范围。如卜辞:

  沚𢧢告曰:土方征于我东鄙戋二邑,舌方亦侵我西鄙田。

  《合集》6057 正

> 王呼取我夹,在臀鄙。 《合集》7075
> 王来征人方,在攸侯喜鄙永。 《合集》36484

(三)平民的使用权。甲骨文中的"田"字作网格方块形,应与古文献所记载周代的"井田"相似,这种网格状的方块田是农村普通平民耕种的份地。甲骨文中的田字,除作现今楷书汉字的"田"字形外,还有如下的一些形状:

田　《合集》20495、33210、《屯南》2260
田　《合集》4315、33209、《屯南》65
田　《合集》6528
田　《合集》33211、《屯南》102、499
田　《合集》33212、33218
田　《合集》21999
田　《合集》22097
田　《合集》21473(图3-34)

图3-34　甲骨文田字
(《合集》21473 放大)

划分成整齐的方块,是为便于在农户间进行定期分配。德国摩塞尔河畔和赫瓦尔特山区有"农户公社",他们就是将耕地划分成相等的地块进行定期分配。恩格斯在《马尔克》文中描述道:

> 在那里……每隔3年、6年、9年或12年,总要把全部开垦的土地(耕地和草地)合在一起,按照位置和土质,分成若干"大块"(《Gewanne》)。每一大块,再划分成若干大小相等的狭长带状地块,块数多少,根据公社中有权分地者的人数而定;这些地块,采取抽签的办法,分配给有权分地的人。所以,每一个社员,在每一块大块中,也就是说,在每一块位置和土质各不相同的土地上,当初都分到了同样大小的一块土地。①

甲骨文中"田"字的各种形状,是商朝耕地划分成方块,以便于分配。这种方块状的田地,就是《孟子·滕文公上》所讲的井田制度:"方里而井,井九百亩,其中为公田。""九百亩"就是九个方块,上引甲骨文"田"字的字形有两个字是九个方块(《合集》6528、33211)。土地有美恶之分,为求"公平",需要进行定期轮换。文献记载我国古代曾实行三年一轮换的土地制度。《春秋》宣公十五年"初税亩"《公羊传》何休《注》云:

> 司空谨别田之高下美恶,分为三品:上田一岁一垦,中田二岁一垦,下田三岁一垦。肥饶不得独乐,墝埆不得独苦,故三年一换土易居,财均力平。

何休所说"三年一换土"之制,在考古出土文物中也有类似的内容。1973年山东省临沂银雀山汉墓出土的竹书中有《田法》一篇,其中有关土地分配的内容:

---

① 恩格斯:《马尔克》,《马克思恩格斯全集》第十九卷第355页,人民出版社,1963年。

五十家而为里,十里而为州,十乡(州)而为州(乡)。州、乡以地,受(授)田于野。百人为区,千人为或(域)……□居焉,循行立稼之状,而仅□□美亚(恶)之所在,以为地均之岁……□巧(考)参以为岁均计。二岁而均计定,三岁而壹更田赋,十岁而民毕易田,令皆受(授)地美亚(恶)□均之数也。①

"三岁而壹更田赋"当是国家授予农民的田三年更换一次并确定新的纳税数量。甲骨文中见,商朝的土地有不同类型的划分,卜辞中有上田、湿田:

癸卯卜,王其延上盂田叒受禾。　　《合集》28230

惟上田叒延受年。

惟湿田叒延受年。　　《屯南》715

惟新柬屯用,上田有正。

今日乙其……用林于湿田,有……　　《屯南》3004

铜器铭文里有将土地分成四"品"的。"品"即品第、等级。"作册羽鼎"铭云:

庚午,王令寑农

省北田四品。在二月作

册羽使赐橐贝,

用作父乙鳟。羊册册(图3-35)

图3-35　作册羽鼎
(《集成》2710)

"上田"是处于高爽地的土地,"湿田"是处于低湿地带的土地。"品"即种类,"四品"即四种土地。不同的土地耕作所花的力气和收成都不相同的。以土地好坏不同而划分成等级,是为在平民中分配耕地时能做到公平合理。普通平民在邑即村社中定期分得的耕地,只有使用权,占有权属于村社,所有权属于王朝即国家。国家运用政权的力量,对好坏土地进行轮换分配耕种,以避免部分人独占好地,产生社会不公。当然,有势力者占有好地是不肯放弃的,故在我国新石器时代早期的神农时代,墓葬中就显示出贫富分化的现象。②

---

① 银雀山汉墓整理小组《银雀山竹书〈守法〉〈守令〉等十三篇》,《文物》1985年第4期。
② 农业民族土地是最为重要的生产资料,占有土地,特别是肥沃的土地,是获得收成的关键,故肥沃土地的占有者不会轻易放弃。据研究,在欧洲,早在7 000多年前的新石器时代早期,土地世袭制度就已经出现。英国布里斯托尔大学考古和人类学教授亚力克斯·宾利(Alex Bentley)及其团队对整个欧洲中部遗址发现的300具人骨,进行锶同位素分析发现,在墓穴中有石斧陪葬的男性骨骼较其他无石斧陪葬的男性少了好几种同位素特征。宾利指出,贫瘠土地杂质多,导致农作物产量不高,而肥沃的黄土地备受早期人类青睐。长期在黄土地生活并耕种的农民,体内残留的其他元素比生活在贫瘠土地的少。由此可以认定与石斧一起埋葬的男性似乎都是在黄土地上生活并耕种的。宾利认为,研究结果显示了欧洲中部新石器时代早期的农民土地所有权制度,差异性获得土地的制度可以追溯至新石器时代早期。从新石器时代开始,继承财产开始出现,财富不均衡现象也随之产生。见马文艳:《新石器时代早期已出现土地世袭制》,《中国社会科学报》2012年6月8日A—01版。

二 农作物品种

商代农作物的品种已较为齐备,我国古代称的"五谷",在商时都已有了。从甲骨文和考古发掘出土的文化遗物考察,商朝的农作物品种有:

(一)禾与秫。禾即粟,俗称谷子,去皮称作小米,是商朝王畿地区内人们的主要食物。纣时曾搜括大量的粟储藏于钜桥的仓库里。《史记·殷本纪》:"(纣王)厚赋税,以实鹿台之钱,而盈钜桥之粟。"《史记·周本纪》:"(周武王)命南宫括散鹿台之财,发钜桥之粟,以振贫弱萌隶。"殷墟甲骨文中称粟为禾。在甲骨文中"禾"字有两种字形:

A. ᕃ(《合集》28231)、ᕃ(《合集》28232)
B. ᕃ(《合集》19804、40889)、ᕃ(《合集》9615)

图3-36 穗头聚而下垂的粟字甲骨
《合集》19804

禾(粟)的穗头是聚而下垂的,①此字即农作物粟,隶写作禾。(图3-36)禾是商朝主要的粮食作物,甲骨文中的"年"字就是"从禾",像人负禾而归之状,作ᕃ(《合集》1)形。有年、无年即有无收成,是视禾即粟的收成而定,因此"禾"有时作为一切谷类作物的通称。裘锡圭说,谷子是古代北方最重要的谷物,所以"禾"引申而为一切谷物的通称。甲骨卜辞里的"禾"字多数已用于引申义。例如宾组卜辞常常卜问"祈年"、"受年"。这从禾的年字的"禾",就是泛指各种谷物的。

"年"的本义是收成。"年"字从"禾"也反映谷子在古代粮食作物中的重要性。宾组卜辞除卜问"受年"外,还屡次卜问"受黍年"、"受聓年"。但是不管哪一期或哪一组的卜辞,都不卜问"受禾年",这应该就是由于"禾"(谷子)的种植比其他谷物大得多,卜问是否受年,实际上主要就是卜问是否受禾年,所以不必专门为它卜问的缘故。② 甲骨文里占卜"受年"的卜辞,以"受年"、"受禾"为最多,且不言谷物种类名,其他明指何类谷物的"受年"则相对较少。

甲骨文有从禾而禾间有小点或小圆圈的一个字,作:

ᕃ(《合集》10024、10025、10026)
ᕃ(《合集》30305、30306)

---

① 裘锡圭:《甲骨文中所见的商代农业》,《古文字论集》,中华书局,1992年。
② 裘锡圭:《甲骨文中所见的商代农业》,《古文字论集》,中华书局,1992年。

禾间的小点或圆圈表示水滴,此字应即从禾从水,应是禾属的另一品种。这禾的另一种当是秫。齐思和《毛诗谷名考》:"《说文解字》'秫,黏稷也。'按今谷子中有黏谷子,当即其物。"黏性农作物比普通农作物的种植、管理都要难一些,收获量也少一些。甲骨文此字从水表示需要灌溉,需要精心管理,而字的基本构形是禾,故它是"禾属的另一品种",即黏性的禾,名为秫。商朝有白秫:

　　　　惟白秫。　　　《合集》34601

　　　　惟白秫登。　　《合集》32014

秫之色白者特别标明,则一般的秫当如今日的谷子是黄色的。

（二）黍和穄　　黍与禾字在甲骨文中的区别十分明显:禾是聚穗,黍是散穗。在商朝黍类作物至少已经有两个品种:黍和穄。黍是带黏性的,穄是不带黏性的黍。黏与不黏的黍字,甲骨文中用从水与不从水来表示:

1. 不从水的黍字:

　　　（《合集》9951）

　　　（《合集》9952）

　　　（《合集》9953）

2. 从水的黍字,有两种构形:

①　（《合集》9956）、　（《合集》9975 正）（图3-37）

②　（《合集》9937）、　（《合集》9946 正乙）

加水的黍字与不加水的黍字卜辞数量大致相当。贾思勰《齐民要术》卷二《黍穄》第四云:"凡黍、穄田,新开荒为上,大豆底为次,谷底为下。地必欲熟。"齐思和《毛诗谷名考》说穄是不黏的黍:

图3-37　从水的黍字甲骨

（《合集》9956）

> 黍分黏与不黏两种,其不黏一种名为穈,也称为穄。《说文》"穈,穄也"。又"穄,穈也"。现今河北省北部犹呼穈为穈子,称穈子饭为穄子饭。至今大名一带犹呼穈子为穄子,可见穈、穄是各地对于同一种东西的不同名称。《说文》"黍,禾属而黏者也"。黍子即专指黏者而言,那不黏的黍已别称为穈而不称为黍了,可见汉时的名称已和现今相同。①

黏者味美,但产量低且难种,故甲骨文中从水的黍字应指有黏性的黍,不从水的黍则应是另一种不黏的黍,其字应为穈,即穄。

---

① 齐思和:《毛诗谷名考》,《中国史探研》,中华书局,1982年。

（三）麦　麦字在甲骨文中是一个常见的字，其用法有两种：地名和农作物品种。作为地名的如：

　　　癸巳王卜，在麦，贞旬亡祸。　　　《合集》36809

　　　王田于麦。　《合集》24228

　　　其田麦，擒。　《合集》29369

作为农作物品种的是可食用，甲骨文里有"食麦"的辞：

　　　月一正，曰食麦。　《合集》24440

由此辞可见商朝人的食物里有麦。从甲骨卜辞中的"告麦"看，商人麦的种植还是较为普遍的。"告麦"之事，应是各地官员向中央报告麦的收成：

　　　[己]亥卜，宾，翌庚子有告麦。允有告麦。

　　　庚子卜，宾，翌辛丑有告麦。　《合集》9620

　　　翌乙酉亡其告麦。

　　　己酉卜，宾，翌庚有告麦。　《合集》9621

　　　翌乙未亡其告麦。　《合集》9622

　　　翌丁亡其告麦。允亡[告麦]　《合集》9623

　　　……[亡]其告麦。

　　　□午有告麦。　《合集》9624

　　　翌辛丑亡[其]告麦。　《合集》9625

在古文献里麦也称作来，《诗·周颂·思文》："贻我来牟。"《诗·周颂·臣工》："于皇来牟。"《说文》"来"字下云："来，周所受瑞麦来麰也。二麦一夆，像其芒刺之形，天所来也，故为行来之来。"麦又称来非始自周，在商代的甲骨文里，作为名词的"来"可食用，就是农作物的一种，卜辞有：

　　　食来。亚致来。《合集》914（图3-38）

农田中有"来"且须刈割：

　　　我田有来。　《续》5·29·1

　　　贞咸刈来。　《合集》9565

甲骨卜辞中有"受来年"，祈求"来"获丰收：

　　　乙亥卜，受来年。　《合集》33260

　　　求年来，其卯于上甲卨，受年。

　　　　　　　　　　《合集》28272

卜辞中的"致"、"以"是表示贡纳物品于王室的用语，"来"也是贡物之一种：

　　　亚致来。　《合集》914

　　　贞曰：致来，迺往于敦。

　　　　　　　　　　《合集》11406

图3-38　食来甲骨
（《合集》914局部）

其以来酉(酒)。　《合集》28011

"来"字与"麦"字一样,是农作物名也被用作地名:

己酉卜,今日不雨,在来。　《合集》20907

王其田于来,无灾。　《英藏》2041

王往田从来,祟豕,擒。　《合集》33362

弜田来。　《屯南》588

(四)菽(豆)　甲骨文菽字作 形从米从缶,隶写作蕾。甲骨文中言"受蕾年"的辞与"受黍年"对贞卜问:

癸未卜,争,贞受蕾年。

贞弗其受蕾年。

癸未卜,争,贞受黍年。

贞弗其手黍年。　《合集》10047

蕾字于省吾释为豆,即古文献中的菽,"蕾字从米旱声,旱之音读同于厚。古韵厚属喉部,菽属幽部,侯幽通谐……厚之读作菽与豆为喉舌之转。"①

(五)稻　甲骨文中有一秜字,作 形(《合集》13505)。于省吾谓:"秜是野生稻的专名。"②甲骨文中仅一见,作为动词用,是呼甫到姁地种秜,由此观之,秜若释为稻也不是野生稻而是人工种植的稻了。卜辞云:

丁酉卜,争,贞呼甫秜于姁,受有年。

《合集》13505(图3-39)

(六)高粱　甲骨文中有一字作 形,是一农作物,卜辞有卜问"受 年"者:

……弗其受 年。　《合集》9946 正甲

己巳卜,𣪊,贞我受黍年。

……受 年。

贞我受 年。

……弗其受 年。

《合集》9946 正乙正甲

此字有释为粟或穄的,裘锡圭释为高粱,从字形结构分析,其说可从。他说"它所象的是植于'田'上的穗大而直的作物,与其说成粟或穄,却不如说成高粱合理"。③裘说合理,可从。

图3-39　种稻甲骨

(《合集》13505 局部)

---

① 于省吾:《商代的谷类作物》,《东北人大人文科学学报》1957年第1期。
② 于省吾:《商代的谷类作物》。
③ 裘锡圭:《甲骨文中所见的商代农业》,《古文字论集》,中华书局,1992年。

综上,从甲骨卜辞中见到,商代的农作物种类有禾(粟)、秫(带黏性的粟)、黍、穄(不带黏性的黍)、麦、菽(豆)、稻(秜)、高粱八种。其中禾与秫、黍与穄属同品种农作物而分黏与不黏,反映商代人已在同品种农作物里培育出新的品种,是商朝农业技术的进步。

三 农业生产工具

商代的农业生产工具有金属与非金属质料之分,考古出土的农具以非金属制品为主,非金属农具的质料又有石、骨、蚌和木、陶质的不同。

农业生产工具的质料虽有不同,而各种质料农具的种类则大致相同。农具的种类按其用途,大体可分为三大类:

(一) 起土农具:耒、耜、锸(即今之锹或称锨者)、钁、犁。

(二) 中耕农具:铲(大者应称耜)、锄。

(三) 收割农具:镰、刀(铚)。

在考古发掘和传世品中,都有一定数量的青铜农具,陈振中著《先秦青铜生产工具》书中有"全国出土先秦青铜生产工具统计表"[①],迻录于此供参考。

全国出土先秦青铜生产工具统计表

	耒	耜	锸	犁	镰	铲	锄	三角形耘田器	钁	刀	合计
京、津、冀						1			4	20	25
河南		6			2	21	7	1	52	169	258
陕西						46			27	17	90
山西									6	13	19
山东						1			8	11	20
湖北		6							9	14	29
湖南									1	1	2
安徽					1		1			2	4
江西	1	5		2	5	12	1		11	47	84
江苏、上海										20	20
浙江						1			1		2
四川		2					1		1	2	6
云南						1	2		1	1	5

---

① 陈振中:《先秦青铜生产工具》表2—1,厦门大学出版社,2004年。

续 表

	耒	耜	锸	犁	镰	铲	锄	三角形耘田器	钁	刀	合计
内蒙古										3	3
辽宁										6	6
甘肃										1	1
出土品小计	1	19		2	56	34	13	1	121	318	565
传世品	1	1		2		7	3		38	51	93
合计	2	20		4	56	41	16	1	149	369	658

说明：1. 陈氏将商代的青铜锸作"凹字形钁"而归入钁类农具，故无锸。

2. 刀分为刀与立刀两类，此合称为刀计。刀既可作手工业工具，也可用作收割用的农具，故也列在此表内。

3. 犁和三角形耘田器陈表漏收为本书著者增补。

商朝的农业生产中，青铜器应当起着十分重要的作用。

各种质料制成的农业工具数量，从考古发掘出土实物而论，石器最多，蚌器、骨器次之，陶质农具居第四位，青铜制品最少，木竹质工具由于易腐朽，故很难发现实物，其占工具质料的比例可能并不比石质的少。青铜器作为农业生产工具，已是学术界所认同的。商代在农业中使用青铜工具，大概是不会有人怀疑的，目前意见不一致的是，青铜农具的普及程度，是刚开始的少量使用，还是大量使用的问题。就出土的数量论青铜农具与石、骨、蚌质工具是不可比量的。据统计仅小屯1929年—1932年发掘时，在7个灰坑中出中的石镰就达3 640件，而青铜制的镰则还未在小屯遗址中见到，说商代农业中使用的工具是以石骨蚌质为主，从考古出土的实物来看应是不错的。但是有些种类的工具，可能已较多地使用青铜器了，如掘土翻地的钁，商代可能已较多使用铜制的了，佟柱臣说"在伊、洛河流域龙山文化中出现较多的石钁，到商代晚期不见了此类工具，可能已较多地使用青铜器了"。[①] 这个推断是可能的。在郑州商代二里岗时期南关外的铸铜遗址内，从出土的铸造青铜器的陶范就可以得到证实，在所发现的陶范中，能辨出器型的范块，以工具范为主，而在工具范中又以钁范占绝大多数。见下表所示。

郑州商城二里岗下层二期各种陶范数量统计表

类 别	生产工具范	兵 器 范	容 器 范	不明器型范
数 量	50(钁范41块)	7	8	60
百分比	40(钁范32.8)%	5.6%	6.4%	48%

① 佟柱臣：《二里头时代和商周时代金属器替代石器的过程》，《中原文物》1983年第2期。

郑州商城二里岗上层一期各种陶范数量统计表

类　别	生产工具范	兵器范	容器范	其他范	不明器型范
数　量	81(钁范60块)	26	51	8	62
百分比	35.5(钁范26.3)%	11.4%	22.4%	3.5%	27.2%

以上两表资料来源：河南省文物考古研究所编著：《郑州商城》第346、365页，文物出版社2001年出版。

上两表说明在商代早期，起土类工具中，已有较多使用青铜农具的倾向。在安阳孝民屯商代铸铜遗址内，也发现有铸造钁的陶范块（见上引佟柱臣文）。青铜生产工具出土少的一个重要原因，当因青铜是贵重金属，得之不易，故人们对其十分珍惜，不能随便丢弃，且青铜器使用坏了还可作为原料回炉重铸成新器。在铁器时代，直到二十世纪的四五十年代，农民和手工业工匠对使用坏了的铁工具是从不丢弃的，而是将其送到铁匠铺作为原料再打制新器。因此1949年前，在废弃的旧房内也很难发现被丢弃铁器的。另外，我们不应仅只考虑出土多少青铜农具，还应该看到青铜手工工具在加工非金属农业工具中的作用。像木制的耒、耜，使用青铜的斧、刀进行加工，比用石斧、石刀加工，在速度和产品的质量上，都是不可比拟的。据陈振中统计，河南省内已出土商代青铜斧23件、锛65件、凿22件、锯8件。[①] 在石器时代及青铜器时代，农业生产中最为重要的起土翻耕、点种以及除草的环节，应主要使用的是木、竹质的农具。斧、锛、凿、锯这些青铜工具，它们是手工业生产工具，同时也是更有效的加工木、竹质材料农业工具的工具，可称为母工具。有了青铜质的手工业工具，较为坚硬的木、竹质材料，就比较容易地加工成各式各样的、适宜的农具。青铜工具加工木、竹质农具，对农业生产所起的作用，就是青铜时代农业生产水平高于石器时代的原因所在（当然还有人们积累的经验）。所以说，青铜器在商代农业生产中的作用不能低估。虽然不能证明此时已"大量使用"青铜制农具，但青铜制农具在农业生产中也不是无足轻重的。青铜制的农具及加工非金属农具的青铜工具的使用，标志着农业生产已进入一个全新的阶段。商代文明的高度发展，是以它雄厚的经济为基础的，而商代雄厚的经济基础，又是与农业生产中青铜农具及使用青铜工具加工非金属农具相关联的。

四　农业生产技术

商朝的农业生产技术已达到一定的水平，为商朝文化的发展提供了物质上的保障。概括起来，商朝农业生产技术上的成就有以下几个方面：

---

① 陈振中：《青铜生产工具与中国奴隶社会》第6页之表一，中国社会科学出版社，1992年。

（一）选择耕地并进行丈量。商朝已对土地的好坏分出等级，前引《作册羽鼎》铭文中有"王令寝农省北田四品"。品即品第、等第。商王亲自或派臣僚往农耕地进行考察，以便掌握总体情况，这种活动甲骨文中称为"省田"，如：

  丙辰卜，永，贞呼省我田。　　《合集》9611

  王其省噩田，湄日无灾。　　《合集》28971

  王其省盂田，湄日不雨。　　《合集》29093

  惟宫田省，无灾。　　《合集》29100

  惟桧田省，无灾。　　《合集》28936

  惟向田省。　　《屯南》888

对耕地要进行丈量。丈量土地甲骨卜辞中称作"土田"：

  弜犬延土田。　　《合集》33215

  癸未卜，宾，贞禽洼田，不来归。十二月。　　《合集》10146

  甲戌卜……令禽洼田……不……　　《合集》10147

  贞勿令禽洼田。十一月。　　《合集》10148

"土田"之"土"读为度。洼字作 形，其字从水、止、土，土声，读为度，"洼田"即"度田"。"度田"即丈量土地。张政烺说，从"甲骨所记月份是十一月、十二月，正是农隙之时，收获已过，场功亦毕，而殷代开荒、除田等最烦劳的工作都在冬至以后小寒大寒时举行，此时还未开始，殷王此时令人度田，是完全可能的"。①

（二）清除田面草木。古时土地利用率不高，上好的土地也只是一年种植一季，次等的土地则种一年休耕一年或二年。《周礼·地官·大司徒》："凡造都鄙，制其地域而封沟之，以其室数制之。不易之地，家百亩；一易之地，家二百亩；再易之地，家三百亩。"郑玄《注》引郑司农云："不易之地岁种之，地美，故家百亩。一易之地休一岁乃复种，地薄，故家二百亩。再易之地休二岁乃复种，故家三百亩。"

在休耕一二年的地面上会杂草灌木丛生，就是在年年耕种的地面上，因土地空闲的时间有数月之久，也会长满杂草的，故在翻耕土地前都要将田面上的杂草灌木清除掉，《诗·周颂·载芟》："载芟载柞，其耕泽泽。"郑玄《笺》云："除草曰芟，除木曰柞。……将耕，先始芟柞其草木。"商代甲骨文中称这一行动为"柞"、"芳"：

  乙丑，王柞艾（芳）方。

  乙丑，王薅（擩）艾（芳）方。　　《合集》20624

---

① 张政烺：《释甲骨文中"尊田"与"土田"》，《中国历史文献研究集刊》第三辑，岳麓书社，1982年。

"芇"是旧草未除新草又生的状况。① 卜辞有向王室报告此种情况者,称为"告芇":

己卯,贞在冏,局来告芇,王[其黍]。

王弜黍。

庚辰,贞在冏,局来告芇。

王弜黍。　《合集》33225

冏地是重要的农业区,地面上长满杂草,主管此地的农官局来向商王报告,还播种不播种。此辞中的"黍"字是一动词,即种黍。"弜黍"是商王不在冏地种黍。因为局来报告了冏地有"芇"的现象,即长满了杂草而未能清除,不适宜播种,故有"王弜黍"的决定,因果关系明白。

（三）翻耕土地。翻耕土地使用三种农具:

1. 耒。耒是歧头双齿,使用耒翻土称为"耤":

甫耤于㚔,受年。　《合集》13505

[丙]子卜,呼……耤,受年。　《合集》9506

……卜,贞众作耤不丧,[其丧]。　《合集》8

甲骨文"耤"字像人手扶耒柄并用脚踏耒上的横木以发力起土状,是个象形字。（图3-40）卜辞有"耤"后卜问是否"生":

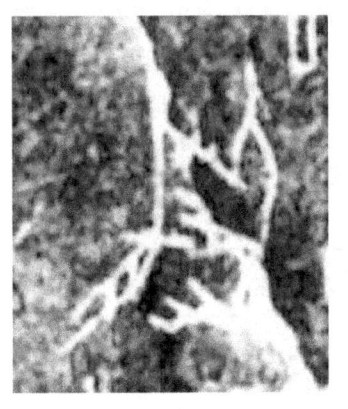

图3-40　甲骨耤字

（《合集》8 放大）

甲申卜,宾,贞呼耤,生。

贞不其生。王占曰:丙其雨,生。

《合集》904 正、反

"耤"的时间有十二月、三月的,正是播种前的季节:

庚子卜,贞王其萑（观）耤,惟往。十二月。　《合集》9500

丁酉卜,骰,贞我受甫耤在㚔年。三月。

《合集》900 正

2. 耜。耜即今日的铲,北方称为锨或锹,是翻土农具。甲骨文中"叠田"就是使用耜这种农具的多人合力翻耕,即古文献所说的"偶耕"。叠字作形,表示农具耜,其下一斜画是踏脚的横木,将脚踏在横木上助力,使耜头快而深地插进土里,提高翻耕深度和速度。即甲骨文的力字,叠字从三力,表示多人合力共耕即今恊字。卜辞常见"协田"的占卜:

王大令众人曰:协田,其受年。十一月。　《合集》1

---

① 严一萍:《释芇》,《中国文字》第十六册,1965年。又裘锡圭:《甲骨文中所见的商代农业》。

贞惟辛亥协田。十二月。　　　《合集》9499

弜巳哉，惟懋田协，受有年。　《合集》29004

3. 犁。在江西新干县大洋洲一座商时期的大墓里，出土了两件青铜犁铧，形近等边三角形，两侧薄刃，正面中部拱起，形成截面为钝三角形的銎部。两面均施简体式云雷纹。銎部正中有一穿对孔通。①（图3-41）同样的青铜犁铧，1973年在济南的物资收回公司中拣选出土一件，李学勤认为是商代的器物。此青铜犁铧出现在北方的山东地区，可知"当时北方也应有使用铜铧的犁耕了"。②

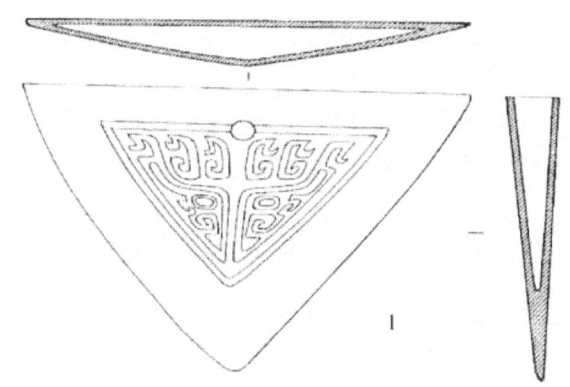

图3-41　新干大洋洲商墓出土的铜犁铧
（采自《新干商代大墓》第118页）

甲骨文中有一个 字，郭沫若隶写作勿，认为可能是犁字的初文，像以犁起土之状。③ 1980年7月上海博物馆新购得一批甲骨，其中二片与《甲骨文合集》32148片为一片之折，沈之瑜将其缀合，发现其中有"幽勿牛""黄勿牛"两辞，认为此两辞的勿字为犁字的"确证"。他说这片甲骨中有"幽勿牛"与"黄勿牛"对举，为前所未见，这一重要的卜辞发现，彻底解决了几十年来学术界对此字聚讼未决的问题，学者们多释"勿牛"为"物"，即杂色牛。"物"既为杂色牛，那就不应在其前冠以形容词"幽"、"黄"。可见"勿牛"不应释为"物"，也非杂色牛，应是"犁"字。④ 沈先生的说法是可信的。犁耕比用耒、耜的人力耕，其效率大为提高。宋兆麟等学者对今日贵州省黎平县侗族中，锄耕、人拉犁耕和牛拉犁耕的速度作过比较，列为下表。⑤

---

① 江西省文物考古研究所、新干大洋洲博物馆：《江西新干大洋洲商墓发掘简报》，《文物》1991年第10期。
② 李学勤：《新干大洋洲商墓的若干问题》，《文物》1991年第10期。
③ 郭沫若：《殷契粹编》第424片之考释。
④ 沈之瑜：《甲骨卜辞新获》，《上海博物馆集刊》第3期。收入《沈之瑜文博论集》，上海古籍出版社，2003年。
⑤ 宋兆麟：《牛挽犁考》，《农业考古》1984年第1期。

锄犁工具及人畜生产效率比较表

耕作方式	单位时间	所需动力	耕种面积
锄　　耕	1天	1人	1担田
人挽犁耕	1天	2人	4担田
牛挽犁耕	1天	1人	14担田

犁耕比锄耕其工效大为提高,既然商时已有青铜犁铧的出现,犁耕技术已被商时人掌握,按常理,这种高效率的耕作技术,是会快速被推广的。

(四)整理土地。播种前对土地要进行整理。从甲骨卜辞考察,商时对土地的整理主要有两个方面:修排灌系统和打垄。修排灌系统称为"作田"。甲骨文"田"呈方块形状,我们在前面已揭示过,方块间的界画,就应是水渠,《周礼·地官·遂人》:

> 凡治野,夫间有遂,遂上有径。十夫有沟,沟上有畛。百夫有洫,洫上有涂。千夫有浍,浍上有道。

一夫授田百亩,"遂"是每百亩之间的小水沟。沟、洫、浍是比"遂"更宽更深的水沟。大小水沟纵横交错,就是甲骨文田字的母体来源。卜辞中有"作大𤰔":

> 令尹作大𤰔。
> 勿令尹作大𤰔。　　《合集》9472

𤰔字过去被释为田字,其实此字田形上还有一∨符号,其字应为𤰔,张政烺说田形上的∨即巜,《说文》巜,"水小流也。《周礼》匠人为沟洫,耜广五寸,二耜为耦,一耦之伐广尺深尺谓之巜,倍巜谓之遂,倍遂曰沟,倍沟曰巜。畖,古文从田川声。畎,篆文从田犬声。"巜即浍,《说文》:"巜,水流浍浍也。方百里为巜,广二寻深二仞。"古代以八尺为寻,七尺为仞。𤰔字即《说文》中的古文畖字,"作大𤰔"即挖大的水沟。① 是商代农业中有大的灌排水利系统。作𤰔是挖沟,"作龙(垄)"则是垒土起垄埂:

> 其作龙于凡田,有雨。　　《合集》29990

"作龙"即"作垄",即在田间垒土起埂,两垄间以沟相间,苗在垄上,沟可排水及人从沟进入田间进行管理。卜辞的"墫田",也是作垄之事:

> 辛未卜,争,贞曰:众人……墫田……　　《合集》9
> 庚申卜,墫中商。　　《合集》20587
> 勿墫。
> 受年。　　《合集》9869

---

① 杨向奎、张政烺、孙言诚:《中国屯垦史》第47—48页,农业出版社,1990年。

墫字作![字形],张政烺说此字上从尊,下从土,隶定作墫,是个从土,尊声的字。以尊为声的字常有聚意。墫是聚土,"墫田"是把开荒的地土作出垄来,使它变成正式的田亩。亩是宽一步长百步的一条狭长地段,在一步宽的范围内要作出三条平行的长垄,是人力积土聚成的。卜辞"墫田"便是这样的内容。①

(五)播种。播种这一活动,在卜辞里的表示是作为名词的农作物品种名变成动词,以表示播种该农作物,如:

　　戊寅卜,宾,贞王往致众黍于同。　　《合集》10
　　贞呼稷于北,受年。　　《合集》9535
　　丁酉卜,争,贞呼甫䅽于姰,受有年。　　《合集》13505

上引卜辞中的黍、稷、䅽都是农作物品种名而为动词,意即播种此种农作物。

播种的农具,根据民族学,比较原始的农业民族,播种多是使用尖状的工具。我国少数民族在解放前播种有两种主要方法:一种是壮族,把种子漫撒到地里,不经掩埋,任其生长。独龙族撒种后用竹扫帚扫,使其稍加盖土。另一种以尖木棒点穴下种。独龙族、苦聪族、黎族、佤族等地区,都使用过尖木棒下种。夏瑚《云南北界勘察记・附录二》称:独龙族"所种之地,惟以刀伐木,纵火焚烧,用竹锥地成眼,点种苞谷、苦荞麦,而稗、黍等类则只撒种于地,用竹帚扫匀,听其自生自实"。② 是两种方式同时并用。

尖头的竹、木质棒易朽不可保存至今,考古中迄今还没有实物发现。但在商代的遗址里,常常出土大量骨、角制成的尖状器,如1958年—1961年安阳殷墟发掘出土骨器1 439件,其中工具类489件,而在这489件工具中,骨锥就有295件,占工具类的五分之三强。河北省藁城台西商代遗址出土骨器中,工具有248件,其中骨锥128件,占一半多。(图3-42)骨锥的用途,考古学界一直没有个固定的意见,唐云明说应是缝纫用具。但商代已有骨制的针作缝纫的用具,而遗址内出土的锥,形状都不规则,而且制作粗糙,仅尖部经过加工磨制,其余部分有的还保持着原材料的原始状态。③ 所以,这样粗糙的骨锥是不可能作精细手工缝纫用具的,因此,商代遗址里大量出土的骨及角质锥,应是农业上用作点种的农具,是商代农业实行的是点播方式。在垄埂上点播,农作物不致过密,能充分吸收阳光,土地提供的肥力也够生长的需要,能大为提供产量。这是一种很先进的农业技术,直到使用机器播种以前,我国农村还是普遍使用这种方式播种。

(六)田间管理。商时的田间管理有以下几个方面:

1. 施肥。商代的大家畜马、牛、羊、猪等都已经有用牢圈饲养,牢圈饲养就

---

① 张政烺:《释甲骨文"尊田"及"土田"》,《中国历史文献研究集刊》第三集,岳麓书社,1982年。收入《张政烺文史论集》,中华书局,2004年。
② 宋兆麟等:《中国原始社会史》,文物出版社,1987年。
③ 河北省文物研究所编:《藁城台西商代遗址》第74、77页,文物出版社,1985年。

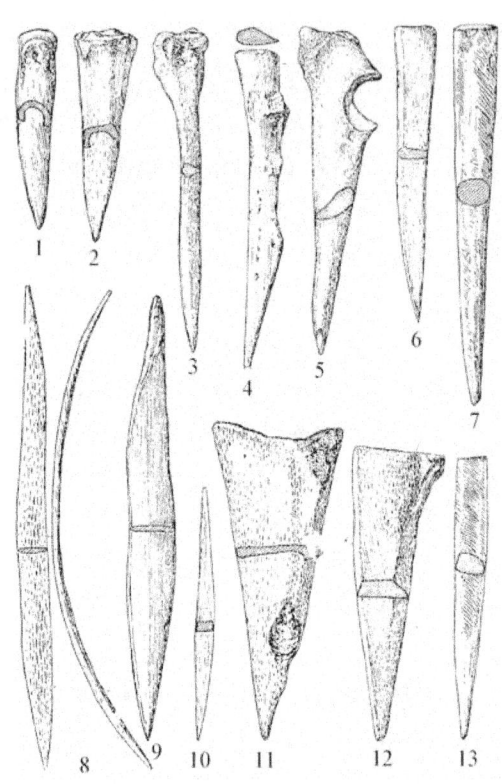

图 3-42　安阳殷墟出土的骨锥

(采自《殷墟发掘报告 1958—1961》第 185 页)

有牲畜的粪便堆积,就有肥料的积储。古时人畜粪便是提高农业产量的唯一途径,商时人应是已经懂得此道。甲骨文中有一字像人拉屎状,作 形,隶写作屎。胡厚宣释此字为粪,"屎田"往往与"受年"相连,故应是农业施肥。① 卜辞云:

　　庚申,贞翌癸未屎西单田,受有年。十三月。　　《合集》9572

　　甲申卜,争,贞令後屎有田,受年。　　《合集》9575

2. 中耕除草。除去田间杂草,古文献中称为"芟",《说文》:"芟,刈草也。"《诗·周颂·载芟》:"载芟载柞,其耕泽泽",毛《传》:"除草曰芟,除木曰柞。"《左传》隐公六年"如农夫之务去草焉,芟夷蕴崇之",杜预《注》:"芟,刈也。"甲骨文里有"芟田"一词,当是除去田间杂草,即中耕:

　　……白……芟田……　　《合集》10571

商代遗址里出土有大量的石、骨、蚌质铲,还发现青铜铲 34 件(见前青铜农具统计表)。考古遗址里出土的大型石、骨、蚌质的"铲",应名为"耜",文献记载的铲体型较小,是用来除草的工具,《齐民要术》卷一:"养苗之道,锄不如耨,耨不

---

① 胡厚宣:《殷代农作施肥说》,《历史研究》1955 年第 1 期。

如铲,铲柄长二尺,刃宽二寸,以划地除草。"商代遗址里出土的铜铲,一般体小而轻薄,如妇好墓里出土的七件铜铲一般长在11厘米左右,刃宽8厘米—9厘米,重0.3公斤左右。① 这样轻薄的工具是不能用作翻耕土地用的,只有用作除草。商代遗址里各种质料的铲大量出土,说明商代是很重视农业中的中耕除草这一重要环节的。田间杂草不除,则无收成,一家如此则家败,一国如此则国亡。春秋时期周王室大臣路过陈国,看到陈国"田在草间",田里长满杂草。他回到洛阳后对周王说,陈国必亡。②

3. 灌溉。前引"作大㽙(畎)"卜辞时指出,是开凿田间水利系统。《氾胜之书》中有伊尹教民"负水浇稼"的记载,《世本》记载伯益作井。伯益据说是尧的臣。考古发现,在龙山文化时期,我国先民就已经发明了水井,与传说中的尧时代相当。井水取水除饮用外还可作灌溉用。甲骨文中有"百井"的卜辞,见《合集》18770。(图3-43)井字从水,像水从井流出之状,当是从井里提水灌溉。"百井"表示其多。

(七)收割、储藏。农作物成熟,要估量作物的好坏,甲骨文称为"品禾":

……今秋品禾。九[月]。

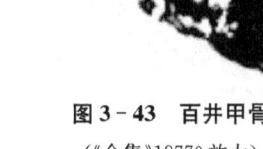

图3-43 百井甲骨
(《合集》18770放大)

《合集》9615

品即评论、衡量。《增韵·寝韵》:"品,品量也。"从甲骨文看,商代收割农作物有两种方式:

1. 摘取穗头。甲骨文中有字,像以手摘取禾穗头状,隶写作叙。裘锡圭说"当是指用手或铚摘谷物的穗"。③ 甲骨文里有叙与农作物相接或卜其是否"受年":

庚辰卜,宾,贞惟王叙南冏黍。十月。　《合集》9547

贞呼妇姘[往]叙黍。　《合集》2734 正

丁亥卜,其叙秋,惟今日丁亥。　《屯南》794

惟丁卯出叙,受年。

暮出叙,受年。吉

及兹夕出叙,受年。大吉

于生夕出叙,受年。　《屯南》345

---

① 中国社会科学院考古研究所编著:《殷虚妇好墓》第103页,文物出版社,1980年。
② 《国语·周语中》,上海古籍出版社,1979年。
③ 裘锡圭:《甲骨文中所见的商代农业》,《古文字论集》,中华书局,1992年。

上举卜辞中的叙字,都作动词用,即割取禾穗头。

2. 连禾秆一起收割。甲骨文中有一字作̇形,从禾从⼷,⼷即刀。字像以刀割禾秆形,为刈割的刈字。被刈的农作物种类有黍、穄、秋、禾、来(麦)等:

　　……刈黍。　　《合集》9564

　　贞王往立刈穄。　　《合集》9558

　　盂田禾释,其御。吉。刈。　　《合集》28203

　　甲午卜,弜刈秋。　　《合集》9563

　　甲子卜,贞咸刈来。　　《合集》9565

地里成熟的农作物收割回来后,要进行脱粒,然后储藏于仓廪之中。文献记载,商末的殷纣王时,在钜桥建有一大粮仓,即《史记·殷本纪》所说的"钜桥之粟"。甲骨文里有"西仓":

　　于西仓……　　《屯南》3731

"西仓"应是一个储粮的仓库。甲骨文里有仓廪的"廪"字,作形,即《说文》的亩字,许慎说其字义云:"亩,谷所振入也。宗庙粢盛,亩而取之,故谓之亩。"甲骨文字,是北方农家藏谷物粮仓的象形,陈梦家说:

　　亩字作形,像露天的谷堆之形。今天的北方农人在麦场上,作一圆形的低土台,上堆麦秆、麦壳,顶上作一亭盖形,涂以泥土,谓之"花篮子",与此相似。亩是积谷所在之处,即后世仓廪之廪。①

在北方的农村里,今天仍然能看到这种形状的储粮仓。甲骨文中有"南廪",当在国都之南的某地,商王怕有失,常派人去视察,卜辞云:

　　庚寅卜,贞惟束人令省,在南廪。十二月。　　《合集》9636

　　己酉卜,贞令吴省,在南廪。十月。　　《合集》9638

　　己亥卜,贞惟竝省,在南廪。　　《合集》9639

　　贞先省,在南廪。□月。　　《合集》9641

其他地方的仓廪,商王室也常派人去"省",以保障其安全:

　　癸巳卜,令禽省廪。　　《合集》33236

　　惟宁、鼓令省廪。

　　惟马令省廪。　　《屯南》539

上引卜辞仅言"省廪"而不明"廪"在何地,下面一片甲骨上的卜辞显示出,商王室的"廪"不一定都设在王都附近:

　　乙亥卜,贞令多马亚伱遘祯省陕廪,至于⿳侯,从橘川、从垂侯。九月。

　　　　　　　《合集》5708

"多马亚"是一官名,伱是多马亚的私名,祯是人名。遘在甲骨文里作动词使用,

---

① 陈梦家:《殷虚卜辞综述》第536页,科学出版社,1956年。

有遇见、会合之意。是多马亚伈会同祳去省廪。多马亚是商代一武职官名,由武官去省廪,当是对粮仓的保护。后世历代王朝,对粮仓都是设重兵看守的。陕是地名,陕廪是指设在陕地的仓廪。㠯侯、椢川、垂侯皆是地名,到陕廪要经过㠯侯、椢川、垂侯地面,可见此仓廪距离王都不近。①

仓廪是王国物资的重要储藏处,往往遭到敌对方的攻击,甲骨文里有一条材料,记载一个晚上有三个仓廪被奴隶烧掉:

> 王占曰:有祟。㛸、光其有来艰。迄至六日戊戌,允有[来艰]。有仆在叟、宰在□薅,亦(夜)焚廪三。十一月。
>
> 王占曰:有祟。其有来艰。　　《合集》583反
>
> 亦(夜)焚廪三。　　《合集》584反甲

薅即薅除田中杂草,是一种农业生产活动。仆和宰是两种奴隶身份的人。仆在叟地,宰在某地做农活,他们在夜里焚烧了贵族㛸和光的三个仓廪。所以,仓廪是要派专人守卫的,王朝要随时派人检查守护的情况。

第二节　发达的畜牧业

畜牧业在商代较为发达,商王祭祀祖先神灵的祭品中,以牲畜为最多,一次祭祀,用牲畜数量动辄几十几百,甚至有上千的。祭品献给死去的祖先,是给他们在另一个世界里吃肉的。由于活着的人是吃肉的,所以要给死去的人不断提供牲畜以保障他们的肉食。祭祀中作为祭品的牲畜主要是家畜,可见,家畜是商代肉类食物的主要来源,提供家畜的畜牧业,无疑已经是商代的一个重要经济部门。

一　大量使用家畜祭祀

商代王室及贵族的大量用牲祭祀神灵,反映畜牧业的发展的状况。甲骨文中,商王祭祀用牲畜数量十分庞大,常见一次成百上千的,以下所举几条卜辞,是数量较多的,如用牛数量的卜辞:

> 禽见(献)百牛,畿用自上示。　　《合集》102
>
> ……黄尹百牛。　　《合集》3489
>
> 登大甲牛三百。　　《怀特》904
>
> 乙亥[卜],内,贞酭大[乙]五百牛、伐百。　　《合集》39531
>
> 丁巳卜,争,贞其降酭千牛。

---

① 商代仓廪也不全是储存粮食的,也有储存其他物资的,如在山西夏县东下冯的商代遗址内,就发现大量用来储存盐的仓库(见后),这里距离王都已很远。

不其降𡆥千牛千人。　　《合集》1027 正（图 3-44）

图 3-44　用一千头牛一千人祭祀甲骨
（《合集》1027 正局部）

用羊的数量亦大：

侑于父丁犬百羊百卯十牛。　　《屯南》503

戎丁，用百羊百犬百豚。　　《合集》15521

……登羊三百。　　《合集》8959

贞呼弹出羊五百、【豕】五百。

《拼合》40A[①]（图 3-45）

图 3-45　羊豕五百甲骨
（《拼合》40A）

商朝统治者祭祀时用牲计数还往往以若干"牢"计的：

壬申卜，侑大甲三十牢。甲戌。

《合集》19828

贞御自唐、大甲、大丁、祖乙百羌百宰。　　《合集》300

……兄丁延三百牢。　　《合集》22274

五百宰。　　《合集》20699

从上引甲骨卜辞知，甲骨文中的"牢"字有从牛和从羊两种结构，学者研究认为，从牛的"牢"是文献中所说的"大牢"，从羊的"宰"是"小牢"。大小牢的区别是所包含的牲畜种类不一样。朱骏声《说文通训定声》牢字下云：

《周礼·大行人》："礼九牢"。注："三牲备为一牢"。《吕览》仲夏太牢祀于高禖。注：三牲具曰太牢。《仪礼目录》：羊豕曰少牢。

"三牲"指牛羊豕。对于甲骨文中牢、宰所包含的牲畜种类、数量，甲骨学家们作

---

① 《拼合》是黄天树主编《甲骨拼合集》（学苑出版社 2010 年 8 月）的简称。

出与古文献不同的解释。胡厚宣说牢是一对雌雄牛,宰是一对雌雄羊。① 姚孝遂则认为,牢是专门饲养之牛,宰是专门饲养之羊,均是为了供祭祀之用的。② 姚氏认为一牢是一只专门饲养准备作祭祀用的牲畜,一牢就是一只牲畜。就以姚氏说,一次祭祀杀掉三百、五百只牲畜,也是一个十分惊人的数字,要相当发达的畜牧业才有能力提供。

商朝畜牧业发达,所以周武王伐纣时,还从商朝境内掳掠大批牲畜用来祭祀,《逸周书·世俘解》:

> 越五日乙卯,武王乃以庶祀馘于国周庙。翼予冲子,断牛六,断羊二,庶国乃竟。告于周庙曰:古朕闻文考修商人典,以斩纣身,告于天、于稷(周人的始祖)。用小牲羊、犬、豕于百神、水土,于誓社,曰:惟予冲子绥文考,至于冲子。用牛于天、于稷五百有四,用小牲羊、豕于百神、水土、社二千七百有一。

郭沫若说,周武王这次大量使用的这些牲畜,并不是周人自己的而是从商人那里抓来的。③ 无论是古文献的记载,还是当代甲骨学家对牢、宰的不同解释,从上引甲骨卜辞及《逸周书·世俘解》所记可见,商代的畜牧养殖业是相当发达的。

二 家畜家禽的种类

商代家畜家禽的种类已较为齐全,后世所称的"六畜"马牛羊鸡犬豕都有,饲养规模大,方式科学。

(一)家畜的种类。

1. 马。养马业在商代已是十分发达,早在商人祖先相土时,他就发明了骑马的技术,《世本·作篇》:"相土作乘马。"商汤伐夏桀时使用了战车,《吕氏春秋·简选》:"殷汤良车七十乘,必死六千人,以戊子战于郏……遂有夏。"商代马车有驾二马,也有驾四马的。在河南省的安阳殷墟遗址内,已发现了18座埋葬车马的坑,多数是一车两马,也有一车四马的。马已用于驾车,说明商代对马的饲养和训练,已具很高的水平。甲骨文里以马名官的就有马亚、多马亚、多马、多马羌、马小臣、小多马羌臣等。这些都是与马的饲养和使用相关的职官。

甲骨卜辞里以马作祭祀用牲的卜辞比较少见,且一次用马作祭品的数量也不多,下面是几条用马祭祀的卜辞,但皆无用多少的数字,说明仅是用一匹马献祭:

  丙辰卜,扶,禋……马大丁用。　《合集》19813

  甲子卜,扶,□马至祖乙。　《合集》19847

  己丑卜,□马妣己。　《合集》22211

  甲辰卜,叙俘马自大乙。　《合集》32435

---

① 胡厚宣:《释牢》,《史语所集刊》第八本二分册。
② 姚孝遂:《牢、宰考辨》,《古文字研究》第九辑,中华书局,1984年。
③ 郭沫若:《十批判书·古代研究的自我批判》,人民出版社,1954年。

但是，在安阳殷墟却发现大量用马祭祀的现象，1976年在商王陵东区的武官村发掘了191个祭祀坑，其中埋马祭祀的坑就有30个，共埋马117匹。各坑所埋马的数目不等，少者1匹，多至8匹。在马坑的东侧和南侧近80座未发掘的祭祀坑中，根据钻探了解，大部分坑中亦埋有马骨架。据发掘者推测，这些用作祭祀的马可能是战争中俘获的战马，生前可能是供驾车所用。[①] 其推测在甲骨文中得到印证，《合集》32435卜辞"甲辰卜，敔俘马自大乙"，敔字是一祭祀仪式，"俘马"即战争中俘获的马，"大乙"即商代开国之国王汤。此片甲骨属于武乙时期，"自大乙"是祭祀从汤开始到武乙之父康丁的商代先王。

上面所说仅是1976年的殷墟发掘发现的埋马祭祀的情况，从1928年开始的殷墟科学发掘以来，在殷墟范围内其他地方也不断有埋马祭祀或陪葬的坑，如1982年—1992年在郭家庄就发现4座车马坑和两座马坑陪葬，每座马坑埋马2匹。(图3-46)马在商代已经用来驾车，商人在战争中已使用车战，马在商代已

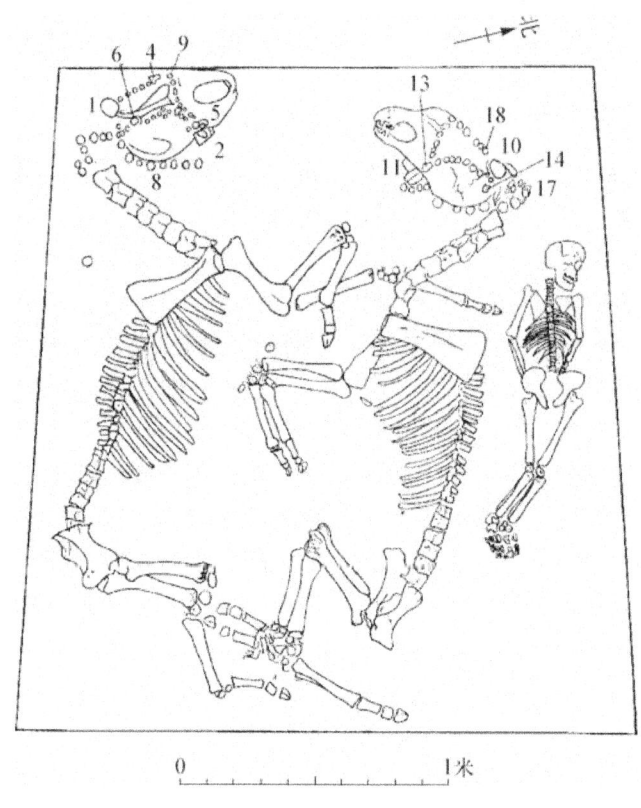

图 3-46 安阳郭家庄商代马坑

(采自《安阳殷墟郭家庄商代墓葬》第138页)

---

① 中国社会科学院考古研究所安阳工作队：《安阳武官村北地商代祭祀坑的发掘》，《考古》1978年第12期。

经是重要的战略物资。商人大量用俘获敌方的马祭祀,他们自己必然是拥有更多的良马,才能如此浪费马匹。

2. 牛。牛是大牲畜,甲骨文里有大量用牛祭祀的卜辞,如前举《合集》1027正版上卜辞,卜问是否用一千头牛祭祀,就可知商人养牛的规模是相当大的。甲骨文里用来祭祀的牛,在祭祀时还要注意颜色的选择,如:

燎于东西,又伐卯南、黄牛。　　《合集》14315 正

又黄牛,惟幽牛。　　《合集》14951 正

小乙卯,惟幽牛,王受佑。　　《屯南》763

祈年于丁,㞢十勾牛、㽙百勾牛。　　《合集》10116

侑大甲白牛,用。　　《合集》1423

勾牛即犁牛,又作黎牛,黎与黧字通,黑色。幽牛的幽字也表示颜色,与黝字通,亦指黑色。勾牛与幽牛实为一种颜色的牛,即今日南方常见的水牛。

在商代的文化遗址里,黄牛与水牛的骨骼都有大量的发现,从对殷墟孝民屯、白家坟东地出土的动物遗存进行整理分析,发现牛的骨骼最多,其次是猪和羊。

水牛古生物学家们称为"圣水牛"。杨钟键、刘东生在《殷墟之哺乳动物补遗》文中说:安阳之哺乳动物,迄现在为止,共二十九种,在一千以上者仅肿面猪、四不像鹿及圣水牛三种,占安阳哺乳动物之最大多数。① 在河北省的藁城台西商代遗址里,由裴文中、李有恒鉴定出有牛骨和圣水牛的骨骼。②

杨钟键、刘东生的鉴定报告里既有名为"圣水牛"又有被称为"牛"的动物,此"牛"当是指黄牛。美国布朗大学邱考斯基考古学与古代世界研究所的 Roderick Campbell 与中国社会科学院考古研究所的李志鹏等,在对殷墟制骨作坊出土的骨料鉴定表明,骨料中主要是黄牛的肢骨。③

3. 羊。羊在商代是一种被大量饲养的家畜。甲骨文里用羊作为献祭牺牲与牛一样,数量大,最多者一次达五百宰,其次是三百、一百者常见:

……五百宰。　　《合集》20699

丁亥卜,殷,贞昔乙酉葡(箙)旋御[于大乙]、大甲、祖乙百鬯百羌卯三百[宰]。　　《合集》301

贞昔乙酉葡(箙)旋[御]……[祖]乙百鬯、百羌、卯三百宰。

《合集》302

---

① 杨钟键、刘东生:《殷墟之哺乳动物补遗》,《中国考古学报》第四册。
② 河北省文物研究所:《藁城台西商代遗址》附录一《藁城台西商代遗址之兽骨》,文物出版社,1985年。
③ 袁靖等:《搭建平台 交流学术 统一规划 提高水平——记第一届全国动物考古学研讨会》,《中国文物报》2010年3月5日。

其御雍于父丁百小宰。　《屯南》4404

安阳殷墟的动物骨骼中,经鉴定的羊有两个品种:山羊和殷羊。山羊的骨骼较少,在10以下,殷羊的骨骼在100以上,属于易于驯养的动物。殷羊即今日所称的绵羊。通过对殷墟动物骨骼鉴定,羊在哺乳动物总数中占15%左右,羊骨骼里又以殷羊的骨骼为主,说明商人是以饲养殷羊即绵羊为主的。从羊的骨骼分析,其死亡年龄结构大多未成年,表明殷墟时期羊养的主要目的是吃肉。①

4. 猪。猪在我国驯养的时间较早,神农时代就已成为家养的动物。据杨钟键、刘东生对1949年以前出土于殷墟的哺乳动物群鉴定统表计中,有两种猪:① 肿面猪,骨骼在1000以上;② 猪,骨骼在100以上。是易于驯养的动物。甲骨文字"家"作𠃌、𠃌(《合集》136)形,字的构形与楷书家字同,表示猪在屋内。屋内有猪就是家,说明商代家家养猪而猪是家中财产最为重要的部分。甲骨文里独对猪分得很细,公猪称作豭,去势的猪称作豖,母猪称作豝,小猪称作豿或豚:

丙午卜,御方,九羊、百白豭。

《天理》300

□□卜,争,贞燎𢽊百羊、百牛、百豕、豚五十。　《合集》40507(图3-47)

贞戎丁用百羊、百犬、百豚。

《合集》15521

辛未,贞亡壬小宰(宰字从牛)千豭四爵。

《屯中南》335

《屯中南》335辞"亡壬小宰千豭四爵"可读作是"亡壬小宰千、豭四、爵",也可读作"亡壬小宰、千豭、四爵",无论"小宰千"还是"千豭",都是家畜的巨大数量,本书采"小宰、千豭、四爵"的读法。在对殷墟出土的动物骨骼鉴定发现,猪的骨骼数量排在牛骨骼之后羊骨骼前,占第二位,可见猪是商人的重要肉类食物。

5. 犬。犬是商人最为喜欢的动物,在商代的墓葬里,大多有用犬随葬的,是墓主人希望他生前饲养的爱犬,随他到另一个世界里去,为他守家护

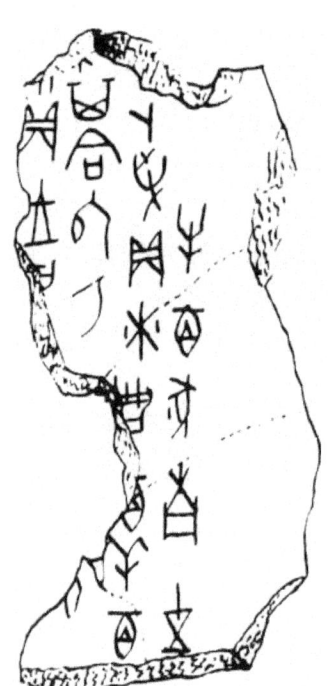

图3-47　百头去势猪的甲骨
(《合集》40507)

① 袁靖等:《搭建平台 交流学术 统一规划 提高水平——记第一届全国动物考古学研讨会》。

院。甲骨文里有大量用犬祭祀的卜辞,有多至一次达百条的:

  贞戎丁百羊百犬百豚。 《合集》15521
  侑于父丁犬百羊百卯十牛。 《合集》32698
  侑燎于父丁犬百羊百猴卯百牛。 《合集》32674
  毛于父丁犬百羊百卯十牛。 《屯南》503

臣下向王室贡纳犬的数量也大,如卜辞:

  ……兹致……二百犬……□易。 《合集》8979
  ……致百犬。 《合集》8980

一次向王室进贡一百、两百条犬,可见商人养狗已是规模化了,当时定会有专门的养狗业和养狗场,方能一次提供上百条狗给王室。

  6. 象。《吕氏春秋·古乐》篇记载"商人服象,为虐于东夷"。对东夷的战争发生在商纣王时期,有所谓的"纣克东夷而殒其身"的记载。在安阳殷墟曾发现埋象的坑,1935年在殷墟王陵区发现一座象坑,里面埋成年象一头和一个人,此人应是饲养此象的饲养员;1978年在此象坑附近又发现一个埋象的坑,内埋一只未成年的小象,其颈上系有一个铜铃,说明此象是驯养的象。①

甲骨文里常见有商王"省象"的卜辞:

  壬戌卜,今日王省。
  于癸亥省象。易日。 《合集》32954
  贞令亢省象,若。 《合集》4611 正

"省象"与"省牛"义同,是视察家畜。甲骨文里有一"为"字,作形,像人手牵着大象的长鼻子。表示能用手牵象的鼻子就是有作为,亦可见获象与驯象都不易。

  (二)家禽的种类。家禽有鸡,可能还有鸭、鹅。商周牧野大战前,周武王在战前的誓师辞中,用"母鸡司晨"来指责殷纣王抛弃亲贵大臣而专听宠姬妲己的话,《尚书·牧誓》:"王曰:古人有言曰:牝鸡无晨,牝鸡之晨,惟家之索。今商王受,惟妇言是用。"是武王时商周人在利用雄鸡报晓,知鸡是家禽。

  养鸡的用途当然是食其肉,也可能食其蛋。在郑州商城内的二里岗上、下层遗址里,都发现有食用鸡的遗迹,如在属于二里岗下层二期的窖穴 C5.IH125 里,发现有大量的禽兽骨骼,其中有较多的鸡骨。在二里岗上层一期的 C9.IH142 窖穴内也发现很多的鸡骨和其他家畜骨骼,发掘者认为此坑"可能上部作为炊事坑,而下部作储藏东西的坑"。② 这些鸡当是作为食用的家禽。在殷墟的一些不大的墓葬中,鸡骨一般放置在陶制器皿内。③ 显然是供死者食用的。甲骨文中有一片用鸡祭神的卜辞:

---

 ① 王宇信、杨宝成:《殷墟象坑和"殷人服象"的再探讨》,载《甲骨探史录》,三联书店,1982年。
 ② 河南省文物考古研究所编著:《郑州商城》第536、557页,文物出版社,2001年。
 ③ 陈志达:《商代晚期的家畜和家禽》,《农业考古》1985年第2期(总第10期)。

　　　　贞惟鸡……　　　《粹》1562

鸡字在甲骨文中，多用作地名，当是此地盛产鸡，或专为王室饲养鸡之地，而此辞应为以鸡祭祀神。

　　鸭和鹅是我国农家传统的家禽，有很高的食用价值。在商代遗址内鸭、鹅的骨骼还未能辨认出来，但用玉或石雕刻的鸭、鹅却常有发现。1975年在小屯北地一座编号为F10的房屋内，出土一件石鸭，长5厘米，高5厘米。作昂首游水状，双翼并拢，短尾下垂，圆眼微突，造型生动逼真。① 1969年—1977年在殷墟西区的M861号墓中，出土一件玉鸭，呈乳白色，长3.8厘米，作游水状，体态肥硕，具有家养鸭的特征。② 古籍中家养鸭称为鹜。清人朱骏声在《说文通训定声》中云，"鹜飞行舒迟，驯挠不畏人，今之家鸭也"。鸭肉在古人食谱上是比鸡肉要逊一筹的食物，《左传》襄公二十八年载，齐国给大臣的办公用餐是"日食双鸡"，主管膳食的官吏则"窃更之以鹜"，因此使贵族子雅、子尾十分生气而在公堂上大闹了一场。由此故事也可见古人食鸡鸭肉的传统习惯。

　　鹅的雕塑品出土于妇好墓中，1976年发掘该墓时，从墓中出土3件玉质浮雕鹅。三件雕塑品都作站立长颈垂首，体态肥硕。（图3-48）一件高8.8厘米，一件高7.8厘米，一件高7.2厘米。③ 参加该墓发掘的陈志达认为可能是商人饲养的家禽，④其说当是。

图3-48　殷墟出土的玉鹅
（采自《殷虚妇好墓》彩版三三：1）

---

①　中国社会科学院考古研究所安阳工作队：《1975年安阳殷墟的新发现》，《考古》1976年第4期。
②　中国社会科学院考古研究所安阳工作队：《1969—1977年殷墟西区墓葬发掘报告》，《考古学报》1979年第1期。
③　中国科学院考古研究所：《殷虚妇好墓》第170页，文物出版社，1980年。
④　陈志达：《商代晚期的家畜和家禽》，《农业考古》1985年第2期（总第10期）。

综上,商代畜牧业的家畜品种有马、牛、羊、猪、犬以及可能还有象,家禽有鸡、鸭、鹅。后世畜牧业经济中畜禽的种类,商时都已具备。这些牲畜和家禽的饲养,给后世的畜牧业经济奠定了基础。

三 畜牧业的生产技术

商代发达的畜牧业生产,是有先进的技术为依托的。商代畜牧业生产领域,有三项技术是领先于当时世界的,这三项技术是:

(一)设置牧场。甲骨文里有"牧"字,以所放牧的牲畜而从牛或羊:

1. ﹗ 《合集》36969
2. ﹗ 《合集》32982
3. ﹗ 《合集》11404

其字作手持鞭子赶牛或羊形,第3字从三羊,表示放牧群羊之意。商代放牧不是随意无定处的野放,而是有一定的放牧范围,这就是牧场。甲骨文中有二牧、三牧、九牧向王室报告的卜辞:

乙丑卜,宾,贞二牧有[告]。

《甲编》1131

辛未,贞□三牧告。 《屯南》1024

……曼兹三牧……

《合集》1309(图3-49)

……亞鹰……允亞三牧……获鹰一。

《合集》10321

王其祈,九牧告。 《天理》519

以数字计量的若干"牧",是若干个牧场的管理者(今日称为牧场主),"告"是他们向王室报告该牧场的经营情况。甲骨文里有南北牧、左右牧,亦是牧场名称:

贞于南牧。 《合集》11395

隮鹿,其南牧擒。

其北牧擒。 《合集》28351

迡于右牧。

于左牧。 《合集》28769

甲骨文里有在地名后缀以"牧"字的,称为"某牧",应是此地设有牧场:

辛未,贞在丂牧来告,辰卫其从事,受佑。 《合集》32616

贞茍牧。 《合集》5625

图 3-49 三牧甲骨

(《合集》1309)

　　　　分牧。　　《合集》11398
　　　　贞惟允牧。　《屯南》2191
　　　　在𫝄牧……在虎……方……　　《合集》36969
　　　　戊戌，贞右牧于𫝄攸侯叶鄙。
　　　　中牧于义攸侯叶鄙。　　《合集》32982

上举卜辞"牧"前一字是地名，是此地的牧场。"鄙"是边境。"右牧于𫝄攸侯叶鄙"、"中牧于义攸侯叶鄙"，是"𫝄""义"这两个牧场设在诸侯国攸侯的边境地区的。文献载，古时将都城以外地区以远近不同、用途不同分为郊、野、牧、林等，《尔雅·释地》："邑外谓之郊，郊外谓之野，野外谓之牧，牧外谓之林。"野是农业区，牧是放牧区。将固定地域作为放牧地区，这就是牧场。从攸侯国的鄙地有右牧、中牧看，"野外谓之牧"的牧区是总的放牧地区，其下还划分成更小的牧场。从甲骨文证实，商代的畜牧业有专设的牧区和牧场。有专设的牧区、牧场是发达畜牧业生产的标志。

　　（二）圈栏饲养。圈栏饲养又称为"舍饲"。用圈栏饲养家畜，是商人的发明，《管子·轻重戊》："殷人之王，立皂牢，服牛马，以为民利而天下化之。"

　　"皂牢"即槽牢。槽是喂牲畜的槽，如今的马槽、牛槽、猪槽等，牢即圈。在甲骨文里关养牛、羊、马的圈字分别作：

　　　　𭆼字从牛，关养牛的圈栏，即今牢字。
　　　　𭆾字从羊，关养羊的圈栏，隶定为宰字。
　　　　𭇀（《合集》29451）字从马，关养马的圈栏，即今厩字。

甲骨文里有养马于厩的卜辞：

　　　　王畜马在兹厩……母戊，王受［佑］。　《合集》29415
　　　　［王］畜马在兹厩……　《合集》29416

养猪的圈栏作：

　　　　𫝈《合集》6505
　　　　𫝉《合集》11280
　　　　𫝊《合集》22050

其字像猪在房屋里面，即古圂字。《仓颉篇》："圂，豕所居也。"朱骏声《说文通训定声》："圂，厕也。从豕在囗中，会意。亦曰圈。"卜辞中有商王室占卜是否在专地建造养猪圈舍：

　　　　贞呼作圂于专。
　　　　勿作圂于专。　《合集》11274 正

"专"是一诸侯名，甲骨文中有"侯专"（《合集》6834、20065），是商王室在诸侯国境内建造的养猪圈舍。圈栏饲养人工照料细致，草料有保障，可使牲畜生长快，并可选择良种培育，有利推动畜牧业的发展。

（三）阉割技术。对牲畜的阉割最明显的是对猪的阉割。甲骨文里的猪（豕）字有三个字形：

1. 豕 腹下无标志,是猪的通名。
2. 豕 腹下一斜画相连,表示公猪的势即生殖器。
3. 豕 腹下生殖器已被割断,表示被阉割过的猪。（图3-50）

闻一多说,豕腹下一画与腹连着的为公猪,不连着的即去势的猪,他释去势的猪为豕。① 阉割后的猪长得快,易育肥,出肉多且肉质鲜美。甲骨卜辞中,有一次祭祀时卜问是否用一百头阉割过的猪：

　　□□卜,争,贞燎曾百羊、百牛、百豕、南五十。　　《合集》40507

图3-50　被阉割猪的甲骨
（《合集》2441放大）

一次用一百头阉割过的猪来祭祀,可见商代猪的阉割已经是十分普遍的了。

第三节　狩猎和渔业

商代的狩猎虽有保护农业、训练军队、补充肉类食物的作用,主要还是一种娱乐活动,即所谓的"遊田"。甲骨文反映出,武丁以后的各王都有不少关于狩猎的占卜,甚至在战争间隙时候,也进行打猎,以作为休整的方式。商王有较为固定的打猎地,猎地还设置称为"犬"的职官,以管理猎地,引导商王打猎活动,使其每猎都有所获。

一　商代狩猎的经济效益和社会意义

狩猎和渔捞,对商代统治阶层讲,主要是一种游乐活动,《尚书·无逸》里称为"遊田",即是打猎作为游乐的方式,是帝王不应该做的事。商王喜欢打猎,武丁时期的打猎卜辞很多,商纣王征伐人方的战争,从出师到返回,历时四个多月,行程非常缓慢,主要是纣王在路上打猎游玩之故。周人将此作为商纣亡国的重要原因,故周公告诫周人说"文王不敢盘于遊田",要求"自今嗣王,则其无淫于观于逸,于遊于田"。甲骨文里称打猎这种活动为"田",如卜辞云：

　　戊王其田于画,擒大狐。　　《合集》28319
　　乙巳卜,贞王其田羌亡灾,擒鹿十又五。　　《合集》41351

周人吸取商亡国的教训,要求周的王们不要"遊田",而商代的诸王,都在不

---

① 《闻一多全集》第二卷《释豕》,三联书店,1982年。

断地进行着游田,包括周公所表扬的高宗武丁和祖甲。我们从《甲骨文合集》、《小屯南地甲骨》、《英国所藏甲骨集》、《东京大学东洋文化研究所藏甲骨文字》、《怀特氏等所藏甲骨文字》、《天理大学附属天理参考馆所藏甲骨文字》、《苏德美日所见甲骨文字》等七种书中,著录的 53 583 片甲骨统计,从武丁到帝辛各朝的田猎卜辞的甲骨片数如下表。

甲骨文各期田猎片数统计表

期　别	各期著录甲骨片数	狩猎甲骨片数	狩猎甲骨所占百分比	非狩猎甲骨片数	非狩猎甲骨所占百分比
一　期	25 231	1 047	4.15	24 184	95.85
自子午组	3 209	135	4.46	3 074	95.54
二　期	5 612	98	1.74	5 514	98.26
三　期	7 079	1 154	16.30	5 925	73.70
四　期	5 128	372	7.25	4 756	92.75
五　期	5 149	570	11.07	4 579	88.93
未能分期者	2 175	—	—	2 175	100
合　计	53 583	3 376	6.30	50 207	93.70

有字甲骨出土已达 10 多万片,上面七书著录不到一半,但从上表也可观其大概。从表中可见,商代甲骨时期,各王都有从事田猎活动的记录,只是三期所占的比重最大,而四五期虽有下降,也超过一期的武丁时代。甲骨文中所见的田猎卜辞都是商王及贵族的活动,与普通平民无关。这些田猎活动当然是以游乐为主要目的,但也有它的经济效益和社会意义,主要有以下三个方面:

(一)提供肉食品和手工业原料,是对畜牧业的补充。甲骨文中常见有用狩猎所获野兽献祭祖先,就是一证:

乙未卜,其禩虎陟于祖甲。

乙未卜,其禩虎于父丁,福。　　《合集》27339

戊午卜,狄,贞隹兕于大乙,隹示。吉

戊午卜,狄,贞隹兕于大丁,隹示。

戊午卜,狄,贞隹兕于大甲,隹示。　　《合集》27146

乙卯,贞酒肜于父乙,惟鹿。　　《合集》32083

……用狐于丁。　　《合集》10254

献祭给神灵的物品,是当时人们生活中食用及使用的物品,虎、兕、狐是人可寝其皮、食其肉和手工业的原料。食其肉,故为祀神用品。狩猎所获禽兽,古人以为有三种用途,《礼记·王制》:

天子、诸侯无事则岁三田:一曰干豆;二曰宾客;三曰充君之庖。

"干豆"是献给神用的,"宾客"是招待客人用的,"充君之庖"是狩猎者国王们自己享用的。

(二)对农业的保护,为田除害。商时人口少,森林多,鸟兽也多,对以农业为主要经济的生产不利,狩猎可以为农田驱逐为害农作物的鸟兽,故在商人的农业区域内也往往是商人的狩猎地,如盂地,为农业区:

　　在酒,盂田受禾。

　　弗受禾。　　《合集》28231

　　盂田禾释,其御。吉。刘。

　　弜御,吉。刘。　　《合集》28203

盂也是商人经常的狩猎地:

　　王其田惟盂,湄日无[灾]。　　《合集》29086

　　王其田盂,往来无灾。　　《合集》29088

再如敦地,这里是一个农业区:

　　乙卯卜,宾,贞敦受年。　　《合集》9783

　　□□卜,宾,贞呼穑于敦,宜受[年]。　　《合集》9537

敦也是一狩猎地区:

　　辛酉卜,在敦,贞王田,衣逐无灾。　　《合集》37532

　　戊子卜,贞王田敦,往来无灾。　　《合集》37579

商时猛兽之一的虎为害甚剧,卜问虎是否为祸于人:

　　丁巳卜,贞虎其又祸。　　《合集》16496

商代的铜器有虎食人的器形及纹饰,反映商人的恐虎心态。如在妇好墓中出土的一件大铜钺上,钺身两面靠肩处均饰虎捕食人头纹,人居于两虎口之间,虎作侧面形,大口对准人头,作欲吞噬状。①(图3-51)司母戊鼎的两立耳也饰有

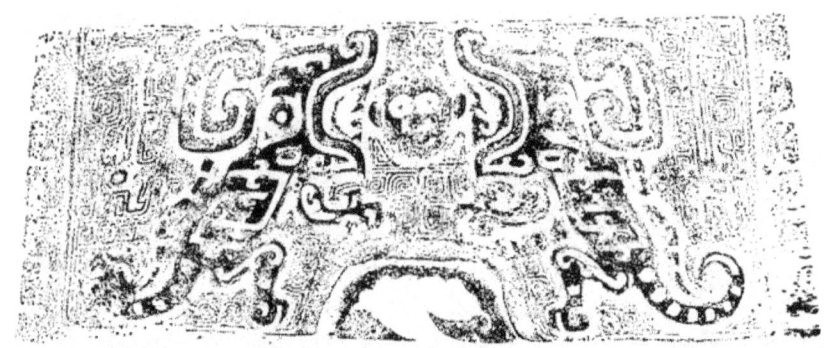

图3-51　妇好墓铜钺上的虎食人纹饰

(采自《殷虚妇好墓》第106页)

---

① 《殷虚妇好墓》第105页,文物出版社,1980年。

虎食人首纹饰,反映老虎吃人的事实。商人爱马,故甲骨文中特别占卜马是否会遭受虎的伤害:

> 贞我马有虎惟祸。
>
> 贞我马有虎不惟祸。　　《合集》11018

在商人的狩猎中,虎是猎获的对象,卜辞所见最多一次捕到三只:

> 己亥卜,贞王田□麓,往来无灾,获鹿四、虎三、麑二。　　《合集》37463
>
> ……兹御〔获〕虎三、狐……麑。　　《合集》37366

虎在今日已成为一级保护动物,但在古代虎确是人类的一害。虎捕食家畜、吃人的记载常见诸文献和民间传说。《山海经·海内北经》有虎状而食人的穷奇,"穷奇状如虎,有翼,食人从首始",正与商代铜器上的虎食人头纹饰意同。今人有说老虎是从不咬人、从不吃人的,当然是不可信的。商人打猎时打虎,应是保护人畜的除害行为。

(三) 军事训练、演习。古人借狩猎训练演习,练习战阵之法,《左传》隐公五年:

> 春蒐、夏苗、秋狝、冬狩,皆于农隙以讲事也。

此"事"即战争、戎事,古时"国之大事,在祀与戎"。商王们狩猎有治军、临敌的目的在其中。甲骨文里有用军队编制的师、行进行狩猎的即其证,卜辞有:

> 王其田,惟犬师从,擒,无灾。　　《合集》27915
>
> 乙巳卜,出,贞逐六兕,擒。
>
> 乙巳卜,出,贞:……王行逐……　　《合集》24445
>
> 丁亥卜,翌日戊王兑田,大启,允大启。大吉　　《合集》28663
>
> 丁巳卜,令甫狩,丁丑启。　　《合集》20749
>
> 贞其祝,允擒。乙王其征襄兕。吉　　《合集》30439
>
> 甲戌卜,王征获鹿不。　　《合集》10311
>
> 丙辰卜,子效臣田,获羌。　　《合集》195
>
> 今春令豸田,从戠至于淊,获羌。　　《合集》199

师、行是商代的军队建制,[①] 启、征是甲骨文里的战争用语,羌是商的一敌对方国,田而获羌方的人,当然是具战争性质。狩猎时与猛兽搏斗,是锻炼将士勇敢精神的手段,春秋时期的楚庄王就是这样认为的,《说苑·君道》:

> 楚庄王好猎,大夫谏曰:晋、楚,敌国也。楚不谋晋,晋必谋楚,今王无乃耽于乐乎!王曰:吾猎将以求士也。其入榛蓁刺虎豹者,吾是以知其勇者;其攫犀搏兕者,吾是以知劲有力也;罢田而分所得,吾是以知其仁也。因是之道,而得三士焉,楚国以安。

---

① 杨升南:《略论商代的军队》,《甲骨探史录》,三联书店,1982年。

金朝的女真人、清朝的满人,进入中原后为了保持他们民族的尚武精神,专门开辟猎场,借用打猎练武,金世宗还规定,打猎不准用网捕,必须射杀或搏击获得。甲骨文里狩猎用语中有一个"衷"字,又有"射"字:

  翌日壬寅王其衷兕。　　《合集》37387

  雨告曰:兕来羞,王惟今日衷。　　《合集》37392

  王其衷大兕。　　《合集》37514

  贞王其射鹿,获。　　《合集》10320 正

  呼射豕,惟多马。　　《屯南》693

"衷"音与搏通,"衷兕"即搏兕,练习角力。射与古代战争关系密切,将士射技精准,是对战争胜利的保障。

二　狩猎的技术

狩猎活动甲骨文里一般称为"田"或"狩",而具体进行则有用火驱逐、网捕、陷坑等细节。这些细节即是狩猎技术的运用。商人狩猎技术,见于甲骨卜辞的有:

(一)焚。焚烧草或灌木丛以驱赶出禽兽,然后加以射杀捕捉,是一种原始的方法:

  翌癸卯其焚,擒。癸卯允焚,获□□、兕十一、豕十五、虎□、兔二十。　　《合集》10408

甲骨文中也称作火田:

  ……火田……　　《合集》19427 反

(二)陷阱。甲骨文中用陷阱猎获野兽之字,像兽在井坑里之形。甲骨文里用陷阱捕兽,以鹿属为多,特别麋鹿,最多一次用陷阱捕到七百只:

  □□[卜],贞乙亥阱(字从麋),擒七百麋,用皂……　　《屯南》2626

二百只、三百只麋鹿进入陷阱里也是常有的事:

  甫擒麋。丙申阱(字从麋),允擒二百又九。　　《合集》10349

  丙戌卜,丁亥王阱(字从麋),擒,允擒三百又四十八。　　《合集》33371

偶尔也陷到大兽兕牛的:

  戊辰卜其阱(字从兕),惟……擒,有兕。吉　　《屯南》2589

大型野兽用陷阱捕捉,是狩猎民族中常用的手段。

(三)网。网的发明在伏羲时代,《易·系辞下》伏羲氏"作结绳而网罟,以佃(畋)以渔",此后用网捕捉鸟兽,网就成为渔猎的重要工具。汤在伐夏桀前,就遇见一位用网捕捉鸟兽的人。甲骨文网字像张网之形,用以捕捉鸟、雉(野鸡)、鹿等,甚至还能捕捉到猛兽虎,当是意外的收获了:

  庚戌卜,申获网雉,获十五。

甲戌卜，呼鸣网鸟，获。丙辰风，获五。　《合集》10514
呼多犬网鹿于敻。　《合集》10976 正
其网鹿。　《合集》28329
甲□……燎于斃曾网虎。　《合集》20710

甲骨文字用网捕捉鸟兽时，网下所从的兽就是所捕的兽。此字网下从虎，即用网捕获的是猛虎。

（四）射。打猎用弓箭射鸟兽，借以练习射箭技术，前已言之，此从略。

（五）弹。弹是用专门的弹弓打击鸟兽，甲骨文里有用以弹兔者，是获小型动物：

丙午卜，弹延兔。　《合集》10458

（六）逐、从、衣、衣逐。这几个用语皆是追逐野兽。衣、衣逐为合围，李学勤说，商王狩猎时有时采用"衣"或"衣逐"的方法。"衣"读"殷"，训"同"或"合"，"衣逐"即合逐之意。① 逐、从二法以对鹿、麋、豕、兕为多：

甲午王往逐兕，小臣叶车，马硪驾王车，子央亦坠。　《合集》10405
今日王往逐兕，擒。允擒十兕。　《合集》33374
我惟三十鹿逐。允逐，获十六。　《合集》10950
王往逐豕，获。　《合集》10229 正
令甫逐麋，擒。　《合集》28359
壬申卜，狄，贞王其田，衣无灾。　《合集》27146
辛酉卜，在敦，贞王田，衣逐无灾。　《合集》37532
丙午卜，在𦔻，贞王其射柳兕，衣逐无灾，擒。　《英藏》2566

从即纵，追逐野兽：

惟从兕，惟……。　《合集》28411
于辛田，擒。王从，擒。　《合集》29354

（七）哀。哀与搏字通，前以言之，就是与野兽搏斗而获之。《史记·殷本纪》："（纣）材力过人，手格猛兽。"格即搏，与前举卜辞中"哀兕"的"哀"字同。

（八）征。征是一种军事用语，大致是在军事训练、演习时的围猎活动。

此外，还有几种暂时还不明了其方法的获兽用语：

1. 㘡。卜辞有在此字后接动物的：

王其逐兕，获。弗㘡兕，获豕二。　《合集》190 正
惟其㘡鹿。　《合集》10303
戊弗㘡麋。　《合集》7684

---

① 李学勤：《殷代地理简论》第 7 页，科学出版社，1959 年。

勿𡇬犬。　　《合集》10106
呼任目虎,𡇬。　　《合集》10917

2. 𪊲

王田,𪊲鹿。不𪊲。　　《合集》267 反
王其逐鹿,𪊲。　　《合集》10299 正

3. 牧

王其田,牧雉,惟乙雨。
惟戈田,牧雉亡灾。弗每(悔),永王。　　《屯南》4033

三　狩猎所获动物种类

商代狩猎所获鸟兽种类很多,以下将甲骨文中狩猎所获鸟兽种类及一次所获最多的列表于下。

甲骨文中所获鸟兽种类及一次所获数量统计表

鸟兽名	虎	兕	象	豕	鹿	麋鹿
数量	5	40	10	40	162	700
来源(《合集》号码)	10197	37375	37364	20723	10307	《屯南》2626
鸟兽名	麂	狐狸	兔	雉	鹰	隹(鸟)
数量	199	86	74	50	50	148
来源(《合集》号码)	10407	37471	40125	40834	10499	37513

商人狩猎所获的鸟兽当不止上表所见到的几种,杨钟键、刘东生对安阳殷墟所出土的动物骨骼进行过两次鉴定,鉴定的结果除马、牛、羊、猪外,其他动物骨骼都是野兽。此外,《逸周书·世俘解》篇里记载周武王伐纣后进行了一次狩猎,捕获野兽13种。现将甲骨文中所见与上述两资料中所见的野兽种类,制成下表,以观商时期野生动物的种类和人们猎获动物的情况。

殷墟出土动物种类与《逸周书·世俘》记载所获比较表

项目名称	杨、刘两次鉴定数		估计总数	该动物是否见于卜辞	《逸周书·世俘解》载周武王灭商狩猎所获
	第一次鉴定	第二次鉴定			
狐		三个头骨及破碎之下颚骨	10以下	见	
狸	三个下颚骨	若干上下颚	100以下	未见	
熊	一上颚及两个下颚骨	上下颚及牙及指骨	100以下	未见	151 只

续　表

项目名称	杨、刘两次鉴定数		估计总数	该动物是否见于卜辞	《逸周书·世俘解》载周武王灭商狩猎所获
	第一次鉴定	第二次鉴定			
乌苏里熊	一下颚骨		10以下	未见	
獾	二下颚骨	数头骨及肢骨	100以下	未见	
虎	若干头骨及下颚骨	二十余头骨及少数肢骨	100以下	见	22只
豹	二上颚骨一下颚骨	?	10以下	未见	
猫		一后大腿骨	10以下	未见	2只
鲸	脊椎骨及肢骨		100以下	未见	
黑鼠	二头骨	四头骨及下肢	10以下	未见	
竹鼠	三下颚骨	二头骨及下颚骨	100以下	未见	
田鼠		三头骨数下颚及肢骨等	10以下	未见	
兔	头骨上下颚	二头骨上下颚及肢骨	100以下	见	
獏	一左下颚一右下颚	?	10以下	未见	
犀牛		二指骨	10以下	见	12只
肿面猪	二头骨及上下颚骨	大量上下颚及肢骨等	1 000以上	未见	
猪	下颚	破碎之上下颚	100以上	见	352只
獐	头骨下颚骨	头骨肢骨等	100以上	未见	
鹿	下颚	头骨上下颚骨及肢骨	100以上	见	5 208只
四不像（麋鹿）	角上下颚及肢骨	大量角上下颚及肢骨	1 000以上	见	获5 235只
扭角羚		一对角及若干可能归此种之肢骨	10以下	未见	
象	肢骨、牙	牙、肢骨及脊椎骨	10以下	见	

续 表

项目名称	杨、刘两次鉴定数		估计总数	该动物是否见于卜辞	《逸周书·世俘解》载周武王灭商狩猎所获
	第一次鉴定	第二次鉴定			
猴	上下颚	一头骨及牙齿	10以下	未见	
麈				见	
麇				未见	721只
貉				未见	18只
麈（麂）				未见	16只
麋				未见	50只
麋				见（即四不像）	30只
罴				未见	118只
总 计三十种	18种	19种（存疑2种）		9种	13种（11 935只）

（注：此表转引自宋镇豪主编，杨升南、马季凡著《商代史》第六卷《商代经济与科技》第249—250页。社会科学出版社，2007年。原表对《世俘解》周武王狩猎数有两处错误：1. 获猪152只应为352只。2. 总计数"获13只"应为"获11 935只"。应是电脑手误。）

四 狩猎地区犬官的设置

商王为每次出猎都有所收获，在狩猎地区设有专职官吏，甲骨文中称为"犬"。这个职官与后世的"虞人"相当。各地的犬官在甲骨文中的表示方式为"地名＋犬＋私名"或"地名＋犬"，如"盂犬叶"即盂地的犬官名叶，以下是卜辞中所见的一些地区犬官。地名＋犬＋私名的：

王其从盂犬叶田戠，无灾。　《合集》27907
惟成犬禽从，无灾，擒。　《屯南》2329
惟牢犬舌从，弗悔。　《合集》27923
惟兓犬陝从，无[灾]。　《合集》27898
惟宕犬𠭰从，无灾。　《合集》27903
惟仆犬光从田𢦏，无灾。　《合集》27905
惟睐犬豕从，无灾。　《合集》27911
惟渻犬戉从，无灾。　《合集》29207
王惟磬犬山从，无灾。　《宁沪》1·395
囚犬雍告……从。　《合集》36424
䎽犬叶从，屯日……兹用。　《合集》27751

地名＋犬而无私名的：

  王惟阶犬……　　《合集》27916

  狄犬告曰：有大[狐]。　　《合集》27900

  王其从匏犬……壬湄日无灾。　　《合集》27899

  王惟绶犬从，无灾。　　《屯南》4584

  王惟盖犬从，无灾。　　《屯南》4584

  惟祝犬从，无灾。　　《屯南》106

  惟舌[犬]从，湄日无灾。　　《缀二》169

卜辞言在某地，犬某报告或狩猎行为的，应是该地犬官的名字，如：

  在澅，犬中告麋。　　《合集》27902

  惟在襄，犬壬从，无灾，擒。　　《屯南》625

上引卜辞知澅地的犬官名中，襄地的犬官名壬。商王室在各狩猎地皆设有名犬的官员，犬官的任务有二：

（一）向商王报告兽情，以便王前往狩猎：

  □丑卜，犬来告：有麋。　　《合集》33361

  庚申卜，犬[来告]曰：有鹿。[王其]从，擒。　　《屯南》2290

  戊申卜，在澅，犬中告麋，王其射，无戈，擒。　　《合集》27902

（二）带领王狩猎。甲骨文中称为"王其从犬某"或"王惟某犬从"：

  ……王其从盂犬叶田戠，无灾。　　《合集》27907

  盂犬告鹿，[王]其从，擒。　　《合集》27921

从狩猎地犬官的设置看，商代的王们，确实喜好"遊田"。周文王见商政由此荒废，乃吸取商人的教训，不敢遊田，周公以此告诫后王。

五　渔业

  捕鱼捞虾是人类早期就从事的一项获取肉食的劳动，进入商代捕鱼活动有进一步的发展，成为商人食物的补充。在商中期的郑州二里岗遗址、晚期的安阳殷墟遗址及其他地区的一些商代遗址中，常发现鱼的骨骼或以鱼随葬的现象，商代的统治者们也用鱼祭祀：

  □丑，贞王令□尹取祖乙鱼。　　《屯南》2342

  其示……鱼。　　《合集》27456

商王对捕鱼活动也很感兴趣：

  王鱼（渔）。　　《合集》667反

  王往延鱼（渔）。　　《合集》12921正

  王大获鱼。　　《珠》760

  商代的渔业从捕获的数量就可见其规模，甲骨文中有一片占卜是否能捕获

到三万条鱼的事:

　　癸卯卜,大彔获鱼其三万不?
　　　　《合集》10471(图3-52)

凡甲骨上卜辞都是问句,此片甲骨上的卜辞后有一"不"字,其问句式更明显。卜问能否捕获到三万尾鱼,不管能不能捕到这个数量的鱼,从其卜问希望获鱼的数量,就反映出商代人的渔业规模,也可见商时水域中鱼资源的丰富。商时期鱼的种类,伍献文在二十世纪四十年代曾对殷墟出土的鱼骨进行过鉴定,他的结论是,"可确定有六种:鲻鱼(Mugilsp)、黄颡鱼、鲤鱼、青鱼、草鱼、赤眼鳟。除鲻鱼是产于江海之交汇地区需咸水外,其他五种皆仍为豫北所有之鱼。"①

图3-52　获鱼三万甲骨

(《合集》10471 放大)

湖北沙市的周梁玉桥商时期遗址内,出土的鱼类骨骼有四种:鲤鱼、青鱼、大口鲶和鳜鱼。② 甲骨文中只笼统称为"鱼"而未分辨是何种鱼,只有一次记录获鲔的卜辞:

　　乙未卜,贞彔获鲔。允获十六。　　《合集》258

鲔又称为鲟,是一种大型的鱼类,其味鲜美。"允获十六"是验辞,是彔这个人捕获到十六条鲔鱼。

从甲骨文记载,商时人们的捕鱼方法有以下几种:

1. 网捕。卜辞云:

　　甲申卜,〔不〕其网鱼。　　《合集》16203

甲骨文里有一从网从鱼的字,网作长条形,两端各有一只手拉着,其字形为:

　　　《合集》10478、28429

是一种长条形的拦网,隶写作鳗字,左从鱼,右从又(即手),从网从又(即手),是一捕鱼用字的动词:

　　惟滴鳗。　　《合集》28426

滴字从商从水,是一条河流,或说是今日沁水或说是今日的漳水。此卜辞是占卜在名滴的河中,用长条形的拦网捕鱼之事。

2. 垂钓。甲骨文中有一字作垂钓鱼形:

---

① 武献文:《记殷墟出土之鱼骨》,《中国考古学报》第四册,1949年。
② 彭锦华:《沙市周梁玉桥商代遗址动物骨骼的鉴定与研究》,《农业考古》1988年第2期。

此字隶写作鲛。甲骨卜辞云：

　　弜……其每(悔)，鲛。　　《合集》27946

在商代遗址里出土的钓鱼钩有铜、骨、蚌质料的，是商时人钓鱼的物质遗存，证实商代也在使用垂钓这种方法获取水中的鱼。

3. 狩鱼。"狩鱼"一词在甲骨文中多见：

　　戊寅……王狩膏鱼，擒。　　《合集》10918
　　□□卜，宾，贞翌乙亥……狩鱼……　　《巴黎》6
　　壬弜鲛，其狩。　　《合集》28430

从《合集》28430片上的卜辞看，垂钓和狩是两种不同的捕鱼方法。

4. 筌鱼。筌又称为笱，是用竹或木条编成的捕鱼工具。其口作喇叭状，束颈鼓腹尖状收尾，颈间有倒刺。捕鱼时将其置于流水的水口处，鱼顺水流进入喇叭口经过颈而进入腹内，因颈处有倒刺鱼不能出去。这种捕鱼的工具，在浙江吴兴县钱三漾的良渚文化遗址里已有发现。甲骨文里有一类似的字，作：

字像鱼筌在河水中，应是用筌捕鱼的象形，可写作筌字。甲骨文里有两条卜辞，占卜用此法捕鱼：

　　甲子卜，宾，贞禽筌在疾，不从王古。　　《合集》9560
　　□□卜，[贞]：豙□禽筌鱼。　　《合集》10474

用弓箭射鱼，也是先民们常用的一种捕鱼方法，民族学资料记载，中国台湾省和墨西哥印第安人都使用弓箭射鱼。但射鱼法在甲骨文里还没有发现。中国国家博物馆藏一件商代晚期铜器"作册般铜鼋"即今人呼为"王八"的水生动物，也是鱼类的一种，其背上被射中三箭，三只铜矢钉在背甲上，此器铭文中有"王戈于洹，获。王一射，般三，无废矢"。箭在鼋鱼背上，商王和般射的是鼋鱼。从铭文研究，这是商时的一次射礼活动，但也反映出使用弓箭射鱼的捕鱼方法。

商时期虽然水资源丰富，水的面积大，鱼类资源也丰富，但商人还是对鱼类加以管理和保护，表现在：

1. 商王视察鱼，占卜鱼是否有疾病：

　　丙寅卜，翌日辛王兑(锐)省鱼，不遘雨。吉　　《屯南》637
　　乙亥，贞鱼无祸。　　《屯南》1054

"省鱼"是视察鱼，不是一种产业，商王何必亲自去视察？（也可读为观鱼的游乐观赏活动）"鱼无祸"是占卜鱼生长会否遇到疾病之类的问题（也可解释为捕鱼时是否有灾祸），可见商王关心鱼类资源。

2. 定时捕鱼。甲骨文中捕鱼时间，多在9月至12月进行。古时有"大寒降，土蛰发(即惊蛰节)"（《国语·鲁语上》）之间方进行捕鱼的传统。9月至12月正是在这个时段。过了这个时段，是鱼产卵、生长发育期，不能捕捞。我们今天实行的"休渔期",也是这个传统的延续。

3. 慎重开网。开网时举行隆重的祭祀:

> 癸酉卜,宗其罶,其祝。　　《屯南》3062
>
> 壬子卜,其帝(禘)司鱼。兹用　《合集》29700

祝是祷告神灵,此条卜辞反映宗人用长网捕鱼时向神灵祷告。禘是祭祀,司鱼是鱼神,是祭祀鱼神。

第四节　丰富多彩的手工业

商代的手工业已发展到相当高的水平,门类齐全而各具特色。各种手工业产品的实物,在考古发掘中陆续被发现,展现在今人面前,其工艺之高超,制作之精美,令人十分惊异而叹为观止,像青铜器中的司母戊大方鼎,高133厘米,宽78厘米,重达832.84公斤,长方形腹,宽边,四个粗状柱足,大立耳,耳郭饰虎咬人头纹,腹饰兽面纹,腹内铸"司母戊"三字铭文。大鼎结构复杂,铸造难度大。耳、身、足系分别铸成后,再合铸成一个整体。每个部件用两块到8块陶范不等,外范共用了20块范,代表商代高度发达的青铜铸造业水平。下面就商代的主要手工业部门,作简略介绍。

一　青铜冶铸业

在甲骨文中铸造铜器称为"铸黄吕":

> 丁亥卜,大,【贞:王】其铸黄吕……作(?)凡利,惟……
>
> 　　　　　　　　　　　　　　　　《合集》29687
>
> 王其铸黄吕奠盟,惟今日乙未利。　《英藏》2567

卜问商王铸造铜器顺利与否,可见铸造铜器是件大事,商代的王非常重视而卜问神灵。

商代是我国青铜铸造业发展的第一个高峰,数量大,仅在安阳殷墟,从1949年以后发掘出土的青铜礼器(即容器)有1 000多件,兵器3 000多件。器型雄奇瑰丽,种类全。商代青铜器的种类,从妇好墓中出土的青铜器就可观其大概。商人迷信,具有"事死如事生"的观念,凡世间所用之物,随葬品中都必具有。妇好是武丁妻,埋葬时享有当时最高规格待遇,故其墓内随葬品极为丰富。此墓未被盗,保存完好。墓中出土青铜器468件(小铜泡未计),分为8个大类、47个小类,大致反映出商代青铜器的器种情况,这里将该墓出土青铜器分类列于下(分类据《殷虚妇好墓》)

1. 礼器(210件)

    A　炊煮器(42件)

    　　鼎:31件(方鼎5件,圆鼎26件)

　　　　甗：10件（三联甗一套4件，分体甗2套4件，连体甗2件）

　　　　汽柱甑形器1件（似甑，甑腹中有一中空的柱以透气，用汽蒸熟食物）

　　B　食器：簋5件

　　C　酒器(155件)

　　　　方彝：5件（偶方彝一件，方彝4件）

　　　　尊：10件（方形尊3件，圆形尊5件，鸮形尊2件）

　　　　觥：8件（四足觥2件，圈足觥6件）

　　　　壶：4件（方形壶2件，扁圆形壶2件）

　　　　瓿：3件

　　　　卣：2件

　　　　罍：2件

　　　　盉：6件（封口盉2件，三足提梁盉1件，椭长平底盉1件，长体折肩盉1件，卵形圆足盉1件）

　　　　觯：2件

　　　　觚：53件

　　　　爵：40件（平底爵38件，卵形底爵2件）

　　　　斝：12（方形斝4件，圆形斝8件）

　　　　斗：8件（方形斗孔5件，圆形斗孔3件）

　　D　水器(4件)

　　　　盂：1件

　　　　盘：2件

　　　　罐：1件

　　E　大型高足器：1件（器之用途不详，上有铭文"司母辛"三字，是孝己所作）

2. 乐器(5件)

　　乐器仅一套5件大小相次的编铙（通高分别为7.7厘米、9.8厘米、11.4厘米、11.5厘米、11.7厘米）

3. 工具(41件)

　　锛：9件

　　凿：2件

　　刀：23件（凹背曲刃刀尖上翘形10件，凹背曲刃直柄2件，拱背曲刃环首细长形刀10件，拱背曲刃龙首刀1件）

　　铲：7件（卷云式4件，长方形式2件，方形式1件）

4. 生活用具(11件)

　　镜：4件

匕：1件（取食用具）

　　鸭形手杖头：1件

　　丁字形器：1件

　　铃头笄形器：1件

　　器柄：2件（蛇形头，身细长）

　　箕形器：1件（似有柄的畚箕）

5. 武器（兵器）(134件)

　　钺：4件（大小各2件）

　　戈：91件（直内戈8件，曲内戈40件，銎内戈2件，其余不明其形制）

　　玉援铜内戈：2件

　　镞：37件又两束（每束10支）

　　弓形器：6件

　　镈形器：1件（当是插树旗帜用的）

6. 马器（111件）

　　镳：2件

　　小铜泡：109个

7. 艺术品（4件）

　　虎：4件（虎身镶嵌绿松石）

8. 杂器（50件）

　　尺形器：28件（龙头形11件，鸟头形17件）

　　铃：18件

　　多钩形其：1件（似船的锚，有说是一种武器）

　　钻形器：1件（似镞而无翼）

　　棒槌形器：1件

　　车上的用具，在妇好墓里没有发现，可能是为她殉葬的车马坑埋在另一处还未发现，或车马坑早已被破坏而不存，所以没有车马器。

　　数量多，质量高的青铜器，是基于发达的青铜冶铸业。商代工匠们已熟练地掌握了青铜冶铸从采矿到铸造成器的完整技术，其中最主要的有：

　　（一）铜矿石的开采。商代各个遗址里都出土有数量不等的青铜器，故必有发达的采矿业支持。商时期的古铜矿发现多处，江西省瑞昌铜岭古铜矿就是其中之一。该古铜矿遗址，从1988年冬开始进行了为期四年的考古发掘，揭露遗址采矿面积1800平方米，冶炼区面积600平方米，发掘出古矿井102口，巷道18条，采坑7处，工棚2处，冶炼炉2座，储水井数口，以及铜、石、竹、木、陶质工具和生活用具近400件。据碳十四年代测定数据，开采的最早年代为商代中期，距今3330±60年。

铜岭遗址既有露天开采,又有地下开采。露天开采部分主要揭露出采坑、工棚、围栅等。采坑是矿石挖出后留下的坑。露天采矿是我国第一次发现的采矿方法。地下开采的方法采用竖井、横巷联合开拓法。竖井下掘到矿体后,再横向采取矿石,采完继续下掘,寻找新矿体,故遗址的竖井里出现中段平巷或底部平巷。为保障采矿者的安全,巷道用木柱支撑,井下矿石用辘轳提上来,在遗址里发现两个辘轳,一个呈短体齿轮状,中为束绳用的底槽,经木样碳十四测定为商代中期,这是我国迄今发现的最早的简单机械提升工具。炼铜炉坐落在一断崖上,呈马蹄形,炉缸残高0.58米,长轴0.65米,短轴0.53米,炉缸的烧土面附着烧瘤,炉底有一内小外大的排渣孔,缸壁有用通条钎操作时损坏的凹面。①

(二)合金铸造。合金是金属制造技术上的一大飞跃,它是将两种或两种以上的金属按一定的比例配合,经过高温将其熔化而融合在一起,从而改变成为与原金属不同的另一种金属,即"合金"。今日冶铸行业里,合金制品已十分普遍,但在冶铸铜器的早期,合金的发现却是人类社会中具有划时代意义的大事。我们祖先使用的第一种合金就是青铜合金。

青铜合金有二元合金和三元合金:铜与锡、铜与铅两种成分组成的金属,就是"二元合金";铜与锡、铅三种成分组成的合金就称作"三元合金"。加锡是降低纯铜的熔点和增加硬度,加铅则可增强铜液的流动性。锡比较稀少,合金加铅主要是替代锡。

有的铜矿石中含有锡或铅的成分,断定铜器金属是否为人工有意添加还是矿石中自含,学术界一般以含锡量大于(或等于)3%,含铅量在2%以上为标准。商代前期的郑州二里岗和湖北黄陂盘龙城商代遗址所出铜器的合金,含锡、铅量的比例不稳定,但已经出现"三元合金",说明在商代早期制造者已掌握合金的技术。对郑州二里岗时期的4件青铜器测定的化学成分如下表。

郑州二里岗期青铜器合金成分表

铜器名称	铜%	锡%	铅%	其他	资料来源
杜岭2号鼎	75.09	3.48	17.00	镁0.1—0.4	北京钢铁学院《中国古代冶金》
郑州窖藏方鼎(H1:2)	87.73	8.00	0.10	锑1.25	《文物》1983年第3期
郑州窖藏盘(H1:7)	86.77	10.91	0.69	锑0.01	同上
二里岗铜尊	91.29	7.10	1.02		《文物》1959年第12期杨根文

---

① 江西省文物考古研究所:《瑞昌铜岭矿冶遗址发掘重大收获》,《中国文物报》1992年第3期。

湖北黄陂盘龙城商代遗址的时代与郑州二里岗时代相当,该遗址出土青铜器测定了8件合金成分,其含铅量都偏高,其合金成分如下表。

湖北黄陂盘龙城出土青铜器合金成分表

器物名	铜%	锡%	铅%	其他	资料来源
李M2:18斝足	81.82	8.41	6.78	铁、锌微量	《文物》1976年第2期
李M2:55鼎足	88.68	5.54	1.38	同上	同上
李M1:12斝足	71.59	3.92	24.45	同上	同上
李M1:8L罍圈足	70.76	6.61	21.74	同上	同上
爵(采集)	67.01	11.46	15.91		《先秦铜铅的历史概况》,《文物》1984年第10期
鬲足(采集)	78.8	9.15	6.48		同上
铜锛(采集)	80.01	11.25	4.01		同上
鼎残片(采集)	72.68	13.64	10.75		同上

安阳殷墟是盘庚所迁的都城,所出土的青铜器代表商代后期的青铜冶铸水平。妇好墓中出土的青铜器成分测定了91件,殷墟西区平民墓所出土的青铜器测定了43件。现将妇好墓和平民墓出土的青铜器成分测定结果分别列表如下。

妇好墓出土青铜器合金成分表

合金类型	器类	铜%	锡%	铅%
铜锡型	礼器	80—82	16—18	
	戈	84—90	3—8	
	镞	80	19	
	铜镜	72.18	24.01	
铜锡铅型	礼器	77—82	10—20	2.1—7.8
	工具	79	17	2.5—3

殷墟西区中小墓出土青铜器合金成分表

合金类型	器类	时期	铜%	锡%	铅%
铜锡型	礼器	二	72—80	15—18	
		三	78.95	16.85	2
	戈		68.36	17.48	
		四	83.84	10—13	

续 表

合金类型	器类	时期	铜%	锡%	铅%
铜锡铅型	礼器	二	75.36	14.67	3.61
		三	90.97	3.44	3.5
		四	70	14	9.45
	兵器工具	三	75—79	5—12	3.36—14
		四	76	3—7	3
		四	77—87	5—7	4—5
	铜铃		82.36	4	8.16
铜铅型	礼器簋	四	65—70		20—28
		三	79.81		12.3
	戈	二	72—89		6—22
		三	91.12		4.30
	矛	三	64.29		20.65
	兵器	四	59—87		7—30
	马镳		92.96		7.38

资料来源：《殷墟的发现与研究》。

说明：殷墟时期据《殷墟的发现与研究》一书，分为四期：第一期：盘庚到武丁早期；第二期：武丁晚期到祖甲；三期：祖庚到武乙；四期：文丁到帝辛。

（三）青铜器的铸造工艺。殷墟时期的青铜器无论数量、质量、重量都大大超过前期，而王都所出土的青铜器代表了当时青铜器铸造的最高水平，所以殷墟青铜器所反映出的铸造工艺，就当然代表了商代青铜器铸造的最高成就。殷墟时期青铜器铸造工艺主要有三方面的成就：

1. 陶范铸造。商代青铜器普遍采用陶范铸造而成。陶范铸造是在长期石范铸造法的基础上，采用陶器制造技术而创造出来的新技术。商代陶范铸造出的器物，有的器体上的花纹十分细腻，西方有学者误认为是用失腊法铸造的，可见商代范铸技术之精湛。其实，商代还没有失腊法铸造青铜器技术。

2. 浑铸与分铸（或称二次铸造）同时并用。一般来讲，较为简单的器物，基本上是用浑铸法，即一次浇铸成器，武器和工具都是用这种方法铸造。器型复杂的礼器，用分铸法铸成。分铸法有两种：一种是先铸造出附件，再将附件放在器体范中进行浇铸；另一种是先铸造出器体，再在器体的相应部位接铸附件。据观察，从殷墟文化第二期起，有不少的铜器是用分铸法铸成的，这种铸造法直到商末，相沿未衰，但其铸造技术似乎没有超过第二期的水平。

3. 花纹及铭文的铸造。商代铜器不但器型复杂,种类多,而且器表上还铸有瑰丽的花纹和近 40 字的铭文。花纹多为阳纹,铭文多为阴纹,其制作方法复杂,从清代的阮元开始,就有学者研究铜器上花纹和铭文的制作方法。阳纹是将花纹刻在外范或内芯上,铸造出来就成阳纹。花纹都是阳纹,只有铭文多是阴纹。要使器物上的文字为阴纹,必须在范上制成阳纹,其方法是将铭文制成阴纹模块,再翻印到外范或芯上就成阳纹,范上的阳纹在铸造出来的铜器上就是阴纹了。翻印在外范上是铸造在器表上的纹饰或文字,翻印在芯上是铸造在器里的纹饰或文字。这种模块,日本学者松丸道雄认为是用动物的皮制成的,他说动物的皮有厚 2 毫米以上的,在一块铭文需要大小的皮上刻出阴文的文字,压印在范或芯上就成阳文的铭文,晾干、焙烧即可铸造器物而成阴文的铭文。像毛公鼎这样的长篇铭文,在器壁内还有一定的曲度,而从 45 度角度看则行行皆呈垂直。要在曲面设计得这样整齐是相当困难的,而用兽皮制作,因兽皮有柔性就不困难了。① 2000 年—2001 年在殷墟孝民屯南地的铸铜遗址里出土一件铭文芯,岳占伟等据此推断铭文是用模制成的。方法是将铭文制作在一块陶模上,文字为阴文,再翻印到陶范或芯上成阳文。合范铸造出来的铜器铭文就成阴文。②

(四)铁刃铜钺的铸造。从二十世纪七十年代以后,在河北省的藁城台西、北京平谷刘家河、山西省灵石等三处商时期遗址中,各发行一件铁刃铜体的钺。其刃部的铁有的认为是冶炼的铁,有的认为是天然的陨铁。无论是冶炼铁还是陨铁,都有重大的科学价值:我们的祖先已经开始了对铁这种金属的认识。河北藁城台西村的一件铁刃铜钺是 1972 年发现的,是三件中发现最早的一件,发现者认为是冶炼的熟铁。此器刃部断失,残长 11.1 厘米,阑宽 8.5 厘米。内上有一穿,阑两面均饰乳丁纹两排,一面两排各为乳丁六枚,另一面两排分别为七枚和八枚。(图 3-53)铁刃残存部分后段包入青铜器身内。据 X 光线透视,包入部

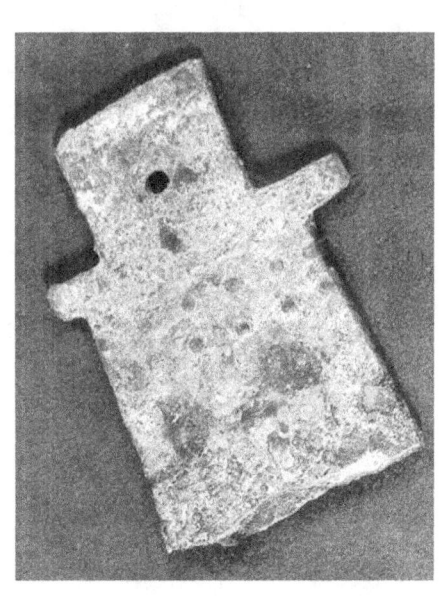

图 3-53 藁城台西出土的商代铁刃铜钺
(采自《藁城台西商代遗址》彩版一)

---

① [日]松丸道雄:《殷周金文的制作技法について》,《中国书法ガイド》I,殷周·列国,甲骨文·金文》第 34—42 页,株式会社二玄社,1990 年。
② 岳占伟、岳洪彬、刘煜:《殷墟青铜器铭文的制作方法》,《中原文物》2012 年第 4 期。

分约1厘米左右。铁刃的铖,夏鼐认为是陨铁,[①]冶金部钢铁研究院通过化学分析和金相学考察,确认铁刃的刃部系古代冶炼的熟铁,其后的讨论,多数学者倾向于夏鼐的意见。制法是先将铁质刃部加热煅打成形,铸造时将刃部放在陶或石范内铖的刃部位置,并使之固定,浇注铜液时,铁刃被铜液包住,铜液冷却过程中有一定的收缩,于是将铁刃紧紧地包裹住而不会脱落。冷却后就成由两种金属铸造的器物。[②]

二 陶瓷业

陶器是商时人们日常生活中的主要用器,是考古遗址里发现最多的一种文化遗物。商代陶器按其质料来划分有普通陶器、硬陶器、白陶器和釉陶器。釉陶被称为原始瓷器,故将制造陶器称为陶瓷业。瓷器是我国传统工艺品,远在三千多年前的商代,其烧制的工艺技术就已发其端了。

（一）陶器的种类。商代陶器的种类可谓繁多,以发掘历史最久的商晚期王都安阳殷墟所出土的陶器为例,可观有商一代陶器种类之概况。陶器的数量无法统计,下面将安阳殷墟所出陶器的种类列表,以观陶器在生活中使用的广泛性。

殷墟出土陶器种类表

器 类 别	器 种
炊 器	鬲、甗、甑
食 器	豆、簋、盂
酒 器	尊、壶、卣、罍、瓿、觯、斝
盛贮器	罐、盆、盘
建筑用器	陶水管
工具和生活用具	砂轮、将军盔、陶垫、制陶印模、网坠、弹丸、纺轮、陶臼、陶甄、调色器、箕形器
乐 器	埙
艺术品	人像、人头、牛头、龙头、鸮
杂 器	杵形器、梭形器、小方形器、半球形器、圆角有孔形器、陶版

上表只是殷墟出土的普通日用陶器,在殷墟遗址里还发现有高等级的陶器,即硬陶、白陶、釉陶(原始瓷器)。这类陶器出土的数量虽少,却是我国后来驰名世界的瓷器的源头。现将殷墟所出土的这类陶器的器型、纹饰、颜色、制法作成下表。

---

① 夏鼐:《河北藁城台西村的商代遗址读后》,《考古》1973年第5期。
② 河北省博物馆文物管理处:《河北藁城台西村的商代遗址》,《考古》1973年第5期。

殷墟出土硬陶、白陶、釉陶（原始瓷器）器种类表

种类	器型	纹饰	颜色	制法
硬陶	瓿、罐、豆、器盖	小方格、指甲、席纹、绳纹	灰白、橙黄、褐、绛紫	泥条盘筑为主、轮制
白陶	豆、簋、盂、盘、皿、瓿、罍、卣、斝、折肩大口尊、瓮、罐、器盖、埙	饕餮纹、夔纹、龙纹、蝉纹、雷文、兽面人体纹	白色	泥条盘筑为主、轮制
釉陶（原始瓷器）	豆、瓿、罐、壶、器盖	弦纹、小方格纹、卷云纹	淡绿、黄绿、深绿	泥条盘筑为主兼轮制

陶器和瓷器的区别在制器的材料陶土及烧成温度。制作陶器的泥土是普通泥土，制作瓷器的则是特殊的高岭土。陶土和高岭土的最主要区别是所含氧化铁和钙的差别：陶土所含氧化铁在5％、钙在2％以上，高岭土氧化铁的含量在3％以下、钙的含量在2％以下。氧化铁含量高则不能耐高温烧，且使器物胎变成红色或灰暗的颜色。钙含量高则不能成形制成器物。瓷器的烧成温度一般在1 200摄氏度，实验表明，含氧化铁在6％的陶片，烧到1 100摄氏度时，表面开始熔化变色，烧到1 200摄氏度时则全部熔化变坏。而瓷器一般的烧成温度在1 200摄氏度以上，才能达到表面釉与胎质完全融合而不脱落。现将商代遗址出土的原始瓷片同西汉以后瓷器的主要成分氧化硅（SiO_2）、氧化铝（Al_2O_3）、氧化铁（Te_2O_3）、氧化钙（CaO）比较列为下表。

殷墟出土陶、瓷器与汉以后瓷器化学成分比较表

陶瓷土成分	二氧化硅	三氧化二铝	二氧化三铁	氧化钙	说明
殷墟灰陶片	66.39	17.09	5.82	5.49	
殷墟白陶	49.14	41.21	1.72	0.60	
殷墟原始瓷片	76.18	17.13	2.79	0.51	
西汉原始瓷片	75.04	17.46	3.01		
唐巩县白瓷碗底	61.90	32.89	1.28	0.58	
明代德化瓷	74.24	17.69	0.35	0.58	
清雍正粉彩碟	66.27	27.42	0.77	1.36	

（二）制法。殷墟日用陶器的制法有轮制、模制、泥条盘筑（也称圈泥法）三种，另有极少数似为玩器的小陶器和少数器物的附件是用手捏的，即所谓手制。根据各遗址所出陶容器统计，以轮制和模制最普遍，采用泥条盘筑制法的较少。一件陶器上往往采用两种以上的制法，轮、模合制的器皿占比例较大，也有器体用泥条盘

图3-54 安阳殷墟出土的白陶罍

筑,口部轮制,器底部轮制或模制的,有些制作痕迹比较清楚。陶器上的纹饰与制法有关,轮制的器皿表面多弦纹,是在制作过程中弦压上去的,线条粗细均匀规整。模制及尼条盘筑的陶器表面多饰绳纹,有的间饰旋纹和附加堆纹,堆纹多饰于大型陶瓮上,有加固作用。①（图3-54）

（三）烧制技术。陶器制好坯,晾干后再放进陶窑内烧成陶器。烧制陶器的陶窑,在各地商代遗址里都有发现,主要是竖穴式窑,南方的湖北盘龙城、江西吴城、鹰潭角山等地的商时期遗址内还发现有龙窑。龙窑比竖穴窑一次烧的陶器多,是陶器社会需要量增大的反映。

（四）陶器的商品化生产。商代的陶器制造业已具规模化和商品化,不少遗址里发现多座陶窑组成的、具有一定规模的窑场;小型的竖穴窑不能满足需要,于是出现了一次烧制更多器物的龙窑。有的窑场制作的产品单一,如河北邢台地区发现的窑场,以制作陶鬲为主,显然是为卖而生产的。② 1955年在郑州商城西城墙外1 300米处,即今铭功路西侧,郑州第十四中学院内的二里岗时期遗址内,就发现一处大的窑场。在约1 400平方米的范围内,发掘出14座排列有序的陶窑和10多座小型房基。陶窑大多数为圆形,个别为椭圆形,陶窑分上下两部分,上面是窑室,下边是火膛和火门,中间以带圆孔的炉箅相隔,箅下有长方形土柱支撑,箅上放置陶坯,箅下可以烧火。③

这种大型窑场生产出来的大批陶器,当然也应是为卖而生产的。

三 玉器制造业

我国是世界上三个以玉器工艺闻名于世的地区之一（其他两个是中美洲的墨西哥、大洋洲的新西兰）,且我国制玉工艺源远流长。从神农时代（即新石器时代早期）起,就有人们使用玉器的遗物发现,至商而此业达于辉煌。

（一）商时期玉器的发现。在商时期的遗址及墓葬内,都有多少不等的玉器发现,其中以商晚期王都安阳殷墟的发现数量多质量好,其他的大宗发现当属江

---

① 中国社会科学院考古研究所编:《殷墟的发现与研究》第193页,科学出版社,1994年。
② 杨升南:《邢台地区商文化中的商品经济》,载《三代文明研究》（一）,科学出版社,1999年。又《史学月刊》1999年第1期。
③ 杨育彬:《河南考古》第101页,中州古籍出版社,1985年。

西新干大洋洲商墓和四川广汉三星堆二号祭祀坑。长期从事殷墟考古的郑振香、陈志达说,殷墟仅就解放以后的考古发掘品而言,据不完全统计,约有一千二百件以上。如果加上解放前发掘出土的,其数量自然更多。[①]

在殷墟妇好墓里就出土了各种玉制品755件,另还有一些穿孔玉髓、小圆片及玉器残片未计入在内。江西新干大洋洲商墓中出土的玉器1 072件（另有松绿石镶嵌饰片及玉饰穿孔珠等未计）,占随葬品总数的55%。[②] 四川广汉三星堆的二号祭祀坑内出土玉器486件,种类有戈、璋、凿、瑗、环、刀、舌形器、珠、管穿等。[③] 在一座墓或一个祭祀坑里,出土玉器就达数百甚至上千件,反映商人对玉器的爱好和制玉业的发达、工艺技术水平的高超。

（二）商人的"宝玉"思想。商代墓中、祭祀坑里使用大量的玉器随葬、祭祀,是根源于商人的宝玉思想。商代人视玉为重要财富,皆欲拥有。盘庚批评一些官吏贪财行为是"具乃贝玉"（《尚书·盘庚》）,殷纣王聚敛了大批的玉,周武王伐商,牧野大战,纣王兵败后全身裹满玉器自焚,是至死也不放弃玉器,周武王让一千人去搜索商王的玉器,结果找到近二十万件（《逸周书·世俘解》）。甲骨文里有"取玉"、"征玉"及用玉祭祀的卜辞:

　　庚子卜,争,贞令员取玉于龠。　　《合集》4720
　　壬寅【卜】,㱿,贞……征玉。　　《合集》7053正
　　贞惟大玉……　　《合集》9505
　　庚午,贞王其称珏于祖乙燎三宰……乙亥酒。　　《合集》32535

珏是两块玉,《合集》32535片甲骨上的卜辞,祭祀的对象是商人的先王祖乙,称即举举起,亦即奉献。是商王祭祀祖乙时奉献给他两块器。

（三）玉石的产地。夏鼐说硬玉属辉石类(Pyrorene Group),主要成分是碳酸铝,今日主要产地是缅甸,我国云南西部和缅甸毗连的地方,听说也有出产,但产量很少。软玉属角闪石类(Amphibole Group),主要成分是硅酸钙锰。它的产地以中国新疆和田最为有名,至于中原的产玉地点,后世有名的是蓝田玉和南阳玉,较边远的地方有酒泉玉和岫岩玉。南阳玉或称为独山玉,产于河南之南阳市北八公里的独山,南阳离安阳不远,同在河南省境内,殷墟出土的有刃玉石器中的玉器,是南阳玉。酒泉玉,产于甘肃酒泉附近山中。岫岩玉产于辽宁省岫岩县。此外,河南省还有密玉,产于密县以西二十余里的助泉寺,是一种沉积变质石英岩,易于区别。还有淅川玉,质料较次,透明度低,色暗黑。安阳殷墟所出玉

---

① 中国社会科学院考古研究所编著:《殷墟玉器·近年来殷墟新出土的玉器》,文物出版社,1982年。
② 江西省文物考古研究所等:《江西新干大洋洲商墓发掘报告》,《文物》1991年第10期。按:此墓的正式发掘报告《新干商代大墓》确定玉器为754件。
③ 四川省文物考古研究所编:《三星堆祭祀坑》第158页,文物出版社,1999年。

器的产地,有新疆和田、辽宁岫岩、河南南阳等地。① 妇好墓中所发现的白玉、青白玉、黄玉、墨玉、糖玉的玉料大体上都是新疆玉,其中三件小型玉雕(393 怪鸟,364 羊头,419 牛),经鉴定是新疆籽玉。远在新疆和田一带的玉料,如何辗转运来殷墟?这个问题还有待进一步探索。②

江西新干大洋洲商墓的玉器原料,来源也甚广,经初步鉴定,有新疆和田玉、陕西蓝田洛翡玉、辽宁岫岩玉、河南密玉及南阳独山玉、浙江青田玉;绿松石则产自湖北郧县、竹山等地。③ 四川西部的珉山也产玉,广汉三星堆祭祀坑玉器的原料多来自这里。

(四)玉器的种类。商代玉器的种类以安阳殷墟所出最为齐全,可分为七大类,每类里又包含若干器种,现以安阳殷墟所出玉器种类列于下表。

殷墟出土玉器种类表

类　别	玉　器　种　类
礼　器	琮、圭、璧、环、瑗、璜、玦、盘、簋
仪仗用器	戈、矛、戚、钺、大刀
工　具	斧、凿、锛、锯、刀、纺轮、铲、镰
用　器	臼、杵、调色盘、梳、耳勺、匕、觿
装饰品	笄、钏、坠饰、串珠、柄形饰、圆箍形饰、佩饰和插嵌饰雕成各种动物形象,有:虎、象、熊、鹿、猴、马、狗、兔子、羊头、蝙蝠、鸟、鹤、鹰、鸥鹭、鹦鹉、雁、鸽、燕、雏、鸬鹚、鹅、鸭、鱼、蛙、鳖、螳螂、蝉、蚕、螺蛳、龙、凤鸟、怪鸟、怪兽
艺术品	龙、虎
杂　器	板指、玉珑、玉玲、器座形器、拐尺形器、匕首形器、柱状或长条柄形器

资料来源《殷墟玉器》、《殷虚妇好墓》。

(五)玉器的制造工艺。商代玉器制造经过切割、雕琢、钻孔和打磨几道工序而成。面对一块玉璞,如何将其制成一件玉器,先要按照璞石材料,进行精心设计。由于玉质坚硬,所以玉工常就玉料的原来形状和大小,设计造型,以省切削磨琢的劳力。遇到较大的玉料,古代工匠常把它们锯成薄片,然后将薄片周缘琢磨出轮廓线,再在一面或两面磨琢出花纹。立体玉雕在一定程度上受原材料

---

① 夏鼐:《有关安阳殷墟玉器的几个问题》,载中国社会科学院考古研究所编《殷墟玉器》,文物出版社,1982年。
② 郑振香、陈志达:《近年殷墟新出土的玉器》,载中国社会科学院考古研究所编《殷墟玉器》,文物出版社,1982年。
③ 江西省考古研究所等:《江西新干大洋洲商墓发掘简报》,《文物》1991年第10期。

的大小和形状的限制。①

安阳殷墟妇好墓内出土755件玉器,对这批玉器进行观察、研究,使我们认识到了三千多年前商代制玉工艺的一些基本技术。主要有:

1. 合理选材。在玉料的选用上,按照制器的形状选材。如成对的象、马、熊、鹦鹉等,都是分别从一块玉料上切割下来后,再按照切割下来玉石的形状,分别琢磨成所要的器型。妇好墓中出土的成对的兽、禽,在色泽上虽有一定的差异,但一望而知是出于同一块玉料,就是同一块玉石切割成片或块状后,不一定用来制一种器物,而是按照切割下来的玉石形状,雕琢成相应的器物,这样既省工又节约玉料。能做到这一步,全凭玉工的眼力和技术。

2. 先进的切割技术。大型的玉料要经过切割,方能根据需要设计图案。从妇好墓出土的部分玉兽、禽及其他少数玉器上所留下的切割工具痕迹观察,使我们了解到当时已应用锯和类似今"镂弓子"那样的青铜丝锯工具。如一件玉戚(586)和玉戈(580)的表面都有切割的锯痕。再如龙、虎的口部都是先钻孔,然后再用青铜"镂弓子"精心地镂出牙齿;一件玉凤(350)的冠与尾上的细长镂空也是运用青铜丝锯镂成的,反映出商代高超的切割技术水平。

3. 以娴熟的"勾"、"彻"手法雕琢出瑰丽多样的花纹。"勾"指勾槽,是纹饰凹下去的线条。其作法是按照线条设计开成凹槽,然后在凹槽两侧打磨光洁。"彻"是纹饰凸起于器物平面的线条。其作法是,将设计线条的两侧用琢、磨手法磨去,线条就凸显出来了。如妇好墓中一件浮雕玉鹰(390)背脊一面运用勾彻,腹部花纹有勾无彻。除运用勾、彻外还采用难度较大的"挤"、"压"手法琢雕花纹,如一件玉凤(350)翅膀上的阳线浮雕,就是施用这种方法反复磨琢而成的,因而线条自然、流畅、舒展。有的玉器上的纹饰线条细如发丝,三千年的工匠用手工制成,其难度是相当大的。

4. 熟练自如的钻孔。不同的器物采用不同的工具进行钻孔,如体薄、孔眼大的璧、环、瑗及戈上的穿之类采用管钻。管钻的孔壁往往留下"台阶"或螺旋形纹痕。体较厚的小型佩带玉饰用桯钻,有些孔眼很深的柄形器也多采用此法。

5. 抛光技术。商代玉器多数表面细腻光泽,说明当时的抛光技术是相当进步的。②

6. "俏色"及"活链"玉器。"俏色"也称"巧色",是利用玉料的天然色泽纹理,因料制宜,将颜色变异处,恰到好处地琢在相应的部位,使其与作品融为一体。出于巧妙地利用玉石的颜色变异,故称"巧色"也称为"俏色"。1975年在小

---

① 夏鼐:《有关安阳殷墟玉器的几个问题》,载中国社会科学院考古研究所编《殷墟玉器》,文物出版社,1982年。
② 赵铨:《绚丽多彩的殷代玉雕艺术》,载中国社会科学院考古研究所编《殷墟玉器》,文物出版社,1982年。

屯村北的 11 号房屋内,出土"俏色"玉鳖、石鳖各一件。玉鳖的背部呈黑色,头、颈、腹部呈灰色。石鳖的背甲、双目、爪子呈褐色,微发黑,腹部呈肉色。其色调与真鳖无异。①

图 3-55　活链玉羽人
(采自《新干商代大墓》第 158 页)

活链玉器制品,是 1989 年发现于江西新干大洋洲商代大墓里的。该墓出土了 1 072 件玉器制品,其中有一件侧身羽人佩饰,呈棕褐色,类似玛瑙。羽人作侧身蹲坐状,头顶部着鸟形高冠,冠后垂三个相套的链环。(图 3-55)这三个相套的链环就是活链。所谓活链,就是在一块整玉石上,用特别的方法,琢出数环相扣、伸缩自如的链条。羽人通高 11.5 厘米,背脊厚 1.4 厘米,前胸厚 0.8 厘米,雕琢此羽人的材料应略大于器身,呈椭圆形。琢玉工匠随材料形状雕琢成想象中的神,并将背部余料留下,雕琢成三个相连的活链。链环灵活自如而大小、粗细、形状几乎一致。这是目前我国所见到的最早的玉器活链工艺,说明商代工匠已经掌握了制作玉器活链技术。活链技术要求很高,除了高超的琢玉技巧外,还需要专门的琢制活链的工具,如掏琢活链需要的勾铊、细尖头棒、钉铊、锼弓子等。②

玉器制品完成后,除要经过仔细的打磨,有的表面还要作进一步的处理,四川广汉三星堆祭祀坑出土的玉器,发现表面还经过涂层物处理,使其更加光洁、莹润。

从商代的琢玉水平和琢玉工具分析,当时已经不是只有少数人从事琢玉之事,而是有一支相当规模的专门队伍从事此业。1975 年冬在小屯村北发现两座殷代晚期的小型房子,在房内出土大量砾石、锥形半成品和一些大理石残圭,并有少量玉料和几件制作精致的"俏色"玉石工艺品,在房子底部还出土两块磨石,其上均有研磨痕迹。根据室内出土物分析,这里应是商代一处制玉器的工场。③

商代在琢玉技术上,对器件形体的把握得心应手,线条的控制运用自如。"俏色"玉和"活链"玉,是商时制玉工艺上的两大创新技术发明,有这两项发明,

---

① 中国社会科学院考古研究所安阳工作队:《1975 年安阳殷墟的新发现》,《考古》1976 年第 4 期。
② 江西省文物考古研究所等:《新干商代大墓》第 159 页,图八〇:1,文物出版社,1997 年。殷志强:《商代玉羽神:最早的活链玉作》,《中国文物报》2001 年 4 月 1 日。
③ 郑振香、陈志达:《近年来殷墟所出土的玉器》,载中国社会科学院考古研究所编《殷墟玉器》,文物出版社,1982 年。

就使商代琢玉工艺技术大大超越前人而达到了当时世界上无人企及的水平。

四　纺织业

商代的纺织业，以原材料计有麻、毛和丝纺，以及还有可能的棉纺。丝绸是我国最具民族传统色彩的手工艺品，在商代丝绸工艺已达到相当的水平。

（一）麻纺织。麻织品在商代遗址里多有发现，1959年在安阳后岗发现一圆形祭祀坑，坑内第一层人骨架和铜器的表面附着有丝、麻线及织物。麻布共发现12片，最大的一片长5厘米、宽3.5厘米。麻布的布纹较粗，每平方厘米经纬线为10×8根。还有一块类似麻布口袋之类的东西，有折叠的接缝，搓口向里，接缝均匀，有一段发辫似的麻绳缝在这块麻布上。① 在妇好墓里的10件铜器上发现粘附有麻织品，皆为平纹织。其密度，粗疏者为每平方厘米经线12根，纬线10根；细密者每平方厘米经线22根、纬线12根。② 在河北藁城台西商代遗址发现了一卷炭化麻布和两块麻布。一卷已经炭化了的麻织物残片，经舒展，布已断裂成13块，经上海纺织科学研究院文物整理组鉴定原料为大麻。出土的两块麻布实物，经分析，经纱是两根纱合股加拈而成。麻布为平纹组织，其中一块经纱密度是14根—16根/厘米；纬纱是9根—10根/厘米；另一块经纱密度是18根—20根/厘米，纬纱是6根—8根/厘米。经纱投影宽度约0.8毫米—1毫米，纬纱投影宽度为0.4毫米，约相当于10升布。③

我国古代，在棉花未普及前，是以麻织制品作为中上等人衣料的。

（二）毛纺织。毛织的衣服古代文献中称为"褐"。由于质地粗糙，是一般下层劳动人民穿的衣料，《诗经·豳风·七月》："无衣无褐，何以卒岁。"郑《笺》云："褐，毛布也。卒，终也。此正二之月，人之贵者无衣，贱者无褐，将何以终岁呼！"《墨子·尚贤中》："傅说被褐带索，庸筑于傅岩。"褐是粗毛布，当时傅说处在奴隶的地位作苦役，所以他穿的是褐衣。我国西北地区的民族以游牧为生，产羊毛，故商代初年伊尹发布四方属国向商的贡品的命令中，要求正西国家贡"纰罽"（《逸周书·王令解》）。纰，《说文》段玉裁《注》云"氐人所织毛布也"。罽《说文》作㡨，云"西胡毲布也"。段注云"毲者兽细毛也，用以织为布，是曰㡨。亦假罽为之"。《尚书·禹贡》《正义》引舍人注《尔雅》曰"氂谓毛罽也。胡人绩羊毛为衣"。是在商代中原和西北地区都有用羊毛织成的衣服，故毛纺织是当时一手工技艺。

（三）丝纺织。丝织品离不开桑树，商人和桑有着十分神秘的关系：汤在桑林求雨、伊尹生于空桑、大戊时桑谷共生于朝等。甲骨文中有桑字，从字形观察似是一种矮桑。甲骨文里有"省蚕"和祭祀蚕神的卜辞：

---

① 中国社会科学院考古研究所：《殷墟发掘报告(1958—1961)》第278页，文物出版社，1987年。
② 中国社会科学院考古研究所：《殷虚妇好墓》第17页，文物出版社，1980年。
③ 河北省文物研究所：《藁城台西商代遗址》第88、89页，文物出版社，1985年。

……省于蚕。　　《后下》11.9

□子卜,□省于蚕。　　《合集》10060

……大□……十牢,崇五宰,蚕示三宰。八月。　　《合集》14353

贞元示五牛,蚕示三牛。十三月。　　《合集》14354(图3-56)

图3-56　有蚕示的甲骨

（《合集》14353）

甲骨文中的"蚕示"是胡厚宣发现的,[①]有研究者认为从《合集》14354看,元示和蚕示在同时受祭,而此"蚕"字形像虫,应是"它"字,古人称蛇为"它",故所谓的"蚕示"应是"它示"。而《合集》14353的右侧三角形处是一"大"字,其下应是一"示"字或某先王的庙号名(如甲、乙、丁等),此条卜辞的前段既然有祭祀某先王或"大示"的祭祀对象,辞后部的"崇"和"蚕"也就不可能说是某一系统先祖神主的集合称。且其字形与今日的家蚕极为相似,所以我们以为还是释为"蚕"字较妥。

商代丝织品的实物多有发现,在墓葬里发现的丝织品多包裹在青铜器上。1959年在后岗发掘一圆形祭祀坑,在铜鼎口沿及一件中胡二穿戈上都裹有丝织品,"戈上丝织品的纹痕一般每平方厘米经纬线为21×20根。织纹简单均等,皆为平纹。"[②]

妇好墓里有40多件青铜器外面包裹有丝织品,有的是单层,有的则为多层,面积一般不超过几个平方厘米。经鉴定,包裹的丝织物有四种:

1. 平纹绢。数量最多,可辨识的约有二十余例。其密度,粗疏者每平方厘米经丝20根、纬丝18根,组织孔隙明朗可见,应是一种纱织物;一般中等密度约为每平方厘米经丝50根、纬丝30根左右;最细密的为每平方厘米经丝72根、纬丝26根。经丝投影宽0.1毫米—0.15毫米,纬丝0.25毫米—0.3毫米左右,不加拈,织物表面显出畦纹效果。

2. 缣和绸。缣为单经双纬,绸为双经双纬的平纹变化组织,在司粤母大圆尊(793)上各发行一例。前者经丝每平方厘米约32根,纬丝12对,经丝投影宽0.175毫米—0.2毫米,双纬投影宽0.45毫米,经丝S向加拈,每米约800余个拈回,后者经丝每平方厘米18对,纬丝14对,双经投影宽约0.5毫米,双纬投影

---

① 胡厚宣：《殷代的蚕桑和丝织》,《文物》1972年第11期。

② 中国社会科学院考古研究所：《殷墟发掘报告(1958—1961)》第278页,文物出版社,1987年。

宽约 0.45 毫米,经丝亦为 S 向加拈,每米约有 800 个拈回。

3. 绮。呈回纹形,只见到一例,附着于偶方彝口下的一侧,其花纹与出土的一件玉人(372)的衣袖上的纹饰有相似之处。

4. 罗。罗纱组织的大孔罗,共发现两例。保存较好的是在一件妇好连体甗(865)的口下,分布面积相当大;另一件保存在铜小方彝盖上(828)。前者密度为每平方厘米经丝 32 根、纬丝 12 根。经丝投影宽 0.12 毫米—0.15 毫米、纬丝 0.12 毫米。经、纬丝都是正手向加拈,每米大约有一千五百—两千个拈回。就目前所知,这是我国年代最早的纠经机织罗标本。

有九例用朱砂涂染的平纹丝(绢)织物,多黏附在一些大、中型礼器上,其密度经测定的为每平方厘米经丝 60 根、纬丝 20 根。[①] 丝织品上有织成的各种花纹,有回纹、雷纹、水波纹等。(图 3-57)

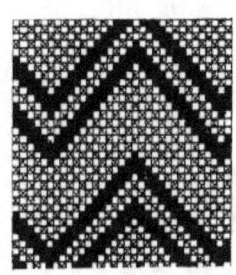

图 3-57 妇好墓出土包裹铜器的丝织品花纹

上述发现,从考古学上证实,商代纺织业相当发达,已有毛、麻和丝织的衣料,上层人穿丝、麻织物,下层人穿毛织品。麻织物是介于丝、毛织物之间的一种纺织物,普通平民当以麻布为衣,下层奴隶以毛制品为衣,称为褐。

五 制盐业

盐不但是食物的调味品,而且是动物生长发育不可或缺的重要元素,人若长期缺盐则会生病。人类从起源时期起,盐就同其他食物一样,伴随着人类的进化历程。在商代,从甲骨文和考古调查、发掘中,发现制盐业已是颇具规模的一项产业。

(一)甲骨卜辞中有关盐的卜辞

在商代甲骨文称食盐为"卤",其字形作:

《合集》1441

《合集》19497(图 3-58)

图 3-58 致卤甲骨
(《合集》19497)

---

① 中国社会科学院考古研究所:《殷虚妇好墓》第 18 页,文物出版社,1980 年。

⛉ 《合集》5596

周代金文中,有构形相同的字作 ⛉ 形(见《免盘》、《晋姜鼎》)。甲骨文里的这个字,余永梁在 1928 年就已经释为"卤"字,① 后来郭沫若、徐中舒从之。② 此字释作"卤",在释读"卤"的相关甲骨卜辞中亦无扞格,如卜辞:

己未卜,贞燎酒卤册大甲。　　《合集》1441
壬戌卜,令弜取卤。二月。　　《合集》7022
□致卤五。　《合集》7023 反
乙卯卜,卤十用(用字缺刻横画)。
惟十卤以(致),乙……　　《合集》22294
甲子卜,出,贞束又(有)致卤于寝。　　《合集》41021
庚卜,子其见(献)丁卤。以(致)。　　《花东》202

上引卜辞中有用酒和卤祭祀大甲,卤是祭祀祖先神的物品;有"取"和"致(以)"都是卜辞中诸侯、臣僚、贵族向商王朝纳贡的"贡纳"用语。"卤五"、"卤十"及"十卤"的五、十的数字之后,应是省掉了盐卤的计量单位。

图 3-59　主管盐业的卤小臣甲骨
(《合集》5596 放大)

甲骨文中有"卤小臣",应是商王朝主管盐务的官员,卜辞云:

卤小臣其有邑。

《合集》5596(图 3-59)

在甲骨卜辞中,"小臣"的地位有高有低,③ 像商初成汤辅佐伊尹被称为"小臣"(见春秋齐灵公时铜器《叔夷镈》铭)。卜辞中的"小臣×"或"×小臣"都是贵族或官吏。如"小臣禽"(《合集》5572 反)、"小臣中"(《合集》5575)、"小臣高"(《合集》5576)等,禽、中、高是人名,是小臣的名字,他们都是活跃于武丁时期的重要贵族。"卤小臣"、"马小臣"(《合集》27881)的"卤"、"马"是所担任的职务名称,表示此"小臣"其所执掌的事务。"卤小臣"即是主管商王朝的盐务大臣。④ 此条卜辞是关于卤小臣是否有邑之事。能拥有自己的封邑,也证明"卤小臣"的地位不低,与他在王朝任掌管国家盐务大臣的地位是相符的。

---

① 余永梁:《殷虚文字续编》,清华研究院《国学论丛》一卷四号,1928 年。
② 郭沫若:《殷契萃编考释》第 1585 片,1937 年;徐中舒主编:《甲骨文字典》第 1278—1279 页,四川辞书出版社,1988 年。
③ 张永山:《殷契小臣辨正》,胡厚宣主编《甲骨文与殷商史》第一辑,上海古籍出版社,1983 年。
④ 杨升南:《商代经济史》第 634 页,贵州人民出版社,1992 年。

(二) 考古发现的商代制盐遗址

迄今考古工作者已发现商代制盐遗址有三处,它们分别是今山西省南部的池盐、山东省黄河入海口地区及胶东半岛的莱州湾的海盐和四川、重庆市地区的井盐。

1. 山西省西南盐池的开采。晋南中条山北麓,地势低凹,为盐池地带。《说文》盐字下云:"河东盐池也,袤五十里,广七里,周百六十里。"盐池在今运城市地区内,《汉书·地理志》载:"河东郡安邑,盐池在西南。"盐池所在地的安邑县,唐时更为解县,故这里的盐池后称为"解池"。运城市在晋地的西南,战国时属魏称盐氏县,汉时为安邑县,唐时置解县。宋、元时期在解县专门设置转盐运使,遂筑城驻转盐运司,故名运城。运城盐池的开发,最早见于文献的是《左传》成公六年(前585年)。那年晋国准备迁都,晋国的诸大夫都说:"必居郇、瑕氏之地,沃饶而近盐,国利乐,不可失也。"郇在解池西北,瑕在解池南。[①] 春秋时人多已知这里近盐而土地肥沃,可见此地盐的开采已有不少的年月了。

考古证实,山西解池的盐,在商代早期的二里岗下层时期就已经大规模地开采了。在山西省夏县东下冯城内的东南角,发现属于第五期(时代属于二里岗下层)的一组圆形基址。这组圆形基址横成列,纵成行,已确知有 20 座。从粗略钻探的情况看,这个建筑群至少有 7 排,每排 6 座或 7 座,总数大概有 40 至 50 座之多。(图 3-60)

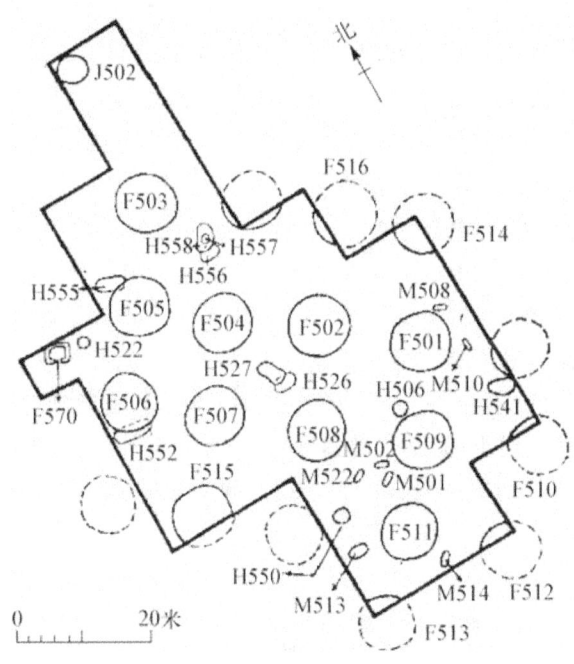

图 3-60　东下冯城内的储盐仓库基址

(采自《夏县东下冯》第 152 页)

---

① 杨伯峻:《春秋左传注》第 828 页,中华书局,1981 年。

这些建筑平面都是圆形,直径在 8.5 米—9.5 米米之间,面积为 56 平方米—71 平方米左右,基址都高出当时的地面 30 厘米—50 厘米。从每座基址的中心点计算,其间距为 13 米—17 米。①

圆形建筑内没有发现炊煮食物的灶和用火的痕迹,也没有发现与人生活、生产有关的遗物,不像是居住的房屋,推测有可能是仓库或军队的营房。中国社会科学院考古研究所 2000 年对圆形建筑地面上下层土壤与现代解池盐池地土壤进行化学分析比较,证实此圆形建筑群确为储盐的仓库。②

这群圆形建筑的直径为 8.5 米—9.5 米,每座圆形建筑的面积达 56 平方米—71 平方米(当时的民房小的只有几平方米,大点的也只有十几平方米),有四五十座这样大的仓库,要存放多少盐? 可见在商代早期这里盐业生产的规模就已经十分可观的了。汤都西亳,地在今河南偃师县城西,至中丁才东迁至隞即今郑州的商城遗址,商都偃师有 150 年左右,王室食盐的供应,当是来自就近的晋南盐池。二里岗下层时期,商人就在晋南盐池相距不远的垣曲和夏县东下冯修建两座城堡,它们应是为保障商人的食盐而建的。盘庚迁都到今河南安阳市西,此地距产海盐的大海已很远,显然晋南成了商人食盐的主要供应地。武丁时期大规模对晋地的敌对方国进行征讨,其主要目的,就应是保护晋西南的盐资源和盐路的畅通。③

2. 山东沿海地区的海盐生产。海盐的产地主要在今山东省境内的渤海南岸,即周代的齐国境内。古文献记载的制盐活动都指向这一地区:《世本》:"夙沙氏煮海为盐,以为炎帝之诸侯。"先秦时期只有齐地才靠海。夙沙氏是齐地之一著姓,春秋齐灵公时有幸臣夙沙卫任齐国少傅,或是其后裔。《尚书·禹贡》记载青州的贡物有盐、缔、海物。《史记》里屡次提到齐国以"鱼盐之利"称霸,《汉书·地理志》讲齐"太公以齐地负海舃卤,少五谷而人民寡,乃劝以女工(红)之业,通鱼盐之利,而人物辐辏"。成书于齐地的《管子》书中提到"盐"字的地方达 40 多处,书中多次提到"北海"、"渠展"和"沸(济)水"等具体的区域名、地名和水名。因此,考古工作者把集中分布于这一地区的盔形器与海盐生产联系起来。④考古现有资料表明,盔形器主要分布于鲁北地区,尤其是渤海南岸最为集中。方辉搜集了 31 处遗址出土的 70 余件盔形器,划分为五种形制,排出其演变序列和年代,认为Ⅰ式可早到殷墟三、四期,Ⅱ式为西周早期,Ⅲ式到西周中期,Ⅳ式在春秋、Ⅴ式为战国时期。⑤(图 3 - 61)

---

① 中国社会科学院考古研究所:《夏县东下冯》第 150—153 页,文物出版社,1988 年。
② 赵春燕:《土壤元素化学分析在考古研究中的运用》,《中国社会科学院院报》2007 年 8 月 16 日第 2 版。
③ 杨升南:《从"卤小臣"说武丁对西北征伐的经济目的》,《甲骨文发现一百周年学术讨论会论文集》(1999),台北文史哲出版社印行,2000 年。收入《甲骨文商史丛考》,线装书局,2007 年。
④ 曹启元:《试论西周至战国时代的盔形器》,《北方文物》1996 年第 3 期。
⑤ 方辉:《商周时期鲁北地区海盐业的考古学研究》,《考古》2004 年第 4 期。

图 3-61 出土于双王城的盔形器

中国科技大学朱继平博士等人对李屋遗址和桓台、博兴县商代遗址出土的盔形器、鬲、豆、罐及土壤样本,采用 XRF 技术分析结果表明,李屋遗址出土的盔形器内的 Na 元素和 Ci 元素的含量明显高于其他样品,盔形器表面附着土样溶解后滤液结晶体的 XRD 体的显微镜分析,可看出主要成分为 NaCi 的白色晶体。这表明,盔形器应是进行海盐生产的用具。①

2007 年北京大学中国考古学研究中心与山东省文物考古研究所联合启动了鲁北沿海地区先秦时期盐业考古课题研究,他们以盔形器为线索,分别对莱州湾沿海地区的昌邑、寒亭、寿光、广饶、临淄和黄河三角洲地区的东营、利津、霑化、无棣、滨城、惠民等县市遗址及遗址群进行了考古勘察。新发现和确定了广饶东北坞、南河崖、寿光双王城、大荒北央、寒亭央子、霑化杨家等先秦时期大型盐业遗址群。遗址里有一道贝壳堤,制盐遗址都在贝壳堤之外,堤内是制盐人员的居住遗址。制盐遗址的时代从殷墟一期到春秋战国时期。②

殷墟出土的甲骨文中所讲的"致卤"、"取卤"在武丁时期的甲骨卜辞中就已常见,当有来自山东沿海地区的贡品。西周齐太公封齐建立齐国,齐地进入有文字记载的历史,其经济就是以鱼盐业为其特点,在这一地区发现商时期遗址里的制盐工具,说明"逐鱼盐之利"的地区经济特点,在商时期就已经发其端了。

3. 巴蜀地区的井盐。四川盆地盐的储量十分丰富,东起万州、石柱,西到洪雅、盐源,北到仪陇、阆中、江油,南到长宁、江津等县都有盐矿分布,主要有川东、川中、川西三大盐盆。川东万州盐盆,东起万州西到忠县。此盐盆的盆底虽深达 3 000 米,但盆地边缘则非常浅,不少地点因断层和河水的下切作用,底下盐卤在河床边自然流露。忠县就处于万州盐盆的边缘。据地质探测,万州盐盆长 100 公里,宽 20 公里—30 公里,盐体展布面积 2 700 平方公里,盐储量达 1 500 亿吨—1 600

---

① 燕东生等:《山东阳信李屋发现商代生产海盐的村落遗址》,《中国文物报》2004 年 3 月 5 日。
② 燕东生、兰玉富:《2007 年鲁北沿海地区先秦盐业考古工作的主要收获》,北京大学震旦古代文明研究中心编《古代文明研究通讯》总第 36 期,2008 年 3 月。

亿吨。该盐盆的盐早就被人们开采,《后汉书·南蛮西南夷传》载有巴人与盐水神女的关系：

> 巴郡南蛮本有五姓：巴氏、樊氏、瞫氏、相氏、郑氏。皆出武落钟离山，其山有赤、黑二穴，巴氏之子生于赤穴，四姓之子皆生黑穴。未有君长，俱事鬼神，乃共掷剑于石穴，约能中者，奉以为君。巴氏子务相乃独中之，众皆叹。又各令乘土船，约能浮者，当以为君，余姓悉沉，惟务相独浮。因共立之，是为廪君。乃乘土船，从夷水至盐阳。盐水有女神，谓廪君曰："此地广大，鱼盐所出，愿留共居。"

盐水女神的传说，当比较早。《汉书·地理志》巴郡朐忍县(今云阳县)设有盐官。今重庆市的万州市是一个盐矿资源蕴藏丰富的地区,《新唐书·食货志》载当时的夔州奉节县、云安县、大昌县，万州南浦县，忠州临江县，都设有盐官。忠县盐的开采直到近现代，考古工作者在忠县中坝地区调查时，听到当地老乡介绍，自清末民初，到二十世纪七十年代，在㽏井河沿岸的上官井和下官井之间，还有星罗棋布、大小不等、深浅不一的盐井72口。现今还能看到沿用到二十世纪八十年代的一口盐井——官井台。①

商周时期的巴蜀地区，尖底器大量出土，有尖底罐、尖底杯、尖底钵、尖底盏等，构成巴蜀地区陶器的独特风格。这类陶器在重庆地区多有出土，特别是重庆市的忠县。在忠县㽏井口的哨棚嘴、瓦渣地遗址，㽏井河下游的羊子岩，中坝和汝溪河下游的李园遗址，以及峡江地区其他一些遗址，都发现了大量以尖底陶杯和花边圜底陶釜为代表的文化堆积。这种堆积有的遗址厚达2米以上，其器物90%都是尖底陶杯和花边陶釜。在忠县还发现多处专门烧制尖底陶杯和花边陶釜的陶窑。在哨棚遗址中，发现有烧结在一起的套烧尖底杯。(图3-62)1959年在瓦渣遗址发现的一座陶窑内，出土尖底杯达200多件。大量尖底陶杯和花边陶釜残件的堆积，反映了此遗址在当时就是烧制这种陶器的窑场。尖底陶杯流行的年代从商代后期到西汉时期。

孙华认为尖底陶杯和花边陶釜是当时人们晒卤制盐和熬卤制盐的容器。当时熬卤制盐可能是利用太阳的热能，在被太阳晒得滚烫的沙子里插上大量的装有卤水的尖

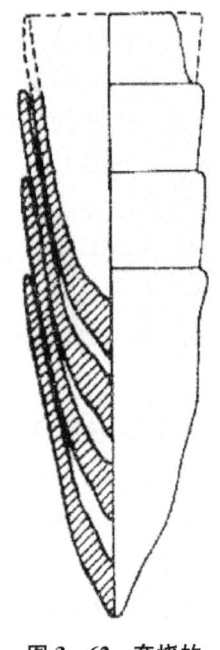

图3-62 套烧的尖底杯

(采自孙华：《四川盆地的青铜时代》第270页)

---

① 四川省文物考古研究院等：《中坝遗址的盐业考古研究》，《四川文物》2007年第1期。

底杯,并不断往已经蒸发的杯子里添加卤水,最后获得结晶的盐。花边陶釜体量大,其圜底利于受火,可以将多个这样的陶釜放置在灶上或支架上,用火加热使盐卤中的水分蒸发,从而获得结晶的盐。①

中美科学家研究证明重庆忠县古代就是个大型制盐"工业基地"。他们提出四个方面的证据:第一,中坝地区有悠久的制盐传统,这里出土的陶瓷器皿与其他产盐地区的器皿有惊人的相似之处;第二,X射线荧光法发现当地土壤中富含钙、镁成分,与四川盐卤主要杂质成分相符,这应是提纯盐后废弃的盐卤积累在土壤中而成;第三,X射线衍射发现,中坝遗址出土的陶器上黏附有大量的碳酸钙成分,这应是古代煮盐时使用生石灰而残留下来的痕迹;第四,用电子显微镜观察中坝遗址出土的陶、瓷器内部发现微量的钠和氯成分。②

尖底器在成都平原地区也出土了不少,器形有尖底罐、尖底钵、尖底杯、尖底盏等,(图3-63)如在成都十二桥遗址出土尖底罐2件、尖底盏10件、尖底杯33件。三星堆一号祭祀坑出土尖底盏22件。在新凡水观音遗址出土有夹砂灰陶尖底钵6件、细泥灰陶尖底钵1件、细泥灰陶尖底器3件、细泥红陶尖底器1件、细泥红陶尖底杯1件。广汉三星堆1号坑和成都十二桥下层的时代都在中原商文化的殷墟时期。③

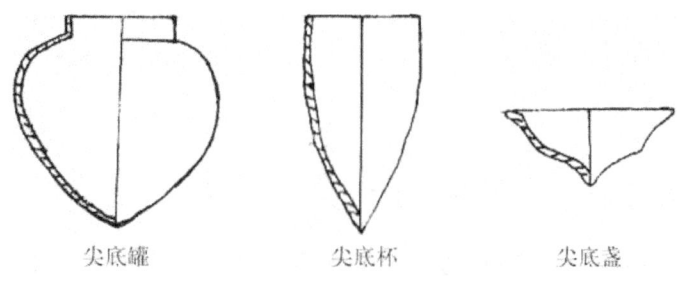

尖底罐　　　　　尖底杯　　　　尖底盏

图3-63　成都地区出土的各种尖底陶器
(采自宋治民:《蜀文化》第61页)

成都平原地区出土各种尖底器,器形非一,大小也不一致。从重庆地区尖底杯为制盐用具推测,这种尖底器也可能与制盐有关。在四川自贡的井盐产区,直到近代还在使用一种小盅锅制盐,这种锅形似炮弹,高约一尺六寸,口径八寸,底

---

① 孙华:《尖底杯与花边釜》,《四川盆地的青铜时代》,科学出版社,2000年。含盐的卤水蒸发后就出现白色的盐。作者在夏威夷旅行时,常看见海边岩石上的小坑底部呈白色,很显眼,走近取起品尝,乃是盐的结晶体。涨潮时海水将岩石淹没,退潮后,海水留在岩石上的小坑内,很快被蒸发而留下结晶体的白色盐。古今一个样,含盐的卤水蒸发,取卤水晒或熬盐的技术,很快就会被人类掌握。
② 陈勇:《中美科学家证明重庆忠县古代就有大型制盐"工业基地"》,《中国文物报》2005年9月第2日第2版。
③ 宋治民:《蜀文化》,文物出版社,2008年。

部逐渐收小,每锅可盛卤水 30—40 斤。① 文献记载成都地区古代产盐,《汉书·地理志》载成都地区的临邛县(今邛崃市)、犍为郡南安县(今乐山市)、越嶲郡定莋县(今盐源市)都设有盐官。《华阳国志·蜀志》载:

【秦】惠王二十七年,【张】仪与【张】若城成都……营广府舍,置盐、铁、市官并长、丞。

在郡署设立主管盐务的盐官并设长、丞,其所属地当是产盐。据《蜀志》记载,蜀郡辖下的临邛县(今邛崃市)、广都县(今双流县)、郪县(今江中、三台、射洪诸市地)、南安县(今乐山市)、牛鞞县(今简阳市)、江阳县(今泸州市)、汉安县(今内江市)、定笮县(今盐源市)等都是产盐的县。这些县的盐都是井盐。临邛县还利用天然气煮盐:

【临邛县】有火井,夜时光映上昭。民欲其火,先以家火投之,顷许如雷声,火焰出,通耀数十里,以竹筒盛其光藏之,可拽行终日不灭也。井有二,【一燥一】水,取井火煮之,一斛水得五斗盐;家火煮之,得无几也。②

蜀地大量出土的尖底器,其用途和使用方法都还是不十分地清楚,是否与煮盐有关,还需要对所出土的尖底器内的存留物质作化学成分的检测。

综上所述,在商时期已有三个规模较大的盐业生产基地。最早的从二里岗下层就开始生产了。这几处盐场都分布在商代的诸侯国境内,所以王朝的甲骨文中常见有"取卤"、"致卤"的占卜,是王朝向诸侯征取盐贡、诸侯向王朝贡盐的历史事实。

第五节　商　业　与　交　通

我们中国人将从事物品交换、买卖这种行为的人称为"商人",而不称他们为"夏人"或"周人",把这种行业称为"商业"而不称为"夏业"、"周业",索其源,乃是商品贸易之正式成为社会上的一种职业,是从商朝时期才开始的关系。古文献和考古实物都证实,商代的商业已粗具规模。商业活动与交通不可分,没有方便的交通,商人不能致远,商品就不能流通。在商代既有商业活动,也有相应的交通设施。商品交易中使用海贝作为货币。

一　商业

《尚书·酒诰》载,商朝灭亡后,周公要求商都朝歌市民走出去经商:"妹土,嗣尔股肱,纯其艺黍稷,奔走事厥考厥长。肇牵车牛远服贾,用孝养厥父母。厥

---

① 戴吾三:《汉字中的古代科技》第197—198页,百花文艺出版社,2004年。
② 刘琳较注:《华阳国志》第244页,巴蜀书社,1984年。

父母庆,自洗腆,致用酒。"《世本》里有"王亥作服牛"之事,王亥是上甲的父亲,汤的八世祖,"服牛"就是用牛拉车。《酒诰》中的"肇牵车牛远服贾"就是牵着牛车到远方去经商。姜太公在遇到周文王前在商都朝歌卖牛肉,在孟津开饭店卖酒,就是一个小商贩,古文献有:

吕望之鼓刀兮,遭周文王而得举。(《楚辞·离骚》)

师望在肆昌何识,鼓刀扬声后何喜?(《楚辞·天问》)

太公望,齐之逐夫,朝歌之废屠。(《战国策·秦策五》姚贾语)

太公望年七十,屠牛朝歌,卖食孟津。(《尉缭子·武议》)

吕望屠牛于朝歌,卖食于孟津。(谯周《古史考》)

甲骨文中有"买"字,从网从贝。卜辞"呼"某人"买",乃是王室派遣他去从事买卖活动,具有官商的味道:

戊寅卜,内,呼雀买。

勿呼雀买。　《合集》10976(图3-64)

弗买。　　《合集》21776

图 3-64　有"买"字的甲骨

(《合集》10976 局部)

古文买卖同字,上引卜辞中的"买"字也可读作"卖"。

　　商代的商业已不是以物易物的原始阶段,而是进入到使用"等价物"作为交易的中介。从商代后期的甲骨文和金文所记载,商代是用海贝作为交换中的"等价物"即货币。[①] 商代出土的青铜器铭文中,常见赏赐贝若干或若干朋,受赏者用以制作一件铜器,如:

---

① 杨升南:《贝是商代的货币》,《中国史研究》2003年第1期。收入《甲骨文商史丛考》,线装书局,2007年。

王宜人方无务,咸。王赏作册般贝,用作父已䙴。来册。(《作册般甗》)
邲赏小子大贝二朋,用作父已䙴彝。(《大尊》)
庚申,王在阑,王各(格),宰椃从,赐贝五朋,用作父丁䙴彝。(《宰椃角》)
丙午,王赏戍嗣子贝二十朋,在阑宗,用作父癸宝鼎。(《戍嗣子鼎》)
乙卯,子见才(在)大室,百□一,𫄪琅九,又百牢。王赏子黄瓒一,贝百朋。子光赏,用作已䙴盘。(《子黄尊》,见《文物》1986年第1期)
丁亥,邲赏右正闪婴贝,在穆,朋二百,闪扬邲赏,用作母已䙴彝。(见《考古》1974年第6期)
乙未,飨使。赐小子𡧛贝二百,用作父丁䙴彝。(《小子𡧛簋》)

"贝二百"应是二百朋。用贝去制作一件铜器的具体情况,见西周期青铜器《遽伯还簋》:

遽伯还作宝䙴彝,用贝十朋又四朋。

《集成》3763(图3-65)

此簋铭文明确记载,遽伯还作这件铜簋,用了十四朋贝。证实商周青铜器铭文中所赏赐的贝,受赏者以此为荣耀,用所赏得到的贝去制作一件青铜器,将其事记载于器上,以此向时人及后世子孙显耀。

贝在甲骨文里有作为赏赐品的:

庚戌【卜】,□贞:赐多女又贝朋。

《合集》11438

……征不囚(死),赐贝二朋。

《合集》40073

卜辞中所见,贝也作为祭祀用品,是给死去的人在另一个世界里使用,可见货币意识已侵染到了神的世界:

丁酉卜,□,贞酒□于(与)二朋又五人,卯十牛。

五人卯五牛于(与)二朋。　《合集》1052

惟贝朋,吉

其卢用旧臣贝。吉　《合集》29694

伊酢三十朋。　《屯南》2196

图3-65　用贝支付造器

(《集成》3763)

其五朋。

其七朋。

其八朋。

其三十朋。

其五十朋。

其七十朋。　　　《合集补编》2799(《怀特》142)

《怀特》142一片甲骨上的卜辞,是选祭,是卜问用多少朋祭祀才能得到神灵的欢心。这类形式的卜辞,甲骨文中常见。选择的祭品有各类牲畜或其他物品的种类及数量等。

在商代的墓葬里常常发现有贝随葬,少则一枚,多者达数千枚,在《殷虚妇好墓》里随葬1枚阿拉伯绶贝,海贝6 680多枚。① 商代晚期还出现铜铸贝。1952年在安阳大司空村发现3枚铜铸贝,1969年—1977年在殷墟西区第620墓道发现2枚铜铸贝。1971年在山西保德县发现109枚铜贝,此次发现铜贝的数量大,发现者认为此批铜贝是马饰而不是货币。

二　交通

《史记·平准书》:"农工商交易之路通,而龟、贝、金、钱、刀、布之币兴焉。"是有交通,才有商品交易活动。商代的道路,在甲骨文中用一"行"字表示出来,其字作 形,表示四达通衢。商朝的统治者出行乘坐马车,平民出行用牛车载物。据考古发掘,商代马车两轮间的距离在2米—2.4米之间,故商代能通行马车的路面,不应少于2.5米宽。车路要考虑两车相错,所以路面要有两辆车并排的宽度,那么,商代的车路一般最窄应有5米左右。

商代交通工具有车和舟船两种,可能还有乘马。

1. 车。商代的马车在后期的殷墟时期,东到山东、西至陕西西安,都有发现,从文献记载、甲骨卜辞及考古发现,以使用的动力分,商代的车有三种:

(1)马车。马车只在商代的晚期即殷墟时期才有发现,发现的地区有西安老牛坡、山东苏埠屯、安阳殷墟等地。尤其以王都殷墟发现为多,自1928年以来共发现车马坑31座。商代马车的主要部件有两轮、一轴、一辕和一衡,除少数构件为青铜制品外,皆为木制。② (图3-66)甲骨文中有一片上记载商王乘车打猎的:

癸巳卜,㱿,贞旬亡祸。王占曰:乃兹有祟若偁。甲午,王往逐兕,小臣叶车,马硪䩨王车,子央亦坠。　　《合集》10405

从"马硪䩨王车"知,小臣驾的车是用马拉的。

在商代,不但商王朝使用车为交通工具,商朝的敌对方国也使用车,商王康丁在同危方作战时曾经俘获车子两辆(见《合集》36481)。

---

① 中国社会科学院考古研究所编著:《殷虚妇好墓》第220页,文物出版社,1980年。
② 杨宝成:《殷墟文化研究》之"殷代的车马坑",武汉大学出版社,2002年。

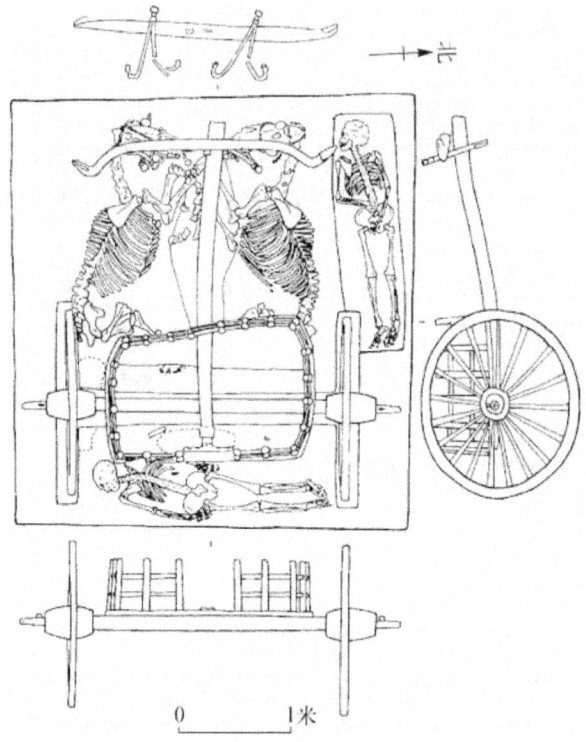

图 3-66　安阳郭家庄发现的车和驾车的马
（采自《安阳殷墟郭家庄商代墓葬》第 128 页）

(2) 牛车。《世本·作篇》"胲作服牛"。胲即王亥的亥。"服牛"是用牛拉车，"作"是首创，即发明者。是商先祖王亥发明牛拉车的技术。《尚书·酒诰》里周公要求商民众牵着牛车到远方去经商赚钱来养活他们的父母。

甲骨文里有一￥，从牛、丨、一，像用绳索套着牛牵着走之状。宋镇豪释为"牵"字。① 卜辞中有若干"牵"，一牵就是一辆牛车，有多至 150 牵的：

丁亥卜，品，其五十牵。　　《合集》34677

戊子卜，品，其九十牵。　　《合集》34675

戊子卜，品，其九十牵。

□□【卜】，品，其百又五十牵。　　《合集》34674

牛车是专事运输的，一次动用 150 辆牛车，不是战时后勤，就是为官家运输物资。

(3) 步辇。在商代早期都城河南偃师商城，发现有步辇的遗迹。1996 年在城墙内侧路面上近城墙根部发现两道顺城墙而行的车辙印，轨距约 1.2 米左

---

① 宋镇豪：《甲骨文牵字说》，《甲骨文与殷商史》第二辑，上海古籍出版社，1986 年。

右。①车子两轮相距只 1.2 米,只能是步辇。步辇是用人拉的,甲骨文里有"辇"字,像二人举手承轭挽车状,甲骨卜辞云:

其呼🔲辇,有正。

《合集》39693(图 3-67)

卜辞末常见一"正"或"有正",是表示好的意思。②🔲是人名,辇在此为动词,即拉辇车,此条卜辞是说🔲拉车拉得好。商人称辇为胡奴车,用人拉,《周礼·乡师》郑玄注引《司马法》:"夏侯氏谓辇车曰余车,殷曰胡奴车,周曰缁辇。"刘熙《释名·释车》:"胡奴车,东胡以罪没入官者引之,殷所制也。辇车,人所辇也。"

图 3-67 甲骨文辇字

(《合集》3969 局部)

2. 舟。《周易·系辞下》:"刳木为舟。"扬雄《方言》:"舟,自关而西谓之船,自关而东或谓之舟,或谓之航。"《说文》:"舟,船也。""船,舟也。"刘熙《释名·释船》:"舟,言周流也。"是舟即船。钱绎云:"《说文》:'舟,船也。'古人名'舟',汉人名'船'。"③甲骨文里的"舟"即今之船。甲骨文中有为商王造舟、出舟、寻舟、省舟(视察舟),已是有一套从制造、航行、管理的完整制度。④卜辞有:

作王舟。　　《合集》13758

惟壬出舟。

惟癸出舟。　　《屯南》4547

其出舟,惟今日癸,无灾。吉　　《英藏》2322

乙亥卜,行,贞王其寻舟于河,无灾。　　《合集》24609

□亥卜,行,贞王其寻舟于𣳫,无灾。　　《合集》24608

……王其省舟。　　《怀特》1456

甲骨文中的"河",作为地名是指今日的黄河。"𣳫"是一条河流名,有学者认为是指今沁水,有指为今日之漳河,在河北省南部。"作舟"即制造舟船,"出舟"即乘船出发,"寻舟"即行舟,"寻舟于河"即商王在黄河上行船。"省舟"即视察舟的状况。商代青铜器上有铭文作人荷贝乘舟形,应是一位商人,肩挑货币乘舟,是商人外出经商的写实图画。(图 3-68)

图 3-68 荷贝乘舟

(《集成》1459)

---

① 见《中国文物报》1996 年 2 月 8 日。
② 此为河南省社会科学院齐福航先生说。
③ 钱绎:《方言笺疏》第 324 页。中华书局,1991 年。
④ 杨升南:《甲骨文中的"舟"字及商代的水上交通运输工具》,《殷都学刊》2006 年第 4 期。

3. 骑马。在商代马既然已可用来驾车,当然应是可用以骑乘的。二十世纪三十年代在安阳殷墟发现一座骑兵的埋葬墓,该墓编号为M164,内埋人、马、犬各一及一套兵器和一只马鞭(马刺),发掘者石璋如认为这是一位骑士。① 甲骨文中有"马其先"、"先马"等语辞,是骑马者在前之意:

  戊申卜,马其先,王兑从。　　《合集》27945
  庚申卜,贞翌日辛王其田,马其先,擒,不雨。　　《合集》27948
  先马,其悔,雨。　《合集》27951

于省吾说"卜辞说'马其先',就是骑马在前言之"。②

三　交通制度

商代已建立起了一些有关交通的制度,主要有二:

(一)驿传制度。甲骨文里有径字,隶写作逞、遝。于省吾释为驲,认为是商代的驿传制度:

  《尔雅·释言》:"驲、遽,传也。"郭注:"皆传车驲马之名。"《释文》郭注《音义》云:"本或作遝,《声类》云,亦驲字,同。"《说文》谓:"驲,驿传也,从马日声。"③

古时在主要交通道路上每三十里设驿站,站上设专人管理,有房屋、食品,供来往人员(主要是为公事的人员)吃住,有车马供使用或换乘。驿站上所备的车马就是甲骨文中所称的"驲",即传车。甲骨文中王打猎、臣僚到某地活动、贵族到王室都有使用驿传的,如:

  丁丑卜,狄,贞王其田逞往。　　《合集》29084

"逞往"是乘着驿站上所备的车前往,是商王打猎时有时也使用驿传车前往。臣僚到某地做事用驿传:

  丙寅卜,狄,贞逞散,萌有用。　　《合集》29092
  醜其逞往于攸。若　《合集》36824
  王令逞……于西,无灾。　《屯南》1049
  戍辟逞之,灾。　《合集》28034
  ……大使……衣其逞……　《合集》31792
  逞来羌,其用于父丁。　《屯南》725
  亚旋其陟,逞入。　《合集》28011
  勿供右示,既葬,逞来归。　《合集》296

上引卜辞,是诸侯、贵族乘用驿传上的车为王室办事。可见商代的驿传制度比较

---

① 石璋如:《殷墟最近之重要发现——附论小屯地层》,《中国考古学报》1947年第2期。
② 于省吾:《殷代的交通工具和驲传制度》,《东北人民大学人文科学学报》1995年第2期。
③ 于省吾:《甲骨文字释林·释遝》,中华书局,1979年。

完备,使用也频繁。

(二)旅舍的设置。甲骨文里有一"羁"字,《广雅·释诂》:"羁,寄也。"《周礼·遣人》:"以待羁旅。"郑注云:"羁旅,过行寄止者。"是甲骨文中的"羁"字当是商朝设置于道路上的驿站。① "羁"前常以数字计量,乃是指道路上的羁数即驿站数而言。卜辞云:

  弜有一羁。　　《合集》27250
  二羁暨王受有佑。　　《合集》28159
  弜至二羁。吉
  至于二羁,于之若,王受佑。
  弜至三羁。　　《合集》28157
  贞三羁,佑。　　《合集》28158
  □□卜,在五羁。　　《合集》28152
  贞羁□五羁,牢,王受佑。
  　　《合集》28156(图3-69)

图3-69　记有羁数的甲骨
(《合集》28156)

羁与羁之间相距多少路程,无材料可证,不过古人有以三十里为一舍的制度,一舍即一天的行程,商代两羁间的距离也应大致差不多。

第六节　商代的赋税制度——助与贡并行

《孟子·滕文公上》说三代赋税制度:"夏后氏五十而贡,殷人七十而助,周人百亩而彻,其实皆什一也。彻者,彻也;助者,藉也。"实则殷代不只有助也有贡。助是耕种王室亦即国家的田庄,贡是向王室贡献物品。这两种赋税形式,在甲骨文中都有相关内容。

一　助——助耕王室田庄

助即藉,是借民力耕种公田。商代的公田属王室即国家,助耕公田的形式,在甲骨文中的表现就是用"呼"、"令"这样的句式,派遣臣僚、诸侯们去主持、管理耕种事物,命令劳动者众(或称众人)去实际完成耕种之事。因为殷墟所发现的甲骨文主要是王室的占卜,只有极少数的非王卜辞,所以王卜辞中的"呼"、"令"的发布者,是商王或王朝中央行政部门。所"呼"、"令"去耕种的土地,是王室亦即国家的土地,其收获归王室所有。甲骨文所见,商王"呼"、"令"贵族、官吏去主持各个环节的农事。

(一)垦荒及翻耕土地。这类卜辞常见用"衷田"、"藉"这样的用语。"衷"是

---

① 许进雄:《明义士收藏甲骨释文篇》第163页,加拿大皇家安大略博物馆,1977年。

垦荒，"藉"是翻耕，皆是耕种的第一步。甲骨文里的人名都是贵族，商代贵族都担任着国家大小不同等级的官吏，商王让他们去耕种，就是让他们去主持公田上的劳动，即主持助耕活动。卜辞云：

  令禽衰田于京。 《合集》9473

  令永衰田于盖。 《合集》9476

  令刚衰田于匏。 《屯南》499

  令爰衰田于先【侯】。 《合集》22

  王令多尹衰田于西，受禾。 《合集》33209

  令多【尹】入绊衰田。 《合集》33213

  呼甫藉于焔，受年。 《合集》13505

  呼雷藉于明。 《合集》14

  呼鞭藉。 《合集》9508

  告攸侯藉。 《合集》9511

"令"、"呼"字后都是人名，即担任国家官吏的贵族。由国家官吏主持翻耕的土地，皆是王室即国家直接掌控的耕地，这种耕地学者称为"王室田庄"，田庄上的收获物归王室。①

（二）作田间水沟。

  令尹作大㽵。

  勿令尹作大㽵。 《合集》9472

"尹"是职官名。"作大㽵"是在田间开挖大型水沟，②以利排灌。"作大㽵"的内容在前的"农业生产技术"节中已解说可参见，此从略。

（三）主持播种事务。卜辞云：

  呼妇妌往黍。 《合集》9533

  呼甫秜于焔，受年。 《合集》13505

妇妌、甫是人名，黍、秜（稻）是农作物品种。上引卜辞中的黍、秜是名词变成的动词，意思是王室命他们去主持播种黍种稻之事。

（四）中耕施肥。卜辞有㞙字，隶写作屎。胡厚宣读作屎，认为卜辞"屎田"是给农田施肥。③卜辞云：

  令㑋屎有田，受年。 《合集》9575

  令京屎有田。 《合集》9576

  呼般屎有卫。 《英藏》1995

㑋、京、般皆是人名，是让他们去主持对农田施肥之事。

---

① 王贵民：《就甲骨文所见试说商代王室田庄》，《中国史研究》1980年第3期。
② 张政烺：《卜辞"衰田"及相其关诸问题》，《考古学报》1973年第1期。
③ 胡厚宣：《殷代农作施肥说》，《历史研究》1955年第1期。

（五）收割。卜辞中的刈字作㇇形，像以刀割禾（即粟）杆，是收获农作物。卜辞云：

　　甲子卜，弜刈秫。　《合集》9563

　　辛未卜，贞咸刈来。　《合集》9565

弜、咸是人名。秫是带黏性的谷子（小米），"来"是麦的别称。

从开荒、翻耕到收割，都有官吏主持其事，保证了王室公田上的收成。

二　贡——向王室缴纳各种贡品

甲骨文中有大量的关于贵族及诸侯、方国向王朝进贡各类物品的卜辞，反映出在商代"贡"是国家财政收入的重要部分。

商朝建国之初，汤即让伊尹制定诸侯、方国向王朝纳贡的"四方献令"，规定以当地土特产为贡物（见《逸周书·王会解》），此"四方献令"在本书第三章第一节已有引录此从略。

伊尹制定《四方献令》后，诸侯、方国皆从其令，《荀子·解蔽》："成汤鉴于夏桀，故主其心而慎治之，是故能长用伊尹而身不失道，此其所以代夏王而受九有也……远方莫不致其珍。"《诗经·商颂·玄鸟》载武丁时期，诸侯赶着插有龙旗的大车到王都朝贡，四方来进贡的诸侯、方国车马人物挤满王都，就是远方致珍的盛况：

　　武丁孙子，武王靡不胜。

　　龙旂十乘，大糦是承。

　　邦畿千里，维民所止，肇域彼四海。

　　四海来假，来假祁祁。

　　景员维河？殷受命咸宜，百禄是何。

毛《诗》郑玄《笺》云："交龙为旂。糦，黍稷也。高宗之孙子有武功，有王德，于天下者，无所不胜服，乃有诸侯建龙旂者十乘，奉承黍稷而进之者，亦言诸侯之欢心。'十乘'者，由二王之后，八州之大国与！……假，至也。祁祁，众多也。员，古文作云。河之言何也。天下既蒙王之政令，皆得其所而来朝觐贡献。其至也，祁祁然众多，其所贡于殷大至，所云维言何？"

诸侯、方国向商王朝进贡，不仅只是经济上的意义，更重要的还在于政治上的意义，它们以此表示对商王朝的臣服关系。《诗经·商颂·殷武》：

　　昔有成汤，自彼氐羌。莫敢不来享，莫敢不来王，曰商是常。

"来享"是缴纳贡品，"来王"是朝见，是承认其为宗主国的领导地位。其中"莫敢"一词很重要，反之，有敢"不来享"、"不来王"者，当会是兵戎相待候。当时作为中央王朝的商政权，其拥有的实力是其他任何一个诸侯、方国都不能抵敌的。

贡纳行为在甲骨文中的用语分为两类：一类是臣僚、诸侯、方国向王室送去贡品的用语，卜辞有致、供、入、见（即献）、登、示等；一类是从王室角度接收或征

集、索取贡物的用语,这类用语有取、募、匄、乞、来、至等。甲骨文中所见,向王室贡纳的物品种类主要有:

(一)人。人是进贡物品之一。所贡入商王室去的人,或是补充王室各生产部门的劳动力,或是用为祭祀神灵的献祭品,即甲骨学家们称为"人牲"或"牺牲",他们的身份是奴隶,将人作为贡品,是奴隶社会才会有的事。

  庚寅卜,殷,贞吴致角女。 《合集》671 正
  丙申卜,争,贞令出致商臣于盖。 《合集》636
  即致刍其五百惟六。 《合集》93
  乙卯允有来自光,致羌刍五十。 《合集》94
  龟不其来致五十羌。 《合集》226
  疋来羌,用自咸、大丁、大甲、大庚、下乙。 《合集》231
  甲申用射畣致羌,【用】自上甲。 《合集》277
  兴方致羌,用自上甲至下乙。 《合集》270

"用自"之后是商王的先祖或先公,贡来的羌人是用来作为祭祀商王祖先的牺牲,也就是"人祭",用活人祭祀神灵。角女,角地的女子。被用作贡品的臣,其身份是奴隶。

(二)家畜。所贡的家畜品类有:

1. 牛,如卜辞:

  ……致牛四百。 《合集》8965
  呼取牛百,致。 《合集》93 反
  禽见(献)牛百。 《合集》102
  募牛百。 《合集》9041
  募牛五十。 《合集》6000 反

进贡牛最多一次达四百头,其数量不少。

2. 羊。贡羊之数,最多一次的是五百只:

  贞呼弹出羊五百、【豕】五百。 《拼合》44A
  ……登羊三百。 《合集》8959
  贞呼取羊。 《合集》8813 反
  惟羊夕入。 《屯南》2388

《拼合》44A 卜辞中弹是人名(或诸侯方国名),"出"是提供,一次提供羊猪各五百只,其畜牧业规模当不会小。

3. 马。

  贞〔象〕致三十马。 《合集》500
  贞奠来白马五。王占曰:吉。其来。 《合集》9177
  贞呼取马。 《合集》8814
  呼取马于畣,致。 《合集》8797

4. 豕(猪)。猪有家猪和野猪之别,卜辞中所贡献于王室的猪,是家猪还是野猪,仅从卜辞不可区别,此以家猪计。

   戈允来豕二、贝……　　《合集》11432

   皿至豕。　《合集》21917

   取豕。　《合集》40051

   呼吴曰：毋致豕。　　《合集》8981

上引《拼合》44A 卜辞,有弹出羊五百、豕五百之数,当是家猪。

5. 犬。进贡犬的数量上百只,是知商时养狗特别地兴盛。

   ……兹致二百犬。　　《合集》9879

   ……致犬百。　《合集》8980

(三) 狩猎所获禽兽。

   戊辰卜,雀致象。

   己巳卜,雀致猱。　　《合集》8984

   己丑卜……囧致鹿。　　《合集》40061

   ……见麋。　《英藏》215 反

   贞见,致麑。　《东京》242

   曰：弜来兕。　《合集》9174

   癸巳卜,亘,贞画来兕。　　《合集》9172

   勿翌……登隹……　《合集》21225

猱是猴类动物,隹是鸟类的泛称。麑是幼鹿。象在商代有家养的,可能以野象为主,贡于王室的象当是家养的。

(四) 谷类农产品。

   贞登黍。勿登黍。　　《合集》235

   令登,取汪稷。　《怀特》448

   甲辰贞,其登秋。　　《合集》34587

   见新秋,翌……　《合集》24432

   亚致来(麦)。　《合集》914

(五) 贝、玉、象齿等珍奇品。

1. 贝。贝以十枚为一串,称为"朋"。

   戈允来豕二、贝……　　《合集》11432

   呼师般取朋,不……屯。　　《合集》826

   车不其致十朋。　《合集》11442

   ……致十朋。　《合集》11445

2. 玉器。两块玉为一珏。

   令员取玉于禽。　《合集》4720

呼师般取珏不……　　《合集》39525

3. 齿。卜辞中进贡的齿是象齿，在商代遗址及墓葬里发现很多象牙制品，它们的原料就是甲骨卜辞中所称的"齿"。

贞商其致齿。　　《合集》17302

曰：禽其来致齿。　　《合集》17303 反

丙戌允有来入齿。　　《合集》17299

（六）手工业产品。甲骨文中所见，贡入的手工业品主要有：

1. 青铜器。卜辞有：

致卣。　　《东京》286

卣是酒器，所贡之卣应是青铜卣。青铜卣在商代遗址及墓葬中发现不少，分有提梁与无提梁两种型制。上引卜辞是占卜某人贡来青铜卣之事。商王室的青铜器有一部分是贵族、诸侯贡来的，在妇好墓里出土的青铜器中，就有相当部分是诸侯、方国及贵族贡入的。贡来的青铜器上都铸上贡献者的名字，如在妇好墓里有"亚弜"的大圆罍一件、编铙一组 5 件，"亚其"的有斝、瓠、爵等酒器二十一件，"亚启"的方彝一件，铜钺两件，束泉（或子束泉）的酒器二十二件等。《殷虚妇好墓》编者认为这些青铜器是诸侯献给殷王室的贡品，妇好死后，被用作随葬品而埋入墓中，以供她在另一个世界里去继续使用。①

2. 石磬、玉器等。石磬在当时被称为"石"，妇好墓里出土一件石磬，上刻"妊竹入石"、"卢方皆入石"，是知石磬称"石"。卜辞有诸侯贡"石"的：

氿臧至十石。　　《英藏》126

妇好墓里出土的一件玉戈上，刻有入贡者的名字：

卢方皆入戈五

在侯家庄西北岗的 M1001 号王陵大墓中，出土的一件骨笄的笄帽上刻有入贡者名"昌入二"。是贵族昌向王室贡骨笄二只，王死后被用来随葬。

3. 舟。舟也是贡品：

贞禽来舟。

贞禽不其来舟。　　《合集》11462

令吴□荡，□取舟。　　《合集》655

4. 纻。纻是一种丝织物品。

盅致纻。　　《合集》9002

5. 卤。卤即食盐。

壬戌卜，令弜取卤。二月。　　《合集》7022

致卤。　　《合集》19497

---

① 中国社会科学院考古研究所编著：《殷虚妇好墓》第 99 页，文物出版社，1980 年。

　　　　甲子卜，出，贞朿又致卤于寑。　　《英藏》1996

"取"是征取、征收。"致"致送、送去，皆是征收、缴纳赋税贡物的用语。

（七）田邑。田和邑相关，邑中居住的邑人是平民，他们耕种的是定期从邑中分得的土地，贡邑即是贡献田土及田土上的劳动者。

　　　　贞呼取邑。　　《合集》39987
　　　　贞呼从奠取圷、叟、鄙三邑。　　《合集》7074
　　　　乙卯卜，宾，贞致乃邑。　　《合集》8986 反
　　　　行致右师暨邑。　　《合集》8985 正

商朝行内外服制，王室只能控制部分土地，商王为扩大王室土地，于是向诸侯国索取。

（八）占卜用的龟甲和牛骨。

1. 龟甲。商王室占卜使用的龟甲，用量大，本地所产不足，需要王臣、贵族及诸侯、方国贡入。从安阳殷墟发现的甲骨观察，有的龟甲体大，其中有一片占卜后刻字的大龟甲，长一尺二寸，据专家鉴定，认为这片大甲骨应是来自马来半岛地区，可见商王室占卜使用的材料，有的其来甚远。卜辞里常见有进贡龟的内容：

　　　　□□卜，永，贞我致龟……其八百。　　《合集》9018
　　　　……允至，致龟䵼八，鼋五百十。四月。　　《合集》8996
　　　　雀入龟五百。　　《合集》9774 反
　　　　……【入】龟五百。　　《合集》9182、9183
　　　　有来自南致龟　　《合集》7076
　　　　贡龟不其南致。　　《东京》311

甲骨文中的"我"有两种用义，一是商王的自称代词；二是名词，是一个人名、族名或方国名字（甲骨文中常是人地同名）。上引《合集》9018 中的"我致龟"的"我"就是第二种用义。卜辞见最多的一次贡龟八百只，其次是五百只。龟多产自南方，故卜问南方是否贡龟之事。

在占卜使用过的龟甲反面的"甲桥"（即连接龟背壳和腹壳间的龟壳）上，常见刻有"某入"、"某致"若干的文字，胡厚宣将这种刻在甲桥上的刻辞，称为"甲桥刻辞"。其上所记的人名和数字，是其人向商王室进贡龟的数量，刻在上面以备查考。① 这上面的数字最大的到"千"，如：

　　　　我致千。　　《合集》116 反
　　　　宰致千。　　《合集》2530 反

---

① 胡厚宣：《武丁时期五种记事刻辞考》，载《甲骨学商史论丛初集》，成都齐鲁大学国学研究所专刊之一，1944 年。

是"我"向王室贡入一千只龟。

2. 牛胛骨。商代殷墟时期,占卜所使用的牛骨是牛的肩胛骨。商王室畜牧业发达,牛的数量多,占卜用的牛胛骨按理应是可满足的,但牛胛骨有时也需要贡入的。牛胛骨以对计,甲骨文中称为"屯",一"屯"即一头牛身上的两块肩胛骨。贡纳牛骨的用语为"乞",即"乞取""索取",表示王室要求向它贡进此种物品。甲骨文中所见,最多的是贡入五十屯。这种辞多刻在牛肩胛骨的骨臼上,胡厚宣称为"骨臼刻辞":①

  ……【乞】自壴五十屯。　《合集》9396、9398、9399

  ……【乞】四十屯。　《合集》13055 反

  癸卯,乞自雩二十屯。　《合集》564 臼

  乙亥,乞二十屯。咒　《合集》9461 反

  乙未,匄乞自雩十屯。小婦　《合集》13523 臼

上述"助"与"贡"两个方面的内容,可大致窥见商代(主要是殷墟时期)的财政收入状况。②

商代各个经济部门都很发达,为社会提供了丰富的物质产品,其生产力远远超过夏代,是我国先秦时期第一个经济发展的高峰,也是当时世界上首屈一指的经济强国。

---

  ① 胡厚宣:《武丁时期五种记事刻辞考》,载《甲骨学商史论丛初集》,成都齐鲁大学国学研究所专刊之一,1944年。

  ② 杨升南:《商代的财政制度》,《历史研究》1992年第5期。

第八章 科技、文化与思想意识

恩格斯说,人类在解决吃喝住行之后,才谈得上从事宗教、文化、艺术等活动。如前所述,商代三大主要经济部门都较为发达,为社会提供了丰富的物质产品,人们基本的生活需要得到满足,从而也促进了科技文化艺术的发展。

第一节 科学技术

科学技术是生产力。在商代农业、畜牧业、手工业生产领域都产生一批新的技术,使生产力得到迅速提高。这些科技成果,我们在相关章节中已有叙述,此不再重复,本节只讲生产领域以外的科技成就,主要在以下几个领域:

一 对天象的观察

商代人对天象的观察,已不仅局限于阴、晴、云、雨、风、雷电、雪、雹等常见自然现象,而且对日月食、星象也十分注意。在甲骨文中就有关日食、月食和星象的卜辞,是世界上最早的天象记录资料。

(一)甲骨文中有关日食的记载。日食的"食"字甲骨文作 ⊖、⊖ 形。已发现甲骨文中记载日食的卜辞有七条:武丁时期的两条卜辞,都缺干支,不知是记录的同一次日食还是两次日食:

  贞日有食。　　　《合集》11480

【贞日】有食。　　　《合集》11481

武乙时期有五条卜辞,但都是同一个干支日,记录的应是同一次日食:

  癸酉,贞日夕有食,惟若。
  癸酉,贞日夕有食,非若。　　《合集》33694(图3-70)
  癸酉,贞日夕有食,惟若。二
  癸酉,贞日夕有食,非若。二　　《佚》374
  癸酉,贞日夕【有】食……上甲……　　《合集》33695

图3-70 日食甲骨
(《合集》33694)

武乙时期日食,具体日子为"癸酉"日。根据夏商周断代工程研究的意见,商朝亡于公元前1046年,据古本《竹书纪年》"般庚迁殷至纣之灭二百七十三年更不徙都",是商在安阳殷墟的建都时间应从公元前1319—前1046年。查张培瑜《中国先秦史历表》(齐鲁书社,1987年)之"公元前1399年—前1000年安阳可见日食表",得五个年、月、日、时、食分的日食:

—1366.6.3,13:02,食分:0.19

—1268.8.27,8:57,食分:0.67

—1175.8.19,16:17,食分:0.96

—1170.11.21,13:41,食分:0.88

—1126.2.14,15:46,食分:0.42

此次卜辞记载时点云"日夕有食",应是接近"夕"的时刻发生的一次日食,从上五次时间分析,公元前1175年8月19日这次发生在16时17分的日食勉强较合。16时是下午4点,商代人以整个夜晚称"夕",故"夕"应从日落以后计起,8月日间较长,下午4点太阳还挂在西边天上,似不可归入"夕"的时段。李学勤认为,卜辞"夕"是指夜晚,在商代还不可能推算出夜里发生的日食。他将辞中的"夕"字释为"月"字,甲骨文夕、月二字同形,在释读上没问题。他注意到此片甲骨上两条"日月有食"的卜辞,"日月"二字总是挤占一个字的位置,由此指出"所谓'日月',实际是一个字,就是'明'字",此卜辞应读为:

癸酉,贞明又(有)食,惟若。

癸酉,贞明又(有)食,匪若。　　《合集》33694

"明"即日出之时,认为这是日出时发生的一次日食,不是月食,"古时日为'大明',一天中时段的'明'或'旦',均以日的视运动而标举。因此,辞中说'明又食'应该是指日食,不是月食。"① 在日食的卜辞中,还有关于"三焰日食"的问题,该片卜辞为:

甲寅卜,㱿,贞翌乙卯易日。一

贞翌乙卯不其易日。一　　《合集》11506 正

王占曰:之夕䲷(荐),雨。乙卯允明,雾,三㐅食日,大星。

《合集》11506 反

反面的"之夕䲷(荐),雨"是占辞,"乙卯允明,雾,三㐅食日,大星"是验辞。验辞中的"三㐅食日,大星",董作宾释为"三焰食日大星",认为是一次日全食出现巨大日珥的记录。董作宾释为"三"的一字,李学勤认为此字中间的一横画略短,不是"三"而应释为"气"。"食日"不是日食而是商人早饭后午饭前的一次进餐,"大星"的"星"即"晴","大星"即是大晴的好天气,此验辞与正面占卜"易日"是相应的。②

---

① 李学勤:《癸酉日食说》,载《夏商周年代学札记》第71页,辽宁大学出版社,1999年。
② 李学勤:《"三焰日食"辨误》,载《夏商周断代学札记》第20页,辽宁大学出版社,1999年。

说"食日"的"日"是"时刻"的意思,即是一日中的某一时刻,在卜辞里有充分的证据,如下面这些卜辞中的"日"字就都是这种用法:

自旦至食日不雨。

食日至中日不雨。

中日至昃不雨。　　《屯南》42

庚寅雨,中日既。　　《合集》21302

……大采日各云自北。雷。惟午雨,不延……　　《合集》21021

上举卜辞中"日"都是指一天中的某一时刻,故"食日"是指吃饭的时候而非指一整个白天。

(二)月食的记载。甲骨文里有七条卜辞记录五次月食。五次月食卜辞都有干支,有一次还有月份:

【己】丑卜,宾,贞翌乙【未】酒黍登于祖乙。【王】占曰:有祟,【不】其雨。六日【甲】午夕月有食。乙未酒多工条遣。　　《合集》11484正

七日己未㞢庚申月有食。王占【曰】:有祟。　　《合集》40610反

……己未夕㞢庚申月有【食】。　　《合集》40204反

癸亥卜,贞旬亡祸。　　《合集》11482正

旬壬申夕月有食。　　《合集》11482反

癸未卜,争,贞旬亡祸。三日乙酉夕月有食,闻。八月。　　《合集》11485

……祸。三日【乙】酉夕【月有】食。闻。　　《合集》11486

【癸】未【卜】,争,贞翌【甲】申易日。之夕月有食。甲雾,不雨。

《合集》11483正(图3-71)

之夕月有食。　　《合集》11483反

图3-71　癸未(甲申)月食甲骨

(《合集》11483局部放大)

五次月食记载,甲骨学界以月食所发生的干支命其各次月食的名,分别称为甲午月食、己未夕㽵庚申月食、壬申月食、乙酉月食和癸未月食。过去都这样命名也这样称呼,但究其实还是有不准确之处,如"己未夕㽵庚申月食"是发生在己未日还是在庚申日? 有说殷人已如今日将一个夜晚分属于不同的两天,此次月食发生在半夜的12点。① 董作宾认为殷人是以天明为一日之始的,常玉芝赞成董说,认为商代人的一天即一个干支日,是包含一个白天和夜晚的,她说"殷人的一个干支代表一个白昼加一个黑夜,一个白昼或一个黑夜都是完整的","殷人的一日是由天明之时算起的"。"己未夕㽵庚申"间的"㽵"字,她赞同裘锡圭释乡即向,认为此次月食"是发生在己未日夜间临近庚申日天明时的月食"。既然如此,这次月食就应名为"己未月食"才妥。②

"癸未月食"根据卜辞,应该是发生在甲申日夜间的一次月食。卜辞的前辞是"癸未卜,争贞",③是记占卜时间和贞人的。命辞为"翌甲申易日",是卜问的事类,是一条卜辞的主体部分。"之夕月有食。甲雾,不雨"是验辞部分。"翌甲申易日。之夕月有食"的"之夕"是指"甲申夕"而不是占卜日的"癸未夕",故"癸未夕月食"应名"甲申夕月食"才妥。这由卜辞指示代词"止(之)"字的规律可知,如:

贞今日壬申其雨。之日允雨。　　《合集》12939 正
己丑卜,出,贞今日雨。之日允雨。　　《合集》24735
庚辰【卜】,争,贞今夕雨。之夕【允】雨。　　《合集》12943
丁未卜,王,贞今夕雨。吉。告。之夕允雨,至于戊申雨。在二月。
　　　　　　　　　　　　　　《合集》24773

"之日"、"之夕"的"之"所指代的日期,是指代紧接其前的干支日的。④ 如上引《合集》12939这片甲骨上的卜辞"之日允雨"的"之日",是指代"壬申"日。上引卜辞是与占卜同日的卜辞是如此,与占卜日不同日的卜辞也是如此,如:

甲午卜,争,贞翌乙未用羌。用。之日雾。　　《合集》456 正
辛酉卜,㱿,翌壬戌不雨。之日夕雨,不延。　　《合集》12973
癸丑卜,争,贞自今至于丁巳我找𡧑。王占曰:丁巳我毋其找,于来甲子找。旬又一日癸亥车弗找。之夕㽵甲子允找。　　《合集》6834 正

《合集》456正卜辞中的"之"字应是指代"乙未"而不是占卜日"甲午";同样,《合集》12973辞中的"之"字应是指代"壬戌"而不是占卜日"辛酉"。这种认识在《合

---

① 李学勤:《夏商周年代学札记》第36页,辽宁大学出版社,1999年。
② 常玉芝:《殷商历法研究》第39页,吉林文史出版社,1998年。
③ "癸未"二字残缺,"癸"字全无,"未"字存下半部分。"翌日甲申"的"日"字全无,"甲"字仅存下半部分,不过是"甲"字无问题。由"甲申"可推知卜辞干支为"癸未",因癸未的次日为甲申。此片甲骨上的两个干支虽都有残缺,但可补足。
④ 杨升南:《从卜辞"之日""之夕"说甲申夕月食》,《中国史研究》2012年第3期。

集》6834正这条卜辞里,即可证实。此辞中的"之夕❂甲子"的"之夕"一定是指紧接其前的干支"癸亥"的。"之夕"和"甲子"之间的"❂"字,裘锡圭释为"鄉"即"向"字,他说"(❂字)插在前后相接的两个日名之间而构成的词组(前一日名之后有时加'夕'字,这种日名并可用'之'字代替),如'甲子❂乙丑'都应是表示介于前后两天之间的一段时间,与《诗经》'夜鄉(嚮)晨'的'鄉'同义。甲子鄉乙丑'犹言'甲子夕向乙丑,指甲子日即将结束乙丑日即将开始之时。"① 显然此辞中的"之夕"是指"癸亥夕"而不是指此条卜辞的占卜日"癸丑夕",因为只有"癸亥"和"甲子"两个干支日才是前后相接的两天,才会有前一日即将结束后一日即将开始的情况。

(三) 对星象的记载。甲骨文中有新星、大星、火星等,反映商代对天空星象观察记录情况。

1. 新星。记录新星卜辞只见一次:

　　辛未有酸新星。　　《合集》6063反

"新星"是观察到天空中有新的星出现。能发现天空中哪颗星是新出现的,说明商人对天空星象观察的细微和知识的丰富,此时已应有专门从事星象观察的人,并将星的位置进行记录,才能发现哪一颗是新出现的星。

2. 大星、火星。甲骨卜辞常见有"大星"之称:

　　……终夕……龙亦大星。　　《合集》11502

　　……大星出……南。　　《合集》11504

　　王曰:先大星……好……　　《合集》11505

　　王占曰:之夕鴈(荐),雨。乙卯允明雾,三⿰食日大星。

　　　　　　　　　　　　　　　　《合集》11506反

　　庚午卜……大星……　　《合集》29696

大星的亮度大,很显眼,所以受到特别重视,因此有新的发现即刻加以记录,如卜辞:

　　七日己巳夕❂【庚午】有新大星竝(并)火。　　《合集》11503反

"新大星竝火"即发现有一颗新出现的大星在火星附近。董作宾说,火即"大火",亦即大辰,东方七宿之心宿。"⿱新星并火"是己巳夜间观察星气的记录。"并"训比、训近。"新大星"即新星之大者,犹言有一大新星傍近火星。② "新星"、"新大星"的"星"字,只有指夜空中的星宿才能文从字顺。

3. 关于鸟星和鮯星。甲骨文里有记录鸟星的卜辞为:

　　丙申卜,殷,贞来乙巳酒下乙。王占曰:酒。惟有祟,其有酸。乙酉酒,

---

① 裘锡圭:《释殷墟卜辞中的"❂"、"❂"等字》,香港中文大学编《第三届国际中国古文字学术研讨会论文集》,1993年。

② 董作宾:《殷历谱·交食谱》。

明雨。伐既,雨。咸伐,亦雨。㞢卯鸟星。　　《合集》11497 正

丙申卜,𣪘,贞来乙巳酒下乙。王占曰:酒。惟有祟,其有𩰴。乙巳明雨。伐既,雨。咸伐,亦雨。㞢鸟星。　　《合集》11498 正

癸卯卜,争,贞下乙其侑鼎。王占曰:侑鼎,惟大示,王亥亦【𩰴】。酒,明雨,伐【既】雨,咸伐亦【雨】。㞢卯鸟大启。易【日】。　　《合集》11499 正

……粟庚子莸,鸟星。七月。　　《合集》11500 正

此"鸟星"有研究者认为即是《尚书·尧典》"日中星鸟,以殷仲春"的鸟星。李学勤认为此"鸟星"的"鸟"是副词,读为倏,"倏"训疾速,星读为晴,"鸟星"就是"倏星",很快地放晴。① 李先生说可以在上举卜辞中,《合集》11497 正为"㞢卯鸟星",《合集》11499 正则为"㞢卯鸟大启",前一辞里的"星"字,在后一辞中被置换成"大启"。卜辞的内容是祭祀下乙而遇下雨。施、卯都是祭祀时处理祭品牺牲的方式,"施"是肢解切块,"卯"是对剖。星(晴)和"大启"义同,都是天气晴朗。"㞢卯鸟星"、"㞢卯鸟大启"意即在祭祀过程中,进行施、卯牲体时忽然天空晴朗起来。

图 3-72　䳜星甲骨
《合集》11501+11726

䳜星卜辞仅一见,辞云:

……大采各云自北,西单雷……【小】采日䳜星。三月。　　《合集》11501+11726(图 3-72)

此两片甲骨是蔡哲茂拼合起来的。"小采日"的"小"字是蔡先生所补,李学勤赞同补此字,并云"卜辞'小采日,䳜星'的意思便是到暮时,见有太阳,天气迅速变晴"。②

卜辞中的"大星"、"鸟星"、"䳜星"照李学勤的解释,皆是气象而非星象。而"新星"、"新大星竝火"的"新星"、"新大星"和"火"(即火星),学者多肯定是对星象的记载。

二　先进的历法

什么是历法,据《辞海》的解释是,"年、月、日等计时单位,依一定的法则组合,供计算较长时间的系统。"徐中舒师主编《汉语大字典》解释历法为"推算日月星辰运行及季节时令的方法"。此说与《尚书·尧典》中尧命羲和"历象日月星辰"意同。甲骨文中有年、月、日等文字,是商代确有历法之证。

(一)商人的纪年称谓。《尔雅·释天》:"夏曰岁,商曰祀,周曰年,唐虞曰载。"

---

① 李学勤:《论殷墟卜辞的"星"》,《郑州大学学报》(社会科学版)1981年第4期。
② 李学勤:《续说"鸟星"》,载《夏商周年代学札记》第66页,辽宁大学出版社,1999年。

其实证之甲骨文,商代年、祀、岁三种称法都使用,只是使用的时期各有所不同。

1. 称年。称年的甲骨多见于早期卜辞,如:

癸未卜,贞燎于🉐十小牢卯十牛,年十月用。　《合集》14770

□戌卜,出,贞今十年又五,王豊。
《合集》24610

□□卜,贞【尹】至于十年宝。
《合集》35249

乙巳卜,贞尹至五年宝。

乙巳卜,贞尹至于七年宝。

《文物》1987年第8期(图3-73)甲骨文"年"字像人负禾形,是指一个农业生产周期的时间段。这是商代以农业为主要生产部门的一种习惯称法。

2. 称祀。称年为祀,主要是帝乙、帝辛时期,是指商王对祖先祭祀的一个周期。商代在祖甲时期实行"周祭"制度,对先王、有子为王的先妣按照即位的次序,用五种祀典轮番祭祀,到帝乙、帝辛时,用五种祀典轮番祭祀先王先妣用时约36旬至37

图3-73　称年甲骨

(采自《文物》1987年8期)

旬,正与一年的时间相当。祭祀祖先是商王的头等大事,于是商人就用第几祀周来称呼这一时段。在商代甲骨文、金文中都有称"祀"为年的记载:

癸巳王卜,贞旬亡祸。王占曰:吉。在六月甲午肜羌甲。惟王三祀。
《合集》37838

癸丑卜,贞今岁受禾。弘吉。在八月隹王八祀。　《合集》37849

其惟今九祀丁未戠。王占曰:弘吉。　《合集》37854

惟王十祀又九。　《合集》37861

癸丑卜,泳,贞旬亡祸。在六月甲寅酒翌上甲。王二十祀。
《合集》37867

"祀"有时也作"司",音同字通:

癸未王卜,贞旬亡祸。在九月在上虞,王二十司。　《合集》37863

商代青铜器铭文里,凡有纪年的皆用"祀",如:

癸巳,王易(赐)小臣邑贝十朋,用作母癸障彝,隹王六祀肜日,在四月。
《小臣邑斝》

庚申,王在斋,王各,宰椃从,易贝五朋,用作父丁隣彝。在六月,隹王二十祀翌又五。　《宰椃角》

3. 称岁。称岁的卜辞如：

癸丑卜,贞二岁其有祸。　《合集》20795

癸未卜……自今三岁……毋执。【五】……　《合集》20796

己亥卜,出,贞自今五岁其侑……　《英藏》2050

贞其于十岁乃有正。　《英藏》1300

以数字计的若干"岁"的"岁"与前述若干"年"、若干"祀"的"年"、"祀"一样,都是商人的纪年称谓。甲骨文里有"今岁受年"、"今岁受禾"、"来岁受年"、"来岁受禾"、"今来岁受年"的占卜,其中的"岁"都应是纪年称谓,即与年、祀字的字义同。

甲骨文"岁"字作囗形,像斧钺,卜辞多用作祭名,义为割杀祭牲体。"岁"作为年"岁"之"岁",郭沫若说是源于岁星,他说：岁星运行约十有二年而周天,古人即于黄道附近设等距离十二标准点对它进行观察,这十二点由子至亥的十二地支字命名,称为十二辰。岁星走一辰就称为一岁,用时大致一年,故岁星之岁孳乳为年岁之岁。十二辰文字在卜辞中使用最频繁,且卜辞中已有年终置闰之事以为阴阳历调和,已有月大月小之分以求朔望之一致,岁星名岁,殊合原人之观照,而岁星名木,则是五行说兴起以后之事。①

（二）月和闰月。

1. 商代一年的月数。商代一年十二个月,闰年十三个月。一月又称正月。《合集》41757是一片第五期征林方路上占卜的甲骨。(图3-74)其上存留有五条卜辞,其中四条卜辞占卜日干支齐全,只一条残缺,有天干字而缺地支字。但从前后卜辞关系,可补上地支字,是记载从庚寅到己亥十天的事,其中有两条卜辞记有年、月。其干支为：

庚寅

壬辰

甲午　　在十二月隹十祀

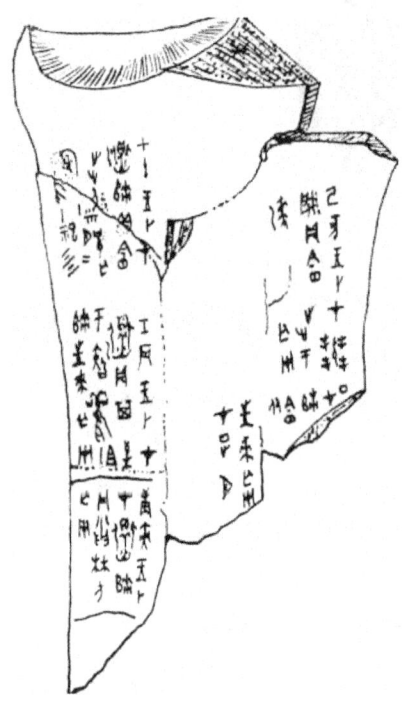

图3-74　记有月份的甲骨
《合集》41757

---

① 见《郭沫若全集·考古编》第一卷第147页,科学出版社,1982年。

丁【酉】　　在正月
　　己亥

甲午和丁酉相隔三天,甲午在十二月,丁酉在正月,是十二月后紧接着的是正月,是证明商代一年是十二个月。

　　商代历法进步之处在于设置闰月,用闰月来调节气候,以符合太阳历。甲骨、金文里,闰月称为"十三月",是置于闰年的最后。《合集》14127片甲骨上,"十三月"后接"一月"就是年终置闰之证。其卜辞为:
　　贞帝其及今十三月令雷。
　　【贞】帝其于生一月令雷。　　《合集》14127
"十三月"以后是"一月",是将闰月置于"十二月"后。"十三月"的甲骨只见于武丁及祖庚、祖甲时期,以后却不见。祖庚、祖甲以后卜辞中不见有"十三月",是否不设置闰月了呢?商代是以农业为主的国家,农业是国家经济的命脉,置闰月是为调节时令节气,以指导农业生产,即"授民时",当然不可能废弃置闰这一进步的历法而倒退。据考察,此后置闰月已置于当闰之月了。这比年终置闰法更进步。

　　2. 商代月份的表示法。商代的月名一般以数字表示,从一至十二,闰月则有十三月。一月又称正月:
　　贞王立黍,受年。一月。　　《合集》9525
　　贞我一月酒,二月宜。　　《合集》2890
　　癸酉【王卜】,贞【旬亡祸】。在正月。
　　癸未王卜,贞旬亡祸。在正月。　　《合集》37873
为强调在当月,往往在其前加"今"字:
　　今一月帝令雨。　《合集》14132
　　今二月宅东寝。　《合集》13569
　　今十三月画呼来。　《合集》11000
或加"兹"字为"兹几月",但少见:
　　□□卜,贞……兹三月……雪。　《合集》13427
　　乙酉卜,大,贞及兹二月有大雨。　《合集》24868
下一月用"生几月"表示,在月份前加一"生"字:
　　生一月帝其弘令雷。　《合集》14128
　　生四月妹有事。　《合集》20348
　　生十三月妇好不其来。　《合集》2653

　　3. 商代的月有大小之分。《合集》11546是武丁时期的一片龟腹甲骨,上刻十月至次年五月连续九个月的卜旬卜辞。其中十二月癸酉到次年二月癸酉间相隔60天,以癸酉为头年的十二月的晦日(最后一天),次年二月癸酉为此月的朔日,留给十三月和次年一月的就只有59天。这59天安排在十三月和次年的一月内,只能是一个月为30天另一个月为29天。其干支月份为:

癸酉	十月
癸巳	十一月
癸卯	十一月
癸丑	十二月
癸酉	十二月(十二月晦日)
癸巳	十三月
癸酉	二月(朔日)
癸酉	四月
癸巳	四月
癸卯	五月
癸亥	五月

若将此片甲骨上的卜旬干支补足,可以确定各月的晦朔日干支及各月的实际天数,所补的干支用括号【　】表示。

从《合集》11546所记载的月份推算出的朔晦日干支表

月　份	卜旬干支	朔日干支	晦日干支	说　明
十月	癸酉		癸酉	十月晦日为癸酉
十一月	【癸未】	甲戌		十一月朔日为甲戌
十一月	癸巳			
十一月	癸卯		癸卯	甲戌至癸卯三十日
十二月	癸丑	甲辰		十二月朔日为甲辰
十二月	【癸亥】			
十二月	癸酉		癸酉	甲辰至癸酉三十日
十三月、一月	【癸未】	甲戌		十三月朔日甲戌,一月晦日壬申,此两月共59日
十三月、一月	癸巳			
十三月、一月	【癸卯】			
十三月、一月	【癸丑】			
十三月、一月	【癸亥】			
十三月、一月			壬申	

续表

月 份	卜旬干支	朔日干支	晦日干支	说　明
二月	癸酉	癸酉		二月朔日为癸酉
	【癸未】			
	【癸巳】		壬寅	二月晦日为壬寅
三月	【癸卯】	癸卯		三月朔日为癸卯
	【癸巳】			
	【癸亥】		壬申	三月晦日为壬寅
四月	癸酉	癸酉		四月朔日为癸酉
	【癸未】			
	癸巳		壬寅	四月晦日为壬寅
五月	癸卯	癸卯		五月朔日为癸卯
	【癸丑】			
	癸亥			癸亥为五月二十一日

（三）旬。商人特别重视旬。以十天为一旬，纪时往往言若干旬又若干日：

甲辰卜……旬又二日乙卯。　《合集》94 正

乙卯卜……二旬又二日乙亥。　《合集》903 正

丁酉雨至于甲寅旬又八日。　《合集》10976

甲申卜……三旬又一日甲寅。　《合集》14002 正

戊贞五旬又一日庚申。　《合集》13751 正（按：贞卜日干支缺地支字。此辞记日有误，庚申前五旬又一日干支应是庚午，庚午最近的戊日干支是戊辰，戊辰到庚申应是五旬又三日。）

衷五百四旬七日至丁亥。　《合集》20843（图 3-75）

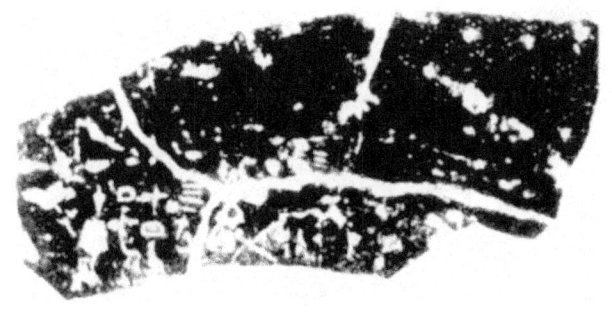

图 3-75　五百四旬七日甲骨

（《合集》20843）

五百四旬七日 张政烺说是五百日又四旬又七日,即547天,一年半。①

商人以一旬为一个时段,甲骨文中最多的是在上一旬的末日即癸日,占卜下一旬里有无灾祸发生。如:

癸巳卜,宾,贞旬无祸。

癸卯卜,宾,贞旬无祸。

癸丑卜,宾,贞旬无祸。

癸亥卜,宾,贞旬无祸。九月。

癸未卜,贞旬无祸。九月。　《合集》16741

这样的卜旬卜辞,是从上旬癸日到下旬壬日的十天(或下旬的甲日到癸日的十天)。商人为何特别重视"旬"这个时段,应与商人重视祭祀祖先有关。商人用十个天干字作为先王先妣的庙号,他们要在庙号干日这天祭祀该先祖或先妣,所以他们特别注重"一旬"即十天内将要做的事情。

(四)纪日。商人纪日用干支,表示某月的某日,不是用"几月几日"、"十几"、"二十几"这样的表示,而是以六十干支为序。安阳殷墟甲骨中发现很多干支表,就应是当时的月份牌,与今日的挂历相似。《合集》37896甲骨,就是这样的月份牌。(图3-76)上刻六十个干支,从甲开始到癸结束,六甲六癸排列整齐,十分方便查看。

商代纪日主要是用六十个干支,有时也用单个天干字或地支字纪日的,单用干字纪日的如:

甲戌卜,贞翌乙易日。

己卯卜,翌庚易日。不易日。

《合集》12348

丁卜,雨不延于庚。二

丁卜,【雨】其【延】于庚。子占曰:□。用。

二　《花东》400②

单用地支字纪日比较少,迄今只发现数例。如:

甲戌,贞乙亡祸。

乙亥,贞子亡祸。　《合集》34728

图3-76　六十干支表甲骨

(《合集》37896)

---

① 张政烺:《卜辞"裒田"及其相关诸问题》,《考古学报》1973年第1期。

② 《花东》是中国社会科学院考古研究所编《殷墟花园庄东地甲骨》一书的简称。

戊午,贞酉祈禾于岳,燎三豕,卯……　　《屯南》2626

　　乙未,【贞】其申易日。　　《屯南》4170

　　乙丑,贞于丑酒□岁。　　《屯南》1110

　　戊子卜,至巳御父丁百豕。

　　戊子卜,至巳御子庚羌牢。　　《合集》22046

　　同前干支日相距的时间,应是其前干支的地支到此地支的天数,如上引卜辞"乙亥,贞子亡祸",应是从乙亥日后到最近一个干支为子的干支,即丙子,相距一天。单用天干字或地支字纪日是一种特殊的纪日方式。甲骨文中所见商代纪日只有此三种方法。先祖日如"上甲日"、"大乙日"等是祭祀该先祖的日子;周祭中的五种祀典肜、翌、祭、壹、叠,在铜器及卜辞中有作肜日、翌日、祭日、壹日、叠日的,是表示用此仪典祭祀该先祖的日子,都不是用以纪日的。①

　　甲骨文里表示当日要作或当日要发生的事情,有五种方式:

　1. "今"+干支

　　今癸卯王夕。　　《合集》634 反

　　贞今己亥不延雨。　　《合集》12786

　2. "今日"+天干

　　今日乙舞,亡雨。　　《合集》30031

　　今日辛王其田,亡灾。　　《合集》28461

　3. "干支卜,贞"+今日

　　乙亥卜,今日不雨。　　《合集》20903

　　癸未卜,殼,贞今日不风。十二月。　　《合集》13344

　4. "干支卜,贞"+今干支

　　辛未卜,王,贞今辛未大风,不隹祸。　　《合集》21019

　　乙亥,贞今乙亥王敦□,灾。　　《合集》33080

　5. "干支卜"+今+卜日天干字

　　乙卯卜,今乙王勿步。　　《合集》5218

　　辛亥卜,今日辛雨。　　《屯南》2627

表示当日至今后若干日的方式有四种:

　1. "干支卜,贞"+今来干支(所至日干支)

　　辛未卜,殼,贞今来甲戌酒王亥。　　《合集》14732

　　庚寅卜,争,贞今来乙未祈。　　《合集》15255

"今来"的"今"指今旬,"来"指"来旬"即下旬。如《合集》14732 的"今"指占卜日辛未所在的旬即甲子至癸酉旬,"来"指下一旬,而甲戌确是在下一旬内,两个日

---

① 杨升南:《商代的纪日法》,《殷都学刊》2012 年第 2 期。

期不在同一旬内。也可能是指"今甲戌"和"来甲戌"。"今甲戌"指同占卜日相近的甲戌日,即辛未后第4日的甲戌。"来甲戌"指下一个甲戌,即第六十干支后的甲戌,两甲戌日间相隔61日。第二种解释相距太久,当以两旬间较妥,但究竟作何理解,还不可遽定。

2. "干支卜,贞"+自今至于

  壬寅卜,㱿,贞自今至于丙午雨。　　《合集》667 正
  甲辰卜,王,自今至己酉雨。允雨。　　《合集》12964
  壬午卜,自今日至甲申日雨。一月。　　《合集》20924

"自今"的"今"指占卜日。下面的表示方式中的"自今"亦同。

3. "干支卜,贞"+自今若干日数

  辛酉卜,贞自今五日雨。　　《合集》1086
  戊辰卜,雨。自今三日庚雨,少。　　《合集》19772

辛酉后的第五日是乙丑,戊辰后第三日是庚午,与"自今三日庚雨"日数合。甲骨文中计算日数是从当日计起至所到日,《合集》19772片甲骨上,三日的干支是戊辰、己巳、庚午,是连续的三个干支。

4. 用两干日表示

  自今辛至于来辛亡大雨。　　《合集》30048

"自今辛至于来辛"即上旬的辛日到下旬的辛日,相距十一天。

（五）纪时。纪时是指一日中时段的表示法。表示一日中的时段法称为"纪时制"。战国以后,将一日划分为十二个时段,用干支中的十二个地支字表示,汉代发明滴漏计时法,将每一时段分为多少"刻",这就同于今日的钟表纪时了。甲骨文里反映出商代人们将整个白昼统称为"日",整个夜晚称为"夕",白天时段的划分较细,夜晚则只称作"夕"。"夕"指天黑到次日天明时。董作宾认为殷墟时期的十二王有改革与保守两派,他称为新派、旧派,他总结新、旧两派纪时的不同说:

  纪时　旧派纪时法,白昼称"日",全夜称"夕"。一日又分为七段,有明、大采、大食、中日、昃、小食、小采等专名。新派仍有日、夕、中日等名,不用"大食"、"小食",以朝代"大采",暮代"小采",朝前为兮,兮前为妹（昧）,暮后为昏。①

张秉权对一日时段名称和次序与董先生大同而有小异,张先生分一日为十一个时段,"妹"在"明"后而不是在"兮"之后。他说:

  殷人对于"日"的概念,祗有整个白天是日,即从日出到日入,至于夜晚则称为"夕",古人日出而作,日入而息,白天的活动频繁,所以有时段的划

---

① 董作宾:《甲骨学六十年·后期研究的进展》,艺文印书馆,1965年。

分,至于夜晚,则日入而息,就没划分时段的必要了。整个黑夜,从日入到日出,都称为"夕"。在卜辞中,可以见到殷人对日昼时段的区分,则有明、妹、旦、大采、大食、中日、昃、小食、郭兮(郭)、小采、昏等等的一些名称。①
对这个时段与今日钟点的对应,宋镇豪作了一份时辰假定表,录于此(略有修改)②。

甲骨文中所见一日所分时段同时钟对照表

假定时辰	6	8	10	12	14	16	18	24
	卯	辰	巳	午	未	申	酉	亥
武丁时	旦、明	大采、大食	盖日	中日	昃	小食	小采	夕
武丁后	妹、旦	朝、大食	中日		昃	郭兮	暮、昏	夕

旦和中日之间的大食,又称为"食日",是指上午的一段时间。甲骨文里有从旦至食日,食日至中日、中日至昃或中日至郭兮的卜辞:

自旦至食日不雨。
食日至中日不雨。
中日至昃不雨。　《屯南》42(图3-77)
辛亥卜,翌日壬旦至食日不【雨】。吉
壬旦至食日其雨。
食日至中日不雨。吉
食日至中日其雨。
中日至郭兮不雨。
中日至【郭】兮【其雨】。　《屯南》624

宋镇豪拟定从卯至酉的时段,大体可从。以亥(24时)为"夕",是主夜半为日界的。若"夕"是指整个夜晚,则应从酉时(19时)到寅时末(5时)。

商代的历法是阴阳合历,以月为基础,每年十二个月。加闰月来调节与太阳年的关系,以适应农业生产。这在当时的世界上,是最先进的一种历法。

三　数学

商代用十进制为单位的记数法。甲骨文里记数的

图 3-77　纪有时段的甲骨
(《屯南》42)

---

① 张秉权:《甲骨文与甲骨学》第 296 页,台北"国立"编译馆,1988 年。
② 宋镇豪:《试论殷代的纪时制度》,《殷都学刊》增刊《全国商史学术讨论会论文集》1985 年。

符号有一、二、三、四、五、六、七、八、九，表示数值的单位有十、百、千、万等，十以上倍数的数值，就在数值单位前加数字（卜辞中为合文），如二千作🔣，六百作🔣，五十作🔣，用单位来表示数值而不是以数字符号的位置来表示数值的大小。商代的陶文和卜辞中有很多的记数文字，甲骨文中一、二、三、四等数字使用横画记。商人同后世人一样，用一、二、三、四、五、六、七、八、九等九个数字符号和十、百、千、万等四个单位来记十万以内的任何自然数，只不过记数文字的形体和后来的不一样而已。下面是甲骨文中的十三个记数单字：

　一　二　三　三　X　∩　十　)(　九　|　○　千　萬
　1　2　3　4　5　6　7　8　9　10　100　1 000　10 000

十、百、千、万的倍数在甲骨文中是用合文写的，例如：

　U　W　X　六　八　百　百　百　百　九　千　千　千　千
　20　40　50　60　80　200　300　400　500　900　2 000　3 000　5 000　8 000

甲骨文中已发现的最大数字是三万——🔣，复位数已记到四位的一见，数字为二千六百五十六，作🔣。商人记数有时在百位数、十位数和个位数之间添加一个"凵"字或"又"字，例如五十六作"五十凵六"。从以上所有记数法看，是遵循十进制的。这种记数法含有明显的位值制意义，我们只要把千、百、十和"凵"或"又"的字样去掉，便和位值制记数法基本一致。这种记数法的语言既简单又明了。英国李约瑟对商代的记数法予以很高的评价，他说，"总的说来，商代的数学系统是比古巴比伦和古埃及同一时代的字体更为先进，更为科学的。"还有一些占卜的甲骨文中反映出商代已有奇数、偶数和倍数的概念，说明当时人们已掌握了初步的运算技能。[1]

科学的发展总是离不开生产活动。商代的农业、畜牧业、手工业都很发达，同诸侯、方国在经济上及军事上的人员、物资交往都十分地频繁，这其中样样都离不开数字的计量、运算，必然促进数学的发展。从甲骨文里看到的只是记数的数字，商代更深层的数学材料还有待今后的发现。在商代的卜用甲骨、陶器、陶范、磨石、铜器、骨器等等上，发现有筮占数字符号，是商代已在实行筮占。[2]《世本·作篇》有"巫咸作筮"的记载，他是商王太戊时的名臣，与筮占数字符号的发现正相符合。中国古代占卜有两种方式：龟卜和筮占。龟和骨卜看兆璺，筮占是数字演绎。《左传》僖公十五年："龟，象也；筮，数也。"《史记·龟策列传》："搠策定数，灼龟观兆。"商代筮占应已广为使用，古文献中有所称的"三易"，其中的一种据说就是流行于商时期的《归藏》。汉代郑玄说，"夏曰《连山》，殷曰《归藏》，周曰《周易》。"《周易》今仍存，《连山》、《归藏》二书早已不存，有人怀疑历史上是

---

[1] 杜石然等：《中国科学技术史稿》，科学出版社，1983年。
[2] 张政烺：《试释周初青铜器铭史中的易卦》，《考古学报》1980年第4期。萧楠：《安阳殷墟发现"易卦"卜甲》，《考古》1989年第1期。收入《甲骨学论文集》，中华书局，2010年。

否实有其书,宋镇豪考证,二书都是"已佚的古老占书,非出后人杜撰,确是有其由来的"。① 筮占法起源于数学运算,没有数学运算的知识,以及奇、偶数概念,就不可能出现筮占法,筮占实物在安阳殷墟已发现,商代有数学运算是肯定的。

四 医学、卫生

人吃五谷,沐风雨,受寒暑而生百病,古今亦然。在甲骨文里所反映出的商人疾病是不少的,有疾首(头痛)、疾目(眼病)、疾口、疾齿、疾舌、疾言(喉咙病)、疾自(鼻子)、疾耳、疾肘、疾肱、疾止(足)、疾骨、疾身、疾腹(肚子痛)等等,有三十余种。

商代人对疾病采取的办法有两种:一是求神问卜,请求神灵保佑,特别是请求商王祖先神灵的保佑;一是药物治疗。有病求神是他们对疾病的生成错误地认为是神灵在作怪,甲骨文中常见有疾病而占卜是谁作的"害",即作的祸:

　　王疾身惟妣□壱(害)。　　《合集》822 正
　　有疾止(趾)隹黄尹壱。　　《合集》13682 正
　　疾耳隹有壱。　　《合集》13630

所以有病求神保佑,如卜辞:

　　于祖辛御疾。　　《合集》1720
　　御疾身于父乙。　　《合集》13668 正
　　子渔疾目,福告于父乙。　　《合集》13619
　　疾齿,告于丁。　　《英藏》1122 正

当然,求神问卦是治不好病的,真正解决问题还是要靠药物及治疗手段。甲骨文中有三十多种疾病名,反映出商人对病理已有了分科的知识。如商人试着推算妇女生孩子的产期,就不是问神可得到的,如卜辞:

　　甲申卜,𢜦,贞妇好娩,幼(嘉)。王占曰:其惟丁娩,幼。其惟庚娩,
　　弘吉。
　　甲申卜,𢜦,贞妇好娩,不其幼。三旬又一日甲寅娩,允不幼,娩女。三
　　旬又一日甲寅娩,不幼,隹女。　　《合集》14002 正(图 3-78)

上引《合集》14002 正(《丙编》247)卜辞据彭邦炯释读,认为第二辞的"妇好娩,不其幼。三旬又一日甲寅娩,允不幼,娩女"是命辞部分,最后一句"三旬又一日甲寅娩,不幼,隹女"才是后来刻的验辞。② 此说极是。这条卜辞占卜妇好生孩子的日期及所生孩子的性别都是准确的:贞人𢜦卜问,妇好将在此日(甲申日)后的第 31 天甲寅日生孩子。"娩女"是个女孩。验辞(是表示此事应验了的辞)是在第 31 天的甲寅日,妇好果然生了个女孩。从此条卜辞反映出,商人能预测妇女预

---

① 宋镇豪:《谈谈〈连山〉和〈归藏〉》,《文物》2010 年第 2 期。
② 彭邦炯:《甲骨文医学资料释文考辨与研究》第 30 页,人民卫生出版社,2008 年。

图 3-78　占卜生育预产期的甲骨

(《合集》14002 正)

产期,若没有相当丰富的医学知识基础,如何能准确地推算出女人的预产期?

在甲骨文中有一个职官名为"小疾臣",胡厚宣说是商代管理疫疾的小臣。这种小臣有如《周礼·天官·医师》"掌医之政令,聚毒药以共医事"。①

商代的治病方法,从甲骨文和地下考古出土文物分析,有两种:一是使用按摩、针灸等物理疗法;一是使用药物治疗。

甲骨文中有针灸、艾灸、按摩等法治疗疾病的记载。胡厚宣说,甲骨文中用药物治疗的记载虽不甚明晰,但以针刺按摩的方法治疗疾病,似已不成问题,武丁晚期卜辞中有一片称:

　　勿疾𠂤。　　《合集》10948 正

　　贞疾𠂤,龙。　　《合集》13673

其字从身从攴,𠂤字左旁从又持↑,又即手,↑在古文字乃矢镞弋箭之一端,像尖锐器,疑即针,↑者示针之一端,尖锐有刺,𠂤盖像一人身腹有病,一人手持针以刺病之形。还有一个㡀字,武丁时卜辞说:

　　丁卯卜,争,贞𠙴㡀,龙。

　　贞𠙴㡀,不其龙。　　《合集》13674

𠙴是床的形象,𣝣即甲骨文常见的燎祭的燎字,表示燃着的草木,其字像一人卧病床上,以艾火灸病之形。古代有治病之草名艾,以火艾灼病谓之灸。甲骨文㡀

---

① 胡厚宣:《殷人疾病考》,载《甲骨学商史论丛初集》,成都齐鲁大学国学研究所专刊之一,1944 年。

字,疑即像一人卧病床上,从木,即以艾灸疗之形。与针灸有关系的还有一个疒字。如武丁卜辞说:

　　今日疒龙。　　《合集》13864

疒字亦作㾁,卧床人的腹部突起,武丁时卜辞说:

　　丙辰卜,㱿,贞妇好㾁延,龙。　　《合集》13712

李孝定释为疢即疛。疛,《说文》段《注》"心腹病"。《吕氏春秋·先己》"府肿",《玉篇》引作"疛肿",高《注》"疛,腹疾也"。字正像一人因病仰卧床上,另一人以手按摩其腹部形。由甲骨文字看来,殷人治病已用按摩法,是无可怀疑的。①

图3-79 "水寝"甲骨
（《合集》23532）

治疗疾病的工具在河北省藁城台西商代遗址里已有发现,在该遗址里出土三件石镰,其中一件放在14号墓的二层台的一个带盖的长方形漆盒内。发掘报告认为,"看来不是一般农业收割工具,应是医疗用具——砭链。"②

对于储藏于漆盒内的石镰被称为治病的砭石,著名中医马继兴肯定地说:砭石在医疗应用方面最常用的一种医疗用途是切破痈脓,排除瘀血。③

考古发掘中已发现商时人们治病使用的药材,在河北藁城台西商时期遗址里发现了郁李仁、桃仁、大麻子、枣仁等种子。④ 著名中医专家耿鉴庭、刘亮鉴定,这些植物种子是作药用的药材。桃仁有破血行淤润燥滑肠的功能,多吃可致腹泻,适量食用可治病。郁李仁则可泻腹水,治浮肿,能破血润燥。大麻子具有缓泻作用,枣则既可食用又可医病,是饮食治疗材料,称为食医。⑤ 说明商代医药发展的程度。

商人还注意清洁卫生,以预防疾病,甲骨文中的"水寝"就是这种行动:

　　辛亥卜,出,贞今日王其水寝。五月。
　　癸亥卜,出,贞子弗疾。
　　丁卯弜有疾。　　《合集》23532（图3-79）

"水寝"的"水"是动词,"水寝"应是用水冲洗宫寝。⑥ 同版

---

① 胡厚宣：《论殷人治疾病之方法》,《中原文物》1984年第4期。
② 河北省考古研究所：《藁城台西商代遗址》第149页,文物出版社,1985年。
③ 马继兴：《藁城台西十四号墓砭镰考》,载《藁城台西商代遗址》附录四。
④ 河北省考古研究所：《藁城台西商代遗址》第99页。
⑤ 耿鉴庭、刘亮：《藁城台西商代遗址中出土的植物》,载《藁城台西商代遗址》附录三。
⑥ 此为黄天树提出。

上的另两条卜辞是卜问"子"是否有疾病,"弖"卜辞有"子弖",是子族中人物。卜辞中的"子"或说是商王的儿子,商王族子姓或说是子姓贵族,是个庞大的贵族集团。看来,此时在王都正流行着一种疾病,商王于是用水冲洗他的寝宫加以预防。这条卜辞的占卜时间是五月,天气正热,暑气上升,是易患疾病的时期。

甲骨文中"水"字作为动词,当是用水洁身,今日谓之洗澡。如卜辞:

己亥卜,宾,贞王至于今水,燎于河三小宰沉三牛。有雨。王步。

《合集》14380

此辞中的"水"字是动词,紧接着是商王祭祀河,是商王沐浴洁身后主持祭祀。《礼记·祭义》载,孝子将祭,祭品准备齐全后,"夫妇斋戒、沐浴、盛服,奉承(祭品)而进之。""斋戒"郑玄《注》说斋之日"不御(不与妻妾同房)、不乐(不听音乐)、不吊(不悲哀)",以表示对此事的敬重。沐浴就是洗头洗澡。上引卜辞中的王"水",当是如《礼记·祭义》的祭祀前的沐浴活动。下面卜辞中的动词"水"当是洗浴:

翌己卯其水。　　《合集》10154

其水。　　《合集》33353

其水。　　《合集》33354

戊子,贞王其水。　　《合集》34674

洗浴讲究卫生,是预防疾病的重要环节。商代人已用水洗浴,注重个人卫生以预防疾病。

考古发现和卜辞相应证,说明商代对疾病是采取药物和物理两种方式进行治疗,而且注意洗浴洁身,以预防疾病,而不仅仅只是求神保佑。

第二节　文化艺术

商代经济已有一定的水平,人们衣食住行已获得基本解决,对处于上层社会的统治阶层而言,经济状况可算得上富裕。商代从成汤建国到仲丁前的前期和盘庚迁殷到纣王国灭的后期,国家安定,虽有周边小邦国、部族时有对商王国进行侵扰,但在强大的商王室军队和商王室巧妙地联合诸侯国军事力量的打击下,很快就被击退。商朝历时约六百年,据今本《竹书纪年》从汤到仲丁历时约150年;盘庚迁殷至纣之亡国,据古本《竹书纪年》历时273年。前后两段的承平时期合计达423年之久。就是在五次迁都时期,在大多数时间里国家也是安定的。这样长期的和平安定环境,这样高速发展的经济,促进了文化艺术的繁荣。从地下出土文物和古文献记载考察,商代的文化艺术主要有以下几方面的成就。

一　文字和典册

商代的文字主要发现在殷墟出土的甲骨上,被称为甲骨文。甲骨文的单字数量,1965年中华书局出版、孙海波编纂的《甲骨文编》收录4672字,其中正编1723字,合文370组,附录2948字,正编是编者认为是已认识的字,附录是未认识或有争议的字。1989年中华书局出版、姚孝遂主编的《殷墟甲骨刻辞类纂》收录字符3673个(包括合文及先王先妣称谓)。1996年中华书局出版、于省吾主编的《甲骨文字诂林》收字符(包括合文、先王先妣称谓、数字干支)3691个。2012年商务印书馆出版、台湾学者李宗焜编的《甲骨文字编》收录单字符4378个,合文328组,残文52个。《甲骨文编》中所收单字,有些字是可以合并的,所以晚出的《甲骨文字编》经过仔细辨析整理,单字符为4378个,比《甲骨文编》少295个。当然这个数字绝不是商代文字的总数,新的甲骨发现就会有新字,如2012年云南人民出版社出版、中国社会科学院考古研究所编著的《殷墟小屯村中村南甲骨》,收录1986年至2004年间在小屯村中村南发掘出土的有字甲骨538片(缀合后为498片),其中就有45个新字符,①所以随着有字甲骨的新发现,商代文字的单字数是会不断增加的。

商代的文字有单字四千多个,已是一种成熟的文字,她是中国汉字的源头,华夏文明的载体。徐中舒师谈到甲骨文字在中国及世界文化中的地位时说:

> 甲骨文字是商代乃至周代契刻在龟甲兽骨上的文字,是具有完整体系的早期汉字。世界上一些古老民族在四五千年以前也有使用过文字的,然而这些文字到后世都已失传灭绝,成为毫无影响的死文字。唯一不同的是甲骨文字早在商代就以比较成熟的形式通用于我国中原大地,并与周代青铜器铭文,战国及秦汉的帛书、简牍文字,魏晋的石刻文字的发展相衔接,从籀、篆、隶书继续演变为今日通行的楷书;几千年来适应时代需要,延绵发展,一脉相承,永葆青春,构成中华民族文化的良好载体,也是中华民族传统文化的重要组成部分。②

甲骨文以象形、假借、形声为主要造字方法。今天的汉字,仍是以象形字为基础的形符文字,因此甲骨文已具备后代汉字结构的基本形式。从语法上看,甲骨文中有名词、代名词、动词、形容词等,其句子结构形式是主谓宾为序,与现代汉语语法结构一致。③

商代除甲骨上的文字外,青铜器上也铸或刻有文字。所发现的商代青铜器上的铸、刻文字主要是商代晚期即殷墟时期的。青铜器上的铭文都很短,长篇的也不超过五十字。马承源说铜器上的铭文产生于商代早期,即二里岗时期。在郑州商城二里岗时期的遗址里出土有刻字的甲骨,证实二里岗时期确实已有文

---

① 中国社会科学院考古研究所编著:《殷墟小屯村中村南甲骨》第57—60页,云南人民出版社,2012年。
② 徐中舒主编:《甲骨文字典·序》,四川辞书出版社,1988年。
③ 见胡厚宣:《甲骨文》,《中国大百科全书·中国历史》第427页,中国大百科全书出版社,1992年。

字。科学发掘的二里岗遗址、盘龙城墓葬，以及同一时期的其他遗址、墓葬，出土了许多青铜器，都还没有发现带铭文的。郑州白家庄二里岗时期的商墓出土的青铜罍，其肩部铸有三个龟形，说者认为是文字，也有的认为是花纹。然二里岗时期传世青铜器确有个别铭文发现。商代后期，特别是盘庚迁殷以后，青铜器的铸造技术有了大的发展，青铜铭文的铸造就在这个时期逐渐兴盛起来。铭文铜器增多，但每器所铸字数仍不很多，一般只有一两个字，多者四五个字，直到殷末，未有超过五十字的铭文，数十字的铭文也仅有几例。①

商代青铜器上的铭文虽不长，但已开了在青铜器上铸造文字的先河。铸在商代青铜器上的文字，字体优美、行款整齐，反映出铸造铭文的方法已被掌握，铸造技术已熟练，西周时期青铜器上的长篇铭文是承袭商代技术而来的。

商代已有成熟的文字，用以记录政府文告、法令法规、典章制度等文献，《尚书·多士》篇中周公就说"惟殷先人有册有典"。甲骨文中有"册"字，像编简之形，其字作：

    《合集》7384
    《合集》7386
    《合集》7399
    《合集》7410

甲骨文中的"典"作手捧册形：

    《合集》5945
    《合集》30657
    《合集》30659
    《合集》35660

罗振玉将上两种字形的字都释作册，他说："《说文解字》册像其扎，一长一短有二编之形。古文从竹作竹形。卜辞中诸字与古金文同，或增廾像奉册形。"②甲骨文"册"字与近年发现的战国秦汉时期的竹简书籍形状相同。

甲骨文"册"字一长一短的编简形，董作宾认为所编联的不是竹简而是龟甲，他说："此册字最初所象之形非简非扎，实为龟板"。③ 董先生说不足据，殷墟已发现十余万片有字的甲骨，其上有孔的极少，绝大多数皆无"以贯书"之孔。

近年地下不断出土战国秦汉时期写在竹简上的古书，同一部书简的长短、宽窄都是一样的，甲骨文"册"字为何刻画成长短不齐的样子？当是为醒目而艺术化了的艺术字，且龟甲牛骨质地坚硬，一组短线刻得长短一致不易控制，一长一短则可随意刻出。

---

 ① 马承源：《中国青铜器》第351页，上海古籍出版社，1988年。
 ② 罗振玉：《殷虚文字考释》（增订本）第40页，东方学会石印本，1927年。
 ③ 董作宾：《殷代龟卜之推测》，《安阳发掘报告》第一册，1929年12月。

从甲骨文"册"字的形状可知,商代的文书典册必是同后世一样,是用竹木简编联起来的书册,只是我们今天还没有发现。商代典册的内容无疑会比甲骨文、金文更为重要,文字篇幅也一定会更长。甲骨上的文辞主要是求神问卦的占卜记录,只有少数与占卜无关的所谓"记事"文字。① 其上的文字字体和用语都不是商代人平常生活中使用的。裘锡圭说,在商代毛笔是主要的书写工具,金文基本上保持着毛笔字的样子,是当时的正体字,是在比较郑重的场合使用的正规字体。甲骨文是刻在坚硬的甲骨上的字,非常费力,而商代统治者频繁进行占卜,需要量很大。刻字的人为了提高效率,不得不改变毛笔字的写法,主要是改圆形为方形,改填实为勾廓,改粗笔为细笔,所以甲骨文是"当时的一种比较特殊的俗体字"。② 甲骨文字是当时的俗体字,商时典册文书使用的正体字,大致就是青铜器上的那种字体。甲骨片不是书籍,大多数是有意识埋藏而不是储藏(储藏物是以后还要取出来使用的,埋藏则不是),埋藏甲骨犹如近世人的"惜字纸"行动。

　　记事典册在商代当已盛行,甲骨文里有"作册"这个职官,《合集》5658反面辞有"作册西",在甘肃省的一处商代遗址里发现的一件玉戈上有"作册吾"。商代青铜器有"作册丰鼎"、"六祀邲其卣"铭文有"作册丰"、"作册般":

图3-80　作册丰鼎铭文
《集成》2711

　　　癸亥,王迻于作册般
　　　新宗,王赏作册
　　　丰贝,大子赐东大
　　　贝,用作父己宝鬻。
　　　　　　作册丰鼎(《集成》2711)(图3-80)
　　　王宜人方,舞孜
　　　咸,王赏作册般贝,
　　　用作父己䵼。来册。
　　　　　　作册般甗(《集成》944)
　　　乙亥,邲其赐作
　　　册隻子𠦪一玨,用作
　　　祖癸䵼彝。在六
　　　月,隹王六祀翌日。
　　　亚矦。　　六祀邲其卣(《集成》5414)

"作册"是起草文书的职官,西周金文中常见。就甲骨文所见,商人用典册是较常见的,如战争时有"称册",这在前面武丁时期的战争节中已有较详细的叙述,这

----
① 胡厚宣:《武丁时五种记事刻辞考》,《甲骨文商史论丛》初集第三册,成都齐鲁大学国学研究所专刊,1944年。
② 裘锡圭:《文字学概要》第42页,商务印书馆,1988年。

里就不再重复。祭祀时有"册祝"或称"祝册":

  丙午,贞酒妣册祝。 《合集》32285

  祝其册。 《合集》32327

  □□卜,祈祝册……毓祖乙惟牡。 《屯南》2459

"册祝"是将向祖先的祷告辞、献祭的物品书写在册上,祭祀时在神主前读册上的文辞。古人祭祀目的是请求神灵,其求神的内容要写在册书上,祭祀时照册上写的宣读,以此向神请求。西周初年,武王灭商后的第二年就生重病,周公请求太王、王季、文王以他去替武王死。周公于是筑三个土坛,置太王等三先祖神位于坛台上,又在三先祖坛之南再建一坛,周公向北而立,将一只玉璧放于神主牌位前,手里拿着玉珪,向周人的三位先祖太王、王季、文王请求,然后是"史乃册,祝曰:'惟尔元孙某,遭厉虐疾。若尔三王是有丕子之责于天,以旦代某之身'"。"祝曰"后的文字,就是写在册上的内容。周公在神坛前读完册上的辞后,将祝册收藏起来,"公归,乃纳册于金縢之匮中",后周公遭怀疑跑到东方去避嫌,周成王发现了收藏在金縢匮中的这篇祝册,才将周公迎接回来①。在祖甲以后的"周祭"卜辞中,有"工典"这个行动,如卜辞:

  癸卯卜,贞王旬亡祸。在六月乙巳工典其菫。 《合集》38310

  癸巳王卜,贞旬亡祸。王占曰:大吉。在五月甲午工典其酒肜。

                《英藏》2605

  癸丑卜,贞王旬亡祸。在六月甲寅工典其翌。 《怀特》1805

"工典"即是"贡典",于省吾说,"工字皆应读为贡。 即古典字,指简册言之。其言贡典,就是祭祀时献其典册,以致其祝告之辞也。"②典册上所写可能包括先祖先妣的名号、五种祭祀及祭祀日期之祀典、祝告之辞、献上的祭品等。祭祀时献给神灵的物品要写在简册上,如:

  贞燎于高妣己侑南、册三俘、垂、卯宰 《合集》710

  乙卯〔卜〕,内,曹〔大〕庚□七十宰、伐二十。 《合集》895 甲

卜辞中曹与册义同,是祭祀时将献祭的牲品写在祝册上,读给所祭的神灵听。祭祀的典册有新有旧:

  惟新册用。 《屯南》1090

新、旧册的册字,也作 形,从示从册,表示置册于示前。卜辞"示"字表示神主牌位。册、䄂二字卜辞用法同:

  惟新册用。 《屯南》1090

  惟新䄂用。 《合集》34522

---

① 见《尚书·金縢》。
② 于省吾:《甲骨文字释林·释工》,中华书局,1979年。

>惟旧册用,王受佑。　　《合集》30684
>
>惟旧䇂三牢王受佑。　　《合集》30682

卜辞常见"册用"、"䇂(䇂)用"和"䇂用"、"䇂用"等,都是祭祀时使用典册的行为。商王和贵族间、贵族与贵族间往来也使用文书,如:

>贞妇和䇂,册画。　　《合集》2824

画是商代一贵族名,"册画"是妇和以文书正式册封画。分给土地也要使用正式的文书:

>呼从臣沚又䇂三十邑。　　《合集》707 正

䇂即册,"䇂三十邑"即是将三十个邑登录在典册上,以便进行分配或封赐给有关的人。由此可见商代典册文书使用的普遍程度。

《尚书》中有"商书"部分。《尚书》成书于先秦,传说是孔子整理编定的。[①] 秦始皇焚书和秦末战火,散失了不少篇章。西汉初存二十八篇,即《今文尚书》。另有汉武帝时在孔子住宅壁中发现用古文写成的《尚书》有四十五篇,称为《古文尚书》。《古文尚书》在汉末大乱中佚失,东晋梅赜献出《古文尚书》,被认为是他编造的,故称为伪《古文尚书》。今天通行的《十三经注疏》就是《今文尚书》与伪《古文尚书》的合编。陆德明《经典释文》称《尚书》中的商书"凡三十四篇,十七篇存",即是伪《古文尚书》中的商书篇数。保存在伪《古文尚书》中的《今文尚书》部分有五篇,即《汤誓》、《盘庚》、《高宗肜日》、《西伯戡黎》、《微子》。《微子》是微子降周后同周武王的谈话,应属于西周时的文献,实际为商时的文献只有四篇。这四篇是可信的商代文献,从甲骨、金文中看,商代已有"作册"的官吏,还有"典册"的使用,所以《今文尚书》中这四篇"商书",很有可能是在商代写成而流传下来的。

商代的文字使用范围不仅仅限于商王都及王畿内,在今河北、山东、江西地区的商时期遗址里,也发现使用文字的遗迹。在河北藁城赵窑商代遗址的 M10 号墓内,出土一件铜爵的鋬内铸一阴文"䇂"字,李学勤释为"矢"字。藁城关西出土带有"心朵"铭文的铜器。正定新城铺出土带有"䞑丹"铭文的铜器。[②] 在山东省益都苏埠屯一号大墓、滕州前大掌墓葬里出土的青铜器上,往往有铭文。2003年3月山东大学考古中心等单位,在大辛庄的商时期文化层内发现大批卜甲,其中7片上有刻字,有4块能缀合成一片较大的龟腹甲,其正面存34字,为6条卜辞,其中有一条卜辞是卜问用猪祭祀"母"的,其辞为:"御母豷、豕、豕、豕。弜御。"[③]

1974 年在江西吴城遗址相当于商时期的地层内,出土的陶器及石范上发现

---

① 杨振红根据新出清华大学战国竹简,认为孔子没有删定过《尚书》,也没有作过《书序》。清华简《金縢》以"志"为名,表明公元前300年前后,《尚书》尚未成书。见《从清华简〈金縢〉看〈尚书〉的流传及周公历史记载的演变》,《中国史研究》2012年第3期。
② 唐云明:《唐云明考古论文集》第98、102页,河北教育出版社,1990年。
③ 山东大学考古中心等:《济南大辛庄遗址出土商代甲骨》,《考古》2003年第6期;孙亚冰、宋镇豪:《济南大辛庄遗址新出甲骨刻辞探析》,《考古》2004年第2期。

大量的刻文,同一件器物上,少者刻1个符号,多者连续刻12个符号,学者们认为是早于或相当于安阳甲骨文时期的文字。①

图3-81　江西吴城陶钵底刻文

(采自《文物》1975年第7期唐兰文)

江西吴城灰陶钵底所刻4个符号,(图3-81)多家对其作了考释,或释为"囗且帚田"、"人土材田"、"嵩田人且"等,何琳仪、王文静认为是自右向左的两行,文序为。释为"匍有土田",即"遍有土田",与西周时期天子赐诸侯土地义同,此陶文证实赐土田之制实滥觞于商代。他们所说的"土田",见《诗·嵩高》"王命召伯,彻申伯土田"、《江汉》"赐山土田",毛《传》"诸侯有大功,赐之名山土田附庸"。据毛《传》"土田"乃周王赏赐给诸侯的土地。陶文"匍有土田",即"遍有土田",这似乎说明陶钵器主是拥有大量土地的南方诸侯。"周因于殷礼"——吴城陶文是否为纪念商王赐田文书?颇值得进一步探讨。如果这一推测不误,则西周"赐田"实滥觞于商代。②

二　艺术

商代的人们已有丰富的艺术生活。青铜器上的装饰纹样、玉石器和骨器雕刻等都反映出高超的艺术水平。在殷墟还发现有室内墙壁上的壁画。

(一)青铜器艺术。商代的青铜器铸造技术到后期的殷墟时期,已十分成熟,是我国青铜铸造工艺的高峰时期。所铸造的器物种类多,纹饰繁缛,装饰气氛神秘,在世界文化史上占有重要地位。商代青铜器艺术表现在两个方面:一是青铜器的造型艺术,一是青铜器的装饰艺术。

商代青铜器的造型艺术,主要表现在礼器上。商代,特别是殷墟时期的青铜器中的礼器,盛行铸造成鸟兽的形象,如妇好墓中出土的四足觥,是酒器,此器头似牛而卷曲的角似羊,作站立状,四足粗壮有力,头微昂,似欲嘶鸣,满身装饰浮雕花纹,造型十分奇特。再如此墓出土的鸮尊,也是酒器,整器为一只站立的鸮,即民间称为猫头鹰的鸟。头微昂,两眼圆睁,宽喙突起,胸略外突,双翅并拢,两足粗壮有力,四爪着地,宽尾下垂,作欲起飞扑向猎物状。在器盖上还铸有立体的龙凤各一只,凤鸟在前龙在后紧紧追赶,一幅龙追凤的生动场景展现在观众面前。他如殷墟花园庄东地54号墓中出土的青铜牛尊、湖南湘潭出土的青铜

---

① 江西省博物馆等:《江西清江吴城商代遗址发掘简报》;唐兰:《关于江西吴城文化遗址与文字的初步探索》,均见《文物》1975年第7期。
② 何琳仪、王文静:《匍有土田考》,载《南方文物》2010年第1期。

豕尊、宁乡发现的青铜四羊方尊、法国巴黎吉美博物馆藏的青铜象尊、美国旧金山亚洲艺术博物馆藏的青铜犀尊、日本东京都泉物博物馆藏的青铜虎食人头卣等动物造型礼器,艺术造型都很形象生动,具有很高的艺术水平和观赏价值。

商代青铜器中还有一些生动逼真的人体造型。在殷墟发现有人面具。在湖南宁乡出土的一件青铜方鼎的鼎身四面各塑造一人的面部,大眼窝,宽鼻头,大嘴微闭,神态严肃。在江西新干商代大墓中出土的一件双面人首头像,人的额头宽,面部的两眼突出而内空,竖耳上尖,鼻子肥大,张口露齿,造型诡异,整个形象显得狰狞恐怖。在四川广汉三星堆的祭祀坑中,出土大量青铜人像和站立的铜人,造型更是独特。如在2号祭祀坑中出土的一件大型站立铜人,站立在由座基、座腿和座台三部分组成、高80.8厘米的像座上。立人高1.8米,身躯细长挺拔,脸庞瘦削,方颐,粗眉大眼,直鼻大嘴大耳,头戴冠,着三层衣,脚踝带镯,跣足。特别突出呈抱握状的粗壮两手,左手屈臂置于胸前,右手上举与右眉齐,所抱握物应是法器。严肃而略带微笑的面孔,表现首领或巫师作法时的庄严及慈祥的内心,是一件难得的艺术珍品。

商代铜器上的装饰纹饰,主要在礼器即容器上,大致可分为两类:一类是动物纹样,一类是几何形花纹。动物纹饰中,大部分是现实不存在而是想象出来的动物,如饕餮、夔、龙、凤等,一部分是现实中存在的动物,如牛、羊、猪、象、鸟、蝉、蚕、鱼、蛇、龟等。商代铜器上的装饰纹饰,考古发现从中期开始流行,普遍有带状的纹饰,大都是单线的饕餮纹,或在上下夹圆圈纹以及乳丁纹、圆涡纹。晚期纹饰趋于繁缛,表现在普遍以雷纹为底,其上再显浮雕式的主体花纹,被称为"三层花纹"。①

殷墟时期青铜器装饰艺术的纹样题材以饕餮纹、夔纹占主要地位,其造型繁缛和一定程度的程式化,构成的图案多采取对称的形式;在商代早中期单层纹饰基础上发展起来的复层纹饰,并成为较普遍的形式;平面上的纹饰与立体的塑型相结合,通身满布纹饰的器物数量显著增多;纹饰、镂空、镶嵌多种装饰形式并用。②

商及西周早期青铜器的艺术装饰绝大多数都是十分夸张或幻想的动物纹样,最有特色的是动物头部的正面形象的兽面纹,其特征为巨睛凝视,大咧口,口中有獠牙或锯齿形牙,额上有一对立耳或大犄角,并有一双锋利的爪子。动物纹饰都是采取夸张而神秘的风格,即使是驯顺的牛、羊之类的图像,也多塑造成狰

---

① 李学勤:《金文》,见《中国大百科全书·考古卷》第462—463页,中国大百科全书出版社,1986年。
② 张孝光:《殷墟青铜器艺术的装饰艺术》,载中国社会科学院考古研究所编《殷虚青铜器》,文物出版社,1985年。

狞可怖。这些动物纹饰巨睛凝视，阔口怒张，在静止状态中积聚着紧张的力，好像在一瞬间要向社会并发出凶野的咆哮。在祭祀的烟火缭绕之中，这些青铜图像有助于造成一种严肃、静穆和神秘恐怖的气氛。

青铜器上为何采用这种装饰图像，马承源说，是为了奴隶主的统治，青铜器上这些狰狞可怕的纹饰，"奴隶主对此尚且作出一副恭恭敬敬的样子，当然更能以此吓唬奴隶了。"①张光直认为，"商周青铜器上动物纹样乃是助理巫觋通天地工作的各种动物在青铜彝器上的形象。"②

商代青铜器中的礼器，无论器物造型还是器物的装饰，都具很高的艺术水平，它们件件都是艺术珍品，虽然是作为祭器使用而陈放于宗庙之中，但宗庙是族人经常祭祀、集会的场所，所以也是具有观赏价值的，反映出商时人们所具的艺术涵养。当然，青铜礼器是祭器，是礼神的宗教用器，所以商代凝聚在青铜礼器上的青铜艺术，是宗教艺术而非世俗艺术。

（二）绚丽多彩的玉雕艺术。玉器是中国特有的一种工艺美术作品。从神农时代（即考古学上的新石器时代早期）起，我国先民就开始以玉石为材料制作器物。到了商代，特别是到商代后期的殷墟时期，在玉器制造的技术和造型、雕刻工艺上，都达到了很高的水平。在妇好墓里出土的755件玉器，就充分反应当时绚丽多彩的玉雕艺术。此墓中出土的玉器，在造型上，既具有高度的写实性，又有丰富的想象力。如几件圆雕玉、石人和一件浮雕玉人，人体比例大体适当，发辫或发髻雕刻精细，一丝不苟；表情生动，衣纹柔和、协调，以简练概括的线条勾画出肌肉和衣纹的特点。其他圆雕的虎、象、熊、猴、牛、鸮、螳螂等等写实作品，多数形象逼真，各个局部的特殊质感与习性特征相当明显，给人以深刻的印象。而一些兽头、神鸟的非写实作品，能抓住兽、鸟的主要特征，并巧妙地结合为一体，看起来极为自然。这些作品表明，当时的雕玉工艺不仅已从浮雕发展到圆雕，而且已出现造型复杂的圆雕。就平面雕刻而言，一些玉璧、瑗、戈的工艺水平也是相当高的。如璧、瑗两面的成组同心圆周线，都规整而流畅，一件黑色大玉戈援部的上下锋刃极其锋利，如同开刃刀口，像这样长的弧形刃线，无丝毫残缺崩裂的纹痕，是非常不易的。③

在商代还发现俏色玉和活链玉。俏色玉又称为巧色玉，是玉工们巧妙地利用玉石材料上的不同自然色斑，雕琢成与人物或动物真实颜色相同或相近的作品，具有形神兼备的真实感。1976年在殷墟妇好墓出土的编号为374号的玉人头，右颊与眼窝均呈黑色，运用阴阳面来表示面部特征，具有强烈的艺术效果，就是巧用玉色的一件作品。1975年在殷墟小屯的一座制玉作坊的房屋内，出土了

---

① 马承源：《中国古代青铜器》第28—34页，上海人民出版社，1982年。
② 张光直：《中国青铜时代》第435页，三联书店，1999年。
③ 中国社会科学院考古研究所编著：《殷虚妇好墓》第230—231页，文物出版社，1980年。

玉鳖、玉龟、石鳖、石鸭等几件圆雕玉器,其中的玉鳖、石鳖是巧妙地利用玉、石上的自然颜色雕琢出的"俏色玉"艺术品,十分精美。① 如那件昂首瞪目向前爬行的石鳖,是利用一块褐色与肉色相间的石料雕成的,使鳖甲、脚爪和双目呈褐色,而圆润的腹部呈肉红色,加以动人的神态,绘声绘色,妙趣横生。另一只作龟缩状的玉鳖是把背甲处理为黑色,头、颈、腹和爪均为灰白色。其他如石虎、石鸭等,也都各以不同的色泽表现皮毛或肢体,收到了很好的艺术效果。说明商代的匠师们是很懂得因材施艺的,他们经过长期的艺术实践,在掌握、运用不同质地、纹理和颜色的玉石材料方面,有了很大的进展和突破。②

"活链"玉是在一块整玉上,用特别的方法,琢出数环相扣、伸缩活动自如的链条。最好的一件"活链"玉器,是1989年在江西省新干县大洋洲商代大墓中发现的,器物是兽面侧身蹲坐羽人。头着高冠,冠作鸟形,鸟尾后卷成一圆角方孔,以掏雕法琢出三个相套的链环。③ 具有很高的艺术水平,是一件难得的艺术珍品。

玉器在不同等级的墓中都有发现,只是种类、多寡、大小、质量的差别,而且在种类上以装饰品为主,礼神的琮、圭、璧,作为仪仗的戈、矛、戉、戚都在大墓中发现,在数量上也不多,如妇好墓中,出土玉器755件(有一些穿孔玉髓小圆片及残片未计),其中琮14件、圭8件、璧16件、戈39件、矛3件、戉2件、戚9件,共91件,其余都是作佩戴及摆设的装饰品。④ 江西新干大洋洲商代大墓中出土玉器1 072件,作为礼器的琮2件、璧2件,仪仗器戈4件、矛1件,其余皆为装饰品及摆设品。⑤ 可见商代的玉器除作为礼神的部分外,大多是作为生活中装饰即悬挂或摆设用的,是为美化生活用的,而这部分器物,制作精细、造型别致,技术含量高,很具艺术观赏价值。

(三)建筑及装饰艺术。《考工记》载商代的建筑风格道:"殷人重屋,堂修七寻,堂崇三尺,四阿重屋。"这里的"殷人"指的是"王",这是商王的宫殿建造规模。

王所居在王都,商代的王都已发现了三处:早期的偃师商城、中期的郑州商城、晚期的安阳殷墟。在这三座商代古城内都发现大批宫殿建筑基址。偃师商城是成汤的西亳,至仲丁迁走,为王都达一百五十余年。此城有大小两城,先建小城,后需要在小城外筑大城。王所居的宫殿在宫城内,宫城在小城纵向轴线的中部偏南的地势高亢处。宫城里的商代遗迹分为宫殿建筑、祭祀遗迹、池苑三

---

① 中国社会科学院考古研究所安阳发掘队:《1975年殷墟的新发现》,《考古》1976年第4期。
② 赵铨:《绚丽多彩的殷代玉雕艺术》,《殷虚玉器》,文物出版社,1982年。
③ 江西省文物考古研究所等:《新干商代大墓》第159页,图八〇:1,文物出版社,1997年。
④ 中国社会科学院考古研究所编著:《殷虚妇好墓》第114—195页,文物出版社,1980年。
⑤ 江西省文物考古研究所等:《新干商代大墓》第141—159页,文物出版社,1997年。

类。宫殿建筑遗址发现了九处,分为东、西两区,主殿一号宫位于宫城的中央。从宫城中宫殿的布局分析,有以下一些特点:

(一)宫庙分离、对称布局。从基址性质判断,宫城东区建筑属于宗庙,西区建筑是举行国事活动、处理政务和生活的场所,即所谓的"朝寝"。

(二)前朝后寝、内外有别。在西区宫殿建筑中,已经体现出"前朝后寝"的制度。而在属于"朝"的殿堂建筑中,又有外朝与内朝之分。

(三)单元封闭,坐北朝南,中轴对称。每一座宫殿几乎都是四面封闭的"四合院"。每个建筑单元都遵守中轴对称的原则,每个建筑单体也尽量做到中轴对称。

(四)庖厨独立。庖厨与宫室、庙堂分离,形成独立的建筑单元。①

郑州商城的宫殿区,集中分布在城内的东北部。商代晚期都城安阳殷墟的宫殿在小屯村北。在二十世纪三十年代历史语言研究所在这里发现了53座大型建筑基址,从北向南排列有序,分为甲、乙、丙三组,石璋如根据建筑结构和相互之间的关系,认为甲组基址属于住室建筑,乙组基址为宫殿宗庙建筑、丙组基址为祭坛建筑。1981年在乙组基址西南80余米处又发现一处大型基址,呈"凹"字形。整个基址排列在自北向南的一条中轴线上。②

安阳殷墟是盘庚所迁的晚期王都,至商朝被灭的273年一直没有再迁。据记载好大喜功的殷纣王,扩大了都城范围、增修了豪华的宫殿、苑囿,《史记·殷本纪》:"(纣)益收狗马奇物,充仞宫室,益广沙丘苑台。"张守节《正义》引《竹书纪年》:"纣时稍大其邑,南距朝歌,北据邯郸及沙丘,皆为离宫别馆。"《文选·东京赋》注引《竹书纪年》:"殷纣作琼室,立玉门。"可见商晚期都城建筑的豪华。

商代宫殿的建筑样式,从甲骨文的"京"字,可略观其大概。其字像高台上起建的亭阁:

   《合集》6

有"墉"字即"城"字,像城上有高耸的楼阁形,即是"重屋"之象形:

   《合集》13514

甲骨文里有不少关于宗、宫、寝、室、厅的名称,为统治者上层人物居住、活动的场所,如:

  大乙宗 《合集》32868
  大丁宗 《怀特》1559
  父丁宗 《合集》32330
  母辛宗 《合集》23520

---

① 杜金鹏:《偃师商城近年考古新进展》,《中国文物报》2004年10月1日。
② 杨宝成:《殷墟文化研究》第5页,武汉大学出版社,2002年。

公宫　《合集》36541
皿宫　《合集》36542
大室　《合集》23340
东室　《合集》13556 反
南室　《合集》806
西室　《合集》30372
王寝　《合集》9815
东寝　《合集》34067
盂厅　《合集》31014
召厅　《合集》37468
南厅　《合集》13607

杨鸿勋按照殷墟宫殿基址，结合文献记载，复原了甲组的十二号基址（图3-82）和乙组的二十号基址，为"四阿重屋"式建筑。①

图3-82　殷墟甲十二宫殿基址复原
（采自《殷墟的发现与研究》彩版五：1）

商代的宫殿建筑，在室内还有装饰。1975年在小屯村北的宫殿区范围内，发现的两座房屋中，其中编号为F11的一座，在墙壁下部嵌有防潮的木炭，壁上有壁画，为红色花纹和黑色圈点的图案，②（图3-83）这是我国迄今发现最早的壁画。

---

① 杜金鹏认为甲十二基址的"挑檐柱"是误判，实际是不存在的，屋顶的结构是"人"字形的而非"四阿重屋"。见所著《殷墟宫殿区建筑基址研究》第69—71页及图2—17—2A，科学出版社，2010年。
② 中国社会科学院考古研究所编：《殷墟的发现与研究》第77页，科学出版社，1994年。

三 音乐、舞蹈与诗歌

中国的文明可概括为"礼乐文明"。"礼"是指人的伦理道德,"乐"是指音乐、舞蹈、诗歌。礼是音乐、舞蹈、诗歌发育的土壤,成长的环境。祭祀、宴飨是"礼"的表现形式。在商代祭祀、宴飨时都有歌舞相伴,歌词就是诗,而歌舞必奏乐,为音乐、舞蹈与诗歌提供了成长的环境,促进其发展,从而推进中国礼乐文明的进步。在古文献及甲骨文里,都有关于商代音乐、舞蹈、诗歌的资料,大致情况可略而言说。

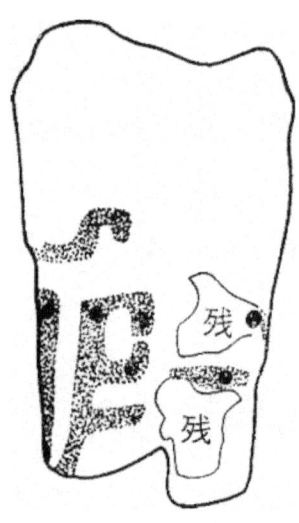

图3-83　小屯F11壁画残片
(采自《考古》1976年第4期)

(一)音乐。商代的音乐已具相当水平,凡祭祀、飨宴都有音乐,后世有"殷人尚声"之说。《礼记·郊特牲》记载:"殷人尚声,臭味未成,涤荡其声,乐三阕,然后出迎牲。声音之号,所以诏告于天地之间也。"商代的音乐有两种,一种是民众音乐。这种民众音乐很受大众喜爱,在商初就曾出现"酣歌"、"恒舞"的现象。《尚书·伊训》:"(汤)制官刑,儆(警)于有位,曰:敢有恒舞于宫,酣歌于室,时谓巫风……其刑墨。"《墨子·非乐上》也有同样的内容:"汤之官刑有之曰:其恒舞于宫,是谓巫风。其刑:君子出丝二卫,小人否。"

商朝末年,殷纣王更推而广之,《吕氏春秋·侈乐》:"夏桀、殷纣作为侈乐,大鼓钟磬管箫之音,以钜为美,以众为观,俶诡殊瑰,耳所未尝闻,目所未尝见,务以相过,不易度量。"所谓"侈乐"、"靡靡之音",因发于人之性情,因而能长期流传于民间。《史记·殷本纪》:"(纣)于是使师涓(梁玉绳:《史记志疑》云:韩非子《十过》等"师涓作师延,是也")作新淫声,北里之舞,靡靡之乐……大冣(聚)乐戏于沙丘。"师延为殷纣王作的靡靡之乐为清商之调,一直流传到春秋时期。《韩非子·十过》记载,卫灵公到晋国,行至濮水,听到美妙的音乐,于是让他的乐师师涓记录下来。卫灵公到达晋国见到晋平公,告诉他在路上听到的新乐曲,让师涓演奏给平公听。师涓还未演奏完就被晋平公的乐师师旷制止了,说这是师延为殷纣王作的"亡国之声",不让继续演奏它:

卫灵公将之晋,至于濮水之上,税(舍)车而放马,设舍以宿,夜分,而闻鼓新声者而说(悦)之,使人问左右,尽报弗闻。乃召师涓而告之曰:"有鼓新声者,使人问左右,尽报弗闻,其状似鬼神,子为我听而写之。"师涓曰:"诺。"因静坐抚琴而写之。师涓明日报曰:"臣得之矣,而未得习也,请复一宿习之。"灵公曰:"诺。"因复留宿,明日而习之,遂去之晋。晋平公觞之于施夷之台,酒酣,灵公起,公曰:"有新声,愿请以示。"平公曰:"善。"乃召师涓,令坐师旷之旁,援琴鼓之。未终,师旷抚止之,曰:"此亡国之声,不可遂也。"平公曰："此道奚出？"师旷曰："此师延之所作，与纣为靡靡之乐也，及武王伐纣，师延东走，至于濮水而自投，故闻此声者必于濮水之上。先闻此声者，其国必削，不可遂。"平公曰："寡人所好者音也，子其使遂之。"师涓鼓究（终）之。平公问师旷曰："此所谓何声也？"师旷曰："此所谓清商也。"公曰："清商故最悲乎？"师旷曰："不如清徵。"①

所谓"靡靡之乐"，应是一种轻慢的乐曲，有别于在庙堂祭祀时演奏的古板而少生气的颂歌音乐。殷纣王时的乐曲一直流传到春秋后期，可见其生命力。殷纣王喜好乐音，提倡有别于庙堂祭歌的新乐，在音乐史上应该写上一笔才是。殷纣王的亡国与他喜好新声是没有关系的。

商朝的另一种音乐是庙堂乐。这种乐舞主要用在祭祀及庆功的时期。商朝的统治者对这种音乐是十分重视的，汤灭夏后，就命伊尹制作了《大濩》等一系列乐曲。《吕氏春秋·古乐篇》：

> 殷汤即位，夏为无道，暴虐万民，侵削诸侯，不用轨度，天下患之。汤于是率六州以讨桀罪，功名大成，黔首安宁。汤乃令伊尹作为《大濩》，歌《晨露》，修《九招》、《六列》，以见其善。

高诱《注》："《大濩》、《晨露》、《九招》、《六列》，皆乐名"。在殷墟出土的甲骨文中见以《大濩》祭祀商王祖先的，如：

> 乙丑卜，贞王宾大乙濩，无尤。
>
> 《合集》35500（图3-84）
>
> 乙卯卜，贞王宾祖乙濩，【无尤】。
>
> 《合集》35681

"王宾大乙濩"的"濩"即是文献记载的汤让伊尹制的乐曲《大濩》。② 我们在下面还要讲到，商人在祭祀祖先时是要奏乐的，即卜辞中称为"奏"。《大濩》在西周还是一首重要的乐曲，《周礼·春官·大司乐》："以乐舞教国子，舞《云门》、《大卷》、《大咸》、《大韶》、《大夏》、《大濩》、《大武》。""奏《夷则》，歌《小吕》，舞《大濩》，以享先妣。"在春秋时期《大濩》乐曲还保存着，《左传》襄公二十九年"舞《韶》、《濩》"。乐曲都是有曲有词的，词可唱，曲可节舞步，《诗经》中的诗都有曲，故各诗都是可唱、可和着歌曲跳舞的。

图3-84　用《濩》祭祀的甲骨

（《合集》35500）

---

① 《韩非子·十过》。
② 邢文：《卜辞所见商乐〈大濩〉》，《古文字研究》第二十九辑，中华书局，2012年。

甲骨文在祭神时演奏音乐,卜辞称为"奏",如:

己亥卜,贞今日夕奏母庚。　《合集》460

丁丑卜,旅,贞王宾奏自上甲衣至于多毓,无尤。在正月。

《合集》22623

壬申卜,尹,贞王宾兄己奏暨兄庚奏……

□□卜,尹,贞王宾上甲【至于】大乙奏……　《合集》22624

乙未卜,行,贞王宾奏自上甲入乙于毓,无尤。　《合集》22625

甲子卜,即,贞祭其酒、奏,其在父丁。　《合集》23256

甲骨文"奏"字,即是"奏乐"。屈万里说,"《说文》'登歌曰奏',卜辞奏字多用为乐舞之义,与《说文》合。"①上引卜辞中的"奏"多与祭祀相关,是祭祀用乐,即所谓严肃而古板的庙堂之乐。

"奏"是使用乐器演奏。商代的乐器,在甲骨文里有相关的记录,经甲骨学家考证,主要有以下几种:

1. 庸。商代甲骨金文中见有"奏庸"或"庸奏":

叀其奏庸。　《屯南》4343

惟庸奏,有正。　《合集》31014

惟祖丁庸奏。

惟父庸奏,王永。　《合集》27310

国家博物馆收藏一件商代铜鼋,铭文记载作册般受赏而奏庸,"王命寝馗贶于作册般曰:奏于庸,作汝宝。"(《作册般铜鼋》)据裘锡圭考证,"庸"即大钟。但是,迄今为止,在所有商代的遗址里,都还没有发现青铜制的钟,只有青铜铙出土。有单个的、三件一组、五件一组及十件一组的。(图3-85)一组里大小相次的编铙,是音质不同的关系。

图 3-85　殷墟妇好墓出土的一套青铜铙
(采自《殷虚妇好墓》图版六二:1)

---

① 屈万里:《殷虚文字甲编考释》之第 226 片考释,"中央研究院"历史语言研究所影印本,1961 年。

2. 鼓。有关鼓的卜辞如：

  庚辰卜，贞鼓无奏。 《英藏》1911
  ……置鼓于大乙。 《合集》32419
  其置庸、鼓于既卯。 《合集》30693
  庸、鼓其暨熹鼓障。 《合集》31017

鼓的种类有多种，《诗经·商颂·那》篇中有"鞉鼓"，"猗与那与，置我鞉鼓"。甲骨文中有一字，裘锡圭说卜辞里大多数""字似乎应该读为鞉。鞉字异体作䩦、鼗等形。《商颂·那》说"置我鞉鼓"，卜辞说"置鞉"，二者若合符节。①

甲骨文中还有一个豐字，过去或释为豊即醴，是酒的一种，裘锡圭从豐说，认为是"大鼓"。② 鼓在商代遗址里已出土多件，有木质和铜质的，在湖北崇阳县曾出土一件商代晚期的铜鼓，器身满布花纹，制作十分精致。（图3-86）

图3-86　湖北崇阳出土的晚商铜鼓

3. 竽。乐器竽甲骨文作"𠀤"。卜辞云：

  辛酉卜，出，贞其置新𠀤，陟告于祖乙。 《合集》22912

"新𠀤"的"𠀤"字，裘锡圭推测即"竽"的初文：

  卜辞对乐器时常标明其为新器或旧器，在提到用乐器事鬼神时往往用"置"字。由此看来，这个奇字似乎也应该解释为乐器名称……如果把这个奇字的顶部左直画去掉，剩下来的部分就跟"于"字的繁体非常相似了。郭沫若说："于乃竽之初文，象形，乃管外之匏。"这给我一个启发，会不会上引奇字就是"竽"的象形初文呢？③

"新𠀤"的"𠀤"字，陈邦怀释为"圩"，认为是修水渠的堤圩，不是乐器。甲骨文文字简古，字义的确定，需要相关卜辞相佐证，此𠀤字仅发现一条卜辞，故各种解释都有可能的，但也都可能不是如此的。裘、陈二先生解释皆可备一说，待以后有更多卜辞发现来印证。

4. 龠。作 形，像编管之状，即编管乐器，后称为排箫。卜辞祭祀时用龠：

---

 ①　裘锡圭：《甲骨文中的几种乐器——释庸、豐、鞉》，载《中华文史论丛》1980年第二辑，又收入《古文字论集》中华书局，1992年。
 ②　裘锡圭：《甲骨文中的几种乐器——释庸、豐、鞉》。
 ③　裘锡圭：《甲骨文中的几种乐器——释庸、豐、鞉》。

戊辰卜,旅,贞王宾大丁肜禽、戠,无尤。十一月。　《合集》22762
□戊卜,王,贞王其宾中丁肜禽,无壱。　《合集》22855
乙卯卜,出,贞王宾禽,不遘雨。　《合集》24883
乙酉卜,即,贞王宾禽,无祸。　《合集》25752

肜、宾都是祭祀仪式名称(祭名),"肜禽"是举行肜祭时,吹奏排箫这种乐器。"宾禽"是举行宾祭时用排箫演奏乐歌。

5. 玉磬。甲骨文中有"奏玉"即是演奏玉磬。卜辞云:

戊戌卜,争,贞王归奏玉,其伐。　《合集》6016正
甲午卜,䀅,贞王奏兹玉,成左。
甲午卜,䀅,贞王奏兹玉,成弗左。　《合集》6653

"左"即佐助,此辞是卜问奏玉是否会得到神灵的佐助。"奏玉"的玉是玉磬。甲骨文"奏"后的字,构成"奏×"词组,所见的有"奏兹"(《合集》14311、18899)、"奏饻"(《屯南》417、4301)、"奏⺁"(《合集》34641)、"奏绞"(《乙》8311)、"惟美奏"(即奏美)(《合集》31022)等。"奏"后一字,有说是乐器名。何种乐器,尚待研究。

考古发掘出土的商代乐器有鼓、镈、铙、石磬、钲、铃、陶埙等。铙有单个的和多个的编铙。单个的磬称"特磬",多个成组的称"编磬",编磬有三个一组的、五个一组的。埙有三孔和五孔的。编铙、编磬及多孔埙能演奏五度音程的谐和功能。殷墟妇好墓里出土编铙一组五枚,编磬一组五个,陶埙三件,均为五孔的。(图3-87)吴钊、刘东升对妇好墓出土编铙和五孔埙进行了测音,编铙能奏出相当于后世G调的５６１４５的音阶,证实我国宫、商、角、徵、羽五声音阶在商末已形成。①

图3-87　殷墟妇好墓出土的陶埙
（采自《殷虚妇好墓》图版一八五:2）

图3-88　甲骨文舞字
（《合集》6063正）

---

① 吴钊、刘东升:《中国音乐史略》第7—14页,人民音乐出版社,1983年。

(二)舞蹈。古代乐音舞蹈的产生,大多是为了表示劳动后的愉快,丰收后的喜悦而对劳动成果的祝愿,后来在祭祀祖先、天地山川神祇时用舞蹈娱神,以获得神灵的欢心。到了商朝时期,舞蹈大多是与巫术相结合的。甲骨文"舞"字作𦎫形,像人执羽毛或兽尾起舞状。甲骨文中有一字,像人戴面具形,释为魌字,是驱鬼的方相氏。(图3-88)《周礼·夏官·方相氏》:"掌蒙熊皮,黄金四目,玄衣朱裳,执戈扬盾。"郑注云:"以惊殴疫疠之鬼,如今魌头。"是假面具舞蹈,今日在南方贵州还在流行的傩戏,就是其遗留。

舞蹈使用的场合主要有二:

1. 祭祀。《诗经·商颂·那》篇是祭祀成汤的,祭祀时有乐音、歌、舞。舞称"万":

  猗与那与, 置我鞉鼓。
  奏鼓简简, 衎我烈祖。
  汤孙奏假, 绥我思成。
  鞉鼓渊渊, 嘒嘒管声。
  既和且平, 依我声声。
  于赫汤孙, 穆穆厥声。
  庸鼓有斁, 万舞有奕。

"万舞"是舞蹈的总名称。《左传》宣公八年"壬午犹绎,万人去籥",杜预《注》"万,舞名。籥,管也。"古时舞蹈有文舞和武舞之别,孔颖达《正义》谓:"《礼·明堂位》曰'朱干玉戚,冕而舞大武',干,楯也,戚,斧也。此舞者,左手执楯右手执斧,故谓之武舞。言王者以万人服天下,故以万为(舞)名。《诗》言硕人之舞云,'左手执籥,右手秉翟',郑玄云'籥如管,六孔。'何休云'吹之以节舞也。'故吹籥而舞,谓之文舞。"甲骨文中有名"万"的舞:

  惟万舞孟田,有雨。吉 《合集》28180
  王其呼万舞于…… 《合集》31032
  惟万舞。大吉 《合集》31033
  万舞。 《合集》28461

卜辞里有以舞祭祀河、岳神的:

  甲辰卜,争,贞我舞岳。 《合集》14472
  乙巳卜,宾,贞舞河。 《合集》14603

岳、河两个神名,在卜辞中兼有自然神和商王祖先神的性格。

2. 求雨。甲骨文中用舞最多的一项是求雨,卜辞:

  贞我舞,雨。 《合集》14209正
  今日奏舞,有从(纵)雨。 《合集》12818
  惟戍呼舞,有大雨。

　　　　惟万呼舞,有大雨。　　　《合集》30028

《合集》30028片甲骨上的两条卜辞,一为"戍呼",一为"万呼",戍和万应是职务名。戍是戍卒,"惟戍呼舞"应为"呼戍舞",卜辞"惟"字有使句子中宾词前置的功能,故"惟戍呼舞"是武舞;万舞包括文、武两种舞蹈即舞的总名,而万作为职名,应是主管、负责舞事者,"万呼舞"是名万的人发令进行的舞蹈。

作为娱乐性的舞蹈活动,商代统治者应是不禁止的,所禁止的只是"恒舞于宫"的长夜无节制的行为。商纣王时期的"北里之舞",应是一种轻歌曼舞,后世的宫廷乐舞,当由此而来。

(三)诗歌。现存《诗经》里《商颂》诗五篇,据《那》篇的《序》说:"《那》祀成汤也。微子至于戴公,其间礼乐废坏,有正考父者,得《商颂》十二篇于周之大师,以《那》为首。"但从正考父至孔子时,又有七篇丢失了,孔子整理诗时只有五篇。正考父是春秋时宋湣公的四世孙,孔子的七世祖。《商颂》是他得之于"周之大师",即是周王室掌管乐舞的部门,篇中虽有一些后世用语,但其整个颂诗当来自商代而非后人所作。《商颂》诗颂扬的是商王祖先,周人也不会给商王的祖先作颂诗去美化他们,故这些颂诗当是商时所作而被周代的乐官保存了下来。如此,我们就看到了商代诗歌的大致面目。其思想意识的表达,其语言之美,与《诗经》里的《周颂》篇章皆无高下之分。

《商颂》五篇中有四篇是祭祀时对先祖的颂扬之辞,《诗谱序·商颂谱》:"《那》,祀成汤也。""《烈祖》,祀中宗也。""《玄鸟》,祀高宗也。""《长发》,大禘也。""《殷武》,祀高宗也。"中宗,文献中指大戊,甲骨文里有"中宗祖乙"(《屯南》746)、"中宗祖丁"(《屯南》2281)。或说中宗专指大戊,卜辞是记祖乙、祖丁与大戊同祭。高宗指武丁。大禘是祭天的。能保持下来的多是与祭祀相关的,早期音乐的创作与发展是同祭祀分不开的。

四　饮酒风气及酒文化

商代人喜欢喝酒是出了名的。商人的这个嗜好,有大量的文献和考古材料证据。殷纣王就是一个酒徒,司马迁说他"好酒淫乐","以酒为池"。①张守节《史记正义》引《太公六韬》说:"纣为酒池肉林,回船糟丘而牛饮者三千余人为辈。""牛饮"就是像牛喝水一样,不用杯盏器具,爬在池边直接喝池中的酒。"三千余人为辈",就是三千多人一轮,如此,参加喝酒的就不止三千人。《尚书·酒诰》中说,商的"庶群自饮,腥闻于上"。群臣在家聚众私自饮酒,致使酒气冲天。周公禁止周人饮酒,却准许商人喝酒。周康王时的青铜器《大盂鼎》铭文载商代的诸侯、臣僚都贪杯,因而亡了国。铭文里记载周康王对盂说:"我

---

① 《史记·殷本纪》。

闻殷坠命,惟殷边侯田(甸)于(与)殷正百辟,率肆于酒,故丧师。"师即军队,军队是国家政权的支柱,军队丧失了,国家也就亡了。周人吸取商的亡国教训:禁止周人喝酒,违反者杀头。"群饮,汝勿佚。尽执拘以归于周,予其杀"(《酒诰》)。准许商人饮酒,使他们陶醉于酒精中而麻醉,从而忘记自己的亡国奴身份。

商代的考古遗存里,酒器是大宗。商代墓中出土的青铜器多是酒器,是"重酒组合"。① 在保存完好的妇好墓里,出土青铜容器(或称"礼器")210件,酒器的数量最多,约占74%。② 安阳郭家庄M160号墓,也是一座没有被盗的墓,墓里出土青铜容器40件,其中酒器达31件,占75.6%。③ 这两座大墓属于高等级贵族,在普通平民百姓的墓里,随葬酒器也是普遍的。商代最标准的酒器是觚和爵,经济条件好的使用青铜制造,差的用泥土制作成陶器。1969—1977年殷墟西区发掘939座墓葬,其中绝大多数是没有青铜容器而只有陶器随葬的墓,可以肯定这些只有陶器的墓是经济不富裕人家的埋葬,但是在这样的墓中,大多都有一两件饮酒器觚爵随葬。④ 古人有"事死如事生"的思想,随葬品是送给死者在另一个世界里使用的。可见这些人活着的时候是喜欢饮酒的。

在甲骨文里,酒是用以祭祀祖先及各种神灵最为常见的祭品,甲骨文中酒字作_ᵻ形,从酉从水。酉字像盛储器的罐,是声符,像水从酉中流出,是斟酒的象形,是个形声字。以酒祭祀的卜辞如:

辛巳卜,争,贞来乙未酒唐五宰。　　《合集》1301
丁酉卜,争,贞来乙巳酒下乙。　　《合集》1668

加香料的酒,甲骨文中称为"鬯",计量鬯酒的单位称为"卣",称为"鬯若干卣",如:

丙申卜,即,贞父丁岁鬯一卣。　　《合集》23227
丁酉卜,贞王宾文武丁十人卯六牢鬯六卣,无尤。　　《合集》35355

有时用量多达上百卣的,如:

丁亥卜,殷,贞昔乙酉葡旋御【大】丁、大甲、祖乙百鬯百羌卯三百【宰】。
　　　　　　　　　　　　　　　《合集》301

在商代墓葬和遗址里,青铜卣常有出土,大小不一,一般可容三五升水。(图3-89)就以三升论,百卣就是三百升香酒。要知道,这只是一次祭祀使用

---

① 刘一曼:《安阳殷墓青铜礼器组合的几个问题》,《考古学报》1995年第4期。
② 中国社会科学院考古研究所编著:《殷虚妇好墓》第33页,文物出版社,1980年。
③ 中国社会科学院考古研究所编著:《安阳殷墟郭家庄商代墓葬》第78页,中国大百科全书出版社,1998年。
④ 中国社会科学院考古研究所安阳工作队:《1969—1977年殷墟西区墓葬发掘报告》,《考古学报》1979年第1期。

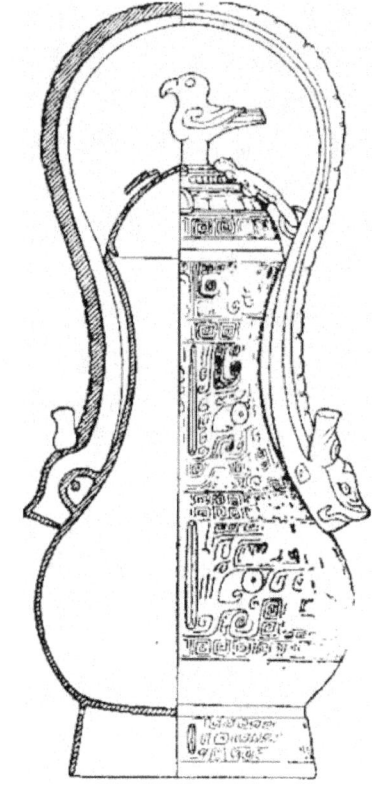

图 3-89 妇好墓出土的铜卣

(采自《殷墟妇好墓》第 65 页)

的。如此大的量,说明死去的祖先有着海样的酒量。从殷墟甲骨看,商王好酒不只是纣王,在武丁时期的甲骨文里,就已大肆用酒为祭品献给祖先,且量还很大,上引《合集》301 甲骨,就是武丁时期的占卜。殷墟时期以前的情况怎样,没有地下出土文字记载,从二里岗时期的遗址及墓葬里发现大量青铜的、陶质的酒器看,武丁的祖先们也是好酒的。

中医说"酒是百药王",现今好多味中草药都要用酒来炮制,方能有疗效。酒可舒筋活血,祛除体中的寒湿,有益健康。商代气温比现在高,雨水多,湿气大,适量饮酒有益健康。酒精能促使大脑兴奋,激发人体活力,启发人的想象力,所以李白有"斗酒诗百篇"的激情。酒对增强人际间的情感交流,和谐人际关系也是有益的,所以酒在中国是一种文化。但如文献记载的夏桀、殷纣般的酗酒,致身死国亡,跟"文化"二字是沾不上边的。

第三节 思 想 意 识

商人(主要商王及贵族)在思想意识上有三个特点:一是尊神。《礼记·表记》:"殷人尊神,率民以事神。"二是野蛮残忍。轻视生命,用大量的活人殉葬、祭祀。三是孝道。

一 尊神

尊神是宗教信仰,商人信仰多神,他们的宗教是"多神教",但主要信仰的是祖先神,在宗教学上是一种原始的宗教。商人尊神表现在以下三个方面:

(一)迷信卜筮。从古文献和出土的甲骨文证实,商人无论做什么事,都要求神问卦,以获得神灵的指示而动。问神的方式有卜和筮。古人最重视卜的结果,即所谓的"筮短龟长"(《左传》僖公四年),龟即占卜。商王盘庚迁都,遭到贵族、大臣反对,但他说"非敢违卜"(《尚书·盘庚》),所以不顾众人反对,坚决迁都。在安阳殷墟发现的十余万片有字甲骨,就是商人"卜以决疑"的实物证据。

从十余万片甲骨反映出商人向神灵求问的内容是非常广泛的,凡国家大事,商王个人的行止,自然现象等都在占卜问疑之列。董作宾在《甲骨学六十年》书中所列商王的占卜事类有二十种,即祭祀、征伐、田猎、游观、享宴、行止、旬、夕、告、匄、求年、受年、日月食、有子、娩、梦、疾病、死亡、求雨、求启。[①] 郭沫若主编的《甲骨文合集》选录 41 956 片甲骨,按甲骨上占卜的内容分为四大类二十一个小类编排,基本上包涵了商人"决疑"的范围,现将这二十一类目录迻录于下,以观商王问神内容的广泛性:

一、阶级和国家

1. 奴隶和平民　2. 奴隶主贵族　3. 官吏　4. 军队、刑罚、监狱　5. 战争　6. 方域　7. 贡纳

二、社会生产

8. 农业　9. 渔猎、畜牧　10. 手工业　11. 商业、交通

三、思想文化

12. 天文、历法　13. 气象　14. 建筑　15. 疾病　16. 生育　17. 鬼神崇拜　18. 祭祀　19. 吉凶梦幻　20. 卜法　21. 文字

四、其他

商人不但每事卜,而且一事要多次、反复占卜,既从正面问卜,又从反面问卜,卜得吉利才行动。如《合集》5637 片是占卜"西史旨"这个人有没有灾祸之事,从正反两个方面反复卜问了五次:

　　庚子卜,争,贞西史旨亡祸? 叶。一
　　庚子卜,争,贞西史旨其有祸?　　一
　　　贞西史旨亡祸? 叶。　二
　　　西史旨其有祸?　　二
　　　贞旨亡祸?　　三
　　　旨其有祸?　　三
　　　旨亡祸?　　四
　　　其有祸?　　四
　　　旨亡祸?　　五
　　　其有祸?　　五

卜辞后面的一、二、三、四、五等数字是"兆序",是记录卜问时灼烧龟甲的次数。殷墟甲骨的反面,在占卜前都先凿好一排排呈枣核形的槽,再在槽旁钻一个不钻透的圆洞。占卜时,在问一事后就用带火的柴棍烧灼圆洞的穴窝处,正面因受热而爆裂出一纵一横的裂纹,作┣、┫形,这裂纹就称为"兆纹"。卜问一次灼烧

---

① 董作宾:《甲骨学六十年》第 115—116 页,台北艺文印书馆,1965 年。

一个洞穴,然后在正面的兆纹旁刻上相应的数字,表示是第几次卜问,故称为"兆序",即第几次占卜的次序。还有一种情况是在一条卜辞后,往往有几个兆序,则是表明此条卜辞是经过几次问疑、几次灼烧甲骨后,将结果刻在一个兆纹旁。这也是一事多次占卜的记录,如《合集》6828 上两条卜辞,一条辞卜问今天是否下雨,卜了四次,辞后记录的数字从一到四;另一条卜问征讨画之事,卜了六次,辞后记录的数字从一到六:

贞今日其雨? 一 二 三 四

庚申卜,争,贞旨征画? 一 二 三 四 五 【六】

两辞中,一辞是灼烧龟板反面的四个圆洞,即问了四次才刻上所问的内容,另一辞是灼烧六次,即问了六次,才刻上内容。上举两个例子是在同一块龟甲上,对同一件事的多次占卜,称为"同甲多卜"例。

另一种是"异骨多卜",即在几块龟或骨上,对同一件事进行占卜,将占卜的内容刻在所使用的甲骨上,几块甲骨上所刻的内容是一样的,甲骨学家称作"同文卜辞"或"成套卜辞"。在多块龟或骨上对同一事进行卜问,一般以三个人,每人一块龟或骨进行占卜为常,此即《尚书·洪范》"三人占,则从二人之言"的"三占从二"制度。《洪范》是西周初的文献,箕子对周武王说的占卜制度,大约是在商朝末年形成,在武丁时期的甲骨中,则有同一人在五块、六块,甚至九块龟骨上对同一事进行占卜。这样占卜结果的甲骨,在占卜同一事的卜辞后,刻上兆序。各块甲骨上的兆序数字,是占卜时的次序,如《甲骨文合集》第 6 482 至 6 486 五片甲骨,其上所刻卜辞内容全同,只是兆序相异,是一组"成套卜辞",即对同一件事先后在五块甲骨上占卜:

辛酉卜,㱿,贞今春王从望乘伐下危,受有祐。一

辛酉卜,㱿,贞今春王从望乘伐下危,弗其受有祐。一

《合集》6482 正

辛酉卜,㱿,贞今春王从望乘伐下危,受有祐。　　二

辛酉卜,㱿,贞今春王从望乘伐下危,弗其受有祐。二

《合集》6483 正

辛酉卜,㱿,贞今春王从望乘伐下危,受有祐。　　三

辛酉卜,㱿,贞今春王从望乘伐下危,弗其受有祐。三

《合集》6484 正

辛酉卜,㱿,贞今春王从望乘伐下危,受有祐。　　四

辛酉卜,㱿,贞今春王从望乘伐下危,弗其受有祐。四

《合集》6485 正

辛酉卜,㱿,贞今春王从望乘伐下危,受有祐。　　五

辛酉卜,㱿,贞今春王从望乘伐下危,弗其受有祐。五

《合集》6486 正

占卜本身就是一种巫术,是借龟骨为媒介,以获得神灵对所行事的指示,用来决定行止,达到行事时心态稳定。陈梦家说:"占卜本身乃是一种巫术,是借兽胛骨与龟甲为媒介,以求获得'神明'对于人们所询问的问题的回答。这种巫术的存在,表明当时的人相信有特殊的'神明'的能力之存在,足以影响人们的生活,决定人们行止的吉凶。"① 为什么龟甲、牛骨能成为通神明的"媒介",张光直说,神在天上,人在地上,互不相通,人神之间的沟通,要仰仗民间里面有异禀的巫觋,其中有高明者为祝为宗。巫觋通神要借助鸟兽等动物,它们是神的使者。在商代,生王与先祖通讯息的占卜,就是借动物的甲骨来实现的。②

与神灵沟通的手段,除占卜外还有"筮"。《尚书·洪范》记载殷纣王的叔父箕子,向武王献"洪范九畴"。其第七为"稽疑",他告诉周武王,凡事作决定主要依靠占卜和筮:

> 稽疑:择建立卜筮人,乃命卜筮……汝则有大疑,谋及乃心,谋及卿士,谋及庶人,谋及卜筮。
>
> 汝则从,龟从,筮从,卿士从,庶民从,是之谓大同。身其康强,子孙其逢,吉。
>
> 汝则从,龟从,筮从,卿士逆,庶民逆,吉。
>
> 卿士从,龟从,筮从,汝则逆,庶民逆,吉。
>
> 庶民从,龟从,筮从,汝则逆,卿士逆,吉。
>
> 汝则从,龟从,筮逆,卿士逆,庶民逆,作内吉,作外凶。
>
> 龟筮共违于人,用静吉,用作凶。

从箕子所说看,在商代人的信仰里,也是"筮短龟长"的。商代已有筮占是没有问题的,《世本·作篇》"巫咸作筮",巫咸是商王大戊时的大臣。古文献中的所谓"三易"的"易",就是筮占。《周礼·春官》云:"太卜掌三易之法,一曰《连山》,二曰《归藏》,三曰《周易》。"三种易书的时代,郑玄《周易注》云:"夏曰《连山》,殷曰《归藏》,周曰《周易》。"在商代及西周时期的甲骨、陶器、石器、铜器上往往发现有一组一组的奇怪符号,过去不为人所识,或以为是失传了的一种古代文字。1980年张政烺发表《试释周初青铜器铭文中的易卦》一文,解开了这些奇怪符号之谜:是古代筮占数的数字符号。一般使用一、五(✕)、六(∧)、七(十)、八(〢)、九(ᎫᎩ)几个数字符号。以三个、四个、六个符号为一组,组合成数字卦象。单卦由三个符号构成,重卦由六个符号构成,四个符号是上下两个符号各重一次,实为六个符号。③ 这类符号早年只是发现在西周铜器上,后来在商代的甲骨、陶器、石器上也陆续有发现,早的到武丁时期。(图3-90)现将发现于商代的数占卦列于下表。

---

① 陈梦家:《殷虚卜辞综述》第561页,科学出版社,1956年。
② 张光直:《中国青铜时代》第438页,三联书店,1999年。
③ 张政烺:《试释周初青铜器铭文中的易卦》,《考古学报》1980年第4期。

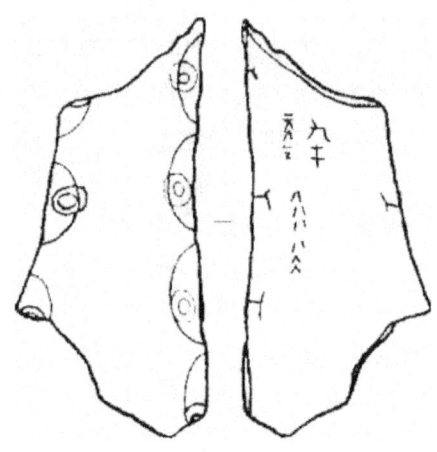

图 3-90　牛胛骨上的筮卦符号

殷墟出土数字挂同《周易》卦画、卦名对照表

材料种类	数字卦于卜辞释文	《周易》卦画形	卦名称	期别	数字卦的资料来源
牛胛骨	六六六	☷	坤	一	《外》448
牛胛骨	八七六五			三、四	《屯南》4352
牛胛骨	六七七六			三	《合集》29074
牛胛骨	七八七　六七六曰隗		未济	四	《中国考古学报》第五册（1951年）图版肆壹：1
牛胛骨	八六六　五八七		明夷		
牛胛骨	七五七　六六六曰魁		否		
龟腹甲	七七六　七六六贞吉		渐	五	《考古》1989年第1期第66—70页
龟腹甲	六七八　九六八		蹇		
龟腹甲	六七一　六七九		兑		
龟腹甲	羽　九六				
殷墟陶簋	七七八　六六七		益	四	《殷墟发掘报告》第131页图九八：7
殷墟陶簋	六一七		兑		
殷墟陶簋	六六七　六六八		豫	四	《殷墟发掘报告》第131页图九八：9
殷墟陶簋	六六七　六七五		归妹		
殷墟出土陶爵范	五七六　八七七		中孚	四	《邺中片羽》二上四七
殷墟出土陶爵范	一七六　七八六		渐		

续表

材料种类	数字卦于卜辞释文		《周易》卦画形	卦名称	期别	数字卦的资料来源
殷墟苗圃北地80号墓出土磨石	六六七	六六八	䷏	豫	三	《文物》1986年第2期第49页图二、三、四
	七六六	六六七	䷚	颐		
	七六八	七六七	䷕	贲		
	六六五	七六八	䷽	小过		
	八一一	一六八	䷞	咸		
	八一一	一一六	䷛	大过		
殷墟刘家庄出土牛胛骨	一一六	六一五	䷼	中孚	三、四	《华夏考古》1997年第2期第34页图七:4
	八八八	六六六	䷀	乾		
	九七七		☰			

参考：郑若葵《安阳苗圃北地新发现的殷代刻数石器及相关问题》，《文物》1986年第2期；宋镇豪《谈谈〈连山〉和〈归藏〉》，《文物》2010年第2期。

（二）淫祀。商人"尊神"的另一个表现是淫祀，反映在两个方面：一是祭祀的对象繁多；二是祭祀时献祭的贡品庞大。

1. 祭祀对象繁多。商人的祭祀分为内祭和外祭。内祭是祭祀先祖先妣及其相关的故去者；外祭是祭祀天地等自然神祇。就甲骨卜辞所见，祭祀的对象可分为三类：

（1）天神：上帝、日、东母、西母、云、风、雨、雪。

（2）地祇：社、四方、四戈、四巫、山、川。

（3）人鬼：先公、先王、先妣、诸子、诸母、旧臣。①

2. 所献祭品种类繁多、数量大。商王祭祀时，都要给所祭祀的神灵献上祭品，从甲骨文中可见，所献的祭品有五类：

（1）活人。商王祭祀往往使用活着的人为牺牲品献给神灵，以供他们在另一个世界里面驱使。一次用活人祭祀，少者一两人，多者数十、数百，甚至有上千的，十分惊人，如：

  王宾父丁升伐羌三十，卯五牢。　　《合集》22549
  御自唐、大甲、大丁、祖乙百羌百牢。　　《合集》300
  三百羌用于丁。　　《合集》295
  癸丑卜，㱿，贞五百仆，用。旬壬戌又用百仆。（正）

---

① 陈梦家：《殷虚卜辞综述》第562页，科学出版社，1956年。

王占曰：用。（反）　《合集》559

丁巳卜，争，贞降酋千牛。

贞不其降酋千牛千人。　《合集》1027正

羌本是从羌族俘获来的俘虏，亦有将奴隶混称为羌的。仆字从字形结构看，像人在屋内打扫执役形，认为是家内奴隶。甲骨文中称"人"是通名，包括各种身份地位的人群都可称作"人"，情况较复杂，上举《合集》1027卜辞中的"人"与牛的地位等而被用为祭祀牺牲，其社会地位应是与"羌"、"仆"相当的。这一千人中可能就有羌、仆等身份的人。"用"是动词，表示使用了之意。"伐"是砍头。在殷墟已经发现很多只有头颅而没有身躯或只有身躯而没有头颅的埋葬，就是"伐"祭的遗迹。"酋"字从册从口，是将祭品写在简册上祭祀时读册文以此报告给神灵，与"册祝"类似。"降酋"的"降"字意不明，胡厚宣曾有个推测，说"降"可能是待后或下次，但此意未正式成文表示。"降酋"的"降"也可理解为是由神灵发出。商人认为神都居住在天上，甲骨文中有"降祸"、"降疾"、"降永"、"降雨"等，"降"的发出者都是居住在天上的神灵。若是神灵"降酋"就是神灵要求给他祭品，这在卜辞中是特殊的例子。甲骨卜辞所载使用活人祭祀的遗存已被考古工作者发现，我们将在下面"野蛮残忍"节中叙述。

（2）牲畜。所用牲畜种类多而数量大，上面已举出"降酋千牛"（《合集》1027正）的大数。经常使用的牲畜是牛、羊、猪（豕）、狗（犬）等：

乙亥【卜】，内，册大【乙】五百牛，伐百……　《合集》39531

□□[卜]，□，贞昔乙酉葡旋，[御]……□乙，百邕、百羌、三百窜。

《合集》302（图3-91）

甲午卜，侑于父丁，犬百、羊百、卯十牛。

《合集》32698

窜是指关羊的牢圈。甲骨文中的"窜"又称"小窜"，古文献中"小牢"是指一羊一豕而没有牛。甲骨文中的牢、窜，有一对牛，一对羊说；有一只牛或羊说。一只牛或羊之所以称为牢、窜，是因祭祀的需要而专门用牢圈饲养起来的牛羊。商王献祭在何种场合下使用大量牲畜没有定准，下面一辞是因商王耳鸣而举行的禳除祭，用羊158只：

庚申卜，朕耳鸣，侑御于祖庚羊百又五

图3-91　百卤香酒祭祀甲骨

（《合集》302）

十八,侑母……　《合集》22099

"侑母"后残缺了,应该还有祭品,不知献上什么祭品及其数量。

(3) 酒。甲骨文中用酒祭祀最为常见,如《合集》672 版上有多条卜辞占卜酒祭:

> 甲午【卜】,□,贞于□【侑】报。
> 贞翌乙未酒成,用宰。
> 乙未卜,殼,贞酒宓。
> 贞酒宓。
> 勿酒宓。
> 癸卯卜,殼,贞翌甲辰酒大甲。
> 贞甲辰勿酒大甲。
> 翌乙卯子汰酒。
> 翌乙卯酒子𩰫祈。
> 酒河,三十牛致我女。
> 酒河,五十牛。
> 贞酒河,报。
> 贞酒王亥。
> 呼雀酒于河,五十【牛】。　《合集》672 正

卜辞中的"酒"字是表示用酒祭祀。从这片甲骨可以看出,商人用酒祭神十分普遍。上举甲骨卜辞以酒祭皆不言用量。有时是有用量的,其计量单位是卣,如:

> 丁酉卜,贞王宾文武丁,伐十人、卯六宰,鬯六卣,亡尤。
> 　　　　　　　　　　　　　　　　《合集》35355

鬯是香酒。卣是盛酒器,商代遗址里常出土有青铜制的卣,考古学家们称为"酒器",大小不等,一般可容三五升水。"鬯六卣"是用六只装满香酒的卣祭祀文丁。卜辞酒祭最大量达一百卣:

> 丁亥卜,殼,贞昔乙酉葡旋,御【于大乙】、大甲、祖乙,百鬯、百羌、三百【宰】。　《合集》301

> 贞昔乙酉葡旋,御……□乙,百鬯、百羌、三百宰。　《合集》302

"百鬯"即"鬯百卣",省卣字。百卣香酒,其量可观。

(4) 粮食。卜辞所见用于祭祀的粮食有粟(小米)、黍、麦等:

> 登囧穧【于】祖乙。　《合集》1599
> 酒、来登于祖乙。　《合集》32534
> 王宾登禾。　《合集》38686
> 其延登秋于羌甲。　《合集》32925

"来登"即"登来"。此"来"即麦。稷是不带黏性的粟,禾即是粟,秋是黍之一种,是不带黏性的黍。

(5) 贝、玉等珍稀。卜辞里有将贝、玉等珍稀献祭祖先的。两块玉称为"珏",十枚贝称为"朋":

  王其称珏于祖乙。   《合集》32535

  巫曰:敩贝于妇,用。若 《合集》5648

  惟贝朋。吉

  其肩用蔑臣贝。吉 《合集》29694

  其五朋。

  其七朋。

  其八朋。

  其三十朋。

  其五十朋。

  其七十朋。 《合集补编》2799

《合集补编》2799是选卜型占卜,即占卜要用多少朋贝献给神灵,神灵才会满意。从五朋卜问到七十朋。

3. 厚葬。

考古发现证实,商人厚葬死人的风气特别浓厚,厚葬之风在贵族大墓里反映尤其突出。偶尔发现未曾被盗的商代大型墓葬,打开时里面的殉葬品简直就像一座地下博物馆。如1976年在安阳殷墟发现的妇好墓,当考古学家打开此墓时,对呈现在眼前大量精美的随葬品,惊叹不已。经仔细清理,重要的器物达1 928件,另有6 800枚海贝和铜、玉、骨、石小型器物未计算在内。据《殷虚妇好墓》一书报道,墓中随葬品有:

  青铜器:480件(其中容器210多件,容器中190件铸有铭文。另有小铜泡若干未计)

  玉器:755件(少量残片和有孔圆片未计)

  宝石制品:47件

  石器:63件

  骨器:564件(过残未计。完整者多为骨笄)

  象牙器:5件

  陶器:11件

  蚌器:15件

1989年在江西省新干县大洋洲发现一座商时期大墓,墓室平面约40平方米,出土各种质料的随葬品1 374件,另有近千件小玉珠、玉片、玉管及大量无法拼对的陶器未计在内。墓里随葬青铜器475件,玉器754件(小及残者未计),陶器、原始瓷器 139 件,骨镞 6 件及朱砂、猪牙等若干。①

这两座大墓还不是商代最高等级的墓,在殷墟侯家庄西北岗的商王陵墓都被盗掘一空,里面的随葬品情况已不可知晓,当会比妇好墓和新干大墓更为丰富。可见商人厚葬的一斑。如此厚葬,大量浪费了社会的生存资料。

二 野蛮残忍

商代统治者轻视生命,大量用活人殉葬和祭祀。殉葬是与死者同埋在一个墓内,祭祀是对祖先或自然神祇祭祀时的牺牲即祭品。在商王及其贵族的墓室里,发现大量殉葬人的遗骸,如1934年第十次殷墟发掘时,在侯家庄西北岗发掘四座商王墓,其中的 1001 号墓的墓室内、墓道里、填土中及陪葬坑里都埋有殉葬的人,其中全尸(头身躯俱全)埋葬者 91 人(墓室内 23 个,东侧陪葬坑内 68 人),无头尸体骨架 120 具,人头骨(无身躯者)85 个。若人头骨是从无头尸体上砍下来的不计算在内,可确定此墓殉葬及陪葬用活人不少于 211 人。

在 1976 年发掘的妇好墓室里,至少有 16 个殉葬人,1984 年发掘出土"司母戊"大铜鼎大墓里,有殉葬 34 人。1933 年在安阳后岗发掘的一座两条墓道的墓,此墓被多次盗掘,随葬品被洗劫一空,但在墓室填土中发现 28 个人头骨。②

祭祀用活人为祭品,是十分普遍的。在甲骨卜辞里有着大量的记载,典型的我们在前面"淫祀"节中叙述用活人献祭时已举出,为醒目移录于此:

　　王宾父丁升伐羌三十,卯五宰。　　《合集》22549
　　御自唐、大甲、大丁、祖乙,百羌、百宰。　　《合集》300
　　三百羌用于丁。　　《合集》295
　　癸丑卜,㱿,贞五百仆,用。旬壬戌又用百仆。(正)
　　王占曰:用。(反)　　《合集》559
　　丁巳卜,争,贞降眔千牛。
　　贞不其降眔千牛千人。　　《合集》1027 正

殷墟出土的甲骨文都是商王及贵族们的占卜记录,里面没有普通平民的东西。商代上层统治阶级用活人祭祀,在殷墟屡有发现,证实甲骨记载确为实录。

考古发掘证实,商代祭祀有墓祭和庙祭之别。庙祭在宗庙内或宗庙附近(一般在庙南)举行;墓祭在祭祀对象墓的附近举行。

祭和殉的埋葬不同,是容易区别的,殉是与死者同墓穴而埋(或在墓道),祭

---

① 江西省文物考古研究所等编著:《新干商代大墓》第 8 页,文物出版社,1997 年。
② 石璋如:《河南安阳后岗的殷墓》,《历史语言研究所集刊》第十三本,1948 年。

是在墓穴外的埋葬,考古界称为"祭祀坑"。殷墟墓祭坑主要发现于商王陵区。王陵区位于洹河北岸,侯家庄与武官村之北,分为东西两区,东区在武官村,这里发现一座带四条墓道的大墓、两座带二条墓道的大墓和一座带一条墓道的墓;西区在侯家庄西北岗,这里发现七座带四条墓道的大墓、一座不带墓道的大墓(因还未使用而被称为"假墓")。埋人的祭祀坑分布在大墓附近,主要集中在东区。从1934年以来,经考古钻探发现的祭祀坑约2 200余个,已发掘1 483个。祭祀坑纵横排列有序,东西成列,南北成行。每排坑间相距1.5米—7米不等,多为2米。同排坑间相距0.3米—2米,多为0.3米—0.5米。祭祀坑中所埋的人有全躯的、只有头颅而无躯体的及只有躯体而无头颅的三种。(图3-92)有头无躯体和有躯体无头颅的人,是商王进

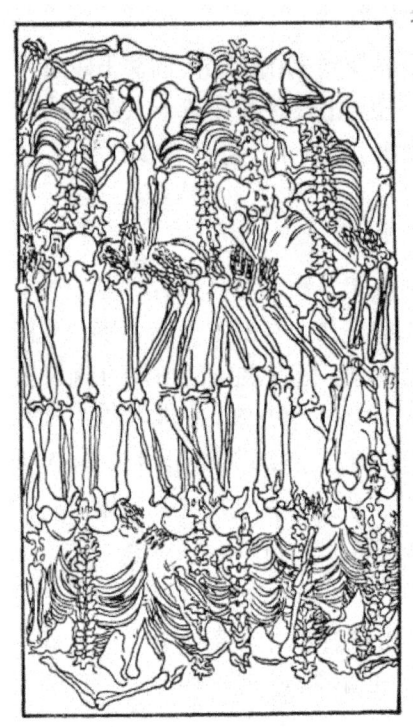

图 3-92　殷墟无头躯体祭祀坑
(采自《殷墟的发现与研究》第 115 页)

行"伐"祭时的遗存。卜辞"伐"字作形,金文伐字从手,像以手执戈割人头。(图3-93)

庙祭发现于安阳小屯村西北宫殿基址区。其中的乙七、乙八基址据学者研究是宗庙性建筑。在乙七基址南发现大片祭祀性埋葬,石璋如将这批墓分为北、中、南三组:

图 3-93　金文伐字

北组有54个坑,其中有5座车马坑,每坑埋一车两马(其中有一坑埋四马)三人。其余49个坑分布在车坑的西、北、东面。坑内所埋人大部分是被砍下头后埋入的。多数坑埋3—5人,也有六七人的,葬法以俯身居多仰身者少。

中组有80个坑,其中只有1个单人坑与马、犬同埋并有较多的随葬品。其余各坑所埋1至13人不等。据未被扰乱的73个坑清理统计,共埋392人。均为头颅和躯体骨架分离的砍头葬,躯体大部分俯置,有些坑内骨架相互叠压。头颅多压在躯体之上,绝大多数坑内躯体与头颅数量相等。

南组仅1座墓。墓穴较大,墓底有腰坑。有棺、椁,棺外有殉葬人8个,犬4

只。随葬品有铜鼎1、甗2、盘1、斝2、觚2、爵2、戈7,箸形器1以及石戈、石虎、石兔、玉笄、玉璜、骨角器等,此墓主身份较高,应是一贵族,与中组、北组坑中的人骨架埋葬有本质的区别。①

北组和中组共计埋576人,兽坑共埋马15匹、犬6条、羊12只。北组和中组埋葬,都是多次祭祀活动的遗存。杨宝成将北组49个坑分为六片,每一片是一次祭祀活动所埋,应是六次祭祀的杀人。②

乙七基址的时代跨越较大,"根据部分层位关系和出土物可以判定其时代约从武丁以前直到帝乙、帝辛以前,其中武丁以前的墓较少,武丁至祖甲时的墓也不太多,最多的是属于廪辛至文丁时期的葬坑"。③杜金鹏认为乙七基址前面的祭祀坑,最初出现不会晚于殷墟一期晚段即武丁早期,至殷墟二期早段即武丁晚期时大量涌现。④可见整个祭祀坑延续的时间是相当长的。反映商王对祖先进行庙祭是在不断地进行着,所以杀人祭祀活动也是在不断地进行,与甲骨文记载商王使用人祭祀的情况相一致。

在甲骨文中用活人祭祀时,处死的方式十分惨烈,其方式有伐(砍头)、卯(对剖,分尸)、毛舌衁(即磔,肢解人体)、𢦏、𢦏(隶写作殴或敁,即《说文》敁字,与𢦏同,读为施。𢦏,凌迟刑,剖腹肢解)、𢻻(从豆从殳,隶写作毁即剀字,今之剐的本字,文献中的醢,剁成肉酱),这些祭祀时处死活人的方法,在前面的法律节中已作了解释,在卜辞中也有不少反映:

1. 砍头的伐:

    丙申卜,行,贞王宾伐十人,亡尤。在师途卜。   《合集》22606

    丁酉卜,贞王宾文武丁,伐十人、卯六牢、鬯六卣,亡尤。

    《合集》35355

    丙子,贞丁丑侑父丁,伐三十羌、岁三牢。兹用。   《合集》32054

2. 分尸的卯:

    其卯羌,伊宾。   《合集》26955

    卯惟羌,有大雨。   《合集》26961

3. 肢解的毛舌衁:

    暮舌十人又五,王受佑。大吉   《合集》27020

    □□卜,其舌祖丁有羌,王受【佑】。大吉   《合集》26930

    舌三十羌。   《合集》32047

---

① 石璋如:《乙区基址上下的墓葬》,历史语言研究所,台北,1976年;中国社会科学院考古研究所编:《殷墟的发现与研究》第60页,科学出版社,1994年。
② 杨宝成:《殷墟文化研究》第108—112页,武汉大学出版社,2002年。
③ 北京大学历史系商周考古教研室编:《商周考古》第68页,文物出版社,1979年。
④ 杜金鹏:《殷墟宫殿区建筑基址研究》第172—175页,科学出版社,2010年。

    丙子卜，祖丁暮裚羌五人。吉　　《屯南》1005
 4. 剖腹肢解的毁：
    贞毁人于敦单(坛)。　　　《合集》1074 正
    癸亥卜，殷，贞毁羌百放三牸圹……　　《合集》303
 5. 剁成肉酱的毁：
    又毁羌，王受佑。　　《合集》26956
    己卯卜，贞王宾祖乙奭妣己，姬婢二人、毁二人、卯二牢，亡尤。
                    《合集》35361
    惟毁羌。　《屯南》2259

  1976年在殷墟武官村北地，发掘191个祭祀坑，共清理出1178具人骨架，平均每坑约埋8人。祭祀坑中的人骨，大部分被砍去头颅，许多人骨架的颈椎上留有明显的刀痕。有些人的颈椎上还留有下颚骨，或上下颚骨。在有的下颚骨上亦可看到刀砍的痕迹。不少骨架是肢解后砍断而凌乱地扔在坑中的。有的骨架上肢骨或下肢骨被砍，有的骨架手指被砍去，有的脚趾被砍去，还有的被腰斩。有的坑在填土中也埋有残骨，如M140坑，坑底埋10块被砍断的肢骨和躯干骨，在填土中发现被剁碎的人骨十几块，大多为四肢骨。① 这些祭祀坑里人骨架的状况，埋下后就没有被扰乱过，是商代祭祀时处死人后埋葬的原始状态，是甲骨卜辞所载处死活人方式的实物证据。

  在殉葬和祭祀时，商人是将人视作同牲畜牛、羊一样的物品。如在妇好墓里殉葬16个人，而殉葬的狗却只有8只，人是狗的两倍。甲骨文里占卜献祭品时，人和动物被放在等同的地位，有时占卜使用人的数量还超过动物，如卜辞：

    贞御自唐、大甲、大丁、祖乙，百羌百牢。二告　　《合集》300
    甲午卜，贞翌乙未侑于祖乙羌十又五、卯牢又一牛。五月。　　《合集》324
    丙子，贞丁酉侑父丁三十羌、岁三牢。兹用　　《合集》32054

  考古发掘资料证实甲骨文记载的真实可靠。显露出商代统治者对人生命的轻视。这强烈地反映出商代奴隶主贵族的野蛮落后。这样大量用活人殉葬、祭祀，如此凶残地处死人的手段，在中国历史上是绝无仅有的！虽然恩格斯说过："人类是从野蛮开始的，因此为了摆脱野蛮状态，他们必须使用野蛮的，几乎是野兽般的手段，这毕竟是事实。"② 但商代已是我国第二个朝代，若计时间到商王武丁时期，进入王朝领土国家的文明社会也已有近千年的历史了。且从甲骨文及考古发现，商代的经济、文化都不落后而是有很高的水平，它应该是一个脱离了野蛮状态的民族。而且其前的夏代，其后的周代，都没有发现如商代这样对人的

---

 ① 中国科学院考古研究所安阳工作队：《安阳殷墟奴隶祭祀坑的发掘》，《考古》1977年第1期。
 ② 恩格斯：《反杜林论》，《马克思恩格斯选集》第三卷第220页，人民出版社，1972年。

生命极端轻视的行为。商人为什么这样不尊重人的生命,为什么如此野蛮残忍？应是出于两个原因：一是商朝是一个专制集权的社会,凡是专制集权的统治者都是轻视他人生命的,这是一个从古以来的铁律；一是商代人,特别是统治阶级贵族,十分尊神。《礼记·表记》里记载孔子对夏商周三代思想的概括为："夏道尊命,事鬼敬神而远之,近人而忠焉,先禄而后威,先赏而后罚,亲而不尊；殷人尊神,率民以事神,先鬼而后礼,先罚而后赏,尊而不亲；周人尊礼尚施,事鬼敬神而远之,近人而忠焉,其赏罚用爵列,亲而不尊。"血缘纽带是古代社会的统治基础,"尊而不亲"说明商王朝的统治基础十分薄弱,"比九世之乱"的王位争夺,王族内兄弟手足情谊丧失殆尽,他们只好借助虚无缥缈的神来统治,神是他们的统治根基、是支柱,所以他们的眼睛里只有神,故信神、尊神、娱神活动就是他们在思想领域行使的统治手段。

三 孝道

商代统治者虽然大量用人殉葬、祭祀,十分轻视他人的生命,但商代的上层统治阶级却是提倡孝道的。《吕氏春秋·孝行》篇称,"《商书》曰：刑三百,罪莫重于不孝。"高诱注云："商汤所制法也。"

在商代的铜器铭文中,常见作器者为其故去的父母或祖妣制作祭器,如：

  丙午,王赏戍嗣子贝二十朋,在阑宗,用作父癸宝鼎。佳王䜣阑大室。在九月。犬鱼。 戍嗣子鼎（图3-94）

  乙亥,王归在羍师,王飨酒,尹光逦,唯格赏贝,作父丁彝,唯王征井方。'囚'。

尹光方鼎（《集成》2709）

  癸巳,王赐小臣邑贝十朋,用作母癸尊彝。唯王六祀肜日。在四月。亚䑞。

小臣邑斝（《集成》9249）

  辛亥,王在厵降令曰：归福于我多高处山,赐敖,用作毓祖丁尊。'囚'。

毓祖丁卣（《集成》5396）

图3-94 戍嗣子鼎铭文
（《集成》2708）

青铜礼器被称为宗庙中的彝器,《说文》："彝,宗庙常器也。"因功或劳绩受赏,以此为荣而为父或母或祖作一件祭器,应是一种孝心的表现。

甲骨文中反映出商人十分重视祭祀,祭祀的对象繁多,前面指出可分为三类。从甲骨卜辞看,祭祀对象主要是第三类,即人鬼类。人鬼类中则以祭祀先公先王先妣为主,即以祭祀祖先为主,被称为"祭祖祭祀"。对甲骨文中祭祖祭祀卜辞,刘源博士分为两类:一是有目的的祭祀,即禳灾祈福;一是无具体目的的祭祀。① 所谓无具体目的的祭祀,应是商王的感恩报德行为。如甲骨卜辞中的"报"祭,就是最明显的报答祖先恩德的行为:

　　壬戌,王曰:夒报牛。一月。　　《合集》24961
　　□丑卜,宾,贞侑报于河。　　《合集》14522
　　辛未卜,殷,王惟侑报酒于王亥。　　《合集》14732
　　丁丑,贞侑报于高祖亥。　《屯南》608
　　……酒报于上甲九羌卯一牛。　　《合集》356
　　贞王隹报于唐。　《合集》1286
　　辛巳卜,殷,贞酒,我报大甲、祖乙,十伐十宰。　　《合集》904 正
　　乙未卜,争,贞来辛亥酒隹报于祖辛。七月。　　《合集》190 正
　　丙寅卜,贞酒报于丁,三十小宰。若。　　《合集》1971
　　庚子卜,殷,贞王侑报于高妣己……来丁酉酒。　　《合集》2363
　　丙申,贞侑报于父丁,惟奂祝。　　《合集》32671
　　癸亥,贞其侑报于伊尹,惟今丁卯酒三牛。兹用　　《屯南》1122

报祭的对象有夒(帝喾)、河(冥)、王亥、上甲、唐(汤)、大甲、祖乙、祖辛、丁、父丁(四期)、高妣己、高妣、伊尹等,包括先公、先王、先妣和旧臣伊尹等,他们都是对商王朝的建立、巩固和发展作出了重大贡献的人物。《国语·鲁语上》展禽云:"上甲微,能帅契者也,商人报焉。"韦昭注:"报,报德,谓祭也。"是报答恩德而举行的祭祀。

　　商王对其有血缘关系的先祖、先妣举行报恩之祭,可以理解,但对伊尹的长期报祭,就是另外一个问题。伊尹帮助成汤建立商朝、教育成汤的接班人太甲,从而巩固了新建立的王朝,对商朝国家的建立和巩固立下汗马功劳。成汤的子孙不忘他的恩德,世世代代感谢他。上引报祭伊尹的一片甲骨(《屯南》1122)属于第四期,是武乙文丁时期的占卜内容。商朝历时约600年,到武乙文丁时,距商朝建立已经有500多年历史了。五百多年后成汤的子孙们还不忘这位异姓功臣,反映出商王室是具有浓厚报恩思想意识的一个家族。报德、感恩,是孝的基础,是孝的基本意识。没有报德、感恩思想的人,绝不会有行孝的可能。

　　其实"无具体目的"的祭祀,都是有目的的,目的就是感恩报德。若不是报答祖先的恩德,商王们为什么那样不厌其烦地对他们举行祭祀?甲骨文里有商王

---

① 刘源:《商周祭祖礼研究》第360页,商务印书馆,2004年。

的先祖们对他们作祟、加害行为的卜辞,因此有禳祓、祈求之祭。这类祭祀是商王向祖先屈服示好的行为。人之常情,哪有不疼爱自己子孙的?父母有时也惩罚子女,目的是为子女好,而不是将其置于死地。受惩罚的子女向父母告饶悔过,以求得宽恕,父母也总是宽恕了子女而和好如初。商王的父或祖祟王、害王也应如此理解才是;商王的禳祓、祈求祭就如生人的告饶悔过行为。这种思想、行为,古今是相同的。

我们在前面已指出,商人厚葬、隆祭之风气,特别是使用活人殉葬、祭祀,是十分野蛮、落后的习俗,但若从"事亲进孝"这个角度来看,却是商人进孝的行为。《礼记·祭义》:"文王之祭也,事死者如事生。"丰富的随葬品、殉葬的人及动物,是给死者随身带到另一个世界里去享用的;其后不断举行祭祀时献上的祭品,是不断地给死者补充所需物品。《礼记·祭义》引曾子语云"孝有三:大孝尊亲,其次弗辱,其下能养。"曾子说最大的孝行是使双亲受人尊敬,次等的孝行是不使双亲的名声受损,最下等的是能好好地赡养双亲。按照曾子所说的三等孝的标准,商人的厚葬、隆祭就是"能养"的了。

孝的扩大就是尊老。甲骨文里不见有"孝"字而有一"老"字,作 、形,像人挂着棍子,此字是一社会尊老的象形字。《礼记·王制》讲养老时就有关于执杖的规定:"五十杖于家,六十杖于乡,七十杖于国,八十杖于朝。"孔颖达《正义》:"含大夫、士及庶人之老。"《礼记·祭义》:"七十杖于朝,君问则席。"古人席地跪踞而坐,"席"就是为七十岁以上的老人铺席,让其坐下再回答国君所问。《尚书大传》(五)记载有战国时期的齐宣王问春子如何行孝道,春子回答说:"昔者卫(春子名)闻之乐正子(曾子弟子)曰:文王之治岐也,五十者杖于家云云,而孝弟之义达于诸侯;九十者杖于朝,见君建杖云云,而孝弟之义达于四海。"老字见于殷墟甲骨文中的王卜辞,反映商人是尊老的。"贵老,为其近于亲也。"(《礼记·祭义》)所以提倡尊老,也就是提倡孝道。

商代祭祖有三个特点:一是商王祭祀的祖先,不分直系、旁系;二是商王关心子某与同姓贵族,常为他们举行禳除灾害之祭;三是非王卜辞所见商人贵族家族虽然基本上各有一套祭祀系统,但却具有如下两个特点:一是其祭祀对象包括多祖、多父、多妣、多母、多兄,其宗族内部似不强调血缘远近关系;二是与王室有关系者,其祭祀对象包括先王。这与周代分支宗族只通过所自出之祖与上一级宗族联系的情况有很大的区别。① 这些特点反映出商王及贵族广泛的收族范围,是尊祖敬宗行为。《礼记·大传》"自仁率亲等而上之,至于祖;自义率祖顺而下之,至于祢,是故人道亲亲也。亲亲故尊祖,尊祖故敬宗,敬宗故收族。"从家族来说,商王是王族系统的大族长,他主持祭祀王族也即是国家的祭祀活动;各贵

---

① 刘源:《商周祭祖礼研究》第366页,商务印书馆,2004年。

族是该族的族长,他们主持该族的祭祀活动。由于祭祀范围的宽泛,达到广泛收族目的,从而以亲情巩固族内团结。这无疑是商王提倡孝的重要目的。商王朝存在时间达六百年,是我国历时最长的一个朝代(周代虽说是八百年,其实东迁以后,已名存实亡),这与商王们从孝道出发广泛收族,从而巩固王族及其子族的团结是很有关系的。

古文献记载,《商书》里有"刑三百,罪莫重于不孝"的内容,证之考古、甲骨文材料,并非是无根之言。商人残忍地使用大批活人殉葬、祭祀显示其野蛮凶残一面,但那主要是对异族和被奴役阶层的人。对统治阶层、对本族人,商王及其贵族是采取广泛收族加以团结、笼络的,其手段就是提倡孝顺父母、崇敬祖先。孝顺父母、崇敬祖先的表现就是厚葬、隆祭。古代儒家讲究对长辈的丧葬,要有"事死如事生,事亡如事存"的态度,这也是商人隆祭祖先的出发点。

商人的思想意识具有两面性:对同族人、对统治阶层人,提倡孝道,广收族人的仁爱思想和对异族人、对被统治阶层人的生命极端轻视的野蛮落后相纠缠。这说明商代虽然经济、文化、科学技术都发展到一定的水平,但其思想意识还是停留在野蛮落后的阶段。汉代画像石中常见的伏羲女娲图像,都是人首蛇身,是他们的头颅已进化为人而身子却还停留在动物的阶段。商代社会也是如此,统治阶级用大量活人殉葬、祭祀,极端轻视生命,是他们的思想还处在半人半兽的阶段,对人的生命似野兽一样凶残。

插图目录

序编插图

图序-1　天地混沌时的盘古　　　　　　　　　　　　4
图序-2　盘古开天辟地　　　　　　　　　　　　　　5
图序-3　女娲造人　　　　　　　　　　　　　　　　13
图序-4　河北涉县娲皇宫　　　　　　　　　　　　　13
图序-5　女娲补天　　　　　　　　　　　　　　　　15
图序-6　北京猿人的石器　　　　　　　　　　　　　24
图序-7　北京猿人的头骨　　　　　　　　　　　　　25
图序-8　北京猿人同现代人股骨(左)和肱骨(右)比较　26
图序-9　旧石器时代早(Ⅰ)、中(Ⅱ)、晚(Ⅲ)期石器　30
图序-10　山顶洞人的骨针　　　　　　　　　　　　31
图序-11　湖北郧县滴水岩出土的手斧　　　　　　　33
图序-12　山顶洞人的装饰品　　　　　　　　　　　35

第一编插图

图1-1　金文中的皇字　　　　　　　　　　　　　　45
图1-2　燧人氏钻木取火　　　　　　　　　　　　　50
图1-3　击石取火法　　　　　　　　　　　　　　　56
图1-4　少数民族中保存的摩擦取火法　　　　　　　58
图1-5　伏羲画像　　　　　　　　　　　　　　　　60
图1-6　安阳殷墟发现的数字"易卦"　　　　　　　　68
图1-7　神农持耒耕图　　　　　　　　　　　　　　87
图1-8　舞阳贾湖遗址出土的七孔骨笛　　　　　　　91
图1-9　跨湖桥遗址出土的独木舟　　　　　　　　　96
图1-10　河姆渡遗址出土的炭化谷粒　　　　　　　97
图1-11　河姆渡遗址的干栏式建筑房屋复原图　　　98

图 1-12	崧泽遗址中层出土的玉器	100
图 1-13	裴李岗文化石器	103
图 1-14	舞阳贾湖遗址出土的水稻	104
图 1-15	渣海遗址出土的玉器	107
图 1-16	小孤山出土玉石片(右)和尖状器(左)	109
图 1-17	轩辕黄帝	113
图 1-18	陕西桥山黄帝陵	121
图 1-19	北京平谷东山庄庙山轩辕庙	122
图 1-20	宝墩古城平面图	123
图 1-21	东汉画像砖：黄帝战蚩尤(南阳出土)	126
图 1-22	传说黄帝发明的指南器	129
图 1-23	传说黄帝臣风后发明的指南车	130
图 1-24	仓颉造字	131
图 1-25	颛顼画像	141
图 1-26	二帝陵	143
图 1-27	华表	161
图 1-28	大舜画像	162
图 1-29	北川李白所书"禹穴"	176
图 1-30	记有禹治水事迹的《燹公盨》铭	182
图 1-31	《禹贡》九州示意图	185
图 1-32	三里河大汶口文化晚期的储粮窖穴	194
图 1-33	中国史前农作物稻、粟、黍发现遗址分布图	196
图 1-34	有㐭字的甲骨	197
图 1-35	庙底沟龙山文化 HG553 木耒痕迹	198
图 1-36	上海松江广富林遗址出土的石犁	198
图 1-37	五帝时代的铜器	204
图 1-38	五帝(仰韶、龙山)时期铜器出土地点	205
图 1-39	浙江余姚反山遗址良渚文化时期大墓 M12:98 出土的玉琮及琮上的花纹	207
图 1-40	良渚文化反山 M23 号墓北端玉璧叠放情况	207
图 1-41	山东龙山文化蛋壳黑陶杯	208
图 1-42	甘肃秦安大地湾 901 号房屋	212
图 1-43	大河村陶片上的太阳纹	214
图 1-44	陶寺龙山文化时期的天文建筑基址	216
图 1-45	西安半坡遗址出土陶器上的刻划符号	218

图 1-46	大汶口文化陶器上的象形图画型符号	219
图 1-47	陶寺扁壶上的朱书文字	220
图 1-48	山东邹平丁公龙山文化遗址出土陶文（摹本）	221
图 1-49	仰韶文化半坡遗址陶盆内的人头纹	223
图 1-50	鹳鱼石斧图	223
图 1-51	大地湾 F411 房屋内发现的地画	225
图 1-52	河姆渡遗址出土陶钵两侧外壁上刻划的野猪	226
图 1-53	牛河梁"女神庙"的泥塑人头像	227
图 1-54	红山文化陶塑人（内蒙古敖汉旗）	227
图 1-55	青海民和阳山墓地出土的马家窑文化陶鼓	229
图 1-56	马家窑文化中出土的舞蹈纹彩陶盆及舞蹈图的展开	230
图 1-57	牛河梁第二地点祭坛和积石冢	233
图 1-58	瑶山祭坛及墓葬位置分布	234
图 1-59	河南濮阳市西水坡 M45 号墓及蚌壳摆塑的龙虎图	236
图 1-60	翁牛特旗三星他那玉龙	237
图 1-61	山西襄汾陶寺出土的彩绘蟠龙纹黑陶盆	237
图 1-62	跨湖桥遗址出土鹿角（右）及木锥（左）上的刻划符号	239
图 1-63	五帝时代古城遗址分布示意图	241
图 1-64	陶寺古城平面图	251

第 二 编 插 图

图 2-1	杞侯甲骨	259
图 2-2	曾国甲骨	260
图 2-3	叶家山曾侯墓地出土铜鼎及铭文	261
图 2-4	六国贡龟甲骨	262
图 2-5	令戈方甲骨	262
图 2-6	庙底沟仰韶文化彩陶盆腹部花纹图案展开	281
图 2-7	仰韶文化彩陶盆上的花纹	282
图 2-8	叔夷镈铭文（部分）	312
图 2-9	偃师二里头遗址位置图	320
图 2-10	先秦时期黄河经流图	324
图 2-11	二里头遗址出土的铜钺	341
图 2-12	二里头遗址出土的铜戈和戚	342
图 2-13	二里头遗址出土的铜镞	342

图 2-14	偃师二里头遗址出土的生产工具	351
图 2-15	刻在二里头文化陶器上的麦、豆	352
图 2-16	二里头出土的动物纹陶范	354
图 2-17	二里头出土的铜器	354
图 2-18	偃师二里头遗址出土的铜爵	355
图 2-19	二里头出土的陶水管	357
图 2-20	二里头遗址内发现经两次使用的民居	359
图 2-21	偃师二里头遗址宫城平面图	361
图 2-22	二里头1号宫殿复原鸟瞰	361
图 2-23	镶嵌绿松石的铜圆盘	363
图 2-24	铜铃上附着的纺织物	364
图 2-25	洛阳皂角树夏文化层出土的"车"字陶片	366
图 2-26	偃师二里头遗址 M3 号墓中随葬的贝	368
图 2-27	二里头遗址出土的一首双身龙纹陶片	370
图 2-28	二里头遗址出土的卜骨	372
图 2-29	偃师二里头文化遗址发现的陶文	373
图 2-30	二里头遗址出土的绿松石镶塑龙形器	376

第 三 编 插 图

图 3-1	刻有商王世系的甲骨	383
图 3-2	郑州商城遗址平面图	386
图 3-3	偃师商城遗址平面示意图	406
图 3-4	郑州二里岗人祭坑	408
图 3-5	使用六百个仆祭祀的甲骨	421
图 3-6	〔图〕周甲骨	428
图 3-7	甲骨文人字字形	437
图 3-8	甲骨文夷字字形	438
图 3-9	用兵一万三千的甲骨	440
图 3-10	武丁时祭祀小王的甲骨	442
图 3-11	康丁伐夷方甲骨	450
图 3-12	伐绊方甲骨	451
图 3-13	上甲二十示甲骨	454
图 3-14	伐东邦甲骨	456
图 3-15	盂方伐商甲骨	459

图 3-16	盂方伐西国甲骨	460
图 3-17	醜乘骍至攸甲骨	461
图 3-18	焚人方首领甲骨	463
图 3-19	中商甲骨	467
图 3-20	《合集》20074	470
图 3-21	雀男甲骨	475
图 3-22	诸侯向王室报告敌情的甲骨	479
图 3-23	有中师的甲骨	490
图 3-24	王作三师甲骨	491
图 3-25	商代车的示意图	499
图 3-26	殷墟出土的铜戈	501
图 3-27	妇好墓出土的铜钺	501
图 3-28	妇好墓出土的铜弓形器	502
图 3-29	刖八十仆甲骨	506
图 3-30	藁城台西商墓里的受刖刑者	506
图 3-31	宫刑甲骨文字	507
图 3-32	侯家庄祭祀坑中的人头骨	508
图 3-33	农业生产中众逃亡的甲骨	513
图 3-34	甲骨文田字	520
图 3-35	作册羽鼎	521
图 3-36	穗头聚而下垂的粟字甲骨	522
图 3-37	从水的黍字甲骨	523
图 3-38	食来甲骨	524
图 3-39	种稻甲骨	525
图 3-40	甲骨秸字	530
图 3-41	新干大洋洲商墓出土的铜犁铧	531
图 3-42	安阳殷墟出土的骨锥	534
图 3-43	百井甲骨	535
图 3-44	用一千头牛一千人祭祀甲骨	538
图 3-45	羊豕五百甲骨	538
图 3-46	安阳郭家庄商代马坑	540
图 3-47	百头去势猪的甲骨	542
图 3-48	殷墟出土的玉鹅	544
图 3-49	三牧甲骨	545
图 3-50	被阉割猪的甲骨	547

图 3-51	妇好墓铜钺上的虎食人纹饰	549
图 3-52	获鱼三万甲骨	557
图 3-53	藁城台西出土的商代铁刃铜钺	565
图 3-54	安阳殷墟出土的白陶罍	568
图 3-55	活链玉羽人	572
图 3-56	有蚕示的甲骨	574
图 3-57	妇好墓出土包裹铜器的丝织品花纹	575
图 3-58	致卤甲骨	575
图 3-59	主管盐业的卤小臣甲骨	576
图 3-60	东下冯城内的储盐仓库基址	577
图 3-61	出土于双王城的盔形器	579
图 3-62	套烧的尖底杯	580
图 3-63	成都地区出土的各种尖底陶器	581
图 3-64	有"买"字的甲骨	583
图 3-65	用贝支付造器	584
图 3-66	安阳郭家庄发现的车和驾车的马	586
图 3-67	甲骨文辇字	587
图 3-68	荷贝乘舟	587
图 3-69	记有羁数的甲骨	589
图 3-70	日食甲骨	597
图 3-71	癸未(甲申)月食甲骨	599
图 3-72	鸟星甲骨	602
图 3-73	称年甲骨	603
图 3-74	记有月份的甲骨	604
图 3-75	五百四旬七日甲骨	607
图 3-76	六十干支表甲骨	608
图 3-77	纪有时段的甲骨	611
图 3-78	占卜生育预产期的甲骨	614
图 3-79	"水寝"甲骨	615
图 3-80	作册豊鼎铭文	619
图 3-81	江西吴城陶钵底刻文	622
图 3-82	殷墟甲十二宫殿基址复原	627
图 3-83	小屯 F11 壁画残片	628
图 3-84	用《濩》祭祀的甲骨	629
图 3-85	殷墟妇好墓出土的一套青铜铙	630

图 3-86	湖北崇阳出土的晚商铜鼓	631
图 3-87	殷墟妇好墓出土的陶埙	632
图 3-88	甲骨文舞字	632
图 3-89	妇好墓出土的铜卣	636
图 3-90	牛胛骨上的筮卦符号	640
图 3-91	百卣香酒祭祀甲骨	642
图 3-92	殷墟无头躯体祭祀坑	646
图 3-93	金文伐字	646
图 3-94	戍嗣子鼎铭文	649

后 记

《远古中华》是我和我的妻子朱玲玲共同申请的一项老年科研项目,立项时间为2004年12月,计划在2009年完成。我1964年从四川大学历史系考古专业毕业后,分配到今天的中国社会科学院(当时称中国科学院哲学社会科学部)历史研究所先秦史研究室工作,一直从事甲骨文、商代史及先秦史的研究。朱玲玲1965年从复旦大学历史系历史地理专业毕业后,分配到我的同一个单位工作。复旦大学历史地理专业是著名历史地理学家谭其骧先生主持创建的,是我国大学中第一个这样的学科专业,她是第一届学生,学习成绩优异,在大学毕业前就参加了谭其骧主持的《中国历史地图集》的清绘扫尾工作。进入研究所后,一直从事历史地理研究,成绩卓著,参加大型工具书《中国历史地名大辞典》的撰写并担任副主编,此书出版后得到学术界的一致好评,2007年获第一届政府出版奖图书奖、第三届郭沫若中国历史学奖,并受到当时国务院总理温家宝的肯定,他在给主编的信中说:"你们克服困难,做了很好的工作,于读者有益,于研究历史也有价值。"撰写历史著作,历史地理是重要的内容,我们俩可取长补短,当时我们都已退休,觉得还有精力,于是联合申请了这项课题。

研究先秦阶段的历史,离不开考古、古文字资料。考古、古文字新资料不断发现、公布,因已退休,加上年老,不可能常到图书馆搜集资料,更不可能到各地去考察。中间我还应邀参加《中华杨氏通谱》古代卷和当代卷的编写工作,修族谱也是一项文化建设,族人找到我,需要帮助,是不好推辞的,所以这个项目就向后延了。中国社会科学院老干部局理解我们的处境,不特别追究完成时间,我们计划在2012年一定完稿结题。到2011年底初稿已完成,准备在2012年进行修改,年底结题。

很不幸的是,我的合作者妻子朱玲玲在2012年9月被查出患上了结肠癌。她的病被诊断为胃肠道间质瘤中的野生型,并且已是晚期,严重转移到肝脏、腹腔、淋巴,病情十分严重,医生说她的生命只有三至五个月的时间。肿瘤中胃肠道间质瘤本有70%—80%是良性的,但她却是恶性的。恶性是由几个基因变化引起,这几个基因国外已经查找出,并已经研究出专门对付这几个变化基因的药物,什么基因用什么药去治疗,效果很好,这种治疗被称为"靶向治疗"。但这几个容易变的基因,她都没有变,而她确实又是癌症的晚期。找不到是何基因突变而引起的疾病,北京肿瘤医院的著名肿瘤专家沈琳大夫命名为"野生型"。找不到变化的基因就是找不到"靶子",不能对"靶"下药施治,只能试着用药,使用的虽都是进口药品,昂贵却无多大疗效。病情一天天加重,病人痛苦不堪。她是位善良而坚强的女性,在最疼痛时刻脸上都浮现出微笑。但病魔无情,在挣扎了八个月后,终于离开了人世。

她的突然去世,给我巨大的打击,使我十分悲痛。在悲痛的日子里,我想最好的怀念,是将我们还未完成的书完成出版。所以我将她归葬山林后,就继续修改她在世时我们还未完成的书稿,以慰她的在天之灵,并以此书的出版作为对她的纪念。

挚友、中国社会科学院荣誉学部委员王宇信研究员,在他自己写作任务繁忙中,细读了书稿,提出了不少宝贵意见和建议,并为本书作序鼓励有加,十分感谢老朋友的关爱。

我的同事、朋友宋镇豪、王震中、宫长为、徐义华、马季凡、赵鹏,北京大学教授葛英会,我的大学同窗好友洛阳文物队的余扶危教授、河南省文物考古研究所的杨肇清研究员、中国社会科学院近代史研究所的杨光辉研究员等诸位先生,在我十分困难的时候,他们从精神上对我不断加以安慰、鼓励,在本书的写作中他们给予了很多帮助,在此表示深深的感谢!

在我的妻子朱玲玲治疗期间和病逝后,她的同窗好友施宣圆、钱林书、翁三新、朱秀华、郭黎安、许敏等在精神和物质上都给了我们不少的帮助,我在此向他们表示深切地谢意!

我的学生南开大学博士生导师朱彦民夫妇,在繁忙的科研教学任务下,还专门从天津开车到医院看望。安阳师范学院韩江苏教授教学科研任务都很重,又正值家里也有病人,却多次同她的先生到医院看望,江苏还在医院陪护师母达十天之久。孙亚冰博士孩子小,她的先生负责苏州古城的发掘工作,长期在工地不在家,她是位好强的人,科研、家务担子都重,却常长抽空到医院看望。这浓厚的师生情谊使我很感动!

我要十分感谢中国社会科学院,院里专设有老年科研基金资助出版,本书因获院里老年科研基金资助而得以出版。王宇信研究员在他的《中国甲骨学》一书的《后记》中说,"中国社会科学院的学者是幸福的,院里专设有出版基金,使不少有价值的学术著作得到出版津贴而顺利问世。"我深有同感。我还要十分感谢历史研究所的领导和老干部处的同志,他们十分关心我们这些退休的老年人,支持我们申请课题,鼓励我们继续研究,提供一切方便。我们的课题结题后,又积极帮助申请出版资助。我的课题10月才通过结题,而2014年的出版资助所学术委员会已经在7月份讨论上报院里了。按常规,2014年的出版资助已无望,要等下个年度。我迫切希望早日出版,到院老干部局请求,院老干部局同志心地善良,十分热情,告诉我院部讨论资助事在12月份,你们研究所若能在11月15日前推荐报来,还是可以赶得上的,就看你们所里能不能报来,因研究所要有老干部处推荐给所里,所里要经学术委员审读,召开所学术委员讨论,认为有出版价值的才通过,书记、所长签字报院等程序。我即刻回到研究所,向所领导提出,希望能补报,他们都热情地表示支持、尽力办,所里特为此召开学术委员会讨论,终于赶上了截止时间,使本书获得2014年度的中国社会科学院老年科研基金出版资助。

2015年元旦本书责任编辑沈佳茹女士告诉我,《远古中华》一书批准成为2015年度"国家出版基金项目",使我感到十分荣幸,是对我的莫大鼓励,深深体会到国家对文化事业的重视!

本书使用了很多的古文字,又有二百多幅插图,排版制作难度大,成本会大幅增加,而学术著作印数是有限的,虽有些资助,也是不会有利润可言,甚至还有可能赔钱。在这市场经济环境下,上海人民出版社、上海书店出版社还是欣然接受了本书的出版,我对他们为弘扬学术而不计较利润得失的精神,表示十分钦佩和感谢!我还要特别感谢本书的责任编辑上海书店出版社沈佳茹女士,她是一位很细心的人,本书中引用了大量的古文献,引文中的错误她都仔细校了出来,是她的尽心尽力使本书得以问世。

杨升南　2015年10月6日
于北京石景山鲁谷永乐东区寓所

图书在版编目(CIP)数据

远古中华 / 杨升南,朱玲玲著.—上海：上海书店出版社,2015.10
ISBN 978-7-5458-1159-9

Ⅰ.①远… Ⅱ.①杨… ②朱… Ⅲ.①中国历史—研究—先秦时期 Ⅳ.①K225.07

中国版本图书馆CIP数据核字(2015)第228610号

责任编辑	沈佳茹
技术编辑	丁　多
装帧设计	郦书经

远古中华

杨升南　朱玲玲　著

出　　版	上海世纪出版股份有限公司　上海书店出版社　上海人民出版社
发　　行	中国图书进出口上海公司
版　　次	2015年10月第1版

ISBN 978-7-5458-1159-9/K.199

www.ingramcontent.com/pod-product-compliance
Lightning Source LLC
Chambersburg PA
CBHW080527300426
44111CB00017B/2636